제2판

경찰학개론

황문규
주한겸
성봉근
김한균
이근우
정웅석

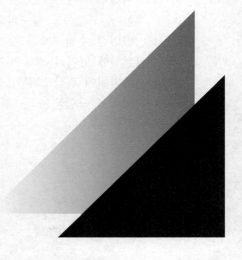

박영사

제2판 머리말

대한민국의 치안은 세계 최고 수준이라고들 한다. 한국인들은 모르는, 그렇지만 외국인들에게 인상적인 '어메이징 코리아'의 배경으로 주저 없이 대한민국의 뛰어난 치안을 꼽는다. 실제로 외국인들이 한국의 치안을 증명하기 위해 카페 테이블에 지갑이나 노트북 등 소지품을 올려둔 채 자리를 비운 뒤에도, 그대로 있는 장면이 촬영된 동영상을 유튜브에서 어렵지 않게 찾아볼 수 있다. 대한민국 경찰은 이제 대한민국을 넘어 개발도상국으로 DNA 수사기법 등 첨단 과학수사기법을 전수하는 등 글로벌 경찰협력 네트워크를 강화하는 데까지 이르고 있다.

대한민국 경찰의 위상도 높아지고 있다. 검경수사권조정으로 경찰이 수사의 책임 있는 주체로 변하고 있다. 국정원의 대공수사권도 경찰로 이관되고 있다. 경찰의 책임수사체제를 구축하기 위해 국가수사본부도 출범하여 운영 중에 있다. 지방행정과 치안행정을 유기적으로 연계하고 지역주민이 원하는 생활 밀착형 치안서비스를 제공하기 위한 자치경찰제도 시행 중에 있다. 또한 국민의 평온한 일상을 지키는 데 초점을 둔 범죄예방대응국을 신설하는 등 경찰의 조직재편도 있었다.

이처럼 높아진 경찰의 위상과 달라진 경찰의 역할 및 인식만큼 경찰공무원에 대한 수요도 여전히 높다. 경찰공무원이 되고자 하는 수험생들을 위한 다양한 수험교재는 이미 존재한다. 그럼에도 불구하고 아쉽게도 높아진 경찰의 위상과 달라진 경찰의 역할 및 인식을 반영한 수험교재를 찾기란 쉽지 않다. 특히, 검경수사권조정에 따른 형사소송법상 수사절차에 있어서 경찰의 지위 변화를 반영해야 한다는 목소리가 높다. 그리고 경찰학의 시험범위에 경찰조직법, 경찰작용법, 경찰구제법을 아우르는 경찰행정법과 함께 비교경찰 영역이 포함되는 등 경찰채용 시험과목의 변화를 반영할 필요성도 있다.

첫째, 개정판에서는 이러한 필요성을 우선적으로 최대한 충족하고자 노력하였다.

둘째, 경찰의 조직 및 역할 변화를 뒷받침하기 위한 경찰법, 경찰관직무집행법, 질서위반행위규제법, 경찰청과 그 소속기관 직제 규정, 경찰공무원 승진임용 규정, 경찰관의 정보수집 및 처리 등에 관한 규정 등 경찰 관련 법령의 변화(개정)를 일일이 반영하고자 최선을 다하였다.

셋째, 2022년부터 변화된 경찰채용시험의 최신 기출지문을 하나하나 분석하여 반영함으로써 경찰채용시험을 준비하는 수험생 맞춤형 수험서가 되도록 정리하였다. 최신 출제경향을 따라잡아 한 문제라도 놓치지 않겠다는 수험생들의 절박한 심정을 담고자 노력하였다. 수험생 여러분들에게 학습의 효과가 배가될 수 있도록 기출 표시된 부분을 주목하여 수험을 준비할 것을 권하고 싶다.

넷째, 초판에서 이미 밝힌 바와 같이 경찰실무를 경험한 교수, 형사법을 전공한 교수, 경찰행정법을 전공한 교수, 범죄학을 전공한 교수 등이 공동으로 참여하여 융복합 학문인 경찰학의 특성을 최대한 살리고자 노력하였다. 이를 통해 학생들에게 경찰학의 안목을 넓혀줌과 동시에 학생들이 경찰이 된 후 치안현장에서 적용가능한 경찰학을 학습할 기회를 제공하고자 노력하였다. 그러면서도 경찰채용시험의 기출지문을 충실히 반영한 기본서이면서 최적의 수험서가 되도록 정리하였다. 이로써 수험생들의 호기심을 충족하고 현실감을 느낄 수 있는 학습이 가능할 것으로 기대한다.

끝으로 경찰채용시험을 준비하는 수험생 (경우에 따라서는 승진시험을 대비하는 현직 경찰공무원) 여러분들에게 이 교재가 합격의 영광을 가져다주는 행운의 길잡이가 되길 기원합니다.

2024년 8월 30일
저자 일동

머리말

　대한민국은 범죄피해에 대한 큰 두려움 없이 밤늦게 혼자 거리를 돌아다닐 수 있을 만큼 안전한 나라 중 하나이다. 높은 시민의식 외에도 경찰의 헌신적인 치안 활동에 그 공이 크다. 검·경수사권 조정을 축으로 삼아 전개된 근래의 수사구조개혁은 경찰이 기존의 성과에 안주하지 않고, 더 높은 역량을 갖출 것을 요구하고 있다. 검사의 수사지휘 없이 경찰이 독자적으로 수사할 수 있는 권한을 가진 만큼, 한편으론 수사 전문성과 수사역량의 강화를, 다른 한편으론 인권친화적이면서도 절차적 정당성이 강화된 수사활동을 기대받고 있다. 경찰학 교재도 이에 부응하여 그 깊이를 더할 필요가 있음은 자명하다.

　본서의 가장 큰 특징은 경찰행정학과 공법, 형사법 교수가 다수 참여한 경찰학 교재로서, 기존 교재에서 검토하고 있는 대상들에 대해서 그 본질을 벗어나지 않으면서도 경찰작용에 있어서 적법절차원칙의 준수를 더욱 강조하여 서술했다는 점이다.

　형식면에서는 경찰임용시험을 준비하는 수험생의 접근성을 높이기 위해 기존 경찰학 교재 다수의 목차구성을 크게 벗어나지 않았다.

　내용면에서는 경찰작용의 국제적 협력의 중요성을 고려하여 주요 선진국가의 경찰법제 및 개혁 동향에 대해 최신 자료를 기초로 일목요연하게 정리하였고, 개정 형사소송법 내용뿐만 아니라 정보경찰활동 및 교통경찰활동 관련 최근 제·개정 법규를 충실히 반영함으로써 경찰법제 전반에 대한 정확한 이해를 돕고자 하였다.

시사성을 높이고자 최근 주목받는 생활안전경찰활동, 예컨대 데이트폭력이나 스토킹, 아동학대 관련 제도와 정책 동향도 상세히 소개하였다. 이 책으로 공부하시는 독자들께 도움이 되기를 기원한다.

2022년 3월 11일
저자 일동

※ 이 책에서는 시험준비의 효율성을 극대화하기 위해 기존 교재를 참조한 부분이 있으나, 수험서의 특성상 개별적으로 참고문헌을 일일이 표시할 수 없었음을 양해바란다. 참고한 교재는 대표적으로 "김상호, 경찰학", "이창한, 김창윤 외 3명, 경찰학", "신현기, 경찰학", "이윤호, 경찰학", "장정훈, 경찰학 기본서", "조현, 경찰학", "최응렬 외 8인, 경찰학개론", "허경미, 경찰학" 등(가나다 순)이 있다.

차례 contents

총 론

차례 contents

Chapter 07 경찰행정에 관한 법 / 178

Chapter 08 경찰행정학 / 432

각 론

Chapter 05 정보경찰 / 697

Chapter **06** 안보수사경찰(보안경찰) / 724

PART 01

총 론

경찰과 경찰학의 기초

제1절 경찰의 개념

I 경찰개념의 형성 및 변천

경찰(Police) 개념은 시대성과 역사성을 반영한 개념이어서, 일률적으로 정의하기 어려운 다의적 개념이다. 경찰 개념은 크게 대륙법계와 영미법계를 중심으로 역사적으로 다르게 발전·형성되어 왔는데, 오늘날의 경찰 개념은 근대국가의 경찰개념에서 출발하고 있다. 그러나 근대국가에서의 경찰 개념인 '공공의 안녕과 질서유지를 위한 권력작용'은 각국의 실정법상 경찰개념과 반드시 일치하지는 않다. 23년 2차

1. 대륙법계 경찰개념

1) 의의

경찰이란 사회공공의 안녕과 질서를 유지하기 위하여 일반 통치권에 따라 국민에게 명령·강제함으로써 그 자연적 자유를 제한하는 작용을 말한다.

경찰행정 또는 질서(규제)행정은 소극적인 질서유지 활동에 제한된다는 점에서 적극적인 복지증진을 목적으로 하는 복리행정과 구별된다.

2) 대륙법계 경찰개념의 역사적 변천

독일·프랑스를 중심으로 한 대륙법계 경찰개념은 역사적으로 국왕의 절대적 권력으로부터 나오는 경찰권을 전제로, 24년 1차 권력에 봉사하는 경찰과 시민이 대립하

는 구도하에 변천해왔다. 특히 프랑스 시민혁명을 계기로 계몽주의와 법치주의 사상이 등장하면서 점차 시민의 자유와 재산에 대한 경찰권의 발동범위가 축소 또는 제한되는 방향으로 발전해왔다.

(1) 고대 경찰

경찰(police)은 라틴어인 politia에서 유래한 용어로, 도시국가(polis)에 관한 일체의 정치, 특히 가장 이상적인 상태인 헌법을 의미하는 개념이었다.

(2) 중세 경찰

① 중세시대에는 오늘날과 달리 경찰과 행정이 엄격히 구분되지 않았다. 14세기 말 프랑스에서 경찰은 국가목적, 국가작용, 국가의 평온하고 질서 있는 상태를 의미하였다. 이러한 경찰개념은 15세기 말 독일로 이어지면서, 공동체의 질서정연한 상태를 유지하기 위한 활동 등 국가행정 전반을 포괄하는 의미로 사용되었다. 22년 1차

② 16세기 독일의 「제국경찰법」에서 경찰을 교회의 제후가 가지고 있던 교회행정의 권한을 제외한 일체의 국가행정으로 규정하였다. 즉, 경찰은 세속적인 사회생활의 질서를 공권력에 따라 유지하는 작용으로 다소 축소되었다.

(3) 경찰국가시대(절대주의 국가)

① 17세기에는 국가활동이 점차 분업화되고 전문화됨에 따라 경찰과 행정이 분화되는 현상이 나타났다. 따라서 경찰은 외교 · 군사 · 재정 · 사법을 제외한 내무행정 전반을 의미하는 개념으로 사용되었다.

② 경찰은 소극적인 질서유지뿐만 아니라 적극적인 복지증진을 위한 강제력의 행사까지도 포함하는 개념으로 사용되었다.

③ 군주론, 왕권신수설 등을 사상적 기초로 하여 경찰은 무제한 국가권력으로 절대주의 국가권력의 기초가 되었다.

④ 근대적 국민국가의 길을 연 1648년 베스트팔렌 조약을 계기로 사법이 국가의 특별작용으로 인정되면서 경찰과 사법이 분리되었다. 22년 2차

(4) 법치국가시대

① 질서행정(소극적 위험방지): 18세기 계몽철학의 등장과 자연법사상, 권력분립주의, 자유주의 등의 영향으로 절대주의적 경찰국가에 대항하는 의미에서 자유

주의적 법치국가가 대두되면서, 기존 내무행정 전반을 의미하던 경찰은 소극적인 질서유지를 위한 위험방지로 국한되었다. 요한 쉬테판 퓌터(Johann Stephan Pütter)가 자신의 저서 '독일공법제도'에서 주장한 "경찰의 직무는 임박한 위험을 방지하는 것이다. 복리증진은 경찰의 본래 직무가 아니다."라는 내용은 경찰국가 시대를 거치면서 확장된 경찰의 개념을 제한하기 위한 노력의 일환으로 볼 수 있다. 22년 1차 이러한 법치국가적 경찰개념이 처음으로 법제화된 경우로 1794년의 '프로이센 일반란트법'을 들 수 있다. 23년 2차

② 경찰개념 관련 법령 및 판례

ⓐ 프로이센 일반란트법(1794): 경찰관청은 공공의 평온, 안녕 및 질서를 유지하고, 또한 공중 및 그 구성원에 대한 급박한 위험을 방지하기 위하여 필요한 기관으로 규정되었다.

ⓑ 프랑스 죄와 형벌법전(경죄처벌법전)(1795): "경찰은 공공의 질서를 유지하고 개인의 자유와 재산 및 안전을 유지하기 위한 기관이다."
행정경찰과 사법경찰을 최초로 구분하여 법제화하였다. 즉, 행정경찰은 공공질서유지·범죄예방을 목적으로 하고, 사법경찰은 범죄의 수사·체포를 목적으로 한다(죄와 형벌법전 제18조)

ⓒ 크로이츠베르크(kreuzberg) 판결(1882): 1882년 프로이센 고등행정법원은 베를린의 크로이츠베르크 언덕에 있는 전승기념탑의 전망과 조망을 방해하지 않도록 하기 위해 주변의 토지에 대한 건축물의 높이를 제한하는 베를린 경찰청장의 법규명령이 일반수권규정에 위반되어 무효라고 판결하였다. 이를 계기로 경찰권은 소극적인 위험방지를 위한 조치만을 위해 행사될 수 있으며, 적극적인 공공복리를 위한 조치를 위해 행사될 수는 없게 되었다. 이 판결을 통해 경찰의 임무는 소극적인 위험방지에 한정된다는 원칙이 마련되었다. 22년 1차

ⓓ 프랑스 지방자치법전(1884): 지방자치단체의 경찰은 공공의 질서·안전 및 위생을 확보함을 목적으로 한다고 규정하여, 경찰직무를 소극적인 질서유지 목적으로 한정하였으나, 위생사무 등 협의의 행정경찰사무를 포함하는 개념으로 사용되었다.

ⓔ 프로이센 경찰행정법(1931): 프로이센 경찰행정법 제14조 제1항은 "경찰관청은 현행법의 범위 내에서 공공의 안녕 또는 공공의 질서를 위협하는 위

험으로부터 공중이나 개인을 보호하기 위하여 필요한 조치를 의무에 적합한(합당한) 재량에 따라 취하여야 한다."라고 규정하여 크로이츠베르크 판결에 의해 발전된 실질적 의미의 경찰개념을 성문화하였다. [22년 1차]

(5) 2차 세계대전 이후

2차 세계대전 이후에는 독일의 나치 시대에 경찰권이 오남용되는 역사적 경험을 반성하는 차원에서 위생경찰, 건축경찰, 산림경찰 등 협의의 행정경찰사무를 경찰에서 제외하는 비경찰화(또는 탈경찰화) 과정을 거치게 되었다. [22년 1차] 이로써 경찰은 오늘날과 같이 공공의 안녕과 질서유지 임무로 국한되었다.

2. 영미법계 경찰개념

영미법계에서는 경찰을 문제해결자로서, 주권자인 시민으로부터 부여받은 자치권에 근거하여 국민의 생명·신체·재산을 보호하고 범죄를 수사하며, 다양한 공공서비스를 제공하는 작용으로 이해한다. [24년 1차] 즉, 경찰과 시민의 관계를 수평적·상호협력 동반자 관계로 파악하고 경찰이 시민을 위해서 수행하는 기능 또는 역할을 기준으로 개념 정립하였다. [23년 1차] 경찰이란 사회적으로 공공의 질서를 유지하고, 위해와 범죄로부터 국민 개개인의 생명과 재산을 보호하며, 다양한 공공서비스 또는 공공재를 제공해주는 개념으로 정의된다. 따라서 영미법계 경찰은 비권력적 수단을 중시한다.

영미법계에서 경찰은 무엇을 하는가라는 경찰활동에 중점을 둔 개념으로, 경찰이란 무엇인가에 중점을 둔 대륙법계 경찰개념과 구별된다. 또한 경찰과 시민을 동반자적 관계로 보고 있는 영미법계 경찰개념은 경찰과 시민을 대립하는 구도로 파악한 대륙법계 경찰개념과 차이가 있다.

3. 우리나라에서의 경찰개념

1) 대륙법계의 영향

프랑스·독일을 중심으로 한 대륙법계 경찰개념은 일본에 계수되었고, 일제 식민지 시대를 거쳐 다시 우리나라에 계수되었다. 따라서 우리나라의 경찰개념은 대륙법계 경찰개념에 기초하고 있는 것이다.

예컨대, 행정경찰이라는 용어는 프랑스의 「죄와 형벌법전(경죄처벌법전)」→ 일본의 「행정경찰규칙」(1875)을 거쳐 「행정경찰장정」(1894)으로 계수되었다.

2) 영미법계의 영향

1945년 2차 세계대전에서 일본이 패전함에 따라 우리나라에서는 미군정이 실시되면서 미국의 경찰체제가 도입되었다. 경찰개념에 국민의 생명·신체 및 재산보호를 위한 활동이라는 영미법계의 사고가 반영되었다. 이는 1953년 제정된 「경찰관직무법」상 경찰의 임무에 명시적으로 규정되었다. 「경찰관직무법」은 경찰작용의 기본법으로서, 대륙법계와 영미법계의 경찰개념을 모두 반영하여 우리나라 경찰활동의 법적 근거를 마련해주고 있다.

Ⅱ 형식적 의미의 경찰과 실질적 의미의 경찰

경찰개념은 형식적 의미의 경찰과 실질적 의미의 경찰로 구분할 수 있다.

1. 형식적 의미의 경찰

형식적 의미의 경찰은 경찰조직법상의 경찰개념이다. 즉, 어떠한 경찰활동인가와는 관계없이 정부조직법 또는 경찰법(「국가경찰과 자치경찰의 조직 및 운영에 관한 법률」)상 보통경찰기관에 분배되어 있는 임무를 달성하기 위해 행해지는 모든 경찰활동을 의미한다. 한마디로 경찰조직법에 규정된 경찰기관, 즉 형식적인 경찰관서가 하는 모든 활동이라고 할 수 있다.

이에 따르면, 형식적인 경찰관서가 아닌 다른 행정기관이 하는 활동은 형식적 의미의 경찰에 해당하지 않는다. 예컨대, 일반행정기관(국토교통부, 시청, 구청 등)에서 단속하는 활동은 실질적 의미에서는 경찰로 볼 수 있으나, 형식적 의미의 경찰로 볼 수 없는 것이다. 그러나 실질적 의미의 경찰이 모두 형식적 의미의 경찰이 되는 것은 아니다. 또한 형식적 의미의 경찰이 언제나 실질적 의미의 경찰이 되는 것도 아니다. 양자는 별개의 개념이며, 서로 포함관계는 아니다.

요컨대, 작용(활동)의 본질이 공공의 안녕과 질서유지라는 경찰임무가 아니더라도, 그것을 수행하는 주체가 조직법적으로 경찰관서에 해당한다면 형식적 의미의 경찰개념이 되는 것이다.

2. 실질적 의미의 경찰

실질적 의미의 경찰은 경찰조직법상 의미의 경찰관서, 즉 형식적 경찰조직이 하는 활동인지와는 관계없이 본질적으로 사회공공의 안녕과 질서유지라는 경찰활동에 해당하는 모든 활동을 의미한다. 달리 표현하면, 장래를 향하여 직접적으로 사회공공의 안녕과 질서를 유지하기 위한 소극적인 목적의 위험방지 활동으로, 일반통치권에 의거하여 국민에게 명령·강제하는 권력작용을 실질적 의미의 경찰이라고 할 수 있다. 23년 1차

이에 따르면, 형식적인 경찰관서로 볼 수 없는 일반행정기관이 하는 활동도 공공의 안녕과 질서유지를 위한 활동이라면 실질적 의미의 경찰로 볼 수 있다. 예컨대, 형식적으로 경찰관서가 아닌 시청에서 공공의 안녕과 질서유지에 해당하는 불량식품을 단속하는 활동은 실질적인 의미에서 경찰인 것이다.

요컨대, 작용(활동)을 하는 주체가 경찰이든 아니든 그 작용(활동)의 본질이 공공의 안녕과 질서유지라는 경찰의 본질적인 임무에 해당하느냐로 판단하는 것이 실질적 의미의 경찰개념이다. 일반적으로 실질적 의미의 경찰개념은 후술하는 보안경찰과 협의의 행정경찰로 구분할 수 있는데, 보안경찰은 외형적 경찰조직, 즉 독립적인 경찰기관이 관할하지만, 협의의 행정경찰은 경찰조직이 아닌 다양한 일반행정기관이 관장하는 경우가 많다. 23년 2차

Ⅲ 경찰의 분류

1. 행정경찰과 사법경찰

1) 구분의 의의

3권 분립사상에 기초하여 경찰의 목적에 따라 행정경찰과 사법경찰로 구분할 수 있다. 행정경찰과 사법경찰을 최초로 구분한 것은 프랑스의 「죄와 형벌법전」(경죄처벌법전)이다. 프랑스를 중심으로 한 대륙법계에서는 지금도 행정경찰과 사법경찰을 엄격하게 구분하여 운용하고 있다.

그러나 영미법계에서는 행정경찰과 사법경찰을 구분하지 않고 있다. 우리나라에서도 양자를 구분하지 않고 있다. 다만, 실무적으로 사법경찰로 볼 수 있는 수사부서(최근에는 국가수사본부)에 배치받아 근무하느냐에 따라 수사경찰(사법경찰과 유사)과 일반경찰(행정경찰과 유사)로 구분하고 있다.

2) 행정경찰

사회공공의 안녕과 질서를 유지하는 권력작용이다. 주로 위험 또는 범죄가 발생하기 전 단계의 예방활동 또는 이미 발생한 위험과 범죄가 추가로 더 이루어지지 못하도록 하는 진압과 관련되어 있다. 행정경찰은 형식적 경찰관서뿐만 아니라 일반행정기관에서도 가능하다는 점에서 실질적 의미의 경찰에 포함된다.

우리나라에서는 주로 수사경찰이 아닌 일반경찰을 행정경찰로 이해한다고 볼 수 있다. 「경찰관직무집행법」에 근거하여 이루어지는 활동이 행정경찰에 해당한다. 행정경찰은 사법경찰에 비해, 경찰활동의 목적을 달성하기 위하여 어떤 수단을 선택할 지에 대한 재량권의 허용범위가 넓다. 예컨대, 인질사건에서 피해자를 구출하기 위한 수단으로 협상의 방법을 사용할 것인지, 아니면 인질범을 사살할 것인지 등 다양한 수단을 선택할 재량이 허용된다.

3) 사법경찰

사법경찰은 주로 이미 발생한 범죄의 수사와 관련되어 있다. 즉, 범죄를 수사하고 범인을 체포하는 활동을 말한다. 따라서 사법경찰은 「형사소송법」에 근거하여 수행되고, 재량권이 엄격히 제한된다. 사법경찰은 사법적 성격을 띠고 있으므로 엄밀히 말하자면 실질적 의미의 경찰에 포함되지는 않으나, 경찰조직법상의 수사경찰이 수행하고 있기 때문에 경찰로 볼 수 있다는 점에서 형식적 의미의 경찰에 포함된다. 23년 2차

우리나라에서는 수사경찰이 사법경찰에 해당한다고 볼 수 있다. 예컨대, 범죄를 저지른 피의자를 검거할 때에는 형사소송법에서 정해놓은 체포와 구속의 요건과 절차에 따라야 한다.

2. 보안경찰(치안경찰)과 협의의 행정경찰

1) 구분의 의의

업무의 독자성에 따른, 즉 경찰작용 이외 다른 행정작용을 동반하느냐 여부에 따른 구분이다.

2) 보안경찰

경찰청의 분장사무처럼 사회공공의 안녕과 질서를 유지하기 위하여 다른 행정작용을 수반하지 아니하고, 오직 경찰작용만으로 행해지는 경찰작용을 보안경찰이라고 한다. 여기에는 생활안전(방범)경찰, 풍속경찰, 교통경찰, 경비경찰, 해양경찰 등이 해당한다.

주의할 것은 국가안전보장을 위태롭게 하는 간첩·좌익운동 등 국가의 보안적 활동 또는 북한의 군사적 위협, 공산주의에서 비롯되는 위해 등을 제거하는 임무를 담당하는 실무상 보안경찰과는 구별해야 한다는 점이다. 이러한 실무상 보안경찰도 넓은 의미의 보안경찰에 해당한다.

3) 협의의 행정경찰

협의의 행정경찰은 다른 행정작용과 결합하여 특별한 사회적 이익의 보호를 목적으로 하면서, 그 부수적 작용으로서 사회공공의 안녕과 질서를 유지하기 위한 경찰작용을 말한다. 주로 경찰조직법상 경찰관서가 아닌 일반행정기관에서 이루어지는 활동

을 의미한다. 산림경찰, 건축경찰, 위생경찰 등이 여기에 해당한다.

이러한 협의의 행정경찰은 실질적 의미의 경찰에는 포함되나, 형식적 의미의 경찰은 아니다. 오늘날 대부분의 국가에서는 비경찰화(또는 탈경찰화) 과정을 거쳐 산림·위생·건축경찰 등을 일반행정기관으로 이관하였다.

3. 예방경찰과 진압경찰

경찰권 발동시점에 따라 예방경찰과 진압경찰로 구분할 수 있다.

예방경찰은 사전에 위험 또는 범죄의 발생을 방지하기 위하여 이루어지는 활동을 말한다. 예컨대, 범죄예방순찰 또는 범죄를 범할 우려가 있는 사람에 대한 불심검문 등이 여기에 해당한다.

진압경찰은 이미 발생한 위험을 제거하거나 이미 발생한 범죄의 추가적인 발생을 진압 또는 수사하는 활동을 의미한다. 예컨대, 범죄를 저지른 자에 대한 체포 및 수사, 인질범으로부터 피해자를 구출하는 활동, 또는 사람을 공격하는 멧돼지를 사살하는 활동 등이 여기에 해당한다.

4. 국가경찰과 자치경찰

경찰의 권한과 책임의 소재에 따라 국가경찰과 자치경찰로 분류할 수 있다.

1) 구분의 의의

어떠한 자치경찰제 모델인가에 따라 국가경찰과 자치경찰도 다양하게 구분할 수 있다. 원칙적으로 국가경찰은 경찰의 권한과 책임이 국가에 있는 경찰인 데 반해, 자치경찰은 경찰의 권한과 책임이 지방자치단체에 있는 경찰을 말한다. 자치경찰은 국가경찰에 비해 보다 지역특성과 지역주민을 고려한 경찰활동에 적합할 것이다.

현행 경찰법에 따라 시행되는 자치경찰제는 국가경찰 중심의 일원적 자치경찰제라고 불린다. 즉, 자치경찰사무는 있으나, 이 사무를 수행할 경찰은 국가경찰의 조직과 인력인 자치경찰제이다. 따라서 원칙적인 의미의 자치경찰제와는 차이가 있다. 그럼에도 자치경찰사무의 수행에 대한 최종적인 책임은 지방자치단체(시도지사 소속 자치경찰위원회)에 있다고 볼 수 있다.

2) 국가경찰과 자치경찰의 장단점 [23년 1차]

구분	국가경찰	자치경찰
장점	ⓐ 국가적인, 국제적인 경찰활동에 유리하다. ⓑ 전국적으로 통일적인 지휘명령체계를 확보할 수 있어, 강력하고 광범위한 집행력을 행사할 수 있다. ⓒ 전국적으로 경찰관서간 협력과 조정이 원활하다. ⓓ 전국적으로 균등한 치안서비스의 제공에 유리하다. ⓔ 전국적 차원의 경찰통계자료의 관리에 유리하다.	ⓐ 지역특성에 적합한 경찰행정이 가능하다. ⓑ 지역주민들의 의견을 반영한 치안행정이 가능하다. ⓒ 지방별 독자적 조직이므로 조직체계나 운영 상의 개혁이 용이하다. ⓓ 지역주민에 대한 경찰의 책임의식이 높다.
단점	ⓐ 지역적 특수성과 창의성을 살리기 어렵다. ⓑ 관료화되어 국민에 대한 치안서비스를 저해할 우려가 있다. ⓒ 국민이 아니라 정권의 유지 또는 정부의 특정 정책수행에 이용될 우려가 있다. ⓓ 조직이 비대화되고 관료화될 우려가 크다.	ⓐ 다른 시도경찰, 국가행정기관과의 협력이 원활하지 않을 우려가 있다. ⓑ 전국적으로 일사불란한 경찰활동에 어려움이 있고, 국가위기시 신속한 대처가 곤란하다. ⓒ 지방토호세력의 영향력에 노출되어 정실주의의 우려가 있다. ⓓ 국가적인, 국제적인 경찰활동(범죄수사)에 효과적으로 대응하기 어렵다. ⓔ 전국적 차원의 경찰통계자료의 관리가 어렵다.

5. 평시경찰과 비상경찰

평시경찰과 비상경찰은 위해정도와 적용법규 및 담당기관에 따른 구분이다.

평시경찰은 평상시 평온한 상태에서 일반경찰법규에 따라 보통경찰기관이 행하는 경찰작용을 말한다. 비상경찰은 비상사태 발생시 계엄선포 후 군대가 병력으로 공공의 안녕과 질서를 유지하기 위하여 계엄법에 따라 행정사무의 일환으로 경찰사무를 관장하는 것을 의미한다.

6. 질서경찰과 봉사경찰

질서경찰과 봉사경찰은 경찰서비스의 질과 내용에 따른 구분이다. 23년 1차

질서경찰은 보통경찰기관의 직무 중에서 강제력을 수단으로 공공의 안녕과 질서유지를 위한 법집행을 하는 경찰활동을 말한다. 예컨대, 범죄수사, 보호조치, 교통단속 등이 여기에 해당한다.

봉사경찰은 강제력보다는 계몽과 지도, 지도 또는 치안서비스 제공을 수단으로 하는 경찰활동을 의미한다. 범죄예방순찰, 방범지도, 교통정보 제공, 청소년 선도 등이 대표적인 봉사경찰에 해당한다.

7. 고등경찰과 보통경찰 24년 1차

경찰에 의해 보호되는 법익을 기준으로 고등경찰과 보통경찰로 구분하는데, 이 구분은 프랑스에서 유래하였다. 원래 고등경찰은 사회적으로 보다 우월한 가치를 지닌 법익을 보호하기 위한 경찰활동을 의미하였으나, 나중에는 사상·종교·집회·결산·언론의 자유에 대한 정보수집·단속과 같은 국가의 존립과 유지를 보장하기 위하여 국가적 기관 및 제도에 대한 위해를 방지하는 활동을 의미하게 되었다. 반면 보통경찰은 교통의 안전, 풍속의 유지, 범죄의 예방·진압과 같이 일반사회의 안녕과 질서유지를 목적으로 하는 활동을 말한다.

제2절 경찰의 임무와 수단

Ⅰ 경찰의 임무

종래 경찰의 임무는 국가의 책무이었다. 그러나 2021년 7월 1일부터 자치경찰제가 전면 실시되면서, 국민의 생명·신체 및 재산을 보호하고 공공의 안녕과 질서유지에 필요한 시책을 수립·시행하여야 할 책무는 국가뿐만 아니라 지방자치단체에게도 부여되었다. 자치경찰제 시행에 따른 주요한 특징 중의 하나이다.

1. 실정법상 경찰의 임무

경찰의 임무는 「국가경찰과 자치경찰의 조직 및 운영에 관한 법률」(경찰법) 제3조와 「경찰관직무집행법」 제2조에 규정되어 있다.

경찰법상 경찰의 임무	경찰관직무집행법상 직무의 범위
1. 국민의 생명·신체 및 재산의 보호	1. 국민의 생명·신체 및 재산의 보호
2. 범죄의 예방·진압 및 수사	2. 범죄의 예방·진압 및 수사
3. 범죄피해자 보호	2의2. 범죄피해자 보호
4. 경비·요인경호 및 대간첩·대테러 작전 수행	3. 경비, 주요 인사(人士) 경호 및 대간첩·대테러 작전 수행
5. 공공안녕에 대한 위험의 예방과 대응을 위한 정보의 수집·작성 및 배포	4. 공공안녕에 대한 위험의 예방과 대응을 위한 정보의 수집·작성 및 배포
6. 교통의 단속과 위해의 방지	5. 교통 단속과 교통 위해(危害)의 방지
7. 외국 정부기관 및 국제기구와의 국제협력	6. 외국 정부기관 및 국제기구와의 국제협력
8. 그 밖에 공공의 안녕과 질서유지	7. 그 밖에 공공의 안녕과 질서 유지

2. 경찰의 사무

2021년 1월 1일부터 자치경찰제 도입을 위한 개정 경찰법이 시행되면서, 경찰의 임무는 국가경찰의 사무와 자치경찰의 사무로 구분된다.

1) 국가경찰의 사무

국가경찰사무는 경찰법 제3조에서 정한 경찰의 임무를 수행하기 위한 사무를 말한다. 다만, 자치경찰사무는 제외한다.

2) 자치경찰의 사무

자치경찰사무는 경찰법 제3조에서 정한 경찰의 임무 범위에서 관할 지역의 생활안전·교통·경비·수사 등에 관한 다음의 사무를 말한다.

지역 내 주민의 생활안전 활동에 관한 사무	① 생활안전을 위한 순찰 및 시설의 운영 ② 주민참여 방범활동의 지원 및 지도 ③ 안전사고 및 재해·재난 시 긴급구조지원 ④ 아동·청소년·노인·여성·장애인 등 사회적 보호가 필요한 사람에 대한 보호 업무 및 가정폭력·학교폭력·성폭력 등의 예방 ⑤ 주민의 일상생활과 관련된 사회질서의 유지 및 그 위반행위의 지도·단속. 다만, 지방자치단체 등 다른 행정청의 사무는 제외한다. ⑥ 그 밖에 지역주민의 생활안전에 관한 사무
지역 내 교통활동에 관한 사무	① 교통법규 위반에 대한 지도·단속 ② 교통안전시설 및 무인 교통단속용 장비의 심의·설치·관리 ③ 교통안전에 대한 교육 및 홍보 ④ 주민참여 지역 교통활동의 지원 및 지도 ⑤ 통행 허가, 어린이 통학버스의 신고, 긴급자동차의 지정 신청 등 각종 허가 및 신고에 관한 사무 ⑥ 그 밖에 지역 내의 교통안전 및 소통에 관한 사무
지역 내 다중운집 행사 관련 혼잡 교통 및 안전 관리	
다음에 해당하는 수사사무	① 학교폭력 등 소년범죄 ② 가정폭력, 아동학대 범죄 ③ 교통사고 및 교통 관련 범죄 ④ 「형법」 제245조에 따른 공연음란 및 「성폭력범죄의 처벌 등에 관한 특례법」 제12조에 따른 성적 목적을 위한 다중이용장소 침입행위에 관한 범죄 22년 2차 ⑤ 경범죄 및 기초질서 관련 범죄 ⑥ 가출인 및 「실종아동등의 보호 및 지원에 관한 법률」 제2조 제2호에 따른 실종아동등 관련 수색 및 범죄

이러한 자치경찰사무는 「자치경찰사무와 시도자치경찰위원회의 조직 및 운영 등에 관한 규정」(대통령령)에 구체적으로 열거되어 있으며, 이에 관한 구체적인 사항 및 범위는 다음 4가지 기준하에서 다시 시도의 조례로 정해져 있다.

① 경찰법 제3조에 따른 경찰의 임무 범위와 별표에 따른 생활안전, 교통, 경비 관련 자치경찰사무의 범위를 준수할 것
② 관할 지역의 인구, 범죄발생 빈도 등 치안 여건과 보유 인력·장비 등을 고려하여 자치경찰사무를 적정한 규모로 정할 것
③ 기관 간 협의체 구성, 상호협력·지원 및 중복감사 방지 등 자치경찰사무가 국가경찰사무와 유기적으로 연계되고 균형이 이루어지도록 하는 사항을 포함할 것
④ 자치경찰 사무의 내용은 국민의 생명·신체 및 재산을 보호하고 공공의 안녕과 질서를 유지하는 데 효율적인 것으로 정할 것

3. 경찰의 기본적 임무

경찰의 기본적 임무는 첫째, 경찰조직법상의 경찰기관이 궁극적으로 수행해야 하는 '공공의 안녕과 질서에 대한 위험방지조치', 둘째 범죄수사, 셋째 치안서비스 임무로 정리할 수 있다.

1) 공공의 안녕과 질서에 대한 위험방지조치

(1) 공공의 안녕

① 의의

공공의 안녕에 대해 정의하고 있는 법규정은 없다. 일반적으로 개인의 생명·신체·자유·명예와 재산의 온전성 및 국가와 그 시설의 존속과 기능이 아무런 장해도 받지 않고 있는 상태를 의미한다. 독일에서는 공공의 안녕을 법질서와 개인의 주관적 권익 그리고 국가나 그 밖의 공권력 주체의 존속, 시설·공권력 행사의 불가침성으로 정의하고 있다.

공공의 안녕은 국민의 생명·신체 및 재산의 보호를 포함하는 상위개념이다.

② 구성요소

ⓐ 공공의 안녕의 제1요소: 법질서의 불가침성

㉠ 공법규범에 대한 위반은 일반적으로 공공의 안녕에 대한 위험으로 취급되며, 이는 보통형법 및 특별형법 등의 범죄구성요건을 구성한다. 따라서 경찰의 개입이 허용된다.

그러나 공공의 안녕에 대한 침해여부는 보호받는 법익의 위태 또는 침해가 객관적으로 존재하느냐에 따라 결정되며, 반드시 주관적 범죄구성요건의 실현, 책임성, 구체적 가벌성은 요하지 않는다.

ⓛ 사법규범에 대한 위반은 개인 영역의 문제로서 경찰의 개입영역은 아니다. 다만, 사법규범에 대한 위반이 법적 보호가 적시에 이루어지지 않고 경찰의 개입 없이는 법을 실현시키는 것이 무효화되거나 사실상 곤란할 경우에는 경찰의 개입이 허용된다. 즉, 경찰의 개입은 개입 가능한 다른 수단으로 곤란한 경우에 한하여 보충적으로 허용된다. 이를 보충성의 원칙이라고 한다.

그러나 오늘날 '재량권의 영(0)으로의 수축' 또는 '반사적 이익의 보호이익화'가 논의되면서 개인의 생명·신체·재산 등의 개인적 법익을 보호하기 위하여 경찰의 개입을 청구할 수 있는 '경찰개입청구권'을 인정하기에 이르렀다.

ⓑ 국가의 존립과 기능성의 불가침성

㉠ 존립의 불가침성: 군대가 적국과의 관계에서 국가의 존립을 보호할 의무가 있는 데 반해, 경찰은 사회공공과 관련하여 국가의 존립을 보호할 의무가 있다. 이를 '존립의 불가침성'이라고 한다.

경찰은 국가의 존립에 관한 침해가 가벌성의 범위 내에 이르지 아니하더라도, 국민의 자유 또는 권리를 침해하지 않는 범위 내에서 수사나 정보·보안·외사활동을 할 수 있다.

㉡ 기능성의 불가침성: 경찰은 국가기관의 기능성을 보호해야 한다. 즉, 국회·정부·법원·지방자치단체 등 국가기관의 정상적인 기능이 유지되도록 보호하여야 한다. 행정관청활동에 대한 중대한 방해는 범죄구성요건(공무집행방해)을 충족시킬 수 있다.

다만, 경찰은 위험의 범주를 너무 확대해석해서는 안 된다. 왜냐하면 위험이라고 판단하여 경찰이 개입한 경우 오히려 시민들의 자유나 권리를 침해할 가능성이 있기 때문이다. 따라서 폭력성과 명예훼손 없이 표출되는 모든 종류의 비판은 헌법상 보장된 언론·예술·집회 및 결사의 자유 등에 관한 것으로 경찰이 개입할 문제가 아니다.

ⓒ 개인의 권리와 법익의 보호

공공의 안녕을 위해 경찰은 인간의 존엄성·명예·건강·자유 등의 개인적 법익뿐만 아니라, 사유재산적 가치 또는 무형의 권리(지적재산권 등)도 보호해야 한다.

사적인 문제의 경우는 개인이 효과적인 보호시기를 놓쳐 권리가 무효화될 우려가 있을 때에만 경찰에 원조를 요청할 수 있다. 이 경우에도 경찰의 원조는 잠정적 보호에 그쳐야 한다. 최종적인 권리구제는 법원에 의하여야 하기 때문이다.

(2) 공공질서

① 의의

공공의 질서는 당시의 지배적인 사회적·윤리적 가치관에 따를 때, 인간의 원만한 공동체 생활을 위하여 그 준수가 필수불가결한 전제조건으로서 공동체사회에서 각 개인의 행동에 대한 불문규율의 총체로 정의할 수 있다.

② 특징

공공의 안녕과 달리, 공공의 질서는 절대적인 것이 아니라 시대에 따라 변화하는 상대적·유동적 개념이다. 때문에 최근에는 법적 안정성 확보를 위해 불문규범이 성문화되어가는 현상으로 인하여 그 공공질서의 적용영역이 축소되는 경향이다. 또한 통치권의 집행을 위한 개입의 근거로 사용될 수 있다는 점에서 공공질서 개념은 엄격한 합헌성을 요구받으며, 제한적인 사용이 필요하다. 23년 1차

③ 공공질서 위반의 판단

공공의 질서 개념과 관련하여 경찰이 개입할 것인가의 여부는 원칙적으로 경찰권의 재량적 결정에 맡겨진다. 이 경우에도 기본적 인권의 헌법적 보호규정을 준수하는 범위 내에서 경찰관청의 의무에 합당한 재량행사에 따라야 한다.

(3) 위험: 경찰의 위험방지조치(개입)를 위한 전제조건

① 의의

경찰의 범죄예방 및 위험방지 행위의 준비 등 위험방지를 위한 조치, 즉 경찰권 발동은 법적 의미의 '위험'이 존재할 것을 전제요건으로 한다. 여기서 위험이란 가까운 장래에 공공의 안녕이나 질서에 손해가 발생할 충분한 개연성이 있는 상황으로 정의할 수 있다. 22년 1차 개연성이란 단순한 가능성 이상의 것이면서 100% 확실성에는

미치지 못하는 것을 말한다.

경찰권 발동(개입)의 대상이 되는 위험은 존재하면 되는 것이지, 인간의 행동에 의한 것이든, 자연력에 의해 발생한 것이든 문제되지 않는다. 다만, 그러한 위험을 야기한 자, 즉 공공의 안녕·질서에 대하여 행위책임(자기의 행위로 인하여 장해의 발생 또는 위험을 야기케 한 자는 행위자로서 이에 대한 경찰책임) 또는 상태책임(물건 또는 동물의 소유자·점유자, 기타의 관리자가 당해 물건 또는 동물의 일정한 상태로 인하여 경찰위반의 상태가 야기된 경우에 지는 경찰책임)을 야기한 자에게만 발동될 수 있다. [23년 2차]

② 위험의 개념적 요소로서 손해

손해란 현재의 법익이 외부의 영향에 의하여 객관적으로 감소하거나 공공의 질서 개념에 포함된 불문의 사회규범이 침해되는 것을 말한다. 손해가 인정되기 위해서는 본질적으로 법익과 가치의 객관적 감소가 요구된다. 따라서 단순한 성가심이나 불편함 등은 경찰의 개입 대상이 아니다.

③ 위험의 종류

위험은 구체적 위험과 추상적 위험으로 구분된다. 구체적 위험은 구체적 개별 사안에 있어 가까운 장래에 손해가 발생할 충분한 개연성이 있는 상황, 즉 개별 사례에서 실제로 존재하는 경우를 의미한다.

추상적 위험은 특정 행동방식이나 물건의 상태를 일반적·추상적으로 고찰하였을 때 구체적인 위험의 예상가능성을 의미한다. 구체적 위험은 개별 사례와 관련되어 있는 실제적 위험인데 반해, 추상적 위험은 가설적으로 또는 상상적으로 실제적 위험이 발생할 일반적 사례와 관련되어 있다는 점에서 구별된다.

경찰의 개입은 구체적 위험뿐만 아니라 추상적 위험이 있을 때에도 가능하다. [23년 2차] 이 점은 사전배려원칙에 따라 추상적 위험 이전의 단계에서도 개입이 허용되는 환경법 영역과 다르다.

또한 경찰이 개입하기 위해서는 반드시 사실적·물리적 위험이 존재해야 하는 것은 아니다. 따라서 경찰이 상황을 합리적으로 판단하여 위험이 존재하는 것으로 보고 개입하였으나, 실제로는 위험이 없었다고 하더라도 경찰의 개입은 적법한 것으로 인정된다.

④ 위험과 법익

위험은 경찰권 행사의 대상이 되는 전제요건이나, 위험이 보호를 받게 되는 법익에 구체적으로 존재해야 하는 것은 아니다.

⑤ 위험에 대한 인식

경찰에게 있어 위험의 개념은 사실에 기인하여 향후 발생할 사건에 관한 주관적 추정을 포함한다. 여기에는 외관상 위험, 오상위험(추정적 위험), 위험혐의 등이 있다.

ⓐ 외관상 위험: 경찰이 의무에 합당한 사려깊은 상황판단을 하여 경찰권을 행사했으나, 실제로는 위험이 없는 경우를 말한다. [24년 1차] 외관적 위험에 대한 경찰의 개입은 적법한 개입이므로, 경찰관에게 민·형사상 책임을 물을 수 없다. 다만, 경찰개입으로 인한 피해가 공공필요에 의한 특별한 희생에 해당하는 경우 국가의 손실보상책임이 발생할 수 있다. [23년 2차]

ⓑ 오상위험(추정적 위험): 위험상황이 실제로는 존재하지 않으며, 이성적이고 객관적으로 판단할 때 위험의 외관도 그 혐의도 정당화되지 아니함에도 불구하고, 경찰이 위험의 존재를 잘못 추정한 경우를 말한다. 오상위험은 경찰상 위험에 속하지 않으므로 이에 대한 경찰의 개입은 위법하다. 따라서 경찰관 개인에게는 민·형사상 책임, 국가에게는 손해배상책임의 문제가 발생할 수 있다. [22년 1차]

ⓒ 위험혐의: 경찰이 위험이 존재한다고 판단할 근거를 가지고 있으나 충분하지는 않은 경우, 즉 위험이 존재하지 않을 수도 있다는 것을 알고 있는 경우 위험혐의가 있다고 할 수 있다. 다시 말해 위험혐의는 실제로 위험의 가능성은 예측되나 불확실한 경우를 말한다. 그러한 경우 경찰은 위험의 존재여부가 명백해질 때까지 범죄예방 및 위험방지 행위의 준비 등 위험조사 차원에서 개입할 권한을 갖게 된다. [23년 2차] 다만, 이 경우에도 경찰의 위험방지는 위험의 존재 여부가 명백해질 때까지는 예비적 조치에만 국한되어야 한다. [22년 1차]

2) 범죄 수사

범죄수사는 경찰법상 경찰의 주요 임무 가운데 하나이다.

범죄수사는 경찰법에서 경찰의 임무로 규정하고 있으나, 사법경찰작용으로서 형사소송법에 따라 이루어져야 한다. 따라서 경찰법에 따른 위험방지조치는 재량권이 허용되나, 범죄수사는 수사법정주의에 따라 범죄행위가 있으면 (경찰이 재량으로 수사여부를 결정하는 것이나 아니라) 하여야 한다. 즉, 범죄수사에 대한 경찰의 재량은 허용되지 않는다.

경찰의 범죄수사는 위험방지조치와 별개는 아니다. 실무적으로 범죄수사와 위험방지조치(범죄예방)는 별개로 이루어지는 경우도 있으나, 중첩되는 경우도 적지 않다.

3) 치안서비스 임무

복지행정이 강하게 요청되고 있는 오늘날, 경찰은 위험방지조치, 범죄수사뿐만 아니라 교통정보제공, 인명구조, 어린이 교통안전교육, 범죄예방순찰활동 등 적극적인 치안서비스 활동을 통해 국민에게 봉사하는 역할이 강력이 요구된다.

Ⅱ 경찰의 수단

1. 권력적 수단: 명령과 강제 등

1) 의의

경찰의 권력적 수단이란 국민에게 명령·강제를 통해서 위험방지 또는 위해제거 등과 같은 경찰목적을 달성하고자 하는 것을 말한다.

2) 경찰명령

경찰명령이 부과되면 상대방에게는 경찰의무가 발생한다. 이 경찰의무를 통해서 공공의 안녕과 질서에 대한 위험이 방지되고, 경찰위반상태를 제거하게 된다.

3) 경찰강제

경찰강제는 실력으로 개인의 신체·재산·가택에 강제함으로써 경찰목적을 달성하는 권력적 사실행위이며, 이에는 경찰상 강제집행과 즉시강제가 있다.

2. 비권력적 수단

1) 비권력적 수단의 의의

경찰목적을 달성하기 위해 강제적 수단으로서 권력적 수단이 큰 의미가 있지만, 비권력적 수단의 필요성을 간과해서는 안 된다. 특히 적극적 복리증진의 중요성이 증가하고 있는 현대사회에서 경찰의 대국민 서비스적 활동은 점점 강조되고 있다.

2) 비권력적 수단은 경찰조직법적 직무범위 내에서 구체적인 법적 근거규정(수권규정)이 없어도 행사할 수 있다.

3) 급격한 치안환경 변화에 대처하기 위해서는 조직법적 근거규정(임무조항)만으로 행사 가능한 치안서비스적 활동의 중요성이 대두되고 있다.

3. 범죄수사를 위한 수단

경찰수단이 범죄수사와 관련된 경우에는 형사소송법상 허용되는 임의·강제처분에 따라 수사목적을 달성한다.

형사소송법에서는 수사목적을 달성하기 위하여 임의수사를 원칙으로 하고 강제수사는 예외적으로 허용하고 있다. 체포·구속·압수·수색 등 강제수사는 원칙적으로 법관이 발부한 영장을 요한다는 영장주의 원칙이 적용된다. 이를 위반하여 수사한 경우 위법한 수사가 되며, 이 경우 경찰관은 형법상 직권남용죄 등에 의해 처벌되며 국가배상문제가 발생할 수 있다. 임의수사는 상대방의 동의나 임의의 협력을 얻어서 행해지는 활동으로, 피의자신문조서 작성 등이 여기에 해당한다.

제3절 경찰권(경찰활동)과 관할

I 경찰권의 기초

1. 경찰권의 개념

　　과거 경찰권은 일반적으로 실질적 의미의 경찰이 사용하는 통치권적 권한을 의미하였다. 그러나 이러한 개념은 형식적 의미의 경찰권과 부합하지 않고, 서비스활동과 같은 비권력적 경찰활동을 충분히 설명하지 못하는 한계를 안고 있다.

　　최근에는 종래의 경찰권 개념(협의의 경찰권)과 수사권을 포괄하는 개념으로, 이를 광의의 경찰권이라고 한다. 즉, 광의의 경찰권이란 사회공공의 안녕과 질서를 유지하기 위하여 일반통치권에 따라 국민에게 명령·강제하는 권한과 더불어, 범죄혐의 유무를 명백히 하고 공소의 제기 및 유지여부를 결정하기 위하여 범인 및 증거를 발견·수집·보전하기 위해 형사소송법에 따라 경찰에 부여된 권한을 포함한다.

2. 협의의 경찰권

1) 의의

　　사회공공의 안녕과 질서를 유지하기 위하여 일반통치권에 근거하여 국민에게 명령·강제하는 권한을 협의의 경찰권이라 한다.

2) 협의의 경찰권 발동의 상대방

　　경찰권 발동의 상대방에는 법률에 규정이 없는 한 통치권에 복종하는 모든 자이다. 자연인, 법인은 물론, 내외국인을 모두 포함한다.

　　협의의 경찰권은 행위책임이든 상태책임이든 관계없이 경찰권 발동을 야기한 경찰책임자에게 행사되는 것이 원칙이지만, 법령상 근거가 있고 긴급한 필요가 있을 때에는 경찰책임자 이외의 비책임자에게도 발동될 수 있다.

3) 일반통치권

협의의 경찰권은 일반통치권을 기초로 한다. 따라서 국회의장의 국회경호권 또는 법원의 법정경찰권은 특정한 지역의 내부질서를 목적으로 하는 것으로서 협의의 경찰권에 해당하지 않는다.

3. 수사권

1) 의의

수사권은 형사소송법에 따라 경찰의 범죄수사에 부여된 권한이다. 따라서 사건의 공소제기 여부 결정이나 이를 유지·수행하기 위한 준비로서 범죄사실을 조사하고 범인 및 증거를 발견·수집·보전하기 위한 경찰의 권한을 말한다.

2) 수사권의 대상

수사권은 원칙적으로 자연인에 발동되며, 법인에게도 예외적으로 발동될 수 있다. 그러나 피의자나 참고인 등 형사소송법에 규정된 관계자 이외에는 발동될 수 없다.

3) 수사권의 제한

외교특권이 인정되는 외교사절, 주한미군지위협정(SOFA)에 따라 공무수행 중인 미군, 헌법상 불소추권이 인정되는 대통령과 불체포특권이 인정되는 국회의원에 대한 수사권은 제한적이다. 헌법상 대통령은 내란 또는 외환의 죄를 범한 경우를 제외하고는 재직 중 형사상의 소추를 받지 아니한다.

Ⅱ 경찰의 관할

1. 사물관할

1) 의의

사물관할이란 경찰이 처리할 수 있고, 또 처리해야 하는 사무내용의 범위를 말한다. 넓은 의미에서 경찰권이 발동될 수 있는 범위라고 할 수 있다.

2) 사물관할의 범위 및 근거

사물관할은 조직법적 임무규정으로 경찰법 제3조와 경찰관직무집행법 제2조에 규정되어 있는 경찰의 직무범위가 여기에 해당한다.

경찰의 사물관할은 궁극적으로 공공의 안녕과 질서유지로 귀결되며, 여기에는 위험방지뿐만 아니라 치안서비스 영역도 포함된다.

3) 특징

우리나라는 영미법계 경찰개념의 영향으로 범죄수사에 관한 임무가 경찰의 사물관할로 인정되어 있다.

2. 인적관할

1) 의의

인적관할은 경찰권의 대상이 누구이며, 어떤 사람에게 적용되는가의 문제를 말한다. 원칙적으로 모든 사람에게 적용된다. [23년 1차]

2) 인적관할의 제한

대통령, 국회의원, 외교사절, 주한 미군의 경우에는 경찰권 발동이 제한된다.

3. 지역관할

1) 의의

경찰권이 발동될 수 있는 지역적 범위를 말한다. 원칙적으로 헌법에서 예정하고 있는 한반도와 그 부속도서 전체, 즉 대한민국 영역 내 모든 지역적 범위에 적용된다. 22년 1차

2) 지역관할의 예외

(1) 해양

일반경찰은 육상에서의 경찰사무를 관할하고, 해양에서의 경찰업무는 해양경찰이 담당한다. 해양에서의 경찰 및 오염방제에 관한 사무를 관장하기 위하여 해양수산부장관 소속으로 해양경찰청을 두고 있다.

(2) 국회

국회 내에서 또는 국회의원에 대해서는 국회법에 따라 경찰권이 제한된다.

> 제143조(의장의 경호권) 의장은 회기 중 국회의 질서를 유지하기 위하여 국회 안에서 경호권을 행사한다.
> 제144조(경위와 경찰관) ① 국회의 경호를 위하여 국회에 경위(警衛)를 둔다.
> ② 의장은 국회의 경호를 위하여 필요할 때에는 국회운영위원회의 동의를 받아 일정한 기간을 정하여 정부에 경찰공무원의 파견을 요구할 수 있다.
> ③ 경호업무는 의장의 지휘를 받아 수행하되, 경위는 회의장 건물 안에서, 경찰공무원은 회의장 건물 밖에서 경호한다.
> 제145조(회의의 질서 유지) ① 의원이 본회의 또는 위원회의 회의장에서 이 법 또는 국회규칙을 위반하여 회의장의 질서를 어지럽혔을 때에는 의장이나 위원장은 경고나 제지를 할 수 있다.
> ② 제1항의 조치에 따르지 아니하는 의원에 대해서는 의장이나 위원장은 당일 회의에서 발언하는 것을 금지하거나 퇴장시킬 수 있다.
> ③ 의장이나 위원장은 회의장이 소란하여 질서를 유지하기 곤란하다고 인정할 때에는 회의를 중지하거나 산회를 선포할 수 있다.
> 제150조(현행범인의 체포) 경위나 경찰공무원은 국회 안에 현행범인이 있을 때에는 체포한 후 의장의 지시를 받아야 한다. 다만, 회의장 안에서는 의장의 명령 없이 의원을 체포할 수 없다. 22년 1차

(3) 법정 내부

법정 내부에서는 법원조직법에 따라 경찰권이 제한된다.

> 제58조(법정의 질서유지) ① 법정의 질서유지는 재판장이 담당한다.
> ② 재판장은 법정의 존엄과 질서를 해칠 우려가 있는 사람의 입정(入廷) 금지 또는 퇴정(退廷)을 명할 수 있고, 그 밖에 법정의 질서유지에 필요한 명령을 할 수 있다.
> 제60조(경찰공무원의 파견 요구) ① 재판장은 법정에서의 질서유지를 위하여 필요하다고 인정할 때에는 개정 전후에 상관없이 관할 경찰서장에게 경찰공무원의 파견을 요구할 수 있다. 22년 1차
> ② 제1항의 요구에 따라 파견된 경찰공무원은 법정 내외의 질서유지에 관하여 재판장의 지휘를 받는다.

(4) 치외법권 영역

외교공관이나 외교관의 사택은 불가침이며, 이들의 승용차·보트·비행기 등도 이에 준하여 불가침권이 인정된다. 따라서 외교사절의 요구나 동의가 없는 한 경찰은 직무수행을 이유로 함부로 출입할 수 없다. 다만, 화재나 감염병 발생처럼 긴급을 요하는 경우에는 외교사절의 동의 없이도 공관에 들어갈 수 있다는 것이 국제관례이다.

(5) SOFA 합의의사록 제22조에 따른 미군영 내 영역

시설 및 구역에서의 체포	① 합중국 군 당국은 합중국 군대가 사용하는 시설과 구역 안에서 통상 모든 체포를 행한다. ② ①의 규정은 합중국 군대의 관계당국이 동의한 경우 또는 중대한 범죄를 범한 현행범을 추적하는 경우에 대한민국 당국이 시설과 구역안에서 체포를 행하는 것을 막는 것은 아니다. ③ 대한민국 당국이 체포하고자 하는 자로서 합중국 군대의 구성원, 군속 또는 가족이 아닌 자가 합중국 군대가 사용하는 시설과 구역 안에 있는 경우에는 합중국 군당국은 대한민국 당국의 요청에 따라 그 자를 체포할 것을 약속한다. ④ 합중국 군 당국에 의하여 체포된 자로서 합중국 군대의 구성원, 군속 또는 가족이 아닌 자는 즉시 대한민국 당국에 인도되어야 한다. ⑤ 합중국 군 당국은 시설이나 구역의 주변에서 동 시설이나 구역의 안전에 대한 범죄의 기수 또는 미수의 현행범을 체포 또는 유치할 수 있다.
사람이나 재산에 관한 압수· 수색·검증	① 대한민국 당국은 합중국 군대가 사용하는 시설과 구역 안에서 사람이나 재산에 관하여 또는 소재 여하를 불문하고 합중국의 재산에 관하여 압수, 수색 또는 검증할 권리를 통항 행사하지 아니한다.

	② 다만, 합중국의 관계 군 당국이 대한민국 당국의 이러한 사람이나 재산에 대한 압수, 수색 또는 검증에 동의한 때에는 그러하지 아니하다. ③ 대한민국 당국이 합중국 군대가 사용하는 시설과 구역 안에 있는 사람이나 재산 또는 대한민국 안에 있는 합중국의 재산에 관하여 압수, 수색 또는 검증을 하고자 할 때에는 합중국 군 당국은 대한민국 군 당국의 요청에 따라 압수, 수색 또는 검증을 행할 것을 약속한다.

제4절 경찰의 기본이념

경찰의 기본이념에는 민주주의, 법치주의, 정치적 중립주의, 인권존중주의 등이 있다. 경찰이념은 경찰활동과 운영의 최고 원리로서 철학적 목적이 강한 기본 이상이라고 할 수 있다. 경찰정책은 이러한 경찰이념을 구현하기 위한 수단으로서, 경찰행정의 목표와 방향을 결정해주는 경찰행정의 기본방침이다.

I 민주주의

1. 의의

민주주의는 국가의 주권이 국민에게 있고, 모든 권력은 국민에게서 유래된다는 것을 의미한다.

대한민국 헌법 제1조 제2항에서도 대한민국의 주권은 국민에게 있고, 모든 권력은 국민으로부터 나온다고 규정하여, 민주주의를 천명하고 있다. 이는 국가의 존립과 안녕을 보호할 책임을 지는 경찰권력은 궁극적으로 국민으로부터 나온다는 것을 의미한다. 즉, 경찰권도 국민으로부터 위임받은 것임을 말해준다. 따라서 경찰권은 권력 그 자체를 위해서가 아니라 국민을 위해 행사되어야 한다.

2. 경찰의 민주화를 위한 방안

경찰의 민주주의는 경찰 대내외적인 민주화와 관련이 있다.

1) 대내적 민주화 방안

경찰조직 내부의 적절한 권한을 분배하는 것이다. 다시 말해 경찰의 중앙과 지방 간의 권한 분배 또는 상하 경찰기관 간 권한이 적절하게 분배되어야 한다는 의미이다. 경찰관의 민주주의 의식을 확립해야 한다.

2) 대외적 민주화 방안

경찰에 대한 민주적 통제와 국민의 참여장치를 마련할 필요가 있다. 예컨대, 경찰위원회제도, 「부패방지 및 국민권익 위원회의 설치와 운영에 관한 법률」상 국민감사청구제도, 경찰책임의 확보 등은 경찰의 민주성을 확보하기 위한 대외적 방안이다.

「공공기관의 정보공개에 관한 법률」 또는 행정절차법 등에 따라 경찰활동을 공개하여야 한다.

Ⅱ 법치주의

법치주의란 국민의 자유와 권리에 대한 제한이나 국민에 대한 새로운 의무부과는 의회에서 제정한 법률에 근거가 있어야 하며, 그 집행과 사법도 법률에 따라야 한다는 원칙이다. 헌법 제37조 제2항에서도 국민의 모든 자유와 권리는 국가안전보장·질서유지 또는 공공복리를 위하여 필요한 경우에 한하여 오로지 '법률'로써 제한할 수 있으며, 제한하는 경우에도 자유와 권리의 본질적인 내용을 침해할 수 없다.

경찰작용은 그 침익적 성격으로 인해 법치주의의 엄격한 적용을 받는다. 다만, 비권력적 활동의 경우에는 법률의 개별적 수권규정 없이도 가능하다. 이 경우에도 조직법적 근거는 있어야 하므로 직무범위 내에서 행해져야 한다.

Ⅲ 정치적 중립주의

정치적 중립은 과거에는 행정과 정치의 관계에서 공무원의 중립적 능력으로 파악되었다. 여기서 중립적 능력(neutral competence)은 정부의 정책이나 과업을 수행함에 있어 특정 개인 또는 특정 정당과는 무관하게 전문가적 기준에 입각할 수 있는 역량이 있느냐의 문제와 관련된다. 이는 각자의 신념을 가진 공무원에게 기계적인 업무수행을 요구하는 것으로 현실적으로 가능하지도 않고, 집권 정부의 입장에서는 '중립 = 소극'을 의미하는 것이기 때문에 바람직하다고 보기도 어렵다. 때문에 최근에는 집권 정부의 정책실현에 적극적으로 협력하지만, 그 과정에서 정치적 고려 없이 전문가로서 공익 차원에서 공평무사한 판단과 접근을 해야 한다는 점이 강조되고 있다. 이처럼 정치적 중립은 고정불변의 개념이라기보다 시대에 따라 매우 복합적인 의미를 함축하고 있어서, 이론과 현장의 정치적 중립 개념이 일치할 것이라고 기대하기는 어렵다.

헌법 제7조 제1항에서 공무원은 국민 전체에 대한 봉사자이며, 국민에 대하여 책임을 진다고 규정하고, 제2항에서 공무원의 신분과 정치적 중립성은 법률이 정하는 바에 의하여 보장된다고 선언하고 있다.

정치적 중립성은 경찰에게도 요구된다. 경찰법 제5조에서는 "경찰은 그 직무를 수행할 때 헌법과 법률에 따라 국민의 자유와 권리를 존중하고, 국민 전체에 대한 봉사자로서 공정·중립을 지켜야 하며, 부여된 권한을 남용하여서는 아니된다"고 규정하고 있다. 경찰공무원법 제23조 제1항에서도 "경찰공무원은 정당이나 정치단체에 가입하거나 정치활동에 관여하는 행위를 하여서는 아니 된다"고 규정하고 있다. 23년 1차 경찰에게 정치적 중립성은 공무원의 정치적 중립성과 비교하여 내용적으로는 동일한 의미이지만, 경찰의 특성상 요구되는 정도는 더 높다. 경찰의 정치적 중립은 경찰공무원 개인의 정치적 중립과 더불어 이를 뒷받침할 수 있도록 경찰조직의 중립화까지 포괄하는 개념이다.

Ⅳ 인권존중주의

인권이란 인간이 태어나면서 인간으로서 가지는 당연한 권리를 말한다. 국가는 이러한 개인의 기본적 인권을 확인하고 보장할 의무를 진다.

대한민국 헌법 제10조에서 국가는 개인이 가지는 불가침의 기본적 인권을 확인하고 이를 보장할 의무를 진다고 선언하고, 제37조 제1항에서 국민의 자유와 권리는 헌법에 열거되지 아니한 이유로 경시되지 아니한다고 함에 따라, 국가기관인 경찰도 국민의 기본적 인권을 보장할 의무를 진다. 22년 2차

경찰법 제5조에 따라 경찰은 그 직무를 수행할 때 헌법과 법률에 따라 국민의 자유와 권리 및 모든 개인이 가지는 불가침의 기본적 인권을 보호하고, 국민 전체에 대한 봉사자로서 공정·중립을 지켜야 하며, 부여된 권한을 남용하여서는 아니 된다.

경찰은 경찰행정에 인권의 가치를 담기 위하여「경찰관 인권행동강령」(경찰청 훈령)을 제정하여 시행하고 있다(2018년부터「경찰 인권보호 규칙」으로 변경).

경찰 인권보호 규칙

제1조(목적) 이 규칙은 경찰청과 그 소속기관에서 인권보호 업무를 하는 데 필요한 사항을 규정함으로써 모든 사람의 기본적 인권을 보호함을 목적으로 한다.

제2조(정의) 이 규칙에서 사용하는 용어의 정의는 다음과 같다.
1. "경찰관등"이란 경찰청과 그 소속기관의 경찰공무원, 일반직공무원, 무기계약근로자 및 기간제근로자, 의무경찰을 의미한다. 23년 1차
2. "인권침해"란 경찰관등이 직무를 수행하는 과정에서 모든 사람에게 보장된 인권을 침해하는 것을 말한다. 22년 1차
3. "조사담당자"란 인권침해를 내용으로 하는 진정을 조사하고 이에 따른 구제 업무 등을 수행하는 경찰청과 그 소속기관에 근무하는 공무원을 말한다.

제3조(설치) 경찰 활동 전반에 걸친 민주적 통제를 구현하여 경찰력 오·남용을 예방하고, 경찰 행정의 인권지향성을 높여 인권을 존중하는 경찰 활동을 정립하기 위해 경찰청장 및 시도경찰청장의 **자문기구로서** 각각 경찰청 인권위원회, 시도경찰청 인권위원회(이하 "위원회"라 한다)를 설치하여 운영한다. 22년 1차/23년 1차

제4조(업무) 위원회는 다음 각 호의 사항에 대한 권고 또는 의견표명을 할 수 있다.
1. 인권과 관련된 경찰의 제도·정책·관행의 개선
2. 경찰의 인권침해 행위의 시정
3. 국가인권위원회·국제인권규약 감독 기구·국가별 정례인권검토의 권고안 및 국가인권정책기본계획의 이행
4. 인권영향평가 및 인권침해 사건 진상조사단(이하 '진상조사단'이라 한다)에 관한 사항

제5조(구성) ① 위원회는 위원장 1명을 포함하여 7명 이상 13명 이하의 위원으로 구성한다. 이때, 특정 성별이 전체 위원 수의 10분의 6을 초과하지 아니해야 한다.

② 위원장은 위원회에서 호선(互選)하며, 위원은 당연직 위원과 위촉 위원으로 구분한다.

③ 당연직 위원은 경찰청은 감사관, 시도경찰청은 청문감사인권담당관으로 한다. [23년 2차]

④ 위촉 위원은 인권 분야에 전문적인 지식과 경험이 있고 아래 각 호의 어느 하나에 해당하는 사람 중에서 경찰청장 또는 시도경찰청장(이하 "청장"이라 한다)이 위촉한다. 이때, 각 호에 해당하는 사람이 반드시 1명 이상 포함되어야 한다.

1. 판사·검사 또는 변호사로 3년 이상의 경력이 있는 사람
2. 「초·중등교육법」 제2조제1호부터 제4호, 「고등교육법」 제2조제1호부터 제6호까지의 규정에 따른 학교에서 교원 또는 교직원으로 3년 이상 근무한 경력이 있는 사람
3. 「비영리민간단체지원법」 제2조제1호부터 제3호, 제5호부터 제6호까지의 규정에 따른 단체에서 인권 분야에 3년 이상 활동한 경력이 있거나 그러한 단체로부터 인권위원으로 위촉되기에 적합하다고 추천을 받은 사람
4. 그 밖에 사회적 약자 등 다양한 사회 구성원의 목소리를 반영할 수 있는 사람

제6조(위촉 위원의 결격사유) ① 다음 각 호의 어느 하나에 해당하는 사람은 위원이 될 수 없다.

1. 「공직선거법」에 따라 실시하는 선거에 후보자(예비후보자 포함)로 등록한 사람
2. 「공직선거법」에 따라 실시하는 선거에 의하여 취임한 공무원이거나 그 직에서 퇴직한 날부터 3년이 지나지 아니한 사람
3. 경찰의 직에 있거나 그 직에서 퇴직한 날부터 3년이 지나지 아니한 사람 [23년 2차]
4. 「공직선거법」에 따른 선거사무관계자 및 「정당법」에 따른 정당의 당원

② 위촉 위원이 제1항 각 호의 어느 하나에 해당하게 된 때에는 당연히 퇴직한다.

제7조(임기) ① 위원장과 위촉 위원의 임기는 위촉된 날로부터 2년으로 하며 위원장의 직은 연임할 수 없고, 위촉 위원은 두 차례만 연임할 수 있다. [23년 2차]

제8조(위원의 해촉) 다음 각 호의 어느 하나에 해당하는 경우에는 청장은 위원회의 의견을 들어 위원을 해촉할 수 있다.

1. 입건 전 조사·수사 중인 사건에 청탁 또는 경찰 인사에 관여하는 행위를 하거나 기타 직무 관련 비위사실이 있는 경우
2. 위원회의 명예를 실추시키거나 위원으로서의 품위를 손상시키는 행위를 한 경우
3. 특별한 사유 없이 연속으로 정기회의에 3회 불참 등 직무를 태만히 한 경우
4. 위원 스스로 직무를 수행하는 것이 곤란하다고 의사를 밝힌 경우
5. 그 밖에 부득이한 사유로 업무를 수행할 수 없는 경우

제9조(위원의 제척·기피·회피) ① 위원은 다음 각 호의 어느 하나에 해당하는 경우에는 위원회의 회의에서 제척된다.

1. 위원 또는 그 배우자나 배우자였던 자가 해당 사안의 당사자인 경우
2. 위원이 해당 사안의 당사자와 친족 관계에 있거나 있었던 경우
3. 위원이 해당 사안에 증언, 감정, 법률자문을 한 경우
4. 위원이 해당 사안에 감사, 수사 또는 조사, 재판 등을 한 경우

5. 위원이 해당 사안의 당사자의 대리인이거나 대리인이었던 경우

② 해당 사안의 당사자는 다음 각 호의 어느 하나에 해당하는 경우에는 위원장에게 해당 위원에 대한 기피 신청을 할 수 있다.

1. 제1항 각 호의 어느 사유가 발생한 경우

2. 위원에게 공정을 기대하기 어려운 특별한 사정이 있는 경우

③ 위원이 제2항 각 호의 어느 하나의 사유에 해당하는 경우에는 회피하여야 한다.

④ 위원회는 특정 위원에 대해 제1항 각 호의 어느 하나에 해당하는 사유가 있거나 제2항에 따른 기피신청이 있는 경우 당해 위원의 제척사유 유무, 기피사유 유무에 대해서 심사한다. 이 경우 제척사유가 있거나 기피 신청 대상이 된 위원은 심사권을 행사하지 못한다.

제10조(위원장의 직무 등) ① 위원장은 위원회를 대표하며, 위원회의 업무를 총괄한다.

② 위원장이 일시적인 사유로 그 직무를 수행할 수 없을 경우에는 위원 중에서 위촉 일자가 빠른 순으로 그 직무를 대행한다. 다만, 위촉 일자가 같을 때에는 연장자 순으로 대행한다.

③ 위원장이 직무를 계속하여 수행할 수 없는 사유가 발생하거나 직무를 수행할 수 없다는 의사 표시를 한 경우에는 제2항의 대행자는 그 사유가 발생하거나 의사를 표시한 날로부터 30일 이내에 회의를 개최하여 위원장을 선출하여야 한다. 단, 위원장의 잔여 임기가 6개월 미만일 때에는 위원장을 선출하지 않을 수 있다.

제11조(회의) ① 위원회의 회의는 정기회의와 임시회의로 구분하며, 재적위원 과반수의 출석으로 개의(開議)하고, 출석위원 과반수의 찬성으로 의결한다.

② 정기회의는 경찰청은 월 1회, 시도경찰청은 분기 1회 개최한다. `23년 2차`

③ 임시회의는 위원장이 필요하다고 인정하거나 청장 또는 재적위원 3분의 1 이상이 소집을 요구하는 경우 위원장이 소집한다.

제12조(분과위원회) ① 위원회의 활동을 효율적으로 수행하기 위하여 3명 이상 5명 이하의 위원으로 구성하는 분과위원회를 둘 수 있다.

② 분과위원회의 위원장 및 위원은 위원장이 지정한다.

③ 분과위원회는 분과위원회 위원장이 필요하다고 인정하거나 위원장 또는 분과위원회 위원 2명 이상의 요청이 있는 경우에 개최한다.

④ 분과위원회의 회의는 구성위원 3명 이상의 출석과 출석위원 과반수의 찬성으로 의결한다.

제14조(권고 또는 의견표명에 대한 조치) ① 제4조에 따라 권고 또는 의견표명(이하 '권고등'이라고 한다)을 받은 청장은 그 권고 등 사항을 존중하고 이행하기 위하여 노력하여야 한다.

② 청장은 권고등의 내용을 이행할 경우, 구체적인 이행 계획을 권고등을 받은 날로부터 30일 이내에 위원회에 서면으로 제출해야 하며, 권고등의 내용을 이행하지 않을 경우 그 이유를 위원회에 서면으로 제출하여야 한다.

③ 위원회는 제2항에 따라 제출 받은 서면을 토대로 이행 계획 또는 불수용 이유의 타당성 등을 검토하여 청장에게 의견표명을 할 수 있다.

제18조(경찰 인권정책 기본계획의 수립) ① 경찰청장은 국민의 인권보호와 증진을 위하여 경찰 인권정책 기본계획(이하 "기본계획"이라 한다)을 5년마다 수립해야 한다. 22년 1차/23년 1차

② 기본계획에는 다음 각 호의 사항이 포함돼야 한다.

1. 경찰 인권정책의 기본방향과 추진목표
2. 추진목표별 세부과제 및 실행계획
3. 인권취약계층에 대한 인권보호 방안
4. 인권에 관한 교육 및 홍보 등 인권의식 향상을 위한 시책
5. 인권보호 및 증진에 관한 협력체계 구축 방안
6. 그 밖에 국민의 인권보호 및 증진에 필요한 사항

제18조의2(경찰 인권교육계획의 수립) ① 경찰청장은 경찰관등(경찰공무원으로 신규 임용될 사람을 포함한다. 이하 이 조, 제20조, 제20조의2 및 제20조의3에서 같다)이 근무하는 동안 지속적·체계적으로 교육을 받을 수 있도록 3년 단위로 다음 각 호의 사항을 포함한 인권교육종합계획을 수립하여 시행해야 한다.

1. 경찰 인권교육의 기본방향과 추진목표
2. 인권교육 전문강사 양성 및 지원
3. 경찰 인권교육 실태조사·평가
4. 교육기관 및 대상별 인권교육 실시
5. 그 밖에 경찰관등의 인권 보호와 향상을 위하여 필요한 사항

② 경찰관서의 장은 제1항의 내용을 반영하여 매년 인권교육 계획을 수립하여 시행하여야 한다.

제19조(인권교육의 방법) 경찰관등은 대면 교육, 사이버 교육 등 다양한 방법을 통해 교육을 이수할 수 있고, 학습자의 능동적인 학습권을 보장하기 위해 토론식, 참여식 교육을 권장한다.

제20조(인권교육의 실시) ① 경찰관등은 인권의식을 함양하고 인권친화적 경찰활동을 위해 인권교육을 이수해야 한다.

② 경찰관서의 장은 소속 경찰관등에게 다음 각 호의 내용을 포함하여 인권교육을 실시한다.

1. 인권의 개념 및 역사의 이해
2. 인권보장의 필요성, 경찰과 인권의 관계
3. 인권보호 모범 및 침해 사례
4. 인권 관련 법령, 정책 및 제도의 이해
5. 그 밖에 경찰관서의 장이 인권교육에 필요하다고 인정하는 내용

제20조의2(교육대상) 인권교육은 다음 각 호의 구분에 따라 실시한다.

1. 신규 임용예정 경찰관등에 대한 인권교육
2. 재직경찰관등에 대한 인권교육
3. 경찰관서의 장(지역경찰관서의 장과 기동부대의 장을 포함한다)에 대한 인권교육
4. 교육기관에 입교한 경찰관등에 대한 인권교육
5. 인권 강사 경찰관등에 대한 인권교육

제20조의3(교육시기 및 이수시간) 경찰관등에 대한 인권교육은 교육대상에 따라 다음 각 호와 같이 실시해야 한다.
1. 신규 임용예정 경찰관등: 각 교육기관 교육기간 중 5시간 이상
2. 경찰관서의 장(지역경찰관서의 장과 기동부대의 장을 포함한다) 및 각 경찰관서 재직 경찰관등: 연 6시간 이상
3. 교육기관에 입교한 경찰관등: 보수·직무교육 등 교육과정 중 1시간 이상
4. 인권 강사 경찰관등: 연 40시간 이상

제21조(인권영향평가의 실시) ① 경찰청장은 인권침해를 예방하고, 인권친화적인 치안 행정이 구현되도록 다음 각 호의 사항에 대하여 인권영향평가를 실시하여야 한다.
1. 제·개정하려는 법령 및 행정규칙
2. 국민의 인권에 영향을 미치는 정책 및 계획
3. 참가인원, 내용, 동원 경력의 규모, 배치 장비 등을 고려하여 인권침해 가능성이 높다고 판단되는 집회 및 시위
② 제1항에도 불구하고 다음 각 호의 어느 하나에 해당하는 경우 평가 대상에서 제외한다.
1. 제·개정하려는 법령 및 행정규칙의 내용이 경미한 경우
2. 사전에 청문, 공청회 등 의견 청취 절차를 거친 정책 및 계획

제22조(평가의 기준) 경찰청장은 다음 각 호의 기준에 따라 인권영향평가를 실시한다.
1. 법률유보의 원칙
2. 비례의 원칙, 평등의 원칙 등 불문법원칙
3. 적법절차의 원칙
4. 그 밖에 인권침해를 유발할 수 있는 재량권의 존재 여부 및 이를 통제할 수 있는 장치의 존재 여부

제23조(평가 절차) ① 경찰청장은 다음 각 호의 구분에 따른 기한 내에 인권영향평가를 실시하여야 한다.
1. 제21조제1항제1호: 해당 안건을 경찰위원회에 상정하기 60일 이전
2. 제21조제1항제2호: 해당 사안이 확정되기 이전
3. 제21조제1항제3호: 집회 및 시위 종료일로부터 30일 이전
② 제1항에도 불구하고 제1항 각 호의 기한에 평가를 실시할 수 없는 부득이한 사유가 발생한 경우에는 기한에 관계없이 평가를 실시할 수 있다.
③ 경찰청장은 인권영향평가를 실시하는 경우에 경찰청 인권위원회에 자문 할 수 있다.
④ 경찰청장은 제3항에 따라 경찰청 인권위원회가 제시한 의견을 존중하여야 한다.

제24조(점검) 인권보호담당관은 반기 1회 이상 인권영향평가의 이행 여부를 점검하고, 이를 경찰청 인권위원회에 제출하여야 한다.

제25조(진단사항) 인권보호담당관은 인권침해를 예방하고 제도를 개선하기 위해 연 1회 이상 다음 각 호의 사항을 진단하여야 한다. 22년 1차/23년 1차
1. 인권 관련 정책 이행 실태
2. 인권교육 추진 현황
3. 경찰청과 소속기관의 청사 및 부속 시설 전반의 인권침해적 요소의 존재 여부

제27조(비밀 엄수 및 절차준수) ① 조사담당자는 직무를 수행하는 과정에서 알게 된 비밀을 정당한 사유 없이 다른 사람에게 누설하거나 조사 외 다른 목적으로 사용해서는 아니 되며, 진정인·피해자·피진정인 및 관계인(이하 진정인등이라 한다)의 인권을 존중하여야 한다.

② 조사담당자는 진정인등에게 법령을 공정하게 적용하고, 적법절차를 지키며, 피진정인이 소속된 기관의 장이나 진정인등의 의견을 충분히 수렴하여야 한다.

③ 조사담당자는 진정을 조사하는 동안 진정인등에게 처리 과정과 결과를 친절하게 안내하고 설명하여, 진정인등이 이해하고 납득할 수 있도록 성실하게 노력하여야 한다.

제28조(진정의 접수 및 처리) ① 인권침해 진정은 문서(우편·팩스 및 컴퓨터 통신에 의한 것을 포함한다. 이하 같다)나 전화 또는 구두로 접수 받으며, 담당 부서는 경찰청 인권보호담당관실로 한다.

② 경찰청 인권보호담당관실은 진정이 제기되지 아니하였더라도 경찰청장이 직접 조사를 명하거나 중대하고 긴급한 조치가 필요하다고 판단한 사안 또는 인권침해의 단서가 되는 사실을 알게 되었을 경우에는 직접 조사할 수 있다.

③ 제1항에도 불구하고 사건의 내용을 확인하여 처리 관서 또는 부서가 특정되거나 「경찰청 사무분장 규칙」에 따른 사무가 확인될 경우에는 경찰청 인권보호담당관실에 접수된 진정을 이첩할 수 있다.

제38조(인용 및 구제조치) ① 경찰청 및 그 소속기관의 장은 조사 결과 인권침해 사실이 인정되는 경우 다음 각 호의 조치를 하거나 관련 부서에 그 조치를 하도록 지시할 수 있다.
  1. 조사 결과 인권침해 행위의 내용이 범죄행위에 해당하고 형사처벌이 필요하다고 인정되는 경우 고발 또는 수사의뢰
  2. 인권침해 행위 중지 및 기타 적절한 조치
  3. 피해자의 권리구제를 위하여 필요하다고 인정되는 경우 국가배상이나 법률구조 등 안내
  4. 인권침해 행위를 한 당사자나 책임자에 대한 관계 법령에 따른 징계의결 요구
  5. 인권침해 사실과 관련된 제도 개선

② 경찰청 및 그 소속기관의 장은 인권침해의 의심이 있고, 이를 방치하면 회복하기 어려운 피해가 발생할 우려가 있다고 인정할 경우 다음 각 호의 조치를 하거나 관련 부서에 그 조치를 하도록 지시할 수 있다.
  1. 의료·식사 및 옷 등의 제공
  2. 유치장소의 변경
  3. 인권침해 행위의 즉시 중지 명령
  4. 인권침해 행위를 일으키고 있다고 판단되는 경찰관등의 그 직무로부터의 배제
  5. 그 밖에 피해자의 생명과 신체의 안전을 위하여 필요한 사항

③ 제1항 및 제2항 각 호의 조치는 함께 할 수 있다.

④ 경찰청 및 그 소속기관의 장은 제1항 각 호의 조치를 하기 전에 피진정인 및 관련부서의 장에게 의견을 진술하거나 필요한 자료를 제출할 기회를 주어야 한다.

⑤ 경찰청 및 그 소속기관의 장으로부터 제1항제2호·제4호 또는 제5호 또는 제2항 각

호의 조치를 지시받은 해당 부서의 장은 즉시 지시 내용을 이행하고, 결과를 보고하여야
한다.

I 서설

모든 사회적 규범, 제도, 법 등은 문화적으로 승인된 올바른 상태인 윤리를 토대
로 도출된다. 이러한 윤리는 법이 아닌 보다 높은 도덕적 가치라고 볼 수 있다. 경찰
은 이러한 윤리를 보호하고, 사회질서를 유지하는 기능을 하기 때문에, 경찰관에게는
일반인보다 높은 윤리적 도덕성이 요구된다.

경찰윤리를 확립해야 하는 필요성과 어떤 목적을 지향하는지는 클라이니히(J.
Kleinig)의 이론을 중심으로 살펴본다.

1. 경찰윤리 확립의 필요성

클라이니히(J. Kleinig)는 경찰윤리 확립의 필요성을 5가지로 정리하고 있다.

첫째, 경찰의 강력한 권한 행사 및 재량권의 확대 때문이다. 경찰관에게는 상당
히 강력한 권한이 주어져 있으며, 이를 행사함에 상당한 재량이 주어져 있다. 따라서
경찰권 행사는 일반시민들에게 심각한 영향을 미칠 수 있으며, 국민의 자유와 권리를
침해하거나 구속하는 성격이 강하다. 특히 경찰 재량에 대해서는 사전적 통제가 사실
상 불가능하기 때문에 경찰관 개개인의 윤리적이고 합리적인 판단이 더욱 더 강조되
어야 한다.

둘째, 비정상적인 상황하에서의 업무처리가 많기 때문이다. 경찰의 업무는 비정
상적인 상황과 관련된 경우가 많으며, 그러한 상황에서 의사결정을 합리적으로 하기
위해서는 일상적인 도덕적 대응만으로는 불충분하고 경찰관으로서의 윤리의식이 확립

되어 있어야 한다.

셋째, 위기상황하의 신속한 대처능력이 필요하다. 경찰관은 종종 위기상황에서 또는 짧은 순간의 숙고도 허용하지 않는 그런 상황에서 업무를 수행해야 할 경우가 많다. 이런 상황에 현명하게 대처하기 위해서는 사전에 잘 준비되고 충분한 도덕적 능력을 갖추고 있어야 한다.

넷째, 유혹에 노출될 가능성이 있기 때문이다. 경찰관은 다른 공직에 비해 더 많은 유혹에 노출되어 있다. 그럴수록 경찰관으로서의 품위와 공정성을 바탕으로 하는 정신자세가 중요하다 할 것이다.

다섯째, 배타적 집단형성 우려 때문이다. 의무불이행의 유혹은 외부뿐만 아니라 내부에서도 초래된다. 즉, 경찰조직의 집단규범에 동조하라는 동료들의 고도의 압력이 많다. 이를 극복하기 위해서는 구성원 개개인의 고도의 도덕적 결단이나 용기가 요구된다.

2. 경찰윤리교육의 목적

클라이니히(J. Kleinig)가 제시한 경찰윤리교육의 목적은 다음과 같다.

첫째, 도덕적 결의를 강화하기 위함이다. 도덕적 결의를 강화한다는 것은 경찰관이 실무에서 내부 및 외부로부터의 여러 압력과 유혹에도 굴복하지 않고 자신의 소신과 직업의식에 따라 일을 처리하는 것을 말한다.

둘째, 도덕적 감수성의 배양을 위함이다. 이는 실무에서 경찰이 다양한 계층의 사람들에게 모두 인간으로서 존중하고 공평하게 봉사하는 것을 말한다.

셋째, 도덕적 전문능력의 함양을 위함이다. 도덕적 전문능력이란 경찰이 비판적·반성적 사고방식을 배양하여 조직 내에 관습적으로 내려오는 관행을 비판적으로 검토하여 수용하는 것을 말한다. 경찰윤리교육에 있어 가장 중요한 목적이다.

Ⅱ 경찰윤리이론

1. 작은 호의(gratuity)에 대한 논의

1) 작은 호의의 의의

작은 호의란 뇌물은 아니지만, 경찰관의 활동에 대해 시민이 사적으로 선물이나 식사 등의 사례와 호의를 표시하는 것을 말한다.

뇌물은 직무와 관련하여 정당한 의무를 위반하거나 의무불이행을 감행하게 하는 정도의 이익을 의미한다는 점에서 작은 호의와는 구별된다.

2) 작은 호의의 인정여부

(1) 찬성론

작은 호의는 허용된다는 입장은 다음과 같다. 첫째, 비록 자신이 해야 할 일을 하는 경우지만 고마움을 표시하는 것은 당연하다는 것이다. 둘째, 작은 호의는 강제된 것이 아니라 자발적이라는 것이다. 셋째, 경찰관은 호의와 뇌물을 구분할 수 있으며, 작은 호의를 받더라도 편파적으로 업무를 처리하지 않는다는 것이다.

넷째, 형성재 이론에 근거한다. 즉, 순찰구역에서 경찰은 작은 호의를 통하여 지역주민들과 친밀해질 수 있다는 것이다.

다섯째, 공짜 커피와 같은 것은 뿌리 깊은 관행으로서 완전히 불식시키는 것은 불가능하기 때문이다.

(2) 반대론

반면, 작은 호의라도 금지되어야 한다는 입장은 다음과 같다. 첫째, 작은 선물일지라도 그것이 정례화되면 준 사람에 대한 의무감이나 신세를 가지고 있다는 생각을 가지게 되어 불공정하게 처리할 우려가 있다.

둘째, 작은 호의를 받아들이는 사람은 점점 더 멈추기 어려운 부패의 '미끄러지기 쉬운 경사로' 위에 있는 사람과 같이 될 우려가 있다.

셋째, 대부분의 경찰관들이 뇌물과 작은 호의를 구별할 수 있어도 일부는 양자를 구별할 능력이 없고 특권의식이 형성될 수 있다.

넷째, 공짜 커피를 제공하는 사람들은 대개 불순한 의도를 가지고 경찰인에게 어떤 특별한 대우를 받기를 원한다.

마지막으로 경찰은 당연히 할 일을 하고 국가로부터 보수를 받으므로 작은 호의를 받는 것은 최소한 비윤리적이다.

2. 미끄러지기 쉬운 경사로 이론(Slippery slope theory)

셔면의 '미끄러지기 쉬운 경사로 이론'은 부패에 해당하지 않는 공짜 커피, 작은 선물 등의 사소한 호의를 허용하고 이것이 습관화되면 나중에는 커다란 부패로 이어진다는 이론이다. 22년 1차/23년 2차

펠드버그(Feldeberg)는 대부분의 경찰들이 작은 호의와 뇌물을 구별할 수 있다고 보면서, 작은 호의를 받았다고 하여 반드시 큰 부패를 범하는 것은 아니라고 보아, 이 이론을 비현실적인 관념적 가설에 불과하다고 비판한다.

한편, 델라트르(Delattre)는 일부 경찰관이 이 이론에 따라 큰 부패로 이어지지만, 결코 이를 무시하거나 간과하면 안 된다는 점에서 작은 호의를 금지해야 한다고 주장한다.

3. 경찰의 부정부패이론

1) 부정부패의 정의

하이덴하이머(Heidenheimer)의 분류에 따르면, 첫째 관직 중심적 정의로서 부패는 뇌물수수행위와 특히 결부되어 있지만 반드시 금전적인 형태일 필요가 없으며, 사적인 이익을 고려하여 권위를 남용하는 경우를 말한다.

둘째, 시장 중심적 정의로서, 고객이 위험을 감수하고서라도 원하는 이익을 확실히 얻기 위하여 높은 가격(뇌물)을 지불하는 결과를 부패로 이해한다. 23년 2차

셋째, 공익중심적으로 정의할 경우, 어떤 일을 하도록 책임이 주어진 권한의 소유자, 즉 관직을 가진 사람이 법적으로 규정되어 있지 않은 금전적인 또는 다른 형태의 보수에 의하여 그런 보수를 제공하는 사람들에게 이로운 행위를 함으로써 공중의 이익에 손해를 가져올 때 부패가 발생한다.

2) 부패의 유형

부정부패는 크게 백색부패, 흑색부패, 회색부패 등으로 유형화할 수 있다. 우선, 백색부패는 이론상 일탈행위로 규정될 수 있으나, 구성원 다수가 어느 정도 용인하는 선의의 부패 또는 관례화된 부패를 말한다. 예컨대, 경제가 어려운데 국민들의 동요나 기업활동위축을 방지하기 위해서 경기가 살아나고 있다고 관련 공직자가 거짓말을 한 경우를 들 수 있다.

다음으로 흑색부패는 사회 전체에 심각한 해를 끼치는 부패로 구성원 모두가 인정하고 처벌을 원하는 부패를 말한다. 업무와 관련된 대가성 있는 뇌물수수가 대표적인 예이다.

회색부패는 백색부패와 흑색부패의 중간에 위치하는 유형으로서 흑색부패로 발전할 수 있는 잠재성을 지닌 것을 말한다. 적은 액수의 호의표시나 선물 또는 경찰관에게 주민들이 제공하는 음료수나 과일 등이 회색부패에 해당한다. 이에 대해서는 사회구성원 가운데 특히 엘리트를 중심으로 일부집단은 처벌을 원하지만, 다른 일부집단은 처벌을 원치 않는다.

3) 부정부패의 원인론

우선, 전체사회 가설이다. 경찰의 부정부패 현상이 나타나는 원인 중 미국의 윌슨(O.W. Wilson)은 '시카고 시민이 경찰을 부패시켰다'고 주장한 것처럼, 시민사회의 부패가 경찰부패의 주원인이라고 보는 입장이다. 22년 2차/23년 1차 사회전체가 경찰부패를 묵인하거나 조장할 때 경찰은 부패행위를 하게 된다는 것이다. 처음 단계에는 설령 불법적인 행위를 하지 않더라도 작은 호의에 길들여져 나중에는 명백한 부정부패로 빠져들게 된다는 이론으로 '미끄러지기 쉬운 경사로 이론'과 유사하다.

다음으로 구조원인 가설이다. 경찰부패의 원인을 설명하는 이론 중 신임경찰들이 선배경찰에 의해 조직의 부패전통 내에서 사회화되어 신임 경찰도 기존 고참 선배경찰처럼 부패로 물들게 된다는 이론이다. 22년 1차 니더호퍼(Niederhoffer), 로벅(Roebuck), 바카(Barker) 등이 이러한 주장을 하였다. 22년 2차 부패관행이 경찰 조직 내부에서 서로가 문제점을 알면서도 눈감아주는 '침묵의 규범'으로 받아들여진다. 22년 1차 부패가 구조화된 조직에서는 '법규 및 예산과 현실의 괴리' 현상이 발생한다. 이 가설에서는 부패의 원인을 개인적 이익 추구를 넘어 조직 또는 사회적 차원의 이익 추구로 확대하고자 하는 시도로 조직의 체계적 원인으로 보고 있다. 23년 2차

한편 구조원인 가설은 대의명분 있는 부패와 더불어, 도덕적으로 선한 목적을 위해 윤리적, 정치적, 혹은 법적으로 더러운 수단을 동원하는 것이 적절한가와 관련된 딜레마적 상황인 'Dirty Harry 문제'와도 관련있다. 22년 1차

마지막으로 썩은 사과 가설이다. 경찰부패의 원인은 전체 경찰 중 일부 부패할 가능성이 있는 경찰을 모집단계에서 배제하지 못하여 이들이 조직에 흡수되어 전체가 부패할 가능성이 있다는 이론이다. 부패의 원인을 조직의 체계적인 원인보다는 개인적 결함으로 보고 있다.

4) 경찰의 부패화 과정

경찰의 부패화는 4단계의 과정으로 이루어진다. 1단계에서는 신임경찰이 경찰직을 사회에 봉사하려는 수단으로 경찰에 입문한다.

2단계에서는 낮은 봉급, 경찰에 대한 낮은 사회인식, 승진좌절 등에 대한 한계의식으로 현실의 벽을 느끼고 좌절하는 단계이다.

3단계에서는 좌절한 경찰관이 경찰역할을 무의미하게 인식하고 냉소적으로 되면서 체념하는 단계이다.

4단계에서는 무의미한 경찰생활 속에서 경찰직을 사익과 안락을 추구하는 수단으로 이용하면서 부패화되는 단계이다.

5) 경찰부패에 대한 내부고발(whistleblowing)

(1) 의의

내부고발은 경찰관이 동료나 상사의 부정부패에 대하여 감찰에 알리거나 외부의 언론매체에 대하여 공표하는 것을 말한다. 동료의 부정부패에 대해 눈감아주는 '침묵의 규범'과 반대되는 개념이다.

(2) 내부고발의 원인

첫째, 행위를 수행하는 개인은 조직의 현재 또는 과거의 구성원이다. 둘째, 개인은 정보를 공표하기 위하여 의도된 일련의 행동을 수행한다. 셋째, 정보는 공적인 기록사항으로 된다. 넷째, 정보는 조직 내에서 발생이 가능한 잘못, 현실적인 잘못, 사소하지 않은 잘못에 관한 것이다.

(3) 내부고발의 윤리적 정당화 요건(J. Kleinig, 존 클라이니히)

내부고발은 무엇보다도 적절한 도덕적 동기에 의해 이루어져야 한다. 다음으로 내부고발자는 특별한 경우를 제외하고 공표를 하기 전에 자신의 이견을 표시하기 위한 모든 내부적 채널을 다 사용했어야 한다. 또한 부적절한 행동을 하도록 지시되었다는 자신의 신념이 합리적 증거에 근거하였는지 확인해야 한다. 내부고발자는 도덕적 위반이 얼마나 중대한가, 도덕적 위반이 얼마나 급박한가 등의 세심한 고려가 있어야 한다. 마지막으로 어느 정도의 성공가능성이 있어야 한다. 24년 1차

Ⅲ 경찰활동의 사상적 토대와 경찰활동의 기준

1. 경찰활동의 사상적 토대로서 사회계약설

1) 경찰활동의 사상적 토대로서 사회계약설

사회계약설은 홉스의 리바이어던, 로크의 시민정부론, 루소의 사회계약론 등에서 주창되었다.

2) 로크의 사회계약설

로크에 의하면, 시민사회 이전의 자연상태에서 개인들은 자유를 가지고 있지만 안전이 결여된 상태에 있었다. 이러한 자연상태의 안전결여를 해결하기 위해 개인들은 자연상태를 포기하고 시민사회를 결정하게 되는데, 이러한 정치적 사회를 결정하는 개인들의 결정을 사회계약이라 부른다.

개인은 사회계약을 통해 안전을 위해 자기 자신의 권리를 보호해 줄 정치기구에 자신의 권리를 위임하게 되고, 위임을 받은 정부가 개인들을 대신해서 생명과 재산의 보호업무를 맡게 되는 것이다. 여기에 민주경찰의 사상적 토대가 있다. 이를 통해 경찰이 시민을 위해 어떤 기준을 가지고 활동해야 하는지가 명확해진다.

2. 사회계약설로부터 도출되는 경찰활동의 기준

코헨(Cohen)과 펠드버그(Feldberg)는 사회계약설을 토대로 경찰활동이 지향해야 할 5가지 기준을 도출하였다. 23년 2차

1) 공정한 접근(fair access) 보장

경찰은 사회전체의 필요에 의해서 생겨난 기구이다. 따라서 경찰서비스는 누구에게나 공정한 접근을 허용해야 한다. 경찰관들은 경찰서비스에 대한 필요성을 가진 사람들에게 그것을 받을 동등한 기회를 부여해야 한다. 성·연령 및 전과의 유무 등에 따라 서비스의 제공을 거부하거나 차별화해서는 안 된다.

편들기, 치안서비스의 해태 및 무시 등은 공정한 접근보장에 위배된다. 예컨대, 음주단속을 하던 경찰이 동료경찰관을 적발하고도 동료라는 이유로 눈감아 주었다면 공정한 접근보장에 위배되는 편들기라고 할 수 있다. 경찰관이 순찰근무 중 가난한 동네는 순찰하지 않고 부자동네인 구역만 순찰을 다녔다면, 이는 서비스의 해태 및 무시에 해당한다.

2) 공공의 신뢰(public trust) 확보

(1) 의의

시민들이 자신들의 권리행사를 제한하고 공공의 안녕과 질서유지를 경찰에게 맡겼다는 것을 인식하고 경찰은 거기에 부응하는 것을 의미한다.

(2) 구체적 내용

공공의 신뢰는 자력구제 금지, 법집행, 강제력의 최소한 사용, 사적이익 추구의 금지 등을 내용으로 한다.

첫째, 자력구제는 금지된다. 사회계약설에 의하면, 시민들은 치안을 경찰에 맡겼기 때문에 특별한 경우 이외에는 자신의 권리를 지키기 위해 자력구제하면 안 된다.

둘째, 법집행에 대한 신뢰이다. 시민들은 경찰이 반드시 법집행을 할 것을 신뢰하고 있으므로, 경찰관은 이러한 국민의 신뢰를 져버리는 행동을 해서는 안 된다.

셋째, 강제력의 최소한 사용이다. 경찰관은 직무수행과정에서 적법절차를 준수하

고, 권한을 남용하거나 물리력을 과도하게 사용해서는 안 된다.

넷째, 사적이익추구 금지에 대한 신뢰이다. 경찰관은 자의적인 권한행사나 사적 이윤을 추구해서는 안 된다.

3) 생명과 재산의 안전보호(safety and security)

경찰의 법집행 활동은 시민의 생명과 재산의 보호라는 목적을 달성하기 위한 하나의 수단에 불과하며 법집행활동 그 자체가 목적은 아니다. 경찰의 법집행은 생명과 재산의 안전이라는 틀 안에서 수행되어야 한다. 따라서 법집행으로 인해 시민의 생명과 재산이 위협되어서는 안 된다.

또한 위기상황에서 경찰은 현재적인 위험에 처해있는 시민의 생명과 안전을 잠재적인 위험보다 더 우선적으로 보호해야 한다.

4) 냉정하고 객관적인 자세(objedtivity)

사회계약설의 입장에서 경찰관은 사회의 일부분이 아닌 사회 전체의 이익을 위해 노력해야 하기 때문에 업무수행 시 사사로운 개인감정에 치우치면 안되고, 냉정하고 객관적인 자세를 유지해야 한다.

예컨대, 경찰관으로서 절도범을 검거하였는데, 과거 도둑맞은 개인적 경험에 대한 감정으로 피의자에게 욕설과 가혹행위를 하였다면, 이는 냉정하고 객관적인 자세에 위배된다고 할 것이다.

5) 협동(teamwork)과 역할 한계

경찰에게 부여된 사회적 역할 범위 내에서 행동해야 하며, 상호 협력을 통해 경찰목적이 달성되어야 한다. 협력은 대내외를 가리지 않고 요구된다.

예컨대, 탈주범이 자기 관내에 있다는 첩보를 입수한 경찰관이 상부에 보고하지 않고 공명심에 단독으로 검거하려다 실패하였다면, 이는 협동에 어긋나는 것이다. 형사가 범인검거를 넘어 몽둥이질로 처벌까지 했다면, 이는 경찰의 역할한계를 벗어난 행위에 해당한다.

Ⅳ 우리나라 경찰윤리 확립을 위한 노력

1. 대한민국 경찰 최초의 윤리규정

우리나라 최초의 경찰윤리규정은 1945년 10월 21일 초대 경무국장으로 취임한 조병옥 박사의 지시문이다. 이 지시문은 경찰이 나아가야 할 6가지 방향을 제시하고 있는데, 아래와 같다.

> 경찰직원들에게 고함
> • 국민의 신뢰를 받아야 할 경찰관
> • 냉정하여야 할 경찰관
> • 공평하여야 할 경찰관
> • 검소하여야 할 경찰관
> • 일상에 수양하여야 할 경찰관
> • 내외정세에 사명을 알아야 할 경찰관

2. 경찰윤리규정의 변천 [24년 1차]

먼저, 1945년 10월 21일 국립경찰의 탄생시 경찰의 이념적 지표가 된 경찰정시니은 영미법계의 영향으로 '봉사'와 '질서'가 경찰의 행동강령이 되었다. [24년 1차]

다음으로 4·19혁명과 5·16군사정변 등의 사회적·정치적 변혁을 거치면서 높아진 경찰관의 자질에 대한 요구에 부응하고자 1966년에 「경찰윤리헌장」이 제정되었다.

> 우리는 국민의 생명과 재산을 보호하고 공공의 안녕과 질서를 유지하는 경찰관으로서
> • 우리는 헌법과 법률을 수호하고 명령에 복종하며, 각자 맡은 바 책임과 임무를 충실히 완수한다.
> • 우리는 냉철한 이성과 투철한 사명감을 가지고 모든 위해와 불법과 불의에 과감하게 대결하며, 항상 청렴 검소한 생활로써 명리를 멀리하고 오직 양심에 따라 행동한다.
> • 우리는 국민의 신뢰를 명심하여 편견이나 감정에 사로잡히지 않고 공명정대하게 업무를 처리한다.
> • 우리는 이 모든 목표와 사명을 달성하기 위하여 끊임없이 인격과 지식의 연마에 노력할 것이며, 민주 경찰의 발전에 헌신한다.

1980년에는 경찰의 실천윤리강령으로 '새경찰신조'가 제정되었다.

> 1. 우리는 새시대의 사명을 완수한다.
> 1. 우리는 깨끗하고 친절하게 봉사한다.
> 1. 우리는 공정과 소신으로 일한다.
> 1. 우리는 스스로의 능력을 계발한다.

1991년 8월에는 행정안전부의 독립외청으로서 출범한 경찰청 시대를 맞아 1966년의 '경찰윤리헌장'을 사회발전과 국민의식의 수준에 발맞추어 다시 개정한 「경찰헌장」이 선포되었다. 이 헌장에는 민주경찰의 당위성과 본분을 제시하고 나아가 2000년대 경찰의 이념적 방향인 봉사정신을 대내외에 천명하고 있다.

> 우리는 조국 광복과 함께 태어나, 나라와 겨레를 위하여 충성을 다하며 오늘의 자유 민주 사회를 지켜온 대한민국 경찰이다. 우리는 개인의 자유와 권리를 보호하며 사회의 안녕과 질서를 유지하여, 모든 국민이 평안하고 행복한 삶을 누릴 수 있도록 해야 할 영예로운 책임을 지고 있다.
> 이에 우리는 맡은 바 임무를 충실히 수행할 것을 다짐하며, 우리가 나아갈 길을 밝혀 마음에 새기고자 한다.
> 1. 우리는 모든 사람의 인격을 존중하고 누구에게나 따뜻하게 봉사하는 친절한 경찰이다.
> 1. 우리는 정의의 이름으로 진실을 추구하며, 어떠한 불의나 불법과도 타협하지 않는 의로운 경찰이다.
> 1. 우리는 국민의 신뢰를 바탕으로 오직 양심에 따라 법을 집행하는 공정한 경찰이다.
> 1. 우리는 건전한 상식 위에 전문지식을 갈고 닦아 맡은 일을 성실하게 수행하는 근면한 경찰이다.
> 1. 우리는 화합과 단결 속에 항상 규율을 지키며, 검소하게 생활하는 깨끗한 경찰이다.

경찰청은 1998년 9월 30일 경찰행정을 국민중심으로 전환하여 모든 국민에게 친절하고 신속 공정한 서비스의 제공을 약속하는 「경찰서비스헌장」을 제정하여 발표하였다. 23년 2차 다만, 법적 강제력이 없기 때문에 위반했을 경우 제재방법이 미흡하다. 24년 1차

> 우리는 국민이 생명과 재산을 보호하고 법과 질서를 수호하는 국민의 경찰로서 모든 국민이 안전하고 평온한 삶을 누릴 수 있도록 다음과 같이 실천하겠습니다.
> 하나, 범죄와 사고를 철저히 예방하고 법을 어긴 행위는 단호하고 엄정하게 처리하겠습니다.

하나, 국민이 필요하다고 하면 어디든지 바로 달려가 도와드리겠습니다.
하나, 모든 민원은 친절하고 신속, 공정하게 처리하겠습니다.
하나, 국민의 안전과 편의를 제일 먼저 생각하며 성실히 직무를 수행하겠습니다.
하나, 인권을 존중하고 권한을 남용하는 일이 없도록 하겠습니다.
하나, 잘못된 업무는 즉시 확인하여 바로잡겠습니다.

3. 경찰공무원복무규정

경찰공무원의 복무에 관한 사항을 규정한 「경찰공무원복무규정(대통령령)」 제3조에서는 경찰공무원이 복무해야 할 6가지 기본강령을 제시하고 있다.

제3조(기본강령) 경찰공무원은 다음의 기본강령에 따라 복무해야 한다.
1. 경찰사명
경찰공무원은 국가와 민족을 위하여 충성과 봉사를 다하며, 국민의 생명·신체 및 재산을 보호하고, 공공의 안녕과 질서를 유지함을 그 사명으로 한다.
2. 경찰정신
경찰공무원은 국민의 수임자로서 일상의 직무수행에 있어서 국민의 자유와 권리를 존중하는 호국·봉사·정의의 정신을 그 바탕으로 삼는다.
3. 규율
경찰공무원은 법령을 준수하고 직무상의 명령에 복종하며, 상사에 대한 존경과 부하에 대한 존중으로써 규율을 지켜야 한다.
4. 단결
경찰공무원은 주어진 사명을 다하기 위하여 긍지를 가지고 한마음 한뜻으로 굳게 뭉쳐 임무수행에 모든 역량을 기울여야 한다.
5. 책임
경찰공무원은 창의와 노력으로써 소임을 완수하여야 하며, 직무수행의 결과에 대하여 책임을 진다.
6. 성실·청렴
경찰공무원은 성실하고 청렴한 생활태도로써 국민의 모범이 되어야 한다.

4. 경찰윤리에 부합하는 경찰의 역할모델과 경찰의 전문직업화

1) 치안활동의 주체

치안은 국가, 특히 경찰에 의해 유지되는 것이 전통적인 관점이다. 그러나 오늘날에는 시민들에 의한 치안활동도 인정되고 있다. 실제로 공적 조직에 의한 치안활동

이외에도 사설경비업체, 사설경호 등 민간에 의한 치안활동이 활발하게 이루어지고 있다. 다만, 재해, 화재, 교통사고 등 특정한 경우에는 시민들에게도 치안활동에 참여하도록 강제되는 경우도 있다.

2) 범죄와 싸우는 투사 모델(the crimefighter model) 24년 1차

법집행을 통한 범죄자와 싸우는 투사의 측면을 강조한 모델이다. 이 모델은 시민들에게 이미 발생한 범죄를 수사하여 범죄자를 검거하는 등 범죄투사로서의 역할이라는 인식을 심어준다.

이러한 모델은 경찰을 범죄자와 투쟁하는 자로서의 경찰 역할을 명확히 인식시켜 전문직화에 기여한다는 장점이 있다. 그러나 범죄투사라는 경찰의 역할을 전체 경찰의 임무로 설명하는 데에는 한계가 있다. 이러한 모델은 자칫 범죄자는 적이고, 경찰은 정의의 사자라는 흑백논리에 따른 이분법적 오류에 빠질 경우 인권침해 등의 우려가 있다. 그로 인해 범죄수사업무 이외 다른 업무를 부수적으로 보게 하여 경찰인력이나 자원을 수사에만 우선시할 우려가 있다는 단점이 있다.

3) 치안서비스 제공자로서의 경찰 모델(service worker model)

범죄와의 투쟁뿐만 아니라 시민에 대한 치안서비스 활동과 사회봉사활동의 측면을 강조한 모델이다. 이 모델은 범죄의 진압·수사뿐만 아니라 비권력적 치안서비스를 당연한 치안활동에 포함시키기 때문에 community policing 등과 같은 지역사회 경찰활동을 강조하는 측면이 있다. 최근 도입된 자치경찰제에서는 이러한 경찰모델이 특히 중요한 역할을 할 것으로 기대된다.

4) 바람직한 경찰모델의 설정

경찰은 범죄(또는 위험)로부터의 안전을 보장하는 것을 주 임무로 한다. 따라서 범죄의 예방과 동시에 범죄진압·수사도 경찰에 필수불가결한 활동이다. 치안상황에 따라 치안서비스 제공자로서의 역할이 우선되는 측면이 있는 반면, 범죄투사로서의 역할이 강조될 수 있다. 경우에 따라서는 양자의 역할이 균형을 이루어야 하는 경우도 있을 것이다.

5) 경찰의 전문직업화

(1) 전문직의 의의

미국의 오거스트 볼머(August Vollmer) 등에 의해 추진된 경찰의 전문직업화 운동은 경찰의 높은 사회적 지위를 확보하는 것을 목적으로 한다. 전문직이란 장기간 학습한 체계적인 지식을 이용하여 자기의 이익추구에 앞서 공공에 대한 봉사를 지향하는 직업을 말한다.

(2) 전문직업화의 장점

우선, 경찰의 인적자원의 질이 향상된다. 다음으로 경찰조직 내 우수한 인재를 유인할 수 있다. 경찰인들의 자율과 재량적 업무수행을 촉진한다. 또한 경찰의 위상제고와 긍지를 불러일으키게 되고, 보수상승의 요인이 된다.

(3) 전문직업화의 윤리적 문제점 〔22년 2차〕

첫째, 부권주의이다. 아버지가 자식의 적성이나 의사를 고려하지 않고 문제를 모두 결정하듯이, 경찰이 전문지식을 배경으로 상대방의 입장을 고려하지 않고 일방적으로 결정하여 치안서비스의 질을 저해할 우려가 있다. 부권주의에서 국민은 섬김의 대상이 아닌 강제력 행사의 수동적인 대상으로만 인식된다.

둘째, 소외이다. 나무는 보고 숲은 보지 못하듯, 전문가가 자신의 국지적 분야만 보고 전체적인 맥락을 보지 못할 우려가 있다.

셋째, 차별이다. 경찰이 전문직업화되어 일정한 교육과 전문지식을 요구할 경우 경제적 그리고 교육적으로 불리한 위치에 있는 사람들은 경찰에 입문하지 못하는 현상이 발생할 우려가 있어 차별의 문제를 야기하는 문제가 있다.

마지막으로 사적 이익의 이용이다. 전문직들은 그들의 지식과 기술로 상당한 사회적 힘을 소유하지만, 이러한 힘을 공익보다는 사익을 위해서만 이용하기도 한다는 점이다.

제6절	경찰(조직)문화

I 경찰조직문화의 개념

1. 조직문화의 개념

조직문화(Organization Culture)는 다양한 가치가 조합이 되어 조직에 문화적 특성을 부여하고, 그러한 특성은 조직구성원의 행위에 차별화된 영향을 미친다.

예컨대, 조직문화를 연구한 Pettigrew(1979)는 조직문화를 상징, 언어, 이념, 의식, 전통 등 조직이 가지고 있는 총체적 개념의 원천으로 보았다. 또한 Alvessen(2002)은 구성원들에게 지속적으로 공유되는 행위와 경험으로 조직의 비공식적으로 발생되는 행위에 대한 해석의 길라잡이로 인식되는 개념을 조직문화로 인식하였다.

이처럼 조직문화는 학자들 마다 접근하는 방식과 개념의 해석적 차이가 있기 때문에 일반화하기는 어렵다. 다만, 조직문화는 조직 구성원들 사이에 동질성을 부여하고 조직이 추구하는 가치를 서로 공유하여 조직의 생산성에 직·간접적으로 영향을 미치는 중요한 개념으로 인식되고 있는 것은 분명하다.

2. 경찰조직문화의 개념

경찰은 경찰조직 내에서 공통된 특징이나 속성을 가지고 일반화할 수 있는 경찰문화를 형성하고 있다. 경찰문화는 경찰의 전반적인 생활양식을 의미하는 것으로 경찰의 의식구조, 사고방식, 가치관, 태도 등 경찰관의 행동을 규제하는 가치적 요소로 조직구성원들 사이에 공유된 가치라고 할 수 있다.

이러한 경찰조직문화는 특히 불확실한 환경에 대응할 수 있도록 조직구성원 간의 공유되고, 신임경찰관들에게 전승되어지게 된다.

경찰의 직무특성으로 인해 경찰문화는 Skolnick(1966)에 따르면, 위험에 효율적으로 대처하기 위해 권위적인 문화가 더 요구된다고 보았다. 같은 맥락에서 Berkley(1974)도 위험성, 권력성, 불신성을 경찰조직문화의 특색으로 들고 있다.

Ⅱ 한국경찰의 조직문화적 특성

우리나라 경찰이 가지는 조직문화는 대체로 일반시민들에 대한 불신과 의심 및 잠재적인 위험을 기준으로 한 사람과 상황에 대한 평가, 강제적 권위의 행사와 우월한 지위의 유지, 남성예찬, 복지부동적 경향, 법집행 역할에 대한 강조, 시민들과의 편가르기식 태도, 동료집단에 대한 충성, 비밀주의 등과 같은 부정적 가치가 지배하고 있다는 지적이 있다.

최학봉(2003)이 주목한 우리나라 경찰조직문화의 특성은 보수성, 권위주의, 비밀주의, 냉소주의 등이다. 첫째, 보수성은 공공의 안녕과 질서유지라는 경찰조직의 목표 자체가 체제유지 차원에서 보수적인 성향을 띤다고 보고 있다. 그러나 최근에는 민주적·봉사 지향적인 성향이 모색되고 있다고 주장한다.

둘째, 기존 경찰의 행태적 특성은 대체로 시민에 대해 강압적이며 군림하려는 자세를 취해 왔고, 조직 내에서도 하위계급이나 비간부는 상사의 권위에 복종적인 성향을 보여왔다고 지적한다. 셋째, 전통적인 경찰활동 자체가 비밀주의적 특성을 내재하고 있다고 한다. 이는 경찰활동이 오류를 범할 잠재성과, 경찰관의 부적절한 행동에 대해 자신과 동료를 보호하는 과정에서 발생할 수 있다고 주장한다.

넷째, 경찰은 일반사회 및 조직내부에 대해서 냉소적인 특성을 보인다.

다섯째, 경찰의 직업적 특성상 경찰끼리만 어울리며, 그 결과 일반시민들과의 의사소통이 제한되어 고립적인 특성을 보이게 된다는 것이다.

여섯째, 경찰조직은 위기상황과 각종 범죄에 일사분란하게 대응하기 위하여 엄격한 계층구조를 이루고 있으며, 이에 따라 상관의 지시·명령에 복종하여 업무를 처리해야 하는 상명하복(上命下服)의 조직문화가 지배적으로 작용하고 있다. 경찰기관 내부에서도 철저한 상하간에 권한과 책임이 명확하여 지배와 피지배의 관계를 형성하고 있다. 그러다보니 상대적으로 폐쇄적인 조직문화 특성을 가지고 있다.

일곱째, 경찰조직은 법규 적용에 따른 엄격한 규칙과 절차에 따르는 조직으로 규칙성 강조에 따른 경직적 조직문화의 특성을 보인다. 법규범의 준수는 경찰조직의 안정성과 지속성을 가져오는 장점이 있지만 반면에 법규만능주의, 무사안일, 형식주의를 가져와 시민에 대한 편익과 봉사보다는 형식과 절차를 중시하여 관료조직의 폐해로 발전되기도 한다. 뿐만 아니라 경찰조직이 경직된 규칙성에 집착할 경우 경찰관은 개인의 역할수행에 있어서 자기방어수단으로 획일적인 규정을 적용하게 된다.

Ⅲ 한국경찰조직문화의 특성으로서 냉소주의의 문제와 극복

1. 냉소주의의 원인

냉소주의는 기존의 사회체계에 대한 신념이 결여되어 있을 때 가장 크게 나타난다. 다음으로 공중의 생활이 위선으로 가득차 있다고 생각할 때, 그리고 경찰조직이 하급직원에 대하여 무리한 요구를 할 때에도 나타난다.

2. 회의주의와 구별

냉소주의와 회의주의는 공통적으로 불신을 바탕으로 하고 있다. 그러나 냉소주의와 비교할 때, 회의주의는 조직 내 특정한 대상을 합리적 의심을 통해 신뢰하지 않는 것과 관련이 있다. [23년 2차] 다시 말해, 냉소주의는 합리적 근거 없이 사회에 대한 신념결여로 발생하는데 반해, 회의주의는 개별적 사안에서 합리적 의심을 하여 비판을 하는 것이다.

또한 냉소주의는 대상이 특정화되지 않고, 대상을 개선시키겠다는 의지가 없으나, 회의주의는 대상이 특정화되어 있고 대상을 개선시키겠다는 의지도 있다는 점에서 차이가 있다.

3. 폐해 및 극복방안

냉소주의는 무엇보다도 조직에 대한 반발과 일탈현상을 초래한다. 또한 극단적이고 객관성이 결여되어 모든 것을 부정적으로 보는 문화를 조장한다. 나아가 냉소주의는 경찰의 전문직업화를 저해할 수 있다. 니더호퍼(Niederhoffer)는 이러한 냉소주의를 사회체계에 대한 기존의 신념체제가 붕괴된 후 새로운 신념체제에 의해 대체되지 않았을 때 사람이 경험하는 소외, 즉 '도덕적 아노미'에 의해 나타나는 것으로 보았다. [23년 2차]

따라서 냉소주의를 극복하기 위해서는 맥그리거(McGregor)의 이론 중 Y이론에 입각한 민주적인 조직관리가 필요하다. Y이론에 입각한 조직관리는 인간을 본래 일하기 싫어하지 않고 이타적이며 상호협력적 성향을 지녔으며, 창의성, 도전성, 그리고 책임감이 있고 자기규제능력이 있는 존재라고 상정하기 때문에 조직을 민주적으로 관리할 필요가 있다는 인간모형에 기초한다. [23년 2차] 예컨대, 중요 의사결정시 부하의 의견 청취, 커뮤니케이션 과정의 개선, 상사와 부하의 신뢰회복 등이 필요하다.

Ⅳ 경찰의 건강한 조직문화를 위한 강제규범

1. 「부정청탁 및 금품 등 수수의 금지에 관한 법률」(약칭 청탁금지법)

공직자 등에 대한 부정청탁 및 공직자 등의 금품 등의 수수(收受)를 금지함으로써 공직자 등의 공정한 직무수행을 보장하고 공공기관에 대한 국민의 신뢰를 확보하는 것을 목적으로 한 「부정청탁 및 금품등 수수의 금지에 관한 법률」(청탁금지법)이 제정되어 시행되고 있다.

이 법에 따르면, 누구든지 직접 또는 제3자를 통하여 직무를 수행하는 경찰공무원에게 부정청탁을 해서는 아니 된다(제5조 제1항). 부정청탁을 받은 경찰공무원은 그에 따라 직무를 수행해서는 아니 된다(제6조). 경찰공무원이 부정청탁을 받았을 때에는 부정청탁을 한 자에게 부정청탁임을 알리고 이를 거절하는 의사를 명확히 표시하여야 한다(제7조 제1항). 그럼에도 불구하고 동일한 부정청탁을 다시 받은 경우에는 이를 소속기관장에게 서면(전자문서 포함)으로 신고하여야 한다(제7조 제2항).

이 법률의 주요 내용은 다음과 같다.

공직자등이 이 법 또는 이 법에 따른 명령을 위반한 경우에는 징계처분을 하여야 한다.

> **제2조(정의)** 이 법에서 사용하는 용어의 뜻은 다음과 같다.
> 1. "공공기관"이란 다음 각 목의 어느 하나에 해당하는 기관·단체를 말한다.
>   가. 국회, 법원, 헌법재판소, 선거관리위원회, 감사원, 국가인권위원회, 고위공직자범죄수사처, 중앙행정기관(대통령 소속 기관과 국무총리 소속 기관을 포함한다)과 그 소속 기관 및 지방자치단체
>   나. 「공직자윤리법」 제3조의2에 따른 공직유관단체
>   다. 「공공기관의 운영에 관한 법률」 제4조에 따른 기관
>   라. 「초·중등교육법」, 「고등교육법」, 「유아교육법」 및 그 밖의 다른 법령에 따라 설치된 각급 학교 및 「사립학교법」에 따른 학교법인
>   마. 「언론중재 및 피해구제 등에 관한 법률」 제2조 제12호에 따른 언론사
> 2. "공직자등"이란 다음 각 목의 어느 하나에 해당하는 공직자 또는 공적 업무 종사자를 말한다.
>   가. 「국가공무원법」 또는 「지방공무원법」에 따른 공무원과 그 밖에 다른 법률에 따라 그 자격·임용·교육훈련·복무·보수·신분보장 등에 있어서 공무원으로 인정된 사람 22년 2차
>   나. 제1호나목 및 다목에 따른 공직유관단체 및 기관의 장과 그 임직원

다. 제1호라목에 따른 각급 학교의 장과 교직원 및 학교법인의 임직원

라. 제1호마목에 따른 언론사의 대표자와 그 임직원

3. "금품등"이란 다음 각 목의 어느 하나에 해당하는 것을 말한다.

가. 금전, 유가증권, 부동산, 물품, 숙박권, 회원권, 입장권, 할인권, 초대권, 관람권, 부동산 등의 사용권 등 일체의 재산적 이익

나. 음식물·주류·골프 등의 접대·향응 또는 교통·숙박 등의 편의 제공

다. 채무 면제, 취업 제공, 이권(利權) 부여 등 그 밖의 유형·무형의 경제적 이익

제5조(부정청탁의 금지) ① 누구든지 직접 또는 제3자를 통하여 직무를 수행하는 공직자등에게 다음 각 호의 어느 하나에 해당하는 부정청탁을 해서는 아니 된다.

1. 인가·허가·면허·특허·승인·검사·검정·시험·인증·확인 등 법령(조례·규칙을 포함한다. 이하 같다)에서 일정한 요건을 정하여 놓고 직무관련자로부터 신청을 받아 처리하는 직무에 대하여 법령을 위반하여 처리하도록 하는 행위

2. 인가 또는 허가의 취소, 조세, 부담금, 과태료, 과징금, 이행강제금, 범칙금, 징계 등 각종 행정처분 또는 형벌부과에 관하여 법령을 위반하여 감경·면제하도록 하는 행위

3. 채용·승진·전보 등 공직자등의 인사에 관하여 법령을 위반하여 개입하거나 영향을 미치도록 하는 행위

4. 법령을 위반하여 각종 심의·의결·조정 위원회의 위원, 공공기관이 주관하는 시험·선발 위원 등 공공기관의 의사결정에 관여하는 직위에 선정 또는 탈락되도록 하는 행위

5. 공공기관이 주관하는 각종 수상, 포상, 우수기관 선정 또는 우수자 선발에 관하여 법령을 위반하여 특정 개인·단체·법인이 선정 또는 탈락되도록 하는 행위

6. 입찰·경매·개발·시험·특허·군사·과세 등에 관한 직무상 비밀을 법령을 위반하여 누설하도록 하는 행위

7. 계약 관련 법령을 위반하여 특정 개인·단체·법인이 계약의 당사자로 선정 또는 탈락되도록 하는 행위

8. 보조금·장려금·출연금·출자금·교부금·기금 등의 업무에 관하여 법령을 위반하여 특정 개인·단체·법인에 배정·지원하거나 투자·예치·대여·출연·출자하도록 개입하거나 영향을 미치도록 하는 행위

9. 공공기관이 생산·공급·관리하는 재화 및 용역을 특정 개인·단체·법인에게 법령에서 정하는 가격 또는 정상적인 거래관행에서 벗어나 매각·교환·사용·수익·점유하도록 하는 행위

10. 각급 학교의 입학·성적·수행평가 등의 업무에 관하여 법령을 위반하여 처리·조작하도록 하는 행위

11. 병역판정검사, 부대 배속, 보직 부여 등 병역 관련 업무에 관하여 법령을 위반하여 처리하도록 하는 행위

12. 공공기관이 실시하는 각종 평가·판정 업무에 관하여 법령을 위반하여 평가 또는 판정하게 하거나 결과를 조작하도록 하는 행위

13. 법령을 위반하여 행정지도·단속·감사·조사 대상에서 특정 개인·단체·법인이 선

정·배제되도록 하거나 행정지도·단속·감사·조사의 결과를 조작하거나 또는 그 위법사항을 묵인하게 하는 행위

14. 사건의 수사·재판·심판·결정·조정·중재·화해 또는 이에 준하는 업무를 법령을 위반하여 처리하도록 하는 행위

15. 제1호부터 제14호까지의 부정청탁의 대상이 되는 업무에 관하여 공직자등이 법령에 따라 부여받은 지위·권한을 벗어나 행사하거나 권한에 속하지 아니한 사항을 행사하도록 하는 행위

② 제1항에도 불구하고 다음 각 호의 어느 하나에 해당하는 경우에는 이 법을 적용하지 아니한다.

1. 「청원법」, 「민원사무 처리에 관한 법률」, 「행정절차법」, 「국회법」 및 그 밖의 다른 법령·기준(제2조 제1호 나목부터 마목까지의 공공기관의 규정·사규·기준을 포함한다. 이하 같다)에서 정하는 절차·방법에 따라 권리침해의 구제·해결을 요구하거나 그와 관련된 법령·기준의 제정·개정·폐지를 제안·건의하는 등 특정한 행위를 요구하는 행위

2. 공개적으로 공직자등에게 특정한 행위를 요구하는 행위

3. 선출직 공직자, 정당, 시민단체 등이 공익적인 목적으로 제3자의 고충민원을 전달하거나 법령·기준의 제정·개정·폐지 또는 정책·사업·제도 및 그 운영 등의 개선에 관하여 제안·건의하는 행위

4. 공공기관에 직무를 법정기한 안에 처리하여 줄 것을 신청·요구하거나 그 진행상황·조치결과 등에 대하여 확인·문의 등을 하는 행위

5. 직무 또는 법률관계에 관한 확인·증명 등을 신청·요구하는 행위

6. 질의 또는 상담형식을 통하여 직무에 관한 법령·제도·절차 등에 대하여 설명이나 해석을 요구하는 행위

7. 그 밖에 사회상규(社會常規)에 위배되지 아니하는 것으로 인정되는 행위

제6조(부정청탁에 따른 직무수행 금지) 부정청탁을 받은 공직자등은 그에 따라 직무를 수행해서는 아니 된다.

제7조(부정청탁의 신고 및 처리) ① 공직자등은 부정청탁을 받았을 때에는 부정청탁을 한 자에게 부정청탁임을 알리고 이를 거절하는 의사를 명확히 표시하여야 한다. 22년 2차

② 공직자등은 제1항에 따른 조치를 하였음에도 불구하고 동일한 부정청탁을 다시 받은 경우에는 이를 소속기관장에게 서면(전자문서를 포함한다. 이하 같다)으로 신고하여야 한다. 22년 2차/24년 1차

③ 제2항에 따른 신고를 받은 소속기관장은 신고의 경위·취지·내용·증거자료 등을 조사하여 신고 내용이 부정청탁에 해당하는지를 신속하게 확인하여야 한다.

④ 소속기관장은 부정청탁이 있었던 사실을 알게 된 경우 또는 제2항 및 제3항의 부정청탁에 관한 신고·확인 과정에서 해당 직무의 수행에 지장이 있다고 인정하는 경우에는 부정청탁을 받은 공직자등에 대하여 다음 각 호의 조치를 할 수 있다.

1. 직무 참여 일시중지

2. 직무 대리자의 지정

3. 전보

4. 그 밖에 국회규칙, 대법원규칙, 헌법재판소규칙, 중앙선거관리위원회규칙 또는 대통령 령으로 정하는 조치

⑤ 소속기관장은 공직자등이 다음 각 호의 어느 하나에 해당하는 경우에는 제4항에도 불구하고 그 공직자등에게 직무를 수행하게 할 수 있다. 이 경우 제20조에 따른 소속기관의 담당관 또는 다른 공직자등으로 하여금 그 공직자등의 공정한 직무수행 여부를 주기적으로 확인·점검하도록 하여야 한다.

1. 직무를 수행하는 공직자등을 대체하기 지극히 어려운 경우

2. 공직자등의 직무수행에 미치는 영향이 크지 아니한 경우

3. 국가의 안전보장 및 경제발전 등 공익증진을 이유로 직무수행의 필요성이 더 큰 경우

⑥ 공직자등은 제2항에 따른 신고를 감독기관·감사원·수사기관 또는 국민권익위원회에도 할 수 있다.

⑦ 소속기관장은 다른 법령에 위반되지 아니하는 범위에서 부정청탁의 내용 및 조치사항을 해당 공공기관의 인터넷 홈페이지 등에 공개할 수 있다.

제8조(금품등의 수수 금지) ① 공직자등은 직무 관련 여부 및 기부·후원·증여 등 그 명목에 관계없이 동일인으로부터 1회에 100만원 또는 매 회계연도에 300만원을 초과하는 금품등을 받거나 요구 또는 약속해서는 아니 된다.

② 공직자등은 직무와 관련하여 대가성 여부를 불문하고 제1항에서 정한 금액 이하의 금품등을 받거나 요구 또는 약속해서는 아니 된다.

③ 제10조의 외부강의등에 관한 사례금 또는 다음 각 호의 어느 하나에 해당하는 금품등의 경우에는 제1항 또는 제2항에서 수수를 금지하는 금품등에 해당하지 아니한다.

1. 공공기관이 소속 공직자등이나 파견 공직자등에게 지급하거나 상급 공직자등이 위로·격려·포상 등의 목적으로 하급 공직자등에게 제공하는 금품등

2. 원활한 직무수행 또는 사교·의례 또는 부조의 목적으로 제공되는 음식물·경조사비·선물 등으로서 대통령령*으로 정하는 가액 범위 안의 금품등

---

*대통령령(부정청탁 및 금품등 수수의 금지에 관한 법률 시행령)으로 정하는 <u>음식물·경조사비·선물 등의 가액 범위</u>

1. 음식물(제공자와 공직자등이 함께 하는 식사, 다과, 주류, 음료, 그 밖에 이에 준하는 것을 말한다): 3만원

2. 경조사비: 축의금·조의금은 5만원. 다만, 축의금·조의금을 대신하는 화환·조화는 10만원으로 한다.

3. 선물: 금전, 유가증권, 제1호의 음식물 및 제2호의 경조사비를 제외한 일체의 물품, 그 밖에 이에 준하는 것은 5만원. 다만, 「농수산물 품질관리법」 제2조 제1항 제1호에 따른 농수산물(이하 "농수산물"이라 한다) 및 같은 항 제13호에 따른 농수산가공품(농수산물을 원료 또는 재료의 50퍼센트를 넘게 사용하여 가공한 제품만 해당하며, 이하 "농수산가공품"이라 한다)은 10만원으로 한다.

비고

가. 제1호, 제2호 본문·단서 및 제3호 본문·단서의 각각의 가액 범위는 각각에 해당하는 것을 모두 합산한 금액으로 한다.

나. 제2호 본문의 축의금·조의금과 같은 호 단서의 화환·조화를 함께 받은 경우 또는 제3호 본문의 선물과 같은 호 단서의 농수산물·농수산가공품을 함께 받은 경우에는 각각 그 가액을 합산한다. 이 경우 가액 범위는 10만원으로 하되, 제2호 본문 또는 단서나 제3호 본문 또는 단서의 가액 범위를 각각 초과해서는 안 된다.

다. 제1호의 음식물, 제2호의 경조사비 및 제3호의 선물 중 2가지 이상을 함께 받은 경우에는 그 가액을 합산한다. 이 경우 가액 범위는 함께 받은 음식물, 경조사비 및 선물의 가액 범위 중 가장 높은 금액으로 하되, 제1호부터 제3호까지의 규정에 따른 가액 범위를 각각 초과해서는 안 된다.

3. 사적 거래(증여는 제외한다)로 인한 채무의 이행 등 정당한 권원(權原)에 의하여 제공되는 금품등

4. 공직자등의 친족(「민법」 제777조에 따른 친족을 말한다)이 제공하는 금품등

5. 공직자등과 관련된 직원상조회·동호인회·동창회·향우회·친목회·종교단체·사회단체 등이 정하는 기준에 따라 구성원에게 제공하는 금품등 및 그 소속 구성원 등 공직자등과 특별히 장기적·지속적인 친분관계를 맺고 있는 자가 질병·재난 등으로 어려운 처지에 있는 공직자등에게 제공하는 금품등

6. 공직자등의 직무와 관련된 공식적인 행사에서 주최자가 참석자에게 통상적인 범위에서 일률적으로 제공하는 교통, 숙박, 음식물 등의 금품등

7. 불특정 다수인에게 배포하기 위한 기념품 또는 홍보용품 등이나 경연·추첨을 통하여 받는 보상 또는 상품등

8. 그 밖에 다른 법령·기준 또는 사회상규에 따라 허용되는 금품등

④ 공직자등의 배우자는 공직자등의 직무와 관련하여 제1항 또는 제2항에 따라 공직자등이 받는 것이 금지되는 금품등(이하 "수수 금지 금품등"이라 한다)을 받거나 요구하거나 제공받기로 약속해서는 아니 된다.

⑤ 누구든지 공직자등에게 또는 그 공직자등의 배우자에게 수수 금지 금품등을 제공하거나 그 제공의 약속 또는 의사표시를 해서는 아니 된다.

제9조(수수 금지 금품등의 신고 및 처리) ① 공직자등은 다음 각 호의 어느 하나에 해당하는 경우에는 소속기관장에게 지체 없이 서면으로 신고하여야 한다.

1. 공직자등 자신이 수수 금지 금품등을 받거나 그 제공의 약속 또는 의사표시를 받은 경우

2. 공직자등이 자신의 배우자가 수수 금지 금품등을 받거나 그 제공의 약속 또는 의사표시를 받은 사실을 안 경우

② 공직자등은 자신이 수수 금지 금품등을 받거나 그 제공의 약속이나 의사표시를 받은 경우 또는 자신의 배우자가 수수 금지 금품등을 받거나 그 제공의 약속이나 의사표시를 받은 사실을 알게 된 경우에는 이를 제공자에게 지체 없이 반환하거나 반환하도록 하거

나 그 거부의 의사를 밝히거나 밝히도록 하여야 한다. 다만, 받은 금품등이 다음 각 호의 어느 하나에 해당하는 경우에는 소속기관장에게 인도하거나 인도하도록 하여야 한다.

1. 멸실·부패·변질 등의 우려가 있는 경우
2. 해당 금품등의 제공자를 알 수 없는 경우
3. 그 밖에 제공자에게 반환하기 어려운 사정이 있는 경우

③ 소속기관장은 제1항에 따라 신고를 받거나 제2항 단서에 따라 금품등을 인도받은 경우 수수 금지 금품등에 해당한다고 인정하는 때에는 반환 또는 인도하게 하거나 거부의 의사를 표시하도록 하여야 하며, 수사의 필요성이 있다고 인정하는 때에는 그 내용을 지체 없이 수사기관에 통보하여야 한다.

④ 소속기관장은 공직자등 또는 그 배우자가 수수 금지 금품등을 받거나 그 제공의 약속 또는 의사표시를 받은 사실을 알게 된 경우 수사의 필요성이 있다고 인정하는 때에는 그 내용을 지체 없이 수사기관에 통보하여야 한다.

⑤ 소속기관장은 소속 공직자등 또는 그 배우자가 수수 금지 금품등을 받거나 그 제공의 약속 또는 의사표시를 받은 사실을 알게 된 경우 또는 제1항부터 제4항까지의 규정에 따른 금품등의 신고, 금품등의 반환·인도 또는 수사기관에 대한 통보의 과정에서 직무의 수행에 지장이 있다고 인정하는 경우에는 해당 공직자등에게 제7조 제4항 각 호 및 같은 조 제5항의 조치를 할 수 있다.

⑥ 공직자등은 제1항 또는 같은 조 제2항 단서에 따른 신고나 인도를 감독기관·감사원·수사기관 또는 국민권익위원회에도 할 수 있다.

⑦ 소속기관장은 공직자등으로부터 제1항 제2호에 따른 신고를 받은 경우 그 공직자등의 배우자가 반환을 거부하는 금품등이 수수 금지 금품등에 해당한다고 인정하는 때에는 그 공직자등의 배우자로 하여금 그 금품등을 제공자에게 반환하도록 요구하여야 한다.

⑧ 제1항부터 제7항까지에서 규정한 사항 외에 수수 금지 금품등의 신고 및 처리 등에 필요한 사항은 대통령령으로 정한다.

제10조(외부강의등의 사례금 수수 제한) ① 공직자등은 자신의 직무와 관련되거나 그 지위·직책 등에서 유래되는 사실상의 영향력을 통하여 요청받은 교육·홍보·토론회·세미나·공청회 또는 그 밖의 회의 등에서 한 강의·강연·기고 등(이하 "외부강의등"이라 한다)의 대가로서 대통령령**으로 정하는 금액을 초과하는 사례금을 받아서는 아니 된다.

** 대통령령(부정청탁 및 금품등 수수의 금지에 관한 법률 시행령)으로 정하는 외부강의 등 사례금 상한액(제25조 관련)
1. 공직자등별 사례금 상한액
  가. 법 제2조 제2호가목 및 나목에 따른 공직자등(같은 호 다목에 따른 각급 학교의 장과 교직원 및 같은 호 라목에 따른 공직자등에도 해당하는 사람은 제외한다): 40만원 `23년 2차`
  나. 법 제2조 제2호다목 및 라목에 따른 공직자등: 100만원
  다. 가목 및 나목에도 불구하고 국제기구, 외국정부, 외국대학, 외국연구기관, 외국학술단체, 그 밖에 이에 준하는 외국기관에서 지급하는 외부강의등의 사례금 상한액은 사례금을 지급하는 자의 지급기준에 따른다.

② 공직자등은 사례금을 받는 외부강의등을 할 때에는 대통령령으로 정하는 바에 따라
외부강의등의 요청 명세 등을 소속기관장에게 그 외부강의등을 마친 날부터 10일 이내
에 서면으로 신고하여야 한다. [23년 2차] 다만, 외부강의등을 요청한 자가 국가나 지방자
치단체인 경우에는 그러하지 아니하다. [24년 1차]
④ 소속기관장은 제2항에 따라 공직자등이 신고한 외부강의등이 공정한 직무수행을 저
해할 수 있다고 판단하는 경우에는 그 공직자등의 외부강의등을 제한할 수 있다.
⑤ 공직자등은 제1항에 따른 금액을 초과하는 사례금을 받은 경우에는 대통령령***으로
정하는 바에 따라 소속기관장에게 신고하고, 제공자에게 그 초과금액을 지체 없이 반환
하여야 한다. [22년 2차]

제13조(위반행위의 신고 등) ① 누구든지 이 법의 위반행위가 발생하였거나 발생하고 있다
는 사실을 알게 된 경우에는 다음 각 호의 어느 하나에 해당하는 기관에 신고할 수 있다.
1. 이 법의 위반행위가 발생한 공공기관 또는 그 감독기관
2. 감사원 또는 수사기관
3. 국민권익위원회
② 제1항에 따른 신고를 한 자가 다음 각 호의 어느 하나에 해당하는 경우에는 이 법에
따른 보호 및 보상을 받지 못한다.
1. 신고의 내용이 거짓이라는 사실을 알았거나 알 수 있었음에도 신고한 경우

2. 신고와 관련하여 금품등이나 근무관계상의 특혜를 요구한 경우

3. 그 밖에 부정한 목적으로 신고한 경우

③ 제1항에 따라 신고를 하려는 자는 자신의 인적사항과 신고의 취지·이유·내용을 적고 서명한 문서와 함께 신고 대상 및 증거 등을 제출하여야 한다.

제13조의2(비실명 대리신고) ① 제13조제3항에도 불구하고 같은 조 제1항에 따라 신고를 하려는 자는 자신의 인적사항을 밝히지 아니하고 변호사를 선임하여 신고를 대리하게 할 수 있다. [24년 1차] 이 경우 제13조제3항에 따른 신고자의 인적사항 및 신고자가 서명한 문서는 변호사의 인적사항 및 변호사가 서명한 문서로 갈음한다.

② 제1항에 따른 신고는 국민권익위원회에 하여야 하며, 신고자 또는 신고를 대리하는 변호사는 그 취지를 밝히고 신고자의 인적사항, 신고자임을 입증할 수 있는 자료 및 위임장을 국민권익위원회에 함께 제출하여야 한다.

③ 국민권익위원회는 제2항에 따라 제출된 자료를 봉인하여 보관하여야 하며, 신고자 본인의 동의 없이 이를 열람하여서는 아니 된다.

제16조(위법한 직무처리에 대한 조치) 공공기관의 장은 공직자등이 직무수행 중에 또는 직무수행 후에 제5조, 제6조 및 제8조를 위반한 사실을 발견한 경우에는 해당 직무를 중지하거나 취소하는 등 필요한 조치를 하여야 한다.

제17조(부당이득의 환수) 공공기관의 장은 제5조, 제6조, 제8조를 위반하여 수행한 공직자등의 직무가 위법한 것으로 확정된 경우에는 그 직무의 상대방에게 이미 지출·교부된 금액 또는 물건이나 그 밖에 재산상 이익을 환수하여야 한다.

제19조(교육과 홍보 등) ① 공공기관의 장은 공직자등에게 부정청탁 금지 및 금품등의 수수 금지에 관한 내용을 정기적으로 교육하여야 하며, 이를 준수할 것을 약속하는 서약서를 받아야 한다. [24년 1차]

② 공공기관의 장은 이 법에서 금지하고 있는 사항을 적극적으로 알리는 등 국민들이 이 법을 준수하도록 유도하여야 한다.

③ 공공기관의 장은 제1항 및 제2항에 따른 교육 및 홍보 등의 실시를 위하여 필요하면 국민권익위원회에 지원을 요청할 수 있다. 이 경우 국민권익위원회는 적극 협력하여야 한다. [24년 1차]

2. 「공직자의 이해충돌방지법」

경찰은 공직자로서 직무수행과 관련한 사적 이익추구를 금지함으로써 공직자의 직무수행 중 발생할 수 있는 이해충돌을 방지하여 공정한 직무수행을 보장하고 공공기관에 대한 국민의 신뢰를 확보해야 한다. 공직자의 이해충돌 방지법의 주요내용은 다음과 같다. [22년 2차]

제1장 총칙

제2조(정의) 이 법에서 사용하는 용어의 뜻은 다음과 같다.

1. "공공기관"이란 다음 각 목의 어느 하나에 해당하는 기관·단체를 말한다.
   가. 국회, 법원, 헌법재판소, 선거관리위원회, 감사원, 고위공직자범죄수사처, 국가인권위원회, 중앙행정기관(대통령 소속 기관과 국무총리 소속 기관을 포함한다)과 그 소속 기관
   나. 「지방자치법」에 따른 지방자치단체의 집행기관 및 지방의회
   다. 「지방교육자치에 관한 법률」에 따른 교육행정기관
   라. 「공직자윤리법」 제3조의2에 따른 공직유관단체
   마. 「공공기관의 운영에 관한 법률」 제4조에 따른 공공기관
   바. 「초·중등교육법」, 「고등교육법」 또는 그 밖의 다른 법령에 따라 설치된 각급 국립·공립 학교 24년 1차

2. "공직자"란 다음 각 목의 어느 하나에 해당하는 사람을 말한다.
   가. 「국가공무원법」 또는 「지방공무원법」에 따른 공무원과 그 밖에 다른 법률에 따라 그 자격·임용·교육훈련·복무·보수·신분보장 등에 있어서 공무원으로 인정된 사람
   나. 제1호라목 또는 마목에 해당하는 공공기관의 장과 그 임직원
   다. 제1호바목에 해당하는 각급 국립·공립 학교의 장과 교직원

3. "고위공직자"란 다음 각 목의 어느 하나에 해당하는 공직자를 말한다.
   가. 대통령, 국무총리, 국무위원, 국회의원, 국가정보원의 원장 및 차장 등 국가의 정무직공무원
   나. 지방자치단체의 장, 지방의회의원 등 지방자치단체의 정무직공무원
   다. 일반직 1급 국가공무원(「국가공무원법」 제23조에 따라 배정된 직무등급이 가장 높은 등급의 직위에 임용된 고위공무원단에 속하는 일반직공무원을 포함한다) 및 지방공무원과 이에 상응하는 보수를 받는 별정직공무원(고위공무원단에 속하는 별정직공무원을 포함한다)
   라. 대통령령으로 정하는 외무공무원
   마. 고등법원 부장판사급 이상의 법관과 대검찰청 검사급 이상의 검사
   바. 중장 이상의 장성급(將星級) 장교
   사. 교육공무원 중 총장·부총장·학장(대학교의 학장은 제외한다) 및 전문대학의 장과 대학에 준하는 각종 학교의 장, 특별시·광역시·특별자치시·도 특별자치도의 교육감
   아. 치안감 이상의 경찰공무원 및 특별시·광역시·특별자치시·도·특별자치도의 시도 경찰청장 24년 1차
   자. 소방정감 이상의 소방공무원
   차. 지방국세청장 및 3급 공무원 또는 고위공무원단에 속하는 공무원인 세관장

4. "이해충돌"이란 공직자가 직무를 수행할 때에 자신의 사적 이해관계가 관련되어 공정하고 청렴한 직무수행이 저해되거나 저해될 우려가 있는 상황을 말한다.

5. "직무관련자"란 공직자가 법령(조례·규칙을 포함한다. 이하 같다)·기준(제1호라목부

터 바목까지의 공공기관의 규정·사규 및 기준 등을 포함한다. 이하 같다)에 따라 수행하는 직무와 관련되는 자로서 다음 각 목의 어느 하나에 해당하는 개인·법인·단체 및 공직자를 말한다.

가. 공직자의 직무수행과 관련하여 일정한 행위나 조치를 요구하는 개인이나 법인 또는 단체

나. 공직자의 직무수행과 관련하여 이익 또는 불이익을 직접적으로 받는 개인이나 법인 또는 단체

다. 공직자가 소속된 공공기관과 계약을 체결하거나 체결하려는 것이 명백한 개인이나 법인 또는 단체

라. 공직자의 직무수행과 관련하여 이익 또는 불이익을 직접적으로 받는 다른 공직자. 다만, 공공기관이 이익 또는 불이익을 직접적으로 받는 경우에는 그 공공기관에 소속되어 해당 이익 또는 불이익과 관련된 업무를 담당하는 공직자를 말한다.

6. "사적이해관계자"란 다음 각 목의 어느 하나에 해당하는 자를 말한다.

가. 공직자 자신 또는 그 가족(「민법」 제779조에 따른 가족을 말한다. 이하 같다)

나. 공직자 자신 또는 그 가족이 임원·대표자·관리자 또는 사외이사로 재직하고 있는 법인 또는 단체

다. 공직자 자신이나 그 가족이 대리하거나 고문·자문 등을 제공하는 개인이나 법인 또는 단체

라. 공직자로 채용·임용되기 전 2년 이내에 공직자 자신이 재직하였던 법인 또는 단체

마. 공직자로 채용·임용되기 전 2년 이내에 공직자 자신이 대리하거나 고문·자문 등을 제공하였던 개인이나 법인 또는 단체

바. 공직자 자신 또는 그 가족이 대통령령으로 정하는 일정 비율 이상의 주식·지분 또는 자본금 등을 소유하고 있는 법인 또는 단체

사. 최근 2년 이내에 퇴직한 공직자로서 퇴직일 전 2년 이내에 제5조제1항 각 호의 어느 하나에 해당하는 직무를 수행하는 공직자와 국회규칙, 대법원규칙, 헌법재판소규칙, 중앙선거관리위원회규칙 또는 대통령령으로 정하는 범위의 부서에서 같이 근무하였던 사람 24년 1차

아. 그 밖에 공직자의 사적 이해관계와 관련되는 자로서 국회규칙, 대법원규칙, 헌법재판소규칙, 중앙선거관리위원회규칙 또는 대통령령으로 정하는 자

7. "소속기관장"이란 공직자가 소속된 공공기관의 장을 말한다.

제4조(공직자의 의무) ① 공직자는 사적 이해관계에 영향을 받지 아니하고 직무를 공정하고 청렴하게 수행하여야 한다.

② 공직자는 직무수행과 관련하여 공평무사하게 처신하고 직무관련자를 우대하거나 차별하여서는 아니 된다.

③ 공직자는 사적 이해관계로 인하여 공정하고 청렴한 직무수행이 곤란하다고 판단하는 경우에는 직무수행을 회피하는 등 이해충돌을 방지하여야 한다.

제2장 공직자의 이해충돌 방지 및 관리

제5조(사적이해관계자의 신고 및 회피ㆍ기피 신청) ① 다음 각 호의 어느 하나에 해당하는 직무를 수행하는 공직자는 직무관련자(직무관련자의 대리인을 포함한다. 이하 이 조에서 같다)가 사적이해관계자임을 안 경우 안 날부터 14일 이내에 소속기관장에게 그 사실을 서면(전자문서를 포함한다. 이하 같다)으로 신고하고 회피를 신청하여야 한다.

1. 인가ㆍ허가ㆍ면허ㆍ특허ㆍ승인ㆍ검사ㆍ검정ㆍ시험ㆍ인증ㆍ확인, 지정ㆍ등록, 등재ㆍ인정ㆍ증명, 신고ㆍ심사, 보호ㆍ감호, 보상 또는 이에 준하는 직무
2. 행정지도ㆍ단속ㆍ감사ㆍ조사ㆍ감독에 관계되는 직무
3. 병역판정검사, 징집ㆍ소집ㆍ동원에 관계되는 직무
4. 개인ㆍ법인ㆍ단체의 영업 등에 관한 작위 또는 부작위의 의무부과 처분에 관계되는 직무
5. 조세ㆍ부담금ㆍ과태료ㆍ과징금ㆍ이행강제금 등의 조사ㆍ부과ㆍ징수 또는 취소ㆍ철회ㆍ시정명령 등 제재적 처분에 관계되는 직무
6. 보조금ㆍ장려금ㆍ출연금ㆍ출자금ㆍ교부금ㆍ기금의 배정ㆍ지급ㆍ처분ㆍ관리에 관계되는 직무
7. 공사ㆍ용역 또는 물품 등의 조달ㆍ구매의 계약ㆍ검사ㆍ검수에 관계되는 직무
8. 사건의 수사ㆍ재판ㆍ심판ㆍ결정ㆍ조정ㆍ중재ㆍ화해 또는 이에 준하는 직무
9. 공공기관의 재화 또는 용역의 매각ㆍ교환ㆍ사용ㆍ수익ㆍ점유에 관계되는 직무
10. 공직자의 채용ㆍ승진ㆍ전보ㆍ상벌ㆍ평가에 관계되는 직무
11. 공공기관이 실시하는 행정감사에 관계되는 직무
12. 각급 국립ㆍ공립 학교의 입학ㆍ성적ㆍ수행평가에 관계되는 직무
13. 공공기관이 주관하는 각종 수상, 포상, 우수기관 선정, 우수자 선발에 관계되는 직무
14. 공공기관이 실시하는 각종 평가ㆍ판정에 관계되는 직무
15. 국회의원 또는 지방의회의원의 소관 위원회 활동과 관련된 청문, 의안ㆍ청원 심사, 국정감사, 지방자치단체의 행정사무감사, 국정조사, 지방자치단체의 행정사무조사와 관계되는 직무
16. 그 밖에 국회규칙, 대법원규칙, 헌법재판소규칙, 중앙선거관리위원회규칙 또는 대통령령으로 정하는 직무

② 직무관련자 또는 공직자의 직무수행과 관련하여 직접적인 이해관계가 있는 자는 해당 공직자에게 제1항에 따른 신고 및 회피 의무가 있거나 그 밖에 공정한 직무수행을 저해할 우려가 있는 사적 이해관계가 있다고 판단하는 경우에는 그 공직자의 소속기관장에게 기피를 신청할 수 있다.

제7조(사적이해관계자의 신고 등에 대한 조치) ① 제5조제1항에 따른 신고ㆍ회피신청이나 같은 조 제2항에 따른 기피신청 또는 제6조에 따른 부동산 보유ㆍ매수 신고를 받은 소속기관장은 해당 공직자의 직무수행에 지장이 있다고 인정하는 경우에는 다음 각 호의 어느 하나에 해당하는 조치를 하여야 한다.

1. 직무수행의 일시 중지 명령

2. 직무 대리자 또는 직무 공동수행자의 지정

3. 직무 재배정

4. 전보

② 소속기관장은 제1항에도 불구하고 다음 각 호의 어느 하나에 해당하는 경우에는 해당 공직자가 계속 그 직무를 수행하도록 할 수 있다. 이 경우 제25조에 따른 이해충돌방지담당관 또는 다른 공직자로 하여금 공정한 직무수행 여부를 확인·점검하게 하여야 한다.

1. 직무를 수행하는 공직자를 대체하기가 지극히 어려운 경우

2. 국가의 안전보장 및 경제발전 등 공익 증진을 위하여 직무수행의 필요성이 더 큰 경우

③ 소속기관장은 제1항 또는 제2항에 따른 조치를 하였을 때에는 그 처리 결과를 해당 공직자와 기피를 신청한 자에게 통보하여야 한다.

④ 제6조제1항 및 제2항에 따른 부동산 보유 또는 매수 신고를 받은 소속기관장은 해당 부동산 보유·매수가 이 법 또는 다른 법률에 위반되는 것으로 의심될 경우 지체 없이 수사기관·감사원·감독기관 또는 국민권익위원회에 신고하거나 고발하여야 한다.

⑤ 제1항부터 제4항까지의 규정에 따른 조치·확인·점검·통보, 신고·고발의 기록·관리 및 절차와 방법 등에 필요한 사항은 국회규칙, 대법원규칙, 헌법재판소규칙, 중앙선거관리위원회규칙 또는 대통령령으로 정한다.

제9조(직무관련자와의 거래 신고) ① 공직자는 자신, 배우자 또는 직계존속·비속(배우자의 직계존속·비속으로 생계를 같이하는 경우를 포함한다. 이하 이 조에서 같다) 또는 특수관계사업자(자신, 배우자 또는 직계존속·비속이 대통령령으로 정하는 일정 비율 이상의 주식·지분 등을 소유하고 있는 법인 또는 단체를 말한다. 이하 같다)가 공직자 자신의 직무관련자(「민법」 제777조에 따른 친족인 경우는 제외한다)와 다음 각 호의 어느 하나에 해당하는 행위를 한다는 것을 사전에 안 경우에는 안 날부터 14일 이내에 소속기관장에게 그 사실을 서면으로 신고하여야 한다.

1. 금전을 빌리거나 빌려주는 행위 및 유가증권을 거래하는 행위. 다만, 「금융실명거래 및 비밀보장에 관한 법률」에 따른 금융회사등, 「대부업 등의 등록 및 금융이용자 보호에 관한 법률」에 따른 대부업자등이나 그 밖의 금융회사로부터 통상적인 조건으로 금전을 빌리는 행위 및 유가증권을 거래하는 행위는 제외한다.

2. 토지 또는 건축물 등 부동산을 거래하는 행위. 다만, 공개모집에 의하여 이루어지는 분양이나 공매·경매·입찰을 통한 재산상 거래 행위는 제외한다.

3. 제1호 및 제2호의 거래 행위 외의 물품·용역·공사 등의 계약을 체결하는 행위. 다만, 공매·경매·입찰을 통한 계약 체결 행위 또는 거래관행상 불특정다수를 대상으로 반복적으로 행하여지는 계약 체결 행위는 제외한다.

② 공직자는 제1항 각 호에 따른 행위가 있었음을 사후에 알게 된 경우에도 안 날부터 14일 이내에 소속기관장에게 그 사실을 서면으로 신고하여야 한다.

제10조(직무 관련 외부활동의 제한) 공직자는 다음 각 호의 행위를 하여서는 아니 된다. 다만, 「국가공무원법」 등 다른 법령·기준에 따라 허용되는 경우는 그러하지 아니하다.

1. 직무관련자에게 사적으로 노무 또는 조언·자문 등을 제공하고 대가를 받는 행위

2. 소속 공공기관의 소관 직무와 관련된 지식이나 정보를 타인에게 제공하고 대가를 받는

행위. 다만, 「부정청탁 및 금품등 수수의 금지에 관한 법률」 제10조에 따른 외부강의등의 대가로서 사례금 수수가 허용되는 경우와 소속기관장이 허가한 경우는 제외한다.

3. 공직자가 소속된 공공기관이 당사자이거나 직접적인 이해관계를 가지는 사안에서 자신이 소속된 공공기관의 상대방을 대리하거나 그 상대방에게 조언·자문 또는 정보를 제공하는 행위

4. 외국의 기관·법인·단체 등을 대리하는 행위. 다만, 소속기관장이 허가한 경우는 제외한다.

5. 직무와 관련된 다른 직위에 취임하는 행위. 다만, 소속기관장이 허가한 경우는 제외한다.

제13조(공공기관 물품 등의 사적 사용·수익 금지) 공직자는 공공기관이 소유하거나 임차한 물품·차량·선박·항공기·건물·토지·시설 등을 사적인 용도로 사용·수익하거나 제3자로 하여금 사용·수익하게 하여서는 아니 된다. 다만, 다른 법령·기준 또는 사회상규에 따라 허용되는 경우에는 그러하지 아니하다.

제14조(직무상 비밀 등 이용 금지) ① 공직자(공직자가 아니게 된 날부터 3년이 경과하지 아니한 사람을 포함하되, 다른 법률에서 이와 달리 규정하고 있는 경우에는 그 법률에서 규정한 바에 따른다. 이하 이 조, 제27조제1항, 같은 조 제2항제1호 및 같은 조 제3항제1호에서 같다)는 직무수행 중 알게 된 비밀 또는 소속 공공기관의 미공개정보(재물 또는 재산상 이익의 취득 여부의 판단에 중대한 영향을 미칠 수 있는 정보로서 불특정 다수인이 알 수 있도록 공개되기 전의 것을 말한다. 이하 같다)를 이용하여 재물 또는 재산상의 이익을 취득하거나 제3자로 하여금 재물 또는 재산상의 이익을 취득하게 하여서는 아니 된다.

② 공직자로부터 직무상 비밀 또는 소속 공공기관의 미공개정보임을 알면서도 제공받거나 부정한 방법으로 취득한 자는 이를 이용하여 재물 또는 재산상의 이익을 취득하여서는 아니 된다.

③ 공직자는 직무수행 중 알게 된 비밀 또는 소속 공공기관의 미공개정보를 사적 이익을 위하여 이용하거나 제3자로 하여금 이용하게 하여서는 아니 된다.

제15조(퇴직자 사적 접촉 신고) ① 공직자는 직무관련자인 소속 기관의 퇴직자(공직자가 아니게 된 날부터 2년이 지나지 아니한 사람만 해당한다)와 사적 접촉(골프, 여행, 사행성 오락을 같이 하는 행위를 말한다)을 하는 경우 소속기관장에게 신고하여야 한다. 다만, 사회상규에 따라 허용되는 경우에는 그러하지 아니하다.

② 제1항에 따른 신고 내용 및 신고 방법, 기록 관리 등 필요한 사항은 국회규칙, 대법원규칙, 헌법재판소규칙, 중앙선거관리위원회규칙 또는 대통령령으로 정한다.

제4장 징계 및 벌칙

제26조(징계) 공공기관의 장은 소속 공직자가 이 법 또는 이 법에 따른 명령을 위반한 경우에는 징계처분을 하여야 한다.

제27조(벌칙) ① 제14조제1항을 위반하여 직무수행 중 알게 된 비밀 또는 소속 공공기관의 미공개정보를 이용하여 재물 또는 재산상의 이익을 취득하거나 제3자로 하여금 재물 또

는 재산상의 이익을 취득하게 한 공직자(제16조에 따라 준용되는 공무수행사인을 포함한다. 이하 이 조 및 제28조제2항제1호에서 같다)는 7년 이하의 징역 또는 7천만원 이하의 벌금에 처한다.

② 다음 각 호의 어느 하나에 해당하는 자는 5년 이하의 징역 또는 5천만원 이하의 벌금에 처한다.

1. 제14조제2항을 위반하여 공직자로부터 직무상 비밀 또는 소속 공공기관의 미공개정보임을 알면서도 제공받거나 부정한 방법으로 취득하고 이를 이용하여 재물 또는 재산상의 이익을 취득한 자
2. 제20조제4항에 따라 준용되는 「공익신고자 보호법」 제12조제1항을 위반하여 신고자 등의 인적사항이나 신고자등임을 미루어 알 수 있는 사실을 다른 사람에게 알려 주거나 공개 또는 보도한 자

3. 경찰청 공무원행동강령(경찰청 훈령)

경찰은 부패방지를 위하여 「부패방지 및 국민권익위원회의 설치와 운영에 관한 법률(부패방지권익위법)」 제8조 및 공무원 행동강령에 따라 경찰청 소속 공무원이 준수하여야 할 행동기준을 규정하는 것을 목적으로 「경찰청 공무원 행동강령」을 제정하여 시행하고 있다.

부패방지권익위법에 따른 부패행위는 ① 공직자가 직무와 관련하여 그 지위 또는 권한을 남용하거나 법령을 위반하여 자기 또는 제3자의 이익을 도모하는 행위, `23년 2차` ② 공공기관의 예산사용, 공공기관 재산의 취득·관리·처분 또는 공공기관을 당사자로 하는 계약의 체결 및 그 이행에 있어서 법령에 위반하여 공공기관에 대하여 재산상 손해를 가하는 행위, ③ 앞의 ①과 ②에 따른 행위나 그 은폐를 강요, 권고, 제의, 유인하는 행위 등을 말한다(제2조 제4호).

경찰청 공무원 행동강령

제1조(목적) 이 규칙은 「부패방지 및 국민권익위원회의 설치와 운영에 관한 법률」 제8조 및 공무원 행동강령에 따라 경찰청(소속기관, 시도경찰청, 경찰서를 포함한다. 이하 같다)소속 공무원(이하 "공무원"이라 한다)이 준수하여야 할 행동기준을 규정하는 것을 목적으로 한다.

제2조(정의) 이 규칙에서 사용하는 용어의 뜻은 다음과 같다.

1. "직무관련자"란 공무원의 소관 업무와 관련되는 자로서 다음 각 목의 어느 하나에 해당하는 개인[공무원이 사인(私人)의 지위에 있는 경우에는 개인으로 본다] 또는 법인·단체를 말한다.
   가. 다음의 어느 하나에 해당하는 민원을 신청하는 중이거나 신청하려는 것이 명백한 개인 또는 법인·단체
      1) 「민원 처리에 관한 법률」 제2조 제1호 가목1)에 따른 법정민원(장부·대장 등에 등록·등재를 신청 또는 신고하거나 특정한 사실 또는 법률관계에 관한 확인 또는 증명을 신청하는 민원은 제외한다)
      2) 「민원 처리에 관한 법률」 제2조 제1호 가목2)에 따른 질의민원
      3) 「민원 처리에 관한 법률」 제2조 제1호 나목에 따른 고충민원
   나. 인가·허가 등의 취소, 영업정지, 과징금 또는 과태료의 부과 등으로 이익 또는 불이익을 직접적으로 받는 개인 또는 법인·단체
   다. 수사, 감사(監査), 감독, 검사, 단속, 행정지도 등의 대상인 개인 또는 법인·단체
   라. 재결(裁決), 결정, 검정(檢定), 감정(鑑定), 시험, 사정(査定), 조정, 중재 등으로 이익 또는 불이익을 직접적으로 받는 개인 또는 법인·단체
   마. 징집·소집·동원 등의 대상인 개인 또는 법인·단체
   바. 국가 또는 지방자치단체와 계약을 체결하거나 체결하려는 것이 명백한 개인 또는 법인·단체
   사. 장부·대장 등에의 등록·등재의 신청(신고)중에 있거나 신청(신고)하려는 것이 명백한 개인이나 법인·단체
   아. 특정한 사실 또는 법률관계에 관한 확인 또는 증명의 신청중에 있거나 신청하려는 것이 명백한 개인이나 법인·단체
   자. 법령해석이나 유권해석을 요구하는 개인이나 법인·단체
   차. 경찰관서에 복무중인 전투경찰순경·의무경찰의 부모·형제자매
   카. 시책·사업 등의 결정 또는 집행으로 이익 또는 불이익을 직접적으로 받는 개인 또는 법인·단체
   타. 그 밖에 경찰관서에 대하여 특정한 행위를 요구중인 개인이나 법인·단체
2. "직무관련공무원"이란 공무원의 직무수행과 관련하여 이익 또는 불이익을 직접적으로 받는 다른 공무원(기관이 이익 또는 불이익을 받는 경우에는 그 기관의 관련 업무를 담당하는 공무원을 말한다) 중 다음 각 목의 어느 하나에 해당하는 공무원을 말한다.
   가. 상급자와 직무상 지휘명령을 받는 당해 업무의 하급자
   나. 인사·감사·상훈·예산·심사평가업무 담당자와 해당업무와 직접 관련된 다른 공무원
   다. 행정사무를 위임·위탁한 경우 위임·위탁사무를 관리·감독하는 공무원과 그 사무를 담당하는 공무원
   라. 그밖에 특별한 사유로 경찰청장이 정하는 경우
3. "금품등"이란 다음 각 목의 어느 하나에 해당하는 것을 말한다.
   가. 금전, 유가증권, 부동산, 물품, 숙박권, 회원권, 입장권, 할인권, 초대권, 관람권, 부동

산 등의 사용권 등 일체의 재산적 이익

나. 음식물·주류·골프 등의 접대·향응 또는 교통·숙박 등의 편의 제공

다. 채무 면제, 취업 제공, 이권(利權) 부여 등 그 밖의 유형·무형의 경제적 이익

4. "경찰유관단체"란 경찰기관에서 민관 치안협력 또는 민간전문가를 통한 치안자문활동 목적으로 조직·운영하고 있는 단체를 말한다.

제3조(적용범위) 이 규칙은 경찰청 소속 공무원과 경찰청에 파견된 공무원에게 적용한다.

제2장 공정한 직무수행

제4조(공정한 직무수행을 해치는 지시에 대한 처리) ① 공무원은 상급자가 자기 또는 타인의 부당한 이익을 위하여 공정한 직무수행을 현저하게 해치는 지시를 하였을 때에는 별지 제1호 서식 또는 전자우편 등의 방법으로 그 사유를 상급자에게 소명하고 지시에 따르지 아니하거나, 별지 제2호 서식 또는 전자우편 등의 방법으로 제23조에 따라 지정된 행동강령에 관한 업무를 담당하는 공무원(이하 "행동강령책임관"이라 한다)과 상담할 수 있다. 23년 1차

② 제1항에 따라 지시를 이행하지 아니하였는데도 같은 지시가 반복될 때에는 즉시 행동강령책임관과 상담하여야 한다.

③ 제1항이나 제2항에 따라 상담 요청을 받은 행동강령책임관은 지시 내용을 확인하여 지시를 취소하거나 변경할 필요가 있다고 인정되면 소속 기관의 장에게 보고하여야 한다. 다만, 지시 내용을 확인하는 과정에서 부당한 지시를 한 상급자가 스스로 그 지시를 취소하거나 변경하였을 때에는 소속 기관의 장에게 보고하지 아니할 수 있다.

④ 제3항에 따른 보고를 받은 소속 기관의 장은 필요하다고 인정되면 지시를 취소·변경하는 등 적절한 조치를 하여야 한다. 이 경우 공정한 직무수행을 해치는 지시를 제1항에 따라 이행하지 아니하였는데도 같은 지시를 반복한 상급자에게는 징계 등 필요한 조치를 할 수 있다.

제4조의2(부당한 수사지휘에 대한 이의제기) ① 공무원은 「범죄수사규칙」 제30조에 따른 경찰관서 내 수사 지휘에 대한 이의제기와 관련하여 행동강령책임관에게 상담을 요청할 수 있다. 22년 1차

② 제1항의 상담요청을 받은 행동강령책임관은 해당 지휘의 취소·변경이 필요하다고 인정되면 소속기관장에게 보고하여야 한다.

제5조(사적 이해관계의 신고 등) ① 공무원은 다음 각 호의 어느 하나에 해당하는 경우에는 소속 기관의 장에게 해당 사실을 별지 제3호 서식에 따라 서면(전자문서를 포함한다. 이하 같다)으로 신고하여야 한다. 다만, 공무원이 상담, 절차 및 규정 안내, 각종 증명서 발급, 기타 이에 준하는 단순 민원업무를 수행하는 경우에는 그러하지 아니하다.

1. 공무원 자신이 직무관련자인 경우

2. 공무원의 4촌 이내의 친족(「민법」 제767조에 따른 친족을 말한다)이 직무관련자인 경우

3. 공무원 자신이 2년 이내에 재직하였던 법인·단체가 직무관련자인 경우

4. 공무원 자신 또는 그 가족(「민법」 제779조에 따른 가족을 말한다. 이하 같다)이 임직

원 또는 사외이사로 재직하고 있는 법인·단체가 직무관련자인 경우

5. 공무원 자신 또는 그 가족이 직무관련자를 대리하거나 직무관련자에게 고문·자문 등을 제공하거나 해당 대리·고문·자문 등의 업무를 하는 법인·단체에 소속되어 있는 경우

6. 공무원 자신 또는 그 가족이 다음 각 목에 해당하는 비율 이상의 주식·지분, 자본금 등을 소유하고 있는 법인·단체(이하 "특수관계사업자"라 한다)가 직무관련자인 경우

가. 공무원 자신 또는 그의 가족이 소유하는 주식 총수가 발행주식총수의 100분의 30 이상인 법인·단체

나. 공무원 자신 또는 그의 가족이 소유하는 지분 총수가 출자지분총수의 100분의 30 이상인 법인·단체

다. 공무원 자신 또는 그의 가족이 소유하는 자본금 합산금액이 자본금 총액의 100분의 50 이상인 법인·단체

7. 300만원 이상의 금전거래가 있는 자가 직무관련자인 경우 <kbd>22년 1차</kbd>

8. 경찰청 및 소속기관의 퇴직공무원(임직원)으로서 퇴직 전 5년간 같은 부서에서 근무하였던 자가 직무관련자인 경우

9. 학연, 지연, 종교, 직연 또는 채용동기 등 지속적인 친분 관계가 있어 공정한 직무수행이 어렵다고 판단되는 자가 직무관련자인 경우

10. 최근 2년 이내에 인·허가, 계약의 체결, 정책·사업의 결정 또는 집행 등 직무수행으로 직접적인 이익을 주었던 자 중 지속적인 친분 관계가 형성되어 공정한 직무수행이 어렵다고 판단되는 자가 직무관련자인 경우

② 직무관련자 또는 공무원의 직무수행과 관련하여 이해관계가 있는 자는 해당 공무원이 제1항 각 호의 어느 하나에 해당하는 경우에는 별지 제4호 서식에 따라 그 공무원의 소속 기관의 장에게 제5항 각 호의 조치를 신청할 수 있다. 다만, 불가피한 경우에는 신청한 날부터 3일 이내에 신청사유를 소명할 수 있는 자료를 제출하여야 한다.

③ 소속 기관의 장은 제2항에 따른 직무 재배정 등 조치 신청의 대상이 된 공무원에게서 그에 대한 의견을 받을 수 있고, 해당 공무원은 소속 기관의 장이 요구하는 경우에는 지체 없이 그에 대한 의견서를 별지 제5호 서식에 따라 그 사유를 소명한 문서로 제출하여야 한다.

④ 공무원은 직무관련자와 제1항 각 호 외의 사적 이해관계가 있다고 인정하는 경우에도 별지 제6호 서식에 따라 소속 기관의 장에게 제5항 각 호의 조치를 신청할 수 있다.

⑤ 제1항 본문에 따른 신고나 제2항 및 제4항에 따른 신청을 받은 소속 기관의 장은 소속 공무원의 공정한 직무수행을 저해할 수 있다고 판단하는 경우에는 해당 공무원에게 다음 각 호의 조치를 할 수 있다.

1. 직무 참여의 일시중지

2. 직무 대리자 또는 직무 공동수행자의 지정

3. 직무 재배정

4. 전보

⑥ 제5항에도 불구하고 소속 기관의 장은 다음 각 호의 어느 하나에 해당하는 경우에는

해당 공무원에게 그 직무를 수행하도록 할 수 있다. 이 경우 소속 기관의 장은 행동강령 책임관에게 공정한 직무수행 여부를 확인·점검하도록 하여야 한다.

1. 직무를 수행하는 공무원을 대체하기 지극히 어려운 경우
2. 국가의 안전보장 및 경제발전 등 공익 증진을 이유로 직무수행의 필요성이 더 큰 경우

제5조의2(수사·단속 업무의 공정성 강화) ① 공무원은 수사·단속의 대상이 되는 업소 중 경찰청장이 지정하는 유형의 업소 관계자와 부적절한 사적 접촉을 하여서는 아니 되며, 공적 또는 사적으로 접촉한 경우 경찰청장이 정하는 방법에 따라 신고하여야 한다. 23년 1차

② 공무원은 수사 중인 사건의 관계자(해당 사건의 처리와 법률적·경제적 이해관계가 있는 자로서 경찰청장이 지정하는 자를 말한다)와 부적절한 사적접촉을 해서는 아니 되며, 소속 경찰관서 내에서만 접촉하여야 한다. 다만, 현장 조사 등 공무상 필요한 경우 외부에서 접촉할 수 있으며, 이 경우에는 수사서류 등 공문서에 기록하여야 한다.

제5조의4(직무 관련 영리행위 등 금지) ① 공무원은 직무와 관련하여 다음 각 호의 행위를 해서는 아니 된다. 다만, 「국가공무원법」 등 다른 법령에 따라 허용되는 경우에는 그러하지 아니하다.

1. 직무관련자에게 사적으로 노무 또는 조언·자문을 제공하고 대가를 받는 행위
2. 자신이 소속된 기관이 쟁송 등의 당사자가 되는 직무이거나 소속된 기관에게 직접적인 이해관계가 있는 직무인 경우에 소속 기관의 상대방을 대리하거나 상대방에게 조언·자문 또는 정보를 제공하는 행위
3. 외국의 정부·기관·법인·단체를 대리하는 행위. 다만, 소속 기관의 장이 허가한 경우는 제외한다.
4. 직무와 관련된 다른 직위에 취임하는 행위. 다만, 소속 기관의 장이 허가한 경우는 제외한다.
5. 그 밖에 소속기관의 장이 공정하고 청렴한 직무수행을 저해할 우려가 있다고 판단하여 정하는 직무 관련 행위

② 소속 기관의 장은 소속 공무원의 행위가 제1항 각 호의 어느 하나에 해당한다고 인정하는 경우에는 그 행위를 중지하거나 종료하도록 해당 공무원에게 명하여야 한다.

제6조(특혜의 배제) 공무원은 직무를 수행함에 있어 지연·혈연·학연·종교 등을 이유로 특정인에게 특혜를 주어서는 아니 된다.

제7조(예산의 목적 외 사용 금지) 공무원은 여비, 업무추진비 등 공무 활동을 위한 예산을 목적 외의 용도로 사용하여 소속 기관에 재산상 손해를 입혀서는 아니 된다.

제8조(정치인 등의 부당한 요구에 대한 처리) ① 공무원은 정치인이나 정당 등으로부터 부당한 직무수행을 강요받거나 청탁을 받은 경우에는 별지 제9호 서식 또는 전자우편 등의 방법으로 소속 기관의 장에게 보고하거나 행동강령책임관과 상담하여야 한다.

② 제1항에 따라 보고를 받은 소속 기관의 장이나 상담을 한 행동강령책임관은 그 공무원이 공정한 직무수행을 할 수 있도록 적절한 조치를 하여야 한다.

제8조의2(경찰유관단체원의 부정행위에 대한 처리) 경찰유관단체원이 다음 각 호의 어느 하나에 해당하는 행위를 한 경우 행동강령책임관은 해당 경찰유관단체 운영 부서장과 협의하여 소속기관장에게 경찰유관단체원의 해촉 등 필요한 조치를 건의하여야 하며, 보

고를 받은 소속기관장은 적절한 조치를 취하여야 한다.
1. 경찰 업무와 관련하여 금품을 수수 또는 경찰관에게 금품을 제공하거나, 이를 알선한 경우
2. 경찰 업무와 관련하여 부당한 청탁 또는 알선을 한 경우
3. 이권 개입 등 경찰유관단체원의 지위를 부당하게 이용한 경우
4. 직무와 관련하여 알게 된 비밀을 누설한 경우
5. 그 밖에 경찰유관단체원으로서 부적절한 처신 등으로 경찰과 소속 단체의 명예를 훼손한 경우

제9조(인사 청탁 등의 금지) ① 공무원은 자신의 임용·승진·전보 등 인사에 부당한 영향을 미치기 위하여 타인으로 하여금 인사업무 담당자에게 청탁을 하도록 해서는 아니 된다.
② 공무원은 직위를 이용하여 다른 공무원의 임용·승진·전보 등 인사에 부당하게 개입해서는 아니 된다.

제3장 부당이득의 수수 금지

제10조(이권 개입 등의 금지) 공무원은 자신의 직위를 직접 이용하여 부당한 이익을 얻거나 타인이 부당한 이익을 얻도록 해서는 아니 된다.

제10조의2(직위의 사적이용 금지) 공무원은 직무의 범위를 벗어나 사적 이익을 위하여 소속 기관의 명칭이나 직위를 공표·게시하는 등의 방법으로 이용하거나 이용하게 하여서는 아니 된다.

제11조(알선·청탁 등의 금지) ① 공무원은 자기 또는 타인의 부당한 이익을 위하여 다른 공직자(「부패방지 및 국민권익위원회의 설치와 운영에 관한 법률」 제2조 제3호가목 및 나목에 따른 공직자를 말한다. 이하 같다)의 공정한 직무수행을 해치는 알선·청탁 등을 해서는 아니 된다.
② 공무원은 직무수행과 관련하여 자기 또는 타인의 부당한 이익을 위하여 직무관련자를 다른 직무관련자나 공직자에게 소개해서는 아니 된다.
③ 공무원은 자기 또는 타인의 부당한 이익을 위하여 자신의 직무권한을 행사하거나 지위·직책 등에서 유래되는 사실상 영향력을 행사하여 공직자가 아닌 자에게 다음 각 호의 어느 하나에 해당하는 알선·청탁 등을 해서는 아니 된다.
1. 특정 개인·법인·단체에 투자·예치·대여·출연·출자·기부·후원·협찬 등을 하도록 개입하거나 영향을 미치도록 하는 행위
2. 채용·승진·전보 등 인사업무나 징계업무에 관하여 개입하거나 영향을 미치도록 하는 행위
3. 입찰·경매·연구개발·시험·특허 등에 관한 업무상 비밀을 누설하도록 하는 행위
4. 계약 당사자 선정, 계약 체결 여부 등에 관하여 개입하거나 영향을 미치도록 하는 행위
5. 특정 개인·법인·단체에 재화 또는 용역을 정상적인 관행에서 벗어나 매각·교환·사용·수익·점유·제공 등을 하도록 하는 행위

6. 각급 학교의 입학·성적·수행평가 등의 업무에 관하여 개입하거나 영향을 미치도록 하는 행위

7. 각종 수상, 포상, 우수기관 또는 우수자 선정, 장학생 선발 등에 관하여 개입하거나 영향을 미치도록 하는 행위

8. 감사·조사 대상에서 특정 개인·법인·단체가 선정·배제되도록 하거나 감사·조사 결과를 조작하거나 또는 그 위반사항을 묵인하도록 하는 행위

9. 그 밖에 경찰청장이 공직자가 아닌 자의 공정한 업무 수행을 저해하는 알선·청탁 등에 해당한다고 판단하여 정하는 행위

제12조(직무 관련 정보를 이용한 거래 등의 제한) ① 공무원은 직무수행 중 알게 된 정보를 이용하여 유가증권, 부동산 등과 관련된 재산상 거래 또는 투자를 하거나 타인에게 그러한 정보를 제공하여 재산상 거래 또는 투자를 돕는 행위를 해서는 아니 된다. ⟨23년 1차⟩

제13조(공용물 등의 사적 사용·수익의 금지) 공무원은 관용 차량·선박·항공기 등 공용물과 예산의 사용으로 제공되는 항공마일리지, 적립포인트 등 부가서비스를 정당한 사유 없이 사적인 용도로 사용·수익해서는 아니 된다.

제13조의2(사적 노무 요구 금지) 공무원은 자신의 직무권한을 행사하거나 지위·직책 등에서 유래되는 사실상 영향력을 행사하여 직무관련자 또는 직무관련공무원으로부터 사적 노무를 제공받거나 요구 또는 약속해서는 아니 된다. 다만, 다른 법령 또는 사회상규에 따라 허용되는 경우에는 그러하지 아니하다.

제13조의3(직무권한 등을 행사한 부당 행위의 금지) 공무원은 자신의 직무권한을 행사하거나 지위·직책 등에서 유래되는 사실상 영향력을 행사하여 다음 각 호의 어느 하나에 해당하는 부당한 행위를 해서는 안 된다.

1. 인가·허가 등을 담당하는 공무원이 그 신청인에게 불이익을 주거나 제3자에게 이익 또는 불이익을 주기 위하여 부당하게 그 신청의 접수를 지연하거나 거부하는 행위

2. 직무관련공무원에게 직무와 관련이 없거나 직무의 범위를 벗어나 부당한 지시·요구를 하는 행위

3. 공무원 자신이 소속된 기관이 체결하는 물품·용역·공사 등 계약에 관하여 직무관련자에게 자신이 소속된 기관의 의무 또는 부담의 이행을 부당하게 전가하거나 자신이 소속된 기관이 집행해야 할 업무를 부당하게 지연하는 행위

4. 공무원 자신이 소속된 기관의 소속 기관 또는 산하기관에 자신이 소속된 기관의 업무를 부당하게 전가하거나 그 업무에 관한 비용·인력을 부담하도록 부당하게 전가하는 행위

5. 그 밖에 직무관련자, 직무관련공무원, 공무원 자신이 소속된 기관의 소속 기관 또는 산하기관의 권리·권한을 부당하게 제한하거나 의무가 없는 일을 부당하게 요구하는 행위

제14조(금품등을 받는 행위의 제한) ① 공무원은 직무 관련 여부 및 기부·후원·증여 등 그 명목에 관계없이 동일인으로부터 1회에 100만원 또는 매 회계연도에 300만원을 초과하는 금품등을 받거나 요구 또는 약속해서는 아니 된다.

② 공무원은 직무와 관련하여 대가성 여부를 불문하고 제1항에서 정한 금액 이하의 금품

등을 받거나 요구 또는 약속해서는 아니 된다.

③ 제15조의 외부강의등에 관한 사례금 또는 다음 각 호의 어느 하나에 해당하는 금품등은 제1항 또는 제2항에서 수수(收受)를 금지하는 금품등에 해당하지 아니한다.

1. 소속 기관의 장등이 소속 공무원이나 파견 공무원에게 지급하거나 상급자가 위로 · 격려 · 포상 등의 목적으로 하급자에게 제공하는 금품등

2. 원활한 직무수행 또는 사교 · 의례 또는 부조의 목적으로 제공되는 음식물 · 경조사비 · 선물 등으로서 별표 1의 가액 범위 내의 금품등

3. 사적 거래(증여는 제외한다)로 인한 채무의 이행 등 정당한 권원(權原)에 의하여 제공되는 금품등

4. 공무원의 친족(「민법」 제777조에 따른 친족을 말한다)이 제공하는 금품등

5. 공무원과 관련된 직원상조회 · 동호인회 · 동창회 · 향우회 · 친목회 · 종교단체 · 사회단체 등이 정하는 기준에 따라 구성원에게 제공하는 금품등 및 그 소속 구성원 등 공무원과 특별히 장기적 · 지속적인 친분관계를 맺고 있는 자가 질병 · 재난 등으로 어려운 처지에 있는 공무원에게 제공하는 금품등

6. 공무원의 직무와 관련된 공식적인 행사에서 주최자가 참석자에게 통상적인 범위에서 일률적으로 제공하는 교통, 숙박, 음식물 등의 금품등

7. 불특정 다수인에게 배포하기 위한 기념품 또는 홍보용품 등이나 경연 · 추첨을 통하여 받는 보상 또는 상품 등

8. 그 밖에 사회상규(社會常規)에 따라 허용되는 금품등

④ 공무원은 제3항 제5호에도 불구하고 같은 호에 따라 특별히 장기적 · 지속적인 친분관계를 맺고 있는 자가 직무관련자 또는 직무관련공무원으로서 금품등을 제공한 경우에는 그 수수 사실을 별지 제10호 서식에 따라 소속 기관의 장에게 신고하여야 한다.

⑤ 공무원은 자신의 배우자나 직계 존속 · 비속이 자신의 직무와 관련하여 제1항 또는 제2항에 따라 공무원이 받는 것이 금지되는 금품등(이하 "수수 금지 금품등"이라 한다)을 받거나 요구하거나 제공받기로 약속하지 아니하도록 하여야 한다.

⑥ 공무원은 다른 공무원에게 또는 그 공무원의 배우자나 직계 존속 · 비속에게 수수 금지 금품등을 제공하거나 그 제공의 약속 또는 의사표시를 해서는 아니 된다.

제4장 건전한 공직풍토의 조성

제15조(외부강의등의 사례금 수수 제한) ① 공무원은 자신의 직무와 관련되거나 그 지위 · 직책 등에서 유래되는 사실상의 영향력을 통하여 요청받은 교육 · 홍보 · 토론회 · 세미나 · 공청회 또는 그 밖의 회의 등에서 한 강의 · 강연 · 기고 등(이하 "외부강의등"이라 한다)의 대가로서 별표 2에서 정하는 금액을 초과하는 사례금을 받아서는 아니 된다.

② 공무원은 사례금을 받는 외부강의등을 할 때에는 외부강의등의 요청 명세 등을 별지 제12호 서식의 외부강의등 신고서에 따라 소속 기관의 장에게 그 외부강의등을 마친 날부터 10일 이내에 신고하여야 한다. 다만, 외부강의등을 요청한 자가 국가나 지방자치단체인 경우에는 그러하지 아니하다.

③ 공무원은 제2항에 따른 신고를 할 때 신고사항 중 상세 명세 또는 사례금 총액 등을 제2항의 기간 내에 알 수 없는 경우에는 해당 사항을 제외한 사항을 신고한 후 해당 사항을 안 날부터 5일 이내에 보완하여야 한다.

④ 공무원이 대가를 받고 수행하는 외부강의등은 월 3회를 초과할 수 없다. 국가나 지방자치단체에서 요청하거나 겸직 허가를 받고 수행하는 외부강의등은 그 횟수에 포함하지 아니한다.

⑤ 공무원은 제4항에도 불구하고 월 3회를 초과하여 대가를 받고 외부강의등을 하려는 경우에는 미리 소속 기관의 장의 승인을 받아야 한다.

제15조의2(초과사례금의 신고등) ① 공무원은 제15조 제1항에 따른 금액을 초과하는 사례금(이하 "초과사례금"이라 한다)을 받은 경우에는 그 사실을 안 날로부터 2일 이내에 별지 제13호 서식으로 소속기관의 장에게 신고하여야 하며, 제공자에게 그 초과금액을 지체 없이 반환하여야 한다.

② 제1항에 따른 신고를 받은 소속 기관의 장은 초과사례금을 반환하지 아니한 공무원에 대하여 신고사항을 확인한 후 7일 이내에 반환하여야 할 초과사례금의 액수를 산정하여 해당 공무원에게 통지하여야 한다.

③ 제2항에 따라 통지를 받은 공무원은 지체 없이 초과사례금(신고자가 초과사례금의 일부를 반환한 경우에는 그 차액으로 한정한다)을 제공자에게 반환하고 그 사실을 소속 기관의 장에게 알려야 한다.

④ 공무원은 제1항 또는 제3항에 따라 초과 사례금을 반환한 경우에는 증명자료를 첨부하여 그 반환 비용을 소속 기관의 장에게 청구할 수 있다.

제16조(직무관련자 거래 신고) ① 공무원은 자신, 배우자, 직계존속·비속(생계를 같이 하는 경우만 해당한다. 이하 이 조에서 같다) 또는 특수관계사업자가 공무원 자신의 직무관련자 또는 직무관련공무원과 직접 다음 각 호의 어느 하나에 해당하는 행위를 하는 경우(무상인 경우를 포함한다)에는 별지 제14호 서식에 따라 서면으로 소속 기관의 장에게 미리 신고하여야 한다.

1. 금전을 빌리거나 빌려주는 행위 및 유가증권을 거래하는 행위. 다만, 「금융실명거래 및 비밀보장에 관한 법률」 제2조 제1호에 따른 금융회사등으로부터 통상적인 조건으로 금전을 빌리는 행위 및 유가증권을 거래하는 행위는 제외한다.

2. 부동산, 자동차, 선박, 항공기, 건설기계, 그 밖에 이에 준하는 재산을 거래하는 행위. 다만, 공매·경매·입찰 및 공개추첨(이하 "공매등"이라 한다)을 통한 거래 행위는 제외한다.

3. 제1호 및 제2호의 거래 행위 외에 물품(일상생활용품은 제외한다), 용역, 공사 등의 계약을 체결하는 행위. 다만, 공매등을 통한 계약 체결 행위 또는 거래관행상 불특정 다수를 대상으로 반복적으로 행해지는 계약 체결 행위는 제외한다.

② 공무원은 자신, 배우자, 직계존속·비속 또는 특수관계사업자가 공무원 자신의 직무관련자이었던 자이거나 직무관련공무원이었던 사람과 제1항 각 호의 어느 하나에 해당하는 행위를 하는 경우에는 별지 제14호 서식에 따라 서면으로 소속 기관의 장에게 미리 신고하여야 한다. 다만, 그 직무관련자 또는 직무관련공무원과 관련된 직무 수행이 종료

된 날부터 2년이 지난 경우에는 그러하지 아니하다.

③ 제1항 및 제2항에도 불구하고 직무관련자나 직무관련공무원 또는 직무관련자이었던 자나 직무관련공무원이었던 사람이 「민법」 제777조에 따른 친족인 경우는 신고대상에서 제외한다.

④ 공무원은 제1항 및 제2항에 따른 사전 신고가 곤란한 경우에는 해당 거래 등의 행위를 마친 날부터 5일 이내에 신고하여야 한다. 다만, 공무원 자신의 거래 등의 행위가 아니거나 제3자가 중개 또는 대리하여 거래한 경우로서 미리 이를 알고 신고하기 어려운 경우에는 거래 등의 사실을 안 날부터 5일 이내에 신고하여야 한다.

⑤ 소속 기관의 장은 제1항 및 제2항에 따라 공무원이 신고한 행위가 공정한 직무수행을 저해할 수 있다고 판단되는 경우에는 해당 공무원에게 제5조 제5항 및 제6항에 따른 조치 등을 할 수 있다.

제16조의2(직무관련자에게 협찬 요구 금지) 공무원은 직무관련자에게 직위를 이용하여 행사 진행에 필요한 직·간접적 경비, 장소, 인력, 또는 물품 등의 협찬을 요구하여서는 아니 된다.

제16조의3(직무관련자와 골프 및 사적여행 제한) ① 공무원은 직무관련자와는 비용 부담 여부와 관계없이 골프를 같이 하여서는 아니 된다. 다만, 다음 각 호와 같은 부득이한 사정에 따라 골프를 같이 하는 경우에는 소속관서 행동강령 책임관에게 사전에 신고하여야 하며 사전에 신고하기 어려운 특별한 사유가 있는 경우에는 사후에 즉시 신고하여야 한다.

1. 정책의 수립·시행을 위한 의견교환 또는 업무협의 등 공적인 목적을 위하여 필요한 경우
2. 직무관련자인 친족과 골프를 하는 경우
3. 동창회 등 친목단체에 직무관련자가 있어 부득이 골프를 하는 경우 〔22년 1차〕
4. 그 밖에 위 각 호와 유사한 사유로 부득이하다고 인정되는 경우

② 공무원은 직무관련자와 함께 사적인 여행을 하여서는 아니 된다. 다만, 제1항 각 호의 사유가 있어 같은 항 단서에 따른 신고를 한 경우에는 그러하지 아니 하다.

제16조의4(직무관련자와 사행성 오락 금지) 공무원은 직무관련자와 마작, 화투, 카드 등 우연의 결과나 불확실한 승패에 의하여 금품 등 경제적 이익을 취할 목적으로 하는 사행성 오락을 같이 하여서는 아니 된다.

제17조(경조사의 통지 제한) 공무원은 직무관련자나 직무관련공무원에게 경조사를 알려서는 아니 된다. 다만, 다음 각 호의 어느 하나에 해당하는 경우에는 경조사를 알릴 수 있다.

1. 친족(「민법」 제767조에 따른 친족을 말한다)에게 알리는 경우
2. 현재 근무하고 있거나 과거에 근무하였던 기관의 소속 직원에게 알리는 경우
3. 신문, 방송 또는 제2호에 따른 직원에게만 열람이 허용되는 내부통신망 등을 통하여 알리는 경우
4. 공무원 자신이 소속된 종교단체·친목단체 등의 회원에게 알리는 경우 〔22년 1차〕

제5장 위반 시의 조치

제18조(위반 여부에 대한 상담) ① 공무원은 알선·청탁, 금품등의 수수, 외부강의등의 사례금수수, 경조사의 통지 등에 대하여 이 규칙을 위반하는 지가 분명하지 아니할 때에는 행동강령책임관과 상담한 후 처리하여야 하며 행동강령책임관은 별지 제15호 서식에 따라 상담내용을 관리하여야 한다.

② 행동강령책임관은 제1항에 따른 상담이 원활하게 이루어질 수 있도록 해당 기관의 규모등 여건을 고려하여 전용전화·상담실 설치 등 필요한 조치를 취할 수 있다.

제19조(위반행위의 신고 및 확인) ① 누구든지 공무원이 이 규칙을 위반한 사실을 알게 되었을 때에는 그 공무원이 소속된 기관의 장, 그 기관의 행동강령책임관 또는 국민권익위원회에 신고할 수 있다.

② 제1항에 따라 신고하는 자는 별지 제16호 서식의 위반행위신고서에 본인과 위반자의 인적 사항과 위반 내용을 구체적으로 제시해야 한다.

③ 제1항에 따라 위반행위를 신고받은 소속 기관의 장과 행동강령책임관은 신고인과 신고내용에 대하여 비밀을 보장하여야 하며, 신고인이 신고에 따른 불이익을 받지 아니하도록 하여야 한다.

④ 행동강령책임관은 제1항에 따라 신고된 위반행위를 확인한 후 해당 공무원으로부터 받은 소명자료를 첨부하여 소속 기관의 장에게 보고하여야 한다.

제20조(징계 등) 제19조 제4항에 따른 보고를 받은 소속기관의 장은 해당 공무원을 징계하는 등 필요한 조치를 할 수 있다.

제21조(수수 금지 금품등의 신고 및 처리) ① 공무원은 다음 각 호의 어느 하나에 해당하는 경우에는 소속 기관의 장에게 지체 없이 별지 제17호 서식에 따라 서면 신고하여야 한다.

1. 공무원 자신이 수수 금지 금품등을 받거나 그 제공의 약속 또는 의사표시를 받은 경우
2. 공무원이 자신의 배우자나 직계 존속·비속이 수수 금지 금품등을 받거나 그 제공의 약속 또는 의사표시를 받은 사실을 알게 된 경우

② 공무원은 제1항 각 호의 어느 하나에 해당하는 경우에는 금품등을 제공한 자(이하 이 조에서 "제공자"라 한다) 또는 제공의 약속이나 의사표시를 한 자에게 그 제공받은 금품등을 지체 없이 반환하거나 반환하도록 하거나 그 거부의 의사를 밝히거나 밝히도록 하여야 한다.

③ 공무원은 제2항에 따라 금품등을 반환한 경우에는 별지 제18호 서식에 따라 그 반환비용을 소속 기관의 장에게 청구할 수 있다.

④ 공무원은 제2항에 따라 반환하거나 반환하도록 하여야 하는 금품등이 다음 각 호의 어느 하나에 해당하는 경우에는 소속 기관의 장에게 인도하거나 인도하도록 하여야 한다.

1. 멸실·부패·변질 등의 우려가 있는 경우
2. 제공자나 제공자의 주소를 알 수 없는 경우
3. 그 밖에 제공자에게 반환하기 어려운 사정이 있는 경우

⑤ 소속 기관의 장은 제4항에 따라 금품등을 인도받은 경우에는 즉시 사진으로 촬영하거나 영상으로 녹화하고 별지 19호 서식으로 관리하여야 하며, 다른 법령에 특별한 규정이

있는 경우를 제외하고는 다음 각 호에 따라 처리한다.

1. 수수 금지 금품등이 아닌 것으로 확인된 경우: 금품등을 인도한 자에게 반환
2. 수수 금지 금품등에 해당하는 것으로 확인된 경우로서 추가적인 조사·감사·수사 또는 징계 등 후속조치를 위하여 필요한 경우: 관계 기관에 증거자료로 제출하거나 후속 조치가 완료될 때까지 보관
3. 제1호 및 제2호에도 불구하고 멸실·부패·변질 등으로 인하여 반환·제출·보관이 어렵다고 판단되는 경우: 별지 제20호 서식에 따라 금품등을 인도한 자의 동의를 받아 폐기처분
4. 그 밖의 경우: 세입조치 또는 사회복지시설·공익단체 등에 기증하거나 경찰청장이 정하는 기준에 따라 처리

⑥ 소속 기관의 장은 제3항에 따라 처리한 금품등에 대하여 별지 제21호 서식으로 관리하여야 하며, 제3항에 따른 처리 결과를 금품등을 인도한 자에게 통보하여야 한다.

⑦ 소속 기관의 장은 금지된 금품등의 신고자에 대하여 인사우대·포상 등의 방안을 마련하여 시행할 수 있다.

제6장 보칙

제22조(교육) ① 경찰청장(소속기관장, 시도경찰청장, 경찰서장 등을 포함한다)은 소속 공무원에 대하여 이 규칙의 준수를 위한 교육계획을 수립·시행하여야 하며, 매년 1회 이상 교육을 하여야 한다.

② 경무인사기획관은 신임 및 경사, 경위, 경감, 경정 기본교육과정에 이 규칙의 교육을 포함시켜 시행하여야 한다.

CHAPTER
02 한국경찰의 역사

제1절 갑오개혁 이전의 경찰제도

I 부족국가시대

1. 고조선

8조 금법(禁法)이라는 형벌법을 통해 사회의 안녕과 질서를 유지하였다. 8조 금법 중에 살인죄, 상해죄, 절도죄 등 3조문만 현재 전해지고 있다.

이러한 8조 금법의 존재는 우선 살인과 상해에 대해 처벌함으로써 개인의 생명과 신체를 보호하고자 한 사실을 보여준다. 또한 절도에 대한 처벌은 사유재산제도를 보호하고 있음을 말해준다. 아울러, 지배세력이 경찰, 재판 등의 모든 권한을 통합적으로 행사했다는 것을 의미한다.

2. 한의 군현

중국 한나라는 고조선을 점령하고, 그 자리에 낙랑, 진번, 임둔, 현도 등의 4군을 설치하였다. 4군에는 군(郡)·현(縣)·향(鄕)·정(亭)·리(里)의 행정체제를 두고, 군에는 태수·현위·효렴이 있었으며, 현에는 령·장·위가 있었고, 아래로는 향에는 도적을 방비하고 순찰을 하는 유요, 정을 두어 도적을 잡게 하는 등 오늘날의 경찰기능을 담당하게 한 것으로 보여진다.

3. 남북의 부족국가

1) 부여

부여에서는 왕과 마가, 우가, 저가, 구가 등 관직을 가진 지배세력이 형성되었고, 국방과 경찰기능도 이들에 의해 수행되었다.

고조선과 같은 금법에 따르면, 사람을 죽인 자는 사형에 처하고 그 가족은 노비로 삼았다. 간음을 한 자와 부인의 질투를 미워하여 투기하는 자는 모두 사형에 처하는 등의 형벌제도를 두었다. 남의 물건을 훔친 자는 12배로 배상하도록 한 일책십이법(一責十二法) 제도를 운영하였다. 제천행사인 영고(迎鼓) 때를 택하여 형사재판을 실시하거나 죄수를 석방하는 등 형사정책적 배려도 한 것으로 전해진다.

2) 고구려

감옥(뇌옥)은 없었으나, 범죄자는 대가(大加)들에 의한 제가평의(諸加評議)의 결정으로 사형에 처하고, 그 처자를 노비로 삼았다. 부여와 마찬가지로 절도범에 대해서는 일책십이법(一責十二法) 제도를 운영하였다.

3) 옥저와 동예

옥저와 동예는 고구려와 예속적 관계하에 있어서 그들 사회를 통치하는 왕이 없고, 각 읍락마다 거수(渠帥)들이 지배하는 체제를 유지하였다.

동예에서는 각 읍락마다 독립된 경계가 설정되어 있어서 서로 경계를 침범하는 경우 책화(責禍)라고 하여 노비나 우마(牛馬)로써 배상하도록 하였다. 또한 살인자는 사형에 처하고, 도둑이 적었다고 전해진다.

4) 삼한(마한 · 진한 · 변한)

소도라는 특별구역, 즉 별읍을 두어 천관(天官)이라는 신관(神官)이 다스리도록 하였다. 죄인이 이 소도 지역으로 도망하여도 그를 붙잡지 못하였다. 소도는 범죄인에게 일종의 치외법권지역의 역할을 한 것으로 추정한다.

Ⅱ 삼국시대의 경찰제도

1. 고구려

치안조직은 수도의 5부와 지방의 5부로 편제되었다. 지방의 5부는 욕살(褥薩)이라는 지방장관으로 하여금 다스리게 하였는데, 경찰을 포함하여 형사사법권도 이들 지배세력에 의해 행사되었다.

삼국지 위지 동이전에 따르면, "고구려에는 감옥이 없고 범죄가 발생하면 제가들이 회의하여 곧바로 죽이고 그 처자를 노비로 삼는다"라고 하여, 엄격한 형벌 또는 부담으로써 사회질서를 유지하였다. 절도죄에 대해서는 12배의 배상을 하게 하거나 그 자녀를 노비로 삼도록 하였다. 모반죄(내란죄 및 외환죄) 등 반역죄, 전쟁에서 패하거나 항복한 죄, 살인죄, 절도죄, 가축살상죄 등이 전해진다.

한편, 오늘날의 국경을 경비하는 국경경비대와 같은 무려라(武厲羅)를 설치하여 요수를 건너는 사람을 경비하였다는 기록이 나온다. 여기서 무려(武厲)는 요서에 있던 성으로 여기에 라(羅)를 설치하여 국경을 경비하였던 것으로 추측된다.

2. 백제

1) 6좌평제

내신좌평(왕명출납) · 내두좌평(재무회계) · 내법좌평(의전제사) · 위사좌평(숙위군사) · 조정좌평(사법 · 치안) · 병관좌평(지방 군사) 등 6좌평제를 운영하였다. 여기서 경찰 등 형사사법기능은 오늘날의 101경비단과 같은 위사좌평, 그리고 조정좌평 및 병관좌평이 담당한 것으로 추측된다.

2) 5부 5방제

수도에는 5부를 두어 달솔(達率)이 있었으며, 지방에는 5방제를 도입하여 방령(方領)을 두어 통치케 하였다. 방령은 군사상 임무와 동시에 치안책임을 병행하였다.

3) 사회질서 유지

반역·살인 등은 사형에 처하고, 간음한 자는 남편 집의 노비로 삼았다. 또한 절도를 저지른 자는 유형에 처하고 2배로 배상케 함으로써, 국가체제와 사회질서를 유지하였다. 특히 관리로서 뇌물을 받거나 재물을 절취한 자는 장물의 3배를 배상하고 종신 동안 공무원이 되지 못하도록 하는 관인수재죄(官人受財罪, 공무원범죄)를 두었다. 공무원범죄에 대해 새롭게 처벌한 점이 특이하다.

3. 신라

신라는 엄격한 골품제도와 이벌찬에서 조위에 이르는 17관등제를 갖추고 있었다.
골품제를 통하여 신분질서를 유지하는 지배체제를 구축하였다. 필요에 따라 병부·품주·사정부 등의 관부를 설치하여 국사를 담당하였다.
중앙집권적인 정치체제를 갖추게 된 내물왕 이후, 즉 남당(南堂) 중심의 정치시대에는 남당인 화백회의와 국왕, 그리고 중앙관직인 병부(경비경찰), 좌우이방부(사법경찰), 사정부(감찰과 정보) 등이 경찰권을 행사하였다.
지방에서는 각 주의 장관인 군주가 군사는 물론 경찰업무를 담당하였던 것으로 추측된다.

Ⅲ 통일신라시대의 경찰제도

1. 경찰관련 조직

경찰과 관련된 조직은 병부·사정부·이방부 등이 있다. 병부는 군사와 경비경찰의 임무를, 좌우이방부는 사법기관과 형률사무를 담당하였다.

2. 9주(州) 5소경(小京)

　　지방을 9주 5소경으로 나누고, 지방장관에는 총관(總管)을, 소경에는 사신(仕臣, 일명 사대등)을 두었다. 이들이 지방의 경찰기능을 담당하였다. 다만, 총관과 사신은 모두 중앙정부로부터 파견되어 군사·사법·치안을 담당하였다.

3. 해양경찰기능

　　장보고가 설치한 청해진(지금의 완도)은 오늘날의 해양경찰활동을 한 것으로 평가받고 있다.

4. 새로운 유형의 범죄등장

　　통일신라의 율령에는 통상적인 범죄 유형 외에 새로운 범죄가 등장하였다. 우선 왕권을 보호하기 위한 범죄로 모반죄(오늘날의 내란죄), 모대역죄(종묘와 궁궐을 범한 죄), 지역사불고언죄(오늘날의 국가보안법상의 불고지죄) 등을 두었다. 또한 관리들의 직무와 관련된 범죄로 불휼(不恤國事罪, 오늘날의 직무유기죄), 배공영사죄(背公營私罪, 오늘날의 배임죄) 등이 있었다.

　　형의 종류도 세분화되고 집행방법도 잔인하게 변화하였다. 족형(族刑), 거열형(車裂刑), 사지해형(四肢解刑), 기시형(棄市刑), 참형(斬刑), 자진형(自盡刑), 유형(流刑), 장형(杖刑) 등은 그 대표적인 예이다.

Ⅳ 고려시대의 경찰제도

1. 중앙경찰기관

1) 내군부(內軍部)

내군부에서 국왕의 경호를 담당하였다.

2) 2군 6위

고려는 2군 6위를 두어 외적을 방어함과 동시에 치안을 담당하게 하였다. 서울에는 2군 6위로 구성된 경군으로 불리는 중앙군을, 지방에는 주현군을 두고 있었다. 2군(응양군, 용호군)은 왕국경호의 임무를, 6위는 전투부대로서 역할하였다. 6위 중에서 금오위(金吾衛)는 수도경찰로서 순찰 및 포도금란의 업무와 비위예방을 담당하였다. `22년 2차`

3) 병부, 형부, 어사대

병부, 형부, 어사대 등이 중앙행정기관으로서 경찰기능을 담당하였다. `22년 2차` 병부는 군사, 순라 및 기타 경찰기능도 담당하였다. 어사대는 감찰기관으로서 풍속교정과 관리의 비위를 감찰하는 임무를 수행하였다. 형부는 민관의 모든 범죄분쟁을 조사하고 형집행을 담당하였다.

4) 순마소 → 순군만호부

1277년 고려 말 충렬왕 때 한국 최초의 전문경찰기관이라고 할 수 있는 순마소(巡馬所)를 설치하여 개성의 방도(防盜)와 야간경비를 담당하게 하였다. 1300년에는 순마소가 순군만호부로 확대 개편되었다.

순군만호부의 지방기관인 순포(巡鋪)가 지방의 주요한 곳에 33개가 설치되어 경찰관료체제가 형성되기 시작하였다.

2. 지방경찰기관

지방경찰기관으로 우선, 5도 양계(兩界) 제도가 있었다. 도에는 안찰사, 계에는 병마사가 책임자로 임명되었고, 도 밑에는 군·현이, 계 밑에는 진(鎭)이 각각 설치되었다.

한편, 현위(縣尉)를 장으로 하는 위아(尉衙)라고 하는 지방경찰기관이 설치되어 있었는데, 위아를 현재의 경찰서, 현위를 경찰서장으로 보는 견해가 있다. 현위는 현내의 비행과 범죄의 방지와 그 처리, 그리고 지역의 치안질서유지를 임무로 하였다. 비상시에는 군사작전의 임무까지 수행하였다.

3. 삼별초

삼별초는 최씨 무신정권하에서 사병역할을 했다. 삼별초는 야간순찰로 도적을 잡고 민란을 방지하는 보안경찰과 수사경찰의 임무는 물론, 군의 임무를 수행한 사병(私兵)이자 공병(公兵)의 역할을 담당했다.

4. 범죄의 다양화

살인죄, 절도죄 등 전통적 범죄 외에 공무원범죄, 문서훼손에 관한 범죄, 무고죄, 도주죄, 방화죄, 간통죄는 물론, 성범죄, 도박죄, 유기죄, 인신매매에 관한 범죄, 장물죄 등이 새롭게 처벌되었다. 이는 사회의 발달에 따른 범죄의 다양화에 대응하기 위함이었다.

한편, 고려시대에 와서 처음으로 전옥서(典獄署)라는 독립된 구금시설인 감옥이 설치되었다.

Ⅴ 조선시대의 경찰제도

1. 중앙경찰기관

1) 6조

국무최고기관인 의정부 아래에 6조를 두고 있었다. 이중 형조는 도적과 민란을 다스리는형사사법기관임과 동시에 하급기관의 판결에 대한 재심기관의 역할을 하였다.

형조는 수사와 재판, 민사소송 등 오늘날의 검찰과 법원을 통합한 기능을 담당하였다.

2) 의금부

왕족 범죄, 현직관리 또는 고위관원의 자제로서 관직에 있는 자의 범죄, 국사범,

역모와 반역 등 대옥사건, 일반인의 왕실 및 왕족에 대한 범죄, 사헌부가 탄핵한 사건 등 중요 특별범죄를 관장하였다.

3) 사헌부

시정의 시비를 논하고 백관을 감찰하고, 백성의 풍속을 바르게 하고 억울함을 풀어주는 등의 기능을 담당하였다. 그 외에 민정을 살피고 권력남용을 금지하는 등 민정업무도 담당하였다. 말하자면, 오늘날의 검찰사무와 풍속경찰의 임무를 주로 수행하였다.

4) 한성부

수도치안을 담당하면서 폭력단속, 주간순찰, 시체검시 등의 업무도 수행하였다. 한성부의 최하위 경찰기관인 경수소(警守所)를 설치하여 도적의 예방과 구금을 위해 야간순찰을 실시하고, 순라군이 밤에 머물렀다. 그러나 당시의 치안기구인 포도청의 기능을 담당한 것은 아니었다.

5) 수성금화사(修城禁火司)

궁성과 궁궐의 방화업무를 담당하는 소방경찰기능을 수행하였다.

2. 지방경찰기관

전국 8도에 관찰사가 있고, 그 아래에 부윤·목사·군수·현령, 현감 등을 두어 행정경찰과 사법경찰을 통괄하였다.
지방의 각 관찰사와 수령은 지방의 전권을 장악하고 있으면서, 재판·세무·경찰 등의 권한을 행사하였다.

3. 전문적 경찰기관으로서 포도청

포도청은 도적을 잡고 야간순찰의 임무를 맡았으며, 성종 2년에 설치된 포도장제

(捕盜將制)에서 출발하였다. 포도장은 성종 후반 중앙군이 여진정벌에 동원되면서 도성의 치안공백을 대신하는 기구로 자리매김하였다. 조선후기 상업의 발달과 함께 포도청의 업무도 증가하였다.

포도청은 좌·우 포도청으로 구분되는데, 좌포도청은 한양의 동부, 남부, 중부와 경기좌도를, 우포도청은 한양서부와 한양북부, 경기우도를 관할하였다. 업무적으로 좌포도청은 조운·세미·방납에 관하여, 우포도청은 잠상, 인삼매매에 관한 치죄를 중점적으로 다루었다.

이러한 포도청은 갑오개혁으로 '경무청 관제직장'이 제정되어 한성부에 경무청이 설치되면서 폐지되었다.

한편, 최초의 여자경찰로서 양반집의 수색과 여자도적을 검거하기 위한 다모(茶母)제도를 운영하였다.

4. 기타 경찰관련제도

1) 오가작통법

최초의 국민적 말단의 자치조직으로 예방경찰로 볼 수 있다. 포도청에서 근세로 오면서 세를 더해가는 천주교의 탄압에 주력하고 되면서 오가작통제를 활용하기도 하였다.

2) 장예원

형조의 속아문으로 노예의 장적과 노비송사를 담당하였다.

3) 전옥서

형소의 속아문으로 감옥과 죄소에 관한 사무를 담당하였다.

제2절 | 갑오개혁부터 한일합병 이전의 경찰

Ⅰ 갑오개혁과 근대경찰

1. 근대경찰 도입을 추진한 갑오개혁

1894년 7월 27일에 설치된 「군국기무처」에서 정치·경제·사회 각 방면에 걸친 광범위한 근대적 개혁안을 추진하였는데, 이를 갑오경장 또는 갑오개혁이라 한다. 갑오개혁에서는 포도청을 혁파하고 근대경찰인 경무청의 창설을 추진하였다.

경찰이라는 용어는 갑오개혁 이전인 1894년 6월 28일 일본의 내정개혁 요구의 일환으로 '법무아문관리사법행정경찰'이 정해지면서 최초로 사용되었다. 김홍집 내각은 「각아문관제」에서 경찰을 법무아문 소속으로 설치할 것을 결정하였다. 그러나 곧 경찰을 내무아문 소속으로 변경하였다. 이후 한성부에 종전의 좌우포도청을 합쳐 경무청을 신설하고 헌성부 내의 일체의 경찰사무를 관장시켰다.

2. 경무청관제직장(警務廳官制職掌)과 행정경찰장정(行政警察章程)

1894년 7월 14일 한국 최초의 경찰조직법인 경무청관제직장과 경찰작용법인 행정경찰장정이 제정되었다. 이에 따라 당시 수도인 한성부에 한성을 관할지역으로 하는 경찰이 창설되었다. 당시 좌우포도청을 합쳐 경무청(경무청의 장은 警務使라 함)을 신설하고, 이를 내무아문에 예속시켜 한성부 내 일체의 경찰사무와 감옥사무를 총괄하도록 하였다.

당시 경무청은 영업, 시장, 회계, 소방, 전염병 예방, 종두, 가축위생, 결사, 집회, 신문잡지, 도서 등 광범위한 사무를 담당하였다.

경무청에는 경무사 1명, 부관 1명, 경무관 여러 명, 서기관 여러 명, 총순 여러 명, 순검 여러 명을 두었다.

한편, 행정경찰장정은 일본의 1875년 행정경찰규칙과 1885년 위경죄즉결례를 혼합하여 한문으로 옮겨 놓은 것이다.

Ⅱ 광무개혁(1897)에 따른 경부(警部)경찰체제의 출범

1. 경부경찰의 탄생

1897년 광무개혁을 계기로 1900년 경찰의 독립적인 중앙관청으로서 '경부'가 탄생하였다. 경부대신은 경찰의 최고관청으로 각부의 대신과 동일한 직권을 가지면서 의정부회의에 참석하였다.

경부에는 궁내경찰서와 한성부 내 5개 경찰서, 3개 분서를 두고 이를 지휘하는 경무감독소를 두며, 한성부 이외의 각 관찰부에 총순을 두었다.

2. 경부와 관찰부의 이원적 체제

중앙의 경부는 한성 및 각 개항시장의 경찰업무와 감옥사무를 통합적으로 수행하였다.

지방의 각 관찰부에는 총순(總巡)을 두어 관찰사를 보좌하여 치안업무를 수행하게 하였다.

3. 경부경찰체제에서 경무청으로의 환원

경부경찰체제는 1년여 만인 1902년 2월 18일 경부청으로 환원되었다. 내각의 독립관청인 '부'에서 내부의 산하기관인 '청'으로 위상이 격하된 것이다.

경무청으로 위상이 격하되었으나, 그 권한과 업무는 경부경찰체제와 마찬가지로 경무청의 경무사를 중심으로 국내 일체의 경찰사무를 관리하게 하였다.

구 경무청이 한성부만을 관할하였다면, 이때의 경무청은 전국을 관할하는 경찰기관이었다는 점에서 오늘날 경찰청의 출발점이라고 할 수 있다.

4. 일본 헌병의 주둔

1896년 2월 중순 일본의 헌병대는 명목상으로 한성과 부산 간의 군용전신선의 보호를 위해 대구에 본부를 두고 조선에 주둔하기 시작하였다.

1881년 일본의 헌병조례(1881)에 따르면, 헌병은 군사경찰 이외에도 행정경찰과 사법경찰을 겸하였으므로 사실상 경찰과 다름없었다. 헌병은 특히 반란 등의 시찰이나 정탐 등을 임무로 하고 있었다는 점에서, 조선 내에서 동학란의 정탐 이외에 진압 등에도 동원되었을 것으로 보인다.

Ⅲ 대한제국 경찰권의 상실

대한제국시대의 경찰은 1904년 '한일의정서' 체결을 계기로 일본의 고문정치가 시작되면서 집중적인 침탈의 대상으로 전락하였다.

1905년 2월 3일 '경무고문용빙계약'이 체결되면서 일본경시청 제1부장이 경무고문이 되면서, 대한제국의 경찰권 전반에 대한 직접적인 개입과 간섭을 노골화하였다.

1905년 6월 '경무고문소속직원규정'을 만들어 고문경찰을 확대하면서 사실상 대한제국의 경찰권을 장악하였다.

1908년 10월 29일 '한일경찰사무에 관한 취극서' 교환을 계기로 일본인이 대한제국의 경찰로 임용되었으며, 경무청이 경시청으로 변경되었다.

1909년 3월 15일 '재한국인외국인민에 대한 경찰사무에 관한 한일협정서'가 체결되면서 대한제국 내 외국인에 대한 경찰사무를 대한제국의 경찰이 취급하게 되었다.

1909년 7월 12일 '한국사법 및 감옥사무위탁에 관한 각서(일명 기유각서)'가 체결되면서 대한제국의 사법 및 감옥사무까지도 일본이 장악하게 되었다.

1910년 6월 24일 조인된 '한국경찰권위탁각서'를 통해 대한제국의 경찰권은 완전히 일본으로 넘어갔다. 일본은 이를 계기로 1910년 6월 29일 '통감부경찰관관제'를 공포하여 통감의 직속하에 중앙에는 경무총감부를 두고, 각 도에는 경무부를 두어 일반 지방행정기관과 분리하였다.

1910년 8월 22일 '한일합방조약'체결로 대한제국이 멸망하였으나, 당시 통감부의 경찰체제를 그대로 유지하다가, 1910년 9월 10일 '조선주답헌병조례(朝鮮駐劄憲兵條例)'를 공포하여 '헌병경찰제도'를 도입하게 된다. 사실상 헌병과 경찰이 통합조직으로 운영되었다는 것을 말한다.

한일합방 이후 일본은 통감부를 없애는 대신 이른바 조선총독부를 만들었다. 한국을 식민지로 통치하면서 최소의 비용으로 최대의 효과를 거두려는 식민지형 형사사법체계를 구축하였다. 이는 특히 조선형사령, 범죄즉결례, 조선태형령 등 3대 제령을 근거로 실현되었다.

1910년부터 1919년까지 이루어졌던 헌병경찰통치(무단통치)는 1919년 3 · 1운동을 계기로 보통경찰제도로 전환되었다. [22년 1차] 헌병경찰에 의한 무단경찰기에는 총독부 아래 경무총감부가 경찰최고기관이었다.

I 　헌병경찰시대

1. 헌병경찰제도의 시행

1910년 일본은 통감부(이후 총독부로 전환)에 경무총감부를, 각 도에는 경무부를 설치하여 경찰사무를, 서울과 황궁의 경찰사무는 경무총감부의 직할로 하였다.

1910년 9월 10일 '조선주답헌병조례(朝鮮駐劄憲兵條例)'를 통해 헌병과 경찰을 통합조직으로 운영하였다.

2. 헌병경찰의 임무

헌병경찰은 첩보수집, 의병토벌을 주 임무로 하였다. 뿐만 아니라 민사소송조정, 집달관업무, 국경세관업무, 일본어보급, 부업장려 등 일반행정에 이르기까지 광범위한 업무를 수행하였다.

3. 헌병경찰과 보통경찰의 배치

헌병경찰은 의병출몰지역이나 군사상 중요한 지역에 배치되어 임무를 수행하였다. 그러나 도시 또는 개항장 등의 지역에는 보통경찰이 배치되었다.

Ⅱ 보통경찰시대

헌병경찰제도는 3·1운동을 계기로 무력에 의한 탄압에서 한민족의 회유 내지 동화를 위한 보통경찰제도로 전환되었다. 이에 따라 총독부 직속의 경무총감부가 폐지되고, 총독부에 경무국을 두어 전국의 경찰사무를 관장하였다.

보통경찰제도로의 전환은 그렇지만 헌병경찰에서 보통경찰로 외관만 바뀌었을 뿐, 실제적으로는 무단통치 못지않은 탄압의 연속이었다.

보통경찰시대에는 정치범처벌법을 제정하여 탄압을 강화하였다. 일본에서 1925년 제정된 치안유지법을 한국에도 적용하는 등 탄압적 지배체제를 더욱 강화하였다. 〔22년 1차〕 일제 말기인 1941년에는 예비검속법 등을 통해 독립운동에 대한 탄압도 강화했다.

제4절 대한민국 임시정부하의 경찰

Ⅰ 개관

1919년 4월 국내외에서 전개된 3·1운동을 계기로 중국 상해에 대한민국 임시정부가 수립되었다.

우리나라의 헌법은 "우리 대한국민은 3·1운동으로 건립된 대한민국 임시정부의 법통과 불의에 항거한 4·19민주이념을 계승한다."라고 규정하고 있다.

Ⅱ 임시정부 경찰의 역할

임시정부의 초대 경무국장인 김구 선생은 경찰의 임무가 단순히 범죄를 예방하고 진압하는 것이 아니라, 일제의 스파이 활동을 방지하고, 독립운동가의 투항을 예방하며, 임정요인들을 보호하는 것이라는 점을 천명하였다.

임시정부 경찰의 첫 번째 임무는 임시정부의 수호였다. 임시정부는 경무국 외에도 교민단의 의경대, 기타 임시정부와 관련한 여러 의용단체들을 통해 수호되었다.

두 번째 임무는 교민사회의 안녕과 질서유지였다. 의경대에서 이를 담당하였다. 세 번째 임무는 일제의 밀정을 색출하고 처단하는 역할이었다.

Ⅲ 임시정부 경찰의 조직

1. 상해 임시정부 시기(1919-1923)

임시정부의 내무부 아래 경무국, 연통제, 교민단의 의경대가 경찰기구로서 운영되었다.

1) 경무국

1919년 11월 제정된 '대한민국임시관제'에 따라 내무부 산하에 경무국을 두고, 초대 경무국장으로 백범 김구 선생이 임명되었다.

경무국은 ① 행정경찰에 관한 사항, ② 고등경찰에 관한 사항, ③ 도서출판 및 저작권에 관한 사항, ④ 일체 위생에 관한 사항 등을 관장하게 되었다.

2) 연통제(경무사) 경찰

임시정부는 임시정부의 정책 연락과 선전 등에 종사할 기관과 정부재정의 필요성에서 지방제도를 필요로 하였다. 그러한 제도 가운데 하나가 연통제이며, 1919년 7월 10일 공포된 국무령 제1호에 근거한다.

연통제는 경상남북도와 강원도를 제외한 10개 도에 조직되었다. 연통제는 일제에게 점령된 본토의 국민들에게 독립의식을 잊지 않게 하고, 기밀탐지활동과 더불어 독립운동자금을 모집하는 활동을 하였다.

각 도에는 지방의 장으로 독판(督辦)을 두었으며, 경찰관련 보좌기구로 경무사를 두었다. 부·군에는 부장과 군감을 장으로 하여 참사·장서·경감을 두었다. 독판과 부장·군감은 경찰관청이고, 경감과 그 하급직으로 경호원을 두어 경찰업무를 보좌·집행하도록 하였다.

연통제는 상하계통을 서로 알되, 횡적으로는 서로 모르게 하였으나, 1919년 9월에 함북·회령의 연통기관이 일제 경찰에게 발각되는 등 일제의 감시와 탄압이 심해지면서 1921년 이후 점차 와해되었다.

3) 의경대

임시정부는 '임시거류민단체'를 통해 교민들의 자치제도를 인정하였으며, 교민단체는 '교민단 조례'를 통해 자체적인 경찰조직인 의경대를 조직했다.

의경대는 교민사회 내 일제의 밀정을 색출하고 친일파를 처단하는 역할을 맡았다. 또한 교민사회의 안녕과 질서유지, 호구조사, 민단세 징수, 풍기단속 등의 업무를 수행하였다.

2. 중경 임시정부 시기(1940-1945)

상해 임시정부는 여러 도시를 옮겨다닌 끝에 1940년 9월 중국 정부의 임시수도인 중경에 자리잡았다.

1) 경무과

중경 임시정부의 중앙경찰기구는 내무부 산하 경무과이었다. 경무과는 ① 일체 경찰에 관한 사항, ② 질서·기율에 관한 사항, ③ 국방 및 인구조사에 관한 사항, ④ 징병 및 징발에 관한 사항, ⑤ 국내정보 및 적정수집에 관한 사항 등을 관장하였다.

2) 경위대

'경위대 조례'에 따라 설치된 '경위대'는 임시정부를 수호하기 위한 경찰조직이었다.

경위대는 임시정부 청사를 경비하고, 요인을 보호하는 것을 주 임무로 하는 별도의 경찰조직이었다. 광복 후 김구 등 임시정부 요인들이 환국할 때 경호업무를 수행하기도 하였다.

제5절 미군정기의 경찰

I 개관

'태평양 미군 총사령부 포고 제1호'를 통해 미군정 실시와 구 관리의 현직유지가 선포되었다. 이는 한국경찰이 일제식민지 시기의 경찰조직을 그대로 유지한 상태에서 출발하고 있음을 말해준다.

그러나 1945년 광복 이후 채용된 신규 경찰에는 전체의 약 20%가 일제경찰 출신들이었음에도 불구하고 상당한 수의 독립운동가 출신들도 경찰에 채용되었다.

미군정의 실시로 경제경찰과 고등경찰이 폐지되고, 위생사무 등 행정경찰사무가 경찰에서 일반행정기관으로 이관되는 등 비경찰화(탈경찰화) 작업이 진행되었다. 24년 1차

II 경찰조직의 정비

1. 경무국의 창설

1945년 10월 21일 미군정청에 경무국이 창설되었고, 조병옥 박사가 초대 경무국장으로 취임하였다.

경무국은 조선인으로 구성된 경찰조직을 관장하는 기구로서, 미군헌병으로 구성된 군정경찰과 함께 군정 치하 조선의 치안활동을 담당하게 되었다.

각 도청 소재지에 도경찰청을 설치하고, 각 시에는 경찰서, 각 읍면에는 지서 등을 설치하여 새로운 경찰체계를 구축하였다. 주목할 것은 경찰행정이 도지사의 권한에서 분리되어 도경찰부로 독립된 점이다.

2. 경무부로 승격

1945년 12월 27일 '조선국립경찰의 조직에 관한 건'을 통하여 '도 경찰부→경찰서→지서'로 이어지는 경찰체계에 대한 법적 근거를 확립하였다.

1946년 1월 16일 '경무국·경무부에 관한 건'을 공포하여 경무국을 경무부로 승격시켰다. 또한 1946년 4월 11일 '국립경찰조직에 관한 건'을 통해 지방경찰조직도 종전의 각 도 경찰부가 관구경찰청으로 변경되었다.

Ⅲ 경찰제도의 정비

1. 탈경찰화(비경찰화)

경찰이 담당해왔던 위생사무가 위생국으로 이관되고, 경제사범단속을 위한 경제경찰과 고등경찰이 폐지되는 등 행정경찰사무가 경찰의 관할에서 분리되는 탈경찰화(비경찰화) 작업이 진행되었다. 정보업무를 담당하기 위해 정보과(사찰과)가 신설되었다. 22년 1차

2. 일제식민지 시대 치안악법의 철폐

1945년 10월 9일 미 군정법령 제11호에 따라 일제식민지 시대에 제정된 「정치범처벌법」, 「치안유지법」, 「예비검속법」 등이 폐지되었다. 이후 1948년 4월 8일 미 군정법령 제183호에 따라 「보안법」이 폐지되었다. 24년 1차

3. 중앙경찰위원회

1947년 11월 25일 군정법령에 따라 6인의 위원으로 구성된 중앙경찰위원회가 설치되어 경찰정책의 수립 및 경찰관리의 임면 등에 대한 사항을 심의하게 되었다. 24년 1차

중앙경찰위원회는 중요 경무정책의 수립 및 경찰부장이 부의한 경무정책과 그 운

영의 심의·의결, 경찰관리의 소환 및 심문과 임면, 기타 군정 장관이 부의한 사항을 심의하는 등 경찰의 민주적 통제를 위한 조치가 심의되었다. 그러나 이러한 조치들이 성공으로 이어지지는 못했다.

4. 경찰의 독자적 수사권

미군정은 영미식 형사사법제도를 도입하였다. 1945년 10월 30일의 미군정법령 제20호에 따라 경무국에 형사조사과가 설치되었다. 형사조사과는 형사사건의 조사를 행하는 기관이라는 점에서 독자적인 수사권을 가진 경찰조직이었다.

1945년 12월 29일 미군정에서 발령한 '법무국 검사에 관한 훈령 제3호'는 '수사는 경찰, 기소는 검사'라는 체제 도입으로 이어져 경찰의 독자적 수사권이 인정되었다.

5. 여자경찰제도의 신설

1946년 7월 1일 경무부 공안국에 '여자경찰과'라는 조직이 설치되었다. 24년 1차 여자경찰과는 여경 감찰에 관한 사항, 부녀자의 풍기 및 수사에 관한 사항, 불량소년·소녀의 지도감화 및 취체, 여성범죄 정보수집 및 수사보조에 관한 사항, 부녀·소년·소녀의 유치장 간수에 관한 사항, 교통사고조사 보조에 관한 사항 등을 임무로 하였다.

1947년 5월 23일에는 서울·부산·대구·인천 등지에 여자경찰서가 창설되었다.

6. 제주 4·3사건과 문형순 서장

1) 제주 4·3사건

남로당 제주도당은 1948년 4월 3일 350여명이 무장봉기하여 경찰지서와 우익인사 등을 습격하고 살해하였다. 이때 군경의 강력한 진압작전이 전개되고, 그 과정에서 무고한 주민들이 대량 학살당하였다.

2) 문형순 서장

신흥무관학교를 졸업한 독립군 출신으로 광복 이후 경위로 경력채용된 문형순 서장은 1950년 8월 30일 성산포경찰서장으로 재직할 때 계엄군의 예비검속자 총살 명령에 '부당함으로 불이행'한다고 거부하고 278명을 방면하였다. 23년 1차

제6절 정부수립 이후 1991년 경찰법 제정 이전 경찰

I 개관

1948년 8월 15일 수립된 대한민국 정부는 독립국가로서 대한민국 법률 제1호인「정부조직법」을 근거로 경찰을 내무부 산하의 치안국으로 조직하였다. 경찰이 내무부로 소속하게 되면서 각 시도의 경찰국은 시장 또는 도지사의 보조기관으로 전락하였다.

1953년 12월 14일 일본의 경찰관직무집행법을 모방하여 경찰작용의 일반법인「경찰관직무집행법」을 제정·시행하였다. 22년 1차

1960년 경찰은 3·15 부정선거개입으로 정치적 중립을 지키지 못함으로써 경찰의 정치적 중립성은 오늘날까지 경찰이 극복해야 할 최대의 과제로 인식되고 있다.

II 1948년 정부수립과 경찰(제1공화국 시기)

1. 중앙경찰조직으로서 내무부 치안국

1948년 법률 제1호인「정부조직법」에 근거하여 경찰은 내무부 치안국으로 조직되었다. 경찰조직은 부에서 국으로 격하되었으며, 치안국장은 내무부장관의 보조기관에 불과하게 되었다.

이는 정부조직법 제정과정에 참여한 사람들이 일제 강점기 관리출신이어서 일본

정부의 과거 행정조직을 모방한 것에 기인한다. 또한 식민지시대 경찰권의 남용에 대한 국민적 반감에 기인한다.

2. 지방경찰조직

　　지방경찰국장은 1991년 경찰법이 제정될 때까지 관청으로서의 지위를 얻지 못하고, 시도지사의 보조기관에 불과했다. 1991년 경찰법 개정은 지방경찰청은 경찰청의 사무를 지역적으로 수행하기 위한 특별지방행정기관으로 전환되었다. 2020년 경찰법 개정으로 지방경찰청은 경찰청의 사무가 아닌 경찰의 사무를 지역적으로 수행하기 위한 '시도경찰청'으로 전환되었다. 경찰청의 지역기관에서 탈피할 계기가 마련된 것으로 볼 수 있다.

　　한편, 경찰서장은 경찰법이 제정되기 이전에도 경찰내 유일한 행정관청으로서의 지위를 가지고 있었다.

3. 4·19혁명과 경찰

　　1960년 경찰의 3·15부정선거개입 및 그로 인한 4·19혁명은 정치사회적으로 '경찰의 정치적 중립 제도화'를 촉발시켰다.

Ⅲ 제2공화국 시기의 경찰

　　1960년 6월 15일에 개정된 헌법 제75조 제2항에 "… 법률에는 경찰의 중립을 보장하기에 필요한 기구에 관하여 규정을 두어야 한다."는 규정이 신설되었다. 이를 구체화하기 위한 경찰중립화법안에서는 경찰의 중립성을 보장하기 위하여 공안위원회를 둘 것을 명시하였다.

　　그러나 5·16군사정변을 통한 박정희 정부는 헌법상 경찰의 중립화 조항을 삭제하고 검사의 영장청구권 독점 조항을 헌법에 신설하였다. 경찰의 중립화법안도 입법으로 이어지지 못했다.

IV 제3공화국 시기의 경찰

제3공화국 시기의 경찰은 다음과 같이 정리할 수 있다. 첫째, 대학가를 중심으로 한일회담 반대시위에 효율적으로 대응하기 위해 1962년 경찰관으로 구성된 경찰기동대를 창설하였다.

둘째, 1962년 헌법을 개정하여 검사에게 독점적인 영장청구권을 부여하였다. 이로써 수사경찰의 검찰에 대한 종속을 강화하였다.

셋째, 1962년 청원경찰법을 제정하였다.

넷째, 1963년 군 출신 중심으로 대통령경호실을 설치하면서, 경찰의 경호기능은 경호실의 지휘·통제를 받게 되었다.

다섯째, 1964년 대통령령인「정보 및 보안 업무 조정·감독 규정」에 근거를 마련하여 중앙정보부가 경찰의 정보·보안·외사 업무를 장악·조정하게 되었다.

여섯째, 1968년 1·21 무장공비 침투사건이 발생하자, 경찰의 대간첩작전을 강화하는 경찰기구 확대방안이 추진되었다(전투경찰대 설치). 22년 2차

일곱째, 1969년 1월 7일「경찰공무원법」을 제정, 시행하여 경찰공무원을 일반공무원과 구별하여 '별정직(현 특정직)'화 하였다. 치안국장에게는 '치안총감'의 계급이 부여되고, '경정' 및 '경장' 계급이 신설되었으며, 경감 이상의 계급정년제가 도입되었다. 22년 1차

V 제4공화국 시기의 경찰

1974년 육영수 여사 저격사건을 계기로 내무부 치안국이 내무부 치안본부로 격상되었다. 22년 1차

1974년에 경호업무를 강화하기 위하여 22특별경비대가 설치되었으며, 1976년에는 101경비단이 증설되었다.

1975년 8월 치안본부 소방과를 독립적으로 분리하여 내무부 소방국으로 설치함으로써, 소방이 경찰 소관사무에서 완전히 분리되었다. 22년 2차

1976년에는 용역경비업법(현 경비업법)이 제정되어, 주요 국가기관 및 시설 내에 청원경찰 및 용역경비원을 배치하도록 장려하였다.

1979년 12월에는 경찰대학 설치법을 제정하여 1981년부터 경찰대학 신입생을 선발하였다.

1980년 5·18 당시 안병하 전남경찰국장과 이준규 목포서장은 신군부의 무장 강경진압 방침을 거부하였다. 22년 2차

Ⅵ 제5공화국과 경찰

1987년 1월 14일 경찰 대공분실에서 발생한 박종철 고문치사 사건은 6월 민주항쟁으로 이어졌다. 6월 민주항쟁 이후 경찰내부에서도 경찰의 정치적 중립을 요구하는 주장이 나올 정도로 경찰의 정치적 중립성 보장을 위한 논의가 활발하게 이루어졌다.

이러한 논의는 1991년 독임제 국가경찰체제를 유지하면서 경찰의 정치적 중립성을 보장하기 위한 기구로서 내무부 소속의 심의·의결기관인 '경찰위원회'를 설치하는 경찰법 제정으로 이어졌다.

제7절 경찰법 제정 이후의 경찰

Ⅰ 경찰법 제정의 의의

1991년 5월 31일 경찰의 정치적 중립과 경찰의 기구독립에의 열망에 따라 경찰법이 제정되었다. 경찰법 제정이 가진 의의는 다음과 같다.

첫째, 내무부의 보조기관이었던 치안본부가 내무부의 외청인 경찰청으로 분리, 승격되었다. 그러나 내무부의 외청이라는 점에서 완전한 의미의 경찰독립은 아니다.

둘째, 경찰청장과 지방경찰청장을 독립관청화하였다. 그러나 경찰을 선거부처인 내무부로부터 완전히 독립시키지 못함으로써 정치적 중립을 확보하지 못한 한계가 있다.

셋째, 경찰위원회를 내무부 소속으로 설치함으로써 향후 경찰에 대한 민주적 통제시스템을 구축하기 위한 토대를 마련한 의의가 있다.

Ⅱ 경찰조직의 정비

1991년 8월 1일 치안본부는 경찰청으로, 시도경찰국은 지방경찰청으로 승격하였다.

1996년 8월 8일 해양경찰청이 해양수산부로 이관되었다.

1999년 5월 24일 경찰서에 청문관제가 도입되었다.

1999년 12월 28일 면허시험장을 책임운영기관화하여 청장 직속의 '운전면허시험관리단'으로 신설되었다.

2000년 9월 29일 사이버테러대응센터가 신설되었다.

2005년 7월 5일 경찰청 생활안전국에 여성청소년과가 신설되었다.

2006년 7월 1일 제주특별자치도에 한하여 제주자치경찰제가 출범하였다. 22년 1차 이로써 대한민국 최초의 자치경찰인 제주특별자치도지사 소속으로 '제주자치경찰단'이 창설되었다.

2021년 1월 4일 국가수사본부가 출범하였다. 23년 2차 국가수사본부는 경찰 내 모든 수사를 총괄하는 부서이며, 국가수사본부가 설치됨으로써 경찰청장과 경찰서장도 개별 사건의 수사에 간섭할 수 없다.

2021년 7월 1일 전국적으로 자치경찰제가 출범하였다. 18개 시도에 시도지사 소속으로 자치경찰위원회가 설치·운영되었다.

Ⅲ 2020년 검경 수사권조정

2020년 1월 13일 국회에서 검경수사권조정을 위한 형사소송법과 검찰청법 개정안이 통과되었다. 이로써 경찰과 검찰이 대등 협력관계를 구축하고, 경찰에게 1차적 수사권 및 수사종결권이 부여되었다.

다만, 검사의 독점적 영장청구권에 대한 문제, 그리고 경찰이 국민의 신뢰를 받는 책임수사체제를 어떻게 구축할 것인가 등의 문제들은 여전히 경찰이 해결해야 할 과제이다.

제8절 대한민국 경찰사에 기억될 주요 경찰인물

대한한국 경찰사에 기억될만한 주요 경찰인물은 다음과 같다.

먼저, 김구 선생으로 1919년 중국 상하이에서 수립한 대한민국 임시정부의 초대 경무국장으로 활동하면서, 조국독립을 위한 경찰활동을 수행하였다.

나석주 의사는 대한민국 임시정부 경무국 경호원 및 의경대원으로 활동하면서 1926년 12월 식민수탈의 심장인 식산은행과 동양척식회사에 폭탄을 투척하였다. 23년 1차

안맥결 선생은 도산 안창호 선생의 조카딸로서, 1946년 5월 미군정하 제1기 여자경찰간부로 임용되며, 국립경찰에 투신하였다. 1952년부터 2년간 서울여자경찰서장을 역임하며 풍속, 소년, 여성보호 업무를 담당함으로써, 당시 권위적인 사회 속에서 선진적이고 민주적인 경찰제도 운영에 기여하였다.

차일혁 경무관은 일제식민지 시기에 중국에서 광복군·조선의용대·조선의용군의 독립운동을 하였으며, 광복 후에는 우익 최전선에서 대한민국의 탄생에 기여하였다. 또한 남부군 사령관 이현상을 사살하는 등 빨치산 토벌의 주역이며, 구례 화엄사 등 문화재를 수호한 인물로 '보관문화훈장'을 수여받은 호국경찰 영웅으로 인정받고 있다.

안종삼 구례경찰서장은 1949년 7월 구례경찰서장에 부임한 후 1950년 7월 24일 상부의 사살 명령을 어기고, 구례경찰서 유치장과 상무관에 재판없이 감금된 국민보도연맹원 480명 전원을 풀어주었으며, '내가 만일 반역으로 몰려 죽는다면 나의 혼이 여러분 각자의 가슴에 들어가 지킬 것이니 새 사람이 되어 주십시오'라고 당부하는 등 좌·우익 간 피의 보복을 멈춘 인물이다. 22년 2차/23년 1차

최규식 경무관은 1968년 1월 21일 무장공비 침투사건(1.21사태) 당시 종로경찰서 자하문검문소에서 무장공비를 온몸으로 막아내고 순국함으로써 청와대를 사수하는 등 호국경찰의 표상으로 인정받고 있다.

안병하 치안감은 5.18 광주 민주화운동 당시 전남치안국장으로서 과격한 진압을 지시했던 군과 달리, "분산되는 자는 너무 추격하지 말 것, 부상자 발생하지 않도록 할 것, 기타 학생은 연행할 것" 등을 지시하고, '연행과정에서 학생의 피해가 없도록 유의하라'고 지시하는 등 비례의 원칙에 입각한 경찰권 행사 및 인권보호를 강조하였다. 23년 1차

02. 한국경찰의 역사 103

CHAPTER
03 범죄학의 기초

제1절 범죄의 의의와 범죄원인론

I 범죄의 개념

어떤 행위가 범죄가 되고, 비행 또는 일탈이 되는가는 그 행위가 행하여진 사회에 의하여 규정된다. 그러나 범죄는 각 국가의 정치적·경제적·사회적 조건, 그리고 역사와 문화에 따라서 다르게 정의된다. 예컨대, 살인죄나 절도죄 등은 모든 나라 및 시대에서 범죄로 정의되지만, 간통의 경우 범죄로 인정되지 않는 나라도 있으며, 시대에 따라 범죄에서 비범죄로 변경되는 경우도 있다.

1. 법률적 개념

법규를 위반하는 행위를 범죄로 규정한다. 사회질서를 유지하는 일반적인 규범임과 동시에 사회구성원들의 동의를 전제로 하는 '법률'을 기준으로 한다는 점에서 가장 객관적이고 예측가능성이 높다는 장점이 있다. 그러나 법률은 사회의 변화를 즉시 반영해내지 못한다는 점에서 동시대 사회에서 인식하는 범죄와 차이가 있을 수 있다.

2. 비법률적 개념

1) 낙인이론적 개념

대표적으로 Howard Becker는 정치적 관점에서 범죄를 특정한 계급이나 권력층 등 범죄를 정의할 권한 있는 자들에 의해 범죄로 낙인찍힌 행위를 의미한다고 정의한 개념이다. 이러한 범죄개념은 사회 특정세력에 의해 정의된다는 점에서 주관적이고 상대적이라는 비판이 제기된다.

2) 해악기준의 개념

법률적 개념과 낙인이론적 개념이 가지는 범죄개념의 한계를 극복하기 위한 관점으로, 사회학적 시각에서 범죄의 가치적인 측면을 강조하여 그 범주를 확장한 개념이다.

화이트칼라 범죄의 범죄성(Suthurland)	• 서덜랜드(Suthurland)가 상위계층에 의한 경제범죄(화이트칼라 범죄)의 해악과 사회적 심각성을 연구하여 주장한 이론이다. 23년 1차 • 화이트칼라범죄가 실제 기존의 범죄보다 실질적인 해악이 더 크지만, 이에 대한 처벌은 약하거나 민사사건화되고 있어 이에 대한 대처방안의 필요성을 강조하고 있다.
인권침해 행위의 범죄성 (Herman & Schwendinger)	• 생존욕구, 자존욕구 등 인간의 기초적 인권을 침해하는 해악적 행위를 범죄로 규정한다.
사회적 해악행위의 범죄성 (Raymond Michalowski)	• 범죄의 범주에는 불법적 행위뿐만 아니라 이와 유사하지만 법적으로 범죄화되지 않은, 그렇지만 사회적으로 해악한 행위도 포함시켜야 함을 강조하고, 이를 '사회적 침해와 유사한 형태'로 표현하고 있다.

그러나 이러한 해악기준의 범죄개념은 지나치게 가치 측면에 치중하여 범죄개념이 구체화되지 못할 뿐만 아니라 범위가 모호하여 실제의 범죄원인이나 행태와는 다르다는 비판이 제기된다.

3) 법 제정 및 집행상의 개념

먼저, 법규가 형성(제정)되는 과정을 중심으로 한 범죄개념을 들 수 있다. 즉, 범죄에 해당한다고 보기 어려운 행위도 입법기관인 의회(국회)에서 범죄에 해당한다는 법률을 제정하는 경우이다.

다음으로, 법집행 과정상의 범죄개념이 있다. 법집행기관인 검찰, 경찰 등의 사법기관의 방침과 정책에 따라 범죄에 대한 정의가 이루어진다. 예컨대, 아동·청소년 성착취물에 대한 범죄가 급증하자 법률 제정이나 개정이 없음에도 "아동·청소년 성착취물 다운로드 행위"를 관련법률의 "소지"행위에 해당하는 것으로 간주하여 처벌하는 경우 등이 있다.

4) G.M. Sykes의 상대적 범죄개념

Sykes에 의하면, 범죄는 사회규범에 대한 하나의 위반행위이며, 법이 금지한 행위를 위반한 것을 의미한다. 범죄는 기본적으로 단순한 개념이어서, 도덕적이고 윤리적인 의미는 포함하지 않고 단지 인간이 살고 있는 사회의 법규범을 위반한 행위에 불과하다는 것이다. 따라서 어떠한 행위가 범죄에 해당하는지를 판단하는 기준이 되는 사회규범이나 법규범은 시대와 환경에 따라 다르기 때문에, 범죄는 역사적·문화적 환경에 따라 다른 모습을 하게 된다.

Ⅱ 범죄원인론

1. 범죄의 유발 요소

J. F. Sheley는 범죄를 유발하는 필요조건, 즉 범죄의 4가지 요소를 주장한다. 첫째, 범행의 동기이다. 즉 조건이 된다면 범죄를 하고자 하는 의향을 말한다. 둘째, 내적 제재와 외적 제재 등 '사회적 제재로부터의 자유'를 범죄요소로 들고 있다. 셋째, 범죄에 관한 전문적인 능력과 기술을 의미하는 범행의 기술이다. 마지막으로 범행의 기회, 즉 범행에 기여하는 물리적 환경을 들고 있다.

이러한 범행요소는 범행의 필요요건이지만 충분조건은 아니다. 따라서 범행이 가능하기 위해서는 이들 4가지 요소가 동시에 상호작용하지 않으면 안 된다.

2. 소질과 환경

Luxemburger는 범죄의 소질과 환경을 강조한다. 먼저, 범인성 소질은 선천적 원시요소(유전자의 작용)와 더불어 후천적 발전요소(체질과 성격이상, 연령, 지능 등)에 의해 형성된 것을 의미한다.

다음으로 범인성 환경은 인간의 행동에 직접 또는 간접으로 영향을 미치는 물질과 심리적 구조, 과정 등의 외부적 사정과 경험 등을 포함하는 개념이다. 여기에는 범죄와 관련있는 환경 즉 범인성 행위환경과 범인성 인격환경(행위자 환경)으로 구성되어 있다. 행위환경은 개체의 범죄행위 당시에 영향을 주는 외부적 요인을 의미한다. 행위자 환경은 행위자의 인격형성 및 발전과정에 영향을 주는 외부적 요인이다.

범죄의 소질과 환경은 양자의 관계에 따라 범인성 소질에 더 많은 영향을 받은 범죄를 의미하는 내인성 범죄와 범인성 환경에 더 많은 영향을 받은 외인성 범죄로 이어진다.

3. 범죄원인에 관한 학설

1) 고전주의 범죄학(18세기)

범죄의 원인이 인간에게 있다는 이론이다. 모든 인간은 자유의지를 가지고 있는 합리적인 인간이어서, 범죄는 외부적 요소에 의해 강요될 수 없다고 보는 의사비결정론의 입장을 취한다. 따라서 범죄를 통제할 수 있는 가장 효과적인 방법은 자유의지를 가진 인간이 범죄를 선택하지 못하도록 하는 강력하고 신속한 형벌이라고 본다. 형벌(처벌)은 계량된 처벌의 고통과 범죄로 인한 이익 사이의 함수관계로 설명되는데, 범죄통제를 위해서는 처벌의 확실성, 처벌의 엄격성, 처벌의 신속성이 요구된다. 24년 1차

이 점에서 고전주의 범죄학은 범죄가 개인의 책임이며, 사회책임이 아니라고 인식하므로, 범죄를 저지른 자에 대해 형벌을 부과함으로써 일반인에게 위화감을 조성하고 이를 통해 범죄를 억제하는 일반예방효과를 강조한다. 범죄와 형벌 간의 균형을 강조한 베까리아(Beccaria)와 법은 사회전체의 행복을 낳고 그것을 지탱하는 것이 목적이라고 주장하는 공리주의자(Bentham) 등이 고전주의 범죄학을 대표한다.

2) 실증주의 범죄학(19세기)

범죄의 원인은 인간의 자유의지보다 생물학적·심리학적·사회적인 다양한 성질에 의해 결정된다고 보는 의사결정론의 입장이다. 즉, 범죄는 자유의지가 아닌 외부요인에 의해 강요된다고 보는 이론이다.

실증주의 범죄학은 범죄인 자체에 대한 교정과 처우에 관심을 두며, 교정의 방법으로서 형벌뿐만 아니라 보안처분 등 형사처분의 다양화를 강조한다. 그에 따라 교정전문가들의 역할을 강조한다.

이탈리아 실증학파가 실증주의 범죄학을 대표한다. 여기에는 생래적 범죄인설(범죄자는 인상, 골격, 체형 등 생물학적으로 타고난다는 주장)을 주장하는 롬브로조(Lomborso),

범죄포화의 법칙(범죄의 원인이 존재하는 사회에서는 그에 상응하는 일정한 양의 범죄가 반드시 발생한다고 주장)을 주장하는 페리(Ferry), 그리고 '범죄학'저서를 통해 범죄를 자연범과 법정범으로 구별한 가로팔로(Garofalo) 등이 있다.

실증주의 범죄학의 다른 유형으로서 심리학적 범죄학에서는 범죄의 원인은 정신이상, 낮은 지능, 모방학습에 기인한다고 주장한다.

3) 사회학적 범죄학(20세기 이후)

사회학적 범죄학은 20세기 이후 등장하였으며, 범죄의 원인을 사회적 구조의 특성에서 찾는 사회구조원인론과 사회과정에서 찾는 사회과정원인론으로 구분된다.

(1) 사회구조원인론

범죄원인은 사회구조에서 찾는 이론으로, 아노미이론, 사회해체론, 하위문화이론, 문화갈등이론 등이 있다.

① 아노미(긴장)이론

뒤르켐(Durkeim)의 아노미 이론은 범죄를 '정상적인 것이며 불가피한 사회적 행위'로 규정하며, 사회규범이 붕괴되어 규범이 제대로 작동되지 못하는 (규범에 대한 억제력이 상실된) 무규범 상태를 아노미 상태라고 한다. [24년 1차] 범죄는 이러한 무규범(아노미) 상태에서 발생한다는 것이다. 이 이론은 Merton의 긴장이론의 기초가 되었다.

머튼(Merton)의 긴장이론(긴장유발이론)에 따르면, 모든 사람은 사회적 성공이라는 목표를 가지지만, 목표달성을 위한 수단은 사회적 계층에 따라 다른데 목표달성이 어려운 계층에게는 그로 인해 분노와 좌절이라는 긴장이 유발되고 그 목적을 달성하기 위한 수단으로서 결국 범죄를 선택하게 된다. 사회의 구조적 문제점을 범죄의 원인으로 본다.

한편, 에그뉴(Agnew)는 Merton의 긴장이론을 발전시켜 사회적 계층과 상관없는 긴장의 개인적, 사회심리학적 원인을 다룬 일반긴장이론을 제시하였다. 이에 따르면, 개인의 목적달성 실패, 기대와 성취 사이의 괴리, 긍정적 자극의 제거와 부정적 자극의 출현 등이 긴장의 원인이다. 이러한 긴장의 원인들이 노여움이나 좌절, 실망, 우울, 두려움과 같은 '부정적 감정의 상황'을 야기한다고 본다. 여기서 부정적 감정의 상화아은 약물남용이나 일탈, 폭력, 학교 중퇴와 같은 반사회적 행동으로 나타나게 된다는 것이다. [22년 1차]

② 사회해체론

Shaw & Mckay가 주장한 이론으로 도시의 빈민지역에서 범죄가 발생하는 것은 산업화, 도시화 과정에서 사회조직이 극도로 해체되기 때문이라는 것이다. 즉, 범죄의 원인은 인구의 유입보다는 지역사회 내부에 있다고 주장한다. 때문에 사회가 해체된 지역사회는 그 구성원이 바뀌어도 범죄발생률은 변하지 않는다고 본다.

사회해체론에서 범죄의 원인은 인구밀집, 불안정한 주거환경, 빈곤, 실업, 제한된 경제적 기회, 적절한 역할모델의 부재 등의 특징으로 하고 있다.

Burgess & Park는 시카고 지역을 5개 동심원 지대로 나눠 각 지대별 특성과 범죄의 관련성을 조사한 결과 빈곤, 인구유입, 실업 등이 범죄와 관련있다고 규정하였다. 이를 사회해체론의 한 유형을 생태학 이론이라고 한다. 이 이론은 한 지역사회가 지배·침입·승계되는 과정을 통해 다른 지역사회를 지배하게 되는 과정을 설명한다.

③ 하위문화이론

코헨(Cohen)에 따르면, 하위문화 또는 하위계층의 청소년들이 아노미 이론에서 전제한 문화적 목표와 수단의 괴리로 인해 중류계층에 대한 저항으로 비행을 저지르며, 목표달성의 어려움을 극복하기 위해 자신들만의 하위문화를 만들게 된다는 것이다. 24년 1차 즉 범죄나 비행행위는 이러한 하위문화에 의해 발생하게 된다는 것이다.

그러나 Miller는 범죄는 중류계층에 대한 저항문화가 아니라 오랜기간 정착되어 온 하류계층 생활전통의 산물, 즉 하위문화의 가치와 규범이 정상적으로 반영된 것이라고 주장한다.

④ 문화갈등이론

1920년대 시카고 학파에서는 각 지역사회의 문화적 갈등을 통해 범죄나 비행이 발생하는 것이라고 주장한다. 한 지역사회가 지배·침입·승계의 과정을 통해 각 경계 상에 있는 지역은 문화적 갈등을 일으켜 범죄나 비행이 발생하게 된다는 것인데, 이를 시카고학파의 생태학 이론이라고도 한다.

Sellin의 문화갈등이론에 따르면, 범죄는 문화의 갈등을 통한 심리적 갈등으로 인해 발생한다는 것이다. 문화적 갈등에는 서로 다른 문화가 공존하는 과정에서 한 문화가 다른 문화 속으로 유입되는 경우 발생하는 일차적 갈등과 범위가 큰 문화 속에서 그보다 작은 하위문화가 일으키는 이차적 갈등이 있다.

⑤ 문화전파이론

범죄를 부추기는 가치관으로의 사회화나 범죄에 대한 구조적·문화적 유인에 대한 자기통제의 상실이 범죄의 원인이라는 것이다. 여기서 '범죄를 부추기는 가치관으로의 사회화'는 성장과정에서 정상적인 사회화 과정을 거치지 않고 비행성 등 범죄를 일으킬 수 있는 성향을 띠는 것 등을 말한다.

⑥ 마르크스주의 이론

구조적으로 야기된 경제적 문제나 신분, 지위의 문제가 범죄의 원인이라는 이론이다.

(2) 사회과정원인론

범죄의 원인을 개인의 사회화 과정에서 찾는 이론으로, 사회학습이론과 사회통제이론, 낙인이론 등이 있다.

① 사회학습이론

Sutherland는 차별적(분화적) 접촉이론을 주장하면서, 범죄의 원인을 물리적 환경으로 보아, 범죄는 범죄적 전통을 가진 분화된 사회조직 속에서 예컨대 나쁜 친구와의 교제 등과 같이 분화적(차별적)으로 범죄문화에 접촉·참가·동조하면서 '정상적으로 학습된 행위'라고 규정지었다. 따라서 지역사회 간 범죄율의 차이는 범죄적 전통을 가진 집단일수록 범죄율이 높다고 본다.

글레이저(Glaser)는 청소년들이 영화의 주인공을 모방하고 자신과 동일시하면서 범죄를 학습하게 되는 차별적 동일시이론을 주장한다. 범죄의 원인이 사회구조의 변화가 아닌 개인의 동일시 대상에 있다고 설명한다. ⸂24년 1차⸃ 예컨대 청소년이 영화 '신세계'를 보고 조폭들의 행동을 따라하다가 폭력을 저지른 경우 등이 여기에 해당한다. 청소년들을 대상으로 폭력 영상물의 폐해에 관한 교육을 실시하고, 해당 유형의 영상물에 대한 접촉을 삼가도록 계도하는 경찰의 대응은 차별적 동일시이론을 적용한 사례에 해당한다.

Burgess & Akers는 청소년의 비행행위는 처벌이 없거나 칭찬받게 되면 반복적으로 저질러지게 된다는 차별적 강화이론을 주장한다.

Matza & Sykes는 중화기술이론을 주장하였는데, 이는 인간에게 내면화되어 있는 합법적 규범이나 가치관을 중화(마비)시킴으로써 범죄에 이르게 된다는 이론을 말한다. 청소년은 비행의 과정에서 합법적, 전통적 관습, 규범, 가치관 등을 중화(마비)시킨다는 것이다. 다시 말해, 자기행위가 실정법상 위법하다는 것을 알지만, 그럴 듯한 구실이나 이유를 내세워 자신의 행위를 도덕적으로 문제없는 정당한 행위로 합리화시켜 준법정신이나 가치관을 마비시킴으로써 범죄에 나아간다는 이론을 말한다.

중화기술의 유형에는 책임의 부정, 가해(피해발생)의 부정, 피해자의 부정, 비난자에 대한 비난, 충성심에의 호소 등이 있다.

책임의 부정	자신이 저지른 행위는 저산의 의지로는 어쩔 수 없는 강압적 힘에 의한 것이므로, 범죄자가 오히려 사회환경의 희생자라고 주장하면서, 자신의 범죄행위에 대해 사실상 책임이 없다고 자신을 합리화시키는 기술
가해(피해발생)의 부정	돈을 훔치고서 빌렸다고 주장하거나 자기 혼자 마약을 복용하여 다른 사람에게 피해를 주지 않았다는 등의 사례와 같이 자기의 행위로 손상을 입거나 재산상의 피해를 본 사람이 없다고 함으로써 자신의 비행을 합리화하는 기술
피해자의 부정	예컨대 돈을 빌려주었는데 돈을 갚지 않는 사람에게 폭력을 행사하는 것과 같이, 자신의 행위는 마땅히 제재를 받아야 할 사람을 응징한 것이므로, 피해자는 있을 수 없다며 자신의 행위를 정당화하는 기술
비난자에 대한 비난	자신의 행위를 통제(비난)하는 경찰이나 검찰이 더 부패하다면서 자신의 범죄에 대한 죄책감을 중화시키는 기술
충성심에의 호소	자신의 행위가 위법이라는 것을 알았지만 그보다 더 높은 가치인 충성심에 기반하여 부득이 그러한 행위를 하게 되었다며 비행(범죄)를 합리화하는 기술

② 사회통제이론

사회통제이론에는 사회유대이론, 견제이론, 동조성 전념이론 등이 있다. Hirschi의 사회유대이론에 따르면, 사람은 일탈할 잠재적인 가능성을 가지고 있으므로, 비행을 제지할 수 있는 사회적 통제의 결속과 유대의 약화로 인해 범죄가 발생한다. 사회적 통제의 결속은 애착, 전념, 참여, 신념 등의 4가지 요소에 영향을 받는다.

Reckless는 좋은 자아관념(자기통제력, 책임감, 목표지향성 등)이 주변의 범죄적 환경에도 불구하고 비행행위에 가담하지 않도록 하는 중요한 요소라고 보는 견제이론을 주장한다. 범죄유발의 압력에는 가난, 비행하위문화, 퇴폐환경, 자별적 기회구조 등의 외적 압력과 좌절, 욕구, 분노, 열등감 등의 내적 압력이 있다.

Briar & Piliavin의 동조성 전념 이론을 주장한다. 이 이론에 따르면, 사람들은 행위와 가치에 영향을 미치는 단기유혹에 노출되며 노출이 끝나면 다시 정상적인 상태로 돌아가고 범죄를 행했을 때 자신에게 돌아오는 처벌의 두려움, 자신의 이미지, 사회에서의 지위와 활동에 미치는 영향 등을 염려하는 동조성에 대한 전념을 가지고 있다고 한다. 동조성에 대한 전념은 부모와 선생님 등 다른 사람과의 대인관계를 통해 얻어지게 된다.

③ 낙인이론

Lemert와 Becker에 의해 제기된 이론으로, 범죄자로 만드는 것은 행위의 질적인 면이 아니라 사람들이 가지고 있는 그 행위에 대한 인식이라고 보는 주장이다. 탄넨바움(Tannenbaum)은 범죄자라는 낙인이 어떠한 결과를 낳는가에 관심을 가지고, 일탈자 규정, 꼬리표 붙이기, 차별로 일탈자라는 자의식을 심어주는 것을 '악의 극화'라고 표현했다. 24년 1차

Lemert는 일차적 일탈과 이차적 일탈을 구분하고 일탈이 사회통제를 이끌어가는 것이 아니라 오히려 통제가 일탈을 이끌어간다고 주장한다. 일차적 일탈은 개인의 심리적 구조 및 사회적 역할의 수행에 영향을 주지 않는 일탈로서, 낙인이 부여되기 이전의 일시적이고 경미한 일탈을 말한다. 이차적 일탈은 일차적 일탈에 대한 사회적 반응에 의해 초래되는 여러 가지 문제점들이나 조건들에 대한 반응으로서 나타나는 일탈로서, 일반적으로 오랜 기간에 걸쳐 일어나고 심리적 구조 및 사회적 역할의 수행에 부정적 영향을 주며, 일탈적 행위유형을 고정화시킨다.

또한 Lemert는 일차적 일탈에 대한 사회적 반응을 타인들의 비공식적 표출적 반응과 형사사법기관의 공식적 반응으로 나누고, 공식적 반응을 중시하면서 일차적 일탈에 대한 사회의 부정적 반응이 일차적 일탈자를 보다 심각한 이차적 일탈자로 악화시킨다고 주장한다. 예컨대, 경찰에서 폭행으로 적발된 청소년을 형사입건하는 대신 다양한 선도프로그램을 제공함으로써 해당 청소년이 스스로 잘못을 뉘우치고 장차 지역사회로 다시 통합될 수 있는 기회를 제공하였다면, 이러한 경찰활동은 낙인이론에 근거하고 있다고 할 수 있다. 22년 1차

I 범죄의 예방

1. 범죄예방의 정의

　　미국의 범죄예방연구소(National Crime Prevention Institute: NCPI)는 범죄발생의 요소로 범죄욕구·범죄기술·범죄기회 등을 제시하고, "범죄기회를 감소시키려는 사전활동이며, 범죄와 관련된 환경적 기회를 제거하는 직접적 통제활동"을 범죄예방이라고 정의하였다.

　　랩(Steven P. Lab)은 범죄예방을 실제의 범죄발생과 범죄에 대한 공중의 두려움을 줄이려는 사전활동으로 정의하여 통계적 측면과 심리적 측면을 동시에 고려하였다.

　　제퍼리(C. Ray, Jeffery)는 범죄가 발생하기 전에 이루어지는 직접적인 활동으로 주로 범죄환경에 초점을 두는 활동을 범죄예방으로 정의하였다.

2. 브랜팅햄(Brantingham)과 파우스트(Faust)의 범죄예방 접근법 [24년 1차]

　　브랜팅햄과 파우스트는 질병예방을 위한 '공중보건모형'을 범죄예방에 적용하여 1차적 예방, 2차적 예방, 3차적 예방 등 3가지의 범죄예방 접근법을 제시하였다. 1차적 예방은 일반대중으로 대상으로 하며, 범죄의 기회를 제공하는 물리적, 사회적 환경조건을 찾아 개선하여 범죄를 예방하는데 목표를 두고 있다. 여기에는 건축설계, 조명, 자물쇠장치, 접근통제 등과 같은 환경설계, 민간경비, 이웃 감시, 경찰의 방범활동, 민간경비활동 강화, 시민에 대한 범죄예방교육 등이 포함된다.

　　2차적 예방은 우범자나 우범자 집단을 대상으로 하며, 잠재적 범죄자를 초기에 발견하고 이들의 범죄기회를 차단하여 범죄를 예방하는 것을 내용으로 한다. 범죄지역 분석이나 범죄 예측, 전환제도 등이 여기에 해당한다. 2차적 예방은 범죄가능성이 높은 취약지역이나 개인을 대상으로 한다는 점에서 이들과 많이 접촉하는 지역사회의 리더, 부모, 교사 등에게 많이 의존하게 된다.

　　3차적 예방은 범죄자들이 더 이상 범죄를 저지르지 못하도록 상습범 대책수립 및 재범억제를 지향하는 범죄예방 전략을 말한다. 3차적 범죄예방은 실제 범죄자들을 대상으로 하기 때문에 범인의 검거·구속, 교도소 구금조치, 범죄자에 대한 교정치료 등이 해당된다. 따라서 특별예방모델과 관련있다.

3. 제퍼리(Jeffery)의 범죄통제모형

제퍼리는 범죄통제의 중점을 어디에 두느냐에 따라 3가지 모형으로 구분하였다. 첫째, 형벌을 통한 범죄억제에 중점을 두는 범죄억제모델이다. 둘째, 범죄자의 치료와 갱생에 중점을 두는 사회복귀모델이다. 이 모델은 지역활동, 교육·직업훈련, 복지정책 등을 통해 범죄자를 재사회화하는 것을 중시한다. 셋째, 사회환경의 개선을 통한 범죄예방에 중점을 두는 모델이다. 이 모델은 환경공학적 접근으로 도시정책, 환경정화 등을 통해 사회환경의 개선에 중점을 둔다.

4. 톤리와 패링턴(Tonry & Farrington)의 범죄예방모형 〔23년 2차〕

톤리와 패링턴은 범죄예방을 발달적 예방, 지역사회(사회적) 예방, 상황적 예방, 법집행 예방의 4종류로 구분한다. 브랭팅햄과 파우스트가 제시한 3단계 모형에 비해 체계가 덜 잡힌 점은 있으나, 시대변화를 반영해서 더 포괄적이고 이론적 틀에 잘 맞춘 장점이 있다. 특히, 발달적 예방은 발달범죄학에 기초한 모형으로서 개인수준의 원인이론들이 제시하는 범죄원인과 대책을 충실히 반영하고 있다.

구분	접근방법	관련이론 및 핵심개념	브랭팅햄&파우스트 모형과 비교
지역사회(사회적) 예방	• 위험요인 개선: 빈곤, 무질서 • 보호요인 강화: 지역조직, 유대와 결속(사회적 자본 증진) → 구조적 개선 & 자정능력 향상	• 집합효율성 이론 • 깨진유리창 이론	1차적 예방 중 사회적 예방과 유사
상황적 예방	• 범죄실행의 난이도 증가 • 적발과 체포의 가능성 증가 • 범죄로 인한 보상이나 이익 감소 → 범죄의 기회 차단	• 일상활동이론 • 범죄패턴이론 • 합리적선택 이론	2차적 예방 중 상황적 예방과 동일

발달적 예방	• 개인의 발달에서 위험요인 식별 • 위험요인 개선: 부모의 양육 방식 개선, 빈곤층 아동의 인지능력 향상, 학교의 기술 훈련 및 인성발달 프로그램 강화 → 개인의 건강한 발달	• 발달범죄학	새롭게 추가
법집행 예방	• 일반억제 • 특별억제	• 억제이론	3차적 예방(특별억제)에 일반억제 추가

1) 지역사회(사회적) 예방

지역사회에 기반한 범죄예방은 지역사회에서 범죄를 유발하는 사회적 조건들을 변화시켜 범죄를 예방하려는 접근이다. 이 접근은 위험요인인 경제적 빈곤, 무질서를 개선하고 보호요인인 지역조직, 유대와 결속을 강화하여 사회적 자본을 증진시키는 방법을 구사하고 있다. 이를 통해 궁극적으로 공동체의 회복과 자정능력 향상을 목표로 한다.

2) 상황적 예방

상황적 예방은 매우 즉시적이고 직접적인 장소적 특징과 상황을 변화시켜 범죄기회를 차단하고자 하는 접근이다. 이 접근은 합리적 선택을 가정하기 때문에 범죄실행을 어렵게 만들거나 적발과 체포의 위험을 증가시키고, 범죄로 인한 보상이나 이익을 감소시키는 전략을 구사한다.

3) 발달적 예방

발달적 예방은 개인의 발달 연구에서 발견된 위험요인과 보호요인을 적절히 조작해서 범죄가능성을 차단하는 접근이다. 즉, 특정 개인의 범죄적 잠재성 발현을 예방하기 위해서는 그 개인의 발달단계 초기(아동·청소년기 등)에 개입하여 위험요인을 차단하고 보호요인을 증대하는 것이 바람직하다는 이론이다.

이 이론은 브랜팅햄과 파우스트의 모형에는 없는 것으로, 개인 수준의 실증주의 이론들이 제시하는 범죄원인과 대책을 충실히 반영하고 있다. 특히 발달범죄학의 강조점을 고려하여 아동기와 청소년기의 조기개입에 초점을 맞추고 있다.

4) 법집행 예방

법집행 예방은 억제이론에 근거한 접근으로서, 일반시민을 대상으로 한 일반억제와 범죄자를 대상으로 한 재범예방에 초점을 맞춘 특별억제로 구분된다. 이 접근은 경찰, 검찰, 법원, 교정기관 등 모든 형사사법기관이 가장 중요하게 생각하는 목표 중 하나에 해당한다.

Ⅱ 범죄의 통제

1. 범죄통제이론의 전개

역사적으로 범죄에 대해서는 「응보와 복수(근세 이전)」, 「형벌과 제재(고전주의)」, 「교정과 치료(실증주의)」, 그리고 「범죄예방(20세기)」등의 방법으로 대응해왔다. 20세기 이전까지는 주로 범죄발생 이후에 사후적 대응의 방법으로 범죄를 통제하고자 하였는데 반해, 20세기 이후에는 범죄발생 이전의 범죄예방활동을 통한 범죄억제를 중요시하고 있다.

2. 범죄통제이론

1) 전통적 범죄통제이론

범죄통제이론은 전통적으로 크게 억제이론, 치료 및 갱생이론, 사회발전이론으로 발전해왔다. 억제이론은 처벌의 확실성을 강조하는 반면, 사회발전이론은 범죄유해환경의 개선을 강조한다.

(1) 억제이론

18세기 고전주의 범죄학의 직접적인 영향을 받은 범죄통제이론으로, 개인은 자유의사에 의해 합리적으로 행동하는 의사비결정론을 주장하였다. 범죄자도 자유의지에 따라 행동하는 합리적인 존재로 파악하므로, 범죄에 대한 책임은 개인에게 있고, 사회의 책임은 아니라고 주장한다. 따라서 범죄통제의 방법으로 반드시 처벌된다는 처벌의 확실성을 보여줌으로써 일반예방효과를 거두고, 엄격하게 처벌함으로써 특별예방

효과를 거둘 수 있음을 강조한다. 이를 범죄의 일반예방이론이라고 하는데, 잠재적 범죄자인 일반인에 대한 형벌의 예방기능을 강조한 것이다. 24년 1차

그러나 폭력과 같은 충동적 범죄에는 적용하기 곤란하다는 한계가 있다.

(2) 치료 및 갱생이론

실증주의(생물학적·심리학적 이론) 범죄원인론을 바탕으로 한 이론이다. 인간의 자유의지를 부정하는 의사결정론(결정론적 인간관)에 입각하고 있으므로, 범죄는 개인의 책임이 아닌 사회의 책임임을 강조한다. 또한 범죄행위보다 범죄자의 속성에 초점을 두고 있어, 범죄자의 치료와 갱생을 통한 특별예방효과에 중점을 둔다. 이를 범죄의 특별예방이론이라고 하는데, 형벌을 구체적인 범죄자 개인에 대한 영향력의 행사라고 보고, 범죄자를 교화함으로써 재범하지 않도록 하는 것이다. 24년 1차

그러나 비용이 많이 들고, 범죄자가 아닌 일반인(대중)에 대한 일반범죄예방효과에 한계가 있다.

(3) 사회발전이론

사회발전이론은 사회학적 범죄학에 근거한 범죄예방이론이다. 범죄자의 사회적 환경이 범죄자의 내재적 성향보다 더 중요한 범죄원인이라는 것이다. 따라서 사회발전을 통한 범죄의 근본적 원인의 제거에 의한 범죄예방을 강조한다.

그러나 범죄원인이 되는 사회적 환경을 개선할 능력이 있는가, 그리고 이는 개인이나 소규모의 조직체에 의해 수행될 수 없다는 비판이 제기된다. 사회적 환경 개선은 막대한 인적·물적 자원이 필요하고, 사회를 실험대상으로 이용한다는 문제가 있다.

2) 현대적 범죄통제이론(생태학적 관점 이론)

(1) 의의

생태학적 관점의 범죄통제이론은 범죄원인을 인간과 물리적·사회적 환경과의 상호작용에 있는 것으로 보고, 이러한 상호작용을 증진시킴으로써 범죄를 예방할 수 있다고 본다.

범죄발생을 용이하게 하는 환경요소를 파악하여 주택 및 도시건설단계부터 범죄환경을 최소화하는 등 범죄취약요인을 제거하여 범죄예방을 하고자 하는 범죄예방이론이다.

(2) 상황적 범죄예방이론

① 의의

상황적 범죄예방이론은 범죄행위에 대한 감시와 위협을 높여 범죄기회를 줄이고 범죄이익을 감소시킴으로써 범죄를 예방려는 이론이다. 예컨대, 여성 1인 가구 밀집지역에 대한 경찰순찰을 확대함으로써 공식적 감시기능을 강화하거나, 아파트 입구 현관문에 반사경을 부착함으로써 출입자의 익명성을 감소시켜 범죄행위 수반되는 발각 위험을 증대하기 위한 조치 등은 상황적 범죄예방이론에 근거하고 있다고 할 수 있다. 23년 2차

② 유형

상황적 범죄예방이론에는 합리적 선택이론, 일상활동이론, 범죄패턴이론 등 3가지 유형이 있다. 24년 1차

합리적 선택이론	• 클락과 코니쉬가 제기한 이론으로, 인간의 자유의지를 전제하는 비결정론적 인간관에서 범죄자는 비용과 이익을 고려하여 범죄자 자신에게 유리한 경우에 범행을 하게 된다는 것이다. • 체포의 위험성과 처벌의 확실성을 높이는 것을 효과적인 범죄예방으로 본다.
일상활동이론	• 코헨과 펠슨이 제기한 이론으로, 사회구성원인 개인의 일상행위의 변화가 범죄율의 변화에 영향을 준다는 것이다. 즉, 지역사회의 구조적 특성화 변화는 범죄율의 변화에 영향이 없다는 것이다. • 범죄자적 속성을 범죄의 결정적 요소로 보지 않으므로, 범죄기회가 주어지면 누구나 범죄를 저지를 수 있다는 것이다. • 범죄발생의 3요소: 동기가 부여된 잠재적 범죄자, 적절한 대상, 보호자(감시자)의 부재 • VIVA모델(범죄자의 입장에서 범행을 결정하는데 고려되는 4가지 요소): 가치(Value), 이동의 용이성(Inertia), 가시성(Visibility), 접근성(Access) • 시간과 공간적 변동에 따른 범죄발생양상, 범죄기회, 범죄조건 등에 대한 구체적이고 미시적인 분석을 토대로 구체적인 상황에 맞는 범죄예방 활동을 하고자 한다.
범죄패턴이론	• 브랜팅행이 제기한 이론으로, 잠재적 범죄자는 일상활동과정에서 적절한 범행대상을 찾게 되고, 그들이 잘 알고 있는 지역 안에서 잘 알고 있는 이동경로나 수단을 이용해서 적당한 기회가 왔을 때 범행을 저지른다고 주장한다. • 범죄에는 일정한 장소적 패턴(여가활동장소, 이동경로, 이동수단)이 있다. • 지리적 프로파일링을 통한 범행지역의 예측 활성화에 기여하였다.

③ 상황적 범죄예방의 진화

학자들은 상황적 범죄예방이론에 기반하여 구체적인 상황적 기법을 제시했다.

3가지 방법	범행에 필요한 노력 증가시키기 (노력 증가)	적발과 체포의 위험 증가시키기 위험 증가)	범죄로 인한 이익 감소시키기 (보상 감소)
12가지 기술	범죄대상 강화	출입시 검색	목표물 제거*
	접근 통제	공식적 감시	소유물 표시
	범죄자 우회*	고용에 의한 감시	유혹 제거**
	촉진물 통제**	자연적 감시	규칙 설정
	*범죄자 우회는 범행을 대체할 수 있는 수단을 제공하는 기술(벽면에 보드나 판넬을 설치하여 그곳에 낙서하도록 하는 것) **촉진물 통제는 총기나 알코올, 공중전화 등 범죄를 촉진할 수 있는 물건이나 상황을 제한하는 기술		*목표물 제거는 상점 계산대에서 현금 보유한도를 제한하거나 정확한 버스요금 납부를 제도화해서 거스름돈을 없애는 등의 조치로 가능 **유혹제거는 범죄에 매력적인 대상을 제거하는 기술

1992년 클락은 상황적 범죄예방을 위한 3가지 방법과 12가지 기술을 제안했다.

5가지 방법	노력 증가	위험 증가	보상 감소	자극(충동) 감소	변명 제거
25가지 기술	범죄대상물 강화	보호 강화	목표물 은폐	좌절·스트레스 감소	규칙 설정
	시설물 접근 통제	자연적 감시 지원	목표물 제거	논쟁 회피	경고문(안내문) 세우기
	출입시 검색	익명성 감소	소유물 표시	감정적 충동 감소	양심에 경고
	범죄자 우회	장소 관리자 활용	(암)시장 관리	동료의 압박 중화	준법 지원
	도구/무기 통제	공식적 감시 강화	범죄이익 차단	모방 차단	마약과 술 통제

클락의 3가지 방법 12가지 기술은 이후 다양한 찬반 논란을 거쳐 잠재적 범죄인의 동기에 영향을 미칠 수 있는 요소들을 포함시키는 방향으로 수정되었다. 상황적 범죄예방 기법은 코니시와 클락의 5가지 방법과 25가지 기술로 정교하게 세분화되었다.

④ 비판

상황범죄예방이론에 대해 범죄는 예방되는 것이 아니라 다른 곳으로 전이되는 것이므로(전이효과 또는 풍선효과), 전체 범죄는 줄어들지 않는다는 비판이 있다. 또한 모든 사람을 잠재적 범죄인으로 보아 범죄를 줄이기 위해 개인의 사생활 등에 대한 국가권력의 과도한 개입을 초래하게 되어, 결과적으로 이른바 빅브라더(big brother)의해 통제되는 국가가 될 것을 우려한다.

(3) 환경범죄학

범죄발생을 용이하게 하는 환경적 요소를 개선하거나 제거함으로써 기회성 범죄를 줄이려는 범죄예방론으로, 대표적인 예로 환경설계를 통한 범죄예방(CPTED)의 기법이 있다.

① 환경설계를 통한 범죄예방(CPTED)

어두운 거리에 가로등을 설치하는 등 범죄취약요인을 제거하기 위한 물리적 환경의 설계 또는 재설계를 통해 범죄기회를 차단하고 시민의 범죄에 대한 불안을 감소시키는 기법이다. 23년 1차/24년 1차

환경설계를 통한 범죄예방의 기본원리는 다음과 같다. 22년 2차

자연적 감시	• 건축물 또는 시설물 등의 설계시 가시권을 최대로 확보하고, 외부침입에 대한 감시기능을 확대함으로써, 범죄행위의 발견가능성을 높이고, 동시에 범죄기회를 감소시켜 범죄를 예방하고 억제할 수 있다는 원리 • 사례: 조명, 조경, 가시권을 확대하도록 건물의 배치 등
자연적 접근통제	• 일정한 지역에 접근하는 사람들을 정해진 공간으로 유도하거나 외부인의 출입을 통제하도록 설계함으로써 접근에 대한 심리적 부담을 증대시켜 범죄를 예방한다는 원리 • 사례: 통행로의 설계, 출입구의 최소화, 차단기, 방범창, 잠금장치 등의 설치
영역성의 강화	• 사적 공간에 대한 경계선을 표시하여 거주자들의 소유의식 및 책임의식을 높이고 사적 공간에 대한 관리권과 권리를 강화시키고, 이를 통해 외부인들에게는 침입에 대한 불법사실을 인식시켜 범죄기회를 차단하는 원리 • 사례: 울타리 및 표지판의 설치, 사적 공간과 공적 공간의 구분

활동성의 활성화	• 지역사회의 설계 시 주민들이 모여서 상호의견을 교환하고 유대감을 증대할 수 있는 공공장소를 설치하고 이용하도록 함으로써 '거리의 눈'을 활용한 자연적 감시와 접근통제의 기능을 확대하는 원리 • 놀이터·공원의 설치, 체육시설의 접근성과 이용의 증대, 벤치·정자의 위치 및 활용성에 대한 설계
유지관리	• 어떤 시설물이나 공공장소를 처음 설계된 대로 혹은 개선한 의도대로 기능을 지속적으로 이용할 수 있도록 관리함으로써 범죄예방을 위한 환경설계의 장기적이고 지속적인 효과를 유지하는 원리 • 사례: 파손시 즉시 보수, 조명·조명의 관리, 청결유지

② 방어공간이론

오스카 뉴먼이 제기한 이론으로, 주거에 대한 영역성의 강화를 통해 주민들이 살고 있는 지역이나 장소를 자신들의 영역이라 생각하고 감시를 게을리 하지 않으면 어떤 지역이나 장소든 범죄로부터 안전할 수 있다고 주장한다. CPTED의 영역성 개념을 발전시킨 것이다.

오스카 뉴먼이 제시한 방어공간의 구성요소는 다음과 같다. 22년 1차

영역성	• 지역에 대한 소유의식은 일상적이지 않은 일이 있을 때 주민으로 하여금 행동을 취하도록 자극함 • 주민들 사이의 소유에 대한 태도를 자극하기 위한 주거건물 안팎의 공적 공간을 세분화하고 구획하는 작업(직선형 주택배치, 위계적 주택배치 등)
자연적 감시	• 특별한 장치의 도움없이 실내와 실외의 활동을 관찰할 수 있는 능력 • 주민들이 주거환경의 공동지역의 자연스럽게 감시할 수 있도록 아파트 창문위치선정이나 건축물을 배치
이미지	• 범행을 하기 쉬운 대상이라는 이미지를 주지않도록 설계 • 지역의 외관이 다른 지역과 고립되어 있지 않고 보호되고 있으며, 주민의 적극적 행동의지를 보여줌
입지조건	• 안전하다고 생각되는 도시지역에 주거지역을 선정

③ 집합효율성 이론

로버트 샘슨이 제시한 집합효율성 이론은 지역사회 구성원들의 유대강화와 범죄 등 사회문제에 대한 적극적인 개입 등 공동의 노력이 있다면 얼마든지 범죄문제에 효과적으로 대응할 수 있다는 이론이다.

집합효율성이란 지역주민 간의 상호신뢰 또는 연대감과 범죄 등 사회문제에 대한 적극적인 개입과 비공식적 통제의 결합을 의미하는데, 강한 집합효율성은 지역사회의 불리한 사회·경제적 여건이 범죄에 미치는 영향을 상쇄시키는 효과를 가지고 있다고 한다.

그러나 이 이론은 공식적 사회통제, 즉 경찰 등 법집행기관의 중요성을 간과하고 있다는 비판을 받는다.

④ 깨진 유리창이론

윌슨과 켈링이 제시한 이론으로, 경미한 무질서가 중대 범죄로 이어질 수 있음을 이론적으로 설명하고자 한 최초의 시도이다. 경미한 무질서 행위와 환경을 그대로 방치하면 더 큰 범죄가 발생할 수 있으므로 경미한 무질서에 대해서부터 강력한 대응이 필요함을 강조한 이론이다.

이 이론은 사소한 무질서 행위에 대한 경찰의 강경한 대응을 강조하는 속성상 무관용 정책과 집합효율성의 강화와 연결된다. 또한 무질서 행위에 대한 단속을 강화한다는 점에서 처벌의 확실성을 높여 범죄를 억제하는 방식과 관계있다. [23년 2차]

여기서 무관용(Zero Tolerance) 정책(경찰활동)은 다음과 같다. [23년 1차]

ⓐ 무관용 정책은 윌슨과 켈링의 '깨진 유리창이론'에 기초하였으며, 1990년대 뉴욕에서 본격적으로 시행되었다.
ⓑ 시민들에게 무질서한 주변환경에 대한 신속한 회복을 요청하였고, 지역주민 간의 상호 협력을 통한 범죄와 무질서의 예방노력을 강조한다.
ⓒ 직접적 피해자가 없는 경미한 무질서 행위에 대한 강경한 대응이 더 큰 사고 또는 범죄를 방지할 수 있다. 그러나 무관용 경찰활동은 직접적인 피해자가 없는 무질서 행위를 용인하는 전통적 경찰활동의 전략을 계승하였다고 볼 수는 없다. 단지 직접적인 피해자가 없는 무질서 행위라도 엄격한 대응이 필요함을 강조한 것이다.
ⓓ 경미한 비행자에 대한 무관용 개입은 낙인효과를 유발할 수 있다는 비판이 있다.

(4) 멘델존(Mendelshon)의 범죄피해자 유형론

멘델존(B. Mendelsohn)은 범죄피해자를 피해자의 책임 정도에 따라 '완전히 책임 없는 피해자'에서부터 '가장 책임이 높은 피해자'에 이르는 범죄피해자의 5가지 유형을 제시하였다. [24년 1차]

피해자의 유형	예시
완전히 책임 없는 피해자	영아살해에서의 영아, 미성년자 약취·유인죄의 미성년자, 길거리 흉기 난동의 피해자
책임이 조금 있는 피해자	스스로 낙태를 시도하다 사망한 임신부, 범죄 다발 지역에서 폭력 피해를 당한 자, 고장 난 잠금장치를 방치하다 절도 피해를 당한 자
가해자와 같은 정도의 책임이 있는 피해자	동반자살 피해자, 촉탁살인에 의한 피살자, 안락사의 피해자, 자살미수 피해자
가해자보다 더 책임이 있는 피해자	자신의 부주의로 인한 피해자, 부모에게 살해된 패륜아, 가해자를 도발하여 상해를 입은 자, 신호를 무시하다 교통사고를 당한 자
가장 책임이 높은 피해자	공격을 가한 자신이 피해자가 되는 가해적 피해자, 정당방위의 상대방인 공격적 피해자

CHAPTER 04
지역사회 경찰활동
(Community Policing)

제1절 의의

I 개념 및 필요성

　지역사회 경찰활동은 지역사회 공동체의 모든 분야와 협력하여 범죄발생을 예방하고 범죄로부터 피해를 줄이는 것을 목표로 하는 경찰활동이다. 지역사회 자체가 범죄예방능력을 강화하여 지역사회 차원에서 범죄문제를 해결하려는 구체적이고 종합적인 활동이라고 할 수 있다. 따라서 지역사회 경찰활동을 위해서는 지역사회의 문제에 대한 정확한 분석이 선행되어야 한다.

　이러한 지역사회 경찰활동은 경찰이 '문제 해결자(Problem Solver)'로서 지역사회와 경찰 사이의 새로운 관계를 증진시키는 전략의 하나로서, 비공식적 사회통제를 강화한다.

II J. Skolinick의 지역사회 경찰활동의 기본요소

　Skolinick은 지역사회 경찰활동의 4가지 기본요소를 제시한다.

　첫째, 지역사회 범죄예방활동이다. 둘째, 주민에 대한 서비스제공을 위한 순찰활동, 셋째, 정책결정과정에서의 주민참여를 포함한 권한의 분산화, 마지막으로 주민에 대한 책임성 중시 등이다.

Ⅲ 지역사회 경찰활동의 한계

첫째, 지역사회 경찰활동은 시민과의 협력이 범죄예방효과가 있는지에 대한 정확한 근거가 없다.

둘째, 시민과의 관계개선을 강조하므로, 경찰의 법집행능력이 감소되고 경찰의 의욕이 감소될 우려가 있다.

셋째, 지역주민 및 정치권과의 유착으로 인한 경찰의 부정부패가 증가하고 정치 집단화 가능성이 있다.

넷째, 범죄이외의 지역사회문제에 적극 개입함으로 인해 시민의 사생활과 인권침해 가능성이 있다.

다섯째, 도보순찰강화와 경찰기능확대로 인한 과다한 인력과 비용소모가 크다.

제2절 전통적인 경찰활동과 지역사회 경찰활동의 비교

전통적 경찰활동은 경찰이 '범죄투사(Crime Fighter)'로서 법과 규범에 의한 규제, 법을 엄격히 집행하는 책임, 그리고 경찰의 집중화된 조직구조 등을 강조한다. 예컨대, 범죄가 발생하는 지점에 경찰력을 집중적으로 배치하여 범죄예방효과를 극대화하는데 중점을 두게 된다. [23년 2차] 그에 비해 지역사회 경찰활동은 '문제해결자(Problem Solver)'로서 경찰만이 아니라 시민과의 협력을 통한 지역사회 문제 해결에 중점을 둔다.

스패로우(Sparrow)는 전통적 경찰활동과 지역사회 경찰활동을 비교한 질문과 답변을 다음과 같이 제시하고 있다.

구분	전통적 경찰활동	지역사회 경찰활동
경찰은 누구인가? [22년 1차]	법집행을 주로 책임지는 정부기관	경찰이 시민이고, 시민이 경찰이다. 따라서 경찰은 모든 시민의 의무에 대해 항상 주의를 기울여야 한다.
다른 공공서비스 기관과 경찰의 관계는?	우선 사항에 대해서는 종종 갈등이 있다.	경찰은 삶의 질을 향상시킬 책임있는 공공서비스 기관들 중의 하나이다. 따라서 지역사회 내 지방자치단체, 학교 등 공적 주체들은 물론, 시민단체 등 사적 주체들과도 파트너십을 형성한다. [23년 2차]
경찰의 역할은?	범죄를 해결하는 것	폭넓은 지역문제를 해결하는 것
경찰의 능률은 어떻게 측정되는가?	체포율과 적발 건수, 범죄검거율 (사후적인 진압활동 강조)	범죄와 무질서의 감소(사전적인 예방활동 강조) [23년 1차]
경찰활동의 우선순위는?	범죄(강도, 절도, 폭력 등)	지역사회를 방해하는 모든 문제들
특별히 경찰이 처리하는 것은?	사건들	시민의 문제와 걱정거리
경찰의 효과성은 무엇이 결정하는가? [22년 1차]	대응시간 [23년 1차]	시민의 협조 [23년 2차]
서비스 요청에 대해 경찰은 어떤 견해를 취해야 하는가?	해야 할 경찰업무가 없는 경우에 한하여 대응할 수 있다.	경찰업무의 중요한 기능이자 기회이다.
경찰 전문주의는 무엇인가?	심각한 범죄에 대한 신속하고 효과적인 대응	지역사회와의 밀접한 상호작용
언론접촉 부서의 역할은 무엇인가? [22년 1차]	현장경찰관들에 대한 비판적 여론을 차단하는 것	지역사회와의 원활한 소통창구
가장 중요한 정보는 무엇인가? [22년 1차]	범죄사건에 대한 정보로 특정범죄 또는 일련의 범죄와 관련있는 정보	범죄자에 대한 정보로 개인 또는 집단의 활동에 관한 정보
경찰책임의 핵심적인 특징은?	주로 규칙과 규정에 따라 활동하고 정책이나 법에 대해 책임이 있다.	조직의 가치를 바꾸거나 향상시키는 것

　　지역사회 경찰활동은 경찰을 이미 발생한 범죄를 사후적으로 진압하고 검거하는 범죄투사의 전통적 역할에서 벗어나 범죄가 발생하지 않도록 사전적으로 예방하고 문제를 해결하는 문제해결자로서의 역할을 강조한다. 〔23년 2차〕

　　지역사회 경찰활동은 현장에서 지역중심 경찰활동, 이웃지향적 경찰활동, 문제지향적 경찰활동 등의 프로그램으로 구현되고 있다.

1. 지역중심 경찰활동(Community-Oriented Policing, COP)

　　COP는 지역사회에서의 전반적인 삶의 질 향상을 목표로, 지역사회와 경찰 사이의 새로운 관계를 증진시키는 조직적인 전략 및 원리로서 지역사회에서의 전반적인 삶의 질 향상을 목표로 한다. 〔24년 1차〕

　　경찰과 지역사회가 마약 등 범죄, 범죄에 대한 두려움, 사회적·물리적 무질서, 그리고 전반적인 지역의 타락과 같은 문제들을 확인하고 우선순위를 정하여 해결하고자 함께 노력한다. 따라서 경찰-주민 간 파트너십의 강화, 지역사회 문제에 대한 근본적 해결, 경찰조직 내 권한의 이양 등을 강조한다.

　　COP를 주장하는 대표적인 학자로 드로야노비치, 버케로 등이 있다.

2. 문제지향적 경찰활동(Problem-Oriented Policing, POP)

1) 의의

　　POP는 경찰이 단순한 법집행자의 역할에서 지역사회 범죄문제의 근원적 원인을 확인하고 해결하는 역할로 전환하는 방향으로 나아가는 것을 추구한다.

2) 골드슈타인이 주장한 문제지향적 경찰활동

　　① 경찰활동은 범죄뿐만 아니라 폭넓은 다른 문제들의 범위를 다룬다. ② 이런 문제들은 상호연관되어 있으며, 우선 순위는 재평가되어야 한다. ③ 각각의 문제에 따

른 형태별 대응을 요구한다. ④ 형법의 적용은 문제에 대응하기 위한 여러가지 수단의 하나에 불과하다. ⑤ 발생한 사건의 해결을 위한 대응보다는 문제의 예방을 위한 대응에 더 많은 것을 성취할 수 있다. ⑥ 문제에 대한 효과적인 대응을 위해서는 사전분석이 필요하다. ⑦ 경찰의 능력은 극히 제한되어야 한다. ⑧ 경찰의 역할은 지역사회가 기준을 유지할 수 있게 하는데 종합적인 책임을 지는 것이 아니라 촉진자의 역할을 해야 한다.

3) 실천방안

① 경찰관리자는 일선 경찰관들이 자신의 분야에서 문제를 결정하도록 신뢰한다. ② 일선경찰관에게 문제해결에 필요한 시간을 주어라. ③ 범죄분석을 담당하는 부서에서는 지역경찰관들에게 지역의 경향과 패턴을 파악할 수 있는 자료를 제공하도록 제도를 개선한다. ④ 대중정보와 비평에 대해 더욱 더 공개적이고 적극적으로 수용한다.

4) 문제해결과정(SARA모형)

에크와 스펠만(Eck & Spelman)은 지역사회문제 해결을 위해 조사(Scanning) → 분석(Analysis) → 대응(Response) → 평가(Assessment)로 진행되는 4단계의 문제해결과정(SARA모형)을 제시하고 있다. 23년 2차 .

조사(Scanning)	경찰이 지역사회의 문제나 쟁점사항 등을 확인, 찾아내는 과정으로, 단순한 사고나 범죄구분을 넘어서 문제의 범주를 넓히는 과정
분석(Analysis)	인지된 문제의 성격에 따라 문제의 원인이 되는 각종 통계자료(데이터)를 수집하고, 이를 활용하여 심층적인 분석을 실시, 문제의 원인과 효과를 파악하는 과정이며, 당면 문제의 성격을 정확하게 파악하기 위해 문제분석 삼각모형을 유용한 분석도구로 활용
대응(Response)	경찰과 지역사회가 상호협력을 통해 분석된 문제의 원인을 제거하는 등 문제해결을 위한 대응방안을 실행에 옮기는 과정으로, 경찰이 보유한 자원과 역량에 한계가 있으므로 지역사회 내 여러 다름 기관들과의 협력을 통한 대응방안을 추구
평가(Assessment)	문제해결을 하는 과정에 대한 과정평가와 문제해결을 위한 대응에 대한 효과성을 평가하는 2개의 단계로 구성되며, 문제해결의 전 과정에 피드백(환류)을 통해 각 단계가 지속적인 순환과정으로 작동할 수 있도록 하는 과정

3. 전략지향적 경찰활동(Strategy-Oriented Policing, SOP)

1) 의의

SOP는 전통적인 경찰 활동 및 절차들을 이용하여 범죄적 요소나 사회무질서의 원인을 제거하고 효과적으로 범죄를 진압·통제하려는 경찰활동이다. 지역사회의 참여가 경찰임무의 중요한 측면이라고 인식한다.

경찰이 전통적인 관행과 절차를 이용하여 확인된 문제 지역에 대한 전략적 대응을 위해 경찰자원을 재분배하는 것이다. [24년 1차] 다시 말해, 치안수요가 많은 시간대나 장소에 많은 경찰력을 배치하는 방식으로 최소한의 자원을 투입하여 최대한의 범죄나 무질서를 예방하는 효과를 거두는 전략적 경찰활동을 강조한다.

2) 전략지향적 경찰활동의 3요소

통제순찰	• 출동요청이 없더라도 지정된 임무를 부여받아 담당지역을 점검하는 순찰활동 • 사례: 지역공원 가로질러 순찰, 노숙자가 대소변을 보는 장소 순찰하기, 마약흡입장소 순찰하기 등
공격순찰	• 특정 범죄자, 특정 범죄요소, 특정 질서위반에 대하여 경찰의 압박을 증가시키는 활동 • 사례: 현장검문, 사복경찰활용, 함정수사, 잠복 등을 통해 불심검문·감시·단속·체포 등으로 압박하는 경찰활동
포화순찰	• 다양한 순찰조, 교통부서, 수사부서 제복착용 경찰관들을 지정된 장소에 집중 배치하여 경찰력이 가시적으로 보이도록 하는 활동

4. 이웃지향적 경찰활동(Neighborhood-Oriented Policing, NOP)

주민들이 상호 친밀한 관계를 유지하여 이웃사람들의 습관이나 일상활동에 대해 잘 알게 되면, 자신들의 구역 내에서 의심스러운 사람이나 행동을 쉽게 발견할 수 있어 이를 통해 범죄를 예방하려는 프로그램이다. 지역사회의 진정한 의미를 파악하기 위해 경찰과 주민 사이의 의사소통 라인을 개설하는 모든 프로그램이 여기에 해당된다. [24년 1차]

NOP는 지역에서 범죄가 발생하는 원인이 비공식적 사회통제의 약화와 경제적 궁핍이 소외를 정당화하기 때문이라는 점을 배경으로 한다. 따라서 지역조직은 경찰관에게 중요한 역할을 부여받으며, 서로를 위해 감시하고 공식적인 민간순찰을 실시한다. 지역조직은 주민들에게 지역에 관한 정보를 제공하며, 경찰과 협동하여 범죄를 억제하는 기능을 수행한다. 24년 1차

제4절 순찰

1. 의의

순찰(巡察)은 사전적 의미로 '여러 곳을 돌아다니며 사정을 살핌'을 말한다. 미국의 경찰학자 C. D. Hale은 순찰을 통해 관내 정황을 살핌과 더불어 범죄예방, 질서유지, 법집행, 대민서비스 제공, 교통정리 등 모든 경찰활동의 목적이 달성된다는 순찰의 의의를 설명하고 있다.

실제로 순찰 과정에서 이루어지는 주민접촉으로 경찰과 지역사회의 관계가 개선되고, 주민의 치안참여가 활발해져 사전적 범죄예방에는 효과적이라는 연구결과가 있다.

우리나라에서는 지역경찰관서(지구대·파출소) 등에서 근무하는 지역경찰이 순찰을 담당하고 있다.

2. 순찰의 기능

C.D. Hale	S. Walker
① 범죄예방과 범인검거 ② 법집행 ③ 질서유지 ④ 대민서비스 제공 ⑤ 교통지도단속	① 범죄의 억제 ② 대민서비스 제공 ③ 공공안전감 증진 → 주민에게 심리적 안전감을 주기 위한 가시적 순찰의 필요성을 강조

3. 순찰의 유형

순찰은 노선에 따라 정선순찰, 난선순찰, 요점순찰, 구역책임 자율순찰 등으로 구분할 수 있다.

정선순찰	• 사전에 정하여진 노선을 규칙적으로 순찰하는 방법 • 순찰함에 기록하도록 함으로써 순찰에 대한 감독은 용이하나, 정해진 노선을 정해진 시간에 기계적으로 순찰하게 됨으로 인해 범죄예방효과는 떨어진다는 단점이 있음
난선순찰	• 치안상황을 고려하여 임의로 순찰지역이나 노선을 선정하여 불규칙적으로 순찰하는 방법 • 범죄자가 예측이 불가능하다는 점에서 범죄예방효과는 높으나, 근무자가 제대로 순찰하는지에 대한 감독이 용이하지 못한 단점이 있음
요점순찰	• 순찰구역 내의 중요지점을 지정하여 순찰자는 반드시 그곳을 통과하며, 지정된 요점과 요점 사이에는 난선순찰을 실시하는 방법 • 정선순찰과 난선순찰의 장점을 살리고 단점을 보완함
구역책임 자율순찰	• 지역경찰관서 관할지역을 몇 개의 소구역으로 나누고 지정된 개인별 담당구역을 요점으로 순찰하는 방법 • 구역순찰과 자율순찰을 결합하여 자율과 책임을 통한 신뢰를 바탕으로 한 순찰방식

기동력에 따라 도보순찰, 자동차 순찰, 오토바이 순찰, 자전거 순찰 등으로 구분한다.

도보순찰	• 특별한 비용이 들지 않으면서, 사고발생시 신속한 대처가 가능하고 주민접촉이 용이하다는 장점이 있음 → 지역사회 경찰활동에서는 주민접촉이 곤란한 112차량 순찰보다 도보순찰을 강조한다. • 다만, 순찰자의 피로를 고려하지 않을 수 없고, 기동성이 부족하다는 한계가 있음
자동차 순찰	• 기동성에 의한 신속한 사건 · 사고처리가 가능하고, 순찰자의 안전성이 높다는 장점이 있음 • 좁은 골목길 주행은 불가능하고 주민접촉에 제한이 있다는 단점이 있음
오토바이 순찰	• 자동차에 비해 좁은 골목길 주행도 가능하다는 장점이 있음 • 순찰자의 안전성이 미흡하고 은밀한 순찰이 곤란하다는 단점
자전거 순찰	• 도보순찰보다 피로가 적고, 정황관찰과 시민과의 접촉이 비교적 용이하다는 장점 • 자동차나 오토바이에 비해 기동성이 낮다는 한계가 있음

4. 순찰의 효과

먼저, 뉴욕경찰의 25구역 순찰실험은 순찰의 효과를 측정한 최초의 실험으로, 순찰횟수가 증가할수록 범죄가 감소한다는 상관관계를 밝혔다.

캔자스(Kansas)시 차량 예방순찰실험은 차량순찰에 대한 최초의 과학적 실험이다. 이 실험을 통해 전체적으로 순찰을 증가해도 범죄율은 줄어들지 않고, 일상적인 순찰을 생략해도 범죄는 증가하지 않았으며, 대부분의 시민들은 순찰수준의 변화를 인식하지 못하였다는 연구결과를 내놓았다. 특히 순찰의 증감이 범죄율과 시민의 안전감에 영향을 미치지 못한다는 결과를 도출하여 경찰의 순찰활동 전략을 재고하게 만든 연구로 알려져있다.

뉴왁(Newark)시 도보순찰실험은 도보순찰을 증가하여도 범죄발생은 감소하지 않으나, 주민들은 자신들의 구역 내에서 범죄가 줄고 있다고 생각하고 있다는 연구결과를 내놓았다. 실제 범죄예방효과는 없으나 시민들의 심리적 안전감에는 긍정적 효과가 있다는 것이다.

플린트(Flint)시 도보순찰실험에서는 실험기간 동안 범죄가 증가하였음에도 도보순찰의 결과 시민들은 오히려 더 안전하다고 느끼는 것으로 밝혀졌다. 플린트시 도보순찰실험은 뉴왁시 도보순찰실험과 함께 도보순찰이 실제 범죄율 감소의 효과를 거두지는 못하지만, 주민의 심리적 안전감에는 긍정적인 영향을 미치는 것을 확인했다.

05 경찰의 적극행정 및 소극행정

제1절 경찰의 적극행정

I 적극행정의 의의

1. 적극행정의 개념 및 대상과 범위

1) 적극행정의 개념 및 필요성

적극행정이란 공무원이 불합리한 규제를 개선하는 등 공공의 이익을 위해 창의성과 전문성을 바탕으로 적극적으로 업무를 처리하는 행위를 말한다.

이러한 적극행정은 행정환경의 급격한 변화에 대응하고 다양한 국민의 기대에 부응하기 위해서는 공무원이 창의성과 전문성을 바탕으로 공공의 이익을 위해 성실하고 능동적으로 업무를 처리하는 것이 필요하다는 배경하에 적극 추진되고 있다.

경찰에서는 경찰청 소속 공무원 등이 국가 또는 공공의 이익을 증진하기 위해 성실하고 능동적으로 업무를 처리하는 행위를 적극행정으로 규정하고 있다(「경찰청 적극행정 면책제도 운영규정」, 경찰청 훈령).

2) 적극행정의 대상 및 범위

적극행정은 특정 분야의 정책이나 특정한 업무처리 방식을 지칭하는 것은 아니다. 오히려 공공재화와 서비스 제공, 규제혁신 등 정부의 정책, 공무원이 직무를 수행하는 모든 방식과 행위를 대상으로 한다.

2. 적극행정의 법적 근거

국가공무원법	제50조의2(적극행정의 장려) ① 각 기관의 장은 소속 공무원의 적극행정(공무원이 불합리한 규제의 개선 등 공공의 이익을 위해 업무를 적극적으로 처리하는 행위를 말한다. 이하 이 조에서 같다)을 장려하기 위하여 대통령령등으로 정하는 바에 따라 인사상 우대 및 교육의 실시 등에 관한 계획을 수립·시행할 수 있다. ② 적극행정 추진에 관한 다음 각 호의 사항을 심의하기 위하여 각 기관에 적극행정위원회를 설치·운영할 수 있다. 　1. 제1항에 따른 계획 수립에 관한 사항 　2. 공무원이 불합리한 규제의 개선 등 공공의 이익을 위해 업무를 적극적으로 추진하기 위하여 해당 업무의 처리 기준, 절차, 방법 등에 관한 의견 제시를 요청한 사항 　3. 그 밖에 적극행정 추진을 위하여 필요하다고 대통령령등으로 정하는 사항 ③ 공무원이 적극행정을 추진한 결과에 대하여 해당 공무원의 행위에 고의 또는 중대한 과실이 없다고 인정되는 경우에는 대통령령등으로 정하는 바에 따라 이 법 또는 다른 공무원 인사 관계 법령에 따른 징계 또는 징계부가금 부과 의결을 하지 아니한다.
행정기본법	제4조(행정의 적극적 추진) ① 행정은 공공의 이익을 위하여 적극적으로 추진되어야 한다. ② 국가와 지방자치단체는 소속 공무원이 공공의 이익을 위하여 적극적으로 직무를 수행할 수 있도록 제반 여건을 조성하고, 이와 관련된 시책 및 조치를 추진하여야 한다.
적극행정 운영규정(대통령령)	제4조(중앙행정기관의 장의 책무) ① 중앙행정기관의 장은 소속 공무원의 소극행정을 예방·근절하고 적극행정을 활성화하기 위해 노력해야 한다. ② 중앙행정기관의 장은 「행정업무의 운영 및 혁신에 관한 규정」 제10조제2항에 따라 위임전결 사항을 정하는 경우에는 공무원의 적극적인 업무 수행에 미치는 영향, 국민생활에 미치는 파급효과, 이해관계의 충돌 등 정책이나 제도의 영향력과 중요성을 고려해야 한다.
공무원 징계령 시행규칙(총리령)	제3조의2(적극행정 등에 대한 징계면제) ① 제2조에도 불구하고 징계위원회는 고의 또는 중과실에 의하지 않은 비위로서 다음 각 호의 어느 하나에 해당되는 경우에는 징계의결 또는 징계부가금 부과 의결을 하지 아니한다. 　1. 불합리한 규제의 개선 등 공공의 이익을 위한 정책, 국가적으로 이익이 되고 국민생활에 편익을 주는 정책 또는 소관 법령의 입법목적을 달성하기 위하여 필수적인 정책 등을 수립·집행하거나, 정책목표의 달성을 위하여 업무처리 절차·방식을 창의적으로 개선하는 등

	성실하고 능동적으로 업무를 처리하는 과정에서 발생한 것으로 인정되는 경우 2. 국가의 이익이나 국민생활에 큰 피해가 예견되어 이를 방지하기 위하여 정책을 적극적으로 수립·집행하는 과정에서 발생한 것으로서 정책을 수립·집행할 당시의 여건 또는 그 밖의 사회통념에 비추어 적법하게 처리될 것이라고 기대하기가 극히 곤란했던 것으로 인정되는 경우

3. 적극행정의 판단기준

적극행정을 판단하는 기준은 다음 4가지로 제시할 수 있다.

공공의 이익증진을 위한 행위	• 업무의 목적과 처리 방법이 국민편익 증진, 국민불편 해소, 경제 활성화, 행정효율 향상 등 공공의 이익을 증진하기 위해서 하는 행위를 의미 • 사적인 이해관계가 없어야 함. 「공무원 행동강령」 등에 의해 금지되는 이권개입, 알선·청탁, 금품·향응 수수 등의 행위가 연관된 경우 사적인 이해관계가 있다고 판단
창의성과 전문성을 바탕으로 한 행위	• '창의성'은 어떤 문제에 대해 기존과 다른 시각으로 새로운 아이디어를 생각해 내는 특성을 의미 • '전문성'은 자신이 맡은 일을 잘 수행하기 위해 필요한 지식과 경험, 역량을 의미 • 창의성이 참신한 해결책을 마련하도록 돕는다면, 전문성은 그러한 해결책의 현실 적합성을 높여주게 됨
적극적인 행위	• 평균적인 공무원에게 통상적으로 요구되는 정도의 노력이나 주의의무 이상을 기울여 업무를 처리하는 행위를 의미 • 업무에 대한 열의를 바탕으로 주도적으로 문제를 해결하는 자세의 의미도 함께 담고 있음 ※ 소관 업무에 대한 끊임없는 고민이나 학습을 통해 창의적인 정책을 기획·추진하거나 새로운 절차·방식을 도입하는 경우 등 • 행위의 결과가 발생한 시점이 아니라 업무를 추진할 당시를 기준으로 가용할 수 있었던 자원과 정보, 업무량 등 제반사정을 종합하여 노력이나 주의의무 정도를 판단
행위의 결과가 아닌 행위 자체가 판단기준	• 공공의 이익을 증진하기 위하여 적극적으로 최선의 노력을 다하면 적극행정에 해당 • 적극행정은 행위 자체에 초점을 두며, 업무처리로 인해 긍정적인 효과가 발생해야만 적극행정에 해당되는 것은 아님

4. 적극행정의 유형

적극행정은 행태적 측면과 규정의 해석·적용 측면의 2가지 유형으로 구분할 수 있다.

행태적 측면	• 통상적으로 요구되는 정도의 노력이나 주의의무 이상을 기울여 맡은 바 임무를 최선을 다해 수행하는 행위 • 업무관행을 반복하지 않고 가능한 최선의 방법을 찾아 업무를 처리하는 행위 • 새로운 행정수요나 행정환경 변화에 선제적으로 대응하여 새로운 정책을 발굴·추진하는 행위 • 이해충돌이 있는 상황에서 적극적인 이해조정 등을 통해 업무를 처리하는 행위
규정의 해석·적용 측면	• 불합리한 규정과 절차, 관행을 스스로 개선하는 행위 • 신기술 발전 등 환경변화에 맞게 규정을 적극적으로 해석·적용하는 행위 • 규정과 절차가 마련되어 있지 않지만 가능한 해결방안을 모색하여 업무를 추진하는 행위

Ⅱ 적극행정의 보호(면책)

1. 적극행정 면책제도의 도입배경

적극행정 보호(면책) 제도의 도입 배경은 다음과 같다.

창의적이고 적극적으로 일하는 태도가 필요	• 급변하는 행정환경에서 현장과 법·규정 간에는 괴리가 생길 수밖에 없음. 이 같은 상황에서 과거 관행을 반복하는 업무행태로는 국민들의 불편함과 문제를 해결할 수 없음 • 여기에 경찰 등 공직자들에게 창의적이고 적극적으로 일하는 태도가 필요한 이유가 있음
관행적·소극적인 업무행태의 주요 이유	• 경찰 등 공무원들이 적극행정에 나서지 않는 것은 그간 열심히 일했지만 예기치 못한 결과가 생기면, 감사나 징계를 받게 되는 경우를 많이 보았기 때문임 • 일을 해서 징계를 받느니 아예 가만히 있자는 관행적·소극적인 업무행태가 현장에서 사라지지 않는 주요 이유임

감사나 징계에 대한 두려움	• 그동안 감사나 징계업무를 관장하는 기관에서 적극행정을 확산하기 위해 다양한 제도 개선 노력을 기울였음에도 불구하고, 감사나 징계에 대해 경찰 등 일선공무원들이 가지는 두려움은 크게 덜어주지 못했기 때문임
적극행정에 대한 감사면책과 징계면제를 규정	• 인사혁신처에서 대통령령인 「적극행정 운영규정」을 제정하여 적극행정에 대한 감사면책과 징계면제를 규정함으로써 공무원이 감사나 징계에 대한 막연한 두려움으로 적극행정을 주저하는 일이 없도록 확실한 보호장치를 두었음

2. 적극행정 보호(면제)의 주요제도

1) 적극행정 징계면제 제도

　적극행정 징계면제 제도는 공무원이 공공의 이익을 위하여 성실하고 적극적으로 업무를 처리한 결과에 대하여 고의나 중과실이 없는 이상 징계를 면제해주는 제도를 말한다. 징계면제 제도는 「적극행정 운영규정」 제17조 및 「공무원 징계령 시행규칙」 제3조의2에 규정되어 있다.

적극행정 운영규정 제17조(징계 등 면제) ① 공무원이 적극행정을 추진한 결과에 대해 그의 행위에 고의 또는 중대한 과실이 없는 경우에는 징계 관련 법령에 따라 징계의결 또는 징계부가금 부과의결(이하 "징계의결등"이라 한다)을 하지 않는다. 23년 2차

공무원 징계령 시행규칙 제3조의2(적극행정 등에 대한 징계면제) ① 제2조에도 불구하고 징계위원회는 고의 또는 중과실에 의하지 않은 비위로서 다음 각 호의 어느 하나에 해당되는 경우에는 징계의결 또는 징계부가금 부과 의결(이하 "징계의결등"이라 한다)을 하지 아니한다.
1. 불합리한 규제의 개선 등 공공의 이익을 위한 정책, 국가적으로 이익이 되고 국민생활에 편익을 주는 정책 또는 소관 법령의 입법목적을 달성하기 위하여 필수적인 정책 등을 수립·집행하거나, 정책목표의 달성을 위하여 업무처리 절차·방식을 창의적으로 개선하는 등 성실하고 능동적으로 업무를 처리하는 과정에서 발생한 것으로 인정되는 경우
2. 국가의 이익이나 국민생활에 큰 피해가 예견되어 이를 방지하기 위하여 정책을 적극적으로 수립·집행하는 과정에서 발생한 것으로서 정책을 수립·집행할 당시의 여건 또는 그 밖의 사회통념에 비추어 적법하게 처리될 것이라고 기대하기가 극히 곤란했던 것으로 인정되는 경우
② 징계위원회는 징계등 혐의자가 다음 각 호의 사항에 모두 해당되는 경우에는 해당 비위가 고의 또는 중과실에 의하지 않은 것으로 추정한다.

「경찰청 적극행정 면책제도 운영규정(경찰청 훈령)」에 의한 면책은 경찰청 및 그 소속기관의 공무원 또는 산하단체의 임·직원 등에게 적용된다. [23년 2차]

적극행정으로 인한 징계면제가 되기 위해서는 다음과 같은 요건을 충족하여야 하는데, 징계위원회에서 기준별 충족여부를 검토할 때에는 다음과 같은 사항을 고려한다.

(1) 공공의 이익 증진을 위한 행위

징계대상이 된 사람이 담당한 업무 및 해당 업무를 처리한 방법 등이 국민 편익 증진, 국민 불편 해소, 경제 활성화, 행정효율 향상 등 공공의 이익을 증진하기 위한 행위여야 한다.

(2) 업무의 적극적 처리

공공의 이익을 위해 새로운 업무처리 방식을 시도하거나 문제점 해소를 위해 신속히 필요한 조치를 하는 등 평균적인 공무원에게 통상적으로 요구되는 정도의 노력이나 주의 의무 이상을 기울여 업무를 처리하는 행위를 의미한다.

(3) 고의 또는 중과실이 없을 것

고의 또는 중과실이 없음을 추정하는 요건은 「공무원 징계령 시행규칙」제3조의2 제2항에서 ① 징계등 혐의자와 비위 관련 직무 사이에 사적인 이해관계가 없을 것, ② 대상 업무를 처리하면서 중대한 절차상의 하자가 없었을 것으로 규정하고 있다.

경찰의 경우 「경찰청 적극행정 면책제도 운영규정(경찰청 훈령)」에 따라 자체감사를 받는 사람이 ① 자체감사를 받는 사람과 대상 업무 사이에 사적인 이해관계가 없을 것, ② 대상 업무를 처리하면서 중대한 절차상의 하자가 없었을 것 등의 요건을 모두 갖추어 업무를 처리한 것으로 인정되는 경우에는 그 행위에 고의나 중대한 과실이 없는 경우에 해당하는 것으로 추정한다. [23년 2차]

(4) 징계면제의 대상 제외

「경찰청 적극행정 면책제도 운영규정(경찰청 훈령)」제6조(면책 대상 제외)에서는 업무처리과정에서 기본적으로 지켜야 할 의무를 다하지 않았거나, ① 금품을 수수한 경우, ② 고의·중과실, 무사안일 및 업무태만의 경우, ③ 자의적인 법 해석 및 집행으로 법령의 본질적인 사항을 위반한 경우, ④ 위법·부당한 민원을 수용한 특혜성 업무처리를 한 경우, ⑤ 그 밖에 위 각 호에 준하는 위법·부당한 행위를 한 경우 등에 해당하는 경우에는 면책대상에서 제외한다.

2) 사전컨설팅을 가진 경우 징계면제 제도

사전컨설팅 제도는 적극행정을 추진하는 과정에서 불명확한 법령 등 의사결정에 어려움을 야기하는 요인이 있어 감사원이나 자체감사기구에 의견을 구하는 경우 그에 대하여 의견을 제시하여 주는 제도이다.

이러한 사전컨설팅 의견대로 업무를 처리한 경우에는 징계를 면제한다. 다만, 대상업무와 관련하여 사적인 이해관계가 있거나, 감사원이나 자체감사기구가 의견을 제시하기 위해 판단에 필요한 정보를 충분히 제공하지 않은 경우에는 징계를 면제하지 않는다.

사전컨설팅을 가진 경우 징계면제 제도는 「적극행정 운영규정」과 「공무원 징계령 시행규칙」에 규정되어 있다.

> 적극행정 운영규정 제17조(징계 등 면제) ② 공무원이 사전컨설팅 의견대로 업무를 처리한 경우에는 징계 관계법령에 따라 징계의결등을 하지 않는다. 다만, 공무원과 대상 업무 사이에 사적인 이해관계가 있거나 감사원이나 감사기구의 장이 사전컨설팅을 하는 데 필요한 정보를 충분히 제공하지 않은 경우에는 그렇지 않다.
>
> 공무원 징계령 시행규칙 제3조의2(적극행정 등에 대한 징계면제) ③ 제1항에도 불구하고 징계 등 혐의자가 감사원이나 「공공감사에 관한 법률」 제2조제5호에 따른 자체감사기구로부터 사전에 받은 의견대로 업무를 처리한 경우에는 징계의결등을 하지 않는다. 다만, 대상 업무와 징계등 혐의자 사이에 사적인 이해관계가 있거나 감사원이나 자체감사기구가 의견을 제시하는데 필요한 정보를 충분히 제공하지 않은 경우에는 그렇지 않다.

3) 적극행정 지원위원회를 거친 경우에 대한 징계면제 제도

공무원의 적극행정 의사결정을 지원하기 위해 각 기관별로 적극행정 지원위원회를 두도록 하고 있다. 경찰의 경우 「경찰청 적극행정 면책제도 운영규정(경찰청 훈령)」 제7조(적극행정 면책심사위원회 설치)에 따라 경찰청에 "적극행정 면책심사위원회"를 둔다. 이 위원회는 위원장 1명을 포함하여 5명 이상 7명 이내로 성별을 고려하여 구성하며 위원장은 감사관으로 하고 위원은 심사안건 관련 부서장(감사담당관 또는 감찰담당관)을 포함하여 회의 개최 시 마다 위원장이 경찰청 소속 과장급 공무원 중에서 지명하는 사람으로 한다. 다만, 위원 중 1인은 경감 이하 경찰공무원 또는 6급 이하 일반직공무원으로 한다.

공무원 단독 또는 부서 자체적으로 판단하기 어려운 사안에 대해 공무원은 적극행정지원위원회에 해당 업무의 처리방향 등에 관한 의견의 제시를 요청할 수 있다.

공무원은 인가·허가·등록·신고 등과 관련한 규제나 불명확한 법령 등으로 인해 업무를 적극적으로 추진하기 곤란한 경우에는 위원회에 직접 해당 업무의 처리방향 등에 관한 의견의 제시를 요청할 수 있으며, 그 의견대로 업무를 처리한 경우에는 징계를 면제한다. 다만, 대상 업무와 관련하여 사적인 이해관계가 있거나, 위원회가 의견을 제시하기 위해 판단에 필요한 정보를 충분히 제공하지 않은 경우에는 징계를 면제하지 않는다.

4) 고도의 정책사항에 대한 실무담당자의 징계면제 제도

실무직 공무원이 적극행정에 나설 수 있도록 고도의 정책사항에 대해 실무직 공무원들을 보호해주는 제도이다. 따라서 국정과제 등 주요 정책결정으로 확정된 사항, 다수부처 연관과제로 정책조정을 거쳐 결정된 사항 등 '정책결정사항 중 중요사항(고도의 정책사항)'을 추진하는 과정에서 발생한 결과에 대해서 실무직(담당자)의 고의나 중대한 과실이 없는 경우에는 문책기준에서 제외하고 있다.

제2절 경찰의 소극행정

Ⅰ 소극행정의 의의

「국가공무원법」 제56조(성실 의무)에 따라 모든 공무원은 법령을 준수하며 성실히 직무를 수행해야 할 의무가 있다.

그럼에도 공무원이 부작위 또는 직무태만 등 소극적 업무행태로 국민의 권익을 침해하거나 국가 재정상 손실을 발생하게 하는 행위가 있다면 이를 "소극행정"이라고 정의한다. 여기서 부작위는 공무원이 상당한 기간 내에 이행해야 할 직무상 의무가 있는데도 이를 이행하지 아니하는 것을 의미한다. 직무태만은 통상적으로 요구되는 정도의 노력이나 주의의무를 기울이지 않고, 업무를 부실·부당하게 처리하는 것을 의미한다.

이러한 공무원의 소극행정에 대해서는 누구든지 소속 중앙행정기관의 장이나 국민권익위원회가 운영하는 소극행정 신고센터에 신고할 수 있다. 23년 2차 중앙행정기관의 장은 신고의 내용에 상당한 이유가 있다고 인정되는 경우에는 사실관계 확인을 위한 조사를 하여 신속한 업무처리를 하는 등 적절한 조치를 하고, 그 처리결과를 신고인에게 알려야 한다. 국민권익위원회는 중앙행정기관 소속 공무원의 소극행정 예방 및 근절을 위해 소극행정 신고센터를 운영하고, 중앙행정기관의 장에게 신고사항에 대해 적절한 조치를 하도록 권고할 수 있다.

Ⅱ 소극행정의 유형과 유형별 판단기준

소극행정은 ① 적당편의, ② 업무해태, ③ 탁상행정, ④ 기타 관 중심 행정 등 4가지 유형으로 구분할 수 있다. 다만, 하나의 업무행태가 두 가지 이상의 유형에 해당될 수 있다. 예를 들어 민원신청에 대해 불필요한 서류를 지속적으로 요구하며 처리를 하지 않는 경우 '업무해태'로 볼 수 있고, '기타 관 중심 행정'으로도 볼 수 있다.

소극행정의 유형별 정의와 판단기준은 다음과 같다.

적당편의	• 문제해결을 위해 노력하지 않고, 적당히 형식만 갖추어 부실하게 처리하는 행태 • 판단기준(예시): 업무와 관련된 중요한 정보·지식·의견 등을 파악하지 않고 처리하는 행태, 또는 규정을 따르거나 고려하지 않고, 민원인 등과 타협·절충으로 대충 처리하는 행태
업무해태	• 합리적인 이유 없이 주어진 업무를 게을리 하여 불이행하는 행태 • 판단기준(예시): 특별한 사유 없이 소관업무를 처리하지 않거나 늑장 대응하는 행태, 또는 민원신청·신고 등을 특별한 사유 없이 접수·처리하지 않는 행태, 또는 주어진 권한과 의무를 이행하지 않는 행태
탁상행정	• 법령이나 지침 등의 변화에도 불구하고 과거 규정에 따라 업무를 처리하거나, 기존의 불합리한 업무관행을 그대로 답습하는 행태

	• 판단기준(예시): 개정 법령이나 지침을 따르지 않고, 종전 지침이나 현재 규정에 부합하지 않는 전임자의 업무처리 방식을 그대로 답습하는 행태, 또는 보다 효율적·효과적인 방법이 있음을 알고 있거나 알 수 있음에도 편의상 관례대로 처리하는 행태, 또는 업무처리의 문제점을 인식하면서도 기존 관행을 그대로 답습하는 행태
기타 관 중심 행정	• 직무권한을 이용하여 부당하게 업무를 처리하거나, 국민 편익을 위해서가 아닌 자신과 소속 기관의 이익을 위해 자의적으로 처리하는 행태 • 판단기준(예시): 업무처리에 따르는 비용을 국민(민원인 등)에게 떠맡기거나, 공무원이 당연히 해야 할 업무를 국민(민원인 등)이 대신 준비하거나 처리하게 하는 행태, 또는 규정·예산 등을 특정인의 이익을 위하여 자의적으로 해석·활용하거나, 법·제도적 허점을 이용하여 본인의 이익을 추구하는 행태, 또는 자의적인 업무처리로 국민이나 민원인에게 피해를 주는 행태

Ⅲ 소극행정에 대한 징계

소극행정에 대한 징계는 행위자에 대한 징계와 감독자에 대한 징계 등 두 가지로 분류된다.

1) 행위자에 대한 징계

성실의무를 위반한 비위 유형 중에서 부작위나 직무태만은 그 자체로도 징계대상이 되나, 그로 인해 특히 국민의 권익을 침해하거나 국가재정상의 손실을 발생하게 한 경우에는 더욱 엄중히 처벌할 필요가 있다.

이에 따라 「공무원 징계령 시행규칙」에서는 소극행정을 별도의 기준으로 규정하고, 고의가 있는 경우 파면까지 가능하도록 징계기준을 강화하고 있다.

2) 감독자에 대한 징계

부작위 또는 직무태만으로 국민의 권익을 침해하거나 국가 재정상의 손실을 발생하게 한 비위사건인 경우에는 그 비위행위자는 물론 비위와 관련된 감독자에 대해서도 엄중히 책임을 물어야 한다.

CHAPTER 06 비교경찰론

제1절 영국의 경찰

현대 경찰제도가 시작된 영국(잉글랜드·웨일스)은 전 세계 경찰개혁의 모범이 되어 왔다. 특히 최근 수사구조개혁 논의에서도 영국 경찰제도는 참고사례로서 가장 많이 거론된 바 있다.

이른바 영국경찰모델(British model of policing)은 독자적 경찰기구, 경찰직무의 독립성, 강제보다는 시민동의를 기본으로 하는 경찰활동(policing by consent)이 핵심요소다. 경찰업무에 대한 영국 국민의식조사에 따르면 양호 또는 우수하다는 평가가 2017/18년 62%, 2019/20년 55%에 달한다(Office for National Statistics, Crime Survey for England and Wales on perceptions of the police, criminal justice system, crime and antisocial behaviour, 2021).

I 영국 경찰의 발전과 현황

1. 현대 경찰 제도의 발전

현대 경찰제도의 시초는 1800년 글래스고우 경찰청이며, 1829년 광역경찰발전법(Metropolitan Police Improvement Act)에 따라 런던광역경찰청이 창설되었다. 런던경시청 또는 소재지에서 유래한 스코틀랜드 야드(Scotland Yard)라는 별칭으로 불린다. 1964년 경찰법(Police Act)은 내무성(Home Office) 장관에게 지역경찰청(local constabularies)에 대한 감독권한을 부여했다.

1965년 경찰에게 무장범죄자에 대한 총기사용의 법적 권한이 부여되었다. 1974년 IRA에 의한 폭탄테러사건에 대응하여 테러방지법(Prevention of Terrorism Act)이 제정되면서 경찰에 영장없는 피의자 구금 등 광범한 대테러 권한을 부여했다. 한편 1979년 경찰법(Police Act)에 따라 경찰민원위원회(Police Complaints Board)가 설립되어 경찰에 대한 민원을 전담하게 하였다. 1984년 경찰 및 형사증거법(Police and Criminal Evidence Act, 약칭 PACE)에 따라 체포, 압수, 수색 등 경찰 권한을 더욱 강화하는 한편, 구금, 수사, 피의자 처우에 관한 직무집행규칙(Code of Practice)이 제정되었다. 동법에 따라 직위와 관계없이 모든 경찰관의 정식명칭을 'constables'로 하였다. 1984~1985년 전국적인 탄광노조파업에 대처하여 중앙집권적인 경찰동원체제가 확립되었다. 아울러 그 독립성을 강화한 경찰민원심사원(Police Complaints Authority)이 설립되었으며, 2018년 경찰민원청(Independent Office for Police Conduct, IOPC)으로 다시 개편되었다.

1985년 범죄기소법(Prosecution of Offences Act)에 의해 검찰청(Crown Prosecution Service)이 설립되고 검찰제도가 시행되면서, 종래 경찰의 법정변호사(barrister)를 통한 기소업무가 검찰로 이관되었다. 1991년 내무성 산하에 과학수사청(Forensic Science Service)이 설립되었고, 1994년 형사사법 및 공공질서법(Criminal Justice and Public Order Act)은 경찰에게 DNA 증거 수집 권한을 부여하였다. 1964년 경찰법이 1994년 경찰 및 치안판사법원법(Police and Magistrates Courts Act)으로 대체되면서 지방경찰에 대한 내무성 장관의 감독권한을 강화하였다. 이는 다시 1996년 경찰법으로 대체되면서, 현재 잉글랜드 및 웨일즈 43개 지방경찰청, 그리고 독립적인 노던아일랜드 경찰청, 스코틀랜드 경찰청으로 관할이 재편되었다.

1998년 인권법(Human Rights Act)은 대헌장(Magna Carta)이래 가장 중요한 헌정상 변화로서, 유럽인권협약(European Convention on Human Rights)이 국내법적 효력을 갖게 되었다. 즉 경찰의 직무집행 전반에서 인권법 준수가 요구된다. 2002년 경찰개혁법(Police Reform Act)에 따라 경찰관(constables)에 준하는 지위를 부여받고 방범순찰, 교통통제 등을 담당하는 지역사회치안관(Police Community Support Officer)을 운용할 수 있게 되었다. 2005년 중대조직범죄및경찰법 (Serious Organised Crime and Police Act)에 따라 국가범죄수사청(National Crime Agency)이 설치되어, 국제수사공조와 조직범죄, 사이버범죄수사를 담당하게 되었다.

2011년 경찰개혁및사회적책임법(Police Reform and Social Responsibility Act)에 따라 치안커미셔너(Police and Crime Commissioners)를 각 지역경찰청별로 주민선거에 의해

선출하게 됨으로써 자치경찰의 성격이 더 강화되었다.. 24년 1차 치안커미셔너는 각 지역경찰청의 효과적이고 효율적인 예산집행 및 업무수행을 감독하며, 지역경찰청장 임면권을 갖는다. 2017년 치안범죄대책법(Policing and Crime Act)에 따라 치안커미셔너는 지역소방청까지 관장하는 치안소방커미셔너(Police, Fire and Crime Commissioner)로 확대되었다.

2. 경찰 조직과 체계

1) 경찰의 조직체계

영국의 경찰은 경찰관청(Office of Constable)과 경찰청(police force) 두 가지 법적 지위를 갖는다. 즉 경찰관 개인은 독자적인 경찰관청으로서 치안 및 범죄수사권한을 부여받는다. 동시에 독립관청으로서 경찰관은 지역경찰청의 구성원이 된다. 따라서 경찰관과 지역사회치안관 등 경찰관에 준하는 경찰구성원은 지역경찰청장(chief officer)의 지휘감독을 받는다.

현재 영국 경찰은 잉글랜드 및 웨일즈의 43개 지역 경찰청과 스코틀랜드, 노던아일랜드 경찰청, 철도경찰청, 군사경찰청, 원자력경찰청, 모두 48개 경찰청으로 구성된다. 우리나라와 같이 중앙경찰청과 각 지역경찰청으로 조직된 구조와 구별된다.

런던광역시경찰청의 경우 런던시청 치안범죄국(Mayor's Office for Policing and Crime) 담당부시장 산하로서, 내무성장관이 런던시장의 의견을 들어 임명하는 경찰커미셔너가 청장이다. 내무성장관은 런던광역경찰청에 대하여 테러 및 국가적 사안의 경우 런던관할 지역 외에서 경찰임무 수행을 명할 수 있다. 2021년 12월 경찰관 33,000명, 지역사회치안관 1,200명, 특별수사관 1,800명, 경찰행정인력 9,800명에 이른다.

2) 치안커미셔너 제도

치안커미셔너는 4년 임기의 선출직으로서 연임가능하다. 그 임무는 지역경찰청 예산편성 및 감독, 지역경찰청장 임면, 5개년 치안계획(police and crime plan) 이행 감독, 경찰민원, 범죄피해자보호, 범죄예방프로그램 감독이다. 현재 잉글랜드 및 웨일즈 지역 39명의 치안커미셔너, 4명의 치안소방커미셔너가 선출되어 있다. 치안커미셔너의 직무에 대해서는 내무성 장관이 감독한다.

3) 국가범죄수사청

국가범죄수사청(National Crime Agency)은 내무성 산하 법집행기관으로서 조직범죄, 인신매매, 마약 및 무기 밀매, 사이버범죄, 전국규모와 초국가적 경제범죄를 주로 수사한다. 2013년 형사사법법(Criminal Justice Act 2013)에 따라 기존 중대조직범죄수사청(Serious Organised Crime Agency), 아동착취 및 온라인보호센터(Child Exploitation and Online Protection Centre), 런던시경찰청 중앙사이버범죄과(Police Central e-Crime Unit), 국립경찰훈련청(National Policing Improvement Agency)을 통합하여 신설되었다. 23년 1차 특히 국가범죄수사청은 전국적 규모의 범죄대응 전략 차원에서 범죄자 행태분석과 범죄억지 대책을 제시하는 전략적 역할을 담당한다. 이를 위해 각 지방경찰청 및 조직범죄부서, 중대사기범죄수사청(Serious Fraud Office)과 긴밀한 협력관계에 있다. 국가범죄수사청의 수사대상 범죄는 출입국범죄, 뇌물 및 부패범죄, 사이버범죄, 아동성학대 및 성착취, 마약밀매, 불법무기거래, 사기, 납치 및 강요, 인신매매, 자금세탁, 불법이민조직범죄 등 광범위하다. 이에 더해 중대조직범죄 관련 정보수집, 고위험 중대범죄 및 조직범죄 적발과 수사, 법집행기관 전문역량 지원, 피해자 보호지원 업무도 담당한다.

국가범죄수사청 요원은 경관(police constable), 출입국공무원(immigration officer), 세관공무원(customs officer) 지위와 직무권한이 모두 부여되어 있다.

Ⅱ 영국 경찰의 권한과 책무

1. 경찰의 권한과 책무

경찰의 가장 중요한 책무는 범죄방지를 통한 국민보호다. 경찰의 직무권한은 실정법뿐만 아니라 커먼로(common law)를 근거로도 인정된다. 예컨대 철도경찰(British Transport Police)은 판례에 따라 해당 직무권한이 인정되었고, 이후 실정법에 근거조항이 갖추어진 경우다.

경찰의 직무권한은 인권과 평등원칙에 따라 적법하게 행사되어야 한다. 각 경찰관은 권한행사에 있어서 적법하고, 비례적이며, 필요성 원칙에 부합되도록 해야 한다. 경찰의 권한은 범죄수사, 범죄방지, 형사절차처리 등의 권한으로 구분된다. 수사권한에는 공정하고 효과적인 형사재판을 지원하기 위해 피의자와 피의사실을 입증할 증거

수집권한이 포함된다. 범죄방지권한은 치안질서유지, 반사회적행위 방지, 범죄자 감독 관리 권한을 말한다. 형사절차처리권한은 형사재판 이외의 경찰처분(dispos of criminal cases), 검찰의 기소를 위한 송치(charge suspects) 결정권한이 포함된다.

2. 경찰의 직무집행

1984년 경찰 및 형사증거법(PACE)의 목표는 경찰의 법적 권한과 시민의 자유와 권리 사이의 균형을 통해 경찰 직무집행의 정당성과 효과성을 확보하는데 있다. 동법 직무집행규칙은 규칙 A: 검문수색(stop and search), 규칙 B: 압수수색, 규칙 C: 체포구금 및 피체포·구금자 처우, 규칙 D: 수사기록조서, 규칙 E: 피의자신문 음성녹음, 규칙 F: 피의자신문 영상녹화, 규칙 G: 중대조직범죄사건 체포, 규칙 H: 테러사건 구금 및 신문으로 구성된다.

1) 검문·수색

경찰은 범죄의 의심이 가는 자 또는 물건을 영장없이 검문, 수색하여 확인할 법적 권한이 있다.

검문수색 권한은 상당한 사유(reasonable grounds)에 근거하여 행할 경우, 혐의 사유가 없는 경우에도 상급경찰관의 예방적 조치명령에 따라 행할 경우, 테러범죄자로 의심되는 자에 대하여 행할 경우 등 세 가지로 구분된다. 그러나 검문수색은 상대방의 동의만으로는 행할 수 없고, 법적 근거와 절차범위 내에서만 행할 수 있다. 특히 가장 빈번한 검문수색의 경우 내무성의 표준지침도 준수해야 한다.

2) 체포·구금

1984년법 제4장과 제5장 규정에 따라 경찰은 범죄혐의자를 체포 구금할 권한이 있다. 테러범죄 피의자 체포 구금에 관하여는 2000년 테러방지법(Terrorism Act)에 별도의 규정을 두고 있다. 피의자 체포는 경찰수사의 핵심조치로서, 체포를 통해 범죄사실을 신문하고, 지문 등 생체정보를 수집할 수 있게 된다. 이를 근거로 검찰 송치 여부를 판단한다. 또한 경찰은 1983년 정신보건법(Mental Health Act)에 따라 요보호 성인을 경찰관서에 임시보호구금할 권한도 있다. 경찰유치시설은 210개 대규모 경찰관서내 설치되어 있으며, 경찰감사청(Inspectorate of Constabulary)과 교정감사청(Inspectorate of Prisons)의 감독을 받는다.

3) 집회시위 대응

집회의 자유는 유럽인권협약(European Convention of Human Rights)상의 권리로서, 1998년 인권법에 따라 보장된다. 다만 1996년 공공질서법(Public Order Act)에 따라 경찰은 집회를 제한하거나, 중한 주거침입, 퇴거불응, 도로교통방해죄에 해당하여 중대한 질서침해가 예상되는 경우 금지할 권한이 있다.

2009년 G20 정상회담 반대시위과정에서 경찰의 과도한 진압에 대한 비판에 따라 현재 경찰지침은 평화시위를 전제한 경찰의 대응을 강조하는 방향으로 개정되었다. 다만 최근들어서 집회시위의 과격화에 따라 경찰대응 강화 여론이 높아지고 있다. 이에 따라 의회는 경찰의 집회통제권한을 강화하는 내용의 2021년 경찰, 범죄, 양형 및 법원법안(Police, Crime, Sentencing and Courts Bill)을 심의 중이다.

제2절 미국의 경찰

I 미국경찰의 역사

1. 식민지 시대(1600년대-1700년대)

식민지시대 미국 경찰의 주된 형태로는 콘스타블(constable)과 야경(watch) 노예감시관(slave patrol), 보안관(sheriff)이 있다. 초기 식민지 시대 이민자들은 강한 종교적 신념과 고된 노동 환경 속에 자력구제 신념이 강했고, 경찰에 대한 필요성을 크게 느끼지 않았다. 그러나 마을(town)이 생겨나면서 갖가지 잡다한 일을 담당할 존재가 필요하였고, 최초의 공식적 경찰로 호칭되는 콘스타블(constable)이 임명되기 시작하였다. 콘스타블은 주로 야경을 조직하거나 감독하는 역할을 맡았으며, 야경의 규모는 지역마다 달랐다. 예컨대, 1630년대 보스톤은 한 야경당 한명의 콘스타블과 6명의 야경원으로 이루어졌다. 비공식적면서 지역중심적인 지역사회의 자원봉사자로 구성된 야경원(Watchman)은 치안유지를 위한 활동을 주로 펼쳤는데, 보스톤의 경우 1636년, 뉴욕은 1658년, 필라델피아는 1700년에 야간경비제도를 도입했다. 당시 야경제도가 범죄진압수단으로서는 별로 효과적이지 못했다는 평가를 받았는데, 이들 야경원이 이론적으로는 자발적이지만 실질적으로는 병역기피수단이나 강제징집, 처벌의 한 형태로 모집되었다는 사실과 무관하지 않다. 한편, 식민지 경제가 성장함에 따라 대규모의 값싼 노동력이 필요해졌고, 노예무역을 통해 흑인노예들이 대거 유입됨에 따라 이들 노예들을 감시감독하고 도망간 노예들을 잡아들이는 노예감시관(slave patrol)이 등장하였고, 노예들의 각종 불법행위를 감독하는 역할을 하였다. 끝으로 보안관(sheriff)은 신대륙 개척 시기 영국계 이민자들이 다수였던 만큼 영국 경찰제도의 영향을 받아 도입된 형태이다. 보안관은 지역관료에 의해 임명되고 야경보다 소규모 지역에서 활동을 하였다. 주된 임무는 범죄자를 체포하여 사법질서를 보좌하고, 세금을 거두며, 선거를 감독하는 것이었다.

2. 근대 경찰의 설립: 정치적 경찰 시대(1800년대)

1800년대 산업혁명의 발달과 대도시의 출현, 노예제도의 폐지로 인해 중앙집중적인 경찰제도가 필요하게 되었다. 주간 경비와 야간 경비를 결합하였고, 이전의 노예감시관제도가 근대 경찰제도 설립의 토대가 되었다. 중앙집중적인 근대 경찰의 모형은 1838년 보스턴에서 처음 시작되었고, 1845년 뉴욕시, 1851년 시카고, 1853년 뉴올리언스 등으로 이어졌으며, 1880년대에 이르러 미국의 모든 주요 도시에 시경찰이 배치되었다. 이들 도시들에 조직된 근대경찰조직은 ① 공적 지원을 받는 관료적 형태, ② 상근 정규직, ③ 확고한 규율과 절차에 따른 운영, ④ 중앙정부에 대한 책임을 공통된 특징으로 갖고 있다. 이와 같은 중앙집중적인 관료적 형태의 경찰제도의 도입 배경으로는 도시의 생성과 치안수요의 증대를 들 수 있다. 1800년대 초반부터 산업혁명의 발달로 상공업 도시가 다수 생겨났는데, 1800년대 중후반 노예제도의 폐지로 자유시민이 된 흑인들과 이민자들이 일자리를 위해 도시로 몰려들면서, 각종 범죄와 정치적 시위, 인종 갈등에 따른 폭력 사태, 노동자 폭동으로부터 사회를 안전하게 보호해야 한다는 목소리가 매우 컸다. 그러나 당초 도입 취지와 달리 당시 경찰조직은 지역 정치인의 통제하에 야당 유권자를 탄압하고, 조직범죄집단으로부터 뇌물을 받고 갱단의 조직원 역할을 하는 등 부패하고 무능하고 잔인한 것으로 악명이 높았다. 특히 19세기 후반에는 전국적으로 대규모의 노동자 파업 및 시위가 있었는데, 경찰은 이들 시위활동을 공공질서(public order)를 파괴하는 행위로 규정짓고 폭력적으로 진압하고 수많은 노동자들을 감옥에 가두는 등 철저하게 사업주편에 섰다. 더불어 20세기 초반 금주법(1919-1933)의 출현은 조직범죄집단의 비약적인 성장과 함께 이들과 공생관계였던 경찰의 부패를 더욱 심화시켰다. 한편, 1867년 알라마바, 180년 텍사스 등 점차 여러 도시들에서 흑인을 경찰로 임명하게 되면서 경찰의 인종적 다양성이 이루어졌다. 성적 다양성 측면에서 볼 때, 1891년 시카고에서 여성 경찰이 임명되는 등 점차 여러 도시에서 여성도 경찰로 임명되기 시작했으나 권한과 임무에 있어서는 남성경찰과 차이가 있었고, 1970년대에 이르러 비로소 남성경찰과 동등한 권한을 갖게 되었다.

3. 경찰 개혁 시대(1900년대 초반-1960년대)

19세기 후반 앞서 언급한 경찰조직의 부패와 무능에 대한 분노 및 개혁에 대한 요청이 극에 달하자, 마약과 매춘, 절도, 과도한 무력 사용, 승진을 위한 뇌물제공 등 경찰의 각종 부정행위에 조사를 위해 여러 위원회가 조직·운영되었다. 1894년 Lenox 위원회, 1932년 Seabury 위원회, 1949년 Brooklyn 위원회, 1972년 Knapp 위원회, 1993년 Mollen 위원회가 대표적이다.

20세기 초 경찰개혁은 이끈 대표적 인물로 1인 순찰제의 효과성을 연구한 윌슨(O.W.Wilson)과 대학에 경찰 관련 교육과정을 개설한 어거스트 볼머(August Vollmer) 등이 있다. 24년 1차

1929년 미국 후버 대통령은 Wickersham 위원회를 조직하여 범죄율 상승과 경찰의 비효율적 범죄대응 문제에 대해 조사하도록 하였는데, 관련된 경찰의 부정부패의 심각성 및 개혁 필요성에 대한 공개적 폭로 역시 경찰실무에는 거의 영향을 미치지 않았다. 경찰조직 내부에서도 개혁을 위한 시도가 수차례 이루어졌다. 선발기준 수립, 신입경찰 교육, 시험 결과에 따른 승진, 포상 등이 그 예이다. 경찰개혁의 또 다른 노력은 바로 경찰의 전문성 강화 작업이다. 군대스타일의 조직과 규율의 강조, 경찰기능의 중앙집중화를 통해 범죄통제의 효율성도 높아질 것으로 기대하여, 도보순찰대를

차량순찰대로 대체하고, 지구대를 통합하여 더욱 중앙화된 경찰구조로 탈바꿈하고, 지휘체계도 중앙화시켰다. 그러나 경찰 전문성은 경찰 탄압과 동의어로 여겨질 만큼 경찰의 잔혹한 업무집행 등으로 인해 지역사회와의 갈등이 심화되었고, 경찰 전문성 강화를 위한 반세기의 노력은 경찰을 더욱 관료주의적이며 어떤 비판도 외면하고, 대중과는 격리된 조직으로 만들었다는 비판을 받기도 하였다. 그러나 경찰의 전문화 노력은 경찰 수사기법의 과학에 대한 의존도를 높였다는 점에서는 긍정적이다. 거짓말 탐지기의 광범위한 사용, 범죄데이터 수집을 위한 데이터베이스 구축, 지문이나 혈청 등 증거수집에 있어서 과학적 기술을 적극적으로 활용하기 시작하였다.

4. 지역사회 협력 및 문제해결 집중(1970년대-현재)

1960년대 미국은 사회적으로나 정치적으로 큰 변화가 있었다. 인종차별적 정책에 항의하는 흑인들의 대규모 민권 운동과 1960년대 후반과 1970년대 초반의 베트남 전쟁에 반대하는 대규모 시위의 진압과정에서 드러난 경찰의 만행과 탄압, 이를 규탄하는 폭동이 주요 도시에서 일어났다. 경찰 이미지를 개선하고 경찰의 문제점을 해결하기 위한 노력이 연방차원에서 이루어졌고, 지역주민과의 긴밀한 유대관계를 형성하여 범죄예방활동에 있어서 지역사회의 적극적 협력을 유도하고, 지역 고유의 문제점을 해소하기 위해 노력하는 것이 특히 강조되었다.

ll 경찰제도

1. 미국 경찰제도의 특징

미국의 경찰조직(law enforcement)은 연방과 주(州)로 그 권한이 분산된 자치경찰제의 성격이 가장 큰 특징이다. 연방법집행기관은 특정 관할구역 내에서 연방법 위반 행위만을 대응하며, 주 단위에서는 50개의 주가 각각의 자치권에 의거하여 각 지역단위마다 경찰조직을 갖고 있고, 이들 자치주의 경찰은 상호 간에 독립적이고 대등한 협력관계로서 연방경찰의 지휘나 통제를 받지 않는다.

2. 연방법집행기관

연방법집행기관은 법무부나 국토안보부 등 각 기관에 소속되어 있으며, 연방법 관련 범죄나 주(州)와 주(州)사이에 걸친 주간(州間) 범죄를 단속하는 행위를 임무로 하며, 연방법에 규정된 특정 분야에 대한 수사권을 미국 전 지역에서 행사한다. 주요 법집행기관으로는 법무부 산하의 연방범죄수사국(Federal Bureau of Investigation: FBI), 마약단속국(Drug Enforcement Admistration: DEA)과 국토안보부(Department of Homeland Security: DHS) 산하의 관세국경보호국(Customs and Border Protection: CBP), 이민통관집행국(Immigration and Customs Enforcement: ICE), 정보비밀경호국(Secret Service)을 들 수 있다. 참고로 국토안보부는 2001년 9·11테러 발생 이후 22개 연방기관의 대테러활동 등 국가안보 관련 업무를 통합운영하기 위해서 2002년 법령 제정을 통해 2003년 설립되었다.

1) 연방범죄수사국(Federeal Bureau of Investigation: FBI)

미국 법무부 산하의 범죄 수사기관이자 정보수집기관으로서, 1908년 법무부 검찰국(Bureau of Investigation)으로 발족하였고 1935년 연방범죄수사국으로 개칭되었다. 본부는 워싱턴 D.C.에 위치하고 있으며, 미국 전국의 주요 도시에 56개의 현장사무소가 있으며, 전국 도시 및 마을에 350개의 위성 사무소가 상주하고 있고, 전 세계 미국대사관에 60개 이상의 국제사무소에서 법률대리인이 활동하고 있다. 정보분석가, 언어전문가, 과학자, 정보기술전문가 등 전문요원과 지원전문가를 포함하여 35,000명 이상의 직원이 고용되어 있다. 주된 업무로는 ① 테러 공격으로부터 미국(민) 보호, ② 외국 정보·간첩·사이버 작전으로부터 미국(민) 보호, ③ 중대한 사이버 범죄 활동 대응, ④ 모든 수준에서의 공적 부패범죄 대응, ⑤ 시민권 보호, ⑥ 국제적 범죄기업 대응, ⑦ 중대한 화이트칼라 범죄 대응, ⑧ 중대한 폭력범죄 대응을 들 수 있다.

이러한 업무를 토대로 2001년 9·11 테러 이후 테러예방과 수사에 많은 역량을 집중시키고 있다. 22년 1차

2) 마약단속국(Drug Enforcement Admistration: DEA)

1973년 미국 내 규제물질법 시행을 담당하는 연방조직으로 설립되었다. 미국 전역에 239개의 사무실이 있으며, 69개국에 92개의 해외사무실이 있다. 특수 요원, 전환 수

사관, 법의학 과학자, 정보 연구 전문가 등 마약법 집행 분야의 전문가들이 팀을 이뤄 ① 불법 마약 거래 행위 및 마약조직에 대한 단속활동을 주로 하고 있으며, 그 외에도 ② 규제의약품 제조·유통 규제, ③ 마약 관련 정보 수집·분석·배포, ④ 법의학사무소를 통해 마약 관련 조사 및 미국 형사 사법 시스템 지원을 위한 증거 분석 및 과학기반 연구 제공, ⑤ 마약 수요 감소 및 예방 프로그램 지원 등의 업무를 수행 중이다.

3) 관세국경보호국(Customs and Border Protection: CBP)

1789년 관세국(Custom Service)으로 발족한 이래, 2003년 국토안보부의 창설과 함께 그 산하조직으로서 관세국경보호청(CBP)으로 개명하였고, 미국 최초의 통합된 법 집행 기관으로 위상이 높아졌다. 6만명 이상의 직원들이 고용되어 있으며, 주된 임무로는 ① 테러 대응 활동(예 테러활동 및 무기의 예측, 탐지 및 저지), ② 초국가적 범죄 대응 ③ 항공, 육상 및 해상에서의 국경 보호 활동, ④ 합법적 무역 촉진 및 수익 보호 활동, ⑤ 합법적인 여행 촉진 활동 등이 있다.

4) 이민통관집행국(Immigration and Customs Enforcement: ICE)

이민통관집행국의 기능적 측면에서 볼 때, 그 시초는 관세법이 제정된 1787년으로 거슬러 올라가지만, 현재와 같은 위상과 기능은 2003년 국토안보부의 출범과 함께 시작되었다. 미국 전역과 전 세계적으로 400개 이상의 사무소를 갖고 있으며 2만명 이상의 법 집행 및 지원 인력을 보유하고 있는 조직이다. 이민법의 집행 차원에서 국가 안보와 공공 안전을 위협하는 국경 간 범죄와 불법 이민으로부터 미국을 보호하는 것을 주된 임무로 하고 있다. 3개의 운영부서로서 국토안보조사부서(Homeland Security Investigations), 집행·제거작업부서(Enforcement and Removal Operations), 법률지원부서 (Office of the Principal Legal Advisor)와 이들 운영부서를 지원하는 경영·행정부서 (Management and Administration)가 있다.

5) 정보비밀경호국(Secret Service)

정보비밀경호국은 1901년 미국 윌리엄 매킨리 대통령의 암살 이후 대통령 경호를 위해 출범한 조직이다. 현재는 대통령과 부통령 이외에도 경호대상이 미국에 방문 중인 국빈과 선거후보자로 확대되었고, 주요 시설과 국가 차원의 중요 행사의 보안도 담당하고 있다. 1998년 정보비밀경호국 산하조직으로 국가위협평가센터(National Threat Assessment Center, NTAC)를 설립하여, 경호 임무 및 공공안전 책임자의 직접적 지원을 위한 연구와 가이드라인을 제공하고 있다. 정보비밀경호국의 또 다른 임무는 미국 금융 및 화폐시스템을 보호하는 것이다. 남북전쟁 이후 위조화폐가 시장에 유통되자 1865년 위조화폐를 단속하는 기능을 맡았고, 종이화폐에서 신용카드, 디지털화폐로 화폐형태가 진화함에 따라 정보비밀경호국의 조사책임도 막중해졌고, 위조달러 관련 범죄뿐만 아니라 신용카드 사기, 전신 및 은행 사기, 컴퓨터 네트워크 침해, 랜섬웨어 및 기타 사이버 기반 금융 범죄의 조사 업무로 그 영역이 확대되고 있다. 특히 복잡한 사이버금융범죄의 수사를 위해서 회계사와 정보분석가, 변호사, 엔지니어, IT 전문가, 프로젝트 관리자, 통계학자 등 관련 분야의 전문적 역량을 갖춘 직원들을 고용·훈련 시키고 있다.

3. 주 경찰제도

1) 주 경찰(State police)

　　미국은 주에 따라 다양한 형태의 주 경찰기관이 존재하는데, 20개 이상의 주에서는 주의 전체적인 치안을 담당하는 주 경찰(State police) 기관을 가지고 있다. 최초의 주 경찰은 1823년 텍사스 정착지를 순찰했던 텍사스 레인저스(Texas Rangers)이며, 남북전쟁 후 매사추세츠와 코네티컷에서도 범죄에 대응하기 위해 주 경찰을 만들었다. 주 경찰이 설립된 초기에는 폭력적인 노동운동에의 대응이 주된 임무였지만, 1910년대 자동차산업의 발달로 고속도로의 교통 통제의 필요성이 커지면서, 고속도로 순찰대(highway patrol)의 기능이 중요시되었고, 일부 주 경찰은 범죄수사를 지원하기도 한다. 캘리포니아나 아리조나 같은 일부 주에서는 주 경찰이라는 명칭의 기관 없이 고속도로 순찰대를 별도 조직으로 운영하고 있다.

2) 카운티 경찰(county police)

　　미국의 주들은 하위 행정조직으로서 카운티(county)를 갖고 있으며, 미국 전역에는 총 3천여 개의 카운티가 있다. 카운티 경찰은 이들 카운티의 치안유지 기능을 담당하고 있는 기관으로서 과거 식민지시대 경찰의 한 형태였던 보안관(sheriff) 전통이 이어져 내려온 것이다. 따라서 카운티 경찰조직의 주된 구성원인 보안관들은 주 형법의 집행 기능을 담당하고 있으며, 미결수용자와 대부분의 경범죄를 선고받은 사람들을 수용하는 카운티 감옥의 보안기능을 담당하고 있다. 카운티에 따라 역할의 차이가 있을 수 있는데, 대부분의 보안관은 카운티 법원의 공무원 신분을 가지고 재판에서 구금자의 보안 및 관리를 제공하고, 수감자의 법원 이송, 소환장 등 중요한 법원 문서의 송달을 위한 집행관 공급 기능을 담당하고 있다.

3) 도시경찰(municipal police)

도시경찰은 지방자치도시인 시(city)나, 타운(town), 빌리지(villiage) 등에 설치된 경찰조직을 통칭하며, 범죄수사나 순찰 등 전형적인 경찰업무를 담당한다. 뉴욕도시경찰국(New York City Police Department)처럼 4만명 이상의 직원이 고용된 대규모 조직도 있지만, 대부분의 도시경찰은 10명 미만의 소규모 조직으로서 타운 마샬(town marshal)이라는 명칭을 사용하기도 한다. 한편, 라스 베가스 메트로폴리탄 경찰국(Las Vegas Metropolitan Police Department)은 넓은 지역에 거친 문제점들을 보다 효율적으로 해결하고 완전한 경찰서비스의 제공을 위해 시경찰과 카운티경찰을 합병하여 만든 조직으로서 중앙집중화된 형태를 띠고 있다.

4. 미국 경찰의 수사권

미국 경찰은 독자적인 범죄수사권을 갖는다. 연방경찰은 연방범죄를 수사하며, 주 경찰은 연방경찰의 관할 범죄 이외의 범죄에 대한 수사권을 갖는다. 검사는 원칙적으로 기소권을 갖지만, 원활한 형사절차의 진행을 위해 경찰의 수사 단계부터 개입하는 등 경찰과 상호협력관계에 있다.

Ⅰ 개요

독일은 16개 주(州)로 구성된 연방제국가의 형태를 취하고 있다. 연방제하에서 각 주는 독자적인 입법·행정·사법권을 가지고 있는 하나의 독자적인 정부로 운영되고 있으며, 그에 따라 경찰권도 원칙적으로 각 주 정부의 권한에 속한다.

1934년 히틀러가 집권한 나찌시대에는 경찰권을 중앙정부에 복속하여 강력한 중앙집권적 경찰체제를 운영하였다. 내무부 장관 소속으로 게슈타포(비밀 경찰)을 설치·운영하기도 하였다. 2차 세계대전 이후 독일의 경찰은 연합국에 의해 탈경찰화, 정보업무와 경찰업무의 엄격한 분리 등의 방향으로 경찰개편이 추진되었다. 1949년 기본법(Grundgesetz)의 제정으로 대부분의 주에서 주 단위 국가경찰제도를 채택하게 되었다. 24년 1차

우리나라의 헌법에 해당하는 독일기본법(Grundgesetz)에 따르면, 일반적인 경찰사무는 원칙적으로 각 주의 입법사항(권한)에 해당한다. 따라서 각 주정부에서 각 주의 고유한 경찰법을 제정하고 그에 근거하여 경찰기관을 조직하여 독자적인 경찰권을 행사하고 있다. 연방정부에서는 경찰사무와 관련하여 제한된 범위 내에서 독자적인 연방경찰기관을 갖고 있다.

Ⅱ 연방경찰기관

독일기본법에 따라 연방정부에 인정되고 있는 넓은 의미에서의 주요 경찰기능은 다음과 같다.
- 연방내무부 소속 연방범죄수사청(Bundeskriminalamt)
- 연방내무부 소속 연방경찰청(Bundespolizei)
- 연방내무부 소속 연방헌법보호청(Das Bundesamt für Verfassungsschtutz)
- 연방내각에 소속된 연방정보국(Bundesnachrichtendienst)
- 국방부 소속의 군정보기관(Militaerischer Abschirmdienst)
- 연방관세범죄수사청(Bundeszollkriminalamt)

이 가운데 형식적·실질적으로 경찰기관으로 볼 수 있는 기관은 연방범죄수사청과 연방경찰청이다.

1. 연방범죄수사청(Bundeskriminalamt)

연방정부는 독일기본법 제73조 제9a호 및 제10호, 제87조 제1항에 따라 수사경찰의 분야에서 연방과 주의 공동협력, 국제적 범죄 및 테러진압을 위한 연방경찰기구의 설치에 관한 독점적 입법권을 가지고 있다. 이에 근거하여 연방정부는 1951년 3월 8일 「연방범죄수사청의 설치에 관한 법률」(Gesetz über die Einrichtung eines Bundeskri-minalpolizeiamtes)을 제정하고 연방범죄수사청을 설치하였다. 연방범죄수사청의 주요임무는 다음과 같다.

- 각 주의 수사기관과의 협력하에 범죄인이 주를 넘나들면서 또는 초국가적으로 활동하는 범죄의 진압 및 형사소추 업무를 조정하는 역할을 담당한다.
- 국제적 조직에 의한 불법적 무기·위조화폐·마약의 밀매 등의 특정한 범죄에 대해 수사를 하는 임무를 수행한다.
- 독일의 중앙수사기관으로서 범죄관련정보를 수집·분석하며, 또한 중앙과학수사기관으로서 DNA 및 지문분석정보를 관리한다.
- 외국경찰과의 관계에서 독일의 인터폴중앙사무국으로서, 유로폴(Europol)의 파트너로서, 셍겐정보시스템(das Schengener Informationssystem)[1]의 국가중앙기관으로서 국제경찰협력 임무를 담당한다.
- 연방범죄수사청은 연방수사기관으로서의 임무 이외에 연방헌법기관이나 외빈에 대한 경호임무를 수행한다.
- 연방범죄수사청은 연방수사기관으로서의 임무 이외에 연방헌법기관이나 외빈에 대한 신변경호임무를 수행한다. 23년 1차

---

1 셍겐정보시스템은 1985년 6월 셍겐조약으로 가입국 내 국경이 철폐되고 자유로운 왕복이 허용됨에 따라 안전을 확보하기 위하여 범죄자 및 범죄차량에 관한 경찰정보 및 범죄로 수배한 경우 수배정보에 대해 가입국 간 정보를 교환하는 전산시스템임.

2. 연방경찰청(Bundespolizei)

독일기본법 제73조 제5호에 의하여 국경수비에 관한 사항은 연방정부의 독점적 입법사항에 속하며, 독일기본법 제87조 제1항에 따라 연방법률로 연방국경수비기관을 설치하였다.

이에 근거하여 연방정부는 1951년 「연방국경수비대에 관한 법률」(Gesetz über den Bundesgrenzschutz)를 제정하여 연방국경수비대(Bundesgrenzschutz)를 설치하였다. 1951년 당시 연방국경수비대는 동독의 인민경찰에 대응하는 준군사조직으로 창설되었다. 이후 2005년 그 명칭이 '연방경찰청(Bundespolizei)'으로 변경되었다.

이러한 명칭 변경은 한편으론 1972년 이후 1차적이고도 가장 중요한 국경수비 임무가 1990년 독일통일 및 솅겐조약을 계기로 그 중요성을 상실하고, 다른 한편으론 1990년 철도와 공항의 안전유지 임무를 넘겨받음에 따라 독일연방의 일반경찰로서의 지위를 부여하자는 주장에 따른 논의의 결과이다.

2010년에 연방경찰청과 연방범죄수사청을 통합하여 하나의 연방경찰로 만들자는 주장이 제기되었으나, 연방범죄수사청의 반대 등으로 실현되지는 못하였으며, 교육과 통신 등에서 보다 긴밀한 협력을 도모하고 있다.

연방경찰청의 주요임무는 다음과 같다.
- 연방경찰의 임무 범위 내에서 범죄의 예방과 질서위반죄의 형사소추
- 항만·공항·국경통제소 등에서 출입국관리업무와 철도상의 경비임무를 담당: 영토, 영해, 영공에서 연방의 국경의 감시, 국경을 통과하는 교통의 통제, 국경 30km 이내 및 해상에서 50km 이내의 지역에서 소란제거, 국경의 안전을 침해할 위험의 방지. 이 임무와 관련하여 조직범죄와 국경을 넘나드는 각종 밀수, 밀매범죄에 대한 진압 및 수사
- 항공안전에 대한 침해로부터의 보호 및 항공기내에서의 안전조치
- 비상사태하에서 경찰임무의 수행
- UN, EU 및 기타 국제기구 책임하에 외국에서의 경찰임무의 수행
- 외국 주재 외교기관의 경비
- 또한 대규모의 자연재해 또는 대규모 시위사태를 비롯한 경비수요가 발생할 경우에 각 주를 지원하는 임무를 맡고 있다.
- 아울러, 주요 연방기관에 대한 경비임무도 수행하고 있다.

연방경찰청(Bundespolizeipräsidium)은 최상급기관으로서 포츠담(Postdam)에 위치하며, 1명의 경찰청장과 2명의 부경찰청장의 지휘·감독하에 총 40,269명(2013년 2월 기준)의 직원을 두고 있다. 연방경찰청 산하에 독일 전역 9개 지역에 9개 지역경찰청(Bundespolizeidirektion)과 1개의 직속 기동경찰단(Direktion Bundesbereitschaftspolizei), 그리고 연방경찰아카데미(Bundespolizeiakademie)가 소속되어 있다. 9개 지역경찰청 산하에 총 77개의 집행기관(Bundespolizeiinspektion)이 독일 전역에서 경찰의 집행활동을 전개하고 있다.

Ⅲ 각 주(州)의 경찰기관

각 주의 각 경찰관서는 내무부의 산하기관으로서 주내무부장관의 지휘감독을 받고 있다. 주 경찰의 구성형태 및 행정기관 내의 편입형태는 각 주에 따라 상이하나, 주 경찰의 기능상 기본구조는 주로 보안경찰(Schutzpolizei), 수사경찰(Kriminalpolizei), 기동경찰(Bereitschaftpolizei)로 이루어져 있다. 이 가운데 보안경찰(Schutzpolizei)은 일반집행경찰 및 수상경찰(Wasserschutzpolizei)로 구분된다.
 − 일반집행경찰(제복을 착용, uniformierte Schutzpolizei)
 − 수사경찰(Kriminalpolizei)
 − 기동경찰(Bereitschaftpolizei): 대규모 집회시위에 대응한 경비임무
 − 수상경찰(Wasserschutzpolizei)

한편, 주 수사기관으로서 연방범죄수사청법에 따라 설립된 주 범죄수사청(Land−eskriminalamt)이 있다. 주 범죄수사청은 BKA의 업무에 협력할 의무가 있으나, BKA의 하급기관이 아니라 상호 독립적인 기관이다.

주 범죄수사청은 연방범죄수사청과 협력관계에서 연방범죄수사청에 필요한 정보와 자료를 제공하여야 하며, 주의 각급 경찰관서의 수사업무에 필요한 범죄감식 등의 과학수사를 담당하고 있다.

제4절 | 프랑스의 경찰

　　대륙법계의 대표적인 나라인 프랑스는 영미권의 분권적인 자치경찰제도와는 달리 경찰권 행사를 국가가 담당하는 시스템이다. 이런 연유로 경찰행정은 전반적으로 권력적이며 중앙집권적인 성격을 띠고 있다. 경찰조직 역시 매우 통일적인 관료적인 구조이다. 하지만 프랑스 경찰제도는 일반적으로는 중앙집권적 국가경찰이지만 제한적으로 자치경찰도 인정하여 국가와 지방간의 분업과 협력으로 치안을 담당하고 있다.

I 프랑스 대혁명과 경찰제도

　　파리에서는 6세기에 민간단체인 '야경대'가 조직되어 도시를 순찰해왔는데 이것이 최초의 경찰조직이었다.

　　11세기경 앙리 1세는 파리의 치안을 유지하기 위해 법원과 경찰 기능을 가진 프레보(Prévôt)가 설치되어, 재판과 치안을 담당하였다. 25년 1차 1667년 루이 14세 때 경찰과 재판을 담당하던 프레보에서 경찰업무를 분리하여 파리에 경찰국을 창설하였다.

　　1789년 프랑스 대혁명 이후 기존의 '경찰총감' 관직은 즉각 폐지되고 새롭게 '파리시 경찰보안위원회'라는 기관이 파리 시청 내에 설치되었다. 나폴레옹 집권 이후 경찰제도의 집권화를 통해 직접 중앙권력에 종속하는 파리경찰청(경시청)을 창설하고 (1801년), 군인경찰(헌병대)을 지방으로 확대하였다. 당시의 지방경찰은 지극히 미미하여 헌병대만이 지방의 치안유지에 대처할 수 있었다.

　　이후 헌병대는 '국가헌병대'라는 명칭으로 바뀌게 되고 새로운 법률에 따라 파리와 파리 이외의 도시에 전국적으로 구역을 나누어 '코밋세르(commissary)'라는 경찰이 처음으로 배치되게 되었다. 이들의 임명은 2년마다 선거를 통해 이루어졌다. 코밋세르를 보좌하던 직으로 Inspecter de Police가 배치되었는데 이는 오늘날의 사복경위에 해당된다. 이후 국내 치안을 담당하기 위해서 광범위한 경찰권을 가지고 하부기관으로서 감시위원회를 갖춘 '보안위원회'가 설치되어 주로 반혁명세력을 단속하는 경찰기관이 설치되었다. 한편 경찰기관이 아닌 행정기관으로서 모든 행정기관을 지도·감독하는 '공안위원회'도 설치되었다.

Ⅱ 나폴레옹과 경찰제도

나폴레옹 취임 이후, 개혁정책의 하나로 치안을 강화했다. 이에 1801년 법률에 의해 경찰제도가 개편되는데, 그것은 바로 '파리경시청'의 창설과 '헌병조직의 강화'였다.

1. 파리경시청

1789년 프랑스 대혁명 이후 군주경찰이 폐지되고 국민공회(Convention nationale) 하에 이전보다 더 강한 조직이 되었다. 하지만 이후 나폴레옹 당시 다시 군주경찰제로 복귀되었다. 당시 파리는 인구 80만명의 대도시였고 역사적으로도 빈번한 폭동의 발생지였기에 도시경찰로서 1801년 법률에 따라 '파리경시청'이 창설되었다. '파리경시청'은 다소의 변혁을 거쳐 지금까지도 큰 골격은 그대로 유지되고 있다.

2. 헌병대의 확충

구체제(Ancient Regime) 이후에도 헌병은 프랑스 경찰의 일부로서 나름의 역할을 담당하고 있는 바, 프랑스 혁명 중 기존의 '왕실헌병대'가 '국가헌병대'로 재편되었고, 나폴레옹은 황제 즉위 이후 이를 자주 애용하여 '황제헌병대로'로 다시 이름을 바꾸어 권한을 확충하고 중요성도 증가되었다.

Ⅲ 근대 프랑스 경찰의 개혁

프랑스는 19세기 중반 이후 국가차원의 중앙집권적인 경찰로의 부활을 시도했다. 대표적인 지방경찰이었던 리옹의 시 경찰은 리옹 시장의 통제에서 벗어나 중앙정부의 예산지원을 받는 국가경찰화 되었다. 이로써 리옹 시장의 경찰권한은 리옹경찰국장에게 이양되었다. 헌병대는 1854년 법에 따라 육군장관의 철저한 통제하에 다시 조직이 복원되고 모든 범죄에 대한 사법권을 부여받았고 1870년부터는 파리 방어의 임무도 수행하게 되었다. 이로써 프랑스의 경찰조직은 내무부의 '국가경찰총국' 및 '파리경시청'과 국방부의 '헌병대' 등으로 다원화 되어 여러 갈등을 드러내기 시작했다. 결국 20세기 초에 재차 경찰조직의 중앙집권화가 본격적으로 이루어지기 시작했는데, 먼저 국가치안국에서 근본적으로 경찰의 자치제적 성질을 제거하기 위한 목적의 움직임이 나타났다.

세계 2차대전 중 나치 독일에 점령되었을 당시 비시정권은 경찰의 강력한 중앙집권화를 실현하고 경찰관 개개인의 자질을 향상시키기 위하여 많은 노력을 기울였다. 1941년 수차례에 걸친 법개정으로 기존의 행정경찰을 도시행정경찰, 공안경찰, 정보경찰, 사법경찰로 세분화시키고 인구 1만명 이상의 도시행정경찰은 전부 국가경찰화 시켜 경찰의 승진·양성·운영 등을 국가의 권한에 복속시켰다. 다만 자치적인 성격이 강했던 인구 1만명 미만의 기초 자치단체인 꼬뮨(Commune)은 헌병대에 의해 치안을 유지시켰다. 이후 1966년 법개정을 통해 내무부의 '국가경찰총국' 및 '파리경시청'을 통합하여 국가경찰로 일원화 시켜 중앙집권화를 강화했다.

Ⅳ 개요

프랑스 경찰은 크게 국가경찰(Surete Nationale)과 자치경찰(Police Municipale)로 나뉜다. 프랑스 경찰은 강한 중앙집권적 국가경찰(Police de l'Etat) 체제를 바탕으로 일부 기초자치단체(Commune)에서 제한적으로 자치경찰이 국가경찰을 보조한다.

1. 국가경찰(Surete Nationale)

국가경찰은 인구 1만 명 이상의 도시지역을 관할하는 국가일반경찰(Police Natio-nale)과 군인신분으로서 도시 외곽의 농어촌지역을 관할하는 국가헌병대(Gendarmerie Nationale)로 이원화되어 있다. 국가일반경찰의 관할은 국토 면적의 5%에 불과하지만 파리 및 주요도시를 포괄하고 있어서 총 인구의 51%에 미친다. 따라서 사실상 프랑스 치안의 핵심이라고 할 수 있다. 국가헌병대는 국가일반경찰과 다른 별도의 제복을 착용하고 별도의 장비와 차량을 사용하지만 국가일반경찰과 같은 일반적인 치안업무를 수행하면서 지역의 특성에 맞는 해안경비나 산악구조와 같은 특수 임무도 병행하고 있다.

1) 국가일반경찰(Police Nationale)

국가일반경찰은 내무부 소속 국가경찰총국(direction géné-érale de la police nationale, DGPN)을 정점으로 전국에 걸쳐 내무부장관의 지휘하에 행정경찰과 사법경찰의 임무를 수행하고 있다. 프랑스 내무부장관은 경찰총장에 해당하는 국가경찰총국장(directeur générale)과 감사국(inspection générale de la police nationale)의 보좌를 받아 실질적으로 전국 경찰을 관리감독한다. 국가경찰총국장은 일반행정직 공무원으로 경찰의 최고행정을 관장하고 경찰총국을 책임진다.

2) 파리경시청(La préfecture de Police)

국가일반경찰에는 국가경찰총국 외에 파리경시청이 있다. 비록 파리경시청도 지방경찰이지만 인구가 많아서 국가경찰로 통합되었기 때문에 기초적 지방자치단체인 꼬뮨(Commune)의 자치경찰과는 구분된다. 파리경시청은 18세기 말경부터 존재한 프랑스 최고의 경찰조직이며, 1968년 1월 1일 국가일반경찰의 창설로 인하여 자치경찰로부터 국가경찰로 통합되었다. 파리경시청의 조직은 크게 관구경찰국, 행정부서, 집행부서로 편성되어 있고, 1971년경부터 거의 경찰업무의 독자성을 인정받고 있다.

3) 국가헌병대(Gendarmerie Nationale)

프랑스는 15만 명의 육군에 이어 두 번째로 많은 8만의 병력을 보유한 '국가헌병대(Gendarmerie)'를 보유하고 있다. 이런 이유에서 육·해·공군과 해병대 이외에 국가헌병대를 제5군으로 부르고 있다. 국가헌병대는 다른 군과 마찬가지로 국방부에 속해 있고 국방부에서 선발하지만, 그 조직과 지휘 및 운영은 모두 내무부로 이관하여 실질적으로 국가일반경찰과 국가헌병대는 각각 '경찰총국(Direction générale de la Police nationale; DGPN)'과 '군인경찰총국(Direction générale de la Gendarmerie nationale; DGGN)'을 통해 둘 다 내무부 장관의 통제를 받으며 운영되고 있다.

국가헌병대는 군 탈영병 및 군법 위반자에 대한 수사와 같은 일반적인 군경찰업무를 수행하기도 하지만 국가일반경찰이 따로 배치되어 있지 않은 1만명 이하 지방 소도시나 농촌지역에서 일반 범죄수사와 같은 사법경찰업무와 고속도로 순찰과 같은 교통업무 및 공안질서유지도 수행하고 있다.

역사적으로 헌병대는 중세 프랑스에서 귀족으로 구성된 국왕의 친위대에게 경찰권을 부여하면서 유래되었다. 소속은 국방부이지만 실질적으로는 내부무 장관의 지휘를 받는 등 군대로부터 완전히 분리되지 않은 채, 평시 민간인에 대해 국가헌병대가 사법경찰권을 행사하는 것은 매우 독특한 제도이다. 이런 의미에서 국가헌병대는 전근대적인 군·경 혼합 조직으로 평가할 수 있다. 일본은 제국주의 시절 프랑스 국가헌병대를 모델로 하여 악명높은 일본헌병(겐페이) 제도로 발전시켰다.

2. 자치경찰(Police Municipale)

프랑스의 자치경찰은 기초 자치단체장 소속으로 공공질서 유지를 위해 활동하는 공무원 조직과 그 활동을 의미한다. 중세의 향촌 자치에서 유래된 자치경찰은, 프랑스 대혁명 이후 1884년 법률로써 지방자치단체에게 경찰권이 부여되면서 정착되었고, 1982년 지방분권개혁으로 그 위상이 확립되었다. 자치경찰은 사안에 따라 국가경찰과 협력하기도 하고 때로는 국가경찰에 의해 대체되기도 하는 등 상호보완적인 관계에 있다. 기초 지방자치단체의 장은 상급 지방자치단체장인 도지사의 감독을 받고, 지역의 질서유지와 위생에 관한 책임을 진다. 이들은 선거로 선출되며, 질서유지를 위한 경찰권 행사에 관한 규칙제정권을 가진다.

기초 자치단체인 꼬뮨(Commune) 소속 경찰이 자치경찰이고, 이들은 국가경찰이 설치되어 있지 않은 지역의 치안을 담당한다. 경찰력이 부족한 경우에는 헌병대의 지원을 받는다. 국가경찰과 별개로 자치경찰은 모든 권한을 가진 국가경찰과 달리 교통과 방재 및 방범에 집중하며 수사권도 없어 한국의 제주자치경찰과 그 역할이 유사하다고 볼 수 있다. 그럼에도 불구하고 적지 않은 수의 경찰관이 자치경찰로 근무하고 있어 국가경찰, 국가헌병대와 더불어 프랑스 치안의 한 축을 담당한다.

프랑스에서는 자치경찰법이나 지방자치법 등 관련 법령에 의해 치안행정과 내부 조직관리 기준 및 국가경찰과 자치경찰에 대한 상호역할과 협력관계 등이 사안별로 규정되어 있어 나름 효율적인 시스템을 구축하고 있다. 또한 형사소송법에 사법경찰에 관한 기능과 권한을 명문화했다.

V 경찰 내부 조직

국가경찰총국의 내부 조직은 다음과 같다.

- 경무국(Direction des ressources et des compétences de la police nationale, DRCPN): 신임 경찰관의 교육훈련과 행정 업무 등을 담당.

- 사법경찰국(Direction centrale de la Police judiciaire, DCPJ): 무장강도, 마약, 납치 등 강력범죄에 대응하기 위한 수사기관이자 대테러부대의 성격을 지니는 BRI 가 이곳에 소속되어 있다.

- 대테러부(Sous-direction anti-terroriste, SDAT): 테러 수사를 담당하는 부서.

- 조직범죄금융수사부(Sous-Direction de la lutte contre la criminalité organisée et la délinquance financière, SDLCODP): 국가 헌병대에도 해당 분야를 담당하는 부서 가 있어 분업하고 있다.

- 법의학수사부(Sous-Direction de la police technique et scientifique, SDPTS)

- 사이버수사부(Sous-Direction de lutte contre la cybercriminalité, SDLC)

- 생활안전부(Direction centrale de la sécurité publique, DCSP): 이름에서 알 수 있듯이 신고에 대응하고 순찰을 돌며 경범죄를 처리하는 부서로 전체 경찰관의 80%가 이 부서 소속이며 대테러부대인 GIPN이 이곳에 소속되어 있다. 프랑스 본토에 주둔하는 경찰 소속 대테러부대인 RAID와 달리 GIPN은 프랑스의 해외 영토에 주둔한다.

- 국경경찰부(Direction centrale de la police aux frontières, DCPAF): 일부 국경검문소 에서의 출입국 심사와 불법체류자 검거를 담당. 칼레에선 유로스타나 항만 때 문에 영국 철도경찰이나 영국 국경통제국과 같이 일한다.

- 내사부(Inspection générale de la police nationale, IGPN)

- 공화국경비부(Direction centrale des compagnies républicaines de sécurité, DCCRS): 경찰기동대, 고속도로 순찰대 업무를 수행하는 부서로 몽블랑 산악구조대도 여 기 소속되어 있다. 프랑스 경찰이 등장하는 영화나 드라마를 보면 경찰특수부 대로 묘사가 되는데 틀린 말은 아니지만 SWAT과는 거리가 있다.

- 국제공조부(Service de coopération technique internationale de police, SCTIP)

- 요인경호부(Service de protection des hautes personnalités, SPHP): 프랑스 대통령을 비롯한 정부 고관과 외교관들을 경호하는 부서.

- 대테러조직부(Unité de Coordination de la Lutte Antiterroriste, UCLAT): 경찰 대테러 부대인 RAID가 소속된 부서로 GIPN을 2015년 대거 흡수하면서 국내에선 가장 규모가 큰 경찰 소속 특수부대가 되었다.

제5절 중국의 경찰제도

Ⅰ 개관

1. 일반론

중국에서 공안과 경찰은 유사하지만, 구별되는 개념으로서 '경찰' 개념이 더 포괄적이다. 중화인민공화국 경찰법 제2조에 의하면, 경찰은 공안기관의 경찰, 국가안전기관의 경찰, 감옥 및 노동개조기관의 인민경찰과 인민법원 및 인민검찰원의 사법경찰로 구분할 수도 있고, 크게 국무원 소속인 경찰과 사법기관 소속인 사법경찰로 구분할 수 있는데, 사법경찰을 중국에서는 주로 '법경(法警)'이라 부른다. 그런데 이러한 '법경'은 명칭으로서는 '사법경찰'이라고 불리지만, 주요 임무는 사법기관의 일상적인 업무수행 안전과 질서를 유지하고 피의자 소환, 문서송달 등 법관과 검찰관의 업무를 지원해 주는 역할을 하는 정도에 그치고 아래에서 검토할 수사권한이 부여되지 않는 등 우리의 '사법경찰' 개념과 달리 그 소속을 지칭하는 것일 뿐이다.

다음으로 중국의 경찰/공안 제도와 함께 이해해야 할 것이 검찰 제도와 '감찰위원회' 제도이다. 특히 헌법 개정을 통해 중국공산당에 설치된 감찰위원회는 중국 정부에 속하는 모든 공무원의 공권력 행사로 인한 범죄를 관할하는 헌법기구라는 점에 독특한 조직이라고 할 수 있다.

2. 연혁

1) 이전 시기

중국공산당 주도하에 수립된 중국정부 체계에서 공안기관의 주요임무는 국내외 '적'의 파괴활동 타도, 범죄자의 사상개조, 사회주의 건설 토대 구축 등이었다. 1957년 6월 25일 제1차 전국인민대표대회 상임위원회가 통과시킨 '중화인민공화국 경찰조례'는 중국경찰제도 건설의 초석이 되었다. 문화대혁명(1966~1976) 기간에 국가의 기본 체제들이 모두 파괴되었고 경찰조직 역시 다른 국가조직과 마찬가지로 제 기능을 발휘하지 못하였다가 1970년대에 이르러 다시 공안업무가 점차적으로 회복되었다.

2) 최근 중국 경찰 개혁

개방화 이후 계엄령 해제, 개혁, 개방 이후 현재까지 인민경찰의 혁명화 및 현대화, 정규화를 추진하고, 1995년 2월 28일 '중화인민공화국 인민경찰법'을 통과시켜 공안기관의 임무, 직권, 조직관리, 경찰보장, 법률책임, 집행감독, 의무와 기율 등을 규정한 법률 제정으로 중국인민경찰제도의 기본적 법률을 완비하여 새로운 시대의 국가안전과 사회치안 유지를 위한 중요한 법률무기가 되었다고 평가되고 있다.

Ⅱ 중국경찰의 조직, 권한

1. 중국의 공안조직

중국의 공안조직은 중앙집권과 지방분권의 결합체제로 사법경찰과 행정경찰의 일원주의를 채택하고 있으며, 그 중 경찰은 공산당의 지도하에 인민민주주의 독재의 중요한 수단으로 기능하고 있다. 이러한 점은 최소한의 질서 유지와 범죄수사를 수행하는 우리 경찰의 소극주의와 대비된다. 중국 경찰의 권한은 범죄예방과 수사는 물론 교통, 소방, 호적, 산림, 철도, 항운, 출입국관리, 외국인관리, 변경지대경비 등의 특수경찰 분야도 담당하며 경미한 형사범을 행정벌로 처벌하는 권한까지 매우 광범위하다.

1) 국무원과 공안부

국무원은 인민경찰의 최고 중앙행정기관으로 전국의 치안활동을 지도, 감독하는 기관이며, 일반적인 경찰업무 외에 국경경비, 소방활동, 방공활동, 재해대책, 노동개조 기관의 지도감독까지 광범위한 업무를 담당하며 반혁명의 단속 등 정치경찰의 업무도 담당하고 있다. 국무원 직속인 공안부는 전국의 공안업무를 지도, 관할하는 우리의 경찰청에 해당한다. 공안부는 국가의 치안 및 보위, 수사기관을 주관하는 부서이며, 중국 경찰에서 제일 중요한 구성부분이고 제일 많은 인력을 갖고 있지만, 중국의 모든 경찰은 공안부 소속인 것은 아니다. 공안부 소속 경찰의 주요 임무는 i) 사회질서와 치안유지, ii) 형사사건 수사, iii) 사회질서교란자, 일반 법률 위반자, 각종형사사범으로 처벌을 받은 자에 대한 교육과 감독, iv) 공민들의 복지업무에 협력지원 등으로 정리할 수 있다. 중국은 중앙정부인 국무원 산하에 성급(省級), 시급(市級), 현급(縣級) 등 3개급[2]의 인민정부를 두고 있기에, 공안부도 그에 따라 각급 정부에 대응되는 지방 공안국(公安局)을 설치한다.

공안부 소속 경찰은 직무의 영역과 전문성에 따라 구분하여, 형사경찰(刑警, 한국의 강력반과 유사), 경제범죄수사경찰(经侦警察), 마약범죄수사경찰(禁毒警察, 한국의 마약반과 유사), 치안경찰(治安警察), 간수소경찰(看守所警察, 한국의 구치소와 유사), 교통경찰(交通警察), 외사경찰(外事警察), 정보인터넷경찰(信息网络警察), 경무감독경찰(警务监督警察, 경찰 내부의 감찰), 과학기술경찰(科学技术警察) 등이 있고, 비록 행정경찰과 사법경찰의 일원주의라 하지만, 형사경찰, 경제범죄수사경찰과 마약범죄수사경찰은 주로 범죄수사를 전담하고 있다. 따라서 공안부 경찰을 i) 범죄전담수사경찰, ii) 업무영역전담경찰과 iii) 국무원 기타 부서와 함께 인적관리를 받고 양쪽 부서의 지도와 감독을 받는 부서전담경찰로 구분할 수 있다.

2) 전문공안기관

중국의 전문공안기관은 국가가 일부의 전문 업무 부문에 설치한 공안기관(철도, 교통, 민항, 임업 공안기관)으로 소속부와 소재지구의 공안기관의 이중 지휘를 받으며, 주요 임무는 해당 업무와 관련된 직권 행사 및 치안업무 등 임무를 맡고 있다. 한국식

---

2 성급: 민족자치구(民族自治区), 특별시, 직할시(直辖市), 홍콩과 마카오 특별자치구 등이 성급 정부에 속한다. 시급: 민족자치주(民族自治州), 민족자치맹(民族自治盟)은 시급에 속한다. 예컨대 연변조선족 자치주는 중국의 정부 급별에서는 시급 정부이다.

으로 말하자면 특별사법경찰을 두고 있는 부서들이 있다. 그 중 일부 부서는 공안부와 함께 산하 경찰들을 관리하거나, 별도로 관리하는 부서가 있는데, 전자에는 철도부, 교통부, 민항총국(民航总局), 임업국(林业局), 세관총서(海关总署)가 있고, 후자에는 국가안전부와 사법부(검찰, 법원)가 있다.

2. 공안기관의 수사관련 권한

중국 공안기관은 수사에 있어서 수사개시결정권과 수사종결권을 모두 갖고 있다. 또 증거 수집을 위하여 피의자 신문(讯问)권과 증인과 피해자심문권은 물론이고, 현장검증, 감정, 지명수배, 기술수사, 수색과 압수 등 수사조치와 인신자유를 제한하는 한국형사법에서 체포에 해당하는 구류(拘留)조치를 취할 수 있다. 범죄사실이 있다고 인정하면 공안기관은 피의자에 대하여 한국에서의 구속에 해당하는 체포(逮捕)의 집행을 검찰기관에게 청구할 수 있다. 이외에도 구류 또는 구속처럼 피의자-피고인을 구금하지만 않지만 여전히 일정한 정도의 인신자유를 제한하는 구인(拘引), 보석(取保候审), 주거감시(监视居住)[3] 등 소위 '강제조치'를 취할 수 있다.[4] 따라서 공안기관이 수사에서의 권한을 주로 i) 수사개시권, ii) 일반수사조치(대인조치: 기술수사, 피의자 신문과 증인(피해자)심문, 지명수배, 대물조치: 현장검증과 감정, 수색과 압수) 채택권, iii) 인신자유제한조치(구인, 보석, 주거감시, 구류, 구속) 채택권, iv) 수사종결권으로 정리할 수 있다.

특히 수사종결권 부분이 독특한데, 중국의 형소법체계에서 공소권은 검찰이 독점하고 있지만, 수사종결권은 각 수사기관이 별도로 보유하고 있다. 따라서 수사를 종결하는 방식은 사건을 검찰에 이송하여 공소를 요청하거나, 공안기관이 자체적으로 사건을 파기(撤销)하여 종결에 처하는 것이다. 사건을 파기하는 경우 피의자가 구속되어 있다면 그를 석방하고 석방증을 발급하며 사후에 이를 구속비준결정을 내린 검찰원에게 통지해야 한다.

사건 수사 후, 형사책임을 추궁하여야 한다고 판단하는 경우 공안기관은 공소제

---

3 주거감시는 법원, 검찰, 공안기관이 피의자나 피고인에 대해 활동 구역이나 거주 장소를 제한하고 행동에 대해 감시하여 수사, 기소 및 재판 활동을 순조롭게 진행할 수 있도록 하는 인신자유 제한조치이다. 주거감시의 결정은 법원, 검찰원, 공안기관 등이 모두 할 수 있지만 집행은 공안기관이 한다.
4 실제적으로 중국 형소법 제2편 제6장의 타이틀이 '강제조치'이고 제6장의 첫 번째 조문인 제66조는 "인민법원, 인민검찰원과 공안기관은 사건 상황에 따라 피의자, 피고인에게 구인, 보석, '거주감시'를 취할 수 있다"고 규정하였다.

기를 청하는 내용을 담은 '기소의견서(起诉意见书)'를 작성하여 사건수사파일과 모든 증거들을 동급 검찰원에게 이송하여 검찰에서 심사 후 공소를 제기할 것을 청구한다. 형사책임 추궁의 판단표준은 '범죄사실이 명확하고 증거가 확실하고 충분(犯罪事实清楚, 证据确实充分)'하여야 한다(중국 형사소송법 제162조).

반면, 사건 수사 후 형사책임을 추궁하지 말아야 한다고 판단하는 경우에는 입건한 사건을 파기하여 종결한다. 피의자가 구속되었을 경우 바로 석방하고 '석방증명서(释放证明书)'를 발급한 뒤에 구속을 비준한 검찰원에게 알린다(중국 형사소송법 제163조). 여기에서 '형사책임을 추궁하지 말아야 한다고 판단하는 경우'란 구체적으로 i) 범죄사실이 없는 경우, ii) 위법한 정황이 경미하여 범죄로 볼 수 없는 경우, iii) 소추시효가 완성된 경우, iv) 사면으로 형이 면제된 경우, v) 피의자가 사망한 경우 등이다(공안기관 형사사건 처리 절차규정 제168조).

Ⅲ 인민검찰원

1. 개관

검찰은 공안과 마찬가지로 수사개시권, 일반수사조치 채택권과 인신자유제한조치 채택권, 수사종결권 등을 모두 갖고 있다. 하지만 일반과 인신자유를 제한하는 조치들의 집행은 공안의 권한이고, 검찰은 공안이 갖고 있지 않은 구속결정권을 갖고 있지만, 구류결정권은 보유하고 있지 않다. 또 구체적인 조항들을 살펴보면 검찰의 수사관련 권한은 여전히 법률 감독에 중점을 두고 있지, 현실적인 수사에 중점을 둔 것은 아니라고 평가된다.

형사소송법 제3조는 검찰기관이 직접 수리한 형사사건에 대해 직접수사 할 수 있다고 규정하였고 제19조 제2항으로 '직접 수리하는 형사사건'의 범위를 "사법업무인원(司法工作人员)이 직권을 이용한 불법구금, 고문, 불법수색 등 공민의 권리와 사법공정을 침해하는 범죄로 인한 사건은 인민검찰원이 직접 수리할 수 있다. 국가업무인원(国家工作人员)이 직권을 이용하여 범한 공안기관의 관할범위에 속하는 중대범죄사건을 인민검찰원이 직접 수리할 필요가 있는 경우, 성급 이상 인민검찰원의 결정에 의해 인민검찰원이 입건하고 수사할 수 있다"고 규정하였다. 따라서 검찰이 수사개시권을 행사할 수 있는 사건은 ① 사법업무인원의 사법절차위반범죄와 ② 국가업무인원이 공권력을 이용하여 범한 중대일반범죄로 정리할 수 있다. "사법업무인원이(司法工作人員) 직권을 이용한 불법구금, 고문, 불법수색 등 공민의 권리와 사법공정을 침해하는 범죄로 인한 사건"이라고 규정하였다. 여기서 '사법업무인원'이란 중국 형법에서 규정한 수사, 검찰, 심판과 감독관리 직책 관련 업무에 종사하는 인원들을 말한다. 다만 공권력 관련 범죄라 하더라도, 전형적인 '부패형' 범죄가 아닌 경우에는 검찰기관의 직접 수사가능범위이고, 전형적인 '부패형' 범죄는 감찰위원회가 조사하는 것이 통례이다. 국가업무인원이 직권을 이용해서 직무범죄가 아닌 일반형사범죄를 범하는 경우인데, 범죄유형을 말한 것이 아니라, 예를 들어 국가업무인원이 직권을 이용하여 살인을 교사한 경우, 상사의 직권을 이용하여 범한 강간죄 등이다.

2. 중국 공안과 검찰의 관계

중국 검찰과 경찰은 상호 독립적이고, 대등한 국가기관이다. 중국 헌법과 중국 형사소송법은 '책임분담, 상호협력, 상호견제'라는 기본원칙으로 두 기관의 관계를 규정하고 있다. 공안이 수사의 대부분을 담당하고, 검찰은 특정범죄에 대한 수사와 공소유지를 담당한다. 검찰과 경찰은 수사권을 합리적으로 배분하고 있고, 두 기관이 서로 협력하면서 견제한다는 것이 중국 형소법체계에서의 기본 원칙이다.

다만 공안이 대부분 수사를 담당하여 온 데다 특히 2018년 형소법 개정은, 검찰이 기존에 직무범죄에 대해 행하던 수사개시권을 감찰위원회에게 배치하여서, 검찰은 더이상 공안공무원의 직무범죄에 대한 수사권을 갖고 공안을 견제할 수 없게 되었다.

Ⅳ 국가감찰위원회 제도

우리나라와 중국 제도의 가장 상이한 부분 중의 하나가 최고 반부패사정조직이 중국 정부가 아닌 중국공산당 산하의 '감찰위원회'라는 점이다. 2018년 헌법수정안으로 국가기관의 하나로 신설된 감찰위원회의 명칭은 종전에 중국공산당 당내 사정기구인 '기율검사위원회'의 전신(前身)이 되었던 기관이 사용하였던 것이다.

감찰법 제3조는 각급 감찰위원회는 국가감찰기능을 전담하고 행사하는 기관으로서 이 법에 비추어 공권력을 행사하는 모든 공직자(이하 공직자라 함)에 대하여 감찰을 실시하고 공직자의 직무상 위법 및 범죄 행위를 조사하며 청렴화 건설 및 부패척결

업무를 전개하고 헌법과 법률의 존엄을 수호한다고 규정하였다. 이어서 감찰법 제15조는 공권력을 행사는 공직자들을 구체화하였지만, 사실상 공권력을 수행하는 모든 인원들의 공권력 행사가 감찰기관의 감찰 대상이 될 수 있다.[5]

제6절 일본의 경찰제도

I 경찰의 역사

1. 메이지유신(明治維新, 1868년) 이전

명치시대 이전의 약 300년은 막부(마지막 막부는 德川家康, 도쿠가와 이에야스)가 지배하던 시기로, 각 지방의 번(藩)주와 그의 지배를 받는 무사(사무라이)들이 치안을 담당하였다.

2. 메이지유신 - 미군정 이전

① 1871년 메이지정부는 '폐번치현(廢藩置縣)'을 단행하여 기존의 '번(藩)'을 폐지하고 행정구역으로 '현(縣)'제도를 신설한 후 사법성을 설치 - 동경부에 단속을 위한 3,000명의 나졸을 채용하여 수도의 치안을 담당시킴.
② 1873년 사법성에 경보료(警保寮)가 설치되면서 동경부의 치안책임은 경보료가 관장 - 근대 경찰조직의 시초
④ 1874년 경보료를 내무성 관할로 이전하여 경보국 하에 국가의 지방기관인 경시청과 부현(府縣)을 설치 - 경찰기능이 재판기능과 분리
 * 경시총감 및 부현지사는 천황이 임명하고 국가(내무대신)의 지휘·감독을 받음.

---

5 ① 중국 공산당 기관, 인민대표대회 및 상무위원회 기관, 인민정부, 감찰위원회, 인민법원, 인민검찰원, 중국 인민정치협상회의 각급 위원회 기관, 민주 당파기관과 상공업연합회 기관의 공무원,《중화인민공화국 공무원법》에 비추어 관리를 맡은 자 ② 법률·법규가 권한을 위임하거나 국가기관으로부터 법에 따라 위탁을 받아 공공 사무를 관리하는 조직 가운데 공무에 종사하는 자 ③ 국유기업 관리자 ④ 공공 교육·연구·문화·의료 및 위생·체육 등의 사업장에서 종사하는 관리자 ⑤ 기층 민중 자치조직에서 종사하는 관리자 ⑥ 그 밖에 법에 따라 공무를 수행하는 자.

⑤ 1881년 헌병조례에 의하여 설치된 헌병은 군사경찰뿐만 아니라 행정경찰과 사법경찰을 겸하도록 함.

3. 미군정시기

① 전제적 명치헌법의 폐지와 군대의 해산
② 각종의 치안입법 폐지(1945년 인권지령에 의해)
③ 내무대신 이하 경찰수뇌부와 전국의 사상경찰관계자 등 파면
④ 일본공산당을 감시하기 위하여 도도부현 경찰기관에 배치된 특고(정치)경찰·헌병대 폐지
⑤ 검사의 독점적 수사권 폐지하고 경찰에게도 수사권 부여 – 검사와 경찰의 관계는 상호협력관계

4. 경찰법 제정

1) 구 경찰법 시대(법률 제196호; 1947)

① 각종 폐해를 낳았던 국가경찰제도에 대한 반성으로 경찰권을 지방자치단에 이양하여 권력을 분산시키는 것(지방분권화) – 시(市)와 인구 5,000명 이상의 정촌(町村)에 지자체 경찰(시정촌 경찰)을,[6] 그 외 지역에는 국가지방경찰을 두는 등 자치경찰과 국가경찰의 이원화
② 경찰운영의 민주적 관리방식 – 국민의 대표기관으로 공안위원회 설립
③ 너무 광범위하게 확산되어 있던 경찰업무를 축소하여 경찰 본연의 업무인 국민의 새명, 신체 및 재산의 보호와 범죄수사, 피의자의 체포 및 공공의 안전유지와 관련된 업무로 그 영역을 한정
④ 경찰기구의 이원화 및 일본의 행정조직의 형태에도 맞지 않는 극단적인 분권화(1,605개에 이르는 자치경찰)로 인한 비효율성 발생

---

6 구경찰법 제40조는 자치경찰은 모든 시 및 인구 5천명 이상의 시가적인 정촌에 설치하도록 규정하고 있다.

2) 신 경찰법 시대(1954)

① 민주주의와 능률성을 조화시킨 입법
② 국가지방경찰과 자치제 경찰을 폐지하고, 자치체경찰을 도도부현 경찰로 일원화
③ 국가공안위원회와 도도부현공안위원회를 존속 - 정치적 중립성 유지

Ⅱ 경찰의 조직

1. 의의

일본의 경찰조직은 국가경찰로 경찰청과 경찰청직속의 지방기관인 관구경찰국이 있으며, 지방경찰로 동경도(東京都)경시청 및 도부현경찰본부가 있다.

2. 경찰조직체계

일본의 경찰조직체계는 다음과 같다.

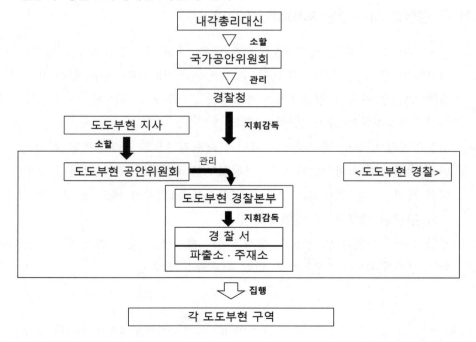

3. 공안위원회

국가공안 위원회	소할	내각총리대신
	구성	① 위원장과 내각총리대신이 의회(양원)의 동의를 얻어 임명하는 5인의 위원으로 구성되는데, 3인 이상이 동일한 정당에 소속하지 않아야 함 ② 위원의 임기는 5년이며, 위원장은 대신(大臣)의 지위를 가짐 ③ 국가행정조직법이 정하는 '국가의 행정기관'이 아니라 경찰법에 의해 설치된 일종의 행정위원회이자 국가경찰의 최고기관임 ④ 1회에 한하여 재임할 수 있으며, 위원은 매년 1명씩 교체하도록 하여 위원회의 중립성과 운영방침의 지속성 유지하도록 함 ⑤ 경찰운영의 독선화와 관료화를 방지하기 위하여 위원은 임면 전 5년간 경찰 또는 검찰직무를 수행한 직업적 공무원의 경력이 없어야 함
	권한	국가공안위원회 규칙제정권, 경찰청장관 임면권, 국가의 공안에 관련된 사무관리, 경찰행정의 조정, 경찰비리 등에 관한 감찰 등의 지시권 등
	운영	① 출석위원 과반수의 동의로 의결이 이루어지고, 가부동수의 경우에는 위원장이 결정권을 가짐 ② 위원장 및 3인 이상의 위원의 출석이 없으면 회의를 개최하여 의결을 할 수 없음 ③ 위원장 유고시 위원장대리자가 회의를 소집하고 의사를 주재하지만, 정족수 및 표결권의 행사에 관하여는 위원의 지위가 인정됨 ④ 총리의 하부기관임에도 총리의 지휘·감독을 받지는 않음
도도부현 공안위원회	소할	도도부현 경찰의 관리기관으로 도도부현 지사의 소할하에 도도부현공안위원회를 설치함
	구성	① 위원은 도도부현지사가 도도부현 의회의 동의를 얻어 임명함 ② 도(都), 도(道), 부(府) 및 지정시(指定市)를 포괄하는 현에 있어서는 5인, 지정현 이외의 현에 있어서는 3인의 위원으로 조직하며, 위원의 임기는 3년이며, 2회에 한하여 재임이 가능함 ③ 위원은 임면 전 5년간 경찰 또는 검찰직무를 수행한 직업적 공무원의 경력이 없어야 함
	권한	도도부현 공안위원회 규칙제정권, 경시총감 내지 경찰본부장의 징계또는 임면에 관한 권고권, 경찰비리 등의 감찰 등의 지시권 등
	운영	① 도도부현 공안위원회의 서무는 경시청 또는 도부현경찰본부에서 처리함 ② 도도부현 지사는 도도부현 공안위원회의 지휘·감독권이 없어 정치적 중립성이 보장됨

4. 국가경찰과 지방(자치)경찰

경찰청에 근무하는 경찰과 도도부현에 근무하는 경시정 이상의 경찰(지방경무관)은 국가경찰관이고(경찰법 제56조 제1항), 도도부현에 근무하는 경시정 이하의 경찰은 지방공무원으로 분류된다(동법 제56조 제2항). 따라서 국가공무원인 국가경찰에게는 국가공무원법과 경찰법이, 지방공무원인 지방경찰에게는 지방공무원법과 경찰법이 적용된다. 경찰관(장관을 제외)의 계급은 경시총감(警視總監), 경시감(警視監), 경시장(警視長), 경시정(警視正), 경시(警視), 경부(警部), 경부보(警部補), 순사부장(巡査部長) 및 순사(巡査)로 한다(경찰법 제62조).

국가 경찰	경찰청[7]	① 경찰청의 장은 경찰청장으로 하고, 국가공안위원회가 내각총리대신의 동의를 얻어 임면함 ② 경찰청장관은 국가공안위원회의 관리에 따르고 경찰청의 직무를 통괄하며, 소관 부서의 직원을 임면하고, 경찰청의 소관사무에 관하여 도도부현 경찰을 지휘·감독함
	관구경찰국	지방자치체의 경찰행정에 관한 전국적 조정을 위해 설치된 경찰청의 지방기관으로 전국에 7개의 관구경찰[8]이 있음
지방(자치) 경찰	동경도 경시청	동경도(東京都)에 있는 경시청은 정치·외교의 중심인 수도 경찰의 중앙집행기관이라는 특별한 지위를 점하고 있으며, 경찰의 최고계급으로 경시총감을 두고 있는데, 이는 국가공안위원회가 동경도 공안위원회의 동의을 얻은 다음 내각총리대신의 승인을 얻어 임면함
	도부현 경찰본부	① 도부현 경찰본부장은 국가공안위원회가 도도부현[9]지사의 소할[10]하에 있는 도도부현공안위원회의 동의를 얻어 임면함 ② 도부현 경찰본부장은 각 산하의 방면본부(方面本部)[11]·시경찰부(市警察部)[12]·경찰서(警察署)[13]를 지휘·감독함

---

7 경찰청에 근무하는 경찰과 도도부현에 근무하는 경시정 이상의 경찰(지방경무관)은 국가경찰관이고 (경찰법 제56조 제1항), 도도부현에 근무하는 경시정 이하의 경찰은 지방공무원으로 분류된다(동법 제56조 제2항). 따라서 국가공무원인 국가경찰에게는 국가공무원법과 경찰법이, 지방공무원인 지방경찰에게는 지방공무원법과 경찰법이 적용된다.

8 지방기관으로 7개의 관구경찰국(동북관구경찰국, 관동관구경찰국, 중부관구경찰국, 근기관구경찰국, 중국관구경찰국, 사국관구경찰국, 구주관구경찰국)과 2개의 경찰정보통신부(동경도, 북해도)가 있다.

9 도도부현(都道府縣)은 우리나라의 광역시 도에 해당하는 일본의 공역 행정구역을 총칭하는 말로, 1都(東京都), 1道(北海道), 2府(大阪府, 京都府), 43縣으로 구성되어 있다.

10 '소할(所轄)'이란 일본의 행정조직상의 특이한 개념으로서 그 통괄하에 있지만, 실질적인 지휘·감독권이 없는 "약한 관리" 또는 권한행사의 독립성이 강한 행정기관과의 "단순한 소속" 정도의 관계를 나타내는 용어이다.

11 道의 구역을 5이내의 방면으로 구분하여 방면의 구역내에 있어서의 경찰의 사무를 처리하게 하기 위하여 방면마다 방면본부를 둔다. 단 도경찰본부의 소재지를 포괄하는 방면에는 두지 않는 것으로 한

5. 수사

1) 수사구조

① 사법경찰과 검사는 계통적으로 분리된 독립된 수사기관으로, 양자의 관계는 상하관계가 아니라 상호협력관계에 있다.

② 1차적 수사기관은 사법경찰직원이고, 검찰은 2차적 수사기관이다.

2) 사법경찰

① 경찰은 일반적으로 수사의 개시·진행권을 보유하고, 수사종결권은 검사에게만 있으므로 전건송치주의(全件送致主義)에 입건한 사건을 전부 검찰에 송치해야 한다.

② 경부 이상의 경찰관은 체포·압수·수색·검증영장청구권을 보유하고 있다.

③ 경찰에게 공소제기권은 없다.

3) 검찰

2차적(보충적, 보정적) 수사권과 소추권을 보유하고 있다.

4) 검찰과 경찰의 관계

① 경찰과 검찰의 관계는 상호대등한 협력관계이다.

② 검사는 사법경찰직원에 대한 일반적 지시권과 일반적/구체적 지휘권이 있다.

③ 사법경찰직원이 정당한 이유 없이 검찰의 지휘에 따르지 않는 경우 검찰총장, 검사장 또는 검사정은 일반사법경찰직원에 대하여는 국가공안위원회 또는 소속 도도부현 공안위원회에 징계 또는 파면을 청구할 수 있다.

다(경찰법 제51조 제1항).

12 지정시의 구역내에 있어서의 도부현경찰본부의 사무를 분장하기 위하여 당해 지정시의 구역에 시경찰부를 둔다. 시경찰부에는 부장을 두는데, 시경찰부장은 시경찰부의 사무를 통괄하고 도부현경찰본부장의 명을 받아 시경찰부의 소속 경찰직원을 지휘·감독한다(경찰법 제52조).

13 도도부현(都道府縣)의 구역을 구분하여 각 지역을 관할하는 경찰서를 둔다. 경찰서장은 경시총감 경찰본부장 방면본부장 또는 시경찰부장의 지휘 감독을 받고, 그 관할구역내에 있어서의 경찰의 사무를 처리하며 소속 경찰직원을 지휘·감독한다(경찰법 제53조).

CHAPTER 07 경찰행정에 관한 법

제1절 행정법의 기초이론

I 법치행정의 원칙(행정의 법률적합성의 원칙)

> 행정기본법 제8조(법치행정의 원칙) 행정작용은 법률에 위반되어서는 아니되며, 국민의 권리를 제한하거나 의무를 부과하는 경우와 그 밖에 국민생활에 중요한 영향을 미치는 경우에는 법률에 근거하여야 한다.

법치행정의 원칙은 행정이 법률에 근거하고 법률에 위반되지 않도록 적법하게 행위를 해야 한다는 것을 의미한다. 법치행정의 원칙에 관한 전통적 견해는 '법률의 법규창조력', '법률우위의 원칙', '법률유보의 원칙'을 내용으로 하고 있다. 22년 2차

1. 법치행정의 네 가지 요건

행정이 '행정의 법률적합성의 원칙'을 준수하기 위해서는 주체, 절차, 형식, 내용 등의 네 가지 요건을 준수하여야 한다.

① 주체면에서 권한이 있어야 한다.

① 주체면에서 권한이 있어야 한다.

② 절차면에서 적법절차의 원리가 적용되어야 한다.

③ 형식면에서 행정행위의 경우는 문서로 발급되는 것이 원칙이고 예외적으로만 구두로 발급할 수 있다.

④ 내용면에서 법률의 법규창조력의 존중, 법률의 우위의 원칙의 준수, 법률유보의 원칙의 준수, 그리고 나아가서 행정법의 일반원칙을 준수하여야 한다. 자세한 내용은 다음 절에서 후술한다.

2. 법치행정의 내용

1) 법률의 법규창조력

헌법 제40조에 의하여 국회입법의 원칙이 존중되어야 한다. 국민의 권리·의무를 규율하는 직접적인 법적 기준을 의미하는 법규는 원래 국회가 직접 법률의 형식으로 제정하였었다. 이를 '형식적 권력분립'이라고 한다.

법규창조력이란 이처럼 국회에서 제정한 법률만이 법규를 창조하는 힘이 있다는 의미이다. 법규란 국민의 권리·의무에 관한 사항을 말하는 것이므로, 국민의 권리와 의무에 관한 사항은 의회가 제정하는 법률에 의해서만 창조될 수 있음을 의미한다. 달리 표현하면, 행정권은 법률의 수권이 없는 법규를 창조할 수 없다.

그러나 사회와 국가가 팽창하면서 국회가 국민의 모든 기본권을 규율하기에는 한계에 부딪히게 되었다. 국회는 국민의 기본권에 대한 입법을 행정부나 사법부, 헌법재판소, 중앙선거관리위원회 등 다양한 국가기관들에게 위임하기 시작하였다. 다만, 이러한 국회의 간접적인 법규창조형태는 원칙적으로 구체적인 범위를 정한 위임이어야 하며 포괄적 위임금지의 원칙이 적용된다. 예외적으로 조례의 경우에는 지방자치단체의 자율성과 민주성을 보장하기 위하여 포괄적인 위임이 허용된다.

결국, 법규는 국회가 직접 제정하는 '법률'과 국회가 아닌 다른 국가기관이 국회로부터 위임을 받아 정립하는 '법규명령'으로 나뉜다. 법규에는 헌법, 법률, 법규명령 등이 포함된다. 그러나 행정규칙은 법규로 볼 수 없다. 행정규칙은 시장 규칙, 도지사 규칙, 대법원 규칙 등과 달리 법규명령에 해당하지 않는다. 그러나 법령보충적 행정규칙은 실질이 법규명령이라고 보는 것이 다수설과 판례이다.

　　일반적으로 행정규칙은 행정조직 내부에서만 효력을 가질 뿐 대외적인 구속력을 갖지 않으므로 법률유보의 원칙이 적용되지 않는다. 그러나 (법령의 규정이 특정 행정기관에게 그 법령 내용의 구체적 사항을 정할 수 있는 권한을 부여하면서 그 권한 행사의 절차나 방법을 특정하고 있지 않아 수임행정기관이 행정규칙의 형식으로 그 법령의 내용이 될 사항을 구체적으로 정하는) 법령보충적 행정규칙은 행정기관에 법령의 구체적 내용을 보충할 권한을 부여한 법령 규정의 효력에 의하여 그 내용을 보충하는 기능을 갖게 되고, 따라서 이와 같은 행정규칙은 당해 법령의 위임 한계를 벗어나지 않는 한 그것들과 결합하여 대외적인 구속력이 있는 법규명령으로서의 효력을 가지므로 법률유보의 원칙이 적용된다.

위임입법들은 입법을 위임한 수권의 취지와 범위를 준수하여야 하며, 그 내용이 비례의 원칙이나 신뢰보호의 원칙 등 행정법의 일반원칙에 위반해서는 안 된다.

2) 법률우위의 원칙

행정은 법률보다 우위에 설 수 없고 그래서도 안 되므로 국회가 제정한 법률에 위반되어서는 안 된다. 즉 '법률우위'란 행정의 법률에의 구속성을 의미한다. 법률우위의 원칙은 행정의 종류를 불문하고 모든 영역에 적용된다. 〔24년 1차〕 이러한 '소극적'인 관점에서의 법치주의는 오늘날 헌법이나 법규명령 및 행정법의 일반원칙 등에도 위반되어서는 안 된다는 의미로 발전하고 있다.

그런데 행정법은 민법과 달리 비례의 원칙이나 신뢰보호의 원칙 등 행정법의 일반원칙들을 단순히 불문법원리로서 성문법을 보충하는 역할로 치부하지 아니하고, 성문법령들을 개폐할 수 있는 헌법적 차원의 것으로 인정하고 활용한다. 따라서 '법률우위'에서 법률은 형식적 의미의 법률뿐만 아니라 그 밖의 성문법과 불문법 모두 포함한다. 〔22년 2차〕

3) 법률유보의 원칙

헌법 제37조 ② 국민의 모든 자유와 권리는 국가안전보장·질서유지 또는 공공복리를 위하여 필요한 경우에 한하여 법률로써 제한할 수 있으며, 제한하는 경우에도 자유와 권리의 본질적인 내용을 침해할 수 없다.

행정기본법 제8조(법치행정의 원칙) 행정작용은 법률에 위반되어서는 아니 되며, 국민의 권리를 제한하거나 의무를 부과하는 경우와 그 밖에 국민생활에 중요한 영향을 미치는 경우에는 법률에 근거하여야 한다.

국가나 지방자치단체 등에 속하는 행정청이 행정을 통하여 국민의 권리를 제한하거나 의무를 부과하기 위해서는 법률에 근거하여야 한다는 원칙을 '법률유보의 원칙'이라고 부른다. 즉, 법률유보의 원칙은 행정이 법률에 근거하여, 또는 법률의 수권에 의하여 행해져야 함을 의미하므로, '적극적 관점'에서의 법치행정을 의미한다. 오늘날 국가와 사회가 끊임없이 발전해 나가고 있고 규율영역이 확대되고 있으므로 법률에서 법규명령에 위임하는 형태로도 법률유보의 원칙을 충족하도록 허용하고 있다.

■ 참조 판례

헌재 2015헌마476
[가] 법률유보원칙은 국가의 행정작용이 단순히 법률에 근거를 두기만 하면 충분하다는 원칙이 아니다. 입법자가 법률로 스스로 규율하여야 하는 사항이 어떤 것인지 일률적으로 정할 수는 없지만, 적어도 헌법상 보장된 국민의 자유나 권리를 제한할 때에는 그 제한의 본질적 사항에 관한 한 입법자가 법률로 규율하여야 한다.
[나] 살수차는 사용방법에 따라서는 경찰장구나 무기 등 다른 위해성 경찰장비 못지않게 국민의 생명이나 신체에 중대한 위해를 가할 수 있는 장비에 해당한다. 집회·시위 현장에서는 무기나 최루탄 등보다 살수차가 집회 등 해산용으로 더 빈번하게 사용되고 있다. 한편, 신체의 자유는 다른 기본권 행사의 전제가 되는 핵심적 기본권이고, 집회의 자유는 인격 발현에 기여하는 기본권이자 표현의 자유와 함께 대의 민주주의 실현의 기본 요소다. 집회나 시위 해산을 위한 살수차 사용은 이처럼 중요한 기본권에 대한 중대한 제한이므로, 살수차 사용요건이나 기준은 법률에 근거를 두어야 한다. 24년 1차

Ⅱ 경찰행정법의 법원

1. 경찰행정법의 법원(法源)

1) 성문법원

우리나라 경찰 행정작용이 적법한지 여부를 판단하는 기준이 되는 원천들인 규범들을 경찰행정법의 '법원'(法源; Spring of the Law)이라고 한다. 법원은 법규범이라고도 하는데, 이에는 성문법과 불문법이 모두 포함되며, 경찰행정법은 성문법주의를 원칙으로 한다.

성문법 안에서도 법규는 국민의 권리·의무를 규율하는 법규와 그렇지 않은 비법규로 나누어진다. 법규는 국민들과 공무원들에게 모두 법적 기준으로 작용하며, 헌법, 법률, 대통령령(시행령)이나 부령(시행규칙) 및 지방의회의 조례 등과 같은 법규명령 등이 포함된다. [23년 1차] 조약이나 일반적으로 승인된 국제법규도 헌법상 국내법과 같은 효력을 가지므로 경찰법의 법원이 되는데, 조약의 경우 그 자체로 국내법적 효력이 인정되므로 그 시행을 위해 별도의 국내법 제정이 필요 없다.

행정규칙은 법원에는 해당하지만, 국민의 권리·의무를 직접 규율하는 대외적 구속력이 없으므로 법규에는 해당하지 않는다. 이러한 행정규칙에는 훈령, 예규, 지시, 일일명령, 고시, 지침 등이 있다. 예산 역시 법규가 아니다.

2) 불문법원

불문법원은 성문법원에 대한 보충적 효력을 가지며, 그 종류로는 비례의 원칙과 신뢰보호의 원칙, 자기구속의 원칙, 부당결부금지의 원칙 등 행정법의 일반원칙과 관습법, 판례법이 있다.

관습법은 사회의 거듭된 관행으로 생성한 사회생활규범이 사회의 법적 확신과 인식에 의하여 법적 규범으로 승인·강행되기에 이른 것을 말하고, 헌법을 최상위 규범으로 하는 전체 법질서에 반하지 아니하는 것으로서 정당성과 합리성이 있다고 인정될 때에만 법적규범으로서의 효력이 있다. [23년 1차]

헌법재판소의 판례 중 법률의 위헌결정은 법원과 그 밖의 국가기관 및 지방자치단체단체를 기속하므로 법원성이 인정된다.

2. 행정법의 일반원칙(조리)

　행정법의 일반원칙은 행정법 분야에서 무엇이 옳고 그른지 적법성을 판단하는 보편적인 상식을 의미한다. 이를 영미에서는 보통법(Common Sense)이라고 하고, 독일이나 프랑스 등 대륙법계에서는 행정법의 일반원칙(General Principle)이라 한다. 민법에서는 조리(條理)라고도 한다.

　차이점은 민법에서는 조리가 성문법을 개정하거나 폐지할 수 없는 것이 원칙이지만, 헌법과 행정법 등 공법에서는 행정법의 일반원칙이 성문법을 개폐할 수 있다.

1) 비례의 원칙(과잉금지의 원칙)

헌법 제37조 ② 국민의 모든 자유와 권리는 국가안전보장·질서유지 또는 공공복리를 위하여 필요한 경우에 한하여 법률로써 제한할 수 있으며, 제한하는 경우에도 자유와 권리의 본질적인 내용을 침해할 수 없다.

행정기본법 제10조(비례의 원칙) 행정작용은 다음 각 호의 원칙에 따라야 한다.
1. 행정목적을 달성하는 데 유효하고 적절할 것
2. 행정목적을 달성하는 데 필요한 최소한도에 그칠 것
3. 행정작용으로 인한 국민의 이익 침해가 그 행정작용이 의도하는 공익보다 크지 아니할 것

　비례의 원칙이란 행정주체가 구체적인 행정목적을 실현함에 있어서 그 목적실현과 수단 사이에 합리적인 비례관계가 유지되어야 한다는 것을 말한다. 이 원칙은 법치국가 원리의 파생원칙의 하나이므로, 헌법 차원의 법원칙으로서의 성질과 효력을 가진다. 비례의 원칙은 침해행정인가 급부행정인가를 가리지 아니하고 행정의 전영역에 적용된다. 비례의 원칙은 과잉금지의 원칙으로도 과소보호금지의 원칙으로도 작용한다.

(1) 적합성의 원칙

　행정기관이 취한 조치 또는 수단이 그가 의도하는바 목적을 달성하는 데 적합해야 한다(적합성의 원칙). 따라서 법률적으로 위법하거나 사실상 불가능한 수단은 목적에 적합하지 않다.

(2) 필요성의 원칙

일정한 목적을 달성하기에 적합한 수단이 여러 가지 있는 경우에 행정기관은 그 중에서 관계자에게 가장 적은 부담을 주는 수단을 선택해야 한다. 이를 필요성의 원칙 또는 최소침해의 원칙이라고도 한다.

(3) 상당성의 원칙

어떤 행정조치가 설정된 목적실현을 위하여 필요한 경우라 할지라도 그 행정조치를 취함에 따른 불이익(= 사익)이 그것에 의해 초래되는 이익(= 공익)보다 큰 경우에는 당해 행정조치를 취해서는 안 된다. 이를 상당성의 원칙 또는 협의의 비례성의 원칙이라고도 한다. 즉, 비례의 원칙 중에서 상당성의 원칙은 공익이 사익보다 우월해야 한다는 것으로서 협의의 비례의 원칙에 해당한다.

■ 참조 판례

> **대법원 2012도10269 판결**
> 통법 제148조의2 제1항 제1호는 도로교통법 제44조 제1항을 2회 이상 위반한 사람으로서 다시 같은 조 제1항을 위반하여 술에 취한 상태에서 자동차 등을 운전한 사람에 대해 1년 이상 3년 이하의 징역이나 500만 원 이상 1,000만 원 이하의 벌금에 처하도록 규정하고 있는데, 도로교통법 제148조의2 제1항 제1호에서 정하고 있는 '도로교통법 제44조 제1항을 2회 이상 위반한' 것에 개정된 도로교통법이 시행된 2011. 12. 9. 이전에 구 도로교통법 제44조 제1항을 위반한 음주운전 전과까지 포함되는 것으로 해석하는 것이 형벌불소급의 원칙이나 일사부재리의 원칙 또는 비례의 원칙에 위배된다고 할 수 없다.

비례의 원칙을 위반한 행정작용은 위법할 뿐만 아니라 위헌이기도 하다. 비례의 원칙을 위반한 법률이나 법규명령은 무효이다. 행정처분이 비례의 원칙을 위반하면 취소사유가 되는 것이 원칙이고, 예외적으로 무효가 된다. 처분이 재량행위인 경우 재량의 일탈·남용으로서 위법하게 된다.

또한 비례의 원칙을 위반한 행위들로 인하여 손해가 발생한 경우에는 국가배상이 가능하다. 판례는 경찰관이 난동을 부리던 범인을 검거하면서 가스총을 근접 발사하여 가스와 함께 발사된 고무마개가 범인의 눈에 맞아 실명한 경우 무기사용이 비례의 원칙에 위반된다고 하여 국가배상책임을 인정한 바 있다.

2) 평등의 원칙

헌법 제11조 ① 모든 국민은 법 앞에 평등하다. 누구든지 성별·종교 또는 사회적 신분에 의하여 정치적·경제적·사회적·문화적 생활의 모든 영역에 있어서 차별을 받지 아니한다.

행정기본법 제9조(평등의 원칙) 행정청은 합리적 이유 없이 국민을 차별하여서는 아니 된다.

　　평등의 원칙은 국민의 기본권 보장에 관한 우리 헌법의 최고원리로서, 국가가 입법을 하거나 법을 해석 및 집행함에 있어 따라야 할 기준인 동시에, 국가에 대하여 합리적 이유 없이 불평등한 대우를 하지 말 것과, 평등한 대우를 요구할 수 있는 기본권이다. 따라서 행정주체는 행정작용을 할 때 합리적 이유없이 국민을 차별해서는 안 된다.

3) 신뢰보호의 원칙

행정기본법 제12조(신뢰보호의 원칙) ① 행정청은 공익 또는 제3자의 이익을 현저히 해칠 우려가 있는 경우를 제외하고는 행정에 대한 국민의 정당하고 합리적인 신뢰를 보호하여야 한다. 22년 1차
② 행정청은 권한 행사의 기회가 있음에도 불구하고 장기간 권한을 행사하지 아니하여 국민이 그 권한이 행사되지 아니할 것으로 믿을 만한 정당한 사유가 있는 경우에는 그 권한을 행사해서는 아니 된다. 다만, 공익 또는 제3자의 이익을 현저히 해칠 우려가 있는 경우는 예외로 한다.

행정절차법 제4조(신의성실 및 신뢰보호) ① 행정청은 직무를 수행할 때 신의(信義)에 따라 성실히 하여야 한다.
② 행정청은 법령등의 해석 또는 행정청의 관행이 일반적으로 국민들에게 받아들여졌을 때에는 공익 또는 제3자의 정당한 이익을 현저히 해칠 우려가 있는 경우를 제외하고는 새로운 해석 또는 관행에 따라 소급하여 불리하게 처리하여서는 아니 된다.

(1) 의의
　　신뢰보호의 원칙이란 국민이 행정기관의 어떤 결정(명시적 언동·묵시적 언동을 포함)의 정당성 또는 존속성에 대하여 신뢰한 경우 그 신뢰가 보호받을 가치가 있는 한, 그 신뢰를 보호해 주어야 함을 말한다. 다만, 적극적으로 속이는 사위나 중요한 사실을 숨기는 은닉 등이 있으면 귀책사유가 있어서 신뢰를 보호할 가치가 없다.

(2) 요건

신뢰보호원칙에 의하여 보호받기 위하여는 다음과 같은 요건들을 갖추어야 한다.

① 행정청(☞ 또는 그에 속한 행정기관)의 국민들에 대한 선행조치(＝공적 견해표명)가 있어야 한다. 여기서 '행정청'은 전임 행정청이든 후임 행정청이든 상관없지만, 조치를 담당하는 기관이 아니라 민원실직원들처럼 단지 관련되는 기관에 불과하는 경우에는 해당하지 않는다. 경우에 따라서 신뢰보호의 원칙은 위법한 행위에 대한 약속에도 적용이 되지만, 무효인 행위에 대한 약속은 적용이 제외된다. 헌법재판소의 위헌결정은 개인에 대하여 신뢰의 대상이 되는 공적인 견해를 표명한 것이라고 할 수 없으므로 신뢰보호의 원칙이 적용되지 아니한다.

② 행정청의 견해표명이 정당하다고 신뢰한 데 대하여 그 개인에게 귀책사유가 없어야 한다(＝신뢰의 보호가치성). 만약 수익적 행정처분의 하자가 당사자의 사실은폐나 기타 사위의 방법에 의한 신청행위에 기인한 것이라면, 당사자는 처분에 의한 이익을 위법하게 취득하였음을 알아 취소가능성도 예상하고 있었을 것이므로, 그 자신이 처분에 관한 신뢰이익을 원용할 수 없다. 귀책사유의 유무는 상대방과 그로부터 신청행위를 위임받은 수임인 등 관계자 모두를 기준으로 판단한다.

③ 개인이 행정청의 공적견해표명을 신뢰하고 이에 따라 어떠한 행위를 하였어야 한다.

④ 행정청이 선행조치에 반하는 모순되는 후행처분을 함으로써 그 견해표명을 신뢰한 개인의 이익이 침해되는 결과가 초래되어야 한다.

⑤ 행정청이 앞서 표명한 공적인 견해에 반하는 행정처분을 함으로써 달성하려는 공익이 행정청의 공적인 견해표명을 신뢰한 개인이 그 행정처분으로 인하여 입게 되는 이익의 침해를 정당화할 수 있을 정도로 강한 경우 또는 제3자의 정당한 이익을 현저히 해할 우려가 있는 경우가 아니어야 한다.

■ 참조 판례

> **대법원 99두10520 판결**
> [1] 행정청이 일단 행정처분을 한 경우에는 행정처분을 한 행정청이라도 법령에 규정이 있는 때, 행정처분에 하자가 있는 때, 행정처분의 존속이 공익에 위반되는 때, 또는 상대방의 동의가 있는 때 등의 특별한 사유가 있는 경우를 제외하고는 행정처분을 자의로 취소(철회의 의미를 포함한다)할 수 없다.
> [2] 운전면허 취소사유에 해당하는 음주운전을 적발한 경찰관의 소속 경찰서장이

사무착오로 위반자에게 운전면허정지처분을 한 상태에서 위반자의 주소지 관할 지방경찰청장이 위반자에게 운전면허취소처분을 한 것은 선행처분에 대한 당사자의 신뢰 및 법적 안정성을 저해하는 것으로서 허용될 수 없다고 한 사례

(3) 효과

신뢰보호의 원칙을 위반한 행정작용은 위법할 뿐만 아니라 위헌이기도 하다. 신뢰보호의 원칙을 위반한 법률이나 법규명령은 무효사유이지만, 처분인 경우에는 취소사유이다.

(4) 신뢰보호의 원칙과 법령의 적용

행정기본법 제14조(법 적용의 기준) ① 새로운 법령등은 법령등에 특별한 규정이 있는 경우를 제외하고는 그 법령등의 효력 발생 전에 완성되거나 종결된 사실관계 또는 법률관계에 대해서는 적용되지 아니한다.
② 당사자의 신청에 따른 처분은 법령등에 특별한 규정이 있거나 처분 당시의 법령등을 적용하기 곤란한 특별한 사정이 있는 경우를 제외하고는 처분 당시의 법령등에 따른다.
③ 법령등을 위반한 행위의 성립과 이에 대한 제재처분은 법령등에 특별한 규정이 있는 경우를 제외하고는 법령등을 위반한 행위 당시의 법령등에 따른다. 다만, 법령등을 위반한 행위 후 법령등의 변경에 의하여 그 행위가 법령등을 위반한 행위에 해당하지 아니하거나 제재처분 기준이 가벼워진 경우로서 해당 법령등에 특별한 규정이 없는 경우에는 변경된 법령등을 적용한다.

법질서에 대한 국민의 신뢰 보호와 법적 안정성을 위해서 법령의 개정에 있어서도 신뢰보호원칙이 적용된다. 다만, 이러한 신뢰보호는 절대적이지 않으며, 새로운 법령을 통하여 실현하고자 하는 공익적 목적이 우월한 때에는 이를 고려하여 신뢰보호의 원칙이 제한될 수 있다.

신뢰보호원칙의 위배 여부를 판단하기 위하여는 침해받은 이익의 보호가치, 침해의 중한 정도, 신뢰가 손상된 정도, 신뢰침해의 방법, 새 법령을 통해 실현하고자 하는 공익적 목적 등을 종합적으로 비교 · 형량한다.

4) 부당결부금지의 원칙

행정기본법 제13조(부당결부금지의 원칙) 행정청은 행정작용을 할 때 상대방에게 해당 행정
작용과 실질적인 관련이 없는 의무를 부과해서는 아니 된다.

(1) 의의

부당결부금지의 원칙이란 행정기관이 행정활동을 행함에 있어서 그것과 실질적
인 관련이 없는 반대급부와 결부시켜서는 안 된다는 것을 말한다. 23년 2차 이 원칙은
행정목적을 달성하기 위한 수단이 다양해짐에 따라 그 수단의 선택이나 급부에 일정
한 한계를 설정하려는 의도에서 구성된 이론이다. 부당결부금지원칙은 수익적 행정행
위를 발급하면서 부관이나 공법상 계약을 통해 반대급부를 요구할 때뿐만 아니라, 의
무를 부과하면서 의무불이행에 대한 실효성 확보수단과 같은 침익적 조치 등을 행할
때에 모두 적용된다.

(2) 요건

① 행정청의 주된 행정작용이 있어야 한다.
② 국민의 반대의무 또는 반대급부와 연결되어야 한다.
③ 행정급부와 반대의무(또는 반대급부) 사이에 실질적 관련성이 없는 경우, 부당
결부금지의 원칙에 위반된다. 실질적 관련성은 원인적 관련성과 목적적 관련성을 요

구하며, 둘 중 어느 하나라도 충족되지 않으면 부당결부금지의 원칙에 위반된다.

원인적 관련성은 행정작용과 반대급부 사이에 (상당인과관계가 아니라) '직접적' 인과관계를 의미하며, 목적적 관련성은 법률규정의 해석상 행정청에게 행정작용과 반대급부를 모두 발급할 수 있는 권한이 있거나, 법률에서 행정작용과 반대급부 요구를 모두 목적으로 추구한다고 해석될 수 있어야 함을 의미한다.

(3) 효과

부당결부금지의 원칙의 법적 성질을 헌법적 차원의 효력으로 보는 다수설의 입장에 따르면, 부당결부금지원칙에 위반시 위헌·위법이 된다.

■ 참조 판례

> **대법원 96다49650 판결**
> 지방자치단체장인 ○○시 ○○구청장이 사업자에게 주택사업계획승인을 하면서 그 주택사업과는 아무런 관련이 없는 토지를 기부채납하도록 하는 부관을 주택사업계획승인에 붙인 경우, 그 부관은 부당결부금지의 원칙에 위반되어 위법하지만, 지방자치단체장이 승인한 사업자의 주택사업계획은 상당히 큰 규모의 사업임에 반하여, 사업자가 기부채납한 토지 가액은 그 100분의 1 상당의 금액에 불과한 데다가, 사업자가 그동안 그 부관에 대하여 아무런 이의를 제기하지 아니하다가 지방자치단체장이 업무착오로 기부채납한 토지에 대하여 보상협조요청서를 보내자 그때서야 비로소 부관의 하자를 들고 나온 사정에 비추어 볼 때 부관의 하자가 중대하고 명백하여 당연무효라고는 볼 수 없다. 22년 2차

> **대법원 94누9672 판결**
> 한 사람이 여러 종류의 자동차운전면허를 취득하는 경우뿐 아니라 이를 취소 또는 정지하는 경우에 있어서도 서로 별개의 것으로 취급하는 것이 원칙이기는 하나, 자동차운전면허는 그 성질이 대인적 면허일뿐만 아니라 도로교통법시행규칙 제26조 별표 14에 의하면, 제1종 대형면허 소지자는 제1종 보통면허로 운전할 수 있는 자동차와 원동기장치자전거를, 제1종 보통면허 소지자는 원동기장치자전거까지 운전할 수 있도록 규정하고 있어서 제1종 보통면허로 운전할 수 있는 차량의 음주운전은 당해 운전면허뿐만 아니라 제1종 대형면허로도 가능하고, 또한 제1종 대형면허나 제1종 보통면허의 취소에는 당연히 원동기장치자전거의 운전까지 금지하는 취지가 포함된 것이어서 이들 세 종류의 운전면허는 서로 관련된 것이라고 할 것이므로 제1종 보통면허로 운전할 수 있는 차량을 음주운전한 경우에 이와 관련된 면허인 제1종 대형면허와 원동기장치자전거면허까지 취소할 수 있는 것으로 보아야 한다.

5) 자기구속의 원칙

> 행정기본법 제9조(평등의 원칙) 행정청은 합리적 이유 없이 국민을 차별하여서는 아니 된다.

(1) 의의

자기구속의 원칙은 행정청이 행정청 내부의 행정규칙(즉, 자기기준)대로 처리하는 관행이 있는 경우 합리적 이유없이 관행과 달리 행정규칙에 위반하여 행위할 수 없다는 의미이며, 평등의 원칙과 신뢰보호의 원칙에 근거한다.

(2) 요건

① 법적으로 비교가능한 1회 이상의 선례가 있어야 한다.

② 행정관행이 적법해야 한다. [22년 2차]

③ 이익형량상 행정관행을 부정할 더 큰 공익이나 사익이 없어야 한다(=상대적 구속력).

(3) 효과

자기구속의 원칙에 위반한 행정행위는 재량의 일탈·남용으로서 위헌·위법이다.

Ⅲ 행정상 법률관계

1. 행정주체

> 행정기본법 제3조(국가와 지방자치단체의 책무) ① 국가와 지방자치단체는 국민의 삶의 질을 향상시키기 위하여 적법절차에 따라 공정하고 합리적인 행정을 수행할 책무를 진다.
> ② 국가와 지방자치단체는 행정의 능률과 실효성을 높이기 위하여 지속적으로 법령등과 제도를 정비·개선할 책무를 진다.
>
> 정부조직법 제6조(권한의 위임 또는 위탁) ③ 행정기관은 법령으로 정하는 바에 따라 그 소관사무 중 조사·검사·검정·관리 업무 등 국민의 권리·의무와 직접 관계되지 아니하는 사무를 지방자치단체가 아닌 법인·단체 또는 그 기관이나 개인에게 위탁할 수 있다.

> 지방자치법 제117조(사무의 위임 등) ③ 지방자치단체의 장은 조례나 규칙으로 정하는 바에 따라 그 권한에 속하는 사무 중 조사·검사·검정·관리업무 등 주민의 권리·의무와 직접 관련되지 아니하는 사무를 법인·단체 또는 그 기관이나 개인에게 위탁할 수 있다.

1) 의의

행정주체란 행정법관계에 있어서 행정권을 행사하고 그의 법적 효과가 궁극적으로 귀속되는 당사자를 의미한다. 행정주체로는 국가와 공공단체, 공무수탁사인이 있다.

참고로 행정주체는 스스로의 이름으로 행정권을 행사하고 그의 법적 효과가 자기에게 귀속되는 데에 반해, 행정기관은 행정주체를 위해 일정한 권한을 행사하고 그 법적 효과는 행정기관이 아니라 행정주체에 귀속된다는 점에서 구별된다.

2) 종류

(1) 국가

시원적인 행정주체로서 통치권을 가진다. 국가는 독립된 법인격을 가진 제1의 행정주체라고 할 수 있다. 국가의 행정권한은 대통령 등 국가행정조직을 통해 행사되며, 국가를 위해 실제로 행정사무를 수행·담당하는 기관을 행정기관이라 한다.

(2) 공공단체

공공단체란 국가로부터 그 존립 목적이 부여된 공법상의 법인을 뜻한다. 국가와는 별개의 인격자라는 점에서 국가기관과 구별되며, 공공단체에는 지방자치단체, 공공조합, 공재단, 영조물법인이 있다.

① 지방자치단체 – 국가의 영토 일부를 자기구역으로 하여 그 구역 내의 모든 주민에 대하여 지배권을 행사하는 제2의 행정주체이다. 상급 지방자치단체에는 특별시·광역시·도가 있고, 하급 지방자치단체에는 시·군·구가 있다.

> 지방자치단체가 될 수 있는 '구'는 상급 지방자치단체인 특별시·광역시·도 내의 구이어야 하고 하급 지방자치단체인 시 안에 있는 구는 해당되지 않는다. 예컨대, 서울시 성북구는 지자체에 해당하지만, 수원시 팔달구는 지자체가 아니다. 또한 제주도는 특별자치도로서 지방자치단체에 해당하지만, 서귀포시나 제주시는 이름만 시일 뿐 지자체가 아니다.

② 공공조합(＝공법상의 사단법인) － 특수한 행정목적의 달성을 위해 일정한 자격을 가진 사람(＝조합원)으로 구성된 공법상 사단법인이다. 조합의 설립범위 내에서 일정한 행정작용을 하는 행정주체의 지위를 가지며 일단의 구성원이 존재한다. 이하의 공재단과 함께 제3의 행정주체이다.

③ 공재단(＝공법상의 재단법인) － 일정한 행정목적의 달성을 위해 설립된 재산의 결합체이다. 주로 재단설립자에 의해 출연된 재산(기금 등)을 관리하기 위해 설립된 공공단체이므로 수혜자만 존재하며 별도의 구성원은 없다.

④ 영조물법인 － 특정한 공적 목적에 계속적으로 봉사하도록 정해진 인적·물적 수단의 종합체로서 한국방송공사나 적십자병원 등이 이에 해당한다. 영조물에는 이용자는 있으나 구성원은 없다.

(3) 공무수탁사인

공법상 위임에 의하여 공법상의 권리와 의무를 가지는 제4의 행정주체이다. 일반적으로 사인은 행정주체의 상대방인 행정객체로의 지위를 가지지만, 행정기관으로부터 공무를 위탁받은 공무수탁사인은 그 한도내에서 자신의 이름으로 행정사무를 처리할 수 있는 행정주체의 지위를 갖게 되는 것이다. 참고로 공무수탁사인은 행정권한이 있는 행정주체이지만, 행정보조원은 행정업무의 집행을 수행하지만 독립적 행정권한이 있는 행정주체가 아니라는 점에서 구별된다.

	공무수탁사인	행정의 보조자
행정주체 여부	○	×
행정청 여부	○	×
행정행위 발급가부	○	×
항고소송 피고적격	○	×
국가배상법 적용	○	○

■ 참조 판례

> **대법원 2009두4845 판결**
> 구 '도시 및 주거환경 정비법'상 주택재개발정비사업조합은 주택재개발사업의 추진위원회가 정비구역 안에 소재한 토지 또는 건축물의 소유자 또는 그 지상권자로부터 조합설립의 동의를 받은 다음, 관계 법령이 정하는 요건과 절차에 따라 행정청에 재개발조합설립인가신청을 하여 행정청으로부터 조합설립의 인가를 받아 등기

함으로써 법인으로 성립한다. 이와 같이 하여 설립된 재개발조합은 재개발사업의 사업시행자로서 조합원에 대한 법률관계에서 특수한 존립목적을 부여받은 행정주체로서의 지위를 가지게 되고, 이러한 행정주체의 지위에서 정비구역 안에 있는 토지 등을 수용하거나, 관리처분계획, 경비부과처분 등과 같은 행정처분을 할 수 있는 권한을 부여받는다. 따라서 재개발조합설립인가신청에 대한 행정청의 조합설립인가처분은 단순히 사인들의 조합설립행위에 대한 보충행위로서의 성질을 가지는 것이 아니라 법령상 일정한 요건을 갖추는 경우 행정주체의 지위를 부여하는 일종의 설권적 처분의 성질을 가진다고 봄이 상당하다. 그러므로 도시정비법상 재개발조합설립인가신청에 대하여 행정청의 조합설립인가처분이 있은 이후에는, 조합설립동의에 하자가 있음을 이유로 재개발조합 설립의 효력을 부정하려면 항고소송으로 조합설립인가처분의 효력을 다투어야 한다.

대법원 89누4789 판결
원천징수하는 소득세에 있어서는 납세의무자의 신고나 과세관청의 부과결정이 없이 법령이 정하는 바에 따라 그 세액이 자동적으로 확정되고, 원천징수의무자는 소득세법 제142조 및 제143조의 규정에 의하여 이와 같이 자동적으로 확정되는 세액을 수급자로부터 징수하여 과세관청에 납부하여야 할 의무를 부담하고 있으므로, 원천징수의무자가 비록 과세관청과 같은 행정청이더라도 그의 원천징수행위는 법령에서 규정된 징수 및 납부의무를 이행하기 위한 것에 불과한 것이지, 공권력의 행사로서의 행정처분을 한 경우에 해당되지 아니한다.

2. 행정상 법률관계

1) 종류

행정법상의 법률관계는 크게 권력관계, 관리관계, 국고관계로 구분할 수 있다.
① 권력관계는 행정주체가 고권적 지위에서 국민에 대해 권리·의무를 발생, 명령, 강제하는 관계이다. 권력관계는 다시금 일반국민에 대한 일반권력관계와 특수신분자들(예: 교도소 재소자, 행정공무원, 국공립학교 학생)에 대한 특별권력관계로 나뉜다.
분쟁이 있는 경우, 행정소송 중 항고소송으로 사건이 많이 해결된다.
② 관리관계는 행정주체가 재산관리주체의 지위에서 공적재산이나 사업을 관리, 경영하는 비권력적 관계(예: 하천관리)이다. 행정소송 중 당사자소송으로 사건이 많이 해결된다.
③ 국고관계는 행정주체가 사법상의 재산권의 주체로서 행위하는 관계로서 주로 계약을 대상으로 민사소송으로 사건이 많이 해결된다.

2) 공법관계와 사법관계

　행정상 법률관계 중 권력관계와 관리관계는 행정법이 적용되는 공법(公法)관계에 해당하고, 국고관계는 민법, 민사소송법 등 사법이 적용되는 사법(私法)관계에 해당한다.

　공법관계의 예로는 경찰처분, 조세부과, 징집처분, 청원경찰의 근무관계, 서울시립무용단원의 위촉, 국유일반재산 무단점유자에 대한 변상금 부과 등을 들 수 있다. [23년 2차]

　사법관계의 예로는 군납물품매매계약, 공사도급계약, 서울지하철 공사 직원의 근무관계, 국가에 의한 회사주식 매입, 용도폐기된 경찰차 매도, 국유일반재산의 매각·임대, 토지수용시의 협의취득 등을 들 수 있다. [23년 2차]

■ 참조 판례

> **대법원 92다47564 판결**
> 국가나 지방자치단체에 근무하는 청원경찰은 국가공무원법이나 지방공무원법상의 공무원은 아니지만, 다른 청원경찰과는 달리 그 임용권자가 행정기관의 장이고, 국가나 지방자치단체로부터 보수를 받으며, 산업재해보상보험법이나 근로기준법이 아닌 공무원연금법에 따른 재해보상과 퇴직급여를 지급받고, 직무상의 불법행위에 대하여도 민법이 아닌 국가배상법이 적용되는 등의 특질이 있으며 그외 임용자격, 직무, 복무의무 내용 등을 종합하여 볼때, 그 근무관계를 사법상의 고용계약관계로 보기는 어려우므로 그에 대한징계처분의 시정을 구하는 소는 행정소송의 대상이지 민사소송의 대상이 아니다. [23년 2차]

Ⅳ　행정법의 시간적 효력

1. 법령 등의 공포 및 효력 발생

> 법령 등 공포에 관한 법률 제11조(공포 및 공고의 절차) ①헌법개정·법률·조약·대통령령·총리령 및 부령의 공포와 헌법개정안·예산 및 예산 외 국고부담계약의 공고는 관보(官報)에 게재함으로써 한다.
> ②「국회법」 제98조제3항 전단에 따라 하는 국회의장의 법률 공포는 서울특별시에서 발행되는 둘 이상의 일간신문에 게재함으로써 한다.
> ③ 제1항에 따른 관보는 종이로 발행되는 관보(이하 "종이관보"라 한다)와 전자적인 형태로 발행되는 관보(이하 "전자관보"라 한다)로 운영한다.
> ④ 관보의 내용 해석 및 적용 시기 등에 대하여 종이관보와 전자관보는 동일한 효력을 가진다.

제12조(공포일·공고일) 제11조의 법령 등의 공포일 또는 공고일은 해당 법령 등을 게재한 관보 또는 신문이 발행된 날로 한다.

제13조(시행일) 대통령령, 총리령 및 부령은 특별한 규정이 없으면 공포한 날부터 20일이 경과함으로써 효력을 발생한다. 23년 1차

제13조의2(법령의 시행유예기간) 국민의 권리 제한 또는 의무 부과와 직접 관련되는 법률, 대통령령, 총리령 및 부령은 긴급히 시행하여야 할 특별한 사유가 있는 경우를 제외하고는 공포일부터 적어도 30일이 경과한 날부터 시행되도록 하여야 한다.

헌법 제53조 ① 국회에서 의결된 법률안은 정부에 이송되어 15일 이내에 대통령이 공포한다. ⑦ 법률은 특별한 규정이 없는 한 공포한 날로부터 20일을 경과함으로써 효력을 발생한다.

2. 법령 등 시행일의 기간 및 나이 계산

행정기본법 제6조(행정에 관한 기간의 계산) ① 행정에 관한 기간의 계산에 관하여는 이 법 또는 다른 법령등에 특별한 규정이 있는 경우를 제외하고는「민법」을 준용한다.
② 법령등 또는 처분에서 국민의 권익을 제한하거나 의무를 부과하는 경우 권익이 제한되거나 의무가 지속되는 기간의 계산은 다음 각 호의 기준에 따른다. 다만, 다음 각 호의 기준에 따르는 것이 국민에게 불리한 경우에는 그러하지 아니하다.
1. 기간을 일, 주, 월 또는 연으로 정한 경우에는 기간의 첫날을 산입한다.
2. 기간의 말일이 토요일 또는 공휴일인 경우에도 기간은 그 날로 만료한다.

제7조(법령등 시행일의 기간 계산) 법령등(훈령·예규·고시·지침 등을 포함한다. 이하 이 조에서 같다)의 시행일을 정하거나 계산할 때에는 다음 각 호의 기준에 따른다.
1. 법령등을 공포한 날부터 시행하는 경우에는 공포한 날을 시행일로 한다.
2. 법령등을 공포한 날부터 일정 기간이 경과한 날부터 시행하는 경우 법령등을 공포한 날을 첫날에 산입하지 아니한다.
3. 법령등을 공포한 날부터 일정 기간이 경과한 날부터 시행하는 경우 그 기간의 말일이 토요일 또는 공휴일인 때에는 그 말일로 기간이 만료한다.

제7조의2(행정에 관한 나이의 계산 및 표시) 행정에 관한 나이는 다른 법령등에 특별한 규정이 있는 경우를 제외하고는 출생일을 산입하여 만(滿) 나이로 계산하고, 연수(年數)로 표시한다. 다만, 1세에 이르지 아니한 경우에는 월수(月數)로 표시할 수 있다.

3. 소급적용금지원칙

행정기본법 제14조(법 적용의 기준) ① 새로운 법령등은 법령등에 특별한 규정이 있는 경우를 제외하고는 그 법령등의 효력 발생 전에 완성되거나 종결된 사실관계 또는 법률관계에 대해서는 적용되지 아니한다.
② 당사자의 신청에 따른 처분은 법령등에 특별한 규정이 있거나 처분 당시의 법령등을 적용하기 곤란한 특별한 사정이 있는 경우를 제외하고는 처분 당시의 법령등에 따른다.
③ 법령등을 위반한 행위의 성립과 이에 대한 제재처분은 법령등에 특별한 규정이 있는 경우를 제외하고는 법령등을 위반한 행위 당시의 법령등에 따른다. 다만, 법령등을 위반한 행위 후 법령등의 변경에 의하여 그 행위가 법령등을 위반한 행위에 해당하지 아니하거나 제재처분 기준이 가벼워진 경우로서 해당 법령등에 특별한 규정이 없는 경우에는 변경된 법령등을 적용한다.

소급입법금지원칙이란 새로운 법령을 그 효력발생 전에 종결된 사실관계에 소급하여 적용하는 것을 원칙적으로 금지하는 것을 뜻한다. 법령등에 특별한 규정이 있는 경우를 제외하고는 당사자의 신청에 따른 처분은 처분 당시의 법령을, 법령등을 위반한 행위의 성립과 이에 대한 제재처분은 법령등을 위반한 행위 당시의 법령등에 따른다.

제2절 경찰조직법

Ⅰ 경찰조직에 관한 기본법: 경찰법

대한민국 행정기관의 설치·조직과 직무범위의 대강은 「정부조직법」에 규정되어 있다. 정부조직법 제34조 행정안전부라는 명칭하에 제5항에서 "치안에 관한 사무를 관장하기 위하여 행정안전부장관 소속으로 경찰청을 둔다"고 규정하고 있다. 경찰조직법은 이 정부조직법에 근거하여 치안에 관한 사무를 관장하기 위한 경찰조직(경찰청)에 관한 법으로서, 경찰에 존립근거를 부여하고, 경찰기관의 명칭, 권한, 상호간의 관계 등에 규정하고 있다.

우리나라에 경찰조직법이라는 명칭은 없다. 다만, 경찰조직에 관한 기본법으로 「

국가경찰과 자치경찰의 조직 및 운영에 관한 법률(경찰법)」이 있다. 경찰법이 경찰조직에 관한 기본법이라면, 「경찰관직무집행법」은 경찰작용에 관한 기본법이라고 할 수 있다.

경찰법은 경찰의 민주적인 관리·운영과 효율적인 임무수행을 위하여 경찰의 기본조직 및 직무 범위와 그 밖에 필요한 사항을 규정함을 목적으로 한다(경찰법 제1조).

2023년 7월 1일부터 실시되고 있는 자치경찰제와 관련하여, 경찰법은 "국가와 지방자치단체는 국민의 생명·신체 및 재산을 보호하고 공공의 안녕과 질서유지에 필요한 시책을 수립·시행하여야 한다"는 점을 명시하고 있다. 치안에 대한 책무는 국가뿐만 아니라 지방자치단체에게도 부여되어 있다.

Ⅱ 경찰행정기관의 종류

경찰행정주체인 국가, 시·도를 위하여 실제로 그 직무를 수행하는 기관을 경찰행정기관이라고 하는데, 법령에 따라 일정한 범위의 권한과 책임이 주어지며, 그 권한행사의 효과는 국가와 시·도에 곧바로 귀속된다. 이러한 경찰행정기관은 법률상 의사를 결정하여 외부에 표시하는 권한을 가지는데, 법령의 근거에 따라 계층적 구조를 가진다. 여기에는 경찰청장, 시도경찰청장, 경찰서장 등이 해당되고, 그 하위기관인 차장, 국장, 부장, 과장 등이나 지역경찰관서장(지구대장, 파출소장)은 경찰서장의 보조기관일 뿐, 자신의 이름으로 행위할 수 없다는 점에서 경찰행정관청이 아니다. 다만 소청심사위원회는 법률상 권한을 가진 합의제 행정관청이다.

경찰행정관청은 아니지만, 그 의사를 구속할 수 있는 의결을 행하는 합의제 행정기관인 경찰의결기관으로서 국가경찰위원회, 시도자치경찰위원회, 징계위원회 등이 있다.

경찰행정관청으로부터 자문을 받아 의견을 제시할 수 있는 경찰 자문기관으로서 경찰공무원인사위원회, 경찰청 인권위원회 등이 있다. 경찰청이 그 자문 의견에 법적으로 구속되는 것은 아니지만, 그 자문절차가 법률상 요구되는 것인 경우에 이를 거치지 않은 것은 절차상 하자에 해당하여 해당 결정이 위법하게 된다.

그 밖에 경찰행정목적을 실현하기 위하여 실력을 행사하는 기관으로 순경부터 치안총감까지의 경찰공무원을 경찰집행기관이라고 부른다.

1. 국가경찰위원회

1991년 7월 31일 경찰법이 제정·시행되면서 경찰의 정치적 중립성을 확보하기 위한 장치로 경찰위원회가 도입되었다. 그러나 심의·의결기관에 불과한 경찰위원회가 과연 경찰의 정치적 중립성을 확보하는 역할을 할 수 있는가라는 의구심과 함께 자문기관에 불과하다는 비판이 끊임없이 제기되어 왔다.

2021년 7월 1일 「국가경찰과 자치경찰의 조직 및 운영에 관한 법률」이 전면 개정·시행되면서 경찰위원회는 "국가경찰위원회"로 변경되었으며, 시도에 자치경찰사무를 관장하는 시도자치경찰위원회가 도입되었다. 자치경찰위원회는 법적으로 합의제 행정기관인데 반해, 국가경찰위원회는 여전히 심의·의결기관에 머물러 있다는 비판도 있다.

1) 설치(경찰법 제7조)

국가경찰행정에 관한 사항을 심의·의결하기 위하여 행정안전부에 국가경찰위원회를 둔다.

국가경찰위원회는 위원장 1명을 포함한 7명의 위원으로 구성하되, 위원장 및 5명의 위원은 비상임(非常任)으로 하고, 1명의 위원은 상임(常任)으로 한다. 상임위원은 정무직으로 한다. 22년 2차

위원장은 위원회를 대표하며, 위원회의 사무를 총괄한다. 위원장은 비상임위원중에서 호선한다. 위원장이 사고가 있을 때에는 상임위원, 위원중 연장자순으로 위원장의 직무를 대리한다(국가경찰위원회 규정 제2조).

2) 법적 성격

국가경찰위원회는 합의제 심의·의결이다. 시도자치경찰위원회는 법적으로 하나의 관청과 같은 성격의 합의제 행정기관이라는 점에서 국가경찰위원회와 차이가 있다.

3) 위원의 임명 및 결격사유(경찰법 제8조)

위원은 행정안전부장관의 제청으로 국무총리를 거쳐 대통령이 임명한다.

행정안전부장관은 위원 임명을 제청할 때 경찰의 정치적 중립이 보장되도록 하여야 한다.

위원 중 2명은 법관의 자격이 있는 사람이어야 한다. 위원은 특정 성(性)이 10분의 6을 초과하지 아니하도록 노력하여야 한다.

다음 각 호의 어느 하나에 해당하는 사람은 위원이 될 수 없으며, 위원이 다음 각 호의 어느 하나에 해당하는 경우에는 당연퇴직한다.

1. 정당의 당원이거나 당적을 이탈한 날부터 3년이 지나지 아니한 사람
2. 선거에 의하여 취임하는 공직에 있거나 그 공직에서 퇴직한 날부터 3년이 지나지 아니한 사람
3. 경찰, 검찰, 국가정보원 직원 또는 군인의 직에 있거나 그 직에서 퇴직한 날부터 3년이 지나지 아니한 사람 22년 2차
4. 「국가공무원법」 제33조 각 호의 어느 하나에 해당하는 사람. 다만, 「국가공무원법」 제33조제2호 및 제5호에 해당하는 경우에는 같은 법 제69조제1호 단서에 따른다.

위원에 대해서는 「국가공무원법」 제60조(비밀엄수의 의무) 및 제65조(정치운동의 금지)를 준용한다.

4) 위원의 임기 등 신분보장(경찰법 제9조)

위원의 임기는 3년으로 하며, 연임(連任)할 수 없다. 22년 2차 이 경우 보궐위원의 임기는 전임자 임기의 남은 기간으로 한다.

위원은 중대한 신체상 또는 정신상의 장애로 직무를 수행할 수 없게 된 경우를 제외하고는 그 의사에 반하여 면직되지 아니한다.

위원이 중대한 심신상의 장애로 직무를 수행할 수 없게 되어 면직하는 경우에는 위원회의 의결이 있어야 한다. 이러한 의결요구는 위원장 또는 행정안전부장관이 한다(국가경찰위원회 규정 제4조).

5) 심의 · 의결사항(경찰법 제10조)

다음 각 호의 사항은 국가경찰위원회의 심의 · 의결을 거쳐야 한다. 23년 2차

1. 국가경찰사무에 관한 인사, 예산, 장비, 통신 등에 관한 주요정책 및 경찰 업무 발전에 관한 사항
2. 국가경찰사무에 관한 인권보호와 관련되는 경찰의 운영·개선에 관한 사항
3. 국가경찰사무 담당 공무원의 부패 방지와 청렴도 향상에 관한 주요 정책사항
4. 국가경찰사무 외에 다른 국가기관으로부터의 업무협조 요청에 관한 사항
5. 제주특별자치도의 자치경찰에 대한 경찰의 지원·협조 및 협약체결의 조정 등에 관한 주요 정책사항
6. 경찰법 제18조에 따른 시도자치경찰위원회 위원 추천, 자치경찰사무에 대한 주요 법령·정책 등에 관한 사항, 제25조제4항에 따른 시도자치경찰위원회 의결에 대한 재의 요구에 관한 사항
7. 경찰법 제2조에 따른 시책 수립에 관한 사항
8. 경찰법 제32조에 따른 비상사태 등 전국적 치안유지를 위한 경찰청장의 지휘·명령에 관한 사항
9. 그 밖에 행정안전부장관 및 경찰청장이 중요하다고 인정하여 국가경찰위원회의 회의에 부친 사항

여기서 제1호의 범위는 다음과 같다(국가경찰위원회 규정 제5조).

1. 경찰청 소관 법령과 행정규칙의 제정·개정 및 폐지에 관한 사항
2. 경찰공무원의 채용·승진 등 인사운영 기준에 관한 사항
3. 경찰공무원에 대한 교육 및 복지 증진에 관한 사항
4. 경찰복제 및 경찰장비에 관한 사항
5. 경찰정보통신 개발 및 운영에 관한 사항
6. 경찰조직 및 예산 편성 등에 관한 사항
7. 경찰 중·장기 발전계획에 관한 사항
8. 그 밖에 위원회가 경찰 주요정책 및 경찰 업무 발전에 필요하다고 인정하는 사항

여기서 제2호의 범위는 ① 국민의 권리·의무와 직접 관계되는 경찰행정 및 수사절차, ② 경찰행정과 관련되는 과태료·범칙금 기타 벌칙에 관한 사항, ③ 경찰행정과 관련되는 국민의 부담에 관한 사항 등이다(국가경찰위원회 규정 제5조).

6) 회의 등 운영(경찰법 제11조)

위원회의 회의는 정기회의와 임시회의로 구분한다. 정기회의는 특별한 사유가 있는 경우를 제외하고는 매월 2회 위원장이 소집한다(국가경찰위원회 규정 제7조).

위원장은 필요한 경우 임시회의를 소집할 수 있으며, 위원 3인 이상과 행정안전 부장관 또는 경찰청장은 위원장에게 임시회의의 소집을 요구할 수 있다. 22년 2차 임 시회의소집 요구가 있는 경우에는 위원장은 특별한 사유가 없는 한 회의를 소집하여 야 한다.

회의는 재적위원 과반수의 출석과 출석위원 과반수의 찬성으로 의결한다.

국가경찰위원회의 사무는 경찰청에서 수행한다.

7) 의견청취 등(국가경찰위원회 규정 제9조)

위원장은 위원회의 심의를 위하여 필요한 경우에는 관계공무원 또는 관계전문가 의 출석·발언이나 자료의 제출을 요구할 수 있다.

위원장은 위원회의 심의를 위하여 필요한 경우에는 관계 경찰공무원에게 필요한 사항의 보고를 요구할 수 있으며, 그 관계 경찰공무원은 성실히 이에 응하여야 한다.

위원회에 출석한 관계공무원 또는 관계전문가에 대하여는 예산의 범위 안에서 수 당과 여비를 지급할 수 있다. 다만, 공무원이 그 소관업무와 직접적으로 관련되어 출 석하는 경우에는 그러하지 아니한다.

8) 재의요구(경찰법 제10조제2항)

행정안전부장관은 국가경찰위원회에서 심의·의결된 내용이 적정하지 아니하다 고 판단할 때에는 재의(再議)를 요구할 수 있다.

행정안전부장관이 재의를 요구하는 경우에는 의결한 날부터 10일 이내에 재의요구 서를 위원회에 제출하여야 한다. 위원장은 재의요구가 있는 경우에는 그 요구를 받은 날부터 7일 이내에 회의를 소집하여 다시 의결하여야 한다(국가경찰위원회 규정 제6조).

2. 경찰청장

1) 경찰청

경찰청은 치안에 관한 사무를 관장하기 위하여 행정안전부장관 소속으로 둔다(정 부조직법 제34조 제5항).

경찰청의 조직·직무범위 그 밖에 필요한 사항은 따로 법률(경찰법)로 정한다. 경찰법 제12조에서 치안에 관한 사무를 관장하게 하기 위하여 행정안전부장관 소속으로 경찰청을 두도록 규정하고 있다.

2) 경찰청장(경찰법 제14조)

경찰청에 경찰청장을 두며, 경찰청장은 치안총감(治安總監)으로 보한다. 경찰청장은 국가경찰위원회의 동의를 받아 행정안전부장관의 제청으로 국무총리를 거쳐 대통령이 임명한다. 이 경우 국회의 인사청문을 거쳐야 한다.

경찰청장은 국가경찰사무를 총괄하고 경찰청 업무를 관장하며 소속 공무원 및 각급 경찰기관의 장을 지휘·감독한다.

경찰청장의 임기는 2년으로 하고, 중임(重任)할 수 없다.

경찰청장이 직무를 집행하면서 헌법이나 법률을 위배하였을 때에는 국회는 탄핵소추를 의결할 수 있다.

경찰청장은 경찰의 수사에 관한 사무의 경우에는 개별 사건의 수사에 대하여 구체적으로 지휘·감독할 수 없다. 다만, 국민의 생명·신체·재산 또는 공공의 안전 등에 중대한 위험을 초래하는 '긴급하고 중요한 사건의 수사'*에 있어서 경찰의 자원을 대규모로 동원하는 등 통합적으로 현장 대응할 필요가 있다고 판단할 만한 상당한 이유가 있는 때에는 경찰법 제16조에 따른 국가수사본부장을 통하여 개별 사건의 수사에 대하여 구체적으로 지휘·감독할 수 있다.

* 국가경찰과 자치경찰의 조직 및 운영에 관한 법률 제14조제10항에 따른 '긴급하고 중요한 사건의 범위' 등에 관한 규정(대통령령)

제2조(긴급하고 중요한 사건의 범위 등) ① 「국가경찰과 자치경찰의 조직 및 운영에 관한 법률」(이하 "법"이라 한다) 제14조제6항 단서에 따른 긴급하고 중요한 사건은 다음 각 호의 어느 하나에 해당하는 사건 및 이와 직접적인 관련이 있는 사건으로 한다.
1. 전시·사변 또는 이에 준하는 국가 비상사태가 발생하거나 발생이 임박하여 전국적인 치안유지가 필요한 사건
2. 재난, 테러 등이 발생하여 공공의 안전에 대한 급박한 위해(危害)나 범죄로 인한 피해의 급속한 확산을 방지하기 위해 신속한 조치가 필요한 사건
3. 국가중요시설의 파괴·기능마비, 대규모 집단의 폭행·협박·손괴·방화 등에 대하여 경찰의 자원을 대규모로 동원할 필요가 있는 사건
4. 전국 또는 일부 지역에서 연쇄적·동시다발적으로 발생하거나 광역화된 범죄에 대하

여 경찰력의 집중적인 배치, 경찰 각 기능의 종합적 대응 또는 국가기관·지방자치단
체·공공기관과의 공조가 필요한 사건
② 경찰청장은 법 제14조제6항 단서에 따라 개별 사건의 수사에 대해 구체적 지휘·감독
을 하려는 경우에는 그 필요성 등을 신중하게 판단해야 한다.
제3조(수사지휘의 방식) ① 경찰청장은 법 제14조제6항 단서에 따라 국가수사본부장에게 개
별 사건의 수사에 대한 구체적 지휘를 하는 경우에는 서면으로 지휘해야 한다.
② 경찰청장은 제1항에도 불구하고 서면 지휘가 불가능하거나 현저히 곤란한 경우에는
구두나 전화 등 서면 외의 방식으로 지휘할 수 있다. 이 경우 사후에 신속하게 서면으로
지휘내용을 송부해야 한다.

경찰청장은 개별 사건의 수사에 대한 구체적 지휘·감독을 개시한 때에는 이를
국가경찰위원회에 보고하여야 한다. 경찰청장은 개별 사건의 수사에 대하여 구체적으
로 지휘·감독할 수 있는 사유가 해소된 경우에는 개별 사건의 수사에 대한 구체적
지휘·감독을 중단하여야 한다.

경찰청장은 경찰법 제16조에 따른 국가수사본부장이 개별 사건의 수사에 대한
구체적 지휘·감독의 중단을 건의하는 경우 특별한 이유가 없으면 이를 승인하여야
한다.

아울러, 비상사태 등 전국적 치안유지를 위한 경찰청장의 지휘·명령이 가능하다
(경찰법 제32조).

제32조(비상사태 등 전국적 치안유지를 위한 경찰청장의 지휘·명령) ① 경찰청장은 다음 각
호의 경우에는 제2항에 따라 자치경찰사무를 수행하는 경찰공무원(제주특별자치도의 자
치경찰공무원을 포함한다)을 직접 지휘·명령할 수 있다.
1. 전시·사변, 천재지변, 그 밖에 이에 준하는 국가 비상사태, 대규모의 테러 또는 소요
사태가 발생하였거나 발생할 우려가 있어 전국적인 치안유지를 위하여 긴급한 조치가
필요하다고 인정할 만한 충분한 사유가 있는 경우
2. 국민안전에 중대한 영향을 미치는 사안에 대하여 다수의 시·도에 동일하게 적용되는
치안정책을 시행할 필요가 있다고 인정할 만한 충분한 사유가 있는 경우
3. 자치경찰사무와 관련하여 해당 시·도의 경찰력으로는 국민의 생명·신체·재산의 보
호 및 공공의 안녕과 질서유지가 어려워 경찰청장의 지원·조정이 필요하다고 인정할
만한 충분한 사유가 있는 경우
② 경찰청장은 제1항에 따른 조치가 필요한 경우에는 시도자치경찰위원회에 자치경찰사
무를 담당하는 경찰공무원을 직접 지휘·명령하려는 사유 및 내용 등을 구체적으로 제시
하여 통보하여야 한다.
③ 제2항에 따른 통보를 받은 시도자치경찰위원회는 정당한 사유가 없으면 즉시 자치경

찰사무를 담당하는 경찰공무원에게 경찰청장의 지휘·명령을 받을 것을 명하여야 하며, 제1항에 규정된 사유에 해당하지 아니한다고 인정하면 시도자치경찰위원회의 의결을 거쳐 경찰청장에게 그 지휘·명령의 중단을 요청할 수 있다.

④ 경찰청장이 제1항에 따라 지휘·명령을 하는 경우에는 국가경찰위원회에 즉시 보고하여야 한다. 다만, 제1항제3호의 경우에는 미리 국가경찰위원회의 의결을 거쳐야 하며 긴급한 경우에는 우선 조치 후 지체 없이 국가경찰위원회의 의결을 거쳐야 한다.

⑤ 제4항에 따라 보고를 받은 국가경찰위원회는 제1항에 규정된 사유에 해당하지 아니한다고 인정하면 그 지휘·명령을 중단할 것을 의결하여 경찰청장에게 통보할 수 있다.

⑥ 경찰청장은 제1항에 따라 지휘·명령할 수 있는 사유가 해소된 때에는 경찰공무원에 대한 지휘·명령을 즉시 중단하여야 한다.

⑦ 시도자치경찰위원회는 제1항제3호에 해당하는 경우 의결로 지원·조정의 범위·기간 등을 정하여 경찰청장에게 지원·조정을 요청할 수 있다.

⑧ 경찰청장은 제주특별자치도경찰청의 관할구역에서 제1항의 지휘·명령권을 제주특별자치도경찰청장에게 위임할 수 있다.

3) 경찰청 차장(경찰법 제15조)

경찰청에 차장을 두며, 차장은 치안정감(治安正監)으로 보한다.

차장은 경찰청장을 보좌하며, 경찰청장이 부득이한 사유로 직무를 수행할 수 없을 때에는 그 직무를 대행한다.

4) 경찰청장 소속기관(경찰청과 그 소속기관 직제 제2조)

경찰청장의 관장사무를 지원하기 위하여 경찰청장 소속으로 경찰대학·경찰인재개발원·중앙경찰학교 및 경찰수사연수원을 둔다.

경찰청장의 관장사무를 지원하기 위하여 「책임운영기관의 설치·운영에 관한 법률」 제4조 제1항, 같은 법 시행령 제2조 제1항 및 별표 1에 따라 경찰청장 소속의 책임운영기관으로 경찰병원을 둔다.

3. 국가수사본부장(경찰법 제16조)

경찰청에 국가수사본부를 두며, 국가수사본부장은 치안정감으로 보한다. 23년 2차

1) 지휘 · 감독권

국가수사본부장은 「형사소송법」에 따른 경찰의 수사에 관하여 각 시도경찰청장과 경찰서장 및 수사부서 소속 공무원을 지휘 · 감독한다.

2) 임기 및 탄핵소추

국가수사본부장의 임기는 2년으로 하며, 중임할 수 없다. [23년 2차] 국가수사본부장은 임기가 끝나면 당연히 퇴직한다.

국가수사본부장이 직무를 집행하면서 헌법이나 법률을 위배하였을 때에는 국회는 탄핵 소추를 의결할 수 있다. [23년 2차]

3) 경찰청 외부를 대상으로 공개모집시 자격요건 및 결격사유

국가수사본부장을 경찰청 외부를 대상으로 모집하여 임용할 필요가 있는 때에는 다음 각 호의 자격을 갖춘 사람 중에서 임용한다.

1. 10년 이상 수사업무에 종사한 사람 중에서 「국가공무원법」 제2조의2에 따른 고위공무원단에 속하는 공무원, 3급 이상 공무원 또는 총경 이상 경찰공무원으로 재직한 경력이 있는 사람
2. 판사 · 검사 또는 변호사의 직에 10년 이상 있었던 사람
3. 변호사 자격이 있는 사람으로서 국가기관, 지방자치단체, 「공공기관의 운영에 관한 법률」 제4조에 따른 공공기관(이하 "국가기관등"이라 한다)에서 법률에 관한 사무에 10년 이상 종사한 경력이 있는 사람
4. 대학이나 공인된 연구기관에서 법률학 · 경찰학 분야에서 조교수 이상의 직이나 이에 상당하는 직에 10년 이상 있었던 사람
5. 제1호부터 제4호까지의 경력 기간의 합산이 15년 이상인 사람

국가수사본부장을 경찰청 외부를 대상으로 모집하여 임용하는 경우 다음 각 호의 어느 하나에 해당하는 사람은 국가수사본부장이 될 수 없다.

1. 「경찰공무원법」 제8조제2항 각 호의 결격사유에 해당하는 사람
2. 정당의 당원이거나 당적을 이탈한 날부터 3년이 지나지 아니한 사람 [23년 2차]
3. 선거에 의하여 취임하는 공직에 있거나 그 공직에서 퇴직한 날부터 3년이 지나지 아니한 사람

4. 제6항제1호에 해당하는 공무원 또는 제6항제2호의 판사·검사의 직에서 퇴직한 날로부터 1년이 지나지 아니한 사람
5. 제6항제3호에 해당하는 사람으로서 국가기관등에서 퇴직한 날로부터 1년이 지나지 아니한 사람

4. 시도자치경찰위원회(경찰법 제18조~제27조)

1) 설치

자치경찰사무를 관장하게 하기 위하여 특별시장·광역시장·특별자치시장·도지사·특별자치도지사(시도지사) 소속으로 시도자치경찰위원회를 둔다. 다만, 경찰법 제13조 후단에 따라 시도에 2개의 시도경찰청을 두는 경우 시도지사 소속으로 2개의 시도자치경찰위원회를 둘 수 있다. 이에 따라 2개의 시도자치경찰위원회를 두는 경우 해당 시도자치경찰위원회의 명칭, 관할구역, 사무분장, 그 밖에 필요한 사항은 대통령령으로 정한다. 23년 2차

시도자치경찰위원회는 '합의제 행정기관'으로서 그 권한에 속하는 업무를 독립적으로 수행한다. 22년 1차/24년 1차 따라서 자치경찰위원회는 심의·의결기구인 국가경찰위원회와는 달리, 합의제 행정기관으로서 대외적으로 의사표시 권한을 갖는다.

국가경찰위원회와 시도자치경찰위원회의 차이

	국가경찰위원회	시도자치경찰위원회
임명	위원은 행정안전부장관의 제청으로 국무총리를 거쳐 대통령이 임명한다(제8조 제1항).	시도자치경찰위원회 위원은 다음 각 호의 사람을 시·도지사가 임명한다. 1. 시도의회가 추천하는 2명 2. 국가경찰위원회가 추천하는 1명 3. 해당 시도 교육감이 추천하는 1명 4. 시도자치경찰위원회 위원추천위원회가 추천하는 2명 5. 시도지사가 지명하는 1명
구성	국가경찰위원회는 위원장 1명을 포함한 7명의 위원으로 구성하되, 위원장 및 5명의 위원은 비상임으로 하고, 1명의 위원은 상임으로 한다.	시도자치경찰위원회는 위원장 1명을 포함한 7명의 위원으로 구성하되, 위원장과 1명의 위원은 상임으로 하고, 5명의 비상임으로 한다.

운영	재적위원 과반수의 출석과 출석위원 과반수의 찬성으로 의결한다(제11조).	재적위원 과반수의 출석과 출석위원 과반수의 찬성으로 의결한다(제25조 제2항).
임시회의 소집요구	위원장은 필요한 경우 임시회의를 소집할 수 있으며, 위원 3인 이상과 행정안전부장관 또는 경찰청장은 위원장에게 임시회의의 소집을 요구할 수 있다.	회의는 정기적으로 개최되어야 한다. 다만, 위원장이 필요하다고 인정하는 경우, 위원 2인 이상이 요구하는 경우 및 시·도지사가 필요하다고 인정하는 경우에는 임시회의를 개최할 수 있다(제26조).
보궐위원의 임기	위원의 임기는 3년으로 하되, 연임(連任)할 수 없다. 이 경우 보궐위원의 임기는 전임자 임기의 남은 기간으로 한다(제9조).	보궐위원의 임기는 전임자 임기의 남은 기간으로 하되, 전임자의 남은 임기가 1년 미만의 경우 그 보궐위원은 제1항에도 불구하고 한 차례만 연임할 수 있다(제23조).
결격사유	제8조 ⑤ 다음 각 호의 어느 하나에 해당하는 사람은 위원이 될 수 없으며, 위원이 다음 각 호의 어느 하나에 해당하는 경우에는 당연퇴직한다. 1. 정당의 당원이거나 당적을 이탈한 날부터 3년이 지나지 아니한 사람 2. 선거에 의하여 취임하는 공직에 있거나 그 공직에서 퇴직한 날부터 3년이 지나지 아니한 사람 3. 경찰, 검찰, 국가정보원 직원 또는 군인의 직에 있거나 그 직에서 퇴직한 날부터 3년이 지나지 아니한 사람 4. 「국가공무원법」 제33조 각 호의 어느 하나에 해당하는 사람. 다만, 「국가공무원법」 제33조제2호 및 제5호에 해당하는 경우에는 같은 법 제69조제1호 단서에 따른다.	제20조 ⑦ 다음 각 호의 어느 하나에 해당하는 사람은 위원이 될 수 없다. 위원이 각 호의 어느 하나에 해당한 경우에는 당연퇴직한다. 1. 정당의 당원이거나 당적을 이탈한 날부터 3년이 지나지 아니한 사람 2. 선거에 의하여 취임하는 공직에 있거나 그 공직에서 퇴직한 날부터 3년이 지나지 아니한 사람 3. 경찰, 검찰, 국가정보원 직원 또는 군인의 직에 있거나 그 직에서 퇴직한 날부터 3년이 지나지 아니한 사람 4. 국가 및 지방자치단체의 공무원(국립 또는 공립대학의 조교수 이상의 직에 있는 사람은 제외한다. 이하 이 조에서 같다)이거나 공무원이었던 사람으로서 퇴직한 날부터 3년이 지나지 아니한 사람. 다만, 제20조제3항 후단에 따라 위원장과 상임위원이 지방자치단체의 공무원이 된 경우에는 당연퇴직하지 아니한다. 5. 「지방공무원법」 제31조 각 호의 어느 하나에 해당하는 사람. 다만, 「지방공무원법」 제31조제2호 및 제5호에 해당하는 경우에는 같은 법 제61조제1호 단서에 따른다.

2) 구성

시도자치경찰위원회는 위원장 1명을 포함한 7명의 위원으로 구성하되, 위원장과 1명의 위원은 상임으로 하고, 5명의 위원은 비상임으로 한다. [22년 2차]

위원은 특정 성(性)이 10분의 6을 초과하지 아니하도록 노력하여야 한다. [23년 2차]

위원 중 1명은 인권문제에 관하여 전문적인 지식과 경험이 있는 사람이 임명될 수 있도록 노력하여야 한다. [22년 1차]

3) 위원의 임명 및 결격사유

시도자치경찰위원회 위원은 다음 각 호의 사람을 시도지사가 임명한다. [24년 1차]

1. 시도의회가 추천하는 2명
2. 국가경찰위원회가 추천하는 1명
3. 해당 시도 교육감이 추천하는 1명
4. 시도자치경찰위원회 위원추천위원회가 추천하는 2명
5. 시도지사가 지명하는 1명

시도자치경찰위원회 위원은 다음 각 호의 어느 하나에 해당하는 자격을 갖추어야 한다.

1. 판사·검사·변호사 또는 경찰의 직에 5년 이상 있었던 사람
2. 변호사 자격이 있는 사람으로서 국가기관등에서 법률에 관한 사무에 5년 이상 종사한 경력이 있는 사람
3. 대학이나 공인된 연구기관에서 법률학·행정학 또는 경찰학 분야의 조교수 이상의 직이나 이에 상당하는 직에 5년 이상 있었던 사람
4. 그 밖에 관할 지역주민 중에서 지방자치행정 또는 경찰행정 등의 분야에 경험이 풍부하고 학식과 덕망을 갖춘 사람

시도자치경찰위원회 위원장은 위원 중에서 시도지사가 임명하고, 상임위원은 시도자치경찰위원회의 의결을 거쳐 위원 중에서 위원장의 제청으로 시도지사가 임명한다. 이 경우 위원장과 상임위원은 지방자치단체의 공무원으로 한다.

위원은 정치적 중립을 지켜야 하며, 권한을 남용하여서는 아니 된다. [22년 1차]

공무원이 아닌 위원에 대해서는 「지방공무원법」 제52조(비밀엄수의무) 및 제57조

(정치운동의 금지)를 준용한다. 22년 1차 공무원이 아닌 위원은 그 소관 사무와 관련하여 형법이나 그 밖의 법률에 따른 벌칙을 적용할 때에는 공무원으로 본다.

　　다음 각 호의 어느 하나에 해당하는 사람은 위원이 될 수 없다. 위원이 각 호의 어느 하나에 해당한 경우에는 당연퇴직한다.

1. 정당의 당원이거나 당적을 이탈한 날부터 3년이 지나지 아니한 사람
2. 선거에 의하여 취임하는 공직에 있거나 그 공직에서 퇴직한 날부터 3년이 지나지 아니한 사람
3. 경찰, 검찰, 국가정보원 직원 또는 군인의 직에 있거나 그 직에서 퇴직한 날부터 3년이 지나지 아니한 사람 22년 2차
4. 국가 및 지방자치단체의 공무원(국립 또는 공립대학의 조교수 이상의 직에 있는 사람은 제외한다. 이하 이 조에서 같다)이거나 공무원이었던 사람으로서 퇴직한 날부터 3년이 지나지 아니한 사람. 다만, 제20조제3항 후단에 따라 위원장과 상임위원이 지방자치단체의 공무원이 된 경우에는 당연퇴직하지 아니한다.
5. 「지방공무원법」 제31조 각 호의 어느 하나에 해당하는 사람. 다만, 「지방공무원법」 제31조제2호 및 제5호에 해당하는 경우에는 같은 법 제61조제1호 단서에 따른다.

4) 위원추천위원회

　　시도자치경찰위원회 위원 추천을 위하여 시도지사 소속으로 시도자치경찰위원회 위원추천위원회를 둔다.

　　시도지사는 위원추천위원회에 각계각층의 관할 지역주민의 의견이 수렴될 수 있도록 위원을 구성하여야 한다.

　　위원추천위원회는 시도자치경찰위원회 위원을 추천할 때마다 위원장 1명을 포함하여 5명의 위원으로 구성한다(자치경찰사무와 시도자치경찰위원회의 조직 및 운영 등에 관한 규정 제5조).

　　추천위원회 위원은 시도지사가 다음 각 호에 해당하는 사람을 임명하거나 위촉하며, 추천위원회 위원장은 추천위원 중에서 호선(互選)한다.

1. 「지방자치법 시행령」 제103조제1항에 따라 각 시·도별로 두는 시·군·자치구의회의 의장 전부가 참가하는 지역협의체가 추천하는 1명
2. 「지방자치법 시행령」 제103조제1항에 따라 각 시·도별로 두는 시장·군수·자치구의 구청장 전부가 참가하는 지역협의체가 추천하는 1명
3. 재직 중인 경찰공무원이 아닌 사람 중에서 경찰청장이 추천하는 1명

5) 위원장의 직무

시도자치경찰위원회 위원장은 시도자치경찰위원회를 대표하고 회의를 주재하며 시도자치경찰위원회의 의결을 거쳐 업무를 수행한다.

시도자치경찰위원회 위원장이 부득이한 사유로 직무를 수행할 수 없을 때에는 상임위원, 시도자치경찰위원회 위원 중 연장자순으로 그 직무를 대행한다.

6) 위원의 임기 및 신분보장

시도자치경찰위원회 위원장과 위원의 임기는 3년으로 하며, 연임할 수 없다. 〔23년 2차〕

보궐위원의 임기는 전임자 임기의 남은 기간으로 하되, 전임자의 남은 임기가 1년 미만인 경우 그 보궐위원은 제1항에도 불구하고 한 차례만 연임할 수 있다. 〔22년 2차〕

위원은 중대한 신체상 또는 정신상의 장애로 직무를 수행할 수 없게 된 경우를 제외하고는 그 의사에 반하여 면직되지 아니한다.

7) 자치경찰위원회의 소관사무

시도자치경찰위원회의 소관 사무는 다음 각 호로 한다. 시도자치경찰위원회의 업무와 관련하여 시도지사는 정치적 목적이나 개인적 이익을 위해 관여하여서는 아니된다.

7. 자치경찰사무 감사 및 감사의뢰
8. 자치경찰사무 담당 공무원의 주요 비위사건에 대한 감찰요구
9. 자치경찰사무 담당 공무원에 대한 징계요구
10. 자치경찰사무 담당 공무원의 고충심사 및 사기진작
11. 자치경찰사무와 관련된 중요사건·사고 및 현안의 점검
12. 자치경찰사무에 관한 규칙의 제정·개정 또는 폐지
13. 지방행정과 치안행정의 업무조정과 그 밖에 필요한 협의·조정
14. 경찰법 제32조에 따른 비상사태 등 전국적 치안유지를 위한 경찰청장의 지휘·명령에 관한 사무
15. 국가경찰사무·자치경찰사무의 협력·조정과 관련하여 경찰청장과 협의
16. 국가경찰위원회에 대한 심의·조정 요청
17. 그 밖에 시도지사, 시도경찰청장이 중요하다고 인정하여 시도자치경찰위원회의 회의에 부친 사항에 대한 심의·의결

8) 자치경찰위원회의 심의·의결

시도자치경찰위원회는 경찰법 제24조의 사무에 대하여 심의·의결한다.

시도자치경찰위원회의 회의는 재적위원 과반수의 출석과 출석위원 과반수의 찬성으로 의결한다.

시도지사는 시도자치경찰위원회의 의결이 적정하지 아니하다고 판단할 때에는 재의를 요구할 수 있다. 24년 1차

위원회의 의결이 법령에 위반되거나 공익을 현저히 해친다고 판단되면 행정안전부장관은 미리 경찰청장의 의견을 들어 국가경찰위원회를 거쳐 시도지사에게 제3항의 재의를 요구하게 할 수 있고, 경찰청장은 국가경찰위원회와 행정안전부장관을 거쳐 시도지사에게 재의를 요구하게 할 수 있다. 24년 1차

시도자치경찰위원회의 위원장은 재의요구를 받은 날부터 7일 이내에 회의를 소집하여 재의결하여야 한다. 이 경우 재적위원 과반수의 출석과 출석위원 3분의 2 이상의 찬성으로 전과 같은 의결을 하면 그 의결사항은 확정된다.

9) 자치경찰위원회의 운영 등

시도자치경찰위원회의 회의는 정기적으로 개최하여야 한다. 다만 위원장이 필요하다고 인정하는 경우, 위원 2명 이상이 요구하는 경우 및 시도지사가 필요하다고 인정하는 경우에는 임시회의를 개최할 수 있다. 22년 2차/23년 2차

시도자치경찰위원회 위원장은 경찰법 제26조 제1항에 따라 정기회의와 임시회의를 소집·개최한다. 이 경우 정기회의는 특별한 사유가 있는 경우를 제외하고는 월 1회 이상 소집·개최한다(자치경찰사무와 시도자치경찰위원회의 조직 및 운영 등에 관한 규정 제13조).

시도자치경찰위원회는 회의 안건과 관련된 이해관계인이 있는 경우 그 의견을 듣거나 회의에 참석하게 할 수 있다.

시도자치경찰위원회는 자치경찰사무의 원활한 수행, 국가경찰사무·자치경찰사무의 협력·조정 및 그 밖에 필요한 사항을 협의하기 위하여 경찰청 등 관계 기관과 실무협의회를 구성·운영할 수 있다(자치경찰사무와 시도자치경찰위원회의 조직 및 운영 등에 관한 규정 제15조).

10) 사무기구

시도자치경찰위원회의 사무를 처리하기 위하여 시도자치경찰위원회에 필요한 사무기구를 둔다.

사무기구에는 「지방자치단체에 두는 국가공무원의 정원에 관한 법률」에도 불구하고 대통령령으로 정하는 바에 따라 경찰공무원을 두어야 한다.

사무기구의 장은 시도자치경찰위원회 위원장의 명을 받아 소관 사무를 처리하고 소속 직원을 지휘·감독한다(자치경찰사무와 시도자치경찰위원회의 조직 및 운영 등에 관한 규정 제18조).

5. 시도경찰청

1) 시도경찰청(경찰법 제13조)

경찰의 사무를 지역적으로 분담하여 수행하게 하기 위하여 특별시·광역시·특별자치시·도·특별자치도(이하 "시도"라 한다)에 시도경찰청을 두고, 시도경찰청장 소속으로 경찰서를 둔다. 이 경우 인구, 행정구역, 면적, 지리적 특성, 교통 및 그 밖의 조건을 고려하여 시도에 2개의 시도경찰청을 둘 수 있다.

시도경찰청은 종전 경찰법에서 "경찰청의 사무"를 지역적으로 분담하여 수행하게 하기 위하여 시도지사 소속으로 두는 '지방경찰청'과 차이가 있다. 자치경찰제 시행의 영향으로 볼 수 있다.

2) 시도경찰청장(경찰법 제28조)

시도경찰청에 시도경찰청장을 두며, 시도경찰청장은 치안정감·치안감(治安監) 또는 경무관(警務官)으로 보한다.

「경찰공무원법」 제7조에도 불구하고 시도경찰청장은 경찰청장이 시도자치경찰위원회와 협의하여 추천한 사람 중에서 행정안전부장관의 제청으로 국무총리를 거쳐 대통령이 임용한다.

시도경찰청장은 국가경찰사무에 대해서는 경찰청장의 지휘·감독을, 자치경찰사무에 대해서는 시도자치경찰위원회의 지휘·감독을 받아 관할구역의 소관 사무를 관장하고 소속 공무원 및 소속 경찰기관의 장을 지휘·감독한다. 다만, 수사에 관한 사무에 대해서는 국가수사본부장의 지휘·감독을 받아 관할구역의 소관 사무를 관장하고 소속 공무원 및 소속 경찰기관의 장을 지휘·감독한다.

시도자치경찰위원회는 자치경찰사무에 대해 심의·의결을 통하여 시도경찰청장을 지휘·감독한다. 다만, 시도자치경찰위원회가 심의·의결할 시간적 여유가 없거나 심의·의결이 곤란한 경우 대통령령으로 정하는 바에 따라 시도자치경찰위원회의 지휘·감독권을 시도경찰청장에게 위임한 것으로 본다.

3) 시도경찰청 차장(경찰법 제29조)

시도경찰청에 차장을 둘 수 있다.

차장은 시도경찰청장을 보좌하여 소관 사무를 처리하고 시도경찰청장이 부득이한 사유로 직무를 수행할 수 없을 때에는 그 직무를 대행한다.

4) 경찰서장(경찰법 제30조)

경찰서에 경찰서장을 두며, 경찰서장은 경무관, 총경(總警) 또는 경정(警正)으로 보한다.

경찰서장은 시도경찰청장의 지휘·감독을 받아 관할구역의 소관 사무를 관장하고 소속 공무원을 지휘·감독한다.

경찰서장 소속으로 지구대 또는 파출소를 두고, 그 설치기준은 치안수요·교통·지리 등 관할구역의 특성을 고려하여 행정안전부령으로 정한다. 다만, 필요한 경우에는 출장소를 둘 수 있다.

시도자치경찰위원회는 정기적으로 경찰서장의 자치경찰사무 수행에 관한 평가결과를 경찰청장에게 통보하여야 하며 경찰청장은 이를 반영하여야 한다.

5) 지구대 등(경찰청과 그 소속기관 직제 제43조)

시도경찰청장은 경찰서장의 소관사무를 분장하기 위하여 행정안전부령으로 정하는 바에 따라 경찰청장의 승인을 받아 지구대 또는 파출소를 둘 수 있다.

경찰서장의 소관사무를 분장하기 위하여 경찰서장 소속으로 지구대를 두되, 다음 각 호의 어느 하나에 해당하는 경우에는 파출소를 둘 수 있다(경찰청과 그 소속기관 직제 시행규칙 제76조).

1. 도서, 산간 오지, 농어촌 벽지(僻地) 등 교통·지리적 원격지로 인접 경찰관서에서의 출동이 용이하지 않은 경우
2. 관할구역에 국가중요시설 등 특별한 경계가 요구되는 시설이 있는 경우
3. 휴전선 인근 등 보안상 취약지역을 관할하는 경우
4. 그 밖에 치안수요가 특수하여 지구대를 운영하는 것이 적당하지 않은 경우

시도경찰청장은 사무분장이 임시로 필요한 경우에는 출장소를 둘 수 있다.

지구대·파출소 및 출장소의 명칭·위치 및 관할구역과 그 밖에 필요한 사항은 시도경찰청장이 정한다.

6. 연구개발의 지원 등

1) 치안에 필요한 연구개발의 지원(경찰법 제33조)

경찰청장은 치안에 필요한 연구·실험·조사·기술개발(이하 "연구개발사업"이라 한다) 및 전문인력 양성 등 치안분야의 과학기술진흥을 위한 시책을 마련하여 추진하여야 한다.

경찰청장은 연구개발사업을 실시하는 데 필요한 경비의 전부 또는 일부를 출연하거나 보조할 수 있다.

2) 자치경찰사무에 대한 재정적 지원 등(경찰법 제34조~제35조)

국가는 지방자치단체가 이관받은 사무를 원활히 수행할 수 있도록 인력, 장비 등에 소요되는 비용에 대하여 재정적 지원을 하여야 한다.

자치경찰사무의 수행에 필요한 예산은 시도자치경찰위원회의 심의·의결을 거쳐 시도지사가 수립한다. 이 경우 시도자치경찰위원회는 경찰청장의 의견을 들어야 한다.

시도지사는 자치경찰사무 담당 공무원에게 조례에서 정하는 예산의 범위에서 재정적 지원 등을 할 수 있다.

시도의회는 관련 예산의 효율적인 관리를 위하여 의결로써 자치경찰사무에 대해 시도자치경찰위원장의 출석 및 자료 제출을 요구할 수 있다.

Ⅲ 경찰기관 상호 간의 관계

1. 개관

상하관청 간에는 감독 관계가 형성되므로 보고를 받고, 서류 및 장부를 검사하는 등 사무감사를 할 수 있는 감사권이 있다.

상급관청은 하급관청에 대하여 권한행사를 지휘하기 위하여 훈령을 발할 권한이 있으며, 하급관청의 권한 행사 전에 이를 인가할 권한이 있고, 하급관청의 위법, 부당한 행위를 취소하거나 정지할 수 있는 권한이 있다. 또한 하급관청간에 권한의 다툼이 있는 경우 이를 결정할 권한이 있다.

대등한 관청 사이에서는 서로 다른 관청원 권한을 존중하고 이를 침범해서는 안되며, 그 권한 행사에 상호 협력하여야 한다. 특히 직무상 필요한 사무가 다른 기관의 관할에 속하는 경우 그 행정청에 사무처리를 부탁하는 사무위탁(촉탁)과 특히 필요한 경우 다른 기관의 시무를 지원하는 것을 경찰(행정)응원이라고 한다.

2. 훈령권

1) 개념

상급행정관청이 하급관청의 권한행사를 일반적, 추상적으로 지휘하기 위하여 사전에 발하는 명령으로, 훈령을 발할 수 있는 권한을 훈령권이라고 한다.

2) 법적 성격

특별한 법적 근거를 요하지 않고 감독권의 당연한 작용으로서 훈령을 발할 수 있다. 상관이 부하공무원 개인에 대하여 개별적. 구체적으로 발하는 직무명령과는 구별된다.

공무원의 상명하복 관계에서 당연히 인정되는 것이므로 직무명령도 별도의 법적 근거나 형식을 요하지는 않는다(불요식행위). 권한 있는 상관이 부하공무원의 권한의무 범위에 해당하는 사항이면서, 그 부하공무원의 직무상 독립적 권한에 해당하지 않는 사항에 대하여 그 내용이 법령에 저촉되지 않고, 공익에 적합하면서 실형가능하고 명확하게 발하여질 수 있다.

그 대상은 직무와 관련 없는 사생활은 제외되지만, 직무집행과 직접 관련되는 사항은 물론 복장, 두발 등 사생활에 해당하는 사항이라도 직무집행과 간접적,으로 관련되는 것이라면 대상이 될 수 있다. 다만 기관구성하는 자가 교체되면 직무명령은 효력을 상실한다.

3) 요건

훈령의 형식적 요건은 1) 권한 있는 상급관청이 발령할 것, 2) 하급관청의 권한에 속하는 사항일 것, 3) 하급관청의 직무상 권한행사의 독립성이 보장되어 있는 사항에 관한 것이 아닐 것을 요한다. 실질적 요건은 "내용이 적법. 타당하며, 실현 가능하고 명백할 것"을 요한다.

내용이 서로 모순되는 둘 이상의 훈령이 발해진 경우, 우선 주관상급행정청의 훈령에 따라야 하고, 주관상급관청이 불명확한 때에는 주관쟁의의 방법으로 해결하여야 한다. 주관상급행정청이 상하관계에 있는 때에는 직근상급행정청의 훈령에 따라야 한다.

하급행정청이 훈령을 심사하여 요건을 충족하지 못한 훈령에 대해서는 복종을 거부할 수 있는지 문제되는데, 통설과 판례는 형식적 요건에 대해서는 하급관청이 심사권을 갖지만, 실질적 요건에 대해서는 심사권이 없어서, 부당하다고 판단되더라도 일단은 복종해야 한다. 다만, 명백하게 범죄를 구성하거나 중대하고 명백한 하자가 있는 훈령에는 복종을 거부할 수 있고, 오히려 이를 알면서도 하급관청이 복종하였다면, 상급관청의 훈령이었다는 이유만으로 하급관청이 책임을 면할 수는 없다.

4) 훈령위반행위의 효과

훈령은 행정청 내부만 기속할 뿐, 대외적 효력을 갖지 않기 때문에 하급경찰관청의 행정행위가 훈령에 위반한 경우에도 해당 행정행위의 효력에는 영향이 없다. 다만 훈령에 위반함을 알고도 행위한 경우 해당 공무원은 직무위반으로서 징계사유가 될 수 있다.

3. 경찰관청 권한의 대리, 위임 등

1) 경찰관청 권한의 대리

(1) 의의
대리에 관한 것은 민법총칙에 규정된 대리의 일반원칙에 따른다.

(2) 대리의 종류
피대리기관의 권한부여(수권)에 의하여 대리가 이루어지는 것을 임의대리(수권대리)라고 하며, 이는 특별한 법적 근거가 없어도 가능하다. 다만, 권한의 전부에 대한 수권은 허용되지 아니하며, 그 일부에 대해서만 수권하여야 하고 행정적 보조기관이 대리기관이 되는 것이 보통이다. 이 경우 복대리가 허용되지 아니하며, 'ㅇㅇㅇ(피대리기관명) 대리 △△△(대리기관명)' 형식으로 이루어지므로 대리기관이 자신의 이름으로 권한행사를 한다. 그 효과와 책임은 피대리기관(수권기관)에게 발생하고 행정소송의 피고도 피대리기관이 된다. 수임관청 및 피대리기관은 항고소송에서 피고가 된다(행정위임위탁규정 제8조가 수임 및 수탁관이 책임을 진다는 취지). 22년 2차

법정대리는 법령의 규정에 근거하여 일정 사실의 발생을 조건으로 당연히 혹은

법령이 정한 자의 지정에 의하여 대리관계가 발생하는 것을 말한다. 전자를 협의의 법정대리라고 하는데, <경찰법 제15조(경찰청 차장) ② 차장은 경찰청장이 부득이한 사유로 직무를 수행할 수 없을 때에는 그 직무를 대행한다>처럼 대리관계가 당연히 발생하는 것이다. [22년 2차]

　　법정대리 중에서 일정한 자의 지정이 요구되는 경우는 '지정대리'라고 한다. 여기에는 경찰관 직무집행법 제12조가 손실보상심의위원회의 위원장에 대하여 <③ 위원장이 부득이한 사유로 직무를 수행할 수 없는 때에는 위원장이 미리 지명한 위원이 그 직무를 대행한다>와 같은 예가 있다.

2) 경찰관청 권한의 위임, 위탁

　　경찰관청 권한의 위임은 경찰관청의 장이 자신의 권한 중 일부를 그 보조기관 또는 하급행정기관의 장에게 맡겨 그의 권한과 책임 아래 행사하도록 하는 것을 말한다.
　　경찰관청 권한의 위임, 위탁은 「정부조직법」 제6조에 근거한다.

> 제6조(권한의 위임 또는 위탁) ① 행정기관은 법령으로 정하는 바에 따라 그 소관사무의 일부를 보조기관 또는 하급행정기관에 위임하거나 다른 행정기관·지방자치단체 또는 그 기관에 위탁 또는 위임할 수 있다. 이 경우 위임 또는 위탁을 받은 기관은 특히 필요한 경우에는 법령으로 정하는 바에 따라 위임 또는 위탁을 받은 사무의 일부를 보조기관 또는 하급행정기관에 재위임할 수 있다.
> ② 보조기관은 제1항에 따라 위임받은 사항에 대하여는 그 범위에서 행정기관으로서 그 사무를 수행한다.
> ③ 행정기관은 법령으로 정하는 바에 따라 그 소관사무 중 조사·검사·검정·관리 업무 등 국민의 권리·의무와 직접 관계되지 아니하는 사무를 지방자치단체가 아닌 법인·단체 또는 그 기관이나 개인에게 위탁할 수 있다.

　　또한 「행정권한의 위임 및 위탁에 관한 규정(대통령령)」에 따라 이루어진다.

(1) 용어의 정의

　　이 영에서 사용하는 용어의 뜻은 다음과 같다. [23년 2차]

> 1. "위임"이란 법률에 규정된 행정기관의 장의 권한 중 일부를 그 보조기관 또는 하급행정기관의 장이나 지방자치단체의 장에게 맡겨 그의 권한과 책임 아래 행사하도록 하는 것을 말한다.

2. "위탁"이란 법률에 규정된 행정기관의 장의 권한 중 일부를 다른 행정기관의 장에게 맡겨 그의 권한과 책임 아래 행사하도록 하는 것을 말한다.
3. "민간위탁"이란 법률에 규정된 행정기관의 사무 중 일부를 지방자치단체가 아닌 법인·단체 또는 그 기관이나 개인에게 맡겨 그의 명의로 그의 책임 아래 행사하도록 하는 것을 말한다.
4. "위임기관"이란 자기의 권한을 위임한 해당 행정기관의 장을 말하고, "수임기관"이란 행정기관의 장의 권한을 위임받은 하급행정기관의 장 및 지방자치단체의 장을 말한다.
5. "위탁기관"이란 자기의 권한을 위탁한 해당 행정기관의 장을 말하고, "수탁기관"이란 행정기관의 권한을 위탁받은 다른 행정기관의 장과 사무를 위탁받은 지방자치단체가 아닌 법인·단체 또는 그 기관이나 개인을 말한다.

(2) 위임 및 위탁의 기준

행정기관의 장은 허가·인가·등록 등 민원에 관한 사무, 정책의 구체화에 따른 집행사무 및 일상적으로 반복되는 사무로서 그가 직접 시행하여야 할 사무를 제외한 일부 권한(행정권한)을 그 보조기관 또는 하급행정기관의 장, 다른 행정기관의 장, 지방자치단체의 장에게 위임 및 위탁한다.

행정기관의 장은 행정권한을 위임 및 위탁할 때에는 위임 및 위탁하기 전에 수임기관의 수임능력 여부를 점검하고, 필요한 인력 및 예산을 이관하여야 한다.

행정기관의 장은 행정권한을 위임 및 위탁할 때에는 위임 및 위탁하기 전에 단순한 사무인 경우를 제외하고는 수임 및 수탁기관에 대하여 수임 및 수탁사무 처리에 필요한 교육을 하여야 하며, 수임 및 수탁사무의 처리지침을 통보하여야 한다. 23년 2차

(3) 재위임

특별시장·광역시장·특별자치시장·도지사 또는 특별자치도지사(특별시·광역시·특별자치시·도 또는 특별자치도의 교육감을 포함한다)나 시장·군수 또는 구청장(자치구의 구청장을 말한다)은 행정의 능률향상과 주민의 편의를 위하여 필요하다고 인정될 때에는 수임사무의 일부를 그 위임기관의 장의 승인을 받아 규칙으로 정하는 바에 따라 시장·군수·구청장(교육장을 포함한다) 또는 읍·면·동장, 그 밖의 소속기관의 장에게 다시 위임할 수 있다.

(4) 지휘·감독

위임 및 위탁기관은 수임 및 수탁기관의 수임 및 수탁사무 처리에 대하여 지휘·감독하고, 그 처리가 위법하거나 부당하다고 인정될 때에는 이를 취소하거나 정지시킬 수 있다. 23년 2차

■ 참조 판례

대법원 2016두55629 판결

정부조직법 제6조 등에 따른 행정권한의 위임 및 위탁에 관한 규정 제6조는 "위임 및 위탁기관은 수임 및 수탁기관의 수임 및 수탁사무 처리에 대하여 지휘·감독하고, 그 처리가 위법하거나 부당하다고 인정될 때에는 이를 취소하거나 정지시킬 수 있다."라고 규정하고 있다.

수임 및 수탁사무의 처리가 부당한지 여부의 판단은 위법성 판단과 달리 합목적적·정책적 고려도 포함되므로, 위임 및 위탁기관이 그 사무처리에 관하여 일반적인 지휘·감독을 하는 경우는 물론이고 나아가 수임 및 수탁사무의 처리가 부당하다는 이유로 그 사무처리를 취소하는 경우에도 광범위한 재량이 허용된다고 보아야 한다. 다만 그 사무처리로 인하여 이해관계 있는 제3자나 이미 형성된 법률관계가 존재하는 경우에는 위임 및 위탁기관이 일반적인 지휘·감독을 하는 경우와 비교하여 그 사무처리가 부당하다는 이유로 이를 취소할 때 상대적으로 엄격한 재량통제의 필요성이 인정된다. 따라서 위임 및 위탁기관이 이러한 취소 여부를 결정할 때에는 위임 및 위탁의 취지, 수임 및 수탁기관 사무처리의 부당한 정도, 취소되는 사무의 성격과 내용, 취소로 이익이 제한·침해되는 제3자의 존재 여부 및 제한·침해의 정도 등을 종합적으로 고려하여야 하고, 이러한 취소에 재량권 일탈·남용이 인정된다면 취소처분은 위법하다고 판단할 수 있다. 23년 2차

(5) 사전승인 등의 제한

수임 및 수탁사무의 처리에 관하여 위임 및 위탁기관은 수임 및 수탁기관에 대하여 사전승인을 받거나 협의를 할 것을 요구할 수 없다.

(6) 책임의 소재 및 명의의 표시 22년 2차

수임 및 수탁사무의 처리에 관한 책임은 수임 및 수탁기관에 있으며, 위임 및 위탁기관의 장은 그에 대한 감독책임을 진다.

수임 및 수탁사무에 관한 권한을 행사할 때에는 수임 및 수탁기관의 명의로 하여야 한다.

(7) 경찰청 소관의 위임 및 위탁

경찰청장은 시도경찰청장, 경찰대학장, 경찰인재개발원장, 중앙경찰학교장 및 경찰수사연수원장에게 해당 소속기관의 4급 및 5급 공무원의 전보권과 6급 이하 공무원의 임용권을 각각 위임한다.

3) 위임전결, 대결(代決)

행정청의 결재를 요하는 특정 사항에 대하여 휴가, 출장, 사고 등 일시적 사정에 따라 보조기관이 대신 결재하는 것을 대결이라고 한다. 이는 대리와 유사하지만, 대리임을 표시하지 않고 이루어진다.

위임전결은 결재권이 있는 사항 중 특정한 유형의 사안들 일반에 대해 보조기관에게 결재원을 위임한 것을 말한다.

| 제**3**절 | 경찰공무원법 |

Ⅰ 경찰공무원의 의의

1. 경찰공무원의 개념

경찰공무원은 국가공무원 중에서 경력직 공무원에 해당하며, 경력직 공무원 중에서 일반직 공무원과 구별되는 특정직공무원으로, 「국가공무원법」과 「경찰공무원법」의 적용을 받는다. 경력직 공무원 이외 정무직 공무원, 별정직 공무원 등과 같은 특수경력직 공무원과는 구별된다.

자치경찰제가 시행되고 있으나, 자치경찰사무만 존재할 뿐 별도의 자치경찰공무원은 없다. 다만, 제주특별법에 근거한 제주자치경찰단 소속 자치경찰은 지방직 공무원에 해당한다.

경찰조직에는 경찰공무원이 아닌 일반직 공무원도 있다.

2. 「경찰공무원법」 및 「국가공무원법」의 관계

경찰공무원이 적용받는 「국가공무원법」과 「경찰공무원법」은 일반법과 특별법의 관계에 있다.

실제로 「경찰공무원법」 제1조에서 "이 법은 경찰공무원의 책임 및 직무의 중요성과 신분 및 근무조건의 특수성에 비추어 그 임용, 교육훈련, 복무(服務), 신분보장 등에 관하여 「국가공무원법」에 대한 특례를 규정함을 목적으로 한다."는 점을 명시하고 있다.

3. 경찰공무원의 분류

1) 계급

경찰공무원의 계급은 치안총감, 치안정감, 치안감, 경무관, 총경, 경정, 경감, 경위, 경사, 경장, 순경으로 구분한다.

2) 경과(경찰공무원 임용령 제3조)

경찰공무원은 그 직무의 종류에 따라 경과(警科)에 의하여 구분하고 있다.

총경 이하 경찰공무원에게 부여하는 경과는 ① 일반경과, ② 수사경과, ③ 보안경과, ④ 특수경과(항공경과, 정보통신경과) 등이다. 다만, 수사경과와 보안경과는 경정이하 경찰공무원에게만 부여한다.

임용권자 임용제청권자는 경찰공무원을 신규채용할 때에 경과를 부여해야 한다. 경찰청장은 전시·사변 또는 이에 준하는 비상사태가 발생한 경우에는 경과의 일부를 폐지 또는 병합하거나 신설할 수 있다.

신규채용된 경찰공무원에게는 일반경과를 부여한다. 다만, 수사, 안보수사, 항공, 정보통신분야로 채용된 경찰공무원에게는 임용예정 직위의 업무와 관련된 경과를 부여한다.

한편, 다른 경과로의 변경을 의미하는 전과도 가능하다. 전과는 일반경과에서 수사경과·안보수사경과 또는 특수경과로의 전과만 인정한다. 다만, 정원감축 등 경찰청장이 정하는 사유가 있는 경우 수사경과·안보수사경과 또는 정보통신경과에서 일반경과로의 전과를 인정할 수 있다.

Ⅱ 경찰공무원의 임용

1. 용어의 정의(경찰공무원법 제2조)

경찰공무원법상 임용은 신규채용·승진·전보·파견·휴직·직위해제·정직·강등·복직·면직·해임 및 파면을 말한다.

전보는 경찰공무원의 동일 직위 및 자격 내에서의 근무기관이나 부서를 달리하는 임용을 말한다.

복직이란 휴직·직위해제 또는 정직(강등에 따른 정직을 포함한다) 중에 있는 경찰공무원을 직위에 복귀시키는 것을 말한다.

2. 임용권자(경찰공무원법 제7조)

1) 총경 이상 경찰공무원의 임용권자

총경 이상 경찰공무원은 경찰청장 또는 해양경찰청장의 추천을 받아 행정안전부장관 또는 해양수산부장관의 제청으로 국무총리를 거쳐 대통령이 임용한다. 다만, 총경의 전보, 휴직, 직위해제, 강등, 정직 및 복직은 경찰청장 또는 해양경찰청장이 한다. 23년 1차

2) 경정 이하 경찰공무원의 임용권자

경정 이하의 경찰공무원은 경찰청장 또는 해양경찰청장이 임용한다. 다만, 경정으로의 신규채용, 승진임용 및 면직은 경찰청장 또는 해양경찰청장의 제청으로 국무총리를 거쳐 대통령이 한다. 23년 1차

3) 임용권의 위임

(1) 시도지사에 대한 위임

경찰청장은 특별시장·광역시장·특별자치시장·도지사 또는 특별자치도지사(시도지사)에게 해당 특별시·광역시·특별자치시·도 또는 특별자치도(시도)의 자치경찰사무를 담당하는 경찰공무원(지구대 및 파출소는 제외) 중 경정의 전보·파견·휴직·직위

해제 및 복직에 관한 권한과 경감 이하의 임용권(신규채용 및 면직에 관한 권한은 제외한다)을 위임한다. 23년 1차

여기서 임용권을 위임받은 시도지사는 법 제7조제3항 후단에 따라 경감 또는 경위로의 승진임용에 관한 권한을 제외한 임용권을 시도자치경찰위원회에 다시 위임한다. 22년 2차 임용권을 위임받은 시도자치경찰위원회는 시도지사와 시도경찰청장의 의견을 들어 그 권한의 일부를 시도경찰청장에게 다시 위임할 수 있다.

시도자치경찰위원회는 임용권을 행사하는 경우에는 시도경찰청장의 추천을 받아야 한다.

여기서 임용권을 위임받은 시도경찰청장은 소속 경감 이하 경찰공무원에 대한 해당 경찰서 안에서의 전보권을 경찰서장에게 다시 위임할 수 있다.

그러나 이러한 위임에도 불구하고, 경찰청장은 경찰공무원의 정원 조정, 승진임용, 인사교류 또는 파견을 위하여 필요한 경우에는 임용권을 행사할 수 있다(경찰공무원 임용령 제4조).

(2) 국가수사본부장에 대한 위임

경찰청장은 국가수사본부장에게 국가수사본부 안에서의 경정 이하에 대한 전보권을 위임한다.

(3) 시도경찰청장 등 소속기관의 장에 대한 위임

경찰청장은 경찰대학·경찰인재개발원·중앙경찰학교·경찰수사연수원·경찰병원 및 시도경찰청의 장에게 그 소속 경찰공무원 중 경정의 전보·파견·휴직·직위해제 및 복직에 관한 권한과 경감 이하의 임용권을 위임한다.

시도경찰청장 및 경찰서장은 지구대장 및 파출소장을 보직하는 경우에는 시도자치경찰위원회의 의견을 사전에 들어야 한다.

소속기관등의 장은 경감 또는 경위를 신규채용하거나 경위 또는 경사를 승진시키려면 미리 경찰청장의 승인을 받아야 한다.

3. 경찰공무원인사위원회(경찰공무원법 제5조)

1) 경찰공무원인사위원회의 설치

경찰공무원의 인사(人事)에 관한 중요 사항에 대하여 경찰청장 또는 해양경찰청

장의 자문에 응하게 하기 위하여 경찰청과 해양경찰청에 경찰공무원인사위원회(인사위원회)를 둔다.

인사위원회는 다음 사항을 심의한다. 첫째, 경찰공무원의 인사행정에 관한 방침과 기준 및 기본계획, 둘째, 경찰공무원의 인사에 관한 법령의 제정·개정 또는 폐지에 관한 사항, 셋째, 그 밖에 경찰청장 또는 해양경찰청장이 인사위원회의 회의에 부치는 사항 등이다.

2) 인사위원회의 구성 및 운영

인사위원회는 위원장을 포함하여 5명 이상 7명 이하의 위원으로 구성한다(경찰공무원 임용령 제9조).

인사위원회의 위원장은 경찰청 인사담당국장이 되고, 위원은 경찰청 소속 총경이상 경찰공무원 중에서 경찰청장이 각각 임명한다.

위원장은 인사위원회를 대표하며, 인사위원회의 사무를 총괄한다. 위원장이 부득이한 사유로 직무를 수행할 수 없을 때에는 위원 중에서 최상위계급 또는 선임의 경찰공무원이 그 직무를 대행한다.

위원장은 인사위원회의 회의를 소집하고 그 의장이 된다. 회의는 재적위원 과반수의 찬성으로 의결한다. 위원장은 인사위원회에서 심의된 사항을 지체 없이 경찰청장에게 보고하여야 한다.

4. 임용의 구체적 내용

1) 임용의 시기(경찰공무원 임용령 제5조)

경찰공무원은 임용장이나 임용통지서에 적힌 날짜에 임용된 것으로 보며, 임용일자를 소급해서는 아니 된다. 다만, 다음의 어느 하나에 해당하는 경우에는 다음 각 호의 구분에 따른 일자에 임용된 것으로 본다.

① 「경찰공무원법」 제19조제1항제2호에 따라 전사하거나 순직한 사람을 다음 각 목의 어느 하나에 해당하는 날을 임용일자로 하여 특별승진임용하는 경우
가. 재직 중 사망한 경우: 사망일의 전날

나. 퇴직 후 사망한 경우: 퇴직일의 전날
② 「국가공무원법」 제70조제1항제4호에 따라 직권으로 면직시키는 경우: 휴직기간의 만료일 또는 휴직사유의 소멸일
③ 「경찰공무원법」 제10조제2항에 따른 경찰간부후보생, 「경찰대학 설치법」에 따른 경찰대학의 학생 또는 시보임용예정자가 제21조제1항에 따른 경찰공무원의 직무수행과 관련된 실무수습 중 사망한 경우: 사망일의 전날

사망으로 인한 면직은 사망한 다음 날에 면직된 것으로 본다.

임용일자는 그 임용장이 피임용자에게 송달되는 기간 및 사무인계에 필요한 기간을 참작하여 정하여야 한다.

임용권자 또는 임용제청권자는 해당 기관에 결원이 있는 경우에는 지체 없이 결원보충에 필요한 조치를 하여야 한다.

2) 임용자격 및 결격사유(경찰공무원법 제8조)

경찰공무원은 신체 및 사상이 건전하고 품행이 방정(方正)한 사람 중에서 임용한다. 다음 각 호의 어느 하나에 해당하는 사람은 「경찰공무원법」에 따라 경찰공무원으로 임용될 수 없다.

1. 대한민국 국적을 가지지 아니한 사람
2. 「국적법」 제11조의2제1항에 따른 복수국적자
3. 피성년후견인 또는 피한정후견인
4. 파산선고를 받고 복권되지 아니한 사람「경찰공무원법」
5. 자격정지 이상의 형(刑)을 선고받은 사람
6. 자격정지 이상의 형의 선고유예를 선고받고 그 유예기간 중에 있는 사람
7. 공무원으로 재직기간 중 직무와 관련하여 「형법」 제355조 및 제356조에 규정된 죄를 범한 자로서 300만원 이상의 벌금형을 선고받고 그 형이 확정된 후 2년이 지나지 아니한 사람
8. 「성폭력범죄의 처벌 등에 관한 특례법」 제2조에 규정된 죄를 범한 사람으로서 100만원 이상의 벌금형을 선고받고 그 형이 확정된 후 3년이 지나지 아니한 사람
9. 미성년자에 대한 다음 각 목의 어느 하나에 해당하는 죄를 저질러 형 또는 치료감호가 확정된 사람(집행유예를 선고받은 후 그 집행유예기간이 경과한 사람을 포함한다)
   가. 「성폭력범죄의 처벌 등에 관한 특례법」 제2조에 따른 성폭력범죄
   나. 「아동·청소년의 성보호에 관한 법률」 제2조제2호에 따른 아동·청소년대상 성범죄
10. 징계에 의하여 파면 또는 해임처분을 받은 사람 23년 2차

국가공무원법에 규정되어 있는 공무원임용결격사유는 공무원으로 임용되기 위한 절대적인 소극적 요건으로서, 공무원관계는 국가공무원법 제38조, 공무원임용령 제11조의 규정에 의한 채용후보자 명부에 등록한 때가 아니라 국가의 임용이 있는 때에 설정되는 것이므로, 공무원임용결격사유가 있는지의 여부는 채용후보자 명부에 등록한 때가 아닌 임용당시에 시행되던 법률을 기준으로 하여 판단하여야 한다(대법원 86누459 판결).

■ 참조 판례

> 대법원 86누459 판결
> 임용당시 공무원임용결격사유가 있었다면 비록 국가의 과실에 의하여 임용결격자임을 밝혀내지 못하였다 하더라도 그 임용행위는 당연무효로 보아야 한다. 22년 2차

3) 신규채용(경찰공무원법 제10조~제13조)

신규채용은 공개경쟁시험과 경력경쟁채용시험의 방식으로 이루어진다.

(1) 공개경쟁시험

경정 및 순경의 신규채용은 공개경쟁시험으로 한다.

경위의 신규채용은 다음 어느 하나에 해당하는 사람 중에서 한다.

1. 경찰대학을 졸업한 사람
2. 대통령령으로 정하는 자격을 갖추고 공개경쟁시험으로 선발된 사람(경위공개경쟁채용시험합격자)으로서 교육훈련을 마치고 정하여진 시험에 합격한 사람

(2) 경력경쟁채용시험

경찰공무원을 신규채용하는 방식으로 경력경쟁채용시험은 다음 각 호의 어느 하나에 해당하는 경우에는 경력 등 응시요건을 정하여 같은 사유에 해당하는 다수인을 대상으로 경쟁의 방법으로 채용하는 시험으로 이루어진다. 다만, 다수인을 대상으로 시험을 실시하는 것이 적당하지 아니하여 대통령령으로 정하는 경우에는 다수인을 대상으로 하지 아니한 시험으로 경찰공무원을 채용할 수 있다.

1. 「국가공무원법」 제70조제1항제3호의 사유로 퇴직하거나 같은 법 제71조제1항제1호의 휴직 기간 만료로 퇴직한 경찰공무원을 퇴직한 날부터 3년(「공무원 재해보상법」에 따른

공무상 질병 또는 부상으로 인한 휴직의 경우에는 5년) 이내에 퇴직 시에 재직한 계급의 경찰공무원으로 재임용하는 경우

2. 공개경쟁시험으로 임용하는 것이 부적당한 경우에 임용예정 직무에 관련된 자격증 소지자를 임용하는 경우

3. 임용예정직에 상응하는 근무경력 또는 연구경력이 있거나 전문지식을 가진 사람을 임용하는 경우

4. 「국가공무원법」에 따른 5급 공무원의 공개경쟁채용시험이나 「사법시험법」(2009년 5월 28일 법률 제9747호로 폐지되기 전의 것을 말한다)에 따른 사법시험에 합격한 사람을 경정 이하의 경찰공무원으로 임용하는 경우

5. 섬, 외딴곳 등 특수지역에서 근무할 사람을 임용하는 경우

6. 외국어에 능통한 사람을 임용하는 경우

7. 제주특별자치도의 자치경찰공무원을 그 계급에 상응하는 경찰공무원으로 임용하는 경우

8. 「국가경찰과 자치경찰의 조직 및 운영에 관한 법률」 제16조에 따라 경찰청 외부를 대상으로 모집하여 국가수사본부장을 임용하는 경우

(3) 부정행위자에 대한 제재

경찰청장 또는 해양경찰청장은 경찰공무원의 신규채용시험(경위공개경쟁채용시험을 포함), 승진시험 또는 그 밖의 시험에서 다른 사람에게 대신하여 응시하게 하는 행위 등 대통령령으로 정하는 부정행위를 한 사람에 대하여 대통령령으로 정하는 바에 따라 해당 시험의 정지·무효 또는 합격 취소 처분을 할 수 있다.

이러한 처분을 받은 사람에 대해서는 처분이 있은 날부터 5년의 범위에서 대통령령으로 정하는 기간 동안 신규채용시험, 승진시험 또는 그 밖의 시험의 응시자격을 정지한다.

경찰청장 또는 해양경찰청장은 제1항에 따른 처분(시험의 정지는 제외한다)을 할 때에는 미리 그 처분 내용과 사유를 당사자에게 통지하여 소명할 기회를 주어야 한다.

(4) 채용비위 관련자의 합격 등 취소

경찰청장 또는 해양경찰청장은 누구든지 경찰공무원의 채용과 관련하여 대통령령으로 정하는 비위를 저질러 유죄판결이 확정된 경우에는 그 비위 행위로 인하여 채용시험에 합격하거나 임용된 사람에 대하여 대통령령으로 정하는 바에 따라 합격 또는 임용을 취소할 수 있다.

경찰청장 또는 해양경찰청장은 제1항에 따른 취소 처분을 하기 전에 미리 그 내용과 사유를 당사자에게 통지하고 소명할 기회를 주어야 한다. 이러한 취소 처분은 합격 또는 임용 당시로 소급하여 효력이 발생한다.

(5) 채용후보자

① 채용후보자 명부

경찰청장은 신규채용시험에 합격한 사람(경찰대학을 졸업한 사람과 경위공개경쟁채용시험합격자를 포함)을 대통령령으로 정하는 바에 따라 성적 순위에 따라 채용후보자 명부에 등재(登載)하여야 한다. 채용후보자 명부는 임용예정계급별로 작성하되, 채용후보자의 서류를 심사하여 임용 적격자만을 등재한다. 임용권자 또는 임용제청권자는 채용후보자 명부에의 등재 여부를 본인에게 알려야 한다.

경찰공무원의 신규채용은 채용후보자 명부의 등재 순위에 따른다. 다만, 채용후보자가 경찰교육기관에서 신임교육을 받은 경우에는 그 교육성적 순위에 따른다.

채용후보자 명부의 유효기간은 2년으로 하되, 경찰청장은 필요에 따라 1년의 범위에서 그 기간을 연장할 수 있다. 이 기간에는 다음의 해당하는 기간을 계산하지 아니한다.

1. 신규채용시험에 합격한 사람이 채용후보자 명부에 등재된 이후 그 유효기간 내에 「병역법」에 따른 병역 복무를 위하여 군에 입대한 경우(대학생 군사훈련 과정 이수자를 포함한다)의 의무복무 기간
2. 그 밖에 대통령령으로 정하는 사유로 임용되지 못한 기간

경찰청장 또는 해양경찰청장은 채용후보자 명부의 유효기간을 연장하기로 결정한 경우에는 그 사실을 공고하여야 한다.

② 채용후보자의 등록

공개경쟁채용시험, 경찰간부후보생 공개경쟁선발시험 및 경력경쟁채용시험 등에 합격한 사람은 행정안전부령으로 정하는 바에 따라 임용권자 또는 임용제청권자에게 채용후보자 등록을 해야 한다.

채용후보자 등록을 하지 아니한 사람은 경찰공무원으로 임용될 의사가 없는 것으로 본다.

③ 임용 또는 임용제청의 유예

임용권자 또는 임용제청권자는 채용후보자 명부에 등재된 채용후보자가 다음 각 호의 어느 하나에 해당하는 경우에는 채용후보자 명부의 유효기간의 범위에서 기간을 정하여 임용 또는 임용제청을 유예할 수 있다. 다만, 유예기간 중이라도 그 사유가 소멸한 경우에는 임용 또는 임용제청을 할 수 있다.

1. 「병역법」에 따른 병역복무를 위하여 징집 또는 소집되는 경우
2. 학업을 계속하는 경우
3. 6개월 이상의 장기요양이 필요한 질병이 있는 경우
4. 임신하거나 출산한 경우
5. 그 밖에 임용 또는 임용제청의 유예가 부득이하다고 인정되는 경우

임용 또는 임용제청의 유예를 원하는 사람은 해당 사유를 증명할 수 있는 자료를 첨부하여 임용권자 또는 임용제청권자가 정하는 기간 내에 신청해야 한다. 이 경우 원하는 유예기간을 분명하게 적어야 한다.

④ 자격상실

채용후보자가 다음 각 호의 어느 하나에 해당하는 경우에는 채용후보자로서의 자격을 상실한다.

1. 채용후보자가 임용 또는 임용제청에 응하지 아니한 경우
2. 채용후보자로서 받아야 할 교육훈련에 응하지 아니한 경우
3. 채용후보자로서 받은 교육훈련성적이 수료점수에 미달되는 경우
4. 채용후보자로서 교육훈련을 받는 중에 퇴학처분을 받은 경우. 다만, 질병 등 교육훈련을 계속할 수 없는 불가피한 사정으로 퇴학처분을 받은 경우는 제외한다.

(6) 시보임용

시보임용은 경찰공무원으로서의 적격성을 보다 면밀히 점검하고, 현장에 배치되기 전에 경찰실무를 습득하게 하기 위한 제도이다. 이 제도는 또한 시험으로 확인하지 못한 점을 점검할 수 있기 때문에 시험제도의 부족한 점을 보완하는 측면도 있다.

① 기간

경정 이하의 경찰공무원을 신규 채용할 때에는 1년간 시보(試補)로 임용하고, 그 기간이 만료된 다음 날에 정규 경찰공무원으로 임용한다.

휴직기간, 직위해제기간 및 징계에 의한 정직처분 또는 감봉처분을 받은 기간은 제1항에 따른 시보임용기간에 산입하지 아니한다.

② 시보임용의 예외

다음 각 호의 어느 하나에 해당하는 경우에는 시보임용을 거치지 아니한다.

1. 경찰대학을 졸업한 사람 또는 경위공개경쟁채용시험합격자로서 정하여진 교육훈련을 마친 사람을 경위로 임용하는 경우
2. 경찰공무원으로서 대통령령으로 정하는 상위계급으로의 승진에 필요한 자격 요건을 갖추고 임용예정 계급에 상응하는 공개경쟁 채용시험에 합격한 사람을 해당 계급의 경찰공무원으로 임용하는 경우
3. 퇴직한 경찰공무원으로서 퇴직 시에 재직하였던 계급의 채용시험에 합격한 사람을 재임용하는 경우
4. 자치경찰공무원을 그 계급에 상응하는 경찰공무원으로 임용하는 경우

③ 지도·감독 및 교육훈련

임용권자 또는 임용제청권자는 시보임용 기간 중에 있는 경찰공무원(시보임용경찰공무원)의 근무사항을 항상 지도·감독하여야 한다.

임용권자 또는 임용제청권자는 시보임용경찰공무원 또는 시보임용예정자에게 일정 기간 교육훈련(실무수습을 포함)을 시킬 수 있다. 이 경우 시보임용예정자에게 교육훈련을 받는 기간 동안 예산의 범위에서 임용예정계급의 1호봉에 해당하는 봉급의 80퍼센트에 해당하는 금액 등을 지급할 수 있다.

임용권자 또는 임용제청권자는 시보임용예정자가 교육훈련성적이 만점의 60퍼센트 미만이거나 생활기록이 극히 불량할 때에는 시보임용을 하지 아니할 수 있다.

④ 정규 경찰공무원으로의 임용 및 면직

시보임용경찰공무원을 정규 경찰공무원으로 임용하는 경우 그 적부(適否)를 심사하게 하기 위하여 임용권자 또는 임용제청권자 소속으로 정규임용심사위원회를 둔다.

시보임용기간 중에 있는 경찰공무원이 근무성적 또는 교육훈련성적이 불량할 때에는 「국가공무원법」 제68조 및 「경찰공무원법」 제28조에도 불구하고 면직시키거나 면직을 제청할 수 있다.

임용권자 또는 임용제청권자는 시보임용경찰공무원이 다음 각 호의 어느 하나에 해당하여 정규 경찰공무원으로 임용하는 것이 부적당하다고 인정되는 경우에는 정규임용심사위원회의 심사를 거쳐 해당 시보임용경찰공무원을 면직시키거나 면직을 제청할 수 있다.

1. 징계사유에 해당하는 경우
2. 제21조제1항에 따른 교육훈련성적이 만점의 60퍼센트 미만이거나 생활기록이 극히 불량한 경우

3. 「경찰공무원 승진임용 규정」 제7조제2항에 따른 제2 평정 요소의 평정점이 만점의 50퍼센트 미만인 경우

4) 승진임용(경찰공무원법 제15조~제19조)

경찰공무원의 승진임용은 심사승진임용·시험승진임용 및 특별승진임용으로 구분한다. 22년 1차

(1) 승진의 원칙

경찰공무원은 바로 아래 하위계급에 있는 경찰공무원 중에서 근무성적평정, 경력평정, 그 밖의 능력을 실증(實證)하여 승진임용한다. 다만, 해양경찰청장을 보하는 경우 치안감을 치안총감으로 승진임용할 수 있다.

경무관 이하 계급으로의 승진은 승진심사에 의하여 한다. 다만, 경정 이하 계급으로의 승진은 대통령령으로 정하는 비율에 따라 승진시험과 승진심사를 병행할 수 있다. 대통령령으로 정하는 비율은 다음과 같은 방법에 따른다(경찰공무원 승진임용 규정 제4조).

1. 계급별로 전체 승진임용 예정 인원에서 제3항에 따른 특별승진임용 예정 인원을 뺀 인원의 70퍼센트를 심사승진임용 예정 인원으로, 30퍼센트를 시험승진임용 예정 인원으로 한다. 다만, 제1항 단서에 따라 특수분야의 승진임용 예정 인원을 정하는 경우에는 본문에 따른 심사승진임용 예정 인원의 비율과 시험승진임용 예정 인원의 비율을 다르게 정할 수 있다.
2. 제1호에도 불구하고 승진심사를 하기 전에 승진시험을 실시한 경우에 그 최종합격자 수가 시험승진임용 예정 인원보다 적을 때에는 심사승진임용 예정 인원에 그 부족한 인원을 더하여 심사승진임용 예정 인원을 산정한다.

총경 이하의 경찰공무원에 대해서는 대통령령으로 정하는 바에 따라 계급별로 승진대상자 명부를 작성하여야 한다.

(2) 근속승진

경찰청장은 경무관 이하 계급으로의 승진은 승진심사에 의하여 함에도 불구하고 해당 계급에서 다음 각 호의 기간 동안 재직한 사람을 경장, 경사, 경위, 경감으로 각각 근속승진임용할 수 있다.

1. 순경을 경장으로 근속승진임용하려는 경우: 해당 계급에서 4년 이상 근속자
2. 경장을 경사로 근속승진임용하려는 경우: 해당 계급에서 5년 이상 근속자
3. 경사를 경위로 근속승진임용하려는 경우: 해당 계급에서 6년 6개월 이상 근속자
4. 경위를 경감으로 근속승진임용하려는 경우: 해당 계급에서 8년 이상 근속자

다만, 인사교류 경력이 있거나 주요 업무의 추진 실적이 우수한 공무원 등 경찰행정 발전에 기여한 공이 크다고 인정되는 경우에는 다음과 같이 그 기간을 단축할 수 있다.

1. 「공무원임용령」 제48조제1항제1호에 따른 인사교류 기간 중에 있거나 인사교류 경력이 있는 경찰공무원: 인사교류 기간의 2분의 1에 해당하는 기간
2. 국정과제 등 주요 업무의 추진실적이 우수한 경찰공무원이나 적극행정 수행 태도가 돋보인 경찰공무원: 1년

(3) 승진심사위원회

승진심사를 위하여 경찰청과 해양경찰청에 중앙승진심사위원회를 두고, 경찰청·해양경찰청·시도경찰청과 대통령령으로 정하는 경찰기관·지방해양경찰관서에 보통승진심사위원회를 둔다. 여기서 중앙승진심사위원회 및 보통승진심사위원회는 위원장을 포함한 5명 이상 7명 이하의 위원으로 구성한다.

승진심사위원회는 승진대상자 명부의 선순위자(경찰공무원법 제15조 제2항 단서에 따른 승진시험에 합격된 승진후보자는 제외한다) 순으로 승진시키려는 결원의 5배수의 범위에 있는 사람 중에서 승진후보자를 심사·선발한다.

승진심사위원회의 회의는 비공개로 하며, 재적위원 과반수의 찬성으로 의결한다.

(4) 승진후보자 명부

경찰청장은 승진시험에 합격한 사람의 경우 시험승진승진후보자 명부를, 승진심사에 의하여 승진후보자로 선발된 사람의 경우 심사승진후보자 명부를 대통령령으로 정하는 바에 따라 승진후보자 명부에 등재하여야 한다. 시험에 합격한 사람에 대하여 각 계급별로 승진후보자 명부를 작성하되, 합산성적 고득점자순으로 작성하여야 한다.

경무관 이하 계급으로의 승진은 승진후보자 명부의 등재 순위에 따른다.

임용권자나 임용제청권자는 심사승진 및 시험승진 후보자 명부에 기록된 사람이 승진임용되기 전에 정직 이상의 징계처분을 받은 경우에는 심사승진 및 시험승진 후보자 명부에서 그 사람을 제외하여야 한다. 22년 1차

■ 참조 판례

> **대법원 97누7325 판결**
> 경정 이하 계급에의 승진에 있어서는 승진심사와 함께 승진시험을 병행할 수 있고, 승진시험에 합격한 자는 시험승진후보자명부에 등재하여 그 등재순위에 따라 승진하도록 되어 있으며, 같은 규정 제36조 제3항에 의하면 시험승진후보자명부에 등재된 자가 승진임용되기 전에 감봉 이상의 징계처분을 받은 경우에는 임용권자 또는 임용제청권자가 위 징계처분을 받은 자를 시험승진후보자명부에서 삭제하도록 되어 있는 바, 이처럼 시험승진후보자명부에 등재되어 있던 자가 그 명부에서 삭제됨으로써 승진임용의 대상에서 제외되었다 하더라도, 그와 같은 시험승진후보자명부에서의 삭제행위는 결국 그 명부에 등재된 자에 대한 승진 여부를 결정하기 위한 행정청 내부의 준비과정에 불과하고, 그 자체가 어떠한 권리나 의무를 설정하거나 법률상 이익에 직접적인 변동을 초래하는 별도의 행정처분이 된다고 할 수 없다. [22년 2차]

(5) 특별유공자 등의 특별승진

경찰공무원으로서 다음 각 호의 어느 하나에 해당되는 사람에 대하여는 1계급 특별승진시킬 수 있다. 다만, 경위 이하의 경찰공무원으로서 모든 경찰공무원의 귀감이 되는 공을 세우고 전사하거나 순직한 사람에 대하여는 2계급 특별승진 시킬 수 있다.

> 1. 「국가공무원법」 제40조의4제1항제1호부터 제4호까지의 규정 중 어느 하나에 해당되는 사람
> 2. 전사하거나 순직한 사람
> 3. 직무 수행 중 현저한 공적을 세운 사람

(6) 승진소요 최저근무연수(경찰공무원 승진임용 규정 제5조)

경찰공무원이 승진하려면 다음 각 호의 구분에 따른 기간 동안 해당 계급에 재직하여야 한다. 여기에는 휴직 기간, 직위해제 기간, 징계처분 기간을 포함하지 않는다. [22년 2차]

> 1. 총경: 4년 이상
> 2. 경정 및 경감: 3년 이상
> 3. 경위 및 경사: 2년 이상
> 4. 경장 및 순경: 1년 이상

「법원조직법」 제72조에 따른 사법연수생으로 수습한 기간, 「국가공무원법」 제26조의2 및 「공무원임용령」 제57조의3에 따라 통상적인 근무시간보다 짧은 시간을 근

무하는 경찰공무원(시간선택제전환경찰공무원)의 근무기간은 경정 이하 경찰공무원으로의 승진소요 최저근무연수에 포함한다. 22년 2차

1. 해당 계급에서 시간선택제전환경찰공무원으로 근무한 1년 이하의 기간은 그 기간 전부
2. 해당 계급에서 시간선택제전환경찰공무원으로 근무한 1년을 넘는 기간은 근무시간에 비례한 기간
3. 해당 계급에서 「국가공무원법」 제71조제2항제4호의 사유로 인한 휴직을 대신하여 시간선택제전환경찰공무원으로 지정되어 근무한 기간은 둘째 자녀부터 각각 3년의 범위에서 그 기간 전부

또한 강등되었던 사람이 강등되기 직전의 계급으로 승진한 경우 강등되기 직전의 계급에서 재직한 기간, 강등된 경우 강등되기 직전의 계급에서 재직한 기간은 경정 이하 경찰공무원으로의 승진소요 최저근무연수에 포함한다.

(7) 승진임용의 제한(경찰공무원 승진임용 규정 제6조)

다음 각 호의 어느 하나에 해당하는 경찰공무원은 승진임용될 수 없다.

1. 징계의결 요구, 징계처분, 직위해제, 휴직(「공무원 재해보상법」에 따른 공무상 질병 또는 부상으로 인하여 「국가공무원법」 제71조제1항제1호에 따라 휴직한 사람을 제37조제1항제4호 또는 같은 조 제2항에 따라 특별승진임용하는 경우는 제외한다) 또는 시보임용 기간 중에 있는 사람
2. 징계처분의 집행이 끝난 날부터 다음 각 목의 구분에 따른 기간[「국가공무원법」 제78조의2제1항 각 호의 어느 하나에 해당하는 사유로 인한 징계처분과 소극행정, 음주운전(음주측정에 응하지 않은 경우를 포함한다), 성폭력, 성희롱 및 성매매에 따른 징계처분의 경우에는 각각 6개월을 더한 기간]이 지나지 않은 사람 22년 1차
   가. 강등·정직: 18개월
   나. 감봉: 12개월
   다. 견책: 6개월
3. 징계에 관하여 경찰공무원과 다른 법령을 적용받는 공무원으로 재직하다가 경찰공무원으로 임용된 사람으로서, 종전의 신분에서 징계처분을 받고 그 징계처분의 집행이 끝난 날부터 다음 각 목의 구분에 따른 기간이 지나지 아니한 사람
   가. 강등: 18개월
   나. 근신·영창 또는 그 밖에 이와 유사한 징계처분: 6개월
4. 경찰공무원법 제30조제3항에 따라 계급정년이 연장된 사람

이러한 승진임용 제한기간 중에 있는 사람이 다시 징계처분을 받은 경우 승진임용 제한기간은 전(前) 처분에 대한 승진임용 제한기간이 끝난 날부터 계산하고, 징계처분으로 승진임용 제한기간 중에 있는 사람이 휴직하는 경우 징계처분에 따른 남은 승진임용 제한기간은 복직일부터 계산한다.

경찰공무원이 징계처분을 받은 후 해당 계급에서 다음 각 호의 포상을 받은 경우에는 승진임용 제한기간의 2분의 1을 단축할 수 있다.

1. 훈장
2. 포장
3. 모범공무원 포상
4. 대통령표창 또는 국무총리표창
5. 제안이 채택·시행되어 받은 포상

(8) 대우공무원(경찰공무원 승진임용 규정 제43조)

임용권자나 임용제청권자는 소속 경찰공무원 중 해당 계급에서 승진소요 최저근무연수 이상 근무하고 승진임용 제한 사유가 없는 근무실적 우수자를 바로 위 계급의 대우공무원으로 선발할 수 있다. 대우공무원으로 선발된 사람에게는 예산의 범위에서 해당 공무원 월봉급액의 4.1퍼센트를 대우공무원수당으로 지급할 수 있다(공무원수당 등에 관한 규정).

대우공무원으로 선발되기 위해서는 승진소요 최저근무연수가 지난 총경 이하 경찰공무원으로서 해당 계급에서 다음 각 호의 구분에 따른 기간 동안 근무하여야 한다. 다만, 국정과제를 담당하여 높은 성과를 내거나 적극적인 업무수행으로 경찰공무원의 업무행태 개선에 기여하는 등 직무수행능력이 탁월하고 경찰행정 발전에 공헌을 했다고 경찰청장 또는 소속기관등의 장이 인정하는 경우에는 그 기간을 1년 단축할 수 있다(경찰공무원 승진임용 규정 시행세칙 제35조).

1. 총경·경정: 7년 이상
2. 경감 이하: 4년 이상

5. 경찰공무원 평정

1) 근무성적 평정(경찰공무원 승진임용 규정 제7조)

공무원에 대한 근무성적 평정은 전통적으로 생산성과 능률성에 중점을 두어 공무원의 직무수행능력을 측정하고 이를 인사행정의 표준화와 직무수행의 통제를 위한 수단으로 활용하였다. 그러지만 현대에 이르러 조직발전의 기초로 작용하는 공무원의 능력개발과 행정제도 개선의 수단으로 활용되고 있다. [22년 2차]

총경 이하의 경찰공무원에 대해서는 매년 근무성적을 평정하여야 하며, 근무성적 평정의 결과는 승진 등 인사관리에 반영하여야 한다.

근무성적은 다음 각 호의 평정 요소에 따라 평정한다. 다만, 총경의 근무성적은 제2 평정 요소로만 평정한다. [22년 2차]

제1 평정 요소	제2 평정 요소
가. 경찰업무 발전에 대한 기여도	가. 근무실적
나. 포상 실적	나. 직무수행능력
다. 그 밖에 행정안전부령으로 정하는 평정 요소	다. 직무수행태도

제2 평정 요소에 따른 근무성적 평정은 평정대상자의 계급별로 평정 결과가 다음 각 호의 분포비율에 맞도록 하여야 한다. 다만, 평정 결과 제4호에 해당하는 사람이 없는 경우에는 제4호의 비율을 제3호의 비율에 가산하여 적용한다. 경찰서 수사과에서 고소·고발 등에 대한 조사업무를 직접 처리하는 경위 계급의 경찰공무원을 평정할 때에는 이러한 비율을 적용하지 아니할 수 있다. [22년 2차]

1. 수: 20퍼센트
2. 우: 40퍼센트
3. 양: 30퍼센트
4. 가: 10퍼센트

근무성적 평정 결과는 공개하지 아니한다. 다만, 경찰청장은 근무성적 평정이 완료되면 평정 대상 경찰공무원에게 해당 근무성적 평정 결과를 통보할 수 있다.

2) 근무성적 평정의 예외(경찰공무원 승진임용 규정 제9조)

휴직·직위해제 등의 사유로 해당 연도의 평정기관에서 6개월 이상 근무하지 아니한 경찰공무원에 대해서는 근무성적을 평정하지 아니한다. 22년 1차

교육훈련 외의 사유로 국가기관, 지방자치단체 또는 인사혁신처장이 지정하는 기관에 2개월 이상 파견근무하게 된 경찰공무원에 대해서는 파견받은 기관의 의견을 고려하여 근무성적을 평정하여야 한다.

정기평정 이후에 신규채용되거나 승진임용된 경찰공무원에 대해서는 2개월이 지난 후부터 근무성적을 평정하여야 한다.

3) 경력 평정(경찰공무원 승진임용 규정 제9조)

경찰공무원의 경력 평정은 제5조에 따른 승진소요 최저근무연수가 지난 총경 이하의 경찰공무원(제11조제2항 단서에 해당하는 경찰공무원은 제외한다)이 해당 계급에서 근무한 연수(年數)에 대하여 실시하며, 경력 평정 결과는 승진대상자 명부 작성에 반영한다.

경력 평정은 해당 경찰공무원의 인사기록을 기준으로 하여 실시하며, 필요하다고 인정될 때에는 인사기록이 정확한지를 조회·확인할 수 있다.

경력 평정은 기본경력과 초과경력으로 구분하여 실시하되, 계급별로 기본경력과 초과경력에 포함되는 기간은 다음 각 호와 같다.

기본경력	초과경력
가. 총경: 평정기준일부터 최근 3년간 나. 경정·경감: 평정기준일부터 최근 4년간 다. 경위·경사: 평정기준일부터 최근 3년간 라. 경장: 평정기준일부터 최근 2년간 마. 순경: 평정기준일부터 최근 1년 6개월간	가. 총경: 기본경력 전 1년간 나. 경정·경감: 기본경력 전 5년간 다. 경위: 기본경력 전 4년간 라. 경사: 기본경력 전 1년 6개월간 마. 경장: 기본경력 전 1년간 바. 순경: 기본경력 전 6개월간

6. 전보(경찰공무원 임용령 제26조~제27조)

1) 의의

전보는 경찰공무원의 동일 직위 및 자격 내에서의 근무기관이나 부서를 달리하는 임용을 말한다.

임용권자 또는 임용제청권자는 장기근무 또는 잦은 전보로 인한 업무 능률 저하를 방지하기 위하여 특별한 사정이 없으면 정기적으로 전보를 실시하여야 한다.

2) 전보의 제한

임용권자 또는 임용제청권자는 원칙적으로 소속 경찰공무원이 해당 직위에 임용된 날부터 1년 이내(감사업무를 담당하는 경찰공무원의 경우에는 2년 이내)에 다른 직위에 전보할 수 없다. 다만, 다음 각 호의 어느 하나에 해당하는 경우에는 그러하지 아니하다.

1. 직제상 최저단위인 보조기관 또는 보좌기관 내에서 전보하는 경우
2. 경찰청과 소속기관등 또는 소속기관등 상호 간의 교류를 위하여 전보하는 경우
3. 기구의 개편, 직제 또는 정원의 변경으로 해당 경찰공무원을 전보하는 경우
4. 승진임용된 경찰공무원을 전보하는 경우
5. 전문직위로 경찰공무원을 전보하는 경우
6. 징계처분을 받은 경우
7. 형사사건에 관련되어 수사기관에서 조사를 받고 있는 경우
8. 경찰공무원으로서의 품위를 크게 손상하는 비위(非違)로 인한 감사 또는 조사가 진행 중이어서 해당 직위를 유지하는 것이 부적절하다고 판단되는 경찰공무원을 전보하는 경우
9. 경찰기동대 등 경비부서에서 정기적으로 교체하는 경우
10. 교육훈련기관의 교수요원으로 보직하는 경우
11. 시보임용 중인 경우
12. 신규채용된 경찰공무원을 해당 계급의 보직관리기준에 따라 전보하는 경우 및 이와 관련한 전보의 경우
13. 감사담당 경찰공무원 가운데 부적격자로 인정되는 경우
14. 경정 이하의 경찰공무원을 배우자 또는 직계존속이 거주하는 시·군·자치구 지역의 경찰기관으로 전보하는 경우
15. 임신 중인 경찰공무원 또는 출산 후 1년이 지나지 않은 경찰공무원의 모성보호, 육아 등을 위하여 필요한 경우

교육훈련기관의 교수요원으로 임용된 사람은 그 임용일부터 1년 이상 3년 이하의 범위에서 경찰청장이 정하는 기간 안에는 다른 직위에 전보할 수 없다. 다만, 기구의 개편, 직제·정원의 변경이나 교육과정의 개편 또는 폐지가 있거나 교수요원으로서 부적당하다고 인정될 때에는 그렇지 않다.

경력경쟁채용시험에 따라 채용된 경찰공무원은 그 채용일부터 5년의 범위에서 경찰청장이 정하는 기간(휴직기간, 직위해제기간 및 정직기간은 포함하지 않는다) 안에는 채용조건에 해당하는 기관 또는 부서 외의 기관 또는 부서로 전보할 수 없다.

3) 전문직위에 임용된 경찰공무원의 전보제한(경찰공무원 임용령 제25조)

임용권자 또는 임용제청권자는 「공무원임용령」 제43조의3에 따른 전문직위에 임용된 경찰공무원을 해당 직위에 임용된 날부터 3년의 범위에서 경찰청장이 정하는 기간이 지나야 다른 직위에 전보할 수 있다. 다만, 직무수행요건이 같은 직위 간의 전보 등 경찰청장이 정하는 경우에는 기간에 관계없이 전보할 수 있다.

7. 휴직

경찰공무원의 휴직은 국가공무원법상 휴직 규정(제71조) 등을 준용한다.

1) 직권 휴직

경찰공무원 등 공무원이 다음 각 호의 어느 하나에 해당하면 임용권자는 본인의 의사에도 불구하고 휴직을 명하여야 한다.

① 신체·정신상의 장애로 장기 요양이 필요할 때
② 「병역법」에 따른 병역 복무를 마치기 위하여 징집 또는 소집된 때
③ 천재지변이나 전시·사변, 그 밖의 사유로 생사(生死) 또는 소재(所在)가 불명확하게 된 때
④ 그 밖에 법률의 규정에 따른 의무를 수행하기 위하여 직무를 이탈하게 된 때
⑤ 「공무원의 노동조합 설립 및 운영 등에 관한 법률」 제7조에 따라 노동조합 전임자로 종사하게 된 때

2) 의원 휴직

임용권자는 공무원이 다음 각 호의 어느 하나에 해당하는 사유로 휴직을 원하면 휴직을 명할 수 있다. 다만, 아래 제4호의 경우에는 대통령령으로 정하는 특별한 사정이 없으면 휴직을 명하여야 한다.

1. 국제기구, 외국 기관, 국내외의 대학·연구기관, 다른 국가기관 또는 대통령령으로 정하는 민간기업, 그 밖의 기관에 임시로 채용될 때
2. 국외 유학을 하게 된 때
3. 중앙인사관장기관의 장이 지정하는 연구기관이나 교육기관 등에서 연수하게 된 때
4. 만 8세 이하 또는 초등학교 2학년 이하의 자녀를 양육하기 위하여 필요하거나 여성공무원이 임신 또는 출산하게 된 때
5. 조부모, 부모(배우자의 부모를 포함한다), 배우자, 자녀 또는 손자녀를 부양하거나 돌보기 위하여 필요한 경우. 다만, 조부모나 손자녀의 돌봄을 위하여 휴직할 수 있는 경우는 본인 외에 돌볼 사람이 없는 등 대통령령등으로 정하는 요건을 갖춘 경우로 한정한다.
6. 외국에서 근무·유학 또는 연수하게 되는 배우자를 동반하게 된 때
7. 대통령령등으로 정하는 기간 동안 재직한 공무원이 직무 관련 연구과제 수행 또는 자기 개발을 위하여 학습·연구 등을 하게 된 때

3) 휴직의 효력

휴직 중인 공무원은 신분은 보유하나 직무에 종사하지 못한다.

휴직 기간 중 그 사유가 없어지면 30일 이내에 임용권자 또는 임용제청권자에게 신고하여야 하며, 임용권자는 지체 없이 복직을 명하여야 한다. 휴직 기간이 끝난 공무원이 30일 이내에 복귀 신고를 하면 당연히 복직된다.

8. 직위해제(국가공무원법 제73조의3)

1) 의의

직위해제는 일정한 사유가 있는 경우 공무원으로서의 신분은 유지시키면서도 그 직위를 부여하지 않는 제재의 일종이다.

직위해제는 복직이 보장되지 않는다는 점에서 복직이 가능한 휴직과 차이가 있다.

2) 사유

임용권자는 다음 각 호의 어느 하나에 해당하는 자에게는 직위를 부여하지 아니할 수 있다. 23년 1차

① 직무수행 능력이 부족하거나 근무성적이 극히 나쁜 자
② 파면·해임·강등 또는 정직에 해당하는 징계 의결이 요구 중인 자
③ 형사 사건으로 기소된 자(약식명령이 청구된 자는 제외한다)
④ 고위공무원단에 속하는 일반직공무원으로서 제70조의2제1항제2호부터 제5호까지의 사유로 적격심사를 요구받은 자
⑤ 금품비위, 성범죄 등 대통령령으로 정하는 비위행위로 인하여 감사원 및 검찰·경찰 등 수사기관에서 조사나 수사 중인 자로서 비위의 정도가 중대하고 이로 인하여 정상적인 업무수행을 기대하기 현저히 어려운 자

3) 처분

공무원에 대하여 ①의 직위해제 사유와 ②·③ 또는 ⑤의 직위해제 사유가 경합(競合)할 때에는 ②·③ 또는 ⑤의 직위해제 처분을 하여야 한다.

직위를 부여하지 아니한 경우에 그 사유가 소멸되면 임용권자는 지체 없이 직위를 부여하여야 한다. 23년 1차

임용권자는 ①에 따라 직위해제된 자에게 3개월의 범위에서 대기를 명한다. 23년 2차 임용권자 또는 임용제청권자는 제3항에 따라 대기 명령을 받은 자에게 능력 회복이나 근무성적의 향상을 위한 교육훈련 또는 특별한 연구과제의 부여 등 필요한 조치를 하여야 한다. 23년 2차

4) 직위해제 기간 중의 봉급 감액

직위해제된 사람에게는 봉급의 일부를 지급한다. 봉급 감액은 직위해제 사유에 따라 다르다. 직무수행 능력이 부족하거나 근무성적이 극히 나쁜 자의 경우 봉급의 80%를 지급한다.

파면·해임·강등 또는 정직에 해당하는 징계 의결이 요구 중인 자, 형사 사건으로 기소된 자(약식명령이 청구된 자는 제외), 금품비위, 성범죄 등 대통령령으로 정하는 비위행위로 인하여 감사원 및 검찰·경찰 등 수사기관에서 조사나 수사 중인 자로서 비위의 정도가 중대하고 이로 인하여 정상적인 업무수행을 기대하기 현저히 어려운

자의 경우 봉급의 50%를 지급한다. 다만, 직위해제일부터 3개월이 지나도 직위를 부여받지 못한 경우에는 그 3개월이 지난 후의 기간 중에는 봉급의 30%를 지급한다.

9. 퇴직

1) 당연퇴직(경찰공무원법 제27조)

경찰공무원이 「경찰공무원법」 제8조에 따른 '임용자격 및 결격사유'에 해당하게 된 경우에는 당연히 퇴직한다. 여기서 '당연히'는 경찰공무원의 신분을 상실시키는 별도의 조치를 기다릴 것 없이 당연히 경찰공무원의 신분을 상실(당연퇴직)하게 되는 것을 의미한다.

2) 직권면직(경찰공무원법 제28조)

임용권자는 경찰공무원이 다음 각 호의 어느 하나에 해당될 때에는 직권으로 면직시킬 수 있다.

1. 직제와 정원의 개폐 또는 예산의 감소 등에 따라 폐직(廢職) 또는 과원(過員)이 되었을 때
2. 휴직 기간이 끝나거나 휴직 사유가 소멸된 후에도 직무에 복귀하지 아니하거나 직무를 감당할 수 없을 때
3. 직위해제에 따라 대기 명령을 받은 자가 그 기간에 능력 또는 근무성적의 향상을 기대하기 어렵다고 인정된 때
4. 경찰공무원으로는 부적합할 정도로 직무 수행능력이나 성실성이 현저하게 결여된 사람으로서 대통령령으로 정하는 사유*에 해당된다고 인정될 때
 * 대통령령으로 정하는 사유는 1) 지능 저하 또는 판단력 부족으로 경찰업무를 감당할 수 없는 경우, 2) 책임감의 결여로 직무수행에 성의가 없고 위험한 직무를 고의로 기피하거나 포기하는 경우
5. 직무를 수행하는 데에 위험을 일으킬 우려가 있을 정도의 성격적 또는 도덕적 결함이 있는 사람으로서 대통령령으로 정하는 사유에 해당된다고 인정될 때
6. 해당 경과에서 직무를 수행하는 데 필요한 자격증의 효력이 상실되거나 면허가 취소되어 담당 직무를 수행할 수 없게 되었을 때

여기서 제3호 또는 제4호·제5호의 사유로 면직시키는 경우에는 징계위원회의 동의를 받아야 한다. 휴직 기간이 끝나거나 휴직 사유가 소멸된 후에도 직무에 복귀하

지 아니하거나 직무를 감당할 수 없을 때로 인한 직권면직일은 휴직기간의 만료일이나 휴직 사유의 소멸일로 한다.

3) 정년(경찰공무원법 제30조)

경찰공무원의 정년은 다음과 같다.

1. 연령정년: 60세
2. 계급정년
   치안감: 4년, 경무관: 6년, 총경: 11년, 경정: 14년

수사, 정보, 외사, 보안, 자치경찰사무 등 특수 부문에 근무하는 경찰공무원으로서 대통령령으로 정하는 바에 따라 지정을 받은 사람은 총경 및 경정의 경우에는 4년의 범위에서 대통령령으로 정하는 바에 따라 계급정년을 연장할 수 있다.

경찰청장 또는 해양경찰청장은 전시·사변이나 그 밖에 이에 준하는 비상사태에서는 2년의 범위에서 계급정년을 연장할 수 있다. 이 경우 경무관 이상의 경찰공무원에 대해서는 행정안전부장관 또는 해양수산부장관과 국무총리를 거쳐 대통령의 승인을 받아야 하고, 총경·경정의 경찰공무원에 대해서는 국무총리를 거쳐 대통령의 승인을 받아야 한다.

Ⅲ 경찰공무원의 복무

1. 선서

공무원은 취임할 때에 소속 기관장 앞에서 대통령령 등으로 정하는 바에 따라 선서(宣誓)하여야 한다. 다만, 불가피한 사유가 있으면 취임 후에 선서하게 할 수 있다.

2. 국가공무원으로서 의무

구분	의무
성실의무 (국가공무원법 제56조)	모든 공무원은 법령을 준수하며 성실히 직무를 수행하여야 한다.
복종의무 (국가공무원법 제57조)	공무원은 직무를 수행할 때 소속 상관의 직무상 명령에 복종하여야 한다. 다만, 경찰법 제6조에 따라 경찰공무원은 구체적 사건수사와 관련된 상관의 지휘·감독의 적법성 또는 정당성에 대하여 이견이 있을 때에는 이의를 제기할 수 있다.
친절·공정의 의무 (국가공무원법 제59조)	공무원은 국민 전체의 봉사자로서 친절하고 공정하게 직무를 수행하여야 한다.
종교중립의무 (국가공무원법 제59조의2)	① 공무원은 종교에 따른 차별 없이 직무를 수행하여야 한다. ② 공무원은 소속 상관이 제1항에 위배되는 직무상 명령을 한 경우에는 이에 따르지 아니할 수 있다.
비밀엄수 의무 (국가공무원법 제60조)	공무원은 재직 중은 물론 퇴직 후에도 직무상 알게 된 비밀을 엄수(嚴守)하여야 한다.
청렴의무 (국가공무원법 제61조)	① 공무원은 직무와 관련하여 직접적이든 간접적이든 사례·증여 또는 향응을 주거나 받을 수 없다. ② 공무원은 직무상의 관계가 있든 없든 그 소속 상관에게 증여하거나 소속 공무원으로부터 증여를 받아서는 아니 된다.
외국 정부의 영예 등을 받을 경우 (국가공무원법 제62조)	공무원이 외국 정부로부터 영예나 증여를 받을 경우에는 대통령의 허가를 받아야 한다.
품위유지 의무 (국가공무원법 제63조)	공무원은 직무의 내외를 불문하고 그 품위가 손상되는 행위를 하여서는 아니 된다.

3. 경찰공무원으로서 권한남용 등 금지

구분	금지
권한남용의 금지 (경찰법 제5조)	경찰은 그 직무를 수행할 때 헌법과 법률에 따라 국민의 자유와 권리 및 모든 개인이 가지는 불가침의 기본적 인권을 보호하고, 국민 전체에 대한 봉사자로서 공정·중립을 지켜야 하며, 부여된 권한을 남용하여서는 아니 된다.

정치운동의 금지 (국가공무원법 제65조)	① 공무원은 정당이나 그 밖의 정치단체의 결성에 관여하거나 이에 가입할 수 없다. ② 공무원은 선거에서 특정 정당 또는 특정인을 지지 또는 반대하기 위한 다음의 행위를 하여서는 아니 된다. 1. 투표를 하거나 하지 아니하도록 권유 운동을 하는 것 2. 서명 운동을 기도(企圖)·주재(主宰)하거나 권유하는 것 3. 문서나 도서를 공공시설 등에 게시하거나 게시하게 하는 것 4. 기부금을 모집 또는 모집하게 하거나, 공공자금을 이용 또는 이용하게 하는 것 5. 타인에게 정당이나 그 밖의 정치단체에 가입하게 하거나 가입하지 아니하도록 권유 운동을 하는 것 ③ 공무원은 다른 공무원에게 제1항과 제2항에 위배되는 행위를 하도록 요구하거나, 정치적 행위에 대한 보상 또는 보복으로서 이익 또는 불이익을 약속하여서는 아니 된다.
정치관여금지 (경찰공무원법 제23조)	① 경찰공무원은 정당이나 정치단체에 가입하거나 정치활동에 관여하는 행위를 하여서는 아니 된다. ② 제1항에서 정치활동에 관여하는 행위란 다음 각 호의 어느 하나에 해당하는 행위를 말한다. 1. 정당이나 정치단체의 결성 또는 가입을 지원하거나 방해하는 행위 2. 그 직위를 이용하여 특정 정당이나 특정 정치인에 대하여 지지 또는 반대 의견을 유포하거나, 그러한 여론을 조성할 목적으로 특정 정당이나 특정 정치인에 대하여 찬양하거나 비방하는 내용의 의견 또는 사실을 유포하는 행위 3. 특정 정당이나 특정 정치인을 위하여 기부금 모집을 지원하거나 방해하는 행위 또는 국가·지방자치단체 및 「공공기관의 운영에 관한 법률」에 따른 공공기관의 자금을 이용하거나 이용하게 하는 행위 4. 특정 정당이나 특정인의 선거운동을 하거나 선거 관련 대책회의에 관여하는 행위 5. 「정보통신망 이용촉진 및 정보보호 등에 관한 법률」에 따른 정보통신망을 이용한 제1호부터 제4호까지의 규정에 해당하는 행위 6. 소속 직원이나 다른 공무원에 대하여 제1호부터 제5호까지의 행위를 하도록 요구하거나 그 행위와 관련한 보상 또는 보복으로서 이익 또는 불이익을 주거나 이를 약속 또는 고지(告知)하는 행위
집단행위의 금지 (국가공무원법 제66조)	① 공무원은 노동운동이나 그 밖에 공무 외의 일을 위한 집단 행위를 하여서는 아니 된다. 다만, 사실상 노무에 종사하는 공무원은 예외로 한다. ② 제1항 단서의 사실상 노무에 종사하는 공무원의 범위는 대통령령등으로 정한다.

	③ 제1항 단서에 규정된 공무원으로서 노동조합에 가입된 자가 조합 업무에 전임하려면 소속 장관의 허가를 받아야 한다.
영리업무 및 겸직 금지 (국가공무원법 제64조)	공무원은 공무 외에 영리를 목적으로 하는 업무에 종사하지 못하며 소속 기관장의 허가 없이 다른 직무를 겸할 수 없다.
직장이탈 금지 (국가공무원법 제58조)	① 공무원은 소속 상관의 허가 또는 정당한 사유가 없으면 직장을 이탈하지 못한다. ② 수사기관이 공무원을 구속하려면 그 소속 기관의 장에게 미리 통보하여야 한다. 다만, 현행범은 그러하지 아니하다.
거짓보고 등의 금지 (경찰공무원법 제24조)	① 경찰공무원은 직무에 관하여 거짓으로 보고나 통보를 하여서는 아니 된다. ② 경찰공무원은 직무를 게을리하거나 유기(遺棄)해서는 아니 된다.
지휘권남용 등의 금지 (경찰공무원법 제25조)	전시·사변, 그 밖에 이에 준하는 비상사태이거나 작전수행 중인 경우 또는 많은 인명 손상이나 국가재산 손실의 우려가 있는 위급한 사태가 발생한 경우, 경찰공무원을 지휘·감독하는 사람은 정당한 사유 없이 그 직무 수행을 거부 또는 유기하거나 경찰공무원을 지정된 근무지에서 진출·퇴각 또는 이탈하게 하여서는 아니 된다.
제복 착용 의무 (경찰공무원법 제26조)	경찰공무원은 제복을 착용하여야 한다.

4. 경찰공무원 복무규정

경찰공무원의 복무에 관한 사항은 「경찰공무원 복무규정(대통령령)」에서 규정하고 있다.

제8조(지정장소외에서의 직무수행금지) 경찰공무원은 상사의 허가를 받거나 그 명령에 의한 경우를 제외하고는 직무와 관계없는 장소에서 직무수행을 하여서는 아니된다.
제9조(근무시간중 음주금지) 경찰공무원은 근무시간중 음주를 하여서는 아니된다. 다만, 특별한 사정이 있는 경우에는 예외로 하되, 이 경우 주기가 있는 상태에서 직무를 수행하여서는 아니된다.
제10조(민사분쟁에의 부당개입금지) 경찰공무원은 직위 또는 직권을 이용하여 부당하게 타인의 민사분쟁에 개입하여서는 아니된다.
제11조(상관에 대한 신고) 경찰공무원은 신규채용·승진·전보·파견·출장·연가·교육훈련 기관에의 입교 기타 신분관계 또는 근무관계 또는 근무관계의 변동이 있는 때에는 소속상관에게 신고를 하여야 한다.
제12조(보고 및 통보) 경찰공무원은 치안상 필요한 상황의 보고 및 통보를 신속·정확·간결하게 하여야 한다.

제13조(여행의 제한) 경찰공무원은 휴무일 또는 근무시간외에 2시간 이내에 직무에 복귀하기 어려운 지역으로 여행을 하고자 할 때에는 소속 경찰기관의 장에게 신고를 하여야 한다. 다만, 치안상 특별한 사정이 있어 경찰청장, 해양경찰청장 또는 경찰기관의 장이 지정하는 기간중에는 소속경찰기관의 장의 허가를 받아야 한다.

제16조(사기진작) 경찰기관의 장은 소속 경찰공무원에 대한 인사상담·고충처리 기타의 방법으로 직무의욕을 고취시키고 사기진작에 노력하여야 한다.

제17조(건강관리) ①경찰기관의 장은 소속 경찰공무원의 건강유지와 체력향상에 관한 보건대책을 강구하여야 한다.
②경찰공무원은 항상 보건위생에 유의하여 건강을 유지하고 체력을 증진하는데 노력하여야 한다.

제18조(포상휴가) 경찰기관의 장은 근무성적이 탁월하거나 다른 경찰공무원의 모범이 될 공적이 있는 경찰공무원에 대하여 1회 10일이내의 포상휴가를 허가할 수 있다. 이 경우의 포상휴가기간은 연가일수에 산입하지 아니한다.

제19조(연일근무자 등의 휴무) 경찰기관의 장은 특별한 사정이 없는 한 다음과 같이 휴무를 허가하여야 한다.
 1. 연일근무자 및 공휴일근무자에 대하여는 그 다음날 1일의 휴무
 2. 당직 또는 철야근무자에 대하여는 다음 날 오후 2시를 기준으로 하여 오전 또는 오후의 휴무

Ⅳ 경찰공무원의 징계

1. 징계의 종류 및 징계권자

징계는 중징계와 경징계로 구분한다. 중징계는 파면, 해임, 강등 및 정직 등이 있으며, 경징계는 감봉 및 견책을 말한다.

경찰공무원의 징계는 징계위원회의 의결을 거쳐 징계위원회가 설치된 소속 기관의 장이 하되, 「국가공무원법」에 따라 국무총리 소속으로 설치된 징계위원회에서 의결한 징계는 경찰청장 또는 해양경찰청장이 한다. 다만, 파면·해임·강등 및 정직은 징계위원회의 의결을 거쳐 해당 경찰공무원의 임용권자가 하되, 경무관 이상의 강등 및 정직과 경정 이상의 파면 및 해임은 경찰청장 또는 해양경찰청장의 제청으로 행정안전부장관 또는 해양수산부장관과 국무총리를 거쳐 대통령이 하고, 총경 및 경정의 강등 및 정직은 경찰청장 또는 해양경찰청장이 한다(경찰공무원법 제33조). 22년 2차

대법원 99두6101 판결
공무원인 피징계자에게 징계사유가 있어서 징계처분을 하는 경우, 어떠한 처분을 할 것인가 하는 것은 징계권자의 재량에 맡겨진 것이고, 다만 징계권자가 재량권의 행사로서 한 징계처분이 사회통념상 현저하게 타당성을 잃어 징계권자에게 맡겨진 재량권을 일탈하였거나 남용한 것이라고 인정되는 경우에 한하여 그 처분을 위법하다고 할 수 있고, 그 징계처분이 사회통념상 현저하게 타당성을 잃어 재량권의 범위를 벗어난 위법한 처분이라고 할 수 있으려면 구체적인 사례에 따라 수행직무의 특성, 징계의 원인이 된 비위사실의 내용과 성질, 징계에 의하여 달성하려는 행정목적, 징계양정의 기준 등 여러 가지 요소를 종합하여 판단할 때에 그 징계 내용이 객관적으로 명백히 부당하다고 인정할 수 있는 경우라야 한다. 23년 1차

2. 징계위원회(경찰공무원법 제32조)

1) 징계의결 기구

경무관 이상의 경찰공무원에 대한 징계의결은 「국가공무원법」에 따라 국무총리 소속으로 설치된 징계위원회에서 한다.

총경 이하의 경찰공무원에 대한 징계의결을 하기 위하여 대통령령으로 정하는 경찰기관 및 해양경찰관서에 경찰공무원 징계위원회를 둔다.

경찰공무원 징계위원회의 구성·관할·운영, 징계의결의 요구 절차, 그 밖에 필요한 사항은 대통령령으로 정한다.

2) 징계위원회의 종류 및 설치(경찰공무원 징계령 제3조)

경찰공무원 징계위원회는 경찰공무원 중앙징계위원회와 경찰공무원 보통징계위원회로 구분한다.

중앙징계위원회는 경찰청 및 해양경찰청에 둔다. 보통징계위원회는 경찰청, 해양경찰청, 시도경찰청, 지방해양경찰청, 경찰대학, 경찰인재개발원, 중앙경찰학교, 경찰수사연수원, 해양경찰교육원, 경찰병원, 경찰서, 경찰기동대, 의무경찰대, 해양경찰서, 해양경찰정비창, 경비함정 및 경찰청장 또는 해양경찰청장이 지정하는 경감 이상의 경찰공무원을 장으로 하는 기관(경찰기관)에 둔다.

3) 징계위원회의 관할(경찰공무원 징계령 제4조)

중앙징계위원회는 총경 및 경정에 대한 징계 또는 「국가공무원법」 제78조의2에 따른 징계부가금 부과(징계등) 사건을 심의·의결한다.

보통징계위원회는 해당 징계위원회가 설치된 경찰기관 소속 경감 이하 경찰공무원에 대한 징계등 사건을 심의·의결한다. 다만, 다음 각 호의 기관에 설치된 보통징계위원회는 각 호의 구분에 따른 경찰공무원에 대한 징계등 사건을 심의·의결한다.

1. 경정 이상의 경찰공무원을 장으로 하는 경찰서, 경찰기동대·해양경찰서 등 총경 이상의 경찰공무원을 장으로 하는 경찰기관 및 정비창: 소속 경위 이하의 경찰공무원
2. 의무경찰대 및 경비함정 등 경찰청장 또는 해양경찰청장이 지정하는 경감 이상의 경찰공무원을 장으로 하는 경찰기관: 소속 경사 이하의 경찰공무원

4) 관련사건의 관할(경찰공무원 징계령 제5조)

상위 계급과 하위 계급의 경찰공무원이 관련된 징계등 사건은 상위 계급의 경찰공무원을 관할하는 징계위원회에서 심의·의결하고, 상급 경찰기관과 하급 경찰기관에 소속된 경찰공무원이 관련된 징계등 사건은 상급 경찰기관에 설치된 징계위원회에서 심의·의결한다. 22년 2차 다만, 상위 계급의 경찰공무원이 감독상 과실책임만으로 관련된 경우에는 관할 징계위원회에서 각각 심의·의결할 수 있다.

소속이 다른 2명 이상의 경찰공무원이 관련된 징계등 사건으로서 관할 징계위원회가 서로 다른 경우에는 모두를 관할하는 바로 위 상급 경찰기관에 설치된 징계위원회에서 심의·의결한다.

예컨대, A경찰서 소속 지구대장 경감 甲과 동일한 지구대 소속 순경 乙이 관련된 징계등 사건은 甲을 관할하는 징계위원회에서 심의 의결함이 타당하다. 그러나 총경 이상의 경찰공무원을 장으로 하는 경찰기관에 설치된 보통징계위원회는 소속 경위 이하의 경찰공무원에 대한 징계등 사건을 심의 의결한다. 따라서 경감 甲의 징계등 사건은 바로 위 상급 경찰기관인 시도경찰청에 설치된 보통징계위원회에서 심의 의결한다. 22년 2차

그럼에도 불구하고 관할 징계위원회는 관련자에 대한 징계등 사건을 분리하여 심의·의결하는 것이 타당하다고 인정되는 경우에는 해당 징계위원회의 의결로 관련자에 대한 징계등 사건을 관할 징계위원회로 이송할 수 있다.

5) 징계위원회의 구성 등(경찰공무원 징계령 제6조)

각 징계위원회는 위원장 1명을 포함하여 11명 이상 51명 이하의 공무원위원과 민간위원으로 구성한다.

징계위원회의 위원장은 위원 중 최상위 계급 또는 이에 상응하는 직급에 있거나 최상위 계급 또는 이에 상응하는 직급에 먼저 승진임용된 공무원이 된다.

(1) 공무원위원

징계위원회가 설치된 경찰기관의 장은 징계등 심의 대상자보다 상위 계급인 경위 이상의 소속 경찰공무원 또는 상위 직급에 있는 6급 이상의 소속 공무원 중에서 징계위원회의 공무원위원을 임명한다. 다만, 보통징계위원회의 경우 징계등 심의 대상자보다 상위 계급인 경위 이상의 소속 경찰공무원 또는 상위 직급에 있는 6급 이상의 소속 공무원의 수가 민간위원을 제외한 위원 수에 미달되는 등의 사유로 보통징계위원회를 구성하는 것이 곤란한 경우에는 징계등 심의 대상자보다 상위 계급인 경사 이하의 소속 경찰공무원 또는 상위 직급에 있는 7급 이하의 소속 공무원 중에서 임명할 수 있으며, 이 경우에는 3개월 이하의 감봉 또는 견책에 해당하는 징계등 사건만을 심의·의결한다.

(2) 민간위원

징계위원회가 설치된 경찰기관의 장은 제1항에 따른 위원 수의 2분의 1 이상을 다음 각 호의 구분에 따라 해당 호 각 목의 사람 중에서 민간위원으로 위촉한다. 이 경우 특정 성별의 위원이 민간위원 수의 10분의 6을 초과하지 않도록 해야 한다.

위촉되는 민간위원의 임기는 2년으로 하며, 한 차례만 연임할 수 있다.

1. 중앙징계위원회
   가. 법관·검사 또는 변호사로 10년 이상 근무한 사람
   나. 「고등교육법」 제2조에 따른 학교 또는 이에 준하는 교육기관(대학)에서 경찰 관련 학문을 담당하는 정교수 이상으로 재직 중인 사람
   다. 총경 또는 4급 이상의 공무원으로 근무하고 퇴직한 사람[퇴직 전 5년부터 퇴직할 때까지 근무했던 적이 있는 경찰기관(해당 경찰기관이 소속된 중앙행정기관 및 그 중앙행정기관의 다른 소속기관에서 근무했던 경우를 포함)의 경우에는 퇴직일부터 3년이 경과한 사람을 말한다]
   라. 민간부문에서 인사·감사 업무를 담당하는 임원급 또는 이에 상응하는 직위에 근무한 경력이 있는 사람

6) 징계위원회 회의(경찰공무원 징계령 제7조)

징계위원회의 회의는 위원장과 징계위원회가 설치된 경찰기관의 장이 회의마다 지정하는 4명 이상 6명 이하의 위원으로 성별을 고려하여 구성하되, 민간위원의 수는 위원장을 포함한 위원 수의 2분의 1 이상이어야 한다.

징계사유가 다음 각 호의 어느 하나에 해당하는 징계 사건이 속한 징계위원회의 회의를 구성하는 경우에는 피해자와 같은 성별의 위원이 위원장을 제외한 위원 수의 3분의 1 이상 포함되어야 한다.

1. 「성폭력범죄의 처벌 등에 관한 특례법」에 따른 성폭력범죄
2. 「양성평등기본법」에 따른 성희롱

징계위원회의 위원장은 위원회의 사무를 총괄하며 위원회를 대표한다. 징계위원회의 회의는 위원장이 소집하며, 위원장은 표결권을 가진다.

위원장이 부득이한 사유로 직무를 수행할 수 없거나 위원장이 필요하다고 인정하는 경우에는 출석한 위원 중 최상위 계급 또는 이에 상응하는 직급에 있거나 최상위 계급 또는 이에 상응하는 직급에 먼저 승진임용된 공무원이 위원장이 된다.

징계위원회의 회의에 참석한 사람은 직무상 알게 된 비밀을 누설해서는 아니 된다(경찰공무원 징계령 제21조).

7) 징계위원회 위원의 제척, 기피, 회피(경찰공무원 징계령 제15조)

징계위원회의 위원장 또는 위원이 다음 각 호의 어느 하나에 해당하는 경우(제척 사유)에는 그 징계등 사건의 심의·의결에 관여하지 못한다.

1. 징계등 심의 대상자의 친족 또는 직근 상급자(징계 사유가 발생한 기간 동안 직근 상급 자였던 사람을 포함한다)인 경우
2. 그 징계 사유와 관계가 있는 경우
3. 「국가공무원법」제78조의3제1항제3호의 사유로 다시 징계등 사건의 심의·의결을 할 때 해당 징계등 사건의 조사나 심의·의결에 관여한 경우

징계등 심의 대상자는 징계위원회의 위원장 또는 위원이 다음 각 호의 어느 하나에 해당하는 경우에는 징계위원회에 그 사실을 서면으로 밝히고 해당 위원장 또는 위원의 기피를 신청할 수 있다.

1. 제척사유에 해당하는 경우
2. 불공정한 의결을 할 우려가 있다고 의심할 만한 타당한 사유가 있는 경우

징계위원회는 기피 신청을 받은 때에는 해당 징계등 사건을 심의하기 전에 의결 로써 해당 위원장 또는 위원의 기피 여부를 결정해야 한다. 이 경우 기피 신청을 받은 위원장 또는 위원은 그 의결에 참여하지 못한다.

징계위원회의 위원장 또는 위원은 제1항 각 호의 어느 하나에 해당하면 스스로 해 당 징계등 사건의 심의·의결을 회피해야 하며, 제2항제2호에 해당하면 회피할 수 있다.

3. 징계의 사유

공무원이 다음 각 호의 어느 하나에 해당하면 징계 의결을 요구하여야 하고 그 징계 의결의 결과에 따라 징계처분을 하여야 한다.

1. 국가공무원법 및 국가공무원법에 따른 명령을 위반한 경우
2. 직무상의 의무(다른 법령에서 공무원의 신분으로 인하여 부과된 의무를 포함한다)를 위 반하거나 직무를 태만히 한 때
3. 직무의 내외를 불문하고 그 체면 또는 위신을 손상하는 행위를 한 때

공무원(특수경력직공무원 및 지방공무원을 포함)이었던 사람이 다시 공무원으로 임용된 경우에 재임용 전에 적용된 법령에 따른 징계 사유는 그 사유가 발생한 날부터 이 법에 따른 징계 사유가 발생한 것으로 본다.

4. 징계절차

1) 징계 등 의결 요구

(1) 징계 등 의결의 요구(경찰공무원 징계령 제9조)

경찰기관의 장은 소속 경찰공무원이 다음 각 호의 어느 하나에 해당할 때에는 지체 없이 관할 징계위원회를 구성하여 징계등 의결을 요구하여야 한다. 이 경우 경찰공무원 징계 의결 또는 징계부가금 부과 의결 요구서와 확인서(징계의결서등)를 관할 징계위원회에 제출하여야 한다.

경찰기관의 장은 그 소속 경찰공무원에 대한 징계등 사건이 상급 경찰기관에 설치된 징계위원회의 관할에 속한 경우에는 그 상급 경찰기관의 장에게 징계의결서등을 첨부하여 징계등 의결의 요구를 신청하여야 한다. 징계 등 의결 요구 또는 그 신청은 징계 사유에 대한 충분한 조사를 한 후에 하여야 한다.

경찰기관의 장이 징계 등 의결 요구 또는 그 신청을 할 때에는 중징계 또는 경징계로 구분하여 요구하거나 신청하여야 한다. 다만, 「감사원법」 제32조제1항 및 제10항에 따라 감사원장이 「국가공무원법」 제79조에 따른 징계의 종류를 구체적으로 지정하여 징계요구를 한 경우에는 그러하지 아니하다.

경찰기관의 장은 징계 등 의결을 요구할 때에는 경찰공무원 징계 의결 또는 징계부가금 부과 의결 요구서 사본을 징계등 심의 대상자에게 보내야 한다. 다만, 징계등 심의 대상자가 그 수령을 거부하는 경우에는 그러하지 아니하다.

(2) 징계의결 등의 요구 시효(국가공무원법 제83조의2)

징계의결 등의 요구는 징계 등 사유가 발생한 날부터 다음 각 호의 구분에 따른 기간이 지나면 하지 못한다.

> 1. 징계 등 사유가 다음 각 목의 어느 하나에 해당하는 경우: 10년
>   가. 「성매매알선 등 행위의 처벌에 관한 법률」 제4조에 따른 금지행위

나.「성폭력범죄의 처벌 등에 관한 특례법」제2조에 따른 성폭력범죄
다.「아동·청소년의 성보호에 관한 법률」제2조제2호에 따른 아동·청소년대상 성범죄
라.「양성평등기본법」제3조제2호에 따른 성희롱
2. 징계 등 사유가 제78조의2제1항 각 호의 어느 하나에 해당하는 경우: 5년
3. 그 밖의 징계 등 사유에 해당하는 경우: 3년

(3) 감사원의 조사와의 관계 등(국가공무원법 제83조)

감사원에서 조사 중인 사건에 대하여는 조사개시 통보를 받은 날부터 징계 의결의 요구나 그 밖의 징계 절차를 진행하지 못한다.

검찰·경찰, 그 밖의 수사기관에서 수사 중인 사건에 대하여는 수사개시 통보를 받은 날부터 징계 의결의 요구나 그 밖의 징계 절차를 진행하지 아니할 수 있다.

감사원과 검찰·경찰, 그 밖의 수사기관은 조사나 수사를 시작한 때와 이를 마친 때에는 10일 내에 소속 기관의 장에게 그 사실을 통보하여야 한다.

(4) 징계 등 사건의 통지(경찰공무원 징계령 제10조)

경찰기관의 장은 그 소속이 아닌 경찰공무원에게 징계 사유가 있다고 인정될 때에는 해당 경찰기관의 장에게 그 사실을 증명할 만한 충분한 사유를 명확히 밝혀 통지하여야 한다.

징계 사유를 통지받은 경찰기관의 장은 타당한 이유가 없으면 통지를 받은 날부터 30일 이내에 관할 징계위원회에 징계등 의결을 요구하거나 그 상급 경찰기관의 장에게 징계등 의결의 요구를 신청하여야 한다.

또한 징계 사유를 통지받은 경찰기관의 장은 해당 사건의 처리 결과를 징계 사유를 통지한 경찰기관의 장에게 회답하여야 한다.

2) 징계위원회의 의결

(1) 징계등 심의대상자의 출석(경찰공무원 징계령 제12조)

징계위원회가 징계등 심의 대상자의 출석을 요구할 때에는 일정한 서식의 출석통지서로 하되, 징계위원회 개최일 5일 전까지 그 징계등 심의 대상자에게 도달되도록 해야 한다.

징계위원회는 징계등 심의 대상자가 그 징계위원회에 출석하여 진술하기를 원하

지 아니할 때에는 진술권 포기서를 제출하게 하여 이를 기록에 첨부하고 서면심사로 징계등 의결을 할 수 있다.

징계위원회는 출석 통지를 하였음에도 불구하고 징계등 심의 대상자가 정당한 사유 없이 출석하지 아니하였을 때에는 그 사실을 기록에 분명히 적고 서면심사로 징계등 의결을 할 수 있다. 다만, 징계등 심의 대상자의 소재가 분명하지 아니할 때에는 출석 통지를 관보에 게재하고, 그 게재일부터 10일이 지나면 출석 통지가 송달된 것으로 보며, 징계등 의결을 할 때에는 관보 게재의 사유와 그 사실을 기록에 분명히 적어야 한다.

그럼에도 불구하고 징계위원회는 징계등 심의 대상자가 징계등 사건 또는 형사사건의 사실 조사를 기피할 목적으로 도피하였거나 출석 통지서의 수령을 거부하여 징계등 심의 대상자나 그 가족에게 직접 출석 통지서를 전달하는 것이 곤란하다고 인정될 때에는 징계등 심의 대상자가 소속된 기관의 장에게 출석 통지서를 보내 이를 전달하게 하고, 전달이 불가능하거나 수령을 거부할 때에는 그 사실을 증명하는 서류를 첨부하여 보고하게 한 후 기록에 분명히 적고 서면심사로 징계등 의결을 할 수 있다.

징계위원회는 징계등 심의 대상자가 국외 체류 또는 국외 여행 중이거나 그 밖의 부득이한 사유로 징계등 의결 요구서를 받은 날부터 상당한 기간 내에 출석할 수 없다고 인정될 때에는 적당한 기간을 정하여 서면으로 진술하게 하여 징계등 의결을 할 수 있다. 이 경우 그 기간 내에 서면으로 진술하지 아니할 때에는 그 진술 없이 징계등 의결을 할 수 있다.

(2) 심문과 진술권(경찰공무원 징계령 제13조)

징계위원회는 출석한 징계등 심의 대상자에게 징계 사유에 해당하는 사실에 관한 심문을 하고 심사를 위하여 필요하다고 인정될 때에는 관계인을 출석하게 하여 심문할 수 있다.

징계위원회는 징계등 심의 대상자에게 진술할 수 있는 기회를 충분히 주어야 하며, 징계등 심의 대상자는 의견서 또는 말로 자기에게 이익이 되는 사실을 진술하거나 증거를 제출할 수 있다.

징계등 심의 대상자는 증인의 심문을 신청할 수 있다. 이 경우 징계위원회는 의결로써 그 채택 여부를 결정하여야 한다.

징계등 의결을 요구한 자 또는 징계등 의결의 요구를 신청한 자는 징계위원회에 출석하여 의견을 진술하거나 서면으로 의견을 진술할 수 있다. 다만, 중징계나 중징계

관련 징계부가금 요구사건의 경우에는 특별한 사유가 없는 한 징계위원회에 출석하여 의견을 진술해야 한다.

징계위원회는 필요하다고 인정할 때에는 사실 조사를 하거나 특별한 학식·경험이 있는 사람에게 검증 또는 감정을 의뢰할 수 있다.

(3) 징계위원회의 의결 및 의결 기한

① 징계위원회의 의결(경찰공무원 징계령 제14조)

징계위원회의 의결은 위원장을 포함한 위원 과반수의 출석과 출석위원 과반수의 찬성으로 의결하되, 의견이 나뉘어 출석위원 과반수의 찬성을 얻지 못한 경우에는 출석위원 과반수가 될 때까지 징계등 심의 대상자에게 가장 불리한 의견을 제시한 위원의 수를 그 다음으로 불리한 의견을 제시한 위원의 수에 차례로 더하여 그 의견을 합의된 의견으로 본다. 22년 2차

의결은 징계 또는 징계부가금 의결서(의결서)로 한다.

징계위원회의 의결 내용은 공개하지 아니한다.

② 의결 기한(경찰공무원 징계령 제11조)

징계등 의결 요구를 받은 징계위원회는 그 요구서를 받은 날부터 30일 이내에 징계등에 관한 의결을 하여야 한다. 다만, 부득이한 사유가 있을 때에는 해당 징계등 의결을 요구한 경찰기관의 장의 승인을 받아 30일 이내의 범위에서 그 기한을 연기할 수 있다. 23년 2차

징계등 의결이 요구된 사건에 대한 징계등 절차의 진행이 「국가공무원법」 제83조에 따라 중지되었을 때에는 그 중지된 기간은 징계등 의결 기한에서 제외한다.

(4) 원격영상회의 방식의 활용(경찰공무원 징계령 제14조의2)

징계위원회는 위원과 징계등 심의 대상자, 징계등 의결을 요구하거나 요구를 신청한 자, 증인, 관계인 등 이 영에 따라 회의에 출석하는 사람이 동영상과 음성이 동시에 송수신되는 장치가 갖추어진 서로 다른 장소에 출석하여 진행하는 원격영상회의 방식으로 심의·의결할 수 있다. 이 경우 징계위원회의 위원 및 출석자가 같은 회의장에 출석한 것으로 본다.

징계위원회는 제1항에 따라 원격영상회의 방식으로 심의·의결하는 경우 위원 및 출석자의 신상정보, 회의 내용·결과 등이 유출되지 않도록 보안에 필요한 조치를 해야 한다.

(5) 징계등의 정도(경찰공무원 징계령 제16조)

징계위원회는 징계등 사건을 의결할 때에는 징계등 심의 대상자의 비위행위 당시 계급 및 직위, 비위행위가 공직 내외에 미치는 영향, 평소 행실, 공적(功績), 뉘우치는 정도나 그 밖의 정상과 징계등 의결을 요구한 자의 의견을 고려해야 한다.

징계위원회는 징계의결이 요구된 자가 다음 각 호의 어느 하나에 해당하는 공적이 있는 경우 징계를 감경할 수 있다(경찰공무원 징계령 세부시행규칙 제8조).

1. 「상훈법」에 따라 훈장 또는 포장을 받은 공적
2. 「정부표창규정」에 따라 국무총리 이상의 표창을 받은 공적 다만, 경감이하의 경찰공무원등은 경찰청장 또는 중앙행정기관 차관급 이상 표창을 받은 공적
3. 「모범공무원규정」에 따라 모범공무원으로 선발된 공적

■ 참조 판례

대법원 2012두13245 판결
경찰공무원에 대한 징계위원회의 심의과정에 감경사유에 해당하는 공적 사항이 제시되지 아니한 경우에는 그 징계양정이 결과적으로 적정한지와 상관없이 이는 관계 법령이 정한 징계절차를 지키지 않은 것으로서 위법하다. 다만 징계양정에서 임의적 감경사유가 되는 국무총리 이상의 표창은 징계대상자가 받은 것이어야 함은 관련 법령의 문언상 명백하고, 징계대상자가 위와 같은 표창을 받은 공적을 징계양정의 임의적 감경사유로 삼은 것은 징계의결이 요구된 사람이 국가 또는 사회에 공헌한 행적을 징계양정에 참작하려는 데 그 취지가 있으므로 징계대상자가 아니라 그가 속한 기관이나 단체에 수여된 국무총리 단체표창은 징계대상자에 대한 징계양정의 임의적 감경사유에 해당하지 않는다. [22년 2차]

(6) 징계등의 의결의 통지(경찰공무원 징계령 제17조)

징계위원회는 징계등 의결을 하였을 때에는 지체 없이 징계등 의결을 요구한 자에게 의결서 정본(正本)을 보내어 통지하여야 한다. [23년 2차]

3) 징계의 집행

(1) 경징계등의 집행(경찰공무원 징계령 제18조)

징계등 의결을 요구한 자는 경징계의 징계등 의결을 통지받았을 때에는 통지받은 날부터 15일 이내에 징계등을 집행하여야 한다.

징계등 의결을 요구한 자는 징계등 의결을 집행할 때에는 의결서 사본에 '징계등 처분 사유 설명서'를 첨부하여 징계등 처분 대상자에게 보내야 한다.

(2) 중징계등의 집행(경찰공무원 징계령 제19조)

징계등 의결을 요구한 자는 중징계의 징계등 의결을 통지받았을 때에는 지체 없이 징계등 처분 대상자의 임용권자에게 의결서 정본을 보내어 해당 징계등 처분을 제청하여야 한다. 다만, 경무관 이상의 강등 및 정직, 경정 이상의 파면 및 해임 처분의 제청, 총경 및 경정의 강등 및 정직의 집행은 경찰청장 또는 해양경찰청장이 한다.

중징계 처분의 제청을 받은 임용권자는 15일 이내에 의결서 사본에 '징계등 처분 사유 설명서'를 첨부하여 징계등 처분 대상자에게 보내야 한다.

(3) 보고 및 통지(경찰공무원 징계령 제20조)

징계등 의결을 요구한 경찰기관의 장은 경징계의 징계등 의결을 집행하였을 때에는 지체 없이 그 결과에 의결서의 사본을 첨부하여 해당 임용권자에게 보고하고, 징계등 처분을 받은 사람의 소속 경찰기관의 장에게 통지하여야 한다.

4) 징계에 대한 구제

징계등 처분사유 설명서를 받은 공무원이 그 처분에 불복할 때에는 그 설명서를 받은 날부터 30일 이내에 소청심사위원회에 이에 대한 심사를 청구할 수 있다. 이 경우 변호사를 대리인으로 선임할 수 있다(국가공무원법 제76조).

징계처분, 휴직처분, 면직처분, 그 밖에 의사에 반하는 불리한 처분에 대한 행정소송은 경찰청장 또는 해양경찰청장을 피고로 한다. 다만, 임용권을 위임한 경우에는 그 위임을 받은 자를 피고로 한다(경찰공무원법 제34조). 22년 2차

5) 재징계 의결요구(국가공무원법 제78조의3)

처분권자(대통령이 처분권자인 경우에는 처분 제청권자)는 다음 각 호에 해당하는 사유로 소청심사위원회 또는 법원에서 징계처분등의 무효 또는 취소(취소명령 포함)의 결정이나 판결을 받은 경우에는 다시 징계 의결 또는 징계부가금 부과 의결을 요구하여야 한다. 다만, 제3호의 사유로 무효 또는 취소(취소명령 포함)의 결정이나 판결을 받은 감봉·견책처분에 대하여는 징계의결을 요구하지 아니할 수 있다.

1. 법령의 적용, 증거 및 사실 조사에 명백한 흠이 있는 경우
2. 징계위원회의 구성 또는 징계의결등, 그 밖에 절차상의 흠이 있는 경우
3. 징계양정 및 징계부가금이 과다(過多)한 경우

처분권자는 징계의결등을 요구하는 경우에는 소청심사위원회의 결정 또는 법원의 판결이 확정된 날부터 3개월 이내에 관할 징계위원회에 징계의결등을 요구하여야 하며, 관할 징계위원회에서는 다른 징계사건에 우선하여 징계의결등을 하여야 한다.

V 경찰공무원의 고충심사 등 권익보장

1. 고충심사

1) 고충상담 신청 또는 심사 청구(국가공무원법 제76조의2)

공무원은 인사·조직·처우 등 각종 직무 조건과 그 밖에 신상 문제와 관련한 고충에 대하여 상담을 신청하거나 심사를 청구할 수 있으며, 누구나 기관 내 성폭력 범죄 또는 성희롱 발생 사실을 알게 된 경우 이를 신고할 수 있다. 이 경우 상담 신청이나 심사 청구 또는 신고를 이유로 불이익한 처분이나 대우를 받지 아니한다.

중앙인사관장기관의 장, 임용권자 또는 임용제청권자는 상담을 신청받은 경우에는 소속 공무원을 지정하여 상담하게 하고, 심사를 청구받은 경우에는 관할 고충심사위원회에 부쳐 심사하도록 하여야 하며, 그 결과에 따라 고충의 해소 등 공정한 처리를 위하여 노력하여야 한다.

중앙인사관장기관의 장, 임용권자 또는 임용제청권자는 기관 내 성폭력 범죄 또는 성희롱 발생 사실의 신고를 받은 경우에는 지체 없이 사실 확인을 위한 조사를 하고 그에 따라 필요한 조치를 하여야 한다.

2) 고충심사위원회(국가공무원법 제9조)

공무원의 고충을 심사하기 위하여 중앙인사관장기관에 중앙고충심사위원회를, 임용권자 또는 임용제청권자 단위로 보통고충심사위원회를 두되, 중앙고충심사위원회의 기능은 소청심사위원회에서 관장한다(국가공무원법 제76조의2).

경찰공무원의 인사상담 및 고충을 심사하기 위하여 경찰청, 해양경찰청, 시도자 치경찰위원회, 시도경찰청, 대통령령으로 정하는 경찰기관 및 지방해양경찰관서에 경 찰공무원 고충심사위원회를 둔다.

경찰공무원 고충심사위원회의 심사를 거친 재심청구와 경정 이상의 경찰공무원 의 인사상담 및 고충심사는 「국가공무원법」에 따라 설치된 중앙고충심사위원회에서 한다(경찰공무원법 제31조).

3) 공무원고충처리규정

공무원의 고충상담 및 고충심사 등의 처리 절차와 그 밖에 고충 해소를 위해 필 요한 사항을 규정하기 위하여 「공무원고충처리규정(대통령령)」을 두고 있다.

제3조의2(경찰공무원 고충심사위원회) ② 「경찰공무원법」 제31조제1항에 따른 경찰공무원 고충심사위원회는 위원장 1명을 포함하여 7명 이상 15명 이내의 공무원위원과 민간위원 으로 구성한다. 이 경우 민간위원의 수는 위원장을 제외한 위원 수의 2분의 1 이상이어 야 한다.
③ 경찰공무원고충심사위원회의 위원장은 설치기관 소속 공무원 중에서 인사 또는 감사 업무를 담당하는 과장 또는 이에 상당하는 직위를 가진 사람이 된다.
제7조(고충심사절차) ① 고충심사위원회가 청구서를 접수한 때에는 30일 이내에 고충심사 에 대한 결정을 해야 한다. 다만, 부득이하다고 인정되는 경우에는 고충심사위원회의 의 결로 30일의 범위에서 그 기한을 연기할 수 있다.
제8조(심사일의 통지 등) ① 고충심사위원회는 심사일 5일 전까지 청구인 및 처분청에 심사 일시 및 장소를 알려야 한다.
② 고충심사위원회는 제1항에 따른 통지를 하는 경우 청구인 및 처분청에 심사에 출석하 여 의견을 진술하거나 서면으로 의견을 제출할 기회를 주어야 한다.
제10조(고충심사위원회의 결정) ① 경찰공무원고충심사위원회의 결정은 위원 5명 이상의 출 석과 출석위원 과반수의 합의에 따른다.

2. 소청

1) 의의

소청제도는 공무원의 권익을 보장하기 위한 제도로서, 공무원이 징계처분이나 본 인의 의사에 반하는 강임(降任)·휴직·직위해제·면직처분 등 불리한 처분을 받은 경 우 이에 대해 관할 소청심사위원회에 심사를 청구하는 행정심판이다.

2) 소청의 대상

경찰 등 행정기관 소속 공무원의 징계처분, 그 밖에 그 의사에 반하는 불리한 처분이나 부작위 등이 소청의 대상이다.

3) 소청심사위원회

(1) 설치(국가공무원법 제9조)

행정기관 소속 공무원의 징계처분, 그 밖에 그 의사에 반하는 불리한 처분이나 부작위에 대한 소청을 심사·결정하게 하기 위하여 인사혁신처에 소청심사위원회를 둔다.

국회, 법원, 헌법재판소 및 선거관리위원회 소속 공무원의 소청에 관한 사항을 심사·결정하게 하기 위하여 국회사무처, 법원행정처, 헌법재판소사무처 및 중앙선거관리위원회사무처에 각각 해당 소청심사위원회를 둔다.

(2) 구성(국가공무원법 제9조)

국회사무처, 법원행정처, 헌법재판소사무처 및 중앙선거관리위원회사무처에 설치된 소청심사위원회는 위원장 1명을 포함한 위원 5명 이상 7명 이하의 비상임위원으로 구성하고, 인사혁신처에 설치된 소청심사위원회는 위원장 1명을 포함한 5명 이상 7명 이하의 상임위원과 상임위원 수의 2분의 1 이상인 비상임위원으로 구성하되, 위원장은 정무직으로 보한다.

(3) 자격과 임명(국가공무원법 제10조)

소청심사위원회의 위원(위원장을 포함)은 다음 각 호의 어느 하나에 해당하고 인사행정에 관한 식견이 풍부한 자 중에서 국회사무총장, 법원행정처장, 헌법재판소사무처장, 중앙선거관리위원회사무총장 또는 인사혁신처장의 제청으로 국회의장, 대법원장, 헌법재판소장, 중앙선거관리위원회위원장 또는 대통령이 임명한다. 이 경우 인사혁신처장이 위원을 임명제청하는 때에는 국무총리를 거쳐야 하고, 인사혁신처에 설치된 소청심사위원회의 위원 중 비상임위원은 제1호 및 제2호의 어느 하나에 해당하는 자 중에서 임명하여야 한다.

1. 법관·검사 또는 변호사의 직에 5년 이상 근무한 자
2. 대학에서 행정학·정치학 또는 법률학을 담당한 부교수 이상의 직에 5년 이상 근무한 자
3. 3급 이상 공무원 또는 고위공무원단에 속하는 공무원으로 3년 이상 근무한 자

소청심사위원회의 상임위원의 임기는 3년으로 하며, 한 번만 연임할 수 있다. 소청심사위원회의 상임위원은 다른 직무를 겸할 수 없다.

소청심사위원회의 공무원이 아닌 위원은 「형법」이나 그 밖의 법률에 따른 벌칙을 적용할 때 공무원으로 본다.

(4) 위원의 결격사유(국가공무원법 제10조의2)

다음 각 호의 어느 하나에 해당하는 자는 소청심사위원회의 위원이 될 수 없으며, 소청심사위원회의 위원이 여기에 해당하게 된 때에는 당연히 퇴직한다.

1. 제33조 각 호의 어느 하나에 해당하는 자
2. 「정당법」에 따른 정당의 당원
3. 「공직선거법」에 따라 실시하는 선거에 후보자로 등록한 자

(5) 위원의 신분보장(국가공무원법 제11조)

소청심사위원회의 위원은 금고 이상의 형벌이나 장기의 심신 쇠약으로 직무를 수행할 수 없게 된 경우 외에는 본인의 의사에 반하여 면직되지 아니한다.

4) 소청의 절차

(1) 심사의 청구(국가공무원법 제76조)

징계등 처분사유 설명서를 받은 공무원이 그 처분에 불복할 때에는 그 설명서를 받은 날부터, 공무원이 그 외 본인의 의사에 반한 불리한 처분을 받았을 때에는 그 처분이 있은 것을 안 날부터 각각 30일 이내에 소청심사위원회에 이에 대한 심사를 청구할 수 있다. 22년 2차 이 경우 변호사를 대리인으로 선임할 수 있다.

(2) 소청의 심사(국가공무원법 제12조)

소청심사위원회는 소청을 접수하면 지체 없이 심사하여야 한다.

소청심사위원회는 제1항에 따른 심사를 할 때 필요하면 검증(檢證)·감정(鑑定),

그 밖의 사실조사를 하거나 증인을 소환하여 질문하거나 관계 서류를 제출하도록 명할 수 있다.

소청심사위원회가 소청 사건을 심사하기 위하여 징계 요구 기관이나 관계 기관의 소속 공무원을 증인으로 소환하면 해당 기관의 장은 이에 따라야 한다.

소청심사위원회는 필요하다고 인정하면 소속 직원에게 사실조사를 하게 하거나 특별한 학식·경험이 있는 자에게 검증이나 감정을 의뢰할 수 있다.

(3) 소청인의 진술권(국가공무원법 제13조)

소청심사위원회가 소청 사건을 심사할 때에는 대통령령등으로 정하는 바에 따라 소청인 또는 대리인에게 진술 기회를 주어야 한다. 이러한 진술 기회를 주지 아니한 결정은 무효로 한다.

(4) 소청심사위원회의 결정(국가공무원법 제14조)

소청 사건의 결정은 재적 위원 3분의 2 이상의 출석과 출석 위원 과반수의 합의에 따르되, 의견이 나뉘어 출석 위원 과반수의 합의에 이르지 못하였을 때에는 과반수에 이를 때까지 소청인에게 가장 불리한 의견에 차례로 유리한 의견을 더하여 그 중 가장 유리한 의견을 합의된 의견으로 본다.

그럼에도 불구하고 파면·해임·강등 또는 정직에 해당하는 징계처분을 취소 또는 변경하려는 경우와 효력 유무 또는 존재 여부에 대한 확인을 하려는 경우에는 재적 위원 3분의 2 이상의 출석과 출석 위원 3분의 2 이상의 합의가 있어야 한다. 〔22년 2차〕 이 경우 구체적인 결정의 내용은 출석 위원 과반수의 합의에 따르되, 의견이 나뉘어 출석 위원 과반수의 합의에 이르지 못하였을 때에는 과반수에 이를 때까지 소청인에게 가장 불리한 의견에 차례로 유리한 의견을 더하여 그중 가장 유리한 의견을 합의된 의견으로 본다.

소청심사위원회의 결정은 그 이유를 구체적으로 밝힌 결정서로 하여야 하며, 다음과 같이 구분한다.

1. 심사 청구가 이 법이나 다른 법률에 적합하지 아니한 것이면 그 청구를 각하(却下)한다.
2. 심사 청구가 이유 없다고 인정되면 그 청구를 기각(棄却)한다.
3. 처분의 취소 또는 변경을 구하는 심사 청구가 이유 있다고 인정되면 처분을 취소 또는 변경하거나 처분 행정청에 취소 또는 변경할 것을 명한다.
4. 처분의 효력 유무 또는 존재 여부에 대한 확인을 구하는 심사 청구가 이유 있다고 인정되면 처분의 효력 유무 또는 존재 여부를 확인한다.

5. 위법 또는 부당한 거부처분이나 부작위에 대하여 의무 이행을 구하는 심사 청구가 이유 있다고 인정되면 지체 없이 청구에 따른 처분을 하거나 이를 할 것을 명한다.

소청심사위원회의 취소명령 또는 변경명령 결정은 그에 따른 징계나 그 밖의 처분이 있을 때까지는 종전에 행한 징계처분에 영향을 미치지 아니한다. 22년 2차

소청심사위원회가 징계처분 또는 징계부가금 부과처분을 받은 자의 청구에 따라 소청을 심사할 경우에는 원징계처분보다 무거운 징계 또는 원징계부가금 부과처분보다 무거운 징계부가금을 부과하는 결정을 하지 못한다. 22년 2차

소청심사위원회의 결정은 처분 행정청을 기속(羈束)한다.

5) 행정소송과의 관계(국가공무원법 제16조)

징계등 처분, 그 밖에 본인의 의사에 반한 불리한 처분이나 부작위(不作爲)에 관한 행정소송은 소청심사위원회의 심사·결정을 거치지 아니하면 제기할 수 없다.

행정소송을 제기할 때에는 대통령의 처분 또는 부작위의 경우에는 경찰청장을 피고로 한다.

제4절 행정작용(행정행위)의 형식

I 행정입법

행정기본법 제38조(행정의 입법활동) ① 국가나 지방자치단체가 법령등을 제정·개정·폐지하고자 하거나 그와 관련된 활동(법률안의 국회 제출과 조례안의 지방의회 제출을 포함하며, 이하 이 장에서 "행정의 입법활동"이라 한다)을 할 때에는 헌법과 상위 법령을 위반해서는 아니 되며, 헌법과 법령등에서 정한 절차를 준수하여야 한다.
② 행정의 입법활동은 다음 각 호의 기준에 따라야 한다.
1. 일반 국민 및 이해관계자로부터 의견을 수렴하고 관계 기관과 충분한 협의를 거쳐 책임 있게 추진되어야 한다.
2. 법령등의 내용과 규정은 다른 법령등과 조화를 이루어야 하고, 법령등 상호 간에 중복

되거나 상충되지 아니하여야 한다.
   3. 법령등은 일반 국민이 그 내용을 쉽고 명확하게 이해할 수 있도록 알기 쉽게 만들어
      져야 한다.
   ③ 정부는 매년 해당 연도에 추진할 법령안 입법계획(이하 "정부입법계획"이라 한다)을
   수립하여야 한다.
   ④ 행정의 입법활동의 절차 및 정부입법계획의 수립에 관하여 필요한 사항은 정부의 법
   제업무에 관한 사항을 규율하는 대통령령으로 정한다.

지방자치법 제28조(조례) ① 지방자치단체는 법령의 범위에서 그 사무에 관하여 조례를 제
   정할 수 있다. 다만, 주민의 권리 제한 또는 의무 부과에 관한 사항이나 벌칙을 정할 때
   에는 법률의 위임이 있어야 한다. 23년 1차
   ② 법령에서 조례로 정하도록 위임한 사항은 그 법령의 하위 법령에서 그 위임의 내용과
   범위를 제한하거나 직접 규정할 수 없다.
제29조(규칙) 지방자치단체의 장은 법령 또는 조례의 범위에서 그 권한에 속하는 사무에
   관하여 규칙을 제정할 수 있다.
제30조(조례와 규칙의 입법한계) 시·군 및 자치구의 조례나 규칙은 시·도의 조례나 규칙을
   위반해서는 아니 된다.

1. 행정입법의 의의

오늘날 국회만 입법을 하는 것이 아니라, 행정부도 입법을 하고 있다. 이것을 실
질적 권력분립이라고 한다. 예를 들면 건강보조식품을 의약품으로 오인하도록 하는
과대광고에 대한 규제를 국회가 제정한 식품위생법뿐만 아니라 행정부가 제정한 식품
위생법 시행규칙(부령)으로도 규제하고 있는 것이다. 이와 같은 행정입법은 대외적 구
속력이 있는 법규명령과 행정조직 내부에서의 효력, 즉 대내적 구속력만 있는 행정규
칙으로 구분된다.

2. 법규명령

1) 의의

법규명령은 행정권이 정립하는 기준으로서 다수인에게 적용되는 일반적인 성질
을 가지면서도 여러 경우에 대하여 반복적으로 적용되는 추상적인 성질을 가진 규정
이며 법규의 성질을 가진 것을 말한다. 법규명령의 요소로는 ① 수권성과 ② 법규성

이 있다. 수권성은 하위 법령으로 입법을 제정하도록 수권하는 것을 의미한다. 위임의 근거가 없는 법규명령이라도 사후에 수권에 대한 근거 법률이 제정되거나 개정되면 그때부터는 유효한 것으로 보며, 사후적으로 위임의 근거가 없어지게 되면 법규명령은 그때부터 무효가 된다(=장래효). 즉, 수권의 근거가 소멸되게 되었더라도 소급하여 법규명령이 무효가 되는 것은 아니다. 법규성은 국민의 권리·의무를 규율하는 기준으로서의 성질을 의미한다.

2) 법규명령의 종류

(1) 성질상 분류

법규명령은 그 성질상 위임명령과 집행명령으로 구분된다.

① 위임명령

법률 또는 상위명령에 의하여 개별적, 구체적으로 위임받은 사항을 보충하기 위해 발하는 명령으로서, 일반적으로 법규명령이라고 하면 위임명령을 뜻한다. 위임명령은 수권을 받기 이전에는 무효이지만 사후에라도 법률개정을 통해 입법에 대한 수권을 받으면 그때부터 유효한 법규명령이 된다. 법규명령은 구체적인 범위를 정한 위임이어야 하며 포괄적 위임금지의 원칙이 적용된다. 특히 처벌법규나 조세법규처럼 국민의 기본권을 제한하거나 침해할 소지가 있는 사항에 관한 입법위임에 있어서는 구체성 내지 명확성이 보다 엄격하게 요구된다. 다만, 예외적으로 조례의 경우에는 지방자치단체의 자율성과 민주성을 보장하기 위하여 포괄적인 위임이 허용된다. 그러나 조례로 주민의 권리를 제한하거나 의무를 부과하려면 법률의 위임은 있어야 한다.

② 집행명령

법률 또는 상위명령의 규정범위 안에서 그 집행에 관한 세부적 사항을 정하는 명령으로서, 법률의 집행에 관한 세부적 사항만을 정한다. 위임명령과 달리 법률 또는 상위명령의 위임없이도 발령이 가능하지만, 국민의 권리·의무에 관한 사항을 규정할 수 없다. 22년 2차 집행명령은 국민의 권리의무를 규율하지 않으므로 법규성은 없지만, 위임명령과 마찬가지로 수권성이 필요하다. 그러나 근거법령인 상위법령이 개정되는 경우에 불과하고, 근거법령에서 수권성을 배제한다는 특별한 규정이 없는 경우에는 집행명령은 효력을 유지한다. 근거법령인 상위법령이 개정되더라도 그 집행명령이 당연히 실효하는 것은 아니다.

(2) 제정주체상 분류

중앙행정부가 제정하는 법규명령은 그 제정주체에 따라 시행령(＝대통령령), 총리령, 시행규칙(＝부령) 등으로 나뉜다. 지방의회도 법규명령을 발할 수 있는데, 조례, 지자체장이 제정하는 도지사 규칙, 시장 규칙 등 규칙이 이에 해당한다.

3) 효력

법규명령은 내부적으로 공무원에게 법규이고, 동시에 외부적으로 국민에게도 법규이다. 법규명령을 어기면 위법하다. 법규명령도 법률과 마찬가지로 문언을 기속행위이든 재량행위이든 모두 규정할 수 있다. 그러므로 법률이든 법규명령이든 행정청의 처분이 이에 위반하면 언제나 곧바로 위법이 되는 것은 아니다. 처분에 대하여 법규명령에서 재량행위로 규정된 경우에는 행정법의 일반원칙에 비추어 재량의 일탈·남용을 판단할 수 있다. 반면에 처분에 대하여 법규명령에서 기속행위로 규정한 경우에는 곧바로 위법이 되는 경우가 많다.

■ 참조 판례

> 헌재 2000헌바50 등
> 법률조항의 포괄위임 여부는 당해 조항 및 관련규정과 종합하여 유기적·체계적으로 판단하여야 할 것이므로, 어느 법률조항이 외형적으로는 아무런 위임의 한계가 없는 것으로 보이는 경우라고 하더라도 관련조항과 종합하여 유기적·체계적으로 보아 위임 범위의 대강을 객관적으로 예측할 수 있으면 포괄위임에 해당한다고 할 수 없다.

> 대법원 2007두9884 판결
> 위임입법의 경우 그 한계는 예측가능성인바, 이는 법률에 이미 대통령령으로 규정될 내용 및 범위의 기본사항이 구체적으로 규정되어 있어서 누구라도 당해 법률로부터 대통령령 등에 규정될 내용의 대강을 예측할 수 있어야 함을 의미하고, 이러한 예측가능성의 유무는 당해 특정조항 하나만을 가지고 판단할 것은 아니고 관련 법조항 전체를 유기적·체계적으로 종합 판단하여야 하며 각 대상법률의 성질에 따라 구체적·개별적으로 검토하여 법률조항과 법률의 입법 취지를 종합적으로 고찰할 때 합리적으로 그 대강이 예측될 수 있는 것이라면 위임의 한계를 일탈하지 아니한 것이다.

3. 행정규칙

1) 의의

행정규칙은 상급 행정기관이 하급 행정기관에 대하여 법률의 수권 없이 행정부 내부에서 발급하는 일반적이고 추상적인 기준이 되는 것으로서 법규의 성질을 갖지 못하는 것을 의미한다.

행정규칙은 다음과 같이 구분할 수 있다.

분류1	훈령	상급 관청이 하급관청에게 여러 사람들에게 일반적으로, 그리고 반복해서 처리할 수 있도록 추상적으로 내부적인 업무처리에 대한 기준을 발급하는 것
	지시	훈령의 일종, 상급관청이 하급관청에게 개별적이고 구체적인 사안에 대한 내부적인 처리기준을 내려 보내는 것
	예규	행정부 내부의 공무원들이 반복적으로 업무를 잘 처리할 수 있도록 각종 양식들을 정하는 것
	일일명령	공무원들에게 연장근무, 야근, 출장 등에 대한 것을 정하는 것
분류2	고시	행정규칙의 내용을 일반 국민에게 널리 알리는 형태
	지침	행정규칙의 내용을 행정부 내부에서 정하여 운영하는 형태

2) 효력

행정규칙은 내부적으로 공무원에게 법규이지만, 외부적으로 국민에게는 법규가 아니다. 즉, 법규명령과 달리 내부적으로만 직접적 구속효를 가지고 외부적으로는 간접적인 구속효만 가지는 것이다. 행정규칙은 평등의 원칙과 자기구속의 원칙을 매개로 하여 외부적으로는 간접적이지만 구속효를 가진다. 행정규칙을 준수하더라도 반드시 적법한 것은 아니며. 행정규칙을 어기더라도 곧바로 위법은 아니다. 다만 평등의 원칙이나 자기구속의 원칙 등을 이유로 위법할 수 있다. 참고로 공무원들은 위법하거나 부당한 행정규칙이라도 중대명백한 위법이 있어 무효인 경우가 아닌 복종의무가 있으므로, 이를 위반하게 되면 징계책임이 있다.

■ 참조 판례

대법원 91누4973 판결
행정청 내의 사무처리준칙을 규정한 것에 불과하여 행정조직 내부에 있어서의 행정명령의 성질을 가지는 것이어서 행정조직 내부에서 관계 행정기관이나 직원을 구속함에 그치고 대외적으로 국민이나 법원을 구속하는 것은 아니므로, 처분이 이 규칙에서 정한 기준에 따른 것이라 하여 당연히 적법한 처분이 된다 할 수 없고, 그 처분의 적법 여부는 법의 규정 및 그 취지에 적합한 것인가의 여부에 따라서 판단하여야 한다.

4. 행정규칙 형식의 법규명령(=법령보충적 행정규칙)

행정규제기본법 제4조(규제 법정주의) ② 규제는 법률에 직접 규정하되, 규제의 세부적인 내용은 법률 또는 상위 법령에서 구체적으로 범위를 정하여 위임한 바에 따라 대통령령·총리령·부령 또는 조례·규칙으로 정할 수 있다. 다만, 법령에서 전문적·기술적 사항이나 경미한 사항으로서 업무의 성질상 위임이 불가피한 사항에 관하여 구체적으로 범위를 정하여 위임한 경우에는 고시 등으로 정할 수 있다.

행정규칙형식의 법규명령이란 형식은 행정규칙이지만 실질은 상위 법령에서 법규에 대한 입법을 행정규칙으로 정하도록 위임하고 있는 경우를 말한다. 예컨대, 도로교통법 시행규칙에서 승차거부에 대한 제재적 기준을 규정하고 있는 것을 들 수 있다. 법령보충적 행정규칙은 「행정규제기본법」 제4조 제2항 단서에 근거규정을 두고 있다.

행정규칙형식의 법규명령의 법적 성격에 관해서는 학설상 법규명령설, 행정규칙설, 규범구체화행정규칙설, 위헌무효설 등이 대립하고 있다. 판례는 당해 법령의 위임 한계를 벗어나지 아니하는 한 상위법령과 결합하여 대외적 구속력이 있는 법규명령으로 본다.

5. 법규명령 형식의 행정규칙

법규명령형식의 행정규칙은 형식은 법규명령이지만 그 내용이 행정규칙의 실질을 가진 경우이다.

법규명령형식의 행정규칙의 성격에 대해서는 학설상 행정규칙설, 법규명령설, 수권여부기준설이 있는데, 이중 다수설은 법규의 내용에 불구하고 법규명령의 형식으로 제정된 때에는 국민이나 법원을 기속하므로 법규명령이라고 보는 견해이다. 판례는 형식이 법규명령(대통령령)이지만, 내용이 행정규칙인 경우 그 형식에 따라 법규명령으로 보며, 형식이 법규명령(부령)이지만, 그 내용이 행정규칙인 경우에는 대내적 구속력만 있는 행정규칙에 불과하다는 입장이다.

■ 참조 판례

> 대법원 91누4973 판결
> 자동차운수사업법 제31조 제2항의 규정에 따라 제정된 자동차운수사업법제31조등의 규정에의한사업면허의취소등의처분에관한규칙은 형식은 부령으로 되어 있으나 그 규정의 성질과 내용은 자동차운수사업면허의 취소처분 등에 관한 사무처리기준과 처분절차 등 행정청 내의 사무처리준칙을 규정한 것에 불과하여 행정조직 내부에 있어서의 행정명령의 성질을 가지는 것이어서 행정조직 내부에서 관계 행정기관이나 직원을 구속함에 그치고 대외적으로 국민이나 법원을 구속하는 것은 아니므로, 자동차운송사업면허취소 등의 처분이 이 규칙에서 정한 기준에 따른 것이라 하여 당연히 적법한 처분이 된다 할 수 없고, 그 처분의 적법 여부는 자동차운수사업법의 규정 및 그 취지에 적합한 것인가의 여부에 따라서 판단하여야 한다.

6. 재량준칙

재량준칙은 행정청이 재량처분을 할 때 준수하여야 하는 행정규칙으로서, 통일적인 재량행사를 위해 재량행사의 일반적 기준을 내용으로 한다. 재량준칙 자체는 행정규칙이므로 원칙적으로 대외적 구속력이 없지만, 행정의 자기구속의 원칙과 평등의 원칙을 매개(이유)로 하여 간접적인 대외적 구속력을 갖는다.

■ 참조 판례

> 대법원 2017두66541 판결
> 행정기관이 소속 공무원이나 하급행정기관에 대하여 세부적인 업무처리절차나 법령의 해석·적용 기준을 정해 주는 '행정규칙'은 상위법령의 구체적 위임이 있지 않는 한 조직 내부에서만 효력을 가질 뿐 대외적으로 국민이나 법원을 구속하는 효력이 없다. 행정규칙이 이를 정한 행정기관의 재량에 속하는 사항에 관한 것인 때에는 그 규정 내용이 객관적 합리성을 결여하였다는 등의 특별한 사정이 없는 한 법원은 이를 존중하는 것이 바람직하다. 그러나 행정규칙의 내용이 상위법령이나 법의 일반원칙에 반하는 것이라면 법치국가원리에서 파생되는 법질서의 통일성과 모순금지원칙에 따라 그것은 법질서상 당연무효이고, 행정내부적 효력도 인정될 수 없다. 이러한 경우 법원은 해당 행정규칙이 법질서상 부존재하는 것으로 취급하여 행정기관이 한 조치의 당부를 상위법령의 규정과 입법 목적 등에 따라서 판단하여야 한다.

Ⅱ 행정행위(=행정처분, 행정작용)

1. 행정행위의 의의

행정행위란 행정청이 구체적 사실을 규율하기 위해 대외적으로 공권력의 발동으로 행하는 일방적 공법행위이다. 행정행위는 강학상 또는 법이론상 용어이며, 행정기본법 등 법령에서는 '처분'이라는 용어를 사용한다. 참고로, 행정쟁송법상의 처분개념을 학문상의 행정행위의 개념과 동일한 것으로 볼 것인지에 대하여 양자를 같은 것으로 보는 일원설과 처분의 개념을 행정행위보다 더 넓게 보는 이원설이 대립하는데, 광범위한 권리보호를 위해 처분의 개념을 행정행위보다 넓게 이해하는 이원설이 다수설이다.

행정청의 처분인지 아닌지에 따라 권리구제수단이 다르다. 행정청의 처분이면 행정소송 중 항고소송(취소소송, 무효등확인소송, 부작위위법확인소송)으로 다투어야 하며, 처분이 아닌 경우 당사자소송이나 민사소송으로 다투게 된다.

■ 참조 판례

대법원 2001두3532 판결

[1] 항고소송의 대상이 되는 행정처분이라 함은 원칙적으로 행정청의 공법상 행위로서 특정 사항에 대하여 법규에 의한 권리의 설정 또는 의무의 부담을 명하거나 기타 법률상 효과를 발생하게 하는 등으로 일반 국민의 권리 의무에 직접 영향을 미치는 행위를 가리키는 것이지만, 어떠한 처분의 근거나 법적인 효과가 행정규칙에 규정되어 있다고 하더라도, 그 처분이 행정규칙의 내부적 구속력에 의하여 상대방에게 권리의 설정 또는 의무의 부담을 명하거나 기타 법적인 효과를 발생하게 하는 등으로 그 상대방의 권리 의무에 직접 영향을 미치는 행위라면, 이 경우에도 항고소송의 대상이 되는 행정처분에 해당한다.

[2] 행정규칙에 의한 '불문경고조치'가 비록 법률상의 징계처분은 아니지만 위 처분을 받지 아니하였다면 차후 다른 징계처분이나 경고를 받게 될 경우 징계감경사유로 사용될 수 있었던 표창공적의 사용가능성을 소멸시키는 효과와 1년 동안 인사기록카드에 등재됨으로써 그 동안은 장관표창이나 도지사표창 대상자에서 제외시키는 효과 등이 있다는 이유로 항고소송의 대상이 되는 행정처분에 해당한다.

대법원 2013두2945 판결

[1] 국민의 적극적 신청행위에 대하여 행정청이 그 신청에 따른 행위를 하지 않겠다고 거부한 행위가 항고소송의 대상이 되는 행정처분에 해당하기 위해서는, 신청한 행위가 공권력의 행사 또는 이에 준하는 행정작용이어야 하고, 거부행위가 신청인의 법률관계에 어떤 변동을 일으키는 것이어야 하며, 국민에게 행

위발동을 요구할 법규상 또는 조리상의 신청권이 있어야 한다.
[2] 갑 등이 인터넷 포털사이트 등의 개인정보 유출사고로 자신들의 주민등록번호 등 개인정보가 불법 유출되자 이를 이유로 관할 구청장에게 주민등록번호를 변경해 줄 것을 신청하였으나 구청장이 '주민등록번호가 불법 유출된 경우 주민등록법상 변경이 허용되지 않는다'는 이유로 주민등록번호 변경을 거부하는 취지의 통지를 한 사안에서, 피해자의 의사와 무관하게 주민등록번호가 유출된 경우에는 조리상 주민등록번호의 변경을 요구할 신청권을 인정함이 타당하고, 구청장의 주민등록번호 변경신청 거부행위는 항고소송의 대상이 되는 행정처분에 해당한다고 한 사례

2. 행정행위의 개념적 요소

상술한 행정행위의 개념 정의('행정청이 구체적 사실을 규율하기 위해 대외적으로 공권력의 발동으로 행하는 일방적 공법행위')로부터 아래의 개념 요소를 추출할 수 있다.

1) 행정청

행정행위는 행정청이 주체가 되는 행위이다. 행정청이란 행정주체를 위하여 그의 의사를 결정하고 이를 외부에 표시할 수 있는 권한을 가진 행정기관을 말하며, 그 권한을 위임 또는 위탁받은 공무수탁사인도 행정청이 될 수 있다.

2) 구체적 사실

행정행위는 구체적 사실에 대한 법집행이다. 따라서 불특정 다수의 사안에 반복적으로 적용되는 추상적 · 일반적 행정입법은 행정행위가 아니다.

3) 대외적 규율

행정행위는 행정조직 외부의 국민에게 직접인 법적 효과를 발생하는 행위이다. 따라서 행정조직의 내부에서 행해지는 상급관청의 지시나 상관의 명령, 행정규칙 등은 행정행위에 해당하지 않는다.

4) 공권력 발동으로 행하는 일방적 공법행위

행정행위는 행정주체가 행정객체에 대하여 일방적 또는 우월한 지위에서 행하는 공법상의 행위이다. 따라서 행정청의 법적행위라도 물건의 구매계약이나 영리활동 등과 같은 비권력적 사법작용은 행정행위가 아니다.

3. 행정행위의 종류

1) 법률행위적 행정행위와 준법률적 행정행위

행정행위는 그 법률적 효과에 따라 법률행위적 행정행위와 준법률적 행정행위로 구분할 수 있다.

(1) 법률행위적 행정행위

법률행위적 행정행위란 행정행위 중에서 효과의사의 표시를 구성요소로 하고, 그 효과의사의 내용에 따라 법률적 효과를 발생하는 행위를 의미한다. 법률적 행정행위는 상대방에게 의무를 부과하거나 기존의 의무를 해제하는 명령적 행정행위(하명, 허가, 면제)와 상대방에 대하여 특정한 권리나 권리능력, 기타 법률상의 힘을 설정·변경·소멸시키는 형성적 행정행위(특허, 인가, 대리)로 나눌 수 있다.

① 하명

하명은 행정청이 작위, 부작위, 급부, 수인 등을 명하는 행위이다.

그 중에서도 '경찰하명'은 국민의 생명·신체·재산 보호, 공공안녕·질서 유지 등의 경찰목적을 위해 국민에 대하여 작위, 부작위, 급부, 수인 등 특정 의무를 명하는 행정행위이다. [23년 1차] 경찰관의 수신호나 주차금지구역의 지정도 일종의 수신호에 해당한다. 경찰하명의 구체적 종류를 표로 분류하면 다음과 같다.

경찰하명	작위하명; 일정한 행위를 적극적으로 명함. (예: 공공안전을 위해 화약류 운반 제한 명령)	
	부작위하명(=경찰금지); 일정한 행위를 금지 [23년 1차]	절대적 금지; 예외 불허(예: 청소년에 대한 술판매 금지, 마약판매금지)
		상대적 금지; 예외 허용(예: 주차금지구역의 지정)
	급부하명; 금전 또는 물품의 납입을 명함(예: 경찰상 대집행의 비용징수)	
	수인하명; 경찰상의 강제에 반항하여서는 아니된다는 것을 명함 (예: 경찰관직무집행법상 위험방지를 위한 건물 등에의 출입)	

또한, 경찰하명은 그 형식에 따라 법규하명(법규에 의한 직접 하명)과 처분하명(법규에 의거한 행정행위 형식의 하명)으로 나뉜다. 일반적으로 법규하명이 일반성·추상성을 그 특징으로 함에 반해, 처분하명은 개별성·구체성을 띤다는 점에서 차이가 있다.

경찰하명의 효과는 그 하명을 받은 자(특정인 또는 불특정인)가 경찰의무를 지는 것이며, 그 의무 불이행에 대한 강제수단으로는 경찰강제와 경찰벌이 있다. 경찰하명을 위반한 행위라도 그 사법상 법률행위로서의 효력에는 아무런 영향을 미치지 않는다. [23년 1차]

만약, 경찰하명이 중대하고도 명백하게 법규를 위반한 경우 그 하명은 당연히 무효이고, 한계일탈 등 위법한 하명은 취소가 가능하다. 위법한 경찰하명으로 인해 권리·이익이 침해된 자는 행정쟁송을 제기하거나 손해배상을 청구할 수 있다. [23년 1차]

② 허가

허가란 행정청이 법령에 의한 일반적·상대적 금지(부작위의무)를 특정한 경우에 해제하여 적법하게 일정한 사실행위 또는 법률행위를 할 수 있도록 자유를 회복시켜주는 행위이다. 허가는 상대방의 금지를 해제하는 명령적 행위이므로, 형성적 행위로서 법률상 권한을 부여하는 인가나 특허와 구분된다. 허가와 특허 모두 당사자의 신청을 필요로 하지만, 허가의 경우 당사자 신청이 없는 경우에도 직권으로 불특정다수에 대한 일반허가가 가능하다는 점에서 차이가 있다. [22년 2차]

원칙적으로 허가는 기속행위이므로 법령에 근거없이 허가요건을 임의로 추가할 수 없고, 이들 요건을 이유로 허가를 거부할 수 없다. 또한 허가는 행정행위의 적법요건일뿐 유효요건이 아니므로, 무허가행위는 행정상 강제집행이나 행정벌의 대상이 될지언정, 무허가상태에서 행한 사법상 법률행위자체가 무효가 되는 것은 아니다. [22년 2차] 또한 원칙적으로 허가 상대방이 얻는 이익은 법률상 이익이 아니라 반사적 이익에 불과하다. 참고로, 허가신청시의 법령과 허가처분시의 법령이 다를 경우, 처분시에 시행중인 법령과 기준에 따라 허가여부를 결정하는 것이 원칙이다. 허가의 예로는 공중목욕장업영업허가, 한의사면허, 주류제조업면허, 자동차운전면허 등을 들 수 있다.

■ 참조 판례

대법원 2003두3550
행정행위는 처분 당시에 시행중인 법령과 허가기준에 의하여 하는 것이 원칙이고, 인·허가신청 후 처분 전에 관계 법령이 개정 시행된 경우 신법령 부칙에 그 시행 전에 이미 허가신청이 있는 때에는 종전의 규정에 의한다는 취지의 경과규정을 두지 아니한 이상 당연히 허가신청 당시의 법령에 의하여 허가 여부를 판단하여야 하는 것은 아니며, 소관 행정청이 허가신청을 수리하고도 정당한 이유 없이 처리를 늦추어 그 사이에 법령 및 허가기준이 변경된 것이 아닌 한 변경된 법령 및 허가기준에 따라서 한 불허가처분은 위법하다고 할 수 없다.

허가 중에서도 '경찰허가'는 경찰목적을 위해 일반적으로 금지된 행위를 특정한 경우에 해제하여 적법하게 일정한 행위를 할 수 있게 하는 행정처분을 뜻하는데, 상대적 금지만 허가 대상이 된다. 경찰허가의 종류는 크게 3종류로 나뉜다.

경찰허가	대인적 허가: 사람의 경력이나 건강 등 개인적 사항 고려, 양도 불가 (예: 운전면허증발급, 총포류소지허가)
	대물적 허가: 물건의 상태 등 고려, 양도성 有 (예: 차량 검사합격처분)
	혼합적 허가;대인적 허가와 대물적 허가의 혼합 (예: 자동차운전학원의 허가, 민간경비업허가)

경찰허가는 상대적 경찰금지를 해제하는데 그치며, 다른 법률상의 경찰금지나 경찰이외의 목적을 위한 금지를 해제하는 것이 아니다. 22년 2차

③ 면제

면제란 법령에 의해 정하여진 작위·급부 등의 의무를 특정한 경우에 해제해 주는 행위를 말한다. 그 중 '경찰면제'란 일반적으로 부과되어 있는 경찰상의 작위·수인·급부의무를 특정한 경우에 해제하여 주는 행정행위를 뜻하며, 시험면제, 수수료면제 등을 그 예로 들 수 있다. 면제도 허가와 같이 의무를 해제하지만, 해제하는 의무가 부작위의무가 아닌 작위·수인·급부의무라는 점에서 차이가 있다.

④ 특허

특허는 특정인을 위해 새로운 법률상의 힘을 부여하는 설권행위인데, 허가나 인가로 표현되는 경우가 많으므로 해석상 주의가 필요하다. 특허의 예로는 공유수면매립면허, 도로점용허가나 개인택시운송사업면허, 도로점용허가 등을 들 수 있다(참고로, 특허청이 어떤 발명에 대해 특허결정을 하는 행위는 행정법학상 특허가 아닌 확인행위이다). 22년 1차 특허는 원칙적으로 재량행위이므로 신청을 먼저 했다고 해서 우선적으로 특허를 부여해야 하는 것은 아니다. 특허는 상대방에게 법률상의 힘을 부여하는 형성적 행위이며, 상대방에게 처음부터 독점적 이익을 부여한다는 점에서 허가와 구분된다.

■ 참조 판례

대법원 2015두48846 판결
출입국관리법 제10조 등의 문언, 내용 및 형식, 체계 등에 비추어 보면, 체류자격변경허가는 신청인에게 당초의 체류자격과 다른 체류자격에 해당하는 활동을 할 수 있는 권한을 부여하는 일종의 설권적 처분의 성격을 가지므로, 허가권자는 신청

인이 관계 법령에서 정한 요건을 충족하였더라도, 신청인의 적격성, 체류 목적, 공익상의 영향 등을 참작하여 허가 여부를 결정할 수 있는 재량을 가진다. 다만 재량을 행사할 때 판단의 기초가 된 사실인정에 중대한 오류가 있는 경우 또는 비례·평등의 원칙을 위반하거나 사회통념상 현저하게 타당성을 잃는 등의 사유가 있다면 이는 재량권의 일탈·남용으로서 위법하다.

⑤ 인가

인가는 제3자의 법률적 행위를 보충하여 그의 법률상 효과를 완성시키는 보충행위로서 인허나 승인이라는 용어가 사용되기도 한다. 인가의 예로는 재단법인의 정관변경에 대한 감독관청의 허가나 토지거래허가구역 내에서의 토지거래허가를 들 수 있다.

인가는 언제나 쌍방적 행정행위이므로 신청이 없는 인가나 수정인가는 특별한 규정이 없는 한 무효이다. 인가에 의하여 제3자의 법률적 행위의 효과가 완성되며, 그 효과는 원칙적으로 당해 법률행위에 대한 관계에서만 발생하고 타인에게 이전되지 아니한다. 인가의 대상이 되는 기본행위는 인가가 있기 전에는 효력이 발생하지 않은 상태에 있다가 인가가 있으면 본래 행해진 시점에 소급하여 유효하게 된다. 인가의 대상인 기본행위에 취소 원인인 하자가 있는 경우에는 인가 후에도 그 기본 행위를 취소할 수 있다. 유효하게 성립된 인가라도 후에 기본행위가 취소 또는 실효되면 그에 대한 인가도 실효된다.

⑥ 대리

대리는 제3자가 해야 할 일을 행정청이 대신하여 행함으로써 제3자가 행한 것과 같은 법적 효과를 일으키는 행위를 의미한다.

(2) 준법률행위적 행정행위

준법률행위적 행정행위란 행정행위 중 효과의사 이외의 정신작용의 표시를 구성요소로 하고, 행위자의 의사여하에 관계없이 직접 법규가 정하는 바에 따라 법률효과가 발생하는 행위를 뜻한다. 준법률행위적 행정행위에는 부관을 붙일 수 없다. 확인, 공증, 통지, 수리가 이에 속한다.

① 확인

확인은 특정 사실 또는 법률관계의 존부·적부에 관해 의문이나 다툼이 있는 경우 행정청이 이를 공적으로 확인하는 행위이다. 확인은 다툼있는 사실에 대한 행정청의 공적판단의 표시로서 불가변력이 발생하므로, 확인처분을 내린 행정청 스스로 이를 취소하거나 철회할 수 없다.

② 공증

공증은 특정 사실 또는 법률관계의 존부를 행정청이 공적으로 증명하는 행위이다. 등기나 등록을 예로 들 수 있다.

③ 통지

통지란 특정인 또는 불특정 다수인에게 특정 사항을 알리는 행위이다. 납세독촉통지나, 대집행의 계고를 예로 들 수 있다.

④ 수리

타인의 행정청에 대한 행위를 유효한 행위로서 받아들이는 행위이다.

2) 기속행위와 재량행위

(1) 기속행위

기속행위란 행정청이 어떤 행정행위를 하거나 하지 않을 자유가 없어 법이 정한 요건이 충족되면 반드시 법이 정한 효과로서의 일정한 행위를 하거나 해서는 안되는 경우의 행정행위를 의미한다. 그 예로는 사립학교설립허가나 일반건축허가, 운전면허 등이 있다.

■ 참조 판례

대법원 97누4098 판결
국유재산의 무단점유 등에 대한 변상금징수의 요건은 국유재산법 제51조 제1항에 명백히 규정되어 있으므로 변상금을 징수할 것인가는 처분청의 재량을 허용하지 않는 기속행위이다.

대법원 2003두12042 판결
도로교통법 제78조 제1항 단서 제8호의 규정에 의하면, 술에 취한 상태에 있다고 인정할 만한 상당한 이유가 있음에도 불구하고 경찰공무원의 측정에 응하지 아니한 때에는 필요적으로 운전면허를 취소하도록 되어 있어 처분청이 그 취소 여부를 선택할 수 있는 재량의 여지가 없음이 그 법문상 명백하므로, 위 법조의 요건에 해당하였음을 이유로 한 운전면허취소처분에 있어서 재량권의 일탈 또는 남용의 문제는 생길 수 없다.

대법원 2007두18321 판결
경찰공무원임용령 제46조 제1항의 수권형식과 내용에 비추어 이는 행정청 내부의 사무처리기준을 규정한 재량준칙이 아니라 일반 국민이나 법원을 구속하는 법규명령에 해당하고 따라서 위 규정에 의한 처분은 재량행위가 아닌 기속행위라 할 것이므로, 위 규정이 재량준칙임을 전제로 한 원고의 이 사건 응시자격제한처분의 재량권 일탈·남용 주장을 배척한 원심의 판단은 옳은 것으로 수긍이 가고 거기에 재량권 일탈·남용에 대한 법리오해의 위법이 없다.

(2) 재량행위

행정기본법 제21조(재량행사의 기준) 행정청은 재량이 있는 처분을 할 때에는 관련 이익을 정당하게 형량하여야 하며, 그 재량권의 범위를 넘어서는 아니 된다.

① 의의

재량행위란 행정법규가 행정청에 법적 효과를 스스로 결정할 수 있는 권한을 위임한 경우를 말한다. 이 권한(재량)은 어떤 행위를 할 수도 안할 수도 있는 권한(결정재량)과 다수의 행위 중 어느 것을 임의로 선택할 수 있는 권한(선택재량)으로 나눌 수 있다. 재량행위의 예로는 숙박시설허가나 건축허가 등을 들 수 있다. 22년 2차

참고로 어느 행정행위가 기속행위인지 재량행위인지 여부는 일률적으로 규정될 수 없고, 당해 처분의 근거가 된 규정의 형식이나 체재 또는 문언에 따라 개별적으로 판단한다.

■ 참조 판례

대법원 98두17593
행정행위가 그 재량성의 유무 및 범위와 관련하여 이른바 기속행위 내지 기속재량행위와 재량행위 내지 자유재량행위로 구분된다고 할 때, 그 구분은 당해 행위의 근거가 된 법규의 체재·형식과 그 문언, 당해 행위가 속하는 행정 분야의 주된 목적과 특성, 당해 행위 자체의 개별적 성질과 유형 등을 모두 고려하여 판단하여야 하고, 이렇게 구분되는 양자에 대한 사법심사는, 전자의 경우 그 법규에 대한 원칙적인 기속성으로 인하여 법원이 사실인정과 관련 법규의 해석·적용을 통하여 일정한 결론을 도출한 후 그 결론에 비추어 행정청이 한 판단의 적법 여부를 독자의 입장에서 판정하는 방식에 의하게 되나, 후자의 경우 행정청의 재량에 기한 공익판단의 여지를 감안하여 법원은 독자의 결론을 도출함이 없이 당해 행위에 재량권의 일탈·남용이 있는지 여부만을 심사하게 되고, 이러한 재량권의 일탈·남용 여부에 대한 심사는 사실오인, 비례·평등의 원칙 위배, 당해 행위의 목적 위반이나 동기의 부정 유무 등을 그 판단 대상으로 한다.

일반적으로 경찰공무원은 법집행, 질서유지, 사회봉사 등을 수행하고 있기 때문에 재량의 범위가 다른 형사사법기관보다 포괄적이다. 특히 경찰이 특수 상황에 직면

하여 권한을 행사할 때 재량행위를 하게 되는데, 경찰권행사의 행정편의주의 원칙(행정권의 발동 여부나 행위선택 및 판단은 행정기관의 자유에 맡겨야 한다는 원칙)상, 경찰이 현존하는 위협에 대하여 개입하지 않더라도 반드시 위법한 것은 아니다. 예외적으로 목전의 상황이 매우 중대하고 긴박한 상황이거나, 그로 인하여 국민의 중대한 법익이 침해될 우려가 있는 경우(재량권이 '0'이나 '1'로 수축)에는 경찰행정청은 일정한 행위를 하여야 할 개입의무를 지게 되며(경찰개입청구권 인정), 이 경우에는 경찰의 부작위로 인한 손해배상청구권이 인정된다.

　② 재량의 하자

> 행정소송법 제27조(재량처분의 취소) 행정청의 재량에 속하는 처분이라도 재량권의 한계를 넘거나 그 남용이 있는 때에는 법원은 이를 취소할 수 있다.
>
> 행정기본법 제15조(처분의 효력) 처분은 권한이 있는 기관이 취소 또는 철회하거나 기간의 경과 등으로 소멸되기 전까지는 유효한 것으로 통용된다. 다만, 무효인 처분은 처음부터 그 효력이 발생하지 아니한다.

　　행정청이 재량권을 잘못 행사하여 하자가 있게 되는 경우를 '재량의 하자'라고 한다. 그 중 '재량의 일탈'은 법령에서 주어진 재량권의 한계를 넘어서 행사하는 것을, '재량의 남용'은 법령에서 주어진 재량의 범위 내에서 재량을 행사하기는 하지만 비례의 원칙이나 신뢰보호의 원칙 등 행정법의 일반원칙 등에 위반하여 재량을 잘못 행사하는 것을, '재량의 불행사'는 재량을 행사할 의무가 있는데도 재량을 제대로 행사하지 않는 것을 말한다. [22년 2차]

　　판례에 따르면, 어떤 처분이 재량권의 한계를 벗어났는지를 판단함에 있어서는 당해 법조에 의하여 달성하려고 하는 공익의 목적과 당해 처분으로 인하여 상대방이 입게 될 불이익을 비교교량하여 그 처분으로 인하여 공익상의 필요보다 상대방이 받게 될 불이익 등이 막대한 경우에는 재량권의 한계를 일탈한 것이다.

　　행정청이 재량을 일탈·남용한 경우에는 처분은 위법하다. 위법성의 정도는 중대명백하지 않은 경우가 많으므로 원칙적으로 취소사유이고, 예외적으로 중대명백한 경우에만 무효사유이다. 위법한 처분 등은 행정소송의 대상이 되므로 재량의 일탈·남용은 행정소송의 대상이 된다. 그러나 부당한 처분에 대해서는 행정소송을 제기할 수 없으므로, 재량권 행사에 있어서 단순히 재량권을 그르친 부당한 재량권 행사는 행정소송이 아닌 행정심판의 대상이다. [22년 2차]

> **대법원 91누4973 판결**
>
> 자동차운수사업법 제31조에 의한 자동차운송사업면허의 취소처분이 재량권의 한계를 벗어났는지를 판단함에 있어서는 위 법조에 의하여 달성하려고 하는 공익의 목적과 면허취소처분으로 인하여 상대방이 입게 될 불이익을 비교교량하여 그 처분으로 인하여 공익상의 필요보다 상대방이 받게 될 불이익 등이 막대한 경우에는 재량권의 한계를 일탈하였다고 보아야 한다. 대리운전금지조건 위배로 1회 운행정지처분을 받은 사실을 알지 못한 채 개인택시운송사업면허를 양수한 원고가 지병인 만성신부전증 등으로 몸이 아파 쉬면서 생계유지를 위하여 일시 대리운전을 하게 하고, 또 전날 과음한 탓으로 쉬면서 대리운전을 하게 하여 2회 적발되었는데, 원고는 그의 개인택시영업에 의한 수입만으로 가족의 생계를 유지하고 있는 사정 등을 참작하면 원고에 대한 자동차운송사업면허취소의 처분이 재량권을 일탈한 위법한 처분이다.

> **대법원 2006두16274 판결**
>
> [1] 공무원인 피징계자에게 징계사유가 있어서 징계처분을 하는 경우 어떠한 처분을 할 것인가는 징계권자의 재량에 맡겨진 것이므로, 그 징계처분이 위법하다고 하기 위해서는 징계권자가 재량권의 행사로서 한 징계처분이 사회통념상 현저하게 타당성을 잃어 징계권자에게 맡겨진 재량권을 남용한 것이라고 인정되는 경우에 한한다. 그리고 공무원에 대한 징계처분이 사회통념상 현저하게 타당성을 잃었는지 여부는 구체적인 사례에 따라 직무의 특성, 징계의 원인이 된 비위사실의 내용과 성질, 징계에 의하여 달성하려고 하는 행정목적, 징계 양정의 기준 등 여러 요소를 종합하여 판단하여야 하고, 특히 금품수수의 경우는 수수액수, 수수경위, 수수시기, 수수 이후 직무에 영향을 미쳤는지 여부 등이 고려되어야 한다.
>
> [2] 경찰공무원이 그 단속의 대상이 되는 신호위반자에게 먼저 적극적으로 돈을 요구하고 다른 사람이 볼 수 없도록 돈을 접어 건네주도록 전달방법을 구체적으로 알려주었으며 동승자에게 신고시 범칙금 처분을 받게 된다는 등 비위신고를 막기 위한 말까지 하고 금품을 수수한 경우, 비록 그 받은 돈이 1만 원에 불과하더라도 위 금품수수행위를 징계사유로 하여 당해 경찰공무원을 해임처분한 것은 징계재량권의 일탈·남용이 아니라고 한 사례.

4. 제재처분

> **행정기본법 제2조(정의)**
>
> 5. "제재처분"이란 법령등에 따른 의무를 위반하거나 이행하지 아니하였음을 이유로 당사자에게 의무를 부과하거나 권익을 제한하는 처분을 말한다. 다만, 제30조제1항 각 호에 따른 행정상 강제는 제외한다.

1) 의의

제재처분이란 법령등에 따른 의무를 위반하거나 이행하지 아니하였음을 이유로 당사자에게 의무를 부과하거나 권익을 제한하는 처분을 말한다.

2) 제재처분의 기준

행정기본법 제22조(제재처분의 기준) ① 제재처분의 근거가 되는 법률에는 제재처분의 주체, 사유, 유형 및 상한을 명확하게 규정하여야 한다. 이 경우 제재처분의 유형 및 상한을 정할 때에는 해당 위반행위의 특수성 및 유사한 위반행위와의 형평성 등을 종합적으로 고려하여야 한다.
② 행정청은 재량이 있는 제재처분을 할 때에는 다음 각 호의 사항을 고려하여야 한다.
1. 위반행위의 동기, 목적 및 방법
2. 위반행위의 결과
3. 위반행위의 횟수
4. 그 밖에 제1호부터 제3호까지에 준하는 사항으로서 대통령령으로 정하는 사항

3) 제재처분의 제척기간

행정기본법 제23조(제재처분의 제척기간) ① 행정청은 법령등의 위반행위가 종료된 날부터 5년이 지나면 해당 위반행위에 대하여 제재처분(인허가의 정지·취소·철회, 등록 말소, 영업소 폐쇄와 정지를 갈음하는 과징금 부과를 말한다. 이하 이 조에서 같다)을 할 수 없다.
② 다음 각 호의 어느 하나에 해당하는 경우에는 제1항을 적용하지 아니한다.
1. 거짓이나 그 밖의 부정한 방법으로 인허가를 받거나 신고를 한 경우
2. 당사자가 인허가나 신고의 위법성을 알고 있었거나 중대한 과실로 알지 못한 경우
3. 정당한 사유 없이 행정청의 조사·출입·검사를 기피·방해·거부하여 제척기간이 지난 경우
4. 제재처분을 하지 아니하면 국민의 안전·생명 또는 환경을 심각하게 해치거나 해칠 우려가 있는 경우
③ 행정청은 제1항에도 불구하고 행정심판의 재결이나 법원의 판결에 따라 제재처분이 취소·철회된 경우에는 재결이나 판결이 확정된 날부터 1년(합의제행정기관은 2년)이 지나기 전까지는 그 취지에 따른 새로운 제재처분을 할 수 있다.
④ 다른 법률에서 제1항 및 제3항의 기간보다 짧거나 긴 기간을 규정하고 있으면 그 법률에서 정하는 바에 따른다.

5. 행정행위의 부관

> 행정기본법 제17조(부관) ① 행정청은 처분에 재량이 있는 경우에는 부관(조건, 기한, 부담, 철회권의 유보 등을 말한다. 이하 이 조에서 같다)을 붙일 수 있다. 〔23년 1차〕
> ② 행정청은 처분에 재량이 없는 경우에는 법률에 근거가 있는 경우에 부관을 붙일 수 있다. 〔23년 1차〕
> ③ 행정청은 부관을 붙일 수 있는 처분이 다음 각 호의 어느 하나에 해당하는 경우에는 그 처분을 한 후에도 부관을 새로 붙이거나 종전의 부관을 변경할 수 있다. 〔23년 1차〕
> 1. 법률에 근거가 있는 경우
> 2. 당사자의 동의가 있는 경우
> 3. 사정이 변경되어 부관을 새로 붙이거나 종전의 부관을 변경하지 아니하면 해당 처분의 목적을 달성할 수 없다고 인정되는 경우
> ④ 부관은 다음 각 호의 요건에 적합하여야 한다.
> 1. 해당 처분의 목적에 위배되지 아니할 것
> 2. 해당 처분과 실질적인 관련이 있을 것
> 3. 해당 처분의 목적을 달성하기 위하여 필요한 최소한의 범위일 것

1) 의의

행정행위의 부관이란 행정행위의 효과를 제한 또는 보충하기 위하여 행정기관에 의하여 주된 행위에 부가된 종된 규율 또는 대적 규율을 말한다. 부관에는 조건, 기한, 부담, 철회권의 유보, 법률효과의 일부배제, 수정부담 등이 있다.

2) 종류

(1) 조건

조건은 행정행위의 효력의 발생 또는 소멸을 장래의 불확실한 사실에 의존시키는 부관이다. 도래가 확실한 사실에 연결시키는 부관인 기한과 구별된다. 조건은 법률행위의 효력의 발생에 관한 조건인 '정지조건'과 효력의 소멸에 관한 조건인 '해제조건'으로 나뉜다.

(2) 기한

기한은 행정행위의 효력의 발생·종료 또는 계속을 시간적으로 정한 부관이다. 기한은 시기(행정행위의 효력 발생을 장래 도래가 확실한 사실에 의존시키는 부관)와 종기(행정

행위의 효력소멸을 장래 도래가 불확실한 사실에 의존시키는 부관)로 나뉜다. 시기는 기한의 도래로 인하여 행정행위의 효과가 발생하며, 종기는 기한의 도래로 인하여 행정행위의 효력이 당연히 소멸한다.

(3) 부담

부담은 행정행위의 주된 내용에 부가하여 그 행정행위의 상대방에게 작위·부작위·급부 등의 의무를 부과하는 부관이다. 주로 허가, 특허 등과 같은 수익적 행정행위에 붙여진다. 부담은 그 밖의 부관들과 달리 독립해서 취소소송의 대상이 될 수 있다. 부담을 불이행해도 허가나 특허 등 주된 행정행위가 소멸되지는 않는다. 즉, 해제조건부 행정행위는 조건이 충족되는 즉시 본래의 처분의 효력이 소멸되는데 반해, 부담부 행정행위는 상대방이 그 의무를 이행하지 않는 경우 당연히 그 효력이 소멸하는 것이 아니라, 행정청의 철회의사표시가 있어야 그 효력이 소멸된다.

(4) 철회권의 유보

철회권의 유보란 행정청이 일정한 경우에 행정행위를 철회하여 그의 효력을 소멸시킬 수 있음을 정한 부관을 뜻한다. 철회권의 유보는 유보된 사실이 발생하더라도 행정행위 효력을 소멸시키는 행정청의 (철회)의사표시가 있어야 그 효력이 소멸된다는 점에서, 조건 달성으로 바로 효력이 소멸되는 해제조건과 차이가 있다.

(5) 법률효과의 일부배제

법률효과의 일부배제란 주된 행정행위의 내용에 대해서 법령이 일반적으로 부여하고 있는 행정행위의 법적 효과를 일부배제하는 부관을 말한다. 법률에 특별한 근거가 있는 경우에만 이러한 부관을 붙일 수 있다.

(6) 부담유보

행정청이 행정해위를 발하면서 사후에 부관을 부가할 수 있거나 또는 이미 부가된 부관의 내용을 변경할 수 있는 권한을 유보하는 내용의 부관을 말한다.

3) 부관의 가능성

행정기본법 제17조(부관) ① 행정청은 처분에 재량이 있는 경우에는 부관(조건, 기한, 부담, 철회권의 유보 등을 말한다. 이하 이 조에서 같다)을 붙일 수 있다.
② 행정청은 처분에 재량이 없는 경우에는 법률에 근거가 있는 경우에 부관을 붙일 수 있다.

4) 부관의 요건

5) 부관의 사후변경

6) 부관의 하자

부관의 하자가 명백한 경우, 그 부관은 무효이다. 그로 인해 무효인 부관이 붙은 행정행위는 부관 없는 행정행위가 된다. 그러나 부관이 중대하여 그 부관이 없었다면 행정행위를 하지 않았을 것이 분명하다면, 그 (본체)행정행위 자체도 무효가 된다.

하자가 명백하지 않은 경우, 취소할 수 있는 부관이 된다.

하자 있는 부관의 경우, 원칙적으로 그 부관 자체만을 따로 떼어서 행정쟁송의 대상으로 삼을 수 없다. 따라서, 하자 있는 부관을 다투고 싶다면, 부관이 붙은 행정행위 전체를 행정쟁송의 대상으로 삼아야 한다. 예외적으로 부담의 경우에는 다른 부관과는 달리 행정행위의 불가분적인 요소가 아니라 그 존속이 본체인 행정행위의 존재를 전제로 하는 것일 뿐이므로 부담 그 자체로서 행정쟁송의 대상이 될 수 있다고 보는 것이 판례의 태도이다. 23년 2차

6. 행정행위의 성립요건

행정행위의 성립요건이란 행정기관이 적법하고 유효한 행정행위를 하기 위해 반드시 충족해야 하는 요건들을 말한다.

1) 행정행위의 내부적 성립요건

일반적으로 행정행위는 주체·내용·절차와 형식이라는 '내부적 성립요건'을 모두 갖추어야 한다.

2) 행정행위의 외부적 성립요건

행정행위가 법적으로 유효하게 효력을 발휘하기 위해서는 외부에 대한 표시라는 '외부적 성립요건'을 갖추어야 한다. 행정행위의 외부적 성립은 행정의사가 외부에 표시되어 행정청이 자유롭게 취소·철회할 수 없는 구속을 받게 되는 시점을 확정하는 의미를 가지므로, 어떠한 행정행위의 외부적 성립 여부는 행정청에 의해 행정의사가 공식적인 방법으로 외부에 표시되었는지를 기준으로 판단한다. 일반적으로 행정행위는 대외적 표시와 동시에 효력이 발생하는 경우가 많다. 그러나 상대방이 있는 행정행위는 상대방에게 도달해야 효력이 발생하며, 이를 '도달주의'라 한다. 예를 들어, 과세처분이나 허가처분 등의 행정행위는 그 내용을 상대방에게 통지함으로써 효력이 발생한다. 도달은 상대방의 현실적 인식유무와 상관없이 객관적으로 볼 때 상대방이 실제로 인식할 수 있는 상태에 놓이는 것을 의미한다.

7. 행정행위의 효력

1) 공정력

행정기본법 제15조(처분의 효력) 처분은 권한이 있는 기관이 취소 또는 철회하거나 기간의 경과 등으로 소멸되기 전까지는 유효한 것으로 통용된다. 다만, 무효인 처분은 처음부터 그 효력이 발생하지 아니한다.

(1) 의의

행정행위의 공정력은 행정행위에 하자가 있더라도 당연무효가 아닌 한 권한 있는 기관에 의하여 취소될 때까지는 잠정적으로 유효한 것으로 통용되는 효력을 의미한다. 공정력은 행정목적의 신속한 달성이나 행정법관계의 안정성 유지, 상대방의 신뢰보호 등을 위해 인정된다.

(2) 한계

공정력은 권력적인 행정행위의 효력이며 취소쟁송제도가 공정력의 주된 근거를 이루므로, 비권력적 행위인 행정계약이나 단순한 사실행위, 사법행위 등에는 공정력이 인정되지 않는다. 무효인 행정행위에도 공정력이 인정되지 않는다.

2) 구성요건적 효력

(1) 의의

구성요건적 효력은 행정청의 행정행위가 발급되면 취소소송법원을 제외한 나머지 법원(특히 민형사법원)이나 다른 국가기관이 자신의 판단 내지는 판결을 내리기 위해서는 먼저 그 행정청의 행정행위에 대한 판단을 우선하여야 하도록 요구받는 행정행위의 효력을 의미한다. 즉, 유효한 행정행위에 대해서 모든 행정기관과 법원이 그 행위와 관련 있는 자신들의 결정에 그 행위의 존재와 법적 효과를 인정하고 그 내용에 구속되는 효력을 뜻한다. 예를 들어, A시청에서 운전면허증 자격 있는 자를 운전기사로 채용함에 있어서, 후보자 甲이 B지방경찰청에서 발급한 운전면허증을 제출한 경우, A시청은 일단 해당 운전면허증을 유효한 것으로 취급해야 한다. 구성요건적 효력은 국가기관은 각기 권한과 관할을 달리하므로 권력분립과 서로 다른 기관의 권한 행사를 존중해야 한다는 것에 근거하고 있다. 구성요건적 효력은 유효한 행정행위를 전제로 하므로 무효인 행정행위에는 인정되지 않는다.

(2) 구성요건적 효력과 선결문제

행정소송법 제11조(선결문제) ① 처분등의 효력 유무 또는 존재 여부가 민사소송의 선결문제로 되어 당해 민사소송의 수소법원이 이를 심리·판단하는 경우에는 제17조, 제25조, 제26조 및 제33조의 규정을 준용한다.
② 제1항의 경우 당해 수소법원은 그 처분등을 행한 행정청에게 그 선결문제로 된 사실을 통지하여야 한다.

행정행위의 구성요건적 효력과 관련하여 특히 문제가 되는 것이 바로 민형사사건에서의 선결문제이다. 선결문제란 특정 행정행위의 효력 유무 또는 존재 여부가 다른 특정사건의 재판에 있어서 먼저 해결해야 하는 경우를 말한다. 예를 들어, 甲이 운전면허시험에서 계속 낙방하자 결국 뇌물을 주고 운전면허증을 발급받았는데, 이후 무면허운전죄로 기소된 경우, 甲의 무면허운전죄의 유무죄를 다투기 위해서는 '갑의 면허증이 무효인지 여부'(선결문제)를 먼저 판단해야 하는 것이다.

선결문제는 행정소송법 제11조에서 행정행위가 무효인 경우와 부존재인 경우는 민사법원에서 심리할 수 있다고 규정하고 있지만 취소사유인 단순위법에 대하여는 규정이 없어서 학설상 다툼이 있는데, 행정행위의 선결문제와 관련하여 위법성 판단만으로 가능한 판결유형에 대하여 민형사법원이 심리할 수 있다는 긍정설이 다수설과 판례의 입장이다.

3) 존속력

일단 정해진 행정행위에 대해서 존속하는 힘(존속력)을 인정하고 있는데, 여기에는 형식적 존속력(불가쟁력)과 실질적 존속력(불가변력)이 있다.

(1) 불가쟁력

불가쟁력이란 일정 사유가 존재하여 행정행위의 상대방 등이 더 이상 그 행정행위의 효력을 다툴 수 없게 되는 효력을 뜻한다. 예를 들어, 하자 있는 처분이라도 쟁송기간(처분이 있음을 안 날로부터 90일, 처분이 있은 날로부터 1년)이 지나면 더 이상 다툴 수 없다. 판결이 확정되는 경우에는 국민에게 더 이상 행정행위의 효력을 다툴 수 없는 불가쟁력이 발생한다. 불가쟁력이 발생한 처분에 대해 취소소송을 제기하면 법원이 부적법각하 판결을 내려야 한다.

불가쟁력은 그 하자가 취소사유인 경우에 한하여 인정된다. 행정행위의 하자가 중대·명백하여 무효인 경우에는 쟁송기간의 제한을 받지 않는다. 불가쟁력이 발생해도 처분청은 스스로 그 행정행위를 직권으로 취소하거나 철회하는 것이 가능하다. 불가쟁력이 발생한 행정행위도 위법성이 확인되면 국가배상법상 배상청구는 가능하다.

행정심판법 제27조(심판청구의 기간) ① 행정심판은 처분이 있음을 알게 된 날부터 90일 이내에 청구하여야 한다.

② 청구인이 천재지변, 전쟁, 사변(事變), 그 밖의 불가항력으로 인하여 제1항에서 정한 기간에 심판청구를 할 수 없었을 때에는 그 사유가 소멸한 날부터 14일 이내에 행정심판을 청구할 수 있다. 다만, 국외에서 행정심판을 청구하는 경우에는 그 기간을 30일로 한다.

③ 행정심판은 처분이 있었던 날부터 180일이 지나면 청구하지 못한다. 다만, 정당한 사유가 있는 경우에는 그러하지 아니하다.

④ 제1항과 제2항의 기간은 불변기간(不變期間)으로 한다.

⑤ 행정청이 심판청구 기간을 제1항에 규정된 기간보다 긴 기간으로 잘못 알린 경우 그 잘못 알린 기간에 심판청구가 있으면 그 행정심판은 제1항에 규정된 기간에 청구된 것으로 본다.

⑥ 행정청이 심판청구 기간을 알리지 아니한 경우에는 제3항에 규정된 기간에 심판청구를 할 수 있다.

⑦ 제1항부터 제6항까지의 규정은 무효등확인심판청구와 부작위에 대한 의무이행심판청구에는 적용하지 아니한다.

행정소송법 제20조(제소기간) ① 취소소송은 처분등이 있음을 안 날부터 90일 이내에 제기하여야 한다. 다만, 제18조제1항 단서에 규정한 경우와 그 밖에 행정심판청구를 할 수 있는 경우 또는 행정청이 행정심판청구를 할 수 있다고 잘못 알린 경우에 행정심판청구가 있은 때의 기간은 재결서의 정본을 송달받은 날부터 기산한다.

② 취소소송은 처분등이 있은 날부터 1년(第1項 但書의 경우는 裁決이 있은 날부터 1年)을 경과하면 이를 제기하지 못한다. 다만, 정당한 사유가 있는 때에는 그러하지 아니하다.

③ 제1항의 규정에 의한 기간은 불변기간으로 한다.

(2) 불가변력

불가변력은 행정행위의 하자 또는 새로운 사정의 발생에도 불구하고 행정청의 직권에 의한 취소·철회가 제약받는 경우를 뜻한다. 처분 중에서 행정심판재결 같은 특수한 처분에 대해서는 함부로 변경하지 못하는 효력을 의미한다. 예를 들어 행정심판위원회 재결은 쟁송절차에 따른 판단행위로서 일단 재결이 행해진 이상 행정심판위원회 스스로도 이를 취소·변경할 수 없다. 불가변력은 준사법적 행정행위나 확인행위 등 특수한 행정행위에 대해서만 인정된다. 무효인 행정행위에는 불가변력이 발생하지 않는다. 불가변력이 있는 행정행위도 쟁송기간 내에는 쟁송을 제기하여 그 효력을 다툴 수 있다.

4) 강제력

강제력이란 행정행위로 명령되거나 금지된 의무를 상대방이 불이행하는 경우, 행정청이 법원의 판결없이 강제로 그 의무내용을 실현하는 힘을 뜻한다. 예를 들어 세금미납자의 재산을 강제로 매각하여 세금을 징수하는 사례를 들 수 있다.

8. 행정행위의 하자

1) 하자 있는 행정행위의 의의

적법 요건을 갖추지 못한 위법한 행정행위를 하자 있는 행정행위라 한다. 하자 있는 행정행위는 일반적으로 무효인 행위와 취소할 수 있는 행위로 구분된다. 하자가 중대하고 명백하면 무효사유이고, 그 외 위법한 경우 취소사유이다. 무효사유의 행정행위는 처음부터 그 효력이 발생하지 않는다. 반면 취소사유의 행정행위는 일단 권리의무가 처분대로 유효하게 발생하지만, 이후 취소하면 '소급해서' 처음부터 효력이 없게 된다. 행정행위의 하자를 논하기 위해서는 우선 행정행위가 존재해야 한다. 만약 외관상 명백히 행정행위로 볼 수 없는 경우나 처분이 애당초 존재하지 않는 경우를 행정행위의 '부존재'라 하며, 이 경우에는 행정행위가 성립하지 않으므로 하자 유무를 논할 실익이 없다.

존 재	적 법	정당
		부당 (재량권 행사에 합리성 결여)
	위 법	취소 (위법성의 정도가 중대 · 명백 X)
		무효 (위법성의 정도가 중대 · 명백 O) cf. 외관상 행정행위가 존재한다는 점에서 부존재와 구별
부존재 (외관상 명백히 행정행위로 볼 수 없는 경우. 예: 사인이 행정청명 사칭)		

2) 하자의 판단 시점

행정행위의 하자가 있는지 여부는 일반적으로 행정행위가 외부에 표시된 시점을 기준으로 판단한다.

3) 하자의 승계

하자의 승계는 둘 이상의 행정행위가 연속적으로 행해지는 경우, 선행행위의 위법함을 이유로 후행행위를 다툴 수 있는가, 즉 선행행위의 하자를 후행행위에 승계할 수 있는가의 문제이다. 하자의 승계 여부는 선행행위와 후행행위가 결합하여 하나의 효과(목적)를 완성하느냐에 따라 달라진다. 하나의 효과 여부와 선행행위와 후행행위의 위법성 정도에 따른 하자의 승계 여부를 표로 정리하면 아래와 같다.

효과	선행행위	후행행위	승계 여부
하나의 효과	취소 사유	적법	승계 O
하나의 효과	무효 사유	적법	승계 O
별개의 효과	무효 사유	적법	승계 O
별개의 효과	취소 사유	적법	승계 X

4) 하자 있는 행정행위의 치유

하자 있는 행정행위의 치유란 행정행위에 존재하는 하자를 나중에 제거하여 행정행위를 적법하고 유효한 것으로 만드는 것을 뜻하며, 이를 통해 경미한 절차적 하자를 신속히 시정하여 행정행위의 유효성을 확보할 수 있다. 하자 있는 행정행위가 치유되면, 행정행위의 하자가 존재하더라도 그 행정행위는 유효한 것으로 간주된다. 하자의 치유는 주로 청문이나 이유부기를 결한 행정처분과 같은 절차적 하자에 대해 적용되며, 내용상의 하자에 대해서는 치유를 인정하지 않는다. 무효인 경우에는 인정되지 않고 취소사유에 대해서만 하자의 치유가 인정된다.

5) 하자 있는 행정행위의 전환

하자 있는 행정행위의 전환이란 하자를 가진 행정행위가 그 하자를 이유로 무효 또는 취소가 될 가능성이 있는 경우, 그 행정행위를 법적으로 적법한 다른 행정행위로 변경함으로써 유효하게 만드는 것을 말한다. 이를 통해 행정의 안정성과 법적 안정성을 유지할 수 있다. 예를 들어 사망자에 대한 조세부과처분을 그 상속인에 대한 처분으로 전환하여 효력을 발생케 하는 것이다.

하자 있는 행정행위가 전환되기 위해서는 ① 무효인 행정행위가 있을 것, ② 유효로 할 수 있는 부분이 있을 것, ③ 하자 있는 행정행위와 전환될 행위 사이에 실질적 공통성이 있을 것, ④ 전환으로 인해 상대바의 권리가 침해되거나 불리해지지 않을 것, ⑤ 전환청의 전환의사에 근거한 전환행위가 명시적이든 묵시적이든 있을 것이 요구된다. 이때의 전환행위는 제3자효 행정행위로서 재량행위라고 볼 수 있다.

전환이 이루어지면 원래의 행정행위는 새로운 행정행위로 대체되며, 하자가 없는 행정행위로 간주된다. 전환된 행정행위는 처음부터 적법하게 이루어진 행정행위로 인정되며, 소급효가 인정되어 처음부터 유효한 것으로 간주된다.

9. 행정행위의 철회

1) 철회의 의의

행정행위의 철회란 하자 없이 성립한 행정행위에 대해 그 효력을 존속시키기 어려운 새로운 사정이 생긴 것을 이유로 장래에 향하여 그 효력을 소멸시키는 것을 말한다. 실정법상 취소라는 용어가 사용되고 있다. 수익적 행정행위의 철회는 행정절차법상 의견청취 절차를 거치도록 하고 있다. 행정행위의 취소는 처분청뿐만 아니라 감독청에 의한 직권취소가 가능한 반면에, 철회는 처분청만이 할 수 있으며, 감독청은 법률에 근거가 있는 경우에만 가능하다.

2) 철회 사유

행정기본법 제19조(적법한 처분의 철회) ① 행정청은 적법한 처분이 다음 각 호의 어느 하나에 해당하는 경우에는 그 처분의 전부 또는 일부를 장래를 향하여 철회할 수 있다.
1. 법률에서 정한 철회 사유에 해당하게 된 경우
2. 법령등의 변경이나 사정변경으로 처분을 더 이상 존속시킬 필요가 없게 된 경우
3. 중대한 공익을 위하여 필요한 경우
② 행정청은 제1항에 따라 처분을 철회하려는 경우에는 철회로 인하여 당사자가 입게 될 불이익을 철회로 달성되는 공익과 비교·형량하여야 한다.

10. 행정행위의 실효

행정행위의 실효란 하자 없이 적법하게 성립한 행정행위가 일정한 사실의 발생에

의하여 당연히 그 효력이 소멸되는 것을 말한다. 운전면허증의 효력이 운전면허자의 사망으로 인해 효력이 당연소멸하는 경우를 예로 들 수 있다. 실효는 효력 소멸을 위해 행정청의 의사표시를 별도로 필요로 하지 않는다는 점에서 취소·철회와 차이가 있다. 실효사유가 발생하면 그때부터 장래에 향하여 효력이 소멸된다.

11. 처분에 대한 이의신청 및 재심사

1) 처분에 대한 이의신청

> 행정기본법 제36조(처분에 대한 이의신청) ① 행정청의 처분(「행정심판법」 제3조에 따라 같은 법에 따른 행정심판의 대상이 되는 처분을 말한다)에 이의가 있는 당사자는 처분을 받은 날부터 30일 이내에 해당 행정청에 이의신청을 할 수 있다. 24년 1차
> ② 행정청은 제1항에 따른 이의신청을 받으면 그 신청을 받은 날부터 14일 이내에 그 이의신청에 대한 결과를 신청인에게 통지하여야 한다. 다만, 부득이한 사유로 14일 이내에 통지할 수 없는 경우에는 그 기간을 만료일 다음 날부터 기산하여 10일의 범위에서 한 차례 연장할 수 있으며, 연장 사유를 신청인에게 통지하여야 한다. 24년 1차
> ③ 제1항에 따라 이의신청을 한 경우에도 그 이의신청과 관계없이 「행정심판법」에 따른 행정심판 또는 「행정소송법」에 따른 행정소송을 제기할 수 있다. 24년 1차
> ④ 이의신청에 대한 결과를 통지받은 후 행정심판 또는 행정소송을 제기하려는 자는 그 결과를 통지받은 날(제2항에 따른 통지기간 내에 결과를 통지받지 못한 경우에는 같은 항에 따른 통지기간이 만료되는 날의 다음 날을 말한다)부터 90일 이내에 행정심판 또는 행정소송을 제기할 수 있다. 24년 1차
> ⑤ 다른 법률에서 이의신청과 이에 준하는 절차에 대하여 정하고 있는 경우에도 그 법률에서 규정하지 아니한 사항에 관하여는 이 조에서 정하는 바에 따른다.
> ⑥ 제1항부터 제5항까지에서 규정한 사항 외에 이의신청의 방법 및 절차 등에 관한 사항은 대통령령으로 정한다.
> ⑦ 다음 각 호의 어느 하나에 해당하는 사항에 관하여는 이 조를 적용하지 아니한다. (생략)

2) 처분의 재심사

> 행정기본법 제37조(처분의 재심사) ① 당사자는 처분(제재처분 및 행정상 강제는 제외한다)이 행정심판, 행정소송 및 그 밖의 쟁송을 통하여 다툴 수 없게 된 경우(법원의 확정판결이 있는 경우는 제외한다)라도 다음 각 호의 어느 하나에 해당하는 경우에는 해당 처분을 한 행정청에 처분을 취소·철회하거나 변경하여 줄 것을 신청할 수 있다.

1. 처분의 근거가 된 사실관계 또는 법률관계가 추후에 당사자에게 유리하게 바뀐 경우
2. 당사자에게 유리한 결정을 가져다주었을 새로운 증거가 있는 경우
3. 「민사소송법」제451조에 따른 재심사유에 준하는 사유가 발생한 경우 등 대통령령으로 정하는 경우
② 제1항에 따른 신청은 해당 처분의 절차, 행정심판, 행정소송 및 그 밖의 쟁송에서 당사자가 중대한 과실 없이 제1항 각 호의 사유를 주장하지 못한 경우에만 할 수 있다.
③ 제1항에 따른 신청은 당사자가 제1항 각 호의 사유를 안 날부터 60일 이내에 하여야 한다. 다만, 처분이 있은 날부터 5년이 지나면 신청할 수 없다.
④ 제1항에 따른 신청을 받은 행정청은 특별한 사정이 없으면 신청을 받은 날부터 90일(합의제행정기관은 180일) 이내에 처분의 재심사 결과(재심사 여부와 처분의 유지·취소·철회·변경 등에 대한 결정을 포함한다)를 신청인에게 통지하여야 한다. 다만, 부득이한 사유로 90일(합의제행정기관은 180일) 이내에 통지할 수 없는 경우에는 그 기간을 만료일 다음 날부터 기산하여 90일(합의제행정기관은 180일)의 범위에서 한 차례 연장할 수 있으며, 연장 사유를 신청인에게 통지하여야 한다.
⑤ 제4항에 따른 처분의 재심사 결과 중 처분을 유지하는 결과에 대해서는 행정심판, 행정소송 및 그 밖의 쟁송수단을 통하여 불복할 수 없다.
⑥ 행정청의 제18조에 따른 취소와 제19조에 따른 철회는 처분의 재심사에 의하여 영향을 받지 아니한다.
⑦ 제1항부터 제6항까지에서 규정한 사항 외에 처분의 재심사의 방법 및 절차 등에 관한 사항은 대통령령으로 정한다.

Ⅲ 그 밖의 행정작용

1. 확약

확약은 행정청이 자기구속을 할 의도로써 장래에 향하여 행정행위의 발급 또는 불발급을 약속하는 의사표시이다. 예를 들어 강원도지사가 특정인에게 골프장업 등록 신청시 등록을 받아주겠다고 의사표시를 한 경우이다. 이러한 확약은 약속의 대상을 행정행위에 한정하지 않는 확언의 일종이다. 이러한 확약은 내허가, 내특허, 내인가로 불리우는데, 판례는 처분성을 부정하므로 공정력이나 불가쟁력과 같은 효력이 인정되지 않는다.

2. 공법상 계약

> 행정기본법 제27조(공법상 계약의 체결) ① 행정청은 법령등을 위반하지 아니하는 범위에서 행정목적을 달성하기 위하여 필요한 경우에는 공법상 법률관계에 관한 계약(공법상 계약)을 체결할 수 있다. 이 경우 계약의 목적 및 내용을 명확하게 적은 계약서를 작성하여야 한다.
> ② 행정청은 공법상 계약의 상대방을 선정하고 계약 내용을 정할 때 공법상 계약의 공공성과 제3자의 이해관계를 고려하여야 한다.

1) 의의

공법상 계약은 국가나 지자체 등 행정주체와 국민 사이에 공법적인 영역에서 대등한 의사의 합치에 의하여 권리·의무를 발생시키는 행정작용이다. 공법상 계약은 주체면에서 권한이 있어야 하나, 형식이나 절차에서 특별한 제한이 없다. 공법상 계약은 행정절차법의 적용을 받지 않는다. 이와 달리 처분은 문서로 하여야 하고, 행정절차법의 적용을 받는다.

공법상 계약의 내용면에서 상위 법률이나 법규명령을 위반해서는 안되므로 법률의 우위는 적용되지만, 계약을 체결할 자유가 있으므로 이에 대한 법률유보의 원칙은 적용되지 않는다. 또한 공법상 계약이 일방적으로 국민에게 불리한 경우 행정법의 일반원칙인 비례의 원칙이나 신뢰보호의 원칙, 평등의 원칙에 의하여 무효가 될 수 있다. 공법상 계약이 위법하면 행정행위와 달리 언제나 무효사유가 된다. 무효인 공법상 계약에 근거한 행정행위가 발급되면 중대명백설에 의할 때 취소사유가 된다.

2) 권리구제

공법상 계약은 처분성이 인정되지 않으므로 다툼이 있는 경우, 당사자소송과 가처분으로 권리구제를 받을 수 있다. 판례는 서울시립무용단원이나 광주시립합창단원에 대한 재위촉거부, 서울시 대공전술연구소 연구원해임, 공중보건의 해임 등에 대하여는 당사자소송으로 구제를 받아야 한다고 판시한 바 있다.

3. 행정상 사실행위

1) 의의

행정상 사실행위는 행정기관의 행위 가운데 사실상의 효과만을 발생하는 행위를 뜻한다. 그 중에서 경찰상 사실행위는 경찰기관의 행위중에서 법률관계의 변동없이 직접적으로 사실상의 효과만을 발생시키는 행위를 뜻한다.

2) 종류

행정상 사실행위는 권력적 사실행위와 비권력적 사실행위로 구분될 수 있다.

(1) 권력적 사실행위

① 의의

권력적 사실행위는 공권력의 행사로서 일반적으로 특정한 법령 또는 행정행위를 집행하기 위한 사실행위를 말하며, 무허가건물의 강제철거나 정신병환자의 강제입원, 경찰의 총기사용, 유치장 입감을 예로 들 수 있다.

② 경찰강제

권력적 사실행위 중에서 경찰목적 위해 개인의 신체나 재산에 실력을 가하여 경찰상 필요한 상태를 실현하는 사실상의 작용을 경찰강제라 칭하며, 경찰강제는 다시 강제집행과 즉시강제로 나뉜다. 자세한 내용은 후술한다.

(2) 비권력적 사실행위

비권력적 사실행위는 공권력의 행사와 무관한 사실행위로서, 금전출납이나 쓰레기수거, 교통정리, 단순한 경찰관의 지시, 행정지도 등이 이에 해당한다.

3) 권리구제

권력적 사실행위는 처분성이 인정되어 항고쟁송의 대상이 될 수 있지만, 비권력적 사실행위는 처분성이 없어 항고쟁송이 불가하다. 적법한 사실행위로 인해 손실이 발생한 경우 행정상 손실보상, 위법한 사실행위로 인해 손해가 발생한 경우 손해배상 청구가 가능하다.

4. 행정지도

행정절차법 제2조(정의) 3. "행정지도"란 행정기관이 그 소관 사무의 범위에서 일정한 행정목적을 실현하기 위하여 특정인에게 일정한 행위를 하거나 하지 아니하도록 지도, 권고, 조언 등을 하는 행정작용을 말한다.
제48조(행정지도의 원칙) ① 행정지도는 그 목적 달성에 필요한 최소한도에 그쳐야 하며, 행정지도의 상대방의 의사에 반하여 부당하게 강요하여서는 아니 된다. [22년 1차]
② 행정기관은 행정지도의 상대방이 행정지도에 따르지 아니하였다는 것을 이유로 불이익한 조치를 하여서는 아니 된다. [22년 1차]
제49조(행정지도의 방식) ① 행정지도를 하는 자는 그 상대방에게 그 행정지도의 취지 및 내용과 신분을 밝혀야 한다.
② 행정지도가 말로 이루어지는 경우에 상대방이 제1항의 사항을 적은 서면의 교부를 요구하면 그 행정지도를 하는 자는 직무 수행에 특별한 지장이 없으면 이를 교부하여야 한다. [22년 1차]
제50조(의견제출) 행정지도의 상대방은 해당 행정지도의 방식·내용 등에 관하여 행정기관에 의견제출을 할 수 있다. [22년 1차]
제51조(다수인을 대상으로 하는 행정지도) 행정기관이 같은 행정목적을 실현하기 위하여 많은 상대방에게 행정지도를 하려는 경우에는 특별한 사정이 없으면 행정지도에 공통적인 내용이 되는 사항을 공표하여야 한다.

행정지도는 일반적으로 행정기관이 일정한 행정목적의 달성을 위하여 상대방의 임의적 협력을 기대하여 행하는 비권력적 사실행위를 말한다. 행정청에 의하여 발급되기는 하지만 국민들이 반드시 이에 따라야 할 권력적인 성질이 없기 때문에 이에 따를지 여부는 국민들의 선택사항에 속한다. 즉 행정지도는 처분도 아니고, 공권력에도 해당되지 않는다. 행정지도로 인해 피해를 입은 사람은 공법상 당사자소송과 가처분으로 구제를 받을 수 있고, 기본권을 직접 침해받은 경우에는 권리구제형 헌법소원도 가능하다. 또한 위법한 행정지도로 인해 손해를 입은 경우, 국가배상청구소송과 가해공무원을 상대로 하는 민사상 손해배상청구소송이 가능하다.

5. 행정계획

행정절차법 제40조의4(행정계획) 행정청은 행정청이 수립하는 계획 중 국민의 권리·의무에 직접 영향을 미치는 계획을 수립하거나 변경·폐지할 때에는 관련된 여러 이익을 정당하게 형량하여야 한다.

1) 의의

행정계획이란 행정권이 일정한 행정 활동을 위해 계획을 수립하고 시행하는 작용이다. 행정계획은 단순한 청사진을 제시하는 것에서 비롯해서 법률이나 법규명령 또는 행정규칙을 제정하기도 하고, 행정행위를 통해 처분을 내리거나 행정지도를 할 수도 있고, 공법상 계약을 체결하기도 한다. 또한 행정계획은 도로를 건설하거나 하천공사를 하는 비권력적 사실행위로 나타나기도 하고, 강제철거와 같은 권력적 사실행위로 나타나기도 한다. 행정계획은 구체화의 정도에 따라 기본계획과 실시계획으로 나눌 수 있으며, 실시계획은 기본계획의 내용을 구체화한다.

2) 권리 구제

행정계획은 다양한 수단을 동원하여 행정목적을 달성하는 것이므로 법규명령적인 것도 있고, 행정행위적인 것도 있을 수 있으며, 단순한 지침인 것도 있고, 물리적인 사실행위인 것도 있는 등 다양한 성질을 띄고 있어서, 권리구제도 각 성질에 따라 달라진다. 예컨대, 기본계획은 처분성이 없어서 항고소송의 대상이 되지 않지만, 구체적인 실시계획은 처분성이 있어서 항고소송의 대상이 될 수 있다.

Ⅳ 행정의 실효성 확보

1. 서설

국가 및 지방자치단체가 공공의 이익을 위해 행정법을 집행할 경우, 그 실효성의 보장을 위해 다양한 수단이 활용되고 있다. 전통적 수단으로는 행정상 강제나 행정벌이 있으며, 오늘날은 금전상 제재나 위반사실의 공표, 취업제한 등 그 수단이 더욱 다양해지고 있다.

2. 행정조사

1) 행정조사의 의의 및 근거

행정조사기본법 제2조(정의) 이 법에서 사용하는 용어의 정의는 다음과 같다.
1. "행정조사"란 행정기관이 정책을 결정하거나 직무를 수행하는 데 필요한 정보나 자료를 수집하기 위하여 현장조사·문서열람·시료채취 등을 하거나 조사대상자에게 보고요구·자료제출요구 및 출석·진술요구를 행하는 활동을 말한다.
제5조(행정조사의 근거) 행정기관은 법령등에서 행정조사를 규정하고 있는 경우에 한하여 행정조사를 실시할 수 있다. 다만, 조사대상자의 자발적인 협조를 얻어 실시하는 행정조사의 경우에는 그러하지 아니하다. 22년 2차

행정조사는 행정청이 행정목적으로 사람이나 물건에 대한 수사나 조사를 하는 행위로서, 향후 행정작용에 필요한 자료 및 정보를 얻기 위한 준비적·보조적 작용에 해당한다. 행정조사는 강제성 유무에 따라, 강제성이 따르는 강제조사와 임의성이 있는 임의조사로 나뉜다. 강제조사는 세무조사와 같이 강제성이 수반되므로 성질은 권력적 사실행위로 보는 반면, 임의조사는 호구조사와 같이 임의성이 전제되므로 비권력적인 사실행위로 분류된다.

2) 행정조사의 기본원칙

행정조사기본법 제4조(행정조사의 기본원칙) ① 행정조사는 조사목적을 달성하는데 필요한 최소한의 범위 안에서 실시하여야 하며, 다른 목적 등을 위하여 조사권을 남용하여서는 아니 된다.
② 행정기관은 조사목적에 적합하도록 조사대상자를 선정하여 행정조사를 실시하여야 한다.
③ 행정기관은 유사하거나 동일한 사안에 대하여는 공동조사 등을 실시함으로써 행정조사가 중복되지 아니하도록 하여야 한다.
④ 행정조사는 법령등의 위반에 대한 처벌보다는 법령등을 준수하도록 유도하는 데 중점을 두어야 한다.
⑤ 다른 법률에 따르지 아니하고는 행정조사의 대상자 또는 행정조사의 내용을 공표하거나 직무상 알게 된 비밀을 누설하여서는 아니된다.
⑥ 행정기관은 행정조사를 통하여 알게 된 정보를 다른 법률에 따라 내부에서 이용하거

나 다른 기관에 제공하는 경우를 제외하고는 원래의 조사목적 이외의 용도로 이용하거나 타인에게 제공하여서는 아니 된다.

3) 행정조사의 방법 및 실시

행정조사기본법 제7조(조사의 주기) 행정조사는 법령등 또는 행정조사운영계획으로 정하는 바에 따라 정기적으로 실시함을 원칙으로 한다. 다만, 다음 각 호 중 어느 하나에 해당하는 경우에는 수시조사를 할 수 있다.
1. 법률에서 수시조사를 규정하고 있는 경우
2. 법령등의 위반에 대하여 혐의가 있는 경우
3. 다른 행정기관으로부터 법령등의 위반에 관한 혐의를 통보 또는 이첩받은 경우
4. 법령등의 위반에 대한 신고를 받거나 민원이 접수된 경우
5. 그 밖에 행정조사의 필요성이 인정되는 사항으로서 대통령령으로 정하는 경우

제8조(조사대상의 선정) ① 행정기관의 장은 행정조사의 목적, 법령준수의 실적, 자율적인 준수를 위한 노력, 규모와 업종 등을 고려하여 명백하고 객관적인 기준에 따라 행정조사의 대상을 선정하여야 한다.
② 조사대상자는 조사대상 선정기준에 대한 열람을 행정기관의 장에게 신청할 수 있다.
③ 행정기관의 장이 제2항에 따라 열람신청을 받은 때에는 다음 각 호의 어느 하나에 해당하는 경우를 제외하고 신청인이 조사대상 선정기준을 열람할 수 있도록 하여야 한다.
1. 행정기관이 당해 행정조사업무를 수행할 수 없을 정도로 조사활동에 지장을 초래하는 경우
2. 내부고발자 등 제3자에 대한 보호가 필요한 경우
④ 제2항 및 제3항에 따른 행정조사 대상 선정기준의 열람방법이나 그 밖에 행정조사 대상 선정기준의 열람에 관하여 필요한 사항은 대통령령으로 정한다.

제9조(출석·진술 요구) ① 행정기관의 장이 조사대상자의 출석·진술을 요구하는 때에는 다음 각 호의 사항이 기재된 출석요구서를 발송하여야 한다.
1. 일시와 장소
2. 출석요구의 취지
3. 출석하여 진술하여야 하는 내용
4. 제출자료
5. 출석거부에 대한 제재(근거 법령 및 조항 포함)
6. 그 밖에 당해 행정조사와 관련하여 필요한 사항
② 조사대상자는 지정된 출석일시에 출석하는 경우 업무 또는 생활에 지장이 있는 때에는 행정기관의 장에게 출석일시를 변경하여 줄 것을 신청할 수 있으며, 변경신청을 받은 행정기관의 장은 행정조사의 목적을 달성할 수 있는 범위 안에서 출석일시를 변경할 수 있다.
③ 출석한 조사대상자가 제1항에 따른 출석요구서에 기재된 내용을 이행하지 아니하여

행정조사의 목적을 달성할 수 없는 경우를 제외하고는 조사원은 조사대상자의 1회 출석으로 당해 조사를 종결하여야 한다.

제10조(보고요구와 자료제출의 요구) ① 행정기관의 장은 조사대상자에게 조사사항에 대하여 보고를 요구하는 때에는 다음 각 호의 사항이 포함된 보고요구서를 발송하여야 한다.

1. 일시와 장소
2. 조사의 목적과 범위
3. 보고하여야 하는 내용
4. 보고거부에 대한 제재(근거법령 및 조항 포함)
5. 그 밖에 당해 행정조사와 관련하여 필요한 사항

제11조(현장조사) ① 조사원이 가택·사무실 또는 사업장 등에 출입하여 현장조사를 실시하는 경우에는 행정기관의 장은 다음 각 호의 사항이 기재된 현장출입조사서 또는 법령등에서 현장조사시 제시하도록 규정하고 있는 문서를 조사대상자에게 발송하여야 한다.

(생략)

② 제1항에 따른 현장조사는 해가 뜨기 전이나 해가 진 뒤에는 할 수 없다. 다만, 다음 각 호의 어느 하나에 해당하는 경우에는 그러하지 아니하다.

1. 조사대상자(대리인 및 관리책임이 있는 자를 포함한다)가 동의한 경우
2. 사무실 또는 사업장 등의 업무시간에 행정조사를 실시하는 경우
3. 해가 뜬 후부터 해가 지기 전까지 행정조사를 실시하는 경우에는 조사목적의 달성이 불가능하거나 증거인멸로 인하여 조사대상자의 법령등의 위반 여부를 확인할 수 없는 경우

③ 제1항 및 제2항에 따라 현장조사를 하는 조사원은 그 권한을 나타내는 증표를 지니고 이를 조사대상자에게 내보여야 한다.

제12조(시료채취) ① 조사원이 조사목적의 달성을 위하여 시료채취를 하는 경우에는 그 시료의 소유자 및 관리자의 정상적인 경제활동을 방해하지 아니하는 범위 안에서 최소한도로 하여야 한다.

② 행정기관의 장은 제1항에 따른 시료채취로 조사대상자에게 손실을 입힌 때에는 대통령령으로 정하는 절차와 방법에 따라 그 손실을 보상하여야 한다.

제13조(자료등의 영치) ① 조사원이 현장조사 중에 자료·서류·물건 등(자료등)을 영치하는 때에는 조사대상자 또는 그 대리인을 입회시켜야 한다.

② 조사원이 제1항에 따라 자료등을 영치하는 경우에 조사대상자의 생활이나 영업이 사실상 불가능하게 될 우려가 있는 때에는 조사원은 자료등을 사진으로 촬영하거나 사본을 작성하는 등의 방법으로 영치에 갈음할 수 있다. 다만, 증거인멸의 우려가 있는 자료등을 영치하는 경우에는 그러하지 아니하다.

③ 조사원이 영치를 완료한 때에는 영치조서 2부를 작성하여 입회인과 함께 서명날인하고 그중 1부를 입회인에게 교부하여야 한다.

④ 행정기관의 장은 영치한 자료등이 다음 각 호의 어느 하나에 해당하는 경우에는 이를 즉시 반환하여야 한다.

1. 영치한 자료등을 검토한 결과 당해 행정조사와 관련이 없다고 인정되는 경우

2. 당해 행정조사의 목적의 달성 등으로 자료등에 대한 영치의 필요성이 없게 된 경우

제14조(공동조사) ① 행정기관의 장은 다음 각 호의 어느 하나에 해당하는 행정조사를 하는 경우에는 공동조사를 하여야 한다.

1. 당해 행정기관 내의 2 이상의 부서가 동일하거나 유사한 업무분야에 대하여 동일한 조사대상자에게 행정조사를 실시하는 경우

2. 서로 다른 행정기관이 대통령령으로 정하는 분야에 대하여 동일한 조사대상자에게 행정조사를 실시하는 경우

② 제1항 각 호에 따른 사항에 대하여 행정조사의 사전통지를 받은 조사대상자는 관계 행정기관의 장에게 공동조사를 실시하여 줄 것을 신청할 수 있다. 이 경우 조사대상자는 신청인의 성명·조사일시·신청이유 등이 기재된 공동조사신청서를 관계 행정기관의 장에게 제출하여야 한다.

③ 제2항에 따라 공동조사를 요청받은 행정기관의 장은 이에 응하여야 한다.

제15조(중복조사의 제한) ① 제7조에 따라 정기조사 또는 수시조사를 실시한 행정기관의 장은 동일한 사안에 대하여 동일한 조사대상자를 재조사 하여서는 아니 된다. 다만, 당해 행정기관이 이미 조사를 받은 조사대상자에 대하여 위법행위가 의심되는 새로운 증거를 확보한 경우에는 그러하지 아니하다.

② 행정조사를 실시할 행정기관의 장은 행정조사를 실시하기 전에 다른 행정기관에서 동일한 조사대상자에게 동일하거나 유사한 사안에 대하여 행정조사를 실시하였는지 여부를 확인할 수 있다.

③ 행정조사를 실시할 행정기관의 장이 제2항에 따른 사실을 확인하기 위하여 행정조사의 결과에 대한 자료를 요청하는 경우 요청받은 행정기관의 장은 특별한 사유가 없는 한 관련 자료를 제공하여야 한다.

제17조(조사의 사전통지) ① 행정조사를 실시하고자 하는 행정기관의 장은 제9조에 따른 출석요구서, 제10조에 따른 보고요구서·자료제출요구서 및 제11조에 따른 현장출입조사서(출석요구서등)를 조사개시 7일 전까지 조사대상자에게 서면으로 통지하여야 한다. 다만, 다음 각 호의 어느 하나에 해당하는 경우에는 행정조사의 개시와 동시에 출석요구서 등을 조사대상자에게 제시하거나 행정조사의 목적 등을 조사대상자에게 구두로 통지할 수 있다.

1. 행정조사를 실시하기 전에 관련 사항을 미리 통지하는 때에는 증거인멸 등으로 행정조사의 목적을 달성할 수 없다고 판단되는 경우

2. 「통계법」 제3조제2호에 따른 지정통계의 작성을 위하여 조사하는 경우

3. 제5조 단서에 따라 조사대상자의 자발적인 협조를 얻어 실시하는 행정조사의 경우

② 행정기관의 장이 출석요구서등을 조사대상자에게 발송하는 경우 출석요구서등의 내용이 외부에 공개되지 아니하도록 필요한 조치를 하여야 한다.

제23조(조사권 행사의 제한) ① 조사원은 제9조부터 제11조까지에 따라 사전에 발송된 사항에 한하여 조사대상자를 조사하되, 사전통지한 사항과 관련된 추가적인 행정조사가 필요할 경우에는 조사대상자에게 추가조사의 필요성과 조사내용 등에 관한 사항을 서면이나 구두로 통보한 후 추가조사를 실시할 수 있다.

② 조사대상자는 법률·회계 등에 대하여 전문지식이 있는 관계 전문가로 하여금 행정조사를 받는 과정에 입회하게 하거나 의견을 진술하게 할 수 있다.

③ 조사대상자와 조사원은 조사과정을 방해하지 아니하는 범위 안에서 행정조사의 과정을 녹음하거나 녹화할 수 있다. 이 경우 녹음·녹화의 범위 등은 상호 협의하여 정하여야 한다.

④ 조사대상자와 조사원이 제3항에 따라 녹음이나 녹화를 하는 경우에는 사전에 이를 당해 행정기관의 장에게 통지하여야 한다.

제24조(조사결과의 통지) 행정기관의 장은 법령등에 특별한 규정이 있는 경우를 제외하고는 행정조사의 결과를 확정한 날부터 7일 이내에 그 결과를 조사대상자에게 통지하여야 한다.

3. 행정상 강제

행정상 강제란 행정상의 목적 달성을 위해 개인의 신체나 재산 등에 실력을 가하여 행정상 필요한 상태를 실현시키는 행정작용을 의미한다. 행정기본법 제30조 이하에서 행정청이 사용할 수 있는 행정상 강제 수단의 다양한 종류와 각각의 절차에 대해 규정하고 있다. 다만, 형사, 행형 및 보안처분 관계 법령에 따라 행하는 사항이나 외국인의 출입국·난민인정·귀화·국적회복에 관한 사항에 관하여는 행정기본법상 행정상 강제에 관한 규정을 적용하지 아니한다(행정기본법 제30조 제3항).

법적 근거와 관련하여, 과거에는 행정주체에게 명령권을 부여하는 법은 동시에 그 의무이행을 강제하는 데에 대한 근거법이 된다고 보는 경향이 있었으나, 오늘날은 의무를 명하는 행위(예: 철거명령)와 의무의 내용을 강제적으로 실현하는 행위(예: 대집행, 직접강제 등)는 성질 및 내용에 있어서 별개의 행정작용이므로 각각 별도의 법적 근거가 있어야 한다는 것이 통설 및 판례의 태도이다. 따라서 행정상 강제를 하려면 법적인 근거가 꼭 있어야 한다. 행정상 강제는 의무의 존재 및 그 불이행을 전제로 한다는 점에서 이를 전제로 하지 않고 행하는 즉시강제와 구별되고, 장래에 향하여 의무이행을 강제하는 것을 목적으로 한다는 점에서 과거의 의무위반에 대한 제재를 목적으로 하는 행정벌과 차이가 있다. 21년 1차

1) 행정대집행

행정절차법 제30조(행정상 강제) ① 행정청은 행정목적을 달성하기 위하여 필요한 경우에는 법률로 정하는 바에 따라 필요한 최소한의 범위에서 다음 각 호의 어느 하나에 해당하는 조치를 할 수 있다.

1. 행정대집행: 의무자가 행정상 의무(법령등에서 직접 부과하거나 행정청이 법령등에 따라 부과한 의무를 말한다. 이하 이 절에서 같다)로서 타인이 대신하여 행할 수 있는 의무를 이행하지 아니하는 경우 법률로 정하는 다른 수단으로는 그 이행을 확보하기 곤란하고 그 불이행을 방치하면 공익을 크게 해칠 것으로 인정될 때에 행정청이 의무자가 하여야 할 행위를 스스로 하거나 제3자에게 하게 하고 그 비용을 의무자로부터 징수하는 것 〔24년 2차〕

행정대집행법 제3조(대집행의 절차) ① 전조의 규정에 의한 처분(대집행)을 하려함에 있어서는 상당한 이행기한을 정하여 그 기한까지 이행되지 아니할 때에는 대집행을 한다는 뜻을 미리 문서로써 계고하여야 한다. 이 경우 행정청은 상당한 이행기한을 정함에 있어 의무의 성질·내용 등을 고려하여 사회통념상 해당 의무를 이행하는 데 필요한 기간이 확보되도록 하여야 한다.

② 의무자가 전항의 계고를 받고 지정기한까지 그 의무를 이행하지 아니할 때에는 당해 행정청은 대집행영장으로써 대집행을 할 시기, 대집행을 시키기 위하여 파견하는 집행책임자의 성명과 대집행에 요하는 비용의 개산에 의한 견적액을 의무자에게 통지하여야 한다.

③ 비상시 또는 위험이 절박한 경우에 있어서 당해 행위의 급속한 실시를 요하여 전2항에 규정한 수속을 취할 여유가 없을 때에는 그 수속을 거치지 아니하고 대집행을 할 수 있다.

행정대집행의 예로는 차량에 대한 강제견인조치, 건물에 대한 강제철거 등을 들수 있다. 행정법상의 부작위의무를 위반한 경우는 대체적 작위의무 위반을 전제로 한대집행을 실행할 수 없다. 예를 들어 영업정지를 받는 자에게는 영업금지의무 즉, 부작위의무가 발생하는데, 이는 대체적인 작위의무가 아니므로 곧바로 대집행할 수 없다.

2) 이행강제금의 부과

행정절차법 제30조(행정상 강제) ① (생략)
2. 이행강제금의 부과: 의무자가 행정상 의무를 이행하지 아니하는 경우 행정청이 적절한 이행기간을 부여하고, 그 기한까지 행정상 의무를 이행하지 아니하면 금전급부의무를 부과하는 것

제31조(이행강제금의 부과) ① 이행강제금 부과의 근거가 되는 법률에는 이행강제금에 관한 다음 각 호의 사항을 명확하게 규정하여야 한다. 다만, 제4호 또는 제5호를 규정할 경우 입법목적이나 입법취지를 훼손할 우려가 크다고 인정되는 경우로서 대통령령으로 정하는 경우는 제외한다.
1. 부과·징수 주체

2. 부과 요건
3. 부과 금액
4. 부과 금액 산정기준
5. 연간 부과 횟수나 횟수의 상한
② 행정청은 다음 각 호의 사항을 고려하여 이행강제금의 부과 금액을 가중하거나 감경
할 수 있다.
1. 의무 불이행의 동기, 목적 및 결과
2. 의무 불이행의 정도 및 상습성
3. 그 밖에 행정목적을 달성하는 데 필요하다고 인정되는 사유
③ 행정청은 이행강제금을 부과하기 전에 미리 의무자에게 적절한 이행기간을 정하여
그 기한까지 행정상 의무를 이행하지 아니하면 이행강제금을 부과한다는 뜻을 문서로
계고(戒告)하여야 한다.
④ 행정청은 의무자가 제3항에 따른 계고에서 정한 기한까지 행정상 의무를 이행하지
아니한 경우 이행강제금의 부과 금액·사유·시기를 문서로 명확하게 적어 의무자에게
통지하여야 한다.
⑤ 행정청은 의무자가 행정상 의무를 이행할 때까지 이행강제금을 반복하여 부과할 수
있다. 다만, 의무자가 의무를 이행하면 새로운 이행강제금의 부과를 즉시 중지하되, 이
미 부과한 이행강제금은 징수하여야 한다. 24년 1차
⑥ 행정청은 이행강제금을 부과받은 자가 납부기한까지 이행강제금을 내지 아니하면 국
세강제징수의 예 또는 「지방행정제재·부과금의 징수 등에 관한 법률」에 따라 징수한다.

일반적으로 이행강제금(집행벌)은 부작위의무, 비대체적 작위의무 등을 강제하기
위하여 일정 기한까지 이행하지 않으면 금전상의 불이익을 과한다는 뜻을 미리 계고
하여 의무자에게 심리적 압박을 가함으로써 의무이행을 간접적으로 강제하는 수단인
것으로 이해되고 있다. 과거에는 대체적 작위의무는 대집행의 대상이 될 뿐 이행강제
금의 대상이 될 수 없다고 보는 입장이 많았지만, 최근 헌법재판소와 일부 학설은 대
집행보다 경미한 이행강제금을 활용할 수 있다고 보고 있다. 이행강제금은 행정상 강
제집행의 수단이므로 당연히 법적 근거가 있어야 부과할 수 있다.

3) 직접강제

행정절차법 제30조(행정상 강제) ① (생략)
  3. 직접강제: 의무자가 행정상 의무를 이행하지 아니하는 경우 행정청이 의무자의 신체나 재
     산에 실력을 행사하여 그 행정상 의무의 이행이 있었던 것과 같은 상태를 실현하는 것
제32조(직접강제) ① 직접강제는 행정대집행이나 이행강제금 부과의 방법으로는 행정상

의무 이행을 확보할 수 없거나 그 실현이 불가능한 경우에 실시하여야 한다. [24년 1차]
② 직접강제를 실시하기 위하여 현장에 파견되는 집행책임자는 그가 집행책임자임을 표시하는 증표를 보여 주어야 한다.
③ 직접강제의 계고 및 통지에 관하여는 제31조제3항 및 제4항을 준용한다.

직접강제란 행정상의 의무의 불이행이 있는 경우에 직접 의무자의 신체나 재산 또는 이 양자에 실력을 가하여 의무의 이행이 있었던 것과 같은 상태를 실현하는 강제집행의 수단이다. 직접강제도 권력적 사실행위로서 대집행이나 즉시강제와 그 효과가 동일하지만, 처음부터 하명이 없고, 계고나 통지 등도 존재하지 않으며, 비용을 국가나 지방자치단체에서 부담한다는 점에서 차이가 있다. 직접강제도 행정상 강제집행의 수단이므로 법적 근거가 필요하다.

4) 강제징수

행정절차법 제30조(행정상 강제) ① (생략)
  4. 강제징수: 의무자가 행정상 의무 중 금전급부의무를 이행하지 아니하는 경우 행정청이 의무자의 재산에 실력을 행사하여 그 행정상 의무가 실현된 것과 같은 상태를 실현하는 것

행정상의 강제징수란 행정법상의 금전급부의무의 불이행이 있는 경우에 의무자의 재산에 실력을 가하여 의무의 이행이 있었던 것과 같은 상태를 실현하는 작용을 말한다. 작위·부작위 또는 수인의무를 강제하기 위한 수단인 대집행, 직접강제, 이행강제금과는 달리 강제징수는 금전급부의 불이행에 대한 강제수단이다. 행정상 강제징수에 관한 일반법으로 「국세징수법」이 있다.

5) 즉시강제

행정절차법 제30조(행정상 강제) ① (생략)
  5. 즉시강제: 현재의 급박한 행정상의 장해를 제거하기 위한 경우로서 다음 각 목의 어느 하나에 해당하는 경우에 행정청이 곧바로 국민의 신체 또는 재산에 실력을 행사하여 행정목적을 달성하는 것
  가. 행정청이 미리 행정상 의무 이행을 명할 시간적 여유가 없는 경우

나. 그 성질상 행정상 의무의 이행을 명하는 것만으로는 행정목적 달성이 곤란한 경우
제33조(즉시강제) ① 즉시강제는 다른 수단으로는 행정목적을 달성할 수 없는 경우에만 허용되며, 이 경우에도 최소한으로만 실시하여야 한다.
② 즉시강제를 실시하기 위하여 현장에 파견되는 집행책임자는 그가 집행책임자임을 표시하는 증표를 보여 주어야 하며, 즉시강제의 이유와 내용을 고지하여야 한다.
③ 제2항에도 불구하고 집행책임자는 즉시강제를 하려는 재산의 소유자 또는 점유자를 알 수 없거나 현장에서 그 소재를 즉시 확인하기 어려운 경우에는 즉시강제를 실시한 후 집행책임자의 이름 및 그 이유와 내용을 고지할 수 있다. 다만, 다음 각 호에 해당하는 경우에는 게시판이나 인터넷 홈페이지에 게시하는 등 적절한 방법에 의한 공고로써 고지를 갈음할 수 있다.
1. 즉시강제를 실시한 후에도 재산의 소유자 또는 점유자를 알 수 없는 경우
2. 재산의 소유자 또는 점유자가 국외에 거주하거나 행방을 알 수 없는 경우
3. 그 밖에 대통령령으로 정하는 불가피한 사유로 고지할 수 없는 경우

행정상 즉시강제란 목전에 급박한 위해를 제거할 필요가 있으나 미리 의무를 명할 시간적 여유가 없을 때, 또는 성질상 의무를 명하여서는 목적달성이 곤란한 때에 즉시 국민의 신체 또는 재산에 실력을 가하여 행정상의 필요한 상태를 실현하는 작용을 말한다. 즉시강제는 그 수단에 따라 ① 대인적 즉시강제(예: 피구호자 보호조치, 범죄제지 조치, 무기사용)와 ② 대물적 즉시강제(예: 물건의 압류·폐기), ③ 대가택적 즉시강제(예: 가택에 긴급출입)로 구분할 수 있다. 대집행이나 직접강제와 마찬가지로 즉시강제도 권력적 사실행위이지만, 시간적으로 여유가 없거나 성질상의 이유로 하명이나 의무불이행을 전제로 하지 않고 직접 실력을 행사한다는 점에서 차이가 있다. 24년 1차

즉시강제의 예로는 경찰관 직무집행법 제6조("경찰관은 범죄행위가 목전(目前)에 행하여지려고 하고 있다고 인정될 때에는 이를 예방하기 위하여 관계인에게 필요한 경고를 하고, 그 행위로 인하여 사람의 생명·신체에 위해를 끼치거나 재산에 중대한 손해를 끼칠 우려가 있는 긴급한 경우에는 그 행위를 제지할 수 있다.")에 의거하여 임박한 범죄행위나 위법한 행위를 제지하기 위해 무기사용(최루탄, 물대포, 실탄발사 등)을 하는 경우를 들 수 있다. 22년 1차/23년 1차 동법 제4조 제1항에 의거한 구호대상자에 대한 보호조치도 대인적 즉시강제의 예에 해당한다. 22년 1차

4. 행정벌

행정벌이란 행정법상의 의무위반에 대하여 일반통치권에 근거하여 과하는 제재

이다. 행정벌은 직접적으로는 과거의 의무위반에 대하여 제재를 가함으로써 행정법규의 실효성을 확보함을 목적으로 하며, 간접적으로는 이를 통해 의무자에게 심리적 압박을 가하여 행정법상의 의무의 이행을 확보하는 기능을 함께 가진다. 행정벌에는 행정형벌과 행정질서벌이 있다.

1) 행정형벌

행정형벌은 행정법상 의무를 위반하는 경우에 징역이나 벌금 등 형벌을 부과하는 행정벌을 의미한다. 행정형벌을 부과하기 위해서는 행위자의 고의·과실과 책임능력이 요구되는 등 책임주의가 적용되어 처벌이 어렵고, 형사소송법에 의한 절차보호를 철저하게 받는 측면이 있다. 그러나 행정법상 의무위반에 대하여 형벌을 부과하는 것은 행정법의 탈형벌화라는 관점에서 바람직하지 않으므로 입법추세는 행정형벌에서 행정질서벌화로 변화하고 있다. 죄질이 경미한 경우에는「즉결심판에 관한 절차법」이 적용된다.

2) 행정질서벌(과태료)

행정질서벌은 행정법상 의무위반에 대하여 과태료를 부과하는 벌칙을 말한다. 행정질서벌은「질서위반행위규제법」이 제정되기 이전에는 고의·과실이 없어도 과태료를 부과할 수 있도록 되어 있고 간이한 행정절차법만 적용되므로 처벌이 지나치게 쉽다는 비판이 있었다. 그러나 2007년 행정의 적정성 확보 및 국민의 권익 신장을 위해「질서위반행위규제법」을 제정하여 고의·과실을 질서위반행위의 성립요건으로 규정하고, 위법성 착오에 정당한 이유가 있는 경우와 14세 미만자 또는 심신장애인의 질서위반행위는 면책되도록 하였다. 과태료 처분에 있어서는 질서위반행위의 공범을 모두 정범으로 취급하고, 여러 개의 질서위반행위가 발생하는 경우 각각에 대하여 과태료를 부과한다. 또한 확정된 과태료의 소멸시효를 5년으로 하는 등 질서위반행위의 성립요건과 과태료의 소멸시효 등을 명확히 하였다.

5. 기타 실효성 확보 수단

전통적인 행정법상의 의무이행확보수단인 행정강제와 행정벌만으로는 현대행정의 실효성을 확보하기에 불충분하다. 사회가 복잡·다양해짐에 따라 새로운 의무이행

확보수단이 등장하고 있는데, 예를 들면 과징금, 공급거부, 공표제도, 관허사업의 제한 등이 그에 해당한다. 엄격히 말하면 이들은 행정상의 의무의 불이행이 있는 경우, 그 법정의 의무를 그대로 강제이행시키는 수단이 아니라, 과거의 잘못에 대한 행정상의 제재의 성격을 가지며, 간접적으로 행정법상의 의무를 이행시키는 기능을 수행한다고 볼 수 있다.

1) 과징금

행정기본법 제28조(과징금의 기준) ① 행정청은 법령등에 따른 의무를 위반한 자에 대하여 법률로 정하는 바에 따라 그 위반행위에 대한 제재로서 과징금을 부과할 수 있다.
② 과징금의 근거가 되는 법률에는 과징금에 관한 다음 각 호의 사항을 명확하게 규정하여야 한다.
1. 부과·징수 주체
2. 부과 사유
3. 상한액
4. 가산금을 징수하려는 경우 그 사항
5. 과징금 또는 가산금 체납 시 강제징수를 하려는 경우 그 사항
제29조(과징금의 납부기한 연기 및 분할 납부) 과징금은 한꺼번에 납부하는 것을 원칙으로 한다. 다만, 행정청은 과징금을 부과받은 자가 다음 각 호의 어느 하나에 해당하는 사유로 과징금 전액을 한꺼번에 내기 어렵다고 인정될 때에는 그 납부기한을 연기하거나 분할 납부하게 할 수 있으며, 이 경우 필요하다고 인정하면 담보를 제공하게 할 수 있다.
1. 재해 등으로 재산에 현저한 손실을 입은 경우
2. 사업 여건의 악화로 사업이 중대한 위기에 처한 경우
3. 과징금을 한꺼번에 내면 자금 사정에 현저한 어려움이 예상되는 경우
4. 그 밖에 제1호부터 제3호까지에 준하는 경우로서 대통령령으로 정하는 사유가 있는 경우

과징금은 행정법상 의무를 위반한 경우에 이로 인한 불법수익을 박탈함으로써 실효성을 확보하려는 새로운 수단이다. 과징금 부과처분은 그 성격상 재량행위에 해당한다. 판례에 따르면, 과징금 납부명령이 재량권을 일탈하였을 경우에는 법원으로서는 재량권의 일탈여부가 판단가능하고 재량권의 범위 내에서 어느 정도가 적정한 것인지에 관하여는 판단할 수 없으므로 그 일부가 아닌 전부를 취소하여야 한다. 참고로 세법상의 의무를 위반한 경우에는 과세의 적정을 기하기 위해 '가산세(본세에 가산해 징수하는 세금)'라는 금전상 제재를 부과한다. 23년 1차

> **대법원 99두9490 판결**
> 청소년유해매체물로 결정·고시된 만화인 사실을 모르고 있던 도서대여업자가 그 고시일로부터 8일 후에 청소년에게 그 만화를 대여한 것을 사유로 그 도서대여업자에게 금 700만 원의 과징금이 부과된 경우, 그 도서대여업자에게 청소년유해매체물인 만화를 청소년에게 대여하여서는 아니된다는 금지의무의 해태를 탓하기는 가혹하다는 이유로 그 과징금부과처분은 재량권을 일탈·남용한 것으로서 위법하다.

2) 공급거부

공급거부란 행정법상의 의무를 위반하거나 불이행한 자에 대하여 일정한 행정상의 서비스나 재화(예컨대 전기, 수도, 가스 등)의 공급을 거부하는 행정조치를 말한다. 공급거부는 의무위반 또는 불이행과 공급거부 사이에 실질적인 관련이 있는 경우에만 허용되며(즉 행정권한의 부당결부금지의 원칙을 준수하여야 하며), 비례성의 원칙에 위반되어서는 안 된다.

제5절 경찰관직무집행법

Ⅰ 경찰관 직무집행(경찰권 발동)의 근거 및 한계

1. 경찰관 직무집행(경찰권 발동)의 근거

1) 의의

헌법은 질서유지를 위한 국민의 자유와 권리의 제한은 법률로써만 할 수 있도록 하고 있어서(제37조 제2항), 경찰권의 발동에는 법률의 근거가 있어야 한다. 관련 법률로는 일반법의 성격을 가진 경찰관직무집행법이 있으며, 도로교통법이나 청소년보호법, 식품위생법, 공중위생법, 마약류단속법 등 국회가 경찰권발동에 대한 규정을 개별적으로 입법하고 있는 형태가 있다.

2) 표준적 직무조항(=개별적 근거조항)

경찰관직무집행법 제5조 (위험발생의 방지) ① 경찰관은 사람의 생명 또는 신체에 위해를 끼치거나 재산에 중대한 손해를 끼칠 우려가 있는 천재(天災), 사변(事變), 인공구조물의 파손이나 붕괴, 교통사고, 위험물의 폭발, 위험한 동물 등의 출현, 극도의 혼잡, 그 밖의 위험한 사태가 있을 때에는 다음 각 호의 조치를 할 수 있다.
1. 그 장소에 모인 사람, 사물(事物)의 관리자, 그 밖의 관계인에게 필요한 경고를 하는 것
2. 매우 긴급한 경우에는 위해를 입을 우려가 있는 사람을 필요한 한도에서 억류하거나 피난시키는 것
3. 그 장소에 있는 사람, 사물의 관리자, 그 밖의 관계인에게 위해를 방지하기 위하여 필요하다고 인정되는 조치를 하게 하거나 직접 그 조치를 하는 것

모든 경찰위험과 경찰장애에 대하여 일일이 개별규정을 두는 것은 불가능하므로, 표준적 직무조항으로도 경찰권발동의 근거를 삼을 수 있다. 경찰위험이 전형적이고 유형적이며 현행범의 성격이 강한 경우에 대해서는 개별적인 규정을 일일이 입법하기보다 경찰관직무집행법에서 제5조의 위험방지조치 등과 같은 표준적인 직무조항을 둠으로써 이에 대비할 수 있도록 하고 있다. 다만 이때 경찰관직무집행법 제5조 제1항 제3호의 그 장소에 있는 사람을 문리해석하기보다는 목적론적 축소해석을 하여 이해관계인으로서 그 장소에 있는 자라고 해석하여 사고발생과 무관한 일반인에게 경찰권을 발동할 수 있는 근거로 삼지 않는 것이 타당하다.

3) 개괄적 수권조항

경찰관직무집행법 제2조(직무의 범위) 경찰관은 다음 각호의 직무를 행한다.
7. 기타 공공의 안녕과 질서유지

경찰관직무집행법에서 제5조와 같은 개별 작용법적인 근거가 없는 경우에 일반적인 작용법적인 근거에 기해 경찰권을 발동할 수 있는지가 문제된다. 이러한 논의는 현행법상의 규정에 대한 해석론으로 이어져서 경찰관직무집행법 제2조 제7호, 경찰법 제3조 제8호 소정의 '공공의 안녕과 질서유지'에 관한 규정을 일반적인 경찰권 발동의

작용법적 근거로 삼을 수 있는가 하는 논의로 나타난다. 관련하여, 법치주의원칙상 권력적 작용으로서의 경찰작용에 대한 법적 근거는 개별적인 작용법이어야 하고, 포괄적·일반적인 수권법은 허용되지 않는다는 견해(부정설)도 있지만, 판례는 개별 수권조항이 없을 경우 일반조항을 보충적으로 적용할 수 있다는 입장(긍정설)이다.

입법론적으로 볼 때, 기술의 발전, 사회의 변화, 위험발생의 다양성 등으로 경찰 영역에서는 보충적으로 개괄조항에 근거한 경찰권 발동이 필요하지만, 조직법인 경찰법 제2조가 경찰권 발동의 개괄적 수권조항이 될 수 없으므로, 권한규범의 성격을 갖는 일반적 조항을 두어 개괄적 수권조항이 필요한 현실에 대응하는 것이 바람직하다.

■ 참조 판례

대법원 85도2448, 85감도356 판결
청원경찰법 제3조는 청원경찰은 청원주와 배치된 기관, 시설 또는 사업장등의 구역을 관할하는 경찰서장의 감독을 받아 그 경비구역 내에 한하여 경찰관직무집행법에 의한 직무를 행한다고 정하고 있고 한편 경찰관직무집행법 제2조에 의하면 경찰관은 범죄의 예방, 진압 및 수사, 경비요인, 경호 및 대간첩작전 수행, 치안정보의 수집작성 및 배포, 교통의 단속과 위해의 방지, 기타 공공의 안녕과 질서유지등을 그 직무로 하고 있는 터이므로 경상남도 양산군 도시과 ○○계 요원으로 근무하고 있는 청원경찰관인 공소외 2 및 공소외 3이 원심판시와 같이 1984.12.29 경상남도 양산군 장안면에 있는 피고인의 집에서 피고인의 형 공소외 4가 허가없이 창고를 주택으로 개축하는 것을 단속한 것은 그들의 정당한 공무집행에 속한다고 할 것이므로 이를 폭력으로 방해한 피고인의 판시 소위를 공무집행방해죄로 다스린 원심조치는 정당하고 이에 소론과 같은 위법이 있다고 할 수 없다.

2. 경찰관 직무집행(경찰권 발동)의 한계

1) 법규상 한계

법치행정의 원칙상 경찰작용은 경찰법규에 정한 범위내에서만 행사되어야 한다. 즉, 경찰법규는 경찰작용의 근거이자 한계로 작동한다.

2) 일반법원칙상 한계(=조리상 한계)

경찰작용은 법규상 한계 외에도, 경찰소극목적의 원칙이나 경찰공공의 원칙 등 경찰법을 지배하는 일반원칙(=조리)상 한계를 갖는다.

(1) 경찰소극목적의 원칙

경찰소극목적의 원칙은 19세기 후반 독일의 크로이츠베리크(Kreuzberg) 판결에서 확립된 원칙이다. 즉, 경찰권 발동은 질서유지를 위한 소극적인 목적하에서만 가능하고, 공공복리라는 적극적인 목적하에서는 정당화되지 않는다는 의미이다.

(2) 경찰 공공의 원칙

경찰공공의 원칙이란 경찰권은 공적 안정과 공적 질서의 유지를 위해서 발동될 수 있으며, 사적 이익만을 위해서는 발동될 수 없다는 원칙을 말한다. 구체적으로는 ① 경찰권은 공적 안전과 질서에 관계없는 개인의 사생활 영역에는 개입할 수 없다는 '사생활불간섭의 원칙', ② 사주소 내의 활동에 대해서는 함부로 개입할 수 없다는 '사주소불가침의 원칙', ③ 개인의 재산권 행사나 친족권 행사 등 사적관계에 개입해서는 안 된다는 '민사관계불관여의 원칙'을 그 내용으로 한다.

경찰공공의 원칙은 이익형량상 예외가 인정되므로, 사생활을 방치하는 것이 공적 안전이나 질서에 중대한 위험을 가져올 수 있다면 경찰의 개입이 사생활불간섭의 원칙에 반하는 것은 아니다. 사주소불가침의 원칙과 관련하여 문제되는 경우로는, 사설도로라고 하더라도 소유권과 무관하게 불특정 다수인이 수시로 도로로서 사용하는 경우에는 도로교통법상의 도로로 보기도 한다. 또한 백화점이나 서점처럼 공개된 사주소의 경우에는 이익형량상 사주소불가침의 원칙에 대한 예외가 적용된다고 보아 음주측정과 음주운전단속을 위한 경찰권을 발동할 수 있다고 본다. 물론, 특정인들만이 이용을 위해 사용하는 경우에는 도로교통법상의 도로로 볼 수 없고, 따라서 공적 이해관계가 크지 않으므로 이익형량상 경찰권 발동을 해서는 안 되는 한계상황이며, 따라서 그러한 도로에서 음주측정을 하는 것은 위법하다. 민사관계불관여의 원칙도 불법추심같은 경우에는 공익이 우월하므로 예외적으로 경찰의 관여가 허용될 수 있다.

(3) 경찰책임의 원칙

경찰책임의 원칙은 경찰권은 원칙적으로 경찰위반의 행위 또는 상태에 대하여 직접 책임질 지위에 있는 자, 즉 경찰책임자에 대하여만 발동할 수 있다는 원칙을 말한다. 경찰책임에 있어서 개인은 자기의 생활범위 안에서 객관적으로 경찰위반상태가 생긴 경우에는 그 위반상태의 발생에 대한 고의·과실의 존부 여부와는 관계없이, 또한 자연인인가 법인인가를 가리지 않고 경찰책임을 지게 된다. 이러한 경찰책임에는 행위책임과 상태책임이 있다.

① 행위책임

행위책임이란 자기의 행위 또는 자기의 보호·감독, 즉 지배하에 있는 자의 행위로 인해 경찰위해가 발생한 경우에 있어서의 책임이다. 고의·과실의 유무를 불문하고, 당해 행위가 공공의 안녕과 질서에 대한 위해의 원인이 되고 있다는 객관적인 사실에 의해 부과되는 책임이다. 여기서, 보호·감독자의 행위책임(＝지배자책임)은 대위책임이 아니라 보호·감독자에게 부과되는 자기책임이다.

행위책임자가 되기 위하여는 그의 행위와 공공의 안녕·질서에 대한 위해 사이의 인과관계가 있어야 하는데, 인과관계의 결정 기준으로는 조건설과 상당인과관계설, 직접원인설이 있다.

우선, 조건설은 그것이 없었다면 위험이 발생하지 않았을 것이라고 고려되는 모든 조건을 법적으로 의미있는 원인으로 간주하므로 경찰책임이 무한대 확장할 위험이 있다. 또한 상당인과관계설은 경험법칙에 따를 때 일반적으로 발생한 것과 같은 종류의 위해를 야기하기에 적합한 조건만을 경찰책임에 있어서의 원인으로 고려하므로 경찰책임을 제한하기는 하지만, 경험법칙으로 예측할 수 없는 이형적인 위험에 대해서는 경찰권을 발동할 수 없다는 점과 상당성 유무의 한계 획정이 어려워 경찰책임의 귀속을 결정하기에 부적절하다는 점이 문제점으로 지적된다. 따라서, 경찰위해에 대한 직접적인 원인을 야기시킨 자에게만 행위책임을 귀속시키는 직접원인설이 다수학설의 태도이다. 여기서 '직접적'이란 원인과 결과 간의 특별한 근접성을 의미한다.

② 상태책임

상태책임이란 어떤 물건이나 동물 등이 경찰위해를 조성하고 있는 경우에 그 물건에 대한 사실상의 지배권을 가지고 있는 자에게 경찰책임을 지우는 경우를 말한다. 여기서도 고의·과실의 유무는 불문하며, 지배권의 권원의 적법성 여부도 묻지 않는다. 또한 점유자뿐 아니라 점유보조자, 임차인 등도 상태책임자에 포함된다. 소유권자나 기타 정당한 권리자들이 상태책임을 지는 것이 원칙이나, 이들의 의사에 관계없이 사실상 지배권을 행사하는 자가 있는 경우에는 그 자가 책임을 지게 되는 것이다.

③ 책임의 경합

다수인의 행위 또는 다수인이 지배하는 물건의 상태가 경찰위해를 조성하는 등 다수인의 책임이 경합될 수 있다. 이때 다수인 중 일부 또는 전체에 대하여 경찰권의 발동이 가능하다.

또한, 행위책임과 상태책임이 경합할 수 있는데, 이는 원칙적으로 경찰기관이 의무에 합당한 재량으로 결정할 문제이며, 재량권을 행사함에 있어서 경찰은 비례성의 원칙을 준수해야 한다. 행위책임과 상태책임이 경합하는 경우 행위책임자에게 우선 책임이 부여되어야 한다거나, 행위책임과 상태책임을 동시에 지는 자가 있으면 그가 다른 사람에 우선하여 경찰책임을 부담하는 것은 아니다. 경찰은 합목적성에 따라 위험방지 또는 위해제거를 위하여 가장 효과적인 방법을 선택해야 하므로(효과적인 위험방지의 원칙 - 효율성의 원칙), 일반적으로 위험방지 또는 경찰위해를 제거하는 데 있어서 가장 적합한 상황에 있는 자에게 경찰상의 의무를 부과해야 한다.

④ 비책임자에 대한 경찰권 발동(=경찰긴급권) 요건

때로는 경찰책임자에게 경찰권을 발동해서는 경찰상의 위험을 방지할 수 없는 경우가 있을 수 있다. 예컨대, 경찰책임자가 존재하지 않거나, 경찰책임자에게 경찰권을 발동하는 것이 사실상 또는 법률상 불가능한 경우이다. 이때는 부득이하게 경찰책임이 없는 자에 대하여 경찰권이 발동될 수가 있는데, 이를 '경찰긴급권'이라고도 한다.

법치국가적 관점에서 극히 예외적인 경우에만 허용되어야 하며, 따라서 다음의 두 가지 요건이 요구된다.

a. 장해 혹은 중대한 위험의 현존(목전의 위험)

비책임자에 대한 경찰권 발동은 장해가 이미 발생하고 있거나, 현재하는, 즉 목전에 급박한 위험의 존재를 전제로 한다. 이는 고도의 개연성을 가진 긴급한 손해의 발생이 예견되는 상태를 의미하므로, 손해발생의 시간적 근접성과 고도의 개연성을 구성요소로 한다. 또한 그 위험은 중대한 것이어야 하는데, 중대성은 예견되는 손해와 손해를 예방하기 위하여 침해되는 법익을 고려하여 판단하여야 한다.

b. 다른 방법을 통한 위험방지가 불가능해야 한다(보충성)

경찰은 경찰책임자에게 경찰권을 발동하거나 자기 자신의 고유의 수단을 사용하여서는 위험에 대처할 수 없을 때에만 비책임자에 대하여 경찰권을 발동할 수 있다.

(4) 경찰비례의 원칙

경찰관 직무집행법 제1조(목적) ② 이 법에 규정된 경찰관의 직권은 그 직무 수행에 필요한 최소한도에서 행사되어야 하며 남용되어서는 아니 된다.

경찰비례의 원칙은 공공의 안녕과 질서유지를 위해 최소한도 내의 범위 내에서 경찰권을 행사하여야 한다는 것이다. 경찰비례의 원칙(=과잉금지원칙)은 경찰영역에만 국한되는 것이 아니라, 급부영역과 기타 행정법의 영역까지 확장 적용되는 행정법의 일반원칙이기도 하다. 따라서 헌법 제37조 제2항에 근거하고 있어 헌법적 지위를 차지하고 있으며, 경찰관직무집행법 등 개별법률에도 반영되어 있다. 경찰비례의 원칙은 일반적 수권조항에 근거하여 경찰권을 발동하는 경우뿐만 아니라 개별적 수권조항에 근거하여 경찰권을 발동하는 경우에도 적용된다. 23년 1차

경찰권을 발동할 때는 ① 질서유지라는 정당한 목적을 위하여 법적으로나 사실상으로나 적합한 수단이어야 하고(적합성의 원칙), ② 적합한 수단들 중에서도 최소침해에 그치는 수단을 사용하여야 하며(필요성의 원칙 또는 대체수단의 제공), ③ 공익과 사익의 비교형량상 법익균형성이 유지되어야 한다(상당성의 원칙). ④ 또한 시간적으로도 경찰권발동 이전이나 이후에는 발동되어서는 안 되는 시간상 비례의 원칙도 준수하여야 한다. 이러한 경찰비례의 원칙은 일반적이고 추상적인 법률들을 구체적인 사안에서 적용하고 해결하는 필터기능을 수행한다.

■ 참조 판례

> **헌재 2009헌마406 결정**
> 1. 거주·이전의 자유는 거주지나 체류지라고 볼 만한 정도로 생활과 밀접한 연관을 갖는 장소를 선택하고 변경하는 행위를 보호하는 기본권인바, 이 사건에서 서울광장이 청구인들의 생활형성의 중심지인 거주지나 체류지에 해당한다고 할 수 없고, 서울광장에 출입하고 통행하는 행위가 그 장소를 중심으로 생활을 형성해 나가는 행위에 속한다고 볼 수도 없으므로 청구인들의 거주이전의 자유가 제한되었다고 할 수 없다.
> 2. 이 사건 통행제지행위는 서울광장에서 개최될 여지가 있는 일체의 집회를 금지하고 일반시민들의 통행조차 금지하는 전면적이고 광범위하며 극단적인 조치이므로 집회의 조건부 허용이나 개별적 집회의 금지나 해산으로는 방지할 수 없는 급박하고 명백하며 중대한 위험이 있는 경우에 한하여 비로소 취할 수 있는 거의 마지막 수단에 해당한다. 서울광장 주변에 노무현 전 대통령을 추모하는 사람들이 많이 모여 있었다거나 일부 시민들이 서울광장 인근에서 불법적인 폭력행위를 저지른 바 있다고 하더라도 그것만으로 폭력행위일로부터 4일 후까지 이러한 조치를 그대로 유지해야 할 급박하고 명백한 불법·폭력 집회나 시위의 위험성이 있었다고 할 수 없으므로 이 사건 통행제지행위는 당시 상황에 비추어 필요최소한의 조치였다고 보기 어렵고, 가사 전면적이고 광범위한 집회방지조치를 취할 필요성이 있었다고 하더라도, 서울광장에의 출입을 완전히 통제하는 경우 일반시민들의 통행이나 여가·문화활동 등의 이용까지 제한되므로 서울광장의 몇 군데라도 통로를 개설하여 통제 하에 출입하게 하거나 대규모의 불법·폭력 집회가 행해질 가능성이 적은 시간대라든지 서울광장 인근 건물에의 출근이나 왕래가 많은 오전 시간대에는 일부 통제를 푸는 등 시민들의 통행이나 여가·문화활동에 과도한 제한을 초래하지 않으면서도 목적을 상당 부분 달성할 수 있는 수단이나 방법을 고려하였어야 함에도 불구하고 모든 시민의 통행을 전면적으로 제지한 것은 침해의 최소성을 충족한다고 할 수 없다.

또한 대규모의 불법·폭력 집회나 시위를 막아 시민들의 생명·신체와 재산을 보호한다는 공익은 중요한 것이지만, 당시의 상황에 비추어 볼 때 이러한 공익의 존재 여부나 그 실현 효과는 다소 가상적이고 추상적인 것이라고 볼 여지도 있고, 비교적 덜 제한적인 수단에 의하여도 상당 부분 달성될 수 있었던 것으로 보여 일반 시민들이 입은 실질적이고 현존하는 불이익에 비하여 결코 크다고 단정하기 어려우므로 법익의 균형성 요건도 충족하였다고 할 수 없다. 따라서 이 사건 통행제지행위는 과잉금지원칙을 위반하여 청구인들의 일반적 행동자유권을 침해한 것이다.

대법원 2003다57956 판결
[1] 경찰관은 범인의 체포, 도주의 방지, 자기 또는 타인의 생명·신체에 대한 방호, 공무집행에 대한 항거의 억제를 위하여 무기를 사용할 수 있으나, 이 경우에도 무기는 목적 달성에 필요하다고 인정되는 상당한 이유가 있을 때 그 사태를 합리적으로 판단하여 필요한 한도 내에서 사용하여야 하는바, 경찰관의 무기 사용이 이러한 요건을 충족하는지 여부는 범죄의 종류, 죄질, 피해법익의 경중, 위해의 급박성, 저항의 강약, 범인과 경찰관의 수, 무기의 종류, 무기 사용의 태양, 주변의 상황 등을 고려하여 사회통념상 상당하다고 평가되는지 여부에 따라 판단하여야 하고, 특히 사람에게 위해를 가할 위험성이 큰 권총의 사용에 있어서는 그 요건을 더욱 엄격하게 판단하여야 한다.
[2] 50cc 소형 오토바이 1대를 절취하여 운전 중인 15~16세의 절도 혐의자 3인이 경찰관의 검문에 불응하며 도주하자, 경찰관이 체포 목적으로 오토바이의 바퀴를 조준하여 실탄을 발사하였으나 오토바이에 타고 있던 1인이 총상을 입게 된 경우, 제반 사정에 비추어 경찰관의 총기 사용이 사회통념상 허용범위를 벗어나 위법하다고 한 사례

대법원 2002다57218 판결
경찰관은 범인의 체포 또는 도주의 방지, 타인 또는 경찰관의 생명·신체에 대한 방호, 공무집행에 대한 항거의 억제를 위하여 필요한 때에는 최소한의 범위 안에서 가스총을 사용할 수 있으나, 가스총은 통상의 용법대로 사용하는 경우 사람의 생명 또는 신체에 위해를 가할 수 있는 이른바 위해성 장비로서 그 탄환은 고무마개로 막혀 있어 사람에게 근접하여 발사하는 경우에는 고무마개가 가스와 함께 발사되어 인체에 위해를 가할 가능성이 있으므로, 이를 사용하는 경찰관으로서는 인체에 대한 위해를 방지하기 위하여 상대방과 근접한 거리에서 상대방의 얼굴을 향하여 이를 발사하지 않는 등 가스총 사용시 요구되는 최소한의 안전수칙을 준수함으로써 장비 사용으로 인한 사고 발생을 미리 막아야 할 주의의무가 있다.

(5) 경찰평등의 원칙

경찰권은 합리적 이유 없이 차별적인 발동을 하여서는 안 되며, 이는 헌법 제11조의 평등의 원칙에 기초한다.

Ⅱ 경찰작용의 기본법으로서 경찰관 직무집행법

1953년 12월 14일 법률 제299호로 제정·공포된 경찰관직무집행법은 국민의 생명·신체 및 재산의 보호라는 영미법적 사고가 최초로 반영된 경찰작용의 일반법이자 기본법이다. 따라서 즉시강제의 일반법이자 경찰장구, 분사기 및 최류탄, 무기사용, 유치장설치의 근거법이라고 할 것이다.

- 경찰조직의 일반법은 「국가경찰과 자치경찰의 조직 및 운영에 관한 법률」
- 강제집행의 일반법은 「행정대집행법과 국세징수법」
- 무기휴대의 근거법은 「경찰공무원법」

1. 목적

경찰관 직무집행법은 제1조 제1항에서 "이 법은 국민의 자유와 권리 및 모든 개인이 가지는 불가침의 기본적 인권을 보호하고 사회공공의 질서를 유지하기 위한 경찰관(경찰공무원만 해당한다. 이하 같다)의 직무 수행에 필요한 사항을 규정함을 목적으로 한다"고 규정하면서, 동조 제2항에서는 "경찰관의 직권은 그 직무 수행에 필요한 최소한도에서 행사되어야 하며 남용되어서는 아니 된다"라고 선언하여 경찰비례의 원칙을 명시적으로 규정하고 있는데, 이는 경찰행정 영역에서의 헌법상 과잉금지의 원칙을 표현한 것이다. 판례도 공공의 안녕과 질서유지라는 공익목적과 이를 실현하기 위하여 개인의 권리나 재산을 침해하는 수단 사이에는 합리적인 비례관계가 있어야 한다는 의미를 갖는다는 입장이다(대법원 2018다288631 판결).

2. 직무의 범위

헌법은 질서유지를 위한 국민의 자유와 권리의 제한은 법률로써만 할 수 있도록 하고 있으므로(제37조 제2항), 경찰관의 발동에는 법률의 근거가 있어야 한다. 따라서 개별 작용법적인 근거가 없는 경우에 일반적인 작용법적인 근거에 기해 경찰권을 발동할 수 있는지 여부가 문제된다. 이러한 논의는 현행법상 규정에 대한 해석론으로 이어져서 경찰관직무집행법 제2조 제7호, 경찰법 제3조 소정의 '공공의 안녕과 질서유지'에 관한 규정을 일반적인 경찰권 발동의 작용법적 근거로 삼을 수 있는가 하는 논의로 나타난다.

포괄적인 수권을 부정하는 견해는 법률유보와의 관계에서 권력적 작용으로서의 경찰작용에 대한 법적 근거는 개별적인 작용법이어야 하고, 포괄적·일반적인 수권법은 허용되지 않는다는 입장인 반면, 긍정하는 견해는 개괄적 수권조항의 허용성을 인정하며, 현행 경찰관직무집행법 제2조 또는 경찰법 제3조가 규정하고 있는 경찰의 임무에 관한 규정 중에서 '공공의 안녕과 질서유지'에 관한 조항을 개괄적 수권조항으로 보아, 개별적인 근거규정이 없을 때에는 이 조항에 의거하여 경찰권을 발동할 수 있다는 입장이다. 판례는 후자의 입장이다.

제2조(직무의 범위) 경찰관은 다음 각 호의 직무를 수행한다.
1. 국민의 생명·신체 및 재산의 보호
2. 범죄의 예방·진압 및 수사
2의 2. 범죄피해자 보호
3. 경비, 주요 인사(인사) 경호 및 대간첩·대테러 작전 수행
4. 공공안녕에 대한 위험의 예방과 대응을 위한 정보의 수집·작성 및 배포
5. 교통 단속과 교통 위해(위해)의 방지
6. 외국 정부기관 및 국제기구와의 국제협력
7. 그 밖에 공공의 안녕과 질서 유지

☞ 경직법에서 '대테러 작전 수행'을 명시하고 있다는 점 주의, '테러경보 발령'은 「국민보호와 공공안전을 위한 테러방지법」 제6조 대테러센터의 임무이다. 〔23년 2차〕

■ 참조 판례

대법원 85도2448 판결
경찰관직무집행법」 제2조에 의하면 경찰관은 범죄의 예방, 진압 및 수사, 경비요인, 경호 및 대간첩작전 수행, 치안정보의 수집작성 및 배포, 교통의 단속과 위해의 방지, 기타 공공의 안녕과 질서유지등을 그 직무로 하고 있는 터이므로 … 도시과 ○○계 요원으로 근무하고 있는 청원경찰관이 … 허가없이 창고를 주택으로 개축하는 것을 단속한 것은 그들의 정당한 공무집행에 속한다고 할 것이므로 이를 폭력으로 방해한 피고인의 판시 소위를 공무집행방해죄로 다스린 원심조치는 정당하다(대법원 1986.1.28. 85도2448 판결)고 판시하여 경찰관직무집행법 제2조 제6호를 개괄적 수권조항으로 해석하고 있다.

3. 주요 내용

대인적 즉시강제	① 불심검문(법 제3조) ② 보호조치(법 제4조) ③ 범죄예방 및 제지(법 제6조) ④ 경찰장비의 사용(법 제10조) ⑤ 경찰장구의 사용(법 제10조의2) ⑥ 분사기 등의 사용(법 제10조의3) ⑦ 무기의 사용(법 제10조의4)
대물적 즉시강제	임시영치(법 제4조 제3항)
대가택적 즉시강제	위험방지를 위한 출입(법 제7조)-긴급출입, 예방출입, 대간첩지역 내 출입
대인 · 대물 · 대가택적 즉시강제	위험발생의 방지조치(법 제5조)
기 타	① 사실의 확인 등(법 제8조) ② 유치장 운영(법 제9조)

「경찰관직무집행법」상 즉시강제에 해당하는 것은 모두 몇 개인가?

> ㉠ 주택가에서 흉기를 들고 난동을 부리며 경찰관의 중지명령에 항거하는 사람에
> 대해 전자충격기를 사용하여 강제로 제압 하는 것(즉시강제)
> ㉡ 음주운전 등 교통법규 위반자에 대해 운전면허를 취소하는 것(행정행위(철회))
> ㉢ 불법집회로 인한 공공시설의 안전에 대한 위해를 억제하기 위해 최루탄을 사용
> 하는 것(즉시강제)
> ㉣ 위험물의 폭발로 인해 매우 긴급한 경우에 위해를 입을 우려가 있는 사람을 억
> 류하거나 피난시키는 것(즉시강제)
> ㉤ 지정된 기한까지 체납액을 완납하지 않은 국세체납자의 재산을 압류하는 것(강
> 제집행(강제징수))
> ㉥ 무허가 건물의 철거 명령을 받고도 이를 불이행하는 사람의 불법건축물을 철거
> 하는 것(강제집행(대집행))

Ⅲ 불심검문

1. 의의

수사의 단서로서 경찰관직무집행법상 불심검문이란 경찰관이 거동이 수상한 자를 범죄의 예방차원에서 정지시켜 질문하고, 경우에 따라서는 경찰관서까지 임의동행을 요구할 수 있는 경찰작용을 말한다. 이와 같은 불심검문은 그 시행상 필수적으로 국민의 신체의 자유를 침해할 가능성이 다분한 영역이므로 법률의 근거를 필요로 하고 있으며, 이에 따라 경찰관직무집행법은 불심검문의 방법으로 정지와 질문(제3조 제1항), 동행요구 또는 임의동행(동조 제2항)과 흉기소지검사(동조 제3항)를 규정하고 있다.

2. 불심검문의 성격

제3조(불심검문) ① 경찰관은 다음 각 호의 어느 하나에 해당하는 사람을 정지시켜 질문할 수 있다.
1. 수상한 행동이나 그 밖의 주위 사정을 합리적으로 판단하여 볼 때 어떠한 죄를 범하였거나 범하려 하고 있다고 의심할 만한 상당한 이유가 있는 사람
2. 이미 행하여진 범죄나 행하여지려고 하는 범죄행위에 관한 사실을 안다고 인정되는 사람

② 경찰관은 제1항에 따라 같은 항 각 호의 사람을 정지시킨 장소에서 질문을 하는 것이 그 사람에게 불리하거나 교통에 방해가 된다고 인정될 때에는 질문을 하기 위하여 가까운 경찰서·지구대·파출소 또는 출장소(지방해양경찰관서를 포함하며, 이하 "경찰관서"라 한다)로 동행할 것을 요구할 수 있다. 이 경우 동행을 요구받은 사람은 그 요구를 거절할 수 있다.

③ 경찰관은 제1항 각 호의 어느 하나에 해당하는 사람에게 질문을 할 때에 그 사람이 흉기를 가지고 있는지를 **조사할 수 있다.**

④ 경찰관은 제1항이나 제2항에 따라 질문을 하거나 동행을 요구할 경우 자신의 신분을 표시하는 증표를 제시하면서 소속과 성명을 밝히고 질문이나 동행의 목적과 이유를 설명하여야 하며, 동행을 요구하는 경우에는 동행 장소를 밝혀야 한다.

⑤ 경찰관은 제2항에 따라 동행한 사람의 가족이나 친지 등에게 동행한 경찰관의 신분, 동행 장소, 동행 목적과 이유를 알리거나 본인으로 하여금 즉시 연락할 수 있는 기회를 주어야 하며, 변호인의 도움을 받을 권리가 있음을 알려야 한다.

⑥ 경찰관은 제2항에 따라 동행한 사람을 **6시간**을 초과하여 경찰관서에 머물게 할 수 없다.

⑦ 제1항부터 제3항까지의 규정에 따라 질문을 받거나 동행을 요구받은 사람은 형사소

송에 관한 법률에 따르지 아니하고는 신체를 구속당하지 아니하며, 그 의사에 반하여 답변을 강요당하지 아니한다.

불심검문은 수사 그 자체가 아니라 단지 행정경찰작용 내지 초동사법경찰작용으로서 장래의 범행을 방지하기 위한 것이고, 그 침해정도도 수사처분보다는 상대적으로 미약하다고 볼 것이다. 따라서 불심검문상의 '상당한 이유'는 충분한 범죄혐의 내지 범죄혐의의 '고도의 개연성'을 요구하는 형사소송법의 체포나 긴급체포의 상당한 이유와 달리 범죄를 범하였거나 범할 '합리적인 가능성'으로 족하다.

■ 참조 판례

> 대법원 2011도13999 판결
> 경찰관직무집행법(이하 '법'이라고 한다)의 목적, 법 제1조 제1항, 제2항, 제3조 제1항, 제2항, 제3항, 제7항의 내용 및 체계 등을 종합하면, 경찰관이 법 제3조 제1항에 규정된 대상자(이하 '불심검문 대상자'라 한다) 해당 여부를 판단할 때에는 불심검문 당시의 구체적 상황은 물론 사전에 얻은 정보나 전문적 지식 등에 기초하여 불심검문 대상자인지를 객관적·합리적인 기준에 따라 판단하여야 하나, 반드시 불심검문 대상자에게 형사소송법상 체포나 구속에 이를 정도의 혐의가 있을 것을 요한다고 할 수는 없다. 그리고 경찰관은 불심검문 대상자에게 질문을 하기 위하여 범행의 경중, 범행과의 관련성, 상황의 긴박성, 혐의의 정도, 질문의 필요성 등에 비추어 목적 달성에 필요한 최소한의 범위 내에서 사회통념상 용인될 수 있는 상당한 방법으로 대상자를 정지시킬 수 있고 질문에 수반하여 흉기의 소지 여부도 조사할 수 있다. 24년 1차

3. 불심검문의 주요내용

1) 대상

수상한 거동 기타 주위의 사정을 합리적으로 판단하여 다음의 거동불심자를 정지시켜 질문할 수 있다. 이때의 질문은 비권력적 사실행위이다.

① 어떠한 죄를 범하였다고 의심할 만한 상당한 이유가 있는 자
② 어떠한 죄를 범하려 하고 있다고 의심할 만한 상당한 이유가 있는 자
③ 이미 행하여진 범죄나 행하여지려고 하는 범죄행위에 관하여 그 사실을 안다고 인정되는 자

2) 정지 및 질문

정지	의의	질문을 위한 준비행위로서 거동불심자를 불러 세우는 것
	실력행사	질문을 위한 수단에 불과하므로 강제수단은 허용되지 않는다
질문	의의	피검문자에 대하여 경찰관이 의심을 품은 사항을 해소하기 위하거나 경찰목적상 필요한 사항을 알아내기 위하여 행하는 것
	증표 제시	질문시에 경찰관은 자신의 신분을 표시하는 증표를 제시하면서 소속과 성명을 밝히고 그 목적과 이유를 설명하여야 한다(제3조 제4항)
	질문	행선지·출발지·용건·성명·주소·연령 등
	강요 금지	불심검문은 임의수단으로 상대방은 답변을 강요당하지 아니한다
	진술거부권	피의자신문이 아니므로 진술거부권을 고지할 필요가 없다(통설)

■ 참조 판례

> **대법원 2014도7976 판결**
> 경찰관직무집행법(이하 '법'이라 한다) 제3조 제4항은 경찰관이 불심검문을 하고자 할 때에는 자신의 신분을 표시하는 증표를 제시하여야 한다고 규정하고, 경찰관직무집행법 시행령 제5조는 위 법에서 규정한 신분을 표시하는 증표는 경찰관의 공무원증이라고 규정하고 있는데, 불심검문을 하게 된 경위, 불심검문 당시의 현장상황과 검문을 하는 경찰관들의 복장, 피고인이 공무원증 제시나 신분 확인을 요구하였는지 여부 등을 종합적으로 고려하여, 검문하는 사람이 경찰관이고 검문하는 이유가 범죄행위에 관한 것임을 피고인이 충분히 알고 있었다고 보이는 경우에는 신분증을 제시하지 않았다고 하여 그 불심검문이 위법한 공무집행이라고 할 수 없다는 입장이다.

3) 동행요구(임의동행)

경찰관은 그 장소에서 질문하는 것이 상대방에게 불리하거나 교통의 방해가 된다고 인정되는 때에 한하여 상대방을 부근의 경찰서, 지서, 파출소 또는 출장소에 동행할 것을 요구할 수 있다(경직법 제3조 제2항). 반드시 상대방의 동의나 승낙이 있을 것을 요하며, 동행요구시 당해인인은 언제든지 경찰관의 동행요구를 거절하는 것이 가능하다.

동행한 경우 경찰관은 동행한 사람의 가족이나 친지 등에게 동행한 경찰관의 신분, 동행 장소, 동행 목적과 이유를 알리거나 본인으로 하여금 즉시 연락할 수 있는 기회를 주어야 하며, 변호인의 도움을 받을 권리가 있음을 알려야 한다.

변호인의 도움을 받을 권리가 있음을 고지할 의무는 질문이나 임의동행을 요구할 때가 아니라 임의동행 후이다.

동행시간과 관련하여, 동행시간을 6시간으로 제한하고 있으나(동조 제6항), 이는 어떠한 경우에도 동행시간이 6시간을 초과할 수 없다는 것이지 6시간 동안은 구금이 허용된다는 의미는 아니다. 왜냐하면 임의동행은 상대방의 동의 또는 승낙을 그 요건으로 하고 있어서 경찰관으로부터 임의동행 요구를 받은 경우 상대방은 이를 거절할 수 있을 뿐만 아니라 임의동행 후 언제든지 경찰관서에서 퇴거할 자유가 인정되기 때문이다.

주민등록법 제26조(주민등록증등의 제시요구)
① 사법경찰관리(司法警察官吏)가 범인을 체포하는 등 그 직무를 수행할 때에 17세 이상인 주민의 신원이나 거주 관계를 확인할 필요가 있으면 주민등록증등의 제시를 요구할 수 있다. 이 경우 사법경찰관리는 주민등록증등을 제시하지 아니하는 자로서 신원을 증명하는 증표나 그 밖의 방법에 따라 신원이나 거주 관계가 확인되지 아니하는 자에게는 범죄의 혐의가 있다고 인정되는 상당한 이유가 있을 때에 한정하여 인근 관계 관서에서 신원이나 거주 관계를 밝힐 것을 요구할 수 있다.
② 사법경찰관리는 제1항에 따라 신원 등을 확인할 때 친절과 예의를 지켜야 하며, 정복근무 중인 경우 외에는 미리 신원을 표시하는 증표를 지니고 이를 관계인에게 내보여야한다.

4) 소지품검사

의의	개념	① 불심검문을 하는 과정에서 흉기 기타 물건의 소지여부를 밝히기 위하여 거동불심자의 착의 또는 휴대품을 조사하는 것을 말한다 ② 수사의 단서에 불과하며, 수사상 강제처분인 수색과 구별된다
	단계	① 외부관찰 ② 내용질문 ③ 외표검사 ④ 내용개시요구 ⑤ 소지품검사
허용 범위	흉기	거동불심자에 대하여 질문을 할 때 흉기소지 여부를 조사할 수 있다(경직법 제3조 제3항)
	기타 소지품	경직법에 명문규정이 없으므로 논란이 있으나, 불심검문자의 안전과 질문의 실효성을 확보하기 위하여 허용된다고 본다(다수설)
한계	외표검사	Stop and Frisk, 즉 상대방을 정지시키고(Stop), 의복·휴대품의 외부를 손으로 확인(Frisk)하는 것은 허용된다
	개시요구	강요적 언동에 의하지 않는 한 허용된다

	흉기조사	경찰관 또는 제3자의 생명, 신체에 대한 위험을 고려하여 폭력을 사용하지 않는 범위에서 실력을 행사하는 것도 가능
실력행사	일반소지품 (마약, 장물, 음란물 등) 검사	견해 대립이 있으나, 내부를 뒤지거나 강압적인 방법으로 소지품을 내보이도록 하는 것은 허용되지 않는다(통설)

5) 임의성

질문을 받거나 동행을 요구받은 당해인은 형사소송에 관한 법률(경찰관직무집행법×)에 따르지 아니하고는 신체를 구속당하지 아니하며, 그 의사에 반하여 답변을 강요당하지 아니한다. 따라서 경찰관이 실력으로써 강제연행하고자 하는 경우에는 적법한 공무집행이 아니므로 이에 저항하여도 공무집행방해죄가 성립하지 않는다.

상대방이 불심검문에 불응시 경찰관의 대응조치나 처벌규정은 경찰관직무집행법에 존재하지 않는다.

IV 보호조치

1. 의의

경찰관은 수상한 행동이나 그 밖의 주위사정을 합리적으로 판단해 볼 때, 보호조치대상자(제4조 제1항)에 해당하는 것이 명백하고 응급구호가 필요하다고 믿을 만한 상당한 이유가 있는 사람을 발견하였을 때에는 보건의료기관 또는 공공구호기관에 긴급구호를 요청하거나 경찰관서에 보호하는 등 적절한 조치를 취할 수 있다(재량행위). 이러한 보호조치는 대인적 즉시강제에 해당한다.

제4조(보호조치 등) 23년 1차
① 경찰관은 수상한 행동이나 그 밖의 주위 사정을 합리적으로 판단해 볼 때 다음 각 호의 어느 하나에 해당하는 것이 명백하고 응급구호가 필요하다고 믿을 만한 상당한 이유가 있는 사람(이하 "구호대상자"라 한다)을 발견하였을 때에는 보건의료기관이나 공공구호기관에 긴급구호를 요청하거나 경찰관서에 보호하는 등 적절한 조치를 할 수 있다.
1. 정신착란을 일으키거나 술에 취하여 자신 또는 다른 사람의 생명·신체·재산에 위해를 끼칠 우려가 있는 사람
2. 자살을 시도하는 사람

3. 미아, 병자, 부상자 등으로서 적당한 보호자가 없으며 응급구호가 필요하다고 인정되는 사람. 다만, 본인이 구호를 거절하는 경우는 제외한다.

② 제1항에 따라 긴급구호를 요청받은 보건의료기관이나 공공구호기관은 정당한 이유 없이 긴급구호를 거절할 수 없다.

③ 경찰관은 제1항의 조치를 하는 경우에 구호대상자가 휴대하고 있는 무기·흉기 등 위험을 일으킬 수 있는 것으로 인정되는 물건을 경찰관서에 임시로 영치(領置)하여 놓을 수 있다.

④ 경찰관은 제1항의 조치를 하였을 때에는 지체 없이 구호대상자의 가족, 친지 또는 그 밖의 연고자에게 그 사실을 알려야 하며, 연고자가 발견되지 아니할 때에는 구호대상자를 적당한 공공보건의료기관이나 공공구호기관에 즉시 인계하여야 한다.

⑤ 경찰관은 제4항에 따라 구호대상자를 공공보건의료기관이나 공공구호기관에 인계하였을 때에는 즉시 그 사실을 소속 경찰서장이나 해양경찰서장에게 보고하여야 한다.

⑥ 제5항에 따라 보고를 받은 소속 경찰서장이나 해양경찰서장은 대통령령으로 정하는 바에 따라 구호대상자를 인계한 사실을 지체 없이 해당 공공보건의료기관 또는 공공구호기관의 장 및 그 감독행정청에 통보하여야 한다.

⑦ 제1항에 따라 구호대상자를 경찰관서에서 보호하는 기간은 24시간을 초과할 수 없고, 제3항에 따라 물건을 경찰관서에 임시로 영치하는 기간은 10일을 초과할 수 없다.

■ 참조 판례

대법원 2004도1109 판결
도로교통법 제2조 제19호는 '운전'이라 함은 도로에서 차를 그 본래의 사용 방법에 따라 사용하는 것을 말한다고 규정하고 있는바, 여기에서 말하는 운전의 개념은 그 규정의 내용에 비추어 목적적 요소를 포함하는 것이므로 고의의 운전행위만을 의미하고 자동차 안에 있는 사람의 의지나 관여 없이 자동차가 움직인 경우에는 운전에 해당하지 않는다. 그러므로 어떤 사람이 자동차를 움직이게 할 의도 없이 다른 목적을 위하여 자동차의 원동기(모터)의 시동을 걸었는데, 실수로 기어 등 자동차의 발진에 필요한 장치를 건드려 원동기의 추진력에 의하여 자동차가 움직이거나 또는 불안전한 주차상태나 도로여건 등으로 인하여 자동차가 움직이게 된 경우는 자동차의 운전에 해당하지 아니한다. 23년 1차

2. 보호조치 대상자

강제대상자는 반드시 보호조치를 해야 한다는 의미가 아니라, 대상자가 거절해도 강제로 보호조치를 할 수 있다는 의미이고, 임의대상자는 상대방이 거절하면 보호조치를 할 수 없다는 의미이다.

강제대상자	① 정신착란을 일으키거나 술에 취하여 자신 또는 다른 사람의 생명·신체·재산에 위해를 끼칠 우려가 있는 사람 ② 자살을 시도하는 사람
임의대상자	미아·병자·부상자 등으로서 적당한 보호자가 없으며 응급구호가 필요하다고 인정되는 사람

■ 참조 판례

> **대법원 2012도11162 판결**
> 경찰관직무집행법 제4조 제1항 제1호(이하 '이 사건 조항'이라 한다)에서 규정하는 술에 취한 상태로 인하여 자기 또는 타인의 생명·신체와 재산에 위해를 미칠 우려가 있는 피구호자에 대한 보호조치는 경찰 행정상 즉시강제에 해당하므로, 그 조치가 불가피한 최소한도 내에서만 행사되도록 발동·행사 요건을 신중하고 엄격하게 해석하여야 한다. 따라서 이 사건 조항의 '술에 취한 상태'란 피구호자가 술에 만취하여 정상적인 판단능력이나 의사능력을 상실할 정도에 이른 것을 말하고, 이 사건 조항에 따른 보호조치를 필요로 하는 피구호자에 해당하는지는 구체적인 상황을 고려하여 경찰관 평균인을 기준으로 판단하되, 그 판단은 보호조치의 취지와 목적에 비추어 현저하게 불합리하여서는 아니 되며, 피구호자의 가족 등에게 피구호자를 인계할 수 있다면 특별한 사정이 없는 한 경찰관서에서 피구호자를 보호하는 것은 허용되지 않는다.

3. 보호조치의 방법

응급구호의 요청	① 경찰관은 응급구호가 필요하다고 믿을만한 상당한 이유가 있는 사람을 발견하였을 때에는 보호의료기관이나 공공구호기관에 긴급구호를 요청할 수 있다. ② 긴급구호요청을 받은 보건의료기관이나 공공구호기관은 정당한 이유 없이 긴급구호를 거절할 수 없다. ③ 보건의료기관이나 긴급의료기관이 정당한 이유 없이 긴급구호를 거절하더라도 경찰관직무집행법에는 처벌규정이 없다. ☞ 응급환자의 경우 정당한 이유 없이 보건의료기관이 거절하면 「응급의료에 관한 법률」에 의해 3년 이하의 징역 또는 3천만원 이하의 벌금으로 처벌됨(동법 제60조 제3항).
경찰관서에서의 일시보호	피구호자를 경찰관서에서 일시적으로 보호하는 것으로, 이 경우 <u>24시간</u>을 초과할 수 없으며, 형사범과 분리하여 안전하게 보호하여야 한다.

4. 보호조치의 사후조치

경찰관이 보호조치를 하였을 때에는 지체 없이 이를 구호대상자의 가족, 친지 또는 그 밖의 연고자에게 그 사실을 알려야 하며, 연고자가 발견되지 아니할 때에는 구호대상자를 적당한 공공보건의료기관이나 공공구호기관에 즉시 인계하여야 한다. 이 경우 경찰관은 즉시 그 사실을 소속 경찰서장이나 해양경찰서장에게 보고하여야 하며, 보고를 받은 소속 경찰서장이나 해양경찰서장은 대통령령으로 정하는 바에 따라 구호대상자를 인계한 사실을 지체 없이 해당 공공보건의료기관 또는 공공구호기관의 장 및 그 감독행정청에 통보하여야 한다.

5. 임시영치

경찰관이 보호조치를 취하는 경우에 구호대상자가 휴대하고 있는 무기·흉기 등 위험을 야기할 수 있는 것으로 인정되는 물건을 경찰관서에 임시로 보관하는 것을 말한다. 대물적 즉시강제이며, 상대방의 동의를 요하지 않는다. 임시영치의 기간은 10일을 초과할 수 없으며, 기간이 만료되면 반환한다. [23년 1차]

> ■ 참조 판례
>
> 대법원 93다4472 판결
> 경찰관이 응급의 구호를 요하는 자를 보건의료기관에게 긴급구호요청을 하고, 보건의료기관이 이에 따라 치료행위를 하였다고 하더라도 국가와 보건의료기관 사이에 국가가 그 치료행위를 보건의료기관에 위탁하고 보건의료기관이 이를 승낙하는 내용의 치료위임계약이 체결된 것으로는 볼 수 없다.

Ⅴ 위험발생의 방지조치

1. 의의

경찰관이 사람의 생명 또는 신체에 위해를 끼치거나 재산에 중대한 손해를 끼칠 우려가 있는 천재, 사변, 인공구조물의 파손이나 붕괴, 교통사고, 위험물의 폭발, 위험한 동물 등의 출현, 극도의 혼잡, 그 밖의 위험한 사태가 있을 때에 이를 방지하기 위하여 필요한 경고·억류·피난·기타의 조치를 취하는 것을 말한다. 이는 대인적·대물적·대가택적 즉시강제에 속한다.

☞ 경찰관직무집행법에 규정되어 있는 즉시강제 중 가장 포괄적임.

> 제5조(위험 발생의 방지 등)
> ① 경찰관은 사람의 생명 또는 신체에 위해를 끼치거나 재산에 중대한 손해를 끼칠 우려가 있는 천재, 사변, 인공구조물의 파손이나 붕괴, 교통사고, 위험물의 폭발, 위험한 동물 등의 출현, 극도의 혼잡, 그 밖의 위험한 사태가 있을 때에는 다음 각 호의 조치를 할 수 있다.
> 1. 그 장소에 모인 사람, 사물의 관리자, 그 밖의 관계인에게 필요한 경고를 하는 것
> 2. 매우 긴급한 경우에는 위해를 입을 우려가 있는 사람을 필요한 한도에서 억류하거나 피난시키는 것
> 3. 그 장소에 있는 사람, 사물의 관리자, 그 밖의 관계인에게 위해를 방지하기 위하여 필요하다고 인정되는 조치를 하게 하거나 직접 그 조치를 하는 것
> ② 경찰관서의 장은 대간첩 작전의 수행이나 소요 사태의 진압을 위하여 필요하다고 인정되는 상당한 이유가 있을 때에는 대간첩 작전지역이나 경찰관서·무기고 등 국가중요시설에 대한 접근 또는 통행을 제한하거나 금지할 수 있다.
> ③ 경찰관은 제1항의 조치를 하였을 때에는 지체 없이 그 사실을 소속 경찰관서의 장에게 보고하여야 한다.

2. 위험발생 방지조치의 방법

경 고	그 장소에 모인 사람, 사물의 관리자, 그 밖의 관계인에게 필요한 경고를 할 수 있다.
억류 · 피난조치	매우 긴급한 경우에는 위해를 입을 우려가 있는 사람을 필요한 한도에서 억류하거나 피난시킬 수 있다(대인적 즉시강제).
위해방지조치	그 장소에 있는 사람, 사물의 관리자, 그 밖의 관계인에게 위해를 방지하기 위하여 필요하다고 인정되는 조치를 하게 하거나(대인·대물·대가택적 즉시강제) 직접 그 조치를 할 수 있다(광견사살명령/광견의 직접 사살 등).
접근 또는 통행의 제한 · 금지	경찰관서의 장은 대간첩 작전의 수행이나 소요 사태의 진압을 위하여 필요하다고 인정되는 상당한 이유가 있을 때에는 대간첩 작전지역이나 경찰관서·무기고 등 국가중요시설에 대한 접근 또는 통행을 제한하거나 금지할 수 있다. ☞ 접근 또는 통행의 제한·금지는 일반적인 위험발생조치와는 무관하고, 대간첩작전의 수행이라는 군사목적 또는 국가중요시설의 보호라는 국가목적을 위한 조치라는 점 주의!

■ 참조 판례

대법원 98다16890 판결

경찰관직무집행법 제5조는 경찰관은 인명 또는 신체에 위해를 미치거나 재산에 중대한 손해를 끼칠 우려가 있는 위험한 사태가 있을 때에는 그 각 호의 조치를 취할 수 있다고 규정하여 형식상 경찰관에게 재량에 의한 직무수행권한을 부여한 것처럼 되어 있으나, 경찰관에게 그러한 권한을 부여한 취지와 목적에 비추어 볼 때 구체적인 사정에 따라 경찰관이 그 권한을 행사하여 필요한 조치를 취하지 아니하는 것이 현저하게 불합리하다고 인정되는 경우에는 그러한 권한의 불행사는 직무상의 의무를 위반한 것이 되어 위법하게 된다(경찰관이 농민들의 시위를 진압하고 시위과정에 도로 상에 방치된 트랙터 1대에 대하여 이를 도로 밖으로 옮기거나 후방에 안전표지판을 설치하는 것과 같은 위험발생방지조치를 취하지 아니한 채 그대로 방치하고 철수하여 버린 결과, 야간에 그 도로를 진행하던 운전자가 위 방치된 트랙터를 피하려다가 다른 트랙터에 부딪혀 상해를 입은 사안에서 국가배상책임을 인정한 사안임).

Ⅵ 범죄의 예방과 제지 23년 2차/24년 2차

경찰관이 범죄행위가 목전에 행하여지려고 하고 있다고 인정될 때에는 이를 예방하기 위하여 관계인에게 필요한 경고를 하고, 그 행위로 인하여 사람의 생명·신체에 위해를 끼치거나 재산에 중대한 손해를 끼칠 우려가 있는 긴급한 경우에는 그 행위를 제지하는 것을 말한다. 예방조치로서의 '경고'는 비권력적 사실행위의 성질을 가지는 반면, '제지조치'는 범죄의 예방을 위한 경찰 행정상 즉시강제, 즉 눈앞의 급박한 경찰상 장해를 제거하여야 할 필요가 있고 의무를 명할 시간적 여유가 없거나 의무를 명하는 방법으로는 그 목적을 달성하기 어려운 상황에서 의무불이행을 전제로 하지 않고 경찰이 직접 실력을 행사하여 경찰상 필요한 상태를 실현하는 권력적 사실행위에 관한 근거조항이다. 22년 1차

제6조(범죄의 예방과 제지) 경찰관은 범죄행위가 목전에 행하여지려고 하고 있다고 인정될 때에는 이를 예방하기 위하여 관계인에게 필요한 경고를 하고, 그 행위로 인하여 사람의 생명·신체에 위해를 끼치거나 재산에 중대한 손해를 끼칠 우려가 있는 긴급한 경우에는 그 행위를 제지할 수 있다.

대법원 2018도2993 판결

[2] 구 경찰관 직무집행법(2014. 5. 20. 법률 제12600호로 개정되기 전의 것) 제6조 제1항은 "경찰관은 범죄행위가 목전에 행하여지려고 하고 있다고 인정될 때에는 이를 예방하기 위하여 관계인에게 필요한 경고를 발하고, 그 행위로 인하여 인명·신체에 위해를 미치거나 재산에 중대한 손해를 끼칠 우려가 있어 긴급을 요하는 경우에는 그 행위를 제지할 수 있다."라고 정하고 있다. 위 조항 중 경찰관의 제지에 관한 부분은 범죄의 예방을 위한 경찰 행정상 즉시강제, 즉 눈앞의 급박한 경찰상 장해를 제거하여야 할 필요가 있고 의무를 명할 시간적 여유가 없거나 의무를 명하는 방법으로는 그 목적을 달성하기 어려운 상황에서 의무불이행을 전제로 하지 않고 경찰이 직접 실력을 행사하여 경찰상 필요한 상태를 실현하는 **권력적 사실행위에 관한 근거조항**이다.

[3] 피고인들을 포함한 '갑 주식회사 희생자 추모와 해고자 복직을 위한 범국민대책위원회'(이하 '대책위'라 한다)가 덕수궁 대한문 화단 앞 인도(이하 '농성 장소'라 한다)를 불법적으로 점거한 뒤 천막·분향소 등을 설치하고 농성을 계속하다가 관할 구청이 행정대집행으로 농성 장소에 있던 물건을 치웠음에도 대책위 관계자들이 이에 대한 항의의 일환으로 기자회견 명목의 집회를 개최하려고 하자, 출동한 경찰 병력이 농성 장소를 둘러싼 채 대책위 관계자들의 농성 장소 진입을 제지하는 과정에서 피고인들이 경찰관을 밀치는 등으로 공무집행을 방해하였다는 내용으로 기소된 사안에서, 경찰 병력이 행정대집행 직후 대책위가 또다시 같은 장소를 점거하고 물건을 다시 비치하는 것을 막기 위해 농성 장소를 미리 둘러싼 뒤 대책위가 같은 장소에서 기자회견 명목의 집회를 개최하려는 것을 불허하면서 소극적으로 제지한 것은 구 경찰관 직무집행법(2014. 5. 20. 법률 제12600호로 개정되기 전의 것, 이하 같다) 제6조 제1항의 범죄행위 예방을 위한 경찰 행정상 즉시강제로서 적법한 공무집행에 해당하고, 피고인 등 대책위 관계자들이 이와 같이 직무집행 중인 경찰 병력을 밀치는 등 유형력을 행사한 행위는 공무집행방해죄에 해당한다는 이유로, 이와 달리 경찰의 농성 장소에 대한 점거와 대책위의 집회 개최를 제지한 직무집행이 '위법한 공무집행'이라고 본 원심판단에 법리오해의 잘못이 있다고 한 사례이다.

대법원 2016도19417 판결

경찰관 직무집행법 제6조에 따른 경찰관의 제지 조치가 적법한 직무집행으로 평가되기 위해서는, 형사처벌의 대상이 되는 행위가 눈앞에서 막 이루어지려고 하는 것이 객관적으로 인정될 수 있는 상황이고, 그 행위를 당장 제지하지 않으면 곧 인명·신체에 위해를 미치거나 재산에 중대한 손해를 끼칠 우려가 있는 상황이어서, 직접 제지하는 방법 외에는 위와 같은 결과를 막을 수 없는 절박한 사태이어야 한다. 다만 경찰관의 제지 조치가 적법한지는 제지 조치 당시의 구체적 상황을 기초로 판단하여야 하고 사후적으로 순수한 객관적 기준에서 판단할 것은 아니다.

Ⅶ 위험방지를 위한 출입

1. 의의

경찰관이 제5조 제1항·제2항(위험발생의 방지 등) 및 제6조(범죄의 예방과 제지)에
따른 위험한 사태가 발생하여 사람의 생명·신체 또는 재산에 대한 위해가 임박한 때
그 위해를 방지하거나 피해자를 구조하기 위하여 합리적으로 판단하여 필요한 한도에
서 다른 사람의 토지·건물·배 또는 차에 출입하는 것을 말한다. 위험방지를 위한 출
입은 즉시강제 중 대가택적 즉시강제에 해당한다.

제7조(위험 방지를 위한 출입) ① 경찰관은 제5조 제1항·제2항 및 제6조에 따른 위험한 사
태가 발생하여 사람의 생명·신체 또는 재산에 대한 위해가 임박한 때에 그 위해를 방지
하거나 피해자를 구조하기 위하여 부득이하다고 인정하면 합리적으로 판단하여 필요한
한도에서 다른 사람의 토지·건물·배 또는 차에 출입할 수 있다.
② 흥행장, 여관, 음식점, 역, 그 밖에 많은 사람이 출입하는 장소의 관리자나 그에 준하
는 관계인은 경찰관이 범죄나 사람의 생명·신체·재산에 대한 위해를 예방하기 위하여
해당 장소의 영업시간이나 해당 장소가 일반인에게 공개된 시간에 그 장소에 출입하겠다
고 요구하면 정당한 이유 없이 그 요구를 거절할 수 없다.
③ 경찰관은 대간첩 작전 수행에 필요할 때에는 작전지역에서 제2항에 따른 장소를 검색
할 수 있다.
④ 경찰관은 제1항부터 제3항까지의 규정에 따라 필요한 장소에 출입할 때에는 그 신분을 표
시하는 증표를 제시하여야 하며, 함부로 관계인이 하는 정당한 업무를 방해해서는 아니 된다.

2. 출입의 유형

1) 긴급출입(제1항)

경찰관이 제5조 제1항·제2항 및 제6조에 따른 위험한 사태가 발생하여 사람의 생명·신체 또는 재산에 대한 위해가 임박한 때 그 위해를 방지하거나 피해자를 구조하기 위하여 부득이하다고 인정할 때에는 합리적으로 판단하여 필요한 한도 내에서 다른 사람의 토지·건물·배 또는 차에 출입할 수 있다. 출입은 경찰상 즉시강제의 성질을 가지는 공권력의 행사로서, 토지 등의 소유자 기타 관리자는 출입의 요건과 절차를 충족하는 한 출입을 거절할 수 없다.

2) 예방출입(제2항)

흥행장, 여관, 음식점, 역, 그 밖에 많은 사람이 출입하는 장소의 관리자나 그에 준하는 관계인은 경찰관이 범죄나 사람의 생명·신체·재산에 대한 위해를 예방하기 위하여 해당 장소의 영업시간이나 해당 장소가 일반인에게 공개된 시간에 그 장소에 출입하겠다고 요구하면 정당한 이유 없이 그 요구를 거절할 수 없다.

출입의 대상이 되는 장소는 다수인이 출입하는 장소이다. 여기서 '다수인'이란 불특정 다수인을 의미하며, 특정한 다수인이 출입하는 장소(강연장, 친목회, 향우회 등의 집회장소)는 포함하지 않는다.

3) 대간첩작전을 위한 검색(제3항)

경찰관은 대간첩작전 수행에 필요할 때에는 작전지역에서 흥행장, 여관, 음식점, 역, 그 밖에 많은 사람이 출입하는 장소를 검색할 수 있다. 검색을 위해서는 출입이 전제되므로 출입이 포함되는 것이다.

긴급출입	요건	① 위험한 사태가 발생 ② 인명·신체 또는 재산에 대한 위해가 절박한 때 ③ 위해를 방지하거나 피해자를 구조하기 위하여 부득이 하다고 인정할 때 ④ 신분을 표시하는 증표를 제시
	목적	위해방지와 피해자 구조 ☞ 범죄수사를 목적으로 이용될 수는 없음
	장소	타인의 토지·건물·배 또는 차

	시간	주·야간 제한이 없다
	동의	관리자의 동의는 불요
예방출입	요건	① 범죄 또는 생명·신체·재산에 대한 위해예방 ② 신분을 표시하는 증표를 제시
	장소	흥행장·여관·음식점·역 그 밖에 많은 사람이 출입하는 장소
	시간	영업 또는 공개시간에 한한다
	동의	관리자나 그에 준하는 관계인의 동의가 필요하지만, 정당한 이유 없이 그 요구를 거절할 수 없다
대간첩작전 수행에 필요한 장소 검색	목적	① 대간첩작전의 수행 ② 신분을 표시하는 증표를 제시
	장소	흥행장·여관·음식점·역 그 밖에 많은 사람이 출입하는 장소
	시간	주·야간을 불문하며, 원칙적으로 영장도 필요하지 않다
	동의	관리자나 그에 준하는 관계인의 동의 불요

Ⅷ 사실의 조회·확인 및 출석요구

1. 의의

경찰관서의 장은 직무수행에 필요하다고 인정되는 상당한 이유가 있을 때에는 국가기관이나 공사(公社) 단체 등에 직무 수행에 관련된 사실을 조회할 수 있다. 다만, 긴급한 경우에는 소속 경찰관으로 하여금 현장에 나가 해당 기관 또는 단체의 장의 협조를 받아 그 사실을 확인하게 할 수 있다. 이처럼 경찰관직무집행법은 경찰관서의 장에게 직무수행에 관련된 사실의 조회확인권을, 경찰관에게는 관계인의 출석요구권을 부여하고 있는데, 이러한 권한은 공공의 안녕·질서유지를 위한 정보와 자료의 수집을 목적으로 하는 것으로서, 그 행사는 행정경차작용에 속한다. 따라서 형사소송법상 수사목적을 위한 조회(형소법 제199조)나 피의자의 출석요구(동법 제200조)와는 성질을 달리한다.

제8조(사실의 확인 등) ① 경찰관서의 장은 직무 수행에 필요하다고 인정되는 상당한 이유가 있을 때에는 국가기관이나 공사(公社) 단체 등에 직무 수행에 관련된 사실을 조회할 수 있다. 다만, 긴급한 경우에는 소속 경찰관으로 하여금 현장에 나가 해당 기관 또는 단체의 장의 협조를 받아 그 사실을 확인하게 할 수 있다.

② 경찰관은 다음 각 호의 직무를 수행하기 위하여 필요하면 관계인에게 출석하여야 하는 사유·일시 및 장소를 명확히 적은 출석 요구서를 보내 경찰관서에 출석할 것을 요구할 수 있다.
1. 미아를 인수할 보호자 확인
2. 유실물을 인수할 권리자 확인
3. 사고로 인한 사상자 확인
4. 행정처분을 위한 교통사고 조사에 필요한 사실 확인

2. 주체

경찰관직무집행법은 경찰관을 주체로 규정하는 경우가 대부분이지만, 사실조회 및 직접확인의 주체는 경찰관서의 장이다. 경찰관서의 장은 일반적으로 경찰행정청을 의미하지만, 경찰관직무집행법은 경찰서·지구대·파출소 또는 출장소도 경찰관서에 포함시키고 있으므로(동법 제3조 제2항), 여기서 경찰관서의 장은 경찰서장·지구대장·파출소장 또는 출장소장도 포함된다.

3. 출석요구

출석요구(교통사고 조사에 필요한 사실 확인 등)는 행정법상의 책임(운전면허의 취소·정지, 범칙금 등)을 위한 것이므로, 형사책임을 규명하기 위한 경우에는 형사소송법이 정한 절차에 따라 출석을 요구해야 한다. 다만, 출석요구는 임의적 사실행위이므로 출석을 강제할 수단은 없으며, 따라서 출석요구 역시 경찰조사를 위한 비권력적 사실행위의 성질을 가진다.

출석요구	출석요구에 해당하지 않는 사유
① 미아를 인수할 보호자 확인 ② 유실물을 인수할 권리자 확인 ③ 사고로 인한 사상자 확인 ④ 행정처분을 위한 교통사고 조사에 필요한 사실 확인	① 형사책임을 규명하기 위한 조사 ② 범죄피해내용 확인 ③ 교통사고시 가해자와 피해자의 합의를 위한 종용 ④ 고소사건처리를 위한 사실의 확인

Ⅸ 경찰장비의 사용 등 〔24년 1차〕

1. 경찰장비의 사용

경찰관은 직무수행 중 경찰장비를 사용할 수 있다. 다만, 사람의 생명이나 신체에 위해를 끼칠 수 있는 경찰장비를 사용할 때에는 필요한 안전교육과 안전검사를 받아야 한다.

경찰장비 중 경찰장구와 분사기·최루탄 및 무기의 사용요건에 관해서는 별개의 조문에서 규정하고 있으며, 모두 경찰상 즉시강제의 성질을 가진다. 특히 위해성 경찰장비의 종류 및 그 사용기준, 안전교육·안전검사의 기준 등은 대통령령(위해성 경찰장비의 사용기준 등에 관한 규칙)으로 정한다.

> 제10조(경찰장비의 사용 등) ① 경찰관은 직무수행 중 경찰장비를 사용할 수 있다. 다만, 사람의 생명이나 신체에 위해를 끼칠 수 있는 경찰장비(이하 이 조에서 "위해성 경찰장비"라 한다)를 사용할 때에는 필요한 안전교육과 안전검사를 받은 후 사용하여야 한다.
> ② 제1항 본문에서 "경찰장비"란 무기, 경찰장구, 경찰착용기록장치, 최루제와 그 발사장치, 살수차, 감식기구, 해안 감시기구, 통신기기, 차량·선박·항공기 등 경찰이 직무를 수행할 때 필요한 장치와 기구를 말한다.
> ③ 경찰관은 경찰장비를 함부로 개조하거나 경찰장비에 임의의 장비를 부착하여 일반적인 사용법과 달리 사용함으로써 다른 사람의 생명·신체에 위해를 끼쳐서는 아니 된다.
> ④ 위해성 경찰장비는 필요한 최소한도에서 사용하여야 한다.
> ⑤ 경찰청장은 위해성 경찰장비를 새로 도입하려는 경우에는 대통령령으로 정하는 바에 따라 안전성 검사를 실시하여 그 안전성 검사의 결과보고서를 국회 소관 상임위원회에 제출하여야 한다. 이 경우 안전성 검사에는 외부 전문가를 참여시켜야 한다.
> ⑥ 위해성 경찰장비의 종류 및 그 사용기준, 안전교육·안전검사의 기준 등은 대통령령으로 정한다.

■ 참조 판례

> 대법원 2016다26662, 26679, 26686 판결
> 경찰관의 직무수행 및 경찰장비의 사용과 관련한 재량의 범위 및 한계를 고려해 보면, 불법적인 농성을 진압하는 방법 및 그 과정에서 어떤 경찰장비를 사용할 것인지는 구체적 상황과 예측되는 피해 발생의 구체적 위험성의 내용 등에 비추어 경찰관이 재량의 범위 내에서 정할 수 있다. 그러나 그 직무수행 중 특정한 경찰장비를 필요한 최소한의 범위를 넘어 관계 법령에서 정한 통상의 용법과 달리 사용함으로

써 타인의 생명·신체에 위해를 가하였다면, 불법적인 농성의 진압을 위하여 그러한 방법으로라도 해당 경찰장비를 사용할 필요가 있고 그로 인하여 발생할 우려가 있는 타인의 생명·신체에 대한 위해의 정도가 통상적으로 예견되는 범위 내에 있다는 등의 특별한 사정이 없는 한 그 직무수행은 위법하다고 보아야 한다. 나아가 경찰관이 농성 진압의 과정에서 경찰장비를 위법하게 사용함으로써 그 직무수행이 적법한 범위를 벗어난 것으로 볼 수밖에 없다면, 상대방이 그로 인한 생명·신체에 대한 위해를 면하기 위하여 직접적으로 대항하는 과정에서 경찰장비를 손상시켰더라도 이는 위법한 공무집행으로 인한 신체에 대한 현재의 부당한 침해에서 벗어나기 위한 행위로서 정당방위에 해당한다.

■ 참조 규정

위해성 경찰장비의 사용기준 등에 관한 규정

제1조(목적) 이 영은 「경찰관 직무집행법」 제10조에 따라 경찰공무원이 직무를 수행할 때 사용할 수 있는 사람의 생명이나 신체에 위해를 끼칠 수 있는 경찰장비의 종류·사용기준 및 안전관리 등에 관한 사항을 규정함을 목적으로 한다.

제2조(위해성 경찰장비의 종류) 「경찰관 직무집행법」(이하 "법"이라 한다) 제10조제1항 단서에 따른 사람의 생명이나 신체에 위해를 끼칠 수 있는 경찰장비(이하 "위해성 경찰장비"라 한다)의 종류는 다음 각 호와 같다.

1. 경찰장구 : 수갑·포승(捕繩)·호송용포승·경찰봉·호신용경봉·전자충격기·방패 및 전자방패
2. 무기 22년 1차 : 권총·소총·기관총(기관단총을 포함한다. 이하 같다)·산탄총·유탄발사기·박격포·3인치포·함포·크레모아·수류탄·폭약류 및 도검
3. 분사기·최루탄등 : 근접분사기·가스분사기·가스발사총(고무탄 발사겸용을 포함한다. 이하 같다) 및 최루탄(그 발사장치를 포함한다. 이하 같다)
4. 기타장비 : 가스차·살수차·특수진압차·물포·석궁·다목적발사기 및 도주차량차단장비

제4조(영장집행등에 따른 수갑등의 사용기준) 경찰관(경찰공무원으로 한정한다. 이하 같다)은 체포·구속영장을 집행하거나 신체의 자유를 제한하는 판결 또는 처분을 받은 자를 법률이 정한 절차에 따라 호송하거나 수용하기 위하여 필요한 때에는 최소한의 범위안에서 수갑·포승 또는 호송용포승을 사용할 수 있다.

제5조(자살방지등을 위한 수갑등의 사용기준 및 사용보고) 경찰관은 범인·술에 취한 사람 또는 정신착란자의 자살 또는 자해기도를 방지하기 위하여 필요한 때에는 수갑·포승 또는 호송용포승을 사용할 수 있다. 이 경우 경찰관은 소속 국가경찰관서의 장(경찰청장·해양경찰청장·시도경찰청장·지방해양경찰청장·경찰서장 또는 해양경찰서장 기타 경무관·총경·경정 또는 경감을 장으로 하는 국가경찰관서의 장을 말한다. 이하 같다)에게 그 사실을 보고해야 한다.

제6조(불법집회등에서의 경찰봉·호신용경봉의 사용기준) 경찰관은 불법집회·시위로 인하여 발생할 수 있는 타인 또는 경찰관의 생명·신체의 위해와 재산·공공시설의 위험

을 방지하기 위하여 필요한 때에는 최소한의 범위 안에서 경찰봉 또는 호신용경봉을 사용할 수 있다.

제7조(경찰봉·호신용경봉의 사용시 주의사항) 경찰관이 경찰봉 또는 호신용경봉을 사용하는 때에는 인명 또는 신체에 대한 위해를 최소화하도록 주의하여야 한다.

제8조(전자충격기등의 사용제한) ① 경찰관은 14세 미만의 자 [22년 1차] 또는 임산부에 대하여 전자충격기 또는 전자방패를 사용하여서는 아니된다.

② 경찰관은 전극침(電極針) 발사장치가 있는 전자충격기를 사용하는 경우 상대방의 얼굴을 향하여 전극침을 발사하여서는 아니된다.

제9조(총기사용의 경고) 경찰관은 법 제10조의4에 따라 사람을 향하여 권총 또는 소총을 발사하고자 하는 때에는 미리 구두 또는 공포탄에 의한 사격으로 상대방에게 경고하여야 한다. 다만, 다음 각 호의 어느 하나에 해당하는 경우로서 부득이한 때에는 경고하지 아니할 수 있다.

1. 경찰관을 급습하거나 타인의 생명·신체에 대한 중대한 위험을 야기하는 범행이 목전에 실행되고 있는 등 상황이 급박하여 특히 경고할 시간적 여유가 없는 경우
2. 인질·간첩 또는 테러사건에 있어서 은밀히 작전을 수행하는 경우

제10조(권총 또는 소총의 사용제한) ① 경찰관은 법 제10조의4의 규정에 의하여 권총 또는 소총을 사용하는 경우에 있어서 범죄와 무관한 다중의 생명·신체에 위해를 가할 우려가 있는 때에는 이를 사용하여서는 아니된다. 다만, 권총 또는 소총을 사용하지 아니하고는 타인 또는 경찰관의 생명·신체에 대한 중대한 위험을 방지할 수 없다고 인정되는 때에는 필요한 최소한의 범위안에서 이를 사용할 수 있다.

② 경찰관은 총기 또는 폭발물을 가지고 대항하는 경우를 제외하고는 14세미만의 자 또는 임산부에 대하여 권총 또는 소총을 발사하여서는 아니된다.

제11조(동물의 사살) 경찰관은 공공의 안전을 위협하는 동물을 사살하기 위하여 부득이한 때에는 권총 또는 소총을 사용할 수 있다.

제12조(가스발사총등의 사용제한) ① 경찰관은 범인의 체포 또는 도주방지, 타인 또는 경찰관의 생명·신체에 대한 방호, 공무집행에 대한 항거의 억제를 위하여 필요한 때에는 최소한의 범위안에서 가스발사총을 사용할 수 있다. 이 경우 경찰관은 1미터 이내의 거리에서 상대방의 얼굴을 향하여 이를 발사하여서는 아니된다.

② 경찰관은 최루탄발사기로 최루탄을 발사하는 경우 30도이상의 발사각을 유지하여야 하고, 가스차·살수차 또는 특수진압차의 최루탄발사대로 최루탄을 발사하는 경우에는 15도이상의 발사각을 유지하여야 한다.

제13조(가스차·특수진압차·물포의 사용기준) ① 경찰관은 불법집회·시위 또는 소요사태로 인하여 발생할 수 있는 타인 또는 경찰관의 생명·신체의 위해와 재산·공공시설의 위험을 억제하기 위하여 부득이한 경우에는 현장책임자의 판단에 의하여 필요한 최소한의 범위에서 가스차를 사용할 수 있다.

② 경찰관은 소요사태의 진압, 대간첩·대테러작전의 수행을 위하여 부득이한 경우에는 필요한 최소한의 범위안에서 특수진압차를 사용할 수 있다.

③ 경찰관은 불법해상시위를 해산시키거나 선박운항정지(정선)명령에 불응하고 도

주하는 선박을 정지시키기 위하여 부득이한 경우에는 현장책임자의 판단에 의하여 필요한 최소한의 범위안에서 경비함정의 물포를 사용할 수 있다. 다만, 사람을 향하여 직접 물포를 발사해서는 안 된다.

제13조의2(살수차의 사용기준) ① 경찰관은 다음 각 호의 어느 하나에 해당하여 살수차 외의 경찰장비로는 그 위험을 제거·완화시키는 것이 현저히 곤란한 경우에는 시도경찰청장의 명령에 따라 살수차를 배치·사용할 수 있다.

1. 소요사태로 인해 타인의 법익이나 공공의 안녕질서에 대한 직접적인 위험이 명백하게 초래되는 경우
2. 「통합방위법」 제21조제4항에 따라 지정된 국가중요시설에 대한 직접적인 공격행위로 인해 해당 시설이 파괴되거나 기능이 정지되는 등 급박한 위험이 발생하는 경우

② 경찰관은 제1항에 따라 살수차를 사용하는 경우 별표 3의 살수거리별 수압기준에 따라 살수해야 한다. 이 경우 사람의 생명 또는 신체에 치명적인 위해를 가하지 않도록 필요한 최소한의 범위에서 살수해야 한다.

③ 경찰관은 제2항에 따라 살수하는 것으로 제1항 각 호의 어느 하나에 해당하는 위험을 제거·완화시키는 것이 곤란하다고 판단하는 경우에는 시도경찰청장의 명령에 따라 필요한 최소한의 범위에서 최루액을 혼합하여 살수할 수 있다. 이 경우 최루액의 혼합 살수 절차 및 방법은 경찰청장이 정한다.

제14조(석궁의 사용기준) 경찰관은 총기·폭발물 기타 위험물로 무장한 범인 또는 인질범의 체포, 대간첩·대테러작전등 국가안전에 관련되는 작전을 은밀히 수행하거나 총기를 사용할 경우에는 화재·폭발의 위험이 있는 등 부득이한 때에 한하여 현장책임자의 판단에 의하여 필요한 최소한의 범위안에서 석궁을 사용할 수 있다.

제15조(다목적발사기의 사용기준) 경찰관은 인질범의 체포 또는 대간첩·대테러작전등 국가안전에 관련되는 작전을 수행하거나 공공시설의 안전에 대한 현저한 위해의 발생을 방지하기 위하여 필요한 때에는 최소한의 범위안에서 다목적발사기를 사용할 수 있다.

제17조(위해성 경찰장비 사용을 위한 안전교육) 법 제10조제1항 단서에 따라 직무수행 중 위해성 경찰장비를 사용하는 경찰관은 별표 1의 기준에 따라 위해성 경찰장비 사용을 위한 안전교육을 받아야 한다.

제18조(위해성 경찰장비에 대한 안전검사) 위해성 경찰장비를 사용하는 경찰관이 소속한 국가경찰관서의 장은 소속 경찰관이 사용할 위해성 경찰장비에 대한 안전검사를 별표 2의 기준에 따라 실시하여야 한다.

제18조의2(신규 도입 장비의 안전성 검사) ① 경찰청장은 위해성 경찰장비를 새로 도입하려는 경우에는 법 제10조제5항에 따라 안전성 검사를 실시하여 새로 도입하려는 장비(이하 이 조에서 "신규 도입 장비"라 한다)가 사람의 생명이나 신체에 미치는 영향을 평가하여야 한다.

② 제1항에 따른 안전성 검사는 신규 도입 장비와 관련된 분야의 외부 전문가가 신규 도입 장비의 주요 특성이나 작동원리에 기초하여 제시하는 검사방법 및 기준에

따라 실시하되, 신규 도입 장비에 대하여 일반적으로 인정되는 합리적인 검사방법이나 기준이 있을 경우 그 검사방법이나 기준에 따라 안전성 검사를 실시할 수 있다.

③ 법 제10조제5항 후단에 따라 안전성 검사에 참여한 외부 전문가는 안전성 검사가 끝난 후 30일 이내에 신규 도입 장비의 안전성 여부에 대한 의견을 경찰청장에게 제출하여야 한다.

④ 경찰청장은 신규 도입 장비에 대한 안전성 검사를 실시한 후 3개월 이내에 다음 각 호의 내용이 포함된 안전성 검사 결과보고서를 국회 소관 상임위원회에 제출하여야 한다.

1. 신규 도입 장비의 주요 특성 및 기본적인 작동 원리
2. 안전성 검사의 방법 및 기준
3. 안전성 검사에 참여한 외부 전문가의 의견
4. 안전성 검사 결과 및 종합 의견

제19조(위해성 경찰장비의 개조 등) 국가경찰관서의 장은 폐기대상인 위해성 경찰장비 또는 성능이 저하된 위해성 경찰장비를 개조할 수 있으며, 소속경찰관으로 하여금 이를 본래의 용법에 준하여 사용하게 할 수 있다.

제20조(사용기록의 보관 등) ① 제2조 제2호부터 제4호까지의 위해성 경찰장비(제4호의 경우에는 살수차만 해당한다)를 사용하는 경우 그 현장책임자 또는 사용자는 별지 서식의 사용보고서를 작성하여 직근상급 감독자에게 보고하고, 직근상급 감독자는 이를 3년간 보관하여야 한다.

② 제1항의 규정에 의하여 제2조제2호의 무기 사용보고를 받은 직근상급 감독자는 지체없이 지휘계통을 거쳐 경찰청장 또는 해양경찰청장에게 보고하여야 한다.

제21조(부상자에대한 긴급조치) 경찰관이 위해성 경찰장비를 사용하여 부상자가 발생한 경우에는 즉시 구호, 그 밖에 필요한 긴급조치를 하여야 한다.

2. 경찰장구의 사용

경찰장구란 경찰관이 휴대하여 범인 검거와 범죄 진압 등의 직무 수행에 사용하는 수갑, 포승, 경찰봉, 방패 등을 말한다. 그밖에 호승용 포승, 호신용경봉, 전자충격기, 전자방패 등이 있다.

제10조의2(경찰장구의 사용) ① 경찰관은 다음 각 호의 직무를 수행하기 위하여 필요하다고 인정되는 상당한 이유가 있을 때에는 그 사태를 합리적으로 판단하여 필요한 한도에서 경찰장구를 사용할 수 있다.

1. 현행범이나 사형·무기 또는 장기 3년 이상의 징역이나 금고에 해당하는 죄를 범한 범인의 체포 또는 도주 방지
2. 자신이나 다른 사람의 생명·신체의 방어 및 보호
3. 공무집행에 대한 항거 제지

② 제1항에서 "경찰장구"란 경찰관이 휴대하여 범인 검거와 범죄 진압 등의 직무 수행에 사용하는 수갑, 포승, 경찰봉, 방패 등을 말한다.

3. 분사기 등의 사용

범인의 체포 또는 범인의 도주 방지나 불법집회·시위로 인한 자신이나 다른 사람의 생명·신체와 재산 및 공공시설 안전에 대한 현저한 위해의 발생을 억제하기 위하여 부득이한 경우 현장책임자가 판단하여 필요한 최소한의 범위에서 분사기 또는 최루탄을 사용하는 것을 말한다.

제10조의3(분사기 등의 사용) 경찰관은 다음 각 호의 직무를 수행하기 위하여 부득이한 경우에는 현장책임자가 판단하여 필요한 최소한의 범위에서 분사기(「총포·도검·화약류 등의 안전관리에 관한 법률」에 따른 분사기를 말하며, 그에 사용하는 최루 등의 작용제를 포함한다. 이하 같다) 또는 최루탄을 사용할 수 있다.
1. 범인의 체포 또는 범인의 도주 방지
2. 불법집회·시위로 인한 자신이나 다른 사람의 생명·신체와 재산 및 공공시설 안전에 대한 현저한 위해의 발생 억제

☞ 해당 경찰관이 아닌 현장책임자가 판단하여 필요한 최소한의 범위에서 사용한다는 점 주의!

다만, 가스발사총과 최루탄의 사용은 일정한 제한을 받는다.

가스발사총	경찰관은 1미터이내의 거리에서 상대방의 얼굴을 향하여 이를 발사하여서는 아니 된다.
최루탄	경찰관은 최루탄발사기로 최루탄을 발사하는 경우 30도이상의 발사각을 유지하여야 하고, 가스차·살수차 또는 특수진압차의 최루탄발사대로 최루탄을 발사하는 경우에는 15도이상의 발사각을 유지하여야 한다.

4. 무기의 사용

1) 무기의 휴대 및 사용

경찰공무원은 직무 수행을 위하여 필요하면 무기를 휴대할 수 있다(경찰공무원법 제26조 제2항). 그리고 경찰관은 범인의 체포, 범인의 도주 방지, 자신이나 다른 사람의 생명·신체의 방어 및 보호, 공무집행에 대한 항거의 제지를 위하여 필요하다고 인정

되는 상당한 이유가 있을 때에는 그 사태를 합리적으로 판단하여 필요한 한도에서 무기를 사용할 수 있다.

2) 위해를 수반하지 않는 무기 사용

① 범인의 체포 또는 범인의 도주 방지
② 자기 또는 타인의 생명·신체에 대한 방호
③ 공무집행에 대한 항거의 억제

3) 위해를 수반해서 무기를 사용하는 경우

① 「형법」에 규정된 정당방위와 긴급피난에 해당할 때
② 사형·무기 또는 장기 3년 이상의 징역이나 금고에 해당하는 죄를 범하거나 범하였다고 의심할 만한 충분한 이유가 있는 사람이 경찰관의 직무집행에 항거하거나 도주하려고 할 때
③ 체포·구속영장과 압수·수색영장을 집행하는 과정에서 경찰관의 직무집행에 항거하거나 도주하려고 할 때
④ 제3자가 사형·무기 또는 장기 3년 이상의 징역이나 금고에 해당하는 죄를 범하거나 범하였다고 의심할 만한 충분한 이유가 있는 사람(②)이나 체포·구속영장과 압수·수색영장을 집행하는 과정에서 경찰관의 직무집행에 항거하거나 도주하려는 사람(③)을 도주시키려고 경찰관에게 항거할 때
⑤ 범인이나 소요를 일으킨 사람이 무기·흉기 등 위험한 물건을 지니고 경찰관으로부터 3회 이상 물건을 버리라는 명령이나 항복하라는 명령을 받고도 따르지 아니하면서 계속 항거할 때
⑥ 대간첩 작전 수행 과정에서 무장간첩이 항복하라는 경찰관의 명령을 받고도 따르지 아니할 때

4) 공용화기의 사용

대간첩·대테러 작전 등 국가안전에 관련되는 작전을 수행할 때에는 개인화기 외에 공용화기를 사용할 수 있다.

제10조의4(무기의 사용) ① 경찰관은 범인의 체포, 범인의 도주 방지, 자신이나 다른 사람의 생명·신체의 방어 및 보호, 공무집행에 대한 항거의 제지를 위하여 필요하다고 인정되는 상당한 이유가 있을 때에는 그 사태를 합리적으로 판단하여 필요한 한도에서 무기를 사용할 수 있다. 다만, 다음 각 호의 어느 하나에 해당할 때를 제외하고는 사람에게 위해를 끼쳐서는 아니 된다.

1. 「형법」에 규정된 **정당방위**와 **긴급피난**에 해당할 때
2. 다음 각 목의 어느 하나에 해당하는 때에 그 행위를 방지하거나 그 행위자를 체포하기 위하여 무기를 사용하지 아니하고는 다른 수단이 없다고 인정되는 상당한 이유가 있을 때
   가. 사형·무기 또는 장기 3년 이상의 징역이나 금고에 해당하는 죄를 범하거나 범하였다고 의심할 만한 충분한 이유가 있는 사람이 경찰관의 직무집행에 항거하거나 도주하려고 할 때
   나. 체포·구속영장과 압수·수색영장을 집행하는 과정에서 경찰관의 직무집행에 항거하거나 도주하려고 할 때
   다. 제3자가 가목 또는 나목에 해당하는 사람을 도주시키려고 경찰관에게 항거할 때
   라. 범인이나 소요를 일으킨 사람이 무기·흉기 등 위험한 물건을 지니고 경찰관으로부터 3회 이상 물건을 버리라는 명령이나 항복하라는 명령을 받고도 따르지 아니하면서 계속 항거할 때
3. 대간첩 작전 수행 과정에서 무장간첩이 항복하라는 경찰관의 명령을 받고도 따르지 아니할 때
② 제1항에서 "무기"란 사람의 생명이나 신체에 위해를 끼칠 수 있도록 제작된 **권총·소총·도검** 등을 말한다.
③ 대간첩·대테러 작전 등 국가안전에 관련되는 작전을 수행할 때에는 개인화기 외에 공용화기를 사용할 수 있다.

☞ 형법에 규정된 정당방위와 긴급피난에 해당할 때이므로 정당행위나 자구행위는 불포함.

5) 경찰장구, 분사기 및 최류탄, 무기 사용의 요건 비교

경찰장구	분사기 및 최류탄	무기
① 현행범이나 사형·무기 또는 장기 3년 이상의 징역이나 금고에 해당하는 죄를 범한 범인의 체포 또는 도주 방지 ② 자신이나 다른 사람의 생명·신체의 방어 및 보호 ③ 공무집행에 대한 항거 제지	① 범인의 체포 또는 범인의 도주 방지 ② 불법집회·시위로 인한 자신이나 다른 사람의 생명·신체와 재산 및 공공시설 안전에 대한 현저한 위해의 발생 억제 ☞ 공무집행에 대한 항거 제지를 위해 분사기 및 최류탄 사용 X	① 범인의 체포, 범인의 도주 방지 ② 자신이나 다른 사람의 생명·신체의 방어 및 보호 ③ 공무집행에 대한 항거 제지

5. 경찰착용기록장치의 사용

경찰착용기록장치란 경찰관이 신체에 착용 또는 휴대하여 직무수행 과정을 근거리에서 영상·음성으로 기록할 수 있는 기록장치 또는 그 밖에 이와 유사한 기능을 갖춘 기계장치를 말한다.

제10조의5(경찰착용기록장치의 사용) ① 경찰관은 다음 각 호의 어느 하나에 해당하는 직무수행을 위하여 필요한 경우에는 필요한 최소한의 범위에서 경찰착용기록장치를 사용할 수 있다.
1. 경찰관이 「형사소송법」 제200조의2, 제200조의3, 제201조 또는 제212조에 따라 피의자를 체포 또는 구속하는 경우
2. 범죄 수사를 위하여 필요한 경우로서 다음 각 목의 요건을 모두 갖춘 경우
   가. 범행 중이거나 범행 직전 또는 직후일 것
   나. 증거보전의 필요성 및 긴급성이 있을 것
3. 제5조제1항에 따른 인공구조물의 파손이나 붕괴 등의 위험한 사태가 발생한 경우
4. 경찰착용기록장치에 기록되는 대상자(이하 이 조에서 "기록대상자"라 한다)로부터 그 기록의 요청 또는 동의를 받은 경우
5. 제4조제1항 각 호에 해당하는 것이 명백하고 응급구호가 필요하다고 믿을 만한 상당한 이유가 있는 경우
6. 제6조에 따라 사람의 생명·신체에 위해를 끼치거나 재산에 중대한 손해를 끼칠 우려가 있는 범죄행위를 긴급하게 예방 및 제지하는 경우
7. 경찰관이 「해양경비법」 제12조 또는 제13조에 따라 해상검문검색 또는 추적·나포하는 경우
8. 경찰관이 「수상에서의 수색·구조 등에 관한 법률」에 따라 같은 법 제2조제4호의 수난구호 업무 시 수색 또는 구조를 하는 경우
9. 그 밖에 제1호부터 제8호까지에 준하는 경우로서 대통령령으로 정하는 경우

제10조의6(경찰착용기록장치의 사용 고지 등) ① 경찰관이 경찰착용기록장치를 사용하여 기록하는 경우로서 이동형 영상정보처리기기로 사람 또는 그 사람과 관련된 사물의 영상을 촬영하는 때에는 불빛, 소리, 안내판 등 대통령령으로 정하는 바에 따라 촬영 사실을 표시하고 알려야 한다.
② 제1항에도 불구하고 제10조의5제1항 각 호에 따른 경우로서 불가피하게 고지가 곤란한 경우에는 제3항에 따라 영상음성기록을 전송·저장하는 때에 그 고지를 못한 사유를 기록하는 것으로 대체할 수 있다.
③ 경찰착용기록장치로 기록을 마친 영상음성기록은 지체 없이 제10조의7에 따른 영상음성기록정보 관리체계를 이용하여 영상음성기록정보 데이터베이스에 전송·저장하도록 하여야 하며, 영상음성기록을 임의로 편집·복사하거나 삭제하여서는 아니 된다.
④ 그 밖에 경찰착용기록장치의 사용기준 및 관리 등에 필요한 사항은 대통령령으로 정한다.

제10조의7(영상음성기록정보 관리체계의 구축·운영) 경찰청장 및 해양경찰청장은 경찰착용
기록장치로 기록한 영상·음성을 저장하고 데이터베이스로 관리하는 영상음성기록정보
관리체계를 구축·운영하여야 한다.

6. 사용기록 보관

제11조(사용기록의 보관) 제10조 제2항에 따른 살수차, 제10조의3에 따른 분사기, 최루탄
또는 제10조의4에 따른 무기를 사용하는 경우 그 책임자는 사용 일시·장소·대상, 현장
책임자, 종류, 수량 등을 기록하여 보관하여야 한다.

X 손실보상 23년 2차

1. 의의

헌법 제23조 제1항에서는 '재산권을 보장'하고 있다. 그러면서도 헌법 제23조 제2
항에서는 재산권이라도 사회적인 제약이 있어서 공공복리에 적합하게 행사하여야 한
다고 규정한다. 따라서 이러한 경우에는 재산권의 제약에 대하여 손실이 나더라도 보
상이 되지 않는다. 이러한 성질을 '재산권행사의 사회적 제약성'이라고 한다.

그러나 헌법 제23조 제3항에서는 공공의 필요에 의하여 재산권을 침해('공용침해'
라 함)하더라도 수용(완전한 소유권 박탈), 사용(일정 시간 동안 공용으로 강제사용), 제한(일
정 범위에 대하여 공용으로 강제 제한) 등의 공용침해 형태와 정도에 대하여는 반드시 법
률로 근거를 두고(법률유보) 그 법률이나 다른 법률에서 보상규정도 함께 입법되어야
하도록 규정한다. 이처럼 그 법률에서 공용침해 근거 규정과 금전보상 규정도 함께
두어야 한다고 보는 입장이 있는데, 이를 '불가분조항긍정설'이라고 한다.

이와 달리 공용침해 근거 규정과 보상에 대한 규정은 별도의 법률에서 각각 둘
수 있다는 입장이 있는데. 이를 '불가분조항부정설'이라고 한다. 이 입장에서는 금전보
상에 국한하지 않고 토지매수청구제도 등 충분한 보상을 줄 수 있는 것이라면 다른
형태의 보상도 인정한다.

경찰관직무집행법 제11조의2(손실보상) ① 국가는 경찰관의 적법한 직무집행으로 인하여 다음 각 호의 어느 하나에 해당하는 손실을 입은 자에 대하여 정당한 보상을 하여야 한다.
1. 손실발생의 원인에 대하여 책임이 없는 자가 생명·신체 또는 재산상의 손실을 입은 경우(손실발생의 원인에 대하여 책임이 없는 자가 경찰관의 직무집행에 자발적으로 협조하거나 물건을 제공하여 생명·신체 또는 재산상의 손실을 입은 경우를 포함한다)
2. 손실발생의 원인에 대하여 책임이 있는 자가 자신의 책임에 상응하는 정도를 초과하는 생명·신체 또는 재산상의 손실을 입은 경우
② 제1항에 따른 보상을 청구할 수 있는 권리는 손실이 있음을 안 날부터 **3년**, 손실이 발생한 날부터 5년간 행사하지 아니하면 시효의 완성으로 소멸한다. 24년 1차
③ 제1항에 따른 손실보상신청 사건을 심의하기 위하여 손실보상심의위원회를 둔다.
④ 경찰청장, 해양경찰청장, 시도경찰청장 또는 지방해양경찰청장은 제3항의 손실보상심의위원회의 심의·의결에 따라 보상금을 지급하고, 거짓 또는 부정한 방법으로 보상금을 받은 사람에 대하여는 해당 보상금을 환수하여야 한다.
⑤ 보상금이 지급된 경우 손실보상심의위원회는 대통령령으로 정하는 바에 따라 국가경찰위원회 또는 해양경찰위원회에 심사자료와 결과를 보고하여야 한다. 이 경우 국가경찰위원회 또는 해양경찰위원회는 손실보상의 적법성 및 적정성 확인을 위하여 필요한 자료의 제출을 요구할 수 있다.
⑥ 경찰청장, 해양경찰청장, 시도경찰청장 또는 지방해양경찰청장은 제4항에 따라 보상금을 반환하여야 할 사람이 대통령령으로 정한 기한까지 그 금액을 납부하지 아니한 때에는 국세강제징수의 예에 따라 징수할 수 있다.
⑦ 제1항에 따른 손실보상의 기준, 보상금액, 지급 절차 및 방법, 제3항에 따른 손실보상심의위원회의 구성 및 운영, 제4항 및 제6항에 따른 환수절차, 그 밖에 손실보상에 관하여 필요한 사항은 **대통령령**으로 정한다.

2. 손실보상의 기준 및 보상금액

경찰관직무집행법 시행령 제9조(손실보상의 기준 및 보상금액 등) ① 법 제11조의2제1항에 따라 손실보상을 할 때 물건을 멸실·훼손한 경우에는 다음 각 호의 기준에 따라 보상한다.
1. 손실을 입은 물건을 수리할 수 있는 경우: 수리비에 상당하는 금액
2. 손실을 입은 물건을 수리할 수 없는 경우: 손실을 입은 당시의 해당 물건의 교환가액
3. 영업자가 손실을 입은 물건의 수리나 교환으로 인하여 영업을 계속할 수 없는 경우: 영업을 계속할 수 없는 기간 중 영업상 이익에 상당하는 금액
② 물건의 멸실·훼손으로 인한 손실 외의 재산상 손실에 대해서는 직무집행과 상당한 인과관계가 있는 범위에서 보상한다.
③ 법 제11조의2제1항에 따라 손실보상을 할 때 생명·신체상의 손실의 경우에는 별표의 기준에 따라 보상한다.

④ 법 제11조의2제1항에 따라 보상금을 지급받을 사람이 동일한 원인으로 다른 법령에 따라 보상금 등을 지급받은 경우 그 보상금 등에 상당하는 금액을 제외하고 보상금을 지급한다.

3. 손실보상의 지급절차 및 방법

경찰관 직무집행법 시행령 제10조(손실보상의 지급절차 및 방법) ① 법 제11조의2에 따라 경찰관의 적법한 직무집행으로 인하여 발생한 손실을 보상받으려는 사람은 별지 제4호서식의 보상금 지급 청구서에 손실내용과 손실금액을 증명할 수 있는 서류를 첨부하여 손실보상청구 사건 발생지를 관할하는 국가경찰관서의 장에게 제출하여야 한다.
② 제1항에 따라 보상금 지급 청구서를 받은 국가경찰관서의 장은 해당 청구서를 제11조제1항에 따른 손실보상청구 사건을 심의할 손실보상심의위원회가 설치된 경찰청, 해양경찰청, 시·도경찰청 및 지방해양경찰청의 장(이하 "경찰청장등"이라 한다)에게 보내야 한다.
③ 제2항에 따라 보상금 지급 청구서를 받은 경찰청장등은 손실보상심의위원회의 심의·의결에 따라 보상 여부 및 보상금액을 결정하되, 다음 각 호의 어느 하나에 해당하는 경우에는 그 청구를 각하하는 결정을 하여야 한다. 22년 1차
1. 청구인이 같은 청구 원인으로 보상신청을 하여 보상금 지급 여부에 대하여 결정을 받은 경우. 다만, 기각 결정을 받은 청구인이 손실을 증명할 수 있는 새로운 증거가 발견되었음을 소명하는 경우는 제외한다.
2. 손실보상 청구가 요건과 절차를 갖추지 못한 경우. 다만, 그 잘못된 부분을 시정할 수 있는 경우는 제외한다.
④ 경찰청장등은 제3항에 따른 결정일부터 **10일** 이내에 다음 각 호의 구분에 따른 통지서에 결정 내용을 적어서 청구인에게 통지하여야 한다.
1. 보상금을 지급하기로 결정한 경우: 별지 제5호서식의 보상금 지급 청구 승인 통지서
2. 보상금 지급 청구를 각하하거나 보상금을 지급하지 아니하기로 결정한 경우: 별지 제6호서식의 보상금 지급 청구 기각·각하 통지서
⑤ 보상금은 다른 법률에 특별한 규정이 있는 경우를 제외하고는 현금으로 지급하여야 한다.
⑥ 보상금은 일시불로 지급하되, 예산 부족 등의 사유로 일시금으로 지급할 수 없는 특별한 사정이 있는 경우에는 청구인의 동의를 받아 분할하여 지급할 수 있다.
⑦ 보상금을 지급받은 사람은 보상금을 지급받은 원인과 동일한 원인으로 인한 부상이 악화되거나 새로 발견되어 다음 각 호의 어느 하나에 해당하는 경우에는 보상금의 추가 지급을 청구할 수 있다. 이 경우 보상금 지급 청구, 보상금액 결정, 보상금 지급 결정에 대한 통지, 보상금 지급 방법 등에 관하여는 제1항부터 제6항까지의 규정을 준용한다.
1. 별표 제2호에 따른 부상등급이 변경된 경우(부상등급 외의 부상에서 제1급부터 제8급까지의 등급으로 변경된 경우를 포함한다)

2. 별표 제2호에 따른 부상등급 외의 부상에 대해 부상등급의 변경은 없으나 보상금의 추가 지급이 필요한 경우

⑧ 제1항부터 제7항까지에서 규정한 사항 외에 손실보상의 청구 및 지급에 필요한 사항은 경찰청장 또는 해양경찰청장이 정한다.

4. 손실보상심의위원회의 설치 및 구성

경찰관직무집행법 시행령 제11조(손실보상심의위원회의 설치 및 구성) ① 법 제11조의2 제3항에 따라 소속 경찰공무원의 직무집행으로 인하여 발생한 손실보상청구 사건을 심의하기 위하여 경찰청, 해양경찰청, 시도경찰청 및 지방해양경찰청에 손실보상심의위원회(이하 "위원회"라 한다)를 설치한다.

② 위원회는 **위원장 1명을 포함한 5명 이상 7명 이하의 위원**으로 구성한다.

③ 위원회의 위원은 소속 경찰공무원과 다음 각 호의 어느 하나에 해당하는 사람 중에서 경찰청장등이 위촉하거나 임명한다. 이 경우 위원의 과반수 이상은 경찰공무원이 아닌 사람으로 하여야 한다.

1. 판사·검사 또는 변호사로 5년 이상 근무한 사람

2. 「고등교육법」 제2조에 따른 학교에서 법학 또는 행정학을 가르치는 부교수 이상으로 5년 이상 재직한 사람

3. 경찰 업무와 손실보상에 관하여 학식과 경험이 풍부한 사람

④ 위촉위원의 임기는 **2년**으로 한다.

⑤ 위원회의 사무를 처리하기 위하여 위원회에 간사 1명을 두되, 간사는 소속 경찰공무원 중에서 경찰청장등이 지명한다.

제12조(위원장) ① 위원장은 위원 중에서 **호선**한다.

② 위원장은 위원회를 대표하며, 위원회의 업무를 총괄한다.

③ 위원장이 부득이한 사유로 직무를 수행할 수 없는 때에는 위원장이 미리 지명한 위원이 그 직무를 대행한다.

제13조(손실보상심의위원회의 운영) ① 위원장은 위원회의 회의를 소집하고, 그 의장이 된다.

② 위원회의 회의는 재적위원 과반수의 출석으로 개의(개의)하고, 출석위원 과반수의 찬성으로 의결한다.

③ 위원회는 심의를 위하여 필요한 경우에는 관계 공무원이나 관계 기관에 사실조사나 자료의 제출 등을 요구할 수 있으며, 관계 전문가에게 필요한 정보의 제공이나 의견의 진술 등을 요청할 수 있다.

제17조의3(국가경찰위원회 보고 등) ① 법 제11조의2제5항에 따라 위원회(경찰청 및 시도경찰청에 설치된 위원회만 해당한다. 이하 이 조에서 같다)는 보상금 지급과 관련된 심사자료와 결과를 반기별로 국가경찰위원회에 보고해야 한다.

② 국가경찰위원회는 필요하다고 인정하는 때에는 수시로 보상금 지급과 관련된 심사자료와 결과에 대한 보고를 위원회에 요청할 수 있다. 이 경우 위원회는 그 요청에 따라야 한다.

XI 범인검거 등 공로자 보상

1. 의의

경찰관직무집행법 제11조의3(범인검거 등 공로자 보상) ① 경찰청장, 해양경찰청장, 시도경찰청장, 지방해양경찰청장, 경찰서장 또는 해양경찰서장(이하 이 조에서 "경찰청장등"이라 한다)은 다음 각 호의 어느 하나에 해당하는 사람에게 보상금을 지급할 수 있다.
  1. 범인 또는 범인의 소재를 신고하여 검거하게 한 사람
  2. 범인을 검거하여 경찰공무원에게 인도한 사람
  3. 테러범죄의 예방활동에 현저한 공로가 있는 사람
  4. 그 밖에 제1호부터 제3호까지의 규정에 준하는 사람으로서 대통령령으로 정하는 사람
② 경찰청장등은 제1항에 따른 보상금 지급의 심사를 위하여 대통령령으로 정하는 바에 따라 각각 보상금심사위원회를 설치·운영하여야 한다.
③ 제2항에 따른 보상금심사위원회는 위원장 1명을 포함한 5명 이내의 위원으로 구성한다.
④ 제2항에 따른 보상금심사위원회의 위원은 소속 경찰공무원 중에서 경찰청장등이 임명한다.
⑤ 경찰청장등은 제2항에 따른 보상금심사위원회의 심사·의결에 따라 보상금을 지급하고, 거짓 또는 부정한 방법으로 보상금을 받은 사람에 대하여는 해당 보상금을 환수한다.
⑥ 경찰청장등은 제5항에 따라 보상금을 반환하여야 할 사람이 대통령령으로 정한 기한까지 그 금액을 납부하지 아니한 때에는 국세강제징수의 예에 따라 징수할 수 있다.
⑦ 제1항에 따른 보상 대상, 보상금의 지급 기준 및 절차, 제2항 및 제3항에 따른 보상금심사위원회의 구성 및 심사사항, 제5항 및 제6항에 따른 환수절차, 그 밖에 보상금 지급에 관하여 필요한 사항은 대통령령으로 정한다.

2. 보상금지급대상자

경찰관직무집행법 시행령 제18조(범인검거 등 공로자 보상금 지급 대상자) 법 제11조의3제1항 제4호에서 "대통령령으로 정하는 사람"이란 다음 각 호의 어느 하나에 해당하는 사람을 말한다.
1. 범인의 신원을 특정할 수 있는 정보를 제공한 사람
2. 범죄사실을 입증하는 증거물을 제출한 사람
3. 그 밖에 범인 검거와 관련하여 경찰 수사 활동에 협조한 사람 중 보상금 지급 대상자에 해당한다고 법 제11조의3제2항에 따른 보상금심사위원회가 인정하는 사람

3. 보상금심사위원회의 구성

> 경찰관직무집행법 시행령 제19조(보상금심사위원회의 구성 및 심사사항 등) ① 법 제11조의3제 2항에 따라 경찰청에 두는 보상금심사위원회의 위원장은 경찰청 소속 과장급 이상의 경찰공무원 중에서 경찰청장이 임명하는 사람으로 한다.
> ② 법 제11조의3제2항에 따라 시도경찰청 및 경찰서에 두는 보상금심사위원회의 위원장에 관하여는 제1항을 준용한다. 이 경우 "경찰청"은 각각 "시도경찰청" 또는 "경찰서"로, "경찰청장"은 각각 "시도경찰청장" 또는 "경찰서장"으로 본다.
> ③ 법 제11조의3제2항에 따른 보상금심사위원회(이하 "보상금심사위원회"라 한다)는 다음 각 호의 사항을 심사·의결한다.
> 1. 보상금 지급 대상자에 해당하는 지 여부
> 2. 보상금 지급 금액
> 3. 보상금 환수 여부
> 4. 그 밖에 보상금 지급이나 환수에 필요한 사항
> ④ 보상금심사위원회의 회의는 재적위원 과반수의 찬성으로 의결한다.

보상금심사위원회는 손실보상심의위원회와 다음과 같이 구별된다.

	손실보상심의위원회	보상금심사위원회
설치	경찰청, 시·도경찰청 ☞경찰서(X)	경찰청, 시·도경찰청, 경찰서
구성	위원장 1명 포함 5명 이상 7명 이하	위원장 1명 포함 5명 이내
위원장	위원 중 호선 (위원장이 부득이한 사유로 직무수행을 못할 때는 위원장이 미리 지명한 위원이 대행	소속 과장급 이상 경찰공무원 중 경찰청장, 시·도경찰청장, 경찰서장이 임명
위원	소속 경찰공무원/아래 사람 중 경찰청장등이 위촉·임명(☞ 과반수 이상은 경찰 아닌 사람) ① 판사·검사·변호사로 5년 이상 근무 ② 법학 또는 행정학 가르치는 부교수 이상으로 5년 이상 재직 ③ 경찰업무와 손실보상에 관하여 학식과 경험 풍부한 사람	소속 경찰공무원 중에서 경찰청장, 시·도경찰청장, 경찰서장이 임명
의결	재적위원 과반수 출석/출석위원 과반수 찬성	재적위원 과반수의 찬성
임기	2년	임기규정 없음

4. 보상금의 지급 기준 및 지급 절차 등

경찰관직무집행법 시행령 제20조(범인검거 등 공로자 보상금의 지급 기준) 법 제11조의3 제1항에 따른 보상금의 최고액은 5억원으로 하며, 구체적인 보상금 지급 기준은 경찰청장이 정하여 고시한다.

제21조(범인검거 등 공로자 보상금의 지급 절차 등) ① 경찰청장, 시도경찰청장 또는 경찰서장은 보상금 지급사유가 발생한 경우에는 직권으로 또는 보상금을 지급받으려는 사람의 신청에 따라 소속 보상금심사위원회의 심사·의결을 거쳐 보상금을 지급한다.

② 보상금심사위원회는 제20조에 따라 경찰청장이 정하여 고시한 보상금 지급 기준에 따라 보상 금액을 심사·의결한다. 이 경우 보상금심사위원회는 다음 각 호의 사항을 고려하여 보상금액을 결정할 수 있다.

1. 테러범죄 예방의 기여도
2. 범죄피해의 규모
3. 범인 신고 등 보상금 지급 대상 행위의 난이도
4. 보상금 지급 대상자가 다른 법령에 따라 보상금 등을 지급받을 수 있는지 여부
5. 그 밖에 범인검거와 관련한 제반 사정

③ 경찰청장, 시도경찰청장 및 경찰서장은 소속 보상금심사위원회의 보상금 심사를 위하여 필요한 경우에는 보상금 지급 대상자와 관계 공무원 또는 기관에 사실조사나 자료의 제출 등을 요청할 수 있다.

범인검거 등 공로자 보상에 관한 규정(경찰청 고시)

제6조(보상금의 지급 기준) ① 시행령 제20조에 따른 보상금 지급기준 금액은 다음 각 호와 같다.

1. 사형, 무기징역 또는 무기금고, 장기 10년 이상의 징역 또는 금고에 해당하는 범죄: 100만원
2. 장기 10년 미만의 징역 또는 금고에 해당하는 범죄: 50만원
3. 장기 5년 미만의 징역 또는 금고, 장기 10년 이상의 자격정지 또는 벌금형: 30만원

② 연쇄 살인, 사이버 테러 등과 같이 피해 규모가 심각하고 사회적 파장이 큰 범죄의 지급기준 금액은 별표에 따른다.

③ 위원회는 제1항 및 제2항에 따른 보상금 지급기준에서 시행령 제21조제2항 각 호의 사항을 고려하여 그 금액을 조정하거나 지급하지 아니할 수 있다.

④ 경찰청장 또는 경찰청장의 승인을 받은 시도경찰청장이 미리 보상금액을 정하여 수배할 경우에는 제1항 및 제2항에 따른 보상금 지급기준에도 불구하고 예산의 범위에서 금액을 따로 결정할 수 있다.

⑤ 동일한 사람에게 지급결정일을 기준으로 연간(1월 1일부터 12월 31일까지를 말한다) 5회를 초과하여 보상금을 지급할 수 없다.

제8조(보상금 중복 지급의 제한) 보상금을 지급받을 사람이 동일한 원인으로 다른 법령에 따른 포상금·보상금 등을 지급받거나 지급받을 예정인 경우에는 그 포상금·보상금 등

의 액수가 지급할 보상금액과 동일하거나 이를 초과할 때에는 보상금을 지급하지 아니하며, 그 포상금·보상금 등의 액수가 지급할 보상금액보다 적을 때에는 그 금액을 공제하고 보상금액을 정하여야 한다.

제9조(보상금 이중 지급의 제한) 보상금 지급 심사·의결을 거쳐 지급이 이루어진 이후에는 동일한 사건에 대하여 보상금을 지급할 수 없다.

제10조(보상금의 배분 지급) 범인검거 등 공로자가 2명 이상인 경우에는 각자의 공로, 당사자 간의 분배 합의 등을 감안해서 배분하여 지급할 수 있다.

XII 기타

1. 정보의 수집 등 [24년 1차]

제8조의2(정보의 수집 등) ① 경찰관은 **범죄·재난·공공갈등** 등 공공안녕에 대한 위험의 예방과 대응을 위한 정보의 수집·작성·배포와 이에 수반되는 사실의 확인을 할 수 있다.
② 제1항에 따른 정보의 구체적인 범위와 처리 기준, 정보의 수집·작성·배포에 수반되는 사실의 확인 절차와 한계는 대통령령으로 정한다

☞ '공공질서'에 대한 위험의 예방과 대응을 위한 정보는 규정되어 있지 않다는 점 주의!

2. 국제협력

제8조의3(국제협력) 경찰청장 또는 해양경찰청장은 이 법에 따른 경찰관의 직무수행을 위하여 외국 정부기관, 국제기구 등과 자료 교환, 국제협력 활동 등을 할 수 있다.

3. 유치장

경찰서 및 해양경찰서에 법률에서 정한 절차에 따라 체포·구속된 사람 또는 신체의 자유를 제한하는 판결이나 처분을 받은 사람을 수용하기 위하여 유치장을 둔다. 경찰관서에 설치된 유치장은 교정시설의 미결수용실로 보아「형의 집행 및 수용자의 처우에 관한 법률」을 준용한다(동법 제87조).

제9조(유치장) 법률에서 정한 절차에 따라 체포·구속된 사람 또는 신체의 자유를 제한하는 판결이나 처분을 받은 사람을 수용하기 위하여 **경찰서와 해양경찰서**에 유치장을 둔다.

☞ 지구대에는 유치장 시설이 없음.

4. 소송지원

제11조의4(소송 지원) 경찰청장과 해양경찰청장은 경찰관이 제2조 각 호에 따른 직무의 수행으로 인하여 민·형사상 책임과 관련된 소송을 수행할 경우 변호인 선임 등 소송 수행에 필요한 지원을 **할 수 있다.** 22년 1차

5. 직무수행으로 인한 형의 감면 22년 2차

제11조의5(직무 수행으로 인한 형의 감면) 다음 각 호의 범죄가 행하여지려고 하거나 행하여지고 있어 타인의 생명·신체에 대한 위해 발생의 우려가 명백하고 긴급한 상황에서, 경찰관이 그 위해를 예방하거나 진압하기 위한 행위 또는 범인의 검거 과정에서 경찰관을 향한 직접적인 유형력 행사에 대응하는 행위를 하여 그로 인하여 타인에게 피해가 발생한 경우, 그 경찰관의 직무수행이 불가피한 것이고 필요한 최소한의 범위에서 이루어졌으며 해당 경찰관에게 고의 또는 중대한 과실이 없는 때에는 그 정상을 참작하여 형을 **감경하거나 면제할 수 있다.**
1. 「형법」제2편제24장 살인의 죄, 제25장 상해와 폭행의 죄, 제32장 강간과 추행의 죄 중 강간에 관한 범죄, 제38장 절도와 강도의 죄 중 강도에 관한 범죄 및 이에 대하여 다른 법률에 따라 가중처벌하는 범죄
2. 「가정폭력범죄의 처벌 등에 관한 특례법」에 따른 가정폭력범죄, 「아동학대범죄의 처벌 등에 관한 특례법」에 따른 아동학대범죄

6. 벌 칙

제12조(벌칙) 이 법에 규정된 경찰관의 의무를 위반하거나 직권을 남용하여 다른 사람에게 해를 끼친 사람은 1년 이하의 징역이나 금고에 처한다.

■ 참조 규정

경찰 물리력 행사의 기준과 방법에 관한 규칙

제1장 총 칙

1.1. 목적
이 규칙은 경찰관이 물리력 사용 시 준수하여야 할 기본원칙, 물리력 사용의 정도, 각 물

리력 수단의 사용 한계 및 유의사항을 규정함으로써 국민과 경찰관의 생명·신체를 보호하고 인권을 보장하며 경찰 법집행의 정당성을 확보하는 데에 그 목적이 있다.

1.2. 경찰 물리력의 정의
경찰 물리력이란 범죄의 예방과 제지, 범인 체포 또는 도주 방지, 자신이나 다른 사람의 생명·신체 방어 및 보호, 공무집행에 대한 항거 제지 등 경찰목적을 달성하기 위해 경찰권발동의 대상자(이하 '대상자')에 대해 행해지는 일체의 신체적, 도구적 접촉(경찰관의 현장 임장, 언어적 통제 등 직접적인 신체 접촉 전 단계의 행위들도 포함한다)을 말한다.

1.3. 경찰 물리력 사용 3대 원칙
경찰관은 경찰목적을 실현함에 있어 적합하고 필요하며 상당한 수단을 선택함으로써 그 목적과 수단 사이에 합리적인 비례관계가 유지되도록 하여야 하며, 특히 물리력을 사용할 필요가 있는 경우 다음 원칙을 준수하여야 한다.

1.3.1. 객관적 합리성의 원칙
경찰관은 자신이 처해있는 사실과 상황에 비추어 합리적인 현장 경찰관의 관점에서 가장 적절한 물리력을 사용하여야 하며, 이를 위해 범죄의 종류, 피해의 경중, 위해의 급박성, 저항의 강약, 대상자와 경찰관의 수, 대상자가 소지한 무기의 종류 및 무기 사용의 태양, 대상자의 신체 및 건강 상태, 도주여부, 현장 주변의 상황 등을 종합적으로 고려하여야 한다.

1.3.2. 대상자 행위와 물리력 간 상응의 원칙
경찰관은 대상자의 행위에 따른 위해의 수준을 계속 평가·판단하여 필요최소한의 수준으로 물리력을 높이거나 낮추어서 사용하여야 한다.

1.3.3. 위해감소노력 우선의 원칙
경찰관은 현장상황이 안전하고 시간적 여유가 있는 경우에는 대상자가 야기하는 위해 수준을 떨어뜨려 보다 덜 위험한 물리력을 통해 상황을 종결시킬 수 있도록 노력하여야 한다. 다만, 이러한 노력이 오히려 상황을 악화시킬 가능성이 있거나 급박한 경우에는 이 원칙을 적용하지 않을 수 있다.

1.4. 경찰 물리력 사용 시 유의사항

1.4.1. 경찰관은 경찰청이 공인한 물리력 수단을 사용하여야 한다.

1.4.2. 경찰관은 성별, 장애, 인종, 종교 및 성정체성 등에 대한 선입견을 가지고 차별적으로 물리력을 사용하여서는 아니 된다.

1.4.3. 경찰관은 대상자의 신체 및 건강상태, 장애유형 등을 고려하여 물리력을 사용하여야 한다.

1.4.4. 경찰관은 이미 경찰목적을 달성하여 더 이상 물리력을 사용할 필요가 없는 경우에는 물리력 사용을 즉시 중단하여야 한다.

1.4.5. 경찰관은 대상자를 징벌하거나 복수할 목적으로 물리력을 사용하여서는 아니 된다.

1.4.6. 경찰관은 오직 상황의 빠른 종결이나, 직무수행의 편의를 위한 목적으로 물리력을 사용하여서는 아니 된다.

제2장 대상자 행위와 경찰 물리력 사용의 정도

2.1. 대상자 행위

대상자가 경찰관 또는 제3자에 대해 보일 수 있는 행위는 그 위해의 정도에 따라 ① 순응 ② 소극적 저항 ③ 적극적 저항 ④ 폭력적 공격 ⑤ 치명적 공격 등 다섯 단계로 구별한다.

2.1.1. 순응

대상자가 경찰관의 지시, 통제에 따르는 상태를 말한다. 다만. 대상자가 경찰관의 요구에 즉각 응하지 않고 약간의 시간만 지체하는 경우는 '순응'으로 본다.

2.1.2. 소극적 저항

대상자가 경찰관의 지시, 통제를 따르지 않고 비협조적이지만 경찰관 또는 제3자에 대해 직접적인 위해를 가하지 않는 상태를 말한다.
경찰관이 정당한 이동 명령을 발하였음에도 가만히 서있거나 앉아 있는 등 전혀 움직이지 않는 상태, 일부러 몸의 힘을 모두 빼거나, 고정된 물체를 꽉 잡고 버팀으로써 움직이지 않으려는 상태 등이 이에 해당한다.

2.1.3. 적극적 저항

대상자가 자신에 대한 경찰관의 체포·연행 등 정당한 공무집행을 방해하지만 경찰관 또는 제3자에 대해 위해 수준이 낮은 행위만을 하는 상태를 말한다.
대상자가 자신을 체포·연행하려는 경찰관으로부터 물리적으로 이탈하거나 도주하려는 행위, 체포·연행을 위해 팔을 잡으려는 경찰관의 손을 뿌리치거나, 경찰관을 밀고 잡아끄는 행위, 경찰관에게 침을 뱉거나 경찰관을 밀치는 행위 등이 이에 해당한다.

2.1.4. 폭력적 공격

대상자가 경찰관 또는 제3자에 대해 신체적 위해를 가하는 상태를 말한다.
대상자가 경찰관에게 폭력을 행사하려는 자세를 취하여 그 행사가 임박한 상태, 주먹·발 등을 사용해서 경찰관에 대해 신체적 위해를 초래하고 있거나 임박한 상태, 강한 힘으로 경찰관을 밀거나 잡아당기는 등 완력을 사용해 체포에서 벗어나려고 하는 상태 등이 이에 해당한다.

2.1.5. 치명적 공격

대상자가 경찰관 또는 제3자에 대해 사망 또는 심각한 부상을 초래할 수 있는 행위를 하는 상태를 말한다.

총기류(공기총·엽총·사제권총 등), 흉기(칼·도끼·낫 등), 둔기(망치·쇠파이프 등)를 이용하여 경찰관, 제3자에 대해 위력을 행사하고 있거나 위해 발생이 임박한 경우, 경찰관이나 제3자의 목을 세게 조르거나 무차별 폭행하는 등 생명·신체에 대해 중대한 위해가 발생할 정도의 위험한 폭력을 행사하는 경우가 이에 해당한다.

2.2. 경찰관 대응 수준

대상자 행위에 따른 경찰관의 대응 수준은 ① 협조적 통제, ② 접촉 통제 ③ 저위험 물리력 ④ 중위험 물리력 ⑤ 고위험 물리력 등 다섯 단계로 구별한다.

2.2.1. 협조적 통제

'순응' 이상의 상태인 대상자에 대해 사용할 수 있는 물리력 수준으로서, 대상자의 협조를 유도하거나 협조에 따른 물리력을 말한다. 그 종류는 다음과 같다.

    가. 현장 임장
    나. 언어적 통제
    다. 체포 등을 위한 수갑 사용
    라. 안내·체포 등에 수반한 신체적 물리력

2.2.2. 접촉 통제

'소극적 저항' 이상의 상태인 대상자에 대해 사용할 수 있는 물리력 수준으로서, 대상자 신체 접촉을 통해 경찰목적 달성을 강제하지만 신체적 부상을 야기할 가능성은 극히 낮은 물리력을 말한다. 그 종류는 다음과 같다.

    가. 신체 일부 잡기·밀기·잡아끌기, 쥐기·누르기·비틀기
    나. 경찰봉 양 끝 또는 방패를 잡고 대상자의 신체에 안전하게 밀착한 상태에서 대상자를 특정 방향으로 밀거나 잡아당기기

2.2.3. 저위험 물리력

'적극적 저항' 이상의 상태인 대상자에 대해 사용할 수 있는 물리력 수준으로서, 대상자가 통증을 느낄 수 있으나 신체적 부상을 당할 가능성은 낮은 물리력을 말한다. 그 종류는 다음과 같다.

    가. 목을 압박하여 제압하거나 관절을 꺾는 방법, 팔·다리를 이용해 움직이지 못하도록 조르는 방법, 다리를 걸거나 들쳐 매는 등 균형을 무너뜨려 넘어뜨리는 방법, 대상자가 넘어진 상태에서 움직이지 못하게 위에서 눌러 제압하는 방법
    나. 분사기 사용(다른 저위험 물리력 이하의 수단으로 제압이 어렵고, 경찰관이나 대상자의 부상 등의 방지를 위해 필요한 경우)

2.2.4. 중위험 물리력
'폭력적 공격' 이상의 상태의 대상자에 대해 사용할 수 있는 물리력 수준으로서, 대상자에게 신체적 부상을 입힐 수 있으나 생명·신체에 대한 중대한 위해 발생 가능성은 낮은 물리력을 말한다. 그 종류는 다음과 같다.
   가. 손바닥, 주먹, 발 등 신체부위를 이용한 가격
   나. 경찰봉으로 중요부위가 아닌 신체 부위를 찌르거나 가격
   다. 방패로 강하게 압박하거나 세게 미는 행위
   라. 전자충격기 사용

2.2.5. 고위험 물리력
   가. '치명적 공격' 상태의 대상자로 인해 경찰관 또는 제3자의 생명·신체에 급박하고 중대한 위해가 초래될 가능성이 있는 경우 최후의 수단으로 사용할 수 있는 물리력 수준으로서, 대상자의 사망 또는 심각한 부상을 초래할 수 있는 물리력을 말한다.
   나. 경찰관은 대상자의 '치명적 공격' 상황에서도 현장상황이 급박하지 않은 경우에는 낮은 수준의 물리력을 우선적으로 사용하여 상황을 종결시킬 수 있도록 노력하여야 한다.
   다. '고위험 물리력'의 종류는 다음과 같다.
   1) 권총 등 총기류 사용
   2) 경찰봉, 방패, 신체적 물리력으로 대상자의 신체 중요 부위 또는 급소 부위 가격, 대상자의 목을 강하게 조르거나 신체를 강한 힘으로 압박하는 행위

2.3. 경찰 물리력 행사 연속체

2.3.1. 비례의 원칙에 입각한 물리력 사용 한계에 대한 이해도 제고를 위해 대상자 행위에 대응한 경찰 물리력 수준을 도식화한 것을 '경찰 물리력 행사 연속체(그림 7−1)'라고 한다.

2.3.2. 경찰관은 가능한 경우 낮은 수준의 물리력부터 시작하여 물리력의 강도를 높여감으로써 상황을 안전하게 종결시키도록 하여야 한다. 다만, 급박하거나 대상자 행위의 위해 수준이 불연속적으로 급변하는 경우 경찰관 역시 그 상황에 맞는 물리력을 곧바로 사용할 수 있다.
   가. (1단계 : 평가) 현장상황을 종합적으로 고려하여 대상자 행위를 '순응', '소극적 저항', '적극적 저항', '폭력적 공격', '치명적 공격' 등으로 평가
   나. (2단계 : 판단) 대상자의 저항이나 공격을 제압할 수 있는 적절한 물리력 수단을 선택하되, 전체적인 현장상황이 안전하고 시간적 여유가 있는 경우 대상자가 야기하는 위해 수준을 감소시키기 위해 노력하여야 하며, 낮은 수준의 물리력 수단을 우선적으로 고려
   다. (3단계 : 행동) 선택한 물리력을 사용하는 경우에도 경찰목적을 달성하는 한도 내에서 대상자에게 최소한의 침해를 가져오는 방법으로 물리력을 사용
   라. (4단계 : 재평가) 이후 상황을 지속적으로 재평가하면서 대상자의 행위 및 현장 주변 상황 변화에 따라 대응 물리력 수준을 증가시키거나 감소

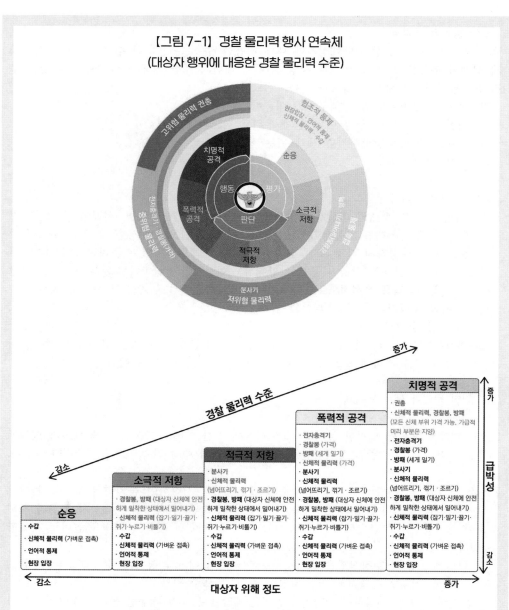

【그림 7-1】 경찰 물리력 행사 연속체
(대상자 행위에 대응한 경찰 물리력 수준)

* 강조된 글씨는 각 대상자 행위에 대해 사용 가능한 최고 수준의 경찰 물리력을 나타냄

2.3.3. 이 연속체는 경찰관과 대상자가 대면하는 모든 상황에 기계적, 획일적으로 적용될 수 있는 것이 아니며, 실제 개별 경찰 물리력 사용 현장에서는 대상자의 행위 외에도 위해의 급박성, 대상자와 경찰관의 수·성별·체격·나이, 제3자에 대한 위해가능성, 기타 현장 주변 상황을 종합적으로 고려하여 가장 적절한 물리력을 사용하여야 한다.

제3장 개별 물리력 수단 사용 한계 및 유의사항

3.1. 현장 임장

3.1.1. 현장 임장의 정의
현장 임장은 경찰관이 대상자에게 접근하여 자신의 소속, 신분과 함께 임장의 목적과 취지를 밝혀 그에 따르도록 하는 것을 말한다. 현장 임장은 대상자의 모든 행위 유형에서 행해질 수 있다.

3.2.1. 현장 임장 시 유의사항
　가. 경찰관은 현장에 임장하는 것만으로도 대상자의 순응을 이끌어 낼 수 있다는 점을 인식하여 현장 임장만으로 상황을 종결시키도록 노력하여야 한다.
　나. 경찰관은 현장 임장 시 대상자 및 주변 관계자들에 의한 갑작스런 위해 발생 가능성을 염두에 두고 불시의 피습에 대한 대비, 대상자의 흉기소지 여부 확인, 대상자와의 적절한 거리 유지, 여타 경찰 물리력 사용 태세 완비 등 신변보호를 위한 적절한 조치를 취하여야 한다.
　다. 경찰관은 현장 임장 시 대상자나 주변 관계자들의 감정을 자극하거나 오해를 불러일으켜 경찰관 또는 제3자에 대한 위해로 이어지지 않도록 하여야 한다.

3.2. 언어적 통제

3.2.1. 언어적 통제의 정의
언어적 통제는 경찰관이 대상자에게 특정 행위를 유도하거나 합법적인 명령을 발하기 위해 말이나 행동으로 하는 대화, 설득, 지시, 경고 등을 말하며 대상자의 어깨를 다독이거나 손을 잡아 주는 등의 가벼운 신체적 접촉도 포함한다. 언어적 통제는 대상자의 모든 행위 유형에서 행해질 수 있다.

3.2.2. 언어적 통제 시 유의사항
　가. 경찰관은 대상자에 대한 직접적인 물리력 사용 이전 언어적 통제를 통하여 상황을 종결시킬 수 있도록 노력하여야 한다. 다만, 이러한 시도가 오히려 상황을 악화시킬 가능성이 있거나 급박한 경우에는 생략할 수 있다.
　나. 경찰관이 언어적 통제를 시도하는 경우 대상자가 경찰관의 지시, 경고 등에 따를 충분한 시간을 부여하여야 한다.
　다. 경찰관은 언어적 통제 시 대상자가 갑자기 위해를 가하거나 도주할 것에 대비하여 여타 경찰 물리력 사용 태세를 갖추어야 한다.
　라. 경찰관은 언어적 통제 시 불필요하게 대상자를 자극하여 경찰관 또는 제3자에 대한 위해로 이어지지 않도록 하여야 한다.

3.3. 신체적 물리력 사용

3.3.1. 신체적 물리력의 정의
'신체적 물리력'은 여타 무기나 경찰장구에 의존하지 않고 경찰관 자신의 신체, 체중, 근력을 활용하여 대상자를 통제하는 일련의 방법을 말한다.

3.3.2. 신체적 물리력 사용 한계 및 유의사항
가. 대상자가 '순응'하는 경우(협조적 통제)

경찰관은 '순응' 이상의 상태인 대상자를 인도 또는 안내하기 위해 대상자의 손이나 팔을 힘을 주지 않고 잡을 수 있고 어깨 등 신체 일부를 힘을 주지 않고 밀거나 잡아끌 수 있다. (다만, 임의동행하는 대상자를 인도·안내하는 경우에는 동행의 임의성이 침해되지 않도록 신체 접촉에 유의하여야 한다)

형사소송법에 따라 대상자를 체포하는 경우에는 수갑 등으로 결박하기 위해 대상자 신체 일부를 잡거나 대상자를 돌려 세울 수 있다.

나. 대상자 행위가 '소극적 저항'인 경우(접촉 통제)

경찰관은 '소극적 저항' 이상인 상태의 대상자를 통제하기 위해 손이나 팔을 힘을 주어 잡을 수 있고 대상자의 어깨 등 신체 일부를 힘을 주어 밀거나 잡아끌 수 있다. 대상자가 물체를 꽉 잡고 움직이지 않는 경우에는 대상자의 신체 일부를 쥐거나 누르거나 비틀어서 손을 떼도록 할 수 있다.

다. 대상자 행위가 '적극적 저항'인 경우(저위험 물리력)

경찰관은 '적극적 저항' 이상인 상태의 대상자에게 목을 압박하여 제압하거나 관절을 꺾는 방법, 팔·다리를 이용해 움직이지 못하도록 조르는 방법, 다리를 걸거나 들쳐 매는 등 균형을 무너뜨려 넘어뜨리는 방법, 대상자가 넘어진 상태에서 움직이지 못하게 위에서 눌러 제압하는 방법 등을 사용할 수 있다.

라. 대상자 행위가 '폭력적 공격'인 경우(중위험 물리력)

경찰관은 '폭력적 공격' 이상인 상태의 대상자에게 손바닥, 주먹, 발 등 신체 부위를 이용하여 대상자를 가격함으로써 제압할 수 있다.

또한, 현행범 체포나 긴급체포의 요건을 충족하는 대상자 또는 체포영장이 발부된 대상자가 도주하는 경우 체포를 위해 '중위험 물리력'으로 신체적 물리력을 사용할 수 있다.

마. 대상자 행위가 '치명적 공격'인 경우(고위험 물리력)

신체적 물리력 이외의 여타 모든 경찰 물리력 사용이 불가능하거나 무력화된 상태에서 형법상 정당방위 또는 긴급피난의 요건을 충족하는 경우 경찰관은 최후의 수단으로서 대상자의 신체 중요 부위 또는 급소 부위를 가격하는 방법, 대상자의 목을 강하게 조르거나 대상자의 신체를 강한 힘으로 압박하는 방법 등을 사용할 수 있다. 신체적 물리력을 '고위험 물리력'으로 사용할 수밖에 없는 불가피한 경우에는 3.9.2. 항의 권총 사용 한계 가.~마.를 따른다.

3.4. 수갑 사용

3.4.1. 수갑의 정의
수갑은 대상자의 동작이 자유롭지 못하도록 대상자의 양쪽 손목에 걸쳐서 채우는 금속 재질의 장구로서 경찰청이 지급 또는 인정한 장비를 말한다.

3.4.2. 수갑 사용 한계 및 유의사항
가. 경찰관은 대상자의 언행, 현장상황 등을 종합적으로 고려하여 도주, 폭행, 소요, 자해 등의 위험이 있는 경우 수갑을 사용할 수 있으며, 그 우려가 높다고 판단되는 경우 뒷수갑을 사용할 수 있다.

나. 경찰관은 뒷수갑 상태로 대상자를 이동시키는 경우 팔짱을 끼고 동행하는 등 도주 및 안전사고 예방을 위한 적절한 조치를 취하여야 한다.

다. 경찰관은 대상자의 움직임으로 수갑이 조여지거나 일부러 조이는 행위를 예방하기 위해 수갑의 이중 잠금장치를 사용하여야 한다. 다만, 대상자의 항거 등으로 사용이 곤란한 경우에는 사용하지 않을 수 있다.

라. 경찰관은 대상자의 신체적 장애, 질병, 신체상태로 인하여 수갑을 사용하는 것이 불합리하다 판단되는 경우에는 수갑을 사용하지 않을 수 있다.

마. 경찰관은 대상자가 수갑으로 인한 고통을 호소하는 경우 수갑 착용 상태를 확인하여 재착용, 앞수갑 사용, 한손 수갑 사용 등 적절한 조치를 취하여야 한다.

바. 경찰관은 급박한 상황에서 수갑이 없거나 사용이 불가능한 경우 예외적으로 경찰혁대 등을 수갑 대용으로 사용할 수 있다.

3.5. 경찰봉 사용

3.5.1. 경찰봉의 정의
경찰봉은 강화 플라스틱, 나무 또는 금속으로 제작된 원통형 막대기로서 경찰청이 지급 또는 인정한 장비를 말한다.

3.5.2. 경찰봉 사용 한계
가. 격리도구로서의 경찰봉 사용 : 경찰관은 '소극적 저항' 이상인 상태의 대상자에게 경찰봉을 대상자의 신체에 안전하게 밀착한 상태로 밀거나 끌어당길 수 있다.

나. 중위험 물리력으로서의 경찰봉 사용
　1) 경찰관은 '폭력적 저항' 이상인 상태의 대상자의 신체를 경찰봉으로 찌르거나 가격할 수 있다. 이 경우 가급적 대상자의 머리, 얼굴, 목, 흉부, 복부 등 신체 중요 부위를 피하여야 한다.
　2) 경찰관은 현행범 또는 사형·무기 또는 장기 3년 이상의 징역이나 금고에 해당하는 죄를 범한 대상자가 도주하는 경우 체포를 위해서 경찰봉으로 찌르거나 가격할 수 있다. 이 경우 가급적 신체 중요 부위를 피하여야 한다.

다. 고위험 물리력으로서의 경찰봉 사용

　1) 경찰봉 이외의 여타 모든 경찰 물리력 사용이 불가능하거나 무력화된 상태에서 형법상 정당방위 또는 긴급피난의 요건을 충족하는 경우 경찰관은 최후의 수단으로서 경찰봉으로 대상자의 신체 중요 부위 또는 급소 부위를 찌르거나 가격할 수 있다.

　2) 경찰관이 경찰봉을 '고위험 물리력'으로 사용할 수밖에 없는 불가피한 경우에는 3.9.2.항의 권총 사용 한계 가.~마.를 따른다.

3.6. 방패 사용

3.6.1. 방패의 정의

방패는 강화 플라스틱 또는 금속으로 제작된 판으로서 경찰청이 지급 또는 인정한 장비를 말한다.

3.6.2. 방패 사용 한계 및 유의사항

가. 격리도구로서의 방패 사용

　경찰관은 '소극적 저항' 이상인 상태의 대상자에게 방패를 대상자의 신체에 안전하게 밀착한 상태로 밀 수 있다.

나. 중위험 물리력으로서의 방패 사용

　1) 경찰관은 대상자의 '폭력적 저항' 이상인 상태의 대상자에 대해 방패로 강하게 압박 또는 세게 밀 수 있다.

　2) 경찰관은 현행범 또는 사형·무기 또는 장기 3년 이상의 징역이나 금고에 해당하는 죄를 범한 범인이 도주하는 경우 체포를 위해 방패로 막거나 세게 밀 수 있다.

다. 고위험 물리력으로서의 방패 사용

　1) 방패 이외의 여타 모든 경찰 물리력 사용이 불가능하거나 무력화된 상태에서 형법상 정당방위 또는 긴급피난의 요건을 충족하는 경우 경찰관은 최후의 수단으로서 방패를 '고위험 물리력'으로 활용하여 대상자의 신체를 가격할 수 있다.

　2) 경찰관이 방패를 '고위험 물리력'으로 사용할 수밖에 없는 불가피한 경우에는 3.9.2.항의 권총 사용 한계 가.~마.를 따른다.

3.7. 분사기 사용

3.7.1. 분사기의 정의

분사기는 사람의 활동을 일시적으로 곤란하게 하는 최루 또는 자극 등의 작용제를 내장된 압축가스의 힘으로 분사할 수 있는 기기로서 경찰청이 지급 또는 인정한 장비를 말한다.

3.7.2. 분사기 사용 한계 및 유의사항

가. 경찰관은 '적극적 저항' 이상인 상태의 대상자에 대해 다른 저위험 물리력 이하의 수단으로 제압이 어렵고, 경찰관이나 대상자의 부상 등의 방지를 위해 필요하다고 판단

되는 경우 분사기를 사용할 수 있다.

　나. 경찰관은 범인의 도주방지를 위해 분사기를 사용할 수 있다.

　다. 경찰관은 정당방위나 긴급피난의 요건이 충족되지 않는 한, 다음 어느 하나에 해당하는 상황에서는 분사기를 사용하여서는 아니 된다.

　　1) 밀폐된 공간에서의 사용(다만, 경찰 순찰차의 운행을 방해하는 대상자를 제압하기 위해 다른 물리력 사용이 불가능한 경우는 제외한다)

　　2) 대상자가 수갑 또는 포승으로 결박되어 있는 경우(다만, 대상자의 행위로 인해 경찰관 또는 제3자에 대한 신체적 위해 발생 가능성 있는 경우는 제외한다)

　　3) 대상자의 '소극적 저항' 상태가 장시간 지속될 뿐 이를 즉시 중단시켜야 할 정도로 급박하거나 위험하지 않은 상황

　　4) 경찰관이 대상자가 14세미만이거나 임산부 또는 호흡기 질환을 가지고 있음을 인지한 경우(다만, 대상자의 저항 정도가 고위험 물리력을 사용할 수밖에 없는 상황은 제외한다)

　라. 경찰관이 사람을 향하여 분사기를 발사하는 경우에는 사전 구두 경고를 하여야 한다. 다만, 현장상황이 급박한 경우에는 생략할 수 있다.

3.8. 전자충격기 사용

3.8.1. 전자충격기의 정의

전자충격기란 사람의 신체에 전류를 방류하여 대상자 근육의 일시적 마비를 일으킴으로써 대상자의 활동을 일시적으로 곤란하게 할 수 있는 기기로서 경찰청이 지급 또는 인정한 장비를 말한다. 그 사용 방법은 다음을 포함한다.

　가. 대상자 신체에 대해 직접 접촉하여 사용하는 스턴 방식

　나. 대상자 신체에 대해 직접 발사하여 사용하는 전극침 발사 방식

3.8.2. 전자충격기 사용 한계

　가. 경찰관은 '폭력적 공격' 이상인 상태의 대상자에 대해 전자충격기를 사용할 수 있다.

　나. 경찰관은 현행범 또는 사형·무기 또는 장기 3년 이상의 징역이나 금고에 해당하는 죄를 범한 대상자가 도주하는 경우 체포를 위해서 전자충격기를 사용할 수 있다.

　다. 경찰관은 정당방위나 긴급피난의 요건이 충족되지 않는 한, 다음 어느 하나에 해당하는 상황에서는 전자충격기를 사용하여서는 아니 된다.

　　1) 대상자 주변에 가연성 액체(휘발유, 신나 등)나 가스누출, 유증기가 있어 전기 불꽃으로 인한 화재·폭발의 위험성이 있는 상황

　　2) 대상자가 계단, 난간 등 높은 곳에 위치하거나 차량·기계류를 운전하고 있는 상황

　　3) 대상자가 하천, 욕조 등의 부근에 있거나, 폭우 등으로 주변이 모두 물에 젖은 상황

　　4) 대상자가 14세 미만 또는 임산부인 경우

　　5) 대상자가 수갑 또는 포승으로 결박되어 있는 경우(다만, '폭력적 공격' 이상인 상태의 대상자로 인해 경찰관 또는 제3자에 대한 신체적 위해 발생 가능성 있는 경우는 제외한다)

　　6) 대상자의 '저항' 상태가 장시간 지속될 뿐 이를 즉시 중단시켜야 할 정도로 급박

하거나 위험하지 않은 상황

7) 경찰관이 대상자가 갖고 있는 신체적·정신적 장애로 인하여 전자충격기 사용 시 상당한 수준의 2차적 부상 또는 후유증이 발생할 가능성을 인지한 경우(다만, 대상자의 저항 정도가 '고위험 물리력'을 사용할 수밖에 없는 상황은 제외한다)

8) 대상자가 증거나 물건을 자신의 입 안으로 넣어 삼켰거나 삼키려 하여 질식할 수 있는 상황

3.8.3. 전자충격기 사용 시 유의사항

가. 경찰관은 근무 시작 전 전자충격기의 배터리 충전 여부와 전기 불꽃 작동 상태를 반드시 확인하여야 한다.

나. 경찰관은 공무수행에 필요하다고 믿을 만한 상황이 아닌 경우에는 전자충격기를 뽑아 들거나 다른 사람을 향하도록 하여서는 아니 되며, 반드시 전자충격기집에 휴대하여야 한다.

다. 경찰관은 전자충격기 사용 필요성이 인정되고 시간적 여유가 있는 경우에는 신속히 이 사실을 직근상급 감독자에게 보고하고, 동료 경찰관에게 전파하여야 한다. 이를 인지한 직근상급 감독자는 필요한 지휘를 하여야 한다.

라. 경찰관이 대상자에게 전자충격기 전극침을 발사하는 경우에는 사전 구두 경고를 하여야 한다. 다만, 현장상황이 급박한 경우에는 생략할 수 있다.

마. 경찰관이 사람을 향해 전자충격기를 사용하는 경우에는 적정사거리(3~4.5m)에서 후면부(후두부 제외)나 전면부의 흉골 이하(안면, 심장, 급소 부위 제외)를 조준하여야 한다. 다만, 대상자가 두껍거나 헐렁한 상의를 착용하여 전극침의 효과가 없다고 판단되는 경우 대상자의 하체를 조준하여야 한다.

바. 경찰관은 전자충격기 전극침 불발, 명중 실패, 효과 미발생 시 예상되는 대상자의 추가적인 공격에 대한 적절한 대비책(스턴 방식 사용, 경찰봉 사용 준비, 동료 경찰관의 물리력 사용 태세 완비, 경력 지원 요청 등)을 미리 준비하여야 한다.

사. 전자충격기 전극침이 대상자에 명중한 경우에는 필요 이상의 전류가 흐르지 않도록 즉시 방아쇠로부터 손가락을 떼야 하며, 1 사용주기(방아쇠를 1회 당겼을 때 전자파장이 지속되는 시간)가 경과한 후 대상자의 상태, 저항 정도를 확인하여 추가적인 전자충격을 줄 필요가 있다고 판단되는 경우 다시 방아쇠를 당겨 사용할 수 있다.

아. 한 명의 대상자에게 동시에 두 대 이상의 전자충격기 전극침을 발사하거나 스턴 기능을 사용해서는 아니 된다.

자. 수갑을 사용 하는 경우, 먼저 전자충격기를 전자충격기집에 원위치 시킨 이후 양손으로 시도하여야 한다. 전자충격기를 파지한 상태에서 다른 한 손으로 수갑을 사용할 수밖에 없는 불가피한 상황에서는 안전사고 및 전자충격기 피탈방지에 각별히 유의하여야 한다.

3.9. 권총 사용

3.9.1. 권총의 정의

권총은 한 손으로 다룰 수 있는 짧고 작은 총으로서 경찰청이 지급 또는 인정한 무기를 말한다.

3.9.2. 권총 사용 한계

가. 경찰관은 대상자가 경찰관이나 제3자의 생명·신체에 대한 급박하고 중대한 위해를 야기하거나, 위해 발생이 임박한 경우 권총 이외의 수단으로서는 이를 제지할 수 없는 상황에 한하여 대상자에게 권총을 사용할 수 있다.

나. 경찰관은 사형·무기 또는 장기 3년 이상의 징역이나 금고에 해당하는 죄를 저질렀거나 저지르고 있다고 믿을 만한 상당한 이유가 있는 대상자가 도주하면서 경찰관 또는 제3자의 생명·신체에 대한 급박하고 중대한 위해를 야기하거나, 그 위해 발생이 임박한 경우 권총 이외의 수단으로서는 이를 제지할 수 없는 상황에 한하여 체포를 위해 대상자에게 권총을 사용할 수 있다.

다. 경찰관은 대상자가 경찰관 자신이나 제3자의 생명·신체에 대한 중대하고 급박한 위해를 야기하지 않고 단순히 도주하는 경우에는 오로지 체포나 도주방지 목적으로 권총을 사용하여서는 아니 된다.

라. 경찰관은 오로지 대상자 본인의 생명·신체에 대해서만 급박하고 중대한 위해를 야기하는 경우에는 이를 제지할 목적으로 권총을 사용하여서는 아니 된다.

마. 경찰관은 오로지 재산만을 보호할 목적으로 권총을 사용하여서는 아니 된다.

바. 경찰관은 다음 어느 하나에 해당하는 상황에서는 권총을 사용하여서는 아니 된다.

   1) 대상자에게 단순히 경고를 하거나 겁을 줄 목적 또는 주의를 환기시킬 목적으로 실탄 또는 공포탄을 발사하는 행위

   2) 대상자 이외의 제3자의 생명·신체에 대한 위해가 예상되는 경우(다만, 권총을 사용하지 아니하고는 타인 또는 경찰관의 생명에 대한 중대한 위험을 방지할 수 없다고 인정되는 등 긴급피난의 요건을 충족하는 경우 필요최소한의 범위 내에서 사용할 수 있다)

   3) 경찰관이 움직이는 차량에 탑승한 상태에서 권총 실탄을 발사하는 행위(다만, 대상자가 경찰관 또는 제3자를 향해 차량으로 돌진하는 경우와 같이 형법상 정당방위 또는 긴급피난의 요건을 충족하는 경우는 제외한다)

   4) 경찰관이 움직이는 차량을 정지시키기 위해 권총 실탄을 발사하는 행위(다만, 대상자가 경찰관 또는 제3자를 향해 차량으로 돌진하는 경우와 같이 형법상 정당방위 또는 긴급피난의 요건을 충족하는 경우는 제외한다)

   5) 14세 미만의 자 또는 임산부에 대한 권총 사용(다만, 대상자가 총기 또는 폭발물을 가지고 대항하여 권총을 사용하지 아니하고는 타인 또는 경찰관의 생명·신체에 대한 중대한 위험을 방지할 수 없다고 인정되는 경우는 제외한다)

3.9.3. 권총 사용 시 유의사항

가. 경찰관은 공무수행 중 필요하다고 믿을 만한 경우가 아닌 경우에는 권총을 뽑아 들거나 다른 사람을 향하도록 하여서는 안 되며, 반드시 권총을 권총집에 휴대하여야 한다.

나. 권총 장전 시 반드시 안전고무(안전장치)를 장착한다.

다. 경찰관은 권총 사용의 필요성이 인정되고 시간적 여유가 있는 경우에는 신속히 이 사실을 직근상급 감독자에게 보고하고, 동료 경찰관에게 전파하여야 한다. 이를 인지한 직근상급 감독자는 신속히 현장으로 진출하여 지휘하여야 한다.

라. 경찰관이 권총을 뽑아드는 경우, 격발 순간을 제외하고는 항상 검지를 방아쇠울에서 빼 곧게 뻗어 실린더 밑 총신에 일자로 대는 '검지 뻗기' 상태를 유지하여 의도하지 않은 격발을 방지하여야 한다.

마. 경찰관이 권총집에서 권총을 뽑은 상태에서 사격을 하지 않는 경우, 총구는 항상 지면 또는 공중을 향하게 하여야 한다.

바. 경찰관은 사람을 향하여 권총을 발사하고자 하는 때에는 사전 구두 경고를 하거나 공포탄으로 경고하여야 한다. 다만, 현장상황이 급박하여 대상자에게 경고할 시간적 여유가 없는 경우나 인질·간첩 또는 테러사건에 있어서 은밀히 작전을 수행하는 경우 등 부득이한 때에는 생략할 수 있다.

사. 경찰관이 공포탄 또는 실탄으로 경고 사격을 하는 때는 경찰관의 발 앞쪽 70도에서 90도 사이 각도의 지면 또는 장애물이 없는 허공을 향하여야 한다.

아. 경찰관은 사람을 향해 권총을 조준하는 경우에는 가급적 대퇴부 이하 등 상해 최소 부위를 향한다.

자. 경찰관이 리볼버 권총을 사용하는 경우 안전을 위해 가급적 복동식 격발 방법을 사용하여야 하며, 단동식 격발 방법을 사용하는 경우 격발에 근접한 때가 아닌 한 권총의 공이치기를 미리 젖혀놓지 않도록 하여야 한다.

차. 수갑을 사용하는 경우, 먼저 권총을 권총집에 원위치 시킨 이후 양손으로 시도하여야 한다. 권총을 파지한 상태에서 다른 한 손으로 수갑을 사용할 수밖에 없는 불가피한 상황에서는 오발 사고 및 권총 피탈 방지에 각별히 유의하여야 한다.

제4장 경찰 물리력 사용 후 조치사항

4.1. 부상자 확인 및 조치

4.1.1. 경찰관이 대상자에게 신체접촉을 동반하는 물리력을 사용한 경우에는 반드시 대상자의 부상 여부를 즉시 확인하고, 부상 발생 시에는 지체 없이 의료진 호출, 응급조치 실시, 대상자 병원 후송, 직근상급 감독자 보고 등의 긴급조치를 취하여야 한다.

4.1.2. 이 사실을 보고받은 직근상급 감독자는 즉시 현장으로 진출하여 물리력 사용 및 부상 경위 파악, 현장 보존, 목격자 확보 등 필요한 후속조치를 취하여야 한다.

4.1.3. 대상자 병원 후송 시에는 지체 없이 대상자의 보호자 등에 해당 사실을 통지하여야 한다.

4.2. 사용보고

4.2.1. 경찰관이 권총, 전자충격기(스턴 방식 사용 포함), 분사기, '중위험 물리력' 이상의 경찰봉·방패, 기타 사람에게 위해를 끼칠 수 있는 장비를 사용한 경우 신속히 별지 서식의 사용보고서를 작성하여 소속기관의 장에게 보고하여야 한다.

4.2.2. 수갑을 사용한 때에는 일시·장소·사용경위·사용방식·사용시간 등을 근무일지 또는 수사보고서에 기재하여야 한다.

4.2.3. 수갑 또는 신체적 물리력을 사용하여 대상자에게 부상이 발생한 경우 별지 서식의 사용보고서를 작성하여 보고하여야 한다.

4.2.4. 경찰관이 권총을 사용한 경우 또는 권총 이외의 물리력 수단을 사용하여 대상자에게 사망 또는 심각한 부상이 발생한 경우 소속기관의 장은 그 내용을 상급 경찰기관의 장을 경유하여 경찰청장에게 보고하여야 한다.

4.3. 고위험 물리력 사용자에 대한 조치

4.3.1. 소속 경찰관이 권총을 비롯한 '고위험 물리력'을 사용한 경우 경찰기관의 장은 해당 경찰관이 명백히 중대한 과실 또는 고의로 권총을 사용하지 않은 이상 육체적, 심리적 안정을 되찾고 향후 관련 조사에 성실히 임하게 할 필요가 있다고 인정되는 때에는 적절한 조치(조사를 위한 공가 허가, 근무 중 휴게 부여, 근무지정 해제, 의료기관·상담기관 연계 등)를 취하여야 한다.

4.3.2. '고위험 물리력'을 사용한 경찰관의 육체적, 심리적 안정을 위한 조치를 취하는 경우에는 직근상급 감독자가 물리력 사용 경찰관을 대리하여 사용보고서를 작성, 보고하여야 한다.

제6절 행정절차법

Ⅰ 총칙

1. 행정절차의 개념

행정절차는 넓게는 '행정의사의 결정과 집행에 관련된 일체의 과정'을, 좁게는 '여러 행정작용의 사전절차'를 총칭한다. 우리나라는 「행정절차법」에서 각종 행정작용의 사전절차를 규율하고 있다.

2. 행정절차법의 적용범위(제2조)

행정절차법은 (다른 법률에 특별한 규정이 없는 한) 처분, 신고, 확약, 위반사실 등의 공표, 행정계획, 행정상 입법예고, 행정예고 및 행정지도의 절차에 적용된다. 다만, 이하의 사항에 대해서는 적용되지 않는다.

- 국회 또는 지방의회의 의결을 거치거나 동의 또는 승인을 받아 행하는 사항
- 법원 또는 군사법원의 재판에 의하거나 그 집행으로 행하는 사항
- 헌법재판소의 심판을 거쳐 행하는 사항
- 각급 선거관리위원회의 의결을 거쳐 행하는 사항
- 감사원이 감사위원회의의 결정을 거쳐 행하는 사항
- 형사(刑事), 행형(行刑) 및 보안처분 관계 법령에 따라 행하는 사항
- 국가안전보장·국방·외교 또는 통일에 관한 사항 중 행정절차를 거칠 경우 국가의 중대한 이익을 현저히 해칠 우려가 있는 사항
- 심사청구, 해양안전심판, 조세심판, 특허심판, 행정심판, 그 밖의 불복절차에 따른 사항
- 「병역법」에 따른 징집·소집, 외국인의 출입국·난민인정·귀화, 공무원 인사 관계 법령에 따른 징계와 그 밖의 처분, 이해 조정을 목적으로 하는 법령에 따른 알선·조정·중재(仲裁)·재정(裁定) 또는 그 밖의 처분 등 해당 행정작용의 성질상 행정절차를 거치기 곤란하거나 거칠 필요가 없다고 인정되는 사항과 행정절차에 준하는 절차를 거친 사항으로서 대통령령으로 정하는 사항

3. 행정절차의 일반원칙(제4조~제5조의2)

　　행정청은 직무를 수행할 때 신의에 따라 성실히 하여야 하며(신의성실 원칙), 법령 등의 해석 또는 행정청의 관행이 일반적으로 국민들에게 받아들여졌을 때에는 공익 또는 제3자의 정당한 이익을 현저히 해칠 우려가 있는 경우를 제외하고는 새로운 해석 또는 관행에 따라 소급하여 불리하게 처리하여서는 아니 된다(신뢰보호 원칙).

　　또한 행정청이 행하는 행정작용은 그 내용이 구체적이고 명확하여야 하며, 행정 작용의 근거가 되는 법령등의 내용이 명확하지 아니한 경우 상대방은 해당 행정청에 그 해석을 요청할 수 있으며, 해당 행정청은 특별한 사유가 없으면 그 요청에 따라야 하고, 상대방에게 행정작용과 관련된 정보를 충분히 제공하여야 한다(투명성 원칙).

　　또한 행정청은 모든 국민이 균등하고 질 높은 행정서비스를 누릴 수 있도록 노력 하고, 행정업무 혁신 추진에 필요한 행정적·재정적·기술적 지원방안을 마련하는 등 행정업무 혁신을 위한 노력을 기울여야 하면, 이 경우 행정청은 국민이 경제적·사회 적·지역적 여건 등으로 인하여 불이익을 받지 아니하도록 유의하여야 한다.

4. 행정청의 관할 및 협조(제6조)

　　행정청이 그 관할에 속하지 아니하는 사안을 접수하였거나 이송받은 경우 또는 접수하거나 이송받은 후 관할이 변경된 경우에는 지체 없이 이를 관할 행정청에 이송 하여야 하고 그 사실을 신청인에게 통지하여야 한다. 행정청의 관할이 분명하지 아니 한 경우에는 해당 행정청을 공통으로 감독하는 상급 행정청이 그 관할을 결정하며, 공통으로 감독하는 상급 행정청이 없는 경우에는 각 상급 행정청이 협의하여 그 관할 을 결정한다.

5. 행정응원(제8조)

　　행정청이 다른 행정청에 행정응원(行政應援)을 요청할 수 있는 경우는 다음의 표 와 같다.

- 법령등의 이유로 독자적인 직무 수행이 어려운 경우
- 인원·장비의 부족 등 사실상의 이유로 독자적인 직무 수행이 어려운 경우
- 다른 행정청에 소속되어 있는 전문기관의 협조가 필요한 경우
- 다른 행정청이 관리하고 있는 문서(전자문서를 포함한다)·통계 등 행정자료가 직무 수행을 위하여 필요한 경우
- 다른 행정청의 응원을 받아 처리하는 것이 보다 능률적이고 경제적인 경우

행정응원을 요청받은 행정청은 ① 다른 행정청이 보다 능률적이거나 경제적으로 응원할 수 있는 명백한 이유가 있는 경우 또는 ② 행정응원으로 인하여 고유의 직무 수행이 현저히 지장받을 것으로 인정되는 명백한 이유가 있는 경우에는 응원을 거부할 수 있다. 행정응원은 해당 직무를 직접 응원할 수 있는 행정청에 요청하여야 하며, 행정응원을 요청받은 행정청은 응원을 거부하는 경우 그 사유를 응원을 요청한 행정청에 통지하여야 한다. 행정응원을 위하여 파견된 직원은 (해당 직원의 복무에 관하여 다른 법령등에 특별한 규정이 없는 한) 응원을 요청한 행정청의 지휘·감독을 받는다. 행정응원에 드는 비용은 응원을 요청한 행정청이 부담하며, 그 부담금액 및 부담방법은 응원을 요청한 행정청과 응원을 하는 행정청이 협의하여 결정한다.

6. 송달

1) 송달의 방식(제14조)

송달은 우편, 교부 또는 정보통신망 이용 등의 방법으로 하되, 송달받을 자(대표자 또는 대리인을 포함)의 주소·거소·영업소·사무소 또는 전자우편주소로 한다. 다만, 송달받을 자가 동의하는 경우에는 그를 만나는 장소에서도 송달할 수 있다.

'교부에 의한 송달'은 수령확인서를 받고 문서를 교부함으로써 하며, 송달하는 장소에서 송달받을 자를 만나지 못한 경우에는 그 사무원·피용자 또는 동거인으로서 사리를 분별할 지능이 있는 사람에게 문서를 교부할 수 있다. 다만, 문서를 송달받을 자 또는 그 사무원등이 정당한 사유 없이 송달받기를 거부하는 때에는 그 사실을 수령확인서에 적고, 문서를 송달할 장소에 놓아둘 수 있다.

'정보통신망을 이용한 송달'은 송달받을 자가 동의하는 경우에만 한다. 이 경우 송달받을 자는 송달받을 전자우편주소 등을 지정하여야 한다.

만약, 송달받을 자의 주소등을 통상적인 방법으로 확인할 수 없는 경우이거나 송달이 불가능한 경우에는 송달받을 자가 알기 쉽도록 관보, 공보, 게시판, 일간신문 중 하나 이상에 공고하고 인터넷에도 공고하여야 한다. 이 경우, 민감정보 및 고유식별정보 등 송달받을 자의 개인정보를 「개인정보 보호법」에 따라 보호하여야 한다.

행정청은 송달하는 문서의 명칭, 송달받는 자의 성명 또는 명칭, 발송방법 및 발송 연월일을 확인할 수 있는 기록을 보존하여야 한다.

2) 송달의 효력 발생(제15조)

송달은 (다른 법령등에 특별한 규정이 있는 경우를 제외하고는) 해당 문서가 송달받을 자에게 도달됨으로써 그 효력이 발생한다. 정보통신망을 이용하여 전자문서로 송달하는 경우에는 송달받을 자가 지정한 컴퓨터 등에 입력된 때에 도달된 것으로 본다.

관보 등에 공고하는 경우에는 (다른 법령등에 특별한 규정이 있는 경우를 제외하고는) 공고일부터 14일이 지난 때에 그 효력이 발생한다. 다만, 긴급히 시행하여야 할 특별한 사유가 있어 효력 발생 시기를 달리 정하여 공고한 경우에는 그에 따른다.

7. 기간 및 기한의 특례(제16조)
천재지변이나 그 밖에 당사자등에게 책임이 없는 사유로 기간 및 기한을 지킬 수 없는 경우에는 그 사유가 끝나는 날까지 기간의 진행이 정지된다. 외국에 거주하거나 체류하는 자에 대한 기간 및 기한은 행정청이 그 우편이나 통신에 걸리는 일수를 고려하여 정하여야 한다.

Ⅱ 처분

1. 처분의 신청(제17조)

행정청에 처분을 구하는 신청은 (다른 법령등에 특별한 규정이 있는 경우와 행정청이 미리 다른 방법을 정하여 공시한 경우가 아니라면) 문서로 하여야 한다. 처분을 신청할 때 전자문서로 하는 경우에는 행정청의 컴퓨터 등에 입력된 때에 신청한 것으로 본다.

행정청은 신청에 필요한 구비서류, 접수기관, 처리기간, 그 밖에 필요한 사항을 게시(인터넷 등을 통한 게시를 포함한다)하거나 이에 대한 편람을 갖추어 두고 누구나 열람할 수 있도록 하여야 한다.

행정청은 신청을 받았을 때에는 다른 법령등에 특별한 규정이 있는 경우를 제외하고는 그 접수를 보류 또는 거부하거나 부당하게 되돌려 보내서는 아니 되며, 신청을 접수한 경우에는 원칙적으로 신청인에게 접수증을 주어야 한다.

행정청은 신청에 구비서류의 미비 등 흠이 있는 경우에는 보완에 필요한 상당한 기간을 정하여 지체 없이 신청인에게 보완을 요구하여야 하면, 기간 내에 보완을 하지 아니하였을 때에는 그 이유를 구체적으로 밝혀 접수된 신청을 되돌려 보낼 수 있다. 행정청은 신청인의 편의를 위하여 다른 행정청에 신청을 접수하게 할 수 있다. 이경우 행정청은 다른 행정청에 접수할 수 있는 신청의 종류를 미리 정하여 공시하여야 한다. 신청인은 처분이 있기 전에는 그 신청의 내용을 보완·변경하거나 취하(取下)할 수 있다. 다만, 다른 법령등에 특별한 규정이 있거나 그 신청의 성질상 보완·변경하거나 취하할 수 없는 경우에는 그러하지 아니하다.

다수의 행정청이 관여하는 처분의 경우, 행정청은 다수의 행정청이 관여하는 처분을 구하는 신청을 접수한 경우에는 관계 행정청과의 신속한 협조를 통하여 그 처분이 지연되지 아니하도록 하여야 한다(제18조).

2. 처분기준의 설정·공표(제20조)

행정청은 (처분기준을 공표하는 것이 해당 처분의 성질상 현저히 곤란하거나, 공공의 안전 또는 복리를 현저히 해치는 것으로 인정될 만한 상당한 이유가 있는 경우가 아닌 한) 필요한 처분기준을 해당 처분의 성질에 비추어 되도록 구체적으로 정하여 공표하여야 한다. 처분기준을 변경하는 경우에도 공표하여야 한다. 「행정기본법」 제24조에 따른 인허가의 제의 경우, 관련 인허가 행정청은 관련 인허가의 처분기준을 주된 인허가 행정청에 제출하여야 하고, 주된 인허가 행정청은 제출받은 관련 인허가의 처분기준을 통합하여 공표하여야 하며, 처분기준을 변경하는 경우에도 또한 같다.

당사자등은 공표된 처분기준이 명확하지 아니한 경우 해당 행정청에 그 해석 또는 설명을 요청할 수 있고, 해당 행정청은 특별한 사정이 없으면 그 요청에 따라야 한다.

3. 의견청취(제22조)

행정청이 아래의 처분을 할 때에는 청문을 하여야 한다. [23년 1차]

- 다른 법령등에서 청문을 하도록 규정하고 있는 경우
- 행정청이 필요하다고 인정하는 경우
- 인허가 등의 취소 처분을 하는 경우
- 신분·자격의 박탈 처분을 하는 경우
- 법인이나 조합 등의 설립허가의 취소 처분을 하는 경우

행정청이 처분을 할 때 이하의 경우 공청회를 개최해야 한다.

- 다른 법령등에서 공청회를 개최하도록 규정하고 있는 경우
- 해당 처분의 영향이 광범위하여 널리 의견을 수렴할 필요가 있다고 행정청이 인정하는 경우 [23년 1차]
- 국민생활에 큰 영향을 미치는 처분으로서 대통령령으로 정하는 처분에 대하여 대통령령으로 정하는 수 이상의 당사자등이 공청회 개최를 요구하는 경우

행정청이 당사자에게 의무를 부과하거나 권익을 제한하는 처분을 할 때, 청문을 하거나 공청회를 개최하는 경우를 제외하고는 당사자등에게 의견제출의 기회를 주어야 한다. 다만, 다음과 같은 경우 의견청취를 하지 않을 수 있다.

- 공공의 안전 또는 복리를 위하여 긴급히 처분을 할 필요가 있는 경우
- 법령등에서 요구된 자격이 없거나 없어지게 되면 반드시 일정한 처분을 하여야 하는 경우에 그 자격이 없거나 없어지게 된 사실이 법원의 재판 등에 의하여 객관적으로 증명된 경우
- 해당 처분의 성질상 의견청취가 현저히 곤란하거나 명백히 불필요하다고 인정될 만한 상당한 이유가 있는 경우
- 당사자가 의견진술의 기회를 포기한다는 뜻을 명백히 표시한 경우

행정청은 청문·공청회 또는 의견제출을 거쳤을 때에는 신속히 처분하여 해당 처분이 지연되지 아니하도록 유의하여야 하며, 처분 후 1년 이내에 당사자등이 요청하는 경우에는 청문·공청회 또는 의견제출을 위하여 제출받은 서류나 그 밖의 물건을 반환하여야 한다.

4. 처분의 이유

행정청이 처분을 할 때 아래의 경우를 제외하고는 당사자에게 그 근거와 이유를 제시하여야 한다.

- 신청 내용을 모두 그대로 인정하는 처분인 경우
- 단순·반복적인 처분 또는 경미한 처분으로서 당사자가 그 이유를 명백히 알 수 있는 경우(단, 처분 후 당사자가 요청하는 경우 그 근거와 이유를 제시하여야 함)
- 긴급히 처분을 할 필요가 있는 경우단, 처분 후 당사자가 요청하는 경우 그 근거와 이유를 제시하여야 함)

5. 처분의 방식 · 정정 · 고지

1) 처분의 방식(제24조)

행정청이 처분을 할 때에는 다른 법령등에 특별한 규정이 있는 경우를 제외하고는 문서로 하여야 하지만, ① 당사자등의 동의가 있는 경우나 ② 당사자가 전자문서로 처분을 신청한 경우에는 전자문서로 할 수 있다. 예외적으로 공공의 안전 또는 복리를 위하여 긴급히 처분을 할 필요가 있거나 사안이 경미한 경우에는 말, 전화, 휴대전화를 이용한 문자 전송, 팩스 또는 전자우편 등 문서가 아닌 방법으로 처분을 할 수 있으며, 이 경우 당사자가 요청하면 지체 없이 처분에 관한 문서를 주어야 한다. 처분을 하는 문서에는 그 처분 행정청과 담당자의 소속·성명 및 연락처(전화번호, 팩스번호, 전자우편주소 등)를 적어야 한다.

2) 처분의 정정(제25조)

행정청은 처분에 오기, 오산 또는 그 밖에 이에 준하는 명백한 잘못이 있을 때에는 직권으로 또는 신청에 따라 지체 없이 정정하고 그 사실을 당사자에게 통지하여야 한다.

3) 고지(제26조)

행정청이 처분을 할 때에는 당사자에게 그 처분에 관하여 행정심판 및 행정소송을 제기할 수 있는지 여부, 그 밖에 불복을 할 수 있는지 여부, 청구절차 및 청구기간, 그 밖에 필요한 사항을 알려야 한다.

6. 불이익처분의 사전통지(제21조)

　　행정청은 당사자에게 의무를 부과하거나 권익을 제한하는 처분을 하는 경우에는 미리 아래 사항을 당사자등에게 통지하여야 한다.

- 처분의 제목
- 당사자의 성명 또는 명칭과 주소
- 처분하려는 원인이 되는 사실과 처분의 내용 및 법적 근거
- 제3호에 대하여 의견을 제출할 수 있다는 뜻과 의견을 제출하지 아니하는 경우의・처리 방법
- 의견제출기관의 명칭과 주소
- 의견제출기한
- 그 밖에 필요한 사항

　　행정청은 청문을 하려면 청문이 시작되는 날부터 10일 전까지 위 사항을 당사자 등에게 통지하여야 하며, 일정 사항(처분하려는 원인이 되는 사실과 처분의 내용 및 법적 근거에 대하여 의견을 제출할 수 있다는 뜻과 의견을 제출하지 아니하는 경우의 처리방법, 의견제출기관의 명칭과 주소, 의견제출기한)에 대해서는 청문 주재자의 소속・직위 및 성명, 청문의 일시 및 장소, 청문에 응하지 아니하는 경우의 처리방법 등 청문에 필요한 사항으로 갈음한다. 의견제출기한은 의견제출에 필요한 기간을 10일 이상으로 고려하여 정하여야 한다.

　　당사자에게 의무를 부과하거나 권익을 제한하는 등 불이익한 처분을 하는 경우라도 다음의 경우에는 사전통지를 하지 않을 수 있다.

- 공공의 안전 또는 복리를 위하여 긴급히 처분을 할 필요가 있는 경우
- 법령등에서 요구된 자격이 없거나 없어지게 되면 반드시 일정한 처분을 하여야 하는 경우에 그 자격이 없거나 없어지게 된 사실이 법원의 재판 등에 의하여 객관적으로 증명된 경우
- 해당 처분의 성질상 의견청취가 현저히 곤란하거나 명백히 불필요하다고 인정될 만한 상당한 이유가 있는 경우
- 처분의 전제가 되는 사실이 법원의 재판 등에 의하여 객관적으로 증명된 경우

> 대법원 2000두3337
> 행정절차법 제21조 제4항 제3호는 침해적 행정처분을 할 경우 청문을 실시하지 않을 수 있는 사유로서 "당해 처분의 성질상 의견청취가 현저히 곤란하거나 명백히 불필요하다고 인정될 만한 상당한 이유가 있는 경우"를 규정하고 있으나, 여기에서 말하는 '의견청취가 현저히 곤란하거나 명백히 불필요하다고 인정될 만한 상당한 이유가 있는지 여부'는 당해 행정처분의 성질에 비추어 판단하여야 하는 것이지, 청문통지서의 반송 여부, 청문통지의 방법 등에 의하여 판단할 것은 아니며, 또한 행정처분의 상대방이 통지된 청문일시에 불출석하였다는 이유만으로 행정청이 관계 법령상 그 실시가 요구되는 청문을 실시하지 아니한 채 침해적 행정처분을 할 수는 없을 것이므로, 행정처분의 상대방에 대한 청문통지서가 반송되었다거나, 행정처분의 상대방이 청문일시에 불출석하였다는 이유로 청문을 실시하지 아니하고 한 침해적 행정처분은 위법하다.

국가공무원법이나 지방공무원법에서 공무원에게 불이익한 조치를 취할 때에는 의견 진술의 기회를 부여하도록 하고 있으며, 이를 흠결하면 특별히 무효라고 규정하고 있다.

Ⅲ 신고·확약 및 위반사실 등의 공표 등

1. 신고절차(제40조)

법령등에서 행정청에 일정한 사항을 통지함으로써 의무가 끝나는 신고를 규정하고 있는 경우 신고를 관장하는 행정청은 신고에 필요한 구비서류, 접수기관, 그 밖에 법령 등에 따른 신고에 필요한 사항을 게시(인터넷 등을 통한 게시 포함)하거나 이에 대한 편람을 갖추어 두고 누구나 열람할 수 있도록 하여야 한다. 이러한 신고가 다음의 요건을 갖춘 경우에는 신고서가 접수기관에 도달된 때에 신고 의무가 이행된 것으로 본다.

- 신고서의 기재사항에 흠이 없을 것
- 필요한 구비서류가 첨부되어 있을 것
- 그 밖에 법령등에 규정된 형식상의 요건에 적합할 것

행정청은 위 요건을 갖추지 못한 신고서가 제출된 경우, 지체 없이 상당한 기간을 정하여 신고인에게 보완을 요구하여야 하며, 신고인이 기간 내에 보완을 하지 아니하였을 때에는 그 이유를 구체적으로 밝혀 해당 신고서를 되돌려 보내야 한다.

2. 확약절차(제40조의2)

확약(법령등에서 당사자가 신청할 수 있는 처분을 규정하고 있는 경우 행정청은 당사자의 신청에 따라 장래에 어떤 처분을 하거나 하지 아니할 것을 내용으로 하는 의사표시)은 문서로 하여야 하며, 행정청은 다른 행정청과의 협의 등의 절차를 거쳐야 하는 처분에 대하여 확약을 하려는 경우에는 확약을 하기 전에 그 절차를 거쳐야 한다.

행정청은 ① 확약을 한 후에 확약의 내용을 이행할 수 없을 정도로 법령등이나 사정이 변경된 경우, 또는 ② 확약이 위법한 경우에는 확약에 기속되지 않는데, 이때 행정청은 지체 없이 당사자에게 그 사실을 통지하여야 한다.

3. 위반사실의 공표절차(제40조의3)

행정청은 법령에 따른 의무를 위반한 자의 성명·법인명, 위반사실, 의무 위반을 이유로 한 처분사실 등을 법률로 정하는 바에 따라 일반에게 공표할 수 있고, 이러한 공표는 관보, 공보 또는 인터넷 홈페이지 등을 통하여 한다. 행정청은 위반사실등의 공표를 하기 전에 사실과 다른 공표로 인하여 당사자의 명예·신용 등이 훼손되지 아니하도록 객관적이고 타당한 증거와 근거가 있는지를 확인하여야 한다.

행정청이 위반사실등의 공표를 할 때, 아래의 경우를 제외하고는 미리 당사자에게 그 사실을 통지하고 의견제출의 기회를 주어야 한다.

- 공공의 안전 또는 복리를 위하여 긴급히 공표를 할 필요가 있는 경우
- 해당 공표의 성질상 의견청취가 현저히 곤란하거나 명백히 불필요하다고 인정될 만한 타당한 이유가 있는 경우
- 당사자가 의견진술의 기회를 포기한다는 뜻을 명백히 밝힌 경우

의견제출의 기회를 받은 당사자는 공표 전에 관할 행정청에 서면이나 말 또는 정보통신망을 이용하여 의견을 제출할 수 있다.

행정청은 위반사실등의 공표를 하기 전에 당사자가 공표와 관련된 의무의 이행, 원상회복, 손해배상 등의 조치를 마친 경우에는 위반사실등의 공표를 하지 아니할 수 있다. 행정청은 공표된 내용이 사실과 다른 것으로 밝혀지거나 공표에 포함된 처분이

취소된 경우에는 그 내용을 정정하여, (당사자가 원하지 않는 경우를 제외하고는) 정정한 내용을 지체 없이 해당 공표와 같은 방법으로 공표된 기간 이상 공표하여야 한다.

4. 행정계획의 절차(제40조의4)

행정청은 행정청이 수립하는 계획 중 국민의 권리·의무에 직접 영향을 미치는 계획을 수립하거나 변경·폐지할 때에는 관련된 여러 이익을 정당하게 형량하여야 한다.

Ⅳ 행정상 입법예고 의의 및 절차

1. 입법예고 의의(제41조)

행정청이 입법(법령등을 제정·개정 또는 폐지)하려는 경우에는 해당 입법안을 마련한 행정청이 아래의 경우를 제외하고는 이를 예고하여야 한다.

- 신속한 국민의 권리 보호 또는 예측 곤란한 특별한 사정의 발생 등으로 입법이 긴급을 요하는 경우
- 상위 법령등의 단순한 집행을 위한 경우
- 입법내용이 국민의 권리·의무 또는 일상생활과 관련이 없는 경우
- 단순한 표현·자구를 변경하는 경우 등 입법내용의 성질상 예고의 필요가 없거나 곤란하다고 판단되는 경우
- 예고함이 공공의 안전 또는 복리를 현저히 해칠 우려가 있는 경우

법제처장은 입법예고를 하지 아니한 법령안의 심사 요청을 받은 경우에 입법예고를 하는 것이 적당하다고 판단할 때에는 해당 행정청에 입법예고를 권고하거나 직접 예고할 수 있다. 입법안을 마련한 행정청은 입법예고 후 예고내용에 국민생활과 직접 관련된 내용이 추가되는 등 대통령령으로 정하는 중요한 변경이 발생하는 경우에는 (위 표에 열거된 경우를 제외하고는) 해당 부분에 대한 입법예고를 다시 하여야 한다.

2. 입법예고 방식(제42조)

행정청은 입법안의 취지, 주요 내용 또는 전문(全文)을 다음의 구분에 따른 방법으로 공고하여야 하며, 추가로 인터넷, 신문 또는 방송 등을 통하여 공고할 수 있다.

- 법령의 입법안을 입법예고하는 경우: 관보 및 법제처장이 구축·제공하는 정보시스템을 통한 공고
- 자치법규의 입법안을 입법예고하는 경우: 공보를 통한 공고

행정청은 대통령령을 입법예고하는 경우 국회 소관 상임위원회에 이를 제출하여야 하며, 입법예고를 할 때에 입법안과 관련이 있다고 인정되는 중앙행정기관, 지방자치단체, 그 밖의 단체 등이 예고사항을 알 수 있도록 예고사항을 통지하거나 그 밖의 방법으로 알려야 한다. 행정청은 예고된 입법안에 대하여 온라인공청회 등을 통하여 널리 의견을 수렴할 수 있다. 행정청은 예고된 입법안의 전문에 대한 열람 또는 복사를 요청받았을 때에는 특별한 사유가 없으면 그 요청에 따라야 한다.

입법예고기간은 예고할 때 정하되, 특별한 사정이 없으면 40일(자치법규는 20일) 이상으로 한다(제43조).

3. 의견청취(제44조)

누구든지 예고된 입법안에 대하여 의견을 제출할 수 있고, 행정청은 의견접수기관, 의견제출기간, 그 밖에 필요한 사항을 해당 입법안을 예고할 때 함께 공고하여야 한다. 행정청은 해당 입법안에 대한 의견이 제출된 경우 특별한 사유가 없으면 이를 존중하여 처리하여야 하며, 의견을 제출한 자에게 그 제출된 의견의 처리결과를 통지하여야 한다.

행정청은 입법안에 관하여 공청회를 개최할 수 있다.

Ⅴ 행정예고(제46조)

행정청은 정책등(정책, 제도, 계획)을 수립·시행하거나 변경하려는 경우, 아래의 경우를 제외하고는 이를 예고하여야 한다. 단, 법령등의 입법을 포함하는 행정예고는 입법예고로 갈음할 수 있다.

- 신속하게 국민의 권리를 보호하여야 하거나 예측이 어려운 특별한 사정이 발생하는 등 긴급한 사유로 예고가 현저히 곤란한 경우
- 법령등의 단순한 집행을 위한 경우
- 정책등의 내용이 국민의 권리·의무 또는 일상생활과 관련이 없는 경우
- 정책등의 예고가 공공의 안전 또는 복리를 현저히 해칠 우려가 상당한 경우

행정예고기간은 예고 내용의 성격 등을 고려하여 정하되, 20일 이상으로 한다. 단, 행정목적을 달성하기 위하여 긴급한 필요가 있는 경우에는 행정예고기간을 단축할 수 있고, 이 경우 단축된 행정예고기간은 10일 이상으로 한다. 행정청은 매년 자신이 행한 행정예고의 실시 현황과 그 결과에 관한 통계를 작성하고, 이를 관보·공보 또는 인터넷 등의 방법으로 널리 공고하여야 한다(제46조의2). 또한, 행정청은 정책등안(案)의 취지, 주요 내용 등을 관보·공보나 인터넷·신문·방송 등을 통하여 공고하여야 한다(제47조).

Ⅵ 행정지도

행정지도는 그 목적 달성에 필요한 최소한도에 그쳐야 하며(비례성 원칙), 행정지도의 상대방의 의사에 반하여 부당하게 강요하여서는 아니 된다(임의성 원칙). 또한, 행정기관은 행정지도의 상대방이 행정지도에 따르지 아니하였다는 것을 이유로 불이익한 조치를 하여서는 아니 된다(불이익 조치 금지 원칙)(제48조).

행정지도를 하는 자는 그 상대방에게 그 행정지도의 취지 및 내용과 신분을 밝혀야 하며, 행정지도가 말로 이루어지는 경우 행정지도의 취지 및 내용과 신분을 적은 서면의 교부를 요구하면 그 행정지도를 하는 자는 직무 수행에 특별한 지장이 없으면 이를 교부하여야 한다(제49조). 행정지도의 상대방은 해당 행정지도의 방식·내용 등에 관하여 행정기관에 의견제출을 할 수 있다(제50조). 행정기관이 같은 행정목적을 실현

하기 위하여 많은 상대방에게 행정지도를 하려는 경우에는 특별한 사정이 없으면 행정지도에 공통적인 내용이 되는 사항을 공표하여야 한다(제51조).

Ⅶ 비용부담

행정절차에 드는 비용은 행정청이 부담하되, 당사자등이 자기를 위하여 스스로 지출한 비용은 그러하지 아니하다(제54조). 행정청은 행정절차의 진행에 필요한 참고인이나 감정인 등에게 예산의 범위에서 여비와 일당을 지급할 수 있다(제55조).

제7절 | 행정의 구제

Ⅰ 행정상 손해배상(국가배상)

1. 행정상 손해배상(국가배상)의 의의

행정상 손해배상이란 국가나 지방자치단체 등 행정주체의 활동으로 인해 개인에게 손해를 입힌 경우 그 손해를 전보해주는 제도이다. 헌법상 보장된 권리이며, 그 구체적 내용은 「국가배상법」에서 의율하고 있으므로 일명 '국가배상'이라고도 한다.

헌법 제29조 ① 공무원의 직무상 불법행위로 손해를 받은 국민은 법률이 정하는 바에 의하여 국가 또는 공공단체에 정당한 배상을 청구할 수 있다. 이 경우 공무원 자신의 책임은 면제되지 아니한다.
② 군인·군무원·경찰공무원 기타 법률이 정하는 자가 전투·훈련등 직무집행과 관련하여 받은 손해에 대하여는 법률이 정하는 보상 외에 국가 또는 공공단체에 공무원의 직무상 불법행위로 인한 배상은 청구할 수 없다.

국가배상법 제2조(배상책임) ① 국가나 지방자치단체는 공무원 또는 공무를 위탁받은 사인(이하 "공무원"이라 한다)이 직무를 집행하면서 고의 또는 과실로 법령을 위반하여 타인에게 손해를 입히거나, 「자동차손해배상 보장법」에 따라 손해배상의 책임이 있을 때에는 이 법에 따라 그 손해를 배상하여야 한다. 다만, 군인·군무원·경찰공무원 또는 예비군 대원이 전투·훈련 등 직무 집행과 관련하여 전사(戰死)·순직(殉職)하거나 공상(公傷)을 입은 경우에 본인이나 그 유족이 다른 법령에 따라 재해보상금·유족연금·상이연금 등의 보상을 지급받을 수 있을 때에는 이 법 및 「민법」에 따른 손해배상을 청구할 수 없다. ② 제1항 본문의 경우에 공무원에게 고의 또는 중대한 과실이 있으면 국가나 지방자치단체는 그 공무원에게 구상(求償)할 수 있다.

국가배상법의 법적 성격에 대하여는 공법설과 사법설이 대립하는데, 판례는 '민사상의 손해배상책임을 특별법인 국가배상법에 정한 데 불과'하다고 보아서 사법설을 취하고 있지만, 다수 학설은 국가배상법은 공법적 원인에 의하여 발생한 손해에 대한 국가 등의 배상책임을 규정한 공법이라는 입장이다.

2. 국가배상청구권의 성립요건

국가배상법 제2조 제1항에 따르면, 국가배상책임이 성립하기 위하여는 ① 공무원 또는 공무수탁사인의 가해행위, ② 가해행위의 직무집행성, ③ 고의 또는 과실에 기한 가해행위, ④ 가해행위의 위법성, ⑤ 타인에 대한 손해의 발생, ⑥ 공무원의 가해행위와 손해발생간의 상당 인과관계 등이 충족되어야 한다.

1) 공무원 또는 공무수탁사인의 가해행위

국가배상법상 공무원 개념은 조직법상 공무원에 국한되는 것이 아니라 널리 공무를 위탁받아 실질적으로 공무에 종사하고 있는 자도 포함된다. 따라서 국가나 지방자치단체 소속의 공무원 또는 공무수탁사인의 행위가 있어야 한다. 참고로 시청청소차 운전수나 국가나 지방자치단체의 청원경찰은 공무원이지만, 의용소방대원이나 시영버스 운전수는 공무원이 아니다.

■ 참조 판례

대법원 98다39060 판결
지방자치단체가 '교통할아버지 봉사활동' 계획을 수립한 다음 관할 동장으로 하여금 '교통할아버지' 봉사원을 선정하게 하여 그들에게 활동시간과 장소까지 지정해

주면서 그 활동시간에 비례한 수당을 지급하고 그 활동에 필요한 모자, 완장 등 물품을 공급함으로써, 지방자치단체의 복지행정업무에 해당하는 어린이 보호, 교통안내, 거리질서 확립 등의 공무를 위탁하여 이를 집행하게 하였다고 보아, '교통할아버지'로 선정된 노인은 '교통할아버지' 활동을 하는 범위 내에서는 국가배상법 제2조에 규정된 지방자치단체의 '공무원'이라고 봄이 상당하다.

2) 가해행위의 직무집행성

국가배상청구의 요건인 '공무원의 직무'에는 권력적 작용만이 아니라 행정지도와 같은 비권력적 작용도 포함되며, 단지 행정주체가 사경제주체로서 하는 활동만 제외된다. 또한 공무원의 직무는 직접 공무원의 직무집행행위이거나 그와 밀접한 관련이 있는 행위를 포함하고, 이를 판단함에 있어서는 행위 자체의 외관을 객관적으로 관찰하여 공무원의 직무행위로 보여질 때에는 비록 그것이 실질적으로 직무행위가 아니거나 또는 행위자로서는 주관적으로 공무집행의 의사가 없었다고 하더라도 그 행위를 공무원의 직무로 본다. 예컨대, 인사업무담당 공무원이 다른 공무원의 공무원증 등을 위조한 행위는 실질적으로는 직무행위에 속하지 않지만 외관상으로 직무집행관련성을 인정할 수 있다. 반면, 공무원이 통상적으로 근무하는 근무지로 출근하기 위하여 자기 소유의 자동차를 운행하다가 자신의 과실로 교통사고를 일으킨 경우에는 특별한 사정이 없는 한 국가배상법상 공무원의 직무에 해당하지 않으며, 따라서 그 공무원이 소속된 국가나 지방공공단체가 국가배상법상의 손해배상책임을 부담하지 않는다.

3) 고의 또는 과실에 기한 가해행위

국가배상법은 원칙적으로 과실책임주의에 입각하여, 국가배상청구요건으로서 공무원의 고의 또는 과실을 요구한다. 고의·과실은 당해 공무원을 기준으로 판단하며, 국가 등의 공무원의 선임·감독상의 고의·과실을 의미하지 않는다는 점에서 민법상의 사용자책임과 차이가 있다. 공무원의 직무집행상의 과실은 공무원이 그 직무를 수행함에 있어 당해직무를 담당하는 평균인이 보통 갖추어야 할 주의의무를 게을리한 것을 말한다.

참고로, 어떠한 행정처분이 후에 항고소송에서 취소되었다고 할지라도 그 기판력에 의하여 당해 행정처분이 곧바로 공무원의 고의 또는 과실로 인한 것으로서 불법행위를 구성한다고 판단하지는 않는다. 왜냐하면, 행정청이 관계 법령의 해석이 확립되기 전에 어느 한 설을 취하여 업무를 처리한 것이 결과적으로 위법하게 되어 그 법령의 부당 집행이라는 결과를 빚었다고 하더라도 처분 당시 그와 같은 처리 방법 이상의 것을 성실한 평균적 공무원에게 기대하기 어려웠던 경우라면 특단의 사정이 없는 한 이를 두고 공무원의 과실로 인한 것이라고 할 수 없기 때문이다.

다만, 특별한 사정이 없는 한 일반적으로 공무원이 관계법규를 알지 못하거나 필요한 지식을 갖추지 못하고 법규의 해석을 그르쳐 행정처분을 한 경우에는 해당공무원이 법률전문가 아닌 행정직 공무원이라고 하여도 과실이 인정된다.

4) 가해행위의 위법성(=법령의 위반)

국가배상법상 요구되는 가해행위의 위법성과 관련하여 결과불법설, 행위불법설, 상대적 위법성설 등 다양한 견해가 있는데, 판례는 '엄격한 의미의 법령 위반뿐만 아니라 인권존중, 권력남용금지, 신의성실, 공서양속 등의 위반도 포함하여 널리 그 행위가 객관적인 정당성을 결여하고 있음을 의미한다'고 보아, 상대적 위법성설의 입장을 취하고 있다. 즉, '법령에 위반한 행위'가 단순히 법률과 법규명령에 위반함을 의미하지는 않는다. [24년 1차] 여기서 '객관적 정당성을 상실하였는지 여부'는 피침해이익의 종류 및 성질, 침해행위가 되는 행정처분의 태양 및 그 원인, 행정처분의 발동에 대한 피해자측의 관여의 유무, 정도 및 손해의 정도 등 제반 사정을 종합하여 손해의 전보책임을 국가 또는 지방자치단체에게 부담시켜야 할 실질적인 이유가 있는지 여부에 의하여 판단하여야 한다. 이에 따라 판례는 수사과정에서 여자 경찰관이 실시한 여성 피의자에 대한 신체검사가 그 방식 등에 비추어 피의자에게 큰 수치심을 느끼게 하였을 것으로 보이는 등 피의자의 신체의 자유를 침해하였다고 판단하여 국가배상책임을 인정한 예가 있다.

한편, 부작위가 위법하려면 법규상 또는 조리상 작위의무가 인정되어야 한다.

■ 참조 판례

> 대법원 2017다228083 판결
> [1] 경찰은 범죄의 예방, 진압 및 수사와 함께 국민의 생명, 신체 및 재산의 보호 기타 공공의 안녕과 질서유지를 직무로 하고 있고, 직무의 원활한 수행을 위하여 경찰관 직무집행법, 형사소송법 등 관계 법령에 의하여 여러 가지 권한이 부여되어 있으므로, 구체적인 직무를 수행하는 경찰관으로서는 제반 상황에 대응하여 자신에게 부여된 여러 가지 권한을 적절하게 행사하여 필요한 조치를

취할 수 있는 것이고, 그러한 권한은 일반적으로 경찰관의 전문적 판단에 기한 합리적인 재량에 위임되어 있는 것이나, 경찰관에게 권한을 부여한 취지와 목적에 비추어 볼 때 구체적인 사정에 따라 경찰관이 권한을 행사하여 필요한 조치를 취하지 아니하는 것이 현저하게 불합리하다고 인정되는 경우에는 그러한 권한의 불행사는 직무상의 의무를 위반한 것이 되어 위법하게 된다.

[2] 공무원에게 부과된 직무상 의무의 내용이 단순히 공공 일반의 이익을 위한 것이거나 행정기관 내부의 질서를 규율하기 위한 것이 아니고 전적으로 또는 부수적으로 사회구성원 개인의 안전과 이익을 보호하기 위하여 설정된 것이라면, 공무원이 그와 같은 직무상 의무를 위반함으로 인하여 피해자가 입은 손해에 대하여는 상당인과관계가 인정되는 범위 내에서 국가가 배상책임을 진다. 상당인과관계의 유무를 판단할 때에는 일반적인 결과 발생의 개연성은 물론 직무상 의무를 부과하는 법령 기타 행동규범의 목적이나 가해행위의 태양 및 피해의 정도 등을 종합적으로 고려하여야 한다.

대법원 2002다53995 판결

공무원의 부작위로 인한 국가배상책임을 인정하기 위하여는 공무원의 작위로 인한 국가배상책임을 인정하는 경우와 마찬가지로 '공무원이 그 직무를 집행함에 당하여 고의 또는 과실로 법령에 위반하여 타인에게 손해를 가한 때'라고 하는 국가배상법 제2조 제1항의 요건이 충족되어야 할 것인바, 여기서 '법령에 위반하여'라고 하는 것이 엄격하게 형식적 의미의 법령에 명시적으로 공무원의 작위의무가 규정되어 있는데도 이를 위반하는 경우만을 의미하는 것은 아니고, 국민의 생명, 신체, 재산 등에 대하여 절박하고 중대한 위험상태가 발생하였거나 발생할 우려가 있어서 국민의 생명, 신체, 재산 등을 보호하는 것을 본래적 사명으로 하는 국가가 초법규적·일차적으로 그 위험 배제에 나서지 아니하면 국민의 생명, 신체, 재산 등을 보호할 수 없는 경우에는 형식적 의미의 법령에 근거가 없더라도 국가나 관련 공무원에 대하여 그러한 위험을 배제할 작위의무를 인정할 수 있을 것이다.

그러나 그와 같은 절박하고 중대한 위험상태가 발생하였거나 발생할 우려가 있는 경우가 아닌 한, 원칙적으로 공무원이 관련 법령대로만 직무를 수행하였다면 그와 같은 공무원의 부작위를 가지고 '고의 또는 과실로 법령에 위반'하였다고 할 수는 없을 것이므로, 공무원의 부작위로 인한 국가배상책임을 인정할 것인지 여부가 문제되는 경우에 관련 공무원에 대하여 작위의무를 명하는 법령의 규정이 없다면 공무원의 부작위로 인하여 침해된 국민의 법익 또는 국민에게 발생한 손해가 어느 정도 심각하고 절박한 것인지, 관련 공무원이 그와 같은 결과를 예견하여 그 결과를 회피하기 위한 조치를 취할 수 있는 가능성이 있는지 등을 종합적으로 고려하여 판단하여야 한다.

대법원 94다2480 판결

경찰관은 공공의 안녕질서유지와 함께 국민의 생명, 신체 및 재산의 보호도 그 임무로 하고 있으므로 이 사건과 같은 불법시위가 발생하는 경우 공공의 안녕질서유지를 위해 이를 저지하는 한편, 그로 인하여 국민의 생명, 신체 및 재산에 대한 손해가 발생하지 않도록 적절한 조치를 취할 의무가 있음은 원심이 판시한 바와 같으나, 국가배상책임은 공무원의 직무집행이 법령에 위반한 것임을 요건으로 하는 것으로서, 공무원의 직무집행이 법령이 정한 요건과 절차에 따라 이루어진 것이라면 특별한 사정이 없는 한 이는 법령에 적합한 것이고 그 과정에서 개인의 권리가 침해되는 일이 생긴다고 하여 그 법령적합성이 곧바로 부정되는 것은 아니라고 할 것이며, 불법시위를 진압하는 경찰관들의 직무집행이 법령에 위반한 것이라고 하기 위하여는 그 시위진압이 불필요하거나 또는 불법시위의 태양 및 시위 장소의 상황 등에서 예측되는 피해 발생의 구체적 위험성의 내용에 비추어 시위진압의 계속 수행 내지 그 방법 등이 현저히 합리성을 결하여 이를 위법하다고 평가할 수 있는 경우이어야 할 것이다. 24년 1차

5) 타인에 대한 손해의 발생

공무원의 직무상 불법행위로 인해 타인에게 손해가 발생해야 한다. 불법행위로 인한 재산상 손해는 위법한 가해행위로 인하여 발생한 재산상 불이익, 즉 그 위법행위가 없었더라면 존재하였을 재산 상태와 그 위법행위가 가해진 현재의 재산 상태의 차이를 말하는 것이고, 그것은 기존의 이익이 상실되는 적극적 손해의 형태와 장차 얻을 수 있을 이익을 얻지 못하는 소극적 손해의 형태로 구분된다. 한편, 재산상의 손해로 인하여 받는 '정신적 고통'은 그로 인하여 재산상 손해의 배상만으로는 전보될 수 없을 정도의 심대한 것이라고 볼 만한 특별한 사정이 없는 한 재산상 손해배상으로써 위자된다고 본다.

■ 참조 판례

> 대법원 2017다228083 판결
> [3] 국가가 소속 경찰관의 직무집행상의 과실로 말미암아 피해자에게 손해를 배상할 책임이 있는 경우에 손해배상의 범위를 정함에 있어서는, 당해 직무집행에서 요구되는 경찰관의 주의의무의 내용과 성격, 당해 경찰관의 주의의무 위반의 경위 및 주의의무 위반행위의 태양, 피해자의 손해 발생 및 확대에 관여된 객관적인 사정이나 정도 등 제반 사정을 참작하여 손해분담의 공평이라는 손해배상제도의 이념에 비추어 손해배상액을 제한할 수 있다. 나아가 책임감경사유에 관한 사실인정이나 비율을 정하는 것은 그것이 형평의 원칙에 비추어 현저히 불합리하다고 인정되지 않는 한 사실심의 전권사항에 속한다.
> [4] 불법행위로 입은 정신적 고통에 대한 위자료 액수에 관하여는 사실심 법원이 제반 사정을 참작하여 직권에 속하는 재량에 의하여 이를 확정할 수 있다.
> [5] 범죄피해자 보호법에 의한 범죄피해 구조금 중 위 법 제17조 제2항의 유족구조

금은 사람의 생명 또는 신체를 해치는 죄에 해당하는 행위로 인하여 사망한 피
해자 또는 그 유족들에 대한 손실보상을 목적으로 하는 것으로서, 위 범죄행위
로 인한 손실 또는 손해를 전보하기 위하여 지급된다는 점에서 불법행위로 인
한 소극적 손해의 배상과 같은 종류의 금원이라고 봄이 타당하다.

6) 공무원의 가해행위와 손해발생간의 상당 인 과관계

공무원의 가해행위와 타인의 손해발생간에 상당 인 과관계가 있을 것이 요구된다.

■ 참조 판례

대법원 2017다228083 판결
공무원에게 부과된 직무상 의무의 내용이 단순히 공공 일반의 이익을 위한 것이거
나 행정기관 내부의 질서를 규율하기 위한 것이 아니고 전적으로 또는 부수적으로
사회구성원 개인의 안전과 이익을 보호하기 위하여 설정된 것이라면, 공무원이 그
와 같은 직무상 의무를 위반함으로 인하여 피해자가 입은 손해에 대하여는 상당인
과관계가 인정되는 범위 내에서 국가가 배상책임을 진다. 상당인과관계의 유무를
판단할 때에는 일반적인 결과 발생의 개연성은 물론 직무상 의무를 부과하는 법령
기타 행동규범의 목적이나 가해행위의 태양 및 피해의 정도 등을 종합적으로 고려
하여야 한다.

3. 배상책임

1) 배상책임자

공무원의 위법한 직무행위로 인한 손해의 배상책임자는 원칙적으로 국가 또는 지
방자치단체이다(제2조). 다만, 국가나 지방자치단체가 손해를 배상할 책임이 있는 경우
에 공무원의 선임·감독 또는 영조물의 설치·관리를 맡은 자와 공무원의 봉급·급여,
그 밖의 비용 또는 영조물의 설치·관리 비용을 부담하는 자가 동일하지 아니하면 그
비용을 부담하는 자도 손해를 배상하여야 한다(제6조). 이때, 공무원에게 고의 또는 중
대한 과실이 있으면 국가나 지방자치단체는 그 공무원에게 구상(求償)할 수 있다.

외국인이 피해자인 경우에는 해당 국가와 상호 보증이 있을 때에만 국가배상법상
손해배상 청구가 가능하다(제7조).

2) 이중배상금지

군인·군무원·경찰공무원 또는 예비군대원이 전투·훈련 등 직무 집행과 관련하여 전사(戰死)·순직(殉職)하거나 공상(公傷)을 입은 경우에 본인이나 그 유족이 다른 법령에 따라 재해보상금·유족연금·상이연금 등의 보상을 지급받을 수 있을 때에는 「국가배상법」 및 「민법」에 따른 손해배상을 청구할 수 없다(국가배상법 제2조 제1항 단서).

참고로 전투경찰순경은 이중배상이 금지되는 경찰공무원에 포함되지만, 공익근무요원이나 경비교도대원은 이중배상이 금지되는 군인에 포함되지 않는다.

3) 배상의 기준(제3조)

국가배상법에서 정하고 있는 배상기준은 다음과 같다.

국가배상법 제3조(배상기준) ① 제2조제1항을 적용할 때 타인을 사망하게 한 경우(타인의 신체에 해를 입혀 그로 인하여 사망하게 한 경우를 포함한다) 피해자의 상속인(이하 "유족"이라 한다)에게 다음 각 호의 기준에 따라 배상한다.
1. 사망 당시(신체에 해를 입고 그로 인하여 사망한 경우에는 신체에 해를 입은 당시를 말한다)의 월급액이나 월실수입액(月實收入額) 또는 평균임금에 장래의 취업가능기간을 곱한 금액의 유족배상(遺族賠償)
2. 대통령령으로 정하는 장례비
② 제2조제1항을 적용할 때 타인의 신체에 해를 입힌 경우에는 피해자에게 다음 각 호의 기준에 따라 배상한다.
1. 필요한 요양을 하거나 이를 대신할 요양비
2. 제1호의 요양으로 인하여 월급액이나 월실수입액 또는 평균임금의 수입에 손실이 있는 경우에는 요양기간 중 그 손실액의 휴업배상(休業賠償)
3. 피해자가 완치 후 신체에 장해(障害)가 있는 경우에는 그 장해로 인한 노동력 상실 정도에 따라 피해를 입은 당시의 월급액이나 월실수입액 또는 평균임금에 장래의 취업가능기간을 곱한 금액의 장해배상(障害賠償)
③ 제2조제1항을 적용할 때 타인의 물건을 멸실·훼손한 경우에는 피해자에게 다음 각 호의 기준에 따라 배상한다.
1. 피해를 입은 당시의 그 물건의 교환가액 또는 필요한 수리를 하거나 이를 대신할 수리비
2. 제1호의 수리로 인하여 수입에 손실이 있는 경우에는 수리기간 중 그 손실액의 휴업배상
④ 생명·신체에 대한 침해와 물건의 멸실·훼손으로 인한 손해 외의 손해는 불법행위와 상당한 인과관계가 있는 범위에서 배상한다.
⑤ 사망하거나 신체의 해를 입은 피해자의 직계존속(直系尊屬)·직계비속(直系卑屬) 및

배우자, 신체의 해나 그 밖의 해를 입은 피해자에게는 대통령령으로 정하는 기준 내에서 피해자의 사회적 지위, 과실(過失)의 정도, 생계 상태, 손해배상액 등을 고려하여 그 정신적 고통에 대한 위자료를 배상하여야 한다.

⑥ 제1항제1호 및 제2항제3호에 따른 취업가능기간과 장해의 등급 및 노동력 상실률은 대통령령으로 정한다.

⑦ 제1항부터 제3항까지의 규정에 따른 월급액이나 월실수입액 또는 평균임금 등은 피해자의 주소지를 관할하는 세무서장 또는 시장·군수·구청장(자치구의 구청장을 말한다)과 피해자의 근무처의 장의 증명이나 그 밖의 공신력 있는 증명에 의하고, 이를 증명할 수 없을 때에는 대통령령으로 정하는 바에 따른다.

4) 배상청구권의 압류·양도 금지(제4조)

국가배상법상 생명·신체의 침해로 인한 국가배상을 받을 권리는 양도하거나 압류하지 못한다.

5) 공공시설 등의 하자로 인한 책임(제5조)

도로·하천, 그 밖의 공공의 영조물의 설치나 관리에 하자가 있기 때문에 타인에게 손해를 발생하게 하였을 때에는 국가나 지방자치단체는 그 손해를 배상하여야 한다. 단, 손해의 원인에 대하여 책임을 질 자가 따로 있으면 국가나 지방자치단체는 그 자에게 구상권을 행사할 수 있다.

영조물하자로 인한 국가배상책임 인정요건으로는 ① 공공의 영조물에 대한 설치·관리의 하자, ② 설치·관리의 하자로 인한 타인(영조물의 관리청 이외의 자)에의 재산적·정신적 손해 발생, ③ 그 하자와 손해발생 사이의 상당인과관계가 요구된다. 영조물의 하자의 입증책임은 원칙적으로 원고인 피해자에게 있다.

■ 참조 판례

대법원 98다17381 판결
[1] 국가배상법 제5조 제1항 소정의 '공공의 영조물'이라 함은 국가 또는 지방자치단체에 의하여 특정 공공의 목적에 공여된 유체물 내지 물적 설비를 말하며, 국가 또는 지방자치단체가 소유권, 임차권 그 밖의 권한에 기하여 관리하고 있는 경우뿐만 아니라 사실상의 관리를 하고 있는 경우도 포함된다.

대법원 99다54998 판결

[1] 국가배상법 제5조 제1항 소정의 '영조물 설치 관리상의 하자'라 함은 공공의 목적에 공여된 영조물이 그 용도에 따라 통상 갖추어야 할 안전성을 갖추지 못한 상태에 있음을 말하고, 영조물의 설치 및 관리에 있어서 항상 완전무결한 상태를 유지할 정도의 고도의 안전성을 갖추지 아니하였다고 하여 영조물의 설치 또는 관리에 하자가 있는 것으로는 할 수 없는 것으로서, 영조물의 설치자 또는 관리자에게 부과되는 방호조치의무의 정도는 영조물의 위험성에 비례하여 사회통념상 일반적으로 요구되는 정도의 것을 말하므로, 영조물인 도로의 경우도 다른 생활필수시설과의 관계나 그것을 설치하고 관리하는 주체의 재정적, 인적, 물적 제약 등을 고려하여 그것을 이용하는 자의 상식적이고 질서 있는 이용 방법을 기대한 상대적인 안전성을 갖추는 것으로 족하다.

[2] 도로의 설치·관리상의 하자는 도로의 위치 등 장소적인 조건, 도로의 구조, 교통량, 사고시에 있어서의 교통 사정 등 도로의 이용 상황과 본래의 이용 목적 등 제반 사정과 물적 결함의 위치, 형상 등을 종합적으로 고려하여 사회통념에 따라 구체적으로 판단하여야 하는바, 특히 강설은 기본적 환경의 하나인 자연현상으로서 그것이 도로교통의 안전을 해치는 위험성의 정도나 그 시기를 예측하기 어렵고 통상 광범위한 지역에 걸쳐 일시에 나타나고 일정한 시간을 경과하면 소멸되는 일과성을 띠는 경우가 많은 점에 비하여, 이로 인하여 발생되는 도로상의 위험에 대처하기 위한 완벽한 방법으로서 도로 자체에 융설 설비를 갖추는 것은 현대의 과학기술의 수준이나 재정사정에 비추어 사실상 불가능하고, 가능한 방법으로 인위적으로 제설작업을 하거나 제설제를 살포하는 등의 방법을 택할 수밖에 없는데, 그러한 경우에 있어서도 적설지대에 속하는 지역의 도로라든가 최저속도의 제한이 있는 고속도로 등 특수 목적을 갖고 있는 도로가 아닌 일반 보통의 도로까지도 도로관리자에게 완전한 인적, 물적 설비를 갖추고 제설작업을 하여 도로통행상의 위험을 즉시 배제하여 그 안전성을 확보하도록 하는 관리의무를 부과하는 것은 도로의 안전성의 성질에 비추어 적당하지 않고, 오히려 그러한 경우의 도로통행의 안전성은 그와 같은 위험에 대면하여 도로를 이용하는 통행자 개개인의 책임으로 확보하여야 한다.

[3] 강설의 특성, 기상적 요인과 지리적 요인, 이에 따른 도로의 상대적 안전성을 고려하면 겨울철 산간지역에 위치한 도로에 강설로 생긴 빙판을 그대로 방치하고 도로상황에 대한 경고나 위험표지판을 설치하지 않았다는 사정만으로 도로관리상의 하자가 있다고 볼 수 없다고 한 사례.

국가배상법 제5조의 배상책임은 영조물에 대한 설치·관리의 하자 관련 공무원의 고의·과실을 요구하지 않는 무과실책임이다. 다만, 지진이나 해일 등 불가항력에 의해 손해가 발생한 경우라면 국가나 지방자치단체는 손해배상책임을 면할 수 있는데, 그 입증책임은 국가나 지방자치단체에 있다.

대법원 2007다29287, 29294 판결
[1] 공작물인 도로의 설치·관리상의 하자는 도로의 위치 등 장소적인 조건, 도로의 구조, 교통량, 사고시에 있어서의 교통 사정 등 도로의 이용 상황과 그 본래의 이용 목적 등 여러 사정과 물적 결함의 위치, 형상 등을 종합적으로 고려하여 사회통념에 따라 구체적으로 판단하여야 한다.
[2] 강설에 대처하기 위하여 완벽한 방법으로 도로 자체에 융설 설비를 갖추는 것이 현대의 과학기술 수준이나 재정사정에 비추어 사실상 불가능하다고 하더라도, 최저 속도의 제한이 있는 고속도로의 경우에 있어서는 도로관리자가 도로의 구조, 기상예보 등을 고려하여 사전에 충분한 인적·물적 설비를 갖추어 강설시 신속한 제설작업을 하고 나아가 필요한 경우 제때에 교통통제 조치를 취함으로써 고속도로로서의 기본적인 기능을 유지하거나 신속히 회복할 수 있도록 하는 관리의무가 있다.
[3] 폭설로 차량 운전자 등이 고속도로에서 장시간 고립된 사안에서, 고속도로의 관리자가 고립구간의 교통정체를 충분히 예견할 수 있었음에도 교통제한 및 운행정지 등 필요한 조치를 충실히 이행하지 아니하였으므로 고속도로의 관리상 하자가 있다고 한 사례.
[4] 고속도로의 관리상 하자가 인정되는 이상 고속도로의 점유관리자는 그 하자가 불가항력에 의한 것이거나 손해의 방지에 필요한 주의를 해태하지 아니하였다는 점을 주장·입증하여야 비로소 그 책임을 면할 수 있다.

4. 배상청구절차

1) 임의적 결정전치주의

국가배상법상 손해배상소송은 배상심의회에 배상신청을 하지 아니하고도 제기할 수 있다(제9조). 과거, 절차의 간이신속성을 위해서 결정전치주의를 취했으나, 국민의 재판받을 권리를 필요없이 제한한다는 비판에 따라 임의적 결정전치주의로 변경하였다.

2) 배상심의회

국가나 지방자치단체에 대한 배상신청사건을 심의하기 위하여 법무부에 본부심의회를 두고, 군인이나 군무원이 타인에게 입힌 손해에 대한 배상신청사건을 심의하기 위하여 국방부에 특별심의회를 둔다. 배상심의회의 권한과 심의절차는 국가배상법 제12조 이하의 규정에 따른다.

5. 공무원 개인의 손해배상책임 유무

공무원이 직무수행 중 불법행위로 타인에게 손해를 입힌 경우, 국가 등이 배상책임을 부담하는 것 외에 공무원 개인도 손해배상책임을 부담하는지가 문제된다. 관련하여 대법원은 '공무원이 직무수행 중 불법행위로 타인에게 손해를 입힌 경우에 국가 등이 국가배상책임을 부담하는 외에 공무원 개인도 고의 또는 중과실이 있는 경우에는 불법행위로 인한 손해배상책임을 진다고 할 것이지만, 공무원에게 경과실뿐인 경우에는 공무원 개인은 손해배상책임을 부담하지 아니한다고 해석하는 것이 헌법 제29조 제1항 본문과 단서 및 국가배상법 제2조의 입법취지에 조화되는 올바른 해석이다'라고 판시하였다. 이러한 법리는 군인, 군무원, 경찰공무원, 기타 법률이 정한 공무원의 경우 전투, 훈련 등 직무집행과 관련하여 받은 손해에 대하여도 적용된다.

Ⅱ 행정상 손실보상

1. 행정상 손실보상의 의의

> 헌법 제23조 ③ 공공필요에 의한 재산권의 수용·사용 또는 제한 및 그에 대한 보상은 법률로써 하되, 정당한 보상을 지급하여야 한다.

행정상 손실보상이란 적법한 공권력의 행사로 인해 발생한 사인의 재산상 특별한 희생에 대해 행정주체가 사유재산권보장과 공평부담의 취지에서 행하는 재산적 보상을 의미한다. 행정상의 손실보상에 대한 일반법은 없으며, 「공익사업을 위한 토지 등의 취득 및 보상에 관한 법률」, 「경찰관직무집행법」 등 개별 법률에서 손실보상에 관한 규정을 두고 있다. 손실보상을 위한 일반적 요건으로는 ① 재산권에 의한 공권적 침해, ② 공공의 필요, ③ 적법성, ④ 보상규정, ⑤ 특별한 희생이 제시되고 있다.

2. 「경찰관 직무집행법」상 손실보상

경찰관 직무집행법은 경찰관의 적법한 직무집행으로 인하여 다음의 어느 하나에 해당하는 손실을 입은 자에 대하여 국가가 정당한 보상을 할 것을 규정하고 있다(제11조의2).

- 손실발생의 원인에 대하여 책임이 없는 자가 생명·신체 또는 재산상의 손실을 입은 경우(손실발생의 원인에 대하여 책임이 없는 자가 경찰관의 직무집행에 자발적으로 협조하거나 물건을 제공하여 생명·신체 또는 재산상의 손실을 입은 경우를 포함)
- 손실발생의 원인에 대하여 책임이 있는 자가 자신의 책임에 상응하는 정도를 초과하는 생명·신체 또는 재산상의 손실을 입은 경우

Ⅲ 행정심판

1. 행정심판의 의의 및 종류

행정심판이란 행정청의 위법 또는 부당한 공권력의 행사·불행사 등으로 인해서 권리·이익이 침해받았을 경우 이를 구제하기 위한 행정기관의 심판절차를 뜻한다.

행정심판법상 행정심판의 종류로는 ① 취소심판(행정청의 위법 또는 부당한 처분을 취소하거나 변경하는 행정심판), ② 무효등확인심판(행정청의 처분의 효력 유무 또는 존재 여부를 확인하는 행정심판), ③ 의무이행심판(당사자의 신청에 대한 행정청의 위법 또는 부당한 거부처분이나 부작위에 대하여 일정한 처분을 하도록 하는 행정심판)이 있다(제5조). 사안의 전문성과 특수성을 살리기 위하여 특히 필요한 경우 행정심판법상 행정심판을 갈음하는 특별한 행정불복절차(특별행정심판)를 따를 수 있지만, 관계 행정기관의 장이 특별행정심판 또는 행정심판법에 따른 행정심판 절차에 대한 특례를 신설하거나 변경하는 법령을 제정·개정할 때에는 미리 중앙행정심판위원회와 협의하여야 한다(제4조).

2. 행정심판의 대상

1) 개괄주의

행정심판법은 '행정청의 처분 또는 부작위에 대하여는 다른 법률에 특별한 규정이 있는 경우 외에는 이 법에 따라 행정심판을 청구할 수 있다'고 규정함으로써(제3조 제1항), 행정심판을 제기할 수 있는 사항을 한정하지 않고 모든 처분에 대하여 행정심판을 제기할 수 있도록 하고 있는데, 이를 '개괄주의'라고 한다. 대통령의 처분 또는 부작위에 대하여는 다른 법률에서 행정심판을 청구할 수 있도록 정한 경우 외에는 행정심판을 청구할 수 없다(제3조 제2항). 23년 2차

2) 처분

행정심판의 대상은 행정청의 처분 또는 부작위이다. 여기서 '처분'이란 '행정청이 행하는 구체적 사실에 관한 법집행으로서의 공권력의 행사 또는 그 거부, 그 밖에 이에 준하는 행정작용'을, '부작위'란 '행정청이 당사자의 신청에 대하여 상당한 기간 내에 일정한 처분을 하여야 할 법률상 의무가 있는데도 처분을 하지 아니하는 것'을 의미한다(제2조).

3. 행정심판기관(행정심판위원회)

1) 행정심판위원회의 의의

행정심판의 권한은 처분행정청 소속의 행정심판위원회에게 있다. 행정심판위원회는 행정심판의 청구를 심리·의결 및 재결을 행하는 비상설 합의제기관이다.

처분청과 심리·재결을 맡는 행정심판위원회는 다음의 4가지 유형으로 나뉜다.

심리·재결	처분청
해당 행정청 소속하의 행정심판위원회 (제6조 제1항)	1. 감사원, 국가정보원장, 그 밖에 대통령령으로 정하는 대통령 소속기관의 장 2. 국회사무총장·법원행정처장·헌법재판소사무처장 및 중앙선거관리위원회사무총장 3. 국가인권위원회, 그 밖에 지위·성격의 독립성과 특수성 등이 인정되어 대통령령으로 정하는 행정청
(국민권익위원회의) 중앙행정심판위원회 (제6조 제2항)	1. 제1항에 따른 행정청 외의 국가행정기관의 장 또는 그 소속 행정청 2. 특별시장·광역시장·특별자치시장·도지사·특별자치도지사(특별시·광역시·특별자치시·도 또는 특별자치도의 교육감을 포함한다. 이하 "시도지사"라 한다) 또는 특별시·광역시·특별자치시·도·특별자치도(이하 "시·도"라 한다)의 의회(의장, 위원회의 위원장, 사무처장 등 의회 소속 모든 행정청을 포함한다) 3. 「지방자치법」에 따른 지방자치단체조합 등 관계 법률에 따라 국가·지방자치단체·공공법인 등이 공동으로 설립한 행정청. 다만, 제3항제3호에 해당하는 행정청은 제외
시도지사 소속의 지방행정심판위원회 (제6조 제3항)	1. 시·도 소속 행정청 2. 시·도의 관할구역에 있는 시·군·자치구의 장, 소속 행정청 또는 시·군·자치구의 의회(의장, 위원회의 위원장, 사무국

	장, 사무과장 등 의회 소속 모든 행정청을 포함) 3. 시·도의 관할구역에 있는 둘 이상의 지방자치단체(시·군·자치 구)·공공법인 등이 공동으로 설립한 행정청
직근 상급행정기관 소속하의 행정심판위원회(제6조 제4항)	법무부 및 대검찰청 소속 특별지방행정기관(직근 상급행정기관이 나 소관 감독행정기관이 중앙행정기관인 경우는 제외)

참고로, 경찰청장이나 시도경찰청장, 경찰서장이 행한 행정처분에 대한 행정심판
은 중앙행정심판위원회에서 재결한다. [24년 1차]

2024년 현재 행정심판위원회 설치 현황은 다음과 같다.

구분	심리관할(처분청)
17개 시·도 행정심판위원회	시장·군수·구청장의 처분 또는 부작위에 대한 심판청구사건
17개 시·도 교육청 행정심판위원회	소속 교육장 등의 처분 또는 부작위에 대한 심판청구사건
6개 고등검찰청 행정심판위원회	소속 지방검찰청검사장, 지청장의 처분 또는 부작위에 대한 심판 청구사건
4개 지방교정청 행정심판위원회	소속 교도소장, 구치소장의 처분 또는 부작위에 대한 심판청구사건
감사원 행정심판위원회	감사원장의 처분 또는 부작위에 대한 심판청구사건
국가정보원 행정심판위원회	국가정보원장의 처분 또는 부작위에 대한 심판청구사건
대통령비서실 행정심판위원회	대통령비서실장의 처분 또는 부작위에 대한 심판청구사건
국가안보실 행정심판위원회	국가안보실장의 처분 또는 부작위에 대한 심판청구사건
대통령경호처 행정심판위원회	대통령경호처장의 처분 또는 부작위에 대한 심판청구사건
방송통신위원회 행정심판위원회	방송통신위원회의 처분 또는 부작위에 대한 심판청구사건
국가인권위원회 행정심판위원회	국가인권위원회 사무처장의 처분 또는 부작위에 대한 심판청구사건
국회사무처 행정심판위원회	국회 사무총장의 처분 또는 부작위에 대한 심판청구사건
법원행정처 행정심판위원회	대법원 및 각급법원의 장, 법원행정처장 등의 처분 또는 부작위 에 대한 심판청구사건
헌법재판소사무처 행정심판위원회	헌법재판소 사무처장의 처분 또는 부작위에 대한 심판청구사건
중앙선거관리위원회 행정심판위원회	중앙선거관리위원장 등의 처분 또는 부작위에 대한 심판청구사건
고위공직자범죄수사처행정심판 위원회	고위공직자범죄수사처장 등의 처분 또는 부작위에 대한 심판청구 사건

2) 일반행정심판위원회의 구성(제7조)

행정심판위원회(중앙행정심판위원회 제외)는 위원장 1명을 포함하여 50명 이내의 위원으로 구성한다. 행정심판위원회의 위원은 해당 행정심판위원회가 소속된 행정청이 다음의 자격 요건 중 하나를 갖춘 사람 중에서 성별을 고려하여 위촉하거나 그 소속 공무원 중에서 지명한다.

- 변호사 자격을 취득한 후 5년 이상의 실무 경험이 있는 사람
- 「고등교육법」 제2조제1호부터 제6호까지의 규정에 따른 학교에서 조교수 이상으로 재직하거나 재직하였던 사람
- 행정기관의 4급 이상 공무원이었거나 고위공무원단에 속하는 공무원이었던 사람
- 박사학위를 취득한 후 해당 분야에서 5년 이상 근무한 경험이 있는 사람
- 그 밖에 행정심판과 관련된 분야의 지식과 경험이 풍부한 사람

지명된 위원의 임기는 그 직에 재직하는 동안이다.

행정심판위원회의 회의는 원칙적으로 위원장과 위원장이 회의마다 지정하는 8명의 위원으로 구성하며, 구성원 과반수의 출석과 출석위원 과반수의 찬성으로 의결한다.

3) 중앙행정심판위원회의 구성(제8조)

중앙행정심판위원회는 위원장 1명을 포함하여 70명 이내의 위원으로 구성하되, 위원 중 상임위원은 4명 이내로 한다. 중앙행정심판위원회의 상임위원은 일반직공무원으로서 「국가공무원법」 제26조의5에 따른 임기제공무원으로 임명하되, 3급 이상 공무원 또는 고위공무원단에 속하는 일반직공무원으로 3년 이상 근무한 사람이나 그 밖에 행정심판에 관한 지식과 경험이 풍부한 사람 중에서 중앙행정심판위원회 위원장의 제청으로 국무총리를 거쳐 대통령이 임명한다. 중앙행정심판위원회의 비상임위원은 상술한 일반행정심판위원회의 위원자격요건을 갖춘 사람 중에서 중앙행정심판위원회 위원장의 제청으로 국무총리가 성별을 고려하여 위촉한다.

중앙행정심판위원회의 회의(소위원회 회의 제외)는 위원장, 상임위원 및 위원장이 회의마다 지정하는 비상임위원을 포함하여 총 9명으로 구성한다.

중앙행정심판위원회는 심판청구사건 중 「도로교통법」에 따른 자동차운전면허 행정처분에 관한 사건(소위원회가 중앙행정심판위원회에서 심리·의결하도록 결정한 사건은 제

외)을 심리·의결하게 하기 위하여 4명의 위원으로 구성하는 소위원회를 둘 수 있다. 중앙행정심판위원회 및 소위원회는 각각 제5항 및 제6항에 따른 구성원 과반수의 출석과 출석위원 과반수의 찬성으로 의결한다. 중앙행정심판위원회는 위원장이 지정하는 사건을 미리 검토하도록 필요한 경우에는 전문위원회를 둘 수 있다.

4. 행정심판 청구

1) 행정심판의 청구인

① 취소심판은 처분의 취소 또는 변경을 구할 법률상 이익이 있는 자(처분의 효과가 기간의 경과, 처분의 집행, 그 밖의 사유로 소멸된 뒤에도 그 처분의 취소로 회복되는 법률상 이익이 있는 자도 포함됨)가, ② 무효효등확인심판은 처분의 효력 유무 또는 존재 여부의 확인을 구할 법률상 이익이 있는 자가, ③ 의무이행심판은 처분을 신청한 자로서 행정청의 거부처분 또는 부작위에 대하여 일정한 처분을 구할 법률상 이익이 있는 자가 청구할 수 있다(제13조). 법인이 아닌 사단 또는 재단으로서 대표자나 관리인이 정하여져 있는 경우에는 그 사단이나 재단의 이름으로 심판청구를 할 수 있다(제14조).

2) 청구인의 지위 승계

청구인이 사망한 경우에는 상속인이나 그 밖에 법령에 따라 심판청구의 대상에 관계되는 권리나 이익을 승계한 자가 청구인의 지위를 승계하며, 법인인 청구인이 합병(合倂)에 따라 소멸하였을 때에는 합병 후 존속하는 법인이나 합병에 따라 설립된 법인이 청구인의 지위를 승계한다(제16조).

3) 행정심판 청구 기간(제27조)

행정심판은 처분이 있음을 알게 된 날부터 90일 이내에 청구하여야 한다. 청구인이 천재지변, 전쟁, 사변(事變), 그 밖의 불가항력으로 인하여 제1항에서 정한 기간에 심판청구를 할 수 없었을 때에는 그 사유가 소멸한 날부터 14일 이내에 행정심판을 청구할 수 있다. 다만, 국외에서 행정심판을 청구하는 경우에는 그 기간을 30일로 한다. 행정심판은 (정당한 사유가 없는 한) 처분이 있었던 날부터 180일이 지나면 청구하지 못한다.

행정청이 심판청구 기간을 90일의 기간보다 긴 기간으로 잘못 알린 경우, 그 잘 못 알린 기간에 심판청구가 있으면 그 행정심판은 적법한 기간 내에 청구된 것으로 간주한다. 행정청이 심판청구 기간을 알리지 아니한 경우에는 180일 기간 내에 심판 청구를 할 수 있다.

상술한 청구기간의 제한은 취소심판과 거부처분에 대한 의무이행심판에만 적용 되며, 무효등확인심판청구와 부작위에 대한 의무이행심판청구에는 적용되지 않는다.

4) 행정심판 청구 방식

행정심판의 청구는 서면으로 하여야 하며, 청구인은 청구의 기초에 변경이 없는 범위에서 청구의 취지나 이유를 변경할 수 있다. 24년 1차 행정심판이 청구된 후에 피 청구인이 새로운 처분을 하거나 심판청구의 대상인 처분을 변경한 경우, 청구인은 새 로운 처분이나 변경된 처분에 맞추어 청구의 취지나 이유를 변경할 수 있고, 청구의 변경은 서면으로 신청하여야 한다(제28조 내지 제29조). 23년 2차

5) 행정심판 청구의 효과

(1) 처분에 대한 효과

① 집행정지(제30조)

행정심판의 청구는 원칙적으로 처분의 효력이나 그 집행 또는 절차의 속행(續行) 에 영향을 주지 아니한다(집행부정지 원칙). 예외적으로 행정심판위원회는 처분, 처분의 집행 또는 절차의 속행 때문에 중대한 손해가 생기는 것을 예방할 필요성이 긴급하다 고 인정할 때에는 직권으로 또는 당사자의 신청에 의하여 처분의 효력, 처분의 집행 또는 절차의 속행의 전부 또는 일부의 정지를 결정할 수 있다. 24년 1차 다만, 처분의 효력정지는 처분의 집행 또는 절차의 속행을 정지함으로써 그 목적을 달성할 수 있을 때에는 허용되지 아니한다. 또한, 집행정지는 공공복리에 중대한 영향을 미칠 우려가 있을 때에는 허용되지 않으며, 행정심판위원회가 집행정지를 결정한 후 집행정지가 공공복리에 중대한 영향을 미치거나 그 정지사유가 없어진 경우에는 직권으로 또는 당사자의 신청에 의하여 집행정지 결정을 취소할 수 있다.

행정심판위원회 위원장은 행정심판위원회의 심리·결정을 기다릴 경우 중대한 손 해가 생길 우려가 있다고 인정되면 직권으로 위원회의 심리·결정을 갈음하는 결정을

할 수 있다. 이 경우 위원장은 지체 없이 위원회에 그 사실을 보고하고 추인을 받아야 하며, 위원회의 추인을 받지 못하면 위원장은 집행정지 또는 집행정지 취소에 관한 결정을 취소하여야 한다.

　② 임시처분(제31조)

　행정심판위원회는 처분 또는 부작위가 위법·부당하다고 상당히 의심되는 경우로서 처분 또는 부작위 때문에 당사자가 받을 우려가 있는 중대한 불이익이나 당사자에게 생길 급박한 위험을 막기 위하여 임시지위를 정하여야 할 필요가 있는 경우에는 직권으로 또는 당사자의 신청에 의하여 임시처분을 결정할 수 있다. 다만, 공공복리에 중대한 영향을 미칠 우려가 있거나, 집행정지로 목적을 달성할 수 있는 경우에는 임시처분이 허용되지 않는다. 행정심판위원회 위원장은 행정심판위원회의 심리·결정을 기다릴 경우 중대한 불이익이나 급박한 위험이 생길 우려가 있다고 인정되면 직권으로 위원회의 심리·결정을 갈음하는 결정을 할 수 있다.

5. 행정심판의 심리 및 재결

1) 행정심판의 심리

(1) 직권심리(제39조)

　행정심판위원회는 필요하면 당사자가 주장하지 아니한 사실에 대하여도 심리할 수 있다.

(2) 심리의 방식(제40조)

　행정심판의 심리는 구술심리나 서면심리로 한다. 다만, 당사자가 구술심리를 신청한 경우에는 서면심리만으로 결정할 수 있다고 인정되는 경우 외에는 구술심리를 하여야 한다.

　행정심판위원회는 구술심리 신청을 받으면 그 허가 여부를 결정하여 신청인에게 알려야 하고, 그 통지는 간이통지방법으로 할 수 있다.

　행정심판위원회에서 위원이 발언한 내용이나 그 밖에 공개되면 위원회의 심리·재결의 공정성을 해칠 우려가 있는 사항으로서 대통령령으로 정하는 사항은 공개하지 아니한다.

2) 행정심판의 재결

(1) 재결의 의의

재결은 행정심판의 청구에 대하여 행정심판위원회가 심리·의결 내용에 따라 행하는 판단이다. 재결은 행정심판위원회의 의사표시로서 확인행위·기속행위·준사법적 행위의 성질을 가진다. 실질적으로 법원의 '판결'가 유사하나 행정심판위원회가 판단주체이므로 '재결'이라는 용어가 사용되고 있다.

(2) 재결의 종류

① 각하재결

행정심판위원회는 심판청구가 적법하지 아니하면 그 심판청구를 각하한다.

② 기각재결

행정심판위원회는 심판청구가 이유가 없다고 인정하면 그 심판청구를 기각한다. 23년 1차

③ 취소심판인용재결

행정심판위원회는 취소심판의 청구가 이유가 있다고 인정하면 처분을 취소(취소재결) 또는 다른 처분으로 변경하거나(변경재결) 처분을 다른 처분으로 변경할 것을 피청구인에게 명한다(변경명령재결).

④ 무효등확인재결

행정심판위원회는 무효등확인심판의 청구가 이유가 있다고 인정하면 처분의 효력 유무 또는 처분의 존재 여부를 확인한다. 따라서, 무효등확인재결에는 유효확인재결·무효확인재결·존재확인재결·부존재확인재결이 있다.

⑤ 의무이행재결

위원회는 의무이행심판의 청구가 이유가 있다고 인정하면 지체 없이 신청에 따른 처분을 하거나 처분을 할 것을 피청구인에게 명한다. 따라서 의무이행재결에는 처분재결과 처분명령재결이 모두 가능하다. 신청에 따른 처분은 기속행위인 경우에는 신청대로의 처분이지만, 재량행위의 경우에는 신청에 대한 하자없는 재량을 행사하는 것을 의미한다.

⑥ 사정재결

행정심판위원회는 심판청구가 이유가 있다고 인정하는 경우에도 이를 인용하는 것이 공공복리에 크게 위배된다고 인정하면 그 심판청구를 기각하는 재결을 할 수 있는데, 이를 사정재결이라 한다. 22년 2차/24년 1차 행정심판위원회는 사정재결의 주문(主

文)에서 그 처분 또는 부작위가 위법하거나 부당하다는 것을 구체적으로 밝혀야 하며, 청구인에 대하여 상당한 구제방법을 취하거나 상당한 구제방법을 취할 것을 피청구인에게 명할 수 있다.

사정재결은 취소심판과 의무이행심판에서만 가능하고, 무효등확인심판에는 사정재결을 할 수 없다.

(3) 재결 기간 및 방식

재결은 피청구인 또는 위원회가 심판청구서를 받은 날부터 60일 이내에 하여야 한다. 다만, 부득이한 사정이 있는 경우에는 위원장이 직권으로 30일을 연장할 수 있고, 이 경우 재결 기간이 끝나기 7일 전까지 당사자에게 알려야 한다. 재결은 서면으로 한다. 23년 1차

(4) 재결의 범위(제47조)

행정심판위원회는 심판청구의 대상이 되는 처분 또는 부작위 외의 사항에 대하여는 재결하지 못한다(불고불리 원칙). 또한 심판청구의 대상이 되는 처분보다 청구인에게 불리한 재결을 하지 못한다(불이익변경금지 원칙).

(5) 재결의 효력

재결도 행정행위의 일종이므로 내용상 구속력·공정력·구성요건적 효력·불가쟁력과 불가변력이 발생한다. 취소·변경재결은 형성력을 가지므로 처분시에 소급하여 행정행위의 효력의 소멸·변경을 가져온다. 또한 당사자들에게뿐만 아니라 제3자에 대하여 효력이 발생한다. 재결은 청구인에게 재결서의 정본이 송달되었을 때에 그 효력이 생긴다.

(6) 인용재결의 기속력(제49조)

행정심판청구를 인용하는 재결은 피청구인과 그 밖의 관계 행정청을 기속(羈束)한다. 따라서, 행정청은 재결에 반하여 동일한 상황하에서 동일한 처분을 반복할 수 없고, 반복금지의무에 위반되는지 여부는 기본적 사실관계의 동일성의 유무를 기준으로 판단한다.

재결에 의하여 취소되거나 무효 또는 부존재로 확인되는 처분이 당사자의 신청을 거부하는 것을 내용으로 하는 경우에는 그 처분을 한 행정청은 재결의 취지에 따라 다시 이전의 신청에 대한 처분을 하여야 한다. 당사자의 신청을 거부하거나 부작위로 방치한 처분의 이행을 명하는 재결이 있으면 행정청은 지체 없이 이전의 신청에 대하여 재결의 취지에 따라 처분을 하여야 한다. 신청에 따른 처분이 절차의 위법 또는 부

당을 이유로 재결로써 취소된 경우에는 그 처분을 한 행정청은 재결의 취지에 따라 다시 이전의 신청에 대한 처분을 하여야 한다. 법령의 규정에 따라 공고하거나 고시한 처분이 재결로써 취소되거나 변경되면 처분을 한 행정청은 지체 없이 그 처분이 취소 또는 변경되었다는 것을 공고하거나 고시하여야 한다. 법령의 규정에 따라 처분의 상대방 외의 이해관계인에게 통지된 처분이 재결로써 취소되거나 변경되면 처분을 한 행정청은 지체 없이 그 이해관계인에게 그 처분이 취소 또는 변경되었다는 것을 알려야 한다.

재결의 기속력은 재결의 주문 및 그 전제가 된 요건사실의 인정과 판단(즉, 처분들의 구체적 위법사유에 대한 판단)에만 미치므로, 종전 처분이 재결에 의해 취소되었다고 하더라도 종전 처분시와는 다른 사유를 들어서 처분을 하는 것은 기속력에 저촉되지 않는다. 23년 1차

6. 행정심판위원회의 직접처분과 간접강제

1) 직접처분(제50조)

행정심판위원회는 피청구인이 (당사자의 신청을 거부하거나 부작위로 방치한 처분의 이행을 명하는 재결이 있으면 행정청이 지체 없이 이전의 신청에 대하여 재결의 취지에 따라 처분을 하여야 함에도 불구하고) 처분을 하지 아니하는 경우에는 당사자가 신청하면 기간을 정하여 서면으로 시정을 명하고 그 기간에 이행하지 아니하면 직접 처분을 할 수 있다. 다만, 그 처분의 성질이나 그 밖의 불가피한 사유로 위원회가 직접 처분을 할 수 없는 경우에는 그러하지 아니하다. 행정심판위원회가 직접 처분을 하였을 때에는 그 사실을 해당 행정청에 통보하여야 하며, 그 통보를 받은 행정청은 위원회가 한 처분을 자기가 한 처분으로 보아 관계 법령에 따라 관리·감독 등 필요한 조치를 하여야 한다.

2) 간접강제

행정심판위원회는 피청구인이 ① 재결에 의하여 취소되거나 무효 또는 부존재로 확인되는 처분이 당사자의 신청을 거부하는 것을 내용으로 하는 경우로서 그 처분을 한 행정청이 재결의 취지에 따라 다시 이전의 신청에 대한 처분 또는 ② 당사자의 신청을 거부하거나 부작위로 방치한 처분의 이행을 명하는 재결이 있어 행정청이 지체

없이 이전의 신청에 대하여 재결의 취지에 따라 행해야 하는 처분을을 하지 아니하면 청구인의 신청에 의하여 결정으로 상당한 기간을 정하고 피청구인이 그 기간 내에 이행하지 아니하는 경우, 그 지연기간에 따라 일정한 배상을 하도록 명하거나 즉시 배상을 할 것을 명할 수 있고, 사정의 변경이 있는 경우에는 당사자의 신청에 의하여 즉시 배상 명령 결정의 내용을 변경할 수 있다. 이 경우 신청 상대방의 의견을 들어야 한다. 청구인이 즉시 배상 명령 또는 즉시 배상 내용 변경에 대한 결정에 불복하는 경우 그 결정에 대하여 행정소송을 제기할 수 있다.

즉시배상 명령 결정의 효력은 피청구인인 행정청이 소속된 국가·지방자치단체 또는 공공단체에 미치며, 결정서 정본은 제4항에 따른 소송제기와 관계없이 「민사집행법」에 따른 강제집행에 관하여는 집행권원과 같은 효력을 가진다. 이 경우 집행문은 위원장의 명에 따라 위원회가 소속된 행정청 소속 공무원이 부여한다.

7. 행정심판 고지제도(제58조)

행정청이 처분을 할 때에는 처분의 상대방에게 ① 해당 처분에 대하여 행정심판을 청구할 수 있는지 여부, ② 행정심판을 청구하는 경우의 심판청구 절차 및 심판청구 기간을 알려야 한다(직권고지). 행정청은 이해관계인이 요구하면 ① 해당 처분이 행정심판의 대상이 되는 처분인지 여부, ② 행정심판의 대상이 되는 경우 소관 위원회 및 심판청구 기간을 지체 없이 알려 주어야 한다. 이 경우 서면으로 알려 줄 것을 요구받으면 서면으로 알려 주어야 한다(신청고지).

이러한 고지제도는 행정의 민주화와 신중한 행정 및 합리적인 행정을 가능하도록 하며, 국민의 방어권 보호에 기여하는 기능을 갖는다. 행정의 행위형식이 다양하고, 행정조직과 행정구제절차가 복잡할수록 이러한 고지제도는 더욱 중요하다고 할 것이다. 고지는 국민에게 일정한 사실을 알리는 사실행위이며, 권리·의무에 직접적인 영향을 미치지 아니하므로 준법률행위적 행정행위로서의 통지라고 볼 수는 없다.

고지의무를 이행하지 아니한 불고지나 잘못 이행한 오고지의 경우, 행정청에게 불이익하게 작용할 뿐, 처분 자체를 위법하제 만들지는 않는다.

8. 행정심판에의 불복

1) 행정심판 재청구 금지(제51조)

행정심판청구에 대한 재결이 있으면 그 재결 및 같은 처분 또는 부작위에 대하여 다시 행정심판을 청구할 수 없다.

행정심판에 불복이 있는 경우, 행정소송을 제기할 수 있다.

Ⅳ 행정소송

1. 행정소송의 의의 및 목적

행정소송이란 법원이 행정사건에 대해 정식 소송절차에 의하여 행하는 재판을 의미한다. 행정소송에 관해서는 「행정소송법」이 일반법으로서 기능하고 있다. 행정소송의 특징으로는 ① 대심구조, ② 심리절차의 공개, ③ 구술변론권리 보장, ④ 증거조사 실시, ⑤ 재판행위에 특별한 효력 인정 등을 들 수 있다.

행정소송은 행정청의 위법한 처분 그 밖에 공권력의 행사·불행사등으로 인한 국민의 권리 또는 이익의 침해를 구제하고, 공법상의 권리관계 또는 법적용에 관한 다툼을 적정하게 해결함을 목적으로 한다(행정소송법 제1조). 우리나라 행정소송법의 특징은 항고소송 중심주의와 취소소송 중심주의를 취한다는 것이다. 행정소송 중 항고소송과 당사자소송은 주관적 소송(피해를 입은 국민에 대한 권리구제에 주안점을 둠)이고, 민중소송과 기관소송은 객관적 소송(권리구제와는 무관하고 위법성만 다투는 소송)이다.

2. 행정소송의 종류

1) 성질상 분류

행정소송은 성질에 따라 다음과 같이 구분 가능하다.

(1) 형성의 소

형성의 소는 법률관계의 변동을 일으키는 일정한 법률요건(형성권)의 존재를 주장하여 그 변동을 선언하는 판결을 구하는 소이다. 항고소송 중 취소소송을 그 예로 들수 있다.

(2) 이행의 소

이행의 소는 피고에게 특정한 이행청구권의 존재를 주장하여 그 확정과 그에 기한 이행을 명하는 판결을 구하는 소이다. 당사자소송으로서의 금전급부소송 등이 이에 해당한다.

(3) 확인의 소

확인의 소는 특정한 권리나 법률관계의 존재·부존재를 주장하여 이를 확인하는 판결을 구하는 소이다. 항고소송 중 무효등확인소송이나 부작위위법확인소송 등이 이에 해당한다.

2) 내용상 분류

행정소송은 그 내용에 따라 다음의 4가지로 구분할 수 있다(제3조).

(1) 항고소송

항고소송이란 행정청의 처분등이나 부작위에 대하여 제기하는 소송이다. 항고소송에는 ① 취소소송(행정청의 위법한 처분등을 취소 또는 변경하는 소송), ② 무효등 확인소송(행정청의 처분등의 효력 유무 또는 존재여부를 확인하는 소송), ③ 부작위위법확인소송(행정청의 부작위가 위법하다는 것을 확인하는 소송)이 있다(제4조). 22년 1차

(2) 당사자소송

당사자소송은 행정청의 처분등을 원인으로 하는 법률관계에 관한 소송 그 밖에 공법상의 법률관계에 관한 소송으로서 그 법률관계의 한쪽 당사자를 피고로 하는 소송이다.

(3) 민중소송

민중소송은 국가 또는 공공단체의 기관이 법률에 위반되는 행위를 한 때에 직접 자기의 법률상 이익과 관계없이 그 시정을 구하기 위하여 제기하는 소송이다.

(4) 기관소송

기관소송은 국가 또는 공공단체의 기관상호간에 있어서의 권한의 존부 또는 그 행사에 관한 다툼이 있을 때에 이에 대하여 제기하는 소송이다. 다만, 헌법재판소법상 헌법재판소의 관장사항으로 되는 소송은 제외한다.

3. 취소소송

1) 의의

취소소송은 행정청의 위법한 처분 또는 재결의 취소 또는 변경을 구하는 소송으로서, 행정소송의 대표적 유형이다.

2) 재판관할(제10조)

취소소송의 제1심관할법원은 피고의 소재지를 관할하는 행정법원이다. 그러나, ① 중앙행정기관, 중앙행정기관의 부속기관과 합의제행정기관 또는 그 장이나 ② 국가의 사무를 위임 또는 위탁받은 공공단체 또는 그 장에 해당하는 피고에 대하여 취소소송을 제기하는 경우에는 대법원소재지를 관할하는 행정법원에 제기할 수 있다. 토지의 수용 기타 부동산 또는 특정의 장소에 관계되는 처분등에 대한 취소소송은 그 부동산 또는 장소의 소재지를 관할하는 행정법원에 이를 제기할 수 있다.

3) 소송의 대상

취소소송은 행정청의 '위법한' 처분등을 대상으로 한다(제19조). 따라서, '부당한' 처분에 대해서는 취소소송을 제기할 수 없다. 여기서 '처분등'은 행정청이 행하는 구체적 사실에 관한 법집행으로서의 공권력의 행사 또는 그 거부와 그 밖에 이에 준하는 행정작용 및 행정심판에 대한 재결을 뜻한다(제2조 제1항 제1호). 재결취소소송의 경우에는 재결 자체에 고유한 위법이 있음을 이유로 하는 경우에 한한다.

4) 소송의 당사자

취소소송의 원고는 처분등의 취소를 구할 법률상 이익이 있는 자(처분등의 효과가 기간의 경과, 처분등의 집행 그 밖의 사유로 인하여 소멸된 뒤에도 그 처분등의 취소로 인하여 회복되는 법률상 이익이 있는 자 포함)이다(제12조).

취소소송은 다른 법률에 특별한 규정이 없는 한 그 처분등을 행한 행정청을 피고로 한다. 다만, 처분등이 있은 뒤에 그 처분등에 관계되는 권한이 다른 행정청에 승계된 때에는 이를 승계한 행정청을 피고로 한다. 처분등을 행한 행정청이 없게 된 때에는 그 처분등에 관한 사무가 귀속되는 국가 또는 공공단체를 피고로 한다(제13조).

수인의 청구 또는 수인에 대한 청구가 처분등의 취소청구와 관련되는 청구인 경우에 한하여 그 수인은 공동소송인이 될 수 있다(제15조).

5) 소송의 제기기간(제20조)

취소소송은 처분등이 있음을 안 날부터 90일 이내에 제기하여야 한다. 다만, ① 행정심판전치주의에 해당하는 경우, ② 그 밖에 행정심판청구를 할 수 있는 경우, 또는 ③ 행정청이 행정심판청구를 할 수 있다고 잘못 알린 경우에는 행정심판청구가 있은 때의 기간은 재결서의 정본을 송달받은 날부터 기산한다. 취소소송은 (정당한 사유가 없는 한) 처분등이 있은 날부터 1년(재결취소소송의 경우 재결이 있은 날부터 1년)을 경과하면 이를 제기하지 못한다.

6) 소송 제기의 효과

(1) 집행정지(제23조)

취소소송의 제기는 처분등의 효력이나 그 집행 또는 절차의 속행에 영향을 주지 아니한다. 그러나, 취소소송이 제기된 경우에 처분등이나 그 집행 또는 절차의 속행으로 인하여 생길 회복하기 어려운 손해를 예방하기 위하여 긴급한 필요가 있다고 인정할 때에는 본안이 계속되고 있는 법원은 당사자의 신청 또는 직권에 의하여 처분등의 효력이나 그 집행 또는 절차의 속행의 전부 또는 일부의 정지를 결정할 수 있다. 그러나, 처분의 효력정지는 처분등의 집행 또는 절차의 속행을 정지함으로써 목적을 달성할 수 있는 경우에는 허용되지 아니한다. 또한 집행정지는 공공복리에 중대한 영향을 미칠 우려가 있을 경우 허용되지 아니한다. 집행정지의 결정을 신청함에 있어서는 그 이유에 대한 소명이 있어야 하며, 집행정지의 결정 또는 기각의 결정에 대하여는 즉시항고할 수 있다. 이 경우 집행정지의 결정에 대한 즉시항고에는 결정의 집행을 정지하는 효력이 없다.

한편, 집행정지의 결정 또는 집행정지결정의 취소결정은 제3자에 대하여도 효력이 있다(제29조 제2항).

(2) 집행정지의 취소(제24조)

집행정지의 결정이 확정된 후 집행정지가 공공복리에 중대한 영향을 미치거나 그 정지사유가 없어진 때에는 당사자의 신청 또는 직권에 의하여 결정으로써 집행정지의 결정을 취소할 수 있다.

7) 소송의 심리

법원은 필요하다고 인정할 때에는 직권으로 증거조사를 할 수 있고, 당사자가 주장하지 아니한 사실에 대하여도 판단할 수 있다(직권심리주의).

8) 행정심판과의 관계(행정심판전치주의)

취소소송은 법령의 규정에 의하여 당해 처분에 대한 행정심판을 제기할 수 있는 경우에도 이를 거치지 아니하고 제기할 수 있다(제18조). 다른 법률이 행정심판전치주의를 채택하고 있는 경우의 예는 다음과 같다.

- 공무원에 대한 징계 기타 불이익처분
- 각종 세법상의 처분
- 운전면허 취소·정지 등의 처분

다만, 다음 어느 하나의 사유가 있는 경우에는 다른 법률에서 행정심판전치주의를 채택하는 경우에도 행정심판의 재결을 거치지 않아도 행정소송을 제기할 수 있다.

- 행정심판청구가 있은 날로부터 60일이 지나도 재결이 없는 때
- 처분의 집행 또는 절차의 속행으로 생길 중대한 손해를 예방해야 할 긴급한 필요가 있는 때
- 법령의 규정에 의한 행정심판기관이 의결 또는 재결을 하지 못할 사유가 있는 때 그 밖의 정당한 사유가 있는 때

다른 법률에 당해 처분에 대한 행정심판의 재결을 거치지 아니하면 취소소송을 제기할 수 없다는 규정이 있음에도 아래의 사유가 있는 때에는 행정심판을 제기하지 않고 취소소송을 제기할 수 있다.

- 동종사건에 관하여 이미 행정심판의 기각재결이 있은 때
- 서로 내용상 관련되는 처분 또는 같은 목적을 위하여 단계적으로 진행되는 처분 중 어느 하나가 이미 행정심판의 재결을 거친 때
- 행정청이 사실심의 변론종결 후 소송의 대상인 처분을 변경하여 당해 변경된 처분에 관하여 소를 제기하는 때
- 처분을 행한 행정청이 행정심판을 거칠 필요가 없다고 잘못 알린 때

다른 법률에서 행정심판전치주의를 취하는 경우 행정심판을 거쳤는지의 여부는 법원의 직권조사사항에 속하며, 행정심판전치요건이 흠결된 취소소송은 부적법한 소로서 각하사유에 해당한다. 다만, 판례는 행정소송을 제기한 후에도 그 변론종결 시까지 행정심판을 거친 경우에는 이 요건의 흠결이 치유된 것으로 본다. 다른 법률에서 행정심판전치주의를 채택한 경우 처분취소소송과 부작위위법확인소송을 제기할 때에는 반드시 행정심판을 거쳐야 하나, 무효확인소송을 제기할 때에는 행정심판을 거칠 필요가 없다.

9) 취소소송의 판결

(1) 판결의 종류
① 각하판결
각하판결은 심판청구의 요건심리의 결과 그 제소요건에 흠결이 있는 부적법한 것이라는 이유로 본안심리를 거부하는 판결을 의미한다.
② 기각판결
기각판결은 원고의 청구가 이유 없다고 하여 배척하는 판결을 말하며, 해당 처분이 위법하지 않거나 단순히 부당한 것인 때에 행해진다.
③ 인용판결
일반적으로 인용판결이란 원고의 청구가 이유 있다고 하여, 그 전부 또는 일부를 받아들이는 판결을 의미하며, 취소소송의 경우, 위법한 처분 등의 취소 또는 변경을 내용으로 한다. 행정청의 재량에 속하는 처분이라도 재량권의 한계를 넘거나 그 남용이 있는 때에는 법원이 이를 취소할 수 있다(제27조).

④ 사정판결(제28조)

사정판결은 원고의 청구에 이유가 있다고 인정하는 경우에도 처분 등을 취소하는 것이 현저히 공공복리에 적합하지 않은 때에 원고의 청구를 기각하는 판결을 뜻한다. 이 경우에도 법원은 그 판결의 주문에서 그 처분등이 위법함을 명시하여야 한다. 법원은 사정판결을 할 때 미리 원고가 그로 인하여 입게 될 손해의 정도와 배상방법 그 밖의 사정을 조사하여야 한다. 원고는 피고인 행정청이 속하는 국가 또는 공공단체를 상대로 손해배상, 제해시설의 설치 그 밖에 적당한 구제방법의 청구를 당해 취소소송 등이 계속된 법원에 병합하여 제기할 수 있다.

(2) 판결등의 효력

① 기판력

취소소송이 확정되면 확정된 판단내용이 당사자 및 법원을 구속하여, 이후의 절차에서 당사자 및 법원은 동일 사항에 대해 확정판결의 내용과 모순되는 주장·판단을 할 수 없다.

② 기속력(제30조)

처분등을 취소하는 확정판결은 그 사건에 관하여 당사자인 행정청과 그 밖의 관계행정청을 기속한다. 즉, 행정청은 판결의 취지에 따라 작위·부작위 의무 등을 부담한다. 기속력으로 인해 만약 판결에 의하여 취소되는 처분이 당사자의 신청을 거부하는 것을 내용으로 하는 경우에는 그 처분을 행한 행정청은 판결의 취지에 따라 다시 이전의 신청에 대한 처분을 하여야 하는 것이다(재처분 의무). 이와 같은 행정청의 재처분의무는 신청에 따른 처분이 절차의 위법을 이유로 취소되는 경우에도 발생한다.

③ 형성력

처분이나 재결을 취소하는 내용의 판결이 확정되면 처분청의 취소나 취소통지 등의 별도의 행위가 없어도 그 처분이나 재결의 효력은 당연히 소멸된다. 예를 들어, 과세처분을 취소하는 판결이 확정되면 그 과세처분은 소멸하므로 그 과세처분을 취소하는 경정처분을 할 수 없고, 그러한 경정처분은 당연히 무효이다.

④ 제3자효

처분등을 취소하는 확정판결은 제3자에 대하여도 효력이 있다(제29조 제1항). 예를 들어 체납처분절차의 하나로서 공매처분에 대한 취소판결이 있는 경우, 그 효력은 제3자인 재산경락인에게도 미친다.

4. 무효등확인소송

　　무효등확인소송은 행정청의 처분이나 재결의 효력유무 또는 그 존재여부를 확인하는 소송이다. 구체적으로 처분 등의 무효확인소송, 처분의 존부의 확인을 구하는 처분의 존재 또는 부존재확인소송 등이 있다. 행정처분의 위법성이 중대하고 명백하여 당연무효인 경우, 그 처분은 효력을 갖지 않기 때문에 그 처분에 대해 소송을 제기할 필요도 없고 구속을 받지도 않지만, 이를 분명히 하기 위해서는 해당처분이 무효임을 확인받는 소송이다.

　　무효등확인소송은 소송의 제기기간, 행정심판전치주의, 사정판결에 관한 규정이 적용되지 않으므로 사전에 제소기간의 제한을 받지 않고, 행정심판을 거칠 필요도 없다. 다만, 집행정지에 관한 규정은 준용된다.

5. 부작위위법확인소송

　　부작위위법확인소송은 행정청의 부작위가 위법하다는 것을 확인하는 소송으로서, 행정청이 상대방의 신청에 대하여 일정한 처분을 해야 할 의무가 있음에도 불구하고 이를 하지 않는 경우, 이러한 부작위가 위법한 것임을 확인하는 소송을 뜻한다.

　　부작위위법확인소송의 원고는 일정한 처분을 신청한 자로서 부작위의 위법확인을 구할 법률상 이익이 있는 자이며, 피고는 그 신청을 받고도 처분을 하지 않는 행정청이다. 재판관할은 부작위 상태가 계속되고 있는 한 피고의 소재지를 관할하는 행정법원이다.

6. 당사자소송

　　당사자소송은 행정청의 처분 등을 원인으로 하는 법률관계에 관한 소송 그 밖에 공법상의 법률관계에 관한 소송으로서 그 법률관계의 한쪽 당사자를 피고로 하는 소송을 의미한다. 당사자소송은 대등한 당사자 간의 권리관계를 다투는 소송이므로 민사소송과는 본질상 유사하나, 공법상 법률관계를 소송의 대상으로 하는 점에서 민사소송과 구별된다.

당사자소송에는 ① 공법상 신분이나 지위의 확인에 관한 소송, ② 처분 등의 무효·취소를 전제로 하는 공법상의 부당이득반환소송, ③ 공법상 금전지급청구에 관한 소송, ④ 공법상 계약에 관한 소송 등이 있다. 당사자소송의 예로는 공무원이나 국공립학교학생 등의 신분이나 지위의 확인을 구하는 소송, 행정청에 의하여 결정된 보상금의 지급청구소송, 명예퇴직공무원의 명예퇴직수당지급청구소송 등을 들 수 있다. 23년 2차 당사자소송의 원고는 공법상 법률관계에 있어 법률상 이익이 있는 사람이며, 피고는 국가·공공단체 그 밖의 권리주체이다. 재판관할법원은 피고의 소재지를 관할하는 행정법원이다. 당사자소송은 개별법에서 제소기간이 정해져 있는 때에는 그 기간 내에 제기하도록 하고 있다.

참고로, 행정소송법상 가집행선고의 제한규정(제43조 '국가를 상대로 하는 당사자소송의 경우에는 가집행선고를 할 수 없다')은 2022년 헌법재판소가 평등원칙위반을 이유로 위헌결정(2020헌가12)을 선고하여 그 효력을 상실하였다.

7. 민중소송

민중소송은 국가 또는 공공단체의 기관이 법률에 위배되는 행위를 한 때에 직접 자기의 법률상 이익과 관계없이 그 시정을 구하기 위하여 제기하는 소송으로서, 국민이나 주민이 자신의 구체적인 권리·이익의 침해와는 무관하게 행정법규의 적정한 적용을 확보하기 위해 제기하는 소송이다. 「주민투표법」상 주민투표소송이나 「공직선거법」상 일반선건인이 제기하는 선고소송을 그 예로 들 수 있다.

민중소송은 법률이 정한 경우에 법률에서 정한 사람에 한하여 제기할 수 있다(제45조). 민중소송으로서 ① 처분등의 취소를 구하는 소송에는 그 성질에 반하지 아니하는 한 취소소송에 관한 규정을, ② 처분등의 효력 유무 또는 존재 여부나 부작위의 위법의 확인을 구하는 소송에는 그 성질에 반하지 아니하는 한 각각 무효등 확인소송 또는 부작위위법확인소송에 관한 규정을, ③ 앞의 두 가지 소송외의 소송에는 그 성질에 반하지 아니하는 한 당사자소송에 관한 규정을 준용한다(제46조).

8. 기관소송

　　기관소송은 국가나 공공단체의 기관 상호간에 있어서의 권한의 존부 또는 그 행사에 관한 다툼이 있을 때에 제기하는 소송을 의미하며,「헌법재판소법」상 국가기관 상호간의 권한쟁의, 국가기관과 지방자치단체 간의 권한쟁의 및 지방자치단체 상호간의 권한쟁의는 헌법재판소의 관장사항이므로 행정소송법상 기관소송의 대상에서 제외된다. 기관소송의 예로는「지방자치법」상 지방의회 등의 의결 무효소송이나 감독처분에 대한 이의소송을 들 수 있다.

　　기관소송은 법률이 정한 경우에 지방자치단체의 장 등 법률에서 정한 사람이 제기할 수 있고, 기관소송으로서 ① 처분등의 취소를 구하는 소송에는 그 성질에 반하지 아니하는 한 취소소송에 관한 규정을, ② 처분등의 효력 유무 또는 존재 여부나 부작위의 위법의 확인을 구하는 소송에는 그 성질에 반하지 아니하는 한 각각 무효등확인소송 또는 부작위위법확인소송에 관한 규정을, ③ 앞의 두 가지 소송외의 소송에는 그 성질에 반하지 아니하는 한 당사자소송에 관한 규정을 준용한다(제46조).

제8절　정보공개법과 개인정보보호법

Ⅰ 「공공기관의 정보공개에 관한 법률」(정보공개법)

1. 의의

　　정보공개법은 공공기관이 보유·관리하는 정보에 대한 국민의 공개청구 및 공공기관의 공개의무에 관하여 필요한 사항을 정함으로써 국민의 알권리를 보장하고 국정에 대한 국민의 참여와 국정운영의 투명성을 확보함을 목적으로 한다. 행정절차법과 정보공개법은 협조적 법치국가와 열린 정부를 구현하는 중요한 법률로서의 역할을 한다.

2. 용어의 정의(제2조)

"정보"란 공공기관이 직무상 작성 또는 취득하여 관리하고 있는 문서(전자문서를 포함한다.) 및 전자매체를 비롯한 모든 형태의 매체 등에 기록된 사항을 말한다. 23년 1차

"공개"란 공공기관이 이 법에 따라 정보를 열람하게 하거나 그 사본·복제물을 제공하는 것 또는 「전자정부법」 제2조제10호에 따른 정보통신망(이하 "정보통신망"이라 한다)을 통하여 정보를 제공하는 것 등을 말한다.

"공공기관"은 다음 각 기관을 말한다.

> 가. 국가기관
>   1) 국회, 법원, 헌법재판소, 중앙선거관리위원회
>   2) 중앙행정기관(대통령 소속 기관과 국무총리 소속 기관을 포함한다) 및 그 소속 기관
>   3) 「행정기관 소속 위원회의 설치·운영에 관한 법률」에 따른 위원회
> 나. 지방자치단체
> 다. 「공공기관의 운영에 관한 법률」 제2조에 따른 공공기관
> 라. 「지방공기업법」에 따른 지방공사 및 지방공단
> 마. 그 밖에 대통령령으로 정하는 기관

3. 정보공개의 원칙(제3조)

공공기관이 보유·관리하는 정보는 국민의 알권리 보장 등을 위하여 이 법에서 정하는 바에 따라 적극적으로 공개하여야 한다.

4. 적용범위(제4조)

정보의 공개에 관하여는 다른 법률에 특별한 규정이 있는 경우를 제외하고는 이 정보공개법에서 정하는 바에 따른다.

지방자치단체는 그 소관 사무에 관하여 법령의 범위에서 정보공개에 관한 조례를 정할 수 있다.

국가안전보장에 관련되는 정보 및 보안 업무를 관장하는 기관에서 국가안전보장과 관련된 정보의 분석을 목적으로 수집하거나 작성한 정보에 대해서는 이 정보공개

법을 적용하지 아니한다. 다만, 정보공개법 제8조제1항에 따른 정보목록의 작성·비치 및 공개에 대해서는 그러하지 아니한다.

5. 정보공개 청구권자(제5조)

모든 국민은 정보의 공개를 청구할 권리를 가진다.

외국인의 정보공개 청구에 관하여는 대통령령으로 정한다. 대통령령(공공기관의 정보공개에 관한 법률 시행령) 제3조에 따라 정보공개를 청구할 수 있는 외국인은 1) 국내에 일정한 주소를 두고 거주하거나 학술·연구를 위하여 일시적으로 체류하는 사람, 2) 국내에 사무소를 두고 있는 법인 또는 단체에 해당하는 자로 한다.

6. 공공기관의 의무(제6조) 및 정보공개담당자의 의무(제6조의2)

공공기관은 정보의 공개를 청구하는 국민의 권리가 존중될 수 있도록 이 법을 운영하고 소관 관계 법령을 정비하며, 정보를 투명하고 적극적으로 공개하는 조직문화 형성에 노력하여야 한다.

공공기관은 정보의 적절한 보존 및 신속한 검색과 국민에게 유용한 정보의 분석 및 공개 등이 이루어지도록 정보관리체계를 정비하고, 정보공개 업무를 주관하는 부서 및 담당하는 인력을 적정하게 두어야 하며, 정보통신망을 활용한 정보공개시스템 등을 구축하도록 노력하여야 한다.

행정안전부장관은 공공기관의 정보공개에 관한 업무를 종합적·체계적·효율적으로 지원하기 위하여 통합정보공개시스템을 구축·운영하여야 한다.

공공기관(국회·법원·헌법재판소·중앙선거관리위원회는 제외한다)이 정보공개시스템을 구축하지 아니한 경우에는 행정안전부장관이 구축·운영하는 통합정보공개시스템을 통하여 정보공개 청구 등을 처리하여야 한다.

공공기관은 소속 공무원 또는 임직원 전체를 대상으로 국회규칙·대법원규칙·헌법재판소규칙·중앙선거관리위원회규칙 및 대통령령으로 정하는 바에 따라 이 정보공개법 및 정보공개 제도 운영에 관한 교육을 실시하여야 한다.

한편, 공공기관의 정보공개 담당자(정보공개 청구 대상 정보와 관련된 업무 담당자를 포

함한다)는 정보공개 업무를 성실하게 수행하여야 하며, 공개 여부의 자의적인 결정, 고의
적인 처리 지연 또는 위법한 공개 거부 및 회피 등 부당한 행위를 하여서는 아니 된다.

7. 정보의 사전적 공개 등(제7조)

공공기관은 다음 각 호의 어느 하나에 해당하는 정보에 대해서는 공개의 구체적
범위, 주기, 시기 및 방법 등을 미리 정하여 정보통신망 등을 통하여 알리고, 이에 따
라 정기적으로 공개하여야 한다. 다만, 정보공개법 제9조제1항 각 호의 어느 하나에
해당하는 정보에 대해서는 그러하지 아니하다.

1. 국민생활에 매우 큰 영향을 미치는 정책에 관한 정보
2. 국가의 시책으로 시행하는 공사(工事) 등 대규모 예산이 투입되는 사업에 관한 정보
3. 예산집행의 내용과 사업평가 결과 등 행정감시를 위하여 필요한 정보
4. 그 밖에 공공기관의 장이 정하는 정보

그 외에도 공공기관은 국민이 알아야 할 필요가 있는 정보를 국민에게 공개하도
록 적극적으로 노력하여야 한다.

8. 정보목록의 작성·비치 등(제8조)

공공기관은 그 기관이 보유·관리하는 정보에 대하여 국민이 쉽게 알 수 있도록
정보목록을 작성하여 갖추어 두고, 그 목록을 정보통신망을 활용한 정보공개시스템
등을 통하여 공개하여야 한다. 다만, 정보목록 중 정보공개법 제9조제1항에 따라 공개
하지 아니할 수 있는 정보가 포함되어 있는 경우에는 해당 부분을 갖추어 두지 아니
하거나 공개하지 아니할 수 있다.

공공기관은 정보의 공개에 관한 사무를 신속하고 원활하게 수행하기 위하여 정보
공개 장소를 확보하고 공개에 필요한 시설을 갖추어야 한다.

공공기관 중 중앙행정기관 및 대통령령으로 정하는 기관은 전자적 형태로 보유·
관리하는 정보 중 공개대상으로 분류된 정보를 국민의 정보공개 청구가 없더라도 정
보통신망을 활용한 정보공개시스템 등을 통하여 공개하여야 한다(제8조의2).

9. 비공개대상정보(제9조)

　　공공기관이 보유·관리하는 정보는 공개 대상이 된다. 다만, 다음 각 호의 어느 하나에 해당하는 정보는 공개하지 아니할 수 있다.

1. 다른 법률 또는 법률에서 위임한 명령(국회규칙·대법원규칙·헌법재판소규칙·중앙선거관리위원회규칙·대통령령 및 조례로 한정한다)에 따라 비밀이나 비공개 사항으로 규정된 정보
2. 국가안전보장·국방·통일·외교관계 등에 관한 사항으로서 공개될 경우 국가의 중대한 이익을 현저히 해칠 우려가 있다고 인정되는 정보
3. 공개될 경우 국민의 생명·신체 및 재산의 보호에 현저한 지장을 초래할 우려가 있다고 인정되는 정보
4. 진행 중인 재판에 관련된 정보와 범죄의 예방, 수사, 공소의 제기 및 유지, 형의 집행, 교정(矯正), 보안처분에 관한 사항으로서 공개될 경우 그 직무수행을 현저히 곤란하게 하거나 형사피고인의 공정한 재판을 받을 권리를 침해한다고 인정할 만한 상당한 이유가 있는 정보
5. 감사·감독·검사·시험·규제·입찰계약·기술개발·인사관리에 관한 사항이나 의사결정 과정 또는 내부검토 과정에 있는 사항 등으로서 공개될 경우 업무의 공정한 수행이나 연구·개발에 현저한 지장을 초래한다고 인정할 만한 상당한 이유가 있는 정보. 다만, 의사결정 과정 또는 내부검토 과정을 이유로 비공개할 경우에는 제13조제5항에 따라 통지를 할 때 의사결정 과정 또는 내부검토 과정의 단계 및 종료 예정일을 함께 안내하여야 하며, 의사결정 과정 및 내부검토 과정이 종료되면 제10조에 따른 청구인에게 이를 통지하여야 한다.
6. 해당 정보에 포함되어 있는 성명·주민등록번호 등 「개인정보 보호법」 제2조제1호에 따른 개인정보로서 공개될 경우 사생활의 비밀 또는 자유를 침해할 우려가 있다고 인정되는 정보. 다만, 다음 각 목에 열거한 사항은 제외한다.
   가. 법령에서 정하는 바에 따라 열람할 수 있는 정보
   나. 공공기관이 공표를 목적으로 작성하거나 취득한 정보로서 사생활의 비밀 또는 자유를 부당하게 침해하지 아니하는 정보
   다. 공공기관이 작성하거나 취득한 정보로서 공개하는 것이 공익이나 개인의 권리 구제를 위하여 필요하다고 인정되는 정보
   라. 직무를 수행한 공무원의 성명·직위
   마. 공개하는 것이 공익을 위하여 필요한 경우로서 법령에 따라 국가 또는 지방자치단체가 업무의 일부를 위탁 또는 위촉한 개인의 성명·직업
7. 법인·단체 또는 개인(법인등)의 경영상·영업상 비밀에 관한 사항으로서 공개될 경우 법인등의 정당한 이익을 현저히 해칠 우려가 있다고 인정되는 정보. 다만, 다음 각 목에 열거한 정보는 제외한다.

공공기관은 비공개대상에 해당하는 정보가 기간의 경과 등으로 인하여 비공개의 필요성이 없어진 경우에는 그 정보를 공개 대상으로 하여야 한다.

10. 정보공개의 절차

1) 정보공개의 청구(제10조)

정보의 공개를 청구하는 자(청구인)는 해당 정보를 보유하거나 관리하고 있는 공공기관에 다음 각 호의 사항을 적은 정보공개 청구서를 제출하거나 말로써 정보의 공개를 청구할 수 있다. 22년 1차

1. 청구인의 성명·생년월일·주소 및 연락처(전화번호·전자우편주소 등을 말한다. 이하 이 조에서 같다). 다만, 청구인이 법인 또는 단체인 경우에는 그 명칭, 대표자의 성명, 사업자등록번호 또는 이에 준하는 번호, 주된 사무소의 소재지 및 연락처를 말한다.
2. 청구인의 주민등록번호(본인임을 확인하고 공개 여부를 결정할 필요가 있는 정보를 청구하는 경우로 한정한다)
3. 공개를 청구하는 정보의 내용 및 공개방법

2) 정보공개 여부의 결정(제11조)

공공기관은 정보공개의 청구를 받으면 그 청구를 받은 날부터 10일 이내에 공개 여부를 결정하여야 한다. 부득이한 사유로 기간 이내에 공개 여부를 결정할 수 없을 때에는 그 기간이 끝나는 날의 다음 날부터 기산(起算)하여 10일의 범위에서 공개 여부 결정기간을 연장할 수 있다. 22년 1차 이 경우 공공기관은 연장된 사실과 연장 사유를 청구인에게 지체 없이 문서로 통지하여야 한다. 23년 1차

공공기관은 공개 청구된 공개 대상 정보의 전부 또는 일부가 제3자와 관련이 있

다고 인정할 때에는 그 사실을 제3자에게 지체 없이 통지하여야 하며, 필요한 경우에는 그의 의견을 들을 수 있다.

공공기관은 다른 공공기관이 보유·관리하는 정보의 공개 청구를 받았을 때에는 지체 없이 이를 소관 기관으로 이송하여야 하며, 이송한 후에는 지체 없이 소관 기관 및 이송 사유 등을 분명히 밝혀 청구인에게 문서로 통지하여야 한다.

공공기관은 정보공개 청구가 다음 각 호의 어느 하나에 해당하는 경우로서 「민원처리에 관한 법률」에 따른 민원으로 처리할 수 있는 경우에는 민원으로 처리할 수 있다.

1. 공개 청구된 정보가 공공기관이 보유·관리하지 아니하는 정보인 경우
2. 공개 청구의 내용이 진정·질의 등으로 이 법에 따른 정보공개 청구로 보기 어려운 경우

3) 반복청구 등의 처리(제11조의2)

그럼에도 불구하고, 공공기관은 정보공개 청구가 다음 각 호의 어느 하나에 해당하는 경우에는 정보공개 청구 대상 정보의 성격, 종전 청구와의 내용적 유사성·관련성, 종전 청구와 동일한 답변을 할 수밖에 없는 사정 등을 종합적으로 고려하여 해당 청구를 종결 처리할 수 있다. 이 경우 종결 처리 사실을 청구인에게 알려야 한다.

1. 정보공개를 청구하여 정보공개 여부에 대한 결정의 통지를 받은 자가 정당한 사유 없이 해당 정보의 공개를 다시 청구하는 경우
2. 정보공개 청구가 제11조제5항에 따라 민원으로 처리되었으나 다시 같은 청구를 하는 경우

4) 정보공개 여부 결정의 통지(제13조)

공공기관은 정보의 공개를 결정한 경우에는 공개의 일시 및 장소 등을 분명히 밝혀 청구인에게 통지하여야 한다. 청구인이 사본 또는 복제물의 교부를 원하는 경우에는 이를 교부하여야 한다. 23년 1차

공공기관은 공개 대상 정보의 양이 너무 많아 정상적인 업무수행에 현저한 지장을 초래할 우려가 있는 경우에는 해당 정보를 일정 기간별로 나누어 제공하거나 사본·복제물의 교부 또는 열람과 병행하여 제공할 수 있다.

정보를 공개하는 경우에 그 정보의 원본이 더럽혀지거나 파손될 우려가 있거나 그 밖에 상당한 이유가 있다고 인정할 때에는 그 정보의 사본·복제물을 공개할 수 있다.

정보의 비공개 결정을 한 경우에는 그 사실을 청구인에게 지체 없이 문서로 통지하여야 한다. 이 경우 정보공개법 제9조제1항 각 호 중 어느 규정에 해당하는 비공개대상 정보인지를 포함한 비공개 이유와 불복(不服)의 방법 및 절차를 구체적으로 밝혀야 한다.

5) 부분 공개(제14조)

공개 청구한 정보가 비공개대상에 해당하는 부분과 공개 가능한 부분이 혼합되어 있는 경우로서 공개 청구의 취지에 어긋나지 아니하는 범위에서 두 부분을 분리할 수 있는 경우에는 비공개대상에 해당하는 부분을 제외하고 공개하여야 한다.

6) 정보의 전자적 공개(제15조)

공공기관은 전자적 형태로 보유·관리하는 정보에 대하여 청구인이 전자적 형태로 공개하여 줄 것을 요청하는 경우에는 그 정보의 성질상 현저히 곤란한 경우를 제외하고는 청구인의 요청에 따라야 한다. 22년 1차

공공기관은 전자적 형태로 보유·관리하지 아니하는 정보에 대하여 청구인이 전자적 형태로 공개하여 줄 것을 요청한 경우에는 정상적인 업무수행에 현저한 지장을 초래하거나 그 정보의 성질이 훼손될 우려가 없으면 그 정보를 전자적 형태로 변환하여 공개할 수 있다.

정보의 전자적 형태의 공개 등에 필요한 사항은 국회규칙·대법원규칙·헌법재판소규칙·중앙선거관리위원회규칙 및 대통령령으로 정한다.

7) 비용 부담(제17조)

정보의 공개 및 우송 등에 드는 비용은 실비(實費)의 범위에서 청구인이 부담한다. 22년 1차

공개를 청구하는 정보의 사용 목적이 공공복리의 유지·증진을 위하여 필요하다고 인정되는 경우에는 그 비용을 감면할 수 있다.

11. 불복 구제 절차

1) 이의신청(제18조)

청구인이 정보공개와 관련한 공공기관의 비공개 결정 또는 부분 공개 결정에 대하여 불복이 있거나 정보공개 청구 후 20일이 경과하도록 정보공개 결정이 없는 때에는 공공기관으로부터 정보공개 여부의 결정 통지를 받은 날 또는 정보공개 청구 후 20일이 경과한 날부터 30일 이내에 해당 공공기관에 문서로 이의신청을 할 수 있다.

국가기관등은 이의신청이 있는 경우에는 심의회를 개최하여야 한다. 다만, 다음 각 호의 어느 하나에 해당하는 경우에는 심의회를 개최하지 아니할 수 있으며 개최하지 아니하는 사유를 청구인에게 문서로 통지하여야 한다.

1. 심의회의 심의를 이미 거친 사항
2. 단순·반복적인 청구
3. 법령에 따라 비밀로 규정된 정보에 대한 청구

공공기관은 이의신청을 받은 날부터 7일 이내에 그 이의신청에 대하여 결정하고 그 결과를 청구인에게 지체 없이 문서로 통지하여야 한다. 다만, 부득이한 사유로 정하여진 기간 이내에 결정할 수 없을 때에는 그 기간이 끝나는 날의 다음 날부터 기산하여 7일의 범위에서 연장할 수 있으며, 연장 사유를 청구인에게 통지하여야 한다.

공공기관은 이의신청을 각하(却下) 또는 기각(棄却)하는 결정을 한 경우에는 청구인에게 행정심판 또는 행정소송을 제기할 수 있다는 사실을 제3항에 따른 결과 통지와 함께 알려야 한다.

2) 행정심판(제19조)

청구인이 정보공개와 관련한 공공기관의 결정에 대하여 불복이 있거나 정보공개 청구 후 20일이 경과하도록 정보공개 결정이 없는 때에는 「행정심판법」에서 정하는 바에 따라 행정심판을 청구할 수 있다. 이 경우 국가기관 및 지방자치단체 외의 공공기관의 결정에 대한 감독행정기관은 관계 중앙행정기관의 장 또는 지방자치단체의 장으로 한다.

그러나 청구인은 이의신청 절차를 거치지 아니하고 행정심판을 청구할 수 있다. 23년 1차

행정심판위원회의 위원 중 정보공개 여부의 결정에 관한 행정심판에 관여하는 위원은 재직 중은 물론 퇴직 후에도 그 직무상 알게 된 비밀을 누설하여서는 아니 된다. 행정심판위원회의 위원은 「형법」이나 그 밖의 법률에 따른 벌칙을 적용할 때에는 공무원으로 본다.

3) 행정소송(제20조)

청구인이 정보공개와 관련한 공공기관의 결정에 대하여 불복이 있거나 정보공개 청구 후 20일이 경과하도록 정보공개 결정이 없는 때에는 「행정소송법」에서 정하는 바에 따라 행정소송을 제기할 수 있다.

4) 제3자의 비공개 요청 등(제21조)

자기와 관련된 정보가 공개 청구된 사실을 통지받은 제3자는 그 통지를 받은 날부터 3일 이내에 해당 공공기관에 대하여 자신과 관련된 정보를 공개하지 아니할 것을 요청할 수 있다.

그렇지만 비공개 요청에도 불구하고 공공기관이 공개 결정을 할 때에는 공개 결정 이유와 공개 실시일을 분명히 밝혀 지체 없이 문서로 통지하여야 하며, 제3자는 해당 공공기관에 문서로 이의신청을 하거나 행정심판 또는 행정소송을 제기할 수 있다. 이 경우 이의신청은 통지를 받은 날부터 7일 이내에 하여야 한다. 이 경우 공공기관은 공개 결정일과 공개 실시일 사이에 최소한 30일의 간격을 두어야 한다.

12. 정보공개위원회 등

1) 정보공개위원회의 설치(제22조)

다음 각 호의 사항을 심의·조정하기 위하여 행정안전부장관 소속으로 정보공개위원회(위원회)를 둔다.

1. 정보공개에 관한 정책 수립 및 제도 개선에 관한 사항
2. 정보공개에 관한 기준 수립에 관한 사항
3. 정보공개법 제12조에 따른 심의회 심의결과의 조사·분석 및 심의기준 개선 관련 의견 제시에 관한 사항
4. 정보공개법 제24조제2항 및 제3항에 따른 공공기관의 정보공개 운영실태 평가 및 그 결과 처리에 관한 사항
5. 정보공개와 관련된 불합리한 제도·법령 및 그 운영에 대한 조사 및 개선권고에 관한 사항
6. 그 밖에 정보공개에 관하여 대통령령으로 정하는 사항

2) 정보공개위원회의 구성 등(제23조)

위원회는 성별을 고려하여 위원장과 부위원장 각 1명을 포함한 11명의 위원으로 구성한다.

위원회의 위원은 다음 각 호의 사람이 된다. 이 경우 위원장을 포함한 7명은 공무원이 아닌 사람으로 위촉하여야 한다.

1. 대통령령으로 정하는 관계 중앙행정기관의 차관급 공무원이나 고위공무원단에 속하는 일반직공무원
2. 정보공개에 관하여 학식과 경험이 풍부한 사람으로서 행정안전부장관이 위촉하는 사람
3. 시민단체(「비영리민간단체 지원법」 제2조에 따른 비영리민간단체를 말한다)에서 추천한 사람으로서 행정안전부장관이 위촉하는 사람

위원장·부위원장 및 위원(제2항 제1호의 위원은 제외한다)의 임기는 2년으로 하며, 연임할 수 있다.

위원장·부위원장 및 위원은 정보공개 업무와 관련하여 알게 된 정보를 누설하거나 그 정보를 이용하여 본인 또는 타인에게 이익 또는 불이익을 주는 행위를 하여서는 아니 된다.

위원장·부위원장 및 위원 중 공무원이 아닌 사람은 「형법」이나 그 밖의 법률에 따른 벌칙을 적용할 때에는 공무원으로 본다.

3) 제도 총괄 등(제24조)

행정안전부장관은 이 법에 따른 정보공개제도의 정책 수립 및 제도 개선 사항 등에 관한 기획·총괄 업무를 관장한다.

행정안전부장관은 위원회가 정보공개제도의 효율적 운영을 위하여 필요하다고

요청하면 공공기관(국회·법원·헌법재판소 및 중앙선거관리위원회는 제외한다)의 정보공개 제도 운영실태를 평가할 수 있다.

행정안전부장관은 평가를 실시한 경우에는 그 결과를 위원회를 거쳐 국무회의에 보고한 후 공개하여야 하며, 위원회가 개선이 필요하다고 권고한 사항에 대해서는 해당 공공기관에 시정 요구 등의 조치를 하여야 한다.

행정안전부장관은 정보공개에 관하여 필요할 경우에 공공기관(국회·법원·헌법재판소 및 중앙선거관리위원회는 제외한다)의 장에게 정보공개 처리 실태의 개선을 권고할 수 있다. 이 경우 권고를 받은 공공기관은 이를 이행하기 위하여 성실하게 노력하여야 하며, 그 조치 결과를 행정안전부장관에게 알려야 한다.

국회·법원·헌법재판소·중앙선거관리위원회·중앙행정기관 및 지방자치단체는 그 소속 기관 및 소관 공공기관에 대하여 정보공개에 관한 의견을 제시하거나 지도·점검을 할 수 있다.

Ⅱ 「개인정보보호법」

1. 의의

개인정보보호법은 4차 산업 발전과 관련하여 시사적이고 중대한 의미를 가진다. 유럽은 개인정보보호에 엄격하여 사전동의의 원칙, 즉 옵트 인 원칙을 취한다. 미국은 완화하여 사후동의의 원칙, 즉 옵트 아웃을 원칙으로 한다. 미국도 유럽에서와 같이 세이프하버(Safe Harbor)에서 프라이버시쉴드(Privacy Shield)로 그 수준을 상향조정하고 있다. 우리는 사전동의원칙으로 유럽식으로 입법하고 있었지만, 데이터3법의 제정과 개정으로 점차 완화해가고 있다.

페이스북 사건, 농협이나 홈플러스 고객정보유출사건, 현대카드 고객정보유출사건 등등에서 보듯이 입법의 필요성이 커졌다.

개인정보보호법은 개인정보의 수집·유출·오용·남용으로부터 사생활의 비밀 등을 보호함으로써 국민의 권리와 이익을 증진하고, 나아가 개인의 존엄과 가치를 구현하기 위하여 개인정보 처리에 관한 사항을 규정함을 목적으로 한다.

2. 용어의 정의(제2조)

개인정보보호법에서 사용하는 용어의 뜻은 다음과 같다.

1. "개인정보"란 살아 있는 개인에 관한 정보로서 다음 각 목의 어느 하나에 해당하는 정보를 말한다. 22년 2차/23년 2차
   가. 성명, 주민등록번호 및 영상 등을 통하여 개인을 알아볼 수 있는 정보
   나. 해당 정보만으로는 특정 개인을 알아볼 수 없더라도 다른 정보와 쉽게 결합하여 알아볼 수 있는 정보. 이 경우 쉽게 결합할 수 있는지 여부는 다른 정보의 입수 가능성 등 개인을 알아보는 데 소요되는 시간, 비용, 기술 등을 합리적으로 고려하여야 한다.
   다. 가목 또는 나목을 제1호의2에 따라 가명처리함으로써 원래의 상태로 복원하기 위한 추가 정보의 사용·결합 없이는 특정 개인을 알아볼 수 없는 정보(이하 "가명정보"라 한다)

1의2. "가명처리"란 개인정보의 일부를 삭제하거나 일부 또는 전부를 대체하는 등의 방법으로 추가 정보가 없이는 특정 개인을 알아볼 수 없도록 처리하는 것을 말한다. 22년 2차/23년 2차

2. "처리"란 개인정보의 수집, 생성, 연계, 연동, 기록, 저장, 보유, 가공, 편집, 검색, 출력, 정정(訂正), 복구, 이용, 제공, 공개, 파기(破棄), 그 밖에 이와 유사한 행위를 말한다.

3. "정보주체"란 처리되는 정보에 의하여 알아볼 수 있는 사람으로서 그 정보의 주체가 되는 사람을 말한다. 22년 2차

4. "개인정보파일"이란 개인정보를 쉽게 검색할 수 있도록 일정한 규칙에 따라 체계적으로 배열하거나 구성한 개인정보의 집합물(集合物)을 말한다.

5. "개인정보처리자"란 업무를 목적으로 개인정보파일을 운용하기 위하여 스스로 또는 다른 사람을 통하여 개인정보를 처리하는 공공기관, 법인, 단체 및 개인 등을 말한다. 23년 2차

6. "공공기관"이란 다음 각 목의 기관을 말한다.
   가. 국회, 법원, 헌법재판소, 중앙선거관리위원회의 행정사무를 처리하는 기관, 중앙행정기관(대통령 소속 기관과 국무총리 소속 기관을 포함한다) 및 그 소속 기관, 지방자치단체
   나. 그 밖의 국가기관 및 공공단체 중 대통령령으로 정하는 기관

7. "고정형 영상정보처리기기"란 일정한 공간에 설치되어 지속적 또는 주기적으로 사람 또는 사물의 영상 등을 촬영하거나 이를 유·무선망을 통하여 전송하는 장치로서 대통령령으로 정하는 장치를 말한다. 22년 2차

7의2. "이동형 영상정보처리기기"란 사람이 신체에 착용 또는 휴대하거나 이동 가능한 물체에 부착 또는 거치(据置)하여 사람 또는 사물의 영상 등을 촬영하거나 이를 유·무선망을 통하여 전송하는 장치로서 대통령령으로 정하는 장치를 말한다.

3. 개인정보 보호 원칙(제3조)

개인정보처리자는 개인정보의 처리 목적을 명확하게 하여야 하고 그 목적에 필요한 범위에서 최소한의 개인정보만을 적법하고 정당하게 수집하여야 한다.

개인정보처리자는 개인정보의 처리 목적에 필요한 범위에서 적합하게 개인정보를 처리하여야 하며, 그 목적 외의 용도로 활용하여서는 아니 된다.

개인정보처리자는 개인정보의 처리 목적에 필요한 범위에서 개인정보의 정확성, 완전성 및 최신성이 보장되도록 하여야 한다.

개인정보처리자는 개인정보의 처리 방법 및 종류 등에 따라 정보주체의 권리가 침해받을 가능성과 그 위험 정도를 고려하여 개인정보를 안전하게 관리하여야 한다.

개인정보처리자는 제30조에 따른 개인정보 처리방침 등 개인정보의 처리에 관한 사항을 공개하여야 하며, 열람청구권 등 정보주체의 권리를 보장하여야 한다.

개인정보처리자는 정보주체의 사생활 침해를 최소화하는 방법으로 개인정보를 처리하여야 한다.

개인정보처리자는 개인정보를 익명 또는 가명으로 처리하여도 개인정보 수집목적을 달성할 수 있는 경우 익명처리가 가능한 경우에는 익명에 의하여, 익명처리로 목적을 달성할 수 없는 경우에는 가명에 의하여 처리될 수 있도록 하여야 한다.

개인정보처리자는 개인정보보호법 및 관계 법령에서 규정하고 있는 책임과 의무를 준수하고 실천함으로써 정보주체의 신뢰를 얻기 위하여 노력하여야 한다.

4. 정보주체의 권리(제4조)

정보주체는 자신의 개인정보 처리와 관련하여 다음 각 호의 권리를 가진다.

1. 개인정보의 처리에 관한 정보를 제공받을 권리
2. 개인정보의 처리에 관한 동의 여부, 동의 범위 등을 선택하고 결정할 권리
3. 개인정보의 처리 여부를 확인하고 개인정보에 대한 열람(사본의 발급을 포함한다) 및 전송을 요구할 권리
4. 개인정보의 처리 정지, 정정·삭제 및 파기를 요구할 권리 [23년 2차]
5. 개인정보의 처리로 인하여 발생한 피해를 신속하고 공정한 절차에 따라 구제받을 권리
6. 완전히 자동화된 개인정보 처리에 따른 결정을 거부하거나 그에 대한 설명 등을 요구할 권리

5. 개인정보 보호위원회(제7조 등)

1) 설치(제7조)

개인정보 보호에 관한 사무를 독립적으로 수행하기 위하여 국무총리 소속으로 개인정보 보호위원회(보호위원회)를 둔다.

2) 구성(제7조의2)

보호위원회는 상임위원 2명(위원장 1명, 부위원장 1명)을 포함한 9명의 위원으로 구성한다(제7조의2). 위원장과 부위원장은 정무직 공무원으로 임명한다.

3) 임기(제7조의4)

위원의 임기는 3년으로 하되, 한 차례만 연임할 수 있다.

위원이 궐위된 때에는 지체 없이 새로운 위원을 임명 또는 위촉하여야 한다. 이 경우 후임으로 임명 또는 위촉된 위원의 임기는 새로이 개시된다.

4) 회의(제7조의10)

보호위원회의 회의는 위원장이 필요하다고 인정하거나 재적위원 4분의 1 이상의 요구가 있는 경우에 위원장이 소집한다.

위원장 또는 2명 이상의 위원은 보호위원회에 의안을 제의할 수 있다.

보호위원회의 회의는 재적위원 과반수의 출석으로 개의하고, 출석위원 과반수의 찬성으로 의결한다.

6. 개인정보 침해요인 평가(제8조의2)

중앙행정기관의 장은 소관 법령의 제정 또는 개정을 통하여 개인정보 처리를 수반하는 정책이나 제도를 도입·변경하는 경우에는 보호위원회에 개인정보 침해요인 평가를 요청하여야 한다.

보호위원회가 평가를 요청을 받은 때에는 해당 법령의 개인정보 침해요인을 분석·검토하여 그 법령의 소관기관의 장에게 그 개선을 위하여 필요한 사항을 권고할 수 있다.

7. 개인정보 보호수준 평가(제11조의2)

보호위원회는 공공기관 중 중앙행정기관 및 그 소속기관, 지방자치단체, 그 밖에 대통령령으로 정하는 기관을 대상으로 매년 개인정보 보호 정책·업무의 수행 및 이 법에 따른 의무의 준수 여부 등을 평가(개인정보 보호수준 평가)하여야 한다.

보호위원회는 개인정보 보호수준 평가에 필요한 경우 해당 공공기관의 장에게 관련 자료를 제출하게 할 수 있다.

보호위원회는 개인정보 보호수준 평가의 결과를 인터넷 홈페이지 등을 통하여 공개할 수 있다.

8. 가명정보의 처리 등

1) 가명정보의 처리(제28조의2)

개인정보처리자는 통계작성, 과학적 연구, 공익적 기록보존 등을 위하여 정보주체의 동의 없이 가명정보를 처리할 수 있다.

개인정보처리자는 가명정보를 제3자에게 제공하는 경우에는 특정 개인을 알아보기 위하여 사용될 수 있는 정보를 포함해서는 아니 된다.

2) 가명정보의 결합 제한(제28조의3)

개인정보처리자가 가명정보를 처리할 수 있음에도 불구하고, 통계작성, 과학적 연구, 공익적 기록보존 등을 위한 서로 다른 개인정보처리자 간의 가명정보의 결합은 보호위원회 또는 관계 중앙행정기관의 장이 지정하는 전문기관이 수행한다.

결합을 수행한 기관 외부로 결합된 정보를 반출하려는 개인정보처리자는 가명정보 또는 개인정보보호봅 제58조의2에 해당하는 정보로 처리한 뒤 전문기관의 장의 승인을 받아야 한다.

3) 가명정보에 대한 안전조치의무 등(제28조의4)

개인정보처리자는 개인정보보호법 제28조의2 또는 제28조의3에 따라 가명정보를 처리하는 경우에는 원래의 상태로 복원하기 위한 추가 정보를 별도로 분리하여 보관·관리하는 등 해당 정보가 분실·도난·유출·위조·변조 또는 훼손되지 않도록 대통령령으로 정하는 바에 따라 안전성 확보에 필요한 기술적·관리적 및 물리적 조치를 하여야 한다.

개인정보처리자는 가명정보를 처리하는 경우 처리목적 등을 고려하여 가명정보의 처리 기간을 별도로 정할 수 있다.

가명정보를 처리하고자 하는 경우에는 가명정보의 처리 목적, 제3자 제공 시 제공받는 자, 가명정보의 처리 기간(제2항에 따라 처리 기간을 별도로 정한 경우에 한한다) 등 가명정보의 처리 내용을 관리하기 위하여 대통령령으로 정하는 사항에 대한 관련 기록을 작성하여 보관하여야 하며, 가명정보를 파기한 경우에는 파기한 날부터 3년 이상 보관하여야 한다.

4) 가명정보 처리시 금지 의무(제28조의5)

가명정보를 처리하는 자는 특정 개인을 알아보기 위한 목적으로 가명정보를 처리해서는 아니 된다.

개인정보처리자는 제28조의2 또는 제28조의3에 따라 가명정보를 처리하는 과정에서 특정 개인을 알아볼 수 있는 정보가 생성된 경우에는 즉시 해당 정보의 처리를 중지하고, 지체 없이 회수·파기하여야 한다.

9. 개인정보의 안전관리

1) 안전조치의무(제29조)

개인정보처리자는 개인정보가 분실·도난·유출·위조·변조 또는 훼손되지 아니하도록 내부 관리계획 수립, 접속기록 보관 등 대통령령으로 정하는 바에 따라 안전성 확보에 필요한 기술적·관리적 및 물리적 조치를 하여야 한다.

2) 개인정보 유출 등의 통지 · 신고(제34조)

개인정보처리자는 개인정보가 분실 · 도난 · 유출(이유출등)되었음을 알게 되었을 때에는 지체 없이 해당 정보주체에게 다음 각 호의 사항을 알려야 한다. 다만, 정보주체의 연락처를 알 수 없는 경우 등 정당한 사유가 있는 경우에는 대통령령으로 정하는 바에 따라 통지를 갈음하는 조치를 취할 수 있다.

1. 유출등이 된 개인정보의 항목
2. 유출등이 된 시점과 그 경위
3. 유출등으로 인하여 발생할 수 있는 피해를 최소화하기 위하여 정보주체가 할 수 있는 방법 등에 관한 정보
4. 개인정보처리자의 대응조치 및 피해 구제절차
5. 정보주체에게 피해가 발생한 경우 신고 등을 접수할 수 있는 담당부서 및 연락처

개인정보처리자는 개인정보가 유출등이 된 경우 그 피해를 최소화하기 위한 대책을 마련하고 필요한 조치를 하여야 한다.

개인정보처리자는 개인정보의 유출등이 있음을 알게 되었을 때에는 개인정보의 유형, 유출등의 경로 및 규모 등을 고려하여 대통령령으로 정하는 바에 따라 제1항 각 호의 사항을 지체 없이 보호위원회 또는 대통령령으로 정하는 전문기관에 신고하여야 한다. 이 경우 보호위원회 또는 대통령령으로 정하는 전문기관은 피해 확산방지, 피해 복구 등을 위한 기술을 지원할 수 있다.

3) 노출된 개인정보의 삭제 · 차단(제34조의2)

개인정보처리자는 고유식별정보, 계좌정보, 신용카드정보 등 개인정보가 정보통신망을 통하여 공중(公衆)에 노출되지 아니하도록 하여야 한다.

개인정보처리자는 공중에 노출된 개인정보에 대하여 보호위원회 또는 대통령령으로 지정한 전문기관의 요청이 있는 경우에는 해당 정보를 삭제하거나 차단하는 등 필요한 조치를 하여야 한다.

10. 손해배상책임(제39조)

정보주체는 개인정보처리자가 이 법을 위반한 행위로 손해를 입으면 개인정보처리자에게 손해배상을 청구할 수 있다. 이 경우 그 개인정보처리자는 고의 또는 과실이 없음을 입증하지 아니하면 책임을 면할 수 없다.

개인정보처리자의 고의 또는 중대한 과실로 인하여 개인정보가 분실·도난·유출·위조·변조 또는 훼손된 경우로서 정보주체에게 손해가 발생한 때에는 법원은 그 손해액의 5배를 넘지 아니하는 범위에서 손해배상액을 정할 수 있다. 다만, 개인정보처리자가 고의 또는 중대한 과실이 없음을 증명한 경우에는 그러하지 아니하다.

CHAPTER

08 경찰행정학

제1절 경찰행정이란 무엇인가?

I 경찰행정의 개념

독일의 공법학자 포르스트호프(Forsthoff,E.)는 "행정은 묘사할 수는 있으나 정의할 수는 없다"고 언급했다. 그만큼 행정(行政)을 정확하게 정의하는 것은 결코 쉽지 않다. 그럼에도 불구하고 입법권 및 사법권과 대등한 3권 분립의 하나로 인정되는 통치권을 행정권이라고 하고, 실직적인 의미에서는 입법작용과 사법작용을 제외한 국가작용을 행정이라고 한다. 형식적인 의미에서는 행정부가 행하는 모든 행정작용을 말한다. 이 중에서 공공의 안녕과 질서를 유지하고 범죄로부터 국민의 생명과 재산을 지키기 위한 행정작용을 경찰행정이라고 할 수 있다. 여기에는 범죄 예방, 진압, 수사, 교통통제 등이 포함된다.

II 경찰행정의 학문적 접근

1. 경찰학의 발전

15세기 이미 프랑스에서는 국민의 공공복리나 공익을 위해 공권력이라는 강제력을 동원할 수 있다는 통치권자의 권능을 인정한 경찰권 이론이 대두되었다. 이 이론은 이후 절대왕정의 이론적인 기초를 제공했다. 독일은 프랑스로부터 경찰권 이론을 받아들여 프로이센의 절대주의적인 국가체제를 구축하기 위해 통치에 필요한 행정기술이나 지식등을 보급하기 위한 목적이었던 학문인 관방학(Kameralwissenshaft)으로서 경찰학(Polizeiwissenschaft)을 학문으로 발달시켰다. 그래서 경찰학의 기원을 17세기 독일의 관방학으로부터 찾기도 한다.

근대 경찰은 19세기 영국에서 시작되었다고 평가된다. 런던 같은 대도시가 폭발적으로 팽창하자 빈곤이나 무질서 및 범죄와 같은 도시문제들이 심각하게 대두되었다. 이에 당시 내무성 장관이었던 로버트 필(Robert Peel)[1]이 의회를 설득해 The Metropolitan Act of 1829를 통과시켜 창설한 런던 도시경찰이 근대경찰의 시초이다. 당시 법안에는 런던시 경찰의 조직과 운영에 관한 개혁안이 제시되었다. 로버트 필(Robert Peel)이 제시한 당시 경찰의 문제점은 경찰인력의 부족, 경찰 재량의 부재, 경찰조직간의 협력체제 부재 등이었고 경찰 제복착용, 경찰에 대한 국가통제 강화, 경찰조직의 안정화, 경찰력의 합리적 배치 등을 통해 현대 경찰의 표본을 제시했다. 요약하자면 군대식 조직과 행정의 도입이 주된 내용이었다. 이때부터 본격적으로 'Watch and Ward' 대신 'police'이라는 단어가 영국에서 공식적으로 사용되었다.

제1차 세계대전 이후 30년간 미국 캘리포니아 버클리 경찰청장을 역임했던 어거스트 볼머(August Vollmer)의 노력으로 경찰의 전문직업화(professionalization)를 위해 미시간 대학과 캘리포니아 대학 등에 경찰학과가 만들어지면서 미국을 중심으로 경찰학이 급속도로 발전하게 되었다. 1950년에 윌슨(O. W. Wilson)이 대학 교재인 '경찰행정(Police Administration)'을 출간하면서 경찰행정학이라는 명칭이 대학 과정에 정착하게 되었다. 이 책은 지금도 경찰행정학의 바이블로 인정받고 있다. 이처럼 현직 경찰출신들이 대학 교수가 되어 실무경험이 반영된 저서를 출간함으로써 현대 경찰학의 학문적인 체계가 확립되게 되었다.

1960년대 미국의 존슨 대통령은 법집행지원청(Law Enforcement Assitance Administration)을 설치하고, 법 집행 교육 프로그램(Law Enforcement Education Program)을 수립하여 대학에서의 경찰행정학 관련 강좌개설을 지원함으로써, 지금의 종합과학으로서의 경찰행정학이 자리잡는 데 크게 기여하였다.

---

1 영국의 보수당 출신 정치인(1788~1850)으로 총리와 내무성 장관을 두 번 역임하였다. 현대 영국 경찰의 아버지로 추앙받고 현대 보수당의 설립자들 가운데 한 명으로 평가받는 인물이다.

2. 경찰학과 경찰행정학

경찰은 공권력을 통해 범죄를 예방 및 진압함으로써 사회질서를 유지하는 데 목적이 있고 이러한 목적을 효과적으로 달성하기 위한 수단과 방법 및 절차가 바로 경찰행정이다. 하지만 학문으로서의 경찰학(police science)과 경찰행정(police administration)을 명백하기 구분하기는 쉽지 않다. 일반적으로 경찰학(police science)의 연구영역에 수사기법(detection techniques), 범죄유형(types of crime), 법률적 문제(legal questions) 등과 더불어 경찰행정(police administration)이 포함되어 있어 경찰학의 범위가 더 넓다. 하지만 최근의 추세는 양자가 혼용되어 사용되고 있다. 경찰학의 연구주제와 경찰행정학의 연구주제가 사실상 같은 경우가 대부분이기 때문이다. 따라서 경찰행정학은 고유한 학문영역이면서도 동시에 경찰학의 한 분야로도 볼 수 있다.

대륙법계 국가에서는 국가의 통치작용이라는 시각에서 경찰권을 바라보고 이러한 시각에서 경찰행정을 파악하는 반면, 영미법계 국가에서는 시민의 자치권이라는 시각에서 외부의 위협으로부터 국민을 보호하는 자치행정과 시민의 기본권 보호를 경찰행정으로 파악한다. 하지만 최근의 현대 경찰행정은 법치주의와 국민의 기본권 보호라는 보편적 가치를 구현하는 방향으로 수렴되고 있다. 사회가 복잡 다양해지면서 경찰의 목적이 확대되고 문제해결 방법 역시 민주화와 능률화를 요구하면서 통합적인 성격의 학문으로서 경찰행정학이 발전했다. 그럼에도 경찰법학, 범죄수사학, 경찰 윤리 같은 학문뿐만 아니라 자연과학 분야도 통합되는 상황에서 경찰학과 경찰행정학의 관계가 배타적으로 설정되지 않고 있다.

3. 경찰행정학의 특성

'police science'라는 용어는 경찰학의 과학적 특성을 보여주고, 'police studies'라는 용어는 경찰학이라는 학문적 독립성을 보여준다. 경찰행정학은 학문적 특성상 경찰의 구조나 활동 및 조직뿐 아니라 경찰의 심리나 일탈 및 윤리까지 포함하기 때문에 연구대상을 한정할 수 없고 연구영역도 매우 넓다고 볼 수 있다. 따라서 경찰행정학의 특성으로 학문적 '독립성'과 더불어 '중복성'을 언급할 수 있다. 경찰행정학은 그 자체로 경찰문제와 관련한 고유성을 지니지만 다른 한편, 법학지식이 바탕이 되는 경찰행정법과 경찰윤리를 다루는 경찰윤리학, 수사방법이나 기법을 배우는 범죄학 등을 기초로 삼고 있기 때문에 법학이나 윤리학 및 사회학 등과 중복성을 갖는다. 심지어 여성경찰은 여성학과도 중복되고 범죄방어공간 조성은 건축공학과도 중복된다. 이처럼 경찰행정학은 주변의 인근 학문을 바탕으로 서로 영향을 주고 받기 때문에 학문의 중복성은 가장 큰 특징 중의 하나이다.

Ⅲ 한국 경찰행정학의 발전

우리나라에서 경찰이라는 용어는 1894년 갑오개혁 때부터 사용되었다. 그전에는 주로 치안활동을 의미하는 포도(捕盜)라는 단어가 사용되었다. 이후 일제 강점기와 해방 이후에 본격적으로 현대식 경찰학이 발전하기 시작했다. 1950년대 경찰전문학교가 경찰학 관련 교재를 통해 교육을 시작했고, 1962년 동국대에서 최초로 당시 문교부(현 교육부)로부터 경찰행정학과가 정식으로 인가를 받아 설치되면서 행정학의 특수분야로서 경찰행정학에 대한 본격적인 연구가 진행되었다. 이후 1970년대 동국대 외에 서울대, 연세대, 한양대 등의 행정대학원에서 경찰행정 전공과정이 개설되어 학위논문이 발표되기 시작했고, 동국대에서는 경찰학 석사 및 박사과정이 개설되었다.

1970년대 중반 동국대에 공안행정연구소가 설치되고 '공안행정논총'을 발간하게 되었고, 1980년 경찰대학 개교와 함께 치안연구소가 설치되고 '치안논총'이 발간되었다. 1987년 법무부 산하 한국형사정책연구원이 개원하면서 경찰행정학의 발전에 학문적인 기틀을 다지게 되었다. 1998년에 한국경찰학회가 결성되고 '한국경찰학회보'가 창간되었다. 이후 전국에 전문대학을 포함한 전국 150여 개 대학에 경찰행정학과가 설치되어 지금에 이르고 있다.

제2절 | 경찰조직관리

I 경찰조직의 개념

경찰조직은 국민의 생명과 재산 보호라는 경찰의 목적을 달성하기 위해 의도적으로 구성된 사회적 단위이다. 이 조직은 전문성과 법규성 및 실적주의가 적용되고 유지되는 전형적인 관료조직으로 볼 수 있다. 경찰조직은 자체적인 규범을 지닌 단위로써 질서유지를 위한 명령과 강제를 할 수 있는 특수한 성격을 지니고 있다. 경찰의 임무 자체가 사회의 안녕과 질서를 유지하기 위해 수사 및 체포 등의 특수임무를 포함하고 있기 때문에, 일반적인 행정조직과는 다른 특수한 요소를 지니고 있다. 이와 같이 국민의 신체의 자유에 직접적인 영향을 미치는 조직이기 때문에, 경찰조직은 민주적으로 조직되고 효율적으로 운영되어야 한다. 이를 위한 리더십 역시 중요한 항목이다.

II 경찰조직 구성도

우리나라 경찰조직은 청장을 정점으로 1차장 1본부 8국 12관 등으로 구성되어 있다. 구체적으로 생활안전교통국이 민생치안을, 수사기획조정관·수사인권담당관·수사국·형사국·안보수사국이 소속된 국가수사본부가 수사를 담당하고, 경비국·치안정보국·범죄예방대응국·국제협력관이 사회질서 유지를, 대변인·감사관·기획조정관·경무인사기획관·미래치안정책국이 행정지원을 각각 담당하고 있다.

부속기관으로는 경찰대학·경찰인재개발원·중앙경찰학교·경찰수사연수원 등 4개의 교육기관과 책임운영기관인 경찰병원이 있다.

또한 경찰사무를 지역적으로 분담 수행하기 위하여 전국 특별시·광역시·도에 18개 시도경찰청을 두고 있으며 시도경찰청장 소속하에 경찰서 259개, 지구대 626개, 파출소 1,417개를 운영하고 있다.

경찰조직의 성패는 조직이 얼마나 합리적으로 편제되고 효율적으로 운영되는가에 달려 있다. 경찰조직의 원리로 전문화의 원리, 계급화의 원리, 통솔범위의 원리, 명령통일의 원리, 조정의 원리, 공식화, 집권화와 분권화 등이 언급된다.

1. 전문화(specialization)의 원리

전문화란 업무능률을 향상시키기 위해 업무의 종류와 특성을 구분하여 구성원에게 주된 업무를 분담시키는 것을 말한다. 이는 현대행정의 중요한 질적인 특징으로 볼 수 있다. 사람은 각각 성격과 적성이 다르고 혼자 습득할 수 있는 지식과 기술의 양에 한계가 있을 수밖에 없기에 업무를 세분화하여 특정분야를 집중적으로 훈련하게 되면 전문가로 성장하여 사무를 능률적으로 수행할 수 있고 업무의 질도 높일 수 있게 된다. 고전적 행정학자 귤릭(Gulick)은 최고관리층의 기능을 ① 계획(planning) ② 조직(organizing) ③ 인사(staffing) ④ 지휘(direction) ⑤ 조정(coordinating) ⑥ 보고(reporting) ⑦ 예산(budgeting)의 7개로 전문화했다. 일반적으로 높은 계층일수록 정책결정이나 조사 및 연구업무가 배정되고 낮은 계층일수록 단순 대민업무나 반복적인 집행업무로 전문화가 이루어진다. 전문화는 사람이 교육과 훈련에 의하여 전문가로 성장하는 사람의 전문화와 작업 자체를 성질별로 세분하여 반복적이고 기계적인 업무로 단순화 시키는 일의 전문화로 구분된다.

전문화는 단순 업무의 반복인 경우가 많기 때문에 구성원의 흥미를 상실시킬 수 있고, 구성원을 부속품처럼 여기게 함으로써 소외감을 유발할 수 있고, 기능이 중복되는 경우 오히려 효율성을 떨어뜨리기도 한다. 또한 전문화로 인해 구성원이 자신의 분야에 대해서는 잘 대처할 수 있지만 다른 분야는 전혀 알지 못해 전체적인 시각을 갖지 못하게 되어 임기응변 능력을 저하시키기도 한다. 이는 그대로 부처간 이기주의와 할거주의(조직구성원들이 소속기관과 부서만 생각하고 다른 부서는 배척하는 경향)로 연결되기도 한다. 22년 1차/24년 1차 따라서 전문화가 나름의 빛을 발하기 위해서는 그만큼 조정과 통합능력이 향상되어야 한다.

2. 계급화(hierarchy)의 원리

계급화(≒ 계층제)란 조직을 권한과 책임에 따라 등급화하고 상하 간에 명령·복종 관계를 확립하는 것을 의미한다. 즉 권한과 책임의 종적 분업관계를 의미한다. [22년 1차] 이러한 계급화는 조직의 피라미드형 구조를 이루게 된다. 조직의 규모가 확대되고 구성원이 증가하면 당연히 조직의 계층도 증가한다. 일반적으로 계급이 높을수록 정책이나 계획과 같은 비정형적 업무에, 낮을수록 정형적 업무에 중점을 두게 된다. 그러나 계급화가 지나치면 소통의 경로가 막히고 인간관계가 경시되어 사기를 떨어뜨려 원활한 협조를 확보하기가 어렵게 된다. 즉 계급화의 확산은 관료제의 병폐를 초래하는 주요한 원인이 된다.

계급화가 잘 성립되기 위해서는 리더의 역할이 중요하다. 리더에게는 전체 구성원들에 대한 업무 배정 및 관리능력이 있어야 한다. 상하계급 간에 권한과 책임이 상응되게 균형과 조화를 이루는 방식으로 적절히 배분되어야 한다. 특히 직무를 결정함에 있어서 각 구성원들에 대한 업무배정의 적정성과 책임범위를 합리적이고 분명히 해야 하고 각자의 위치와 역할을 확인시켜 주어야 한다.

계급화 자체는 지휘와 명령 및 보고뿐만 아니라 공식적인 의사전달의 통로가 된다. 뿐만 아니라 업무의 권한과 책임을 분명히 함으로써 책임소재를 밝혀준다. 또한 구성원 간의 상호관계를 명백하게 함으로써 업무분담의 통로가 된다. 또한 하위부서에서 분쟁이 발생할 경우 이를 조정하고 해결할 수 있는 수단이 되어 궁극적으로 조직의 통일성과 일체감을 높여준다. 무엇보다 승진의 통로 역할을 담당함으로써 구성원의 사기를 높일 수 있다. 하지만 상하 간에 서열주의가 지나치게 강조되면 하급자들의 근무의욕을 저하시키며 조직문화가 경직될 우려가 있다. 이로 인해 개인의 개성과 창의성이 저해되고 인간관계가 수직적인 명령복종 관계로 전환되어 구성원간 일체감이나 동질성이 떨어져 조직의 소속감을 방해할 수 있다. 또한 계급의 수가 많으면 많을수록 의사전달이 왜곡될 가능성이 높고, 변동하는 외부환경에 바로 반응하지 못하게 될 수 있다. 계급화가 왜곡되면 자칫 업무수행 시스템이 아닌 타인을 비민주적이고 비합리적으로 지배하는 수단으로 변질될 수도 있다.

3. 통솔범위(span of control)의 원리

통솔범위란 한 명의 상급자가 효과적으로 통솔할 수 있는 하급자의 수를 의미한다. 22년 1차/23년 2차 하급자의 수가 너무 많으면 통솔력이 약화된다. 왜냐하면 인간은 그 능력과 시간에 있어서 일정한 한계가 있을 수밖에 없기 때문이다. 또한 각 개인의 업무수행 능력에 차이가 있기 때문에 통솔범위에 영향을 미치는 다양한 요인들을 고려하여 적정한 통솔범위를 정해야 한다. 통솔범위와 관련하여 ① 시간적·공간적 요인도 영향을 미치는 요소이다. 기존의 안정된 조직에서는 새로 신설된 조직보다 더 많은 하급자를 통솔할 수 있다. 또한 하급자들이 공간적으로 분산되어 있는 경우 통솔범위는 좁아지게 될 것이다. ② 조직 및 직무의 성질도 통솔범위에 영향을 미친다. 조직과 직무가 명확하고 계획적인 경우 통설범위는 넓어진다. 단순업무의 경우 통솔범위가 넓어지고 이질적이고 창의적 업무 수행의 경우 통솔범위는 좁아진다. ③ 상급자 및 하급자의 능력과 성격도 통솔범위에 영향을 미친다. 상급자의 능력 및 성격과 하급자의 능력 및 성격에 따라 통솔의 범위가 넓어지기도 하고 좁아지기도 한다. ④ 통솔자의 신임도와 하급자 집단의 특징도 통솔범위에 영향을 미친다. 상급자가 하급자로부터 높은 신임을 받거나 양자의 인간관계가 양호하면 통솔의 범위는 당연히 넓어진다. ⑤ 참모제도와 정보관리체제의 발달도 통솔범위에 영향을 미친다. 능률적인 참모를 두거나 효율적인 정보관리체제가 확립되어 있으면 통설범위는 넓어지게 된다. ⑥ 계급화의 정도도 통솔범위에 영향을 미친다. 계급이 너무 많이 분화되면 통솔범위는 상대적으로 좁아지게 된다.

4. 명령통일(unity of command)의 원리

명령통일의 원리란 조직 내에서 오직 한 명의 상관으로부터 명령을 받아야 하며 두 명 이상의 상관을 섬겨서는 안 된다는 것을 의미한다. 22년 1차 여러 명의 상관으로부터 명령을 받는 경우 나타날 수 있는 혼란을 방지하고 능률적이며 책임있게 일을 할 수 있도록 하기 위한 원리이다. 하지만 이 원리는 수정되고 있다. 왜냐하면 일반적으로 직원은 누가 상관인지 알고 있어야 하지만 현대의 기능적 유형의 조직에서는 명령·복종보다는 협조에 중점을 두고 있고, 여러 상관들이 수시로 지시를 내려야 하는 상황이 자주 발생하면서 이러한 명령통일의 원리가 원활하게 작동하기 어렵기 때문이다.

5. 조정의 원리

조직의 내부에는 계급 간, 부서 간, 또는 구성원 간의 갈등이 존재한다. 이러한 갈등을 조정해야 한다는 원리가 바로 조정의 원리이다. 22년 1차/23년 2차 오늘날 행정조직은 전문화, 세분화되어 있어 조화와 통합을 위해서는 조정이 필수적이다. 조정의 원리는 조직의 목표 달성을 위한 가장 중요한 최종적 원리이다. 앞서 언급된 전문화의 원리, 계급화의 원리, 통솔범위의 원리, 명령통일의 원리는 조정을 위한 수단적 원리이다. 그래서 이러한 조정의 원리를 '제1원리'로 평가할 수 있다. 이렇게 조정은 하위체제의 활동을 통합시켜 조직을 존속하고 유지할 수 있게 한다. 하지만 현대사회의 조직은 대규모화되고 계층이 증대됨과 동시에 업무의 전문화와 분업화 현상이 일어나 조정이 점점 어려워지고 있다. 조직이 지나치게 세분화되거나 권한이 분산된 조직에서도 조정은 쉽지 않다. 조직이 정치적인 영향력을 받는 경우에도 조정은 정치적으로 해결되기 전에 이루어지기 어렵다. 무엇보다 원만한 조정이 이루어지기 위해서는 관리자의 리더십이 제일 중요하다. 관리자는 성격과 의사전달 능력 및 정보처리 능력을 갖추어야 하고 이를 바탕으로 부하직원으로부터 협조를 이끌어 낼 수 있어야 한다.

조정을 함에 있어서 그 효과를 극대화하기 위한 여러 원칙들이 존재한다. 조정은 업무의 과정상 초기 단계에 관계자들을 참여하게 함으로써 이해를 구하고 협력을 얻어서 행사는 것이 매우 효과적이다. 이러한 조정의 원칙을 ① 조기 조정의 원칙이라고 한다. 여러 조직에 걸쳐 있는 특정 사항에 대해 조정을 하는 경우, 이를 담당하는 전담조직이 있다면 직접 접촉하여 문제를 해결하는 것이 조정의 효과를 극대화할 수 있다. 이를 ② 직접 접촉의 원칙이라고 한다. 조정은 문제점이 발생할 때에만 일시적으로 행사는 것이 아니라 조직의 최종 목적을 달성할 때까지 지속적으로 이루어져야 한다. 이를 ③ 계속성의 원칙이라고 한다.

Ⅳ 경찰조직관리

1. 경찰조직관리의 개념 및 경찰조직 유형

경찰조직의 목적 달성을 위해서는 경찰조직을 편성·유지·개선해나가는 관리작용이 중요하다. 경찰법 제1조는 "이 법은 경찰의 민주적인 관리·운영과 효율적인 임무수행을 위하여 경찰의 기본조직 및 직무 범위와 그 밖에 필요한 사항을 규정함을 목적으로 한다"고 규정함으로써 '민주성'과 '효율성'을 경찰조직관리의 기본이념으로 내세우고 있다.

경찰조직의 유형을 크게 계선(line) 조직과 참모(statt) 조직(또는 막료조직)으로 구분하기도 한다. 계선조직은 경찰기능의 중추적 위치에서 조직의 1차적 목표와 관련된 과업수행을 위해 법령을 집행하고 정책을 결정하는 업무를 수행하며, 참모조직은 계선조직을 보조·지원하는 부서로서 인사, 교육, 정보, 연구 등 지원업무를 수행한다는 점에서 구분된다. 계선조직의 경우 강력한 통솔력을 행사하기 용이하고, 비교적 권한과 책임이 분명하여 업무수행이 능률적이고 신속한 정책결정이 가능한 반면, 책임자의 주관적이고 독단적인 조치에 취약하거나 조직이 경직되기 쉽다는 단점이 있다. 참모조직은 전문적 지식과 기능을 통해 기관장의 통솔범위를 확대시키고, 업무의 수평적인 조정과 협조가 수월하다는 장점이 있지만, 계선조직에 비해 상대적으로 인간관계나 의사소통이 복잡하고, 계선조직과 참모조직 상호간에 책임소재가 불분명할 수 있다는 단점도 있다.

2. 경찰조직이론

경찰조직의 합리적 운영방법에 관한 대표적 이론들을 시간적 흐름에 따라 나열하자면 과학적 관리론과 관료제 이론, 관리이론, 동기부여이론(≒조직적 인본주의)을 들 수 있다.

1) 과학적 관리론

과학적 관리론(Scientific Management)은 20세기 전후 미국의 기계공학자이자 경영 컨설턴트였던 테일러(Frederick Winslow Taylor)가 창시한 이론으로서, 작업의 효율성을 극대화하고 생산성을 높이기 위한 체계적이고 과학적인 접근 방식을 제시한 일종의 경영이론이다. 테일러는 과학적 관리를 위한 네 가지 주요 원칙으로서 ① 과학적 방법론 사용(직관이나 경험보다는 과학적 방법에 기초해 작업 방법 결정), ② 노동자와의 협력(관리자는 노동자와 긴밀히 협력하여 과학적으로 개발된 방법 적용), ③ 성과 중심의 관리(노동자의 성과를 측정하고, 이에 따른 보상 체계를 구축), ④ 과업의 분담(노동자가 자신의 역할에 집중하도록 관리와 노동을 명확히 구분)을 제시하였다. 과학적 관리론은 초기 산업화

시기 생산성과 효율성 향상에 크게 기여했으나, 노동자들을 기계적인 부품처럼 취급하고 인간적인 요소를 간과한다는 비판을 받았다.

2) 관료제 이론

독일의 사회학자이자 정치경제학자인 막스 베버(Max Weber)는 조직이 목표를 효과적으로 달성하기 위해서는 합리적이고 효율적인 조직 구조인 관료제(bureaucracy)를 취해야 한다고 주장하였다. 관료제 이론의 주요 개념과 요소들에는 ① 계층 구조(명확한 상하 구조와 권한 체계), ② 규칙과 규정(표준화된 절차와 규칙에 의한 운영), ③ 업무의 전문화(역할과 책임의 명확한 분담), ④ 비인격성(개인의 감정과 관계 배제를 통한 공정한 운영), ⑤ 경력 기반의 고용(성과와 역량에 따른 고용과 승진), ⑥ 문서화(모든 활동과 결정의 기록)가 있다. 베버의 관료제 이론은 현대 조직의 기본 구조와 운영 원칙을 설명하는데 중요한 이론적 토대를 제공하였고, 규칙과 절차에 따라 업무가 표준화되어 효율성과 예측 가능성을 높이고, 공정성과 전문성, 연속성 달성에 수월하다는 장점이 있다. 그러나 규칙과 절차의 엄격한 적용으로 인해 유연성이 부족할 수 있고, 과도한 문서화와 비인격적 운영 절차로 인해 직원의 사기저하와 비효율적 운영을 초래할 수 있다.

3) 관리이론

루서 굴릭(Luther Gulick)과 린델 어윅(Lyndall Urwick)은 행정학 및 조직 이론 분야에서 중요한 공헌을 한 학자들로서, 관리이론(administrative theory)을 통해서 공공 및 민간 조직에서 관리와 행정의 원칙과 구조를 체계적으로 설명하고자 시도했다. 특히 이들은 POSDCORB라는 약어로 잘 알려진 관리 활동의 핵심 요소를 제시하였는데, ① Planning(계획: 목표를 설정하고 이를 달성하기 위한 구체적인 계획을 수립하는 과정), ② Organizing(조직화: 목표를 달성하기 위해 조직의 구조를 설정하고, 역할과 책임을 할당하는 과정), ③ Staffing(인사: 적절한 인력을 채용하고, 교육하며, 배치하는 과정), ④ Directing(지휘: 조직의 구성원들이 목표를 향해 나아가도록 지도하고 동기부여하는 과정), ⑤ Coordinating(조정: 조직 내의 다양한 활동과 부서 간의 조화를 이루는 과정), ⑥ Reporting(보고: 조직의 성과와 활동에 대해 정보를 수집하고 보고하는 과정), ⑦ Budgeting(예산: 자원의 할당과 재정 관리를 포함하는 과정) 등등 7가지 요소로 구성되어 있다. 앞서 소개한 테일러의 과학적 관리론은 작업의 효율성에 초점을 맞춰 세부적인 작업 분석을 중시했지만, 굴릭과 어윅의 관리이론은 더 넓은 관점에서 조직 전체의 관리와 행정을 체계적으로 설명했다는 점에서 차이가 있다.

4) 인간관계이론

엘튼 메이요(Elton Mayo)는 1924년부터 1932년까지 미국 일리노이주 시카고에 있는 웨스턴 일렉트릭 회사의 호손 공장에서 실시한 실험(이른바 '호손 연구')을 통해서, 조직 내에서 인간의 사회적 요구와 동기부여를 강조한 인간관계이론(Human Relations Theory)을 창시하였다. 메이요는 호손 연구를 바탕으로 하여 ① 사회적 인간(Social Man: 인간은 경제적 동기 외에도 사회적 관계와 소속감을 중시함), ② 비공식적 집단(Informal Groups: 작업장 내 비공식적 집단과 그들의 사회적 규범이 구성원의 행동과 태도에 큰 영향을 미침), ③ 관리자의 역할(Role of Management: 관리자는 단순히 작업을 감독하는 것이 아니라, 구성원들의 사회적 요구를 이해하고, 그들과 긍정적인 인간관계를 형성하여 동기부여를 유도해야 함), ④ 작업 만족도(Job Satisfaction: 작업 만족도는 생산성에 중요한 영향을 미침) 등을 인간관계 이론의 주요 개념으로 제시하였다. 인간관계이론은 이전의 과학적 관리론의 기계적 접근과는 대조적으로 경영자들이 노동자의 사회적 및 심리적 요구를 고려한 관리 방식과 팀워크를 중시하는 조직문화에 관심을 기울이게 했고, 인사관리와 리더십 개발의 중요성도 일깨워줬다는 점에서 의의가 있다.

5) 동기부여이론

동기부여이론이란 사람들이 특정 행동을 하게 되는 이유와 방법을 동기부여라는 관점에서 이해하고 설명하기 위해 개발된 다양한 이론과 모델을 의미한다. 동기부여는 조직의 목표 달성을 위하여 조직구성원들로 하여금 높은 수준을 자발적인 노력을 기울이도록 동기를 불어넣는 일이다. 이러한 동기부여에 관한 이론은 동기부여 내용이론(motivation content theory)과 과정이론(motivation process theory)으로 구분된다. 우선, 동기부여 내용이론은 사람을 움직이고 일하게 하는 구체적인 실체가 인간의 마음 속에 있다는 이론이다. 이 이론은 사람이 동기부여되는 과정에서 "인간의 욕구가 무엇인가"에 대해 초점을 둔다. 여기에는 매슬로우(Maslow)의 욕구위계이론(Hierarchy of Needs), 아지리스(Argyris)의 미성숙─성숙이론(Immaturity─Maturity Theory), 허즈버그(Herzberg)의 동기─위생(2요인) 이론(Motivation─Hygiene Theory), 맥그리거(McGregor)의 X이론─Y이론, 맥클랜드(McClelland)의 성취욕구이론(Theory of Needs) 등이 있다. 23년 2차

반면, 과정이론은 인간의 욕구가 곧바로 인간행동을 유발하는 것이 아니라, "자신의 행동이 가져오는 결과"를 고려하여 행동한다는 이론이다. 즉, 욕구상태에서 행동이 어떻게 유도되고 어떤 단계를 밟아 드디어 행동이 촉발되는지에 초점을 두고 있다. 여기에는 포터(Porter)와 롤러(Lawler)의 성과만족이론(Performance－Satisfaction Theory), 브룸(Vroom)의 기대이론(Expectancy Theory), 애덤스(Adams)의 공정성이론(Equity Theory) 등이 있다. 23년 2차

주장자	주장 이론	주요 내용
매슬로우 22년 2차/23년 2차	욕구단계이론	인간은 자신의 욕구를 충족시키기 위해서 노력하며, 하위 단계의 욕구가 충족되어야 상위 단계의 욕구로 발전하게 되는 동기부여 요소로 작용 ① 생리적 욕구(생존을 위해 필요한 기본적 욕구)→ ② 안전 욕구(신체적 안전과 경제적 안정 욕구)→③ 사회적 욕구(애정, 소속감, 인간관계에 대한 욕구)→④ 존중 욕구(자기 존중, 명예욕)→⑤ 자아실현 욕구(잠재력 발휘 및 창의성 실현 욕구)
허즈버그 22년 2차/23년 2차	동기-위생이론 (2요인 이론)	직무 만족과 불만족의 원인을 동기 요인과 위생 요인으로 나누어 설명. ① 동기 요인(Motivators): 성취감, 인정, 책임감, 직무 자체의 흥미로움 등 긍정적인 직무 만족을 유발하는 요인 ② 위생 요인(Hygiene Factors): 급여, 작업 조건, 회사 정책 등 불만족을 예방하는 요인이지만, 자체적으로 생산성을 높이기 위한 동기부여를 제공하지는 않음
브룸	기대이론	사람들이 특정 행동을 선택하는 이유를 ① 기대감(Expectancy: 노력과 성과 간의 관계에 대한 믿음), ② 수단성(Instrumentality: 성과와 보상 간의 관계에 대한 믿음), ③ 유의성(Valence: 보상의 가치에 대한 개인의 평가)의 요소로 설명.
맥클랜드	성취욕구이론	사람들이 동기부여되는 세 가지 주요 욕구로서 ① 성취 욕구(Need for Achievement: 도전적인 목표를 달성하려는 욕구), ② 권력 욕구(Need for Power: 타인에게 영향을 미치고 통제하려는 욕구), ③ 친교 욕구(Need for Affiliation: 사회적 유대와 친밀한 관계를 형성하려는 욕구)를 제시함.
애덤스	공정성이론	사람들이 자신이 받은 보상과 타인이 받은 보상을 비교하여 공정성을 평가하며, 공정성이 유지될 때 동기부여가 촉진되며, 불공정성이 느껴질 때는 이를 해소하려는 행동이 나타난다고 설명.

로크	목표설정이론	구체적이고 도전적인 목표가 높은 성과를 유발한다는 주장. 목표설정을 위해서는 ① 목표의 명확성(Clarity: 구체적이고 분명한 목표), ② 목표의 도전성(Challenge: 적절히 어려운 목표), ③ 목표의 수용성(Commitment: 목표에 대한 개인의 헌신), ④ 피드백(Feedback: 목표 달성에 대한 피드백 제공)이 중요함.
아지리스 22년 2차	미성숙-성숙 이론	인간이 성장하고 발전하는 과정에서 미성숙(immaturity) 상태에서 성숙(maturity) 상태로 변화하며, 개인의 성숙도는 조직의 관리 방식과 구조에 따라 크게 영향을 받을 수 있다는 주장. 전통적인 조직관리방식(특징: 엄격한 규칙과 절차, 계층적 구조, 집단적 의사결정)은 개인의 미성숙상태에 머물게 하는 반면, 이상적인 조직환경(특징: 자율성 부여, 개인의 성장 기회 제공, 참여적 관리, 개방적 의사소통)은 개인의 성숙을 촉진함.
맥그리거 22년 2차/23년 2차	X이론-Y이론	조직내 관리자의 직원 동기부여와 관리 방식의 차이를 X이론과 Y이론으로 구분하여 설명. ① X이론: 전통적 관리방식. 직원들에 대한 부정적인 가정(게으름, 야망 부족 등)을 바탕으로 관리자가 엄격한 규칙과 절차를 적용하고, 명확한 지시와 명령을 통해 작업을 수행하도록 만드는 권위적이고 지시적인 관리 방식 ② Y이론: 현대적 관리 방식. 직원들에 대한 긍정적인 가정(자기통제, 책임감, 창의성, 자기실현 등)을 바탕으로, 직원들에게 더 많은 자율성과 책임을 부여하고, 그들의 의견과 아이디어를 존중하며, 참여와 협력을 통해 목표를 달성하도록 지원하는 관리 방식
포터/롤러 23년 2차	성과(업무)만족 이론	동기부여와 관련된 기대이론이 발전하여, 동기와 성과, 만족 간의 관계를 설명하는 이론. 성과만족이론은 ① 노력-성과 관계(기대감과 보상의 가치가 높을수록 더 많은 노력을 기울임), ② 성과-보상 관계(성과가 달성되면, 내재적 보상과 외재적 보상이 따라오며, 보상은 개인의 성과에 대한 보상 체계와 일치해야 함), ③ 보상-만족 관계(받은 보상에 대한 공정성이 개인의 만족도를 결정하며, 이는 다시 개인의 동기부여와 성과에 긍정적인 영향을 미침)

I 경찰인사관리 개념

경찰인사행정은 경찰행정에 있어서 가장 중요한 요소 중의 하나라는 점에서 법률에 근거하여 이루어진다. 대표적인 법률이 바로 국가공무원법과 경찰공무원법이다. 양자는 일반법과 특별법 관계로서 국가공무원법이 인사에 관한 전반적인 내용을 규정하고 있다면, 경찰공무원법은 이를 바탕으로 경찰의 특성을 반영한 법이다. 따라서 경찰공무원법은 대체로 국가공무원법을 준용하고 있다. 이외에 경찰법, 공직자윤리법, 정부조직법, 근로기준법 등이 경찰공무원을 대상으로 하는 법률들이다.

1. 경찰인사관리(Police personnel management)의 의의

경찰인사관리란 경찰의 목적을 위해 자질 있고 유능한 인재를 발굴하고 동원하여 경찰업무의 극대화를 추구하는 행정을 의미한다. 여기에는 경찰의 모집, 선발, 교육 및 훈련, 보수, 승진, 퇴직, 복지 등을 포괄한다. 경찰조직은 시민의 권리와 생명에 직접적으로 관련된 업무를 담당하기 때문에 경찰의 인적자원 관리는 매우 중요하다. 왜냐하면 경찰업무의 성공은 특히 경찰관의 자질과 능력에 의해 좌우되기 때문이다. 따라서 양질의 치안 서비스 제공은 인적자원의 효율적인 활용이 전제되어 있다. 따라서 효율적인 경찰인력의 운영을 위해서는 합리적이고 객관적인 기준을 제시하고 이에 맞게 인사를 함으로써 공정성을 확보해야 한다. 특히 정실인사는 배격되어야 하고, 객관적인 실적을 토대로 채용, 교육, 보직 및 승진 등이 이루어져야 한다. 이렇게 함으로써 경찰 개개인의 욕구가 어느 정도 충족될 수 있고 이를 바탕으로 경찰 조직도 활성화될 수 있게 된다.

2. 경찰인력의 특징

공공의 안녕과 질서유지를 목적으로 하는 경찰인력은 다음과 같은 특징을 지닌다. 첫째, 경찰 인력은 국민의 이익과 직접적인 관련성을 가진다. 왜냐하면 국민의 재산과 생명을 보호하는 것이 경찰의 목적이기 때문이다.

둘째, 경찰 인력은 기본적으로 보수적인 성향을 지니고 있다. 사회의 질서를 유지한다는 것은 본질적으로 현상유지적이기 때문이다.

셋째, 경찰 인력은 권력 남용에 대한 불신과 견제의 대상이다. 경찰권 자체가 물리적 행사가 가능한 대표적인 국가의 공권력으로서 권력자들의 유혹의 대상이고 그만큼 정치적으로 민감한 권력이기 때문이다.

넷째, 경찰 인력의 현장 대응력은 다른 행정인력에 비해 압도적으로 중요하다. 경찰업무는 일반적인 행정업무와는 달리 돌발사태가 수시로 발생하기 때문에 이에 대한 대응력이 매우 중요할 수밖에 없다.

다섯째, 경찰 인력에게는 긴급하게 사건을 처리할 수 있는 능력이 요구된다. 일반적인 행정과는 달리 경찰업무는 예측이 불가능하고 사후 피해 복구가 어렵기 때문에 빠른 시일 내에 문제를 해결하고 복구기회를 상실해서는 안 된다.

여섯째, 경찰 인력은 인력대체가 어렵다. 비록 경찰업무가 노동집약적인 행정업무로 분류할 수 있음에도 불구하고 방범이나 수사와 같은 활동은 사무자동화가 불가능한 영역이다.

3. 경찰공무원 인사운영 규칙

「경찰공무원 인사운영 규칙(경찰청 예규)」에 나타난 경찰의 인사관리를 살펴보면 다음과 같다.

1) 인사운영의 기본원칙(제3조)

경찰공무원을 보직할 때에는 임용예정 직위의 직무요건과 해당 경찰공무원의 인적요건을 고려하여 직무의 전문성과 능력을 적절히 발전시킬 수 있도록 적재적소에 보직하여야 한다.

공정하고 투명한 인사운영을 위하여 관련 규정과 정해진 절차를 준수해야 하며 성별, 출신, 지역 등에 편중되지 않는 균형인사를 위하여 노력하여야 한다.

2) 일과 가정의 양립 등을 위한 보직배려(제4조)

일과 가정이 양립할 수 있는 근무여건 조성을 위하여 경찰공무원이 출산휴가와 육아휴직을 적극적으로 활용할 수 있도록 대체인력 확보에 노력하여야 한다.

공무상 질병 또는 부상 등의 사유가 있거나 신체장애로 정상적인 업무수행이 어려운 경우에는 그 신체적 조건, 특기, 적성 등을 고려하여 가능한 한 직무수행에 적합한 직위에 보직하여야 한다.

3) 보직인사의 원칙(제9조) 및 인사교류

보직인사는 경찰청 및 소속기관 내 배치를 원칙으로 한다. 직위 부여 시에는 다음 각 호의 사항을 고려하여야 한다.

1. 근무경력·교육훈련·적성·상벌
2. 업무수행능력, 조직관리능력(총경급만 해당한다), 청렴도, 혁신의지 및 창의력
3. 인사내신 및 인사추천 내용

(1) 보직인사의 시기(제10조)

총경급 정기 전보인사는 매년 상·하반기로 나누어 상반기 전보인사는 정기 승진인사 후에 실시하고, 하반기 전보인사는 7월에 실시하며, 인사주기는 6개월로 본다. 다만, 치안상황을 고려하여 그 시기를 조정할 수 있다.

경정 이하 정기 전보인사는 매년 정기 승진인사 후에 실시하며, 인사주기는 1년으로 본다.

수시 전보인사는 직제의 개폐 또는 퇴직 등에 따른 결원보충을 위하여 필요한 경우에 실시할 수 있다.

(2) 인사교류의 실시 및 제한(제11조 및 제12조)

효율적인 인력운영을 위하여 필요한 경우에는 총경 이하 경찰공무원에 대한 경찰청 및 소속기관 간 인사교류를 실시할 수 있다.

동일 경찰관서에서의 장기근무로 인한 침체를 방지하기 위하여 정기적으로 인사교류를 실시할 수 있다.

소속기관 간의 인력 불균형을 해소하기 위하여 원소속 복귀 포기를 조건으로 희

망 시도경찰청을 반영한 인사교류를 실시할 수 있다.

다음 각 호의 어느 하나에 해당하는 사람은 인사교류 대상에서 제외한다.

1. 경비부서 등 의무복무기간 중인 사람
2. 징계의결 요구, 징계처분·직위해제 기간 중인 사람
3. 그 밖에 경찰청장이 인사교류가 부적정하다고 인정하는 사람

신임경찰공무원은 채용 공고 시를 기준으로 2015년 이전까지는 임용 후 5년, 2016년은 임용 후 7년, 2017년부터는 임용 후 10년 동안 제28조에 따른 경위 이하 고충 인사교류 대상에서 제외한다. 다만, 순위명부 작성일을 기준으로 정원보다 현원이 많은 시도경찰청에서 정원보다 현원이 적은 시도경찰청으로의 교류는 예외로 할 수 있다.

(3) 징계처분자 인사교류(제12조의2)

중징계처분을 받은 총경 이하 경찰공무원은 다른 시도경찰청으로 인사교류 할 수 있다.

(4) 업무지원 근무(제13조)

국가적 행사의 지원, 사회적 관심이 집중되는 중요사건 및 긴급 현안 업무의 처리 등의 사유로 신속한 인력충원이 필요한 경우에 3개월의 범위 내에서 종료시점을 정하여 업무지원 근무를 명할 수 있으며, 필요한 경우 연장할 수 있다.

경감 이하 경찰공무원은 재직기간 중 업무지원 근무 경력을 합산하여 3년을 초과할 수 없다.

(5) 승진후보자 인사교류(제20조)

서울권 경정 승진후보자(전년도 특별승진자를 포함하며, 승진후보자는 제외한다)는 서울특별시경찰청을 제외한 시도경찰청으로의 인사교류를 원칙으로 한다. 다만, 다음 각 호에 해당하는 사람도 인사교류 할 수 있다.

1. 서울권 경감 승진후보자(전년도 특별·근속승진자를 포함하며, 승진후보자는 제외한다)
2. 서울권 이외의 시도경찰청 경정·경감 승진후보자(전년도 특별·근속승진자를 포함한다)

경정·경감 승진후보자의 인사교류는 전보대상자 본인의 희망지와 시도경찰청별 과·결원을 고려하여 실시한다. 다만, 전보대상자 본인의 희망지가 경합하는 경우에는 다음 각 호에서 정한 통합순위를 따른다.

1. 승진후보자 명부에 등재된 순위(근속승진자의 경우에는 근속승진대상자 명부를 승진후보자 명부로 본다)
2. 제1호에 따른 순위가 같은 경우 심사·시험·특별·근속승진 순
3. 제1호 및 제2호의 승진후보자 명부 간 인원이 다른 경우에는 그 인원의 비율을 고려하여 조정한다.

그럼에도 불구하고 서울권 경정·경감 승진후보자 중 희망자는 부속기관으로 인사교류 할 수 있다.

인사교류된 경정·경감 승진후보자는 원소속 복귀를 원칙으로 한다. 다만, 승진후보자 명부에 등재된 날부터 기산하여 경정은 4년 이내, 경감은 3년 이내에 원소속으로 복귀하여야 하며, 해당 기간이 지나면 추후 복귀할 수 없다.

원소속으로의 복귀는 다음 각 호의 순서를 따른다. 이 경우 제2호에 따른 부속기관의 순서는 해당 부속기관이 속한 지역을 기준으로 한다.

1. 전출일자 순
2. 별표 2에 따른 원거리 순
3. 승진후보자 명부에 등재된 순위

인사교류된 경정·경감 승진후보자는 매년 정기 전보인사 시에 복귀내신서를 제출하여야 한다.

(6) 고충 인사교류(제23조 및 제24조)

경정·경감급 고충 인사교류는 정기 전보인사 시에 실시한다. 다만, 중대·긴급한 고충이 발생하거나 인력운영상 부득이한 경우에는 추가로 실시할 수 있다.

각 시도경찰청장은 경정·경감급 고충 인사교류 순위명부를 매년 12월 31일을 기준으로 작성하여 경찰청장에게 보고하여야 한다. 다만, 추가 실시하는 경우 그 기준일은 경찰청장이 별도로 정한다.

순위명부를 작성하는 경우 전출 희망자의 소명사유에 대해 진위여부를 확인하고, 다음 각 호에 따라 중대성과 긴급성 등을 고려하여 순위를 결정하여야 한다.

1. 본인, 가족의 질병 치료 또는 재해 등으로 근무가 현저히 곤란한 경우
2. 노부모 공양, 자녀 교육 등 가족생활의 어려움으로 근무가 현저히 곤란한 경우
3. 부부경찰관이 떨어져 생활하여 근무가 현저히 곤란한 경우
4. 그 밖에 부득이한 사유로 근무가 현저히 곤란한 경우

4) 기능별 인사운영의 특례(제50조~제54조)

(1) 대민접점부서의 부적격자 배제(제50조)

경찰서장은 지역경찰관서·교통외근(대민접점부서)의 업무 특성을 고려하여 다음 각 호의 비위로 감봉 이상의 징계처분을 받은 날로부터 3년이 경과되지 아니한 사람은 가급적 대민접점부서에 배치하지 아니한다. 다만, 인력운영상 부득이한 경우에는 전보 심사위원회의 심사를 거쳐 배치할 수 있다.

1. 직무와 관련한 금품 및 향응수수
2. 「성폭력범죄의 처벌 등에 관한 특례법」에 따른 성폭력범죄 및 「양성평등기본법」에 따른 성희롱
3. 음주운전

경찰서장은 대민접점부서의 업무특성을 고려하여 다음 각 호에 해당하는 사람은 전보 심사위원회의 심사를 거쳐 대민접점부서에 대한 배치를 제한할 수 있다.

1. 형사사건으로 기소된 사람
2. 과도한 채무부담 등 경제적 빈곤상태가 현저하거나, 도박·사행행위·불건전한 이성관계 등으로 성실한 업무 수행을 기대하기 곤란한 사람

(2) 여성청소년부서의 부적격자 배제(제50조의2)

여성·아동·청소년에 대한 범죄예방, 수사 및 피해자보호 등의 사무를 담당하는 부서에는 「성폭력범죄의 처벌 등에 관한 특례법」에 따른 성폭력범죄 및 「양성평등기본법」에 따른 성희롱으로 징계처분을 받은 사람은 배치할 수 없다.

(3) 과학수사관 인사운영(제51조~제54조)

과학수사관은 현장에 2명 이상이 동시에 임장할 수 있도록 인사여건 등을 고려하

여 적정한 인력을 배치한다.

과학수사관 선발 시에는 관련 분야 전공 등 과학수사 업무에 요구되는 지식, 기술, 능력의 기준을 마련하고 이에 따라 정기적으로 선발하여야 한다. 다만, 신규채용된 과학수사관은 과학수사 인력으로 선발된 것으로 본다.

「경찰청과 그 소속기관 조직 및 정원관리 규칙」에 따른 과학수사관 정원의 1.5배를 넘지 않는 범위에서 과학수사 인력을 선발하며, 선발된 과학수사 인력에 대해 과학수사 전문교육 이수, 수사경과 취득 기회 제공 등 능력 개발을 위해 지원하여야 한다.

다음 각 호의 어느 하나에 해당하는 경우에는 심사위원회의 심사를 거쳐 과학수사 인력의 선발을 해제할 수 있다.

1. 금품수수·직무태만·음주운전 등의 비위로 징계처분을 받은 경우
2. 과학수사업무 능력·의욕이 현저하게 부족하여 제54조제2항에 따른 과학수사관 업무능력평가에서 기준 이하의 점수를 취득한 경우
3. 본인이 해제 요청을 한 경우
4. 그 밖에 성실성·적성·건강 등의 사유로 과학수사업무 수행에 부적합하다고 판단되는 경우

경찰청장은 과학수사 인력의 선발 및 해제를 시도경찰청장에게 위임할 수 있다.

과학수사 부서에는 선발된 과학수사 인력을 우선적으로 배치한다. 업무의 전문성을 유지하기 위하여 과학수사관은 과학수사 부서에 우선적으로 전보한다.

과학수사관은 경찰청장이 정한 과학수사 필수교육을 이수하여야 한다. 과학수사 업무의 전문성을 유지하기 위하여 경찰청장은 정기적으로 과학수사관 업무능력평가를 실시하여야 한다. 이 경우, 경찰청장은 시도경찰청장 또는 경찰교육기관의 장에게 평가를 위임할 수 있다.

Ⅱ 엽관주의와 실적주의

공무원 임면 기준에 관한 제도로 엽관제와 실적제가 있다. 엽관제는 특정 정파적 집단에 대한 충성심을 기준으로 두는 제도를 말하며, 능력과 실적에 두는 제도를 실적제라고 한다.

1. 엽관주의(spoils system)

1) 엽관주의 의의 및 성립 배경

엽관제(獵官制)라는 용어는 사냥에서 사냥감을 서로 먼저 잡으려고 다투는 모습을 비유하면서 유래되었다. 서로 관직을 얻으려고 다툰다는 의미이다. 관직을 얻는 기준은 자신이 속한 조직에 대한 충성심의 정도이다. 19세기 미국 상원의원이었던 마시(W. Marcy)의 "전리품은 승리자의 몫(To the victor belongs the spoils)"이라는 표현으로부터 엽관제를 의미하는 spoils system이 나왔다.

미국이 독립한 이후 정작 시민들에게 공직의 기회가 주어지지 않고 오히려 동부의 귀족 계급에게만 공직이 부여되었다. 이에 민주주의 발달과 더불어 모든 시민들에게 공직의 문호를 개방해야 한다는 사상이 싹트게 되었다. 특히 민주주의는 정당제도를 적극적으로 수용했고, 정당을 중심으로 정권을 잡고 정부를 구성한 집권층은 초기 작은 정부와 적은 수의 정치인만으로는 많은 수의 공무원들을 효과적으로 통솔하기 어려웠다. 이에 대통령이 고위공무원을 임명할 때에 상원의 동의를 거치도록 함으로써 정당과의 관계를 맺게 했고, 이를 통해 집권층은 공무원들의 높은 충성심을 확보하고자 했다. 이러한 배경으로 엽관제는 점차 팽배하기 시작했다.

미국 제3대 대통령 토머스 제퍼슨(T. Jafferson)은 당시 대통령이 임명할 수 있는 공직의 4분의 1을 공화당원으로 임명했다. 이후 미국 제7대 대통령 앤드류 잭슨(Andrew Jackson)이 이러한 엽관제를 제도적으로 확립시켰다. 1820년 미국에서는 대통령의 임기에 맞춰 공직자의 임기도 4년으로 일치시키는 「4년임기법」이 제정되면서 엽관제를 법적으로 뒷받침하였다. 이후 1883년의 펜들톤법(Pendleton Act)이 제정될 때까지 엽관제는 계속되었다.

2) 엽관주의의 순기능과 역기능

엽관주의의 순기능과 역기능은 다음과 같다.

〈순기능〉
- 집권한 정당의 이념을 공유하면서 철저히 실현할 수 있다.
- 공무원의 충성심을 용이하게 확보할 수 있다.
- 강력하게 정책을 추진할 수 있고, 정책변동에 대한 대응성이 용이하다.

- 공직으로부터의 경질을 통하여 관료주의화를 방지할 수 있다.
- 국민의 지지를 받은 정당의 당원이 공직에 임명됨으로써 민주적인 통제를 강화할 수 있고 행정의 민주화가 가능하다.

〈역기능〉
- 능력주의가 아니기 때문에 매관매직 등의 부정부패와 행정 기강의 문란이 나타날 수 있다.
- 정권이 교체될 때마다 대량해고와 임용으로 행정의 안정성과 계속성이 저해될 수 있다.
- 충성심의 정도라는 애매한 기준으로 공직임용이 이루어지다 보니 공직자의 전문성과 기술성 확보가 곤란하다.

2. 실적주의(merit system)

1) 실적주의 의의 및 성립 배경

실적주의란 엽관주의와는 달리 공직에의 임용이 철저히 능력과 실적을 기준으로 이루어지는 것을 의미한다. 엽관주의의 역기능을 극복하기 위하여 도입되었던 실적주의는 오늘날 직업공무원제도의 기반이 된다고 볼 수 있다. 따라서 행정의 전문성과 계속성을 확인하기 위해 공개적인 시험으로 임용하고 이러한 시험과 임용을 관리하는 공정한 인사기관을 필요로 하게 된다.

이러한 실적주의는 영국의 경우 1853년 「공무원제도 재편성에 관한 보고서」가 의회에 제출된 후 1855년의 추밀원령에 의해 수용되었다. 미국에서는 1865년 젱크스(Jenckes) 하원의원이 공무원 제도개선에 관한 법률안을 제시하면서 논의가 시작되었다가 1883년 펜들톤법의 제정으로 완성되었다.

2) 실적주의의 순기능과 역기능

실적주의의 순기능과 역기능은 다음과 같다.
〈순기능〉
- 능력에 기반은 인사이기 때문에 합리적인 인사행정이 가능하다.

- 공무원이 정치권을 눈치를 보지 않고 중립을 지킬 수 있다.
- 공무원의 신분보장이 가능하다.
- 정권교체마다 대규모 퇴직과 임용이 나타나지 않아 행정의 지속성과 계속성이 유지된다.
- 시험을 기준으로 하기 때문에 공무원의 임용에 있어서 평등이념 실현이 가능하다.

〈역기능〉
- 공무원의 신분이 보장되어 강력한 정책추진이 어려울 수 있다.
- 연공서열에 의하여 승진하는 제도가 관료들의 전문성과 관리능력을 저하시킬 수 있다.
- 채용시험만으로 인재를 선발하는 것은 전문성 있는 인재 선발과 거리가 멀 수 있다.
- 과도한 실적추구로 인한 실적인 안되는 사건을 방치하여 시민에게 피해를 줄 수 있다.

Ⅲ 계급제와 직위분류제

공직 분류구조는 업무의 종류나 난이도 등에 따라 분류하는 직위분류제와 개인의 자격이나 능력 등에 따라 계급을 구분하는 분류하는 계급제로 양분된다.

1. 계급제(personal ranking system)

계급제는 구성원들을 자격과 능력에 따라 계급을 부여한 다음 이에 상응한 업무를 정해주는 시스템이다. 즉, 계급에 따라 업무가 결정된다. 이러한 모형은 신분적 관료제가 강했던 독일, 영국, 프랑스뿐만 아니라 우리나라를 포함한 아시아에서도 강하게 볼 수 있다.

독일에서는 공무원의 계급을 고위직, 상급직, 중급직, 단순 노무직으로 구분했고, 영국은 행정계급(administrative class), 집행계급(executive class), 서기계급(clerical class), 서기보 계급(clerical assistant)으로 구분했다. 프랑스는 직업공무원인 일반직을 A, B, C, D로 구분했다. 이들 국가는 명칭은 다르지만 대체로 4대 계급제를 선택했다. 이러한 국가들에서는 계급에 따른 학벌이나 출신 성분 및 보수 등에서 큰 차이를 보이고 있고, 높은 계급일수록 엘리트화 성향이 강하게 드러났다.

계급제는 신규 공무원에게 최하위직을 부여하고 내부 승진을 통해 상위계급으로 올라가는 방식이다. 외부인사가 중간계층에 신규 임용되는 것을 허용하지 않는 방식인데 이를 폐쇄형 충원방식(closed career system)이라고 한다. 계급제의 경우 특정 지식과 기술을 요구하는 전문가를 지향하는 임용이 아니라, 전체의 시각에서 업무를 파악하고 일을 처리하는 일반행정가(generalist)를 지향한다. 따라서 계급제는 후술하는 직업공무원제도 정착에 유리하다. 24년 1차

2. 직위분류제(rank in position)

직위분류제는 직무의 특성에 중점을 두고 각 지위에 내포되어 있는 직무의 종류와 책임 및 난이도를 기준으로 하여 수직적·수평적으로 공직을 분류하는 시스템을 말한다. 23년 1차 즉, 각 업무의 종류, 특성 및 난이도 등에 따라 그에 적합한 사람에게 담당업무를 부여하는 시스템으로, 직무분석과 직무평가의 충실한 수행이 강조된다. 24년 1차 따라서 각 구성원은 담당하는 업무에 따라 위상이 결정되고, 계급제에 비해 보수결정의 합리적인 기준을 제시한다. 이 시스템하에서는 각 업무에서 요구하는 전문성을 가진 사람을 채용하기 때문에 공무원의 전문성 확보에 유리하다. 이러한 직위분류제는 권한과 책임의 범위가 명확하기 때문에 상관의 불필요한 간섭에서 벗어날 수 있어 직무를 안정적으로 수행할 수 있다. 그러나 계급제에 비하여 인사배치의 신축성이 떨어진다. 23년 1차

미국이 바로 직위분류제를 채택한 대표적인 국가이다. 미국에서는 엽관주의의 폐해로 인한 불평등하고 비합리적인 보수제도에 대한 개선책으로 직위분류제가 개발되고 논의되었다. 미국은 유럽과는 달리 절대왕정을 거치지 않았기 때문에 계급사회의 전통을 가지지 않았다. 이 때문에 객관적인 직무를 중심으로 공직분류방법을 고안해낼 수 있었는데 그것이 바로 직위분류제였다. 1838년에 미국에서 보수제도의 합리적 기준을 제시하는 '동일 노동, 동일임금(equal pay for equal work)'에 대한 주장이 나온 이후 1909년 시카고(Chicago Civil Service)에서 처음으로 직위분류제가 도입되었다. 1923년 분류법(Classification Act)이 제정되면서 연방정부에도 이 제도가 도입되었다. 미국의 영향을 받는 캐나다, 필리핀 및 남미의 여러 나라들도 직위분류제를 채택하고 있다.

3. 우리나라의 공직분류

계급제와 직위분류제는 양립할 수 없는 상호 배타적인 관계에 있는 것은 아니다. 오히려 서로의 결함을 시정할 수 있는 상호 보완적인 관계에 있다. [24년 1차] 때문에 우리나라의 인사시스템은 사람을 기준으로 하는 계급제를 바탕으로 하면서도 업무를 중심으로 하는 직위분류제 요소[2]를 가미하고 있다. [23년 1차] 국가공무원법도 법적으로는 직위분류제를 원칙으로 하는 외관을 보이고 있지만, 실제로는 계급제에 직위분류제가 형식적이고 부분적으로 가미된 형태를 보이고 있다. 최근에 확대되고 있는 개방형 임용제도나 임기제 공무원제도, 경력경쟁채용제도 및 5급, 7급 민간경력자 일괄채용제도 등이 변형된 형태의 직위분류제로 평가할 수 있다.

Ⅳ 직업공무원제도(career civil service system)

1. 작업공무원제도의 의의

직업공무원제(職業公務員制)란 공무원으로 하는 일을 직업으로 하는 제도를 의미한다. 뛰어난 젊은 인재들을 최하위 공직에 임용해서 단계적 승진을 거쳐 정년까지 근무할 수 있도록 운영되는 인사시스템이다. 여기에서 상위 직급은 원칙적으로 승진에 의하여 충원되고, 외부로부터의 유입은 허용되지 않는다. 따라서 직업공무원제는 계급제와 폐쇄형 충원 시스템 및 일반행정가(generalist)를 본질적인 특성으로 한다.

우리 헌법 제7조 제2항에 따르면 "공무원의 신분과 정치적 중립성은 법률로써 보장된다." 이는 공무원이 선거에 승리한 정당원이 임용되는 엽관제를 지양하고, 정권교체에 따른 혼란을 예방하며 일관성 있는 공무수행의 영속성을 유지하기 위한 제도적 보장으로서의 직업공무원제도를 마련해야 한다는 것이다. 이러한 제도적 보장을 통하여 모든 공무원은 특정 정당이나 상급자에게 충성하는 것이 아니라 전체 국민에 대한 봉사자로서(헌법 제7조 제1항) 법에 따라 그 소임을 다할 수 있게 된다.

헌법에서 '공무원은 국민전체에 대한 봉사자이며, 국민에 대하여 책임을 진다. 공

---

2 국가공무원법 제22조에 의하면, '직위분류를 할 때에는 모든 대상 직위를 직무의 종류와 곤란성 및 책임도에 따라 직군·직렬·직급 또는 직무등급별로 분류하되, 같은 직급이나 같은 직무등급에 속하는 직위에 대하여는 동일하거나 유사한 보수가 지급되도록 분류하여야 한다'고 규정하고 있다.

무원의 신분과 정치적 중립성은 법률이 정하는 바에 의하여 보장된다(헌법 제7조)'라고 규정한 것은 바로 직업공무원제도가 국민주권 원리에 바탕을 둔 민주적이고 법치주의적인 공직제도임을 밝힌 것이다. 국가공무원법(제68조, 지방공무원법 제60조)이 '공무원은 형의 선고, 징계처분 또는 이 법에 정하는 사유에 의하지 아니하고는 그 의사에 반하여 휴직, 강임 또는 면직을 당하지 아니한다. 다만 1급 공무원은 그러하지 아니하다'고 규정하고 있는 것은 바로 헌법의 위 조항을 법률로써 구체화한 것이다.

2. 직업공무원제의 필요성

대통령제를 채택한 미국은 행정부가 안정되어 있지만, 영국이나 독일 및 일본과 같이 의원내각제를 채택한 국가에서는 내각의 변화에도 혼란 없이 국정이 안정적으로 유지될 필요성이 높다. 따라서 신분이 보장되는 직업공무원의 역할이 매우 중요하다. 공무원의 신분이 특정 임명권자의 결정에 의존하는 한 공무원은 그에 대해 충성을 다할 수밖에 없다. 심지어 임명권자에게 윤리적인 문제점이 발생했을 때조차도 마찬가지이다. 직업공무원제는 왕이나 대통령과 같은 소수의 권력자에 대한 충성이 아니라 전체 국민에 대한 봉사자로서의 역할을 공무원에게 요구하기 위해 탄생했다. 즉 전체 국민의 봉사자로서 공무원은 정치권의 부당한 명령으로부터 거절할 수 있게 그 신분을 보장하는 것이다.

기업은 한정된 고객을 대상으로 경제적 이윤을 추구하는 반면, 정부는 전체 국민을 대상으로 공익을 추구한다. 따라서 정부에서 일을 수행하는 공무원은 다른 분야보다 유능해야 하고 무거운 책임이 수반된다. 대부분의 국가에서 유능한 젊은 인재를 공직으로 끌어들이려고 하는 직업공무원제가 일찍부터 정립된 이유가 여기에 있다.

3. 직업공무원제 수립을 위한 조건

직업공무원제 수립을 위해 가장 중요한 요소는 신분보장이다. 여기에서의 신분보장은 정치권력 남용방지용으로 미국이 취하고 있는 소극적 의미와 평생 공무원으로서 일할 수 있게 해준다는 적극적 의미가 있다. 즉 정년형 신분보장이다. 따라서 공무원의 신분은 정치권의 이해관계나 특정 개인의 자의적인 판단에 영향을 받는 것이 아니라 법에 정한 기준에 의해서만 결정되어야 한다.

특히 적극적 의미에서의 신분보장은 정년까지 열심히 공직을 수행할 수 있도록 보수의 형평성이나 적절한 연금제도와 같은 실질적인 근무조건도 포함하고 있다. 우리나라, 영국, 일본 등이 적극적 신분보장 방식을 택하고 있다. 다만 이런 방식은 이미 신분이 정년까지 보장되기 때문에 공직자의 나태로 인한 비효율성이 문제된다. 이에 대한 변형으로 등장한 것이 군인이나 경찰에게 적용되는 계급정년형의 신분보장이다. 이 방식은 각 계급에서 승진하지 못하면 정년퇴직해야 하는 시스템으로 능력이 있는 사람만 공직에 오래 머물 수 있도록 하는 제도이다.

직업공무원제가 제대로 정립되기 위해서는 무엇보다 우수한 젊은 인재들을 공직으로 유도해야 한다. 따라서 민간기업과의 경쟁에 뒤처지지 않도록 장기적인 계획을 수립하고 적극적으로 인재를 모집해야 한다. 그러기 위해서는 민간기업의 우수인력 채용방법을 벤치마킹하고 선발방식을 다양화 하고, 선발 이후 승진이 적체되지 않도록 인사관리를 잘 해야 한다.

Ⅴ 바람직한 경찰인사 개선 방향

1. 경찰입직 경로의 단순화

현재 우리나라에서 일반행정직 공무원의 경우 5급, 7급, 9급의 3가지 입직경로를 가지고 있는 반면, 경찰의 입직경로는 순경, 경장, 경사, 경위, 경감, 경정까지 총 6개의 계급에 걸쳐 있다. 이렇게 다양한 입직경로는 국민들에게 경찰이 될 수 있는 기회를 개방하고 확대한다는 면에서 장점이 될 수 있지만, 과도한 다양성은 자칫 경찰관들 간의 팀워크를 해칠 수도 있다. 경찰조직은 그 특성상 협력과 팀워크가 중요한 집단인 만큼 중장기적인 관점에서 입직경로를 모두 순경으로 일원화하는 것을 고려해 볼 필요가 있다. 순경계급은 대민서비스 차원에서 가장 접촉이 많기 때문에 최대한 우수한 많은 인력을 유치하고 전문성이나 특수한 분야의 경우에 한정해서 특정 계급으로 특채하는 방식을 고민해 볼 수 있다.

영국에서는 모든 경찰이 순경으로 입직하고 팀장이 2년간 근접 평가하여 경찰간부학교로 보내 고속승진을 할 수 있도록 하고 있다. 일본에서도 예외적으로 경위급인 5급 20명과 경사급 7급 20명을 특별채용하는 것을 제외하고는 원칙적으로 전부 순경

직으로 입직하고 있다. 따라서 우리나라의 경우에도 입직경로의 과다한 다양화로부터
발생하는 갈등과 문제점들을 해결하기 위해 경찰입직을 순경으로 일원화 하는 방안을
논의해 볼 필요가 있다.

2. 계급구조의 개선 문제

일반 행정직 공무원은 9개 계급을 가지고 있는 반면에, 경찰은 1969년부터 지금
까지 2개가 더 많은 11개의 계급으로 구분되어 있다. 그나마도 기존에는 순경으로 입
직해 순경으로 퇴직하는 경찰관이 적지 않아서 사기진작 차원에서 인사적체를 해소하
기 위한 방안으로 경장과 경정계급을 새로이 신설해서 지금의 11개의 계급체계를 지
니게 된 것이다. 이에 다시 일반 행정직 공무원처럼 9계급으로 회귀하자는 논의가 진
행되고 있다. 대신 고위직의 수를 늘리는 것도 같이 논의되고 있다. 현재 총경급 이상
이 차지하는 비율이 대략 5%에 불과하고 경찰의 대다수는 비간부가 차지하고 있어
다른 일반 행정직 공무원과 분명한 차이를 보이고 있다. 이는 전체 15만여 명을 지휘
하는 경찰청장의 직급이 차관급이기 때문에 거대 조직임에도 불구하고 직급 자체가
낮게 책정되어 있는 것을 확인할 수 있다. 검찰의 경우 7천여 명의 인력을 보유하고
있음에도 불구하고 33명 이상의 차관급을 보유한 것과 큰 대조를 보이고 있다. 이에
경찰직급의 현실화도 본격적으로 논의할 대상이다.

3. 승진방식의 변화

경찰에서의 승진은 심사승진, 근속승진, 특별승진 및 시험승진 등의 방법이 있다.
이러한 우리나라의 경찰승진 제도는 선진국에 비해 다양한 편이라고 평가받고 있다.
이처럼 승진방식이 다양하다는 것은 그만큼 경찰 공무원에게는 승진에 대한 기대감을
높일 수 있고 사기를 진작시킬 수 있는 요인이 될 수도 있다. 하지만 계급이 11개나
있고 승진방식도 다양하고 많은 편이라 오히려 접근성 면에서 경찰관들의 사기를 꺾
는 경향도 없지 않다. 예를 들어 특별승진의 비중을 넓히면 그만큼 심사승진이나 시
험승진을 준비했던 경찰관들의 입장에서는 승진자리가 줄어들게 되어 사기면에서 역
효과가 나올 수 있다. 따라서 선진 외국의 경찰 승진제도를 비교 검토하여 우리 실정
에 맞게 장기적인 차원에서 올바른 승진방식을 고민해 보아야 한다.

제4절　경찰예산

Ⅰ 경찰예산관리의 기초

1. 경찰예산(police budget)의 의의

　　경찰예산이란 보통 1년 동안 경찰 운영에 필요한 자금을 제공하기 위한 공식적인 계획이다. 경찰예산은 대부분 인건비, 기본사업비 및 주요사업비로 구분이 되고 충당된다. 경찰업무는 그 특성상 매우 노동집약적이기 때문에 특히 인건비의 비중이 높은 편이다.

　　이러한 경찰예산은 궁극적으로 모든 국민이 필요로 하는 치안 서비스를 제공하는 데에 소요되기 때문에 세금으로 충당되는 대표적인 공공재(public goods)의 특성을 지니고 있다. 또한 경찰예산은 국민의 생활과 밀접하게 관련되어 있기 때문에 다른 사업과는 달리 대체하거나 배제할 수도 없는 비배제성(non-excludability)과 비경합성(non-rivalry)의 특성도 지니고 있다. 현대 국가에서는 범죄가 복잡 다양해지는 경향을 보이고 있어 치안서비스에 대한 수요 역시 꾸준히 증가하고 있는 반면, 예산은 한정되어 있기 때문에 치안서비스 공급을 무한정 늘릴 수는 없다. 따라서 여기서 예산이 제약된 상황에서의 최적화(constrained optimization) 문제, 즉 치안 서비스 공급의 적정성 문제에 직면하게 된다.

2. 경찰예산의 기능

　　경찰예산도 일반예산과 마찬가지로 재정의 통제 기능, 관리 기능을 담당하며, 간접적으로는 경제적 기능까지도 수행한다. 경찰예산은 경찰의 보수인 인건비 등의 지출예산과 범죄예방활동 비용, 수사, 질서유지, 교육훈련 및 근무환경개선 등에 지출된다. 궁극적으로 사회질서가 유지되지 않고 범죄가 만연한 사회에서는 경제적 안정을 이룰 수 없기 때문에 경찰예산은 간접적인 경제안정기능도 수행한다.

　　이외에도 경찰예산에는 경찰 패트롤 차량, 경찰헬기, 경찰학교 개보수 비용, 특정 중요 범죄 수사 활동비 등 국고에서 지급되어야 할 필요경비와 보조금도 포함된다.

경찰예산도 일반예산과 마찬가지로 국민의 세금으로 이루어지기 때문에 집행과정에서 일반예산 원칙이 그대로 적용된다.

3. 경찰예산의 종류

예산은 정부에서 수행하는 사업의 성질에 따라 일반회계와 특별회계로 구분된다. 우리나라의 경찰예산은 기본적으로 일반회계로 편성되고 특별회계는 10% 미만에 그치고 있다.

1) 일반회계

일반회계는 국가활동에 관한 세입·세출을 포괄적으로 편성한 것을 말한다. 조세수입 등을 주요 세입으로 하여 국가의 일반적인 세출에 충당하기 위하여 설치한다. 경찰예산은 대부분 일반회계에 해당한다.

2) 특별회계

특별회계는 특정한 세입으로 특정한 세출에 충당하기 위해 일반회계예산과 별도로 분리되어 편성되는 회계를 말한다. 국가에서 특정한 사업을 운영하고자 할 때, 특정한 자금을 보유하여 운용하고자 할 때, 특정한 세입으로 특정한 세출에 충당함으로써 일반회계와 구분하여 회계처리할 필요가 있을 때에 법률로써 설치하는 것을 원칙으로 한다.

경찰의 특별회계에는 책임운영기관 특별회계가 있다.

특별회계는 원칙적으로 이를 설치한 소관부서가 관리하며, 기획재정부의 직접적인 통제를 받지 않는다. 오늘날 경제적 기능이 강조됨에 따라 특별회계의 적용은 점차 증가하는 추세에 있다.

3) 예산성립 과정을 기준으로 한 분류

예산성립 과정을 기준으로 본예산, 수정예산, 추가경정예산, 그리고 준예산 등으로 분류할 수 있다.

본예산은 정상적인 편성과 심의를 거쳐 최초로 확정된 예산을 말한다. 수정예산은 정부가 예산안을 편성, 국회에 예산을 제출한 이후 예산이 성립되기 전에 국제정세나 국내외 사회·경제적 여건의 변동으로 예산안의 일부내용을 변경하여 국회에 제출하는 예산이다.

추가경정예산은 국회에서 예산이 의결·성립된 후에 생긴 사유로 인하여 필요한 경비의 부족이나 이미 성립한 예산에 변경을 가할 필요가 있을 때 편성하는 예산을 의미한다.

한편, 준예산은 새로운 회계연도가 개시될 때까지 국회에서 예산안이 의결되지 못한 경우 당해 연도 예산이 국회에서 의결될 때까지 전년도에 준하여 지출하는 예산을 말한다. [23년 2차] 이는 예산집행에 신축성을 부여하고 예산 불성립으로 인한 행정 중단을 방지하기 위해 필요하다.

Ⅱ 예산제도

1. 품목별 예산(Line Item Budget System: LIBS)

품목별 예산은 정부지출의 대상이 되는 물품, 인건비·급여수당·시설비 등 품목마다 그 비용이 얼마인가에 따라 예산을 배정하는 제도이다. 통제지향적 성격이 강하며, 예산담당공무원들에게는 회계기술이 특히 요구된다.

품목별 예산은 운영, 그리고 감독부서 및 국회의 통제가 비교적 용이하다. 회계집행내용과 책임의 소재가 명확하여, 행정의 재량범위가 축소되어 예산유용·부정방지 및 재량권 남용을 방지할 수 있는 장점이 있다. 또한 인사행정에 유용한 자료를 제공한다. 반면 계획과 지출이 불일치하고, 성과측정이 곤란한 단점이 있다. 또한 기능의 중복을 피하기 곤란하고, 지출대상 및 금액이 명확히 설정되어 있어 예산집행의 신축성을 제약하는 문제가 있다. 품목과 비용을 따지는 미시적 관리로 정부 전체 활동의 통합조정에 필요한 수단을 제공하지 못하는 한계가 있다.

2. 성과주의 예산(Performance Budget System: PBS)

성과주의 예산은 정부가 구입하는 물품보다 정부가 수행하는 업무에 중점을 두는 관리지향적 예산제도이다. 다시 말해, 정부의 기능·활동·사업계획을 세부사업으로 분류하고 각 세부사업별로 "단위원가 × 업무량 = 예산액"으로 표시하여 편성하는 예산제도이다.

이 예산은 일반 국민들이 정부사업에 대한 이해를 용이하게 하는 장점이 있다. 또한 자원배분을 합리화할 수 있고, 예산집행의 신축성이 높다. 반면 가장 기본 요소인 업무측정단위의 선정이 곤란하다. 품목별 예산에 비해 입법통제가 곤란하고 회계책임이 불분명한 문제가 있다. 특히 인건비 등 경직성 경비 적용에 어려움이 있다. 23년 2차

3. 계획예산제도(Planning Programming Budgeting System: PPBS)

계획예산제도는 일명 프로그램예산제도라고도 하며, 장기적인 기획(planning), 사업구조화(programming)과 단기적인 예산(budgeting)을 연계시킴으로써 자원배분에 관한 의사결정을 일관성 있게 합리화하려는 제도이다. 23년 2차

4. 영기준예산제도(Zero-Base Budget System: ZBB)

영기준예산은 예산편성에 있어서 전년도 예산을 기준으로 하는 점증적으로 예산액을 결정하는 점증주의 예산의 폐단을 시정하려고 개발한 것으로, 조직체의 모든 사업·활동을 총체적으로 분석·평가하고 우선순위를 결정한 뒤 예산을 근원적으로 결정하는 예산을 말한다. 23년 2차 특히 작은정부 시대에 주목받는 예산제도이다.

사업의 전면적 평가를 통한 자원배분의 합리화를 도모할 수 있고, 모든 관리자의 참여가 보장된다는 장점이 있다. 또한 조세부담증가를 방지하고 자원난을 극복하는 데 유리하다. 다만, 업무부담이 과중하고, 장기적 계획이 위축될 수 있다. 또한 정부사업의 폐지·축소가 곤란한 단점이 있다.

5. 일몰법

일몰법은 특정의 행정기관이나 사업이 일정기간이 경과하면 의무적·자동적으로 폐지되게 하는 법률을 의미한다. PPBS 등으로 국회의 예산심의 기능이 약화된 것을

만회하기 위한 제도로, 예산이 소요되는 조직 또는 사업의 계속 여부에 대한 국회의 재심사 기능이 강화된 것이다. 자원의 합리적 배분과 감축관리라는 점에서 영기준예산과 유사하다.

Ⅲ 경찰예산(police budget)의 과정

예산은 매 회계연도마다 행정부에서 편성하고, 국회의 심의·의결을 거쳐 확정되면, 관계기관에서 예산을 집행하고, 예산집행의 적절성 등에 대한 국회의 결산 등의 과정을 거치게 된다.

1. 예산 편성 [23년 1차/24년 1차]

경찰예산편성은 당장 다음 회계연도인 내년이나 수년에 걸쳐 경찰이 수행해야 할 치안 관련 정책이나 사업에 소요될 예산액을 산정하는 행위를 말한다. 사업계획서의 제출 → 예산안 편성지침 통보 → 예산요구서의 제출 → 예산안의 편성 및 국회 제출 등의 과정이 이루어진다.

먼저, 경찰청장 등 각 중앙관서의 장은 매년 1월 31일까지 해당 회계연도부터 5회계연도 이상의 기간 동안의 신규사업 및 기획재정부장관이 정하는 주요 계속사업에 대한 중기사업계획서를 기획재정부장관에게 제출하여야 한다(국가재정법 제28조). [22년 1차]

기획재정부장관은 국무회의의 심의를 거쳐 대통령의 승인을 얻은 다음 연도의 예산안편성지침을 매년 3월 31일까지 각 중앙관서의 장에게 통보하여야 한다. 아울러, 이 예산안편성지침을 국회 예산결산특별위원회에 보고하여야 한다(국가재정법 제30조).

경찰청장 등 각 중앙관서의 장은 예산안편성지침에 따라 그 소관에 속하는 다음 연도의 세입세출예산·계속비·명시이월비 및 국고채무부담행위 요구서(예산요구서)를 작성하여 매년 5월 31일까지 기획재정부장관에게 제출하여야 한다(국가재정법 제31조). [22년 1차] 기획재정부장관은 이 예산요구서에 따라 예산안을 편성하여 국무회의의 심의를 거친 후 대통령의 승인을 얻어야 한다(국가재정법 제32조).

정부는 대통령의 승인을 얻은 예산안을 회계연도 개시 120일 전까지 국회에 제출하여야 한다(국가재정법 제33조). [22년 1차]

2. 예산 심의

국회에 제출된 예산안은 먼저 해당 상임위원회에 배분되어 본격적인 심사가 이루어진다. 경찰예산의 경우 행정안전부 소관이라 국회의 행정안전위원회에서 심사한다. 행정안전위원회에는 예산결산 소위원회가 따로 마련되어 있어 국회의원들이 정부가 편성한 예산안에 대한 설명과 국회 전문위원들의 검토보고를 듣고 나서 토론을 거쳐 예산안을 수정하게 된다.

이렇게 행정안전위원회에서 예비심사를 마치고 나면 다시 한번 예산결산특별위원회의 종합심사를 거치게 된다. 종합심사는 종합정책질의→ 부처별 심의→ 계수조정 소위원회의 계수 조정→ 예결위 전체회의에서 소위원회의 조정안 승인 등의 순서로 이루어진다.

예산결산특별위원회의 종합심사를 거친 예산안은 국회 본회의에서 최종적으로 심의하고 의결하는 단계를 거친다. 국회는 이렇게 제출된 예산안을 새로운 회계연도 개시일(매년 1월 1일)의 30일 전까지인 12월 2일까지 본회의에서 의결해야 한다. 국가의 예산이 국민의 세금으로 충당되는 만큼 국민의 대표인 국회가 예산안을 심의·확정하는 권한을 가진다.

3. 예산집행

예산집행은 국회에서 확정된 예산을 지출하는 활동을 의미한다. 예산집행은 먼저 예산이 배정되어야 한다. 따라서 예산이 확정되더라도 배정되지 않으면 이를 집행할 수 없다. 경찰청장이 기획재정부장관에게 예산배정을 요구하면, 기획재정부장관은 분기별로 예산배정계획을 작성하고 국무회의 심의를 거쳐 대통령의 승인을 얻은 후 이 배정계획을 토대로 예산을 배정한다. 그러면 경찰청장은 이를 집행할 수 있다.

1) 예산배정요구서 제출

경찰청장 등 각 중앙관서의 장은 예산이 확정된 후 사업운영계획 및 이에 따른 세입세출예산·계속비와 국고채무부담행위를 포함한 예산배정요구서를 기획재정부장관에게 제출하여야 한다(국가재정법 제42조). 23년 1차/24년 1차

2) 예산의 배정

기획재정부장관은 예산배정요구서에 따라 분기별 예산배정계획을 작성하여 국무회의의 심의를 거친 후 대통령의 승인을 얻어야 한다(국가재정법 제43조). 기획재정부장관은 각 중앙관서의 장에게 예산을 배정한 때에는 감사원에 통지하여야 한다. 23년 1차

3) 예산집행지침의 통보

기획재정부장관은 예산집행의 효율성을 높이기 위하여 매년 예산집행에 관한 지침을 작성하여 각 중앙관서의 장에게 통보하여야 한다(국가재정법 제44조).

4) 예산의 목적 외 사용금지

각 중앙관서의 장은 세출예산이 정한 목적 외에 경비를 사용할 수 없다(국가재정법 제45조).

5) 예산의 탄력적 집행

각 중앙관서의 장은 예산의 목적범위 안에서 재원의 효율적 활용을 위하여 대통령령으로 정하는 바에 따라 기획재정부장관의 승인을 얻어 각 세항 또는 목의 금액을 전용할 수 있다(국가재정법 제46조). 각 중앙관서의 장은 제1항에도 불구하고 회계연도마다 기획재정부장관이 위임하는 범위 안에서 각 세항 또는 목의 금액을 자체적으로 전용할 수 있다.

각 중앙관서의 장은 예산이 정한 각 기관 간 또는 각 장·관·항 간에 상호 이용(移用)할 수 없다. 다만, 다음 각 호의 어느 하나에 해당하는 경우에 한정하여 미리 예산으로써 국회의 의결을 얻은 때에는 기획재정부장관의 승인을 얻어 이용하거나 기획재정부장관이 위임하는 범위 안에서 자체적으로 이용할 수 있다(국가재정법 제47조).

1. 법령상 지출의무의 이행을 위한 경비 및 기관운영을 위한 필수적 경비의 부족액이 발생하는 경우
2. 환율변동·유가변동 등 사전에 예측하기 어려운 불가피한 사정이 발생하는 경우
3. 재해대책 재원 등으로 사용할 시급한 필요가 있는 경우
4. 그 밖에 대통령령으로 정하는 경우

4. 회계검사 및 결산

회계검사와 결산은 정해진 예산을 합법적으로 집행했는가를 확인하고 검증하는 마지막 과정이다. 경찰청장은 기획재정부장관에게 회계연도마다 작성한 결산보고서(중앙관서결산보고서)를 다음 연도 2월 말일까지 제출하여야 한다(국가재정법 제58조).

기획재정부장관은 「국가회계법」에서 정하는 바에 따라 회계연도마다 작성하여 대통령의 승인을 받은 국가결산보고서를 다음 연도 4월 10일까지 감사원에 제출하여야 한다(국가재정법 제59조). 감사원은 제출된 국가결산보고서를 검사하고 그 보고서를 다음 연도 5월 20일까지 기획재정부장관에게 송부하여야 한다(국가재정법 제60조). 24년 1차

정부는 감사원의 검사를 거친 국가결산보고서를 다음 연도 5월 31일까지 국회에 제출하여야 한다.

국회에서 최종적으로 결산이 확정되면, 정부는 더 이상 예산에 대해 책임을 지지 않게 된다.

Ⅳ 경찰서비스의 민영화(Privatization) 확대

경찰예산과 관련하여 최근 논의가 되고 있는 사안은 경찰서비스의 민영화 문제이다. 국민들은 점점 더 많은 경찰 치안서비스를 요구하고 있고 경찰입장에서는 이를 충족하기 위해서 보다 많은 재원을 확보해야 하는 문제에 직면하게 된다. 따라서 재원의 효율적인 활용을 위해서는 기존의 경찰업무 영역을 재조정함으로써 경찰예산의 선택과 집중을 해야 한다. 이에 경찰업무 중에서 주차관리나 범죄 분석과 같은 분야는 민간에서 이뤄지고 있어서 민영화 확대가 불가피하게 된다. 즉 경찰업무 중에서 이른바 제복의 권위가 필요한 분야에 경찰예산을 집중하고 그렇지 않은 영역이나 특히 경찰내부의 역량으로 처리하기 힘든 전문분야 등은 과감하게 민영화를 통해 경찰예산을 조정하는 것이다. 이제는 이러한 민영화 문제에 대해서 고민할 때가 된 것으로 보인다.

I 경찰 홍보의 의의

경찰홍보는 경찰의 활동 및 업무와 관련된 사항을 널리 알려서 경찰목적 달성에 유리한 환경을 조성하는 행위를 의미한다. 이를 협의의 경찰홍보라고 한다면, 광의의 경찰홍보는 경찰활동에 대한 지역 주민의 참여를 확대하고, 각종 기관·단체 및 언론 등과의 상호 교류 및 협조를 강화함으로써 이를 경찰의 업무에 연계시키는 것까지를 포함한다.

II 경찰 홍보의 전략

경찰 홍보는 전략적으로 소극적 홍보전략과 적극적 홍보전략으로 구분할 수 있다. 먼저, 소극적 홍보전략으로는 ① 현행 경찰 대변인실 또는 홍보담당관실과 기자실의 운영방식, ② 비밀주의와 공개최소화 원칙, ③ 언론접촉 규제, ④ 홍보와 다른 기능의 분리 등을 들 수 있다.

적극적 홍보전략에는 ① 대중매체의 적극적 이용, ② 공개주의와 비밀최소화의 원칙, ③ 모든 경찰관의 홍보 활동, ④ 홍보와 다른 기능의 연계를 통한 총체적 홍보 전략 등이 있다.

III 경찰 홍보의 유형

1. 협의의 홍보(Public Relations: PR)

인쇄매체, 유인물 등 각종 매체를 통하여 개인이나 단체의 긍정적인 점을 일방적으로 알리는 활동을 의미한다.

2. 지역공동체 관계(Community Relations: CR)

경찰의 활동 중 긍정적인 측면을 지역공동체에 폭넓게 알려줌과 동시에 경찰이 지역공동체와 협조체계를 구축·유지하여 지역공동체 각계각층의 다양한 요구에 적극적으로 대응하는 경찰활동으로 종합적인 지역사회 홍보체계를 의미한다.

3. 언론 관계(Press Relations)

TV, 라디오, 신문, 잡디 등 대중매체의 보도를 돕기 위한 것으로, 사건·사고에 대한 기자들의 질의·질문에 응답하는 대응적이고 소극적인 홍보활동을 의미한다.

4. 대중매체 관계(Media Relations)

1) 의의

언론관계보다는 그 대상과 범위가 넓고 발전한 것으로 보다 종합적인 홍보활동을 의미한다. 기자들의 질의·질문에 대한 응답을 넘어 대중매체의 제작자와 긴밀한 협조관계를 구축·유지하여 대중매체에서 원하는 바를 충족시켜줌과 동시에 경찰의 긍정적인 측면도 널리 알리는 활동을 말한다.

2) 경찰과 대중매체의 관계 [24년 1차]

R. Mark는 경찰과 대중매체의 관계를 단란하고 행복스럽지 않지만 오래 지속되는 결혼생활에 비유한다. G. Crandon은 상호 필요성에서 공생관계로 발전한다는 점을 강조한다.

R. Ericson은 경찰과 대중매체는 서로 연합하여 그 사회의 일탈에 대한 개념을 규정하며, 도덕성과 정의를 규정짓는 사회적 엘리트 집단을 구성한다고 주장한다.

5. 기업이미지식 경찰 홍보

기업이미지식 경찰 홍보는 오늘날 모든 행정이 시민을 '소비자'로 보는 시민중심의 행정이라는 관점에서 발달한 개념이다. 즉, 경찰이 더 이상 독점적 치안기구가 아니라는 인식에 근거한 개념으로 영미를 중심으로 발달한 적극적 홍보활동의 하나이다.

기업과 마찬가지로 경찰도 포돌이·포순이 등 친근한 캐릭터를 이용하여 경찰조직의 이미지를 고양시키는 홍보활동이다. 이를 통해 대국민 신뢰도를 제고하여 필요한 예산을 확보하고, 타 기관과의 협력을 강화하여 경찰목적을 달성하려는 종합적·계획적 홍보활동을 말한다.

Ⅳ 「언론중재 및 피해구제 등에 관한 법률」

1. 목적(법 제1조)

이 법률은 언론사 등의 언론보도 또는 그 매개(媒介)로 인하여 침해되는 명예 또는 권리나 그 밖의 법익(法益)에 관한 다툼이 있는 경우 이를 조정하고 중재하는 등의 실효성 있는 구제제도를 확립함으로써 언론의 자유와 공적(公的) 책임을 조화함을 목적으로 한다.

2. 용어의 정의(법 제2조)

"언론"이란 방송, 신문, 잡지 등 정기간행물, 뉴스통신 및 인터넷신문을 말한다. "언론사"란 방송사업자, 신문사업자, 잡지 등 정기간행물사업자, 뉴스통신사업자 및 인터넷신문사업자를 말한다.

한편, "인터넷뉴스서비스"란 언론의 기사를 인터넷을 통하여 계속적으로 제공하거나 매개하는 전자간행물을 말한다. 다만, 인터넷신문 및 인터넷 멀티미디어 방송, 그 밖에 대통령령으로 정하는 것은 제외한다. "인터넷 멀티미디어 방송"이란 「인터넷 멀티미디어 방송사업법」 제2조제1호에 따른 인터넷 멀티미디어 방송을 말한다.

"사실적 주장"이란 증거에 의하여 그 존재 여부를 판단할 수 있는 사실관계에 관한 주장을 말한다. "정정보도"란 언론의 보도 내용의 전부 또는 일부가 진실하지 아니한 경우 이를 진실에 부합되게 고쳐서 보도하는 것을 말한다. 22년 1차 "반론보도"란 언론의 보도 내용의 진실 여부와 관계없이 그와 대립되는 반박적 주장을 보도하는 것을 말한다.

3. 언론중재위원회(법 제7조)

언론등의 보도 또는 매개로 인한 분쟁의 조정·중재 및 침해사항을 심의하기 위하여 언론중재위원회를 둔다.

언론중재위원회는 40명 이상 90명 이내의 중재위원으로 구성하며, 중재위원은 ① 법관의 자격이 있는 사람 중에서 법원행정처장이 추천한 사람, ② 변호사의 자격이 있는 사람 중에서 「변호사법」 제78조에 따른 대한변호사협회의 장이 추천한 사람, ③ 언론사의 취재·보도 업무에 10년 이상 종사한 사람, ④ 그 밖에 언론에 관하여 학식과 경험이 풍부한 사람 중에서 문화체육관광부장관이 위촉한다. 이 경우 ①부터 ③까지의 위원은 각각 중재위원 정수의 5분의 1 이상이 되어야 한다.

언론중재위원회에서 심의하는 사항은 다음과 같다.
① 중재부의 구성에 관한 사항
② 중재위원회규칙의 제정·개정 및 폐지에 관한 사항
③ 법 제11조제2항에 따른 사무총장의 임명 동의
④ 법 제32조에 따른 시정권고의 결정 및 그 취소결정
⑤ 그 밖에 중재위원회 위원장이 회의에 부치는 사항

언론중재위원회에 위원장 1명과 2명 이내의 부위원장 및 2명 이내의 감사를 두며, 각각 중재위원 중에서 호선(互選)한다. 위원장·부위원장·감사 및 중재위원의 임기는 각각 3년으로 하며, 한 차례만 연임할 수 있다. 22년 1차

위원장은 언론중재위원회를 대표하고 언론중재위원회의 업무를 총괄한다.

언론중재위원회의 회의는 재적위원 과반수의 출석과 출석위원 과반수의 찬성으로 의결한다.

4. 언론사 등에 대한 정정보도청구(법 제14조, 15조)

침해에 대한 구제 수단으로 언론사 등에 대한 정정보도청구가 있다.

1) 요건(법 제14조)

사실적 주장에 관한 언론보도등이 진실하지 아니함으로 인하여 피해를 입은 자 (피해자)는 해당 언론보도등이 있음을 안 날부터 3개월 이내에 언론사, 인터넷뉴스서 비스사업자 및 인터넷 멀티미디어 방송사업자(언론사 등)에게 그 언론보도 등의 내용 에 관한 정정보도를 청구할 수 있다. 다만, 해당 언론보도 등이 있은 후 6개월이 지났 을 때에는 그러하지 아니하다.

그러나 정정보도 청구에는 언론사 등의 고의·과실이나 위법성을 필요로 하지 아 니한다.

국가·지방자치단체, 기관 또는 단체의 장은 해당 업무에 대하여 그 기관 또는 단 체를 대표하여 정정보도를 청구할 수 있다.

2) 정정보도청구권 행사(법 제15조)

정정보도 청구는 언론사등의 대표자에게 서면으로 하여야 하며, 청구서에는 피해 자의 성명·주소·전화번호 등의 연락처를 적고, 정정의 대상인 언론보도등의 내용 및 정정을 청구하는 이유와 청구하는 정정보도문을 명시하여야 한다. 다만, 인터넷신문 및 인터넷뉴스서비스의 언론보도등의 내용이 해당 인터넷 홈페이지를 통하여 계속 보 도 중이거나 매개 중인 경우에는 그 내용의 정정을 함께 청구할 수 있다.

정정보도 청구를 받은 언론사 등의 대표자는 3일 이내에 그 수용 여부에 대한 통 지를 청구인에게 발송하여야 한다. 이 경우 정정의 대상인 언론보도 등의 내용이 방 송이나 인터넷신문, 인터넷뉴스서비스 및 인터넷 멀티미디어 방송의 보도과정에서 성 립한 경우에는 해당 언론사등이 그러한 사실이 없었음을 입증하지 아니하면 그 사실 의 존재를 부인하지 못한다.

언론사등이 정정보도의 청구를 수용할 때에는 지체 없이 피해자 또는 그 대리인 과 정정보도의 내용·크기 등에 관하여 협의한 후, 그 청구를 받은 날부터 7일 내에 정정보도문을 방송하거나 게재하여야 한다. 다만, 신문 및 잡지 등 정기간행물의 경우 이미 편집 및 제작이 완료되어 부득이할 때에는 다음 발행 호에 이를 게재하여야 한다.

3) 정정보도의 거부(법 제15조)

언론사등은 다음의 사유가 있는 경우 정정보도 청구를 거부할 수 있다. 첫째, 피해자가 정정보도청구권을 행사할 정당한 이익이 없는 경우이다. 둘째, 청구된 정정보도의 내용이 명백히 사실과 다른 경우이다. 셋째, 청구된 정정보도의 내용이 명백히 위법한 내용인 경우이다. 넷째, 정정보도의 청구가 상업적인 광고만을 목적으로 하는 경우이다. 다섯째, 청구된 정정보도의 내용이 국가·지방자치단체 또는 공공단체의 공개회의와 법원의 공개재판절차의 사실보도에 관한 것인 경우이다.

5. 반론보도청구권(법 제16조)

사실적 주장에 관한 언론보도등으로 인하여 피해를 입은 자는 그 보도 내용에 관한 반론보도를 언론사등에 청구할 수 있다. 반론보도 청구에는 언론사등의 고의·과실이나 위법성을 필요로 하지 아니하며, 보도 내용의 진실 여부와 상관없이 그 청구를 할 수 있다. 22년 1차

반론보도 청구에 관하여는 따로 규정된 것을 제외하고는 정정보도 청구에 관한 이 법의 규정을 준용한다.

6. 추후보도청구권(법 제17조)

이 법률에 따라 추후보도청구권이 인정된다. 즉, 언론등에 의하여 범죄혐의가 있거나 형사상의 조치를 받았다고 보도 또는 공표된 자는 그에 대한 형사절차가 무죄판결 또는 이와 동등한 형태로 종결되었을 때에는 그 사실을 안 날부터 3개월 이내에 언론사등에 이 사실에 관한 추후보도의 게재를 청구할 수 있다.

추후보도에는 청구인의 명예나 권리 회복에 필요한 설명 또는 해명이 포함되어야 한다.

추후보도청구권은 특별한 사정이 있는 경우를 제외하고는 이 법에 따른 정정보도청구권이나 반론보도청구권의 행사에 영향을 미치지 아니한다.

7. 조정(법 제18조~제23조)

1) 조정의 신청

이 법에 따른 정정보도청구등과 관련하여 분쟁이 있는 경우 피해자 또는 언론사 등은 중재위원회에 조정을 신청할 수 있다.

피해자는 언론보도등에 의한 피해의 배상에 대하여 정정보도청구기간 이내(해당 언론보도등이 있음을 안 날부터 3개월 이내, 해당 언론보도등이 있은 후 6개월 이내)에 언론중 재위원회에 조정을 신청할 수 있다. 이 경우 피해자는 손해배상액을 명시하여야 한다.

정정보도청구 등과 손해배상의 조정신청은 행당 신청기간 이내에 서면 또는 구술 이나 그 밖에 대통령령으로 정하는 바에 따라 전자문서 등으로 하여야 하며, 피해자 가 먼저 언론사등에 정정보도청구등을 한 경우에는 피해자와 언론사등 사이에 협의가 불성립된 날부터 14일 이내에 하여야 한다.

2) 조정절차

조정은 관할 중재부에서 한다. 관할구역을 같이 하는 중재부가 여럿일 경우에는 중재위원회 위원장이 중재부를 지정한다.

조정은 신청 접수일부터 14일 이내에 하여야 하며, 중재부의 장은 조정신청을 접 수하였을 때에는 지체 없이 조정기일을 정하여 당사자에게 출석을 요구하여야 한다. 이 출석요구를 받은 신청인이 2회에 걸쳐 출석하지 아니한 경우에는 조정신청을 취하 한 것으로 보며, 피신청 언론사등이 2회에 걸쳐 출석하지 아니한 경우에는 조정신청 취지에 따라 정정보도등을 이행하기로 합의한 것으로 본다. 22년 1차

다만, 출석요구를 받은 자가 천재지변이나 그 밖의 정당한 사유로 출석하지 못한 경우에는 그 사유가 소멸한 날부터 3일 이내에 해당 중재부에 이를 소명(疏明)하여 기 일 속행신청을 할 수 있다. 중재부는 속행신청이 이유 없다고 인정하는 경우에는 이 를 기각(棄却)하고, 이유 있다고 인정하는 경우에는 다시 조정기일을 정하고 절차를 속행하여야 한다.

조정기일에 중재위원은 조정 대상인 분쟁에 관한 사실관계와 법률관계를 당사자 들에게 설명·조언하거나 절충안을 제시하는 등 합의를 권유할 수 있다.

변호사 아닌 자가 신청인이나 피신청인의 대리인이 되려는 경우에는 미리 중재부

의 허가를 받아야 한다. 신청인의 배우자·직계혈족·형제자매 또는 소속 직원은 신청인의 명시적인 반대의사가 없으면 중재부의 허가 없이도 대리인이 될 수 있다. 이 경우 대리인이 신청인과의 신분관계 및 수권관계(授權關係)를 서면으로 증명하거나 신청인이 중재부에 출석하여 대리인을 선임하였음을 확인하여야 한다.

조정은 비공개를 원칙으로 하되, 참고인의 진술청취가 필요한 경우 등 필요하다고 인정되는 경우에는 언론중재위원회규칙으로 정하는 바에 따라 참석이나 방청을 허가할 수 있다.

3) 직권조정결정

당사자 사이에 합의가 이루어지지 아니한 경우 또는 신청인의 주장이 이유 있다고 판단되는 경우 중재부는 당사자들의 이익이나 그 밖의 모든 사정을 고려하여 신청취지에 반하지 아니하는 한도에서 직권으로 조정을 갈음하는 결정(직권조정결정)을 할 수 있다. 이 경우 그 결정은 조정신청 접수일부터 21일 이내에 하여야 한다.

직권조정결정에 불복하는 자는 결정 정본을 송달받은 날부터 7일 이내에 불복 사유를 명시하여 서면으로 중재부에 이의신청을 할 수 있다. 이 경우 그 결정은 효력을 상실한다.

4) 조정에 의한 합의 등의 효력

조정에 의한 합의 등은 재판상 화해와 같은 효력이 있다. 여기에는 ① 조정 결과 당사자 간에 합의가 성립한 경우, ② 합의가 이루어진 것으로 보는 경우, ③ 직권조정결정에 대하여 이의신청이 없는 경우 등이 해당한다.

8. 중재(법 제24조~제25조)

당사자 양쪽은 정정보도청구 등 또는 손해배상의 분쟁에 관하여 중재부의 종국적 결정에 따르기로 합의하고 중재를 신청할 수 있다.

이러한 중재신청은 조정절차 계속 중에도 할 수 있다. 이 경우 조정절차에 제출된 서면 또는 주장·입증은 중재절차에서 제출한 것으로 본다.

중재결정은 확정판결과 동일한 효력이 있다.

9. 소송(법 제26조~제31조)

피해자는 법원에 정정보도청구등의 소를 제기할 수 있다. 이러한 소는 해당 언론 보도등이 있음을 안 날부터 3개월 이내, 그리고 해당 언론보도등이 있은 후 6개월 이 내에 제기하여야 한다.

정정보도청구등의 소는 접수 후 3개월 이내에 판결을 선고하여야 한다.

법원은 언론보도등에 의하여 피해를 받았음을 이유로 하는 재판은 다른 재판에 우선하여 신속히 하여야 한다.

언론등의 고의 또는 과실로 인한 위법행위로 인하여 재산상 손해를 입거나 인격 권 침해 또는 그 밖의 정신적 고통을 받은 자는 그 손해에 대한 배상을 언론사등에 청구할 수 있다. 이러한 청구를 한 피해자는 인격권을 침해하는 언론사등에 침해의 정지를 청구할 수 있으며, 그 권리를 명백히 침해할 우려가 있는 언론사등에 침해의 예방을 청구할 수 있다.

타인의 명예를 훼손한 자에 대하여는 법원은 피해자의 청구에 의하여 손해배상을 갈음하여 또는 손해배상과 함께, 정정보도의 공표 등 명예회복에 적당한 처분을 명할 수 있다.

제6절 경찰통제

Ⅰ 경찰통제의 의의 및 필요성

1. 경찰통제의 의의

경찰은 시민들에게 물리력을 행사할 권한을 행사할 공식적인 국가기관이다. 경찰 이 물리력을 행사하는 과정에서 시민의 기본권을 침해할 가능성은 그만큼 높다. 따라 서 경찰권에 대한 적절한 통제와 감시를 통해 경찰권이 남용될 가능성을 차단해야 한다. 이는 궁극적으로 경찰조직과 경찰활동의 정당성과 투명성을 확보하여, 대국민 신뢰를 제고하는 길이기도 하다.

이처럼 경찰조직과 경찰활동에 대해 감시하고 통제하는 제도적 장치를 경찰통제라 한다.

2. 경찰통제의 필요성

경찰통제는 첫째, 경찰의 민주적 운용을 위해 필요하다. 둘째, 경찰의 정치적 중립성을 확보하기 위해서 필요하다. 셋째, 경찰활동의 법치주의를 도모하게 해준다. 넷째, 국민의 인권을 보호하기 위해서도 필요하다. 마지막으로 경찰조직 자체의 부패를 방지하고 건강성을 유지하는데에도 필요하다.

Ⅱ 경찰통제의 기본요소

경찰통제는 ① 경찰정보 공개, ② 경찰권의 분산, ③ 절차적 참여보장, ④ 책임, ⑤ 환류 등을 기본요소로 한다.

1) 경찰정보 공개

정보공개는 행정통제의 근본이다. 정보공개 없이는 행정에 대한 참여도 불가능하고, 참여 없이는 통제가 불가능하다는 점에서 정보공개는 경찰통제의 가장 중요한 요소이다.

경찰행정기관의 정보공개는 「공공기관의 정보공개에 관한 법률」에 따라 이루어진다.

2) 경찰권의 분산

권한이 중앙이나 특정 세력에 집중되어 있다면 남용가능성은 그만큼 높다. 따라서 권한의 분산이 필요하다. 자치경찰제는 경찰권의 분산을 위한 하나의 방안이다.

경찰권의 분산은 자치경찰제 이외에도 경찰의 중앙조직과 지방조직 간의 권한의 분산, 상위계급자와 하위계급자 간의 권한분산 등도 필요하다.

3) 절차적 참여보장

경찰행정에 대한 국민의 참여는 경찰행정의 공정성, 투명성 및 신뢰성을 확보하게 해준다. 따라서 행정절차법에 의한 절차적 참여를 보장할 필요가 있다.

4) 책임

경찰은 그 구성원 개인의 위법행위나 비위에 대해 형사책임은 물론, 민사책임, 징계책임, 변상책임 등을 져야 한다.

경찰기관의 행정에 대해 경찰조직으로서의 책임도 있다. 다만, 조직의 과오에 대해 정책결정의 책임보다는 경찰공무원 개인의 책임으로 돌리는 경우도 적지않다.

5) 환류

경찰행정의 목표와 관련하여 그 수행과정의 적정여부를 확인하는 과정이 필요하다. 그리하여 그 확인 결과에 따라 문책하고 환류를 통하여 지속가능한 발전을 유도하는 노력이 있어야 한다.

Ⅲ 경찰통제의 유형

1. 민주적 통제와 사법적 통제

경찰에 대한 민주적 통제는 주로 영미법계에서 발달해왔다. 경찰조직의 민주성을 확보하기 위한 통제방법으로, 시민이 직접 또는 그 대표기관을 통하여 참여와 감시를 가능케 하는 시스템을 구축하는 것을 말한다.

여기에는 국가경찰위원회 제도, 자치경찰제 시행, 경우에 따라서는 경찰기관장에 대한 선거 등이 있다. 우리나라에서는 경찰기관장에 대한 선거는 이루어지지 않고 있다.

국민감사청구제도도 「부패방지 및 국민권익위원회의 설치와 운영에 관한 법률」 제72조에 근거한 민주적 통제 장치의 하나이다. 국민감사청구제도는 공공기관의 사무가 법령위반 또는 부패행위로 인하여 공익을 현저히 해하는 경우 18세 이상의 국민 300명 이상의 연서로 감사원에 감사를 청구할 수 있는 제도이다. [22년 1차] . 감사청구가 있으면, '국민감사청구심사위원회'에서 감사실시 여부를 결정하고 그에 따라 감사원에서 감사실시 후 그 결과를 통보하게 된다.

한편, 사법적 통제는 독일, 프랑스 등 대륙법계에서 발달한 사후적 통제제도이다. 예컨대, 행정소송, 국가배상제도 등 사법심사를 통하여 통제하는 시스템이다. 행정소송의 경우에도 법률에 사법심사의 대상을 일일이 열거하는 열기주의에서 원칙적으로 모든 작용에 대해 사법 심사를 인정하고 특별한 사항 일부에 대해서만 사법 심사를 배제하는 개괄주의로 전환한다면, 법원에 의한 경찰의 통제범위가 보다 확대된다.

2. 사전통제와 사후통제

경찰에 대해 문제가 발생하기 전에 사전에 통제하는 장치에는 행정절차법에 의한 통제(의견제출, 청문, 입법예고, 행정예고 등), 국회의 입법권과 예산심의권, 22년 1차 그리고 국가경찰위원회의 심의·의결권 등이 있다.

사후적 통제 장치에는 행정소송과 같은 법원에 의한 사법심사, 국회에 의한 예산결산권, 국정감사 및 국정조사, 행정부 내의 행정심판 및 징계책임, 그리고 하급기관에 대한 상급기관의 감독권 등이 있다.

3. 내부통제와 외부통제

1) 내부 통제

먼저, 청문감사인권관(감사관)이 있다. 경찰서의 청문감사인권관 23년 1차 은 경찰서의 감찰·감사업무를 관장하면서 민원인의 고충 등을 상담·해소해주고 경찰서 내의 인권보호 상황을 확인·점검하는 임무를 수행한다. 청문감사인권관은 내부통제기관이라는 점에서 외부통제 기관으로서의 감사원과는 구별된다.

다음으로 상급기관이 하급기관의 권한행사를 지휘하는, 예컨대 경찰청장의 훈령권 및 직무명령권, 22년 1차/23년 1차 그리고 예컨대 집회를 금지한 경찰서의 조치에 대해 이의신청을 하면 상급기관에서 그 조치에 대해 다시 심리하여 결정하는 이의신청의 재결권 등이 있다.

2) 외부 통제

경찰조직 외부의 기관에 의한 통제이다. 우선 국회에 의한 입법통제이다. 여기에는 국회의 입법권, 예산의 심의·의결권, 예산결산권, 경찰청장에 대한 탄핵소추의결, 국정조사 및 국정감사권 등이 있다.

법원에 의한 사법통제이다. 경찰의 위법·부당한 활동에 대해 사후적으로 법원이 사법심사(행정소송 등)를 하는 경우가 여기에 해당한다. [22년 1차] 다만, 사법통제는 사후적 통제이어서 행정결정에 대해 효과적인 구제책이 되지 못한다. 또한 소송절차가 복잡하고 시간과 경비가 많이 소요되며, 특히 위법성 여부만을 다룰 수 있을 뿐이라는 한계가 있다.

행정부에 의한 행정통제이다. 여기에는 대통령의 경찰청장 및 국가경찰위원회 위원 임명권 등 대통령에 의한 통제가 있다. 또한 감사원에 의한 세입·세출의 결산확인, 공무원에 대한 직무감찰(다만 국회·법원 및 헌법재판소에 소속한 공무원은 제외) 등의 통제가 있다. [22년 2차]

행정안전부장관도 경찰청장과 국가경찰위원회 위원의 임명제청권 등을 행사하는 방식으로 경찰을 외부적으로 통제할 수 있다. 부패방지와 국민의 권익보호를 위한 국민권익위원회에 의한 통제, 독립기관이지만 광의의 행정부로 볼 수 있는 국가인권위원회에 의한 통제도 있다. 국가인권위원회는 경찰기관 및 경찰공무원 등에 의한 인권침해행위 또는 차별행위에 대해 조사하고 구제할 수 있다. [22년 2차]

경찰관청의 위법·부당한 처분에 대한 행정심판재결권을 행사하는 중앙행정심판위원회에 의한 통제도 있다. 행정심판위원회는 경찰관청의 위법한 처분 및 부작위에 대해 심리하여 침해된 국민의 권리를 구제하고 경찰행정의 적정한 운영을 도모한다. [22년 2차]

국가경찰위원회 및 시도자치경찰위원회에 의한 통제, [22년 2차/23년 1차] 인사혁신처 소청심사위원회에서 경찰공무원에 대한 징계처분의 남용 등에 대한 통제, [22년 2차] 국가정보원의 정보·보안 통제, 검찰의 수사 통제도 여기에 해당한다.

시민 등에 의한 민중통제도 있다. 여기에는 여론, 국민감사청구제도, 언론기관, 정당, NGO 등을 통한 직·간접 통제 등이 해당한다.

Ⅳ 경찰 감찰

경찰은 경찰청 및 그 소속기관에 소속하는 경찰공무원, 별정·일반직 공무원(무기계약 및 기간제 근로자를 포함한다), 의무경찰 등의 공직기강 확립과 경찰 행정의 적정성 확보를 위한 감찰에 필요한 사항을 규정한 「경찰 감찰 규칙」(경찰청훈령)을 두고 있다.

경찰 감찰 규칙
제1장 총칙

제1조(목적) 이 규칙은 경찰청 및 그 소속기관(이하 "경찰기관"이라 한다)에 소속하는 경찰공무원, 별정·일반직 공무원(무기계약 및 기간제 근로자를 포함한다), 의무경찰 등(이하 "소속공무원"이라 한다)의 공직기강 확립과 경찰 행정의 적정성 확보를 위한 감찰에 필요한 사항을 규정함을 목적으로 한다.

제2조(정의) 이 규칙에서 사용하는 용어의 정의는 다음과 같다.
1. "의무위반행위"란 소속공무원이 「국가공무원법」 등 관련 법령 또는 직무상 명령 등에 따른 각종 의무를 위반한 행위를 말한다.
2. "감찰"이란 복무기강 확립과 경찰행정의 적정성을 확보하기 위해 경찰기관 또는 소속공무원의 제반업무와 활동 등을 조사·점검·확인하고 그 결과를 처리하는 감찰관의 직무활동을 말한다. 23년 2차
3. "감찰관"이란 제2호에 따른 감찰을 담당하는 경찰공무원을 말한다.

제3조(적용 범위) 경찰기관의 감찰업무는 다른 법령에 특별한 규정이 있는 경우를 제외하고는 이 규칙이 정하는 바에 따른다.

제2장 감찰관

제4조(감찰관의 행동준칙) 감찰관이 감찰활동을 할 때에는 다음 각 호의 준칙에 따라 행동하여야 한다.
1. 감찰관은 적법절차를 준수하고 감찰대상자 소속 기관장이나 관계인의 의견을 충분히 수렴한다.
2. 감찰관은 감찰활동을 함에 있어서 소속공무원의 인권을 존중하며, 친절하고 겸손한 자세로 직무를 수행한다.
3. 감찰관은 감찰활동 전 과정에 있어 소속공무원의 사생활의 비밀과 자유를 부당하게 침해하지 않는다.
4. 감찰관은 직무와 무관한 사상·신념, 정치적 성향 등 불필요한 정보를 수집하지 않는다.
5. 감찰관은 의무위반행위의 유형과 경중에 따른 적정한 방법으로 감찰활동을 수행한다.
6. 감찰관은 객관적인 증거와 조사로 사실관계를 명확히 하고, 공정하게 직무를 수행한다.
7. 감찰관은 직무상 알게 된 사항에 대하여 비밀을 엄수한다.
8. 감찰관은 선행·수범 직원을 발견하는데 적극 노력한다.

제5조(감찰관의 결격사유) 다음 각 호의 어느 하나에 해당하는 사람은 감찰관이 될 수 없다.
1. 직무와 관련한 금품 및 향응 수수, 공금횡령·유용, 「성폭력범죄의 처벌 등에 관한 특례법」에 따른 성폭력범죄로 징계처분을 받은 사람
2. 제1호 이외의 사유로 징계처분을 받아 말소기간이 경과하지 아니한 사람
3. 질병 등으로 감찰관으로서의 업무수행이 어려운 사람
4. 기타 감찰관으로서 적합하지 아니하다고 판단되는 사람

제6조(감찰관 선발) ① 경찰기관의 장은 감찰관 보직공모에 응모한 지원자 및 3인 이상의 동료로부터 추천 받은 자를 대상으로 적격심사를 거쳐 감찰관을 선발한다.
② 제1항에 따른 감찰관 선발을 위한 적격심사에 관한 세부사항은 경찰청장이 별도로 정한다.

제7조(감찰관의 신분보장) ① 경찰기관의 장은 감찰관이 제5조에 따른 결격사유에 해당되는 것으로 밝혀졌을 경우와 다음 각 호의 어느 하나에 해당하는 경우를 제외하고는 2년 이내에 본인의 의사에 반하여 전보하여서는 아니 된다. 다만, 승진 등 인사관리상 필요한 경우에는 그러하지 아니하다.
1. 징계사유가 있는 경우
2. 형사사건에 계류된 경우
3. 질병 등으로 감찰업무를 수행할 수 없거나 직무수행 능력이 현저히 부족하다고 판단되는 경우
4. 고압·권위적인 감찰활동을 반복하여 물의를 야기한 경우
② 경찰기관의 장은 1년 이상 성실히 근무한 감찰관에 대해서는 희망부서를 고려하여 전보한다.

제8조(감찰관 적격심사) ① 경찰기관의 장은 소속 감찰관에 대하여 감찰관 보직 후 2년마다 적격심사를 실시하여 인사에 반영하여야 한다. 23년 2차
② 제6조제2항의 규정은 제1항에 준용한다.

제9조(제척) 감찰관은 다음 경우에 당해 감찰직무(감찰조사 및 감찰업무에 대한 지휘를 포함한다)에서 제척된다.
1. 감찰관 본인이 의무위반행위로 인해 감찰대상이 된 때 23년 2차
2. 감찰관 본인이 의무위반행위로 인해 피해를 받은 자(이하 "피해자"라 한다)인 때
3. 감찰관 본인이 의무위반행위로 인해 감찰대상이 된 소속공무원(이하 "조사대상자"라 한다)이나 피해자의 친족이거나 친족관계가 있었던 자인 때
4. 감찰관 본인이 조사대상자나 피해자의 법정대리인이나 후견감독인인 때

제10조(기피) ① 조사대상자, 피해자는 다음 경우에 별지 제1호 서식의 감찰관 기피 신청서를 작성하여 그 감찰관이 소속된 경찰기관의 감찰업무 담당 부서장(이하 "감찰부서장"이라 한다)에게 해당 감찰관의 기피를 신청할 수 있다.
1. 감찰관이 제9조 각 호의 사유에 해당되는 때
2. 감찰관이 이 규칙을 위반하거나 불공정한 조사를 할 염려가 있다고 볼만한 객관적·구체적 사정이 있는 때
② 제1항에 따른 감찰관 기피 신청을 접수받은 감찰부서장은 기피 신청이 이유 있다고

인정하는 때에는 담당 감찰관을 재지정하여야 하며, 기피 신청이 이유 있다고 인정하지 않는 때에는 제37조에 따른 감찰처분심의회의 심의를 거쳐 기피 신청 수용 여부를 결정하여야 한다.

③ 제2항의 경우 감찰부서장은 기피 신청자에게 결과를 통보하여야 한다.

제11조(회피) ① 감찰관은 제9조의 사유에 해당하면 스스로 감찰직무를 회피하여야 하며, 제9조 이외의 사유로 감찰직무를 수행함에 있어 공정성을 잃을 염려가 있다고 인정하는 경우 회피할 수 있다.

② 회피하려는 감찰관은 소속 경찰기관의 감찰부서장에게 별지 제2호 서식을 작성하여 제출하여야 한다.

③ 제10조제2항의 규정은 회피에 준용한다.

제3장 감찰활동

제12조(감찰활동의 관할) 감찰관은 소속 경찰기관의 관할구역 안에서 활동하여야 한다. 다만, 상급 경찰기관의 장의 지시가 있는 경우에는 관할구역 밖에서도 활동할 수 있다.

제13조(특별감찰) 경찰기관의 장은 의무위반행위가 자주 발생하거나 그 발생 가능성이 높다고 인정되는 시기, 업무분야 및 경찰관서 등에 대하여는 일정기간 동안 전반적인 조직관리 및 업무추진 실태 등을 집중 점검할 수 있다. 23년 2차

제14조(교류감찰) 경찰기관의 장은 상급 경찰기관의 장의 지시에 따라 소속 감찰관으로 하여금 일정기간 동안 다른 경찰기관 소속 직원의 복무실태, 업무추진 실태 등을 점검하게 할 수 있다.

제15조(감찰활동의 착수) ① 감찰관은 소속공무원의 의무위반행위에 관한 단서(현장인지, 진정·탄원 등을 포함한다)를 수집·접수한 경우 소속 경찰기관의 감찰부서장에게 보고하여야 한다.

② 감찰부서장은 제1항에 따른 보고를 받은 경우 감찰 대상으로서의 적정성을 검토한 후 감찰활동 착수 여부를 결정하여야 한다.

제17조(자료 제출 요구 등) ① 감찰관은 직무상 다음 각 호의 요구를 할 수 있다. 다만, 제2호 및 제3호의 경우에는 필요 최소한의 범위 내에서 요구하여야 한다.

1. 조사를 위한 출석
2. 질문에 대한 답변 및 진술서 제출
3. 증거품 등 자료 제출
4. 현지조사의 협조

② 소속공무원은 감찰관으로부터 제1항에 따른 요구를 받은 때에는 정당한 사유가 없는 한 그 요구에 응하여야 한다.

③ 감찰관은 직무수행 중 알게 된 정보나 제출 받은 자료를 감찰 목적 외의 용도로 이용할 수 없다.

제18조(감찰관 증명서 등 제시) 감찰관은 제17조에 따른 요구를 할 경우 소속 경찰기관의 장이 발행한 별지 제3호 서식의 감찰관 증명서 또는 경찰공무원증을 제시하여 신분을

밝히고 감찰활동의 목적을 설명하여야 한다.

제19조(감찰활동 결과의 보고 및 처리) ① 감찰관은 감찰활동 결과 소속공무원의 의무위반행위, 불합리한 제도·관행, 선행·수범 직원 등을 발견한 경우 이를 소속 경찰기관의 장에게 보고하여야 한다.

② 경찰기관의 장은 제1항의 결과에 대하여 문책 요구, 시정·개선, 포상 등 필요한 조치를 하여야 한다.

제5장 감찰조사 및 처리

제25조(출석요구) ① 감찰관은 감찰조사를 위해서 조사대상자의 출석을 요구할 때에는 조사기일 3일 전까지 별지 제5호 서식의 출석요구서 또는 구두로 조사일시, 의무위반행위 사실 요지 등을 통지하여야 한다. 다만, 사안이 급박한 경우 또는 조사대상자의 요청이 있는 경우에는 즉시 조사에 착수할 수 있다.

② 제1항의 경우 조사일시 등을 정할 때에는 조사대상자의 의사를 존중하여야 한다.

③ 감찰관은 의무위반행위와 관련된 내용을 조사할 때에는 사전에 준비를 철저히 하여 잦은 출석으로 인한 피해를 주지 않도록 하여야 한다.

④ 감찰관은 조사대상자의 방어권 보장을 위하여 필요한 경우 조사대상자의 동의를 받아 조사대상자의 소속 부서장에게 제1항에 따른 출석요구 사실을 통지할 수 있다.

제26조(변호인의 선임) ① 조사대상자는 변호사를 변호인으로 선임할 수 있다. 다만, 감찰부서장의 승인을 받은 경우에는 변호사가 아닌 사람을 특별변호인으로 선임할 수 있다.

② 제1항에 따라 조사대상자의 변호인으로 선임된 사람은 그 위임장을 미리 감찰관에게 제출하여야 한다.

제27조(조사대상자의 진술거부권) ① 조사대상자는 진술하지 아니하거나 개개의 질문에 대하여 진술을 거부할 수 있다.

② 감찰관은 조사대상자에게 제1항과 같이 진술을 거부할 수 있음을 사전에 고지하여야 한다.

제28조(조사 참여) ① 감찰관은 조사대상자가 다음 각 호의 사항을 신청할 경우 이에 해당하는 사람을 참여하게 하거나 동석하도록 하여야 한다.

1. 다음 각 목의 사람의 참여
 가. 다른 감찰관
 나. 변호인
2. 다음 각 목의 사람의 동석
 가. 조사대상자의 동료공무원
 나. 조사대상자의 직계친족, 배우자, 가족 등 조사대상자의 심리적 안정과 원활한 의사소통에 도움을 줄 수 있는 자

② 감찰관은 다음 각 호의 사유가 발생한 경우에는 참여자의 참여를 제한하거나 동석자의 퇴거를 요구할 수 있다

1. 참여자 또는 동석자가 조사 과정에 부당하게 개입하거나 조사를 제지·중단시키는 경우

2. 참여자 또는 동석자가 조사대상자에게 특정한 답변을 유도하거나 진술 번복을 유도하는 경우
3. 그 밖의 참여자 또는 동석자의 언동 등으로 조사에 지장을 초래하는 경우
③ 감찰관은 참여자의 참여를 제한하거나 동석자를 퇴거하게 한 경우 그 사유를 조사대상자에게 설명하고 그 구체적 정황을 청문보고서 등 조사서류에 기재하여 기록에 편철하여야 한다.

제29조(감찰조사 전 고지) ① 감찰관은 감찰조사를 실시하기 전에 조사대상자에게 의무위반행위 사실의 요지를 알려야 한다.
② 제1항의 경우 감찰관은 조사대상자에게 제28조제1항 각 호의 사항을 신청할 수 있다는 사실을 고지하여야 한다.

제30조(영상녹화) ① 감찰관은 조사대상자가 영상녹화를 요청하는 경우에는 그 조사과정을 영상녹화하여야 한다.
② 영상녹화의 범위 및 영상녹화사실의 고지, 영상녹화물의 관리와 관련된 사항은 「범죄수사규칙」의 영상녹화 관련 규정을 준용한다.

제32조(심야조사의 금지) ① 감찰관은 심야(자정부터 오전 6시까지를 말한다)에 조사를 하여서는 아니 된다.
② 제1항에도 불구하고 감찰관은 조사대상자 또는 그 변호인의 별지 제6호 서식에 의한 심야조사 요청이 있는 경우에는 예외적으로 심야조사를 할 수 있다. 이 경우 심야조사의 사유를 조서에 명확히 기재하여야 한다.

제33조(휴식시간 부여) ① 감찰관은 조사에 장시간이 소요되는 경우 특별한 사정이 없는 한 조사 도중에 최소한 2시간마다 10분 이상의 휴식시간을 부여하여 조사대상자가 피로를 회복할 수 있도록 노력하여야 한다.
② 감찰관은 조사대상자가 조사 도중에 휴식시간을 요청하는 때에는 조사에 소요된 시간, 조사대상자의 건강상태 등을 고려하여 적정하다고 판단될 경우 휴식시간을 부여하여야 한다.
③ 감찰관은 조사 중인 조사대상자의 건강상태에 이상 징후가 발견되면 의사의 진료를 받게 하거나 휴식을 취하게 하는 등 필요한 조치를 취하여야 한다.

제34조(감찰조사 후 처리) ① 감찰관은 감찰조사를 종료한 때에는 소속 경찰기관의 장에게 별지 제7호 서식의 진술조서, 증빙자료 등과 함께 감찰조사 결과를 보고하여야 한다.
② 제1항의 경우 감찰관은 조사대상자에게 감찰조사 결과 요지를 서면 또는 전화, 문자메시지(SMS) 전송 등의 방법으로 통지하여야 한다.
③ 감찰관은 조사한 의무위반행위사건이 소속 경찰기관의 징계관할이 아닌 때에는 관할 경찰기관으로 이송하여야 한다.
④ 의무위반행위사건을 이송 받은 경찰기관의 감찰부서장은 필요시 해당 사건에 대하여 추가 조사 등을 실시할 수 있다.

제35조(민원사건의 처리) ① 감찰관은 소속공무원의 의무위반사실에 대한 민원을 접수한 경우 접수일로부터 2개월 내에 신속히 처리하여야 한다. 다만, 부득이한 사유로 민원을 기한 내에 처리할 수 없을 때에는 소속 경찰기관의 감찰부서장에게 보고하여 그 처리 기

간을 연장할 수 있다.

② 민원사건을 배당받은 감찰관은 민원인, 피민원인 등 관련자에 대한 감찰조사 등을 거쳐 사실관계를 명확히 하여야 한다.

③ 감찰관은 불친절 또는 경미한 복무규율위반에 관한 민원사건에 대해서는 민원인에게 정식 조사절차 또는 조정절차를 선택할 수 있음을 고지하고, 민원인이 조정절차를 선택한 때에는 해당 소속공무원의 사과, 해명 등의 조정절차를 진행하여야 한다. 다만, 조정이 이루어지지 아니한 때에는 지체없이 조사절차를 진행하여야 한다.

④ 감찰관은 민원사건을 접수한 경우 접수 후 매 1개월이 경과한 때와 감찰조사를 종결하였을 때에 민원인 또는 피해자에게 사건처리 진행상황을 통지하여야 한다. 다만, 진행상황에 대한 통지가 감찰조사에 지장을 주거나 피해자 또는 사건관계인의 명예와 권리를 부당히 침해할 우려가 있는 때에는 통지하지 않을 수 있다.

⑤ 제4항에 따른 통지는 문서로 하여야 한다. 다만, 신속을 요하거나 민원인이 요청하는 경우에는 구술 또는 전화로 통지할 수 있다.

제38조(감찰결과에 대한 이의신청) ① 제34조제2항에 따른 통지를 받은 조사대상자는 그 통지를 받은 날부터 10일 이내에 감찰을 주관한 경찰기관의 장에게 이의신청을 할 수 있다. 다만, 감찰결과 징계요구된 사건에 대해서는 징계위원회에서의 의견진술 등의 절차로 이의신청을 갈음할 수 있다.

② 제1항의 이의신청을 접수한 경찰기관의 장은 처분심의회의 심의를 거쳐 이의 신청이 이유 없다고 인정될 때에는 이를 기각하고 이유 있다고 인정될 때에는 그 감찰조사 결과를 취소하거나 변경하여야 한다.

제39조(감찰결과의 공개) ① 감찰결과는 원칙적으로 공개하지 아니한다. 다만, 유사한 비위의 재발을 방지하기 위하여 다음 각 호의 경우에는 감찰결과 요지를 공개할 수 있다.

1. 중대한 비위행위(금품·향응수수, 공금횡령·유용, 정보유출, 독직폭행, 음주운전 등)

2. 언론 등 사회적 관심이 집중되어 사생활 보호의 이익보다 국민의 알권리 충족 등 공공의 이익이 현저하게 크다고 판단되는 사안

② 감찰결과의 공개 여부는 경찰기관의 장이 처분심의회의 의견을 들어 최종 결정한다.

③ 경찰기관의 장은 감찰결과를 공개할 경우 사건관계인의 사생활과 명예가 보호될 수 있도록 다음 각 호의 사항이 공개되지 않도록 보호조치를 하여야 한다.

1. 성명, 소속 등 사건관계인의 개인정보

2. 비위혐의와 직접 관련이 없는 개인의 신상 및 사생활에 관한 내용

3. 사건관계인의 징계경력 또는 감찰조사경력 자료

4. 감찰사건 기록의 원본 또는 사본

제6장 징계 등 조치

제41조(감찰활동 방해에 대한 징계 등) 경찰기관의 장은 조사대상자가 정당한 이유 없이 출석 거부, 현지조사 불응, 협박 등의 방법으로 감찰조사를 방해하는 경우에는 징계요구 등의 조치를 할 수 있다.

V 경찰 감사

경찰은 「공공감사에 관한 법률」에 따라 경찰청장이 실시하는 자체감사의 기준과 시행방법에 관하여 필요한 사항을 규정한 「경찰청 감사 규칙」(경찰청훈령)을 두고 있다.

경찰청 감사 규칙

제1조(목적) 이 규칙은 「공공감사에 관한 법률」에 따라 경찰청장이 실시하는 자체감사(이 하 "감사"라 한다)의 기준과 시행방법에 관하여 필요한 사항을 규정함을 목적으로 한다.
제3조(감사대상기관) ① 경찰청장의 감사 대상기관은 다음 각 호와 같다.
 1. 「경찰청과 그 소속기관 직제」에 따른 경찰청 및 그 소속기관
 2. 「공공기관 운영에 관한 법률」에 따라 경찰청 소관으로 지정·고시된 공공기관
 3. 법령에 의하여 경찰청장이 기관 임원의 임명·승인, 정관의 승인, 감독 등을 하는 법인 또는 단체
 4. 「행정안전부 및 그 소속청 비영리법인의 설립 및 감독에 관한 규칙」에 따라 경찰청장 이 주무관청이 되는 비영리법인
 5. 제1호부터 제4호까지의 감사 대상기관으로부터 보조금 등 예산지원을 받는 법인 또는 단체
 ② 감사는 감사대상기관의 바로 위 감독관청이 실시하는 것을 원칙으로 하되, 필요한 경 우에는 경찰청에서 직접 실시할 수 있다.
제4조(감사의 종류와 주기) ① 감사의 종류는 종합감사, 특정감사, 재무감사, 성과감사, 복무 감사, 일상감사로 구분한다.
 ② 종합감사의 주기는 1년에서 3년까지 하되 치안수요 등을 고려하여 조정 실시한다. 다 만, 직전 또는 당해연도에 감사원 등 다른 감사기관이 감사를 실시한(실시 예정인 경우를 포함한다) 감사대상기관에 대해서는 감사의 일부 또는 전부를 실시하지 아니할 수 있다.
 ③ 일상감사의 대상·기준 및 절차 등에 관한 세부사항은 경찰청장이 따로 정한다.
제5조(감사계획의 수립) ① 경찰청 감사관(이하 "감사관"이라 한다)은 감사계획 수립에 필 요한 경우 시도자치경찰위원회 및 시도경찰청장과 감사일정을 협의하여야 한다.
 ② 감사관은 매년 2월말까지 연간 감사계획을 수립하여 감사대상기관에 통보한다.
제7조(감사담당자등의 제외 등) ① 감사담당자등(감사관 및 감사담당자를 말한다)은 다음 각 호의 어느 하나에 해당하여 감사수행의 독립성을 유지하기 어렵다고 판단될 때에는 감 사관은 경찰청장에게, 감사담당자는 감사관에게 지체 없이 보고하여야 한다.
 1. 본인 또는 본인의 친족(「민법」제777조에 따른 친족을 말한다. 이하 같다)이 감사대상 이 되는 기관·부서·업무와 관련이 있는 사람과 개인적인 연고나 이해관계 등이 있어 공정한 감사수행에 영향을 미칠 우려가 있는 경우
 2. 본인 또는 본인의 친족이 감사대상이 되는 기관·부서·업무와 관련된 주요 의사결정 과정에 직·간접적으로 관여한 경우

3. 그 밖에 공정한 감사수행이 어려운 특별한 사정이 있는 경우

② 경찰청장 또는 감사관은 제1항에 따른 보고를 받거나 감사담당자등이 제1항 각 호의 어느 하나에 해당한다고 인정하는 경우에는 해당 감사담당자등을 감사에서 제외하는 등 적정한 조치를 하여야 한다.

제9조(감사의 절차) 감사는 다음 각 호의 순서로 진행함을 원칙으로 하되 감사관 또는 감사 단장이 감사의 종류 및 현지실정에 따라 조정할 수 있다.

1. 감사개요 통보 : 감사관 또는 감사단장은 감사대상기관의 장에게 감사계획의 개요를 통보한다.
2. 감사의 실시 : 감사담당자는 개인별 감사사무분장에 따라 감사를 실시한다.
3. 감사의 종결 : 감사관 또는 감사단장은 감사기간 내에 감사를 종결하여야 한다. 다만, 감사목적의 달성을 위하여 필요한 경우 감사기간을 연장할 수 있다.
4. 감사결과의 설명 : 감사관 또는 감사단장은 감사의 목적을 달성하기 위하여 필요한 경우 감사대상기관 또는 부서를 대상으로 주요 감사결과를 설명하고 이에 대한 의견을 들을 수 있다.

제10조(감사결과의 처리기준 등) 감사관은 감사결과를 다음 각 호의 기준에 따라 처리하여야 한다. 22년 1차

1. 징계 또는 문책 요구 : 국가공무원법과 그 밖의 법령에 규정된 징계 또는 문책 사유에 해당하거나 정당한 사유 없이 자체감사를 거부하거나 자료의 제출을 게을리한 경우
2. 시정 요구 : 감사결과 위법 또는 부당하다고 인정되는 사실이 있어 추징·회수·환급·추급 또는 원상복구 등이 필요하다고 인정되는 경우
3. 경고·주의 요구 : 감사결과 위법 또는 부당하다고 인정되는 사실이 있으나 그 정도가 징계 또는 문책사유에 이르지 아니할 정도로 경미하거나, 감사대상기관 또는 부서에 대한 제재가 필요한 경우
4. 개선 요구 : 감사결과 법령상·제도상 또는 행정상 모순이 있거나 그 밖에 개선할 사항이 있다고 인정되는 경우
5. 권고 : 감사결과 문제점이 인정되는 사실이 있어 그 대안을 제시하고 감사대상기관의 장 등으로 하여금 개선방안을 마련하도록 할 필요가 있는 경우
6. 통보 : 감사결과 비위 사실이나 위법 또는 부당하다고 인정되는 사실이 있으나 제1호부터 제5호까지의 요구를 하기에 부적합하여 감사대상기관 또는 부서에서 자율적으로 처리할 필요가 있다고 인정되는 경우
7. 변상명령 : 「회계관계직원 등의 책임에 관한 법률」이 정하는 바에 따라 변상책임이 있는 경우
8. 고발 : 감사결과 범죄 혐의가 있다고 인정되는 경우
9. 현지조치 : 감사결과 경미한 지적사항으로서 현지에서 즉시 시정·개선조치가 필요한 경우

제12조(감사결과의 보고) 감사관은 감사가 종료된 후 다음 각 호의 사항을 포함한 감사결과 보고서를 작성하여 경찰청장에게 보고하여야 한다.

1. 감사목적 및 범위, 감사기간 등 감사실시개요

2. 제10조의 처리기준에 따른 감사결과 처분요구 및 조치사항

3. 감사결과에 대한 감사대상기관 또는 부서의 변명 또는 반론

4. 그 밖에 보고할 필요가 인정되는 사항

제13조(감사결과의 통보 및 처리) ① 경찰청장은 제12조에 따라 보고받은 감사결과를 감사대상기관의 장에게 통보하여야한다.

② 감사결과를 통보받은 감사대상기관의 장은 정당한 사유가 없으면 감사결과의 조치사항을 이행하고 30일 이내에 그 이행결과를 경찰청장에게 통보하여야 한다.

제14조(감사의뢰의 처리) 경찰청장은 시도자치경찰위원회로부터 「국가경찰과 자치경찰의 조직 및 운영에 관한 법률」 제24조제1항제7호에 따라 다음 각 호의 어느 하나에 해당하는 경우에 대해 감사의뢰를 받은 경우, 특별한 사정이 없는 한 감사를 실시한다.

1. 다수의 시·도에 걸쳐 동일한 기준으로 감사가 필요한 경우

2. 국가경찰사무와 자치경찰사무의 구분이 모호하여 자치경찰사무만을 감사하기가 어려운 경우

② 경찰청장은 제1항에 따라 감사의뢰를 받은 경우 그에 따른 조치결과를 시도자치경찰위원회에 통보하여야 한다.

제16조(상호협조) ① 경찰청장은 중복감사를 방지하고 국가경찰사무와 자치경찰사무의 감사가 유기적으로 연계되고 균형이 이루어지도록 시도자치경찰위원회와 상호 협조하여야 한다.

② 경찰청장은 감사대상기관의 수감부담을 줄이고 감사업무의 효율화를 위해 시도경찰청 또는 시도자치경찰위원회와 같은 기간 동안 함께 감사를 실시할 수 있다.

Ⅵ 「부패방지 및 국민권익위원회의 설치와 운영에 관한 법률」

경찰의 부패행위에 대해서는 「부패방지 및 국민권익위원회의 설치와 운영에 관한 법률」에 따른 신고·처리의 대상이 된다.

부패방지 및 국민권익위원회의 설치와 운영에 관한 법률

제2조(정의) 이 법에서 사용하는 용어의 뜻은 다음과 같다

4. "부패행위"란 다음 각 목의 어느 하나에 해당하는 행위를 말한다.

가. 공직자가 직무와 관련하여 그 지위 또는 권한을 남용하거나 법령을 위반하여 자기 또는 제3자의 이익을 도모하는 행위

나. 공공기관의 예산사용, 공공기관 재산의 취득·관리·처분 또는 공공기관을 당사자로 하는 계약의 체결 및 그 이행에 있어서 법령에 위반하여 공공기관에 대하여 재산상

손해를 가하는 행위

　　다. 가목과 나목에 따른 행위나 그 은폐를 강요, 권고, 제의, 유인하는 행위

제11조(국민권익위원회의 설치) ① 고충민원의 처리와 이에 관련된 불합리한 행정제도를 개선하고, 부패의 발생을 예방하며 부패행위를 효율적으로 규제하도록 하기 위하여 국무총리 소속으로 국민권익위원회(이하 "위원회"라 한다)를 둔다

제13조(위원회의 구성) ① 위원회는 위원장 1명을 포함한 15명의 위원(부위원장 3명과 상임위원 3명을 포함한다)으로 구성한다.

제16조(직무상 독립과 신분보장) ① 위원회는 그 권한에 속하는 업무를 독립적으로 수행한다.
② 위원장과 위원의 임기는 각각 3년으로 하되 1차에 한하여 연임할 수 있다.

제19조(위원회의 의결) ① 위원회는 재적위원 과반수의 출석으로 개의하고 출석위원 과반수의 찬성으로 의결한다. 다만, 제20조제1항제4호의 사항은 재적위원 과반수의 찬성으로 의결한다.

제55조(부패행위의 신고) 누구든지 부패행위를 알게 된 때에는 이를 위원회에 신고할 수 있다.

제56조(공직자의 부패행위 신고의무) 공직자는 그 직무를 행함에 있어 다른 공직자가 부패행위를 한 사실을 알게 되었거나 부패행위를 강요 또는 제의받은 경우에는 지체 없이 이를 수사기관·감사원 또는 위원회에 신고하여야 한다.

제57조(신고자의 성실의무) 제55조 및 제56조에 따른 부패행위 신고(이하 이 장에서 "신고"라 한다)를 한 자(이하 이 장에서 "신고자"라 한다)가 신고의 내용이 허위라는 사실을 알았거나 알 수 있었음에도 불구하고 신고한 경우에는 이 법의 보호를 받지 못한다.

제57조의2(정부 및 지방자치단체의 책무) 중앙행정기관의 장 및 지방자치단체의 장은 신고자 보호 및 불이익 방지를 위하여 노력하여야 한다.

제58조(신고의 방법) 신고를 하려는 자는 본인의 인적사항과 신고취지 및 이유를 기재한 기명의 문서로써 하여야 하며, 신고대상과 부패행위의 증거 등을 함께 제시하여야 한다. 22년 2차

제58조의2(비실명 대리신고) ① 제58조에도 불구하고 신고자는 자신의 인적사항을 밝히지 아니하고 변호사를 선임하여 신고를 대리하게 할 수 있다. 이 경우 제58조에 따른 신고자의 인적사항 및 기명의 문서는 변호사의 인적사항 및 변호사 이름의 문서로 갈음한다.
② 제1항에 따른 신고는 위원회에 하여야 하며, 신고자 또는 신고자를 대리하는 변호사는 그 취지를 밝히고 신고자의 인적사항, 신고자임을 입증할 수 있는 자료 및 위임장을 위원회에 함께 제출하여야 한다.
③ 위원회는 제2항에 따라 제출된 자료를 봉인하여 보관하여야 하며, 신고자 본인의 동의 없이 이를 열람하여서는 아니 된다.

제59조(신고내용의 확인 및 이첩 등) ⑥ 위원회에 신고가 접수된 당해 부패행위의 혐의대상자가 다음 각 호에 해당하는 고위공직자로서 부패혐의의 내용이 형사처벌을 위한 수사 및 공소제기의 필요성이 있는 경우에는 위원회의 명의로 검찰, 수사처, 경찰 등 관할 수사기관에 고발을 하여야 한다.
1. 차관급 이상의 공직자
2. 특별시장, 광역시장, 특별자치시장, 도지사 및 특별자치도지사
3. 경무관급 이상의 경찰공무원

4. 법관 및 검사

5. 장성급(將星級) 장교

6. 국회의원

⑦ 관할 수사기관은 제6항에 따른 고발에 대한 수사결과를 위원회에 통보하여야 한다. 위원회가 고발한 사건이 이미 수사 중이거나 수사 중인 사건과 관련된 사건인 경우에도 또한 같다.

⑧ 위원회는 접수된 신고사항을 그 접수일부터 60일 이내에 처리하여야 한다. 이 경우 제1항제1호에 따른 사항을 확인하기 위한 보완 등이 필요하다고 인정되는 경우에는 그 기간을 30일 이내에서 연장할 수 있다.

⑨ 위원회는 국가기밀이 포함된 신고사항에 대해서는 대통령령으로 정하는 바에 따라 처리한다.

제60조(조사결과의 처리) ① 조사기관은 신고를 이첩 또는 송부받은 날부터 60일 이내에 감사·수사 또는 조사를 종결하여야 한다. 다만, 정당한 사유가 있는 경우에는 그 기간을 연장할 수 있으며, 위원회에 그 연장사유 및 연장기간을 통보하여야 한다.

② 제59조제3항 또는 제4항에 따라 신고를 이첩 또는 송부받은 조사기관(조사기관이 이첩받은 신고사항에 대하여 다른 조사기관에 이첩·재이첩, 감사요구, 송치, 수사의뢰 또는 고발을 한 경우에는 이를 받은 조사기관을 포함한다. 이하 이 조에서 같다)은 감사·수사 또는 조사결과를 감사·수사 또는 조사 종료 후 10일 이내에 위원회에 통보하여야 한다.

③ 위원회는 제2항에 따라 감사·수사 또는 조사결과를 통보받은 경우 즉시 신고자에게 그 요지를 통지하여야 하고, 필요한 경우 조사기관에 대하여 통보내용에 대한 설명을 요구할 수 있다.

④ 신고자는 제3항에 따른 통지를 받은 경우 위원회에 감사·수사 또는 조사결과에 대한 이의를 신청할 수 있다.

⑤ 위원회는 제59조제3항에 따라 신고를 이첩받은 조사기관의 감사·수사 또는 조사가 충분하지 아니하다고 인정되는 경우에는 감사·수사 또는 조사결과를 통보받은 날부터 30일 이내에 새로운 증거자료의 제출 등 합리적인 이유를 들어 조사기관에 대하여 재조사를 요구할 수 있다.

⑥ 재조사를 요구받은 조사기관은 재조사를 종료한 날부터 7일 이내에 그 결과를 위원회에 통보하여야 한다. 이 경우 위원회는 통보를 받은 즉시 신고자에게 재조사 결과의 요지를 통지하여야 한다.

제72조(감사청구권) ① 18세 이상의 국민은 공공기관의 사무처리가 법령위반 또는 부패행위로 인하여 공익을 현저히 해하는 경우 대통령령으로 정하는 일정한 수 이상의 국민의 연서로 감사원에 감사를 청구할 수 있다. 다만, 국회·법원·헌법재판소·선거관리위원회 또는 감사원의 사무에 대하여는 국회의장·대법원장·헌법재판소장·중앙선거관리위원회 위원장 또는 감사원장(이하 "당해 기관의 장"이라 한다)에게 감사를 청구하여야 한다.

제7절 경찰 경무(관리)

I 문서관리

1. 「행정효율과 협업 촉진에 관한 규정」

정부는 경찰 등 행정기관의 행정업무 운영에 관한 사항을 규정함으로써 행정업무의 간소화·표준화·과학화 및 정보화를 도모하고 행정업무 혁신을 통하여 행정의 효율을 높이는 것을 목적으로 「행정효율과 협업 촉진에 관한 규정」을 두고 있다.

2. 용어 정의(규정 제2조)

이 규정에서 사용하는 용어는 살펴보자. "공문서"란 행정기관에서 공무상 작성하거나 시행하는 문서(도면·사진·디스크·테이프·필름·슬라이드·전자문서 등의 특수매체기록을 포함한다.)와 행정기관이 접수한 모든 문서를 말한다. "전자문서"란 컴퓨터 등 정보처리능력을 가진 장치에 의하여 전자적인 형태로 작성되거나 송신·수신 또는 저장된 문서를 말한다.

"서명"이란 기안자·검토자·협조자·결재권자[제10조에 따라 결재, 위임전결 또는 대결(代決)하는 자를 말한다. 이하 같다] 또는 발신명의인이 공문서(전자문서는 제외한다)에 자필로 자기의 성명을 다른 사람이 알아볼 수 있도록 한글로 표시하는 것을 말한다.

"전자문서시스템"이란 문서의 기안·검토·협조·결재·등록·시행·분류·편철·보관·보존·이관·접수·배부·공람·검색·활용 등 모든 처리절차가 전자적으로 처리되는 시스템을 말한다. "업무관리시스템"이란 행정기관이 업무처리의 모든 과정을 제22조제1항에 따른 과제관리카드 및 문서관리카드 등을 이용하여 전자적으로 관리하는 시스템을 말한다. "행정정보시스템"이란 행정기관이 행정정보를 생산·수집·가공·저장·검색·제공·송신·수신하고 활용할 수 있도록 하드웨어·소프트웨어·데이터베이스 등을 통합한 시스템을 말한다.

한편, "정책실명제"란 정책의 투명성과 책임성을 높이기 위하여 행정기관에서 소

관 업무와 관련하여 수립·시행하는 주요 정책의 결정 및 집행 과정에 참여하는 관련
자의 실명과 의견을 기록·관리하는 제도를 말한다.

3. 공문서의 종류(규정 제4조)

이 규정에서 사용하는 공문서의 종류는 법규문서, 지시문서, 공고문서, 비치문서,
민원문서, 그리고 일반문서 등으로 구분한다. 22년 1차

법규문서	헌법·법률·대통령령·총리령·부령·조례·규칙 등에 관한 문서
지시문서	훈령·지시·예규·일일명령 등 행정기관이 그 하급기관이나 소속 공무원에 대하여 일정한 사항을 지시하는 문서
공고문서	고시·공고 등 행정기관이 일정한 사항을 일반에게 알리는 문서
비치문서	행정기관이 일정한 사항을 기록하여 행정기관 내부에 비치하면서 업무에 활용하는 대장, 카드 등의 문서
민원문서	민원인이 행정기관에 허가, 인가, 그 밖의 처분 등 특정한 행위를 요구하는 문서와 그에 대한 처리문서
일반문서	위의 문서에 속하지 아니하는 모든 문서

4. 문서의 성립 및 효력 발생(제6조)

문서는 결재권자가 해당 문서에 서명(전자이미지서명, 전자문자서명 및 행정전자서명을
포함)의 방식으로 결재함으로써 성립한다.

문서는 수신자에게 도달(전자문서의 경우는 수신자가 관리하거나 지정한 전자적 시스템
등에 입력되는 것을 말한다)됨으로써 효력을 발생한다. 그럼에도 불구하고 공고문서는
그 문서에서 효력발생 시기를 구체적으로 밝히고 있지 않으면 그 고시 또는 공고 등
이 있은 날부터 5일이 경과한 때에 효력이 발생한다.

5. 문서작성의 방법(제7조)

문서는「국어기본법」제3조 제3호에 따른 어문규범에 맞게 한글로 작성하되, 뜻
을 정확하게 전달하기 위하여 필요한 경우에는 괄호 안에 한자나 그 밖의 외국어를

함께 적을 수 있으며, 특별한 사유가 없으면 가로로 쓴다.

문서의 내용은 간결하고 명확하게 표현하고 일반화되지 않은 약어와 전문용어 등의 사용을 피하여 이해하기 쉽게 작성하여야 한다.

문서에는 음성정보나 영상정보 등이 수록되거나 연계된 바코드 등을 표기할 수 있다. 문서에 쓰는 숫자는 특별한 사유가 없으면 아라비아 숫자를 쓴다. 문서에 쓰는 날짜는 숫자로 표기하되, 연·월·일의 글자는 생략하고 그 자리에 온점을 찍어 표시하며, 시·분은 24시각제에 따라 숫자로 표기하되, 시·분의 글자는 생략하고 그 사이에 쌍점을 찍어 구분한다. 다만, 특별한 사유가 있으면 다른 방법으로 표시할 수 있다.

문서 작성에 사용하는 용지는 특별한 사유가 없으면 가로 210㎜, 세로 297㎜의 직사각형 용지로 한다.

6. 문서의 기안(제8조)

문서의 기안은 전자문서로 하는 것을 원칙으로 한다. 다만, 업무의 성질상 전자문서로 기안하기 곤란하거나 그 밖의 특별한 사정이 있으면 그러하지 아니하다.

기안문에는 행정안전부령으로 정하는 바에 따라 발의자(기안하도록 지시하거나 스스로 기안한 사람을 말한다)와 보고자를 알 수 있도록 표시하여야 한다. 「행정업무의 운영 및 혁신에 관한 규정 시행규칙」(행정안전부령, 규칙)을 두고 있다. 이 규칙 제6조에 따라 기안문에는 구체적으로 발의자와 보고자의 직위나 직급의 앞 또는 위에 발의자는 ★표시를, 보고자는 ◉표시를 한다. 또한 기안문에 첨부되는 계산서·통계표·도표 등 작성상의 책임을 밝힐 필요가 있다고 인정되는 첨부물에는 작성자를 표시하여야 한다. 기안자, 검토자 또는 협조자는 기안문의 해당란에 직위나 직급을 표시하고 서명하되, 검토자나 협조자가 다른 의견을 표시하는 경우에는 직위나 직급 다음에 "(의견 있음)"이라고 표시하여야 한다.

총괄책임자(업무분장상 여러 개의 단위업무를 총괄하는 책임자를 말한다)는 총괄책임자가 총괄하는 단위업무를 분담하는 사람이 기안한 경우 그 기안문을 검토하고 검토자란에 서명을 하되, 다른 의견이 있으면 직위나 직급 다음에 "(의견 있음)"이라고 표시하고 기안문 또는 별지에 그 의견을 표시할 수 있다. 다만, 총괄책임자가 출장 등의 사유로 검토할 수 없는 등 부득이한 경우에는 검토를 생략할 수 있으며 서명란에 출장 등 검토할 수 없는 사유를 적어야 한다.

7. 문서의 결재(제10조)

문서는 해당 행정기관의 장의 결재를 받아야 한다. 다만, 보조기관 또는 보좌기관의 명의로 발신하는 문서는 그 보조기관 또는 보좌기관의 결재를 받아야 한다. 결재권자의 서명란에는 서명날짜를 함께 표시한다.

행정기관의 장은 업무의 내용에 따라 보조기관 또는 보좌기관이나 해당 업무를 담당하는 공무원으로 하여금 위임전결하게 할 수 있으며, 그 위임전결 사항은 해당 기관의 장이 훈령이나 지방자치단체의 규칙으로 정한다. 다만, 결재할 수 있는 사람이 휴가, 출장, 그 밖의 사유로 결재할 수 없을 때에는 그 직무를 대리하는 사람이 대결하고 내용이 중요한 문서는 사후에 보고하여야 한다.

위임전결하는 경우에는 전결하는 사람의 서명란에 "전결" 표시를 한 후 서명하여야 한다.

대결(代決)하는 경우에는 대결하는 사람의 서명란에 "대결" 표시를 하고 서명하되, 위임전결사항을 대결하는 경우에는 전결하는 사람의 서명란에 "전결" 표시를 한 후 대결하는 사람의 서명란에 "대결" 표시를 하고 서명하여야 한다.

위임전결 및 대결의 경우에는 그렇지만 서명 또는 "전결" 표시를 하지 아니하는 사람의 서명란은 만들지 아니한다.

Ⅱ 물품관리

경찰 등 공무원의 물품관리는 「물품관리법」에 근거한다. 물품관리법은 국가 물품(物品)의 취득·보관·사용 및 처분에 관한 기본적인 사항을 정하여 국가 물품을 효율적이고 적정하게 관리하는 것을 목적으로 한다.

1. 총괄기관(제7조)

기획재정부장관은 물품관리의 제도와 정책에 관한 사항을 관장하며, 물품관리에 관한 정책의 결정을 위하여 필요하면 조달청장이나 각 중앙관서의 장으로 하여금 물품관리 상황에 관한 보고를 하게 하거나 필요한 조치를 할 수 있다.

조달청장은 각 중앙관서의 장이 수행하는 물품관리에 관한 업무를 총괄·조정한다.

2. 관리기관(제8조)

각 중앙관서의 장은 그 소관 물품을 관리한다.

3. 물품관리관(제9조)

각 중앙관서의 장은 대통령령으로 정하는 바에 따라 그 소관 물품관리에 관한 사무를 소속 공무원에게 위임할 수 있고, 필요하면 다른 중앙관서의 소속 공무원에게 위임할 수 있다.

각 중앙관서의 장으로부터 물품관리에 관한 사무를 위임받은 공무원을 물품관리관(物品管理官)이라 한다.

4. 물품출납공무원(제10조)

물품관리관은 대통령령으로 정하는 바에 따라 그가 소속된 관서의 공무원에게 그 관리하는 물품의 출납(出納)과 보관에 관한 사무(출납명령에 관한 사무는 제외한다)를 위임하여야 한다. 이에 따라 물품의 출납과 보관에 관한 사무를 위임받은 공무원을 물품출납공무원이라 한다.

5. 물품운용관(제11조)

물품관리관은 대통령령으로 정하는 바에 따라 그가 소속된 관서의 공무원에게 국가의 사무 또는 사업의 목적과 용도에 따라서 물품을 사용하게 하거나 사용 중인 물품의 관리에 관한 사무(이하 "물품의 사용에 관한 사무"라 한다)를 위임하여야 한다. 이에 따라 물품의 사용에 관한 사무를 위임받은 공무원을 물품운용관이라 한다.

6. 관리기관의 분임 및 대리(제12조)

각 중앙관서의 장은 물품관리관의 사무의 일부를 분장하는 공무원을, 물품관리관은 물품출납공무원의 사무의 일부를 분장하는 공무원을 대통령령으로 정하는 바에 따라 각각 둘 수 있다.

각 중앙관서의 장은 물품관리관이 부득이한 사유로 직무를 수행할 수 없을 때에는 그 사무를 대리하는 공무원을, 물품관리관은 물품출납공무원 또는 물품운용관이 부득이한 사유로 직무를 수행할 수 없을 때에는 그 사무를 대리하는 공무원을 대통령령으로 정하는 바에 따라 각각 지정할 수 있다.

Ⅲ 장비관리

1. 장비관리의 목표

경찰장비관리는 장비의 합리적 운용 및 관리를 도모하는 것을 목표로 한다. 즉, 경찰장비관리는 능률성·효과성·경제성에 기초하여 과학적인 관리기법을 적용함으로써 경찰업무수행의 원활한 지원과 합리적 관리를 위함이다.

여기서 "경찰장비"란 「경찰장비관리규칙」(경찰청훈령, 규칙)에 따라 무기, 경찰장구, 최루제 및 그 발사장치, 과학수사기구, 해안감시기구, 정보통신기기, 차량·선박·항공기 등 경찰의 직무 수행을 위해 필요한 장치와 기구를 말한다.

2. 무기 및 탄약관리(경찰장비관리규칙)

1) 용어 정의(제112조)

무기는 규칙 제112조에 따라 인명 또는 신체에 위해를 가할 수 있도록 제작된 권총·소총·도검 등을 말한다.

집중무기고란 경찰인력 및 경찰기관별 무기책정기준에 따라 배정된 개인화기와 공용화기를 집중보관·관리하기 위하여 각 경찰기관에 설치된 시설을 말한다. 간이무기고란 경찰기관의 각 기능별 운용부서에서 효율적 사용을 위하여 집중무기고로부터 무기·탄약의 일부를 대여 받아 별도로 보관·관리하는 시설을 말한다. 23년 2차

한편 탄약고란 경찰탄약을 집중 보관하기 위하여 타용도의 사무실, 무기고 등과 분리 설치된 보관시설을 말한다.

2) 무기고 및 탄약고 설치(제115조)

집중무기고는 다음의 경찰기관에 설치한다. 즉, 경찰청, 시도경찰청, 경찰대학, 경찰인재개발원, 중앙경찰학교 및 경찰수사연수원, 경찰서, 경찰기동대, 방범순찰대 및 경비대, 의무경찰대, 경찰특공대, 기타 경찰청장이 지정하는 경찰관서 등이 여기에 해당한다.

무기고와 탄약고는 견고하게 만들고 환기·방습장치와 방화시설 및 총가시설 등이 완비되어야 한다. 24년 1차 탄약고는 무기고와 분리되어야 하며 가능한 본 청사와 격리된 독립 건물로 하여야 한다. 22년 1차

무기고와 탄약고의 환기통 등에는 손이 들어가지 않도록 쇠창살 시설을 하고, 출입문은 2중으로 하여 각 1개소 이상씩 자물쇠를 설치하여야 한다. 22년 1차

무기·탄약고 비상벨은 상황실과 숙직실 등 초동조치 가능장소와 연결하고, 외곽에는 철조망장치와 조명등 및 순찰함을 설치하여야 한다. 22년 1차

간이무기고는 근무자가 24시간 상주하는 지구대, 파출소, 상황실 및 112타격대 등 경찰기관의 장이 필요하다고 인정하는 상당한 이유가 있는 장소에 설치할 수 있다. 24년 1차

탄약고 내에는 전기시설을 하여서는 아니되며, 조명은 건전지 등으로 하고 방화시설을 완비하여야 한다. 22년 1차 단, 방폭설비를 갖춘 경우 전기시설을 설치할 수 있다.

3) 무기·탄약고 열쇠의 보관(제117조)

무기고와 탄약고의 열쇠는 관리 책임자가 보관한다. 집중무기·탄약고와 간이무기고는 다음 각 호의 관리자가 보관 관리한다. 다만, 휴가, 비번 등으로 관리책임자 공백시는 별도 관리책임자를 지정하여야 한다.

중무기·탄약고의 경우 24년 1차	가. 일과시간의 경우 무기 관리부서의 장(정보화장비과장, 운영지원과장, 총무과장, 경찰서 경무과장 등) 나. 일과시간 후 또는 토요일·공휴일의 경우 당직 업무(청사방호) 책임자(상황관리관 등 당직근무자)
간이무기고의 경우	가. 상황실 간이무기고는 112종합상황실(팀)장 나. 지구대 등 간이무기고는 지역경찰관리자 다. 그 밖의 간이무기고는 일과시간의 경우 설치부서 책임자, 일과시간 후 또는 토요일·공휴일의 경우 당직 업무(청사방호) 책임자

4) 무기 · 탄약 등의 대여(제118조)

경찰기관의 장은 공무집행을 위해 필요할 때에는 관리하고 있는 무기·탄약을 대여할 수 있다. 무기·탄약을 대여하고자 할 때에는 무기·탄약 대여신청서에 따라 경찰관서장의 사전허가를 받은 후 감독자의 입회하에 대여하고 무기탄약출납부, 무기탄약 출·입고서에 이를 기재하여야 한다.

상황실 등의 간이무기고에 대여 또는 배정받은 무기탄약을 입출고할 때에는 휴대 사용자의 대여 신청에 따라 소속부서 책임자의 허가를 받아 무기탄약 출·입고부에 기록한 후 관리책임자 입회하에 입출고하여야 한다.

지구대 등의 간이무기고의 경우는 소속 경찰관에 한하여 무기를 지급하되 감독자 입회(감독자가 없을 경우 반드시 타 선임 경찰관 입회)하에 무기탄약 입출고부에 기재한 뒤 입출고하여야 한다. 다만, 긴급상황 발생시 경찰서장의 사전허가를 받은 경우의 대여는 예외로 한다.

무기탄약을 대여 받은 자는 그 무기를 휴대하고 근무하는 경우를 제외하고는 무기고에 보관하여야 하며, 근무 종료시에는 감독자 입회아래 무기탄약 입출고부에 기재한 뒤 즉시 입고하여야 한다. 23년 2차

경찰기관의 장이 평상시에 소속경찰관에게 무기의 실탄을 대여할 때에는 다음 기준에 따라야 한다. 다만, 기능별 임무나 상황에 따라 소총은 정당 실탄 20발 이내에서, 권총은 정당 실탄 8발 이내에서 이를 가감할 수 있다.

5) 무기 · 탄약의 회수 및 보관(제120조)

경찰기관의 장은 무기를 휴대한 자 중에서 ① 직무상의 비위 등으로 인하여 중징계 의결 요구된 된 자, ② 사의를 표명한 자에 해당하는 자가 발생한 때에는 즉시 대여한 무기·탄약을 회수해야 한다. 다만, 대상자가 이의신청을 하거나 소속 부서장이 무기 소지 적격 여부에 대해 심의를 요청하는 경우에는 무기 소지 적격 심의위원회의 심의를 거쳐 대여한 무기·탄약의 회수여부를 결정한다.

경찰기관의 장은 무기를 휴대한 자 중에서 다음 각 호에 해당하는 자가 있을 때에는 무기 소지 적격 심의위원회의 심의를 거쳐 대여한 무기·탄약을 회수할 수 있다. 다만, 무기 소지 적격 심의위원회를 개최할 시간적 여유가 없거나 사고 방지 등을 위해 신속한 회수가 필요하다고 인정되는 경우에는 대여한 무기·탄약을 즉시 회수할

수 있으며, 회수한 날부터 7일 이내에 무기 소지 적격 심의위원회를 개최하여 회수의 타당성을 심의하고 계속 회수 여부를 결정한다. 다음 각호에는 ① 직무상의 비위 등으로 인하여 감찰조사의 대상이 되거나 경징계의결 요구 또는 경징계 처분 중인 자, ② 형사사건의 수사 대상이 된 자, [23년 2차] ③ 경찰공무원 직무적성검사 결과 고위험군에 해당되는 자, ④ 정신건강상 문제가 우려되어 치료가 필요한 자, [24년 1차] ⑤ 정서적 불안 상태로 인하여 무기 소지가 적합하지 않은 자로서 소속 부서장의 요청이 있는 자, ⑥ 그 밖에 경찰기관의 장이 무기 소지 적격 여부에 대해 심의를 요청하는 자 등이 있다.

경찰기관의 장은 무기·탄약의 회수 사유들이 소멸되면 직권 또는 당사자 신청에 따라 무기 소지 적격 심의위원회의 심의를 거쳐 무기 회수의 해제 조치를 할 수 있다.

경찰기관의 장은 무기를 휴대한 자 중에서 ① 술자리 또는 연회장소에 출입할 경우, ② 상사의 사무실을 출입할 경우, ③ 기타 정황을 판단하여 필요하다고 인정되는 경우에 해당하는 경우에는 대여한 무기·탄약을 무기고에 보관하도록 해야 한다. [23년 2차]

6) 권총 사용시 안전수칙(제123조)

경찰관은 권총을 휴대·사용하는 경우 다음의 안전수칙을 준수하여야 한다. 첫째, 총구는 공중 또는 지면(안전지역)을 향한다. 둘째, 실탄 장전시 반드시 안전장치(방아쇠 울에 설치 사용)를 장착한다. 셋째, 1탄은 공포탄, 2탄 이하는 실탄을 장전한다. 다만, 대간첩작전, 살인 강도 등 중요범인이나 무기·흉기 등을 사용하는 범인의 체포 및 위해의 방호를 위하여 불가피한 경우에 1탄부터 실탄을 장전할 수 있다. 넷째, 조준시는 대퇴부 이하를 향한다.

3. 차량관리(경찰장비관리규칙)

1) 차량의 구분(제88조)

차량의 차종은 승용·승합·화물·특수용으로 구분하고, 차형은 차종별로 대형·중형·소형·경형·다목적형으로 구분한다.

차량은 용도별로 전용·지휘용·업무용·순찰용·특수용 차량으로 구분한다.

2) 차량소요계획의 제출(제90조) 및 차량의 배치(제91조)

부속기관 및 시도경찰청의 장은 다음 년도에 소속기관의 차량정수를 증감시킬 필요가 있을 때에는 매년 3월 말까지 다음 년도 차량정수 소요계획을 경찰청장에게 제출하여야 한다. 그럼에도 불구하고 예기치 못한 치안수요의 발생 등 특별한 사유로 조기에 증감시킬 필요가 있을 경우에는 차량 제작기간 등을 감안 사전에 경찰청장에게 요구할 수 있다.

부속기관 및 시도경찰청의 장은 정수배정기준에 따라 차량을 배치·운용하여야 한다. 각 기관별로 치안여건, 업무량 등을 종합적으로 검토하여 조정할 필요가 있을 경우에는 정수범위 내에서 그 일부를 합리적으로 조정·운영 할 수 있다.

3) 차량의 교체(제93조)

부속기관 및 시도경찰청은 소속기관 차량 중 다음 년도 교체대상 차량을 매년 11월 말까지 경찰청장에게 보고하여야 한다.

차량교체는 차량의 최단운행 기준연한(내용연수)에 따라 부속기관 및 시도경찰청의 장이 보고한 교체대상 차량 중 책정된 예산범위 내에서 매년 초에 수립하는 "경찰청 물품수급관리계획"에 따라 실시한다.

4) 교체대상차량의 불용처리(제94조)

차량교체를 위한 불용 대상차량은 부속기관 및 시도경찰청에 배정되는 수량의 범위 내에서 내용연수 경과 여부 등 차량사용기간을 최우선적으로 고려하여 선정한다. 사용기간이 동일한 경우에는 주행거리와 차량의 노후상태, 사용부서 등을 종합적으로 검토 예산낭비 요인이 없도록 신중하게 선정한다.

단순한 내용연수 경과를 이유로 일괄교체 또는 불용처분하는 것을 지양하고 성능이 양호하여 운행가능한 차량은 교체순위에 불구하고 연장 사용할 수 있다.

불용처분된 차량은 부속기관 및 시도경찰청별로 실정에 맞게 공개매각을 원칙으로 하되, 공개매각이 불가능한 때에는 폐차처분을 할 수 있다. 다만, 매각을 할 때에는 경찰표시도색을 제거하는 등 필요한 조치를 하여야 한다.

5) 차량의 집중관리(제95조)

각 경찰기관의 업무용차량은 운전요원의 부족 등 불가피한 사유가 없는 한 집중관리를 원칙으로 한다. 다만, 지휘용 차량은 업무의 특성을 고려하여 지정 활용할 수 있다.

특수용 차량 등도 필요하다고 인정되는 경우에는 집중관리할 수 있다.

집중관리대상 차량 및 운전자는 관리 주무부서 소속으로 한다.

6) 차량의 관리(제96조)

차량열쇠는 다음 각 호의 관리자가 지정된 열쇠함에 집중보관 및 관리하고, 예비열쇠의 확보 등을 위한 무단 복제와 운전원의 임의 소지 및 보관을 금한다. 다만, 휴가, 비번 등으로 관리책임자 공백시는 별도 관리책임자를 지정하여야 한다. 즉, 일과시간의 경우 차량 관리부서의 장(정보화장비과장, 운영지원과장, 총무과장, 경찰서 경무과장 등의 관리자)이 집중보관 및 관리한다. 일과시간 후 또는 토요일·공휴일의 경우 당직업무(청사방호) 책임자(상황관리관 등 당직근무자, 지구대·파출소는 지역경찰관리자)가 관리하게 된다.

차량은 지정된 운전자 이외의 사람이 무단으로 운행하여서는 아니되며, 운전자는 교통법규를 준수하여 사고를 방지하여야 한다.

차량을 주·정차할 때에는 엔진시동 정지, 열쇠분리 제거, 차량문을 잠그는 등 도난방지에 유의하여야 하며, 범인 등으로부터의 피탈이나 피습에 대비하여야 한다.

근무교대시 전임 근무자는 차량의 청결상태, 각종 장비의 정상작동 여부 등을 점검한 후 다음 근무자에게 인계하여야 한다.

각 경찰기관의 장은 차고시설을 갖추도록 하되, 차고시설을 갖추지 못한 경우에는 눈·비를 가리는 천막 등 시설을 하여야 한다.

7) 차량의 관리책임(제98조)

차량을 배정 받은 각 경찰기관의 장은 차량에 대한 관리사항을 수시 확인하여 항상 적정하게 유지되도록 하여야 한다.

경찰기관의 장은 차량이 책임 있게 관리되도록 차량별 관리담당자를 지정하여야 한다. 차량운행시 책임자는 1차 운전자, 2차 선임탑승자(사용자), 3차 경찰기관의 장으로 한다.

8) 차량운행절차(제99조)

차량을 운행하고자 할 때는 사용자가 경찰배차관리시스템을 이용하여 주간에는 해당 경찰기관장의 운행허가를 받아야 하고, 일과 후 및 공휴일에는 상황관리(담당)관(경찰서는 상황(부)실장을 말한다)의 허가를 받아야 한다. 다만, 시스템을 이용할 수 없는 때에는 운행허가서로 갈음할 수 있다.

차량을 운행할 때에는 경찰배차관리시스템에 운행사항을 입력하여야 한다. 다만, 112·교통 순찰차 등 상시적으로 운행하는 차량은 시스템상의 운행사항 입력을 생략할 수 있다.

9) 운전원 교육 및 출동태세 확립(제102조)

차량을 배정받은 경찰기관의 장은 안전운행을 위한 자체계획을 수립하여 교육을 실시하여야 한다.

전·의경 신임운전요원은 4주 이상 운전교육을 실시한 후에 운행하도록 하여야 한다.

112타격대 기타 작전용 차량 등 긴급출동 차량에 대하여는 사전에 철저한 정비와 운전원 확보를 통해 출동에 차질 없도록 대비하여야 한다.

Ⅳ 보안관리

1. 보안의 의의

보안이란 국가안전보장을 위해 국가가 보호를 필요로 하는 비밀이나 인원, 문서, 자재, 시설 및 지역 등을 보호하는 소극적인 예방활동과 국가안전보장을 해하는 간첩, 태업, 전복 및 불순분자들에 대해 이를 경계하고 방지하며 탐지, 조사, 체포 등의 적극적인 예방활동을 말한다.

이러한 보안은 「국가정보원법」, 「정보 및 보안업무 기획·조정 규정」, 「보안업무 규정」 등의 법령에 근거하고 있다.

보안에는 3가지 중요한 원칙이 있다. 첫째, 보안의 대상이 되는 사실을 전파할 때, 전파가 꼭 필요한가 또는 전파를 받는 사람이 반드시 전달받아야 하며 필요한 것인가의 여부를 신중히 검토한 후에 이루어져야 한다는 '알 사람만 알아야 한다는 원칙, 즉 한정의 원칙'이다. 둘째, 부분화의 원칙으로, 한 번에 다량의 비밀이나 정보가 유출되지 않도록 해야 한다는 원칙이다. 셋째, 보안과 업무효율은 반비례의 관계가 있으므로, 양자의 적절한 조화를 유지하는 방법을 강구해야 한다는 '보안과 효율의 조화 원칙'이다. 지나치게 보안을 강조하면 알 필요가 있는 사람이 알지 못하게 되어 업무에 지장을 줄 수 있다는 점을 간과하지 말아야 한다는 점을 강조한다.

2. 보안의 대상

보안은 인원, 문서 및 자재, 시설, 그리고 지역 등을 대상으로 한다. 인원의 경우 중요인물로서 보호가 요구되는 자는 지휘고하를 불문하고, 내방 중인 외국인도 대상에 포함된다. 인원보안의 수단으로 신원조사, 보안교육 등이 있다.

문서 및 자재의 경우 비록 I·II·III급 비밀에 해당하지 않은 문서라도 국가기밀에 해당하는 문서는 모두 보안의 대상이 된다.

시설의 경우 중요산업시설로서 특별히 보호를 요하는 시설은 소유관계를 불문하고 보안대상이 된다. 보안책임자는 시설보안을 위해 중요시설을 보호구역으로 설정할 수 있다.

지역의 경우 국가안전보장상 특별히 보호를 요하는 지역은 보안의 대상이 된다.

3. 비밀보호

비밀은 「국가정보원법」 제4조 제1항 제2호에 따른 국가 기밀로서 「보안업무규정」에 따라 비밀로 분류된 것을 말한다.

1) 비밀의 구분(보안업무규정 제4조)

비밀은 그 중요성과 가치의 정도에 따라 다음과 같이 구분한다. I급비밀은 누설될 경우 대한민국과 외교관계가 단절되고 전쟁을 일으키며, 국가의 방위계획·정보활동 및 국가방위에 반드시 필요한 과학과 기술의 개발을 위태롭게 하는 등의 우려가 있는 비밀을 말한다. 23년 1차

Ⅱ급비밀은 누설될 경우 국가안전보장에 막대한 지장을 끼칠 우려가 있는 비밀을 말한다. 22년 2차

Ⅲ급비밀은 누설될 경우 국가안전보장에 해를 끼칠 우려가 있는 비밀을 말한다.

2) 비밀의 분류(보안업무규정 제4조)

비밀취급 인가를 받은 사람은 인가받은 비밀 및 그 이하 등급 비밀의 분류권을 가진다. 같은 등급 이상의 비밀취급 인가를 받은 사람 중 직속 상급직위에 있는 사람은 그 하급직위에 있는 사람이 분류한 비밀등급을 조정할 수 있다.

비밀을 생산하거나 관리하는 사람은 비밀의 작성을 완료하거나 비밀을 접수하는 즉시 그 비밀을 분류하거나 재분류할 책임이 있다.

3) 분류원칙과 지침(보안업무규정 제12조 및 제13조)

첫째, 비밀은 적절히 보호할 수 있는 최저등급으로 분류하되, 과도하거나 과소하게 분류해서는 아니 된다. 22년 1차/23년 1차

둘째, 비밀은 그 자체의 내용과 가치의 정도에 따라 분류하여야 하며, 다른 비밀과 관련하여 분류해서는 아니 된다.

셋째, 외국 정부나 국제기구로부터 접수한 비밀은 그 생산기관이 필요로 하는 정도로 보호할 수 있도록 분류하여야 한다.

각급기관의 장은 비밀 분류를 통일성 있고 적절하게 하기 위하여 세부 분류지침을 작성하여 시행하여야 한다. 이 경우 세부 분류지침은 공개하지 않는다.

4) 비밀자재의 취급 및 취급인가권자(보안업무규정 제8조 및 제9조)

비밀은 해당 등급의 비밀취급 인가를 받은 사람만 취급할 수 있으며, 암호자재는 해당 등급의 비밀 소통용 암호자재취급 인가를 받은 사람만 취급할 수 있다. 23년 1차

Ⅰ급비밀 취급 인가권자와 Ⅰ급 및 Ⅱ급비밀 소통용 암호자재 취급 인가권자는 ① 대통령, ② 국무총리, ③ 감사원장, ④ 국가인권위원회 위원장, ⑤ 고위공직자범죄수사처장, ⑥ 각 부·처의 장, ⑦ 국무조정실장, ⑧ 방송통신위원회 위원장, 공정거래위원회 위원장, 금융위원회 위원장, 국민권익위원회 위원장, 개인정보 보호위원회 위원장 및 원자력안전위원회 위원장, ⑨ 대통령 비서실장, ⑩ 국가안보실장, ⑪ 대통령경호처

장, ⑫ 국가정보원장, ⑬ 검찰총장, ⑭ 합동참모의장, 각군 참모총장, 지상작전사령관 및 육군제2작전사령관, ⑮ 국방부장관이 지정하는 각군 부대장 등이다. 23년 1차

「보안업무규정」 제9조 제2항에 따른 경찰의 Ⅱ급 및 Ⅲ급 비밀취급 인가권자는 ① 경찰청장, ② 경찰대학장, ③ 경찰교육원장, ④ 중앙경찰학교장, ⑤ 경찰수사연수원장, ⑥ 경찰병원장, ⑦ 시도경찰청장 등이다(보안업무규정 시행 세부규칙, 경찰청 훈령 제11조). 23년 1차

시도경찰청장은 경찰서장, 기동대장에게, Ⅱ급 및 Ⅲ급 비밀취급인가권을 위임한다. 이 경우 경정 이상의 경찰공무원을 장으로 하는 경찰기관의 장에게도 Ⅱ급 및 Ⅲ급 비밀취급인가권을 위임할 수 있다. 그러나 Ⅱ급 및 Ⅲ급 비밀취급인가권을 위임받은 기관의 장은 이를 다시 위임할 수 없다(보안업무규정 시행 세부규칙, 경찰청 훈령 제11조).

5) 특별인가(보안업무규정 시행 세부규칙, 경찰청 훈령 제15조)

모든 경찰공무원(의무경찰순경을 포함한다)은 임용과 동시 Ⅲ급 비밀취급권을 가진다. 경찰공무원 중 다음 각 호의 부서에 근무하는 자(의무경찰순경을 포함한다)는 그 보직발령과 동시에 Ⅱ급 비밀취급권을 인가받은 것으로 한다.

1. 경비, 경호, 작전, 항공, 정보통신 담당부서(기동대, 전경대의 경우는 행정부서에 한한다)
2. 정보, 보안, 외사부서
3. 감찰, 감사 담당부서
4. 치안상황실, 발간실, 문서수발실
5. 경찰청 각 과의 서무담당자 및 비밀을 관리하는 보안업무 담당자
6. 부속기관, 시도경찰청, 경찰서 각 과의 서무담당자 및 비밀을 관리하는 보안업무 담당자

비밀의 취급인가를 받은 자에 대하여는 별도로 비밀취급인가증을 발급하지 않는다. 다만, 업무상 필요한 경우에는 발급할 수 있다.

각 경찰기관의 장은 제2항 각호의 부서에 근무하는 경찰공무원 중 신원특이자에 대하여는 위원회 또는 자체 심의기구에서 Ⅱ급 비밀취급의 인가여부를 심의하고, 비밀취급이 불가능하다고 의결된 자에 대하여는 즉시 인사조치한다.

6) 비밀의 보관(보안업무규정 제18조, 제19조, 제22조, 보안업무규정 시행 규칙, 대통령령 제33조)

비밀은 일반문서나 암호자재와 혼합하여 보관하여서는 아니 된다.

비밀은 도난·유출·화재 또는 파괴로부터 보호하고 비밀취급인가를 받지 아니한 사람의 접근을 방지할 수 있는 적절한 시설에 보관하여야 한다. Ⅰ급비밀은 반드시 금고에 보관하여야 하며, 다른 비밀과 혼합하여 보관하여서는 아니 된다. Ⅱ급비밀 및 Ⅲ급비밀은 금고 또는 이중 철제캐비닛 등 잠금장치가 있는 안전한 용기에 보관하여 야 하며, 보관책임자가 Ⅱ급비밀 취급 인가를 받은 때에는 Ⅱ급비밀과 Ⅲ급비밀을 같은 용기에 혼합하여 보관할 수 있다.

각급기관의 장은 비밀의 작성·분류·접수·발송 및 취급 등에 필요한 모든 관리사항을 기록하기 위하여 비밀관리기록부를 작성하여 갖추어 두어야 한다. 다만, Ⅰ급 비밀관리기록부는 따로 작성하여 갖추어 두어야 하며, 암호자재는 암호자재 관리기록 부로 관리한다. 23년 2차 비밀관리기록부와 암호자재 관리기록부에는 모든 비밀과 암호자재에 대한 보안책임 및 보안관리 사항이 정확히 기록·보존되어야 한다.

비밀을 휴대하고 출장 중인 사람은 비밀을 안전하게 보호하기 위하여 국내 경찰 기관 또는 재외공관에 보관을 위탁할 수 있으며, 위탁받은 기관은 그 비밀을 보관하 여야 한다. 22년 1차

7) 비밀 및 암호자재 관련자료의 보관(보안업무규정 시행규칙, 대통령령 제70조)

비밀접수증, 비밀열람기록전, 배부처 등 비밀 및 암호자재 관련 자료는 비밀과 함께 철하여 보관·활용하고, 비밀의 보호기간이 만료되면 비밀에서 분리한 후 각각 편철하여 5년간 보관해야 한다.

아울러, 비밀관리기록부, 비밀 접수 및 발송대장, 비밀대출부, 암호자재 관리기록 부 등의 자료는 새로운 관리부철로 옮겨서 관리할 경우 기존 관리부철을 5년간 보관 해야 한다.

암호자재 증명서는 해당 암호자재를 반납하거나 파기한 후 5년간 보관해야 한다.

암호자재 점검기록부는 최근 5년간의 점검기록을 보관해야 한다. 다만, 그 보관 기간이 지나면 해당 자료는 「공공기록물 관리에 관한 법률」에 따른 기록물관리기관으 로 이관해야 한다.

8) 비밀의 복제·복사 제한(보안업무규정 제23조)

보안업무규정 제23조 제제1항에 따라 비밀의 일부 또는 전부나 암호자재에 대해서는 모사(模寫)·타자(打字)·인쇄·조각·녹음·촬영·인화(印畵)·확대 등 그 원형을 재현(再現)하는 행위를 할 수 없다. 다만, 다음 각 호의 구분에 따른 비밀의 경우에는 그러하지 아니하다.

1. Ⅰ급비밀: 그 생산자의 허가를 받은 경우
2. Ⅱ급비밀 및 Ⅲ급비밀: 그 생산자가 특정한 제한을 하지 아니한 것으로서 해당 등급의 비밀취급 인가를 받은 사람이 공용(共用)으로 사용하는 경우
3. 전자적 방법으로 관리되는 비밀: 해당 비밀을 보관하기 위한 용도인 경우

한편 각급기관의 장은 보안 업무의 효율적인 수행을 위하여 필요하다고 인정되는 경우에는 해당 비밀의 보존기간 내에서 보안업무규정 제23조 제1항 단서에 따라 그 사본을 제작하여 보관할 수 있다. 비밀의 사본을 보관할 때에는 그 예고문이나 비밀 등급을 변경해서는 아니 된다. 다만, 「공공기록물 관리에 관한 법률 시행령」 제68조 제6항에 따라 비밀을 재분류하는 경우에는 그러하지 아니하다.

비밀을 복제하거나 복사한 경우에는 그 원본과 동일한 비밀등급과 예고문을 기재하고, 사본 번호를 매겨야 한다. 예고문에 재분류 구분이 "파기"로 되어 있을 때에는 파기 시기를 원본의 보호기간보다 앞당길 수 있다.

9) 비밀의 열람(보안업무규정 제24조)

비밀은 해당 등급의 비밀취급 인가를 받은 사람 중 그 비밀과 업무상 직접 관계가 있는 사람만 열람할 수 있다.

비밀취급 인가를 받지 아니한 사람에게 비밀을 열람하거나 취급하게 할 때에는 국가정보원장이 정하는 바에 따라 소속 기관의 장(비밀이 군사와 관련된 사항인 경우에는 국방부장관)이 미리 열람자의 인적사항과 열람하려는 비밀의 내용 등을 확인하고 열람 시 비밀 보호에 필요한 자체 보안대책을 마련하는 등의 보안조치를 하여야 한다. 다만, Ⅰ급비밀의 보안조치에 관하여는 국가정보원장과 미리 협의하여야 한다

10) 비밀의 공개(보안업무규정 제25조)

중앙행정기관등의 장은 다음 각 호의 어느 하나에 해당하는 사유가 있을 때에는 그가 생산한 비밀을 제3조의3에 따른 보안심사위원회의 심의를 거쳐 공개할 수 있다. 다만, Ⅰ급비밀의 공개에 관하여는 국가정보원장과 미리 협의해야 한다. [23년 2차]

> 1. 국가안전보장을 위하여 국민에게 긴급히 알려야 할 필요가 있다고 판단될 때
> 2. 공개함으로써 국가안전보장 또는 국가이익에 현저한 도움이 된다고 판단될 때

그러나 공무원 또는 공무원이었던 사람은 법률에서 정하는 경우를 제외하고는 소속 기관의 장이나 소속되었던 기관의 장의 승인 없이 비밀을 공개해서는 아니 된다.

11) 비밀의 반출(보안업무규정 제27조)

비밀은 보관하고 있는 시설 밖으로 반출해서는 아니 된다. 다만, 공무상 반출이 필요할 때에는 소속 기관의 장의 승인을 받아야 한다. [23년 1차]

12) 비밀문서의 통제(보안업무규정 제29조)

각급기관의 장은 비밀문서의 접수·발송·복제·열람 및 반출 등의 통제에 필요한 규정을 따로 작성·운영할 수 있다. [23년 2차]

13) 비밀 소유 현황 통보(보안업무규정 제31조)

각급기관의 장은 연 2회 비밀 소유 현황을 조사하여 국가정보원장에게 통보하여야 한다. [23년 2차] 이에 따라 조사 및 통보된 비밀 소유 현황은 공개하지 않는다.

14) 보호지역의 구분(보안업무규정 시행규칙 제54조 및 보안업무규정 시행세부규칙(경찰청 훈령) 제60조)

각급기관의 장과 관리기관 등의 장은 국가안전보장에 관련되는 인원·문서·자재·시설의 보호를 위하여 필요한 장소에 일정한 범위의 보호지역을 설정할 수 있다. 보호지역은 그 중요도에 따라 제한지역, 제한구역 및 통제구역으로 나눈다.

제한지역은 비밀 또는 국·공유재산의 보호를 위하여 울타리 또는 방호·경비인력에 의하여 영 제34조 제3항에 따른 승인을 받지 않은 사람의 접근이나 출입에 대한 감시가 필요한 지역을 말한다.

제한구역은 비인가자가 비밀, 주요시설 및 Ⅲ급 비밀 소통용 암호자재에 접근하는 것을 방지하기 위하여 안내를 받아 출입하여야 하는 구역을 말한다. 24년 1차 경찰관서에서 제한구역에는 전자교환기(통합장비)실, 정보통신실, 발간실, 송신 및 중계소, 정보통신관제센터, 경찰청 및 시도경찰청 항공대, 작전·경호·정보·안보업무 담당부서 전역, 과학수사센터 등이 있다. 24년 1차

통제구역은 보안상 매우 중요한 구역으로서 비인가자의 출입이 금지되는 구역을 말한다. 경찰관서에서 통제구역으로는 암호취급소, 정보보안기록실, 무기창·무기고 및 탄약고, 종합상황실·치안상황실, 암호장비관리실, 정보상황실, 비밀발간실, 종합조회처리실 등이 있다.

각 론

CHAPTER

01   생활안전(방범)경찰

제1절   생활안전경찰의 개념

I   생활안전경찰의 개념

국민의 생명, 신체와 재산보호, 그리고 범죄 예방 및 수사, 범죄피해자 보호, 공공의 안녕과 질서 유지에 해당하는 경찰기능을 생활안전경찰이라 한다. 종래 방범경찰이라고도 하였으나, 경찰직무에서 성폭력, 가정폭력, 아동학대, 스토킹 범죄예방과 수사가 중시되면서 생활안전경찰이라 한다.

II   생활안전경찰의 직무와 조직 체계

1. 생활안전경찰의 업무

생활안전경찰의 업무는 범죄 및 안전사고 예방으로부터 풍속범, 무기류 단속, 소년비행 방지, 아동 및 소년대상 범죄 예방, 여성대상 범죄 예방, 범죄피해자 보호지원에 이르기까지 광범위하다.

2024년 개정 「경찰청과 그 소속기관 직제」 제10조의3, 제11조에 따르면, 생활안전경찰(생활안전교통국)의 분장업무는 다음과 같다. 22년 2차

생활안전경찰 분장업무

범죄예방에 관한 기획·조정·연구 등 예방적 경찰활동
범죄예방진단 및 범죄예방순찰
경비업에 관한 연구·지도
풍속 및 성매매(아동·청소년 대상 성매매는 제외) 사범에 대한 지도·단속
총포·도검·화약류 등의 지도·단속
각종 안전사고의 예방에 관한 사항
소년비행 방지에 관한 업무
소년 대상 범죄의 예방에 관한 업무
아동학대의 예방 및 피해자 보호에 관한 업무
가출인 및 실종아동등과 관련된 업무
실종아동 등 찾기를 위한 신고체계 운영
여성 대상 범죄와 관련된 주요 정책의 총괄 수립·조정
여성 대상 범죄 유관기관과의 협력 업무
성폭력 및 가정폭력 예방 및 피해자 보호에 관한 업무
스토킹·성매매 예방 및 피해자 보호에 관한 업무
경찰 수사 과정에서의 범죄피해자 보호 및 지원에 관한 업무

2. 생활안전경찰의 직무체계

생활안전경찰의 직무수행은 범죄예방대응과 생활안전 분야로 조직된다. 예컨대, 2024년 개정 「경찰청과 그 소속기관 직제 시행규칙」 제8조에 따르면, 생활안전경찰 직무와 관련하여 경찰청 생활안전교통국에는 여성안전기획과, 청소년보호과를 두고, 범죄예방대응국에 범죄예방정책과를 둔다. 각 담당직무는 다음과 같다.

(1) 범죄예방정책과 : ① 범죄예방에 관한 연구 및 계획 ② 범죄예방 관련 법령·제도의 연구·개선 및 지침 수립 ③ 범죄예방진단 및 범죄예방순찰에 관한 기획·운영 ④ 기동순찰대 운영에 관한 사항 ⑤ 환경설계를 통한 범죄예방(Crime Prevention Through Environmental Design, CPTED) 기획·운영 ⑥ 협력방범에 관한 기획·연구 및 협업 ⑦ 경비업에 관한 연구 및 지도 ⑧ 풍속 및 성매매사범에 관한 지도·단속 ⑨ 총포·도검·화약류 등의 지도·단속 ⑩ 각종 안전사고의 예방에 관한 사항

(2) 여성안전기획과 : ① 여성 대상 범죄의 연구 및 예방 업무, ② 여성 대상 범죄 유관기관과 교류협력, ③ 성폭력·가정폭력 예방 및 피해자 보호 업무, ④ 스토킹·성매매 예방 및 피해자 보호 업무, ⑤ 성폭력범죄자 재범방지 업무, ⑥ 아동학대의 예방

및 피해자 보호에 관한 업무, ⑦ 아동·노인·장애인 학대 범죄 유관기관 협력 업무, ⑧ 범죄피해자의 보호 및 지원에 관한 경찰정책의 수립·종합 및 조정

(3) 청소년보호과 : ① 소년 비행 방지에 관한 업무, ② 소년에 대한 범죄의 예방에 관한 업무, ③ 비행소년의 보호지도에 관한 업무, ④ 가출인 및 실종아동등과 관련된 정책 수립 및 관리, ⑤ 실종사건 지도와 관련 정보의 처리

제2절 생활안전경찰의 직무활동

Ⅰ 예방적 경찰활동 – 공동체 중심의 예방치안

1. 범죄예방진단팀

현대사회 치안패러다임은 범죄에 대한 사후대응보다 사전예방을 강조한다. 이에 따라 일상 속 범죄취약요인을 분석하여 종합적이고 전문적인 해결책을 제시하는 범죄예방진단팀(Crime Prevention Officer, CPO)이 2019년부터 전국 모든 경찰서에 배치되어 있다. 진단팀은 범죄예방전문가로서 지방자치단체가 추진하는 환경설계를 통한 범죄예방(CPTED)에 적극 참여하고, 지역사회 범죄불안요인의 지속적 모니터링을 통해 지역사회 범죄예방과 범죄불안 해소에 기여한다.

2. 지역사회 경찰활동

1) 의의

안전한 지역사회는 경찰뿐만 아니라 지역사회 구성원 모두의 적극적인 참여가 있을 때 달성할 수 있다. 지역사회 경찰활동은 경찰이 시민이고 시민이 경찰이라는 관점으로서, 경찰을 법집행을 책임지는 정부기관으로 보는 전통적 경찰활동의 관점과 비교된다. 경찰과 지역사회 사이의 협력을 강조하는 지역사회 경찰활동 관점에서 볼

때 범죄 예방효과와 경찰에 대한 신뢰향상을 위해서는 지역중심 전략과 시민 참여협조가 중요하다. 22년 1차/23년 1차/23년 2차/24년 1차

2) 지역경찰의 조직 및 운영

(1) 목적(제1조)

경찰은 효율적인 지역 치안활동 수행을 위해 지역경찰의 조직 및 운영 등에 관하여 필요한 사항을 규정함을 목적으로 「지역경찰의 조직 및 운영에 관한 규칙」(경찰청 예규)을 두고 있다.

(2) 용어의 정의(제2조)

이 규칙에서 사용하는 용어의 정의는 다음과 같다.

1. "지역경찰관서"란 「국가경찰과 자치경찰의 조직 및 운영에 관한 법률」 제30조 제3항 및 「경찰청과 그 소속기관 직제」 제43조에 규정된 지구대 및 파출소를 말한다.
2. "지역경찰"이란 지역경찰관서 소속 경찰공무원을 말한다.
3. "지역경찰업무 담당부서"란 지역경찰관서 및 지역경찰과 관련된 사무를 처리하는 경찰청, 시도경찰청, 경찰서 소속의 모든 부서를 말한다.
4. "일근근무"란 「국가공무원 복무규정」 제9조 제1항에 규정된 근무형태를 말한다.
5. "상시 · 교대근무"란 「경찰기관 상시근무 공무원의 근무시간 등에 관한 규칙」 제2조에 규정된 "상시근무"와 "교대근무"를 포괄하는 형태의 근무를 말한다.

(3) 지역경찰관서의 설치 및 폐지(제4조)

시도경찰청장은 인구, 면적, 행정구역, 교통 · 지리적 여건, 각종 사건사고 발생 등을 고려하여 경찰서의 관할구역을 나누어 지역경찰관서를 설치한다. 22년 1차/23년 2차

(4) 지역경찰관서장(제5조)

지역경찰관서의 사무를 통할하고 소속 지역경찰을 지휘 · 감독하기 위해 지역경찰관서에 지구대장 및 파출소장(지역경찰관서장)을 둔다.

지역경찰관서장은 다음 각 호의 직무를 수행한다. 22년 1차/23년 2차

1. 관내 치안상황의 분석 및 대책 수립
2. 지역경찰관서의 시설 · 예산 · 장비의 관리
3. 소속 지역경찰의 근무와 관련된 제반사항에 대한 지휘 및 감독
4. 경찰 중요 시책의 홍보 및 협력치안 활동

(5) 하부조직(제6조)

지역경찰관서에는 관리팀과 상시·교대근무로 운영하는 복수의 순찰팀을 둔다.

순찰팀의 수는 지역 치안수요 및 인력여건 등을 고려하여 시도경찰청장이 결정한다.

관리팀 및 순찰팀의 인원은 지역 치안수요 및 인력여건 등을 고려하여 경찰서장이 결정한다.

(6) 관리팀(제7조)

관리팀은 문서의 접수 및 처리, 시설 및 장비의 관리, 예산의 집행 등 지역경찰관서의 행정업무를 담당한다.

(7) 순찰팀(제8조)

순찰팀은 범죄예방 순찰, 각종 사건사고에 대한 초동조치 등 현장 치안활동을 담당하며, 팀장은 경감 또는 경위로 보한다.

순찰팀장은 다음 각호의 직무를 수행한다. 23년 2차

1. 근무교대시 주요 취급사항 및 장비 등의 인수인계 확인
2. 관리팀원 및 순찰팀원에 대한 일일근무 지정 및 지휘·감독 22년 1차
3. 관내 중요 사건 발생시 현장 지휘
4. 지역경찰관서장 부재시 업무 대행
5. 순찰팀원의 업무역량 향상을 위한 교육

순찰팀장을 보좌하고 순찰팀장 부재시 업무를 대행하기 위해 순찰팀별로 부팀장을 둘 수 있다.

(8) 지역경찰관서에 대한 지휘 및 감독(제9조)

지역경찰관서에 대한 지휘 및 감독은 다음 각호에 따른다.

1. 경찰서장 : 지역경찰관서의 운영에 관하여 총괄 지휘·감독
2. 경찰서 각 과장 등 부서장 : 각 부서의 소관업무와 관련된 지역경찰의 업무에 관하여 경찰서장을 보좌
3. 지역경찰관서장 : 지역경찰관서의 시설·장비·예산 및 소속 지역경찰의 근무에 관한 제반사항을 지휘·감독
4. 순찰팀장 : 근무시간 중 소속 지역경찰을 지휘·감독

(9) 치안센터

설치 및 폐지 (제10조)	시도경찰청장은 지역치안을 효율적으로 수행하기 위하여 지역경찰관서장 소속하에 치안센터를 설치할 수 있다.
소속 및 관할 (제11조)	① 치안센터는 지역경찰관서장의 소속 하에 두며, 치안센터의 인원, 장비, 예산 등은 지역경찰관서에서 통합 관리한다. ② 치안센터의 관할구역은 소속 지역경찰관서 관할구역의 일부로 한다. ③ 치안센터 관할구역의 크기는 설치목적, 배치 인원 및 장비, 교통·지리적 요건 등을 고려하여 경찰서장이 정한다.
운영시간 (제12조)	① 치안센터는 24시간 상시 운영을 원칙으로 한다. ② 경찰서장은 지역 치안여건 및 인원여건을 고려, 운영시간을 탄력적으로 조정할 수 있다.
근무자의 배치 (제13조)	① 치안센터 운영시간에는 치안센터 관할구역에 근무자를 배치함을 원칙으로 한다. ② 경찰서장은 치안센터의 종류 및 지리적 여건 등을 고려하여 필요한 경우 치안센터에 전담근무자를 배치할 수 있다.
치안센터의 종류 (제15조)	① 치안센터는 설치목적에 따라 검문소형과 출장소형으로 구분한다. ② 출장소형 치안센터는 지리적 여건·치안수요 등을 고려하여 필요한 경우 직주일체형으로 운영할 수 있다.
검문소형 치안센터 (제16조)	① 검문소형 치안센터는 적의 침투 예상로 또는 주요 간선도로의 취약요소 등에 교통통제 요소 등을 고려하여 설치한다. 다만, 시도경찰청 및 경찰서 관할의 경계에는 인접 관서장과 협의하여 하나의 치안센터를 설치하는 것을 원칙으로 한다. ② 검문소형 치안센터 근무자의 임무는 다음 각호와 같다. 　1. 거점 형성에 의한 지역 경계 　2. 불심검문 및 범법자의 단속·검거 　3. 지역경찰관서에서 즉시 출동하기 어려운 사건·사고 발생 시 초동조치
출장소형 치안센터 (제17조)	① 출장소형 치안센터는 지역 치안활동의 효율성 및 주민 편의 등을 고려하여 필요한 지역에 설치한다. ② 출장소형 치안센터 근무자의 임무는 다음 각호와 같다. 　1. 관할 내 주민여론 청취 등 지역사회 경찰활동 　2. 방문 민원 접수 및 처리 　3. 범죄예방 순찰 및 위험발생 방지 　4. 지역경찰관서에서 즉시 출동하기 어려운 사건·사고 발생 시 초동조치 ③ 경찰서장은 도서, 접적지역 등 지리적 여건상 필요한 경우에는 출장소형 치안센터에 검문소형 치안센터의 임무를 병행토록 할 수 있다.

직주일체형 치안센터 (제18조)	① 직주일체형 치안센터는 출장소형 치안센터 중 근무자가 치안센터 내에서 거주하면서 근무하는 형태의 치안센터를 말한다. ② 직주일체형 치안센터에는 배우자와 함께 거주함을 원칙으로 하며, 배우자는 근무자 부재시 방문 민원 접수ㆍ처리 등 보조 역할을 수행한다. ③ 직주일체형 치안센터에 배치된 근무자는 근무 종료 후에도 관할구역 내에 위치하며 지역경찰관서와 연락체계를 유지하여야 한다. 다만, 휴무일은 제외한다. [22년 1차]
직주일체형 치안센터 근무자의 특례 (제19조)	① 경찰서장은 직주일체형 치안센터에서 거주하는 근무자의 배우자에게 조력사례금을 지급하여야 하며, 지급 기준 및 금액은 경찰청장이 정한다. ② 직주일체형 치안센터 근무자의 근무기간은 1년 이상으로 하며, 임기를 마친 경찰관은 희망부서로 배치하고, 차기 경비부서의 차출순서에서 1회 면제한다.

(10) 지역경찰의 복장 및 휴대장비(제20조)

지역경찰은 근무 중 「경찰복제에 관한 규칙」 제15조 제1항에 규정된 근무장을 착용하는 것을 원칙으로 한다.

지역경찰은 근무 중 근무수행에 필요한 경찰봉, 수갑 등 경찰장구, 무기 및 무전기 등을 휴대하여야 한다.

지역경찰관서장 및 순찰팀장(지역경찰관리자)은 필요한 경우 지역경찰의 복장 및 휴대장비를 조정할 수 있다.

(11) 근무형태 및 시간(제21조)

지역경찰관서장은 일근근무를 원칙으로 한다. 다만, 경찰서장은 필요하다고 인정되는 경우에는 지역경찰관서장의 근무시간을 조정하거나, 시간외ㆍ휴일 근무 등을 명할 수 있다.

관리팀은 일근근무를 원칙으로 한다. 다만, 지역경찰관서장은 필요하다고 인정되는 경우에는 근무시간을 조정하거나, 시간외ㆍ휴일 근무 등을 명할 수 있다.

순찰팀장 및 순찰팀원은 상시ㆍ교대근무를 원칙으로 하며, 근무교대 시간 및 휴게시간, 휴무횟수 등 구체적인 사항은 「국가공무원 복무규정」 및 「경찰기관 상시근무 공무원의 근무시간 등에 관한 규칙」이 규정한 범위 안에서 시도경찰청장이 정한다.

(12) 근무의 종류

지역경찰의 근무는 행정근무, 상황근무, 순찰근무, 경계근무, 대기근무, 기타근무로 구분한다(제22조).

행정근무 (제23조) `23년 2차`	1. 문서의 접수 및 처리 2. 시설·장비의 관리 및 예산의 집행 3. 각종 현황, 통계, 자료, 부책 관리 4. 기타 행정업무 및 지역경찰관서장이 지시한 업무
상황근무 (제24조) `22년 1차/23년 2차`	1. 시설 및 장비의 작동여부 확인 2. 방문민원 및 각종 신고사건의 접수 및 처리 3. 요보호자 또는 피의자에 대한 보호·감시 4. 중요 사건·사고 발생시 보고 및 전파 5. 기타 필요한 문서의 작성
순찰근무 (제25조)	① 순찰근무는 그 수단에 따라 112 순찰, 방범오토바이 순찰, 자전거 순찰 및 도보 순찰 등으로 구분한다. ② 112 순찰근무 및 야간 순찰근무는 반드시 2인 이상 합동으로 지정하여야 한다. ③ 순찰근무를 지정받은 지역경찰은 지정된 근무구역에서 다음 각 호의 업무를 수행한다. 1. 주민여론 및 범죄첩보 수집 2. 각종 사건사고 발생시 초동조치 및 보고, 전파 3. 범죄 예방 및 위험발생 방지 활동 4. 범법자의 단속 및 검거 5. 경찰방문 및 방범진단 6. 통행인 및 차량에 대한 검문검색 등
경계근무 (제26조)	① 경계근무는 반드시 2인 이상 합동으로 지정하여야 한다. ② 경계근무를 지정받은 지역경찰은 지정된 장소에서 다음 각 호의 업무를 수행한다. 1. 범법자 등을 단속·검거하기 위한 통행인 및 차량, 선박 등에 대한 검문검색 및 후속조치 2. 비상 및 작전사태 등 발생시 차량, 선박 등의 통행 통제
대기근무 (제27조)	① 대기 근무는 「경찰기관 상시근무 공무원의 근무시간 등에 관한 규칙」 제2조제6호의 "대기"를 뜻한다. ② 대기근무의 장소는 지역경찰관서 및 치안센터 내로 한다. 단, 식사시간을 대기 근무로 지정한 경우에는 식사 장소를 대기 근무 장소로 지정할 수 있다. ③ 대기근무를 지정받은 지역경찰은 지정된 장소에서 휴식을 취하되, 무전기를 청취하며 10분 이내 출동이 가능한 상태를 유지하여야 한다.
기타근무 (제28조)	기타근무란 이 규칙 제23조부터 제27조까지의 규정을 제외하고 치안상황에 효과적으로 대응하기 위하여 지역경찰 관리자가 지정하는 근무를 말한다.

(13) 지역경찰의 동원(제31조)

시도경찰청장 또는 경찰서장은 다음 각호에 정한 사유에 해당하는 경우로서 특히 필요하다고 인정되는 때에 한하여 지역경찰의 기본근무에 지장을 초래하지 않는 범위 내에서 지역경찰을 다른 근무에 동원할 수 있다.

1. 다중범죄 진압, 대간첩작전 기타의 비상사태
2. 경호경비 또는 각종 집회 및 행사의 경비
3. 중요범인의 체포를 위한 긴급배치
4. 화재, 폭발물, 풍수설해 등 중요사고의 발생
5. 기타 다수 경찰관의 동원을 필요로 하는 행사 또는 업무

지역경찰 동원은 근무자 동원을 원칙으로 하되, 불가피한 경우에 한하여 비번자, 휴무자 순으로 동원할 수 있다.

시도경찰청장 또는 경찰서장은 비번자 또는 휴무자를 동원한 때에는 「경찰기관 상시근무 공무원의 근무시간 등에 관한 규칙」 제5조가 정하는 바에 따라 초과근무수당을 지급하거나 추가 휴무를 부여하여야 한다.

(14) 정원관리(제37조)

경찰서장은 지역경찰관서의 관할면적, 치안수요 등을 고려하여 지역경찰관서에 적정한 인원을 배치하여야 한다. 또한 지역경찰의 정원을 다른 부서에 우선하여 충원하여야 한다.

시도경찰청장은 소속 지방경찰청의 지역경찰 정원 충원 현황을 연 2회 이상 점검하고 현원이 정원에 미달할 경우, 지역경찰 정원충원 대책을 수립, 시행하여야 한다.

(15) 교육(제38조)

시도경찰청장 및 경찰서장은 지역경찰의 올바른 직무수행 및 자질 향상을 위해 필요한 교육을 실시하여야 한다.

교육시간, 방법, 내용 등 지역경찰 교육과 관련된 세부적인 기준은 경찰청장이 따로 정한다.

3) 112종합상황실 운영 및 신고처리

경찰은 112치안종합상황실의 운영 및 신고처리 등에 관한 기본적인 사항을 규정

하여 범죄 등으로부터 신속하게 국민의 생명과 재산을 보호함을 목적으로 「112치안종합상황실 운영 및 신고처리 규칙(경찰청 예규)」을 두고 있다.

(1) 112치안종합상황실의 운영(제4조) 및 기능(제4조)

112신고를 포함한 각종 상황에 효율적이고 효과적인 대응을 위해 각 시도경찰청 및 경찰서에 112치안종합상황실을 설치하여 24시간 운영한다.

112치안종합상황실은 다음 각 호의 업무를 수행한다.

1. 112신고의 접수와 지령
2. 각종 치안상황의 신속·정확한 파악·전파 및 초동조치 지휘
3. 112신고 및 치안상황에 대한 기록유지
4. 112신고 관련 각종 통계의 작성·분석 및 보고

(2) 근무자 선발 원칙 및 근무기간(제6조)

시도경찰청장 및 경찰서장은 112요원을 배치할 때에는 관할구역 내 지리감각, 언어 능력 및 상황 대처능력이 뛰어난 경찰공무원을 선발·배치해야 한다.

112요원의 근무기간은 2년 이상으로 한다. 22년 2차

시도경찰청장 및 경찰서장은 보임·전출입 등 인사 시 112요원의 장기근무를 유도하기 위해 노력해야 한다.

(3) 근무방법 등(제7조)

112요원은 4개조로 나누어 교대 근무를 실시하는 것을 원칙으로 한다. 다만, 인력 상황에 따라 3개조로 할 수 있다.

시도경찰청장 및 경찰서장은 근무수행에 지장이 없는 범위 내에서 「경찰기관 상시근무 공무원의 근무시간 등에 관한 규칙」 제4조에 따라 112요원에 대한 휴게를 지정해야 한다.

시도경찰청장 및 경찰서장은 인력운영, 긴급사건에 대한 즉응태세 유지 등을 위해 필요시 「경찰기관 상시근무 공무원의 근무시간 등에 관한 규칙」 제2조 제6호에 따라 112요원에 대한 대기근무를 지정할 수 있다. 대기근무로 지정된 112요원은 지정된 장소에서 무전기를 청취하며 즉응태세를 유지해야 한다.

112요원은 근무복을 착용하는 것을 원칙으로 하며, 시도경찰청장 또는 경찰서장은 상황에 따라 다른 복장의 착용을 지시할 수 있다.

(4) 112신고 등의 접수(제8조)

112신고는 현장출동이 필요한 지역의 관할과 관계없이 신고를 받은 112치안종합 상황실에서 접수한다.

국민이 112신고 이외 경찰관서별 일반전화 또는 직접 방문 등으로 경찰관의 현 장출동을 필요로 하는 사건의 신고를 한 경우 해당 신고를 받은 자가 접수한다. 이 때 접수한 자는 112시스템에 신고내용을 입력해야 한다. 22년 2차

112신고자가 그 처리 결과를 통보받고자 희망하는 경우에는 신고처리 종료 후 그 결과를 통보해야 한다.

(5) 112신고의 분류(제9조)

112요원은 초기 신고내용을 최대한 합리적으로 판단하여 112신고를 분류하여 업 무처리를 한다.

접수자는 신고내용을 토대로 사건의 긴급성과 출동필요성에 따라 다음 각 호와 같이 112신고의 대응코드를 분류한다.

> 1. code 0 신고 : code 1 신고 중 이동성 범죄, 강력범죄 현행범인 등 실시간 전파 가 필요한 경우
> 2. code 1 신고 : 생명·신체에 대한 위험 발생이 임박, 진행 중, 직후인 경우 또는 현행범인인 경우
> 3. code 2 신고 : 생명·신체에 대한 잠재적 위험이 있는 경우 또는 범죄예방 등을 위해 필요한 경우
> 4. code 3 신고 : 즉각적인 현장조치는 불필요하나 수사, 전문상담 등이 필요한 경우
> 5. code 4 신고 : 긴급성이 없는 민원·상담 신고

접수자는 불완전 신고로 인해 정확한 신고내용을 파악하기 힘든 경우라도 신속한 처리를 위해 우선 임의의 코드로 분류하여 하달할 수 있다.

시도경찰청·경찰서 지령자 및 현장 출동 경찰관은 접수자가 코드를 분류한 경우 라도 추가 사실을 확인하여 코드를 변경할 수 있다.

(6) 지령(제10조)

112요원은 접수한 신고 내용이 code 0 신고부터 code 3 신고의 유형에 해당하는 경우에는 1개 이상의 출동요소에 출동장소, 신고내용, 신고유형 등을 고지하고 처리하 도록 지령해야 한다.

112요원은 접수한 신고의 내용이 code 4 신고의 유형에 해당하는 경우에는 출동요소에 지령하지 않고 자체 종결하거나, 소관기관이나 담당 부서에 신고내용을 통보하여 처리하도록 조치해야 한다. 22년 2차

(7) 신고의 이관·공동대응 등(제13조)

112요원은 다른 긴급신고대응기관(긴급기관)의 출동조치가 필요한 신고를 접수한 때에는 지체 없이 해당 긴급기관에 신고를 이관한다.

112요원은 다른 긴급기관의 공동대응이 필요한 신고를 접수한 때에는 지체 없이 해당 긴급기관에 공동대응 요청해야 한다.

다른 긴급기관의 공동대응 요청을 받은 112요원은 요청받은 사항에 대해 출동요소를 현장에 출동시켜 조치하고, 그 결과를 요청기관에 통보해야 한다. 다만, 사건 종료 또는 상황 변화로 인해 공동대응 요청기관의 공동대응 요청이 철회된 경우에는 그러하지 아니하다.

(8) 현장출동(제14조)

지령을 받은 출동요소는 신고유형에 따라 다음 각 호의 기준에 따라 현장에 출동해야 한다.

> 1. code 0 신고, code 1 신고 : code 2 신고, code 3 신고의 처리 및 다른 업무에 우선하여 최우선 출동
> 2. code 2 신고 : code 0 신고, code 1 신고의 처리 및 다른 중요한 업무에 지장을 초래하지 않는 범위 내에서 출동
> 3. code 3 신고 : 당일 근무시간 내에 출동

출동을 하는 출동요소는 소관업무나 관할 등을 이유로 출동을 거부하거나 지연출동해서는 아니된다.

모든 출동요소는 사건 장소와의 거리, 사건의 유형 등을 고려하여 신고 대응에 가장 적합한 상태에 있다고 판단될 경우 별도의 출동 지령이 없더라도 스스로 출동의사를 밝히고 출동하는 등 112신고에 적극적으로 대응해야 한다.

(9) 현장보고(제15조)

112신고의 처리와 관련하여 출동요소는 다음의 기준에 따라 현장상황을 112치안종합상황실로 보고해야 한다.

1. 최초보고 : 출동요소가 112신고 현장에 도착한 즉시 도착 사실과 함께 간략한 현장의 상황을 보고
2. 수시보고 : 현장 상황에 변화가 발생하거나 현장조치에 지원이 필요한 경우 수시로 보고
3. 종결보고 : 현장 초동조치가 종결된 경우 확인된 사건의 진상, 사건의 처리내용 및 결과 등을 상세히 보고

그럼에도 불구하고 현장 상황이 급박하여 신속한 현장 조치가 필요한 경우 우선 조치 후 보고할 수 있다.

(10) 112신고처리의 종결(제18조)

112요원은 다음 각 호의 경우 112신고처리를 종결할 수 있다. 다만, 타 부서의 계속적 조치가 필요한 경우 해당부서에 사건을 인계한 이후 종결해야 한다.

1. 사건이 해결된 경우
2. 신고자가 신고를 취소한 경우. 다만, 신고자와 취소자가 동일인인지 여부 및 취소의 사유 등을 파악하여 신고취소의 진의 여부를 확인해야 한다.
3. 추가적 수사의 필요 등으로 사건 해결에 장시간이 소요되어 해당 부서로 인계하여 처리하는 것이 효과적인 경우
4. 허위·오인으로 인한 신고 또는 경찰 소관이 아닌 내용의 사건으로 확인된 경우
5. 현장에 출동하였으나 사건 내용을 확인할 수 없으며, 사건이 실제 발생하였다는 사실도 확인되지 않는 경우
6. 그 밖에 상황관리관, 112치안종합상황실(팀)장이 초동조치가 종결된 것으로 판단하는 경우

(11) 자료의 취급 및 보안 등

통계분석(제23조)	시도경찰청장 및 경찰서장은 112신고 통계를 분석하고 이를 치안시책에 반영하도록 노력해야 한다.
자료보존기간(제24조)	① 112치안종합상황실 자료의 보존기간은 다음 각 호의 기준에 따른다. 22년 2차 1. 112신고 접수처리 입력자료는 1년간 보존 2. 112신고 접수 및 무선지령내용 녹음자료는 24시간 녹음하고 3개월간 보존 3. 그 밖에 문서 및 일지는「공공기관의 기록물 관리에 관한 법률」에서 정하는 바에 따라 보존 ② 시도경찰청장 또는 경찰서장은 문서 및 녹음자료의 보존기간을 연장할

	특별한 사유가 있는 경우에는 제1항에도 불구하고 보존기간을 연장하여 특별 관리할 수 있다.
신고내용의 유출금지(제25조)	제25조(신고내용의 유출금지) 누구든지 정당한 이유없이 112신고 및 상황처리와 관련하여 지득한 정보를 타인에게 누설해서는 아니된다.
보안(제26조)	① 112치안종합상황실은 「보안업무규정 시행 세부규칙」 제48조제3항에 따라 제한구역으로 설정하여 출입자 명부를 비치하고 고정출입자 이외의 출입상황을 기록 유지해야 한다. ② 경찰관서장은 비인가자의 출입을 방지하기 위하여 필요한 경우 112치안종합상황실 입구 또는 주위에 근무자를 배치할 수 있다.

Ⅱ 질서위반행위 규제

우리나라는 법률상 의무의 효율적인 이행을 확보하고 국민의 권리와 이익을 보호하기 위하여 질서위반행위의 성립요건과 과태료의 부과·징수 및 재판 등에 관한 사항을 규정하는 것을 목적으로 「질서위반행위규제법」을 두고 있다.

1. 용어의 정의(제2조)

이 법에서 사용하는 용어의 뜻은 다음과 같다.

1. "질서위반행위"란 법률(지방자치단체의 조례를 포함한다)상의 의무를 위반하여 과태료를 부과하는 행위를 말한다. 다만, 다음 각 목의 어느 하나에 해당하는 행위를 제외한다.
가. 대통령령으로 정하는 사법(私法)상·소송법상 의무를 위반하여 과태료를 부과하는 행위
나. 대통령령으로 정하는 법률에 따른 징계사유에 해당하여 과태료를 부과하는 행위
2. "행정청"이란 행정에 관한 의사를 결정하여 표시하는 국가 또는 지방자치단체의 기관, 그 밖의 법령 또는 자치법규에 따라 행정권한을 가지고 있거나 위임 또는 위탁받은 공공단체나 그 기관 또는 사인(私人)을 말한다.
3. "당사자"란 질서위반행위를 한 자연인 또는 법인(법인이 아닌 사단 또는 재단으로서 대표자 또는 관리인이 있는 것을 포함한다)을 말한다.

2. 법 적용의 범위

시간적 범위 (제3조)	① 질서위반행위의 성립과 과태료 처분은 행위 시의 법률에 따른다. ② 질서위반행위 후 법률이 변경되어 그 행위가 질서위반행위에 해당하지 아니하게 되거나 과태료가 변경되기 전의 법률보다 가볍게 된 때에는 법률에 특별한 규정이 없는 한 변경된 법률을 적용한다. ③ 행정청의 과태료 처분이나 법원의 과태료 재판이 확정된 후 법률이 변경되어 그 행위가 질서위반행위에 해당하지 아니하게 된 때에는 변경된 법률에 특별한 규정이 없는 한 과태의 징수 또는 집행을 면제한다.
장소적 범위 (제4조)	① 이 법은 대한민국 영역 안에서 질서위반행위를 한 자에게 적용한다. ② 이 법은 대한민국 영역 밖에서 질서위반행위를 한 대한민국의 국민에게 적용한다. ③ 이 법은 대한민국 영역 밖에 있는 대한민국의 선박 또는 항공기 안에서 질서위반행위를 한 외국인에게 적용한다.

3. 질서위반행위의 성립 등

법정주의 (제6조)	법률에 따르지 아니하고는 어떤 행위도 질서위반행위로 과태료를 부과하지 아니한다.
고의 또는 과실 (제7조)	고의 또는 과실이 없는 질서위반행위는 과태료를 부과하지 아니한다.
위법성의 착오 (제8조)	자신의 행위가 위법하지 아니한 것으로 오인하고 행한 질서위반행위는 그 오인에 정당한 이유가 있는 때에 한하여 과태료를 부과하지 아니한다.
책임연령 (제9조)	14세가 되지 아니한 자의 질서위반행위는 과태료를 부과하지 아니한다. 다만, 다른 법률에 특별한 규정이 있는 경우에는 그러하지 아니하다.
심신장애 (제10조)	① 심신(心神)장애로 인하여 행위의 옳고 그름을 판단할 능력이 없거나 그 판단에 따른 행위를 할 능력이 없는 자의 질서위반행위는 과태료를 부과하지 아니한다. ② 심신장애로 인하여 제1항에 따른 능력이 미약한 자의 질서위반행위는 과태료를 감경한다. ③ 스스로 심신장애 상태를 일으켜 질서위반행위를 한 자에 대하여는 제1항 및 제2항을 적용하지 아니한다.
법인의 처리 등 (제11조)	① 법인의 대표자, 법인 또는 개인의 대리인·사용인 및 그 밖의 종업원이 업무에 관하여 법인 또는 그 개인에게 부과된 법률상의 의무를 위반한 때에는 법인 또는 그 개인에게 과태료를 부과한다. ② 제7조부터 제10조까지의 규정은 「도로교통법」 제56조제1항에 따른

	고용주등을 같은 법 제160조제3항에 따라 과태료를 부과하는 경우에는 적용하지 아니한다.
다수인의 질서위반행위 가담 (제12조)	① 2인 이상이 질서위반행위에 가담한 때에는 각자가 질서위반행위를 한 것으로 본다. ② 신분에 의하여 성립하는 질서위반행위에 신분이 없는 자가 가담한 때에는 신분이 없는 자에 대하여도 질서위반행위가 성립한다. ③ 신분에 의하여 과태료를 감경 또는 가중하거나 과태료를 부과하지 아니하는 때에는 그 신분의 효과는 신분이 없는 자에게는 미치지 아니한다.
수개의 질서위반행위의 처리 (제13조)	① 하나의 행위가 2 이상의 질서위반행위에 해당하는 경우에는 각 질서위반행위에 대하여 정한 과태료 중 가장 중한 과태료를 부과한다. ② 제1항의 경우를 제외하고 2 이상의 질서위반행위가 경합하는 경우에는 각 질서위반행위에 대하여 정한 과태료를 각각 부과한다. 다만, 다른 법령 (지방자치단체의 조례를 포함한다. 이하 같다)에 특별한 규정이 있는 경우에는 그 법령으로 정하는 바에 따른다.

4. 과태료의 시효

과태료는 행정청의 과태료 부과처분이나 법원의 과태료 재판이 확정된 후 5년간 징수하지 아니하거나 집행하지 아니하면 시효로 인하여 소멸한다. 소멸시효의 중단·정지 등에 관하여는 「국세기본법」 제28조를 준용한다.

5. 과태료의 부과 및 징수

사전통지 및 의견 제출 등 (제16조)	① 행정청이 질서위반행위에 대하여 과태료를 부과하고자 하는 때에는 미리 당사자(제11조제2항에 따른 고용주등을 포함한다. 이하 같다)에게 대통령령으로 정하는 사항을 통지하고, 10일 이상의 기간을 정하여 의견을 제출할 기회를 주어야 한다. 이 경우 지정된 기일까지 의견 제출이 없는 경우에는 의견이 없는 것으로 본다. ② 당사자는 의견 제출 기한 이내에 대통령령으로 정하는 방법에 따라 행정청에 의견을 진술하거나 필요한 자료를 제출할 수 있다. ③ 행정청은 제2항에 따라 당사자가 제출한 의견에 상당한 이유가 있는 경우에는 과태료를 부과하지 아니하거나 통지한 내용을 변경할 수 있다.
과태료의 부과 (제17조)	① 행정청은 제16조의 의견 제출 절차를 마친 후에 서면(당사자가 동의하는 경우에는 전자문서를 포함한다. 이하 이 조에서 같다)으로 과태료를 부과하여야 한다.

	② 제1항에 따른 서면에는 질서위반행위, 과태료 금액, 그 밖에 대통령령으로 정하는 사항을 명시하여야 한다.
과태료 부과의 제척기간 (제19조)	① 행정청은 질서위반행위가 종료된 날(다수인이 질서위반행위에 가담한 경우에는 최종행위가 종료된 날을 말한다)부터 5년이 경과한 경우에는 해당 질서위반행위에 대하여 과태료를 부과할 수 없다. ② 제1항에도 불구하고 행정청은 제36조 또는 제44조에 따른 법원의 결정이 있는 경우에는 그 결정이 확정된 날부터 1년이 경과하기 전까지는 과태료를 정정부과 하는 등 해당 결정에 따라 필요한 처분을 할 수 있다.
자진납부자에 대한 과태료 감경 (제18조)	① 행정청은 당사자가 제16조에 따른 의견 제출 기한 이내에 과태료를 자진하여 납부하고자 하는 경우에는 대통령령으로 정하는 바에 따라 과태료를 감경할 수 있다. ② 당사자가 제1항에 따라 감경된 과태료를 납부한 경우에는 해당 질서위반행위에 대한 과태료 부과 및 징수절차는 종료한다. 22년 2차
이의제기 (제20조)	① 행정청의 과태료 부과에 불복하는 당사자는 제17조제1항에 따른 과태료 부과 통지를 받은 날부터 60일 이내에 해당 행정청에 서면으로 이의제기를 할 수 있다. ② 제1항에 따른 이의제기가 있는 경우에는 행정청의 과태료 부과처분은 그 효력을 상실한다. 22년 2차 ③ 당사자는 행정청으로부터 제21조제3항에 따른 통지를 받기 전까지는 행정청에 대하여 서면으로 이의제기를 철회할 수 있다.
법원에의 통보 (제21조)	① 제20조제1항에 따른 이의제기를 받은 행정청은 이의제기를 받은 날부터 14일 이내에 이에 대한 의견 및 증빙서류를 첨부하여 관할 법원에 통보하여야 한다. 다만, 다음 각 호의 어느 하나에 해당하는 경우에는 그러하지 아니하다. 1. 당사자가 이의제기를 철회한 경우 2. 당사자의 이의제기에 이유가 있어 과태료를 부과할 필요가 없는 것으로 인정되는 경우
가산금 징수 및 체납처분 등 (제24조)	① 행정청은 당사자가 납부기한까지 과태료를 납부하지 아니한 때에는 납부기한을 경과한 날부터 체납된 과태료에 대하여 100분의 3에 상당하는 가산금을 징수한다. 22년 2차 ② 체납된 과태료를 납부하지 아니한 때에는 납부기한이 경과한 날부터 매 1개월이 경과할 때마다 체납된 과태료의 1천분의 12에 상당하는 가산금(중가산금)을 제1항에 따른 가산금에 가산하여 징수한다. 이 경우 중가산금을 가산하여 징수하는 기간은 60개월을 초과하지 못한다. ③ 행정청은 당사자가 제20조제1항에 따른 기한 이내에 이의를 제기하지 아니하고 제1항에 따른 가산금을 납부하지 아니한 때에는 국세 또는 지방세 체납처분의 예에 따라 징수한다.

Ⅲ 자율방범대 관리

자율방범대는 1953년 '범죄로부터 내 가족과 내 마을을 스스로 지킨다'는 취지로 조직된 지역주민 봉사단체로, 전국적으로 약 4,000개 조직, 10만명의 대원으로 구성되어 있다.

2022년 4월 「자율방범대 설치 및 운영에 관한 법률」 제정으로 필요한 행정적·재정적 지원을 법적으로 보장받게 되었다.

1. 자율방범대의 정의(제2조)

"자율방범대"란 범죄예방 등 지역사회 안전을 위하여 지역 주민들이 자발적으로 조직하여 봉사활동을 하는 단체로 제4조에 따라 경찰서장에게 신고한 단체를 말한다.

2. 조직 및 구성 등(제3조)

자율방범대는 읍·면·동 단위로 1개의 조직을 구성하는 것을 원칙으로 한다. 다만, 인구·면적 등 지역 여건을 고려하여 2개 이상의 조직을 둘 수 있다.

자율방범대에는 대장, 부대장, 총무 및 대원을 둔다.

그 밖에 자율방범대의 조직, 구성 및 운영에 관하여 필요한 사항은 행정안전부령으로 정한다.

3. 신고(제4조)

자율방범대를 조직하려는 사람은 명칭, 활동구역, 대표자 및 구성원의 성명 등 필요한 사항을 행정안전부령으로 정하는 바에 따라 관할 경찰서장에게 신고하여야 한다.

자율방범대는 신고사항에 변경이 있거나 해산하는 때에는 행정안전부령으로 정하는 바에 따라 필요한 사항을 관할 경찰서장에게 신고하여야 한다.

4. 자율방법대원의 결격사유 등(제5조)

다음 각 호의 어느 하나에 해당하는 사람은 자율방범대원이 될 수 없다.

1. 미성년자 및 피성년후견인
2. 금고 이상의 실형을 선고받고 그 집행이 종료(집행이 종료된 것으로 보는 경우를 포함한다)되거나 집행이 면제된 날부터 5년이 지나지 아니한 사람
3. 금고 이상의 형의 집행유예 또는 선고유예를 받고 그 유예기간 중에 있는 사람
4. 「성폭력범죄의 처벌 등에 관한 특례법」 제2조제1항에 따른 성폭력범죄 또는 「아동·청소년의 성보호에 관한 법률」 제2조제2호에 따른 아동·청소년대상 성범죄로 형을 선고받고 그 집행이 종료(집행이 종료된 것으로 보는 경우를 포함한다)된 날 또는 집행이 유예·면제된 날부터 10년이 지나지 아니한 사람
5. 「청소년 보호법」 제2조제5호가목1)·2)·3)·7)·8)·9)에 해당하는 청소년 출입·고용금지업소에 종사하는 사람

5. 자율방범활동(제7조)

자율방범대는 다음 각 호의 활동(자율방범활동)을 한다.

1. 범죄예방을 위한 순찰 및 범죄의 신고
2. 청소년 선도 및 보호
3. 시도경찰청장·경찰서장·지구대장·파출소장(이하 "시도경찰청장등"이라 한다)이 지역사회의 안전을 위하여 요청하는 활동
4. 특별시장·광역시장·특별자치시장·도지사·특별자치도지사(이하 "시도지사"라 한다), 시장·군수·구청장 또는 읍장·면장·동장이 지역사회의 안전을 위하여 요청하는 활동

6. 복장·장비 등(제8조)

자율방범대원은 자율방범활동을 하는 때에는 자율방범활동 중임을 표시할 수 있는 복장을 착용하고 자율방범대원의 신분을 증명하는 신분증을 소지하여야 한다.
자율방범대원은 경찰과 유사한 복장을 착용하여서는 아니 되며, 자율방범대 차량에 경찰과 유사한 도장이나 표지 등을 하거나 그러한 도장이나 표지 등을 한 차량을 운전하여서는 아니 된다.

경찰청장, 시도경찰청장 또는 경찰서장이 자율방범활동에 필요하다고 인정하는 경우에는 자율방범대 차량에 행정안전부령으로 정하는 기준에 적합한 경광등을 설치할 수 있다.

7. 지도·감독(제9조) 및 교육훈련

시도경찰청장등은 범죄예방 등 지역사회 안전을 위하여 행정안전부령으로 정하는 바에 따라 자율방범대원의 활동을 지도·감독한다.

시도경찰청장등은 자율방범대원에 대하여 자율방범활동에 필요한 교육 및 훈련을 실시할 수 있다.

8. 금지의무

자율방범대원은 자율방범대의 명칭을 사용하여 다음 각 호의 어느 하나에 해당하는 행위를 하여서는 아니 된다.

1. 기부금품을 모집하는 행위
2. 영리목적으로 자율방범대의 명의를 사용하는 행위
3. 소송·분쟁·쟁의에 참여하는 행위
4. 그 밖에 자율방범대의 명예가 훼손되는 행위

또한 자율방범대·중앙회등(그 대표자와 구성원을 포함한다)은 그 명의 또는 그 대표자의 명의로 특정 정당 또는 특정인의 선거운동(「공직선거법」 제58조제1항에 따른 선거운동을 말한다)을 하여서는 아니 된다.

Ⅳ 민간 경비업 관리

시설경비업은 경비대상시설에서의 도난·화재 그 밖의 혼잡 등으로 인한 위험발생을 방지하는 업무를 말한다. 호송경비업은 운반중에 있는 현금·유가증권·귀금속·상품 그 밖의 물건에 대하여 도난·화재 등 위험발생을 방지하는 업무이다. 신변보호업은 사람의 생명이나 신체에 대한 위해의 발생을 방지하고 그 신변을 보호하는 업무를 말한다.

기계경비업은 경비대상시설에 설치한 기기에 의하여 감지·송신된 정보를 그 경비대상시설외의 장소에 설치한 관제시설의 기기로 수신하여 도난·화재 등 위험발생을 방지하는 업무를 의미한다. 그리고 특수경비업은 공항 등 국가중요시설의 경비 및 도난·화재 그 밖의 위험발생을 방지하는 업무를 담당한다. 22년 1차

시설경비업은 특수경비업과 비교하여 경비대상의 중요도·업무난이도에 있어 차이가 있음에도 불구하고, 경비업 허가에 필요한 허가요건은 동일하게 적용되고 있어 과도한 규제라는 비판이 있었다. 또한 과학기술의 발달로 첨단 장비 등이 도입되면서 경비인력에 대한 의존도가 점차 감소하고 있는 추세도 반영하여 시설경비업 인력 허가기준을 완화되도록 관련 규정을 개정하였다(「경비업법」 제4조 경비업의 허가).

민간경비업은 단순경비부터 첨단장비 활용 경비까지 다양한 형태로 발전하고 있다. 2022년 기준 4,277개 민간경비업체, 경비원 190,015명의 규모이며, 4,098명의 경비지도사가 경비원의 지도·감독·교육활동에 종사하고 있다(경찰백서 2023). 경찰은 사회적 범죄대응 역량강화와 예방치안 활성화를 위해 민간경비업을 체계적으로 관리하고 있다. 즉 연 2회 이상 전국 모든 경비업체를 지도점검하며, 집단민원현장에 경비원이 배치될 경우 폭력예방을 위해 철저히 관리하고 있다.

Ⅴ 성매매 단속 및 피해자 보호

성매매피해자란 위계, 위력, 그 밖에 이에 준하는 방법으로 성매매를 강요당한 사람, 업무관계, 고용관계, 그 밖의 관계로 인하여 보호 또는 감독하는 사람에 의하여 마약·향정신성의약품 또는 대마에 중독되어 성매매를 한 사람, 청소년, 사물 변별 또는 는 의사 결정할 능력이 없거나 미약한 사람 또는 중대한 장애가 있는 사람으로서 성매매를 하도록 알선·유인된 사람, 성매매 목적의 인신매매를 당한 사람을 말한다(「성매매방지 및 피해자보호 등에 관한 법률」 제2조 제4호).

경찰의 성매매단속은 성매매 등 불법행위에 대한 유입환경 사전 차단 및 유형별 집중단속을 통해 불법풍속업소를 근절하는 데 목표가 있다. 성매매알선사이트 등 성매매 유입환경을 사전차단하고 기업형업소 및 신변종업소 위주의 단속활동을 전개한다. 특히 성매매 단속·수사 과정에서 피해자 해당 여부를 적극적으로 식별하여 보호·지

원하기 위한 「성매매 피해자 표준식별모델」을 도입하여 현장활용하고 있다.

경찰은 수사과정에서 피의자 또는 참고인이 성매매피해자에 해당한다고 볼 만한 상당한 이유가 있을 때에는 지체 없이 법정대리인, 친족 또는 변호인에게 통지하고, 신변보호, 수사의 비공개, 친족 또는 지원시설·성매매피해상담소에의 인계 등 그 보호에 필요한 조치를 하여야 한다(「성매매알선 등 행위의 처벌에 관한 법률」 제6조).

또한 성매매피해자등을 긴급히 구조할 필요가 있는 경우 성매매피해상담소장은 경찰의 동행을 요청할 수 있으며, 요청을 받은 관할 경찰관서장은 특별한 사유가 없으면 이에 따라야 한다(「성매매방지 및 피해자보호 등에 관한 법률」 제21조 제1항).

Ⅵ 총포·도검·화약류 단속

경찰청장은 관계 행정기관의 장과 협의를 거쳐 총포 안전관리 계획을 수립하여 국가경찰위원회에 보고하여야 한다(「국가경찰과 자치경찰의 조직 및 운영에 관한 법률」 제7조). 총포 안전관리 계획에는 ① 총포 안전관리의 기본방향, ② 총포 소지의 허가 현황 및 적정 허가수준 유지 방안, ③ 불법 총포류 조사 및 회수 방안, ④ 총포 소지자 안전교육, ⑤ 수렵 총포 안전관리 등의 사항이 포함된다(「총포·도검·화약류 등의 안전관리에 관한 법률」 제3조의2).

또한 경찰청장은 매년 총포 안전관리 세부계획을 수립하여 시행하여야 한다. 세부계획에는 ① 최근 총포소지자 현황, ② 불법 총포류 회수를 위한 신고소 설치, 신고된 불법 총포류 처리방법 및 불법 총포류 자진신고기간 운영계획, ③ 총포 제조업자의 무허가 총포 제조행위, 제조품 무단 반출행위 등 점검계획, ④ 총포 소지허가가 없는 사람에 대한 판매 여부 등 총포 판매업자 점검계획, ⑤ 총포 임대업자 점검계획, ⑥ 총포소지자의 주소지 이전 및 사망 여부, 총포의 개조 및 분실·도난 여부 등 총포 소지자 점검 계획에 관한 사항이 포함된다(「총포·도검·화약류 등의 안전관리에 관한 법률 시행령」 제6조의6).

Ⅶ 아동학대 · 청소년 범죄예방과 피해자 보호

1. 학교전담경찰관

경찰은 학교전담경찰관(School Police Officer, SPO)을 운영하여 학교폭력 예방 · 대응, 청소년 범죄예방, 소년범 선도, 위기청소년 보호 등 청소년 문제 전반에 대응하고 있다. 특히 사례위주 특별예방교육, 폭력사안 대응, 위기청소년 선도관리에 집중하고 있다.

또한 전국 시도경찰청에 117신고센터를 운영하여 경찰청, 교육부, 여성가족부 합동으로 24시간 신고접수 및 상담 서비스를 제공하고 있다.

2. 소년범 조사와 선도프로그램

청소년선도보호와 관련하여 경찰은 소년범 조사과정에 범죄전문심리사를 참여시켜, 가정환경과 학교환경 등 비행촉발요인과 공격성, 반사회성 등 인성평가를 통해 청소년을 심층분석하는 전문가 참여제도를 운영하고 있다. 소년범 조사시 전문가 참여제는 소년범 조사과정에 심리전문가인 범죄심리사를 참여시켜, 가정 · 학교환경 등 비행촉발 요인과 공격성 · 반사회성 등 인성평가 항목에 대하여 청소년을 심층적으로 분석하는 제도이다. 전문가의 분석결과는 선도심사위원회의 심의자료로 제공되며, 경미하고 재범 우려가 낮은 소년범에 대해서는 훈방 · 즉결심판 등 감경처분 자료로 활용되고 있다.

또한 2012년부터 선도심사위원회 제도를 도입하여 경미한 소년범죄에 대해 개인별 특성에 맞도록 처분 및 지원결정을 함으로써 불필요한 낙인효과를 제거하고, 지역사회와 유기적 협력체계를 구축하여 위기청소년에 대한 실질적 지원을 도모하고 있다. 뿐만 아니라 소년범 특성을 고려한 맞춤형 선도프로그램을 운영하여 재범을 방지하고 청소년의 건전한 성장을 돕고 있다. 선도프로그램은 청소년 전문단체 또는 신경정신과병원에 연계하는 프로그램과 경찰 자체적으로 운영하는 프로그램으로 구분된다. 주로 경찰단계에서 절차가 종료되는 훈방 · 즉결심판 청구 대상자를 중심으로 소년범 특성에 맞는 선도프로그램에 연계하고 있다.

3. 아동학대 예방 및 피해자 보호

1) 아동학대 통보

경찰은 아동 사망 및 상해사건, 가정폭력 사건 등에 관한 직무를 행하는 경우 아동학대가 있었다고 의심할 만한 사유가 있는 때, 「아동학대범죄의 처벌 등에 관한 특례법」 제14조 제1항에 따라 임시조치의 청구를 신청하였을 때에는 시도지사, 시장·군수·구청장 또는 보장원의 장에게 그 사실을 통보하여야 한다. (「아동복지법」 제27조의2)

2) 응급조치와 긴급임시조치

2023년 개정 「아동학대범죄의 처벌 등에 관한 특례법」 제11조에 따르면 아동학대범죄 신고를 접수한 경찰은 지체 없이 아동학대범죄의 현장에 출동하여야 한다. 아동학대범죄 신고를 접수한 경찰은 아동학대범죄가 행하여지고 있는 것으로 신고된 현장 또는 피해아동을 보호하기 위하여 필요한 장소에 출입하여 아동 또는 아동학대행위자 등 관계인에 대하여 조사를 하거나 질문을 할 수 있다. 조사 또는 질문을 할 때는 피해아동, 아동학대범죄신고자등, 목격자 등이 자유롭게 진술할 수 있도록 아동학대행위자로부터 분리된 곳에서 조사하는 등 필요한 조치를 하여야 한다.

또한 현장에 출동하거나 아동학대범죄 현장을 발견한 경우 또는 학대현장 이외의 장소에서 학대피해가 확인되고 재학대의 위험이 급박·현저한 경우, 피해아동, 피해아동의 형제자매인 아동 및 피해아동과 동거하는 아동의 보호를 위하여 즉시 응급조치를 해야 한다.

응급조치에도 불구하고 아동학대범죄가 재발될 우려가 있고, 긴급을 요하여 법원의 임시조치 결정을 받을 수 없을 때에는 직권이나 피해아동등, 그 법정대리인, 피해아동변호사, 시도지사, 시장·군수·구청장 또는 아동보호전문기관장의 신청에 따라 긴급임시조치를 할 수 있다. 23년 2차

3) 학대예방경찰관

학대예방경찰관(Anti-abuse Police Officer, APO)은 학대위험 아동을 관리하고, 아동보호전문기관과 사례관리를 통해 예방활동을 하고 있다. 아동학대 신고사건은 아동보

호전문기관에 통보하고 응급신고일 경우 동행출동한다. 또한 경찰관서별로 학대예방경찰관과 지역 전문가를 중심으로 종합적인 피해자 보호·지원 역할을 수행하는 통합솔루션팀을 운영 중이며, 경찰 중심의 수사 행정에서 탈피하여, 피해 정도와 피해자의 요구를 고려한 맞춤형 서비스를 도모하고 있다(경찰백서 2023).

Ⅷ 가출인 및 실종아동 보호

실종아동등 및 가출인의 신속한 발견 등을 위한 업무를 효율적으로 처리하기 위해 필요한 사항을 규정함을 목적으로 「실종아동등 및 가출인 업무처리 규칙」을 두고 있다.

1. 용어의 정의

이 규칙에서 사용하는 용어의 뜻은 다음과 같다.

1. "아동등"이란 「실종아동등의 보호 및 지원에 관한 법률(법)」 제2조제1호에 따른 실종 당시 18세 미만 아동, 지적·자폐성·정신장애인, 치매환자를 말한다.
2. "실종아동등"이란 약취(略取)·유인(誘引) 또는 유기(遺棄)되거나 사고를 당하거나 가출하거나 길을 잃는 등의 사유로 인하여 보호자로부터 이탈된 아동등을 말한다.
3. "찾는실종아동등"이란 보호자가 찾고 있는 실종아동등을 말한다.
4. "보호실종아동등"이란 보호자가 확인되지 않아 경찰관이 보호하고 있는 실종아동등을 말한다.
5. "장기실종아동등"이란 보호자로부터 신고를 접수한 지 48시간이 경과한 후에도 발견되지 않은 찾는 실종아동등을 말한다. 22년 2차
6. "가출인"이란 신고 당시 보호자로부터 이탈된 18세 이상의 사람을 말한다.

2. 실종아동 보호 및 지원

2024년 개정 「실종아동등의 보호 및 지원에 관한 법률」에 따르면, 경찰청장은 실종아동의 조속한 발견과 복귀를 위하여 실종아동등에 대한 신고체계의 구축 및 운영, 실종아동의 발견을 위한 수색 및 수사를 하여야 한다(제3조 제2항).

경찰청장은 실종아동의 조속한 발견과 복귀를 위하여 아동 보호자가 신청하는 경우(실종아동 조기발견을 위한 사전신고), 그리고 보호시설의 입소자 중 보호자가 확인되지

아니한 아동으로부터 서면동의를 받아(실종아동 지문등정보 등록) 아동의 지문 및 얼굴 등에 관한 정보를 정보시스템에 등록하고, 등록된 지문등정보를 데이터베이스로 구축·운영할 수 있다(동법 제7조의 2, 제7조의 3, 제8조의 2).

경찰청 생활안전국장은 법 제8조의2제1항에 따른 정보시스템으로 실종아동등 프로파일링시스템 및 실종아동찾기센터 홈페이지(이하 "인터넷 안전드림"이라 한다)를 운영한다(실종아동등 및 가출인 업무처리 규칙 제6조).

프로파일링시스템에 입력하는 대상 및 정보의 관리는 다음과 같이 이루어진다(실종아동등 및 가출인 업무처리 규칙 제7조).

제7조(정보시스템 입력 대상 및 정보 관리) ① 실종아동등 프로파일링시스템에 입력하는 대상은 다음 각 호와 같다.
1. 실종아동등
2. 가출인
3. 보호시설 입소자 중 보호자가 확인되지 않는 사람(보호시설 무연고자)
② 경찰관서의 장은 실종아동등 또는 가출인에 대한 신고를 접수한 후 신고대상자가 다음 각 호의 어느 하나에 해당하는 경우에는 신고 내용을 실종아동등 프로파일링시스템에 입력하지 않을 수 있다.
1. 채무관계 해결, 형사사건 당사자 소재 확인 등 실종아동등 및 가출인 발견 외 다른 목적으로 신고된 사람
2. 수사기관으로부터 지명수배 또는 지명통보된 사람
3. 허위로 신고된 사람
4. 보호자가 가출 시 동행한 아동등
5. 그 밖에 신고 내용을 종합하였을 때 명백히 제1항에 따른 입력 대상이 아니라고 판단되는 사람
③ 실종아동등 프로파일링시스템에 등록된 자료의 보존기간은 다음 각 호와 같다. 다만, 대상자가 사망하거나 보호자가 삭제를 요구한 경우는 즉시 삭제하여야 한다.
1. 발견된 18세 미만 아동 및 가출인 : 수배 해제 후로부터 5년간 보관 [22년 2차]
2. 발견된 지적·자폐성·정신장애인 등 및 치매환자 : 수배 해제 후로부터 10년간 보관
3. 미발견자 : 소재 발견 시까지 보관 [22년 2차]
4. 보호시설 무연고자 : 본인 요청 시
④ 경찰관서의 장은 본인 또는 보호자의 동의를 받아 실종아동등 프로파일링시스템에서 데이터베이스로 관리하는 실종아동등 및 보호시설 무연고자 자료를 인터넷 안전드림에 공개할 수 있다.
⑤ 경찰관서의 장은 다음 각 호의 어느 하나에 해당하는 때에는 지체 없이 인터넷 안전드림에 공개된 자료를 삭제하여야 한다.
1. 찾는실종아동등을 발견한 때

실종아동등의 조기발견을 위한 사전신고에 따라 등록된 지문등정보는 아동연령이 18세에 도달한 경우, 보호자가 폐기를 요청한 경우 지체 없이 폐기하여야 한다. 그리고 실종아동의 지문등정보는 실종아동이 보호자를 확인한 경우, 실종아동 또는 법정대리인이 요청한 경우, 지문등정보 등록일로부터 10년이 경과한 경우 지체 없이 폐기하여야 한다(2024년 개정 실종아동등의 보호 및 지원에 관한 법률 시행령 제3조의2, 제3조의3). 22년 2차

그리고 경찰은 실종아동등의 신고 접수와 처리를 위한 사무 시설을 갖추고, 전국적으로 통일된 번호로 매일 24시간 운영하는 긴급전화를 운영하는 등 실종아동등에 대한 신고체계를 구축·운영하여야 한다. 경찰관서의 장은 실종아동등의 발생 신고를 접수하면 지체 없이 수색 또는 수사의 실시 여부를 결정하여야 한다(「실종아동등의 보호 및 지원에 관한 법률」 제9조 제1항). 22년 2차

또한 실종아동등에 대한 신고를 접수하였을 때에는 즉시 현장에 출동하여 주변을 수색하는 등 실종아동등을 발견하기 위한 조치를 하여야 한다. 실종아동등을 발견하지 못한 경우에는 지체 없이 범죄 관련성을 판단하여 범죄 관련성이 인정되면 즉시 수사를 시작하고, 단순한 실종으로 인정되면 즉시 실종아동등을 발견하기 위한 추적을 시작하는 등 실종아동등의 조속한 발견을 위한 조치를 하여야 한다(「실종아동등의 보호 및 지원에 관한 법률」 제7조).

실종아동등에 대한 신고에 대한 경찰의 구체적인 조치는 실종아동등 및 가출인 업무처리 규칙 제11조에서 규정하고 있다.

제11조(신고에 대한 조치 등) ① 경찰관서의 장은 찾는실종아동등에 대한 신고를 접수한 때에는 정보시스템의 자료를 조회하는 등의 방법으로 실종아동등을 찾기 위한 조치를 취하고, 실종아동등을 발견한 경우에는 즉시 보호자에게 인계하는 등 필요한 조치를 하여야 한다.
② 경찰관서의 장은 보호실종아동등에 대한 신고를 접수한 때에는 제1항의 절차에 따라 보호자를 찾기 위한 조치를 취하고, 보호자가 확인된 경우에는 즉시 보호자에게 인계하는 등 필요한 조치를 하여야 한다.
③ 경찰관서의 장은 제2항에 따른 조치에도 불구하고 보호자를 발견하지 못한 경우에는 관할 지방자치단체의 장에게 보호실종아동등을 인계한다.

④ 경찰관서의 장은 정보시스템 검색, 다른 자료와의 대조, 주변인물과의 연락 등 실종아동등의 조속한 발견을 위하여 지속적인 추적을 하여야 한다.

⑤ 경찰관서의 장은 실종아동등에 대하여 제18조의 현장 탐문 및 수색 후 그 결과를 즉시 보호자에게 통보하여야 한다. 이후에는 실종아동등 프로파일링시스템에 등록한 날로부터 1개월까지는 15일에 1회, 1개월이 경과한 후부터는 분기별 1회 보호자에게 추적 진행사항을 통보한다. 22년 2차

⑥ 경찰관서의 장은 찾는실종아동등을 발견하거나, 보호실종아동등의 보호자를 발견한 경우에는 실종아동등 프로파일링시스템에서 등록 해제하고, 해당 실종아동등에 대한 발견 관서와 관할 관서가 다른 경우에는 발견과 관련된 사실을 관할 경찰관서의 장에게 지체 없이 알려야 한다.

제12조(출생 신고 지연 아동의 확인) 경찰관서의 장은 법 제6조제4항에 따라 지방자치단체의 장으로부터 출생 후 6개월이 경과한 아동의 신상카드 사본을 제출받은 경우에는 지체 없이 정보시스템에서 관리하는 자료와의 비교·검색 등을 통해 해당 아동이 실종아동인지를 확인하여 그 결과를 지방자치단체의 장에게 통보하여야 한다.

경찰은 실종아동(범죄로 인한 경우는 제외)의 조속한 발견을 위하여 필요한 때에는 실종아동등의 위치 확인에 필요한 「위치정보의 보호 및 이용 등에 관한 법률」에 따른 개인위치정보, 「인터넷주소자원에 관한 법률」에 따른 인터넷주소 및 「통신비밀보호법」에 따른 통신사실확인자료의 제공을 요청할 수 있고, 이 경우 해당 개인위치정보사업자, 정보통신서비스 제공자, 본인확인기관, 주민등록번호 대체가입수단 제공기관은 「통신비밀보호법」(제3조 통신 및 대화비밀의 보호)에도 불구하고 정당한 사유가 없으면 이에 따라야 한다(「실종아동등의 보호 및 지원에 관한 법률」 제9조).

또한 실종아동등의 조속한 발견을 위하여 필요한 때에는 관계 중앙행정기관, 지방자치단체, 공공기관, 법인·단체 및 개인에 대하여 실종아동등의 위치 확인에 필요한 ① 고정형 영상정보처리기기를 통하여 수집된 정보, ② 교통카드의 사용명세, ③ 신용카드의 사용일시, 사용장소, ④ 처방전의 의료기관 명칭, 전화번호 및 진료기록부등의 진료일시제공을 요청할 수 있으며, 요청을 받은 자는 정당한 사유가 없으면 이에 따라야 한다(동법 제9조의2).

Ⅸ 성폭력·가정폭력 예방 및 피해자 보호

1. 여성폭력 대응과 피해자 보호

경찰은 여성폭력 근절에 대한 강력한 대응의지를 분명히 하면서 여성폭력 총력대응체계를 구축하였다. 나아가 여성보호 체계 내실화와 추진기반 구축을 위해 다양한 예방활동과 피해자 보호활동을 전개함으로써 촘촘한 안전망 구축을 위한 노력이 강화되고 있다. 불법촬영 카메라 점검 등 성폭력 범죄의 선제적 예방, 가정폭력 재발위험 평가척도 개발, 스토킹 긴급응급조치 판단조사표 개선 등 관계성 범죄 적극 대응, 전담경찰관에 대한 전문 위탁교육 도입, 학대예방경찰관(APO) 업무관리 시스템 고도화 등 업무역량과 전문성 강화를 위한 기반도 마련하였다.

2. 성폭력 대응과 피해자 보호

성폭력 신고가 접수된 때에는 지체 없이 신고된 현장에 출동하여야 하고, 출동한 경찰은 신고된 현장에 출입하여 관계인에 대하여 조사를 하거나 질문을 할 수 있다. 이 경우 피해자·신고자·목격자 등이 자유롭게 진술할 수 있도록 성폭력행위자로부터 분리된 곳에서 조사하는 등 필요한 조치를 하여야 한다(2023년 개정 성폭력방지 및 피해자보호 등에 관한 법률 제31조의2).

상담소, 보호시설 또는 통합지원센터의 장은 피해자등을 긴급히 구조할 필요가 있을 때에는 경찰관서의 장에게 그 소속 직원의 동행을 요청할 수 있으며, 요청을 받은 경찰관서의 장은 특별한 사유가 없으면 이에 따라야 한다(동법 제31조).

경찰은 성폭력범죄 피해자 조사 전담을 위해 성폭력범죄 전담조사관을 지정하고, (2023년 개정 성폭력범죄의 수사 및 피해자 보호에 관한 규칙 제6조) 전담조사관 중에서 피해자 보호지원관을 지정한다. 22년 2차 사건담당 경찰관은 피해자 보호지원관을 도와 피해자 보호·지원업무를 수행한다(동 규칙 제8조). 그리고 용의자를 신속히 검거하기 위하여 피해자로부터 간이진술을 청취하거나 피해자와 동행하여 현장 주변을 수색할 수 있다. 이 경우 경찰관은 반드시 피해자의 명시적 동의를 받아야 한다(동 규칙 제9조, 제10조).

피해자의 치료가 필요한 경우에는 즉시 피해자를 가까운 통합지원센터 또는 성폭력 전담의료기관으로 후송한다. 성폭력범죄의 피해자가 13세 미만이거나 신체적인 또는 정신적인 장애로 사물을 변별하거나 의사를 결정할 능력이 미약한 경우에는 통합지원센터나 성폭력 전담의료기관과 연계하여 치료, 상담 및 조사를 병행한다. 다만, 피해자가 원하지 않는 경우에는 그러하지 아니하다(동 규칙 제11조). 22년 2차

또한 성폭력범죄의 피해자·신고자 및 그 친족 또는 동거인, 그 밖의 밀접한 인적 관계에 있는 사람이 보복을 당할 우려가 있는 경우에는 안전을 위하여 필요한 조치를 하도록 해야 한다. 성폭력범죄의 수사·조사 및 상담 과정에서 성폭력범죄의 피해자·신고자 및 그 친족 또는 동거인 등이 보복을 당할 우려가 있는 경우에는 범죄피해자 안전조치를 하거나 대상자의 주거지 또는 현재지를 관할 경찰에게 다음과 같은 범죄피해자 안전조치를 요청해야 한다. 다만, 대상자가 원하지 않는 경우에는 그렇지 않다(동 규칙 제12조).

[범죄피해자 안전조치]

1. 피해자 보호시설 등 특정시설에서의 보호
2. 외출·귀가 시 동행, 수사기관 출석 시 동행 및 경호
3. 임시숙소 제공
4. 주거지 순찰강화, 폐쇄회로 텔레비전의 설치 등 주거에 대한 보호
5. 비상연락망 구축
6. 그 밖에 안전에 필요하다고 인정되는 조치

성폭력범죄의 피해자를 조사할 때에는 진술내용과 조사과정을 영상물 녹화장치로 촬영·보존할 수 있다. 다만, 피해자가 19세미만피해자등인 경우에는 반드시 촬영·보존해야 한다. 영상녹화를 할 때에는 피해자등에게 영상녹화의 취지 등을 설명하고 동의 여부를 확인하여야 하며, 피해자등이 녹화를 원하지 않는 의사를 표시한 때에는 촬영을 하여서는 아니 된다(동 규칙 제22조). 22년 2차

성폭력범죄의 피해자가 19세미만 피해자등인 경우 직권이나 피해자등 또는 변호사의 신청에 따라 진술조력인이 조사과정에 참여하게 할 수 있다. 22년 2차 다만, 피해자등이 이를 원하지 않을 때는 그렇지 않다. 피의자 또는 피해자의 친족이거나 친족이었던 사람, 법정대리인, 대리인 또는 변호사를 진술조력인으로 선정해서는 아니 된다(동 규칙 제28조).

3. 아동성폭력 대응과 피해자 보호

수사기관은 "아동·청소년"(19세 미만의 자) 대상 성범죄를 당한 피해자의 나이, 심리 상태 또는 후유장애의 유무 등을 신중하게 고려하여 조사 과정에서 피해자의 인격이나 명예가 손상되거나 사적인 비밀이 침해되지 아니하도록 주의하여야 한다. 피해자가 편안한 상태에서 진술할 수 있는 환경을 조성하여야 하며, 조사 횟수는 필요한 범위에서 최소한으로 하여야 한다(2023년 개정 아동·청소년의 성보호에 관한 법률 제25조).

2021년 신설된 아동·청소년대상 디지털 성범죄의 수사 특례에 따르면 경찰은 디지털 성범죄(제11조), 제15조의2에 대하여 신분을 비공개하고 범죄현장(정보통신망을 포함) 또는 범인으로 추정되는 자들에게 접근하여 범죄행위의 증거 및 자료 등을 수집(신분비공개수사)할 수 있다(동법 제25조의2 제1항). 23년 2차

디지털 성범죄를 계획 또는 실행하고 있거나 실행하였다고 의심할 만한 충분한 이유가 있고, 다른 방법으로는 그 범죄의 실행을 저지하거나 범인의 체포 또는 증거의 수집이 어려운 경우에 한정하여 수사 목적을 달성하기 위하여 부득이한 때에는 ① 신분을 위장하기 위한 문서, 도화 및 전자기록 등의 작성, 변경 또는 행사, ② 위장 신분을 사용한 계약·거래, ③ 아동·청소년성착취물 또는 불법촬영물 또는 복제물 소지, 판매 또는 광고의 행위(신분위장수사)를 할 수 있다(동법 제25조의2 제2항). 23년 2차

4. 가정폭력 대응과 피해자 보호

가정폭력은 더이상 개인문제가 아닌 사회문제이며 범죄라는 사회적 인식이 보편화되면서, 가정폭력에 대한 경찰 대응체계는 지속적으로 강화되고 있다. 2019년부터 가정폭력범죄 단계별 대응모델에 따라 초동조치부터 수사 및 사후관리에 이르기까지 엄정대응하며, 특히 상습·흉기사범 등의 경우 구속영장 신청 필요 여부를 철저히 검토하되, 구속이 어려운 경우 가해자와의 격리를 통해 피해자를 보호할 수 있도록 임시조치, 피해자보호명령 제도를 적극 활용하고 있다. 한편 학대예방경찰관은 내실 있는 모니터링을 통해 상담 및 수사 연계 등 가정폭력 재발 방지를 담당하며, 지방자치단체 중심의 다기관 협업체계 운영 등을 통해 가정폭력 피해자에 대한 체계적 보호·지원을 실행하고 있다.

가정폭력범죄 신고가 접수된 때에는 지체 없이 가정폭력의 현장에 출동하여야 한다. 현장출동시 피해자를 보호하기 위하여 신고된 현장 또는 사건 조사를 위한 관련 장소에 출입하여 관계인에 대하여 조사를 하거나 질문을 할 수 있다(2023년 개정 「가정폭력방지 및 피해자보호 등에 관한 법률」 제9조의4). 가정폭력 신고 현장에서는 피해상황, 재발 위험성 등을 판단하기 위해 가정폭력 위험성 조사표를 작성하고 그 결과에 따라 긴급임시조치 등을 실시하게 되는데, 재발 위험성과 상관관계가 높은 항목을 추가하는 등 위험성 조사표 내용도 지속 개선하고 있다. 또한 긴급전화센터, 상담소 또는 보호시설의 장은 가정폭력행위자로부터 피해자 또는 그 상담원 등 종사자를 긴급히 구조할 필요가 있는 경우 관할 경찰관서장에게 그 소속 직원의 동행을 요청할 수 있고, 요청을 받은 경찰관서장은 특별한 사유가 없으면 이에 따라야 한다(동법 제9조의2).

CHAPTER
02 수사경찰

제1절 수사경찰의 조직

I 국가수사본부장

범죄수사를 담당하기 위해 경찰청에 국가수사본부를 두며, 국가수사본부장은 치안정감으로 보한다(국가경찰과 자치경찰의 조직 및 운영에 관한 법률 제16조). 국가수사본부는 경찰수사 관련 정책의 수립·총괄·조정, 경찰수사 및 수사지휘·감독기능을 수행한다.

제16조(국가수사본부장) 23년 2차 ① 경찰청에 국가수사본부를 두며, 국가수사본부장은 치안정감으로 보한다.

② 국가수사본부장은 「형사소송법」에 따른 경찰의 수사에 관하여 각 시도경찰청장과 경찰서장 및 수사부서 소속 공무원을 지휘·감독한다.

③ 국가수사본부장의 임기는 2년으로 하며, 중임할 수 없다.

④ 국가수사본부장은 임기가 끝나면 당연히 퇴직한다.

⑤ 국가수사본부장이 직무를 집행하면서 헌법이나 법률을 위배하였을 때에는 국회는 탄핵 소추를 의결할 수 있다.

⑥ 국가수사본부장을 경찰청 외부를 대상으로 모집하여 임용할 필요가 있는 때에는 다음 각 호의 자격을 갖춘 사람 중에서 임용한다.

1. 10년 이상 수사업무에 종사한 사람 중에서 「국가공무원법」 제2조의2에 따른 고위공무원단에 속하는 공무원, 3급 이상 공무원 또는 총경 이상 경찰공무원으로 재직한 경력이 있는 사람

2. 판사·검사 또는 변호사의 직에 10년 이상 있었던 사람

3. 변호사 자격이 있는 사람으로서 국가기관, 지방자치단체, 「공공기관의 운영에 관한 법률」 제4조에 따른 공공기관(이하 "국가기관등"이라 한다)에서 법률에 관한 사무에 10년 이상 종사한 경력이 있는 사람

---

4. 대학이나 공인된 연구기관에서 법률학·경찰학 분야에서 조교수 이상의 직이나 이에 상당하는 직에 10년 이상 있었던 사람
5. 제1호부터 제4호까지의 경력 기간의 합산이 15년 이상인 사람
⑦ 국가수사본부장을 경찰청 외부를 대상으로 모집하여 임용하는 경우 다음 각 호의 어느 하나에 해당하는 사람은 국가수사본부장이 될 수 없다.
1. 「경찰공무원법」 제8조제2항 각 호의 결격사유에 해당하는 사람
2. 정당의 당원이거나 당적을 이탈한 날부터 3년이 지나지 아니한 사람
3. 선거에 의하여 취임하는 공직에 있거나 그 공직에서 퇴직한 날부터 3년이 지나지 아니한 사람
4. 제6항제1호에 해당하는 공무원 또는 제6항제2호의 판사·검사의 직에서 퇴직한 날로부터 1년이 지나지 아니한 사람
5. 제6항제3호에 해당하는 사람으로서 국가기관등에서 퇴직한 날로부터 1년이 지나지 아니한 사람

Ⅱ 국가수사본부 조직

국가수사본부에 수사국, 형사국 및 안보수사국을 둔다. 국가수사본부장 밑에 수사기획조정관 1명을 둔다(경찰청과 그 소속기관 직제 16조).

1. 수사기획조정관

제17조(수사기획조정관) ① 수사기획조정관은 치안감으로 보한다.
② 수사기획조정관은 다음 사항에 관하여 국가수사본부장을 보좌한다.
1. 수사경찰행정 및 주요 수사정책에 관한 업무의 총괄·지원
2. 수사경찰 기구·인력의 진단 및 관리
3. 수사경찰의 배치·교육훈련 및 성과평가
4. 경찰수사연수원의 운영에 관한 감독
5. 형사사법정보시스템(KICS) 운영 및 관리에 관한 사항
6. 수사절차 관련 법령·제도·정책 등 연구 및 관리에 관한 사항
7. 수사기법 연구 개발 및 개선에 관한 사무 총괄
8. 수사정책 관련 대내외 협업 및 조정에 관한 사항
9. 수사에 관한 민원처리 업무 총괄·조정
10. 수사심의 관련 제도·정책의 수립 및 운영·관리
11. 수사 관련 접수 이의사건의 조사·처리
12. 수사 관련 진정 및 비위사항의 조사·처리

2. 수사국

제19조(수사국) ① 수사국에 국장 1명을 두고, 국장 밑에 정책관등 1명을 둔다.
② 국장은 치안감 또는 경무관으로 보하고, 정책관등 1명은 경무관으로 보한다.
③ 국장은 다음 사항을 분장한다.
1. 부패범죄, 공공범죄, 경제범죄 및 금융범죄에 관한 수사 지휘·감독
2. 제1호의 범죄 수사에 관한 기획, 정책·수사지침 수립·연구·분석 및 수사기법 개발
3. 제1호의 범죄에 대한 통계 및 수사자료 분석
4. 국가수사본부장이 지정하는 중요 범죄에 대한 정보수집 및 수사
5. 중요 범죄정보의 수집 및 분석에 관한 사항
6. 사이버공간에서의 범죄(이하 "사이버범죄"라 한다) 정보의 수집·분석
7. 사이버범죄 신고·상담
8. 사이버범죄 예방에 관한 사항
9. 사이버범죄 수사에 관한 사항
10. 사이버수사에 관한 기법 연구
11. 사이버수사 관련 국제공조에 관한 사항
12. 디지털포렌식에 관한 사항

3. 형사국

제20조(형사국) ① 형사국에 국장 1명을 두고, 국장 밑에 정책관등 1명을 둔다.
② 국장은 치안감 또는 경무관으로 보하고, 정책관등 1명은 경무관으로 보한다.
③ 국장은 다음 사항을 분장한다.
1. 강력범죄, 폭력범죄 및 교통사고·교통범죄에 관한 수사 지휘·감독
2. 마약류 범죄 및 조직범죄에 관한 수사 지휘·감독
3. 성폭력범죄, 아동·청소년 대상 성매매, 가정폭력, 아동학대, 학교폭력 및 실종사건에 관한 수사 지휘·감독 및 아동·청소년 대상 성매매 단속
4. 제1호부터 제3호까지의 규정에서 정한 범죄 및 외국인 관련 범죄 수사에 관한 기획, 정책·수사지침 수립·연구·분석 및 수사기법 개발
5. 제1호부터 제3호까지의 규정에서 정한 범죄 및 외국인 관련 범죄에 대한 통계 및 수사자료 분석
6. 과학수사의 기획 및 지도
7. 범죄감식 및 증거분석
8. 범죄기록 및 주민등록지문의 수집·관리

4. 안보수사국

제22조(안보수사국) ① 안보수사국에 국장 1명을 두고, 국장 밑에 정책관등 1명을 둔다.
  ② 국장은 치안감 또는 경무관으로 보하고, 정책관등 1명은 경무관으로 보한다.
  ③ 국장은 다음 사항을 분장한다.
  1. 안보수사경찰업무에 관한 기획 및 교육
  2. 보안관찰 및 경호안전대책 업무에 관한 사항
  3. 북한이탈주민 신변보호
  4. 국가안보와 국익에 반하는 범죄에 대한 수사의 지휘·감독
  5. 안보범죄정보 및 보안정보의 수집·분석 및 관리
  6. 국내외 유관기관과의 안보범죄정보 협력에 관한 사항
  7. 남북교류와 관련되는 안보수사경찰업무
  8. 국가안보와 국익에 반하는 중요 범죄에 대한 수사
  9. 외사보안업무의 지도·조정
  10. 공항 및 항만의 안보활동에 관한 계획 및 지도

Ⅲ 시도경찰청

제37조(직무) 시도경찰청은 시·도의 치안에 관한 사무를 수행한다.
제38조(명칭 등) 시도경찰청의 명칭 및 위치는 별표 1과 같으며, 그 관할구역은 행정안전
  부령으로 정한다.
제39조(시도경찰청장) ① 시도경찰청에 청장 1명을 둔다.
  ② 시도경찰청장은 국가경찰사무에 대해서는 경찰청장의 지휘·감독을, 자치경찰사무
에 대해서는 시도자치경찰위원회의 지휘·감독을 받아 소관사무를 총괄하고, 소속 공무
원을 지휘·감독한다. 다만, 수사에 관한 사무에 대해서는 국가수사본부장의 지휘·감독
을 받는다.

Ⅳ 국가수사본부와 자치경찰과의 관계

1. 경찰청장의 수사지휘권

국가수사본부 설치 이후에도 경찰청장은 국가경찰사무를 총괄하고, 경찰청 업무
를 관장하며 소속 공무원 및 각급 경찰기관의 장을 지휘·감독하는 경찰기관의 최고

책임자이다(국가경찰과 자치경찰의 조직 및 운영에 관한 법률 제14조 제3항). 물론 경찰청장은 경찰의 수사에 관한 사무의 경우에는 개별 사건의 수사에 대하여 구체적으로 지휘·감독할 수 없다. 다만, 국민의 생명·신체·재산 또는 공공의 안전 등에 중대한 위험을 초래하는 긴급하고 중요한 사건의 수사에 있어서 경찰의 자원을 대규모로 동원하는 등 통합적으로 현장 대응할 필요가 있다고 판단할 만한 상당한 이유가 있는 때에는 제16조에 따른 국가수사본부장을 통하여 개별 사건의 수사에 대하여 구체적으로 지휘·감독할 수 있다(경찰법 제14조 제6항 단서). 이 경우 국가경찰위원회에 보고하여야 하며(동법 제14조 제7항), 동법 제14조 제6항 단서의 사유가 해소된 경우에는 개별 사건의 수사에 대한 구체적 지휘·감독을 중단하여야 한다(동법 제14조 제8항).

2. 국가수사본부장의 수사지휘권

경찰청에 국가수사본부를 두며, 국가수사본부장은 치안정감으로 보하는데(동법 제16조 제1항), 국가수사본부장은 「형사소송법」에 따른 경찰의 수사에 관하여 각 시도경찰청장과 경찰서장 및 수사부서 소속 공무원을 지휘·감독한다(동법 제2조). 국가수사본부장의 임기는 2년으로 하며, 중임할 수 없다(동법 제3조). 여기서 '경찰의 수사'는 국가경찰사무로서 수사사무뿐만 아니라 자치경찰사무로서 수사사무까지 포함하는 개념이다. 따라서 수사사무에 관한 한 시도경찰청장을 지휘·감독한다. 다만, 국가수사본부장은 다음 각 호의 사항[1]을 제외한 일반적인 사건수사에 대한 지휘는 시도경찰청장에게 위임할 수 있다(경찰청훈령 범죄수사규칙 제17조).

3. 시도경찰청장의 수사지휘권

시도경찰청장은 국가경찰사무에 대해서는 경찰청장의 지휘·감독을, 자치경찰사무에 대해서는 시도자치경찰위원회의 지휘·감독을 받아 관할구역의 소관 사무를 관

---

1 1. 수사관할이 수 개의 시도경찰청에 속하는 사건
  2. 고위공직자 또는 경찰관이 연루된 비위 사건으로 해당 관서에서 수사하게 되면 수사의 공정성이 의심받을 우려가 있는 경우
  3. 국가수사본부장이 수사본부 또는 특별수사본부를 설치하여 지정하는 사건
  4. 그 밖에 사회적 이목이 집중되거나, 파장이 큰 사건으로 국가수사본부장이 특별히 지정하는 사건

장하고 소속 공무원 및 소속 경찰기관의 장을 지휘·감독한다. 다만, 수사에 관한 사무에 대해서는 국가수사본부장의 지휘·감독을 받아 관할구역의 소관 사무를 관장하고 소속 공무원 및 소속 경찰기관의 장을 지휘·감독한다(동법 제28조 제3항). 경찰관서장으로서 시도경찰청장은 소속 경찰관이 담당하는 사건의 수사진행 사항에 대하여 명시적인 이유를 근거로 구체적으로 지휘를 하여야 하며, 필요한 경우 수사진행에 관하여 소속 경찰관에게 수사보고를 요구할 수 있다(경찰청훈령 범죄수사규칙 제22조 제1항). 경찰서에서 수사 중인 사건을 지휘할 필요성이 있다고 인정될 때에는 구체적 수사지휘를 할 수 있다(동 규칙 제24조 제2항).

경찰서장은 해당 경찰서 관할 내의 수사에 대하여 지휘·감독하며, 합리적이고 공정한 수사를 위하여 그 책임을 다하여야 한다(동 규칙 제19조).

【그림 2-1】 국가수사본부와 자치경찰과의 관계

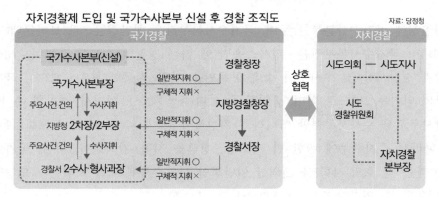

제2절 수사의 본질

I 범죄수사와 피의자

1. 수사경찰의 의의

수사경찰이란 범죄의 혐의유무를 명백히 하여 공소의 제기 및 유지여부를 결정하기 위하여 범인을 발견·확보하고 증거를 수집·보전하는 사법경찰활동을 말한다. 행정경찰이 경찰관직무집행법에 근거를 둔 사전예방적 활동이라면, 수사경찰은 형사소송법에 근거를 둔 범죄의 사후진압적 활동이다.

2. 피의자의 개념

피의자란 수사기관에 의하여 범죄혐의를 받고 수사의 대상으로 되어 있는 자를 말한다. 실무상 수사기관이 범죄를 인지하고 수사를 개시하는 때에는 범죄인지서(검사의 경우) 또는 범죄인지보고서(사법경찰관의 경우)를 작성해야 하는데, 수사기관이 범죄를 인지하는 것을 실무상 입건(立件)이라고 하며, 입건 이전의 조사를 '내사(內査)'라고 한다. 그리고 이러한 내사를 받는 자를 피내사자라고 하며 피내사자는 입건에 의하여 피의자로 된다. 이처럼 피의자는 수사개시 이후를 의미한다는 점에서 피내사자(용의자)와 구별되고, 공소제기 이전의 개념이라는 점에서 피고인과도 구별된다.

수사개시 이전(내사)	수사개시 이후	공소제기 이후
피내사자	피의자	피고인

3. 수사개시(입건)

수사개시는 사건번호를 부여하는 '입건'이라는 행위를 통해 이루어진다. 결국 고소·고발·자수 이외의 수사단서가 있는 경우에는 내사단계를 거쳐 수사기관의 범죄인지, 즉 입건(立件)에 의하여 비로소 피의자가 되는 것이다.

Ⅱ 수사기관

수사기관이란 법규상 범죄의 수사를 할 수 있는 권한이 인정되어 있는 자를 말한다. 현행법상 인정되어 있는 수사기관으로서는 검사 및 사법경찰관리가 있고, 「고위공직자범죄수사처 설치 및 운영에 관한 법률」에 의한 고위공직자범죄수사처(이하 "공수처"라고 함)도 특별법상의 수사기관에 해당한다.

1. 검사

검사는 사법시험에 합격하여 사법연수원 과정을 마친 사람 또는 변호사 자격이 있는 사람 중에서 임명한다(검찰청법 제29조).

> 검찰청법 제4조(검사의 직무) 1. 범죄수사, 공소의 제기 및 그 유지에 필요한 사항. 다만, 검사가 수사를 개시할 수 있는 범죄의 범위는 다음 각 목과 같다.
> 　가. 부패범죄, 경제범죄 등 대통령령으로 정하는 중요 범죄
> 　나. 경찰공무원(다른 법률에 따라 사법경찰관리의 직무를 행하는 자를 포함한다) 및 고위공직자범죄수사처 소속 공무원(「고위공직자범죄수사처 설치 및 운영에 관한 법률」에 따른 파견공무원을 포함한다)이 범한 범죄
> 　다. 가목·나목의 범죄 및 사법경찰관이 송치한 범죄와 관련하여 인지한 각 해당 범죄와 직접 관련성이 있는 범죄
> 2. 범죄수사에 관한 특별사법경찰관리 지휘·감독
> 3. 법원에 대한 법령의 정당한 적용 청구
> 4. 재판 집행 지휘·감독
> 5. 국가를 당사자 또는 참가인으로 하는 소송과 행정소송 수행 또는 그 수행에 관한 지휘·감독
> 6. 다른 법령에 따라 그 권한에 속하는 사항

2. 사법경찰관리

1) 일반사법경찰관리

> 형사소송법 제197조(사법경찰관리) ① 경무관, 총경, 경정, 경감, 경위는 사법경찰관으로서 범죄의 혐의가 있다고 사료하는 때에는 범인, 범죄사실과 증거를 수사한다.
> ② 경사, 경장, 순경은 사법경찰리로서 수사의 보조를 하여야 한다.

2) 특별사법경찰관리

전문분야에 대한 범죄수사에 있어서 일반사법경찰관리만으로서는 전문지식의 부족으로 인하여 효과적이고 적정한 수사를 기대하기 어려우므로 각 전문분야의 업무에 종사하는 공무원들에게 각 전문분야에 관한 범죄수사권을 특별히 부여할 필요가 있

다. 이러한 필요에 따라 생겨난 것이 특별사법경찰관리이다.

특별사법경찰관리는 일반사법경찰관리와 달리 검사의 지휘를 받아야 한다는 점에서, 개정법은 「특별사법경찰관리에 대하여는 제197조의2(보완수사요구)부터 제197조의4(수사의 경합)까지, 제221조의5(사법경찰관이 신청한 영장의 청구 여부에 대한 심의), 제245조의5(사법경찰관의 사건송치 등)부터 제245조의8(재수사요청 등)까지의 규정을 적용하지 아니한다」고 규정하고 있다. 그러나 특별사법경찰관리는 사법경찰관리인 점에서는 일반사법경찰관리와 다를 바가 없으며, 다만 그 직무의 범위가 특수한 사항 또는 지역에 한정되어 있다는 점에서 차이가 있을 뿐이다. 따라서 특별사법경찰관은 범죄의 혐의가 있다고 인식하는 때에는 범인, 범죄사실과 증거에 관하여 수사를 개시·진행하여야 하며, 범죄를 수사한 때에는 지체 없이 검사에게 사건을 송치하고, 관계 서류와 증거물을 송부하여야 한다.

형사소송법 제245조의10(특별사법경찰관리) ① 삼림, 해사, 전매, 세무, 군수사기관, 그 밖에 특별한 사항에 관하여 사법경찰관리의 직무를 행할 특별사법경찰관리와 그 직무의 범위는 법률로 정한다.
② 특별사법경찰관은 모든 수사에 관하여 검사의 지휘를 받는다.
③ 특별사법경찰관은 범죄의 혐의가 있다고 인식하는 때에는 범인, 범죄사실과 증거에 관하여 수사를 개시·진행하여야 한다.
④ 특별사법경찰관리는 검사의 지휘가 있는 때에는 이에 따라야 한다. 검사의 지휘에 관한 구체적 사항은 법무부령으로 정한다.
⑤ 특별사법경찰관은 범죄를 수사한 때에는 지체 없이 검사에게 사건을 송치하고, 관계 서류와 증거물을 송부하여야 한다.
⑥ 특별사법경찰관리에 대하여는 제197조의2부터 제197조의4까지, 제221조의5, 제245조의5부터 제245조의8까지의 규정을 적용하지 아니한다.

3) 「검사와 사법경찰관의 상호협력과 일반적 수사준칙에 관한 규정」

제1장 총칙

제1조(목적) 이 영은 「형사소송법」 제195조에 따라 검사와 사법경찰관의 상호협력과 일반적 수사준칙에 관한 사항을 규정함으로써 수사과정에서 국민의 인권을 보호하고, 수사절차의 투명성과 수사의 효율성을 보장함을 목적으로 한다.
제2조(적용 범위) 검사와 사법경찰관의 협력관계, 일반적인 수사의 절차와 방법에 관하여

다른 법령에 특별한 규정이 있는 경우를 제외하고는 이 영이 정하는 바에 따른다.

제3조(수사의 기본원칙) ① 검사와 사법경찰관은 모든 수사과정에서 헌법과 법률에 따라 보장되는 피의자와 그 밖의 피해자·참고인 등(이하 "사건관계인"이라 한다)의 권리를 보호하고, 적법한 절차에 따라야 한다.

② 검사와 사법경찰관은 예단이나 편견 없이 신속하게 수사해야 하고, 주어진 권한을 자의적으로 행사하거나 남용해서는 안 된다.

③ 검사와 사법경찰관은 수사를 할 때 다음 각 호의 사항에 유의하여 실체적 진실을 발견해야 한다.

1. 물적 증거를 기본으로 하여 객관적이고 신빙성 있는 증거를 발견하고 수집하기 위해 노력할 것
2. 과학수사 기법과 관련 지식·기술 및 자료를 충분히 활용하여 합리적으로 수사할 것
3. 수사과정에서 선입견을 갖지 말고, 근거 없는 추측을 배제하며, 사건관계인의 진술을 과신하지 않도록 주의할 것

④ 검사와 사법경찰관은 다른 사건의 수사를 통해 확보된 증거 또는 자료를 내세워 관련이 없는 사건에 대한 자백이나 진술을 강요해서는 안 된다.

제2장 협력

제6조(상호협력의 원칙) ① 검사와 사법경찰관은 상호 존중해야 하며, 수사, 공소제기 및 공소유지와 관련하여 협력해야 한다.

② 검사와 사법경찰관은 수사와 공소제기 및 공소유지를 위해 필요한 경우 수사·기소·재판 관련 자료를 서로 요청할 수 있다.

③ 검사와 사법경찰관의 협의는 신속히 이루어져야 하며, 협의의 지연 등으로 수사 또는 관련 절차가 지연되어서는 안 된다.

제7조(중요사건 협력절차) ① 검사와 사법경찰관은 다음 각 호의 어느 하나에 해당하는 사건(이하 "중요사건"이라 한다)의 경우에는 송치 전에 수사할 사항, 증거 수집의 대상, 법령의 적용, 범죄수익 환수를 위한 조치 등에 관하여 상호 의견을 제시·교환할 것을 요청할 수 있다. 이 경우 검사와 사법경찰관은 특별한 사정이 없으면 상대방의 요청에 응해야 한다.

1. 공소시효가 임박한 사건
2. 내란, 외환, 대공(대공), 선거(정당 및 정치자금 관련 범죄를 포함한다), 노동, 집단행동, 테러, 대형참사 또는 연쇄살인 관련 사건
3. 범죄를 목적으로 하는 단체 또는 집단의 조직·구성·가입·활동 등과 관련된 사건
4. 주한 미합중국 군대의 구성원·외국인군무원 및 그 가족이나 초청계약자의 범죄 관련 사건
5. 그 밖에 많은 피해자가 발생하거나 국가적·사회적 피해가 큰 중요한 사건

② 제1항에도 불구하고 검사와 사법경찰관은 다음 각 호의 어느 하나에 따른 공소시효가 적용되는 사건에 대해서는 공소시효 만료일 3개월 전까지 제1항 각 호 외의 부분 전

단에 규정된 사항 등에 관하여 상호 의견을 제시·교환해야 한다. 다만, 공소시효 만료일 전 3개월 이내에 수사를 개시한 때에는 지체 없이 상호 의견을 제시·교환해야 한다.

1. 「공직선거법」 제268조
2. 「공공단체등 위탁선거에 관한 법률」 제71조
3. 「농업협동조합법」 제172조 제4항
4. 「수산업협동조합법」 제178조 제5항
5. 「산림조합법」 제132조 제4항
6. 「소비자생활협동조합법」 제86조 제4항
7. 「염업조합법」 제59조 제4항
8. 「엽연초생산협동조합법」 제42조 제5항
9. 「중소기업협동조합법」 제137조 제3항
10. 「새마을금고법」 제85조 제6항
11. 「교육공무원법」 제62조 제5항

제8조(검사와 사법경찰관의 협의) ① 검사와 사법경찰관은 수사와 사건의 송치, 송부 등에 관한 이견의 조정이나 협력 등이 필요한 경우 서로 협의를 요청할 수 있다. 이 경우 특별한 사정이 없으면 상대방의 협의 요청에 응해야 한다.

② 제1항에 따른 협의에도 불구하고 이견이 해소되지 않는 경우로서 다음 각 호의 어느 하나에 해당하는 경우에는 해당 검사가 소속된 검찰청의 장과 해당 사법경찰관이 소속된 경찰관서(지방해양경찰관서를 포함한다. 이하 같다)의 장의 협의에 따른다.

1. 중요사건에 관하여 상호 의견을 제시·교환하는 것에 대해 이견이 있거나 제시·교환한 의견의 내용에 대해 이견이 있는 경우
2. 「형사소송법」(이하 "법"이라 한다) 제197조의2 제2항 및 제3항에 따른 정당한 이유의 유무에 대해 이견이 있는 경우
3. 법 제197조의4 제2항 단서에 따라 사법경찰관이 계속 수사할 수 있는지 여부나 사법경찰관이 계속 수사할 수 있는 경우 수사를 계속할 주체 또는 사건의 이송 여부 등에 대해 이견이 있는 경우
4. 법 제245조의8 제2항에 따른 재수사의 결과에 대해 이견이 있는 경우

제9조(수사기관협의회) ① 대검찰청, 경찰청 및 해양경찰청 간에 수사에 관한 제도 개선 방안 등을 논의하고, 수사기관 간 협조가 필요한 사항에 대해 서로 의견을 협의·조정하기 위해 수사기관협의회를 둔다.

② 수사기관협의회는 다음 각 호의 사항에 대해 협의·조정한다.

1. 국민의 인권보호, 수사의 신속성·효율성 등을 위한 제도 개선 및 정책 제안
2. 국가적 재난 상황 등 관련 기관 간 긴밀한 협조가 필요한 업무를 공동으로 수행하기 위해 필요한 사항
3. 그 밖에 제1항의 어느 한 기관이 수사기관협의회의 협의 또는 조정이 필요하다고 요구한 사항

③ 수사기관협의회는 반기마다 정기적으로 개최하되, 제1항의 어느 한 기관이 요청하면 수시로 개최할 수 있다.

④ 제1항의 각 기관은 수사기관협의회에서 협의·조정된 사항의 세부 추진계획을 수립·시행해야 한다.
⑤ 제1항부터 제4항까지의 규정에서 정한 사항 외에 수사기관협의회의 운영 등에 필요한 사항은 수사기관협의회에서 정한다.

3. 공수처(고위공직자범죄수사처 설치 및 운영에 관한 법률)

고위공직자범죄수사처(공수처)는 ① 고위공직자범죄등에 관한 수사와 ② 그 수사대상자를 정한 공수처법 제2조 제1호 다목(대법원장 및 대법관), 카목(검찰총장), 파목(판사 및 검사), 하목(경무관 이상 경찰공무원)에 해당하는 고위공직자로 재직 중에 본인 또는 본인의 가족이 범한 고위공직자범죄 및 관련범죄의 공소제기와 그 유지를 그 임무로 하는 독립된 수사기관이다. 23년 1차 이처럼 공수처검사는 공수처법 제2조에 규정된 고위공직자가 범한 일정한 범죄군에 대해 수사권을 행사할 수 있으며, 대법관(대법원장 포함) 및 법관·검찰총장 및 검사·경무관 이상 경찰공무원과 그 가족이 범한 범죄에 대해서는 공소권을 행사할 수 있는 권한도 가지고 있다.

제1조(목적) 이 법은 고위공직자범죄수사처의 설치와 운영에 관하여 필요한 사항을 규정함을 목적으로 한다.
제2조(정의) 이 법에서 사용하는 용어의 정의는 다음과 같다.
   1. "고위공직자"란 다음 각 목의 어느 하나의 직(직)에 재직 중인 사람 또는 그 직에서 퇴직한 사람을 말한다. 다만, 장성급 장교는 현역을 면한 이후도 포함된다.
   가. 대통령
   나. 국회의장 및 국회의원
   다. 대법원장 및 대법관
   라. 헌법재판소장 및 헌법재판관
   마. 국무총리와 국무총리비서실 소속의 정무직공무원
   바. 중앙선거관리위원회의 정무직공무원
   사. 「공공감사에 관한 법률」 제2조제2호에 따른 중앙행정기관의 정무직공무원
   아. 대통령비서실·국가안보실·대통령경호처·국가정보원 소속의 3급 이상 공무원
   자. 국회사무처, 국회도서관, 국회예산정책처, 국회입법조사처의 정무직공무원
   차. 대법원장비서실, 사법정책연구원, 법원공무원교육원, 헌법재판소사무처의 정무직공무원
   카. 검찰총장

타. 특별시장·광역시장·특별자치시장·도지사·특별자치도지사 및 교육감
파. 판사 및 검사
하. 경무관 이상 경찰공무원
거. 장성급 장교
너. 금융감독원 원장·부원장·감사
더. 감사원·국세청·공정거래위원회·금융위원회 소속의 3급 이상 공무원
의 죄

Ⅲ 수사의 단서

1. 의의

수사기관은 '범죄의 혐의가 있다고 사료하는 때'에는 언제든지 수사를 개시할 수 있다(제196조, 제197조). 이처럼 수사는 수사기관의 주관적 혐의에 기하여 개시되는데, 그 혐의를 가지게 된 원인을 '수사개시의 단서'라고 한다. 이 중 고소·고발·자수가 있는 때에는 즉시 수사가 개시되고 피고소인 등은 피의자의 지위를 가지게 된다. 그러나 기타의 경우는 수사의 단서가 있다고 하여 바로 수사가 개시되는 것이 아니라 원칙적으로 수사기관의 범죄인지에 의하여 비로소 수사가 개시되며, 그 이전에는 내사단계에 불과하다.

수사기관의 체험에 의한 단서(자율적 개시)	타인의 체험에 의한 단서(타율적 개시)
① 범죄첩보 ② 현행범인의 체포(형사소송법 제211조) ③ 변사자검시(형사소송법 제222조) ④ 불심검문(경찰관직무집행법 제3조) ⑤ 타 사건수사 중 범죄 발견 ⑥ 신문 기타 출판물의 기사, 풍설 등	① 고소, 고발(형사소송법 제223조, 제224조) ② 자수(형사소송법 제240조) ③ 피해신고(익명신고 포함) ④ 진정, 밀고, 투서, 탄원 등

2. 수사첩보 및 범죄첩보(수사첩보 수집 및 처리 규칙)

1) 정의

「수사첩보」라 함은 수사와 관련된 각종 보고자료로서 범죄첩보와 정책첩보를 말하며, 「범죄첩보」라 함은 대상자, 혐의 내용, 증거자료 등이 특정된 내사 단서자료와 범죄관련 동향을 말하며, 전자를 범죄내사첩보, 후자를 범죄동향첩보라고 한다.

제2조(정의) 이 규칙에서 사용하는 용어의 정의는 다음과 같다.
1. 「수사첩보」라 함은 수사와 관련된 각종 보고자료로서 범죄첩보와 정책첩보를 말한다.
2. 「범죄첩보」라 함은 대상자, 혐의 내용, 증거자료 등이 특정된 입건 전 조사(이하 "조사"라 한다) 단서 자료와 범죄 관련 동향을 말하며, 전자를 범죄사건첩보, 후자를 범죄동향첩보라고 한다.
3. 「기획첩보」라 함은 일정기간 집중적으로 수집이 필요한 범죄첩보를 말한다.
4. 「정책첩보」라 함은 수사제도 및 형사정책 개선, 범죄예방 및 검거대책에 관한 자료를 말한다.
5. 「수사첩보분석시스템」이란 수사첩보의 수집, 작성, 평가, 배당 등 전 과정을 전산화한 다음 각 목의 시스템으로서 경찰청 범죄정보과(사이버수사기획과)에서 운영하는 것을 말한다.
   가. 수사국 범죄첩보분석시스템(Criminal Intelligence Analysis System)」
   나. 사이버수사국 사이버첩보관리시스템(Cyber Intelligence Management System)

2) 제출방법 및 수사첩보 처리

제6조(제출방법) ① 경찰공무원은 수집한 수사첩보를 보고할 경우 수사첩보분석시스템을 통하여 작성 및 제출하여야 한다.
② 경찰공무원은 허위의 사실을 수사첩보로 제출해서는 아니 된다.
제7조(평가 및 기록관리 책임자) ① 평가 및 기록관리 책임자(이하 "평가 책임자"라 한다)는 다음과 같다.
1. 경찰청은 범죄정보(사이버수사기획)과장
2. 시도경찰청 및 경찰서는 수사(사이버수사)과장, 형사과가 분리된 경우 형사과장
② 평가 책임자는 제출된 수사첩보를 신속히 검토 후 적시성, 정확성, 활용성 등을 종합 판단하여 공정하게 평가하고 필요한 조치에 대하여 구체적으로 지시하여야 한다.
③ 평가 책임자는 제출된 수사첩보의 정확한 평가를 위하여 제출자에게 사실 확인을 요구할 수 있다.

④ 평가 책임자는 제출된 수사첩보의 내용이 부실하여 보충할 필요성이 있는 경우 제출자에게 보완을 요구할 수 있다.

⑤ 평가 책임자는 제출된 수사첩보를 비공개하여야 한다. 다만, 범죄예방 및 검거 등 수사목적상 수사첩보 내용을 공유할 필요성이 있다고 인정할 경우 수사첩보분석시스템상에서 공유하게 할 수 있다.

⑥ 평가 책임자는 제출된 수사첩보에 대하여 적절한 수사가 이루어지도록 수사부서 책임자에게 필요한 조치를 요구할 수 있다.

제8조(수사첩보 처리) ① 경찰공무원이 입수한 모든 수사첩보는 수사첩보분석시스템을 통하여 처리되어야 한다.

② 각급 경찰관서장은 입수된 수사첩보를 신속하게 처리하도록 한다.

③ 입수된 수사첩보와 관련하여 당해 관서에서 처리하기가 적합하지 않다고 인정될만한 사유가 있는 경우에 한하여 상급관서에서 처리할 수 있도록 지체없이 보고한다.

④ 모든 수사첩보는 수사 착수 전에 누설되는 일이 없도록 철저히 보안을 유지하여야 한다.

⑤ 수사부서 책임자는 평가책임자로부터 필요한 조치를 요구받은 경우 신속히 처리하여야 한다.

제9조(이송) ① 수집된 수사첩보는 수집관서에서 처리하는 것을 원칙으로 한다. 다만, 평가 책임자는 수사첩보에 대해 범죄지, 피내사자의 주소·거소 또는 현재지 중 어느 1개의 관할권도 없는 경우 이송할 수 있다.

② 전항과 같이 이송을 하는 수사첩보의 평가 및 처리는 이송 받은 관서의 평가책임자가 담당한다.

3) 평가

제11조(평가) ① 범죄첩보의 평가결과 및 그 기준은 다음 각 호와 같다.

1. 특보
   가. 전국단위 기획수사에 활용될 수 있는 첩보
   나. 2개 이상의 시도경찰청과 연관된 중요 사건 첩보 등 경찰청에서 처리해야 할 첩보
2. 중보
   2개 이상 경찰서와 연관된 중요 사건 첩보 등 시도경찰청 단위에서 처리해야 할 첩보
3. 통보
   경찰서 단위에서 조사할 가치가 있는 첩보
4. 기록
   조사할 정도는 아니나 추후 활용할 가치가 있는 첩보
5. 참고
   단순히 수사업무에 참고가 될 뿐 사용가치가 적은 첩보

② 정책첩보의 평가결과 및 그 기준은 다음 각 호와 같다.

1. 특보
   전국적으로 활용·시행할 가치가 있는 첩보
2. 중보
   시도경찰청 단위에서 활용·시행할 가치가 있는 첩보
3. 통보
   경찰서 단위에서 활용·시행할 가치가 있는 첩보
4. 기록
   추후 활용·시행할 가치가 있는 첩보
5. 참고
   단순히 수사업무에 참고가 될 뿐, 활용·시행할 가치가 적은 첩보
   ③ 수사첩보 수집 내역, 평가 및 처리결과는 수사첩보분석시스템을 이용하여 전산관리한다.

4) 포상

제12조(포상) ① 수사첩보에 의해 사건해결 또는 중요범인을 검거하였을 경우 수사첩보 제출자를 사건을 해결한 자 또는 검거자와 동등하게 특별승진 또는 포상할 수 있다.
② 일정기간 동안 개인별로 수사첩보 성적을 평가하여 포상 및 특별승진 등 기준으로 사용할 수 있다.
③ 제출한 수사첩보에 의해 수사시책 개선발전에 기여한 자는 별도 포상한다.
④ 범죄정보과에서는 범죄첩보 마일리지 제도를 통해 별도 포상을 실시할 수 있다.

5) 범죄첩보 성적 평가

특보	① 전국단위 기획수사에 활용될 수 있는 첩보 ② 2개 이상의 지방청과 연관된 중요 사건 첩보 등 경찰청에서 처리해야 할 첩보	10점
중보	2개 이상 경찰서와 연관된 중요 사건 첩보 등 지방청 단위에서 처리해야 할 첩보	5점
통보	경찰서 단위에서 내사할 가치가 있는 첩보	2점
기록	내사할 정도는 아니나 추후 활용할 가치가 있는 첩보	1점
참고	단순히 수사업무에 참고가 될 뿐 사용가치가 적은 첩보	0점

3. 변사사건처리(경찰청 범죄수사규칙)

제57조(변사자의 검시) ① 「경찰수사규칙」 제27조 제1항에 따라 검시에 참여한 검시조사관은 별지 제15호 서식의 변사자조사결과보고서를 작성하여야 한다.

② 경찰관은 「형사소송법」 제222조 제1항 및 제3항에 따라 검시를 한 때에는 의사의 검안서, 촬영한 사진 등을 검시조서에 첨부하여야 하며, 변사자의 가족, 친족, 이웃사람, 관계자 등의 진술조서를 작성한 때에는 그 조서도 첨부하여야 한다.

③ 경찰관은 검시를 한 경우에 범죄로 인한 사망이라 인식한 때에는 신속하게 수사를 개시하고 소속 경찰관서장에게 보고하여야 한다.

제58조(검시의 요령과 주의사항 등) ① 경찰관은 검시할 때에는 다음 각 호의 사항을 면밀히 조사하여야 한다.

1. 변사자의 등록기준지 또는 국적, 주거, 직업, 성명, 연령과 성별
2. 변사장소 주위의 지형과 사물의 상황
3. 변사체의 위치, 자세, 인상, 치아, 전신의 형상, 상처, 문신 그 밖의 특징
4. 사망의 추정연월일
5. 사인(특히 범죄행위에 기인 여부)
6. 흉기 그 밖의 범죄행위에 사용되었다고 의심되는 물건
7. 발견일시와 발견자
8. 의사의 검안과 관계인의 진술
9. 소지금품 및 유류품
10. 착의 및 휴대품
11. 참여인
12. 중독사의 의심이 있을 때에는 증상, 독물의 종류와 중독에 이른 경우

② 경찰관은 변사자에 관하여 검시, 검증, 해부, 조사 등을 하였을 때에는 특히 인상·전신의 형상·착의 그 밖의 특징있는 소지품의 촬영, 지문의 채취 등을 하여 향후의 수사 또는 신원조사에 지장을 초래하지 않도록 하여야 한다.

제59조(시체의 인도) ① 「경찰수사규칙」 제31조 제1항에 따라 시체를 인도하였을 때에는 인수자에게 별지 제16호서식의 검시필증을 교부해야 한다.

② 변사체는 후일을 위하여 매장함을 원칙으로 한다.

제60조(「가족관계의 등록 등에 관한 법률」에 의한 통보)

① 경찰관은 변사체의 검시를 한 경우에 사망자의 등록기준지가 분명하지 않거나 사망자를 인식할 수 없을 때에는 「가족관계의 등록 등에 관한 법률」 제90조 제1항에 따라 지체 없이 사망지역의 시·구·읍·면의 장에게 검시조서를 첨부하여 별지 제17호 서식의 사망통지서를 송부하여야 한다.

② 경찰관은 제1항에 따라 통보한 사망자가 등록이 되어 있음이 판명되었거나 사망자의 신원을 알 수 있게 된 때에는 「가족관계의 등록 등에 관한 법률」 제90조 제2항에 따라 지체 없이 그 취지를 사망지역의 시·구·읍·면의 장에게 통보하여야 한다.

4. 고소

1) 의의

고소란 범죄의 피해자 또는 그와 일정한 관계가 있는 고소권자가 수사기관에 대하여 범죄사실을 신고하여 범인의 처벌을 구하는 의사표시를 말한다. 고소는 피해자 등 고소권자가 행하는 점에서, 일반인이 수사기관에 범죄사실을 신고하여 범인의 처벌을 희망하는 고발과도 구별된다.

2) 개념요소

수사기관에 대한 신고	법원에 대하여 진술서를 제출하거나 범인의 처벌을 희망하는 것은 고소가 아니다.
범죄사실의 신고	① 고소는 범죄사실을 신고하는 것이므로 고소의 대상인 범죄사실은 특정되어야 하지만, 그 정도는 고소인의 의사가 구체적으로 어떤 범죄사실을 지정하여 처벌을 구하고 있는 것인가를 확정할 수 있을 정도면 족하다. ☞ 구체적으로 범행일시, 장소, 방법 등까지 특정할 필요는 없지만, 범죄사실이 전혀 특정되지 않으면 고소라고 할 수 없다. ② 상대적 친고죄인 경우를 제외하고는 범인을 적시할 필요가 없다.
범인의 처벌을 구하는 의사표시	도난신고 등과 같이 피해사실을 신고하는 것은 고소가 아니다.

3) 성격

수사의 단서	① 비친고죄에서 고소는 수사의 단서에 불과하다. ② 다만, 친고죄 내지 반의사불벌죄의 처벌을 희망하지 않는 의사표시의 경우는 수사의 단서이자 소송조건이 된다.
법률행위	고소는 법률행위적 소송행위이다. 따라서 행위자에게 고소의 의미를 이해할 수 있는 사실상의 의사능력인 고소능력이 있어야 한다.

■ 참조 판례

> 대법원 98도2074 판결
> 고소를 함에는 소송행위능력, 즉 고소능력이 있어야 하는 바, 고소능력은 피해를 받은 사실을 이해하고 고소에 따른 사회생활상의 이해관계를 알아차릴 수 있는 사실상의 의사능력으로 충분하므로 민법상의 행위능력이 없는 자라도 위와 같은 능력을 갖춘 자에게는 고소능력이 인정된다고 할 것이고, 고소위임을 위한 능력도 마찬가지다.

4) 고소권자

피해자		범죄로 인한 직접적 피해자는 고소할 수 있다(형사소송법 제223조).
피해자가 아닌 자	법정대리인	피해자의 법정대리인은 독립하여 고소할 수 있다(형사소송법 제225조 제1항).
	친족	피해자의 법정대리인이 피의자이거나 법정대리인의 친족이 피의자인 때에는 피해자의 친족은 독립하여 고소할 수 있다(형사소송법 제226조).
	지정고소권자	친고죄에 있어 고소할 자가 없는 경우 이해관계인의 신청이 있으면 검사는 10일 이내에 고소할 수 있는 자를 지정하여야 한다(형사소송법 제228조).
	사자 명예훼손	그 친족 또는 자손은 고소할 수 있다(형사소송법 제227조).
	피해자 사망	피해자가 사망할 경우 그 형제자매, 직계친족, 배우자는 고소할 수 있다(형사소송법 제225조 제2항). 단, 피해자의 명시한 의사에 반하지 못한다.

■ 참조 판례

> 대법원 99도3784 판결
> 형사소송법 제225조 제1항이 규정한 법정대리인의 고소권은 무능력자의 보호를 위하여 법정대리인에게 주어진 고유권이므로, 법정대리인은 피해자의 고소권 소멸여부에 관계없이 고소할 수 있고, 이러한 고소권은 피해자의 명시한 의사에 반하여도 행사할 수 있다.

5) 고소의 제한

자기 또는 배우자의 직계존속을 고소하지 못한다(형사소송법 제224조). 다만 가정폭력범죄(가정폭력특별 제6조 제2항)나 성폭력범죄(성폭력특별법 제18조)에 대하여는 형사소송법상의 규정에도 불구하고 자기 또는 배우자의 직계존속을 고소할 수 있다.

6) 고소의 기간

비친고죄	비친고죄에 대한 고소는 수사의 단서에 불과하므로 고소기간의 제한이 없다.
친고죄	원칙적으로 범인을 알게 된 날로부터 6개월이 경과하면 고소하지 못한다(형사소송법 제230조).

시기	① 고소기간은 범인을 알게 된 날로부터 기산한다. ② 범인은 정범·공범을 불문한다. 범인이 수인인 때에는 그 중 1인만 알면 족하다. 다만, 상대적 친고죄의 경우에는 신분관계 있는 범인을 알게 된 날이 기준이 된다. ③ 범인이 누구인지 특정할 수 있을 정도로 알아야 하지만, 범인의 동일성을 식별할 수 있을 정도로 인식함으로써 족하고 범인의 주소·성명까지 알 필요는 없다. ④ 법정대리인의 고소기간은 법정대리인 자신이 범인을 알게 된 날로부터 진행한다. ⑤ 고소할 수 있는 자가 수인인 때에는 1인의 기간의 해태(고소기간의 경과)는 타인의 고소에 영향이 없다.
예외	친고죄의 경우에 고소할 수 없는 불가항력의 사유가 있는 때에는 그 사유가 없어진 날 로부터 기산한다(형사소송법 제230조 제1항 단서).

■ 참조 판례

> 대법원 2001도3106 판결
> 형사소송법 제230조 제1항 본문은 "친고죄에 대하여는 범인을 알게 된 날로부터 6 월을 경과하면 고소하지 못한다."고 규정하고 있는바, 여기서 범인을 알게 된다 함 은 통상인의 입장에서 보아 고소권자가 고소를 할 수 있을 정도로 범죄사실과 범인 을 아는 것을 의미하고, 범죄사실을 안다는 것은 고소권자가 친고죄에 해당하는 범 죄의 피해가 있었다는 사실관계에 관하여 확정적인 인식이 있음을 말한다.

7) 고소의 방식

서면 구술	① 고소는 서면 또는 구술로 검사 또는 사법경찰관에게 하여야 한다. ② 구술에 의한 고소를 받은 때에는 조서를 작성하여야 한다. * 전화, 전보, 팩시밀리에 의한 고소는 조서가 작성되지 않는 한 고소의 효력이 없다.
고소 대리	대리에 의한 고소도 가능하다. ☞ 대리권이 없는 자가 대리로 고소를 한 경우 고소의 효력은 발생하지 아니한다.

■ 참조 판례

> 대법원 2010도9524 판결
> 피해자가 경찰청 인터넷 홈페이지에 '피고인을 철저히 조사해 달라'는 취지의 민원 을 접수하는 형태로 피고인에 대한 조사를 촉구하는 의사표시를 한 것은 형사소송 법에 따른 적법한 고소로 보기 어렵다.

8) 고소의 취소

의의	① 일단 제기한 고소를 철회하는 법률행위적 소송행위를 말한다. ② 반의사불벌죄에 있어서 처벌희망의사표시 철회도 고소의 취소에 준한다.
취소권자	고소인 또는 고소의 대리행사권자가 고소를 취소할 수 있다.
취소방식	① 고소의 방식과 동일하다. 즉, 고소취소는 서면 또는 구술로 할 수 있고, 대리도 가능하다(형사소송법 제236조, 제239조). ② 고소취소는 수사기관, 법원에 대한 소송행위이므로 공소제기 전에는 수사기관에, 공소제기 후에는 수소법원에 대하여 이루어져야 한다. ③ 합의서가 제출된 경우 합의서 기재내용이나 제출경위를 구체적으로 살펴보아 고소취소의 효력유무를 판단해야 한다.
취소시기	① 고소는 제1심 판결선고 전까지 취소할 수 있다(형사소송법 제232조 제1항). ② 반의사불벌죄에 있어서는 처벌을 희망하는 의사표시의 철회도 같다(형사소송법 제232조 제3항).
고소불가분	고소취소의 경우에도 고소불가분의 원칙이 적용된다(형사소송법 제233조).
고소권 소멸	① 고소를 취소하면 고소권은 소멸한다. ② 고유의 고소권자가 고소를 취소하면 대리권자의 고소권도 소멸한다. ③ 하나의 범죄에 대하여 피해자가 수인인 경우 1인이 고소를 취소하더라도 다른 피해자의 고소권은 소멸하지 아니한다.
재고소 불가	고소기간 내일지라도 다시 고소할 수 없다(형사소송법 제232조 제2항).
조치	고소취소가 있으면 검사는 공소권 없음 불기소처분을 해야 하고, 법원은 공소기각 판결(형사소송법 제327조 제5호)을 선고해야 한다.

5. 고발

1) 의의

의의	① 제3자(범인 및 고소권자 이외의 자)가 수사기관에 대하여 범죄사실을 신고하여 범인의 처벌을 구하는 의사표시이다. ☞ 처벌희망의 표시가 없는 단순한 범죄사실의 신고는 고발이 아니다. ② 고발은 반드시 범인을 적시할 필요는 없고, 범인으로 지정한 자가 진범인이 아니더라도 고발의 효력에는 영향이 없다. ☞ 진범이 아닌 자에 대한 고발은 진범인에게는 그 효력이 미치지 않는다.
성격	고발은 일반적으로 수사의 단서에 불과하지만, 예외적으로 공무원의 고발을 기다려 죄를 논하게 되는 전속적 고발사건에 대하여는 소송조건이 될 수 있다.

☞ 전속적 고발사건: ① 관세법 ② 독점규제 및 공정거래에 관한 법률 ③ 조세범처벌법 ④ 출입국관리법 ⑤ 국회에서의 증언·감정등에 관한 법률 ⑥ 물가안정에 관한 법률

■ 참조 판례

> **대법원 94도453 판결**
> 고발이란 범죄사실을 수사기관에 고하여 그 소추를 촉구하는 것으로서 범인을 지적할 필요가 없는 것이고, 또한 고발에서 지정한 범인이 진범인이 아니더라도 고발의 효력에는 영향이 없는 것이므로, 고발인이 농지전용행위를 한 사람을 甲으로 잘못 알고 甲을 피고발인으로 하여 고발하였다고 하더라도 乙이 농지전용행위를 한 이상 乙에 대하여도 고발의 효력이 미친다.

2) 고발의 방식

고발권자	① 누구든지 범죄사실이 있다고 사료할 때에는 고발할 수 있다. ② 공무원은 그 직무를 행함에 있어서 죄가 된다고 사료하는 때에는 고발할 의무가 있다(형사소송법 제234조).
대리불가	고발은 대리로 할 수 없다.
고발방식	① 고발은 서면 또는 구술로써 검사 또는 사법경찰관에게 하여야 한다. ② 검사 또는 사법경찰관이 구술에 의한 고발을 받은 때에는 조서를 작성하여야 한다.
고발제한	자기 또는 배우자의 직계존속은 고발하지 못한다.
재고발	고발은 취소한 후에도 다시 고발할 수 있다.
사건처리	사법경찰관이 고소 또는 고발을 받은 때에는 신속히 조사하여 관계서류와 증거물을 검사에게 송부하여야 한다(형사소송법 제238조).

6. 자수

자수란 범인이 수사기관에 대하여 자발적으로 자기의 범죄사실을 신고하여 그 수사 및 소추를 구하는 의사표시를 말한다. 이러한 자수는 자기의 범죄사실을 신고한다는 점에서 타인의 범죄사실을 신고하는 고소·고발과 구별되며, 자발적으로 자기의 범죄사실을 신고한다는 점에서 수사기관의 신문을 받고 범죄사실을 자인하는 자백과도 구별된다. 또 피해자에게 범죄사실을 신고하여 용서를 구하는 것은 자복(自服)이고 자수는 아니다. 그러나 자복은 반의사불벌죄에 있어서는 자수와 같은 효력이 있다. 자수

의 절차는 고소·고발의 방식에 관한 형사소송법 제237조, 제238조의 규정을 준용한다(법 제240조). 대리인에 의한 자수는 허용되지 않으나, 자수의 신고방법에는 법률상 특별한 제한이 없으므로 제3자를 통해서도 할 수 있다.

제3절 각 기능별 수사

Ⅰ 성폭력사건 수사

1. 「성폭력범죄의 처벌 등에 관한 특례법」

성폭력범죄의 처벌 및 그 절차에 관한 특례를 규정함으로써 성폭력범죄 피해자의 생명과 신체의 안전을 보장하고 건강한 사회질서의 확립에 이바지함을 목적으로 「성폭력범죄의 처벌 등에 관한 특례법」을 두고 있다. 이 법에서 두고 있는 형사절차상 특례를 간략히 살펴본다.

1) 고소제한의 예외

> 제18조(고소 제한에 대한 예외) 성폭력범죄에 대하여는 「형사소송법」 제224조(고소의 제한) 및 「군사법원법」 제266조에도 불구하고 자기 또는 배우자의 직계존속을 고소할 수 있다.

2) 공소시효에 관한 특례

공소시효의 정지	미성년자에 대한 성폭력범죄의 공소시효는 형사소송법 제252조 제1항 및 군사법원법 제294조 제1항에도 불구하고 해당 성폭력범죄로 피해를 당한 미성년자가 성년에 달한 날부터 진행한다(제21조 제1항).
과학적 증거에 의한 공소시효의 연장	제2조 제3호 및 제4호의 죄와 제3조부터 제9조까지의 죄는 디엔에이(DNA)증거 등 그 죄를 증명할 수 있는 과학적인 증거가 있는 때에는 공소시효가 10년 연장된다(제21조 제2항).

공소시효의 배제	13세 미만의 사람 및 신체적인 또는 정신적인 장애가 있는 사람에 대하여 형법상 강간 등의 죄, 성폭력범죄특례법상의 강제추행 등의 죄(제6조 제2항, 제7조 제2항, 제8조, 제9조),「아동·청소년의 성보호에 관한 법률」제9조 또는 제10조의 죄를 범한 경우에는 형사소송법상의 공소시효를 적용하지 않는다(제21조 제3항). 또한 형법 제301조의2(강간등 살인·치사)의 죄(강간 등 살인에 한정한다), 성폭력범죄특례법상의 제9조 제1항의 죄,「아동·청소년의 성보호에 관한 법률」제10조 제1항의 죄(강간 등 살인·치사), 군형법 제92조의8의 죄(강간 등 살인에 한정한다)에도 형사소송법상의 공소시효를 적용하지 않는다(제21조 제4항).

3) 성폭력범죄의 피해자에 대한 전담조사제

제26조(성폭력범죄의 피해자에 대한 전담조사제) ① 검찰총장은 각 지방검찰청 검사장으로 하여금 성폭력범죄 전담 검사를 지정하도록 하여 특별한 사정이 없으면 이들로 하여금 피해자를 조사하게 하여야 한다.
② 경찰청장은 각 경찰서장으로 하여금 성폭력범죄 전담 사법경찰관을 지정하도록 하여 특별한 사정이 없으면 이들로 하여금 피해자를 조사하게 하여야 한다.
③ 국가는 제1항의 검사 및 제2항의 사법경찰관에게 성폭력범죄의 수사에 필요한 전문 지식과 피해자보호를 위한 수사방법 및 수사절차, 아동 심리 및 아동·장애인 조사 면담 기법 등에 관한 교육을 실시하여야 한다.
④ 성폭력범죄를 전담하여 조사하는 제1항의 검사 및 제2항의 사법경찰관은 19세 미만인 피해자나 신체적인 또는 정신적인 장애로 사물을 변별하거나 의사를 결정할 능력이 미약한 피해자(이하 "19세미만피해자등"이라 한다)를 조사할 때에는 피해자의 나이, 인지적 발달 단계, 심리 상태, 장애 정도 등을 종합적으로 고려하여야 한다.

4) 성폭력범죄 피해자에 대한 변호사 선임의 특례

제27조(성폭력범죄 피해자에 대한 변호사 선임의 특례) ① 성폭력범죄의 피해자 및 그 법정대리인(이하 "피해자등"이라 한다)은 형사절차상 입을 수 있는 피해를 방어하고 법률적 조력을 보장하기 위하여 변호사를 선임할 수 있다.
② 제1항에 따른 변호사는 검사 또는 사법경찰관의 피해자등에 대한 조사에 참여하여 의견을 진술할 수 있다. 다만, 조사 도중에는 검사 또는 사법경찰관의 승인을 받아 의견을 진술할 수 있다.
③ 제1항에 따른 변호사는 피의자에 대한 구속 전 피의자심문, 증거보전절차, 공판준비기일 및 공판절차에 출석하여 의견을 진술할 수 있다. 이 경우 필요한 절차에 관한 구체적 사항은 대법원규칙으로 정한다.
④ 제1항에 따른 변호사는 증거보전 후 관계 서류나 증거물, 소송계속 중의 관계 서류나

증거물을 열람하거나 등사할 수 있다.

⑤ 제1항에 따른 변호사는 형사절차에서 피해자등의 대리가 허용될 수 있는 모든 소송행위에 대한 포괄적인 대리권을 가진다.

⑥ 검사는 피해자에게 변호사가 없는 경우 국선변호사를 선정하여 형사절차에서 피해자의 권익을 보호할 수 있다. 다만, 19세미만 피해자등에게 변호사가 없는 경우에는 국선변호사를 선정하여야 한다.

5) 수사 및 재판절차에서의 배려

제29조(수사 및 재판절차에서의 배려) ① 수사기관과 법원 및 소송관계인은 성폭력범죄를 당한 피해자의 나이, 심리 상태 또는 후유장애의 유무 등을 신중하게 고려하여 조사 및 심리·재판 과정에서 피해자의 인격이나 명예가 손상되거나 사적인 비밀이 침해되지 아니하도록 주의하여야 한다.

② 수사기관과 법원은 성폭력범죄의 피해자를 조사하거나 심리·재판할 때 피해자가 편안한 상태에서 진술할 수 있는 환경을 조성하여야 하며, 조사 및 심리·재판 횟수는 필요한 범위에서 최소한으로 하여야 한다.

③ 수사기관과 법원은 조사 및 심리·재판 과정에서 19세미만 피해자등의 최상의 이익을 고려하여 다음 각 호에 따른 보호조치를 하도록 노력하여야 한다.

1. 19세미만 피해자등의 진술을 듣는 절차가 타당한 이유 없이 지연되지 아니하도록 할 것

2. 19세미만 피해자등의 진술을 위하여 아동 등에게 친화적으로 설계된 장소에서 피해자 조사 및 증인신문을 할 것

3. 19세미만 피해자등이 피의자 또는 피고인과 접촉하거나 마주치지 아니하도록 할 것

4. 19세미만 피해자등에게 조사 및 심리·재판 과정에 대하여 명확하고 충분히 설명할 것

5. 그 밖에 조사 및 심리·재판 과정에서 19세미만 피해자등의 보호 및 지원 등을 위하여 필요한 조치를 할 것

6) 19세미만 피해자등 진술 내용 등의 영상녹화 및 보존 등

제30조(19세미만 피해자등 진술 내용 등의 영상녹화 및 보존 등) ① 검사 또는 사법경찰관은 19세미만 피해자등의 진술 내용과 조사 과정을 영상녹화장치로 녹화(녹음이 포함된 것을 말하며, 이하 "영상녹화"라 한다)하고, 그 영상녹화물을 보존하여야 한다.

② 검사 또는 사법경찰관은 19세미만 피해자등을 조사하기 전에 다음 각 호의 사실을 피

해자의 나이, 인지적 발달 단계, 심리 상태, 장애 정도 등을 고려한 적절한 방식으로 피
해자에게 설명하여야 한다.

1. 조사 과정이 영상녹화된다는 사실
2. 영상녹화된 영상녹화물이 증거로 사용될 수 있다는 사실
③ 제1항에도 불구하고 19세미만 피해자등 또는 그 법정대리인(법정대리인이 가해자이
거나 가해자의 배우자인 경우는 제외한다)이 이를 원하지 아니하는 의사를 표시하는 경
우에는 영상녹화를 하여서는 아니 된다.
④ 검사 또는 사법경찰관은 제1항에 따른 영상녹화를 마쳤을 때에는 지체 없이 피해자
또는 변호사 앞에서 봉인하고 피해자로 하여금 기명날인 또는 서명하게 하여야 한다.
⑤ 검사 또는 사법경찰관은 제1항에 따른 영상녹화 과정의 진행 경과를 조서(별도의 서
면을 포함한다. 이하 같다)에 기록한 후 수사기록에 편철하여야 한다.
⑥ 제5항에 따라 영상녹화 과정의 진행 경과를 기록할 때에는 다음 각 호의 사항을 구체
적으로 적어야 한다.
1. 피해자가 영상녹화 장소에 도착한 시각
2. 영상녹화를 시작하고 마친 시각
3. 그 밖에 영상녹화 과정의 진행경과를 확인하기 위하여 필요한 사항
⑦ 검사 또는 사법경찰관은 19세미만 피해자등이나 그 법정대리인이 신청하는 경우에는
영상녹화 과정에서 작성한 조서의 사본 또는 영상녹화물에 녹음된 내용을 옮겨 적은 녹
취서의 사본을 신청인에게 발급하거나 영상녹화물을 재생하여 시청하게 하여야 한다.
⑧ 누구든지 제1항에 따라 영상녹화한 영상녹화물을 수사 및 재판의 용도 외에 다른 목
적으로 사용하여서는 아니 된다.

7) 신뢰관계 있는 자의 동석

제34조(신뢰관계에 있는 사람의 동석) ① 법원은 다음 각 호의 어느 하나에 해당하는 피해자
를 증인으로 신문하는 경우에 검사, 피해자 또는 그 법정대리인이 신청할 때에는 재판에
지장을 줄 우려가 있는 등 부득이한 경우가 아니면 피해자와 신뢰관계에 있는 사람을
동석하게 하여야 한다.
1. 제3조부터 제8조까지, 제10조, 제14조, 제14조의2, 제14조의3, 제15조(제9조의 미수범
   은 제외한다) 및 제15조의2에 따른 범죄의 피해자
2. 19세미만 피해자 등
② 제1항은 수사기관이 같은 항 각 호의 피해자를 조사하는 경우에 관하여 준용한다.
③ 제1항 및 제2항의 경우 법원과 수사기관은 피해자와 신뢰관계에 있는 사람이 피해자
에게 불리하거나 피해자가 원하지 아니하는 경우에는 동석하게 하여서는 아니 된다.

8) 진술조력인의 수사과정 참여

제36조(진술조력인의 수사과정 참여) ① 검사 또는 사법경찰관은 성폭력범죄의 피해자가 19
세미만 피해자 등인 경우 형사사법절차에서의 조력과 원활한 조사를 위하여 직권이나
피해자, 그 법정대리인 또는 변호사의 신청에 따라 진술조력인으로 하여금 조사과정에
참여하여 의사소통을 중개하거나 보조하게 할 수 있다. 다만, 피해자 또는 그 법정대리
인이 이를 원하지 아니하는 의사를 표시한 경우에는 그러하지 아니하다.
② 검사 또는 사법경찰관은 제1항의 피해자를 조사하기 전에 피해자, 법정대리인 또는 변
호사에게 진술조력인에 의한 의사소통 중개나 보조를 신청할 수 있음을 고지하여야 한다.
③ 진술조력인은 조사 전에 피해자를 면담하여 진술조력인 조력 필요성에 관하여 평가한
의견을 수사기관에 제출할 수 있다.
④ 제1항에 따라 조사과정에 참여한 진술조력인은 피해자의 의사소통이나 표현 능력, 특
성 등에 관한 의견을 수사기관이나 법원에 제출할 수 있다.
⑤ 제1항부터 제4항까지의 규정은 검증에 관하여 준용한다.
⑥ 그 밖에 진술조력인의 수사절차 참여에 관한 절차와 방법 등 필요한 사항은 법무부령
으로 정한다.

9) 증거보전의 특례

제41조(증거보전의 특례) ① 피해자나 그 법정대리인 또는 사법경찰관은 피해자가 공판기일
에 출석하여 증언하는 것에 현저히 곤란한 사정이 있을 때에는 그 사유를 소명하여 제
30조에 따라 영상녹화된 영상녹화물 또는 그 밖의 다른 증거에 대하여 해당 성폭력범죄
를 수사하는 검사에게 「형사소송법」 제184조(증거보전의 청구와 그 절차)제1항에 따른
증거보전의 청구를 할 것을 요청할 수 있다. 이 경우 피해자가 19세미만 피해자등인 경
우에는 공판기일에 출석하여 증언하는 것에 현저히 곤란한 사정이 있는 것으로 본다.
② 제1항의 요청을 받은 검사는 그 요청이 타당하다고 인정할 때에는 증거보전의 청구를
할 수 있다. 다만, 19세미만 피해자 등이나 그 법정대리인이 제1항의 요청을 하는 경우에
는 특별한 사정이 없는 한 「형사소송법」 제184조제1항에 따라 관할 지방법원판사에게
증거보전을 청구하여야 한다.

2. 아동·청소년의 성범죄에 관한 법률

아동·청소년대상 성범죄의 처벌과 절차에 관한 특례를 규정하고 피해아동·청소
년을 위한 구제 및 지원 절차를 마련하며 아동·청소년대상 성범죄자를 체계적으로
관리함으로써 아동·청소년을 성범죄로부터 보호하고 아동·청소년이 건강한 사회구

성원으로 성장할 수 있도록 함을 목적으로 「아동·청소년의 성범죄에 관한 법률」을 두고 있다.

1) 정의

제2조(정의) 이 법에서 사용하는 용어의 뜻은 다음과 같다.
1. "아동·청소년"이란 19세 미만의 자를 말한다. 다만, 19세에 도달하는 연도의 1월 1일을 맞이한 자는 제외한다. [23년 2차]
2. "아동·청소년대상 성범죄"란 다음 각 목의 어느 하나에 해당하는 죄를 말한다.
   가. 제7조, 제7조의2, 제8조, 제8조의2, 제9조부터 제15조까지 및 제15조의2의 죄
   나. 아동·청소년에 대한 「성폭력범죄의 처벌 등에 관한 특례법」 제3조부터 제15조까지의 죄
   다. 아동·청소년에 대한 「형법」 제297조, 제297조의2 및 제298조부터 제301조까지, 제301조의2, 제302조, 제303조, 제305조, 제339조 및 제342조(제339조의 미수범에 한정한다)의 죄
   라. 아동·청소년에 대한 「아동복지법」 제17조제2호의 죄
3. "아동·청소년대상 성폭력범죄"란 아동·청소년대상 성범죄에서 제11조부터 제15조까지 및 제15조의2의 죄를 제외한 죄를 말한다.
3의 2. "성인대상 성범죄"란 「성폭력범죄의 처벌 등에 관한 특례법」 제2조에 따른 성폭력범죄를 말한다. 다만, 아동·청소년에 대한 「형법」 제302조 및 제305조의 죄는 제외한다.
4. "아동·청소년의 성을 사는 행위"란 아동·청소년, 아동·청소년의 성(성)을 사는 행위를 알선한 자 또는 아동·청소년을 실질적으로 보호·감독하는 자 등에게 금품이나 그 밖의 재산상 이익, 직무·편의제공 등 대가를 제공하거나 약속하고 다음 각 목의 어느 하나에 해당하는 행위를 아동·청소년을 대상으로 하거나 아동·청소년으로 하여금 하게 하는 것을 말한다.
   가. 성교 행위
   나. 구강·항문 등 신체의 일부나 도구를 이용한 유사 성교 행위
   다. 신체의 전부 또는 일부를 접촉·노출하는 행위로서 일반인의 성적 수치심이나 혐오감을 일으키는 행위
   라. 자위 행위
5. "아동·청소년성착취물"이란 아동·청소년 또는 아동·청소년으로 명백하게 인식될 수 있는 사람이나 표현물이 등장하여 제4호 각 목의 어느 하나에 해당하는 행위를 하거나 그 밖의 성적 행위를 하는 내용을 표현하는 것으로서 필름·비디오물·게임물 또는 컴퓨터나 그 밖의 통신매체를 통한 화상·영상 등의 형태로 된 것을 말한다.
6. "피해아동·청소년"이란 제2호나목부터 라목까지, 제7조, 제7조의2, 제8조, 제8조의2, 제9조부터 제15조까지 및 제15조의2의 죄의 피해자가 된 아동·청소년(제13조 제1항의 죄의 상대방이 된 아동·청소년을 포함한다)을 말한다.

6의 2. "성매매 피해아동·청소년"이란 피해아동·청소년 중 제13조 제1항의 죄의 상대방 또는 제13조 제2항·제14조·제15조의 죄의 피해자가 된 아동·청소년을 말한다.

9. "등록정보"란 법무부장관이 「성폭력범죄의 처벌 등에 관한 특례법」 제42조제1항의 등록대상자에 대하여 같은 법 제44조 제1항에 따라 등록한 정보를 말한다.

2) 처벌규정

제12조(아동·청소년 매매행위) ① 아동·청소년의 성을 사는 행위 또는 아동·청소년성착취물을 제작하는 행위의 대상이 될 것을 알면서 아동·청소년을 매매 또는 국외에 이송하거나 국외에 거주하는 아동·청소년을 국내에 이송한 자는 무기 또는 5년 이상의 징역에 처한다.

② 제1항의 **미수범**은 처벌한다.

제13조(아동·청소년의 성을 사는 행위 등)

① 아동·청소년의 성을 사는 행위를 한 자는 1년 이상 10년 이하의 징역 또는 2천만원 이상 5천만원 이하의 벌금에 처한다.

② 아동·청소년의 성을 사기 위하여 아동·청소년을 유인하거나 성을 팔도록 권유한 자는 3년 이하의 징역 또는 3천만원 이하의 벌금에 처한다.

③ 16세 미만의 아동·청소년 및 장애 아동·청소년을 대상으로 제1항 또는 제2항의 죄를 범한 경우에는 그 죄에 정한 형의 2분의 1까지 가중처벌한다.

제14조(아동·청소년에 대한 강요행위 등) ① 다음 각 호의 어느 하나에 해당하는 자는 5년 이상의 유기징역에 처한다.

1. 폭행이나 협박으로 아동·청소년으로 하여금 아동·청소년의 성을 사는 행위의 상대방이 되게 한 자

2. 선불금, 그 밖의 채무를 이용하는 등의 방법으로 아동·청소년을 곤경에 빠뜨리거나 위계 또는 위력으로 아동·청소년으로 하여금 아동·청소년의 성을 사는 행위의 상대방이 되게 한 자 [23년 2차]

3. 업무·고용이나 그 밖의 관계로 자신의 보호 또는 감독을 받는 것을 이용하여 아동·청소년으로 하여금 아동·청소년의 성을 사는 행위의 상대방이 되게 한 자

4. 영업으로 아동·청소년을 아동·청소년의 성을 사는 행위의 상대방이 되도록 유인·권유한 자

② 제1항제1호부터 제3호까지의 죄를 범한 자가 그 대가의 전부 또는 일부를 받거나 이를 요구 또는 약속한 때에는 7년 이상의 유기징역에 처한다.

③ 아동·청소년의 성을 사는 행위의 상대방이 되도록 유인·권유한 자는 7년 이하의 징역 또는 5천만원 이하의 벌금에 처한다.

④ 제1항과 제2항의 **미수범**은 처벌한다.

아동·청소년 대상 성범죄에 대한 미수범의 처벌 유무는 다음과 같다.

미수범을 처벌하는 경우	① 아동·청소년에 대한 강간·강제추행 등 ② 아동·청소년성착취물을 제작·수입 또는 수출하는 행위 ③ 아동·청소년 매매행위 ④ 아동·청소년에 대한 강요행위 등
미수범을 처벌하지 않는 경우	① 장애인인 아동·청소년에 대한 간음 등 ② 13세 이상 16세 미만 아동·청소년에 대한 간음 등 ③ 강간 등 상해·치상 ④ 강간 등 살인·치사 ⑤ 아동·청소년의 성을 사는 행위 [24년 1차] ⑥ 아동·청소년의 성을 사는 행위의 상대방이 되도록 유인·권유하는 행위 ⑦ 아동·청소년의 성을 사는 행위의 알선영업행위 ⑧ 아동·청소년에 대한 성착취 목적 대화 등 ⑨ 아동·청소년 성착취물을 판매·대여·배포·제공·소지·운반·전시·상영하는 행위

3) 공소시효에 관한 특례

제20조(공소시효에 관한 특례) ① 아동·청소년대상 성범죄의 공소시효는 「형사소송법」 제252조 제1항에도 불구하고 해당 성범죄로 피해를 당한 아동·청소년이 성년에 달한 날부터 진행한다.
② 제7조의 죄는 디엔에이(DNA)증거 등 그 죄를 증명할 수 있는 과학적인 증거가 있는 때에는 공소시효가 10년 연장된다.
③ 13세 미만의 사람 및 신체적인 또는 정신적인 장애가 있는 아동·청소년에 대하여 다음 각 호의 죄를 범한 경우에는 제1항과 제2항에도 불구하고 「형사소송법」 제249조부터 제253조까지 및 「군사법원법」 제291조부터 제295조까지에 규정된 공소시효를 적용하지 아니한다.
1. 「형법」 제297조(강간), 제298조(강제추행), 제299조(준강간, 준강제추행), 제301조(강간등 상해·치상), 제301조의2(강간등 살인·치사) 또는 제305조(미성년자에 대한 간음, 추행)의 죄
2. 제9조 및 제10조의 죄
3. 「성폭력범죄의 처벌 등에 관한 특례법」 제6조 제2항, 제7조 제2항·제5항, 제8조, 제9조의 죄
④ 다음 각 호의 죄를 범한 경우에는 제1항과 제2항에도 불구하고 「형사소송법」 제249조

부터 제253조까지 및 「군사법원법」 제291조부터 제295조까지에 규정된 공소시효를 적용하지 아니한다.

1. 「형법」 제301조의2(강간등 살인·치사)의 죄(강간등 살인에 한정한다)
2. 제10조 제1항 및 제11조 제1항의 죄
3. 「성폭력범죄의 처벌 등에 관한 특례법」 제9조 제1항의 죄

4) 아동·청소년대상 디지털 성범죄의 수사 특례

제25조(수사 및 재판 절차에서의 배려)

① 수사기관과 법원 및 소송관계인은 아동·청소년대상 성범죄를 당한 피해자의 나이, 심리 상태 또는 후유장애의 유무 등을 신중하게 고려하여 조사 및 심리·재판 과정에서 피해자의 인격이나 명예가 손상되거나 사적인 비밀이 침해되지 아니하도록 주의하여야 한다.

② 수사기관과 법원은 아동·청소년대상 성범죄의 피해자를 조사하거나 심리·재판할 때 피해자가 편안한 상태에서 진술할 수 있는 환경을 조성하여야 하며, 조사 및 심리·재판 횟수는 필요한 범위에서 최소한으로 하여야 한다.

③ 수사기관과 법원은 제2항에 따른 조사나 심리·재판을 할 때 피해아동·청소년이 13세 미만이거나 신체적인 또는 정신적인 장애로 의사소통이나 의사표현에 어려움이 있는 경우 조력을 위하여 「성폭력범죄의 처벌 등에 관한 특례법」 제36조부터 제39조까지를 준용한다. 이 경우 "성폭력범죄"는 "아동·청소년대상 성범죄"로, "피해자"는 "피해아동·청소년"으로 본다.

제25조의2(아동·청소년대상 디지털 성범죄의 수사 특례) 22년 2차/23년 2차

① 사법경찰관리는 다음 각 호의 어느 하나에 해당하는 범죄(이하 "디지털 성범죄"라 한다)에 대하여 신분을 비공개하고 범죄현장(정보통신망을 포함한다) 또는 범인으로 추정되는 자들에게 접근하여 범죄행위의 증거 및 자료 등을 수집(이하 "신분비공개수사"라 한다)할 수 있다.

1. 제11조 및 제15조의2의 죄 23년 2차
2. 아동·청소년에 대한 「성폭력범죄의 처벌 등에 관한 특례법」 제14조 제2항 및 제3항의 죄

② 사법경찰관리는 디지털 성범죄를 계획 또는 실행하고 있거나 실행하였다고 의심할 만한 충분한 이유가 있고, 다른 방법으로는 그 범죄의 실행을 저지하거나 범인의 체포 또는 증거의 수집이 어려운 경우에 한정하여 수사 목적을 달성하기 위하여 부득이한 때에는 다음 각 호의 행위(이하 "신분위장수사"라 한다)를 할 수 있다.

1. 신분을 위장하기 위한 문서, 도화 및 전자기록 등의 작성, 변경 또는 행사
2. 위장 신분을 사용한 계약·거래
3. 아동·청소년성착취물 또는 「성폭력범죄의 처벌 등에 관한 특례법」 제14조제2항의 촬영물 또는 복제물(복제물의 복제물을 포함한다)의 소지, 판매 또는 광고

제25조의3(아동·청소년대상 디지털 성범죄 수사 특례의 절차) 22년 2차/23년 2차

① 사법경찰관리가 신분비공개수사를 진행하고자 할 때에는 사전에 상급 경찰관서 수사부서의 장의 승인을 받아야 한다. 이 경우 그 수사기간은 3개월을 초과할 수 없다.

② 제1항에 따른 승인의 절차 및 방법 등에 필요한 사항은 대통령령으로 정한다.

③ 사법경찰관리는 신분위장수사를 하려는 경우에는 검사에게 신분위장수사에 대한 허가를 신청하고, 검사는 법원에 그 허가를 청구한다.

④ 제3항의 신청은 필요한 신분위장수사의 종류·목적·대상·범위·기간·장소·방법 및 해당 신분위장수사가 제25조의2 제2항의 요건을 충족하는 사유 등의 신청사유를 기재한 서면으로 하여야 하며, 신청사유에 대한 소명자료를 첨부하여야 한다.

⑤ 법원은 제3항의 신청이 이유 있다고 인정하는 경우에는 신분위장수사를 허가하고, 이를 증명하는 서류(이하 "허가서"라 한다)를 신청인에게 발부한다.

⑥ 허가서에는 신분위장수사의 종류·목적·대상·범위·기간·장소·방법 등을 특정하여 기재하여야 한다.

⑦ 신분위장수사의 기간은 3개월을 초과할 수 없으며, 그 수사기간 중 수사의 목적이 달성되었을 경우에는 즉시 종료하여야 한다.

⑧ 제7항에도 불구하고 제25조의2 제2항의 요건이 존속하여 그 수사기간을 연장할 필요가 있는 경우에는 사법경찰관리는 소명자료를 첨부하여 3개월의 범위에서 수사기간의 연장을 검사에게 신청하고, 검사는 법원에 그 연장을 청구한다. 이 경우 신분위장수사의 총 기간은 1년을 초과할 수 없다.

5) 아동·청소년대상 디지털 성범죄에 대한 긴급 신분위장수사

제25조의4(아동·청소년대상 디지털 성범죄에 대한 긴급 신분위장수사)

① 사법경찰관리는 제25조의2 제2항의 요건을 구비하고, 제25조의3 제3항부터 제8항까지에 따른 절차를 거칠 수 없는 긴급을 요하는 때에는 법원의 허가 없이 신분위장수사를 할 수 있다.

② 사법경찰관리는 제1항에 따른 신분위장수사 개시 후 지체 없이 검사에게 허가를 신청하여야 하고, 사법경찰관리는 48시간 이내에 법원의 허가를 받지 못한 때에는 즉시 신분위장수사를 중지하여야 한다.

③ 제1항 및 제2항에 따른 신분위장수사 기간에 대해서는 제25조의3 제7항 및 제8항을 준용한다.

6) 증거 및 자료사용 등의 제한

제25조의5(아동·청소년대상 디지털 성범죄에 대한 신분비공개수사 또는 신분위장수사로 수집한 증거 및 자료 등의 사용제한) 사법경찰관리가 제25조의2부터 제25조의4까지에 따라 수집

한 증거 및 자료 등은 다음 각 호의 어느 하나에 해당하는 경우 외에는 사용할 수 없다.
1. 신분비공개수사 또는 신분위장수사의 목적이 된 디지털 성범죄나 이와 관련되는 범죄를 수사·소추하거나 그 범죄를 예방하기 위하여 사용하는 경우
2. 신분비공개수사 또는 신분위장수사의 목적이 된 디지털 성범죄나 이와 관련되는 범죄로 인한 징계절차에 사용하는 경우
3. 증거 및 자료 수집의 대상자가 제기하는 손해배상청구소송에서 사용하는 경우
4. 그 밖에 다른 법률의 규정에 의하여 사용하는 경우

7) 국가경찰위원회와 국회의 통제

제25조의6(국가경찰위원회와 국회의 통제) ① 「국가경찰과 자치경찰의 조직 및 운영에 관한 법률」 제16조 제1항에 따른 국가수사본부장은 신분비공개수사가 종료된 즉시 대통령령*으로 정하는 바에 따라 같은 법 제7조 제1항에 따른 국가경찰위원회에 수사 관련 자료를 보고하여야 한다.
② 국가수사본부장은 대통령령*으로 정하는 바에 따라 국회 소관 상임위원회에 신분비공개수사 관련 자료를 반기별로 보고하여야 한다.

*대통령령(아동·청소년의 성보호에 관한 법률 시행령) 제5조의5(신분비공개수사에 대한 통제)
① 법 제25조의6제1항에 따른 국가경찰위원회에 대한 보고사항은 종료된 신분비공개수사의 승인요청 경찰관서, 승인기간, 종료일시, 종료사유, 수사대상, 수사방법, 사건요지 및 필요성으로 한다.
② 법 제25조의6제2항에 따른 국회 소관 상임위원회에 대한 보고사항은 종료된 신분비공개수사의 승인요청 경찰관서, 승인기간, 종료일시, 종료사유 및 승인건수로 한다.
③ 제1항 및 제2항에 따른 보고는 전자적 파일을 「정보통신망 이용촉진 및 정보보호 등에 관한 법률」 제2조제1항제1호에 따른 정보통신망을 이용하여 전송하거나, 그 내용을 기록·보관·출력할 수 있는 전자적 정보저장매체에 기록하여 제출하는 방법으로 할 수 있다.

8) 면책

제25조의8(면책) ① 사법경찰관리가 신분비공개수사 또는 신분위장수사 중 부득이한 사유로 위법행위를 한 경우 그 행위에 고의나 중대한 과실이 없는 경우에는 벌하지 아니한다.
② 제1항에 따른 위법행위가 「국가공무원법」 제78조제1항에 따른 징계 사유에 해당하더라도 그 행위에 고의나 중대한 과실이 없는 경우에는 징계 요구 또는 문책 요구 등 책임을 묻지 아니한다.

③ 신분비공개수사 또는 신분위장수사 행위로 타인에게 손해가 발생한 경우라도 사법경찰관리는 그 행위에 고의나 중대한 과실이 없는 경우에는 그 손해에 대한 책임을 지지 아니한다.

3. 「성폭력범죄의 수사 및 피해자 보호에 관한 규칙」

제5조(전담수사부서의 운영) ① 경찰서장은 성폭력범죄 전담수사부서에서 성폭력범죄의 수사를 전담하게 한다. 다만, 성폭력범죄 전담수사부서가 설치되지 않은 경우 다른 수사부서에서 성폭력범죄의 수사를 담당하게 한다.

② 시도경찰청장은 제1항의 규정에도 불구하고 피해자가 13세 미만이거나 신체적인 또는 정신적인 장애로 사물을 변별하거나 의사를 결정할 능력이 미약한 경우에는 특별한 사정이 없으면 시도경찰청에 설치된 성폭력범죄 전담수사부서에서 성폭력범죄의 수사를 담당하게 한다.

제6조(전담조사관의 지정) ① 시도경찰청장 및 경찰서장은 소속 경찰공무원 중에서 성폭력범죄 전담조사관을 지정하여 성폭력범죄 피해자의 조사를 전담하게 한다.

② 시도경찰청장 및 경찰서장은 특별한 사정이 없으면 수사경과자 중에서 제7조제1항의 교육을 이수한 사람을 성폭력범죄 전담조사관으로 지정하되, 1인 이상을 여성경찰관으로 지정해야 한다.

③ 성폭력범죄 전담수사부서가 설치되지 않은 경찰서의 경찰서장은 수사를 담당하는 부서에 근무하는 경찰관 중에서 성폭력범죄 전담조사관을 지정한다.

제7조(교육) ① 경찰수사연수원장은 성폭력범죄의 수사에 필요한 전문지식과 피해자 보호를 위한 수사방법 및 수사절차, 아동 심리 및 아동·장애인 조사 면담기법 등에 관한 교육과정을 운영한다.

② 시도경찰청장 및 경찰서장은 제1항에서 규정한 교육을 이수하지 않은 사람을 성폭력범죄 전담조사관으로 지정한 경우에는 지정한 날부터 6개월 이내에 교육을 이수하도록 한다.

③ 시도경찰청장은 해당 시도경찰청 및 경찰서 소속 성폭력범죄 전담조사관을 대상으로, 경찰서장은 해당 경찰서 소속 경찰관을 대상으로 매년 1회 이상 성폭력범죄의 수사 및 피해자 보호에 관하여 교육한다.

④ 성폭력범죄 전담조사관은 제6조에 의하여 지정된 날부터 1개월 이내에 경찰청에서 운영하는 사이버교육 중 성폭력 수사 교육을 이수하여야 한다.

제8조(피해자 보호지원관의 운영) ① 시도경찰청장 및 경찰서장은 소속 시도경찰청 및 경찰서에 근무하는 성폭력범죄 전담조사관 중에서 1인을 피해자 보호지원관으로 지정한다.

② 피해자 보호지원관은 수사과정 및 수사종결 후의 피해자 보호·지원 업무와 소속 시도경찰청·경찰서에 근무하는 경찰관을 대상으로 하는 피해자 보호에 관한 교육 업무를 담당한다.

③ 시도경찰청장 및 경찰서장은 원활한 피해자 보호·지원을 위하여 사건담당 경찰관으

로 하여금 피해자 보호지원관을 도와 피해자 보호·지원업무를 수행하도록 해야 한다.

제9조(현장 임장) 성폭력범죄 전담조사관은 특별한 사정이 없는 한 성폭력 사건이 발생한 경우 지체없이 현장에 임장한다.

제10조(현장출동 시 유의사항) ① 경찰관은 피해자의 성폭력 피해사실이 제3자에게 알려지지 않도록 출동 시 신속성을 저해하지 않는 범위에서 경광등을 소등하거나 인근에서 하차하여 도보로 이동하는 등 피해자 보호를 위하여 노력하여야 한다.

② 경찰관은 현장에서 성폭력범죄 피의자를 검거한 경우에는 즉시 피해자와 분리조치하고, 경찰관서로 동행할 때에도 분리하여 이동한다.

③ 경찰관은 친족에 의한 아동성폭력 사건의 피의자를 체포할 경우에는 특별한 사정이 없는 한 피해자와 분리조치 후 체포하여야 한다.

④ 경찰관은 용의자를 신속히 검거하기 위하여 제11조의 조치에 지장이 없는 범위에서 피해자로부터 간이진술을 청취하거나 피해자와 동행하여 현장 주변을 수색할 수 있다. 이 경우 경찰관은 반드시 피해자의 명시적 동의를 받아야 한다.

제11조(피해자 후송) ① 경찰관은 피해자의 치료가 필요한 경우에는 즉시 피해자를 가까운 통합지원센터 또는 성폭력 전담의료기관으로 후송한다. 다만, 피해자가 원하지 않는 경우에는 그러하지 아니하다.

② 경찰관은 성폭력범죄의 피해자가 13세 미만이거나 신체적인 또는 정신적인 장애로 사물을 변별하거나 의사를 결정할 능력이 미약한 경우에는 통합지원센터나 성폭력 전담의료기관과 연계하여 치료, 상담 및 조사를 병행한다. 다만, 피해자가 원하지 않는 경우에는 그러하지 아니하다. 22년 2차

③ 제1항 및 제2항에도 불구하고 통합지원센터나 성폭력 전담의료기관의 거리가 멀어 신속한 치료가 어려운 경우에는 가까운 의료기관과 연계할 수 있다.

제12조(범죄피해자 안전조치) ① 시도경찰청장 및 경찰서장은 성폭력범죄의 피해자·신고자 및 그 친족 또는 동거인, 그 밖의 밀접한 인적 관계에 있는 사람이 보복을 당할 우려가 있는 경우에는 소속 경찰관으로 하여금 안전을 위하여 필요한 조치를 하도록 해야 한다.

② 경찰관은 성폭력범죄의 수사·조사 및 상담 과정에서 성폭력범죄의 피해자·신고자 및 그 친족 또는 동거인, 그 밖의 사람이 보복을 당할 우려가 있는 경우에는 범죄피해자 안전조치를 하거나 대상자의 주거지 또는 현재지를 관할하는 경찰서의 경찰서장에게 범죄피해자 안전조치를 요청해야 한다. 다만, 대상자가 원하지 않는 경우에는 그렇지 않다.

③ 범죄피해자 안전조치의 종류는 다음 각 호의 어느 하나와 같다.

1. 피해자 보호시설 등 특정시설에서의 보호
2. 외출·귀가 시 동행, 수사기관 출석 시 동행 및 경호
3. 임시숙소 제공
4. 주거지 순찰강화, 폐쇄회로 텔레비전의 설치 등 주거에 대한 보호
5. 비상연락망 구축
6. 그 밖에 안전에 필요하다고 인정되는 조치

제13조(피해아동·청소년의 보호) ① 경찰관은 아동·청소년대상 성폭력범죄를 저지른 자가 피해아동·청소년과 「가정폭력범죄의 처벌 등에 관한 특례법」 제2조제2호의 가정구성원인

관계이면서 피해아동·청소년을 보호할 필요가 있는 때에는 피해아동·청소년 또는 그 법정대리인의 신청에 의하거나 직권으로 성폭력범죄를 저지른 자에 대하여 같은 법 제29조제1항제1호부터 제3호의 임시조치를 검사에게 신청할 수 있다.

② 경찰관은 성폭력범죄를 저지른 자가 제1항의 임시조치를 위반하여 다시 성폭력범죄를 저지를 우려가 있다고 인정하는 경우에는 「가정폭력범죄의 처벌 등에 관한 특례법」제29조제1항제5호의 임시조치를 검사에게 신청할 수 있다.

제15조(인적사항의 공개 금지) 경찰관은 성폭력 사건의 피해자나 범죄신고자등의 성명, 나이, 주소, 직업, 용모 등에 의하여 그가 피해자나 범죄신고자등임을 미루어 알 수 있는 정도의 사실이나 사진 등 또는 사생활에 관한 비밀을 공개하거나 제3자에게 누설하여서는 아니 된다.

제16조(증거수집) 경찰관은 피해자의 신체에서 증거를 채취할 때에는 반드시 피해자의 명시적인 동의를 받아야 하며, 특별한 사정이 없는 한 의사 또는 간호사의 도움을 받아 증거를 수집하여야 한다.

제18조(조사 시 유의사항) ① 시도경찰청장 및 경찰서장은 특별한 사정이 없으면 성폭력 피해자를 동성 성폭력범죄 전담조사관이 조사하도록 해야 한다. 다만, 피해자가 원하는 경우에는 신뢰관계자, 진술조력인 또는 다른 경찰관으로 하여금 입회하게 하고 별지 제1호 서식에 의해 서면으로 동의를 받아 이성 성폭력범죄 전담조사관으로 하여금 조사하게 할 수 있다. 22년 2차

② 경찰관은 성폭력 피해자를 조사할 때에는 제17조의 준비를 거쳐 1회에 수사상 필요한 모든 내용을 조사하는 등 조사 횟수를 최소화하기 위하여 노력하여야 한다.

③ 경찰관은 피해자의 입장을 최대한 존중하여 가급적 피해자가 원하는 시간에 진술녹화실 등 평온하고 공개되지 않은 장소에서 조사하고, 공개된 장소에서의 조사로 인하여 신분이 노출되지 않도록 유의하여야 한다.

④ 경찰관은 성폭력 피해자에 대한 조사와 피의자에 대한 신문을 분리하여 실시하고, 대질신문은 반드시 필요한 경우에만 예외적으로 실시하되, 시기·장소 및 방법에 관하여 피해자의 의사를 최대한 존중하여야 한다.

⑤ 경찰관은 피해자로 하여금 가해자를 확인하게 할 때는 반드시 범인식별실 또는 진술녹화실을 활용하여 피해자와 가해자가 대면하지 않도록 하고, 동시에 다수의 사람 중에서 가해자를 확인하도록 하여야 한다.

제19조(변호사 선임의 특례) ① 경찰관은 성폭력범죄의 피해자등에게 변호사를 선임할 수 있고 국선변호사 선정을 요청할 수 있음을 고지하여야 한다.

② 경찰관은 피해자등이 국선변호사 선정을 요청한 때에는 검사에게 통보하여야 한다. 다만, 19세 미만인 피해자나 신체적인 또는 정신적인 장애로 사물을 변별하거나 의사를 결정할 능력이 미약한 피해자(이하 "19세미만피해자등"이라 한다.)에게 변호사가 없는 경우에는 피해자등이 요청하지 않은 때에도 검사에게 통보해야 한다.

③ 경찰관은 성폭력범죄의 피해자가 변호사를 선임하거나 검사가 국선변호사를 선정한 경우 변호사가 조사과정에 참여하게 하여야 한다.

④ 경찰관은 조사 중에 변호사가 의견 진술을 요청할 경우, 조사를 방해하는 등의 특별

한 사정이 없는 한 승인하여야 한다.

제20조(인적사항의 기재 생략) ① 경찰관은 성폭력 사건처리와 관련하여 조서나 그 밖의 서류를 작성할 때 피해자 또는 범죄신고자등의 신원이 알려질 수 있는 사항에 대해서는 그 전부 또는 일부를 기재하지 아니할 수 있고, 이 때 범죄신고자등 신원관리카드에 인적사항을 등재한다.

② 제1항에 따라 인적사항을 기재하지 않을 때에는 피해자, 범죄신고자등의 서명은 가명(假名)으로, 간인(間印) 및 날인(捺印)은 무인(拇印)으로 하게 하여야 한다.

제21조(신뢰관계자의 동석) ① 경찰관은 피해자를 조사할 때 신뢰관계자를 동석하게 할 수 있다. 이 경우 신뢰관계자로부터 신뢰관계자 동석 확인서 및 피해자와의 관계를 소명할 서류를 제출받아 이를 기록에 편철한다.

② 경찰관은 다음 각 호의 어느 하나에 해당하는 피해자를 조사하는 경우에는 수사에 지장을 줄 우려가 있는 등 부득이한 경우가 아니면 피해자와 신뢰관계자를 동석하게 해야 한다.

1. 「성폭력범죄의 처벌 등에 관한 특례법」제3조부터 제8조까지, 같은 법 제10조, 제14조, 제14조의2, 제14조의3, 제15조(같은 법 제9조의 미수범은 제외한다), 제15조의2에 따른 범죄의 피해자

2. 19세미만피해자등

③ 경찰관은 19세미만피해자등에게 동의를 받아 성폭력 상담을 지원하는 상담소의 상담원 등을 신뢰관계자로 동석하게 할 수 있다.

④ 제1항부터 제3항에 해당하는 경우 경찰관은 신뢰관계자라도 피해자에게 불리한 영향을 미칠 우려가 현저하거나 피해자가 원하지 아니하는 경우에는 동석하게 하여서는 아니 된다.

제22조(영상물의 촬영·보존) ① 경찰관은 성폭력범죄의 피해자를 조사할 때에는 진술내용과 조사과정을 영상물 녹화장치로 촬영·보존할 수 있다. 다만, 피해자가 19세미만피해자등인 경우에는 반드시 촬영·보존해야 한다.

② 경찰관은 영상녹화를 할 때에는 피해자등에게 영상녹화의 취지 등을 설명하고 동의 여부를 확인하여야 하며, 피해자등이 녹화를 원하지 않는 의사를 표시한 때에는 촬영을 하여서는 아니 된다. 다만, 가해자가 친권자 중 일방인 경우에는 그러하지 아니하다. 22년 2차

제24조(영상녹화 시 유의사항) 경찰관은 피해자등의 진술을 녹화하는 경우에 다음 각 호의 사항에 유의하여야 한다.

1. 피해자의 신원에 관한 사항은 녹화 전에 서면으로 작성하고 녹화 시 진술하지 않게 하여 영상물에 포함되지 않도록 한다.

2. 신뢰관계자 또는 진술조력인이 동석하여 녹화를 할 때에는, 신뢰관계자 또는 진술조력인이 조사실을 이탈할 경우 녹화를 일시적으로 중단하고 조사실로 돌아온 후 녹화를 재개한다.

3. 피해자등이 신청하는 경우 영상물 촬영과정에서 작성한 조서의 사본을 발급하거나 영상물을 재생하여 시청하게 하고, 그 내용에 대하여 이의를 진술하는 때에는 그 취지를 기재한 서면을 첨부한다.

제25조(속기사의 참여) ① 경찰관은 영상녹화를 하는 경우에는 속기사로 하여금 영상물에 대한 속기록을 작성하도록 할 수 있다. 다만, 피해자등이 이를 원하지 아니할 때에는 그러하지 아니하다.

② 경찰관은 속기사가 영상녹화에 참여할 때에는 속기사로 하여금 진술녹화실 외부에서 속기록을 작성하도록 한다. 다만, 속기사가 영상녹화에 참여하지 않은 경우에는 피해자등의 명시적 동의를 받아 속기사로 하여금 영상물에 대한 속기록을 작성하도록 할 수 있다.

제28조(진술조력인의 참여) ① 경찰관은 성폭력범죄의 피해자가 19세미만 피해자등인 경우 직권이나 피해자등 또는 변호사의 신청에 따라 진술조력인이 조사과정에 참여하게 할 수 있다. 다만, 피해자등이 이를 원하지 않을 때는 그렇지 않다. 22년 2차

② 경찰관은 제1항의 피해자를 조사하기 전에 피해자등 또는 변호사에게 진술조력인에 의한 의사소통 중개나 보조를 신청할 수 있음을 고지하여야 한다.

③ 경찰관은 피의자 또는 피해자의 친족이거나 친족이었던 사람, 법정대리인, 대리인 또는 변호사를 진술조력인으로 선정해서는 아니 된다.

④ 경찰관은 「진술조력인의 선정 등에 관한 규칙」 제15조제1항제1호ㆍ제2호에 해당할 때에는 해당 사건의 진술조력인 선정을 취소해야 하고, 같은 항 제3호부터 제6호에 해당할 때에는 취소할 수 있다.

⑤ 경찰관은 진술조력인이 조사에 참여한 경우에는 진술조서에 그 취지를 기재하고, 진술조력인으로 하여금 진술조서 및 영상녹화물에 기명날인 또는 서명을 하도록 하여야 한다.

Ⅱ 가정폭력범죄 수사

1. 「가정폭력범죄의 처벌 등에 관한 특례법」

1) 정의

제2조(정의) 이 법에서 사용하는 용어의 뜻은 다음과 같다.

1. "가정폭력"이란 가정구성원 사이의 신체적, 정신적 또는 재산상 피해를 수반하는 행위를 말한다.
2. "가정구성원"이란 다음 각 목의 어느 하나에 해당하는 사람을 말한다.
   가. 배우자(사실상 혼인관계에 있는 사람을 포함한다. 이하 같다) 또는 배우자였던 사람
   나. 자기 또는 배우자와 직계존비속관계(사실상의 양친자관계를 포함한다. 이하 같다)에 있거나 있었던 사람
   다. 계부모와 자녀의 관계 또는 적모와 서자의 관계에 있거나 있었던 사람
   라. 동거하는 친족
3. "가정폭력범죄"란 가정폭력으로서 다음 각 목의 어느 하나에 해당하는 죄를 말한다.
   가. 「형법」 제2편 제25장 상해와 폭행의 죄 중 제257조(상해, 존속상해), 제258조(중상

해, 존속중상해), 제258조의2(특수상해), 제260조(폭행, 존속폭행)제1항·제2항, 제261조(특수폭행) 및 제264조(상습범)의 죄

나. 「형법」제2편 제28장 유기와 학대의 죄 중 제271조(유기, 존속유기)제1항·제2항, 제272조(영아유기), 제273조(학대, 존속학대) 및 제274조(아동혹사)의 죄

다. 「형법」제2편 제29장 체포와 감금의 죄 중 제276조(체포, 감금, 존속체포, 존속감금), 제277조(중체포, 중감금, 존속중체포, 존속중감금), 제278조(특수체포, 특수감금), 제279조(상습범) 및 제280조(미수범)의 죄

라. 「형법」제2편 제30장 협박의 죄 중 제283조(협박, 존속협박)제1항·제2항, 제284조(특수협박), 제285조(상습범)(제283조의 죄에만 해당한다) 및 제286조(미수범)의 죄

마. 「형법」제2편 제32장 강간과 추행의 죄 중 제297조(강간), 제297조의2(유사강간), 제298조(강제추행), 제299조(준강간, 준강제추행), 제300조(미수범), 제301조(강간등 상해·치상), 제301조의2(강간등 살인·치사), 제302조(미성년자등에 대한 간음), 제305조(미성년자에 대한 간음, 추행), 제305조의2(상습범)(제297조, 제297조의2, 제298조부터 제300조까지의 죄에 한한다)의 죄 ⌊24년 1차⌋

바. 「형법」제2편 제33장 명예에 관한 죄 중 제307조(명예훼손), 제308조(사자의 명예훼손), 제309조(출판물등에 의한 명예훼손) 및 제311조(모욕)의 죄 ⌊24년 1차⌋

사. 「형법」제2편 제36장 주거침입의 죄

아. 「형법」제2편 제37장 권리행사를 방해하는 죄 중 제324조(강요) 및 제324조의5(미수범)(제324조의 죄에만 해당한다)의 죄

자. 「형법」제2편 제39장 사기와 공갈의 죄 중 제350조(공갈), 제350조의2(특수공갈) 및 제352조(미수범)(제350조, 제350조의2의 죄에만 해당한다)의 죄

차. 「형법」제2편 제42장 손괴의 죄 중 제366조(재물손괴등) 및 제369조(특수손괴)제1항의 죄 ⌊24년 1차⌋

카. 「성폭력범죄의 처벌 등에 관한 특례법」제14조(카메라 등을 이용한 촬영) 및 제15조(미수범)(제14조의 죄에만 해당한다)의 죄

타. 「정보통신망 이용촉진 및 정보보호 등에 관한 법률」제74조 제1항 제3호의 죄

파. 가목부터 타목까지의 죄로서 다른 법률에 따라 가중처벌되는 죄

4. "가정폭력행위자"란 가정폭력범죄를 범한 사람 및 가정구성원인 공범을 말한다.

5. "피해자"란 가정폭력범죄로 인하여 직접적으로 피해를 입은 사람을 말한다.

6. "가정보호사건"이란 가정폭력범죄로 인하여 이 법에 따른 보호처분의 대상이 되는 사건을 말한다.

7. "보호처분"이란 법원이 가정보호사건에 대하여 심리를 거쳐 가정폭력행위자에게 하는 제40조에 따른 처분을 말한다.

7의 2. "피해자보호명령사건"이란 가정폭력범죄로 인하여 제55조의2에 따른 피해자보호명령의 대상이 되는 사건을 말한다.

8. "아동"이란 「아동복지법」제3조 제1호에 따른 아동을 말한다.

☞ [24년 1차] ① 甲의 아버지가 甲의 명예를 훼손한 경우, ② 乙의 계모였던 사람이 乙의 재물을 손괴한 경우, ③ 丁이 이혼한 전 부인을 강간한 경우는 특례법상 가정폭력범죄에 해당하지만, ④ 丙과 같이 사는 사촌동생이 丙을 약취·유인한 경우 사촌동생은 동거하는 친족에 해당하므로 '가정구성원'이 맞지만, 丙을 약취·유인하는 행위는 '가정폭력범죄'에 해당하지 않는다. <참고> 가정폭력범죄로 인정되지 않는 경우: 살인, 강도, 절도, 사기, 횡령, 배임, 약취·유인, 업무방해, 공무집행방해, 인질강요, 중손괴, 상해치사, 폭행치사상, 유기치사상, 체포감금치사상 등

2) 다른 법률과의 관계(제3조)

가정폭력범죄에 대하여는 이 법을 우선 적용한다. 다만, 아동학대범죄에 대하여는 「아동학대범죄의 처벌 등에 관한 특례법」을 우선 적용한다.

3) 신고의무 등(제4조)

① 누구든지 가정폭력범죄를 알게 된 경우에는 수사기관에 신고할 수 있다.
② 다음 각 호의 어느 하나에 해당하는 사람이 직무를 수행하면서 가정폭력범죄를 알게 된 경우에는 정당한 사유가 없으면 즉시 수사기관에 신고하여야 한다.
  1. 아동의 교육과 보호를 담당하는 기관의 종사자와 그 기관장
  2. 아동, 60세 이상의 노인, 그 밖에 정상적인 판단 능력이 결여된 사람의 치료 등을 담당하는 의료인 및 의료기관의 장
  3. 「노인복지법」에 따른 노인복지시설, 「아동복지법」에 따른 아동복지시설, 「장애인복지법」에 따른 장애인복지시설의 종사자와 그 기관장
  4. 「다문화가족지원법」에 따른 다문화가족지원센터의 전문인력과 그 장
  5. 「결혼중개업의 관리에 관한 법률」에 따른 국제결혼중개업자와 그 종사자
  6. 「소방기본법」에 따른 구조대·구급대의 대원
  7. 「사회복지사업법」에 따른 사회복지 전담공무원
  8. 「건강가정기본법」에 따른 건강가정지원센터의 종사자와 그 센터의 장
③ 「아동복지법」에 따른 아동상담소, 「가정폭력방지 및 피해자보호 등에 관한 법률」에 따른 가정폭력 관련 상담소 및 보호시설, 「성폭력방지 및 피해자보호 등에 관한 법률」에 따른 성폭력피해상담소 및 보호시설(이하 "상담소등"이라 한다)에 근무하는 상담원과 그 기관장은 피해자 또는 피해자의 법정대리인 등과의 상담을 통하여 가정폭력범죄를 알게 된 경우에는 가정폭력피해자의 명시적인 반대의견이 없으면 즉시 신고하여야 한다.
④ 누구든지 제1항부터 제3항까지의 규정에 따라 가정폭력범죄를 신고한 사람(이하 "신고자"라 한다)에게 그 신고행위를 이유로 불이익을 주어서는 아니 된다.

4) 가정폭력범죄에 대한 응급조치(제5조)

제5조(가정폭력범죄에 대한 응급조치) 진행 중인 가정폭력범죄에 대하여 신고를 받은 사법경
찰관리는 즉시 현장에 나가서 다음 각 호의 조치를 하여야 한다.
1. 폭력행위의 제지, 가정폭력행위자·피해자의 분리
1의 2. 「형사소송법」 제212조에 따른 현행범인의 체포 등 범죄수사
2. 피해자를 가정폭력 관련 상담소 또는 보호시설로 인도(피해자가 동의한 경우만 해당한다)
3. 긴급치료가 필요한 피해자를 의료기관으로 인도
4. 폭력행위 재발 시 제8조에 따라 임시조치를 신청할 수 있음을 통보
5. 제55조의2에 따른 피해자보호명령 또는 신변안전조치를 청구할 수 있음을 고지

5) 고소에 관한 특례(제6조)

① 피해자 또는 그 법정대리인은 가정폭력행위자를 고소할 수 있다. 피해자의 법정대리인
이 가정폭력행위자인 경우 또는 가정폭력행위자와 공동으로 가정폭력범죄를 범한 경우에
는 피해자의 친족이 고소할 수 있다.
② 피해자는 「형사소송법」 제224조에도 불구하고 가정폭력행위자가 자기 또는 배우자의
직계존속인 경우에도 고소할 수 있다. 법정대리인이 고소하는 경우에도 또한 같다.
③ 피해자에게 고소할 법정대리인이나 친족이 없는 경우에 이해관계인이 신청하면 검사는
10일 이내에 고소할 수 있는 사람을 지정하여야 한다.

6) 사법경찰관의 사건송치(제7조)

사법경찰관은 가정폭력범죄를 신속히 수사하여 사건을 검사에게 송치하여야 한다. 이 경
우 사법경찰관은 해당 사건을 가정보호사건으로 처리하는 것이 적절한지에 관한 의견을
제시할 수 있다.

7) 임시조치의 청구 등(제8조)

① 검사는 가정폭력범죄가 재발될 우려가 있다고 인정하는 경우에는 직권으로 또는 사법
경찰관의 신청에 의하여 법원에 제29조 제1항 제1호·제2호 또는 제3호의 임시조치를 청구
할 수 있다.
② 검사는 가정폭력행위자가 제1항의 청구에 의하여 결정된 임시조치를 위반하여 가정폭
력범죄가 재발될 우려가 있다고 인정하는 경우에는 직권으로 또는 사법경찰관의 신청에
의하여 법원에 제29조 제1항 제5호의 임시조치를 청구할 수 있다.

③ 제1항 및 제2항의 경우 피해자 또는 그 법정대리인은 검사 또는 사법경찰관에게 제1항 및 제2항에 따른 임시조치의 청구 또는 그 신청을 요청하거나 이에 관하여 의견을 진술할 수 있다.
④ 제3항에 따른 요청을 받은 사법경찰관은 제1항 및 제2항에 따른 임시조치를 신청하지 아니하는 경우에는 검사에게 그 사유를 보고하여야 한다.

8) 긴급임시조치(제8조의2)

① 사법경찰관은 제5조에 따른 응급조치에도 불구하고 가정폭력범죄가 재발될 우려가 있고, 긴급을 요하여 법원의 임시조치 결정을 받을 수 없을 때에는 직권 또는 피해자나 그 법정대리인의 신청에 의하여 **제29조 제1항 제1호부터 제3호까지**의 어느 하나에 해당하는 조치(이하 "긴급임시조치"라 한다)를 할 수 있다. 23년 1차
② 사법경찰관은 제1항에 따라 긴급임시조치를 한 경우에는 즉시 긴급임시조치결정서를 작성하여야 한다.
③ 제2항에 따른 긴급임시조치결정서에는 범죄사실의 요지, 긴급임시조치가 필요한 사유 등을 기재하여야 한다.

☞ 국가경찰관서의 유치장 또는 구치소에의 유치는 판사의 임시조치결정(제29조 제1항 제5호)의 내용임).

9) 긴급임시조치와 임시조치의 청구(제8조의3)

① 사법경찰관이 제8조의2제1항에 따라 긴급임시조치를 한 때에는 지체 없이 검사에게 제8조에 따른 임시조치를 신청하고, 신청받은 검사는 법원에 임시조치를 청구하여야 한다. 이 경우 임시조치의 청구는 긴급임시조치를 한 때부터 48시간 이내에 청구하여야 하며, 제8조의2 제2항에 따른 긴급임시조치결정서를 첨부하여야 한다.
② 제1항에 따라 임시조치를 청구하지 아니하거나 법원이 임시조치의 결정을 하지 아니한 때에는 즉시 긴급임시조치를 취소하여야 한다.

10) 가정보호사건의 처리(제9조)

① 검사는 가정폭력범죄로서 사건의 성질·동기 및 결과, 가정폭력행위자의 성행 등을 고려하여 이 법에 따른 보호처분을 하는 것이 적절하다고 인정하는 경우에는 가정보호사건으로 처리할 수 있다. 이 경우 검사는 피해자의 의사를 존중하여야 한다.
② 다음 각 호의 경우에는 제1항을 적용할 수 있다.

1. 피해자의 고소가 있어야 공소를 제기할 수 있는 가정폭력범죄에서 고소가 없거나 취소된 경우
2. 피해자의 명시적인 의사에 반하여 공소를 제기할 수 없는 가정폭력범죄에서 피해자가 처벌을 희망하지 아니한다는 명시적 의사표시를 하였거나 처벌을 희망하는 의사표시를 철회한 경우

11) 임시조치(제29조)

제29조(임시조치) ① 판사는 가정보호사건의 원활한 조사·심리 또는 피해자 보호를 위하여 필요하다고 인정하는 경우에는 결정으로 가정폭력행위자에게 다음 각 호의 어느 하나에 해당하는 임시조치를 할 수 있다. [23년 1차]
1. 피해자 또는 가정구성원의 주거 또는 점유하는 방실(방실)로부터의 퇴거 등 격리 [23년 1차]
2. 피해자 또는 가정구성원이나 그 주거·직장 등에서 100미터 이내의 접근 금지 [23년 1차]
3. 피해자 또는 가정구성원에 대한 「전기통신기본법」 제2조 제1호의 전기통신을 이용한 접근 금지 [23년 1차]
4. 의료기관이나 그 밖의 요양소에의 위탁
5. 국가경찰관서의 유치장 또는 구치소에의 유치 [23년 1차]
6. 상담소등에의 상담위탁
② 동행영장에 의하여 동행한 가정폭력행위자 또는 제13조에 따라 인도된 가정폭력행위자에 대하여는 가정폭력행위자가 법원에 인치된 때부터 24시간 이내에 제1항의 조치 여부를 결정하여야 한다.
③ 법원은 제1항에 따른 조치를 결정한 경우에는 검사와 피해자에게 통지하여야 한다.
④ 법원은 제1항 제4호 또는 제5호의 조치를 한 경우에는 그 사실을 가정폭력행위자의 보조인이 있는 경우에는 보조인에게, 보조인이 없는 경우에는 법정대리인 또는 가정폭력행위자가 지정한 사람에게 통지하여야 한다. 이 경우 제1항 제5호의 조치를 하였을 때에는 가정폭력행위자에게 변호사 등 보조인을 선임할 수 있으며 제49조 제1항의 항고를 제기할 수 있음을 고지하여야 한다.
⑤ 제1항 제1호부터 제3호까지의 임시조치기간은 2개월, 같은 항 제4호부터 제6호까지의 임시조치기간은 1개월을 초과할 수 없다. 다만, 피해자의 보호를 위하여 그 기간을 연장할 필요가 있다고 인정하는 경우에는 결정으로 제1항 제1호부터 제3호까지의 임시조치는 두 차례만, 같은 항 제4호부터 제6호까지의 임시조치는 한 차례만 각 기간의 범위에서 연장할 수 있다.

12) 공소시효의 정지와 효력(제17조)

① 가정폭력범죄에 대한 공소시효는 해당 가정보호사건이 법원에 송치된 때부터 시효 진행이 정지된다. 다만, 다음 각 호의 어느 하나에 해당하는 경우에는 그 때부터 진행된다.
  1. 해당 가정보호사건에 대한 제37조 제1항의 처분을 하지 아니한다는 결정(제1호의 사유에 따른 결정만 해당한다)이 확정된 때
  2. 해당 가정보호사건이 제27조 제2항, 제37조 제2항 및 제46조에 따라 송치된 때
② 공범 중 1명에 대한 제1항의 시효정지는 다른 공범자에게도 효력을 미친다.

2. 「아동학대범죄의 처벌 등에 관한 특례법」

1) 정의(제2조)

이 법에서 사용하는 용어의 뜻은 다음과 같다.
  1. "아동"이란 「아동복지법」 제3조 제1호에 따른 아동을 말한다.
  2. "보호자"란 「아동복지법」 제3조 제3호에 따른 보호자를 말한다.
  3. "아동학대"란 「아동복지법」 제3조 제7호에 따른 아동학대를 말한다.
  4. "아동학대범죄"란 보호자에 의한 아동학대로서 다음 각 목의 어느 하나에 해당하는 죄를 말한다.
    가. 「형법」 제2편 제25장 상해와 폭행의 죄 중 제257조(상해)제1항·제3항, 제258조의2(특수상해) 제1항(제257조 제1항의 죄에만 해당한다)·제3항(제1항 중 제257조 제1항의 죄에만 해당한다), 제260조(폭행)제1항, 제261조(특수폭행) 및 제262조(폭행치사상)(상해에 이르게 한 때에만 해당한다)의 죄
    나. 「형법」 제2편 제28장 유기와 학대의 죄 중 제271조(유기)제1항, 제272조(영아유기), 제273조(학대)제1항, 제274조(아동혹사) 및 제275조(유기등 치사상)(상해에 이르게 한 때에만 해당한다)의 죄
    다. 「형법」 제2편 제29장 체포와 감금의 죄 중 제276조(체포, 감금)제1항, 제277조(중체포, 중감금) 제1항, 제278조(특수체포, 특수감금), 제280조(미수범) 및 제281조(체포·감금 등의 치사상)(상해에 이르게 한 때에만 해당한다)의 죄
    라. 「형법」 제2편 제30장 협박의 죄 중 제283조(협박)제1항, 제284조(특수협박) 및 제286조(미수범)의 죄
    마. 「형법」 제2편 제31장 약취, 유인 및 인신매매의 죄 중 제287조(미성년자 약취, 유인), 제288조(추행 등 목적 약취, 유인 등), 제289조(인신매매) 및 제290조(약취, 유인, 매매, 이송 등 상해·치상)의 죄
    바. 「형법」 제2편 제32장 강간과 추행의 죄 중 제297조(강간), 제297조의2(유사강간), 제298조(강제추행), 제299조(준강간, 준강제추행), 제300조(미수범), 제301조(강간등

상해·치상), 제301조의2(강간등 살인·치사), 제302조(미성년자등에 대한 간음), 제303조(업무상위력 등에 의한 간음) 및 제305조(미성년자에 대한 간음, 추행)의 죄

사. 「형법」제2편 제33장 명예에 관한 죄 중 제307조(명예훼손), 제309조(출판물등에 의한 명예훼손) 및 제311조(모욕)의 죄

아. 「형법」제2편 제36장 주거침입의 죄 중 제321조(주거·신체 수색)의 죄

자. 「형법」제2편 제37장 권리행사를 방해하는 죄 중 제324조(강요) 및 제324조의5(미수범)(제324조의 죄에만 해당한다)의 죄

차. 「형법」제2편 제39장 사기와 공갈의 죄 중 제350조(공갈), 제350조의2(특수공갈) 및 제352조(미수범)(제350조, 제350조의2의 죄에만 해당한다)의 죄

카. 「형법」제2편 제42장 손괴의 죄 중 제366조(재물손괴등)의 죄

타. 「아동복지법」제71조 제1항 각 호의 죄(제3호의 죄는 제외한다)

파. 가목부터 타목까지의 죄로서 다른 법률에 따라 가중처벌되는 죄

하. 제4조(아동학대살해·치사), 제5조(아동학대중상해) 및 제6조(상습범)의 죄

4의 2. "아동학대범죄신고등"이란 아동학대범죄에 관한 신고·진정·고소·고발 등 수사 단서의 제공, 진술 또는 증언이나 그 밖의 자료제출행위 및 범인검거를 위한 제보 또는 검거활동을 말한다.

4의 3. "아동학대범죄신고자등"이란 아동학대범죄신고등을 한 자를 말한다.

5. "아동학대행위자"란 아동학대범죄를 범한 사람 및 그 공범을 말한다.

6. "피해아동"이란 아동학대범죄로 인하여 직접적으로 피해를 입은 아동을 말한다.

7. "아동보호사건"이란 아동학대범죄로 인하여 제36조 제1항에 따른 보호처분(이하 "보호처분"이라 한다)의 대상이 되는 사건을 말한다.

8. "피해아동보호명령사건"이란 아동학대범죄로 인하여 제47조에 따른 피해아동보호명령의 대상이 되는 사건을 말한다.

9. "아동보호전문기관"이란 「아동복지법」제45조에 따른 아동보호전문기관을 말한다.

9의 2. "가정위탁지원센터"란 「아동복지법」제48조에 따른 가정위탁지원센터를 말한다.

10. "아동복지시설"이란 「아동복지법」제50조에 따라 설치된 시설을 말한다.

11. "아동복지시설의 종사자"란 아동복지시설에서 아동의 상담·지도·치료·양육, 그 밖에 아동의 복지에 관한 업무를 담당하는 사람을 말한다.

2) 다른 법률과의 관계(제3조)

제3조(다른 법률과의 관계) 아동학대범죄에 대하여는 이 법을 우선 적용한다. 다만, 「성폭력범죄의 처벌 등에 관한 특례법」, 「아동·청소년의 성보호에 관한 법률」에서 가중처벌되는 경우에는 그 법에서 정한 바에 따른다.

제17조(준용) ① 아동학대범죄의 조사·심리에 관하여는 「성폭력범죄의 처벌 등에 관한 특례법」제29조부터 제32조까지, 제34조부터 제41조까지 및 「아동·청소년의 성보호에 관한 법률」제29조를 각각 준용한다. 이 경우 "성폭력" 또는 "아동·청소년대상 성범죄"는

"아동학대범죄"로, "피해자"는 "피해아동"으로 본다.

② 아동학대범죄사건의 형사 및 아동보호 절차에서 참고인이나 증인이 13세 미만의 아동이거나 신체적인 또는 정신적인 장애로 의사소통이나 의사표현에 어려움이 있는 경우 「성폭력범죄의 처벌 등에 관한 특례법」 제36조부터 제39조까지를 준용한다. 이 경우 "성폭력범죄"는 "아동학대범죄"로, "피해자"는 "참고인이나 증인"으로 본다.

3) 신고의무 등

제10조(아동학대범죄 신고의무와 절차) ① 누구든지 아동학대범죄를 알게 된 경우나 그 의심이 있는 경우에는 특별시·광역시·특별자치시·도·특별자치도(이하 "시·도"라 한다), 시·군·구(자치구를 말한다. 이하 같다) 또는 수사기관에 신고할 수 있다.

제10조의2(불이익조치의 금지) 누구든지 아동학대범죄신고자등에게 아동학대범죄신고등을 이유로 불이익조치를 하여서는 아니 된다.

제10조의3(아동학대범죄신고자등에 대한 보호조치) 아동학대범죄신고자등에 대하여는 「특정범죄신고자 등 보호법」 제7조부터 제13조까지의 규정을 준용한다.

4) 현장출동 및 조사

제11조(현장출동) ① 아동학대범죄 신고를 접수한 사법경찰관리나 「아동복지법」 제22조 제4항에 따른 아동학대전담공무원(이하 "아동학대전담공무원"이라 한다)은 지체 없이 아동학대범죄의 현장에 출동하여야 한다. 이 경우 수사기관의 장이나 시도지사 또는 시장·군수·구청장은 서로 동행하여 줄 것을 요청할 수 있으며, 그 요청을 받은 수사기관의 장이나 시도지사 또는 시장·군수·구청장은 정당한 사유가 없으면 사법경찰관리나 아동학대전담공무원이 아동학대범죄 현장에 동행하도록 조치하여야 한다.

② 아동학대범죄 신고를 접수한 사법경찰관리나 아동학대전담공무원은 아동학대범죄가 행하여지고 있는 것으로 신고된 현장 또는 피해아동을 보호하기 위하여 필요한 장소에 출입하여 아동 또는 아동학대행위자 등 관계인에 대하여 조사를 하거나 질문을 할 수 있다. 다만, 아동학대전담공무원은 다음 각 호를 위한 범위에서만 아동학대행위자 등 관계인에 대하여 조사 또는 질문을 할 수 있다.

1. 피해아동의 보호
2. 「아동복지법」 제22조의4의 사례관리계획에 따른 사례관리(이하 "사례관리"라 한다)

③ 시도지사 또는 시장·군수·구청장은 제1항에 따른 현장출동 시 아동보호 및 사례관리를 위하여 필요한 경우 아동보호전문기관의 장에게 아동보호전문기관의 직원이 동행할 것을 요청할 수 있다. 이 경우 아동보호전문기관의 직원은 피해아동의 보호 및 사례관리를 위한 범위에서 아동학대전담공무원의 조사에 참여할 수 있다.

④ 제2항 및 제3항에 따라 출입이나 조사를 하는 사법경찰관리, 아동학대전담공무원 또

는 아동보호전문기관의 직원은 그 권한을 표시하는 증표를 지니고 이를 관계인에게 내보여야 한다.

⑤ 제2항에 따라 조사 또는 질문을 하는 사법경찰관리 또는 아동학대전담공무원은 피해아동, 아동학대범죄신고자등, 목격자 등이 자유롭게 진술할 수 있도록 아동학대행위자로부터 분리된 곳에서 조사하는 등 필요한 조치를 하여야 한다.

⑥ 누구든지 제1항부터 제3항까지의 규정에 따라 현장에 출동한 사법경찰관리, 아동학대전담공무원 또는 아동보호전문기관의 직원이 제2항 및 제3항에 따른 업무를 수행할 때에 폭행·협박이나 현장조사를 거부하는 등 그 업무 수행을 방해하는 행위를 하여서는 아니 된다.

5) 피해아동 등에 대한 응급조치

제12조(피해아동 등에 대한 응급조치)

① 제11조 제1항에 따라 현장에 출동하거나 아동학대범죄 현장을 발견한 경우 또는 학대현장 이외의 장소에서 학대피해가 확인되고 재학대의 위험이 급박·현저한 경우, 사법경찰관리 또는 아동학대전담공무원은 피해아동, 피해아동의 형제자매인 아동 및 피해아동과 동거하는 아동(이하 "피해아동등"이라 한다)의 보호를 위하여 즉시 다음 각 호의 조치(이하 "응급조치"라 한다)를 하여야 한다. 이 경우 제3호의 조치를 하는 때에는 피해아동등의 이익을 최우선으로 고려하여야 하며, 피해아동등을 보호하여야 할 필요가 있는 등 특별한 사정이 있는 경우를 제외하고는 피해아동등의 의사를 존중하여야 한다.

1. 아동학대범죄 행위의 제지
2. 아동학대행위자를 피해아동등으로부터 격리
3. 피해아동등을 아동학대 관련 보호시설로 인도
4. 긴급치료가 필요한 피해아동을 의료기관으로 인도

② 사법경찰관리나 아동학대전담공무원은 제1항 제3호 및 제4호 규정에 따라 피해아동등을 분리·인도하여 보호하는 경우 지체 없이 피해아동등을 인도받은 보호시설·의료시설을 관할하는 시도지사 또는 시장·군수·구청장에게 그 사실을 통보하여야 한다.

③ 제1항 제2호부터 제4호까지의 규정에 따른 응급조치는 72시간을 넘을 수 없다. 다만, 본문의 기간에 공휴일이나 토요일이 포함되는 경우로서 피해아동등의 보호를 위하여 필요하다고 인정되는 경우에는 48시간의 범위에서 그 기간을 연장할 수 있다.

⑤ 사법경찰관리 또는 아동학대전담공무원이 제1항에 따라 응급조치를 한 경우에는 즉시 응급조치결과보고서를 작성하여야 한다. 이 경우 사법경찰관리가 응급조치를 한 경우에는 관할 경찰관서의 장이 시도지사 또는 시장·군수·구청장에게, 아동학대전담공무원이 응급조치를 한 경우에는 소속 시도지사 또는 시장·군수·구청장이 관할 경찰관서의 장에게 작성된 응급조치결과보고서를 지체 없이 송부하여야 한다.

⑦ 누구든지 아동학대전담공무원이나 사법경찰관리가 제1항에 따른 업무를 수행할 때에 폭행·협박이나 응급조치를 저지하는 등 그 업무 수행을 방해하는 행위를 하여서는 아니 된다.

⑧ 사법경찰관리는 제1항 제1호 또는 제2호의 조치를 위하여 다른 사람의 토지·건물·배 또는 차에 출입할 수 있다.

6) 아동학대행위자에 대한 긴급임시조치

제13조(아동학대행위자에 대한 긴급임시조치) ① 사법경찰관은 제12조 제1항에 따른 응급조치에도 불구하고 아동학대범죄가 재발될 우려가 있고, 긴급을 요하여 제19조 제1항에 따른 법원의 임시조치 결정을 받을 수 없을 때에는 직권이나 피해아동등, 그 법정대리인(아동학대행위자를 제외한다. 이하 같다), 변호사(제16조에 따른 변호사를 말한다. 제48조 및 제49조를 제외하고는 이하 같다), 시도지사, 시장·군수·구청장 또는 아동보호전문기관의 장의 신청에 따라 제19조 제1항 제1호부터 제3호까지의 어느 하나에 해당하는 조치를 할 수 있다. 23년 2차
② 사법경찰관은 제1항에 따른 조치(이하 "긴급임시조치"라 한다)를 한 경우에는 즉시 긴급임시조치결정서를 작성하여야 하고, 그 내용을 시도지사 또는 시장·군수·구청장에게 지체 없이 통지하여야 한다.
③ 제2항에 따른 긴급임시조치결정서에는 범죄사실의 요지, 긴급임시조치가 필요한 사유, 긴급임시조치의 내용 등을 기재하여야 한다.

7) 임시조치의 청구

제14조(임시조치의 청구) ① 검사는 아동학대범죄가 재발될 우려가 있다고 인정하는 경우에는 직권으로 또는 사법경찰관이나 보호관찰관의 신청에 따라 법원에 제19조 제1항 각호의 임시조치를 청구할 수 있다.
② 피해아동등, 그 법정대리인, 변호사, 시도지사, 시장·군수·구청장 또는 아동보호전문기관의 장은 검사 또는 사법경찰관에게 제1항에 따른 임시조치의 청구 또는 그 신청을 요청하거나 이에 관하여 의견을 진술할 수 있다.
③ 제2항에 따른 요청을 받은 사법경찰관은 제1항에 따른 임시조치를 신청하지 아니하는 경우에는 검사 및 임시조치를 요청한 자에게 그 사유를 통지하여야 한다.
제15조(응급조치·긴급임시조치 후 임시조치의 청구) ① 사법경찰관이 제12조 제1항 제2호부터 제4호까지의 규정에 따른 응급조치 또는 제13조 제1항에 따른 긴급임시조치를 하였거나 시도지사 또는 시장·군수·구청장으로부터 제12조 제1항 제2호부터 제4호까지의 규정에 따른 응급조치가 행하여졌다는 통지를 받은 때에는 지체 없이 검사에게 제19조에 따른 임시조치의 청구를 신청하여야 한다.
② 제1항의 신청을 받은 검사는 임시조치를 청구하는 때에는 응급조치가 있었던 때부터 72시간(제12조 제3항 단서에 따라 응급조치 기간이 연장된 경우에는 그 기간을 말한다) 이내에, 긴급임시조치가 있었던 때부터 48시간 이내에 하여야 한다. 이 경우 제12조 제5

항에 따라 작성된 응급조치결과보고서 및 제13조 제2항에 따라 작성된 긴급임시조치결정서를 첨부하여야 한다.
③ 사법경찰관은 검사가 제2항에 따라 임시조치를 청구하지 아니하거나 법원이 임시조치의 결정을 하지 아니한 때에는 즉시 그 긴급임시조치를 취소하여야 한다.

8) 피해아동에 대한 변호사 선임의 특례

제16조(피해아동에 대한 변호사 선임의 특례) ① 아동학대범죄의 피해아동 및 그 법정대리인은 형사 및 아동보호 절차상 입을 수 있는 피해를 방지하고 법률적 조력을 보장하기 위하여 변호사를 선임할 수 있다.
② 제1항에 따른 변호사는 검사 또는 사법경찰관의 피해아동 및 그 법정대리인에 대한 조사에 참여하여 의견을 진술할 수 있다. 다만, 조사 도중에는 검사 또는 사법경찰관의 승인을 받아 의견을 진술할 수 있다.
③ 제1항에 따른 변호사는 피의자에 대한 구속 전 피의자심문, 증거보전절차, 공판준비기일 및 공판절차에 출석하여 의견을 진술할 수 있다. 이 경우 필요한 절차에 관한 구체적 사항은 대법원규칙으로 정한다.
④ 제1항에 따른 변호사는 증거보전 후 관계 서류나 증거물, 소송계속 중의 관계 서류나 증거물을 열람하거나 등사할 수 있다.
⑤ 제1항에 따른 변호사는 형사 및 아동보호 절차에서 피해아동 및 그 법정대리인의 대리가 허용될 수 있는 모든 소송행위에 대한 포괄적인 대리권을 가진다.
⑥ 검사는 피해아동에게 변호사가 없는 경우 형사 및 아동보호 절차에서 피해아동의 권익을 보호하기 위하여 국선변호사를 선정하여야 한다.

9) 증인에 대한 신변안전조치

제17조의2(증인에 대한 신변안전조치) ① 검사는 아동학대범죄사건의 증인이 피고인 또는 그 밖의 사람으로부터 생명·신체에 해를 입거나 입을 염려가 있다고 인정될 때에는 관할 경찰서장에게 증인의 신변안전을 위하여 필요한 조치를 할 것을 요청하여야 한다.
② 증인은 검사에게 제1항의 조치를 하도록 청구할 수 있다.
③ 재판장은 검사에게 제1항의 조치를 하도록 요청할 수 있다.
④ 제1항의 요청을 받은 관할 경찰서장은 즉시 증인의 신변안전을 위하여 필요한 조치를 하고 그 사실을 검사에게 통보하여야 한다.

10) 아동학대행위자에 대한 임시조치

제19조(아동학대행위자에 대한 임시조치) ① 판사는 아동학대범죄의 원활한 조사·심리 또는 피해아동등의 보호를 위하여 필요하다고 인정하는 경우에는 결정으로 아동학대행위자에게 다음 각 호의 어느 하나에 해당하는 조치(이하 "임시조치"라 한다)를 할 수 있다.
  1. 피해아동등 또는 가정구성원(「가정폭력범죄의 처벌 등에 관한 특례법」 제2조 제2호에 따른 가정구성원을 말한다. 이하 같다)의 주거로부터 퇴거 등 격리
  2. 피해아동등 또는 가정구성원의 주거, 학교 또는 보호시설 등에서 100미터 이내의 접근 금지
  3. 피해아동등 또는 가정구성원에 대한 「전기통신기본법」 제2조 제1호의 전기통신을 이용한 접근 금지
  4. 친권 또는 후견인 권한 행사의 제한 또는 정지
  5. 아동보호전문기관 등에의 상담 및 교육 위탁
  6. 의료기관이나 그 밖의 요양시설에의 위탁
  7. 경찰관서의 유치장 또는 구치소에의 유치
  ② 제1항 각 호의 처분은 병과할 수 있다.
  ③ 판사는 피해아동등에 대하여 제12조 제1항 제2호부터 제4호까지의 규정에 따른 응급조치가 행하여진 경우에는 임시조치가 청구된 때로부터 24시간 이내에 임시조치 여부를 결정하여야 한다.
  ④ 제1항 각 호의 규정에 따른 임시조치기간은 2개월을 초과할 수 없다. 다만, 피해아동등의 보호를 위하여 그 기간을 연장할 필요가 있다고 인정하는 경우에는 결정으로 제1항 제1호부터 제3호까지의 규정에 따른 임시조치는 두 차례만, 같은 항 제4호부터 제7호까지의 규정에 따른 임시조치는 한 차례만 각 기간의 범위에서 연장할 수 있다.

11) 공소시효의 정지와 효력

제34조(공소시효의 정지와 효력) ① 아동학대범죄의 공소시효는 「형사소송법」 제252조에도 불구하고 해당 아동학대범죄의 피해아동이 성년에 달한 날부터 진행한다.
  ② 아동학대범죄에 대한 공소시효는 해당 아동보호사건이 법원에 송치된 때부터 시효 진행이 정지된다. 다만, 다음 각 호의 어느 하나에 해당하는 경우에는 그 때부터 진행된다.
  1. 해당 아동보호사건에 대하여 제44조에 따라 준용되는 「가정폭력범죄의 처벌 등에 관한 특례법」 제37조 제1항 제1호에 따른 처분을 하지 아니한다는 결정이 확정된 때
  2. 해당 아동보호사건이 제41조 또는 제44조에 따라 준용되는 「가정폭력범죄의 처벌 등에 관한 특례법」 제27조 제2항 및 제37조 제2항에 따라 송치된 때
  ③ 공범 중 1명에 대한 제2항의 시효정지는 다른 공범자에게도 효력을 미친다.

Ⅲ 「스토킹 범죄의 처벌 등에 관한 법률」

1) 정의

제2조(정의) 이 법에서 사용하는 용어의 뜻은 다음과 같다.
1. "스토킹행위"란 상대방의 의사에 반(反)하여 정당한 이유 없이 다음 각 목의 어느 하나에 해당하는 행위를 하여 상대방에게 불안감 또는 공포심을 일으키는 것을 말한다.
　가. 상대방 또는 그의 동거인, 가족(이하 "상대방등"이라 한다)에게 접근하거나 따라다니거나 진로를 막아서는 행위
　나. 상대방등의 주거, 직장, 학교, 그 밖에 일상적으로 생활하는 장소(이하 "주거등"이라 한다) 또는 그 부근에서 기다리거나 지켜보는 행위
　다. 상대방등에게 우편·전화·팩스 또는 「정보통신망 이용촉진 및 정보보호 등에 관한 법률」 제2조제1항제1호의 정보통신망(이하 "정보통신망"이라 한다)을 이용하여 물건이나 글·말·부호·음향·그림·영상·화상(이하 "물건등"이라 한다)을 도달하게 하거나 정보통신망을 이용하는 프로그램 또는 전화의 기능에 의하여 글·말·부호·음향·그림·영상·화상이 상대방등에게 나타나게 하는 행위
　라. 상대방등에게 직접 또는 제3자를 통하여 물건등을 도달하게 하거나 주거등 또는 그 부근에 물건등을 두는 행위
　마. 상대방등의 주거등 또는 그 부근에 놓여져 있는 물건등을 훼손하는 행위
　바. 다음의 어느 하나에 해당하는 상대방등의 정보를 정보통신망을 이용하여 제3자에게 제공하거나 배포 또는 게시하는 행위 1) 「개인정보 보호법」 제2조제1호의 개인정보 2) 「위치정보의 보호 및 이용 등에 관한 법률」 제2조제2호의 개인위치정보 3) 1) 또는 2)의 정보를 편집·합성 또는 가공한 정보(해당 정보주체를 식별할 수 있는 경우로 한정한다)
　사. 정보통신망을 통하여 상대방등의 이름, 명칭, 사진, 영상 또는 신분에 관한 정보를 이용하여 자신이 상대방등인 것처럼 가장하는 행위
2. "스토킹범죄"란 지속적 또는 반복적으로 스토킹행위를 하는 것을 말한다. 〔22년 1차〕
3. "피해자"란 스토킹범죄로 직접적인 피해를 입은 사람을 말한다.
4. "피해자등"이란 피해자 및 스토킹행위의 상대방을 말한다.

2) 응급조치 및 긴급응급조치

제3조(스토킹행위 신고 등에 대한 응급조치) 〔22년 1차〕 사법경찰관리는 진행 중인 스토킹행위에 대하여 신고를 받은 경우 즉시 현장에 나가 다음 각 호의 조치를 하여야 한다. 〔22년 1차〕
1. 스토킹행위의 제지, 향후 스토킹행위의 중단 통보 및 스토킹행위를 지속적 또는 반복적으로 할 경우 처벌 서면경고
2. 스토킹행위자와 피해자등의 분리 및 범죄수사

3. 피해자등에 대한 긴급응급조치 및 잠정조치 요청의 절차 등 안내
4. 스토킹 피해 관련 상담소 또는 보호시설로의 피해자등 인도(피해자등이 동의한 경우만 해당한다)

제4조(긴급응급조치) [22년 2차] ① 사법경찰관은 스토킹행위 신고와 관련하여 스토킹행위가 지속적 또는 반복적으로 행하여질 우려가 있고 스토킹범죄의 예방을 위하여 긴급을 요하는 경우 스토킹행위자에게 직권으로 또는 스토킹행위의 상대방이나 그 법정대리인 또는 스토킹행위를 신고한 사람의 요청에 의하여 다음 각 호에 따른 조치를 할 수 있다.
1. 스토킹행위의 상대방등이나 그 주거등으로부터 100미터 이내의 접근 금지
2. 스토킹행위의 상대방등에 대한 「전기통신기본법」 제2조제1호의 전기통신을 이용한 접근 금지
② 사법경찰관은 제1항에 따른 조치(이하 "긴급응급조치"라 한다)를 하였을 때에는 즉시 스토킹행위의 요지, 긴급응급조치가 필요한 사유, 긴급응급조치의 내용 등이 포함된 긴급응급조치결정서를 작성하여야 한다.

제5조(긴급응급조치의 승인 신청) ① 사법경찰관은 긴급응급조치를 하였을 때에는 지체 없이 검사에게 해당 긴급응급조치에 대한 사후승인을 지방법원 판사에게 청구하여 줄 것을 신청하여야 한다.
② 제1항의 신청을 받은 검사는 긴급응급조치가 있었던 때부터 48시간 이내에 지방법원 판사에게 해당 긴급응급조치에 대한 사후승인을 청구한다. 이 경우 제4조제2항에 따라 작성된 긴급응급조치결정서를 첨부하여야 한다.
③ 지방법원 판사는 스토킹행위가 지속적 또는 반복적으로 행하여지는 것을 예방하기 위하여 필요하다고 인정하는 경우에는 제2항에 따라 청구된 긴급응급조치를 승인할 수 있다.
④ 사법경찰관은 검사가 제2항에 따라 긴급응급조치에 대한 사후승인을 청구하지 아니하거나 지방법원 판사가 제2항의 청구에 대하여 사후승인을 하지 아니한 때에는 즉시 그 긴급응급조치를 취소하여야 한다.
⑤ 긴급응급조치기간은 1개월을 초과할 수 없다.

제6조(긴급응급조치의 통지 등) ① 사법경찰관은 긴급응급조치를 하는 경우에는 스토킹행위의 상대방등이나 그 법정대리인에게 통지하여야 한다.
② 사법경찰관은 긴급응급조치를 하는 경우에는 해당 긴급응급조치의 대상자(이하 "긴급응급조치대상자"라 한다)에게 조치의 내용 및 불복방법 등을 고지하여야 한다.

제7조(긴급응급조치의 변경 등) ① 긴급응급조치대상자나 그 법정대리인은 긴급응급조치의 취소 또는 그 종류의 변경을 사법경찰관에게 신청할 수 있다.
② 스토킹행위의 상대방등이나 그 법정대리인은 제4조제1항제1호의 긴급응급조치가 있은 후 스토킹행위의 상대방등이 주거등을 옮긴 경우에는 사법경찰관에게 긴급응급조치의 변경을 신청할 수 있다.
③ 스토킹행위의 상대방이나 그 법정대리인은 긴급응급조치가 필요하지 아니한 경우에는 사법경찰관에게 해당 긴급응급조치의 취소를 신청할 수 있다.
④ 사법경찰관은 정당한 이유가 있다고 인정하는 경우에는 직권으로 또는 제1항부터 제3항까지의 규정에 따른 신청에 의하여 해당 긴급응급조치를 취소할 수 있고, 지방법원 판

사의 승인을 받아 긴급응급조치의 종류를 변경할 수 있다.

⑤ 사법경찰관은 제4항에 따라 긴급응급조치를 취소하거나 그 종류를 변경하였을 때에는 스토킹행위의 상대방등 및 긴급응급조치대상자 등에게 다음 각 호의 구분에 따라 통지 또는 고지하여야 한다.

1. 스토킹행위의 상대방등이나 그 법정대리인: 취소 또는 변경의 취지 통지
2. 긴급응급조치대상자: 취소 또는 변경된 조치의 내용 및 불복방법 등 고지

⑥ 긴급응급조치(제4항에 따라 그 종류를 변경한 경우를 포함한다. 이하 이 항에서 같다)는 다음 각 호의 어느 하나에 해당하는 때에 그 효력을 상실한다.

1. 긴급응급조치에서 정한 기간이 지난 때
2. 법원이 긴급응급조치대상자에게 다음 각 목의 결정을 한 때(스토킹행위의 상대방과 같은 사람을 피해자로 하는 경우로 한정한다)
   가. 제4조제1항제1호의 긴급응급조치에 따른 스토킹행위의 상대방등과 같은 사람을 피해자 또는 그의 동거인, 가족으로 하는 제9조제1항제2호에 따른 조치의 결정
   나. 제4조제1항제1호의 긴급응급조치에 따른 주거등과 같은 장소를 피해자 또는 그의 동거인, 가족의 주거등으로 하는 제9조제1항제2호에 따른 조치의 결정
   다. 제4조제1항제2호의 긴급응급조치에 따른 스토킹행위의 상대방등과 같은 사람을 피해자 또는 그의 동거인, 가족으로 하는 제9조제1항제3호에 따른 조치의 결정

3) 잠정조치

제8조(잠정조치의 청구)

① 검사는 스토킹범죄가 재발될 우려가 있다고 인정하면 직권 또는 사법경찰관의 신청에 따라 법원에 제9조제1항 각 호의 조치를 청구할 수 있다.

② 피해자 또는 그 법정대리인은 검사 또는 사법경찰관에게 제1항에 따른 조치의 청구 또는 그 신청을 요청하거나, 이에 관하여 의견을 진술할 수 있다.

③ 사법경찰관은 제2항에 따른 신청 요청을 받고도 제1항에 따른 신청을 하지 아니하는 경우에는 검사에게 그 사유를 보고하여야 하고, 피해자 또는 그 법정대리인에게 그 사실을 지체 없이 알려야 한다.

④ 검사는 제2항에 따른 청구 요청을 받고도 제1항에 따른 청구를 하지 아니하는 경우에는 피해자 또는 그 법정대리인에게 그 사실을 지체 없이 알려야 한다.

제9조(스토킹행위자에 대한 잠정조치)

① 법원은 스토킹범죄의 원활한 조사·심리 또는 피해자 보호를 위하여 필요하다고 인정하는 경우에는 결정으로 스토킹행위자에게 다음 각 호의 어느 하나에 해당하는 조치(이하 "잠정조치"라 한다)를 할 수 있다.

1. 피해자에 대한 스토킹범죄 중단에 관한 서면 경고
2. 피해자 또는 그의 동거인, 가족이나 그 주거등으로부터 100미터 이내의 접근 금지
3. 피해자 또는 그의 동거인, 가족에 대한 「전기통신기본법」 제2조제1호의 전기통신을

이용한 접근 금지
3의 2. 「전자장치 부착 등에 관한 법률」제2조제4호의 위치추적 전자장치(이하 "전자장치"라 한다)의 부착
4. 국가경찰관서의 유치장 또는 구치소에의 유치
② 제1항 각 호의 잠정조치는 병과할 수 있다.
⑦ 제1항제2호·제3호 및 제3호의2에 따른 잠정조치기간은 3개월, 같은 항 제4호에 따른 잠정조치기간은 1개월을 초과할 수 없다. 다만, 법원은 피해자의 보호를 위하여 그 기간을 연장할 필요가 있다고 인정하는 경우에는 결정으로 제1항제2호·제3호 및 제3호의2에 따른 잠정조치에 대하여 두 차례에 한정하여 각 3개월의 범위에서 연장할 수 있다(4호 연장규정은 없음). 22년 2차

4) 벌칙

제18조(스토킹범죄) 22년 1차
① 스토킹범죄를 저지른 사람은 3년 이하의 징역 또는 3천만원 이하의 벌금에 처한다.
② 흉기 또는 그 밖의 위험한 물건을 휴대하거나 이용하여 스토킹범죄를 저지른 사람은 5년 이하의 징역 또는 5천만원 이하의 벌금에 처한다.

Ⅳ 마약사범 수사

1. 마약류

1) 의의

"마약류"란 마약·향정신성의약품 및 대마를 말한다.

2) 마약류의 분류

마약	천연마약	양귀비, 생아편, 몰핀, 코데인, 테바인, 코카인, 크랙 등
	한외마약	① 다른 약물이나 물질과 혼합되어 가목부터 마목까지에 열거된 것으로 다시 제조하거나 제제(製劑)할 수 없고, 그것에 의하여 신체적 또는 정신적 의존성을 일으키지 아니하는 것으로서 총리령으로 정하는 것 ② 코데날, 코데잘, 코데솔, 유코데, 세코날 등

	합성마약	페치딘계, 메사돈계, 프로폭시펜, 아미노부텐, 모리피난, 벤조모르핀 등
	반합성마약	헤로인, 히드로모르핀, 옥시코돈, 하이드로폰 등
대마	대마초, 마리화나, 해쉬쉬	
향정신성 의약품	환각제	LSD, 사일로사이빈, 페이요트(메스카린) 등
	억제제	알프라졸람, 바르비탈염류제(아로바르비탈), 벤조다이아핀제제
	강성제	엑스터시, 메스암페타민(필로폰), 암페타민류

2. 「마약류 관리에 관한 법률」상 '마약'(제2조 제2호)

"마약"이란 다음 각 목의 어느 하나에 해당하는 것을 말한다.

가. 양귀비	양귀비과의 파파베르 솜니페룸 엘(Papaver somniferum L.), 파파베르 세티게 룸 디시(Papaver setigerum DC.) 또는 파파베르 브락테아툼(Papaver bracteatum)
나. 아편	양귀비의 액즙이 응결된 것과 이를 가공한 것. 다만, 의약품으로 가공한 것은 제외한다.
다. 코카 잎[엽]	코카 관목[(관목): 에리드록시론속(속)의 모든 식물을 말한다]의 잎. 다만, 엑고닌·코카인 및 엑고닌 알칼로이드 성분이 모두 제거된 잎은 제외한다.
라. 양귀비, 아편 또는 코카 잎에서 추출되는 모든 알카로이드 및 그와 동일한 화학적 합성품으로 서 대통령령으로 정하는 것	
마. 가목부터 라목까지에 규정된 것 외에 그와 동일하게 남용되거나 해독(害毒) 작용을 일으킬 우 려가 있는 화학적 합성품으로서 대통령령으로 정하는 것	
바. 가목부터 마목까지에 열거된 것을 함유하는 혼합물질 또는 혼합제제. 다만, 다른 약물이나 물질 과 혼합되어 가목부터 마목까지에 열거된 것으로 다시 제조하거나 제제(製劑)할 수 없고, 그것 에 의하여 신체적 또는 정신적 의존성을 일으키지 아니하는 것으로서 총리령으로 정하는 것[이 하 "한외마약"이라 한다]은 제외한다.	

3. 「마약류 관리에 관한 법률」상 '대마'(제2조 제4호)

"대마"란 다음 각 목의 어느 하나에 해당하는 것을 말한다. 다만, 대마초[칸나비스 사티바 엘(Cannabis sativa L)을 말한다. 이하 같다]의 종자(종자)·뿌리 및 성숙한 대마초의 줄기 와 그 제품은 제외한다.
가. 대마초와 그 수지(수지)
나. 대마초 또는 그 수지를 원료로 하여 제조된 모든 제품

다. 가목 또는 나목에 규정된 것과 동일한 화학적 합성품으로서 대통령령으로 정하는 것
라. 가목부터 다목까지에 규정된 것을 함유하는 혼합물질 또는 혼합제제

4. 「마약류 관리에 관한 법률」상 '향정신성의약품'

1) 의의(제2조 제3호)

"향정신성의약품"이란 인간의 중추신경계에 작용하는 것으로서 이를 오용하거나 남용할 경우 인체에 심각한 위해가 있다고 인정되는 다음 각 목의 어느 하나에 해당하는 것으로서 대통령령으로 정하는 것을 말한다.

가. 오용하거나 남용할 우려가 심하고 의료용으로 쓰이지 아니하며 안전성이 결여되어 있는 것으로서 이를 오용하거나 남용할 경우 심한 신체적 또는 정신적 의존성을 일으키는 약물 또는 이를 함유하는 물질	LSD 등
나. 오용하거나 남용할 우려가 심하고 매우 제한된 의료용으로만 쓰이는 것으로서 이를 오용하거나 남용할 경우 심한 신체적 또는 정신적 의존성을 일으키는 약물 또는 이를 함유하는 물질	메스암페타민, PCP 등
다. 가목과 나목에 규정된 것보다 오용하거나 남용할 우려가 상대적으로 적고 의료용으로 쓰이는 것으로서 이를 오용하거나 남용할 경우 그리 심하지 아니한 신체적 의존성을 일으키거나 심한 정신적 의존성을 일으키는 약물 또는 이를 함유하는 물질	바르비투르산, 바르비투르산의 이성질체 및 그 염류 일체, 그리고 소수의 벤조디아제핀 등
라. 다목에 규정된 것보다 오용하거나 남용할 우려가 상대적으로 적고 의료용으로 쓰이는 것으로서 이를 오용하거나 남용할 경우 다목에 규정된 것보다 신체적 또는 정신적 의존성을 일으킬 우려가 적은 약물 또는 이를 함유하는 물질	벤조디아제핀을 비롯한 안정제, 수면제, 마취제, GHB(물뽕), 졸피뎀(스틸녹스), 덱스트로메토르판(러미나) 등

마. 가목부터 라목까지에 열거된 것을 함유하는 혼합물질 또는 혼합제제. 다만, 다른 약물 또는 물질과 혼합되어 가목부터 라목까지에 열거된 것으로 다시 제조하거나 제제할 수 없고, 그것에 의하여 신체적 또는 정신적 의존성을 일으키지 아니하는 것으로서 총리령으로 정하는 것은 제외한다.

2) 주요 향정신성의약품

메스암페타민 (필로폰; 히로뽕)	① 암페타민은 매우 강력한 중추신경 흥분제로서, 기관지 천식, 비만증, 우울증, 파킨스씨병, 간질, 수면 발작 등 치료에 사용됨. ② 암페타민 중 사회적으로 가장 문제되는 것이 메스암페타민으로, 미국에서는 'speed', 'ice', 'crystal', 'crank' 등으로, 우리나라에서는 '히로뽕', '뽕' 등으로 불리면서 '술깨는 약'이나 '피로회복제' 내지 '체중조절약' 등을 가장하여 유통, 복용되는 경우가 많음.

	③ 강한 각성효과로 의식이 뚜렷해지고 잠이 오지 않으며 피로감이 없어지는 반면, 폭력행위, 정신착란, 편집증, 환청, 기분장애와 망상(예컨대 피부에 벌레가 기어가는 것과 같은 느낌)과 같은 심리적 특징을 보임. ④ 정맥혈관주사, 흡연, 흡입, 입으로 섭취 등의 방법으로 복용됨.
엑스터시 (MDMA)	① 1914년 독일에서 식욕감퇴제로 개발된 것으로, 정제, 분말, 액체 등의 형태로 밀거래됨. ② 기분이 좋아지는 약, 클럽마약, 포옹마약, 도리도리 등으로 지칭됨. ③ 정제에 여러 가지 문양(튜립, 호박, 유니콘, 나비, 비둘기, 피노키오, 슈퍼맨, 악어, 사과, 망치와 낫 등)이 각인되어 있으며, 투약후 20~30분 경과 후 효과가 나타남. ④ 약효는 환각, 흥분작용을 일으키며, 식용상실, 정신착란, 혼수, 자제력상실의 부작용이 있음.
러미나 (덱스트로메트로판) 23년 1차	① 비 마약성 진해제(진해거담제: 감기, 만성 기관지염, 폐렴 등 치료제)로 원래는 'Romilar'라는 상품명으로 나온 약인데, 기침을 멈추는 효과가 좋아서 널리 쓰이는 기침약임. 하지만 남용이 심해서 국내에서는 향정신성의약품으로 관리되고 있으며, 의사의 처방전으로 약국에서 구입이 가능함. ② 강한 중추신경 억제성 진해작용이 있으나 의존성과 독성이 없어 코데인 대용으로 널리 시판됨. ③ 청소년들이 소주에 타서 마시기도 하는데, 이를 '정글쥬스'라고도 함.
L.S.D 23년 1차	① 1943년 알버트 호프만 박사가 곡물의 곰팡이, 보리 맥각에서 추출한 물질을 인공적으로 합성시켜 만들어낸 것으로 무색·무미·무취한 백색분말임. ② 환각제 중 가장 강력한 효과를 나타내며, 주로 각설탕, 껌, 과자, 압지, 우표 뒷면 등에 묻혀서 사용되거나 캡슐, 정제, 액체 등 다양한 방법으로 유통된다. ③ 뇌세포 및 뇌조직의 일상적인 활동을 방해하며, 심장박동, 호흡, 동공확대, 수전증, 오한 증의 증상이 나타남. ④ 금단증상은 일으키지 않는다고 알려져 있으나, 시각기능의 변화, 즉 착각과 환각이 나타날 수 있음.
야바(YABA)	① 태국어로 '미치게 하는 약'이라는 뜻으로, 동남아 지역에서 주로 생산되어 유흥업소 종사자, 육체노동자, 운전기사 등을 중심으로 확산되고 있음. ② 카페인, 에페드린, 밀가루 등에 필로폰을 혼합한 것으로 순도가 20~30% 정도로 낮음. ③ 원재료가 화공약품인 관계로 양귀비의 작황에 좌우되는 헤로인과는 달리 안정적인 밀조가 가능함.

메스칼린 (Mescaline)	① 멕스코산 선인장 윗 부분의 함유 성분인 페이요트에서 추출, 합성한 향 정신성의약품임. ② 천연 메스칼린은 짙은 갈색 분말이며, 합성 메스칼린은 흰색 결정책 분 말로서, 물에 녹여서 먹거나 주사를 사용하기도 함.
GHB	① 무색·무취로써 짠맛이 나는 액체로 소다수 등의 음료에 타서 복용하며, '물 같은 히로뽕'이라는 뜻에서 '물뽕'이라고도 불림. ② 미국, 캐나다, 유럽 등지에서는 성범죄용으로 악용되어 '데이트 강간약 물'이라고도 함. ③ 사용 후 15분 후에 효과가 발현되고, 3시간 지속됨.
PCP (Phencyclidine)	① 1950년대 말 외과 수술용 마취제로 개발된 약물이며, 일명 '천사의 가 루'로 불림. ② 흥분과 혼돈, 도취효과를 경험하는 반면, 근육경색, 섬망증, 의식장애, 우 울증과 같은 부작용이 나타남.
카리소프로돌 (S정) 23년 1차	① 중추신경에 작용하여 골격근 이완의 효과가 있는 근골격계 질환 치료제 이며, 과다복용 시 인사불성, 혼수쇼크, 호흡저하, 사망에까지 이를 수 있다 ② 금단증상으로는 온몸이 경직되고 뒤틀리며, 혀 꼬부라진 소리 등을 하게 된다.
프로포폴 23년 1차	① 폐놀계 화합물로 흔히 '수면마취제'라고 불리는 정맥마취제로서 수면내시 경검사 마취 등에 사용된다. ② 환각제 대용으로 오·남용되는 사례가 있어 향정신성의약품으로 지정되 어 관리되고 있다

Ⅴ 통신수사

1. 정의(통신비밀보호법 제2조)

일정한 요건하에서 법원의 허가를 얻어 대상자의 우편물을 검열하거나 전기통신을 감청하는 것을 통신제한조치라고 하는데, 이러한 우편물 및 전기통신 등을 통한 수사를 통신수사라고 한다.

제2조(정의) 이 법에서 사용하는 용어의 정의는 다음과 같다.
1. "통신"이라 함은 우편물 및 전기통신을 말한다.
2. "우편물"이라 함은 우편법에 의한 통상우편물과 소포우편물을 말한다.

3. "전기통신"이라 함은 전화·전자우편·회원제정보서비스·모사전송·무선호출 등과 같이 유선·무선·광선 및 기타의 전자적 방식에 의하여 모든 종류의 음향·문언·부호 또는 영상을 송신하거나 수신하는 것을 말한다.

4. "당사자"라 함은 우편물의 발송인과 수취인, 전기통신의 송신인과 수신인을 말한다.

5. "내국인"이라 함은 대한민국의 통치권이 사실상 행사되고 있는 지역에 주소 또는 거소를 두고 있는 대한민국 국민을 말한다.

6. "검열"이라 함은 우편물에 대하여 당사자의 동의없이 이를 개봉하거나 기타의 방법으로 그 내용을 지득 또는 채록하거나 유치하는 것을 말한다.

7. "감청"이라 함은 전기통신에 대하여 당사자의 동의없이 전자장치·기계장치등을 사용하여 통신의 음향·문언·부호·영상을 청취·공독하여 그 내용을 지득 또는 채록하거나 전기통신의 송·수신을 방해하는 것을 말한다.

8. "감청설비"라 함은 대화 또는 전기통신의 감청에 사용될 수 있는 전자장치·기계장치 기타 설비를 말한다. 다만, 전기통신 기기·기구 또는 그 부품으로서 일반적으로 사용되는 것 및 청각교정을 위한 보청기 또는 이와 유사한 용도로 일반적으로 사용되는 것중에서, 대통령령이 정하는 것은 제외한다.

8의2. "불법감청설비탐지"라 함은 이 법의 규정에 의하지 아니하고 행하는 감청 또는 대화의 청취에 사용되는 설비를 탐지하는 것을 말한다.

9. "전자우편"이라 함은 컴퓨터 통신망을 통해서 메시지를 전송하는 것 또는 전송된 메시지를 말한다.

10. "회원제정보서비스"라 함은 특정의 회원이나 계약자에게 제공하는 정보서비스 또는 그와 같은 네트워크의 방식을 말한다.

11. "통신사실확인자료"라 함은 다음 각목의 어느 하나에 해당하는 전기통신사실에 관한 자료를 말한다.

가. 가입자의 전기통신일시
나. 전기통신개시·종료시간
다. 발·착신 통신번호 등 상대방의 가입자번호
라. 사용도수
마. 컴퓨터통신 또는 인터넷의 사용자가 전기통신역무를 이용한 사실에 관한 컴퓨터통신 또는 인터넷의 로그기록자료
바. 정보통신망에 접속된 정보통신기기의 위치를 확인할 수 있는 발신기지국의 위치추적자료
사. 컴퓨터통신 또는 인터넷의 사용자가 정보통신망에 접속하기 위하여 사용하는 정보통신기기의 위치를 확인할 수 있는 접속지의 추적자료

12. "단말기기 고유번호"라 함은 이동통신사업자와 이용계약이 체결된 개인의 이동전화 단말기기에 부여된 전자적 고유번호를 말한다.

2. 통신수사의 종류

구분	통신제한조치	통신사실확인자료	통신자료
근거	통신비밀보호법	통신비밀보호법	전기통신사업법
대상	① 280개 대상범죄(통신비밀보호법 제5조 제1항) ② 통화내용	① 모든 범죄 ② 가입자의 전기통신일시, 전기통신개시·종료시간, 발·착신 통신번호 등 상대방의 가입자번호, 사용도수, 컴퓨터통신 또는 인터넷의 로그기록자료, 발신기지국의 위치추적자료, 접속지의 추적자료	① 모든 자료 ② 이용자의 인적사항(성명, 주민등록번호, 주소, 전화번호, ID, 주소, 가입·해지일자
절차	① 법원 허가(강제수사) ② 사후통지의무 ③ 긴급처분	① 법원 허가(강제수사) ② 사후통지의무 ③ 긴급처분	① 법원, 검사 또는 수사관서의 장 명의 협조문 ② 사후통지의무 ③ 긴급처분 X

3. 통신제한조치

1) 범죄수사를 위한 통신제한조치(통신비밀보호법 제5조, 제6조)

법원의 허가를 얻어 대상자의 우편물을 검열하거나 전기통신을 감청하는 것을 말한다.

	범죄혐의	대상범죄를 계획·실행하고 있거나 실행하였다고 의심할만한 충분한 이유가 있어야 한다.
	보충성	다른 방법으로는 그 범죄의 실행을 저지하거나 범인의 체포 또는 증거의 수집이 어려운 경우에 한하여 허가할 수 있다.
허가요건	대상 범죄 / 형법	① 제1장 내란의 죄, ② 제2장 외환의 죄(전시군수계약불이행죄 제외), ③ 제4장 국교에 관한 죄(외국국기국장모독죄 제외), ④ 제5장 공안을 해하는 죄(다중불해산죄, 전시공수계약불이행죄 제외), ⑤ 제6장 폭발물에 관한 죄, ⑥ 제7장 공무원의 직무에 관한 죄 중 제127조(공무상 비밀누설), 제129조 내지 제133조의 죄(뇌물), ⑦ 제9장 도주와 범인은닉의 죄, ⑧ 제13장 방화와 실화의 죄(연소, 진화방해, 실화죄 제외), ⑨ 제17장 아편의 관한 죄, ⑩ 제18장 통화의 관한 죄, ⑪ 제19장 유가증권에 관한 죄, ⑫ 제24장 살인의 죄, ⑬ 제29장 체포와 감금의 죄, ⑭ 제30장

		협박의 죄(존속협박 제외), ⑮ 제31장 약취와 유인의 죄, ⑯ 제32장 강간과 추행의 죄(미성년자간음죄, 업무상 위력에 의한 간음죄 제외), ⑰ 제315조의 죄(경매입찰방해), ⑱ 제324조의2, 3, 4(인질강요, 인질상해/살해), ⑲ 제38장 절도와 강도의 죄, ⑳ 제350조의 죄(공갈죄), (21) 제363조의 죄(상습장물)
	기타	① 군형법위반 중 일부(반란죄, 이적죄, 항명죄 등), ② 국가보안법 위반, ③ 군사기밀보호법 위반, ④ 군사시설보호법 위반, ⑤ 군사기지 및 군사시설보호법 위반, ⑥ 마약류관리에 관한 법률 위반 중 일부, ⑦ 폭력행위등 처벌에 관한 법률 위반 중 일부(공갈, 협박), ⑧ 총포 · 도검 · 화약류등의 안전관리에 관한 법률 위반 중 일부, ⑨ 특정범죄가중처벌등에 관한 법률 위반 중 일부, ⑩ 특정경제범죄가중처벌등에 관한 법률 위반 중 일부, ⑪ 기타 형법과 군형법 대상범죄에 대한 가중처벌을 규정하는 법률 위반
허가절차		제6조(범죄수사를 위한 통신제한조치의 허가절차) ② 사법경찰관(군사법경찰관을 포함한다. 이하 같다)은 제5조 제1항의 요건이 구비된 경우에는 검사에 대하여 각 피의자별 또는 각 피내사자별로 통신제한조치에 대한 허가를 신청하고, 검사는 법원에 대하여 그 허가를 청구할 수 있다. ③ 제1항 및 제2항의 통신제한조치 청구사건의 관할법원은 그 통신제한조치를 받을 통신당사자의 쌍방 또는 일방의 주소지 · 소재지, 범죄지 또는 통신당사자와 공범관계에 있는 자의 주소지 · 소재지를 관할하는 지방법원 또는 지원(보통군사법원을 포함한다)으로 한다. ④ 제2항의 통신제한조치청구는 필요한 통신제한조치의 종류 · 그 목적 · 대상 · 범위 · 기간 · 집행장소 · 방법 및 당해 통신제한조치가 제5조 제1항의 허가요건을 충족하는 사유등의 청구이유를 기재한 서면(이하 "청구서"라 한다)으로 하여야 하며, 청구이유에 대한 소명자료를 첨부하여야 한다. 이 경우 동일한 범죄사실에 대하여 그 피의자 또는 피내사자에 대하여 통신제한조치의 허가를 청구하였거나 허가받은 사실이 있는 때에는 다시 통신제한조치를 청구하는 취지 및 이유를 기재하여야 한다. ⑤ 법원은 청구가 이유 있다고 인정하는 경우에는 각 피의자별 또는 각 피내사자별로 통신제한조치를 허가하고, 이를 증명하는 서류(이하 "허가서"라 한다)를 청구인에게 발부한다. ⑥ 제5항의 허가서에는 통신제한조치의 종류 · 그 목적 · 대상 · 범위 · 기간 및 집행장소와 방법을 특정하여 기재하여야 한다. ⑦ 통신제한조치의 기간은 2개월을 초과하지 못하고, 그 기간 중 통신제한조치의 목적이 달성되었을 경우에는 즉시 종료하여야 한다. 다만, 제5조 제1항의 허가요건이 존속하는 경우에는 소명자료를 첨부하여 제1항 또는 제2항에 따라 2개월의 범위에서 통신제한조치기간의 연장을 청구할 수 있다. ⑧ 사법경찰관이 제7항 단서에 따라 통신제한조치의 연장을 청구하는 경우에 통신제한조치의 총 연장기간은 1년을 초과할 수 없다. 다만, 다음 각 호의 어느 하나에 해당하는 범죄의 경우에는 통신제한조치의 총 연장기간이 3년을 초과할 수 없다.

	1. 「형법」 제2편 중 제1장 내란의 죄, 제2장 외환의 죄 중 제92조부터 제101조까지의 죄, 제4장 국교에 관한 죄 중 제107조, 제108조, 제111조부터 제113조까지의 죄, 제5장 공안을 해하는 죄 중 제114조, 제115조의 죄 및 제6장 폭발물에 관한 죄 2. 「군형법」 제2편 중 제1장 반란의 죄, 제2장 이적의 죄, 제11장 군용물에 관한 죄 및 제12장 위령의 죄 중 제78조·제80조·제81조의 죄 3. 「국가보안법」에 규정된 죄 4. 「군사기밀보호법」에 규정된 죄 5. 「군사기지 및 군사시설보호법」에 규정된 죄 ⑨ 법원은 제1항·제2항 및 제7항 단서에 따른 청구가 이유없다고 인정하는 경우에는 청구를 기각하고 이를 청구인에게 통지한다.
집행	제9조(통신제한조치의 집행) ② 통신제한조치의 집행을 위탁하거나 집행에 관한 협조를 요청하는 자는 통신기관 등에 통신제한조치허가서 또는 긴급감청서등의 표지의 사본을 교부하여야 하며, 이를 위탁받거나 이에 관한 협조요청을 받은 자는 통신제한조치허가서 또는 긴급감청서등의 표지 사본을 대통령령이 정하는 기간동안 보존하여야 한다. ③ 통신제한조치를 집행하는 자와 이를 위탁받거나 이에 관한 협조요청을 받은 자는 당해 통신제한조치를 청구한 목적과 그 집행 또는 협조일시 및 대상을 기재한 대장을 대통령령이 정하는 기간동안 비치하여야 한다. ④ 통신기관등은 통신제한조치허가서 또는 긴급감청서등에 기재된 통신제한조치 대상자의 전화번호 등이 사실과 일치하지 않을 경우에는 그 집행을 거부할 수 있으며, 어떠한 경우에도 전기통신에 사용되는 비밀번호를 누설할 수 없다.
통지	제9조의2(통신제한조치의 집행에 관한 통지) ② 사법경찰관은 통신제한조치를 집행한 사건에 관하여 검사로부터 공소를 제기하거나 제기하지 아니하는 처분(기소중지 또는 참고인중지 결정은 제외한다)의 통보를 받거나 검찰송치를 하지 아니하는 처분(수사중지 결정은 제외한다) 또는 내사사건에 관하여 입건하지 아니하는 처분을 한 때에는 그 날부터 30일 이내에 우편물 검열의 경우에는 그 대상자에게, 감청의 경우에는 그 대상이 된 전기통신의 가입자에게 통신제한조치를 집행한 사실과 집행기관 및 그 기간 등을 서면으로 통지하여야 한다. ④ 다음 각호의 1에 해당하는 사유가 있는 때에는 그 사유가 해소될 때까지 통지를 유예할 수 있다. 1. 통신제한조치를 통지할 경우 국가의 안전보장·공공의 안녕질서를 위태롭게 할 현저한 우려가 있는 때 2. 통신제한조치를 통지할 경우 사람의 생명·신체에 중대한 위험을 초래할 염려가 현저한 때 ⑤ 사법경찰관은 제4항에 따라 통지를 유예하려는 경우에는 소명자료를 첨부하여 미리 관할지방검찰청검사장의 승인을 받아야 한다. ⑥ 사법경찰관은 각호의 사유가 해소된 때에는 그 사유가 해소된 날부터 30일 이내에 제2항의 규정에 의한 통지를 하여야 한다.

2) 국가안보를 위한 통신제한조치(통신비밀보호법 제7조)

요건	대통령령이 정하는 정보수사기관의 장은 국가안전보장에 상당한 위험이 예상되는 경우 또는 「국민보호와 공공안전을 위한 테러방지법」 제2조 제6호의 대테러활동에 필요한 경우에 한하여 그 위해를 방지하기 위하여 이에 관한 정보수집이 특히 필요한 때에는 통신제한조치를 할 수 있다
절차	1. 통신의 일방 또는 쌍방당사자가 내국인인 때: 정보수사기관의 장이 고등검찰청 검사에게 신청 → 고등검찰청 검사의 청구 → 고등법원 수석판사의 허가 2. 대한민국에 적대하는 국가, 반국가활동의 혐의가 있는 외국의 기관·단체와 외국인, 대한민국의 통치권이 사실상 미치지 아니하는 한반도내의 집단이나 외국에 소재하는 그 산하단체의 구성원의 통신인 때: 정보수사기관의 장이 국정원장에게 계획서 제출 → 국정원장이 대통령에게 승인 신청 → 대통령의 승인
기간	통신제한조치의 기간은 4월을 초과하지 못하고, 그 기간중 통신제한조치의 목적이 달성되었을 경우에는 즉시 종료하여야 하되, 제1항의 요건이 존속하는 경우에는 소명자료를 첨부하여 고등법원 수석판사의 허가 또는 대통령의 승인을 얻어 4월의 범위 이내에서 통신제한조치의 기간을 연장할 수 있다.

3) 긴급통신제한조치(통신비밀보호법 제8조)

의의	검사, 사법경찰관 또는 정보수사기관의 장은 국가안보를 위협하는 음모행위, 직접적인 사망이나 심각한 상해의 위험을 야기할 수 있는 범죄 또는 조직범죄등 중대한 범죄의 계획이나 실행 등 긴박한 상황에 있고, 절차를 거칠 수 없는 긴급한 사유가 있는 때에는 법원의 허가없이 통신제한조치를 할 수 있다.
검사지휘	사법경찰관이 긴급통신제한조치를 할 경우에는 미리 검사의 지휘를 받아야 한다. 다만, 특히 급속을 요하여 미리 지휘를 받을 수 없는 사유가 있는 경우에는 긴급통신제한조치의 집행착수후 지체없이 검사의 승인을 얻어야 한다.
긴급감청	① 검사, 사법경찰관 또는 정보수사기관의 장이 긴급통신제한조치를 하고자 하는 경우에는 반드시 긴급검열서 또는 긴급감청서에 의하여야 하며 소속기관에 긴급통신제한조치대장을 비치하여야 한다(제8조 제4항). ② 체신관서 기타 관련기관등에 그 집행을 위탁할 수 있으나, 이 경우 통신기관등에 긴급감청서등의 표지의 사본을 교부하여야 한다(제9조 제2항).
사후허가 사후통보	① 긴급통신제한조치를 집행한 때부터 **지체 없이** 법원에 허가청구를 하여야 하며, 긴급통신제한조치의 집행에 착수한 때부터 36시간 이내에 법원의 허가를 받지 못한 경우에는 해당 조치를 즉시 중지하고 해당 조치로 취득한 자료를 폐기하여야 한다. ② 정보수사기관의 장은 국가안보를 위협하는 음모행위, 직접적인 사망이나 심각한 상해의 위험을 야기할 수 있는 범죄 또는 조직범죄등 중대한 범죄의 계획이나 실

	행 등 긴박한 상황에 있고, 대통령의 승인을 얻을 시간적 여유가 없거나 통신제한조치를 긴급히 실시하지 아니하면 국가안전보장에 대한 위해를 초래할 수 있다고 판단되는 때에는 소속 장관(국가정보원장을 포함한다)의 승인을 얻어 통신제한조치를 할 수 있다. 이 경우 지체없이 대통령의 승인을 얻어야 하며, 통신제한조치의 집행에 착수한 때부터 36시간 이내에 대통령의 승인을 얻지 못한 때에는 해당 조치를 즉시 중지하고 해당 조치로 취득한 자료를 폐기하여야 한다.
통지	① 사법경찰관은 통신제한조치를 집행한 사건에 관하여 검사로부터 공소를 제기하거나 제기하지 아니하는 처분(기소중지 또는 참고인중지 결정은 제외)의 통보를 받거나 검찰송치를 하지 아니하는 처분(수사중지 결정은 제외) 또는 내사사건에 관하여 입건하지 아니하는 처분을 한 때에는 그 날부터 30일 이내에 우편물 검열의 경우에는 그 대상자에게, 감청의 경우에는 그 대상이 된 전기통신의 가입자에게 통신제한조치를 집행한 사실과 집행기관 및 그 기간 등을 서면으로 통지하여야 한다. ② 정보수사기관의 장은 통신제한조치를 종료한 날부터 30일 이내에 우편물 검열의 경우에는 그 대상자에게, 감청의 경우에는 그 대상이 된 전기통신의 가입자에게 통신제한조치를 집행한 사실과 집행기관 및 그 기간 등을 서면으로 통지하여야 한다.

4. 범죄수사를 위한 통신사실확인자료 제공요청

관할	제13조(범죄수사를 위한 통신사실 확인자료제공의 절차) ① 검사 또는 사법경찰관은 수사 또는 형의 집행을 위하여 필요한 경우 전기통신사업법에 의한 전기통신사업자에게 통신사실 확인자료의 열람이나 제출을 요청할 수 있다. ② 검사 또는 사법경찰관은 제1항에도 불구하고 수사를 위하여 통신사실확인자료 중 다음 각 호의 어느 하나에 해당하는 자료가 필요한 경우에는 다른 방법으로는 범죄의 실행을 저지하기 어렵거나 범인의 발견·확보 또는 증거의 수집·보전이 어려운 경우에만 전기통신사업자에게 해당 자료의 열람이나 제출을 요청할 수 있다. 다만, 제5조 제1항 각 호의 어느 하나에 해당하는 범죄 또는 전기통신을 수단으로 하는 범죄에 대한 통신사실확인자료가 필요한 경우에는 제1항에 따라 열람이나 제출을 요청할 수 있다. 1. 제2조 제11호바목·사목 중 실시간 추적자료 2. 특정한 기지국에 대한 통신사실확인자료 ③ 제1항 및 제2항에 따라 통신사실 확인자료제공을 요청하는 경우에는 요청사유, 해당 가입자와의 연관성 및 필요한 자료의 범위를 기록한 서면으로 관할 지방법원(보통군사법원을 포함한다. 이하 같다) 또는 지원의 허가를 받아야 한다. 다만, 관할 지방법원 또는 지원의 허가를 받을 수 없는 긴급한 사유가 있는 때에는 통신사실 확인자료제공을 요청한 후 지체 없이 그 허가를 받아 전기통신사업자에게 송부하여야 한다.

통지	제13조의3(범죄수사를 위한 통신사실 확인자료제공의 통지) ① 검사 또는 사법경찰관은 제13조에 따라 통신사실 확인자료제공을 받은 사건에 관하여 다음 각 호의 구분에 따라 정한 기간 내에 통신사실 확인자료제공을 받은 사실과 제공요청기관 및 그 기간 등을 통신사실 확인자료제공의 대상이 된 당사자에게 서면으로 통지하여야 한다. 1. 공소를 제기하거나, 공소제기ㆍ검찰송치를 하지 아니하는 처분(기소중지ㆍ참고인중지 또는 수사중지 결정은 제외한다) 또는 입건을 하지 아니하는 처분을 한 경우: 그 처분을 한 날부터 30일 이내. 다만, 다음 각 목의 어느 하나에 해당하는 경우 그 통보를 받은 날부터 30일 이내 　가. 수사처검사가 「고위공직자범죄수사처 설치 및 운영에 관한 법률」 제26조 제1항에 따라 서울중앙지방검찰청 소속 검사에게 관계 서류와 증거물을 송부한 사건에 관하여 이를 처리하는 검사로부터 공소를 제기하거나 제기하지 아니하는 처분(기소중지 또는 참고인중지 결정은 제외한다)의 통보를 받은 경우 　나. 사법경찰관이 「형사소송법」 제245조의5 제1호에 따라 검사에게 송치한 사건으로서 검사로부터 공소를 제기하거나 제기하지 아니하는 처분(기소중지 또는 참고인중지 결정은 제외한다)의 통보를 받은 경우 2. 기소중지ㆍ참고인중지 또는 수사중지 결정을 한 경우: 그 결정을 한 날부터 1년(제6조 제8항 각 호의 어느 하나에 해당하는 범죄인 경우에는 3년)이 경과한 때부터 30일 이내. 다만, 다음 각 목의 어느 하나에 해당하는 경우 그 통보를 받은 날로부터 1년(제6조 제8항 각 호의 어느 하나에 해당하는 범죄인 경우에는 3년)이 경과한 때부터 30일 이내 　가. 수사처검사가 「고위공직자범죄수사처 설치 및 운영에 관한 법률」 제26조 제1항에 따라 서울중앙지방검찰청 소속 검사에게 관계 서류와 증거물을 송부한 사건에 관하여 이를 처리하는 검사로부터 기소중지 또는 참고인중지 결정의 통보를 받은 경우 　나. 사법경찰관이 「형사소송법」 제245조의5 제1호에 따라 검사에게 송치한 사건으로서 검사로부터 기소중지 또는 참고인중지 결정의 통보를 받은 경우 3. 수사가 진행 중인 경우: 통신사실 확인자료제공을 받은 날부터 1년(제6조 제8항 각 호의 어느 하나에 해당하는 범죄인 경우에는 3년)이 경과한 때부터 30일 이내 ② 제1항 제2호 및 제3호에도 불구하고 다음 각 호의 어느 하나에 해당하는 사유가 있는 경우에는 그 사유가 해소될 때까지 같은 항에 따른 통지를 유예할 수 있다. 1. 국가의 안전보장, 공공의 안녕질서를 위태롭게 할 우려가 있는 경우 2. 피해자 또는 그 밖의 사건관계인의 생명이나 신체의 안전을 위협할 우려가 있는 경우 3. 증거인멸, 도주, 증인 위협 등 공정한 사법절차의 진행을 방해할 우려가 있는 경우 4. 피의자, 피해자 또는 그 밖의 사건관계인의 명예나 사생활을 침해할 우려가 있는 경우 ③ 검사 또는 사법경찰관은 제2항에 따라 통지를 유예하려는 경우에는 소명자료를 첨부하여 미리 관할 지방검찰청 검사장의 승인을 받아야 한다. 다만, 수사처검사가 제2항

에 따라 통지를 유예하려는 경우에는 소명자료를 첨부하여 미리 수사처장의 승인을 받아야 한다.

④ 검사 또는 사법경찰관은 제2항 각 호의 사유가 해소된 때에는 그 날부터 30일 이내에 제1항에 따른 통지를 하여야 한다.

⑤ 제1항 또는 제4항에 따라 검사 또는 사법경찰관으로부터 통신사실 확인자료제공을 받은 사실 등을 통지받은 당사자는 해당 통신사실 확인자료제공을 요청한 사유를 알려주도록 서면으로 신청할 수 있다.

⑥ 제5항에 따른 신청을 받은 검사 또는 사법경찰관은 제2항 각 호의 어느 하나에 해당하는 경우를 제외하고는 그 신청을 받은 날부터 30일 이내에 해당 통신사실 확인자료제공 요청의 사유를 서면으로 통지하여야 한다.

⑦ 제1항부터 제5항까지에서 규정한 사항 외에 통신사실 확인자료제공을 받은 사실 등에 관하여는 제9조의2(제3항은 제외한다)를 준용한다.

5. 통신자료(가입자정보) 제공요청(전기통신사업법 제83조)

제83조(통신비밀의 보호) ① 누구든지 전기통신사업자가 취급 중에 있는 통신의 비밀을 침해하거나 누설하여서는 아니 된다.

② 전기통신업무에 종사하는 사람 또는 종사하였던 사람은 그 재직 중에 통신에 관하여 알게 된 타인의 비밀을 누설하여서는 아니 된다.

③ 전기통신사업자는 법원, 검사 또는 수사관서의 장(군 수사기관의 장, 국세청장 및 지방국세청장을 포함한다. 이하 같다), 정보수사기관의 장이 재판, 수사(「조세범 처벌법」 제10조 제1항·제3항·제4항의 범죄 중 전화, 인터넷 등을 이용한 범칙사건의 조사를 포함한다), 형의 집행 또는 국가안전보장에 대한 위해를 방지하기 위한 정보수집을 위하여 다음 각 호의 자료(이하 "통신이용자정보"라 한다)의 열람 또는 제출(이하 "통신이용자정보 제공"이라 한다)을 요청하면 그 요청에 따를 수 있다.
1. 이용자의 성명
2. 이용자의 주민등록번호
3. 이용자의 주소
4. 이용자의 전화번호
5. 이용자의 아이디(컴퓨터시스템이나 통신망의 정당한 이용자임을 알아보기 위한 이용자 식별부호를 말한다)
6. 이용자의 가입일 또는 해지일

④ 제3항에 따른 통신이용자정보 제공 요청은 요청사유, 해당 이용자와의 연관성, 필요한 통신이용자정보의 범위를 기재한 서면(이하 "정보제공요청서"라 한다)으로 하여야 한다. 다만, 서면으로 요청할 수 없는 긴급한 사유가 있을 때에는 서면에 의하지 아니하는 방법으로 요청할 수 있으며, 그 사유가 없어지면 지체 없이 전기통신사업자에게 정보제

공요청서를 제출하여야 한다.

⑤ 전기통신사업자는 제3항과 제4항의 절차에 따라 통신이용자정보 제공을 한 경우에는 해당 통신이용자정보 제공 사실 등 필요한 사항을 기재한 대통령령으로 정하는 대장과 정보제공요청서 등 관련 자료를 갖추어 두어야 한다.

⑥ 전기통신사업자는 대통령령으로 정하는 방법에 따라 통신이용자정보 제공을 한 현황 등을 연 2회 과학기술정보통신부장관에게 보고하여야 하며, 과학기술정보통신부장관은 전기통신사업자가 보고한 내용의 사실 여부 및 제5항에 따른 관련 자료의 관리 상태를 점검할 수 있다.

⑦ 전기통신사업자는 제3항에 따라 통신이용자정보 제공을 요청한 자가 소속된 중앙행정기관의 장에게 제5항에 따른 대장에 기재된 내용을 대통령령으로 정하는 방법에 따라 알려야 한다. 다만, 통신이용자정보 제공을 요청한 자가 법원인 경우에는 법원행정처장에게 알려야 한다.

⑧ 전기통신사업자는 이용자의 통신비밀에 관한 업무를 담당하는 전담기구를 설치·운영하여야 하며, 그 전담기구의 기능 및 구성 등에 관한 사항은 대통령령으로 정한다.

⑨ 정보제공요청서에 대한 결재권자의 범위 등에 관하여 필요한 사항은 대통령령으로 정한다.

제83조의2(통신이용자정보 제공을 받은 사실의 통지) ① 제83조 제3항에 따라 통신이용자정보 제공을 받은 검사, 수사관서의 장, 정보수사기관의 장(이하 "수사기관등"이라 한다)은 그 통신이용자정보 제공을 받은 날(제2항에 따라 통지를 유예한 경우에는 제3항에 따른 통지유예기간이 끝난 날을 말한다)부터 30일 이내에 다음 각 호의 사항을 통신이용자정보 제공의 대상이 된 당사자에게 서면 또는 문자메시지, 메신저 등 전자적 방법으로 통지하여야 한다.

1. 통신이용자정보 조회의 주요 내용 및 사용 목적
2. 통신이용자정보 제공을 받은 자
3. 통신이용자정보 제공을 받은 날짜

② 수사기관등은 제1항에도 불구하고 다음 각 호의 어느 하나에 해당하는 사유가 있는 경우에는 통지를 유예할 수 있다.

1. 국가 및 공공의 안전보장을 위태롭게 할 우려가 있는 경우
2. 피해자 또는 그 밖의 사건관계인의 생명이나 신체의 안전을 위협할 우려가 있는 경우
3. 증거인멸, 도주, 증인 위협 등 공정한 사법절차의 진행을 방해할 우려가 있는 경우
4. 피의자, 피해자 또는 그 밖의 사건관계인의 명예나 사생활을 침해할 우려가 있는 경우
5. 질문·조사 등의 행정절차의 진행을 방해하거나 과도하게 지연시킬 우려가 있는 경우

③ 제2항에 따른 통지유예의 기간은 다음 각 호의 구분에 따른다.

1. 제2항 제1호 및 제2호의 사유가 있는 경우: 해당 사유가 해소될 때까지의 기간
2. 제2항 제3호부터 제5호까지의 사유가 있는 경우: 두 차례에 한정하여 매 1회 3개월의 범위에서 정한 기간

④ 정보수사기관의 장은 국가안전보장에 대한 위해를 방지하기 위한 정보수집을 위하여 통신이용자정보 제공을 받은 경우로서 통신이용자정보 제공의 대상이 된 당사자가 다음

각 호의 어느 하나에 해당하는 경우에는 제1항에도 불구하고 통지를 하지 아니할 수 있다.
1. 대한민국에 적대하는 국가, 반국가활동의 혐의가 있는 외국의 기관·단체와 외국인 또는 이와 연계된 내국인
2. 대한민국의 통치권이 사실상 미치지 아니하는 한반도 내의 집단이나 외국에 소재하는 그 산하 단체의 구성원 또는 이와 연계된 내국인
⑤ 수사기관등은 제1항에 따른 통신이용자정보 제공을 받은 사실의 통지를 위하여 필요한 경우에는 다음 각 호의 구분에 따라 해당 사항에 대한 확인을 요청할 수 있다. 이 경우 요청을 받은 전기통신사업자는 특별한 사유가 없으면 그 요청에 따라야 한다.
1. 제83조 제3항에 따라 통신이용자정보 제공을 한 전기통신사업자에 대한 요청의 경우: 해당 당사자의 통신이용자정보에 변경이 있는지 여부
2. 그 외의 전기통신사업자에 대한 요청의 경우: 그 당사자가 해당 전기통신사업의 이용자인지 여부
⑥ 수사기관등은 제1항에 따른 통신이용자정보 제공을 받은 사실의 통지를 위하여 필요한 경우에는 행정안전부장관에게 「주민등록법」 제30조 제1항에 따라 주민등록전산정보자료의 제공을 요청할 수 있다. 이 경우 요청을 받은 행정안전부장관은 특별한 사유가 없으면 그 요청에 따라야 한다.
⑦ 제6항에 따른 주민등록전산정보자료 제공에 관한 사용료는 「주민등록법」 제30조 제6항에도 불구하고 면제한다.
⑧ 제1항에 따른 통신이용자정보 제공을 받은 사실의 통지 절차, 제2항 및 제3항에 따른 통지유예 절차 등에 관하여 필요한 사항은 대통령령으로 정한다.

Ⅵ 과학수사

1. 정의(경찰청 과학수사기본규칙)

제3조(용어의 정의) 이 규칙에서 사용하는 용어의 정의는 다음과 같다.
1. "과학수사"란, 과학적으로 검증된 지식·기술·기법·장비·시설 등을 활용하여 객관적 증거를 확보하기 위한 수사활동을 말한다.
2. "과학수사관"이란 경찰청 및 소속기관(이하 "경찰기관"이라 한다)의 과학수사 부서에 소속되어 현장감식, 감정, 과학수사 시스템의 관리·운영 등의 직무를 담당하는 사람을 말한다.
3. "현장감식"이란 사건과 관련된 현장에 임하여 현장상황의 관찰, 증거물의 수집·채취 등을 통해 범행 당시의 현장을 재구성하는 활동을 말한다.
4. "증거물의 수집"이란 증거물의 추가적인 분석이나 감정을 위하여 원상의 변경 없이 현장에서 증거물을 수거하는 것을 말한다.

5. "증거물의 채취"란 현장이나 그 밖의 장소에서 원상의 증거물 등으로부터 지문을 현출하거나, 미세증거물·디엔에이 감식 시료 등을 전이하는 것을 말한다.
6. "과학적범죄분석시스템(SCAS:Scientific Crime Analysis System)"이란 현장감식 및 증거물 수집·채취에 관한 정보, 증거물 감정 정보, 범죄분석을 위한 과학수사 데이터 등을 관리하는 전산시스템을 말한다.
7. "지문자동검색시스템(AFIS:Automated Fingerprint Identification System)"이란 주민등록증 발급신청서·외국인의 생체정보·수사자료표의 지문을 원본 그대로 암호화하여 데이터베이스에 저장하고, 채취한 지문과의 동일성 검색에 활용하는 전산시스템을 말한다.

2. 화재감식

제21조(화재감식) ① 과학수사관은 화재현장에 남아있는 증거를 기초로 발화부위 및 원인, 확산 원인 및 과정 등을 규명하기 위하여 화재감식을 실시할 수 있다.
② 과학수사관은 화재감식을 위해 화재 현장에 남아있는 기구 및 시설 등에 대하여 분해 검사 및 관련 실험을 실시할 수 있다. 이에 대한 전문 지식과 경험이 필요한 경우 국립과학수사연구원 등 관련 전문기관에 감정을 의뢰하거나 자문을 요청할 수 있다.
③ 과학수사관은 화재감식을 실시하였을 경우 별지 제1호서식의 화재감식 결과서를 작성해야 한다.
④ 과학수사관은 제3항의 화재감식 결과서를 과학적범죄분석시스템(SCAS)에 입력하여 사건 담당 경찰관이 열람할 수 있도록 해야 한다.

3. 혈흔형태분석

제22조(혈흔형태분석) ① 과학수사관은 현장에 남아있는 혈흔의 위치·모양·방향성 등을 기초로 사건 발생 당시 관련자들의 행위를 재구성하기 위하여 혈흔형태분석을 실시할 수 있다.
② 과학수사관은 현장에서 직접 혈흔형태분석을 할 수 없을 경우에는 향후의 혈흔형태분석에 대비하여 현장의 혈흔을 사진 촬영한 후 과학적범죄분석시스템(SCAS)에 입력 및 관리해야 한다.
③ 과학수사관은 혈흔형태분석을 실시하였을 경우 별지 제2호서식의 혈흔형태분석 결과서를 작성해야 한다.
④ 과학수사관은 제3항의 혈흔형태분석 결과서를 과학적범죄분석시스템(SCAS)에 입력하여 사건 담당 경찰관이 열람할 수 있도록 해야 한다.

4. 범죄분석

제34조(범죄분석) ① 범죄분석을 담당하는 감정관(이하 "범죄분석관"이라 한다)은 다음 각 호의 어느 하나에 해당하는 경우 범죄분석을 실시할 수 있다.
 1. 살인·강도·강간·방화 등 강력사건, 장기미제사건, 연쇄사건 등의 피의자가 특정되지 않거나 검거되지 않은 경우
 2. 검거된 피의자 또는 사건 관계인 진술의 신빙성을 판단하기 곤란하거나, 사건을 판단하기 위해 추가진술 확보가 필요한 경우
 3. 범행동기, 심리상태 등에 대한 종합적인 분석을 필요로 하는 경우
 4. 정신질환 또는 이상(異常)동기와 관련된 범죄라고 판단되는 경우
 5. 그 밖에 새로운 유형의 범죄에 대한 탐지·대응 등을 위해 범죄분석이 필요하다고 판단되는 경우
② 범죄분석은 용의자군 분석, 범죄행동 분석, 지리적 분석, 진술 분석, 심리부검, 수사면담, 심리평가, 통계 분석 등을 포함한다.
③ 2개 시도경찰청 이상의 합동 분석이 필요한 경우 경찰청에 광역권 범죄분석팀 편성을 요청하여 한시적으로 운영할 수 있다.
④ 범죄분석을 위한 면담은 피면담자가 동의하는 경우에 한하여 실시할 수 있으며, 이 경우 별지 제7호서식의 면담 및 심리검사 동의서를 피면담자로부터 제출받아야 한다.
⑤ 범죄분석관은 범죄분석을 위한 면담을 실시하기 전에 피면담자에게 변호인의 조력을 받을 수 있음을 고지하고, 피면담자가 이를 요청하는 경우 변호인의 조력을 받도록 해야 한다. 다만, 변호인이 면담을 방해하거나 수사기밀을 누설하는 등 정당한 사유가 있는 경우에는 변호인의 참여를 제한할 수 있다.
⑥ 범죄분석관은 제5항 단서에 따라 변호인의 참여를 제한하는 경우 피면담자와 변호인에게 변호인의 참여를 제한하는 처분에 대해 형사소송법 제417조에 따른 준항고를 제기할 수 있다는 사실을 고지해야 한다.
⑦ 범죄분석관은 범죄분석을 완료한 경우 별지 제8호서식의 범죄분석 결과서를 작성해야 한다.
⑧ 범죄분석관은 제5항의 범죄분석 결과서를 과학적범죄분석시스템(SCAS)에 입력하여 사건 담당 경찰관이 열람할 수 있도록 해야 한다.

5. 거짓말탐지기 조사

제36조(폴리그래프 검사) ① 폴리그래프 검사를 담당하는 감정관(이하 "폴리그래프 검사관"이라고 한다)은 피검사자의 심리상태에 따른 호흡, 혈압, 맥박, 피부 전기반응 등 생체반응을 측정·분석하여 진술의 진위 여부 등을 판단하는 폴리그래프 검사를 실시할 수 있다.

② 폴리그래프 검사관은 다음 각 호의 어느 하나를 위하여 폴리그래프 검사를 실시할 수 있다.
1. 진술의 진위 확인
2. 사건의 단서 및 증거 수집
3. 상반되는 진술의 비교 확인
③ 폴리그래프 검사는 피검사자가 동의하는 경우에 한하여 실시할 수 있으며, 이 경우 별지 제10호 서식의 폴리그래프 검사 동의서를 피검사자로부터 제출받아야 한다.
④ 폴리그래프 검사관은 검사를 실시하기 전에 피검사자에게 변호인의 조력을 받을 수 있음을 고지하고, 피검사자가 이를 요청하는 경우 변호인의 조력을 받도록 하여야 한다. 다만, 다음 각 호의 경우는 검사의 신뢰성과 독립성 보장을 위하여 변호인의 참여를 제한할 수 있다.
1. 생리반응을 측정하는 단계
2. 변호인이 검사를 방해하거나 수사기밀을 누설하는 등 정당한 사유가 있는 경우
⑤ 폴리그래프 검사관은 제4항 단서에 따라 변호인의 참여를 제한하는 경우 제34조 제6항에 따른다.
⑥ 폴리그래프 검사관은 검사를 실시하였을 경우 별지 제11호 서식의 폴리그래프 검사 결과서를 작성하여 사건 담당자에게 회신하여야 한다.

■ 참조 판례

대법원 83도3146 판결
가. 거짓말탐지기의 검사는 그 기구의 성능, 조작기술에 있어 신뢰도가 극히 높다고 인정되고 그 검사자가 적격자이며, 검사를 받는 사람이 검사를 받음에 동의하였으며 검사자 자신이 실시한 검사의 방법, 경과 및 그 결과를 충실하게 기재하였다는 여러 가지 점이 증거에 의하여 확인되었을 경우에 형사소송법 제313조 제2항에 의하여 이를 증거로 할 수 있다. 나. 거짓말탐지기의 검사결과가 증거능력이 있는 경우에도 그 검사 즉 감정의 결과는 검사를 받는 사람의 진술의 신빙성을 가늠하는 정황증거로서의 기능을 다하는데 그치는 것이다.

6. 법최면 검사

제37조(법최면 검사) ① 법최면 검사를 담당하는 감정관(이하 "법최면 검사관"이라 한다)은 최면 기법을 활용하여 사건 관련자의 기억을 되살리고 범죄의 단서 또는 증거를 수집하는 법최면 검사를 실시할 수 있다.
② 법최면 검사는 피검사자가 동의하는 경우에 한하여 실시할 수 있으며, 이 경우 별지 제12호서식의 법최면 검사 동의서를 피검사자로부터 제출받아야 한다.
③ 법최면 검사관은 검사를 실시하기 전에 피검사자에게 변호인의 조력을 받을 수 있음

을 고지하고, 피검사자가 이를 요청하는 경우 변호인의 조력을 받도록 해야 한다. 다만, 다음 각 호의 경우는 검사의 신뢰성과 독립성 보장을 위하여 변호인의 참여를 제한할 수 있다.
1. 최면 실시 단계
2. 변호인이 검사를 방해하거나 수사기밀을 누설하는 등 정당한 사유가 있는 경우
④ 법최면 검사관은 제3항 단서에 따라 변호인의 참여를 제한하는 경우 제34조제6항에 따른다.
⑤ 법최면 검사관은 검사를 실시하였을 경우 별지 제13호서식의 법최면 검사 결과서를 작성하여 사건 담당자에게 회신해야 한다.

7. 몽타주 작성

제38조(몽타주 작성) ① 몽타주 작성을 담당하는 감정관(이하 "몽타주 작성관"이라 한다)은 관련자 진술, 사진 등을 바탕으로 눈, 코, 입 등 각 부위별 자료를 조합하여 대상자의 모습과 유사하게 얼굴 이미지를 작성할 수 있다.
② 몽타주 작성관은 목격자의 진술을 바탕으로 몽타주를 작성하는 경우 목격자에게 복수의 몽타주를 제시해야 하며, 목격자의 진술 내지 묘사를 몽타주 작성 결과서에 기재해야 한다.
③ 몽타주 작성관은 몽타주 작성 시 목격자의 기억을 돕기 위해 제37조의 법최면을 병행하여 실시할 수 있다.
④ 몽타주 작성관은 몽타주를 작성하였을 경우 별지 제14호서식의 몽타주 작성 결과서를 작성하여 사건 담당자에게 회신해야 한다.

8. DNA 신원확인(디엔에이신원확인정보의 이용 및 보호에 관한 법률)

제2조(정의) 이 법에서 사용하는 용어의 뜻은 다음과 같다.
1. "디엔에이"란 생물의 생명현상에 대한 정보가 포함된 화학물질인 디옥시리보 핵산(Deoxyribonucleic acid, DNA)을 말한다.
2. "디엔에이감식시료"란 사람의 혈액, 타액, 모발, 구강점막 등 디엔에이감식의 대상이 되는 것을 말한다.
3. "디엔에이감식"이란 개인 식별을 목적으로 디엔에이 중 유전정보가 포함되어 있지 아니한 특정 염기서열 부분을 검사·분석하여 디엔에이신원확인정보를 취득하는 것을 말한다.
4. "디엔에이신원확인정보"란 개인 식별을 목적으로 디엔에이감식을 통하여 취득한 정보로서 일련의 숫자 또는 부호의 조합으로 표기된 것을 말한다.

5. "디엔에이신원확인정보데이터베이스(이하 "데이터베이스"라 한다)"란 이 법에 따라 취득한 디엔에이신원확인정보를 컴퓨터 등 저장매체에 체계적으로 수록한 집합체로서 개별적으로 그 정보에 접근하거나 검색할 수 있도록 한 것을 말한다.

제4조(디엔에이신원확인정보의 사무관장) ① 검찰총장은 제5조(수형인)에 따라 채취한 디엔에이감식시료로부터 취득한 디엔에이신원확인정보에 관한 사무를 총괄한다.

② 경찰청장은 제6조(구속피의자) 및 제7조(범죄현장)에 따라 채취한 디엔에이감식시료로부터 취득한 디엔에이신원확인정보에 관한 사무를 총괄한다.

③ 검찰총장 및 경찰청장은 데이터베이스를 서로 연계하여 운영할 수 있다.

제6조(구속피의자등으로부터의 디엔에이감식시료 채취) 검사 또는 사법경찰관(군사법경찰관을 포함한다. 이하 같다)은 제5조제1항 각 호의 어느 하나에 해당하는 죄 또는 이와 경합된 죄를 범하여 구속된 피의자 또는 「치료감호법」에 따라 보호구속된 치료감호대상자(이하 "구속피의자등"이라 한다)로부터 디엔에이감식시료를 채취할 수 있다. 다만, 제5조에 따라 디엔에이감식시료를 채취하여 디엔에이신원확인정보가 이미 수록되어 있는 경우는 제외한다.

제7조(범죄현장등으로부터의 디엔에이감식시료 채취) ① 검사 또는 사법경찰관은 다음 각 호의 어느 하나에 해당하는 것(이하 "범죄현장등"이라 한다)에서 디엔에이감식시료를 채취할 수 있다.

1. 범죄현장에서 발견된 것
2. 범죄의 피해자 신체의 내·외부에서 발견된 것
3. 범죄의 피해자가 피해 당시 착용하거나 소지하고 있던 물건에서 발견된 것
4. 범죄의 실행과 관련된 사람의 신체나 물건의 내·외부 또는 범죄의 실행과 관련한 장소에서 발견된 것

② 제1항에 따라 채취한 디엔에이감식시료에서 얻은 디엔에이신원확인정보는 그 신원이 밝혀지지 아니한 것에 한정하여 데이터베이스에 수록할 수 있다.

제8조(디엔에이감식시료채취영장) ① 검사는 관할 지방법원 판사(군판사를 포함한다. 이하 같다)에게 청구하여 발부받은 영장에 의하여 제5조 또는 제6조에 따른 디엔에이감식시료의 채취대상자로부터 디엔에이감식시료를 채취할 수 있다.

② 사법경찰관은 검사에게 신청하여 검사의 청구로 관할 지방법원판사가 발부한 영장에 의하여 제6조에 따른 디엔에이감식시료의 채취대상자로부터 디엔에이감식시료를 채취할 수 있다.

③ 제1항과 제2항의 채취대상자가 동의하는 경우에는 영장 없이 디엔에이감식시료를 채취할 수 있다. 이 경우 미리 채취대상자에게 채취를 거부할 수 있음을 고지하고 서면으로 동의를 받아야 한다.

④ 제1항 및 제2항에 따라 디엔에이감식시료를 채취하기 위한 영장(이하 "디엔에이감식시료채취영장"이라 한다)을 청구할 때에는 채취대상자의 성명, 주소, 청구이유, 채취할 시료의 종류 및 방법, 채취할 장소 등을 기재한 청구서 및 채취에 관한 채취대상자의 의견이 담긴 서면을 제출하여야 하며, 청구이유에 대한 소명자료를 첨부하여야 한다. 이 경우 채취대상자의 의견이 담긴 서면을 제출하기 곤란한 사정이 있는 때에는 그에 대한 소

명자료를 함께 제출하여야 한다.

⑤ 관할 지방법원 판사는 디엔에이감식시료채취영장 발부여부를 심사하는 때에 채취대상자에게 서면에 의한 의견진술의 기회를 주어야 한다. 다만, 제4항에 따라 채취대상자의 의견이 담긴 서면이 제출된 때에는 의견진술의 기회를 부여한 것으로 본다.

⑥ 디엔에이감식시료채취영장에는 대상자의 성명, 주소, 채취할 시료의 종류 및 방법, 채취할 장소, 유효기간과 그 기간을 경과하면 집행에 착수하지 못하며 영장을 반환하여야 한다는 취지를 적고 지방법원판사가 서명날인하여야 한다.

⑦ 디엔에이감식시료채취영장은 검사의 지휘에 의하여 사법경찰관리가 집행한다. 다만, 수용기관에 수용되어 있는 사람에 대한 디엔에이감식시료채취영장은 검사의 지휘에 의하여 수용기관 소속 공무원이 행할 수 있다.

⑧ 검사는 필요에 따라 관할구역 밖에서 디엔에이감식시료채취영장의 집행을 직접 지휘하거나 해당 관할구역의 검사에게 집행지휘를 촉탁할 수 있다.

⑨ 디엔에이감식시료를 채취할 때에는 채취대상자에게 미리 디엔에이감식시료의 채취 이유, 채취할 시료의 종류 및 방법을 고지하여야 한다.

⑩ 디엔에이감식시료채취영장에 의한 디엔에이감식시료의 채취에 관하여는 「형사소송법」 제116조, 제118조, 제124조부터 제126조까지 및 제131조를 준용한다.

제12조(디엔에이감식시료의 폐기) ① 디엔에이신원확인정보담당자가 디엔에이신원확인정보를 데이터베이스에 수록한 때에는 제5조 및 제6조에 따라 채취된 디엔에이감식시료와 그로부터 추출한 디엔에이를 지체 없이 폐기하여야 한다.

② 디엔에이감식시료와 그로부터 추출한 디엔에이의 폐기 방법 및 절차에 관하여 필요한 사항은 대통령령으로 정한다.

제13조(디엔에이신원확인정보의 삭제) ① 디엔에이신원확인정보담당자는 수형인등이 재심에서 무죄, 면소, 공소기각 판결 또는 공소기각 결정이 확정된 경우에는 직권 또는 본인의 신청에 의하여 제5조에 따라 채취되어 데이터베이스에 수록된 디엔에이신원확인정보를 삭제하여야 한다.

② 디엔에이신원확인정보담당자는 구속피의자등이 다음 각 호의 어느 하나에 해당하는 경우에는 직권 또는 본인의 신청에 의하여 제6조에 따라 채취되어 데이터베이스에 수록된 디엔에이신원확인정보를 삭제하여야 한다.

1. 검사의 혐의없음, 죄가안됨 또는 공소권없음의 처분이 있거나, 제5조 제1항 각 호의 범죄로 구속된 피의자의 죄명이 수사 또는 재판 중에 같은 항 각 호 외의 죄명으로 변경되는 경우. 다만, 죄가 안됨 처분을 하면서 「치료감호법」 제7조 제1호에 따라 치료감호의 독립청구를 하는 경우는 제외한다.

2. 법원의 무죄, 면소, 공소기각 판결 또는 공소기각 결정이 확정된 경우. 다만, 무죄 판결을 하면서 치료감호를 선고하는 경우는 제외한다.

3. 법원의 「치료감호법」 제7조 제1호에 따른 치료감호의 독립청구에 대한 청구기각 판결이 확정된 경우

③ 디엔에이신원확인정보담당자는 제8조의2에 따른 수형인등 또는 구속피의자등의 불복절차에서 검사 또는 사법경찰관의 디엔에이감식시료의 채취에 관한 처분 취소결정이 확

정된 경우에는 직권 또는 본인의 신청에 의하여 제5조 또는 제6조에 따라 채취되어 데이터베이스에 수록된 디엔에이신원확인정보를 삭제하여야 한다.

④ 디엔에이신원확인정보담당자는 수형인등 또는 구속피의자등이 사망한 경우에는 제5조 또는 제6조에 따라 채취되어 데이터베이스에 수록된 디엔에이신원확인정보를 직권 또는 친족의 신청에 의하여 삭제하여야 한다.

⑤ 디엔에이신원확인정보담당자는 제7조에 따라 채취되어 데이터베이스에 수록된 디엔에이신원확인정보에 관하여 그 신원이 밝혀지는 등의 사유로 더 이상 보존·관리가 필요하지 아니한 경우에는 직권 또는 본인의 신청에 의하여 그 디엔에이신원확인정보를 삭제하여야 한다.

⑥ 디엔에이신원확인정보담당자는 제1항부터 제5항까지의 규정에 따라 디엔에이신원확인정보를 삭제한 경우에는 30일 이내에 본인 또는 신청인에게 그 사실을 통지하여야 한다.

⑦ 디엔에이신원확인정보의 삭제 방법, 절차 및 통지에 관하여 필요한 사항은 대통령령으로 정한다.

제4절 범죄피해자보호법

1. 의의(제1조)

이 법은 범죄피해자 보호·지원의 기본 정책 등을 정하고 타인의 범죄행위로 인하여 생명·신체에 피해를 받은 사람을 구조(救助)함으로써 범죄피해자의 복지 증진에 기여함을 목적으로 한다.

2. 용어의 정의(제2조)

범죄피해자보호법에서 사용하는 용어의 뜻은 다음과 같다.

1. "범죄피해자"란 타인의 범죄행위로 피해를 당한 사람과 그 배우자(사실상의 혼인관계를 포함한다), 직계친족 및 형제자매를 말한다. 22년 1차
2. "범죄피해자 보호·지원"이란 범죄피해자의 손실 복구, 정당한 권리 행사 및 복지 증진

에 기여하는 행위를 말한다. 다만, 수사·변호 또는 재판에 부당한 영향을 미치는 행위는 포함되지 아니한다.

3. "범죄피해자 지원법인"이란 범죄피해자 보호·지원을 주된 목적으로 설립된 비영리법인을 말한다.

4. "구조대상 범죄피해"란 대한민국의 영역 안에서 또는 대한민국의 영역 밖에 있는 대한민국의 선박이나 항공기 안에서 행하여진 사람의 생명 또는 신체를 해치는 죄에 해당하는 행위(「형법」 제9조, 제10조제1항, 제12조, 제22조제1항에 따라 처벌되지 아니하는 행위를 포함하며, 같은 법 제20조 또는 제21조제1항에 따라 처벌되지 아니하는 행위 및 과실에 의한 행위는 제외한다)로 인하여 사망하거나 장해 또는 중상해를 입은 것을 말한다.

5. "장해"란 범죄행위로 입은 부상이나 질병이 치료(그 증상이 고정된 때를 포함한다)된 후에 남은 신체의 장해로서 대통령령으로 정하는 경우를 말한다.

6. "중상해"란 범죄행위로 인하여 신체나 그 생리적 기능에 손상을 입은 것으로서 대통령령으로 정하는 경우를 말한다.

범죄피해자보호법에서는 범죄피해 방지 및 범죄피해자 구조 활동으로 피해를 당한 사람도 범죄피해자로 본다.

3. 범죄피해자 보호·지원의 기본 정책

1) 손실 복구 지원 등(제7조)

국가 및 지방자치단체는 범죄피해자의 피해정도 및 보호·지원의 필요성 등에 따라 상담, 의료제공(치료비 지원을 포함한다), 구조금 지급, 법률구조, 취업 관련 지원, 주거지원, 그 밖에 범죄피해자의 보호에 필요한 대책을 마련하여야 한다.

국가는 범죄피해자와 그 가족에게 신체적·정신적 안정을 제공하고 사회복귀를 돕기 위하여 일시적 보호시설(보호시설)을 설치·운영하여야 한다. 이 경우 국가는 보호시설의 운영을 범죄피해자 지원법인, 「의료법」에 따른 종합병원, 「고등교육법」에 따른 학교를 설립·운영하는 학교법인, 그 밖에 대통령령으로 정하는 기관 또는 단체에 위탁할 수 있다.

국가는 범죄피해자와 그 가족의 정신적 회복을 위한 상담 및 치료 프로그램을 운영하여야 한다.

2) 형사절차 참여 보장 등(제8조)

국가는 범죄피해자가 해당 사건과 관련하여 수사담당자와 상담하거나 재판절차에 참여하여 진술하는 등 형사절차상의 권리를 행사할 수 있도록 보장하여야 한다. 22년 1차

국가는 범죄피해자가 요청하면 가해자에 대한 수사 결과, 공판기일, 재판 결과, 형 집행 및 보호관찰 집행 상황 등 형사절차 관련 정보를 대통령령으로 정하는 바에 따라 제공할 수 있다. 22년 1차

3) 범죄피해자에 대한 정보 제공 등(제8조의2)

국가는 수사 및 재판 과정에서 다음 각 호의 정보를 범죄피해자에게 제공하여야 한다.

1. 범죄피해자의 해당 재판절차 참여 진술권 등 형사절차상 범죄피해자의 권리에 관한 정보
2. 범죄피해 구조금 지급 및 범죄피해자 보호·지원 단체 현황 등 범죄피해자의 지원에 관한 정보
3. 그 밖에 범죄피해자의 권리보호 및 복지증진을 위하여 필요하다고 인정되는 정보

4) 사생활의 평온과 신변의 보호 등(제9조)

국가 및 지방자치단체는 범죄피해자의 명예와 사생활의 평온을 보호하기 위하여 필요한 조치를 하여야 한다.

국가 및 지방자치단체는 범죄피해자가 형사소송절차에서 한 진술이나 증언과 관련하여 보복을 당할 우려가 있는 등 범죄피해자를 보호할 필요가 있을 경우에는 적절한 조치를 마련하여야 한다. 22년 1차

4. 범죄피해자 보호·지원의 기본계획 등

1) 기본계획의 수립(제12조)

법무부장관은 범죄피해자 보호위원회의 심의를 거쳐 범죄피해자 보호·지원에 관한 기본계획(기본계획)을 5년마다 수립하여야 한다.

2) 범죄피해자 보호위원회(제15조)

범죄피해자 보호·지원에 관한 기본계획 및 주요 사항 등을 심의하기 위하여 법무부장관 소속으로 범죄피해자보호위원회(보호위원회)를 둔다.

보호위원회는 위원장을 포함하여 20명 이내의 위원으로 구성한다.

5. 구조대상 범죄피해에 대한 구조

1) 구조금의 지급요건(제16조)

국가는 구조대상 범죄피해를 받은 사람(구조피해자)이 다음 각 호의 어느 하나에 해당하면 구조피해자 또는 그 유족에게 범죄피해 구조금(구조금)을 지급한다.

1. 구조피해자가 피해의 전부 또는 일부를 배상받지 못하는 경우
2. 자기 또는 타인의 형사사건의 수사 또는 재판에서 고소·고발 등 수사단서를 제공하거나 진술, 증언 또는 자료제출을 하다가 구조피해자가 된 경우

2) 구조금의 종류(제17조)

구조금은 유족구조금·장해구조금 및 중상해구조금으로 구분하며, 일시금으로 지급한다.

유족구조금은 구조피해자가 사망하였을 때 제18조에 따라 맨 앞의 순위인 유족에게 지급한다. 다만, 순위가 같은 유족이 2명 이상이면 똑같이 나누어 지급한다.

장해구조금 및 중상해구조금은 해당 구조피해자에게 지급한다.

3) 구조금을 지급하지 아니할 수 있는 경우(제19조)

범죄행위 당시 구조피해자와 가해자 사이에 다음 각 호의 어느 하나에 해당하는 친족관계가 있는 경우에는 구조금을 지급하지 아니한다(제1항).

1. 부부(사실상의 혼인관계를 포함한다)
2. 직계혈족
3. 4촌 이내의 친족
4. 동거친족

범죄행위 당시 구조피해자와 가해자 사이에 제1항 각 호의 어느 하나에 해당하지 아니하는 친족관계가 있는 경우에는 구조금의 일부를 지급하지 아니한다.

구조피해자가 다음 각 호의 어느 하나에 해당하는 행위를 한 때에는 구조금을 지급하지 아니한다.

1. 해당 범죄행위를 교사 또는 방조하는 행위
2. 과도한 폭행·협박 또는 중대한 모욕 등 해당 범죄행위를 유발하는 행위
3. 해당 범죄행위와 관련하여 현저하게 부정한 행위
4. 해당 범죄행위를 용인하는 행위
5. 집단적 또는 상습적으로 불법행위를 행할 우려가 있는 조직에 속하는 행위(다만, 그 조직에 속하고 있는 것이 해당 범죄피해를 당한 것과 관련이 없다고 인정되는 경우는 제외한다)
6. 범죄행위에 대한 보복으로 가해자 또는 그 친족이나 그 밖에 가해자와 밀접한 관계가 있는 사람의 생명을 해치거나 신체를 중대하게 침해하는 행위

구조피해자가 다음 각 호의 어느 하나에 해당하는 행위를 한 때에는 구조금의 일부를 지급하지 아니한다.

1. 폭행·협박 또는 모욕 등 해당 범죄행위를 유발하는 행위
2. 해당 범죄피해의 발생 또는 증대에 가공(加功)한 부주의한 행위 또는 부적절한 행위

4) 손해배상과의 관계(제21조)

국가는 구조피해자나 유족이 해당 구조대상 범죄피해를 원인으로 하여 손해배상을 받았으면 그 범위에서 구조금을 지급하지 아니한다.

5) 외국인에 대한 구조(제23조)

외국인이 구조피해자이거나 유족인 경우에는 해당 국가의 상호보증이 있는 경우에만 적용한다.

6) 소멸시효(제31조)

구조금을 받을 권리는 그 구조결정이 해당 신청인에게 송달된 날부터 2년간 행사하지 아니하면 시효로 인하여 소멸된다.

7) 구조금 수급권의 보호(제32조)

구조금을 받을 권리는 양도하거나 담보로 제공하거나 압류할 수 없다.

6. 형사조정

1) 형사조정 회부(제41조)

검사는 피의자와 범죄피해자(당사자) 사이에 형사분쟁을 공정하고 원만하게 해결하여 범죄피해자가 입은 피해를 실질적으로 회복하는 데 필요하다고 인정하면 당사자의 신청 또는 직권으로 수사 중인 형사사건을 형사조정에 회부할 수 있다.

형사조정에 회부할 수 있는 형사사건의 구체적인 범위는 대통령령으로 정한다. 다만, 다음 각 호의 어느 하나에 해당하는 경우에는 형사조정에 회부하여서는 아니된다.

1. 피의자가 도주하거나 증거를 인멸할 염려가 있는 경우
2. 공소시효의 완성이 임박한 경우
3. 불기소처분의 사유에 해당함이 명백한 경우(다만, 기소유예처분의 사유에 해당하는 경우는 제외한다)

2) 형사조정위원회(제42조)

형사조정을 담당하기 위하여 각급 지방검찰청 및 지청에 형사조정위원회를 둔다.

형사조정위원회는 2명 이상의 형사조정위원으로 구성한다. 형사조정위원은 형사조정에 필요한 법적 지식 등 전문성과 덕망을 갖춘 사람 중에서 관할 지방검찰청 또는 지청의 장이 미리 위촉한다.

「국가공무원법」 제33조 각 호의 어느 하나에 해당하는 사람은 형사조정위원으로 위촉될 수 없다.

형사조정위원의 임기는 2년으로 하며, 연임할 수 있다.

형사조정위원회의 위원장은 관할 지방검찰청 또는 지청의 장이 형사조정위원 중에서 위촉한다.

제5절 ┃ 피의자 유치 및 호송 규칙

피의자(피고인, 구류 처분을 받은 자 및 의뢰입감자를 포함한다)의 유치 및 호송에 필요한 사항을 규정함을 목적으로 「피의자 유치 및 호송 규칙」을 두고 있다.

1. 유치

1) 유치장소(제6조)

피의자를 유치할 때에는 유치장을 사용하여야 한다. 다만 질병 또는 그 밖에 특별한 사유가 있어 경찰서장이 필요하다고 인정할 때에는 의료기관등 적절한 장소에 유치할 수 있다.

2) 피의자의 유치 등(제7조)

피의자를 유치장에 입감시키거나 출감시킬 때에는 유치인보호 주무자가 발부하는 피의자 입감·출감 지휘서에 의하여야 하며 동시에 3명 이상의 피의자를 입감시킬 때에는 경위 이상 경찰관이 입회하여 순차적으로 입감시켜야 한다. 24년 1차

형사범과 구류 처분을 받은 자, 19세 이상의 사람과 19세 미만의 사람, 신체장애인 및 사건관련의 공범자 등은 유치실이 허용하는 범위 내에서 분리하여 유치하여야 하며, 신체장애인에 대하여는 신체장애를 고려한 처우를 하여야 한다.

사건을 담당하는 등 피의자의 입감을 의뢰하는 자(입감의뢰자)는 범죄사실의 요지, 구속사유, 성격적 특징, 사고우려와 질병유무 등 유치인보호에 필요하다고 인정되는 사항을 피의자입(출)감지휘서에 기재하여 유치인보호주무자에게 알려야 하며, 유치인보호주무자는 입감지휘서 등을 통하여 이를 유치인보호관에게 알려야 한다.

유치인보호관은 새로 입감한 유치인에 대하여는 유치장내에서의 일과표, 접견, 연락절차, 유치인에 대한 인권보장 등에 대하여 설명하고, 인권침해를 당했을 때에는 「국가인권위원회법 시행령」 제6조에 따라 진정할 수 있음을 알리고, 그 방법을 안내하여야 한다. 경찰서장과 유치인보호 주무자는 외국인이 이러한 내용을 이해할 수 있게 다양한 방법을 마련해야 하고, 청각·언어장애인 등의 요청이 있을 때에는 수화 통

역사를 연계하는 등 원활한 의사소통을 위한 조치를 취하여야 한다.

3) 신체 등의 검사(제8조)

유치인보호관은 피의자를 유치하는 과정에서 유치인의 생명 신체에 대한 위해를 방지하고, 유치장내의 안전과 질서를 유지하기 위하여 필요하다고 인정될 때에는 유치인의 신체, 의류, 휴대품 및 유치실을 검사할 수 있다.

신체, 의류, 휴대품(신체 등)의 검사는 동성의 유치인보호관이 실시하여야 한다. 24년 1차 다만, 여성유치인보호관이 없을 경우에는 미리 지정하여 신체 등의 검사방법을 교양 받은 여성경찰관으로 하여금 대신하게 할 수 있다.

유치인보호관은 신체 등의 검사를 하기 전에 유치인에게 신체 등의 검사 목적과 절차를 설명하고, 제9조의 위험물 등을 제출할 것을 고지하여야 한다.

신체 등의 검사는 유치인보호주무자가 피의자입(출)감지휘서에 지정하는 방법으로 유치장내 신체검사실에서 하여야 하며, 그 종류와 기준 및 방법은 다음 각 호와 같다.

1. 외표검사 : 죄질이 경미하고 동작과 언행에 특이사항이 없으며 위험물 등을 은닉하고 있지 않다고 판단되는 유치인에 대하여는 신체 등의 외부를 눈으로 확인하고 손으로 가볍게 두드려 만져 검사한다. 24년 1차
2. 간이검사 : 일반적으로 유치인에 대하여는 탈의막 안에서 속옷은 벗지 않고 신체검사의를 착용(유치인의 의사에 따른다)하도록 한 상태에서 위험물 등의 은닉여부를 검사한다.
3. 정밀검사 : 살인, 강도, 절도, 강간, 방화, 마약류, 조직폭력 등 죄질이 중하거나 근무자 및 다른 유치인에 대한 위해 또는 자해할 우려가 있다고 판단되는 유치인에 대하여는 탈의막 안에서 속옷을 벗고 신체검사의로 갈아입도록 한 후 정밀하게 위험물 등의 은닉여부를 검사하여야 한다.

제1호와 제2호의 신체 등의 검사를 통하여 위험물 등을 은닉하고 있을 상당한 개연성이 있다고 판단되는 유치인에 대하여는 유치인보호주무자에게 보고하고 제3호의 정밀검사를 하여야 한다. 다만, 위험물 등의 제거가 즉시 필요한 경우에는 정밀검사 후 유치인보호주무자에게 신속히 보고하여야 한다.

신체 등의 검사를 하는 경우에는 부당하게 이를 지연하거나 신체에 대한 굴욕감을 주는 언행 등으로 유치인의 고통이나 수치심을 유발하는 일이 없도록 주의하여야 하며, 그 결과를 근무일지에 기재하고 특이사항에 대하여는 경찰서장과 유치인보호주무자에게 즉시 보고하여야 한다.

4) 유치인 일과표(제15조)

제15조(유치인 일과표) 유치인보호 주무자는 유치장내에 유치인일과표(별표 1)를 작성, 게시하고 유치인에게 이를 열람하도록 하여야 한다.

2. 호송

1) 호송관리 책임(제47조)

호송관서의 장(시도경찰청에 있어서는 수사부서의 장을 말한다)은 피호송자의 호송업무에 관하여 전반적인 관리 및 지휘·감독을 해야 한다. 시도경찰청 및 경찰서 수사부서의 장은 피호송자의 호송업무에 관하여 호송주무관으로서 직접 지휘·감독해야 하며 호송의 안전과 적정 여부를 확인해야 한다.

2) 호송관의 결격사유 및 수(제48조)

호송관서의 장은 다음 각 호의 어느 하나에 해당하는 자를 호송관으로 지명할 수 없다.

1. 피호송자와 친족 또는 가족 등의 특수한 신분관계가 있거나 있었던 자
2. 신체 및 건강상태가 호송업무를 감당하기 곤란하다고 인정되는 자
3. 기타 호송근무에 부적합하다고 인정되는 자

호송관서의 장은 호송수단과 피호송자의 죄질·형량·범죄경력·성격·체력·사회적 지위·인원, 호송거리, 도로사정, 기상 등을 고려하여 2인 이상의 호송관을 지정하여야 한다.

호송관서의 장은 호송관이 5인 이상이 되는 호송일 때에는 경위 이상 계급의 1인을 지휘감독관으로 지정해야 한다.

3) 호송의 방법(제51조)

호송은 피호송자를 인수관서 또는 출석시켜야 할 장소와 유치시킬 장소에 직접 호송한다.

중요범인에 대하여는 특별한 안전조치를 강구하여야 한다.

4) 호송시간(제54조)

호송은 일출전 또는 일몰후에 할 수 없다. 다만, 기차, 선박 및 차량을 이용하는 때 또는 특별한 사유가 있는 때에는 그러하지 아니한다. 24년 1차

5) 사고발생시의 조치(제65조)

호송관은 호송중 피호송자가 도주, 자살, 기타의 사고가 발생하였을 때에는 다음 각 호의 조치를 신속하게 취하여야 한다.

---

1. 피호송자가 도망하였을 때
   가. 즉시 사고발생지 관할 경찰서에 신고하고 도주 피의자 수배 및 수사에 필요한 사항을 알려주어야 하며, 소속장에게 전화, 전보 기타 신속한 방법으로 보고하여 그 지휘를 받아야 한다. 이 경우에 즉시 보고할 수 없는 때에는 신고 관서에 보고를 의뢰할 수 있다.
   나. 호송관서의 장은 보고받은 즉시 상급경찰관서에 보고 및 인수관서에 통지하고 도주 피의자의 수사에 착수하여야 하며, 사고발생지 관할 경찰서장에게 수사를 의뢰하여야 한다.
   다. 도주한 자에 관한 호송관계서류 및 금품은 호송관서에 보관하여야 한다.

2. 피호송자가 사망하였을 때
   가. 즉시 사망시 관할 경찰관서에 신고하고 시체와 서류 및 영치금품은 신고 관서에 인도하여야 한다. 다만, 부득이한 경우에는 다른 도착지의 관할 경찰관서에 인도할 수 있다.
   나. 인도를 받은 경찰관서는 즉시 호송관서와 인수관서에 사망일시, 원인 등을 통지하고, 서류와 금품은 호송관서에 송부한다.
   다. 호송관서의 장은 통지받은 즉시 상급경찰관서에 보고하고 사망자의 유족 또는 연고자에게 이를 통지하여야 한다.
   라. 통지 받을 가족이 없거나, 통지를 받은 가족이 통지를 받은 날부터 3일 내에 그 시신을 인수하지 않으면 구, 시, 읍, 면장에게 가매장을 하도록 의뢰하여야 한다.

3. 피호송자가 발병하였을 때
   가. 경증으로서 호송에 큰 지장이 없고 당일로 호송을 마칠 수 있을 때에는 호송관이 적절한 응급조치를 취하고 호송을 계속하여야 한다.
   나. 중증으로써 호송을 계속하거나 곤란하다고 인정될 때에 피호송자 및 그 서류와 금품을 발병지에서 가까운 경찰관서에 인도하여야 한다.
   다. 전 "나"호에 의하여 인수한 경찰관서는 즉시 질병을 치료하여야 하며, 질병의 상태

를 호송관서 및 인수관서에 통지하고 질병이 치유된 때에는 호송관서에 통지함과 동시에 치료한 경찰관서에서 지체 없이 호송하여야 한다. 다만, 진찰한 결과 24시간 이내에 치유될 수 있다고 진단되었을 때에는 치료후 호송관서의 호송관이 호송을 계속하게 하여야 한다.

CHAPTER

03 경비경찰

제1절 개관

I 경비경찰의 의의

1. 개념, 대상, 특징

경비경찰은 공공의 안녕, 질서에 위험 발생의 우려가 있는 경우 또는 위반상태가 발생한 경우 이를 예방·경계·진압하는 경찰활동을 통칭한다. 이러한 위험, 위반 상태는 범죄를 전제로 하지 않으며, 현 상태에 부적절한 혼란 상태가 우려되는 경우 현 질서를 유지하고, 위반상태를 제거하는 것을 1차적 목표로 하는 소극적 개념이다. 물론 이러한 위반상태가 사람에 의해 저질러지는 경우에 범죄가 된다면, 위반상태의 제거 수단으로서 체포 등 형사소송법적 수단이 동원될 수 있다. 이는 경비경찰 개념과는 구별되는 것이며, 이 경우에 적용되는 규범도 경찰의 적정한 재량이 인정되는 경찰관직무집행법이 아니라 엄격한 절차주의가 적용되는 형사소송법이 된다.

경비경찰의 개념 범위에 포괄되는 작용은 대체로 집회·시위 등의 다중범죄에 대응하는 치안경비, 대테러 활동, 특정대상자의 신변 보호를 중심으로 하는 경호경비, 특정시설물 보호를 대상으로 하는 시설경비, 그리고 정치적 요소 없이 순수하게 다중 밀집시에 발생할 수 있는 질서위반에 대응하는 혼잡경비와 자연재해나 화재 등 재난 발생시에 인명, 재산상 피해 방지를 대상으로 하는 재난경비 등으로 나누어진다.

이러한 경비경찰 활동의 특징으로는 특정 위기상황 발생 이전에 경계, 예방하는 활동이 중심이 되고, 대상의 특성에 따라 치안(대테러)경비, 시설경비, 경호경비, 혼잡경비 등이 동시에 작용하여야 하는 복합적 활동이라는 점이다. 월드컵과 같은 국제스

포츠행사나 G20 정상회의와 같은 국제정치행사의 경우를 생각해 보면 알 수 있다. 따라서 조직적 지휘체계 아래 예상되는 위험요인의 사전 분석을 통하여 인적, 물적 자원 투입의 배분, 집행 활동이 수행되는 집단적 (군사)작전에 가깝다. 현존 질서의 유지, 평화 유지는 국가공동체의 가장 기본적이고 최소한의 존재 이유라고 할 수 있어서 혼란상태의 장기화를 방치할 수는 없다. 성공한 경비경찰 활동은 상황발생 이전 상태로 돌아가는 것이다.

우리나라에서 문제가 되는 것은 주로 정치적 목적이거나 노동쟁의에 수반되는 집회나 시위에 대한 대응이다. 오랜 권위주의 하에서 정치운동, 노동운동을 그 자체로서 범죄시하는 분위기가 있었기 때문에 이를 신속히 진압, 처벌하는 것이 관행화되어 있지만, 오늘날의 헌법과 법 제도가 허용하는 한, 정치적 집회, 시위와 노동쟁의는 헌법적 기본권 행사에 속한다. 따라서 선제적으로 개입하기 보다는 법률적 허용범위, 수인한계를 넘었을 때에만 개입하여 위반상태를 신속히 제거하는 집회관리를 중요한 목표로 삼아야 한다. 이러한 측면에서 예상 인원, 위험요소평가 등 집회대응 계획수립에 있어서는 정보경찰 작용이, 실제 집회 시에는 최소한의 질서유지, 관리를 위한 경비경찰 작용이, 집회 중 관련 법률 위반의 범죄가 발생하였을 경우에는 사법경찰 작용이 중시된다.

2. 경비경찰 활동의 원칙

경비경찰작용은 당연히 헌법적 질서, 관련 법령의 허용범위 내에서 수행되는 권력작용이므로 그에 따르는 한계를 내재하고 있다. 통상 경찰작용의 '조리(條理)'상 한계[1]로 논의되는 것은 전제시대나 전체주의적 국가관에서라면 특별한 의미를 가질지 몰라도 현대적 민주국가의 법치주의적 국가작용으로서 가지는 당연한 한계일 뿐이다.

효과적인 경비경찰활동을 위해서는 조직적, 집단적 대응이 필요하기 때문에 그에 맞는 운영원칙이 적용되어야 한다. 통상의 경찰작용은 특정 개인, 소수에 의해서 범해지는 것을 전제로 하지만 경비경찰작용은 불특정 다수의 군집 상황에서 벌어질 수 있

---

1 통상 경찰작용이 소극적 질서유지에 그쳐야 한다는 경찰소극원칙, 사적 질서에 개입하지 않는다는 경찰공공원칙, 필요최소한에 그쳐야 한다는 경찰비례원칙, 성별, 인종 등 불합리한 차별이 금지된다는 경찰평등원칙, 다른 비권력적 수단이 불가능할 경우에만 최후수단으로 개입해야 한다는 경찰보충성원칙, 위반상태 조성에 책임이 있는 자에게만 경찰력이 발동되어야 한다는 경찰책임의 원칙 등이다.

는 위험에 대응하는 것이므로 예측되는 상황에 대응하는 경비계획에 따라 조직적, 집단적 활동(부대 단위)으로 수행된다. 따라서 조직법상의 지휘명령 체계에 따라 명령-수행의 통일적 집행의 중요성이 크다. 이러한 측면에서 한정된 자원을 효과적으로 배분하고, 적절한 시기에 적절한 위치를 확보하는 등 군사작전과 유사하다. 그러나 군사작전은 적(敵)과의 교전을 전제로 하므로 목표달성을 위해서라면 상대방의 기본권에 대한 존중의 요구가 극도로 축소되는 것이지만, 경비경찰활동은 그 상대방을 적법한 시민을 상대로 하는 것이므로 경비목적 달성을 위한 필요최소한의 활동에 그쳐야 하는 헌법상의 한계를 준수해야 하고, 일방적 억제보다 최대한 자발적 협조하에 수행되어야 한다.

또한 사전에 예상되는 경비상황을 예측하여 적절한 경력 운용계획을 수립하는 경비계획도 중요하다. 경비계획은 주요 경비사안의 성격에 따라 이를 지휘할 단위주체를 결정하고, 상황에 따라 동원되어야 할 인력을 책정하고 이를 적절하게 편성하는데에서 시작된다. 물론 상황별로 사전계획을 수립하여도 구체적 경비 상황은 다양한 변수가 존재하므로 현장 지휘관의 적정한 판단에 따르는 재량이 요구된다. 따라서 단순히 사전경비계획을 벗어났다는 것만으로 책임을 물어서는 안 된다. 오히려 경비 상황 종료 후 철저한 피드백을 통하여 사전 경비계획을 보완, 발전시켜가야 한다.

제2절 혼잡(다중운집행사 관련)경비

1. 혼잡(다중운집행사 관련) 경비

혼잡경비는 다양한 형태의 다수인 밀집 상황을 전제로 하는데, 종교, 스포츠, 대중예술공연 등 어떠한 군중밀집 상태도 군중심리 상태하에서는 위험을 발생시킬 수 있다. '경찰학 사전'에 따르면 밀집상태의 군중정리에는 다음 4가지 원칙이 있다. 22년 2차

밀도의 희박화	좁은 장소에 지나치게 많은 사람이 모이는 것을 가능한 한 회피해야 하고, 밀집이 예상되는 공간은 사전에 블록화하여야 한다.
이동의 일정화	군중들을 일정한 방향과 속도로 이동시킴으로써 혼란을 방지하고 군중들이 주위의 상황을 파악할 수 있도록 여건을 조성하여 안정감을 갖도록 해야 한다.
경쟁적 사태의 해소	질서를 지키면 남보다 손해를 볼 수 있다는 분위기를 느껴 남보다 먼저 가려고 하는 심리상태로 인해 군중들이 조급하게 움직이는 사태(상황)를 해소하기 위하여 순서에 따라 질서 있게 움직일 수 있도록 차분하게 유도해야 한다.
지시의 철저	사태가 혼잡할수록 상세하고 계속적인 안내방송으로 구체적 지시를 철저하게 함으로써 혼잡사태를 정리하여야 한다.

다만 이러한 다중밀집상태는 자연적이고 정상적인 사회생활의 일부이므로, 밀집 자체가 경찰금지의 대상이 아니라, 사고발생 없이 종료, 해산되는 것이 주된 목표가 된다.

통상 이러한 다수인의 집결에는 주최자가 있으므로, 만약의 사태발생을 가정한 행사진행에 대한 파악, 상황파악을 위한 소수 인원의 배치 등은 필요할 수 있지만 원칙적으로 주최자의 자체 질서유지인력 운용, 비상통로 확보 등 자율적 질서유지 활동에 대한 주의를 촉구하는 것에 그쳐야 한다. 또한 상황에 따라 주최측이 경찰력의 협조를 구할 수는 있으나 의무사항은 아니다. 오히려 순수한 민간차원의 행사에 경찰력 발동 요청에는 경찰비용의 부담 문제가 발생한다. 다만 축구경기에서의 훌리건처럼 특정 집단에 의한 반복적 혼란 유발이 예측되는 경우나 국가적 차원의 국제스포츠 경기 등의 경우 경찰력의 활용도 적극적으로 고려되어야 한다.

혼잡경비에 경찰력이 개입하는 경우 사전에 행사 성격에 맞는 인원배치, 교양교육이 필요하고, 위험발생이 우려되는 경우 적시에 경찰력이 개입할 수 있도록 경비대책의 수립과 적절한 인원의 확보가 있어야 한다.

2. 경비업법에 따른 경비

우리나라는 경비업의 육성 및 발전과 그 체계적 관리에 관하여 필요한 사항을 정함으로써 경비업의 건전한 운영에 이바지함을 목적으로 「경비업법」을 두고 있다.

1) 관련 용어의 정의(경비업법 제2조)

1. "경비업"이라 함은 다음 각목의 1에 해당하는 업무(경비업무)의 전부 또는 일부를 도급 받아 행하는 영업을 말한다.
가. 시설경비업무 : 경비를 필요로 하는 시설 및 장소(경비대상시설)에서의 도난·화재 그 밖의 혼잡 등으로 인한 위험발생을 방지하는 업무 `22년 1차`
나. 호송경비업무 : 운반중에 있는 현금·유가증권·귀금속·상품 그 밖의 물건에 대하여 도 난·화재 등 위험발생을 방지하는 업무 `22년 1차`
다. 신변보호업무 : 사람의 생명이나 신체에 대한 위해의 발생을 방지하고 그 신변을 보호 하는 업무 `22년 1차`
라. 기계경비업무 : 경비대상시설에 설치한 기기에 의하여 감지·송신된 정보를 그 경비대 상시설외의 장소에 설치한 관제시설의 기기로 수신하여 도난·화재 등 위험발생을 방 지하는 업무 `22년 1차`
마. 특수경비업무 : 공항(항공기를 포함한다) 등 대통령령이 정하는 국가중요시설의 경비 및 도난·화재 그 밖의 위험발생을 방지하는 업무
바. 혼잡·교통유도경비업무: 도로에 접속한 공사현장 및 사람과 차량의 통행에 위험이 있 는 장소 또는 도로를 점유하는 행사장 등에서 교통사고나 그 밖의 혼잡 등으로 인한 위 험발생을 방지하는 업무
2. "경비지도사"라 함은 경비원을 지도·감독 및 교육하는 자를 말하며 일반경비지도사와 기계경비지도사로 구분한다.
3. "경비원"이라 함은 제4조제1항의 규정에 의하여 경비업의 허가를 받은 법인이 채용한 고용인으로서 다음 각 목의 어느 하나에 해당하는 자를 말한다.
가. 일반경비원 : 제1호 가목부터 라목까지 및 바목의 경비업무를 수행하는 자
나. 특수경비원 : 제1호 마목의 경비업무를 수행하는 자
4. "무기"라 함은 인명 또는 신체에 위해를 가할 수 있도록 제작된 권총·소총 등을 말한다.
5. "집단민원현장"이란 다음 각 목의 장소를 말한다.
가. 「노동조합 및 노동관계조정법」에 따라 노동관계 당사자가 노동쟁의 조정신청을 한 사 업장 또는 쟁의행위가 발생한 사업장
나. 「도시 및 주거환경정비법」에 따른 정비사업과 관련하여 이해대립이 있어 다툼이 있는 장소
다. 특정 시설물의 설치와 관련하여 민원이 있는 장소
라. 주주총회와 관련하여 이해대립이 있어 다툼이 있는 장소
마. 건물·토지 등 부동산 및 동산에 대한 소유권·운영권·관리권·점유권 등 법적 권리에 대한 이해대립이 있어 다툼이 있는 장소
바. 100명 이상의 사람이 모이는 국제·문화·예술·체육 행사장
사. 「행정대집행법」에 따라 대집행을 하는 장소

2) 경비업의 허가(경비업법 제3조 및 제4조)

경비업은 법인이 아니면 이를 영위할 수 없다.

경비업을 영위하고자 하는 법인은 도급받아 행하고자 하는 경비업무를 특정하여 그 법인의 주사무소의 소재지를 관할하는 시도경찰청장의 허가를 받아야 한다. 도급받아 행하고자 하는 경비업무를 변경하는 경우에도 또한 같다.

3) 감독(경비업법 제24조) 및 보안지도·점검 등(경비업법 제25조)

경찰청장 또는 시도경찰청장은 경비업무의 적정한 수행을 위하여 경비업자 및 경비지도사를 지도·감독하며 필요한 명령을 할 수 있다.

시도경찰청장 또는 관할 경찰관서장은 소속 경찰공무원으로 하여금 관할구역안에 있는 경비업자의 주사무소 및 출장소와 경비원배치장소에 출입하여 근무상황 및 교육훈련상황 등을 감독하며 필요한 명령을 하게 할 수 있다. 이 경우 출입하는 경찰공무원은 그 권한을 표시하는 증표를 관계인에게 내보여야 한다.

시도경찰청장 또는 관할 경찰관서장은 경비업자 또는 배치된 경비원이 이 법이나 이 법에 따른 명령, 「폭력행위 등 처벌에 관한 법률」을 위반하는 행위를 하는 경우 그 위반행위의 중지를 명할 수 있다. 또한 경비업무 장소가 집단민원현장으로 판단되는 경우에는 그 때부터 48시간 이내에 경비업자에게 경비원 배치 허가를 받을 것을 고지하여야 한다.

특수경비업자의 경우 시도경찰청장은 대통령령이 정하는 바에 따라 특수경비업자에 대하여 연 2회 이상의 보안지도·점검을 실시하여야 하고, 필요한 경우 관계기관에 보안측정을 요청하여야 한다.

제3절 선거경비

Ⅰ 선거경비의 의의

선거는 민주주의를 지탱하는 기초적 절차이면서 동시에 정치적 대립으로 인하여 과격화될 우려가 상존하는 행사라고 할 수 있다. 선거법 위반 등에 대해서는 각급 선거관리위원회가 질서유지를 담당하지만, 폭력, 난동, 테러 등의 선거방해에 대해서는 경찰력의 행사가 요구된다. 여기에는 후보자나 선거운동원 등에 대한 신변보호와 유세장, 투·개표장의 질서유지 등 종합적 경비활동이 요구된다. 특히 전국적 규모의 대통령, 국회의원 선거에서는 비상근무체제로 전환하는 등 근무를 강화하고, 특히 선거일부터 개표종료시까지는 갑호비상기간으로 관리한다.

Ⅱ 후보자 신변보호

대통령 선거의 경우 후보자 등록시부터 당선확정시까지는 후보자를 을호 경호대상으로, 당선확정시부터는 갑호 경호대상으로 하며, 후보자의 요청에 따라 신변보호대를 편성하여 유세장, 숙소 등에 대해 24시간 경호를 실시한다. 후보자가 경호를 원하지 않는 경우에도 경험 있는 직원을 유세기간 중 근접 배치한다. 국회의원, 지방자치단체장 선거 후보자는 후보자가 원할 경우 각 선거구를 관할하는 경찰서에서 전담 경호인력을 배치한다.

Ⅲ 투표소, 개표소 경비

국가 중요 행사인 선거에 있어서 질서유지는 중요한 과제이지만, 경찰력이 지나치게 개입하는 경우 관권선거 시비의 우려가 있으므로 선거관리위원회가 중심이 되어 질서유지를 관리하게 된다.

투표소에 대해서는 투표구 선거관리위원회와 경비대책을 협의하고 비상통신망을 구성하며, 투표소 외곽에 무장 정복경찰을 비치, 경찰서별로 타격대, 채증조 등을 운용하고, 권역별 예비대를 운용한다.

개표소의 경우 3선 경비 개념으로 운용한다. 제1선에 해당하는 개표소 내부는 원칙적으로 선거관리위원장 책임하에 질서를 유지한다. 구·시·군선거관리위원회와 그 상급선거관리위원회의 위원·직원, 개표사무원·개표사무협조요원 및 개표참관인을 제외하고는 누구든지 개표소에 들어갈 수 없다. 다만, 관람증을 배부받은 자와 방송·신문·통신의 취재·보도요원이 일반관람인석에 들어가는 경우는 그러하지 아니하다(공직선거법 제183조 제1항). 구·시·군선거관리위원회위원장이나 위원은 개표소의 질서가 심히 문란하여 공정한 개표가 진행될 수 없다고 인정하는 때에는 개표소의 질서유지를 위하여 정복을 한 경찰공무원 또는 경찰관서장에게 원조를 요구할 수 있다(공직선거법 제183조 제3항). 원조요구를 받은 경찰공무원 또는 경찰관서장은 즉시 이에 따라야 한다(공직선거법 제183조 제4항). 이러한 요구에 의하여 개표소안에 들어간 경찰공무원 또는 경찰관서장은 구·시·군선거관리위원회위원장의 지시를 받아야 하며, 질서가 회복되거나 위원장의 요구가 있는 때에는 즉시 개표소에서 퇴거하여야 한다(공직선거법 제183조 제5항). 제3항의 경우를 제외하고는 누구든지 개표소안에서 무기나 흉기 또는 폭발물을 지닐 수 없다(공직선거법 제183조 제6항).

제2선에 해당하는 울타리 내부의 경우 선거관리위원회와 합동으로 출입자를 통제한다. 제2선의 출입문은 되도록 정문만 사용한다.

제3선에 해당하는 울타리 외부에는 순찰 등을 통하여 위험인물, 위험한 물건을 소지하는 자의 접근을 차단하는 등으로 관리한다.

제4절 경호경비

"경호"란 경호 대상자의 생명과 재산을 보호하기 위하여 신체에 가하여지는 위해(危害)를 방지하거나 제거하고, 특정 지역을 경계·순찰 및 방비하는 등의 모든 안전활동을 말한다(대통령 등의 경호에 관한 법률 제2조 제1호). 정부요인, 국내외 중요인사에 대한 인적 보호를 위한 활동으로서 사후 보완이란 존재하지 않으므로 한 번의 실수도 용납되지 않는다는 관점에서 업무가 수행되어야 한다.

대통령과 그 가족 및 그에 준하는 자와 외국 국가원수 등에 대해서는 대통령경호처가 수행2한다. 국회의장, 대법원장, 국무총리, 헌법재판소장과 퇴직 10년이 경과한 전직대통령 등과 대통령선거후보자 및 경찰청장이 경호가 필요하다고 인정한 그 밖의 인사에 대해서는 경찰에서 경호 업무를 수행한다.

제5절 주요 시설 경비

중요시설경비는 일반적으로는 공공기관이나 주요 사회기반시설, 주요산업시설 등에 대한 경비활동을 통칭하는 것이지만, 통상적 경비, 방호3 활동은 기관별, 청사별로 수행되고 법원경찰, 철도경찰 등 특수직에서 수행하거나, 청원경찰, 특수경비원 등이 수행하게 된다. 다만 우리나라의 경우 휴전상태라는 특수한 상황하에서 대통령훈령 제28호 통합방위지침 등에 의한 규율이 이뤄진다. 이러한 관점에서 통합방위법 제2조 13. "국가중요시설"이란 공공기관, 공항·항만, 주요 산업시설 등 적에 의하여 점령 또는 파괴되거나 기능이 마비될 경우 국가안보와 국민생활에 심각한 영향을 주게 되는 시설을 말한다. 경비업법 및 동시행령 제2조는 '특수경비업무'의 대상이 되는 "대통령령이 정하는 국가중요시설"을 공항·항만, 원자력발전소 등의 시설 중 국가정보원장이 지정하는 국가보안목표시설과 「통합방위법」 제21조 제4항의 규정에 의하여 국방부장관이 지정하는 국가중요시설로 규정하고 있다.

---

2 대통령 등의 경호에 관한 법률 제4조(경호대상) ① 경호처의 경호대상은 다음과 같다. 1. 대통령과 그 가족 2. 대통령 당선인과 그 가족 3. 본인의 의사에 반하지 아니하는 경우에 한정하여 퇴임 후 10년 이내의 전직 대통령과 그 배우자. 다만, 대통령이 임기 만료 전에 퇴임한 경우와 재직 중 사망한 경우의 경호 기간은 그로부터 5년으로 하고, 퇴임 후 사망한 경우의 경호 기간은 퇴임일부터 기산(起算)하여 10년을 넘지 아니하는 범위에서 사망 후 5년으로 한다. 4. 대통령권한대행과 그 배우자 5. 대한민국을 방문하는 외국의 국가 원수 또는 행정수반(行政首班)과 그 배우자 6. 그 밖에 처장이 경호가 필요하다고 인정하는 국내외 요인(要人)

3 통합방위법 [법률 제17686호] 제2조 12. "방호"란 적의 각종 도발과 위협으로부터 인원·시설 및 장비의 피해를 방지하고 모든 기능을 정상적으로 유지할 수 있도록 보호하는 작전 활동을 말한다. 제21조 (국가중요시설의 경비·보안 및 방호) ① 국가중요시설의 관리자(소유자를 포함한다. 이하 같다)는 경비·보안 및 방호책임을 지며, 통합방위사태에 대비하여 자체방호계획을 수립하여야 한다. 이 경우 국가중요시설의 관리자는 자체방호계획을 수립하기 위하여 필요하면 시도경찰청장 또는 지역군사령관에게 협조를 요청할 수 있다.

　　"청원경찰"이란 공공기관의 장 또는 시설·사업장 등의 경영자(청원주)가 경비(經費)를 부담할 것을 조건으로 경찰의 배치를 신청하는 경우 그 기관·시설 또는 사업장 등의 경비(警備)를 담당하게 하기 위하여 배치하는 경찰을 말한다. 청원경찰은 청원주(請願主)와 배치된 기관·시설 또는 사업장 등의 구역을 관할하는 경찰서장의 감독을 받아 그 경비구역만의 경비를 목적으로 필요한 범위에서 「경찰관 직무집행법」에 따른 경찰관의 직무를 수행하는 자를 말한다(청원경찰법 제2조). 따라서 형사소송법상 사법경찰관리의 직무를 수행할 수는 없다.

　　시도경찰청장이 배치를 결정하면 미리 시도경찰청장의 승인을 받아 청원주가 청원경찰을 임용한다. 청원주는 항상 소속 청원경찰의 근무 상황을 감독하고, 근무 수행에 필요한 교육을 하여야 하며, 시도경찰청장은 청원경찰의 효율적인 운영을 위하여 청원주를 지도하며 감독상 필요한 명령을 할 수 있다.

　　청원경찰은 근무 중 제복을 착용하여야 하고 시도경찰청장은 청원경찰이 직무를 수행하기 위하여 필요하다고 인정하면 청원주의 신청을 받아 관할 경찰서장으로 하여금 청원경찰에게 무기를 대여하여 지니게 할 수 있다. 청원주가 청원경찰법 제8조 제2항에 따라 청원경찰이 휴대할 무기를 대여받으려는 경우에는 관할 경찰서장을 거쳐 시도경찰청장에게 무기대여를 신청하여야 하고, 신청을 받은 시도경찰청장이 무기를 대여하여 휴대하게 하려는 경우에는 청원주로부터 국가에 기부채납된 무기에 한정하여 관할 경찰서장으로 하여금 무기를 대여하여 휴대하게 할 수 있다(동 시행령 제16조).

　　「형법」이나 그 밖의 법령에 따른 벌칙을 적용할 때에는 공무원으로 보고, 쟁의행위 금지 위반에 대하여 별도의 형벌이 규정되지만, 그 의사에 반하여 면직되지 아니하고, 대통령령으로 정하는 징계절차를 거쳐 징계처분을 하여야 하는 등 특별한 신분적 지위에 있다.

제**7**절 　경찰작전

1. 개념 정의

　　치안상의 비상상황에 대한 지역별, 기능별 경찰력의 운용과 활동체계를 규정함으로써 비상상황에 효율적으로 대응하기 위한 규정으로 「경찰 비상업무 규칙」(경찰청훈령)을 두고 있다.

　　"비상상황"이라 함은 대간첩·테러, 대규모 재난 등의 긴급 상황이 발생하거나 발생할 우려가 있는 경우 또는 다수의 경력을 동원해야 할 치안수요가 발생하여 치안활동을 강화할 필요가 있는 때를 말한다.

　　"지휘선상 위치 근무"라 함은 비상연락체계를 유지하며 유사시 1시간 이내에 현장지휘 및 현장근무가 가능한 장소에 위치하는 것을 말한다. "정위치 근무"라 함은 감독순시·현장근무 및 사무실 대기 등 관할구역 내에 위치하는 것을 말한다. "정착근무"라 함은 사무실 또는 상황과 관련된 현장에 위치하는 것을 말한다.

　　"필수요원"이라 함은 전 경찰공무원 및 일반직공무원(이하 "경찰관 등"이라 한다) 중 경찰기관의 장이 지정한 자로 비상소집 시 1시간 이내에 응소하여야 할 자를 말한다. "일반요원"이라 함은 필수요원을 제외한 경찰관 등으로 비상소집 시 2시간 이내에 응소하여야 할 자를 말한다. "가용경력"이라 함은 총원에서 휴가·출장·교육·파견 등을 제외하고 실제 동원될 수 있는 모든 인원을 말한다.

　　"작전준비태세"라 함은 '경계강화'단계를 발령하기 이전에 별도의 경력동원 없이 경찰작전부대의 출동태세 점검, 지휘관 및 참모의 비상연락망 구축 및 신속한 응소체제를 유지하며, 작전상황반을 운영하는 등 필요한 작전 사항을 미리 조치하는 것을 말한다(제2조).

2. 비상근무

　　비상근무 대상은 경비·작전·안보·수사·교통 또는 재난관리 업무와 관련한 비상상황에 국한고, 두 종류 이상의 비상상황이 동시에 발생한 경우에는 긴급성 또는 중요도가 상대적으로 더 큰 비상상황("주된 비상상황")의 비상근무로 통합·실시한다. 적용지역은 전국 또는 일정지역(시도경찰청 또는 경찰서 관할)으로 구분한다. 다만, 2개 이상의 지역에 관련되는 상황은 바로 위의 상급 기관에서 주관하여 실시한다.

비상근무의 발령권자는 1. 전국 또는 2개 이상 시도경찰청 관할지역 : 경찰청장, 2. 시도경찰청 또는 2개 이상 경찰서 관할지역 : 시도경찰청장, 3. 단일 경찰서 관할지역 : 경찰서장이다. 비상근무의 발령권자는 비상상황이 종료되는 즉시 비상근무를 해제하고, 비상근무 해제 시 시도경찰청장, 경찰서장인 발령권자는 6시간 이내에 해제일시, 사유 및 비상근무결과 등을 바로 위의 상급 기관의 장에게 보고한다.

비상근무는 비상상황의 유형에 따라 1. 경비 소관: 경비, 작전비상, 2. 안보 소관 : 안보비상, 3. 수사 소관 : 수사비상, 4. 교통 소관 : 교통비상, 5. 치안상황 소관 : 재난비상으로 구분하고, 기능별 상황의 긴급성 및 중요도에 따라 비상등급을 1. 갑호 비상, 2. 을호 비상, 3. 병호 비상, 4. 경계 강화, 5. 작전준비태세(작전비상시 적용)로 구분한다(제4조).

비상상황에 따른 근무요령은 다음과 같다(제7조).

1. 갑호 비상의 경우 가. 비상근무 갑호가 발령된 때에는 연가를 중지하고 가용경력 100%까지 동원할 수 있다. 나. 지휘관(지구대장, 파출소장은 지휘관에 준한다. 이하 같다)과 참모는 정착 근무를 원칙으로 한다.
2. 을호 비상의 경우 가. 비상근무 을호가 발령된 때에는 연가를 중지하고 가용경력 50%까지 동원할 수 있다. 나. 지휘관과 참모는 정위치 근무를 원칙으로 한다.
3. 병호 비상의 경우 가. 비상근무 병호가 발령된 때에는 부득이한 경우를 제외하고는 연가를 억제하고 가용경력 30%까지 동원할 수 있다. 나. 지휘관과 참모는 정위치 근무 또는 지휘선상 위치 근무를 원칙으로 한다.
4. 경계 강화의 경우 가. 별도의 경력동원 없이 특정분야의 근무를 강화한다. 나. 경찰관 등은 비상연락체계를 유지하고 경찰작전부대는 상황발생 시 즉각 출동이 가능하도록 출동대기태세를 유지한다. 다. 지휘관과 참모는 지휘선상 위치 근무를 원칙으로 한다.
5. 작전준비태세(작전비상시 적용)의 경우 가. 별도의 경력동원 없이 경찰관서 지휘관 및 참모의 비상연락망을 구축하고 신속한 응소체제를 유지한다. 나. 경찰작전부대는 상황발생 시 즉각 출동이 가능하도록 출동태세 점검을 실시한다. 다. 유관기관과의 긴밀한 연락체계를 유지하고, 필요시 작전상황반을 유지한다

이러한 비상상황의 경우 비상등급별로 연가를 중지 또는 억제하되 경조사 휴가, 공가, 병가, 출산휴가 등 특별한 사유가 있는 경우에는 그러하지 아니하다. 23년 1차

3. 통합방위작전

　　휴전상태라는 특수한 상황하에서 적(敵)의 침투·도발이나 그 위협에 대응하기 위하여 국가 총력전(總力戰)의 개념을 바탕으로 국가방위요소를 통합·운용하기 위한 통합방위 대책에서 경찰청·해양경찰청 및 그 소속 기관과 자치경찰기구경찰 또한 통합방위작전의 수행에 필요한 방위전력(防衛戰力) 또는 그 지원 요소를 말하는 "국가방위요소"의 일원으로서 기능하며, 특히 갑종, 을종 사태에서는 통합방위본부장이나 지역군사령관의 지휘, 통제하에 있지만, '적의 침투·도발 위협이 예상되거나 소규모의 적이 침투하였을 때에 단기간 내에 치안이 회복될 수 있는 병종사태에서는 시도경찰청장의 지휘·통제하에 통합방위작전(통합방위법 제15조 제2항)으로서 대간첩작전, 전시대비 경찰작전을 수행하게 된다.

　　여기에서 "갑종사태"란 일정한 조직체계를 갖춘 적의 대규모 병력 침투 또는 대량살상무기(大量殺傷武器) 공격 등의 도발로 발생한 비상사태로서 통합방위본부장 또는 지역군사령관의 지휘·통제하에 통합방위작전을 수행하여야 할 사태를 말한다.

　　"을종사태"란 일부 또는 여러 지역에서 적이 침투·도발하여 단기간 내에 치안이 회복되기 어려워 지역군사령관의 지휘·통제 하에 통합방위작전을 수행하여야 할 사태를 말한다.

　　"병종사태"란 적의 침투·도발 위협이 예상되거나 소규모의 적이 침투하였을 때에 시도경찰청장, 지역군사령관 또는 함대사령관의 지휘·통제하에 통합방위작전을 수행하여 단기간 내에 치안이 회복될 수 있는 사태를 말한다.

제8절　대테러업무

　　우리나라에서는 테러의 예방 및 대응 활동 등에 관하여 필요한 사항과 테러로 인한 피해보전 등을 규정함으로써 테러로부터 국민의 생명과 재산을 보호하고 국가 및 공공의 안전을 확보하는 것을 목적으로 「국민보호와 공공안전을 위한 테러방지법(테러방지법)」을 두고 있다.

Ⅰ 테러의 개념

테러방지법에서는 '테러'에 대해 다음과 같이 정의하고 있다(제2조).

제2조(정의) 1. "테러"란 국가·지방자치단체 또는 외국 정부(외국 지방자치단체와 조약 또는 그 밖의 국제적인 협약에 따라 설립된 국제기구를 포함한다)의 권한행사를 방해하거나 의무 없는 일을 하게 할 목적 또는 공중을 협박할 목적으로 하는 다음 각 목의 행위를 말한다.

　가. 사람을 살해하거나 사람의 신체를 상해하여 생명에 대한 위험을 발생하게 하는 행위 또는 사람을 체포·감금·약취·유인하거나 인질로 삼는 행위

　나. 항공기(「항공안전법」 제2조제1호의 항공기를 말한다)와 관련된 다음 각각의 어느 하나에 해당하는 행위

　　1) 운항중(「항공보안법」 제2조제1호의 운항중을 말한다)인 항공기를 추락시키거나 전복·파괴하는 행위, 그 밖에 운항중인 항공기의 안전을 해칠 만한 손괴를 가하는 행위

　　2) 폭행이나 협박, 그 밖의 방법으로 운항중인 항공기를 강탈하거나 항공기의 운항을 강제하는 행위

　　3) 항공기의 운항과 관련된 항공시설을 손괴하거나 조작을 방해하여 항공기의 안전 운항에 위해를 가하는 행위

　다. 선박(「선박 및 해상구조물에 대한 위해행위의 처벌 등에 관한 법률」 제2조제1호 본문의 선박을 말한다) 또는 해상구조물(같은 법 제2조제5호의 해상구조물을 말한다)과 관련된 다음 각각의 어느 하나에 해당하는 행위

　　1) 운항(같은 법 제2조제2호의 운항을 말한다) 중인 선박 또는 해상구조물을 파괴하거나, 그 안전을 위태롭게 할 만한 정도의 손상을 가하는 행위(운항 중인 선박이나 해상구조물에 실려 있는 화물에 손상을 가하는 행위를 포함한다)

　　2) 폭행이나 협박, 그 밖의 방법으로 운항 중인 선박 또는 해상구조물을 강탈하거나 선박의 운항을 강제하는 행위

　　3) 운항 중인 선박의 안전을 위태롭게 하기 위하여 그 선박 운항과 관련된 기기·시설을 파괴하거나 중대한 손상을 가하거나 기능장애 상태를 일으키는 행위

　라. 사망·중상해 또는 중대한 물적 손상을 유발하도록 제작되거나 그러한 위력을 가진 생화학·폭발성·소이성(燒夷性) 무기나 장치를 다음 각각의 어느 하나에 해당하는 차량 또는 시설에 배치하거나 폭발시키거나 그 밖의 방법으로 이를 사용하는 행위

　　1) 기차·전차·자동차 등 사람 또는 물건의 운송에 이용되는 차량으로서 공중이 이용하는 차량

　　2) 1)에 해당하는 차량의 운행을 위하여 이용되는 시설 또는 도로, 공원, 역, 그 밖에 공중이 이용하는 시설

　　3) 전기나 가스를 공급하기 위한 시설, 공중이 먹는 물을 공급하는 수도, 전기통신을 이용하기 위한 시설 및 그 밖의 시설로서 공용으로 제공되거나 공중이 이용하는 시설

4) 석유, 가연성 가스, 석탄, 그 밖의 연료 등의 원료가 되는 물질을 제조 또는 정제하거나 연료로 만들기 위하여 처리·수송 또는 저장하는 시설
5) 공중이 출입할 수 있는 건조물·항공기·선박으로서 1)부터 4)까지에 해당하는 것을 제외한 시설

마. 핵물질(「원자력시설 등의 방호 및 방사능 방재 대책법」 제2조제1호의 핵물질을 말한다), 방사성물질(「원자력안전법」 제2조제5호의 방사성물질을 말한다) 또는 원자력시설(「원자력시설 등의 방호 및 방사능 방재 대책법」 제2조제2호의 원자력시설을 말한다)과 관련된 다음 각각의 어느 하나에 해당하는 행위

1) 원자로를 파괴하여 사람의 생명·신체 또는 재산을 해하거나 그 밖에 공공의 안전을 위태롭게 하는 행위
2) 방사성물질 등과 원자로 및 관계 시설, 핵연료주기시설 또는 방사선발생장치를 부당하게 조작하여 사람의 생명이나 신체에 위험을 가하는 행위
3) 핵물질을 수수(授受)·소지·소유·보관·사용·운반·개조·처분 또는 분산하는 행위
4) 핵물질이나 원자력시설을 파괴·손상 또는 그 원인을 제공하거나 원자력시설의 정상적인 운전을 방해하여 방사성물질을 배출하거나 방사선을 노출하는 행위

테러방지법에서는 테러와 관련한 용어에 대해서도 다음과 같이 정의하고 있다.

2. "테러단체"란 국제연합(UN)이 지정한 테러단체를 말한다. [22년 1차/23년 2차]
3. "테러위험인물"이란 테러단체의 조직원이거나 테러단체 선전, 테러자금 모금·기부, 그 밖에 테러 예비·음모·선전·선동을 하였거나 하였다고 의심할 상당한 이유가 있는 사람을 말한다. [22년 1차]
4. "외국인테러전투원"이란 테러를 실행·계획·준비하거나 테러에 참가할 목적으로 국적국이 아닌 국가의 테러단체에 가입하거나 가입하기 위하여 이동 또는 이동을 시도하는 내국인·외국인을 말한다.
5. "테러자금"이란 「공중 등 협박목적 및 대량살상무기확산을 위한 자금조달행위의 금지에 관한 법률」 제2조제1호에 따른 공중 등 협박목적을 위한 자금을 말한다.
6. "대테러활동"이란 제1호의 테러 관련 정보의 수집, 테러위험인물의 관리, 테러에 이용될 수 있는 위험물질 등 테러수단의 안전관리, 인원·시설·장비의 보호, 국제행사의 안전확보, 테러위협에의 대응 및 무력진압 등 테러 예방과 대응에 관한 제반 활동을 말한다. [22년 1차]
7. "관계기관"이란 대테러활동을 수행하는 국가기관, 지방자치단체, 그 밖에 대통령령으로 정하는 기관을 말한다.
8. "대테러조사"란 대테러활동에 필요한 정보나 자료를 수집하기 위하여 현장조사·문서열람·시료채취 등을 하거나 조사대상자에게 자료제출 및 진술을 요구하는 활동을 말한다. [22년 1차]

Ⅱ 대테러 기구

1. 국가테러대책위원회(제5조)

　　대테러활동에 관한 정책의 중요사항을 심의·의결하기 위하여 국가테러대책위원회(대책위원회)를 둔다.

　　대책위원회는 국무총리 및 관계기관의 장 중 대통령령으로 정하는 사람으로 구성하고 위원장은 국무총리로 한다. 대책위원회는 다음 각 호의 사항을 심의·의결한다.

1. 대테러활동에 관한 국가의 정책 수립 및 평가
2. 국가 대테러 기본계획 등 중요 중장기 대책 추진사항
3. 관계기관의 대테러활동 역할 분담·조정이 필요한 사항
4. 그 밖에 위원장 또는 위원이 대책위원회에서 심의·의결할 필요가 있다고 제의하는 사항

2. 대테러센터(제6조)

　　대테러활동과 관련하여 다음 각 호의 사항을 수행하기 위하여 국무총리 소속으로 관계기관 공무원으로 구성되는 대테러센터를 둔다.

1. 국가 대테러활동 관련 임무분담 및 협조사항 실무 조정
2. 장단기 국가대테러활동 지침 작성·배포
3. 테러경보 발령
4. 국가 중요행사 대테러안전대책 수립
5. 대책위원회의 회의 및 운영에 필요한 사무의 처리
6. 그 밖에 대책위원회에서 심의·의결한 사항

　　대테러센터의 조직·정원 및 운영에 관한 사항은 대통령령으로 정한다. 대테러센터 소속 직원의 인적사항은 공개하지 아니할 수 있다.

3. 대테러 인권보호관(제7조)

관계기관의 대테러활동으로 인한 국민의 기본권 침해 방지를 위하여 대책위원회 소속으로 대테러 인권보호관(인권보호관) 1명을 둔다.
인권보호관의 자격, 임기 등 운영에 관한 사항은 대통령령으로 정한다.

Ⅲ 대테러 활동 및 지원

1. 테러위험인물에 대한 정보 수집 등(제9조)

국가정보원장은 테러위험인물에 대하여 출입국·금융거래 및 통신이용 등 관련 정보를 수집할 수 있다. 이 경우 출입국·금융거래 및 통신이용 등 관련 정보의 수집은 「출입국관리법」, 「관세법」, 「특정 금융거래정보의 보고 및 이용 등에 관한 법률」, 「통신비밀보호법」의 절차에 따른다.
국가정보원장은 정보 수집 및 분석의 결과 테러에 이용되었거나 이용될 가능성이 있는 금융거래에 대하여 지급정지 등의 조치를 취하도록 금융위원회 위원장에게 요청할 수 있다.
국가정보원장은 테러위험인물에 대한 개인정보(「개인정보 보호법」상 민감정보를 포함한다)와 위치정보를 「개인정보 보호법」 제2조의 개인정보처리자와 「위치정보의 보호 및 이용 등에 관한 법률」 제5조 제7항에 따른 개인위치정보사업자 및 같은 법 제5조의2 제3항에 따른 사물위치정보사업자에게 요구할 수 있다.
국가정보원장은 대테러활동에 필요한 정보나 자료를 수집하기 위하여 대테러조사 및 테러위험인물에 대한 추적을 할 수 있다. 이 경우 사전 또는 사후에 대책위원회 위원장에게 보고하여야 한다.

2. 테러예방을 위한 안전관리대책의 수립(제10조)

관계기관의 장은 대통령령으로 정하는 국가중요시설과 많은 사람이 이용하는 시설 및 장비(테러대상시설)에 대한 테러예방대책과 테러의 수단으로 이용될 수 있는 폭발물·총기류·화생방물질(테러이용수단), 국가 중요행사에 대한 안전관리대책을 수립하여야 한다.

3. 테러취약요인 사전제거(제11조)

테러대상시설 및 테러이용수단의 소유자 또는 관리자는 보안장비를 설치하는 등 테러취약요인 제거를 위하여 노력하여야 한다.

국가는 테러대상시설 및 테러이용수단의 소유자 또는 관리자에게 필요한 경우 그 비용의 전부 또는 일부를 지원할 수 있다.

한편, 테러취약시설에 대한 경찰의 안전활동에 관하여 필요한 사항은 다음 「테러 취약시설 안전활동에 관한 규칙(경찰청 훈령)」에 규정되어 있다.

제2조(정의) 이 규칙에서 사용하는 용어의 뜻은 다음 각 호와 같다.
 1. "테러취약시설"이란 테러 예방 및 대응을 위해 경찰이 관리하는 다음 각 목의 시설·건축물 등 중 경찰청장이 지정하는 것을 말한다.
 가. 국가중요시설
 나. 다중이용건축물등
 다. 공관지역
 라. 미군 관련 시설
 마. 그 밖에 특별한 관리가 필요하다고 제14조의 테러취약시설 심의위원회(이하 '심의위원회'라고 한다)에서 결정한 시설
 2. "국가중요시설"이란 「통합방위법」 제21조제4항에 따라 국방부장관이 지정한 시설을 말한다.
 3. "다중이용건축물등"이란 「재난 및 안전관리 기본법 시행령」 제43조의8제1호·제2호에 따른 건축물 또는 시설로서 관계기관의 장이 소관업무와 관련하여 대테러센터장과 협의하여 지정한 것을 말한다.
 4. "공관지역"이란 소유자 여하를 불문하고 공관장의 주거를 포함하여 공관의 목적으로 사용되는 건물과 건물의 부분 및 부속토지를 말한다.
 5. "미군 관련 시설"이란 주한미군 기지, 중요 방위산업체 등의 시설로서 심의위원회에서 지정한 것을 말한다.
제5조(지정등 권한자) 테러취약시설의 지정등은 경찰청장이 행한다.
제9조(다중이용건축물등의 분류) ① 다중이용건축물등은 기능·역할의 중요성과 가치의 정도에 따라 "A"등급, "B"등급, "C"등급(이하 각 "A급", "B급", "C급"이라 한다)으로 구분하며, 그 기준은 다음 각 호와 같다.

1. A급 : 테러에 의하여 파괴되거나 기능 마비시 광범위한 지역의 대테러진압작전이 요구되고, 국민생활에 결정적인 영향을 미칠 수 있는 건축물 또는 시설
2. B급 : 테러에 의하여 파괴되거나 기능 마비시 일부 지역의 대테러진압작전이 요구되고, 국민생활에 중대한 영향을 미칠 수 있는 건축물 또는 시설
3. C급 : 테러에 의하여 파괴되거나 기능 마비시 제한된 지역에서 단기간 대테러진압작전이 요구되고, 국민생활에 상당한 영향을 미칠 수 있는 건축물 또는 시설

제16조(단계별 경력배치 기준) 시도경찰청장과 경찰서장(이하 "경찰관서장"이라고 한다)은 테러취약시설에 대한 경력을 평시, 테러징후시, 테러발생시, 그 밖에 국제행사 등 필요시 상황에 대응하여 별표2*의 기준에 따라 단계별로 배치한다.

*별표2

구분	1단계	2단계	3단계
테러 경보	테러경보 관심→주의	테러경보 주의→경계	테러경보 경계→심각
국제 행사	지역에 국한된 소규모 국제행사 ※ 국제영화제, 다자 장관급 국제회의	전국단위 국제행사로 테러위협 증가 ※ ┌전국: 올림픽, 월드컵 └해당지역: 세계육상경기대회, 아시안게임(여타 지역 1단계)	다자간 국제행사(10개국 이상) ※ 예) G20정상회의, 핵안보정상회의 등
지역 경찰	연계순찰 강화(1일 2회 이상), 112순찰차 거점배치 및 검문검색 강화	연계순찰 강화(1일 3회 이상), 112순찰차 거점배치 및 검문검색 강화	연계순찰 강화(1일 4회 이상), 112순찰차 거점배치 및 검문검색 강화

제21조(국가중요시설 지도·점검) ① 경찰서장은 관할 내에 있는 국가중요시설 전체에 대하여 연 1회 이상 지도·점검을 실시하여야 한다.
② 시도경찰청장은 관할 내 국가중요시설 중 선별하여 연 1회 이상 지도·점검을 실시한다
③ 경찰청장은 경찰관서장이 국가중요시설에 대해 적절한 지도·점검을 실시하는지 감독하고, 선별적으로 지도·점검을 실시한다.
④ 경찰관서장이「통합방위지침」에 의한 경·군 합동으로 지도·점검을 실시한 경우에는 해당 기간에 자체 지도·점검을 실시한 것으로 본다.

제22조(다중이용건축물등 지도·점검) ① 경찰서장은 관할 내에 있는 다중이용건축물등 전체에 대해 해당 시설 관리자의 동의를 받아 다음 각 호와 같이 지도·점검을 실시하여야 한다.
1. A급 : 분기 1회 이상
2. B급, C급 : 반기 1회 이상

② 시도경찰청장은 관할 내 다중이용건축물등 중 일부를 선별하여 해당 시설 관리자의 동의를 받아 반기 1회 이상 지도·점검을 실시하여야 한다.

③ 경찰청장은 경찰관서장이 다중이용건축물등에 대해 적절한 지도·점검을 실시하는지 감독하고, 해당 시설 관리자의 동의를 받아 선별적으로 지도·점검을 실시하여야 한다.

제27조(대테러 훈련 방법) ① 경찰서장은 관할 테러취약시설 중 선정하여 분기 1회 이상 대테러 훈련(FTX)을 실시해야 한다. 이 경우 연 1회 이상은 관계기관 합동으로 실시한다.

② 시도경찰청장은 반기 1회 이상 권역별로 대테러 훈련을 실시하여야 한다.

③ 경찰관서장은 테러 유형별로 실질적인 가상 시나리오를 작성하여 시설 관리자 및 관계기관과 협의 후 별지 제4호서식 체크리스트를 참고하여 실시한다.

④ 경찰관서장은 대테러 훈련 실시 후 그 결과를 상급부서에 보고하고 관리하여야 하며, 개선사항은 시설 관리자 및 관계기관에 통보하여 테러예방 대책에 반영하도록 한다.

4. 테러선동·선전물 긴급 삭제 등 요청(제12조)

관계기관의 장은 테러를 선동·선전하는 글 또는 그림, 상징적 표현물, 테러에 이용될 수 있는 폭발물 등 위험물 제조법 등이 인터넷이나 방송·신문, 게시판 등을 통해 유포될 경우 해당 기관의 장에게 긴급 삭제 또는 중단, 감독 등의 협조를 요청할 수 있다. 이러한 협조를 요청받은 해당 기관의 장은 필요한 조치를 취하고 그 결과를 관계기관의 장에게 통보하여야 한다.

5. 외국인테러전투원에 대한 규제(제13조)

관계기관의 장은 외국인테러전투원으로 출국하려 한다고 의심할 만한 상당한 이유가 있는 내국인·외국인에 대하여 일시 출국금지를 법무부장관에게 요청할 수 있다. 이러한 요청에 따른 일시 출국금지 기간은 90일로 한다. 다만, 출국금지를 계속할 필요가 있다고 판단할 상당한 이유가 있는 경우에 관계기관의 장은 그 사유를 명시하여 연장을 요청할 수 있다.

관계기관의 장은 외국인테러전투원으로 가담한 사람에 대하여 「여권법」 제13조에 따른 여권의 효력정지 및 같은 법 제12조의2에 따른 재발급 제한을 외교부장관에게 요청할 수 있다.

6. 테러피해의 지원(제15조)

테러로 인하여 신체 또는 재산의 피해를 입은 국민은 관계기관에 즉시 신고하여야 한다. 다만, 인질 등 부득이한 사유로 신고할 수 없을 때에는 법률관계 또는 계약관계에 의하여 보호의무가 있는 사람이 이를 알게 된 때에 즉시 신고하여야 한다.

국가 또는 지방자치단체는 제1항의 피해를 입은 사람에 대하여 대통령령으로 정하는 바에 따라 치료 및 복구에 필요한 비용의 전부 또는 일부를 지원할 수 있다. 다만, 「여권법」 제17조제1항 단서에 따른 외교부장관의 허가를 받지 아니하고 방문 및 체류가 금지된 국가 또는 지역을 방문·체류한 사람에 대해서는 그러하지 아니하다.

7. 특별위로금(제16조)

테러로 인하여 생명의 피해를 입은 사람의 유족 또는 신체상의 장애 및 장기치료가 필요한 피해를 입은 사람에 대해서는 그 피해의 정도에 따라 등급을 정하여 특별위로금을 지급할 수 있다. 다만, 「여권법」 제17조제1항 단서에 따른 외교부장관의 허가를 받지 아니하고 방문 및 체류가 금지된 국가 또는 지역을 방문·체류한 사람에 대해서는 그러하지 아니하다.

Ⅳ 테러활동에 대한 처벌

1. 테러단체 구성죄 등(제17조)

테러단체를 구성하거나 구성원으로 가입한 사람은 다음 각 호의 구분에 따라 처벌한다.

1. 수괴(首魁)는 사형·무기 또는 10년 이상의 징역
2. 테러를 기획 또는 지휘하는 등 중요한 역할을 맡은 사람은 무기 또는 7년 이상의 징역
3. 타국의 외국인테러전투원으로 가입한 사람은 5년 이상의 징역
4. 그 밖의 사람은 3년 이상의 징역

테러자금임을 알면서도 자금을 조달·알선·보관하거나 그 취득 및 발생원인에 관한 사실을 가장하는 등 테러단체를 지원한 사람은 10년 이하의 징역 또는 1억원 이하의 벌금에 처한다.

테러단체 가입을 지원하거나 타인에게 가입을 권유 또는 선동한 사람은 5년 이하의 징역에 처한다.

이러한 범죄의 미수범은 처벌한다. 또한 이러한 범죄를 저지를 목적으로 예비 또는 음모한 사람은 3년 이하의 징역에 처한다.

2. 무고, 날조(제18조)

타인으로 하여금 형사처분을 받게 할 목적으로 제17조의 죄에 대하여 무고 또는 위증을 하거나 증거를 날조·인멸·은닉한 사람은 「형법」 제152조부터 제157조까지에서 정한 형에 2분의 1을 가중하여 처벌한다.

범죄수사 또는 정보의 직무에 종사하는 공무원이나 이를 보조하는 사람 또는 이를 지휘하는 사람이 직권을 남용하여 제1항의 행위를 한 때에도 제1항의 형과 같다. 다만, 그 법정형의 최저가 2년 미만일 때에는 이를 2년으로 한다.

3. 세계주의(제19조)

테러방지법에 따른 테러단체 구성죄 등의 죄(제17조)는 대한민국 영역 밖에서 저지른 외국인에게도 국내법을 적용한다.

제9절 재난경비

우리나라에서는 각종 재난으로부터 국토를 보존하고 국민의 생명·신체 및 재산을 보호하기 위하여 국가와 지방자치단체의 재난 및 안전관리체제를 확립하고, 재난의 예방·대비·대응·복구와 안전문화활동, 그 밖에 재난 및 안전관리에 필요한 사항을 규정함을 목적으로 「재난 및 안전관리 기본법(재난안전법)」을 두고 있다.

Ⅰ 재난경비의 의의

1. 재난 등의 개념

재난안전법에서는 자연재난과 사회재난을 포괄하는 '재난'에 대해 다음과 같이 정의하고 있다(제2조).

1. "재난"이란 국민의 생명·신체·재산과 국가에 피해를 주거나 줄 수 있는 것으로서 다음 각 목의 것을 말한다. [23년 1차]
   가. 자연재난: 태풍, 홍수, 호우(豪雨), 강풍, 풍랑, 해일(海溢), 대설, 한파, 낙뢰, 가뭄, 폭염, 지진, 황사(黃砂), 조류(藻類) 대발생, 조수(潮水), 화산활동, 「우주개발 진흥법」에 따른 자연우주물체의 추락·충돌, 그 밖에 이에 준하는 자연현상으로 인하여 발생하는 재해
   나. 사회재난: 화재·붕괴·폭발·교통사고(항공사고 및 해상사고를 포함한다)·화생방사고·환경오염사고·다중운집인파사고 등으로 인하여 발생하는 대통령령으로 정하는 규모 이상의 피해와 국가핵심기반의 마비, 「감염병의 예방 및 관리에 관한 법률」에 따른 감염병 또는 「가축전염병예방법」에 따른 가축전염병의 확산, 「미세먼지 저감 및 관리에 관한 특별법」에 따른 미세먼지, 「우주개발 진흥법」에 따른 인공우주물체의 추락·충돌 등으로 인한 피해

재난과 관련한 용어에 대해 재난안전법에서는 다음과 같이 정의하고 있다(제2조).

2. "해외재난"이란 대한민국의 영역 밖에서 대한민국 국민의 생명·신체 및 재산에 피해를 주거나 줄 수 있는 재난으로서 정부차원에서 대처할 필요가 있는 재난을 말한다.
3. "재난관리"란 재난의 예방·대비·대응 및 복구를 위하여 하는 모든 활동을 말한다. [23년 1차]
4. "안전관리"란 재난이나 그 밖의 각종 사고로부터 사람의 생명·신체 및 재산의 안전을 확보하기 위하여 하는 모든 활동을 말한다.
5. "재난관리책임기관"이란 재난관리업무를 하는 다음 각 목의 기관을 말한다.
   가. 중앙행정기관 및 지방자치단체(「제주특별자치도 설치 및 국제자유도시 조성을 위한 특별법」 제10조제2항에 따른 행정시를 포함한다)
   나. 지방행정기관·공공기관·공공단체(공공기관 및 공공단체의 지부 등 지방조직을 포함한다) 및 재난관리의 대상이 되는 중요시설의 관리기관 등으로서 대통령령으로 정하는 기관
5의2. "재난관리주관기관"이란 재난이나 그 밖의 각종 사고에 대하여 그 유형별로 예방·대비·대응 및 복구 등의 업무를 주관하여 수행하도록 대통령령으로 정하는 관계 중앙행정기관을 말한다.

6. "긴급구조"란 재난이 발생할 우려가 현저하거나 재난이 발생하였을 때에 국민의 생명·신체 및 재산을 보호하기 위하여 긴급구조기관과 긴급구조지원기관이 하는 인명구조, 응급처치, 그 밖에 필요한 모든 긴급한 조치를 말한다.
7. "긴급구조기관"이란 소방청·소방본부 및 소방서를 말한다. 다만, 해양에서 발생한 재난의 경우에는 해양경찰청·지방해양경찰청 및 해양경찰서를 말한다.
8. "긴급구조지원기관"이란 긴급구조에 필요한 인력·시설 및 장비, 운영체계 등 긴급구조 능력을 보유한 기관이나 단체로서 대통령령*으로 정하는 기관과 단체를 말한다.

*대통령령(재난 및 안전관리 기본법 시행령) 제4조(긴급구조지원기관) 법 제3조제8호에서 "대통령령으로 정하는 기관과 단체"란 다음 각 호의 기관과 단체를 말한다. 1. 교육부, 과학기술정보통신부, 국방부, 산업통상자원부, 보건복지부, 환경부, 국토교통부, 해양수산부, 방송통신위원회, 경찰청, 산림청, 질병관리청 및 기상청

2. 재난 및 안전관리 업무의 총괄

행정안전부장관은 국가 및 지방자치단체가 행하는 재난 및 안전관리 업무를 총괄·조정한다. 23년 1차

3. 재난안전관리 기구

1) 중앙안전관리위원회

재난 및 안전관리에 관한 사항을 심의하기 위하여 국무총리 소속으로 중앙안전관리위원회를 둔다(제9조).

2) 지역안전관리위원회

지역별 재난 및 안전관리에 관한 다음 각 호의 사항을 심의·조정하기 위하여 특별시장·광역시장·특별자치시장·도지사·특별자치도지사(시도지사) 소속으로 시·도 안전관리위원회를 두고, 시장(「제주특별자치도 설치 및 국제자유도시 조성을 위한 특별법」 제11조제1항에 따른 행정시장을 포함한다)·군수·구청장 소속으로 시·군·구 안전관리위원회를 둔다(제11조).

3) 중앙재난안전대책본부 등

대통령령으로 정하는 대규모 재난의 대응·복구(수습) 등에 관한 사항을 총괄·조정하고 필요한 조치를 하기 위하여 행정안전부에 중앙재난안전대책본부를 둔다.

해당 관할 구역에서 재난의 수습 등에 관한 사항을 총괄·조정하고 필요한 조치를 하기 위하여 시도지사는 시·도재난안전대책본부를 두고, 시장·군수·구청장은 시·군·구재난안전대책본부를 둔다

Ⅱ 사전조치

재난 우려시설이나 장소 등에 대해서는 1차적으로 소유자나 지방자치단체 등이 위험을 방지할 책임이 있는 것이지만, 반복적으로 재난이 발생하는 등 재난발생의 우려가 큰 경우 위치별, 유형별로 사전에 파악하여 계획을 수립할 필요가 있고, 이 경우 재난 경보 및 상황전달체계, 피해상황 등의 보고체계, 피난장소 등의 사전확보와 피난유도에 관하여 관계 기관 등과 협조하여 계획을 수립할 필요가 있다. 우리나라의 경우에는 극히 드물지만 외국의 경우를 보면 대규모 재난 발생시의 약탈 등도 발생하므로 질서유지방안도 함께 고려되어야 한다.

Ⅲ 재난 시 현장조치

순찰 중의 발견 또는 신고 등에 의하여 재난이 임박하거나 발생한 경우 지체 없이 현장에 출동하여 필요한 조치를 수행하고 특히 재난의 규모가 큰 경우 즉시 상황을 보고하여 체계적 대응, 구조활동이 이루어지도록 하여야 한다. 이러한 경우 일정 기간동안 현장상황본부가 설치되어 지자체나 소방 등과 협조하에 경찰서장 등이 현장지휘할 필요가 있다. 경찰은 1차적으로 경찰통제선(police line)을 설치하는 등 현장의 질서를 유지하고, 불필요한 접근을 차단함으로써 위험발생이 확대되는 것을 방지한다. 재난의 규모가 큰 경우나 성격에 따라서 재난현장 주변 적절한 장소에 경찰정보지원센터 등이 설치되어 피해상황을 집계하고 관계인에게 피해상황을 제공하는 등의 활동을 할 수도 있다.

CHAPTER 04 교통경찰

제1절 일반론

Ⅰ 의의

교통의 사전적 정의는 사람이나 짐이 한 지역에서 다른 지역으로 이동하는 것으로서, 과거에는 인력, 축력(畜力)이었지만 오늘날은 대부분 자동차, 기차, 비행기 등의 인공적인 이동수단을 이용하여 이루어지게 된다. 교통경찰작용은 이러한 교통에 대하여 질서를 부여하고 유지하는 경찰활동이다. 그 가운데 항공교통은 국토교통부가 직접, 철도교통은 국토교통부 소속 철도특별사법경찰이, 해상교통에 대해서는 해양경찰이 주로 담당하고 강, 호수 등 내수면에서의 수상교통은 그 선박 유형에 따라 별도로 관리되므로 이하에서는 육상교통 중 도로교통에 관한 것을 주로 다루게 된다. 이러한 교통경찰활동은 다른 경찰활동과는 단순 단속에 그치지 않고 허용/금지의 결정, 안전교육, 공학적 관리 등이 종합적으로 고려되어야 하고, 시설관리 주체가 되는 행정 분야 등 유관기관과의 유기적 협조가 필요하다.

교통경찰의 주된 근거규범인 「도로교통법」은 도로에서 일어나는 교통상의 모든 위험과 장해를 방지하고 제거하여 안전하고 원활한 교통을 확보함을 목적으로 하므로 보행자로서의 사람과 차(車), 우마(牛馬) 등 통행주체에게 일정한 행위의무를 준수하게 함으로써 불특정 다수가 통행하도록 공개된 장소에서 안전하게 교통할 수 있도록 규율하는 형식을 취한다. 따라서 각각의 의무주체별로, 공간별로 적용이 달라진다. 예를 들면, 불특정 다수가 통행할 수 없는 폐쇄구역 내부는 '도로'가 아니므로 도로교통법이 적용되지 않는다(아파트, 대학, 공장, 군부대 등의 내부 도로 등. 다만 이 경우에도 외부인의 교통에 대한 차단장치 등이 없어 불특정 다수가 특별한 제지 없이 통행할 수 있는 경우에는 도로교통법이 적용된다).

Ⅱ 교통경찰의 법적 근거

1. 경찰작용으로서 예방, 단속의 근거

　　육상교통에 대한 주된 근거규범은 도로교통법이 적용되는데(기타 분야에 대해서는 항공안전법, 선박안전법, 수상레저안전법, 유선 및 도선사업법 등) 교통경찰 활동의 근거로서는 국가경찰과 자치경찰의 조직 및 운영에 관한 법률 제3조(경찰의 임무) 제6호 교통의 단속과 위해의 방지나 경찰관 직무집행법 제2조(직무의 범위) 제5호 교통 단속과 교통 위해(危害)의 방지 등을 들 수 있다.

2. 사법경찰로서 수사의 근거

　　교통사고로 인하여 범죄구성요건을 충족하는 경우로 중요한 것은 형법상 업무상 과실치사상죄와 그 보충법률로서 도로교통법과 교통사고처리특례법 위반, 그리고 특정범죄가중처벌 등에 관한 법률 제5조의3(도주차량 운전자의 가중처벌), 제5조의10(운행 중인 자동차 운전자에 대한 폭행 등의 가중처벌), 제5조의11(위험운전 등 치사상), 제5조의13(어린이 보호구역에서 어린이 치사상의 가중처벌)이 있다.

Ⅲ 도로교통법상 주요 용어(제2조)

　　도로교통법은 통행주체를 다양하게 구별하고 각각에 대하여, 또 공간적 구별에 따라 상이한 교통규범을 설정하고 있으므로 특정 조항의 적용범위를 정확하게 파악하기 위해서는 이들 용어를 숙지할 필요가 있다.

1. 도로교통법의 적용범위

　　도로교통법은 '도로'에서 일어나는 교통상의 모든 위험과 장해를 방지하고 제거하여 안전하고 원활한 교통을 확보함을 목적으로 한다(제1조). 즉 '도로'가 아닌 공간에 대해서는 이 법상의 모든 의무(무면허음전, 음주운전 금지 등)가 적용되지 않는 것이다. 그러나 법률상 '도로'가 아닌 경우에도 현실적으로 불특정 다수의 교통이 이루어지는 공간에서의 위험방지를 위하여 '그 밖에 현실적으로 불특정 다수의 사람 또는 차마(車馬)가 통행할 수 있도록 공개된 장소로서 안전하고 원활한 교통을 확보할 필요가 있는 장소'에는 도로교통법이 적용되는 것으로 보완하고 있다.

대법원은 이러한 장소라면 도로로서의 형태 여부, 소유 여부, 사용료 부담 여부에 관계 없이 일반교통경찰권이 미치는 공공성이 있는 것으로 보지만, 특정인들 또는 그들과 관련 있는 특정한 용건이 있는 자들만이 사용할 수 있고 자주적으로 관리하는 장소는 이에 포함되지 않는다(2020도6579)고 한다. 또한 통행성이 중요한 요소가 되므로 주차장법상 주차장은 물론 담장 등으로 둘러싸여 주로 주차 용도로 사용되는 공터 등은 도로로 보지 않았지만, 이러한 주차공간에서 조금이라도 벗어나 도로의 일부에라도 진입한 경우에는 동법의 적용을 긍정한다. 아파트단지 내의 통행로나 대학 구내의 도로 등도 불특정 다수인에 대한 공개성 여부를 구체적으로 따져 보아야 하며, 막다른 골목길이나 사인이 개설한 도로(私道)라도 불특정 다수인의 통행가능성이 있으면 도로에 해당한다고 본다.

2. 통행주체

통행주체로서 도로교통법의 적용대상의 대상이 되는 것은 크게 보행자와 차마(車馬)로 구별된다. 차마(車馬)의 경우 각 개별 규정의 성격에 따라 그 대상이 확장, 축소되는데, '자동차', '원동기장치 자전거', '자전거'로 크게 구별할 수 있지만, 이는 일상적 용례와 일치하지는 않고, 법의 특성에 따라 법률적으로 특별하게 정의되어 있다. 그래서 대상에 따라 면허 여부, 음주운전 등의 특별한 주의의무의 적용 여부가 다르게 규정되어 있으므로, 개별 규정 적용대상이 '자동차 등'에 해당하는 것인지, '자전거 등'에 해당하는 것인지 등을 주의할 필요가 있다. 농업용 경운기나 '사발이' 같은 것도 법령의 해석상 '차'에 해당하는 것이지만, '자동차'로 취급되는 것은 아니다.[1] 그러나 유사

---

1 대법원 2021. 9. 30. 선고 2017도13182 파기환송 구 도로교통법 제2조 제18호는 '자동차'에 대해 '철길이나 가설된 선을 이용하지 아니하고 원동기를 사용하여 운전되는 차로서, 자동차관리법 제3조에 따른 자동차(원동기장치자전거를 제외한다)인 승용자동차·승합자동차·화물자동차·특수자동차·이륜자동차와 건설기계관리법 제26조 제1항 단서에 따른 건설기계'로 정의하고 있다. 구 자동차관리법 제3조 제1항은 '자동차는 다음 각호와 같이 구분한다.'고 하면서 제1호부터 제5호까지 승용자동차, 승합자동차, 화물자동차, 특수자동차, 이륜자동차로 구분하고 있고, 같은 조 제3항은 국토교통부령으로 자동차의 종류를 세분할 수 있다고 정하고 있다. 한편 구 자동차관리법 제2조 제1호는 '자동차란 원동기에 의하여 육상에서 이동할 목적으로 제작한 용구 또는 이에 견인되어 육상을 이동할 목적으로 제작한 용구를 말한다. 다만 대통령령으로 정하는 것은 제외한다.'고 정하고 있고, 자동차관리법 시행령 제2조

한 외형, 기능을 하더라도 레저용 ATV는 이륜자동차로 본다.[2]

1) 차(車)의 개념(도로교통법 제2조)

17. "차마"란 다음 각 목의 차와 우마를 말한다("우마"란 교통이나 운수(運輸)에 사용되는 가축을 말한다.).

가. "차"란 다음의 어느 하나에 해당하는 것을 말한다. 1) 자동차, 2) 건설기계, 3) 원동기 장치자전거, 4) 자전거, 5) 사람 또는 가축의 힘이나 그 밖의 동력(動力)으로 도로에서 운전되는 것. 다만, 철길이나 가설(架設)된 선을 이용하여 운전되는 것, 유모차와 행정 안전부령으로 정하는 보행보조용 의자차는 제외한다.

18. "자동차"란 철길이나 가설된 선을 이용하지 아니하고 원동기를 사용하여 운전되는 차 (견인되는 자동차도 자동차의 일부로 본다)로서 다음 각 목의 차를 말한다.

가. 「자동차관리법」 제3조에 따른 다음의 자동차. 다만, 원동기장치자전거는 제외한다.

  1) 승용자동차, 2) 승합자동차, 3) 화물자동차, 4) 특수자동차, 5) 이륜자동차

나. 「건설기계관리법」 제26조 제1항 단서에 따른 건설기계

18의3. "자율주행자동차"란 「자동차관리법」 제2조 제1호의3에 따른 자율주행자동차로서 자율주행시스템을 갖추고 있는 자동차를 말한다.

19. "원동기장치자전거"란 다음 각 목의 어느 하나에 해당하는 차를 말한다.

가. 「자동차관리법」 제3조에 따른 이륜자동차 가운데 배기량 125시시 이하(전기를 동력으 로 하는 경우에는 최고정격출력 11킬로와트 이하)의 이륜자동차

나. 그 밖에 배기량 125시시 이하(전기를 동력으로 하는 경우에는 최고정격출력 11킬로와 트 이하)의 원동기를 단 차(「자전거 이용 활성화에 관한 법률」 제2조 제1호의2에 따른 전기자전거는 제외한다. 1의2. "전기자전거"란 자전거로서 사람의 힘을 보충하기 위하

제2호는 구 자동차관리법 제2조 제1호 단서의 위임에 따라 자동차에서 제외되는 것 중 하나로 '농업기계화 촉진법에 따른 농업기계'를 정하고 있다.

2 예를 들어 사람이 말이나 당나귀 등에 직접 탑승하여 이동하는 경우는 순수한 '보행자'가 아니라, '우마'에 해당하는 것으로 보아야 하지만, '차'나 '자동차 등'에는 해당하지 않으므로 그에 적용되는 운전자의 의무를 지게 되는 것은 아니다. 하지만 말이나 당나귀 등에 사람이나 화물을 싣는 수레와 같은 장치가 연결되는 경우 '차'에 해당하게 된다.
대법원 2007. 6. 15. 선고 2006도5702 판결 ATV차량{all-terrain vehicle, 전지형(全地形) 만능차, 주로 레저용으로 사용됨}의 일종인 LT-160(일명 사발이)에 적재함을 단 것으로서 배기량 158cc, 최대적재 중량 90kg이고 농업기계화촉진법상의 농업기계 검사를 받지는 않은 차량은 그 구조, 장치, 사양 및 용도 등에 비추어 구 도로교통법(2005. 5. 31. 법률 제7545호로 전문 개정되기 전의 것) 제2조 제14호, 자동차관리법 제3조 제1항, 구 자동차관리법 시행규칙(2005. 9. 16. 건설교통부령 제470호로 개정되기 전의 것) 제2조 제1항 제5호에서 정한 '1인 또는 2인의 사람을 운송하기에 적합하게 제작된 2륜의 자동차(2륜인 자동차에 측차를 붙인 자동차와 이륜자동차에서 파생된 3륜 이상의 자동차를 포함한다)'에 해당하는 '이륜자동차'라 할 것이고, 비록 농업용에 주로 사용된다고 하더라도 위 차량이 농림축산물의 생산 및 생산 후 처리작업과 생산시설의 환경제어 등에 사용되는 기계라고는 볼 수 없으므로, 자동차관리법 제2조 제1호 단서, 자동차관리법 시행령 제2조 제2호, 농업기계화촉진법 제2조 제1호에서 정한 농업기계에는 해당하지 않는다.

여 전동기를 장착하고 다음 각 목의 요건을 모두 충족하는 것을 말한다. 가. 페달(손페달을 포함한다)과 전동기의 동시 동력으로 움직이며, 전동기만으로는 움직이지 아니할 것, 나. 시속 25킬로미터 이상으로 움직일 경우 전동기가 작동하지 아니할 것, 다. 부착된 장치의 무게를 포함한 자전거의 전체 중량이 30킬로그램 미만일 것)

19의2. "개인형 이동장치"란 제19호 나목의 원동기장치자전거 중 시속 25킬로미터 이상으로 운행할 경우 전동기가 작동하지 아니하고 차체 중량이 30킬로그램 미만인 것으로서 행정안전부령으로 정하는 것을 말한다(「전기용품 및 생활용품 안전관리법」 제15조 제1항에 따라 안전확인의 신고가 된 1. 전동킥보드, 2. 전동이륜평행차, 3. 전동기의 동력만으로 움직일 수 있는 자전거).

20. "자전거"란 「자전거 이용 활성화에 관한 법률」 제2조 제1호 및 제1호의2에 따른 자전거 및 전기자전거를 말한다("자전거"란 사람의 힘으로 페달이나 손페달을 사용하여 움직이는 구동장치(驅動裝置)와 조향장치(操向裝置) 및 제동장치(制動裝置)가 있는 바퀴가 둘 이상인 차로서 행정안전부령으로 정하는 크기와 구조를 갖춘 것을 말한다.).

21. "자동차등"이란 자동차와 원동기장치자전거를 말한다.

21의2. "자전거등"이란 자전거와 개인형 이동장치를 말한다.

22. "긴급자동차"란 다음 각 목의 자동차로서 그 본래의 긴급한 용도로 사용되고 있는 자동차를 말한다. 가. 소방차, 나. 구급차, 다. 혈액 공급차량, 라. 그 밖에 대통령령으로 정하는 자동차

■ 주요 쟁점

• '자동차관리법상 자동차' 개념이 적용대상이 되므로 이륜자동차에는 원동기장치 자전거에 해당하지 않는 배기량 125cc 초과만 포함된다.

• 건설기계 중 건설기계관리법 제26조 제1항 단서가 정하는 동법 별표 1에 해당하는 것은 '자동차'에 포함되는데, 대개 무한궤도 또는 타이어식으로 되어 자주식으로 운행될 수 있는 일정 톤수 이상의 것이 해당된다. 나머지 건설기계는 '자동차'가 아니라 '그 밖의 차'에 해당하게 되고, 음주운전 및 측정거부, 약물운전 등에 대해서는 '자동차등'에 해당하므로 처벌된다(다만 나머지 건설기계의 무면허운전 자체는 도로교통법이 아니라, 건설기계관리법 위반의 죄책을 진다.).

• 원동기장치자전거는 주로 배기량 125cc 이하의 이륜자동차를 말하는 것이지만, 전기자전거와 일정 기준 이하의 개인형 이동장치 등이 포함된다. 전기자전거 중 '페달과 전동기의 동시동력으로 움직이는 것' 즉 전동기만으로 움직이지 않는 페달보조방식 전기자전거는 원동기장치 자전거가 아니라 자전거에 해당한다.

• 개인형 이동장치는 개념상 대분류로서는 '자동차등'에 해당하는 '원동기장치 자

전거'로 분류되는데, 비록 차도를 통행하기는 하지만, 그 속도나 용법을 보면 '원동기장치 자전거'와 동일한 규제를 하는 것이 불합리하다는 고려에 따라 무면허운전, 음주운전 금지, 위험방지를 위한 조치 등에서는 '자동차 등'으로 취급하면서도(무면허운전에 대해서는 별도의 경미한 처벌규정을 둠), 통행방법, 앞지르기 방법, 음주운전 및 측정불응에 대해서는 자전거와 같은 수준으로 처벌하고 있다.

- '그 밖의 차'에는 가축을 동력으로 하는 우마차나 인력을 동력으로 하는 손수레(리어카), 경운기 등이 포함된다. 이는 도로교통법상 자동차는 아니므로 그에 따르는 면허 등 각종 의무의 대상이 아니다.
- 모든 차의 운전자는 1. 보도와 차도가 구분되지 아니한 도로 중 중앙선이 없는 도로 2. 보행자우선도로 3. 도로 외의 곳에 해당하는 곳에서 보행자의 옆을 지나는 경우에는 안전한 거리를 두고 서행하여야 하며, 보행자의 통행에 방해가 될 때에는 서행하거나 일시정지하여 보행자가 안전하게 통행할 수 있도록 하여야 한다.
- 모든 차 또는 노면전차의 운전자는 제12조 제1항에 따른 어린이 보호구역 내에 설치된 횡단보도 중 신호기가 설치되지 아니한 횡단보도 앞(정지선이 설치된 경우에는 그 정지선을 말한다)에서는 보행자의 횡단 여부와 관계없이 일시정지하여야 한다.

2) 장소적 용어(도로교통법 제2조)

1. "도로"란 다음 각 목에 해당하는 곳을 말한다.
   가. 「도로법」에 따른 도로
   나. 「유료도로법」에 따른 유료도로
   다. 「농어촌도로 정비법」에 따른 농어촌도로
   라. 그 밖에 현실적으로 불특정 다수의 사람 또는 차마(車馬)가 통행할 수 있도록 공개된 장소로서 안전하고 원활한 교통을 확보할 필요가 있는 장소
4. "차도(車道)"란 연석선(차도와 보도를 구분하는 돌 등으로 이어진 선을 말한다. 이하 같다), 안전표지 또는 그와 비슷한 인공구조물을 이용하여 경계(境界)를 표시하여 모든 차가 통행할 수 있도록 설치된 도로의 부분을 말한다.
5. "중앙선"이란 차마의 통행 방향을 명확하게 구분하기 위하여 도로에 황색 실선(實線)이나 황색 점선 등의 안전표지로 표시한 선 또는 중앙분리대나 울타리 등으로 설치한 시설물을 말한다. 다만, 제14조 제1항 후단에 따라 가변차로(可變車路)가 설치된 경우에는

신호기가 지시하는 진행방향의 가장 왼쪽에 있는 황색 점선을 말한다.

6. "차로"란 차마가 한 줄로 도로의 정하여진 부분을 통행하도록 차선(車線)으로 구분한 차 도의 부분을 말한다.

7. "차선"이란 차로와 차로를 구분하기 위하여 그 경계지점을 안전표지로 표시한 선을 말 한다.

8. "자전거도로"란 안전표지, 위험방지용 울타리나 그와 비슷한 인공구조물로 경계를 표시 하여 자전거 및 개인형 이동장치가 통행할 수 있도록 설치된 「자전거 이용 활성화에 관 한 법률」 제3조 각 호의 도로를 말한다.

9. "자전거횡단도"란 자전거 및 개인형 이동장치가 일반도로를 횡단할 수 있도록 안전표지 로 표시한 도로의 부분을 말한다.

10. "보도(步道)"란 연석선, 안전표지나 그와 비슷한 인공구조물로 경계를 표시하여 보행자 (유모차와 행정안전부령으로 정하는 보행보조용 의자차를 포함한다. 이하 같다)가 통행 할 수 있도록 한 도로의 부분을 말한다.

11. "길가장자리구역"이란 보도와 차도가 구분되지 아니한 도로에서 보행자의 안전을 확보 하기 위하여 안전표지 등으로 경계를 표시한 도로의 가장자리 부분을 말한다.

12. "횡단보도"란 보행자가 도로를 횡단할 수 있도록 안전표지로 표시한 도로의 부분을 말 한다.

13. "교차로"란 '십'자로, 'T'자로나 그 밖에 둘 이상의 도로(보도와 차도가 구분되어 있는 도로에서는 차도를 말한다)가 교차하는 부분을 말한다.

14. "안전지대"란 도로를 횡단하는 보행자나 통행하는 차마의 안전을 위하여 안전표지나 이와 비슷한 인공구조물로 표시한 도로의 부분을 말한다.

15. "신호기"란 도로교통에서 문자·기호 또는 등화(燈火)를 사용하여 진행·정지·방향전환· 주의 등의 신호를 표시하기 위하여 사람이나 전기의 힘으로 조작하는 장치를 말한다.

16. "안전표지"란 교통안전에 필요한 주의·규제·지시 등을 표시하는 표지판이나 도로의 바닥에 표시하는 기호·문자 또는 선 등을 말한다.

3) 행태별 용어(차마의 통행방법)

24. "주차"란 운전자가 승객을 기다리거나 화물을 싣거나 차가 고장나거나 그 밖의 사유로 차를 계속 정지 상태에 두는 것 또는 운전자가 차에서 떠나서 즉시 그 차를 운전할 수 없는 상태에 두는 것을 말한다.

25. "정차"란 운전자가 5분을 초과하지 아니하고 차를 정지시키는 것으로서 주차 외의 정 지 상태를 말한다. [23년 2차]

26. "운전"이란 도로(제44조·제45조·제54조 제1항·제148조·제148조의2 및 제156조 제 10호의 경우에는 도로 외의 곳을 포함한다)에서 차마 또는 노면전차를 그 본래의 사용 방법에 따라 사용하는 것(조종을 포함한다)을 말한다.
제44조(술에 취한 상태에서의 운전 금지), 제45조(과로한 때 등의 운전 금지), 제54조

（사고발생 시의 조치), 제148조(제54조제1항제2호 위반에 대한 벌칙), 제148조의2(제44
조 음주운전 금지 위반에 대한 벌칙), 제156조(주·정차된 차만 손괴한 것이 분명한 경우에
제54조제1항제2호에 따라 피해자에게 인적 사항을 제공하지 아니한 사람에 대한 벌칙)
※ 이 규정에 도로교통법 제93조가 포함되어 있지 않기 때문에 도로 외 음주운전은 형
사처벌 대상이지만, 운전면허 취소·정지 처분은 부과할 수 없다(2018두42771). 22년 2차
28. "서행(徐行)"이란 운전자가 차 또는 노면전차를 즉시 정지시킬 수 있는 정도의 느린 속
도로 진행하는 것을 말한다.
29. "앞지르기"란 차의 운전자가 앞서가는 다른 차의 옆을 지나서 그 차의 앞으로 나가는
것을 말한다.

제2절 교통규범의 설정

차마 등에 의한 교통은 인적, 물적 피해를 유발할 수 있어서 안전을 확보할 필요
가 크고, 교통 자체의 원활성도 중요한 목표가 되므로 도로교통법은 상세한 의무설정
을 통하여 이를 추구하고 있다.

Ⅰ 규율의 설정

1. 규율의 주체

도로교통법에서 교통의 규율은 법령에 의한 직접 규율과 그에 의해 위임을 받은
경찰청장, 시도경찰청장, 경찰서장, 경찰공무원, 교통안전시설과 전용도로에 대한 시
장 등(특별시장, 광역시장 또는 시장, 군수 포함)의 규율로 구분된다. 전국 혹은 광역 단위
의 일반적 규율은 상급기관이 하고, 구체적 도로, 교통 상황에 따른 규율은 경찰서장
또는 현장 교통경찰관의 규율로 위임되는 형태라고 할 수 있다.

이에 따르면, 경찰청장, 시도경찰청장은 필요하다고 인정하는 경우 구역이나 구
간을 정하여 자동차등의 속도를 제한할 수 있고, 도로교통법을 위반한 사실을 기록·증

명하기 위하여 무인(無人) 교통단속용 장비를 설치·관리할 수 있다. 특히 고속도로의 경우 신호기 및 안전표지등 교통안전시설의 설치, 관리, 전용도로 설치 등에 대해서는 경찰청장과 협의하거나 지시를 받고 일정사항을 통보하여야 한다.

특별시장·광역시장·제주특별자치도지사 또는 시장·군수(광역시의 군수는 제외한다)는 도로에서의 위험을 방지하고 교통의 안전과 원활한 소통을 확보하기 위하여 필요하다고 인정하는 경우에는 신호기 및 안전표지(교통안전시설)를 설치·관리하여야 한다. 다만, 「유료도로법」 제6조에 따른 유료도로에서는 시장등의 지시에 따라 그 도로관리자가 교통안전시설을 설치·관리하여야 한다. 경찰청장, 시도경찰청장과 협의하여 도로에 전용도로를 설치할 수 있다.

시도경찰청장은 도로에서의 위험을 방지하고 교통의 안전과 원활한 소통을 확보하기 위하여 필요하다고 인정할 때에는 구간(區間)을 정하여 보행자, 차마 또는 노면전차의 통행을 금지하거나 제한할 수 있다. 그밖에도 횡단보도, 차로 및 가변차로 설치, 일반 도로에서의 자동차 등의 속도 제한, 차마의 횡단이나 유턴, 후진 금지, 교차로 통행방법, 서행 및 일시정치 장소의 지정, 정차 및 주차금지 장소의 지정 및 일시 해제, 승차인원, 적재중량 또는 적재용량 제한 등이 법률에 의하여 위임된 사항이다. 이 경우 시도경찰청장은 보행자, 차마 또는 노면전차의 통행을 금지하거나 제한한 도로의 관리청에 그 사실을 알려야 한다.

경찰서장은 도로에서의 위험을 방지하고 교통의 안전과 원활한 소통을 확보하기 위하여 필요하다고 인정할 때에는 우선 보행자, 차마 또는 노면전차의 통행을 금지하거나 제한한 후 그 도로관리자와 협의하여 금지 또는 제한의 대상과 구간 및 기간을 정하여 도로의 통행을 금지하거나 제한할 수 있다. 출발지를 관할하는 경찰서장은 승차 인원, 적재중량 및 적재용량에 관하여 대통령령으로 정하는 운행상의 안전기준을 넘는 허가를 할 수 있다.

경찰공무원은 도로의 파손, 화재의 발생이나 그 밖의 사정으로 인한 도로에서의 위험을 방지하기 위하여 긴급히 조치할 필요가 있을 때에는 필요한 범위에서 보행자, 차마 또는 노면전차의 통행을 일시 금지하거나 제한할 수 있다. 또한 보행자, 차마 또는 노면전차의 통행이 밀려서 교통 혼잡이 뚜렷하게 우려될 때에는 혼잡을 덜기 위하여 필요한 조치를 할 수 있다.

2. 의무의 주체

　도로교통법은 교통은 다양한 주체가 활동하는 것이므로 각 주체가 자신들에게 부여된 의무를 준수할 때에만 원활한 교통질서 유지, 안전, 사고방지가 가능하므로 각자의 지위에 따라 다양한 의무를 부여하고 있다. 이러한 통행방법이나 모든 운전자의 일반적 의무 이외에도 중대한 결과를 초래할 수 있는 사항에 대해서는 어린이 통학버스에 대한 특별한 보호를 규정하거나, 음주운전금지, 과로한 때의 운전금지, 난폭운전금지 등 특별한 의무를 부여하고 있고, 그 위반에 대한 벌칙도 보다 강화되어 있다. 반면에 특별한 목적으로 운행되는 긴급자동차에 대해서는 일정한 의무를 면제하고 있다.

　술에 취한 상태에서의 운전(음주운전) 금지는 자동차 등(건설기계 등 포함)과, 노면전차 또는 자전거를 운전하는 일체의 경우에 적용되는데 누구든지 술에 취한 상태(도로교통법에서는 혈중 알콜농도 기준 0.03%)에서 운전하여서는 안 된다. 다만 '자동차 등'과 자전거에 해당하지 않는 차마(경운기 등)이나 도로교통법의 적용대상이 되는 도로에 해당하지 않는 경우, '운전'에 해당하지 않는 경우(차 내에서 수면)에는 적용이 없다.

　경찰공무원은 교통의 안전과 위험방지를 위하여 필요하다고 인정하거나 술에 취한 상태에서 자동차등, 노면전차 또는 자전거를 운전하였다고 인정할 만한 상당한 이유가 있는 경우에는 운전자가 술에 취하였는지를 호흡조사로 측정할 수 있고, 이 경우 운전자는 경찰공무원의 측정에 응하여야 한다. 호흡 측정 결과에 불복하는 운전자에 대하여는 그 운전자의 동의를 받아 혈액 채취 등의 방법으로 다시 측정할 수 있다.

　자동차등(개인형 이동장치는 제외한다) 또는 노면전차의 운전자는 술에 취한 상태 외에도 과로, 질병 또는 약물(마약, 대마 및 향정신성의약품과 그 밖에 행정안전부령으로 정하는 것을 말한다. 이하 같다)의 영향과 그 밖의 사유로 정상적으로 운전하지 못할 우려가 있는 상태에서 자동차등 또는 노면전차를 운전하여서는 아니 된다. 자전거등의 운전자는 제50조 제8항에서 약물의 영향과 그 밖의 사유로 정상적으로 운전하지 못할 우려가 있는 상태에서 자전거등을 운전하여서는 아니 된다는 내용의 규정을 두고 있다(처벌 규정이 상이함).

대법원 2004도1109 판결

도로교통법 제2조 제19호는 '운전'이라 함은 도로에서 차를 그 본래의 사용 방법에 따라 사용하는 것을 말한다고 규정하고 있는바, 여기에서 말하는 운전의 개념은 그 규정의 내용에 비추어 목적적 요소를 포함하는 것이므로 고의의 운전행위만을 의미하고 자동차 안에 있는 사람의 의지나 관여 없이 자동차가 움직인 경우에는 운전에 해당하지 않는다. 그러므로 어떤 사람이 자동차를 움직이게 할 의도 없이 다른 목적을 위하여 자동차의 원동기(모터)의 시동을 걸었는데, 실수로 기어 등 자동차의 발진에 필요한 장치를 건드려 원동기의 추진력에 의하여 자동차가 움직이거나 또는 불안전한 주차상태나 도로여건 등으로 인하여 자동차가 움직이게 된 경우는 자동차의 운전에 해당하지 아니한다.(중략) 술에 취한 피고인이 자동차 안에서 잠을 자다가 추위를 느껴 히터를 가동시키기 위하여 시동을 걸었고, 실수로 자동차의 제동장치 등을 건드렸거나 처음 주차할 때 안전조치를 제대로 취하지 아니한 탓으로 원동기의 추진력에 의하여 자동차가 약간 경사진 길을 따라 앞으로 움직여 피해자의 차량 옆면을 충격한 것을 두고 피고인이 자동차를 운전하였다고 할 수는 없다. 22년 1차/23년 1차

대법원 2005도7034 판결

호흡측정기에 의한 혈중알코올 농도의 측정은 장에서 흡수되어 혈액 중에 용해되어 있는 알코올이 폐를 통과하면서 증발되어 호흡공기로 배출되는 것을 측정하는 것이므로, 최종 음주시로부터 상당한 시간이 경과하지 아니하였거나 또는 트림, 구토, 치아보철, 구강청정제 사용 등으로 인하여 입 안에 남아 있는 알코올, 알코올 성분이 있는 구강 내 타액, 상처부위의 혈액 등이 폐에서 배출된 호흡공기와 함께 측정될 경우에는 실제 혈중알코올의 농도보다 수치가 높게 나타나는 수가 있어, 피측정자가 물로 입 안 헹구기를 하지 아니한 상태에서 한 호흡측정기에 의한 혈중알코올 농도의 측정결과만으로는 혈중알코올 농도가 반드시 그와 같다고 단정할 수 없거나 호흡측정기에 의한 측정수치가 혈중알코올 농도보다 높을 수 있다는 의심을 배제할 수 없다. 물로 입 안을 헹굴 기회를 달라는 피고인의 요구를 무시한 채 호흡측정기로 측정한 혈중알코올 농도 수치가 0.05%로 나타난 사안에서, 피고인이 당시 혈중알코올 농도 0.05% 이상의 술에 취한 상태에서 운전하였다고 단정할 수 없다. 23년 1차

대법원 99도5210 판결

호흡측정기에 의한 음주측정은 운전자가 호흡측정기에 숨을 세게 불어넣는 방식으로 행하여지는 것으로서 여기에는 운전자의 자발적인 협조가 필수적이라 할 것이므로, 운전자가 경찰공무원으로부터 음주측정을 요구받고 호흡측정기에 숨을 내쉬는 시늉만 하는 등 형식적으로 음주측정에 응하였을 뿐 경찰공무원의 거듭된 요구에도 불구하고 호흡측정기에 음주측정수치가 나타날 정도로 숨을 제대로 불어넣지 아니하였다면 이는 실질적으로 음주측정에 불응한 것과 다를 바 없다 할 것 22년 1차

대법원 2013도1228 판결
음주운전과 관련한 도로교통법 위반죄의 범죄수사를 위하여 미성년자인 피의자의 혈액채취가 필요한 경우에도 피의자에게 의사능력이 있다면 피의자 본인만이 혈액채취에 관한 유효한 동의를 할 수 있고, 피의자에게 의사능력이 없는 경우에도 명문의 규정이 없는 이상 법정대리인이 피의자를 대리하여 동의할 수는 없다. 22년 1차

대법원 2002도4220 판결
운전자의 신체 이상 등의 사유로 호흡측정기에 의한 측정이 불가능 내지 심히 곤란하거나 운전자가 처음부터 호흡측정기에 의한 측정의 방법을 불신하면서 혈액채취에 의한 측정을 요구하는 경우 등에는 호흡측정기에 의한 측정의 절차를 생략하고 바로 혈액채취에 의한 측정으로 나아가야 할 것이고, 이와 같은 경우라면 호흡측정기에 의한 측정에 불응한 행위를 음주측정불응으로 볼 수 없을 것(중략), 특별한 이유 없이 호흡측정기에 의한 측정에 불응하는 운전자에게 경찰공무원이 혈액채취에 의한 측정방법이 있음을 고지하고 그 선택 여부를 물어야 할 의무가 있다고는 할 수 없다. 22년 1차

대법원 2008도7143 판결
음주로 인한 특정범죄 가중처벌 등에 관한 법률 위반(위험운전치사상)죄는 도로교통법 위반(음주운전)죄의 경우와는 달리 형식적으로 혈중알코올농도의 법정 최저기준치를 초과하였는지 여부와는 상관없이 운전자가 '음주의 영향으로 실제 정상적인 운전이 곤란한 상태'에 있어야만 하고, 그러한 상태에서 자동차를 운전하다가 사람을 상해 또는 사망에 이르게 한 행위를 처벌대상으로 하고 있는바, 이는 음주로 인한 특정범죄 가중처벌 등에 관한 법률 위반(위험운전치사상)죄는 업무상과실치사상죄의 일종으로 구성요건적 행위와 그 결과 발생 사이에 인과관계가 요구되기 때문이다. 22년 2차

대법원 2017도15519 판결
피해자의 신고로 출동한 경찰관에게 '동네 사람끼리 한번 봐 달라'고 하였지만, 그럴 수는 없으니 경찰서에 가자는 경찰관의 지시에 순순히 응하여 순찰차에 스스로 탑승하여 경찰서까지 갔고, 경찰서에서 조사받으면서 사고 당시 상황에 대한 자신의 주장을 정확하게 진술한 사실, 경찰관이 작성한 주취운전자 정황진술보고서에는 '언행상태'란에 '발음 약간 부정확', '보행상태'란에 '비틀거림이 없음', '운전자 혈색'란에 '안면 홍조 및 눈 충혈'이라고 기재되어 있는 사실을 알 수 있다. 이러한 사실관계를 앞서 본 법리에 비추어 살펴보면, 피고인이 사고 직전에 비정상적인 주행을 하였다거나 비정상적인 주행 때문에 사고가 발생하였다고 보기 어렵고, 피고인이 보인 사고 직후의 태도와 경찰서까지 가게 된 경위 및 경찰 조사에서의 진술 내용 등에 비추어 사고 당시 피고인의 주의력이나 판단력이 저하되어 있었다고 보기도 어렵다. 또한 주취운전자 정황진술보고서에 따르더라도 피고인의 주취상태가 심하였다고 보기 어렵다. 결국 이 사건 사고 당시 피고인이 '음주의 영향으로 정상적인 운전이 곤란한 상태'에 있었다고 단정하기 어렵다. 22년 2차

대법원 2011도4328 판결
경찰관이 술에 취한 상태에서 자동차를 운전한 것으로 보이는 피고인을 「경찰관 직무집행법」에 따른 보호조치 대상자로 보아 경찰관서로 데려온 직후 음주측정을 요구하였는데 피고인이 불응하여 음주측정불응죄로 기소된 사안에서, 위법한 보호조치 상태를 이용하여 음주측정 요구가 이루어졌다는 등의 특별한 사정이 없는 한 피고인의 행위는 음주측정불응죄에 해당한다. 23년 1차

대법원 2000도6026 판결
경찰관이 피고인에게 음주측정을 요구할 당시 식당 주인과 종업원이 피고인의 음주, 취중행위로 볼 수밖에 없는 각종 소란행위, 음주 후 화물차 운전행위 등을 목격하였다고 진술하고 있었고, 음주측정을 요구한 경찰관이 조사 당시 피고인의 외관, 태도 등에서 취기를 느낄 수 있었다고 증언하고 있는 점에 비추어 보면, 피고인이 운전행위를 종료한 후 5시간 가량이 경과하였고 귀가하여 잠을 자고 있다가 연행되었다고 하더라도 피고인이 술에 취한 상태에서 자동차 등을 운전하였다고 인정할 만한 상당한 이유가 있다고 할 것이다. 또한, 운전행위 종료 후 위와 같은 시간이 경과하고 피고인이 당시 귀가한 후 집에서 술을 마셨다고 진술하고 있었다고 하더라도 그러한 사정만으로 음주측정에 의하여 음주운전 여부를 확인할 수 없음이 명백한 경우에 해당한다고 할 수도 없다.

대법원 2013도15031 판결
연습운전면허를 받은 사람이 운전을 함에 있어 주행연습 외의 목적으로 운전하여서는 아니된다는 준수사항을 지키지 않았다고 하더라도 준수사항을 지키지 않은 것에 대하여 연습운전면허의 취소 등 제재를 가할 수 있음은 별론으로 하고 그 운전을 무면허운전이라고 보아 처벌할 수는 없다. 23년 1차

대법원 2018두 42771
도로교통법 제2조 제26호에서 "운전"이란 도로(제27조제6항제3호·제44조·제45조·제54조제1항·제148조·제148조의2 및 제156조제10호의 경우에는 도로 외의 곳을 포함한다)에서 차마 또는 노면전차를 그 본래의 사용방법에 따라 사용하는 것을 말한다고 규정하고 있다. 위 괄호의 예외 규정에는 음주운전·음주측정거부 등에 관한 형사처벌 규정인 도로교통법 제148조의2가 포함되어 있으나, 행정제재처분인 운전면허 취소·정지의 근거 규정인 도로교통법 제93조는 포함되어 있지 않기 때문에 도로 외의 곳에서의 음주운전·음주측정거부 등에 대해서는 형사처벌만 가능하고 운전면허 취소·정지 처분은 부과할 수 없다. 23년 1차

대법원 2000도6026 판결
피고인의 음주와 음주운전을 목격한 참고인이 있는 상황에서 경찰관이 음주 및 음주운전 종료로부터 약 5시간 후 집에서 자고 있는 피고인을 연행하여 음주측정을 요구한 데에 대하여 피고인이 불응한 경우, 도로교통법상의 음주측정불응죄가 성립한다. 23년 1차

난폭운전금지를 규정한 제46조의3(난폭운전 금지)에 따르면 자동차등(개인형 이동장치는 제외한다. 22년 2차)의 운전자는 다음 각 호 중 둘 이상의 행위를 연달아 하거나, 하나의 행위를 지속 또는 반복하여 다른 사람에게 위협 또는 위해를 가하거나 교통상의 위험을 발생하게 하여서는 아니 된다. 여기에 해당하는 행위는 신호 또는 지시 위반, 중앙선 침범, 속도의 위반, 횡단·유턴·후진 금지 위반, 안전거리 미확보, 진로변경 금지 위반, 급제동 금지 위반, 앞지르기 방법 또는 앞지르기의 방해금지 위반, 정당한 사유 없는 소음 발생, 고속도로에서의 앞지르기 방법 위반, 고속도로 등에서의 횡단·유턴·후진 금지 위반이다.

Ⅱ 어린이통학버스의 특별한 보호

어린이통학버스의 경우 다수의 교통취약자인 어린이가 탑승하고 있다는 점에서 특별한 규정이 있는데, 모든 운전자들이 어린이통학버스에 대해 특별한 보호의무를 지고 있으며, 어린이통학버스를 운전하는 자나 운영하는 자도 특별한 의무를 지고 있다.

1. 어린이통학버스의 특별보호(제51조)

어린이통학버스가 도로에 정차하여 어린이나 영유아가 타고 내리는 중임을 표시하는 점멸등 등의 장치를 작동 중일 때에는 어린이통학버스가 정차한 차로와 그 차로의 바로 옆 차로로 통행하는 차의 운전자는 어린이통학버스에 이르기 전에 일시정지하여 안전을 확인한 후 서행하여야 한다. 중앙선이 설치되지 아니한 도로와 편도 1차로인 도로에서는 반대방향에서 진행하는 차의 운전자도 어린이통학버스에 이르기 전에 일시정지하여 안전을 확인한 후 서행하여야 한다. 모든 차의 운전자는 어린이나 영유아를 태우고 있다는 표시를 한 상태로 도로를 통행하는 어린이통학버스를 앞지르지 못한다.

2. 어린이통학버스 운전자 또는 운영자의 의무

어린이통학버스를 운영하려는 자는 행정안전부령으로 정하는 바에 따라 미리 관할 경찰서장에게 신고하고 신고증명서를 발급받아 어린이통학버스 안에 항상 갖추어 두어야 한다.

어린이통학버스를 운전하는 사람은 어린이나 영유아가 타고 내리는 경우에만 점멸등 등의 장치를 작동하여야 하며, 어린이나 영유아를 태우고 운행 중인 경우에만 표시를 하여야 한다. 어린이통학버스를 운전하는 사람은 어린이나 영유아가 어린이통학버스를 탈 때에는 승차한 모든 어린이나 영유아가 좌석안전띠를 매도록 한 후에 출발하여야 하며, 내릴 때에는 보도나 길가장자리구역 등 자동차로부터 안전한 장소에 도착한 것을 확인한 후에 출발하여야 한다. 다만, 좌석안전띠 착용과 관련하여 질병 등으로 인하여 좌석안전띠를 매는 것이 곤란하거나 행정안전부령으로 정하는 사유가 있는 경우에는 그러하지 아니하다. 어린이통학버스를 운전하는 사람은 어린이통학버스 운행을 마친 후 어린이나 영유아가 모두 하차하였는지를 확인하여야 한다. 어린이통학버스를 운전하는 사람이 제4항에 따라 어린이나 영유아의 하차 여부를 확인할 때에는 행정안전부령으로 정하는 어린이나 영유아의 하차를 확인할 수 있는 장치를 작동하여야 한다.

어린이통학버스를 운영하는 자는 어린이통학버스에 어린이나 영유아를 태울 때에는 성년인 사람 중 어린이통학버스를 운영하는 자가 지명한 보호자를 함께 태우고 운행하여야 하며, 동승한 보호자는 어린이나 영유아가 승차 또는 하차하는 때에는 자동차에서 내려서 어린이나 영유아가 안전하게 승하차하는 것을 확인하고 운행 중에는 어린이나 영유아가 좌석에 앉아 좌석안전띠를 매고 있도록 하는 등 어린이 보호에 필요한 조치를 하여야 한다. 어린이통학버스를 운영하는 자는 보호자를 함께 태우고 운행하는 경우에는 행정안전부령으로 정하는 보호자 동승을 표시하는 표지(이하 "보호자 동승표지"라 한다)를 부착할 수 있으며, 누구든지 보호자를 함께 태우지 아니하고 운행하는 경우에는 보호자 동승표지를 부착하여서는 아니 된다.

어린이통학버스를 운영하는 사람과 운전하는 사람 및 제53조 제3항에 따른 보호자는 어린이통학버스의 안전운행 등에 관한 교육(이하 "어린이통학버스 안전교육"이라 한다)을 받아야 한다. 어린이통학버스를 운영하는 사람은 어린이통학버스 안전교육을 받지 아니한 사람에게 어린이통학버스를 운전하게 하거나 어린이통학버스에 동승하게 하여서는 아니 된다.

Ⅲ 긴급자동차

1. 정의

"긴급자동차"란 소방차, 구급차, 혈액 공급차량, 그 밖에 대통령령으로 정하는 자동차처럼 그 본래의 긴급한 용도로 사용되고 있는 자동차를 말한다(제2조 제22호). 이러한 긴급자동차는 그 본래의 목적으로 운행되는 경우 도로교통법상의 의무에 우선하는 공익적 목적을 수행하고 있는 것으로 특히 긴급한 업무를 수행 중이므로 운행방법에서의 우선권을 보장하고 일정한 의무를 면제하고 있는 것이다.

2. 긴급자동차의 우선 통행(제29조)

긴급자동차는 제13조 제3항에도 불구하고 긴급하고 부득이한 경우에는 도로의 중앙이나 좌측 부분을 통행하거나 정지하여야 하는 경우라도 정지하지 아니할 수 있다. 교차로나 그 부근에서 긴급자동차가 접근하는 경우에는 차마와 노면전차의 운전자는 교차로를 피하여 일시정지하여야 한다. 모든 차와 노면전차의 운전자는 도로상에서 긴급자동차가 접근한 경우에는 긴급자동차가 우선통행할 수 있도록 진로를 양보하여야 한다. 긴급자동차의 운전자는 이 경우에 교통안전에 특히 주의하면서 통행하여야 한다.

3. 긴급자동차에 대한 특례(제30조)

제30조(긴급자동차에 대한 특례) 긴급자동차에 대하여는 다음 각 호의 사항을 적용하지 아니한다. 다만, 제4호부터 제12호까지의 사항은 긴급자동차 중 제2조제22호 가목부터 다목까지의 자동차(소방차, 구급차, 혈액 공급차량)와 대통령령으로 정하는 경찰용 자동차에 대해서만 적용하지 아니한다. [23년 2차] 따라서 일반 긴급자동차의 경우 제1호~제3호에 대해서만 적용이 제외된다.

   1. 제17조에 따른 자동차등의 속도 제한. 다만, 제17조에 따라 긴급자동차에 대하여 속도를 제한한 경우에는 같은 조의 규정을 적용한다.

2. 제22조에 따른 앞지르기의 금지

3. 제23조에 따른 끼어들기의 금지 〔23년 2차〕

4. 제5조에 따른 신호위반

5. 제13조제1항에 따른 보도침범

6. 제13조제3항에 따른 중앙선 침범

7. 제18조에 따른 횡단 등의 금지

8. 제19조에 따른 안전거리 확보 등

9. 제21조제1항에 따른 앞지르기 방법 등

10. 제32조에 따른 정차 및 주차의 금지

11. 제33조에 따른 주차금지('제1호 터널 안 및 다리 위') 〔23년 2차〕

12. 제66조에 따른 고장 등의 조치

특히 제158조의2(형의 감면)에 따라 긴급자동차(제2조 제22호 가목부터 다목까지의 자동차와 대통령령으로 정하는 경찰용 자동차만 해당한다)의 운전자가 그 차를 본래의 긴급한 용도로 운행하는 중에 교통사고를 일으킨 경우에는 그 긴급활동의 시급성과 불가피성 등 정상을 참작하여 제151조, 「교통사고처리 특례법」 제3조 제1항 또는 「특정범죄 가중처벌 등에 관한 법률」 제5조의13에 따른 형을 감경하거나 면제할 수 있다.

4. 긴급자동차의 종류

1) 도로교통법의 직접 열거

소방차, 구급차, 혈액 공급차량, 그 밖에 대통령령으로 정하는 자동차

2) 시행령(제2조)

① 시행령의 직접 열거

1. 경찰용 자동차 중 범죄수사, 교통단속, 그 밖의 긴급한 경찰업무 수행에 사용되는 자동차

2. 국군 및 주한 국제연합군용 자동차 중 군 내부의 질서 유지나 부대의 질서 있는 이동을 유도하는 데 사용되는 자동차

3. 수사기관의 자동차 중 범죄수사를 위하여 사용되는 자동차

4. 교도소·소년교도소 또는 구치소, 소년원 또는 소년분류심사원, 보호관찰소의 자동차 중 도주자의 체포 또는 수용자, 보호관찰 대상자의 호송·경비를 위하여 사용되는 자동차

5. 국내외 요인(要人)에 대한 경호업무 수행에 공무(公務)로 사용되는 자동차

② 그 밖에 긴급자동차로 간주되는 경우

1. 제1항 제1호에 따른 경찰용 긴급자동차에 의하여 유도되고 있는 자동차

2. 제1항 제2호에 따른 국군 및 주한 국제연합군용의 긴급자동차에 의하여 유도되고 있는 국군 및 주한 국제연합군의 자동차

3. 생명이 위급한 환자 또는 부상자나 수혈을 위한 혈액을 운송 중인 자동차

3) 신청에 의한 지정: 신청에 의하여 시·도경찰청장이 지정

전기사업, 가스사업, 그 밖의 공익사업을 하는 기관에서 위험 방지를 위한 응급작업에 사용되는 자동차, 민방위업무를 수행하는 기관에서 긴급예방 또는 복구를 위한 출동에 사용되는 자동차, 도로관리를 위하여 사용되는 자동차 중 도로상의 위험을 방지하기 위한 응급작업에 사용되거나 운행이 제한되는 자동차를 단속하기 위하여 사용되는 자동차, 전신·전화의 수리공사 등 응급작업에 사용되는 자동차, 긴급한 우편물의 운송에 사용되는 자동차, 전파감시업무에 사용되는 자동차

※ 도로교통법 최근 개정사항

◇ 주요내용

가. 소방차, 구급차, 혈액 공급차량 및 경찰용 긴급자동차에 대한 주의의무 적용배제 특례를 확대하고, 어린이 보호구역 내에서의 사고와 관련해서도 형을 감경 또는 면제할 수 있도록 함(제30조 및 제158조의2).

나. 보도에 설치된 자전거 주차장치에 자전거를 주·정차할 수 있도록 보도 주차 특례를 마련하고, 개인형 이동장치 전용 주차구역을 설치할 수 있는 근거를 마련함(제34조의2).

다. 원동기장치자전거를 운전할 수 있는 운전면허를 받은 사람에 대해서만 개인형 이동장치를 운전할 수 있도록 하고, 운전자가 인명보호 장구를 착용하지 않거나 동승자에게 착용하도록 하지 않은 경우, 승차정원을 초과하여 탑승한 경우, 야간에 전조등·미등을 등화하지 않거나 발광장치를 착용하지 않고 운전한 경우,

약물 등의 사유로 운전이 곤란한 상태에서 운전한 경우, 어린이의 보호자가 도로에서 어린이가 개인형 이동장치를 운전하게 한 경우 처벌할 수 있도록 함(제43조, 제47조 제1항, 제50조 제4항, 제80조 제1항·제3항, 제82조 제2항 제1호, 제83조 제1항 제1호, 제84조 제1항 제4호, 제92조 제1항, 제96조 제1항, 제97조 제1항, 제156조 제1호·제6호, 제156조 제13호 신설, 제160조 제2항 제3호, 제160조 제2항 제9호 신설).

라. 운전자가 거짓이나 그 밖의 부정한 수단으로 운전면허를 받은 경우 모든 범위의 운전면허가 아닌 부정한 수단으로 받은 운전면허에 대해서만 한정하여 취소하도록 하고, 관계 행정기관의 장이 운전면허의 취소 또는 정지 처분을 요청하는 경우 지방경찰청장은 정당한 사유가 없는 한 관계 행정기관의 장의 요청에 따라 해당 운전면허를 취소 또는 정지하도록 함(제93조 제1항).

마. 지방경찰청장은 운전면허 취소·정지 처분 또는 결격기간의 유지 여부를 확인하기 위하여 범죄경력조회 및 수사경력조회를 할 수 있도록 함(제94조의2 신설).

Ⅳ 사고발생시의 조치(제54조)

도로교통은 그 자체로서 사고발생의 위험이 상존하며 사고발생 후의 즉각적 조치에 따라 추가적 사고나 사고규모 확대를 방지할 수 있으므로 도로교통법은 사고발생시의 조치를 별도로 규정하고 있다. 이는 당해 사고발생에 대한 귀책사유 유무와 무관하며, 헌법상 진술거부권 위반도 아니다.

차 또는 노면전차의 운전 등 교통으로 인하여 사람을 사상하거나 물건을 손괴(이하 "교통사고"라 한다)한 경우에는 그 차 또는 노면전차의 운전자나 그 밖의 승무원은 즉시 정차하여 사상자를 구호하는 등 필요한 조치, 피해자에게 인적 사항(성명·전화번호·주소 등을 말한다. 이하 제148조 및 제156조 제10호에서 같다)을 제공하여야 한다. 또한 그 차 또는 노면전차의 운전자등은 경찰공무원이 현장에 있을 때에는 그 경찰공무원에게, 경찰공무원이 현장에 없을 때에는 가장 가까운 국가경찰관서에 1. 사고가 일어난 곳, 2. 사상자 수 및 부상 정도, 3. 손괴한 물건 및 손괴 정도, 4. 그 밖의 조치사항 등의 사항을 지체 없이 신고하여야 한다. 다만, 차 또는 노면전차만 손괴된 것이 분명하고 도로에서의 위험방지와 원활한 소통을 위하여 필요한 조치를 한 경우에는 그러하지 아니하다. 교통사고가 일어난 경우에는 누구든지 제54조 제1항 및 제2항에 따른 운전자등의 조치 또는 신고행위를 방해하여서는 아니 된다(제55조).

신고를 받은 국가경찰관서의 경찰공무원은 부상자의 구호와 그 밖의 교통위험 방지를 위하여 필요하다고 인정하면 경찰공무원(자치경찰공무원은 제외한다)이 현장에 도착할 때까지 신고한 운전자등에게 현장에서 대기할 것을 명할 수 있다. 경찰공무원은 교통사고를 낸 차 또는 노면전차의 운전자등에 대하여 그 현장에서 부상자의 구호와 교통안전을 위하여 필요한 지시를 명할 수 있다. 경찰공무원(자치경찰공무원은 제외한다)은 교통사고가 발생한 경우에는 대통령령으로 정하는 바에 따라 필요한 조사를 하여야 한다.

제3절　교통지도단속

Ⅰ　의의

교통지도단속이라 함은 도로상에서 위험을 방지하고 교통의 안전과 원활한 소통을 확보하려는 목적으로 교통법규위반자에 대한 감시·예방·경고 및 단속을 하는 경찰 활동을 말한다. 당연히 '교통상의 모든 위험과 장해를 방지하고 제거하여 안전하고 원활한 교통을 확보함을 목적(법 제1조)'이 1차적인 것이므로 사고(범죄) 발생 이전 단계에서의 관리, 지도를 통한 위반행위 억지(抑止) 작용이 중심이 된다. 예를 들어 교통혼잡 우려지역에서의 교통정리는 교통의 원활과 안전확보가 우선되는 현장활동으로서 그 과정에서 위반자를 발견하는 경우에도 이를 단속할 것인지, 아니면 계도를 우선하여 교통의 원활을 우선할 것인지 현장경찰관의 판단이 중요하게 작용한다. 법 제5조(신호 또는 지시에 따를 의무)에서 교통안전시설이 표시하는 신호 또는 지시와 교통정리를 하는 경찰공무원 또는 경찰보조자의 신호 또는 지시가 서로 다른 경우에는 경찰공무원 등의 신호 또는 지시에 따라야 한다는 규정이나 제6조 4항의 긴급통행 제한, 제7조(교통혼잡을 완화시키기 위한 조치)는 교통경찰에서의 현장성이 반영된 예라고 할 수 있다.

물론 중대한 위반으로서 벌칙으로 형벌을 규정한 경우에는 수사가 진행되어 형사절차가 시작되는 것이지만, 그렇지 않은 단계에서는 교통지도, 계도가 우선하고, 중대하거나 반복적 위반이 있는 경우 단속에 해당하는 공권력 작용이 개시되는 것이다.

이 경우에도 1회적 위반만으로 강력한 불이익 처분이 내려지기 보다는 통고처분, 운전면허와 연동된 점수제도 등이 적극적으로 활용되는 것도 이러한 성격이 반영되어 있는 것이다.

다만 교통경찰이 담당해야 할 사항적, 지역적 영역이 매우 광범위하므로 제한된 인력을 효율적으로 활용할 필요가 크다. 이러한 관점에서 무인교통단속 장비의 활용을 통한 교통관리의 필요성이 크다. 법을 위반한 사실을 기록 · 증명하기 위한 무인교통 '단속'장비 또한 '적발, 단속' 자체만큼이나 장비설치를 공개하여 주의를 촉구함으로써 운전자들에게 교통규칙 준수를 촉구하는 효과 또한 중요하다. 법 제4조 제4항 어린이 보호구역의 도로 중에서 행정안전부령으로 정하는 곳에 우선적으로 제4조의2에 따른 무인 교통단속용 장비를 설치하여야 한다는 규정도 이러한 관점에서 이해되어야 한다.

Ⅱ 교통단속

도로교통법상 위반사항에 대한 벌칙이 규정된 경우에 경찰공무원이 현장에서 이를 단속할 수 있음은 당연하고, 위반사항이 기록된 무인교통단속용 장비에 의한 단속도 이루어지게 된다. 또한 법 제143조에 따라 시 · 군공무원도 전용차로 통행금지, 긴급자동차에 대한 진로양보, 정차 및 주차 금지 의무를 위반한 운전자가 있으면 행정안전부령으로 정하는 바에 따라 현장에서 위반행위의 요지와 경찰서장(제주특별자치도의 경우 제주특별자치도지사)에게 출석할 기일 및 장소 등을 구체적으로 밝힌 고지서를 발급하고, 운전면허증의 제출을 요구하여 이를 보관하는 단속 업무를 수행할 수 있다.

Ⅲ 벌칙

1. 형벌

도로교통법은 제54조 제1항에 따른 교통사고 발생 시의 조치를 하지 아니한 사람(제148조), 제44조 제1항 또는 제2항(음주운전, 측정불응)을 2회 이상 위반한 사람 등 중대한 법위반자에 대해서는 벌칙으로서 형벌(벌금, 과료도 형벌이다.)을 규정하고 있다. 이러한 경우에는 형사절차가 개시되는 것이 원칙이다.

2. 범칙금 통고 제도

그러나 이들 규정 중에는 매우 경미한 형벌만이 법정형으로 규정된 경우가 있는데, 그 가운데 20만원 이하의 벌금이나 구류 또는 과료(科料)가 법정형으로 규정된 제156조 또는 제157조 각 호의 죄에 해당하는 위반행위는 별도로 '범칙행위'라는 개념을 활용하여 경범죄처벌법 위반과 유사하게 경미범죄의 처리절차로서 범칙금 통고(처분) 제도를 두고 있다(다만 1. 범칙행위 당시 제92조 제1항에 따른 운전면허증등 또는 이를 갈음하는 증명서를 제시하지 못하거나 경찰공무원의 운전자 신원 및 운전면허 확인을 위한 질문에 응하지 아니한 운전자, 2. 범칙행위로 교통사고를 일으킨 사람. 다만, 「교통사고처리 특례법」제3조 제2항 및 제4조에 따라 업무상과실치상죄·중과실치상죄 또는 이 법 제151조의 죄에 대한 벌을 받지 아니하게 된 사람은 제외한다.). 즉 교통법규위반자에 대하여 경찰관이 직접 위반현장에서 법률에 규정된 벌금 범위 이내로 시행령 제93조(범칙행위의 범위와 범칙금액)에서 규정된 일정한 금액을 '범칙금'으로 통고하고 위반자가 이를 수용하여 10일 이내에 납부하면, 모든 제재절차가 종료되는 것으로 즉결심판을 대체하는 제도로 볼 수 있다. 범칙금을 납부한 사람은 그 범칙행위에 대하여 다시 벌 받지 아니한다.

따라서 1. 성명이나 주소가 확실하지 아니한 사람, 2. 달아날 우려가 있는 사람, 3. 범칙금 납부통고서 받기를 거부한 사람 등 이러한 임의이행을 기대할 수 없는 경우에는 통고처분하지 않고 지체 없이 즉결심판이 청구된다. 다만 납부기간에 범칙금을 납부하지 아니한 사람이라도 즉결심판이 청구되기 전까지 통고받은 범칙금액에 100분의 50을 더한 금액을 납부한 사람에 대해서는 그러하지 아니하다.

3. 과태료

과태료는 행정벌의 일종으로서 금전적 제재이지만, 형벌에 해당하는 벌금과 그에 대체하는 범칙금과는 법률적 성격을 달리한다. 도로교통법에서도 직접 도로교통의 원활, 안전을 침해하지 않는 행정상 의무 위반에 대한 제재의 성격을 가진다. 해당 의무의 성격에 따라 부과, 징수권자를 달리 규정하고 있다.

① 제160조 제1항부터 제3항까지(제15조 제3항에 따른 전용차로 통행, 제32조부터 제34조까지의 규정에 따른 정차 또는 주차, 제53조 제7항에 따른 안전운행기록 제출, 제53조의3 제1항에 따른 어린이통학버스 안전교육, 제53조의3 제3항에 따른 어린이통학버스 운영자 의무 규정을 위반한 경우는 제외한다)의 과태료: 시도경찰청장

② 제160조 제1항(제52조 제1항·제3항을 위반한 경우만 해당한다), 제2항(제49조 제1항 제1호·제3호, 제50조 제1항·제3항, 제52조 제2항, 제53조 제2항, 제53조의3제1항 및 제53조의3 제3항을 위반한 경우만 해당한다) 및 제3항(제5조, 제13조 제3항, 제15조 제3항, 제17조 제3항, 제29조 제4항·제5항, 제32조부터 제34조까지의 규정을 위반한 경우만 해당한다)의 과태료: 제주특별자치도지사

③ 제160조 제2항 제4호의3·제4호의4·제4호의5 및 같은 조 제3항(제15조 제3항, 제29조 제4항·제5항, 제32조부터 제34조까지의 규정을 위반한 경우만 해당한다)의 과태료: 시장등

④ 제160조 제2항 제4호의3·제4호의4·제4호의5의 과태료: 교육감

4. 운전면허 점수제 행정처분제도

점수제 행정처분제도는 운전자가 교통법규를 위반하거나 교통사고를 야기할 때마다 그 위반행위나 교통사고에 대하여 미리 정한 벌점을 부과하여 일정기간동안 이를 누산, 기준점수에 도달하면 운전면허의 효력을 일시정지 또는 취소토록 하여 상습적 위반자나 교통사고 야기자를 도로의 사용으로부터 배제토록 하는 제도이다. 여기에서는 운전자가 지켜야 할 여러 가지 교통법규 중에서 신호위반 등 주요법규위반과 교통사고에 대하여 2점에서 100점까지 벌점을 정하여 교통법규 위반이나 교통사고 야기시 이에 해당하는 벌점을 전산입력 3년간 누산(누적 합산)관리한다.

제4절 운전면허 및 면허행정처분

Ⅰ 운전면허

1. 의의

자동차등을 운전하려는 사람은 시도경찰청장으로부터 운전면허를 받아야 한다.

다만, 제2조 제19호 나목의 원동기를 단 차 중 「교통약자의 이동편의 증진법」 제2조 제1호에 따른 교통약자가 최고속도 시속 20킬로미터 이하로만 운행될 수 있는 차를 운전하는 경우에는 그러하지 아니하다.

2. 운전면허 결격 사유

1) 당연 결격

다음의 어느 하나에 해당하는 사람은 운전면허를 받을 수 없다.

1. 18세 미만(원동기장치자전거의 경우에는 16세 미만)인 사람
2. 교통상의 위험과 장해를 일으킬 수 있는 정신질환자 또는 뇌전증 환자로서 대통령령으로 정하는 사람
3. 듣지 못하는 사람(제1종 운전면허 중 대형면허·특수면허만 해당한다), 앞을 보지 못하는 사람(한쪽 눈만 보지 못하는 사람의 경우에는 제1종 운전면허 중 대형면허·특수면허만 해당한다)이나 그 밖에 대통령령으로 정하는 신체장애인
4. 양쪽 팔의 팔꿈치관절 이상을 잃은 사람이나 양쪽 팔을 전혀 쓸 수 없는 사람. 다만, 본인의 신체장애 정도에 적합하게 제작된 자동차를 이용하여 정상적인 운전을 할 수 있는 경우에는 그러하지 아니하다.
5. 교통상의 위험과 장해를 일으킬 수 있는 마약·대마·향정신성의약품 또는 알코올 중독자로서 대통령령으로 정하는 사람
6. 제1종 대형면허 또는 제1종 특수면허를 받으려는 경우로서 19세 미만이거나 자동차(이륜자동차는 제외한다)의 운전경험이 1년 미만인 사람
7. 대한민국의 국적을 가지지 아니한 사람 중 「출입국관리법」 제31조에 따라 외국인등록을 하지 아니한 사람(외국인등록이 면제된 사람은 제외한다)이나 「재외동포의 출입국과 법적 지위에 관한 법률」 제6조 제1항에 따라 국내거소신고를 하지 아니한 사람

2) 운전면허 행정처분에 따른 결격

다음의 어느 하나의 경우에 해당하는 사람은 해당 각 호에 규정된 기간이 지나지 아니하면 운전면허를 받을 수 없다. 다만, 다음 각 호의 사유로 인하여 벌금 미만의 형이 확정되거나 선고유예의 판결이 확정된 경우 또는 기소유예나 「소년법」 제32조에 따른 보호처분의 결정이 있는 경우에는 각 호에 규정된 기간 내라도 운전면허를 받을 수 있다.

■ 관련조문

제43조 무면허운전 등의 금지
제44조 술에 취한 상태에서의 운전 금지
제45조 과로한 때 등의 운전 금지
제46조 공동 위험행위의 금지
제46조의2 교통단속용 장비의 기능방해 금지
제46조의3 난폭운전 금지
제47조 위험방지를 위한 조치

3) 운전면허 취득 제한 기간

① 제43조 또는 제96조 제3항을 위반하여 자동차등을 운전한 경우에는 그 위반한 날(운전면허효력 정지기간에 운전하여 취소된 경우에는 그 취소된 날을 말하며, 이하 이 조에서 같다)부터 1년(원동기장치자전거면허를 받으려는 경우에는 6개월로 하되, 제46조를 위반한 경우에는 그 위반한 날부터 1년). 다만, 사람을 사상한 후 제54조 제1항에 따른 필요한 조치 및 제2항에 따른 신고를 하지 아니한 경우에는 그 위반한 날부터 5년으로 한다.

② 제43조 또는 제96조 제3항을 3회 이상 위반하여 자동차등을 운전한 경우에는 그 위반한 날부터 2년

③ 다음 각 목의 경우에는 운전면허가 취소된 날(제43조 또는 제96조 제3항을 함께 위반한 경우에는 그 위반한 날을 말한다)부터 5년

가. 제44조, 제45조 또는 제46조를 위반(제43조 또는 제96조 제3항을 함께 위반한 경우도 포함한다)하여 운전을 하다가 사람을 사상한 후 제54조 제1항 및 제2항에 따른 필요한 조치 및 신고를 하지 아니한 경우

나. 제44조를 위반(제43조 또는 제96조 제3항을 함께 위반한 경우도 포함한다)하여 운전을 하다가 사람을 사망에 이르게 한 경우

④ 제43조부터 제46조까지의 규정에 따른 사유가 아닌 다른 사유로 사람을 사상한 후 제54조 제1항 및 제2항에 따른 필요한 조치 및 신고를 하지 아니한 경우에는 운전면허가 취소된 날부터 4년

⑤ 제44조 제1항 또는 제2항을 위반(제43조 또는 제96조 제3항을 함께 위반한 경우도 포함한다)하여 운전을 하다가 2회 이상 교통사고를 일으킨 경우에는 운전면허가 취소된 날(제43조 또는 제96조 제3항을 함께 위반한 경우에는 그 위반한 날을 말한다)부터 3년, 자

동차등을 이용하여 범죄행위를 하거나 다른 사람의 자동차등을 훔치거나 빼앗은 사람이 제43조를 위반하여 그 자동차등을 운전한 경우에는 그 위반한 날부터 3년

　⑥ 다음 각 목의 경우에는 운전면허가 취소된 날(제43조 또는 제96조 제3항을 함께 위반한 경우에는 그 위반한 날을 말한다)부터 2년

　　가. 제44조 제1항 또는 제2항을 2회 이상 위반(제43조 또는 제96조 제3항을 함께 위반한 경우도 포함한다)한 경우

　　나. 제44조 제1항 또는 제2항을 위반(제43조 또는 제96조 제3항을 함께 위반한 경우도 포함한다)하여 운전을 하다가 교통사고를 일으킨 경우

　　다. 제46조를 2회 이상 위반(제43조 또는 제96조 제3항을 함께 위반한 경우도 포함한다)한 경우

　　라. 제93조 제1항 제8호·제12호 또는 제13호의 사유로 운전면허가 취소된 경우

　⑦ 제1호부터 제6호까지의 규정에 따른 경우가 아닌 다른 사유로 운전면허가 취소된 경우에는 운전면허가 취소된 날부터 1년(원동기장치자전거면허를 받으려는 경우에는 6개월로 하되, 제46조를 위반하여 운전면허가 취소된 경우에는 1년). 다만, 제93조 제1항 제9호의 사유로 운전면허가 취소된 사람 또는 제1종 운전면허를 받은 사람이 적성검사에 불합격되어 다시 제2종 운전면허를 받으려는 경우에는 그러하지 아니하다.

　⑧ 운전면허효력 정지처분을 받고 있는 경우에는 그 정지기간

Ⅱ 운전면허에 따른 운전할 수 있는 차의 종류

■ 도로교통법 시행규칙 [별표 18]

운전할 수 있는 차의 종류(제53조 관련)

운전면허		운전할 수 있는 차량
종별	구분	
제1종	대형면허	1. 승용자동차 2. 승합자동차 3. 화물자동차 4. 삭제 〈2018. 4. 25.〉 5. 건설기계

			가. 덤프트럭, 아스팔트살포기, 노상안정기 나. 콘크리트믹서트럭, 콘크리트펌프, 천공기(트럭 적재식) 다. 콘크리트믹서트레일러, 아스팔트콘크리트재생기 라. 도로보수트럭, 3톤 미만의 지게차 6. 특수자동차[대형견인차, 소형견인차 및 구난차(이하 "구난차등"이라 한다)는 제외한다] 7. 원동기장치자전거
	보통면허		1. 승용자동차 2. 승차정원 15명 이하의 승합자동차 3. 삭제 〈2018. 4. 25.〉 4. 적재중량 12톤 미만의 화물자동차 5. 건설기계(도로를 운행하는 3톤 미만의 지게차로 한정한다) 6. 총중량 10톤 미만의 특수자동차(구난차등은 제외한다) 7. 원동기장치자전거
	소형면허		1. 3륜화물자동차 2. 3륜승용자동차 3. 원동기장치자전거
	특수 면허	대형 견인차	1. 견인형 특수자동차 2. 제2종 보통면허로 운전할 수 있는 차량
		소형 견인차	1. 총중량 3.5톤 이하의 견인형 특수자동차 2. 제2종 보통면허로 운전할 수 있는 차량
		구난차	1. 구난형 특수자동차 2. 제2종 보통면허로 운전할 수 있는 차량
제2종	보통면허 24년 1차		1. 승용자동차 2. 승차정원 10명 이하의 승합자동차 3. 적재중량 4톤 이하의 화물자동차 4. 총중량 3.5톤 이하의 특수자동차(구난차등은 제외한다) 5. 원동기장치자전거
	소형면허		1. 이륜자동차(측차부를 포함한다) 2. 원동기장치자전거
	원동기장치 자전거면허		원동기장치자전거
연습 면허	제1종 보통		1. 승용자동차 2. 승차정원 15명 이하의 승합자동차 3. 적재중량 12톤 미만의 화물자동차
	제2종		1. 승용자동차

| 보통 | 2. 승차정원 10명 이하의 승합자동차
3. 적재중량 4톤 이하의 화물자동차 〔21년 1차〕 |

Ⅲ 운전면허의 취소, 정지(법 제93조)

1. 특정 사유에 따른 취소, 정지

시도경찰청장은 운전면허(연습운전면허는 제외한다.)를 받은 사람이 다음 각 호의 어느 하나에 해당하면 행정안전부령으로 정하는 기준에 따라 운전면허(운전자가 받은 모든 범위의 운전면허를 포함한다. 이하 이 조에서 같다)를 취소하거나 1년 이내의 범위에서 운전면허의 효력을 정지시킬 수 있다(재량적 취소, 정지가 원칙). 다만, 제2호, 제3호, 제7호, 제8호, 제8호의2, 제9호(정기 적성검사 기간이 지난 경우는 제외한다), 제14호, 제16호, 제17호, 제20호의 규정에 해당하는 경우에는 운전면허를 취소하여야 하고(예외적으로 필요적 취소)(제8호의2에 해당하는 경우 - 여러 종류의 면허가 있다면 - 취소하여야 하는 운전면허의 범위는 운전자가 거짓이나 그 밖의 부정한 수단으로 받은 그 운전면허로 한정한다.), 제18호의 규정에 해당하는 경우에는 정당한 사유가 없으면 관계 행정기관의 장의 요청에 따라 운전면허를 취소하거나 1년 이내의 범위에서 정지하여야 한다.

1. 제44조 제1항을 위반하여 술에 취한 상태에서 자동차등을 운전한 경우
2. 제44조 제1항 또는 제2항 후단을 위반(자동차등을 운전한 경우로 한정한다. 이하 이 호 및 제3호에서 같다)한 사람이 다시 같은 조 제1항을 위반하여 운전면허 정지 사유에 해당된 경우
3. 제44조 제2항 후단을 위반하여 술에 취한 상태에 있다고 인정할 만한 상당한 이유가 있음에도 불구하고 경찰공무원의 측정에 응하지 아니한 경우
4. 제45조를 위반하여 약물의 영향으로 인하여 정상적으로 운전하지 못할 우려가 있는 상태에서 자동차등을 운전한 경우
5. 제46조 제1항을 위반하여 공동 위험행위를 한 경우
5의2. 제46조의3을 위반하여 난폭운전을 한 경우
5의3. 제17조 제3항을 위반하여 제17조 제1항 및 제2항에 따른 최고속도보다 시속 100킬로미터를 초과한 속도로 3회 이상 자동차등을 운전한 경우
6. 교통사고로 사람을 사상한 후 제54조 제1항 또는 제2항에 따른 필요한 조치 또는 신고를 하지 아니한 경우
7. 제82조 제1항 제2호부터 제5호까지의 규정에 따른 운전면허를 받을 수 없는 사람에 해

당된 경우

8. 제82조에 따라 운전면허를 받을 수 없는 사람이 운전면허를 받거나 운전면허효력의 정지기간 중 운전면허증 또는 운전면허증을 갈음하는 증명서를 발급받은 사실이 드러난 경우

8의2. 거짓이나 그 밖의 부정한 수단으로 운전면허를 받은 경우

9. 제87조 제2항 또는 제88조 제1항에 따른 적성검사를 받지 아니하거나 그 적성검사에 불합격한 경우

10. 운전 중 고의 또는 과실로 교통사고를 일으킨 경우

10의2. 운전면허를 받은 사람이 자동차등을 이용하여 「형법」 제258조의2(특수상해)·제261조(특수폭행)·제284조(특수협박) 또는 제369조(특수손괴)를 위반하는 행위를 한 경우

11. 운전면허를 받은 사람이 자동차등을 범죄의 도구나 장소로 이용하여 다음 각 목의 어느 하나의 죄를 범한 경우

가. 「국가보안법」 중 제4조부터 제9조까지의 죄 및 같은 법 제12조 중 증거를 날조·인멸·은닉한 죄

나. 「형법」 중 다음 어느 하나의 범죄

　　1) 살인·사체유기 또는 방화

　　2) 강도·강간 또는 강제추행

　　3) 약취·유인 또는 감금

　　4) 상습절도(절취한 물건을 운반한 경우에 한정한다)

　　5) 교통방해(단체 또는 다중의 위력으로써 위반한 경우에 한정한다)

12. 다른 사람의 자동차등을 훔치거나 빼앗은 경우

13. 다른 사람이 부정하게 운전면허를 받도록 하기 위하여 제83조에 따른 운전면허시험에 대신 응시한 경우

14. 이 법에 따른 교통단속 임무를 수행하는 경찰공무원등 및 시·군공무원을 폭행한 경우

15. 운전면허증을 다른 사람에게 빌려주어 운전하게 하거나 다른 사람의 운전면허증을 빌려서 사용한 경우

16. 「자동차관리법」에 따라 등록되지 아니하거나 임시운행허가를 받지 아니한 자동차(이륜자동차는 제외한다)를 운전한 경우

17. 제1종 보통면허 및 제2종 보통면허를 받기 전에 연습운전면허의 취소 사유가 있었던 경우

18. 다른 법률에 따라 관계 행정기관의 장이 운전면허의 취소처분 또는 정지처분을 요청한 경우

18의2. 제39조 제1항 또는 제4항을 위반하여 화물자동차를 운전한 경우

19. 이 법이나 이 법에 따른 명령 또는 처분을 위반한 경우

20. 운전면허를 받은 사람이 자신의 운전면허를 실효(失效)시킬 목적으로 시도경찰청장에게 자진하여 운전면허를 반납하는 경우. 다만, 실효시키려는 운전면허가 취소처분 또는 정지처분의 대상이거나 효력정지 기간 중인 경우는 제외한다.

2. 벌점 누적에 따른 정지

시도경찰청장은 제1항에 따라 운전면허를 취소하거나 운전면허의 효력을 정지하려고 할 때 그 기준으로 활용하기 위하여 교통법규를 위반하거나 교통사고를 일으킨 사람에 대하여는 행정안전부령으로 정하는 바에 따라 위반 및 피해의 정도 등에 따라 벌점을 부과할 수 있으며, 그 벌점이 행정안전부령으로 정하는 기간 동안 일정한 점수를 초과하는 경우에는 행정안전부령으로 정하는 바에 따라 운전면허를 취소 또는 정지할 수 있다. 상세한 기준은 시행규칙 제91조(운전면허의 취소·정지처분 기준 등) 별표 28 참조.

① 벌점·누산점수 초과로 인한 면허 취소

1회의 위반·사고로 인한 벌점 또는 연간 누산점수가 다음 표의 벌점 또는 누산점수에 도달한 때에는 그 운전면허를 취소한다.

기간	벌점 또는 누산점수
1년간	121점 이상
2년간	201점 이상
3년간	271점 이상

② 벌점·처분벌점 초과로 인한 면허 정지

운전면허 정지처분은 1회의 위반·사고로 인한 벌점 또는 처분벌점이 40점 이상이 된 때부터 결정하여 집행하되, 원칙적으로 1점을 1일로 계산하여 집행한다.

③ 불복절차

운전면허의 취소처분 또는 정지처분이나 연습운전면허 취소처분에 대하여 이의(異議)가 있는 사람은 그 처분을 받은 날부터 60일 이내에 행정안전부령으로 정하는 바에 따라 시도경찰청장에게 이의를 신청할 수 있다. 시도경찰청장은 이의를 심의하기 위하여 행정안전부령으로 정하는 바에 따라 운전면허행정처분 이의심의위원회를 두어야 한다.

Ⅳ 국제운전면허증

1. 외국 발행 국제운전면허증

외국의 권한 있는 기관에서 「도로교통에 관한 협약」(1949년 제네바, 1968년 비엔나), 우리나라와 외국 간에 국제운전면허를 상호 인정하는 협약, 협정 또는 약정에 따른 운전면허증("국제운전면허증")을 발급받은 사람은 제80조 제1항에도 불구하고 국내에 입국한 날부터 1년 동안만 그 국제운전면허증으로 자동차등을 운전할 수 있다. 이 경우 운전할 수 있는 자동차의 종류는 그 국제운전면허증에 기재된 것으로 한정한다.

국제운전면허증을 가지고 국내에서 자동차등을 운전하는 사람이 ① 적성검사를 받지 아니하였거나 적성검사에 불합격한 경우, ② 운전 중 고의 또는 과실로 교통사고를 일으킨 경우, ③ 대한민국 국적을 가진 사람이 운전면허가 취소되거나 효력이 정지된 후 규정된 기간이 지나지 아니한 경우, ④ 자동차등의 운전에 관하여 이 법이나 이 법에 따른 명령 또는 처분을 위반한 경우에는 그 사람의 주소지를 관할하는 시·도경찰청장은 행정안전부령으로 정한 기준에 따라 1년을 넘지 아니하는 범위에서 국제운전면허증에 의한 자동차등의 운전을 금지할 수 있다.

2. 국제운전면허증의 발급

운전면허를 받은 사람이 국외에서 운전을 하기 위하여 「도로교통에 관한 협약」에 따른 국제운전면허증을 발급받으려면 시도경찰청장에게 신청하여야 하고, 유효기간은 발급받은 날부터 1년으로 한다. 국제운전면허증은 이를 발급받은 사람의 국내운전면허의 효력이 없어지거나 취소된 때에는 그 효력을 잃고, 국내운전면허의 효력이 정지된 때에는 그 정지기간 동안 그 효력이 정지된다. 시도경찰청장은 제98조에 따라 국제운전면허증을 발급받으려는 사람이 납부하지 아니한 범칙금 또는 과태료(이 법을 위반하여 부과된 범칙금 또는 과태료를 말한다)가 있는 경우 국제운전면허증의 발급을 거부할 수 있다.

제5절 | 교통사고

Ⅰ 교통사고의 이해

1. 개념

육상교통에서의 위험방지를 중심으로 하는 도로교통법의 체계에서는 도로에서의 차마 등의 운전 중의 사고를 중심으로 파악하는 반면, 「교통사고처리특례법」에서는 '차의 교통'을 중심으로 파악한다. 따라서 도로에서의 사고에 제한되지 않는 대신, 보행자, 우마의 경우는 적용되지 않는다.

교통사고처리특례법에 따른 용어의 정의는 다음과 같다.

1. "차"란 「도로교통법」 제2조제17호가목에 따른 차(車)와 「건설기계관리법」 제2조제1항제1호에 따른 건설기계를 말한다.
2. "교통사고"란 차의 교통으로 인하여 사람을 사상(死傷)하거나 물건을 손괴(損壞)하는 것을 말한다.

2. 처벌의 특례

1) 처벌의 특례 원칙

교통사고처리특례법은 업무상과실(業務上過失) 또는 중대한 과실로 교통사고를 일으킨 운전자에 관한 형사처벌 등의 특례를 정함으로써 교통사고로 인한 피해의 신속한 회복을 촉진하고 국민생활의 편익을 증진함을 목적으로 한다.

원칙적으로 차의 운전자가 교통사고로 인하여 「형법」 제268조의 죄를 범한 경우에는 5년 이하의 금고 또는 2천만원 이하의 벌금에 처한다(제3조 제1항). 이 중 차의 교통으로 업무상과실치상죄(業務上過失致傷罪) 또는 중과실치상죄(重過失致傷罪)와 「도로교통법」 제151조의 죄를 범한 운전자에 대하여는 피해자의 명시적인 의사에 반하여 공소(公訴)를 제기할 수 없다(제3조 제2항).

2) 처벌 특례의 배제

다만, 차의 운전자가 제3조 제1항의 죄 중 업무상과실치상죄 또는 중과실치상죄를 범하고도 피해자를 구호(救護)하는 등 「도로교통법」 제54조 제1항에 따른 조치를 하지 아니하고 도주하거나 피해자를 사고 장소로부터 옮겨 유기(遺棄)하고 도주한 경우, 같은 죄를 범하고 「도로교통법」 제44조 제2항을 위반하여 음주측정 요구에 따르지 아니한 경우(운전자가 채혈 측정을 요청하거나 동의한 경우는 제외한다)와 다음 각 호의 어느 하나에 해당하는 행위로 인하여 같은 죄를 범한 경우에는 그러하지 아니하다(제3조 제2항 단서).

1. 「도로교통법」 제5조에 따른 신호기가 표시하는 신호 또는 교통정리를 하는 경찰공무원 등의 신호를 위반하거나 통행금지 또는 일시정지를 내용으로 하는 안전표지가 표시하는 지시를 위반하여 운전한 경우
2. 「도로교통법」 제13조제3항을 위반하여 중앙선을 침범하거나 같은 법 제62조를 위반하여 횡단, 유턴 또는 후진한 경우
3. 「도로교통법」 제17조제1항 또는 제2항에 따른 제한속도를 시속 20킬로미터 초과하여 운전한 경우
4. 「도로교통법」 제21조제1항, 제22조, 제23조에 따른 앞지르기의 방법·금지시기·금지장소 또는 끼어들기의 금지를 위반하거나 같은 법 제60조제2항에 따른 고속도로에서의 앞지르기 방법을 위반하여 운전한 경우
5. 「도로교통법」 제24조에 따른 철길건널목 통과방법을 위반하여 운전한 경우
6. 「도로교통법」 제27조제1항에 따른 횡단보도에서의 보행자 보호의무를 위반하여 운전한 경우
7. 「도로교통법」 제43조, 「건설기계관리법」 제26조 또는 「도로교통법」 제96조를 위반하여 운전면허 또는 건설기계조종사면허를 받지 아니하거나 국제운전면허증을 소지하지 아니하고 운전한 경우. 이 경우 운전면허 또는 건설기계조종사면허의 효력이 정지 중이거나 운전의 금지 중인 때에는 운전면허 또는 건설기계조종사면허를 받지 아니하거나 국제운전면허증을 소지하지 아니한 것으로 본다.
8. 「도로교통법」 제44조제1항을 위반하여 술에 취한 상태에서 운전을 하거나 같은 법 제45조를 위반하여 약물의 영향으로 정상적으로 운전하지 못할 우려가 있는 상태에서 운전한 경우
9. 「도로교통법」 제13조제1항을 위반하여 보도(步道)가 설치된 도로의 보도를 침범하거나 같은 법 제13조제2항에 따른 보도 횡단방법을 위반하여 운전한 경우
10. 「도로교통법」 제39조제3항에 따른 승객의 추락 방지의무를 위반하여 운전한 경우
11. 「도로교통법」 제12조제3항에 따른 어린이 보호구역에서 같은 조 제1항에 따른 조치를 준수하고 어린이의 안전에 유의하면서 운전하여야 할 의무를 위반하여 어린이의 신체를 상해(傷害)에 이르게 한 경우

12. 「도로교통법」 제39조제4항을 위반하여 자동차의 화물이 떨어지지 아니하도록 필요한 조치를 하지 아니하고 운전한 경우

3) 보험 등에 가입된 경우의 특례

제3조 제2항 본문은 업무상과실치상죄 또는 중과실치상죄와 「도로교통법」 제151조의 죄를 범한 운전자에 대하여는 피해자의 명시적인 의사에 반하여 공소(公訴)를 제기할 수 없다고 규정하는데, 제4조 제1항은 이 경우에도 '차'가 손해배상액 전액을 보장하는 보험 또는 공제에 가입한 때에는 공소를 제기할 수 없다고 규정하고 있다(제4조 제1항) 때문에 피해자의 의사와 무관하게 공소제기를 할 수 없도록 하여 사실상 '처벌불원의 의사'를 의제하고 있어서 피해자의 형사재판상 권리를 침해한다는 비판이 있다.

다만, 다음 각 호의 어느 하나에 해당하는 경우에는 피해자의 명시적 처벌의사가 있으면 공소제기가 가능하다(제4조 제1항 단서).

1. 제3조제2항 단서에 해당하는 경우
2. 피해자가 신체의 상해로 인하여 생명에 대한 위험이 발생하거나 불구(不具)가 되거나 불치(不治) 또는 난치(難治)의 질병이 생긴 경우
3. 보험계약 또는 공제계약이 무효로 되거나 해지되거나 계약상의 면책 규정 등으로 인하여 보험회사, 공제조합 또는 공제사업자의 보험금 또는 공제금 지급의무가 없어진 경우

Ⅱ 교통사고의 특성

교통사고는 기본적으로 형법상 과실범 개념을 전제로 하되, 소위 '허용된 위험'의 원칙의 영향을 강하게 받는 영역이다. 즉 인명과 재산에 대한 위험을 창출하는 것이지만, 현대 사회의 필요에 의하여 허용되는 것으로서 도로교통법 등 관련 법규상의 면허 제도, 의무 규정을 통하여 위험관리가 수행되는 영역인 것이다. 차량을 이용한 살인, 납치와 같은 고의범은 원칙적으로 교통사고와는 별도의 범주에서 논의될 성격의 것이라고 할 수 있다. 범죄학적 특성으로는 빈번한 교통이 이루어지므로 신속한 조치가 없으면 후속사고가 발생할 수 있고, 사고 현장의 현상변경이 빈번하며, 증거가 될 유류품 확보나 현장보존이 어렵고, 사고 발생 장소에 따라 참고인이 될 목격자 확보가 어려울 수 있으므로 신속한 초동조치가 요구되며, 주변 CCTV, 차량용 블랙박스

혹은 목격자 확보를 위한 시민의 적극적 협조가 필요하다.

　　따라서 신속한 현장출동을 통하여 부상자를 신속히 구호하고, 후속사고 방지 및 교통질서 통제 및 회복이 요구되며, 사고원인이 된 관계법령 위반에 대한 행정조치 및 피의자의 형사책임 규명을 위한 증거 수집이 이루어져야 한다.

Ⅲ 교통사고조사규칙

1. 개관

1) 의의

　　경찰의 교통사고의 조사는 기본적으로 「교통사고조사규칙」(경찰청훈령)이 정하는 바에 따라 수행된다. 교통사고 조사의 목적은 1. 부상자의 구호 및 사체의 처리, 2. 사고확대방지와 교통소통의 회복, 3. 사고방지 대책을 위한 정확한 원인조사, 4. 형사책임의 규명, 5. 그 밖의 사고와 관련된 자료의 수집 등이다(제7조).

2) 주요 용어(훈령 제2조)

- "스키드마크(Skid mark)"란 차의 급제동으로 인하여 타이어의 회전이 정지된 상태에서 노면에 미끄러져 생긴 타이어 마모흔적 또는 활주흔적을 말한다.
- "요마크(Yaw mark)"란 급핸들 등으로 인하여 차의 바퀴가 돌면서 차축과 평행하게 옆으로 미끄러진 타이어의 마모흔적을 말한다.
- "전도"란 차가 주행 중 도로 또는 도로 이외의 장소에 차체의 측면이 지면에 접하고 있는 상태(좌측면이 지면에 접해 있으면 좌전도, 우측면이 지면에 접해 있으면 우전도)를 말한다.
- "전복"이란 차가 주행 중 도로 또는 도로 이외의 장소에 뒤집혀 넘어진 것을 말한다.
- "추락"이란 차가 도로변 절벽 또는 교량 등 높은 곳에서 떨어진 것을 말한다.
- "뺑소니"란 교통사고를 야기한 차의 운전자가 피해자를 구호하는 등 「도로교통법」 제54조 제1항의 규정에 따른 조치를 취하지 아니하고 도주한 것을 말한다.
- "교통사고 현장조사시스템(이하 "현장조사시스템"이라 한다)"이란 교통사고 현장에 출동한 경찰관이 업무용 휴대전화를 이용하여 사고차량과 관련된 정보 조회,

증거수집, 초동조치 사항 및 피해자 진술 청취 보고 등을 전자적으로 입력·처리할 수 있도록 지원하는 시스템을 말한다.

2. 초동조치(제4조)

교통사고를 인지하거나 신고를 접수한 경찰공무원은 관할 또는 근무시간 여부와 관계없이 신속히 현장에 출동하여야 한다. 이 경우 소방 등 구호기관에도 통보하여 구급차 출동 등 사상자 구호활동이 이루어지도록 하여야 한다. 사고현장에 출동한 경찰공무원은 수신호 또는 고장자동차 표지 설치 등 2차 사고 예방을 위한 안전조치, 사상자에 대한 응급 구호조치, 사상자의 인적사항·피해정도 파악, 사상자가 차량 밖에 넘어져 있는 경우 넘어져 있는 위치 표시, 사상자 후송병원 기록, 사고차량 최종 정지지점 표시, 현장 유류품·타이어 흔적 등 증거수집 및 사진촬영, 사망·의식불명인 사람이 있는 경우 보호자 등에 통보, 사고 당사자 및 목격자 연락처 확보와 같은 초동조치를 취하여야 한다. 사망사고, 대형사고, 사회이목이 집중될 만한 사고는 반드시 경위 이상의 간부가 현장에 출동하여 초동조치를 지휘하여야 한다.

3. 현장보존(제8조)

교통조사관은 교통사고 발생원인 및 사고에 대한 책임소재를 규명하는데 필요한 증거를 수집하기 위하여 현장을 보존하여야 한다.

[현장보존시 유의사항]
1. 사고현장 보존을 위하여 필요한 최소 범위 내에서 교통을 통제하거나 일방통행의 조치를 취하는 경우에는 "교통사고 조사 중" 표지판, 적색 경광등 등을 설치하여 다른 차의 운전자가 사고현장임을 쉽게 알 수 있도록 조치
2. 사고현장의 보존은 사고차량의 상태와 정지지점을 표시한 후 현장을 촬영하여 사후에도 현장상황이 확인되도록 조치
3. 사고현장을 변경할 필요가 있는 때에는 제2호의 사진촬영 이외에 현장약도를 작성하여 사후 조사에 지장이 없도록 조치
4. 스키드마크·요마크 등 타이어흔적, 혈흔, 유리 또는 페인트 조각, 유류품 등

멸실의 우려가 있는 증거자료는 사진촬영 및 채취하여 보존 조치

5. 현장의 신호기, 표지판, 전주, 가로수, 그 밖의 재물 등의 파손상태는 사진촬영 등 보존 조치

6. 현장에 출동한 경찰공무원이 2명 이상일 경우에는 그 임무를 분담하여 수행하고, 상황에 따라 도로관리청 또는 일반인의 협조 조치

4. 교통사고처리 기준(제20조)

사람을 사망하게 하거나 다치게 한 교통사고(인피사고)는 다음 각 호의 기준에 따라 처리한다.

1. 사람을 사망하게 한 교통사고의 가해자는 「교통사고처리특례법」(교특법) 제3조제1항을 적용하여 송치 결정
2. 사람을 다치게 한 교통사고(부상사고)의 피해자가 가해자에 대하여 처벌을 희망하지 아니하는 의사표시를 한 때에는 교특법 제3조제2항을 적용하여 입건 전 조사종결 또는 불송치 결정. 다만, 사고의 원인행위에 대하여는 「도로교통법」 적용하여 통고처분 또는 즉결심판 청구
3. 부상사고로써 피해자가 가해자에 대하여 처벌을 희망하지 아니하는 의사표시가 없거나 교특법 제3조제2항 단서에 해당하는 경우에는 같은 법 제3조제1항을 적용하여 송치 결정
4. 부상사고로써 피해자가 가해자에 대하여 처벌을 희망하지 아니하는 의사표시가 없는 경우라도 교특법 제4조제1항의 규정에 따른 보험 또는 공제(보험등)에 가입된 경우에는 다음 각 목에 해당하는 경우를 제외하고 같은 조항을 적용하여 입건 전 조사종결 또는 불송치 결정. 다만, 사고의 원인행위에 대하여는 「도로교통법」을 적용하여 통고처분 또는 즉결심판 청구
가. 교특법 제3조제2항 단서에 해당하는 경우
나. 피해자가 생명의 위험이 발생하거나 불구·불치·난치의 질병(중상해)에 이르게 된 경우
다. 보험등의 계약이 해지되거나 보험사 등의 보험금 등 지급의무가 없어진 경우
5. 제4호 각 목의 어느 하나에 해당하는 경우에는 제2호·제3호의 기준에 따라 처리

교통조사관은 중상해에 해당될 가능성이 있는 때에는 진단서, 치료기간, 노동력 상실률, 의료전문가 의견, 사회통념 등을 종합적으로 고려하여 중상해 여부를 판단하여야 한다.

다른 사람의 건조물이나 그 밖의 재물을 손괴한 교통사고(물피사고)는 다음 각 호의 기준에 따라 처리한다.

1. 피해자가 가해자에 대하여 처벌을 희망하지 아니하는 의사표시를 하거나 가해 차량이 보험 또는 공제에 가입되어 있는 경우
가. 현장출동경찰관등은 근무일지에 교통사고 발생 일시·장소 등을 기재 후 종결. 다만, 사고 당사자가 사고 접수를 원하는 경우에는 현장조사시스템에 입력
나. 교통조사관은 교통경찰업무관리시스템(TCS)의 교통사고접수처리대장(대장)에 입력한 후 「도로교통법 시행규칙」 별지 제21호의2서식의 "단순 물적피해 교통사고 조사보고서"를 작성하고 종결
2. 피해자가 가해자에 대하여 처벌을 희망하지 아니하는 의사표시가 없거나 보험등에 가입되지 아니한 경우에는 「도로교통법」 제151조를 적용하여 송치 결정. 다만, 피해액이 20만원 미만인 경우에는 즉결심판을 청구하고 대장에 입력한 후 종결

뺑소니 사고에 대하여는 다음 각 호의 기준에 따라 처리한다.

1. 인피 뺑소니 사고
「특정범죄가중처벌 등에 관한 법률」(특가법) 제5조의3을 적용하여 송치 결정
2. 물피 뺑소니 사고
가. 도로에서 교통상의 위험과 장해를 발생시키거나 발생시킬 우려가 있는 물피 뺑소니 사고에 대해서는 「도로교통법」 제148조를 적용하여 송치 결정
나. 주·정차된 차만 손괴한 것이 분명하고 피해자에게 인적사항을 제공하지 않은 물피 뺑소니 사고에 대해서는 「도로교통법」 제156조제10호를 적용하여 통고처분 또는 즉심청구를 하고 교통경찰업무관리시스템(TCS)에서 결과보고서 작성한 후 종결

교통사고를 야기한 후 사상자 구호 등 사후조치는 하였으나 경찰공무원이나 경찰관서에 신고하지 아니한 때에는 제1항, 제2항 및 「도로교통법」 제154조제4호의 규정을 적용하여 처리한다. 다만, 도로에서의 위험방지와 원활한 소통을 위하여 필요한 조치를 한 경우에는 「도로교통법」 제154조제4호의 규정은 적용하지 아니한다.

「도로교통법」 제44조제1항의 규정을 위반하여 주취운전 중 인피사고를 일으킨 운전자에 대하여는 다음 각 호의 사항을 종합적으로 고려하여 특가법 제5조의11의 규정의 위험운전치사상죄를 적용한다.

1. 가해자가 마신 술의 양
2. 사고발생 경위, 사고위치 및 피해정도
3. 비정상적 주행 여부, 똑바로 걸을 수 있는지 여부, 말할 때 혀가 꼬였는지 여부, 횡설수설하는지 여부, 사고 상황을 기억하는지 여부 등 사고 전·후의 운전자 행태

교통조사관은 부상사고로서 교특법 제3조 제2항 단서에 해당하지 아니하는 사고를 일으킨 운전자가 보험등에 가입되지 아니한 경우 또는 중상해 사고를 야기한 운전자에게는 특별한 사유가 없는 한 사고를 접수한 날부터 2주간 피해자와 손해배상에 합의할 수 있는 기간을 주어야 한다. 만약 합의기간 안에 가해자와 피해자가 손해배상에 합의한 경우에는 가해자와 피해자로부터 자동차교통사고합의서를 제출받아 교통사고조사 기록에 첨부하여야 한다.

5. 대형사고(제24조~제29조)

"대형사고"란 3명 이상이 사망(교통사고 발생일부터 30일 이내에 사망한 것을 말한다)하거나 20명 이상의 사상자가 발생한 사고(훈령 제2조 3호)인데, 경찰서장(교통과장)은 관할 지역에서 대형사고가 발생한 경우 지체없이 "대형사고발생보고"를 작성하여 지방경찰청장(교통과장 및 종합상황실장)에게 보고하여야 한다. 사고의 신속한 처리와 사후수습을 위하여 필요한 때에는 지휘본부, 수습대책위원회를 설치 운영한다. 지방경찰청장은 발생된 대형사고에 대한 사후수습, 그 밖의 필요한 조치가 종료된 후에는 그 날부터 5일 이내에 "대형사고분석기록카드", 유가족의 동향 등 사후수습 최종 결과 등의 사항을 경찰청장(교통안전과장)에게 보고하여야 한다.

6. 뺑소니 사고(제30조~제35조)

훈령은 특히 "뺑소니 사고"에 대하여 별도의 장을 할애하여 규정하고 있는데 경찰서장은 뺑소니 사고를 중요강력사건과 같은 비중으로 수사하여야 하고, 관할지역 내에서 뺑소니 사고가 발생한 때에는 지령실 및 교통조사기능을 통하여 전담 수사요원 소집·임무분담, 긴급배치, 수배, 순찰·수사용 차량을 집중 활용하는 등 전 경찰조직을 동원하여 초동수사를 전개하여야 한다.

또한 경찰서장은 관할지역에서 뺑소니 사고가 발생하면 신속하고 효과적으로 수사할 수 있도록 평소에 병원 또는 구호시설 등의 일람표, 관할 지역내 CCTV 설치 위치 및 종류, 교통·운수관계업체(대리운전·견인·중고차 매매업 포함) 대장 등과 같은 기초자료를 수집·정비하여야 하고, 뺑소니 사고에 대한 시민 신고 활성화를 위하여 자동차 공업사 책임자·종업원 등과 평소 밀접한 연락체계 및 신고체계 구축과 같은 시민 협조체제를 구축하여야 한다.

교통조사관도 특별한 초동수사요령, 현장조치 등을 수행하고, 경찰공무원은 긴급배치 자동차 검문을 수행하며 뺑소니 사고 초동조치를 담당한 지구대·파출소 지역경찰은 초동조치 종료 후 용의차량 검문검색 및 수배 유사차량을 발견시 교통과·계장 또는 야간 종합상황실장에게 즉보, 사고현장 부근의 거주자, 특정 통행인·통행차량, 도주방향 등 수사 및 목격자, 유류품 발견 지원, 사고의 전·후 상황, 용의차량 등에 대한 탐문, 자동차 수리업자 등에 대한 수사와 같이 교통조사관의 뺑소니 사고 수사에 협력하여야 한다.

7. 기타

교통사고 조사과정에서 사고 관련자의 인적사항 등 개인정보를 취득한 교통조사관은 사고조사목적 또는 법령에 의하여 이용되거나 제공하는 경우 이외의 다른 용도로 이를 이용하거나 타인에게 제공 또는 누설하여서는 아니 된다. 교통사고를 접수한 교통조사관은 24시간 이내에 교통사고접수처리대장에 교통사고 내용을 입력하여야 한다. 실황조사서를 인수받은 행정처분 담당자는 대장에 입력된 사항과 대조하는 등 실황조사서와 대장의 등재내용이 일치하는지 확인하여야 한다. 행정처분 담당자는 실황조사서의 내용에 따라 운전면허행정처분, 운전면허대장기록 등 필요한 행정업무를 처리한다.

교통조사관은 접수한 교통사고를 조사할 때에는 그 진행상황을 구두, 전화, 우편, 모사전송, 이메일, 문자메시지(SMS) 등 가해자·피해자가 희망하는 방법으로 가해자·피해자에게 통지하여야 한다. 경찰공무원은 제1항에서 제3항까지의 통지가 수사 또는 재판에 지장을 주거나 가·피해자 또는 사고관계인의 명예와 권리를 부당히 침해할 우려가 있는 때에는 통지하지 않을 수 있다.

고속도로순찰대원 또는 교통조사관은 사고를 접수한 시간부터 24시간 이내에 교통경찰업무관리시스템(TCS)에 발생일시 및 장소(도로 구분 포함), 피해 정도, 사고유형(차종 포함), 사고 개요의 항목을 우선 입력하여야 한다. 사망사고의 경우에는 사망사실 확인 후 8시간 이내에 입력하여야 한다. 다만, 대형사고 처리 등 부득이한 사유가 있는 경우에는 24시간 이내에 입력할 수 있다.

CHAPTER 05 정보경찰

제1절 정보의 개념 및 특성

I 정보의 개념

정보란 국가의 정책 결정이나 전략 기획 수립 등을 위해서 수집한 자료(첩보)를 평가·분석·가공한 지식을 의미한다.

II 자료·첩보·정보의 비교

구분	자료	첩보	정보
의미	특정한 목적에 의해 평가되지 않은 단순한 사실이나 기호	특정 목적을 가지고 수집한 자료	특정 목적을 가지고 수집한 첩보를 평가·분석·가공하여 특정 주제에 맞추어 체계화·종합화한 지식
관련 용어	데이터	1차 정보, 생정보	2차 정보, 가공 정보, 지식
활동	입력	수집	평가, 분석, 가공
활동특성	임의적	의도적	의도적
활동주체	담당 직원	담당직원	정보전문가
시간	자동적	신속성	지연성
특성	무의미	불확실성	확실성
유용성	★	★★	★★★

Ⅲ 정보의 특성(요건)

적실성 (relevance)	정보는 사용목적과 관련성을 가져야 한다.
적시성 (timeliness)	정보는 사용자가 필요로 하는 시기에 제공되어야 하며, 그 이후에는 가치가 낮아지거나 소멸된다.
완전성 (completeness)	필요한 정보가 종합적으로 충분히 담긴 완전한 정보일 때 그 가치가 높다.
신뢰성 (reliability)	정보처리자의 실수나 주관적으로 왜곡된 정보를 활용할 경우 부정적인 결과가 초래되므로, 객관적이고 정확한 정보로서 신뢰성을 갖추어야 한다.
정보제공 빈도 (frequency)	정보사용자가 정보에 접근하여 활용하는 빈도가 잦을수록 그 가치가 높아지며, 정보제공의 빈도 자체가 사용자의 의사결정에 중요한 영향을 미칠 수 있다.
특수처리과정 (special procedure)	정보는 용도 및 성질에 맞추어 특수한 처리과정을 거쳐 작성될 때 그 가치가 높다.

Ⅳ 정보의 분류

1. 성질에 따른 분류

1) 전략정보

종합적인 국가정책과 국가안전보장 관련 국내 상황과 관련 외국의 능력·취약성 등에 관한 지식으로서 평시에는 국가정책지도자들에 의한 국가안전에 관한 정책결정의 기초가 되고, 전시에는 군사작전계획의 토대가 된다. 그 범위가 전술정보보다 광범위하고 전국적인 특징을 갖는다.

2) 전술정보

국가정책의 실현을 위한 세부계획의 수립·추진 등에 필요한 지식으로 각 부처가 요구하는 정보로서 부서별 정보 또는 정치적 정보라고도 한다. 전략정보가 국가 차원의 기본 종합정보임에 반해 전술정보는 하부적 부문정보라는 점에 차이가 있다.

3) 방첩정보

적대적인 제3국 또는 집단의 공작활동(간첩, 태업, 전복 등)에 대항하기 위해 필요한 정보이다. 전략정보나 전술정보가 적극적 탐색활동의 기능을 갖는데 반해 방첩정보는 소극적·방어적 기능을 갖는다.

2. 기능에 따른 분류

1) 기본정보

모든 사상의 정적(靜的)인 상태를 기술한 정보로서, 인종이나 지리적 상태 등 국가안보와 정책결정에 필요한 기초적인 사항을 내용으로 하고 있다.

2) 현용정보

모든 사상의 동적(動的)인 상태를 현재 시점에서 객관적으로 기술한 지식으로서, 정책결정자에게 특정 사물이나 상태의 현실적으로 전개되는 상황을 선별하여 보고하는 정보이다. 시사정보, 현행정보, 현상정보라고도 한다.

3) 판단정보

기본정보와 현용정보를 기초로 해서 추리·판단한 정보로서, 특정문제를 체계적이고 실증적으로 연구하여 장래에 있을 특정 상태에 관한 예측 혹은 보고하는 유형의 정보이다. 정보사용자에게 사전지식을 주는 것을 목적으로 하며, 기획정보라고도 한다.

3. 대상에 따른 분류

1) 소극정보(보안정보)

국가의 경찰기능을 위한 정보로서 국가안전보장을 위태롭게 하는 간첩활동, 태업 및 전복에 대비할 수 있도록 국가적 취약점의 분석과 판단에 관한 정보이다. 보안정보라고도 한다.

2) 적극정보

국가의 경찰기능을 위한 정보, 즉 소극정보를 제외한 모든 정보로서 국가이익 증대를 위한 정책 입안과 계획 수립·수행에 필요한 제반의 정보이다.

4. 사용주체에 따른 분류

1) 내부정보

국가나 정보기관, 연구소 등 하나의 독립된 기관 자체 내에서 발생·생산되는 정보이다.

2) 외부정보

기관 외부에서 발생·생산된 정보로서, 정보업무를 수행하는 기관들도 정확한 정보생산을 위해서 외부정보를 입수·활용하는 경우가 많다.

5. 출처에 따른 분류

1) 정보 출처에 따른 분류

① 근본출처: 정보가 획득되는 실질적인 원천을 뜻하며, 정보전달자에 의한 변조 없이 원형 그대로 입수 가능하다.
② 부차적 출처: 근본출처에서 획득한 정보를 정보작성기관에 전달해 준 사람 또는 기관을 뜻한다. 전달기관에 의해 평가되거나 요약·변형되어 전달될 수 있고, 역(逆)정보나 과장(誇張), 조작될 가능성이 있다.

2) 비밀보호 정도에 따른 분류

① 공개출처: 특별한 보안조치가 요구되지 않는 출처로서 신문이나 잡지, 방송, 기타 공개적 사물 등 일상적인 방법으로 수집가능하다.
② 비밀출처: 외부에 노출될 경우 기능 상실이나 출처에 불이익이 가해질 수 있어서 외부로부터 강력한 보호를 받아야 하는 출처를 뜻한다.

3) 획득 시기에 따른 분류

① 정기출처: 정기적으로 정보를 획득할 수 있는 출처이다.
② 우연출처: 우연한 기회에 정보가 제공되는 출처이다. 주변사람들과의 원만한 관계를 유지하여 이들이 자발적으로 정보를 제공해 올 수 있도록 하는 적극적인 경우와 사람이 많이 모인 장소나 공원, 시장 등지에서 우연히 정보를 입수하는 소극적인 경우가 있다.

6. 입수형태에 따른 분류

① 직접정보: 입수자가 중간매체 없이 직접 입수하는 정보로서, 직접적인 체험이나 경험을 통해 획득하였으므로 신뢰성이 높다.
② 간접정보: 책이나 방송매체 등 중간매체를 통해 간접적으로 입수하는 정보이며, 오늘날 정보화사회에서 정보매체가 발달함에 따라 간접정보가 많아지고 그 중요성도 커지고 있다.

7. 경찰업무에 따른 분류

경찰의 업무에 따라 일반정보, 범죄정보, 보안정보, 외사정보, 교통정보 등으로 분류 가능하다.

V 정보의 순환

1. 개념

정보의 순환이란 특정 정보가 정책결정이나 의사결정에 사용될 수 있도록 하는 전 과정의 활동을 말한다. 일반적으로 ① 정보 요구 단계 → ② 첩보 수집 단계 → ③ 정보 생산 단계 → ④ 정보 배포 단계를 순환과정으로 한다.

2. 정보의 순환과정

1) 1단계 : 정보 요구 단계

① 의의

정보활동의 기초단계로서 정보요구자가 필요에 따라 첩보의 수집을 명령, 지시하는 단계이다. '첩보의 기본요소 결정 → 첩보수집계획서 작성 → 명령 하달 → 수집활동에 대한 사후적 검토(조정·감독)'의 소순환과정을 거친다.

② 정보 요구 방법

국가정보목표 우선순위 (PNIO: Priority for National Intelligence Objective)	• 국가안전보장이나 정책 관련 국가정보목표의 우선순위 • 국가의 모든 정보기관이 계획·수행해야 할 기본지침 • 경찰청에서 정보활동계획을 수립할 때 가장 중요한 지침 • 국가정보기관이 작성 ※경찰청이 아닌 국정원에서 작성
첩보의 기본요소 (EEI: Essential Elements of Information)	• 국가정보목표 우선순위(PNIO)를 지침으로 작성 • 각 정보부서가 맡고 있는 정책 수행을 위해 필요한 일반적·포괄적 정보 • 계속적·반복적으로 수집할 필요가 있는 경우에 사전계획서(첩보수집계획서)에 의해 첩보의 수집을 명령 • 광범위한 지역에 걸쳐 수집되어야 할 항시적 요구사항 • 대부분 문서화되어 있고 통계표와 같이 공개적인 것이 많음.
특정 첩보의 요구 (SRI: Special Requirements for Information)	• PNIO나 EEI는 미래의 정보수요를 완전히 예측하는 것이 현실적으로 불가능하며, 이를 보완하기 위해 특정 첩보 요구(SRI)를 활용 • 어떤 수시적 돌발상황의 해결을 위해 임시적·단편적·즉흥적으로 수집 요구되는 첩보 • 사전 수집계획서는 불필요하나 가장 우선적으로 수집되어야 할 필요성 있음. • 일상적으로 경찰 업무에 활동되는 정보요구는 주로 SRI에 의함.
기타 정보의 요구 (OIR: Other Intelligence Requirement)	• 급변하는 정세의 변화에 따라 정책수정이 요구되거나 이를 위한 자료가 필요할 때 이용 • 기타 정보의 요구(OIR)에 책정된 정보는 PNIO에 따른 우선순위를 변경하므로 PNIO에 우선하여 작성됨.

2) 2단계 : 첩보 수집 단계

① 의의

첩보수집기관이 출처를 개척하여 정보생산에 필요한 첩보를 입수 후, 정보작성 기관에 전달하는 과정이다. '첩보 수집 계획 → 첩보 출처 개척 → 첩보 획득 → 첩보 전달'의 소순환 과정을 거친다.

② 첩보수집의 기본원칙

㉠ 목적성: 첩보수집자는 효과적인 정보 수집을 위해 뚜렷한 목적의식을 갖고 계획을 수립한다.

㉡ 고이용정보 우선: 이용가능성이 높은 정보부터 수집한다.

㉢ 참신성: 아직 알려져 있지 않은 참신한 정보부터 우선적으로 수집한다.

㉣ 긴급성: 정보가치를 높이기 위해서는 신속한 정보수집이 중요하므로 긴급한 정보에 우선순위를 두고 수집한다.

㉤ 수집가능성: 중요성과 필요성을 갖춘 정보라도 수집가능성이 없으면 곤란하므로 수집가능여부를 검토한다.

㉥ 경제성: 불필요한 경비·시간·노력을 줄일 수 있는 방식으로 첩보수집의 우선순위를 정한다.

3) 3단계 : 정보 생산 단계

① 의의

수집된 첩보가 정보생산기관에 전달된 후 정보사용자의 요구에 부합하도록 첩보를 평가·분석·종합·해석하여 정보보고서를 작성하는 단계이다. 일반적으로 첩보의 '선택 → 기록 → 평가 → 분석 → 종합 → 해석'의 소순환과정을 거친다.

② 첩보 분류의 원칙

㉠ 통합성: 첩보 분류에 있어서 다른 것과의 관계를 고려한다.

㉡ 점진성: 간단한 것에서 복잡한 것으로, 일반적인 것에서 특수한 것으로 순차적으로 분류한다.

㉢ 일관성: 분류 목적에 따라 분류 기준을 명확히 설정하여 일관성 있게 분류한다.

ⓔ 상호배제성: 분류 세부항목이 명확하고 중복이 없도록 한다.

ⓜ 병치성: 유사하거나 연관된 자료는 가깝게 위치할 수 있도록 분류한다.

③ 정보 생산 과정

선택	수집된 첩보 중에서 긴급성·유용성·신뢰성·적합성 등을 기준으로 필요한 자료를 가려내는 과정(제1차적 평가과정)
기록	수집된 첩보 중 당장 사용하지 않는 첩보나 이미 사용된 첩보를 기록·관리하는 과정
평가	분류된 첩보의 출처의 신뢰성과 내용적 타당성을 판정하는 과정
분석	평가된 첩보를 기본요소별로 분류하고 기존 자료와의 비교하여 모순을 보완하는 등 논리적으로 검증하는 과정(재평가과정)
종합	주어진 과제(문제)를 해결하기 위해 분류된 첩보를 관련 여러 사실과 결집하여 하나의 통일체로 결합하는 과정
해석	평가·분석·종합된 새로운 정보의 의미와 중요성을 결정하고 건전한 결론을 도출하는 과정

4) 4단계 : 정보 배포 단계

① 의의

생산된 정보가 정보를 필요로 하는 개인이나 기관에 적합한 내용과 형태를 갖추어 적당한 시기에 제공하는 과정이다.

② 정보 배포의 원칙 [24년 1차]

㉠ 필요성: 정보를 알 필요가 있는 대상에게 제공하며, 알 필요가 없는 대상에게는 배포하지 않는다.

㉡ 적시성: 정보 보안과 효과를 높이기 위해서 정보의 중요성과 긴급성에 대한 정보의 배포 순위가 결정되어야 한다.

㉢ 적당성: 사용자의 능력과 상황에 맞도록 적당한 양을 조절하여 필요한 만큼만 제공한다.

㉣ 보안성: 정보가 누설됨으로 초래될 부정적 결과를 방지하기 위해 보안대책을 갖춘다.

㉤ 계속성: 배포된 정보와 관련성 있는 새로운 정보를 해당 기관에 계속적으로 배포한다.

③ 정보 배포의 수단

정보 배포의 수단은 정보의 내용이나 형태, 전달방법, 사용목적, 수수기관 등을 고려하여 가장 적합한 수단을 선정해야 한다. 비공식적 방법, 브리핑, 메모, 문자메세지, 일일정보보고서, 정기간행물, 특별보고서, 지정된 연구과제 보고서, 필름, 도표 및 사진, 전화 등이 있다.

제2절 정보경찰 개관

I 경찰의 정보활동 개혁 및 의의

종래 경찰의 정보활동의 주된 법적 근거인 「경찰관 직무집행법」상 '치안정보'의 개념이 광범위하고 모호하여 경찰의 정치관여나 민간인 사찰 등의 논란을 초래한다는 비판이 있었다. 2018년 경찰개혁위원회는 경찰의 정보활동이 국민안전과 공공안녕이라는 본연의 업무에 충실하도록 법적 근거를 마련할 것과 남용방지를 위해 정보활동을 통제하기 위한 개혁을 권고하였다. 이에 2021년 경찰관직무집행법이 개정되어 '치안정보' 개념을 '공공안녕에 대한 위험의 예방 및 대응을 위한 정보'로 구체화하였고, 제8조의2를 신설하여 경찰의 정보활동 권한을 명문화하였다. 관련하여 「정보경찰 활동규칙」 및 「경찰관의 정보수집 및 처리 등에 관한 규정」이 차례도 제정되었다.

「경찰관의 정보수집 및 처리 등에 관한 규정」 제2조는 '정보활동'을 '공공안녕에 대한 위험의 예방과 대응을 위한 정보의 수집·작성·배포와 이에 수반되는 사실의 확인을 위해 경찰관이 수행하는 활동'으로 정의하고 있다.

II 경찰정보활동의 법적 근거

1. 「경찰관 직무집행법」

「경찰관 직무집행법」 제2조에서 경찰관의 직무범위로 공공안녕에 대한 위험의 예방과 대응을 위한 정보의 수집·작성 및 배포를 규정하고 있다.

동법 제8조의2에 따라 경찰관은 범죄·재난·공공갈등 등 공공안녕에 대한 위험의 예방과 대응을 위하여 정보의 수집·작성·배포와 이에 수반되는 사실의 확인을 할 수 있다. 또한 당해 정보의 구체적인 범위와 처리 기준, 정보의 수집·작성·배포에 수반되는 사실의 확인 절차와 한계는 대통령령인 「경찰관의 정보수집 및 처리 등에 관한 규정」에 위임하고 있다.

2. 「경찰청과 그 소속기관 직제」

치안정보에 관한 사항은 경찰청 치안정보국에서 담당한다. 치안정보국에는 치안정보상황과·치안정보분석과 및 치안정보협력과를 둔다. 치안정보국장의 업무분장은 다음과 같다.

1. 공공안녕에 대한 위험의 예방과 대응을 위한 정보업무 기획·지도 및 조정
2. 국민안전과 국가안보를 저해하는 위험 요인에 관한 정보활동
3. 국가중요시설 및 주요 인사의 안전·보호에 관한 정보활동
4. 집회·시위 등 공공갈등과 다중운집에 따른 질서 및 안전 유지에 관한 정보활동
5. 국민의 생명·신체의 안전이나 재산의 보호 등 생활의 평온과 관련된 정책에 관한 정보활동
6. 국가기관·지방자치단체·공공기관의 장이 요청한 신원조사 및 사실확인에 관한 정보활동
7. 외사정보의 수집·분석 및 관리 등 외사정보활동
8. 그 밖에 범죄·재난·공공갈등 등 공공안녕에 대한 위험의 예방과 대응을 위한 정보활동으로서 제2호부터 제7호까지에 준하는 정보활동

3. 「경찰관의 정보수집 및 처리 등에 관한 규정」

「경찰관의 정보수집 및 처리 등에 관한 규정」은 「경찰관 직무집행법」 제8조의2에 의거하여 경찰관이 수집·작성·배포할 수 있는 공공안녕에 대한 위험의 예방과 대응을 위한 정보의 구체적인 범위와 처리 기준, 정보의 수집·작성·배포에 수반되는 사실의 확인 절차 및 한계에 관하여 규정하고 있다.

4. 「정보경찰 활동규칙」(훈령)

2019년 제정, 2021년 개정된 「정보경찰 활동규칙」은 경찰의 정보활동에 관하여 「경찰관 직무집행법」제8조의2, 「경찰관의 정보수집 및 처리 등에 관한 규정」에서 정한 사항 이외에도 경찰청 공공안녕정보국장의 업무지휘를 받고 있는 정보부서 소속 경찰공무원(이하 '정보관')의 정보활동에 필요한 세부사항을 규정하고 있다.

Ⅲ 경찰정보활동의 기본 원칙

1. 비례성 원칙

경찰관의 정보활동은 국민의 자유와 권리를 보호하는 것을 목적으로 해야 하며, 필요 최소한의 범위에 그쳐야 한다.

2. 정보활동 관련 금지 행위

경찰관은 정보활동과 관련하여 이하의 행위를 할 수 없다.
① 정치에 관여하기 위해 정보를 수집·작성·배포하는 행위
② 법령의 직무 범위를 벗어나 개인의 동향 등을 파악하기 위해 사생활에 관한 정보를 수집·작성·배포하는 행위
③ 상대방의 명시적 의사에 반해 자료 제출이나 의견표명을 강요하는 행위
④ 부당한 민원이나 청탁을 직무 관련자에게 전달하는 행위
⑤ 직무상 알게 된 정보를 누설하거나 개인의 이익을 위해 사용하는 행위
⑥ 직무와 무관한 비공식적 직함을 사용하는 행위

Ⅳ 수집·작성·배포할 수 있는 정보의 범위

경찰관이 범죄나 재난, 공공갈등 등 공공안녕에 대한 위험의 예방과 대응을 위해 수집·작성·배포할 수 있는 정보의 범위는 다음의 정보에 한정된다.

① 범죄의 예방과 대응에 필요한 정보
② 「형의 집행 및 수용자의 처우에 관한 법률」 제126조의2 또는 「보호관찰 등에 관한 법률」 제55조의3에 따라 통보되는 정보의 대상자인 수형자·가석방자의 재범방지 및 피해자의 보호에 필요한 정보
③ 국가중요시설의 안전 및 주요 인사(人士)의 보호에 필요한 정보
④ 방첩·대테러활동 등 국가안전을 위한 활동에 필요한 정보
⑤ 재난·안전사고 등으로부터 국민안전을 확보하기 위한 정보
⑥ 집회·시위 등으로 인한 공공갈등과 다중운집에 따른 질서 및 안전 유지에 필요한 정보
⑦ 국민의 생명·신체재산의 보호와 공공안녕에 대한 위험의 예방과 대응을 위한 정책에 관한 정보. 해당 정책의 입안·집행·평가를 위해 객관적이고 필요한 사항에 관한 정보로 한정되며, 이와 직접적·구체적으로 관련이 없는 사생활·신조(信條) 등에 관한 정보는 제외됨.
⑧ 도로 교통의 위해(危害) 방지·제거 및 원활한 소통 확보를 위한 정보
⑨ 「보안업무규정」 제45조 제1항에 따라 경찰청장이 위탁받은 신원조사 또는 「공공기관의 정보공개에 관한 법률」 제2조 제3호에 따른 공공기관의 장이 법령에 근거하여 요청한 사실의 확인을 위한 정보
⑩ 기타 ①부터 ⑨까지에서 규정한 사항에 준하는 정보

V 정보의 수집 및 사실의 확인 절차

정보관은 정보활동을 위해 필요한 경우 관계자의 의견을 청취하거나 자료를 제공받을 수 있다.

1. 신분·목적 표명

경찰관은 정보를 수집하거나 정보의 수집·작성·배포에 수반되는 사실을 확인하려는 경우, 상대방에게 자신의 신분을 밝히고 정보 수집 또는 사실 확인의 목적을 설명해야 한다. 이 경우 강제적인 방법을 사용해서는 안 된다. 예외적으로, ① 국민의

생명·신체의 안전이나 국가안보에 긴박한 위험이 발생할 우려가 있는 경우, 또는 ②
범죄의 대응을 위한 정보활동에 현저한 지장을 초래할 우려가 있는 경우에는 전술한
절차를 생략할 수 있다.

2. 비밀유지 조치

경찰관은 정보를 제공하거나 사실을 확인해 준 자가 신분이나 처우와 관련하여
불이익을 받지 않도록 비밀유지 등 필요한 조치를 해야 한다.

3. 출입의 한계

소속이 다른 정보관은 동일한 기관에 같은 목적으로 중복하여 출입하지 아니 한
다. 다만, 집회·시위와 관련한 업무 또는 국가기관, 지방자치단체, 기타 공공기관의
협조 요청에 따른 업무를 수행하는 경우에는 그러하지 아니 한다. 특히, ① 언론·교
육·종교·시민사회 단체 등 민간단체, ② 민간기업, ③ 정당의 사무소에 상시적으로
출입해서는 안 되며, 정보활동을 위해 필요한 경우에 한정하여 일시적으로만 출입 가
능하다. 22년 2차

Ⅵ 정보의 작성

경찰관은 수집한 정보를 작성할 때 객관적 사실에 기초해 중립적으로 작성해야
하며, 정치에 관여하는 등 특정한 목적을 가지고 그 내용을 왜곡해서는 안 된다.

Ⅶ 수집·작성한 정보의 처리

경찰관은 수집·작성한 정보를 그 목적 외의 용도로 사용해서는 안 되며, 공공안녕
에 대한 위험의 예방과 대응을 위해 필요한 경우에는 수집·작성한 정보를 관계 기관
등에 통보할 수 있다. 수집·작성한 정보가 그 목적이 달성되어 불필요하게 되었을 때
에는(다른 법령에 따라 보존해야 하는 경우는 제외하고) 지체 없이 그 정보를 폐기해야 한다.

Ⅷ 정보의 제공

경찰기관의 장은 관련 법령에 따라 소속 정보관이 정보활동 과정에서 알게 된 공직자의 중대한 복무규정 위반 사실 등을 관계기관에 통보할 수 있다.

Ⅸ 위법한 지시의 금지 및 거부

누구든지 정보활동과 관련하여 경찰관에게 정보활동 관련 법령에 위반하여 지시해서는 안 된다. 경찰관은 명백히 위법한 지시라고 판단되는 경우에는 그 집행을 거부할 수 있고, 명백히 위법한 지시를 거부했다는 이유로 인사·직무 등과 관련한 어떠한 불이익도 받지 않는다.

Ⅹ 준법지원

1. 준법지원계

정보관의 정보활동에 대한 자율적인 통제를 위해서 공공안녕정보국 소속으로 준법지원계를 운용하며, 준법지원계는 정보관의 정보활동과 관련하여 ① 법령 및 「정보경찰 활동규칙」 위반 여부에 대한 사실조사, ② 법령 및 「정보경찰 활동규칙」과 관련된 상담·교육 및 행정지도의 직무를 수행한다. 준법지원계는 직무 수행을 위해 경찰청 및 그 소속기관의 관계자에게 관련 자료의 제출을 요구할 수 있고, 요구를 받은 자는 정당한 이유 없이 이를 거부할 수 없다.

2. 사실조사 및 조치

정보관은 특정한 정보활동이 법령과 규칙에 반하는지 여부에 대해 해당 정보관의 소속 경찰기관장 또는 상급 경찰기관장에게 사실조사를 요청할 수 있다. 그러나 ① 정치에 관여하기 위해 정보를 수집·작성·배포하는 행위, ② 정보활동과 관련하여 경찰관에게 위법한 지시를 내린 행위, ③ 명백히 위법한 지시를 거부했다는 이유로 인사·직무 등과 관련하여 불이익을 가한 행위에 대해서는 준법지원계에 사실조사를 요청하여야 한다.

사실조사 요청을 받은 경찰기관장 및 준법지원계는 즉시 법령과 규칙에 반하는지 여부를 확인하고, 그 결과를 사실조사를 요청한 정보관에게 통보하여야 한다. 준법지원계는 전술한 요청 또는 직권에 따라 조사한 결과 법령과 규칙에 위반되는 사실을 확인한 경우에는 이를 법령과 이 규칙을 위반한 자가 소속된 경찰기관장에게 통보하여야 한다. 경찰기관장은 정보활동과 관련하여 법령과 이 규칙을 위반한 자에 대해 주의·경고·징계요구·수사의뢰 등 적절한 조치를 하여야 한다.

| 제**3**절 | **정보경찰 활동 각론** |

Ⅰ 집회 및 시위에 관한 업무 처리

1. 「집회 및 시위에 관한 법률」상 업무 처리

집회 및 시위는 헌법상 보장된 국민의 기본권이다. 「집회 및 시위에 관한 법률」(집시법)은 적법한 집회 및 시위의 권리 보장과 공공의 안녕질서가 적절히 조화를 이루도록 이하의 제반 사항을 규정하고 있다.

1) 관련 용어 정의

옥외집회	천장이 없거나 사방이 폐쇄되지 아니한 장소에서 여는 집회
시위	여러 사람이 공동의 목적을 가지고 도로, 광장, 공원 등 일반인이 자유로이 통행할 수 있는 장소를 행진하거나 위력 또는 기세를 보여, 불특정 여러 사람의 의견에 영향을 주거나 제압을 가하는 행위
주최자	자기 이름으로 자기 책임 아래 집회나 시위를 여는 사람이나 단체. 주최자는 주관자를 따로 두어 집회 또는 시위의 실행을 맡아 관리하도록 위임할 수 있고, 주관자는 그 위임의 범위 안에서 주최자로 간주

질서유지인 [23년 2차]	주최자가 자신을 보좌하여 집회 또는 시위의 질서를 유지하게 할 목적으로 임명한 자
질서유지선	관할 경찰서장이나 시도경찰청장이 적법한 집회 및 시위를 보호하고 질서유지나 원활한 교통 소통을 위하여 집회 또는 시위의 장소나 행진 구간을 일정하게 구획하여 설정한 띠, 방책, 차선 등의 경계 표지
경찰관서	국가경찰관서

2) 옥외 집회 및 시위의 사전 신고 제도

(1) 사전 신고

옥외집회나 시위를 주최하려는 자는 ① 목적, ② 일시(필요 시간 포함), ③ 장소, ④ 주최자·연락책임자·질서유지인의 주소·성명·직업·연락처, ⑤ 참가 예정인 단체와 인원, ⑥ 시위의 경우 그 방법(진로와 약도 포함)을 적은 신고서를 옥외집회나 시위를 시작하기 720시간 전부터 48시간 전에 관할 경찰서장에게 제출하여야 한다.

옥외집회 또는 시위 장소가 두 곳 이상의 경찰서의 관할에 속하는 경우, 관할 시·도경찰청장에게 제출, 두 곳 이상의 시도경찰청 관할에 속하는 경우, 주최지를 관할하는 시도경찰청장에게 제출한다.

관할 경찰서장 또는 시도경찰청장은 집회사전 신고서를 접수하면 신고자에게 접수 일시를 적은 접수증을 즉시 내주어야 한다.

(2) 신고 철회

주최자는 사전에 신고한 옥외집회 또는 시위를 하지 아니하게 된 경우에는 신고서에 적힌 집회 일시 24시간 전에 그 철회사유 등을 적은 철회신고서를 관할경찰관서장에게 제출하여야 하고, 철회신고서를 받은 관할경찰관서장은 금지 통고를 한 집회나 시위가 있는 경우에는 그 금지 통고를 받은 주최자에게 그 사실을 즉시 알려야 한다.

(3) 신고서 보완

관할경찰관서장은 신고서의 기재 사항에 미비한 점을 발견하면 접수증을 교부한 때부터 12시간 이내에 주최자에게 24시간을 기한으로 그 기재 사항을 보완할 것을 통고할 수 있다. [23년 2차] 보완 통고는 보완할 사항을 분명히 밝혀 서면으로 주최자 또는 연락책임자에게 송달하여야 한다.

3) 집회 및 시위의 금지 또는 제한

(1) 금지 또는 제한되는 유형

누구든지 이하의 집회 또는 시위를 주최할 수 없다.

㉠ 헌법재판소의 결정에 따라 해산된 정당의 목적을 달성하기 위한 집회 또는 시위

㉡ 집단적인 폭행, 협박, 손괴(損壞), 방화 등으로 공공의 안녕 질서에 직접적인 위협을 끼칠 것이 명백한 집회 또는 시위

㉢ 해가 뜨기 전이나 해가 진 후의 옥외집회 또는 시위. 예외) 집회의 성격상 부득이하여 주최자가 질서유지인을 두고 미리 신고한 경우, 관할경찰관서장이 질서 유지를 위한 조건을 붙여 해가 뜨기 전이나 해가 진 후에도 옥외집회를 허용 가능

㉣ 이하에 해당하는 청사 또는 저택의 경계 지점으로부터 100 미터 이내의 장소에서는 옥외집회 또는 시위

    a. 국회의사당. 예외) 국회의 활동을 방해할 우려가 없는 경우 또는 대규모 집회 또는 시위로 확산될 우려가 없는 경우로서 국회의 기능이나 안녕을 침해할 우려가 없다고 인정되는 때.

    b. 각급 법원, 헌법재판소. 예외) 법관이나 재판관의 직무상 독립이나 구체적 사건의 재판에 영향을 미칠 우려가 없는 경우 또는 대규모 집회 또는 시위로 확산될 우려가 없는 경우로서 각급 법원, 헌법재판소의 기능이나 안녕을 침해할 우려가 없다고 인정되는 때.

    c. 대통령 관저(官邸)*, 국회의장 공관, 대법원장 공관, 헌법재판소장 공관

■ 참조 판례

> *** 대법원 2023두62335 판결**
> 대통령 집무실을 반드시 대통령의 주거공간과 동등한 수준의 집회금지장소로 지정할 필요가 있다고 보기 어려운 점 등을 더하여 본다면, 절대적 집회금지장소로 규정된 '대통령 관저'에 대통령 집무실까지 포함시켜 해석할 충분한 이유를 찾기 어렵다.

    d 국무총리 공관. 예외) 국무총리를 대상으로 하지 아니하는 경우 또는 대규모 집회 또는 시위로 확산될 우려가 없는 경우로서 국무총리 공관의 기능이나 안녕을 침해할 우려가 없다고 인정되는 때.

    e. 국내 주재 외국의 외교기관이나 외교사절의 숙소. 예외) 해당 외교기관 또는 외교사절의 숙소를 대상으로 하지 아니하는 경우 또는 대규모 집회 또는 시위로 확산될 우려가 없는 경우 또는 외교기관의 업무가 없는 휴일에

개최하는 경우로서 외교기관 또는 외교사절 숙소의 기능이나 안녕을 침해할 우려가 없다고 인정되는 때.

(2) 집회 및 시위의 금지 통고

신고서를 접수한 관할경찰관서장은 신고된 옥외집회 또는 시위가 전술한 (1)의 어느 하나에 해당하는 경우 또는 신고서 기재 사항을 보완하지 아니한 경우, 신고서를 접수한 때부터 48시간 이내에 집회 또는 시위를 금지할 것을 주최자에게 통고할 수 있다. 다만, 집회 또는 시위가 집단적인 폭행, 협박, 손괴, 방화 등으로 공공의 안녕 질서에 직접적인 위험을 초래한 경우에는 남은 기간의 해당 집회 또는 시위에 대하여 신고서를 접수한 때부터 48시간이 지난 경우에도 금지 통고를 할 수 있다. 집회 또는 시위의 금지 또는 제한 통고는 그 이유를 분명하게 밝혀 서면으로 주최자 또는 연락책임자에게 송달하여야 한다.

(3) 집회 또는 시위의 시간과 장소가 중복되는 2개 이상의 신고

관할경찰관서장은 집회 또는 시위의 시간과 장소가 중복되는 2개 이상의 신고가 있는 경우 그 목적으로 보아 서로 상반되거나 방해가 된다고 인정되면 각 옥외집회 또는 시위 간에 시간을 나누거나 장소를 분할하여 개최하도록 권유하는 등 각 옥외집회 또는 시위가 서로 방해되지 아니하고 평화적으로 개최·진행될 수 있도록 노력하여야 한다. 해당 권유가 받아들여지지 아니하면 뒤에 접수된 옥외집회 또는 시위에 대하여 그 집회 또는 시위의 금지를 통고할 수 있다. 이 경우, 뒤에 접수된 옥외집회 또는 시위가 금지 통고된 경우 먼저 신고를 접수하여 옥외집회 또는 시위를 개최할 수 있는 자는 집회 시작 1시간 전에 관할경찰관서장에게 집회 개최 사실을 통지하여야 한다. 다만, 먼저 신고된 집회의 참여예정인원, 집회의 목적, 집회개최장소 및 시간, 집회 신고인이 기존에 신고한 집회 건수와 실제로 집회를 개최한 비율 등 먼저 신고된 집회의 실제 개최 가능성 여부와 양 집회의 상반 또는 방해가능성 등 제반 사정을 확인하여 먼저 신고된 집회가 다른 집회의 개최를 봉쇄하기 위한 허위 또는 가장 집회신고에 해당함이 객관적으로 분명해 보이는 경우에는, 뒤에 신고된 집회에 다른 집회금지 사유가 있는 경우가 아닌 한, 관할경찰관서장이 단지 먼저 신고가 있었다는 이유만으로 뒤에 신고된 집회에 대하여 집회 자체를 금지하는 통고를 하여서는 아니 되고, 설령 이러한 금지통고에 위반하여 집회를 개최하였다고 하더라도 그러한 행위를 집시법상 금지통고에 위반한 집회개최행위에 해당한다고 보아서는 아니 된다. 22년 2차

(4) 집회 및 시위의 금지 통고에 대한 이의 신청

집회 또는 시위의 주최자는 금지 통고를 받은 날부터 10일 이내에 해당 경찰관서의 바로 위의 상급경찰관서의 장에게 이의를 신청할 수 있다.

이의 신청을 받은 경찰관서의 장은 접수 일시를 적은 접수증을 이의 신청인에게 즉시 내주고 접수한 때부터 24시간 이내에 재결(裁決)을 하여야 한다. 이 경우 접수한 때부터 24시간 이내에 재결서를 발송하지 아니하면 관할경찰관서장의 금지 통고는 소급하여 그 효력을 잃는다.

이의 신청인은 금지 통고가 위법하거나 부당한 것으로 재결되거나 그 효력을 잃게 된 경우 처음 신고한 대로 집회 또는 시위를 개최할 수 있다. 단, 금지 통고 등으로 시기를 놓친 경우에는 일시를 새로 정하여 집회 또는 시위를 시작하기 24시간 전에 관할경찰관서장에게 신고함으로써 집회 또는 시위를 개최할 수 있다.

4) 집회 또는 시위의 질서유지 등 업무

(1) 경찰관의 출입

경찰관은 집회 또는 시위의 주최자에게 알리고 그 집회 또는 시위의 장소에 정복(正服)을 입고 출입할 수 있다. 단, 옥내집회 장소에 출입하는 것은 직무 집행을 위하여 긴급한 경우에만 가능하다.

집회나 시위의 주최자, 질서유지인 또는 장소관리자는 질서를 유지하기 위한 경찰관의 직무집행에 협조하여야 한다.

(2) 질서유지선의 설정

관할경찰관서장은 집회 및 시위의 보호와 공공의 질서 유지를 위하여 필요하다고 인정하면 최소한의 범위를 정하여 질서유지선을 설정할 수 있다.

■ 시행령 제13조 제1항에 따라 질서유지선 설정 가능한 경우

1. 집회·시위의 장소를 한정하거나 집회·시위의 참가자와 일반인을 구분할 필요가 있을 경우
2. 집회·시위의 참가자를 일반인이나 차량으로부터 보호할 필요가 있을 경우
3. 일반인의 통행 또는 교통 소통 등을 위하여 필요할 경우
4. 다음 각 목의 어느 하나의 시설 등에 접근하거나 행진하는 것을 금지하거나 제한할 필요가 있을 경우

가. 법 제11조에 따른 집회 또는 시위가 금지되는 장소
나. 통신시설 등 중요시설
다. 위험물시설
라. 그 밖에 안전 유지 또는 보호가 필요한 재산·시설 등
5. 집회·시위의 행진로를 확보하거나 이를 위한 임시횡단보도를 설치할 필요가 있을 경우
6. 그 밖에 집회·시위의 보호와 공공의 질서 유지를 위하여 필요할 경우

위 사유 중 어느 하나에 해당한다면 반드시 집회 또는 시위가 이루어지는 장소 외곽의 경계지역뿐만 아니라 집회 또는 시위의 장소 안에도 설정할 수 있다. 다만, 그 질서유지선은 집회 및 시위의 보호와 공공의 질서 유지를 위하여 필요하다고 인정되는 최소한의 범위를 정하여 설정되어야 하고, 질서유지선이 위 범위를 벗어나 설정되었다면 이는 위법하다. 또한 질서유지선은 띠, 방책, 차선 등과 같이 경계표지로 기능할 수 있는 물건 또는 도로교통법상 안전표지라고 봄이 타당하므로, 경찰관들이 집회 또는 시위가 이루어지는 장소의 외곽이나 그 장소 안에서 줄지어 서는 등의 방법으로 사실상 질서유지선의 역할을 수행한다고 하더라도 이를 가리켜 집시법에서 정한 질서유지선이라고 할 수는 없다. 22년 2차

경찰관서장이 질서유지선을 설정할 때에는 주최자 또는 연락책임자에게 이를 알려야 하며, 경찰관의 경고에도 불구하고 정당한 사유 없이 질서유지선을 상당 시간 침범하거나 손괴·은닉·이동 또는 제거하거나 그 밖의 방법으로 그 효용을 해친 사람은 6개월 이하의 징역 또는 50만원 이하의 벌금·구류 또는 과료에 처한다. 21년 1차

(3) 확성기등 사용의 제한

집회 또는 시위의 주최자는 확성기, 북, 징, 꽹과리 등의 기계·기구를 사용하여 타인에게 심각한 피해를 주는 소음으로서 대통령령으로 정하는 기준을 위반하는 소음을 발생시켜서는 아니 된다. 관할경찰관서장은 집회 또는 시위의 주최자가 기준을 초과하는 소음을 발생시켜 타인에게 피해를 주는 경우, 그 기준 이하의 소음 유지 또는 확성기등의 사용 중지를 명하거나 확성기 등의 일시보관 등 필요한 조치를 할 수 있다.

(4) 특정인 참가의 배제

집회 또는 시위의 주최자 및 질서유지인은 특정한 사람이나 단체가 집회나 시위에 참가하는 것을 막을 수 있다. 다만, 언론사의 기자는 출입이 보장되어야 하며, 이 경우 기자는 신분증을 제시하고 기자임을 표시한 완장(腕章)을 착용하여야 한다.

(5) 주최자의 준수 사항

집회 또는 시위의 주최자는 집회 또는 시위에 있어서의 질서를 유지하여야 한다. 집회 또는 시위의 주최자는 집회 또는 시위의 질서 유지에 관하여 자신을 보좌하도록 18세 이상의 사람을 질서유지인으로 임명할 수 있다.

집회 또는 시위의 주최자는 질서를 유지할 수 없으면 그 집회 또는 시위의 종결을 선언하여야 한다.

집회 또는 시위의 주최자는 다음의 어느 하나에 해당하는 행위를 하여서는 아니된다.

① 총포, 폭발물, 도검(刀劍), 철봉, 곤봉, 돌덩이 등 다른 사람의 생명을 위협하거나 신체에 해를 끼칠 수 있는 기구(器具)를 휴대하거나 사용하는 행위 또는 다른 사람에게 이를 휴대하게 하거나 사용하게 하는 행위
② 폭행, 협박, 손괴, 방화 등으로 질서를 문란하게 하는 행위
③ 신고한 목적, 일시, 장소, 방법 등의 범위를 뚜렷이 벗어나는 행위
옥내집회의 주최자는 확성기를 설치하는 등 주변에서의 옥외 참가를 유발하는 행위를 하여서는 아니 된다.

(6) 질서유지인의 준수 사항

질서유지인은 주최자의 지시에 따라 집회 또는 시위 질서가 유지되도록 하여야 한다.

질서유지인은 이하의 어느 하나에 해당하는 행위를 하여서는 아니 된다.

① 총포, 폭발물, 도검(刀劍), 철봉, 곤봉, 돌덩이 등 다른 사람의 생명을 위협하거나 신체에 해를 끼칠 수 있는 기구(器具)를 휴대하거나 사용하는 행위 또는 다른 사람에게 이를 휴대하게 하거나 사용하게 하는 행위
② 폭행, 협박, 손괴, 방화 등으로 질서를 문란하게 하는 행위
③ 신고한 목적, 일시, 장소, 방법 등의 범위를 뚜렷이 벗어나는 행위
질서유지인은 참가자 등이 질서유지인임을 쉽게 알아볼 수 있도록 완장, 모자, 어깨띠, 상의 등을 착용하여야 한다.

관할경찰관서장은 집회 또는 시위의 주최자와 협의하여 질서유지인의 수(數)를 적절하게 조정할 수 있다.

집회나 시위의 주최자는 질서유지인의 수를 조정한 경우 집회 또는 시위를 개최하기 전에 조정된 질서유지인의 명단을 관할경찰관서장에게 알려야 한다.

5) 집회 또는 시위의 해산

관할경찰관서장은 다음 어느 하나에 해당하는 집회 또는 시위에 대하여는 상당한 시간 이내에 자진 해산할 것을 요청하고 이에 따르지 아니하면 해산을 명할 수 있다. 집회 또는 시위가 해산 명령을 받았을 경우 모든 참가자는 지체 없이 해산하여야 한다.

① 헌법재판소의 결정에 따라 해산된 정당의 목적을 달성하기 위한 집회 또는 시위
② 집단적인 폭행, 협박, 손괴(損壞), 방화 등으로 공공의 안녕 질서에 직접적인 위협을 끼칠 것이 명백한 집회 또는 시위
③ 해가 뜨기 전이나 해가 진 후의 옥외집회 또는 시위
④ 국회의사당 등 옥외집회와 시위가 금지된 장소에서의 옥외집회 또는 시위
⑤ 신고의무를 위반하거나* 집회 및 시위의 금지 또는 제한 통고를 받거나 교통소통을 위해 금지된 집회 또는 시위
⑥ 집회 또는 시위의 주최자가 질서를 유지할 수 없어서 종결을 선언한 집회 또는 시위
⑦ 총포, 폭발물, 도검(刀劍), 철봉, 곤봉, 돌덩이 등 다른 사람의 생명을 위협하거나 신체에 해를 끼칠 수 있는 기구(器具)를 휴대하거나 사용하는 행위 또는 다른 사람에게 이를 휴대하게 하거나 사용하게 하는 행위를 한 집회 또는 시위
⑧ 폭행, 협박, 손괴, 방화 등으로 질서를 문란하게 하는 집회 또는 시위
⑨ 신고한 목적, 일시, 장소, 방법 등의 범위를 뚜렷이 벗어나는 집회 또는 시위

■ 참조 판례

* 대법원 2016도1869 판결
공소외인은 해산명령을 하기 전의 단계인 자진 해산 요청을 하면서 미신고집회를 해산사유로 고지하였을 뿐, 3번에 걸쳐 해산명령을 할 때에는 '미신고집회'를 해산사유로 고지하지 아니하였다. 그러나 참가자들이 해산명령에 따라 자진하여 해산할 것인지를 판단하게 하기 위해서는 각각의 해산명령을 할 때에 해산사유를 구체적으로 고지할 필요가 있음에 비추어 보면, 자진 해산 요청을 하면서 '미신고집회'를 해산사유로 고지한 것을 가지고 공소외인이 해산명령을 할 때에도 '미신고집회'를 해산사유로 구체적으로 고지하였다고 보기 어렵다.
그리고 공소외인은 해산명령을 하면서 '불법적인 행진시도', '불법 도로 점거로 인한 도로교통법 제68조 제3항 제2호 또는 집시법 제12조 제2항 위반'을 해산사유로 고지하였는데, 불법적인 행진시도 또는 불법 도로 점거로 인한 도로교통법 제68조 제3항 제2호의 사유만으로 바로 집시법 제20조 제1항 각호의 사유에 해당한다고 인정하기 어렵거나 그 사유가 구체적으로 특정되었다고 보기 어렵고, 이 사건 시위

대법원 2018다288631 판결

[1] 집회의 자유가 가지는 헌법적 가치와 기능, 집회에 대한 허가 금지를 선언한 헌법정신, 신고제도의 취지 등을 종합하여 보면, 신고는 행정관청에 집회에 관한 구체적인 정보를 제공함으로써 공공질서의 유지에 협력하도록 하는 데 의의가 있는 것으로 집회의 허가를 구하는 신청으로 변질되어서는 아니 되므로, 신고를 하지 아니하였다는 이유만으로 옥외집회 또는 시위를 헌법의 보호 범위를 벗어나 개최가 허용되지 않는 집회 내지 시위라고 단정할 수 없다.

따라서 집회 및 시위에 관한 법률(이하 '집시법'이라고 한다) 제20조 제1항 제2호가 미신고 옥외집회 또는 시위를 해산명령의 대상으로 하면서 별도의 해산 요건을 정하고 있지 않더라도, 그 옥외집회 또는 시위로 인하여 타인의 법익이나 공공의 안녕질서에 대한 직접적인 위험이 명백하게 초래된 경우에 한하여 위 조항에 기하여 해산을 명할 수 있고, 이러한 요건을 갖춘 해산명령에 불응하는 경우에만 집시법 제24조 제5호에 의하여 처벌할 수 있다고 보아야 한다. 23년 2차

대법원 2017도9146 판결

집회 및 시위에 관한 법률에 따른 신고 없이 이루어진 집회에 참석한 참가자들이 차로 위를 행진하는 등으로 도로 교통을 방해함으로써 통행을 불가능하게 하거나 현저하게 곤란하게 하는 경우에 일반교통방해죄가 성립한다. 그러나 이 경우에도 참가자 모두에게 당연히 일반교통방해죄가 성립하는 것은 아니고, 실제로 참가자가 집회·시위에 가담하여 교통방해를 유발하는 직접적인 행위를 하였거나, 참가자의 참가 경위나 관여 정도 등에 비추어 참가자에게 공모공동정범의 죄책을 물을 수 있는 경우라야 일반교통방해죄가 성립한다. 23년 2차

6) 금지 및 제한 규정 적용의 배제

학문, 예술, 체육, 종교, 의식, 친목, 오락, 관혼상제 및 국경행사에 관한 집회에는 집시법의 금지 및 제한 관련 규정을 적용하지 않는다.

7) 집회 및 시위 방해 금지

누구든지 폭행, 협박, 그 밖의 방법으로 평화적인 집회 또는 시위를 방해하거나 질서를 문란하게 하여서는 아니 된다.

누구든지 폭행, 협박, 그 밖의 방법으로 집회 또는 시위의 주최자나 질서유지인의 집시법의 규정에 따른 임무 수행을 방해하여서는 아니 된다.

집회 또는 시위의 주최자는 평화적인 집회 또는 시위가 방해받을 염려가 있다고 인정되면 관할 경찰관서에 그 사실을 알려 보호를 요청할 수 있다. 이 경우 관할 경찰관서의 장은 정당한 사유 없이 보호 요청을 거절하여서는 아니 된다.

2. 「정보경찰 활동규칙」상 업무 처리

집회 및 시위의 질서유지 및 안전 유지를 위한 정보활동에 필요한 세부사항을 「정보경찰 활동규칙」에서 규율하고 있다.

1) 준수 사항

정보관은 집회·시위 관련 정보활동 과정에서 집회·시위의 자유를 보장하고 집회·시위 참가자의 언행을 경청하여 그 요구 또는 주장을 정확하게 이해하기 위해 노력하여야 한다.

2) 활동 범위

정보관은 집회·시위의 신고자, 주최자, 연락책임자 및 그 밖의 관계자와 상호 연락 등을 통해 집회·시위 신고서에 기재된 사항의 변경 여부 등을 확인할 수 있고, 집회·시위의 자유 보장과 참가자 등의 안전을 위하여 이하의 목적을 위한 정보활동을 할 수 있다.

① 지형·구조물 등 관련 안전사고의 예방과 대응
② 다른 사람의 생명을 위협하거나 신체에 해를 끼칠 수 있는 물품의 휴대·반입 또는 시설물·도로 점거 등 불법행위의 예방과 대응
③ 그 밖에 ①과 ②에 준하는 것으로 집회·시위 등으로 인한 공공갈등과 다중운집에 따른 질서 및 안전 유지

3) 대화경찰관 배치·운영

경찰관서장은 집회·시위 현장에서 대화·협의·안전 조치 등 업무를 수행하는 대화경찰관을 배치·운영할 수 있다.

Ⅱ 집단민원·노사갈등 현장에서의 정보활동

1. 불개입 원칙

집단민원·노사갈등의 현장 상황은 이해관계자 간의 자율해결이 원칙이다. 따라서 정보관은 집단민원·노사갈등에 개입하여서는 아니 된다.

2. 정보활동 범위

정보관은 집단민원·노사갈등의 현장 상황에서도 범죄 등 공공안녕에 대한 위험의 예방 및 대응을 위하여 필요한 정보활동을 할 수 있고, 이해관계자들의 요청 또는 동의를 얻어 상호간의 대화를 제안·촉진하는 등 필요한 조치를 할 수 있다.

3. 금지 행위

정보관은 집단민원·노사갈등의 현장 상황에서 이하의 행위를 하여서는 아니 된다.
① 분쟁의 구체적 내용에 부당하게 개입하는 행위
② 이해관계자들에게 부당하게 화해를 강요하는 행위
③ 특정 이해관계자에 대하여 비방 또는 지지하는 내용의 의견을 표명하는 행위

Ⅲ 신원조사 등을 위한 정보활동

1. 신원조사의 의의 및 권한

신원조사란 국가안전보장에 한정된 국가 기밀을 취급하는 인원이나 고위 공직자, 공직 후보자 등 「보안업무규정」 제36조에 해당하는 사람의 충성심과 신뢰성, 직무역량 등을 확인하기 위한 활동을 뜻한다. 신원조사의 권한은 그 대상에 따라 국가정보원장에게 있으나, 국가정보원장이 경찰청장에게 위탁하는 경우, 정보관이 신원조사

등을 위한 정보활동을 할 수 있다. 정보관은 공공기관의 장이 법령에 근거하여 요청한 고위공직자 또는 공직 후보자의 직무역량·비위 등 임용에 필요한 사실의 확인을 위한 정보활동을 할 수 있다.

2. 신원조사 대상

신원조사 대상이 되는 자는 ① 공무원임용 예정자, ② 비밀취급 인가 예정자, ③ 국가보안시설·보호장비를 관리하는 기관 등의 장(해당 국가보안시설 등의 관리 업무를 수행하는 소속 직원 포함) ④ 기타 법령이나 각급 기관의 장이 국가안전보장을 위하여 필요하다고 인정하는 사람이다.

3. 신원조사 사항

신원조사 사항에는 ① 이름 및 주민등록번호, ② 등록기준지 및 주소, ③ 친교 인물, ④ 정당 및 사회단체 관련 사항, ⑤ 국적 변동 내역, ⑥ 학력 및 경력, ⑦ 가족 관계, ⑧ 재산, ⑨ 범죄경력 및 상벌 내역, ⑩ 인품 및 소행, ⑪ 병역사항, ⑫ 해외 거주 사실, ⑬ 그 밖의 참고사항이 있다. 다만, 임용분야 및 취급업무에 따라 신원조사 사항을 생략할 수 있다.

Ⅳ 정당·선거 관련 위험의 예방·대응을 위한 정보활동

1. 정보활동 범위

정보관은 정당의 활동 또는 선거와 관련한 위험을 예방·대응하기 위하여 필요한 경우, 이하의 정보활동을 할 수 있다.
　① 선거 관련 사건·사고에 관한 상황 파악 및 대응을 위한 정보활동
　② 정당을 대상으로 하는 집회·시위 또는 항의방문 등에 대한 상황 파악 및 안전확보를 위한 정보활동

③ 정당 대표 및 선거 후보자 등에 대한 위해를 예방하기 위한 정보활동

2. 금지 행위

정보관은 정당·선거 관련 위험의 예방·대응을 위한 정보활동을 함에 있어서 이하의 행위를 할 수 없다.

① 정당·정치인 행사장에 출입하는 행위. 다만, 정당 관계인이 명시적으로 출입을 요청하거나 동의한 경우는 제외됨.

② 정치에 관여할 목적으로 특정 정당·정치인에 대한 사생활 및 동향을 파악하는 행위

③ 온라인 상에서 정치적 내용의 글을 작성하거나, 타인이 작성한 정치적 내용의 글을 추천·공유하는 행위

④ 특정 정당·후보자 등에 대한 풍문, 여론조사 결과나 출처가 분명하지 않은 글 등을 타인과 공유하는 행위

CHAPTER 06 안보수사경찰(보안경찰)

제1절 안보수사경찰 활동 개관

I 안보수사경찰의 의의 및 법적 근거

안보수사경찰이란 국가의 안전과 사회공공의 안녕·질서·유지를 위해서 간첩활동 및 테러범죄 등 반국가활동을 수사하고, 관련 첩보 수집과 분석을 전담하는 경찰을 뜻한다. 안보수사경찰활동의 법적 근거로는 「국가보안법」, 「보안관찰법」, 「경찰관 직무집행법」, 「형법」 등이 있다.

II 안보수사경찰의 특징

1. 목적

국가 안전과 사회공공의 안녕·질서·유지를 목적으로 한다는 점에서 정보경찰과 같고, 국민의 생명·신체·재산의 보호를 목적으로 하는 보통경찰과 차이가 있다.

2. 대상 범죄

국가적·사회적 법익을 침해하는 범죄를 그 대상으로 한다는 점에서 정보경찰과 같으나, 주대상이 대공에 관한 사항이라는 점에서는 차이가 있다.

3. 비공개성

국가안전보장에 관한 범죄가 대상이므로 고도의 보안을 유지하기 위해 비공개 활동이 특징이다.

Ⅲ 안보수사경찰의 업무

안보수사경찰의 활동은 다음과 같다.
① 보안관찰 및 경호안전대책 업무에 관한 사항
② 북한이탈주민 신변보호
③ 국가안보와 국익에 반하는 범죄에 대한 수사의 지휘·감독
④ 안보범죄정보 및 보안정보의 수집·분석 및 관리
⑤ 국내외 유관기관과의 안보범죄정보 협력에 관한 사항
⑥ 남북교류와 관련되는 안보수사경찰업무
⑦ 국가안보와 국익에 반하는 중요 범죄에 대한 수사

제2절　방첩 활동

Ⅰ 방첩의 의의

방첩이란 상대방으로 하여금 우리 측의 의도나 상황을 간파하지 못하게 하는 것으로서 기밀유지·보안유지라고도 한다. 방첩활동이란 간첩·태업·전복 등 외세나 국내불순세력의 국가 위해행위로부터 국가안전과 질서를 보장하기 위한 적극적·소극적 활동이다.

Ⅱ 방첩의 기본원칙

① 완전 협조: 방첩기관만으로는 방첩의 임무를 완수하기 어려우므로 일반국민이나 유관기관간의 완전한 협조가 필요하다.
② 치밀: 적에 대한 정확한 정보 판단과 전술전략의 완벽한 분석 등을 통해서 빈틈없는 치밀한 방첩활동을 수행해야 한다.
③ 계속 접촉: 방첩용의자를 발견하거나 관련 조직망에 대한 정보를 입수한 경우, 즉시 검거하지 않고 계속적으로 유·무형의 접촉을 통해서 조직망 전체를 완전히 파악해야 한다. 일반적으로 '탐지 → 판명 → 주시 → 이용 → 검거(타진)'의 단계를 거친다.

Ⅲ 방첩의 수단

유형(의의)	수단
적극적 수단 (침투한 적과 그 공작망 분쇄를 위해 취하는 공격적 수단)	① 적에 대한 첩보 수집 ② 수집한 첩보로부터 적의 첩보 공장 방향과 수단방법을 분석·파악 ③ 대상 인물 활동 감시 ④ 대상 단체 및 지역에 공작원을 침투시키거나 그 내부인을 포섭하여 정황탐지 및 증거수집을 위한 침투공작 전개 ⑤ 검거된 간첩을 신문하여 적의 공작 방향과 기타 정보를 입수·활용 ⑥ 필요시 간첩을 활용하여 적의 첩보 수집 및 다른 간첩 검거(역용공작)
소극적 수단 (적의 비밀공작으로부터 우리 측을 보호하기 위해 자체보안 기능을 발휘하는 방어적 수단)	① 비밀사항에 대한 표시방법 또는 보호방법 등을 강구하여 정보·자재에 대한 보안의 확립 ② 비밀취급인가제도나 신원조사 등을 통한 인원보안의 확립 ③ 시설 경비나 출입자 통제등을 통한 시설보안의 확립 ④ 정보·자재·인원·시설에 대한 보안 관련 제반 활동을 통일성 있게 통제할 수 있도록 보안 업무 규정화 ⑤ 방첩업무 관련 제 법령의 수정·개정사항 등 입법 사항 건의
기만적 수단 (비밀이 적에게 노출될 가능성이 있는 상황에서 우리가 기도하는 바를 적이 오인하도록 방해하는 조치)	① 허위 정보의 유포 ② 유언비어 유포 ③ 양동간계시위(거짓행동을 적에게 보여 우리가 기도하는 바를 적이 오인하도록 하는 방법)

Ⅳ 방첩의 대상

1. 간첩

1) 간첩의 의의

타국에 대한 기밀을 수집하거나 태업·전복활동을 하는 모든 조직적 구성분자를 의미한다. 참고로 형법상 간첩죄(제98조)에서의 '간첩'은 적국에 제보하기 위하여 은밀한 방법으로 우리나라의 군사상은 물론 정치, 경제, 사회, 문화, 사상 등 기밀에 속한 사항 또는 도서, 물건을 탐지·수집하는 것을 뜻한다.

2) 간첩의 분류

(1) 인원수에 의한 분류

대량형 간첩	간첩 교육을 받은 다수 인원이 대상국가에 밀파되어 특수한 목표대상 없이 광범위한 분야의 정보를 입수하는 간첩
지명형 간첩	특수한 임무수행을 위한 교육을 받은 자가 특정 임무를 부여받아 개별적으로 지명되어 파견되는 간첩

(2) 임무에 의한 분류

일반 간첩	기밀탐지나 수집, 태업·전복 공작을 전개하는 전형적인 형태의 간첩
증원 간첩	남파간첩의 연고자나 실업자 등을 유인·납치하여 월북시킨 후, 간첩교육을 시행한 후에 간첩으로 남파하는 것을 임무로 하는 간첩
보급 간첩	남파간첩에게 필요한 공작자금, 장비, 증명서 등 물적지원을 하는 것을 임무로 하는 간첩
무장 간첩	남파간첩의 호송, 월북안내, 연락, 침투루트 개척을 위해 특별히 훈련된 간첩. 부차적으로 휴전선 일대의 정보를 수집하거나 요인암살 등을 위해 침투하는 경우도 있음

(3) 활동방법에 의한 분류

고정 간첩	일정 지역에서 기간을 정함이 없이 장기적·고정적으로 간첩임무를 부여받아 활동하는 간첩. 합법적 신분을 갖고 생업을 유지하는 경우가 많음.

배회 간첩	일정 주거 없이 전국을 배회하면서 임무를 수행하는 간첩. 합법적 신분 취득 시 고정간첩으로 변할 가능성 있음.
공행 간첩	상사주재원이나 외교관 등 합법적 신분을 갖고 공용의 명목으로 타국에 입국 하여 상대국에 대한 각종 정보를 수집하는 간첩.

3) 간첩망 형태

단일형	간첩 상호 간에 일체의 연락을 회피하고 동조자 없이 단독으로 활동하는 점조 직 형태. 보안유지가 잘 되고, 신속한 활동 가능.
삼각형	3명의 한도 내에서 행동공작원을 포섭·지휘하고, 포섭된 공작인간의 횡적연 락을 차단시키는 활동조직. 지하당조직에서 흔히 사용하는 망형태로서 보안유 지가 잘되고 일망타진가능성은 적음.
서클형	합법적 신분을 이용하여 침투 후 대상국의 정치·사회문제를 이용하여 공작목 표를 달성. 자유롭고 대중적 조직과 동원이 가능.
피라미드형	간첩 밑에 주공작원 2-3명을 두고, 주공작원은 그 밑에 각 2-3명의 행동공작 원을 두고 활동하는 조직형태. 활동범위가 넓으나 행동노출이 쉬움.
레포형	피라미드형 조직에 있어서 간첩과 주공작원간, 행동공작원 상호간에 연락원을 두고 종행으로 연락하는 형태. '레포'-연락 또는 연락원을 의미하는 공산당 용 어로서 현재 사용되고 있지 않은 용어.

2. 태업(Sabotage)

1) 태업의 의의

태업은 대상 국가의 방위력 또는 전쟁수행능력을 약화시키기 위해 행해지는 직· 간접의 모든 손상·파괴 행위를 말한다.

2) 태업 대상의 조건

① 전략·전술적 가치가 있을 것
② 태업에 필요한 기구를 쉽게 입수할 수 있고 접근이 수월할 것
③ 일단 손상·파괴된 후에는 대체가 어려워 복구하는데 시간이 많이 소요될 것

3) 태업의 종류

물리적 태업으로는 방화태업, 폭파태업, 기계태업 등이 있고, 심리적 태업으로는 선전태업, 경제태업, 정치태업 등이 있다.

3. 전복 행위

1) 전복의 의의

폭력수단 동원 등 위헌적 방법으로 국가기관을 변혁시키거나 기능을 저하시키기 위해 취해지는 실력행위로서 프롤레타리아혁명을 예로 들 수 있다.

2) 전복의 형태

국가전복	피지배자가 지배자를 타도하여 정권을 탈취
정보전복	동일 지배계급의 일부 세력이 집권세력을 제압하여 권력을 차지

제3절 공작활동

I 공작활동의 의의

정보기관이 특정 목표를 달성하기 위해 계획적으로 수행하는 비밀활동을 의미하며, 첩보수집활동이나 파괴공작활동, 선전·선동 등을 포함한다.

공작활동의 4대 요소에는 ① 주관자(책임자), ② 목표, ③ 공작금, ④ 공작원이 있다. 공작원은 그 임무에 따라 ① 주공작원, ② 행동공작원, ③ 지원공작원으로 나뉜다.

Ⅱ 공작활동의 분류

1. 연락(連絡)

① 연락의 의의: 비밀조직의 인원이나 기관간에 비밀리에 물자와 문서 등을 전달하기 위해 설치한 수단·방법의 유지 및 운용을 뜻한다.
② 연락선: 변동하는 각종 상황에서도 비밀조직의 인원이나 기관 사이에 연락이 유지될 수 있도록 체계를 구성하는 것을 뜻하며, 비밀연락선이라고도 한다.
③ 연락의 수단

개인회합	• 비밀조직 내의 두 구성원 간의 접촉의 유지, 첩보 보고, 지령, 공작자료를 전달하기 위하여 직접 대면하는 연락 수단 • 정확성과 신속성은 높으나 노출의 위험성이 있음
차단	• 구성원 간에 직접적인 접촉없이 매개자나 매개물을 통하여 연락하는 수단 • 유인포스트(수수자), 무인포스트(수수소), 연락원, 편의주소 관리인, 전보, 우편물, 광고, 방송 등이 있음

2. 가장(假裝)

정보활동에 관계되는 인원이나 시설, 물자, 활동 등의 제 요소의 정체가 외부에 노출되지 않도록 꾸며지는 내적·외적인 제 형태를 뜻한다.

3. 사전정찰

장래의 공작활동을 위하여 공작목표나 공작지역에 대한 예비지식을 수집하는 사전조사활동으로서, 흔히 안전가옥 등 비밀용도건물의 주변을 파악하기 위해 행해진다.

4. 감시

① 감시의 의의: 시각·청각을 통해 공작대상의 인물, 시설, 물자 및 지역 등에 대한 정보를 획득하는 기술을 의미한다. 공작대상자와 관련하여 신원파악을 하거나

첩보의 확인, 요인의 신변보호, 역감시 등을 위해 활용된다. 법적 근거로는 「대통령 등의 경호에 관한 법률」, 「국가정보원법」, 「정보 및 보안업무기획·조정규정」 등이 있다.

② 감시의 유형

신중감시	• 대상자가 감지하지 못하도록 행하는 감시 • 감시 도중 대사장에게 감지당했을 경우 즉시 감시원을 교체해야 하며, 접선 등의 용의사실이 발견되면 근접감시의 형태로 전환
근접감시	• 대상자가 감시당하고 있음을 감지하여도 계속 감시하는 것으로서, 직접감시 라고도 함 • 대상자를 절대 놓쳐서는 안 되거나, 대상자의 공작을 방해하기 위해 활용
완만감시	• 대상자가 이미 알려져 있는 자로서 계속적 감시가 필요하지 않은 경우, 필요한 시간과 장소 등을 정하여 행하는 감시방법 • 적은 인원으로 많은 감시 효과를 거두고자 할 때 유용

III 공작활동의 순환단계

공작 지령	• 상부에서 특정한 비밀공작의 추진을 공작관에게 지령하는 것 • 지령에 따라 공작의 성격과 방향 등이 결정됨
공작 계획	지령을 받은 공작관이 그 수행을 위해 수단과 방법을 보고서 형태 등으로 조직화한 것
공작원 모집	• 공작임무를 성공적으로 수행할 수 있도록 공작원을 확보하는 것 • '물색 → 조사 → 선정 → 채용'의 단계를 거침
공작원 훈련	공작원 후보자를 안전가옥에 수용하여 임무수행에 필요한 지식과 기능을 습득시켜 유능한 공작원으로 양성하는 과정
공작임무 브리핑	공작에 관련한 상황이나 임무, 공작활동 요령 등에 대한 일반적인 검토와 상세한 지시 등을 해주는 과정
공작원 파견 및 귀환	예정된 일시에 공작원을 공작대상지역에 파견하고, 임무가 완료된 경우 다시 기지로 귀환시킴
디브리핑 및 보고서 작성	귀환한 공작원이 수집한 첩보와 체험사실을 공작관에게 알리는 과정
해고	공작임무가 완료되거나 계속할 필요가 없는 경우, 공작원을 그 공작에서 이탈시키는 단계. 보안 및 비밀유지에 대한 조치를 철저히 해야 함

1. 심리전의 의의

심리전은 비무력적인 선전·선동·모략 등의 수단을 통해 직접 상대국의 국민 또는 군대에 정신적인 자극을 주어 사상의 혼란과 국론을 분열시켜 자국의 의도대로 유도하는 전술을 의미한다.

2. 심리전의 종류

1) 주체에 따른 분류

공연성 심리전	사실출처를 명시하면서 실시하는 심리전으로서, 공식방송·출처를 명시한 전단·출판물 등이 있음. 백색선전이라고도 함.
비공연성 심리전	출처를 밝히지 않거나 위장·도용하여 상대국의 시책 등을 모략·비방함을 통해서 내부혼란을 조장하는 방법의 심리전

2) 목적에 따른 분류

선무 심리전	우리 측 후방지역에서 사기를 고양시키거나, 수복지역 주민들의 협조를 얻고 질서를 유지하는 선전활동. 타협심리전이라고도 함.
공격적 심리전	적측에 대해 특정 목적을 달성하기 위해 공격적으로 실시하는 심리전
방어적 심리전	적측이 가해오는 공격을 와해·축소시키기 위해 방어적으로 행하는 심리전

3) 운용에 따른 분류

전략 심리전	• 광범위하고 장기적인 목표 하에 대상국의 전국민을 대상으로 실시하는 심리전. • 자유진영국가에서 공산진영국가의 국민들을 대상으로 하는 대공산권방송을 예로 들 수 있음.
전술 심리전	• 단기적인 목표하에 즉각적인 효과를 기대하고 행하는 심리전. • 간첩 체포 즉시 널리 공개하는 행위를 예로 들 수 있음.

3. 심리전의 방법·수단

1) 선전

특정집단의 심리를 자극하여 감정이나 견해 등을 자기측에 유리한 방향으로 유도하기 위해서 계획적으로 특정 주장과 지식 등을 전파하는 심리전 기술을 뜻한다. 특정문제에 대해 이론적으로 분석능력이 있는 전문가·학자 등에 응해서 행해진다. 유형으로는 ① 백색선전(출처를 공개), ② 흑색선전(출처 위장), ③ 회색선전(출처를 명확히 밝히지 않음)이 있다.

2) 선동

대중의 심리를 자극, 감정을 폭발시킴으로써 대중의 이성과 판단력을 마비시키고 폭력을 유발케 하는 심리전 기술을 의미한다. 웅변가나 대중적으로 호소력 있는 사람에 의해 행해진다.

3) 모략

자기측에 불리한 상대측의 특정 개인이나 단체에 누명을 씌워 사회적으로 매장시키거나 상대국 세력을 약화, 단결력을 파괴하는 심리전 기술이다. 날조, 기만, 교란 등의 방법이 사용된다.

4) 전단

심리전 주체가 의도한 선전내용을 간단히 문자·그림·사진 등으로 수록한 유인물을 뜻한다.

5) 유언비어

국가불안이나 국론분열을 위해 출처가 불분명한 풍설을 퍼뜨리는 심리전의 방법으로서, 인위적인 경우와 자연적으로 발생하는 경우로 나뉜다.

6) 불온선전물

북한이 대남 심리전의 일환으로 남한의 정치·사회·군사·외교 등의 문제를 시사성에 민감하게 맞추어 왜곡·선전하는 내용을 담은 전단·삐라·책자·화보 등의 선전물을 말한다. 국내에서 집회·시위 중에 자유민주주의 체제를 부정하거나 계급투쟁을 선동하는 내용의 불온유인물과 구별된다.

제5절 보안수사활동

Ⅰ 정보사범(보안사범) 일반론

1. 보안수사의 의의

정보사범을 인지, 색출, 검거, 신문하는 일련의 수사활동을 뜻한다. 정보사범이란 형법상 내란의 죄, 외환의 죄, 군형법상 반란의 죄, 이적의 죄, 군사기밀누설죄, 암호부정사용죄, 군사기밀보호법 및 국가보안법에 규정된 죄를 범한 자와 그 혐의를 받는 자를 의미한다(「정보및보안업무기획·조정규정」제2조 제2호).

2. 정보사범의 특성

확신범	국가 질서보다 자신의 신념을 중시하는 확신범이 많음.
보안성	위장술, 변장술 등 보안대책을 조직으로 구사하여 수사하기 어려움.
집단범죄	지하당과 같이 조직적이고 집단적인 범죄가 많음.
비노출성	일반형사범과 달리 결과가 쉽게 노출되지 않음.

Ⅱ 국가보안법

1. 의의 및 법적 성격

　　국가의 안전을 위태롭게 하는 반국가활동을 규제함으로써 국가의 안전과 국민의 생존 및 자유를 확보하기 위해 제정된 법률이다. '반국가활동'이라는 특정 행위를 처벌하는 규정과 절차를 두고 있어서 형법과 형사소송법에 대한 특별법의 지위를 갖는다.

2. 국가보안법의 특성

1) 형법에 대한 특례

① 고의범만 처벌하고, 과실범은 처벌하지 않는다.
② 국가안보라는 법익의 중대성을 고려하여 대부분의 반국가적 범죄에 대해서 예비·음모 처벌규정을 두고 있다.
③ 선전·선동·편의제공 행위에 대해서 공범으로 처벌하는 것이 아니라 별도로 처벌규정을 두어 정범으로 처벌한다.
④ 전 국민에게 범죄고지의무를 부과하고, 불고지행위에 대해서 형사처벌규정을 두고 있다.
⑤ 국가보안법, 군형법, 형법에 규정된 반국가적 범죄를 범하여 금고 이상의 형의 선고를 받고 그 형의 집행을 종료하지 아니한 자 또는 그 집행을 종료하거나 집행을 받지 아니하기로 확정된 후 5년이 경과하지 아니한 자가 재차 국가보안법상 특정범죄를 범한 경우, 법정형의 최고를 사형으로 하는 특수가중 처벌 규정을 두고 있다.
⑥ 국가보안법 위반범죄로 유기징역형을 선고할 경우, 그 형의 장기 이하의 자격정지를 병과할 수 있도록 하고 있다.
⑦ 국가보안법의 죄를 범하고 자수하거나 국가보안법의 죄를 범한 타인을 고발하거나 타인이 국가보안법의 죄를 범하는 것을 방해한 때 필요적으로 그 형을 감경 또는 면제한다.

2) 형사소송법에 대한 특례

(1) 참고인의 구인 · 유치

제18조 ① 검사 또는 사법경찰관으로부터 이 법에 정한 죄의 참고인으로 출석을 요구받은 자가 정당한 이유없이 2회 이상 출석요구에 불응한 때에는 관할법원판사의 구속영장을

발부받아 구인할 수 있다.
② 구속영장에 의하여 참고인을 구인하는 경우에 필요한 때에는 근접한 경찰서 기타 적당한 장소에 임시로 유치할 수 있다.

(2) 구속기간의 연장

제19조 ① 지방법원판사는 제3조 내지 제10조의 죄로서 사법경찰관이 검사에게 신청하여 검사의 청구가 있는 경우에 수사를 계속함에 상당한 이유가 있다고 인정한 때에는 형사소송법 제202조의 구속기간의 연장을 1차에 한하여 허가할 수 있다.
② 지방법원판사는 제1항의 죄로서 검사의 청구에 의하여 수사를 계속함에 상당한 이유가 있다고 인정한 때에는 형사소송법 제203조의 구속기간의 연장을 2차에 한하여 허가할 수 있다.
③ 제1항 및 제2항의 기간의 연장은 각 10일 이내로 한다.

(3) 공소보류

제20조 ① 검사는 이 법의 죄를 범한 자에 대하여 형법 제51조의 사항을 참작하여 공소제기를 보류할 수 있다.
② 제1항에 의하여 공소보류를 받은 자가 공소의 제기없이 2년을 경과한 때에는 소추할 수 없다.
③ 공소보류를 받은 자가 법무부장관이 정한 감시·보도에 관한 규칙에 위반한 때에는 공소보류를 취소할 수 있다.
④ 제3항에 의하여 공소보류가 취소된 경우에는 형사소송법 제208조의 규정에 불구하고 동일한 범죄사실로 재구속할 수 있다.

3. 국가보안법상 처벌 범죄

1) 반국가단체 구성 · 가입 · 가입권유죄(제3조)

반국가단체는 '정부를 참칭하거나 국가를 변란할 것을 목적으로 하는 국내외의 결사 또는 집단으로서 지휘통솔체제를 갖춘 단체'를 뜻한다. 여기서 '정부참칭'이란 불법적으로 임의로 정부를 조직하여 진정한 정부인 것처럼 사칭하는 행위를 뜻하며, '국가변란'이란 정부를 전복하여 새로운 정부를 조직하는 행위이다. '결사'는 공동목적을 수행하기 위해 조직된 다수인의 계속적 결합체를 의미하며, '지휘통솔체제'란 '2인 이상의 특정 다수인 사이에 단체의 내부질서를 유지하고, 그 단체를 주도하기 위하여 일정한 위계 및 분담 등의 체계를 갖춘 결합체'를 의미한다. 반국가단체를 구성하거나 가입, 가입을 권유하는 경우, 그 임무에 따라 형벌이 달라진다.

2) 목적수행죄(제4조 제1항)

반국가단체의 구성원 또는 그 지령을 받은 자가 그 목적수행을 위한 행위를 함으로써 성립하는 범죄이다. 각호의 행위태양에 따라 형벌이 달라진다.

제1호	외환유치죄, 여적죄, 모병이적죄, 시설제공이적죄, 시설파괴이적죄, 물건제공이적죄, 일반이적죄, 존속살해죄, 강도살인·치사죄, 해상강도살해·치사죄
제2호	적국을 위하여 간첩하거나 적국의 간첩을 방조하거나 군사기밀을 적국에 누설하거나 국가기밀을 탐지·수집·누설·전달하거나 중개하는 행위
제3호	소요죄, 폭발물사용죄, 도주원조죄현주건조물 등 방화죄, 방화의 죄, 일수의 죄, 음용수에 관한 죄, 통화위조의 죄, 살인죄, 강도죄
제4호	교통·통신, 국가 또는 공공단체가 사용하는 건조물 기타 중요시설을 파괴하거나 사람을 약취·유인하거나 함선·항공기·자동차·무기 기타 물건을 이동·취거하는 행위
제5호	유가증권위조죄, 상해의 죄, 국가기밀에 속하는 서류 또는 물품을 손괴·은닉·위조·변조하는 행위
제6호	제1호 내지 제5호의 행위를 선동·선전하거나 사회질서의 혼란을 조성할 우려가 있는 사항에 관하여 허위사실을 날조하거나 유포하는 행위

3) 간첩죄(제4조 제1항 제2호)

적국을 위하여 간첩하거나 적국의 간첩을 방조하거나 군사상 기밀을 적국에 누설함으로써 성립하는 범죄이다. '적국'이란 국제법상 국가로 취급받는 단체일 것을 요하지 않고 사실상 국가에 준하는 단체를 포함한다. 따라서 북한도 간첩죄의 적국에 해당한다.

'국가기밀'이란 정치, 경제, 사회, 문화 등 각 방면에 관하여 반국가단체에 대하여 비밀로 하거나 확인되지 아니함이 대한민국의 이익이 되는 모든 사실, 물건 또는 지식으로서, 그것들이 국내에서의 적법한 절차 등을 거쳐 이미 일반인에게 널리 알려진 공지의 사실, 물건 또는 지식에 속하지 아니한 것이어야 하고, 또 그 내용이 누설되는 경우 국가의 안전에 위험을 초래할 우려가 있어 기밀로 보호할 실질가치를 갖춘 것을 의미한다. 실행의 착수시기는 간첩을 위하여 국내에 잠입 또는 입국하였을 때이며, 국가기밀을 탐지·수집 등을 한 때에 기수가 된다. 미수범과 예비·음모 행위를 모두 처벌한다.

4) 자진지원죄(제5조 제1항)

반국가단체나 그 구성원 또는 그 지령을 받은 자를 지원할 목적으로 자진하여 제4조 제1항 각호에 규정된 행위를 한 경우 성립하는 범죄이다. 목적범이며, 목적을 달성하지 않았더라도 범죄성립에 영향이 없다. '자진하여'는 구성원 또는 지령을 받은 자와 사전 의사연락 없이 그들을 위해 반국가적 행위를 한 경우를 뜻한다. 반국가단체의 구성원 또는 그 지령을 받을 자를 제외한 모든 사람이 행위주체가 될 수 있다. 미수범과 예비·음모 모두 처벌한다.

5) 금품수수죄(제5조 제2항)

국가의 존립·안전이나 자유민주적 기본질서를 위태롭게 한다는 점을 알면서 반국가단체의 구성원 또는 그 지령을 받은 자로부터 금품을 수수하는 경우 성립한다. 행위주체에 제한이 없으며, 대한민국을 해할 목적이 없더라도 성립 가능하다. 미수범은 처벌하나, 예비·음모는 처벌하지 않는다.

6) 잠입탈출죄(제6조)

국가의 존립·안전이나 자유민주적 기본질서를 위태롭게 한다는 점을 알면서 반국가단체의 지배하에 있는 지역으로부터 잠입하거나 그 지역으로 탈출하는 경우, 반국가단체나 그 구성원의 지령을 받거나 받기 위하여 또는 그 목적수행을 협의하거나 협의하기 위하여 잠입하거나 탈출하는 경우 성립하는 범죄이다. 미수범 및 예비·음모죄 모두 처벌한다.

7) 찬양고무등죄(제7조)

국가의 존립·안전이나 자유민주적 기본질서를 위태롭게 한다는 점을 알면서 반국가단체나 그 구성원 또는 그 지령을 받은 자의 활동을 찬양·고무·선전 또는 이에 동조하거나 국가변란을 선전·선동하는 경우, 이들 행위를 목적으로 단체를 구성하거나 이에 가입하는 경우, 이들 단체의 구성원으로서 사회질서의 혼란을 조성할 우려가 있는 사항에 관하여 허위사실을 날조하거나 유포하는 경우, 이들 행위를 할 목적으로 문서·도화 기타의 표현물을 제작·수입·복사·소지·운반·반포·판매 또는 취득하는 경우 성립하는 범죄이다. 미수범을 처벌하며, 단체를 구성하거나 가입하는 행위에 대해서는 예비·음모 행위도 처벌한다.

8) 회합·통신등죄(제8조)

국가의 존립·안전이나 자유민주적 기본질서를 위태롭게 한다는 점을 알면서 반국가단체의 구성원 또는 그 지령을 받은 자와 회합·통신 기타의 방법으로 연락을 하는 경우 성립한다. 미수범은 처벌하나 예비·음모 처벌 규정은 없다.

9) 편의제공죄(제9조)

반국가단체의 구성등죄, 목적수행죄, 자진지원·금품수수죄, 잠입·탈출죄, 찬양·고무등죄, 회합·통신등죄를 범하거나 범하려는 자라는 점을 알면서 총포·탄약·화약 기타 무기를 제공하는 경우 성립한다. 미수범과 예비·음모 행위 모두 처벌한다. 또한 이들 죄를 범하거나 범하려는 자라는 점을 알면서 금품 기타 재산상의 이익을 제공하거나 잠복·회합·통신·연락을 위한 장소를 제공하거나 기타의 방법으로 편의를 제공하는 경우에도 본 범죄가 성립하지만, 본범과 친족관계가 있는 때에는 그 형을 감경 또는 면제할 수 있고(임의적 감경), 미수범은 처벌하나 예비·음모 행위는 처벌하지 않는다.

10) 불고지죄(제10조)

반국단체의 구성등죄, 목적수행죄, 자진지원죄, 자진지원미수죄, 자진지원예비·음모죄를 범한 자라는 점을 알면서 수사기관 또는 정보기관에 고지하지 않는 경우 성립한다. 본범과 친족관계가 있는 때에는 그 형을 감경 또는 면제한다(필요적 감면).

11) 특수직무유기죄(제11조)

범죄수사 또는 정보의 직무에 종사하는 공무원이 국가보안법의 죄를 범한 자라는 점을 알면서 그 직무를 유기한 때 성립한다. 본범과 친족관계가 있는 때에는 그 형을 감경 또는 면제할 수 있다(임의적 감면).

12) 무고 · 날조죄(제12조)

타인으로 하여금 형사처분을 받게 할 목적으로 국가보안법의 죄에 대하여 무고 또는 위증을 하거나 증거를 날조 · 인멸 · 은닉한 경우 성립한다. 범죄수사 또는 정보의 직무에 종사하는 공무원이나 이를 보조하는 자 또는 이를 지휘하는 자가 직권을 남용하여 이들 행위를 한 경우에도 성립한다.

제6절 보안관찰

Ⅰ 보안관찰의 의의

보안관찰이란 반국가사범에 대하여 재범의 위험성을 예방하고 건전한 사회복귀를 촉진하기 위하여 보안관찰처분을 함으로써 국가의 안전과 사회의 안녕을 유지함을 목적으로 하는 대인적 보안처분의 일종이다. 법적 근거로는 「보안관찰법」를 들 수 있다.

Ⅱ 보안관찰처분의 요건

1. 보안관찰처분 대상자

보안관찰처분대상자는 보안관찰해당범죄 또는 이와 경합된 범죄로 금고 이상의 형의 선고를 받고 그 형기합계가 3년 이상인 자로서 형의 전부 또는 일부의 집행을 받은 사실이 있는 자를 말한다. 23년 1차

보안관찰처분대상에 해당하는 자중 보안관찰해당범죄를 다시 범할 위험성이 있다고 인정할 충분한 이유가 있어 재범의 방지를 위한 관찰이 필요한 자에 대하여는 보안관찰처분을 한다.

보안관찰처분을 받은 자는 이 법이 정하는 바에 따라 소정의 사항을 주거지 관할 경찰서장에게 신고하고, 재범방지에 필요한 범위안에서 그 지시에 따라 보안관찰을 받아야 한다. 23년 1차

2. 보안관찰 해당범죄

형법	내란목적살인죄, 외환유치죄, 여적죄, 모병이적죄, 시설제공이적죄, 시설파괴이적죄, 물건제공이적죄, 간첩죄 ※제외 – 내란죄, 일반이적죄, 전시군수계약불이행죄
군형법	반란죄, 반란목적군용물탈취죄, 반란불고지죄, 군대 및 군용시설 제공죄, 군용시설 등 파괴죄, 간첩죄, 일반이적죄 ※제외 – 단순반란불고지죄
국가보안법	목적수행죄, 자진지원죄, 금품수수죄, 잠입·탈출죄, 총포·탄약·무기등편의제공죄 ※제외 – 반국가단체구성죄, 찬양고무죄, 회합통신죄, 불고지죄, 특수직무유기죄, 무고날조죄

Ⅲ 보안관찰처분의 절차

청구	• 검사가 보안관찰처분청구서를 법무부장관에게 제출 23년 1차 • 검사가 처분청구서를 제출할 때에는 청구의 원인이 되는 사실을 증명할 수 있는 자료와 의견서를 첨부 • 보안관찰처분청구를 한 때에는 지체없이 처분청구서등본을 피청구자에게 송달하여야 하고, 송달에 관하여는 민사소송법중 송달에 관한 규정을 준용
조사	검사는 보안관찰처분청구를 위하여 필요한 경우 보안관찰처분대상자, 청구의 원인이 되는 사실과 보안관찰처분을 필요로 하는 자료를 조사 가능
심사	• 법무부장관이 처분청구서와 자료에 의하여 청구된 사안을 심사 • 법무부장관이 심사를 위하여 필요한 경우, 법무부소속공무원으로 하여금 조사하게 할 수 있고, 수명 공무원은 ① 피청구자 기타 관계자의 소환·심문·조사, ② 국가기관 기타 공·사단체에의 조회 및 관계자료의 제출요구의 권한을 가짐

면제	• 법무부장관은 보안관찰처분대상자중 ① 준법정신이 확립되어 있고, ② 일정한 주거와 생업이 있고, ③ 대통령령이 정하는 신원보증이 있는 자에 대해서 보안관찰처분을 하지 아니하는 결정(면제결정)을 할 수 있음 • 면제결정을 받은 자가 그 면제결정요건에 해당하지 아니하게 된 때에는 검사의 청구에 의하여 법무부장관은 면제결정을 취소할 수 있음
결정	• 법무부장관이 보안관찰처분심의위원회의 의결을 거쳐 보안관찰처분에 관한 결정은 행함 • 법무부장관은 위원회의 의결과 다른 결정을 할 수 없으나, 보안관찰처분대상자에 대하여 위원회의 의결보다 유리한 결정을 하는 때에는 가능
결정 취소 등	• 검사는 법무부장관에게 보안관찰처분의 취소 또는 기간의 갱신을 청구 가능 • 법무부장관은 위 청구를 받은 경우, 보안관찰처분심의위원회의 의결을 거쳐 이를 심사·결정

Ⅳ 보안관찰처분의 기간

보안관찰처분의 기간은 2년이다. [23년 1차] 법무부장관은 검사의 청구가 있는 경우 보안관찰처분심의위원회의 의결을 거쳐 그 기간을 갱신할 수 있다.

Ⅴ 보안관찰처분의 수단

1. 지도

검사 및 사법경찰관리는 피보안관찰자의 재범을 방지하고 건전한 사회복귀를 촉진하기 위하여 ① 피보안관찰자와 긴밀한 접촉을 가지고 항상 그 행동 및 환경 등을 관찰하는 것, ② 피보안관찰자에 대하여 신고사항을 이행함에 적절한 지시를 하는 것, ③ 기타 피보안관찰자가 사회의 선량한 일원이 되는데 필요한 조치를 취하는 것을 내용으로 하는 지도를 할 수 있다.

또한 검사 및 사법경찰관은 피보안관찰자의 재범방지를 위하여 특히 필요한 경우에는 ① 보안관찰해당범죄를 범한 자와의 회합·통신을 금지하는 것, ② 집단적인 폭행, 협박, 손괴, 방화 등으로 공공의 안녕질서에 직접적인 위협을 가할 것이 명백한 집회 또는 시위장소에의 출입을 금지하는 것, ③ 피보안관찰자의 보호 또는 조사를 위하여 특정장소에의 출석을 요구하는 것을 내용으로 하는 조치를 취할 수 있다.

2. 보호

검사 및 사법경찰관리는 피보안관찰자가 자조의 노력을 함에 있어, 그의 개선과 자위를 위하여 필요하다고 인정되는 적절한 보호를 할 수 있다. 보호 방법에는 ① 주거 또는 취업을 알선하는 것, ② 직업훈련의 기회를 제공하는 것, ③ 환경을 개선하는 것, ④ 기타 본인의 건전한 사회복귀를 위하여 필요한 원조를 하는 것이 있다. 기타 보안관찰처분대상자나 피보안관찰자에 대해 일정한 경우 거소를 제공할 수 있다.

3. 응급구호

검사 및 사법경찰관리는 피보안관찰자에게 부상·질병 기타 긴급한 사유가 발생하였을 때에는 대통령령이 정하는 바에 따라 필요한 구호를 할 수 있다.

4. 경고

검사 및 사법경찰관리는 피보안관찰자가 의무를 위반하였거나 위반할 위험성이 있다고 의심할 상당한 이유가 있는 때에는 그 이행을 촉구하고 형사처벌등 불이익한 처분을 받을 수 있음을 경고할 수 있다.

제**7**절 남북교류협력

I 「남북교류협력에 관한 법률」의 의의

1. 목적

「남북교류협력에 관한 법률」은 군사분계선 이남지역과 그 이북지역 간의 상호 교류와 협력을 촉진하기 위하여 필요한 사항을 규정함으로써 한반도의 평화와 통일에 이바지하는 것을 목적으로 제정되었다.

2. 용어 정의

출입장소	군사분계선 이북지역(북한)으로 가거나 북한으로부터 들어올 수 있는 군사분계선 이남지역(남한)의 항구, 비행장, 그 밖의 장소로서 대통령령으로 정하는 곳
교역	남한과 북한 간의 물품, 대통령령으로 정하는 용역 및 전자적 형태의 무체물의 반출·반입
반출·반입	매매, 교환, 임대차, 사용대차, 증여, 사용 등을 목적으로 하는 남한과 북한 간의 물품 등의 이동(단순히 제3국을 거치는 물품등의 이동 포함)
협력사업	남한과 북한의 주민(법인·단체 포함)이 공동으로 하는 환경, 경제, 학술, 과학기술, 정보통신, 문화, 체육, 관광, 보건의료, 방역, 교통, 농림축산, 해양수산 등에 관한 모든 활동

3. 다른 법률과의 관계

남한과 북한의 왕래·접촉·교역·협력사업 및 통신 역무의 제공 등 남한과 북한 간의 상호 교류와 협력을 목적으로 하는 행위에 관하여는 「남북교류협력에 관한 법률」의 목적 범위에서 다른 법률에 우선하여 동법을 적용한다. 여기서 '다른 법률'에는 국가보안법도 포함되며, 남한과 북한을 왕래하는 행위가 '남북교류와 협력을 목적으로 하는 행위'로서 '정당하다고 인정'되거나 '위 법률의 목적 범위 안에 있다고 인정'되는지 여부는 북한 왕래를 하게 된 경위, 방문증명서를 발급받았는지 여부, 북한 왕래의 구체적인 목적이 동법에서 정하고 있는 교역 및 협력사업에 해당하는지 여부, 북한 왕래자가 그 교역 및 협력사업을 실제로 행하였는지 여부, 북한 왕래 전후의 행적 등을 종합적으로 고려하여 객관적으로 판단한다.

Ⅱ 남북교류협력 추진협의회

남북교류협력에 관한 정책을 협의·조정하고, 중요 사항을 심의·의결하기 위하여 통일부에 남북교류협력 추진협의회를 두고 있다. 협의회는 ① 남북교류협력에 관한 정책의 협의·조정 및 기본원칙의 수립, ② 남북교류·협력에 관한 승인이나 그 취소

등에 관한 중요 사항의 협의·조정, ③ 동법 제14조에 따른 반출·반입 승인대상 물품 등의 공고에 관한 사항, ④ 협력사업에 대한 총괄·조정, ⑤ 남북교류·협력 촉진을 위한 지원, ⑥ 관계 부처 간의 협조가 필요한 남북교류·협력과 관련된 중요 사항, ⑦ 기타 위원장이 회의에 부치는 사항을 심의·의결한다.

Ⅲ 남북한 교류·협력 활동

1. 남북한 방문

통일부장관의 방문승인을 받은 경우, 남한 주민이 북한을 방문하거나 북한 주민이 남한을 방문할 수 있고, 이 때 통일부장관이 발급한 증명서를 소지하여야 한다.

통일부장관은 방문승인을 하는 경우 대통령령으로 정하는 범위에서 북한 또는 남한에 머무를 수 있는 방문기간을 부여하여야 하고, 남북교류·협력의 원활한 추진을 위하여 대통령령으로 정하는 바에 따라 북한방문결과보고서 제출 등 조건을 붙일 수 있다. 방문승인을 받은 사람은 방문기간 내에 한 차례에 한하여 북한 또는 남한을 방문할 수 있다.

통일부장관은 방문승인을 받은 사람이 거짓이나 그 밖의 부정한 방법으로 방문승인을 받은 경우 승인을 취소하여야 하고(필요적 취소), ① 방문 조건을 위반한 경우, ② 남북교류·협력을 해칠 명백한 우려가 있는 경우, ③ 국가안전보장, 질서유지 또는 공공복리를 해칠 명백한 우려가 있는 경우 승인을 취소할 수 있다(임의적 취소).

2. 남북한 주민 접촉

남한의 주민이 북한의 주민과 회합·통신, 그 밖의 방법으로 접촉하려면 통일부장관에게 미리 신고하여야 하며, 대통령령으로 정하는 부득이한 사유에 해당하는 경우에는 접촉한 후에 신고할 수 있다. 통일부장관은 접촉에 관한 신고를 받은 때 ① 남북교류·협력을 해칠 명백한 우려가 있거나 ② 국가안전보장, 질서유지 또는 공공복리를 해칠 명백한 우려가 있는 경우에만 신고의 수리를 거부할 수 있다.

3. 외국 거주 동포의 출입

외국 국적을 보유하지 아니하고 대한민국의 여권을 소지하지 아니한 외국 거주 동포가 남한을 왕래하려면 「여권법」 제14조 제1항에 따른 여행증명서를 소지하여야 한다.

4. 남북한 방문

북한을 직접 방문하는 남한주민과 남한을 직접 방문하는 북한주민은 출입장소에서 대통령령으로 정하는 바에 따라 심사를 받아야 한다.

5. 남북한 거래의 원칙

남한과 북한 간의 거래는 국가 간의 거래가 아닌 민족내부의 거래로 본다.

6. 반출·반입

물품등을 반출하거나 반입하려는 자는 대통령령으로 정하는 바에 따라 그 물품등의 품목, 거래형태 및 대금결제 방법 등에 관하여 통일부장관의 승인을 받아야 한다. 승인을 받은 사항 중 대통령령으로 정하는 주요 내용을 변경할 때에도 승인을 받아야 한다.

통일부장관은 물품등의 반출이나 반입을 승인받은 자가 거짓이나 그 밖의 부정한 방법으로 반출이나 반입을 승인받은 경우에는 승인을 취소하여야 하고(필요적 취소), ① 관련 조건을 위반하거나 ② 관련 공고된 사항을 위반하거나, ③ 관련 조정명령을 따르지 아니하거나, ④ 관련 보고를 하지 아니하거나 거짓으로 보고한 경우, ⑤ 남북 교류·협력을 해칠 명백한 우려가 있는 경우, ⑥ 국가안전보장, 질서유지 또는 공공복리를 해칠 명백한 우려가 있는 경우에는 그 승인을 취소할 수 있다(임의적 취소).

7. 협력사업

협력사업을 하려는 자는 협력사업마다 다음의 요건을 모두 갖추어 통일부장관의 승인을 받아야 한다.
① 협력사업의 내용이 실현 가능하고 구체적일 것
② 협력사업으로 인하여 남한과 북한 간에 분쟁을 일으킬 사유가 없을 것
③ 이미 시행되고 있는 협력사업과 심각한 경쟁을 하게 될 가능성이 없을 것
④ 협력사업을 하려는 분야의 사업실적이 있거나 협력사업을 추진할 만한 자본·기술·경험 등을 갖추고 있을 것
⑤ 국가안전보장, 질서유지 또는 공공복리를 해칠 명백한 우려가 없을 것

통일부장관은 협력사업의 승인을 받은 자가 다음의 어느 하나에 해당하면 관계 행정기관의 장과 협의하여 청문을 실시한 후에 6개월 이내의 기간을 정하여 협력사업의 정지를 명하거나 그 승인을 취소할 수 있다.
① 거짓이나 그 밖의 부정한 방법으로 협력사업의 승인을 받은 경우(필요적 취소)
② 관련 요건을 갖추지 못하게 된 경우
③ 관련 변경승인을 받지 아니하고 협력사업의 내용을 변경한 경우
④ 관련 조건을 위반한 경우
⑤ 협력사업 정지기간 중에 협력사업을 한 경우(필요적 취소)
⑥ 관련 조정명령을 따르지 아니한 경우
⑦ 관련 보고를 하지 아니하거나 거짓으로 보고한 경우
⑧ 관련 조사를 정당한 사유 없이 거부·기피하거나 방해한 경우
⑨ 협력사업의 승인을 받고 최근 3년간 계속하여 협력사업의 실적이 없는 경우
⑩ 협력사업의 시행 중 남북교류·협력을 해칠 명백한 우려가 있는 행위를 한 경우
⑪ 국가안전보장, 질서유지 또는 공공복리를 해칠 명백한 우려가 있는 경우

Ⅳ 처벌 및 형의 감경

통일부장관의 승인없이 북한을 방문하거나 물품 등을 반출·반입하는 등 「남북교류협력에 관한 법률」을 위반하는 행위 등은 형사처벌 된다. 일정 범죄에 대해서는 자수한 경우 형을 감경하거나 면제할 수 있다(임의적 감면).

07 외사경찰

제1절 외사경찰의 개념과 체계

외사경찰은 국가와 사회적 안전 및 질서보호를 위해 외국인, 외국과 관련된 기관, 단체들과 관련된 범죄를 예방, 단속하는 경찰활동을 뜻한다. 국가와 국민의 안전 관련 정보활동은 사전예방적 외사경찰에 해당된다. 이에 비해 국내 체류 외국인, 외국기관이나 단체가 행한 범죄, 국민이나 해외교포가 외국에서 행한 범죄, 외국인이 외국에서 한국 또는 한국 국민을 대상으로 행한 범죄, 한국 국민이 국내에서 외국 또는 외국인을 대상으로 행한 범죄는 사후진압적 외사경찰에 해당된다.

정보통신 발달과 국제화에 따른 교류확대는 외국인범죄, 불법출입국 사범, 산업기술 유출과 같은 외사치안수요의 증가문제도 가져온다. 다문화사회의 진전에 따라 내·외국인이 상생하는 치안환경을 조성하고, 해외 체류 국민 안전확보를 위해서도 외사치안활동 필요성이 증대하고 있다. 또한 국가적 범죄 증가에 따라 각 국의 경찰과 협업을 통해 대응역량도 확보할 필요가 있게 된다.

제2절 외사경찰의 직무와 조직체계

I 외사경찰의 직무

외사경찰이 담당하는 업무는 다음과 같다.

외사경찰업무에 관한 기획·지도 및 조정
재외국민 및 외국인에 관련된 신원조사
외국경찰기관과의 교류·협력
국제형사경찰기구에 관련되는 업무
외사정보의 수집·분석 및 관리
외사보안업무의 지도·조정
국제공항 및 국제해항의 보안활동에 관한 계획 및 지도

Ⅱ 외사경찰의 조직체계

경찰청장은 경찰관의 직무수행을 위하여 외국 정부기관, 국제기구 등과 자료 교환, 국제협력 활동 등을 할 수 있다(경찰관직무집행법 제8조의3). 종래 경찰청 외사국은 2023년 「경찰청과 그 소속기관 직제」 개정으로 폐지되고, 각각 경찰청 국제협력관, 치안정보국과 국가수사본부 수사국, 형사국, 안보수사국으로 업무가 분장되어 있다.

1. 국제협력관 : ① 치안 분야 국제협력 정책의 수립·총괄·조정, ② 외국경찰기관과의 교류·협력, ③ 국제형사경찰기구에 관련되는 업무
2. 치안정보국 : 외사정보의 수집·분석 및 관리 등 외사정보활동
3. 국가수사본부 수사국 : 사이버수사 관련 국제공조에 관한 사항
4. 국가수사본부 형사국 : ① 외국인 관련 범죄 수사에 관한 기획, 정책·수사지침 수립·연구·분석 및 수사기법 개발, ② 외국인 관련 범죄에 대한 통계 및 수사자료 분석
5. 국가수사본부 안보수사국 : ① 외사보안업무의 지도·조정, ② 공항 및 항만의 안보활동에 관한 계획 및 지도

I 국제공조 범죄대응

1. 국외도피사범 검거 및 송환

　　국외도피사범이란 국내에서 범죄를 저지르고 국외로 도피하거나 국외에서 범죄를 저지른 내국인 피의자를 말한다. 국외도피사범의 증가는 국외로 도피하면 처벌을 피할 수 있다는 인식으로 이어질 수 있고, 교민사회의 불안을 가중시킬 수 있어 심각한 문제가 될 수 있다. 이에 각국 정부 및 항공사와 협의하여 미입국송환, 선박을 이용한 송환, 격리면제 제도 활용 등 새로운 방식으로 국외도피사범 송환을 적극 수행하고 있다. 또한 국외도피사범의 원활한 검거 및 송환을 위해 194개 인터폴 회원국, 파견 경찰 주재관 및 유관부처 등과 적극적인 공조활동을 전개하고 있다(경찰백서 2023).

2. 마약범죄 등 초국경범죄 대응

　　마약·보이스피싱 등 범죄는 이미 국경을 넘어 여러 나라에 걸쳐서 조직적으로 이루어지는 추세이다. '국제성 범죄'로 진화하는 양상을 보이면서, 단일 국가의 노력만으로는 예방 또는 범인검거가 현실적으로 불가능해지고 있다.

　　경찰청은 인터폴 펀딩(회원국에서 공여한 예산을 통해 특정 범죄분야 대응을 위한 프로젝트를 추진하는 사업)을 통해 마약, 경제범죄, 온라인 아동 성착취, 도피사범 추적·검거 관련 프로젝트를 통해 국외도피사범 검거 및 송환, 인터폴 내 대한민국 경찰관 파견 확대, 인터폴 회원국 역량강화 교육실시 등 글로벌 치안강국으로서의 입지를 공고히 하였다. 최근 다크웹 및 국제우편 등 마약 유통 경로가 다변화되는 문제에 대응하여, 인터폴 마약 대응부서와 협력하에 마약 공급망 차단 및 마약사범 검거에 역량을 집중하고 있다.

3. 범죄인 인도

범죄인 인도(extradition)는 범인이 다른 국가로 도주하였을 때 도주한 국가로부터 범죄행위지 국가로 범죄인 인도조약 또는 외교 절차를 통하여 범죄인을 인도 받는 절차 및 제도이다. 2021년 개정 「범죄인 인도법」에 따르면, 우리나라와 인도청구한 국가의 법률에 따라 인도범죄가 사형, 무기징역, 무기금고, 장기 1년 이상의 징역 또는 금고에 해당하는 경우에만 범죄인을 인도할 수 있다(제6조).

그러나 다음 각 호의 어느 하나에 해당하는 경우에는 범죄인을 인도하여서는 아니 된다(제7조). 22년 1차/24년 1차

1. 대한민국 또는 청구국의 법률에 따라 인도범죄에 관한 공소시효 또는 형의 시효가 완성된 경우
2. 인도범죄에 관하여 대한민국 법원에서 재판이 계속(係屬) 중이거나 재판이 확정된 경우
3. 범죄인이 인도범죄를 범하였다고 의심할 만한 상당한 이유가 없는 경우. 다만, 인도범죄에 관하여 청구국에서 유죄의 재판이 있는 경우는 제외한다.
4. 범죄인이 인종, 종교, 국적, 성별, 정치적 신념 또는 특정 사회단체에 속한 것 등을 이유로 처벌되거나 그 밖의 불리한 처분을 받을 염려가 있다고 인정되는 경우

인도범죄가 정치적 성격을 지닌 범죄이거나 그와 관련된 범죄인 경우에는 범죄인을 인도하여서는 아니 된다. 다만, 인도범죄가 다음 각 호의 어느 하나에 해당하는 경우에는 그러하지 아니하다. 인도청구가 범죄인이 범한 정치적 성격을 지닌 다른 범죄에 대하여 재판을 하거나 그러한 범죄에 대하여 이미 확정된 형을 집행할 목적으로 행하여진 것이라고 인정되는 경우에는 범죄인을 인도하여서는 아니 된다(제8조).

1. 국가원수(國家元首) · 정부수반(政府首班) 또는 그 가족의 생명 · 신체를 침해하거나 위협하는 범죄
2. 다자간 조약에 따라 대한민국이 범죄인에 대하여 재판권을 행사하거나 범죄인을 인도할 의무를 부담하고 있는 범죄
3. 여러 사람의 생명 · 신체를 침해 · 위협하거나 이에 대한 위험을 발생시키는 범죄

다음 각 호의 어느 하나에 해당하는 경우에는 범죄인을 인도하지 아니할 수 있다(제9조).

1. 범죄인이 대한민국 국민인 경우
2. 인도범죄의 전부 또는 일부가 대한민국 영역에서 범한 것인 경우
3. 범죄인의 인도범죄 외의 범죄에 관하여 대한민국 법원에 재판이 계속 중인 경우 또는 범죄인이 형을 선고받고 그 집행이 끝나지 아니하거나 면제되지 아니한 경우
4. 범죄인이 인도범죄에 관하여 제3국(청구국이 아닌 외국을 말한다. 이하 같다)에서 재판을 받고 처벌되었거나 처벌받지 아니하기로 확정된 경우
5. 인도범죄의 성격과 범죄인이 처한 환경 등에 비추어 범죄인을 인도하는 것이 비인도적(非人道的)이라고 인정되는 경우

Ⅱ 국제범죄 단속

1. 불법 출입국사범 단속

경찰은 불법체류자 정부합동단속에 참여하고, 주요 외국인밀집지역에서 선별적 검문검색을 실시하여 불법체류자를 검거하고 있다. 외국인불법체류자 현황은 다음과 같다. 한편, '통보 의무 면제제도'를 적극적으로 활용하여 불법체류 외국인이 범죄 피해자면 강제 출국 우려 없이 피해 신고를 유도하고 있다.

구분	2019년	2020년	2021년	2022년	2023년
체류 외국인	2,524,656	2,036,075	1,956,781	2,245,912	2,507,584
불법체류자	390,281	392,196	388,700	411,270	423,675
외국인 피의자	39,249	39,139	32,470	34,472	32,744

2. 외국인범죄 대응

외국인노동자에 대한 고용허가제 도입, 무사증 관광객 증가 등 개방화정책에 따라 불법체류외국인이 증가하고 있어, 이와 관련된 각종 불법행위 및 범죄피해 발생 가능성도 높아지고 있다.

외국인 범죄 현황에 따르면 코로나-19 시기 감소하던 4대 범죄(살인·강도·절도·폭력) 피의자 수가 2022년부터 다시 늘어나고 있으며, 마약류 범죄의 경우 5년간 꾸

준히 증가 추세를 이어가고 있다. 또한, 외국인 도박 및 풍속 사범이 2022년 383명에서 2023년 625명으로 증가하는 등 해외 거점 투자사기·리딩방이나 도박사이트 등의 사기·도박 범죄도 척결 필요성이 증대되고 있다. 외국인 범죄 현황은 다음과 같다.

구분	계	살인	강도	강간	절도	폭력	마약	지능	교통	풍속	기타
'18년	34,832	85	55	87	3,162	8,940	596	5,018	7,313	474	8,382
'19년	39,249	83	85	768	3,395	9,141	1,072	5,686	7,904	498	10,617
'20년	39,139	80	71	633	2,980	8,371	1,428	7,003	8,132	566	9,875
'21년	32,470	47	56	568	2,456	6,494	1,606	5,602	7,583	359	7,699
'22년	34,472	45	94	749	2,496	7,082	1,721	5,799	6,738	383	9,365

특히 외국인 마약범죄는 처벌형량이 높고 소지·거래자체를 금지한다는 점에서 주로 단속회피를 위한 비노출 형태로 이루어지며, 상대적으로 해외에서 쉽게 마약을 구할 수 있어 국내외 마약사범이 연계된 국제적 마약범죄가 대다수이다.

경찰청은 외국인 밀집지역내 마약범죄관련 첩보수집과 수사를 강화하고, 검찰, 관세청 등 유관기관과 공조하여 마약류 국내 밀반입차단과 마약확산방지에 노력하고 있다. 특히 전국 국제범죄수사대 등을 활용, 외국인 마약범죄에 대한 집중단속을 실시하고 있다.

3. 외국인범죄 수사

1) 경찰수사규칙

2024년 개정 「경찰수사규칙」에 따르면 외국인을 조사하는 경우에는 조사를 받는 외국인이 이해할 수 있는 언어로 통역해 주어야 한다(제91조 제1항). 〔23년 2차〕 ② 외국인을 체포·구속하는 경우 국내 법령을 위반하지 않는 범위에서 영사관원과 자유롭게 접견·교통할 수 있고, 체포·구속된 사실을 영사기관에 통보해 줄 것을 요청할 수 있다는 사실을 알려야 한다. ③ 체포·구속된 외국인이 통보를 요청하는 경우에는 영사기관 체포·구속 통보서를 작성하여 지체 없이 해당 영사기관에 체포·구속 사실을 통보해야 한다. ④ 외국인 변사사건이 발생한 경우에는 영사기관 사망 통보서를 작성하여 지체 없이 해당 영사기관에 통보해야 한다(제91조).

2023년 개정(경찰청) 범죄수사규칙에서도 경찰관은 외국인의 조사와 체포·구속에 있어서는 언어, 풍속과 습관의 특성을 고려하여야 한다고 규정하고 있다(제215조). 또한 외국인인 피의자 및 그 밖의 관계자가 한국어에 능통하지 않는 경우에는 통역인으로 하여금 통역하게 하여 한국어로 피의자신문조서나 진술조서를 작성하여야 하며 특히 필요한 때에는 외국어의 진술서를 작성하게 하거나 외국어의 진술서를 제출하게 하여야 한다(범죄수사규칙 제217조).

한미행정협정사건의 경우 ① 주한 미합중국 군대의 구성원·외국인군무원 및 그 가족이나 초청계약자의 범죄 관련 사건을 인지하거나 고소·고발 등을 수리한 때에는 7일 이내에 한미행정협정사건 통보서를 검사에게 통보해야 한다). 23년 2차 ② 주한 미합중국 군당국으로부터 공무증명서를 제출받은 경우 지체 없이 공무증명서의 사본을 검사에게 송부해야 한다. ③ 검사로부터 주한 미합중국 군당국의 재판권포기 요청 사실을 통보받은 날부터 14일 이내에 검사에게 사건을 송치 또는 송부해야 한다. 다만, 검사의 동의를 받아 그 기간을 연장할 수 있다(경찰수사규칙 제92조).

(2) 범죄수사규칙

2023년 개정 「(경찰청) 범죄수사규칙」에 따르면, 외국인 관련범죄 또는 우리나라 국민의 국외범, 대·공사관에 관한 범죄 그 외 외국에 관한 범죄의 수사에 관하여 조약, 협정 그 밖의 특별한 규정이 있을 때에는 그에 따르고, 특별한 규정이 없을 때에는 본 절의 규정에 의하는 외에 일반적인 수사절차를 따른다(제206조).

경찰관은 외국인 등 관련 범죄 중 중요한 범죄에 관하여는 미리 국가수사본부장에게 보고하여 그 지시를 받아 수사에 착수하여야 한다. 다만, 급속을 요하는 경우에는 필요한 처분을 한 후 신속히 국가수사본부장의 지시를 받아야 한다(제208조).

그리고 외국인 등 관련범죄를 수사함에 있어서는 외교관 또는 외교관의 가족, 그 밖의 외교의 특권을 가진 사람의 외교 특권을 침해하는 일이 없도록 주의하여야 한다. ② 경찰관은 외교관의 사용인을 체포하거나 조사할 필요가 있다고 인정될 때에는 현행범인의 체포 그 밖의 긴급 부득이한 경우를 제외하고는 미리 국가수사본부장에게 보고하여 그 지시를 받아야 한다. ③ 경찰관은 피의자가 외교 특권을 가진 사람인지 여부가 의심스러운 경우에는 신속히 국가수사본부장에게 보고하여 그 지시를 받아야 한다(제209조). 또한 ① 임명국의 국적을 가진 대한민국 주재의 총영사, 영사 또는 부영사에 대한 사건에 관하여 구속 또는 조사할 필요가 있다고 인정될 때에는 미리 국가수사본부장에게 보고하여 그 지시를 받아야 한다. ② 경찰관은 총영사, 영사 또는 부영사의 사무소는 해당 영사의 청구나 동의가 있는 경우 외에는 이에 출입해서는 아니 된다. ③ 경찰관은 총영사, 영사 또는 부영사의 사택이나 명예영사의 사무소 혹은 사택에서 수사할 필요가 있다고 인정될 때에는 미리 국가수사본부장에게 보고하여 그 지시를 받아야 한다(제213조).

그리고 ① 대·공사관과 대·공사나 대·공사관원의 사택 별장 혹은 그 숙박하는 장소에 관하여는 해당 대·공사나 대·공사관원의 청구가 있을 경우 이외에는 출입해서는 아니 된다. 다만, 중대한 범죄를 범한 자를 추적 중 해당 장소에 들어간 경우에 지체할 수 없을 때에는 대·공사, 대·공사관원 또는 이를 대리할 권한을 가진 사람의 사전 동의를 얻어 수색하여야 한다. ② 수색을 행할 때에는 지체 없이 국가수사본부장에게 보고하여 그 지시를 받아야 한다(제210조).

또한 경찰관은 대한민국의 영해에 있는 외국 선박내에서 발생한 범죄로서 대한민국 육상이나 항내의 안전을 해할 때, 승무원 이외의 사람이나 대한민국의 국민에 관계가 있을 때, 중대한 범죄가 행하여졌을 때 해당하는 경우에는 수사를 하여야 한다(제214조). 23년 2차

다만, ① 외국군함에 관하여는 해당 군함의 함장의 청구가 있는 경우 외에는 이에 출입해서는 아니 된다. ② 중대한 범죄를 범한 사람이 도주하여 대한민국의 영해에 있는 외국군함으로 들어갔을 때에는 신속히 국가수사본부장에게 보고하여 그 지시를 받아야 한다. 다만, 급속을 요할 때에는 해당 군함의 함장에게 범죄자의 임의의 인도를 요구할 수 있다(제211조). 외국군함에 속하는 군인이나 군속이 그 군함을 떠나 대한민국의 영해 또는 영토 내에서 죄를 범한 경우에는 신속히 국가수사본부장에게 보고하여 그 지시를 받아야 한다. 다만, 현행범 그 밖의 급속을 요하는 때에는 체포 그 밖의 수사상 필요한 조치를 한 후 신속히 국가수사본부장에게 보고하여 그 지시를 받아야 한다(제212조). 23년 2차

Ⅲ 산업기술 국외유출 수사

전국 경찰청에 설치된 산업기술보호 전담수사팀은 첨단기술 해외 유출, 중소기업 기술탈취를 대상으로 매년 기획수사를 실시하고 있다. 또한 산업기술 유출 피해의 회

복불가능성이라는 범죄특성을 고려하여 기술유출사범 검거뿐만 아니라, 기업대상 보안교육 등 기술유출예방활동도 강화하고 있다.

2017년부터 유관부처와 공동으로 해외진출 국내중소기업대상으로 기술보호설명회를 개최하고, 국가핵심기술과 방위산업기술의 해외유출범죄 첩보수집 및 종합적 대응역량강화를 위해 국가정보원, 방위사업청, 군사안보지원사령부 등과 정례협의체를 구성하여 유관기관 협력을 긴밀히 운영하고 있다(경찰백서 2020).

Ⅳ 국제형사경찰기구(인터폴) 관련 업무

1. 인터폴의 의의

국제형사경찰기구(International Criminal Police Organization, Interpol)는 1914년 창립된 정부간국제기구로서 국제범죄(초국가범죄)의 예방과 대응을 위해 회원국의 국내법이 허용하는 범위 내에서 상호간 필요한 자료와 정보를 교환하고 범인체포 및 인도에 상호협력하는 데 목적이 있다. 각종 전문가회의 등을 통해 사건수사에 필요한 최신 정보, 수사기법의 교환 및 상호협력체제가 구축되어 있다.

전세계 194개국이 가입하고 있으며, 한국은 1964년 가입했다. 인터폴은 주로 치안, 테러, 조직 범죄, 반인도적 범죄, 환경 범죄, 집단 학살, 전쟁 범죄, 해적, 마약 생산, 마약 밀매, 무기 밀매, 인신매매, 불법자금세탁, 아동성착취물, 화이트 칼라 범죄, 사이버 범죄, 지적재산권 침해, 부정부패 문제의 국제형사사법 협력이 주된 업무다. 그러나 정치적, 군사적, 종교적 또는 인종적 문제에 대한 관여나 활동은 금지된다.

2. 인터폴과 한국

경찰은 인터폴 전용 통신망(I/24/7)을 활용하여 회원국(190개국) 간 24시간 국제공조수사 체제를 통해 도난여권·중요 범죄자 DNA 데이터베이스 등 범죄정보를 공유하고, 국외도피사범 수배 및 국내 송환, 중요 범죄 발생시 회원국 간 공조수사를 실시하고 있다. 이를 통해 국제범죄관련 정보교환 및 대응 능력 향상에 많은 성과를 거두고 있다.

현재 경찰청 국제협력관실에 한국 인터폴 중앙사무국이 설치되어 있다. 중앙사무국의 기능은 ① 국제범죄에 대응하기 위한 정보 및 자료교환 ② 국제범죄와 관련된 동일증명 및 전과조회 ③ 국제범죄에 대한 사실 확인 및 조사 ④ 국외도피사범 검거 관련 업무 ⑤ 국제범죄 대응을 위한 국제회의 참석 및 개최 등 업무 ⑥ 인터폴 총회 의결 사안의 집행 ⑦ 인터폴 및 각 회원국 국가중앙사무국과의 경찰업무 관련 상호 업무협력 ⑧ 인터폴 협력관의 선발 및 운영 ⑨ 인터폴 전산망 운영 등이다(2024년 개정 국제형사경찰기구(인터폴) 대한민국 국가중앙사무국 운영규칙 제8조).

이러한 기능을 수행하기 위하여 국가중앙사무국은 대한민국을 대표하여 인터폴 및 각 회원국 국가중앙사무국과 국제공조를 총괄하며, ① 일반 정보유통 업무 ② 범죄관련 정보유통 업무 ③ 효율적 협력업무 수행을 위한 의사결정 업무를 지도·조정하며, 국내 다른 기관의 요청에 대하여 ① 인터폴 전산망에 대한 접근 및 차단 결정 ② 인터폴 전산망을 통한 정보유통 범위 결정 ③ 인터폴 전산망에 접근하는 각 기관 전산망의 보안점검 및 보완요구 사항을 심사하여 처리한다(동 규칙 제8조).

3. 온라인 아동성착취 범죄대응 협력

경찰은 2020년부터 2023년까지 온라인 아동 성착취 범죄 대응 사업(Fight Against Children Exploitation)을 통해 아동·청소년 대상 디지털 성범죄 척결과 함께, 피해자 보호 및 범죄 예방을 위한 국제공조에 노력하고 있다. 아동 성착취물 범죄는 제작자·유포자·이용자·피해 아동이 전 세계에 분포되어 있고, 추적이 어려운 다크웹(Darkweb)을 이용하는 등 인터폴과의 국제공조가 매우 중요한 범죄영역이기 때문이다.

찾아보기

기타

저자소개

∷ 황문규

- 현 중부대학교 경찰경호학부(경찰행정학전공) 교수
- 법학박사(독일 튀빙엔대학교)
- 전 대통령 소속 자치분권위원회 자치경찰제 특별위원
- 현 한국형사소송법학회 부회장

〈주요연구〉
- 경찰개혁: '경찰을 경찰답게' 만들기 위한 경찰조직 재설계
- 문재인 정부의 광역단위 자치경찰제에 관한 고찰
- 형사소송법 강의(공저)
- 위험사회 속에서의 경찰권 행사 외 다수

∷ 주한겸

- 현 덕성여자대학교 교수, 미국 변호사 (District of Columbia)
- 법학박사(독일 뮌헨대학교)
- 현 서울고등검찰청 영장심의위원회 위원/서울경찰청 인권위원회 위원
- 현 형사법학회/비교형사법학회/형사소송법학회 상임이사

〈주요연구〉
- 데이터 3법의 주요 개정 내용 및 형사법적 의의에 관한 소고,
- 외부감사인의 독립성 유지의무 및 관련 범죄에 대한 형법이론적 검토,
- 검경 수사권 정부합의안에 대한 비판적 검토,
- 형사절차상 구속 기간 관련 독일 제도 소개 및 시사점 외 다수

∷ 성봉근

- 현 서경대학교 공공인재학부 교수, 학부장
- 법학박사(고려대학교)
- 현 공법학회 부회장/ 환경법학회 부회장
- 현 4차산업혁명융합법학회 총무이사

〈주요연구〉
- 4차산업혁명의 이해
- 환경판례백선
- 행정법객관식연습
- 보장국가로 인한 행정법의 구조변화 외 다수

✖✖ 김한균

- 현 한국형사법무정책연구원 선임연구위원, 연세대학교 법무대학원 겸임교수
- 법학박사(서울대학교)
- 현 법원 전문심리위원/ 대검찰청 디지털수사 자문위원
- 현 한국형사정책학회 부회장

〈주요연구〉
- 신형사소송법
- 수사기관의 조서작성방식 개선방안연구
- 신뢰가능한 경찰수사역량의 구축
- 대한민국 인권현대사 외 다수

✖✖ 이근우

- 현 가천대 법학과 교수, 학과장
- 법학박사(고려대학교)
- 현 한국형사법학회 총무이사
- 현 한국형사소송법학회 부회장

〈주요연구〉
- 중대재해처벌법 경과와 제정 법률에 대한 비판적 검토
- 피의사실공표의 형법적 정당화에서 민사판결 법리 원용의 불합리성
- 개정 검찰청법 적용의 실제
- 검경 수사지휘 논의에서 잊혀진 문제-특별사법경찰관리에 대한 수사지휘 외 다수

✖✖ 정웅석

- 현 서경대학교 공공인재학부 교수, 인문사회과학대 학장
- 법학박사(연세대학교)
- 전 한국형사소송법학회 회장
- 현 4차산업혁명융합법학회 회장

〈주요연구〉
- 고위공직자범죄수사처 법과 제도의 이해
- 국가 형사사법체계 및 수사구조 연구
- 수사지휘에 관한 연구
- 형사소송법/형법 외 다수

제 2 판

경찰학개론

초판발행   2022년 3월 25일
제2판발행   2024년 9월 10일

지은이   황문규 · 주한겸 · 성봉근 · 김한균 · 이근우 · 정웅석
펴낸이   안종만 · 안상준

편 집   양수정
기획/마케팅 박부하
표지디자인   권아린
제 작   고철민 · 김원표

펴낸곳   (주) **박영사**
          서울특별시 금천구 가산디지털2로 53, 210호(가산동, 한라시그마밸리)
          등록 1959. 3. 11. 제300-1959-1호(倫)

전 화   02)733-6771
f a x   02)736-4818
e-mail   pys@pybook.co.kr
homepage www.pybook.co.kr
ISBN   979-11-303-2105-9   93350

정 가   39,000원